清代社会生活史

中国古代社会生活史书系

林永匡 ● 著

中国社会科学出版社

图书在版编目(CIP)数据

清代社会生活史/林永匡,王熹著.—北京:中国社会科学出版社,2016.10 (2018.9重印)

(中国古代社会生活史书系)

ISBN 978-7-5161-9076-0

Ⅰ.①清… Ⅱ.①林…②王… Ⅲ.①社会生活—历史—中国—清代 Ⅳ.①D691.9

中国版本图书馆 CIP 数据核字(2016)第 241652 号

出 版 人	赵剑英
责任编辑	耿晓明
特约编辑	张小颐　丁玉灵
责任校对	林福国
责任印制	李寡寡

出　　版	中国社会科学出版社
社　　址	北京鼓楼西大街甲 158 号
邮　　编	100720
网　　址	http://www.csspw.cn
发 行 部	010-84083685
门 市 部	010-84029450
经　　销	新华书店及其他书店

印刷装订	环球东方(北京)印务有限公司
版　　次	2016 年 10 月第 1 版
印　　次	2018 年 9 月第 2 次印刷

开　　本	710×1000　1/16
印　　张	45.75
字　　数	772 千字
定　　价	168.00 元

凡购买中国社会科学出版社图书,如有质量问题请与本社营销中心联系调换
电话:010-84083683
版权所有　侵权必究

目 录

绪论 ……………………………………………………………………（001）
    第一节　社会生活习尚形成的背景因素 …………………………（001）
    第二节　风俗政策与清人的生活观念 ……………………………（012）
第一章　服饰与社会生活 ……………………………………………（017）
    第一节　帝后宗室贵胄与官员服饰 ………………………………（020）
    第二节　士庶民人衣冠风俗 ………………………………………（027）
    第三节　服饰与禁忌 ………………………………………………（051）
第二章　饮食与生活礼仪 ……………………………………………（062）
    第一节　帝后与贵族饮膳礼仪 ……………………………………（064）
    第二节　民间与地方饮食习尚 ……………………………………（088）
    第三节　饮食思想与养生观念 ……………………………………（111）
第三章　建筑与居住风尚 ……………………………………………（118）
    第一节　居址选择与规划 …………………………………………（119）
    第二节　宫廷与官府建筑风格 ……………………………………（124）
    第三节　民居住宅与起居用具 ……………………………………（130）
    第四节　行宫园林与庙宇陵墓 ……………………………………（141）
第四章　行旅与交通邮驿风俗 ………………………………………（149）
    第一节　帝后王公与官员出行礼仪 ………………………………（150）
    第二节　民间舟车肩舆与行旅风尚 ………………………………（160）
    第三节　交通与邮驿变迁 …………………………………………（174）
第五章　婚嫁与婚姻礼仪 ……………………………………………（185）
    第一节　婚嫁观念与婚姻形式 ……………………………………（186）
    第二节　婚姻程序与嫁娶礼仪 ……………………………………（200）
    第三节　离婚与再嫁风俗 …………………………………………（219）

第六章　丧葬与礼仪风俗 (224)
  第一节　丧葬观念与丧葬礼仪 (225)
  第二节　葬法葬式与墓室棺椁 (233)
  第三节　服丧冥器与殉葬之俗 (240)

第七章　生育养老与卫生保健风俗 (247)
  第一节　求子与诞生风俗 (247)
  第二节　育儿风俗与成年礼仪 (260)
  第三节　养老敬老与寿诞风俗 (267)
  第四节　保健与疾病医疗风尚 (273)

第八章　交际与年节生活 (286)
  第一节　相见待客与馈赠风俗 (286)
  第二节　结交与庆贺吊唁礼仪 (292)
  第三节　年节与岁时礼俗 (298)

第九章　社会教化与娱乐生活 (317)
  第一节　社会教化 (317)
  第二节　美术生活 (323)
  第三节　音乐歌舞曲艺与体育竞技 (331)
  第四节　游艺娱乐与旅游风俗 (343)

第十章　信仰与迷信禁忌 (357)
  第一节　自然崇拜与祖灵祭拜 (358)
  第二节　宗教礼尚与巫术信仰 (367)
  第三节　禁忌风俗与祭祀礼仪 (382)

第十一章　生产与商贸风俗 (394)
  第一节　农业与畜牧业生产风俗 (395)
  第二节　渔猎业与手工业生产习尚 (408)
  第三节　商贸活动习俗 (416)

第十二章　少数民族的社会生活 (425)
  第一节　民族服饰与饮食生活 (425)
  第二节　民族居舍与居住特色 (478)
  第三节　民族交通与交游风尚 (495)

第十三章　畸形生活与恶习陋俗 (504)
  第一节　畸形社会阶层的生活 (505)

第二节	赌博与赌具	（525）
第三节	民间械斗恶习	（531）
第十四章	**社会组织与社会生活**	（539）
第一节	宗族组织与宗法活动	（540）
第二节	家庭组织与生活礼仪	（551）
第三节	会社组织与交往风俗	（555）
第十五章	**中外社会生活习尚的交流**	（565）
第一节	社会生活习尚的外播与交流	（565）
第二节	国外生活风俗传入与交融	（579）
第十六章	**社会生活风尚对后世的影响**	（598）
第一节	社会风尚的形成与演变	（598）
第二节	社会生活习尚对后世的影响	（702）
第十七章	**余论**	（709）
后记		（726）

绪 论

清代是中国由封建社会向半殖民地半封建社会转变的发端。在这一历史时期，封建专制集权空前强大，社会经济发展达到前所未有的水平，科技文化日臻繁荣。各族人民用辛勤的劳动和智慧，共同开发了边疆，使其社会经济、文化得以发展，同内地各族人民的联系更加密切和频繁。道光二十年（1840）鸦片战争中国战败后，清朝国力渐衰，在西方列强势力的侵略下，中国逐渐沦为半殖民地半封建国家，一方面是国门被迫大开，中国社会向近代社会过渡；另一方面，在这一特定历史条件下，各民族、各阶层、各团体人们的社会生活方式与风尚，开始发生变革，呈现出较之以往迥异的一些新特点、新风貌和新变化。

第一节 社会生活习尚形成的背景因素

清代各族人民创造社会物质与精神文明的同时，也形成了各具特色的时代精神。随着社会的发展演变，其社会生活方式，随之也发生了相应的变化，为新的社会生活风尚的形成奠定了基础。

一 社会生活习尚的形成因素

清代作为中国封建社会由鼎盛向近代转型的特定历史阶段，其社会生活习尚的形成，有其特殊的内涵和复杂的原因。这些直接或间接影响清代社会生活习尚形成、发展与演变的社会因素有：

（一）社会人文因素

在清代社会生活习尚的形成过程中，社会人文因素在其发展演变中，发挥出独特的功能与效应。其社会人文因素，系指清代社会政治制度、礼仪、法律规范和政治思想，特别是统治者所倡导、宣扬、维护、实施的社会道德、行为准则、思维定式等，对清代各个历史时期社会生活习尚的形成、传播、变革，起着重要的不可或缺的导向、规范作用。因此，社会人文因素在清代前后期社会生活习尚的形成与演变中，所具有的功能：一是重要的支撑功能；二是政治导向的功能；三是对社会生活习尚的渗透，规范与制约的功能。

（二）自然环境因素

在清代社会生活习尚的形成过程中，自然环境是其形成的依托因素之一。所谓自然因素，系指清代各个地区（即内地与边疆、乡村与城市、沿海与内地、南方与北方、东部与西部、山区与平原、高原与湖泊、岛屿与大陆等）之间，因受自然条件、自然环境（如物产、气候、资源等）影响而形成的不同社会生活习尚而言。它们对清代各个历史时期社会生活习尚的形成、传播、演进、变革的速度与范围，起着至关重要的制约、催化与依托的作用。因此，自然环境因素在清代前后期社会生活习尚的形成发展过程中：一是不可或缺的、物质化的依托功能与效应；二是重要的制约性功能与效应；三是巨大的催化功能与效应。

（三）民族文化因素

在清代社会生活习尚的形成过程中，民族文化是其形成的激活性因素之一。所谓民族文化因素，系指清代各个地区不同的民族，在不同的社会人文、自然环境影响和作用下，所形成的各具特色的民族社会生活习尚及民族间的相互交流、交往而言。它对清代各个历史时期社会生活习尚的形成与发展，起着特殊的促进作用：一是有重要的多元功能；二是有强劲的激活功能；三是有融会整合的功能。

（四）经济发展因素

在清代社会生活习尚的形成过程中，经济发展是其形成的基础性因素之一。所谓经济发展因素，系指清代不同时期、不同地域、不同民族之间，因经济发展差异形成的社会生活风尚的新旧交替及新风尚的萌生与逐渐拓展到社会生活各个方面的发展态势而言。它对清代各个历史时期生活习尚的演变与发展，起着重要的、能动性的作用。因此，经济发展因素在清代前后期社会生活习尚的形成发展与变化中，一是推动新旧社会生活习尚的交替；二是通过经济活动传播扩大新的社会生活习尚的影响和作用；三是为新兴社会生活时尚提供经济能量和动力。

（五）军事制动因素

在清代社会生活习尚的形成过程中，军事制动是能动性因素之一。所谓军事制动因素,系指清代各个历史时期,伴以各种军事活动(如清军入关战争、平定三藩之乱、平定边疆叛乱的统一战争、抵御外国入侵者的战争、农民起义、清政府镇压义军的军事行动等)导致的移风易俗、新旧社会生活习尚交替、新的社会生活习尚的兴起与流行等而言。它对清代社会生活习尚的演变,起着重要的牵制性作用。因此,军事制动因素在清代前后期社会生活习尚的形成、演进中,一是对某些特定的新兴社会生活习尚的出现,产生诱发与制动的作用;二是对一些特殊社会生活礼仪习尚的盛行,产生催化的效应;三是对新旧社会习尚的交替,在某些领域产生速成的效应。

(六)法制规范因素

在清代社会生活习尚的形成过程中,法制规范是其形成的决定性因素之一。所谓法制规范因素,系指清代各个历史时期,各个不同政权(如土司政权、民族地方政权、太平天国及农民起义军政权等)法制对社会生活习尚的规范,导致社会生活习尚的诸多变化而言。它对清代社会生活习尚的演变,起着重要的、方向性的作用。因此,法制规范因素在清代前后期社会生活习尚的演变中,一是对社会政治、军事、经济、文化、年节等社会生活习尚与礼仪,进行直接或间接的法制规范;二是对有违于法制观念、法制思想、法制礼仪的人们的社会生活习尚,以法律手段予以行政干预;三是对人们日常社会的"越轨"行为进行规范。

(七)科技促变因素

在清代社会生活习尚的形成过程中,科技促变是其形成的推动性因素之一。所谓科技促变因素,系指清代各个历史时期,科技的进步对社会生产与生活礼仪习尚的渗透,以及促成诸多移风易俗、新的礼仪习尚的出现而言。它对清代社会生活习尚的形成、发展与演变,起着重要的、促变性的作用。因此,科技促变因素在清代前后期社会生活习尚的演进中,一是科技进步导致出现前瞻性的新风习尚;二是科技发展,导致人们不得不对长期默守的陈规陋习进行"冲击";三是科技进步为社会新风习尚应对旧习尚的挑战与顽固抵抗,提供持久、多元、强劲的动力。

(八)宗教文化因素

在清代社会生活习尚的形成过程中,宗教文化是其形成的精神性因素之一。所谓宗教文化因素,系指清代不同历史时期,不同地区、不同民族、不同社会阶层、不同社会群体,缘于佛教、道教、伊斯兰教、基督教、天主教、民间宗教等宗教活动礼仪的直接或间接的影响、作用、渗透,而产生的诸多社会生活习尚(如宗教礼仪习尚、宫廷与王府宗教活动习尚、民族与民间宗教活动风尚以及受宗教活动影响的祭礼祭仪与祭祀习尚)而言。它对清代社会生活习尚的形成、演进，起着重要的参与及组合性的作用。因此，宗教文化因素在清代前后期社会生活习尚的发展演变中，一是各种宗教文化礼仪的参加者、变革者、创新者或群体，在精神、心灵、情感上具有施予多种、多向、多元指点归宿，提供某种精神家园的功能；二是各种宗教社会生活的参与者、变革者或群体，在实践、行为方面，具有按宗教规仪、信条、戒律等进行参照的功能；三是对各种宗教社会生活礼仪的参与者或群体，具有在天、地、神、人之间寻找联系、启迪、感应的功能与效应。

（九）岁时年节因素

在清代社会生活习尚的形成过程中，岁时年节是其形成的节律趋同性因素之一。所谓岁时年节因素，系指清代社会各阶层、各民族、各地区群体或个人，在岁时年节文化的作用下，所形成的丰富多彩、各具特色、风格各异（缘于民族间岁时历法的不同，故岁时年节时序上有参差）的社会生活习尚（如岁时年节庆贺、交往、禁忌礼仪、饮食、服饰、居舍、行止习尚、年节习尚，岁时年节与生产活动风尚以及禁忌习尚等）而言。它对清代社会生活习尚的形成、变化，起着重要的导向性作用。因此，其在清代社会生活习尚的演进中，一是对各种岁时年节社会生活习尚的参加者、变革者或群体，在生产、生活、娱乐、教育、交际历程中，有指时的功能与作用；二是对各地区、各民族、各阶层群体或个人的社会生产生活具有应时的功能；三是对岁时年节社会生活的参与者或群体，提供创造、实施在天（时）、地（利）、人（和）之间寻求趋同性的功能与作用。

（十）历史传承因素

在清代社会生活习尚的形成过程中，历史传承是其遗存性因素之一。所谓历史传承因素，系指清代社会生活习尚在形成过程中，对前代社会生活习尚经过筛选、淘汰、择取后，全部或部分的传承（其中有精华也有糟粕、有良习亦有陋习），从而使得清代社会生活习尚，不仅具有延续性、传承性，而且更有其自身独具的特色与旺盛生命力等而言。它对清代社会生活习尚的形成、完善、传承，起着重要的文化因子的作用。因此，历史传承因素在清代社会生活习尚中，一是有强大的指向功能意义；二是对某些社会礼仪习尚的形成、发展、完善，有着定位性的作用；三是对传统社会生活习尚的延续、应变、增活，有强化的效应。

（十一）变革创新因素

在清代社会生活习尚的形成过程中，变革创新是其激活性因素之一。所谓变革创新因素，系指清代社会生活习尚在发展、演变过程中，因社会人文、经济发展、科技进步诸因素导致的对某些陈规陋俗、传统礼仪习尚的变革与创新实践而言。它对清代社会生活习尚的演变，起着重要的推进加速作用。因此，变革创新因素的作用，一是对社会生活习尚变革的实现，具有重要的推动功能；二是对新的社会生活习尚的形成与推广，具有催生的作用；三是对某些特定的新科技生活技能的应用实施，具有探索的功能与意义。

（十二）禁忌回避因素

在清代社会生活习尚的形成过程中，禁忌回避是其惰化性因素之一。所谓禁忌回避因素，系指清代各地区、各民族、各行业的人们，缘于诸多历史、社会、文化、自然的原因（因于历史神话传说或因于行业神崇拜、或因于自然崇拜、或因于政治与社会身份限制、或因于宗教原因、或因于礼仪规制、或因于迷信及其他诸多信仰等），而采取的消极回避的自我抑制、自我屈从的社会生活习尚而言。它对清代社会生活习尚的形成、演变，起着不可低估的滞后作用，一是对社会生活习尚进行消极对抗；二是力图抑制人们对某些不合理的陈规陋习加以改变的愿望；三是禁锢人们安于旧俗、拒绝接受新的社会生活习尚。

二 社会生活习尚的演变

清代社会生活习尚在形成、发展中，经历过两次巨大的演变：一次是因王朝更替，由明入清，清朝统治者制定了一系列有别于明代的社会行为规则、礼仪、舆服、禁忌、称呼的法令，在强制实施中，社会生活习尚发生了巨大的变化，其中尤以"薙发易服"的习尚，最具代表性和标志性。但这只能称之为"演变"而已，因为王朝的更迭、法令的变化，并未阻止封建社会与统治的延续。第二次因于社会的转型而导致的社会生活习尚的变革，发生于清代后期。

（一）清初社会生活习尚的演变

清代是满洲贵族入主中原后，建立的全国统一的封建王朝。清初，清统治者强令实施的"薙发易服"令，因一度遭广大汉人反抗，激起过民变，这一民变虽被残酷地镇压下去了，但它却迫使清初统治者不得不重新审视其社会风俗制度，顺应汉族的传统习惯，对其进行某些调整，顺应民意，以利统治。

早在清军入关前，后金天命三年（1618）时规定，对降附清军的汉民一律剃发，凡"遵依者为我国之民，迟疑者同逆命之寇"，不遵者"杀无赦"。《东华录》记载，天命八年（1623）后金统治者为诸大臣、贝勒、侍卫、随侍及百姓规定了帽顶制度。天聪六年（1632），规定了服色制度。所谓"剃发"，系指汉族官民男子的发式，须按满族习尚，在男子顶发四周边缘剃去寸许，中间保留长发，编成发辫。这不仅严重破坏了汉人的传统习俗，而且汉人普遍认为，身体发肤受之父母，发式发型是传统不可随便更易之事，"薙发易服"，顺从满俗，乃是奇耻大辱，因此，清初这一政策的推行，在江南和北方一带激起大规模的反抗斗争，当时曾目击江南民众抗清的一位西方人说："辫发胡服之新制，大招汉人之反感，彼等对于满洲政府，群起反抗。汉人以为受此强制辫发胡服，较诸处于任何异族之徽号为耻辱，曩者为保守头颅柔顺如羊之汉人，今则因保守其发而奋起如虎。若当时江南诸王能一致奋起，不生内讧，则满人能否统一中国，尚属疑问。"① 不仅南方民众奋起反抗，北方民人虽在清朝的统治之下，也屡有反抗者，当时出使北京的朝鲜人记载："（乙酉）闰六月，清人迫胁北京汉人尽令剃头，自北京以东，凶歉太甚，关内土贼群起，杀害官吏云。"② 因为这一"不顾其他民族文化习俗的粗暴的民族压迫政策"，对清朝的统一大业不利，"将满族置于汉民族对立的地位，加深了民族隔阂和民族仇恨的情绪"③，与清朝急盼巩固统治的目的背道而驰，迫使清朝统治者不得不一度缓行这一风俗政令。直至全国平定后，才于全国推行。

所谓"易服"，系指顺治二年（1645）清政府规定，汉族官民衣冠，一律采用清制，即按满族服饰着装：满族章服为缨帽箭衣，而明代汉族衣冠为方巾大袖。此一做法，也激起多次民变和反抗斗争。为缓和人民的反抗斗争，巩固清朝的封建统治政权，清统治者在实施中，采纳吸收了明朝降清官员金之俊的"十不从"的进谏，所谓"十从十不从"之举：一是"男从女不从"，二是"生从死不从"，三是"阳从阴不从"，四是"官从隶不从"，五是"老从少不从"，六是"儒从而释道不从"，七是"倡从而优伶不从"，八是"仕宦从而婚姻不从"，九是"国号从而官号不从"，十是"役税从而语言文字不从"。这虽未见于明文规定，但从实际状况看，汉族女子的服饰、发型，未强从满习；婚丧时女人、孩童未易服，而用明代服饰；官府役隶、官员出行鸣锣开道者，身著的是红黑高帽的明代服饰；民间赛神、优伶演戏著明代服饰；释道者也未易其服④，一遵前朝故制。

（二）清后期社会生活习尚的变革

清代后期（1840—1911年），是中国封建社会发生巨变的一个历史阶段，也是社会转型与生活习尚变革的转折时期。西方资本主义风俗的传播和中国近代工业、商业、交通业的渐次发展，使长江中下游及东南沿海等得风气之先的地区，人们的衣、食、住、行、乐率先发生变化，社会风俗随之异动，使得传统的社会生活风貌与礼仪习俗，发生了明显变化。

1. 服饰生活习尚的变革

清代后期，守本与趋变是衣冠服饰风俗在演变发展中所表现出来的两个最

---

① 据《东方杂志》31卷3号［日］桑原鹭藏《中国辫发史》转引。
② 《李朝实录》仁祖二十三年八月条。
③ 陈生玺：《剃发令对清初的政治影响》，《南开学报》1999年第4期。
④ 周锡保：《中国古代服饰史》，中国戏剧出版社1984年版，第450页。

突出的特点。所谓"守本",系指承袭传统服饰礼制风俗,但又不全是拘泥古制而又有所发展创新,这显示出传统服饰风俗文化特有的顽强生命力、再生力以及与社会文明共存共荣的特质。趋变,则指清代后期的传统服饰风俗,较之前期所表现出的不同时代特点及正在变化发展的各种态势而言。

清代后期服饰风俗的趋变主要体现在三个方面:一是对清代前期及传统服饰风俗进行改造扬弃;二是满汉服饰风俗的相互影响、交流与补充;三是吸收融合西方外来服饰风俗的有机成分,发展完善传统服饰风尚,使服饰风俗的改进与社会的文明进步相一致。它涉及范围广泛,影响深远,从总体看,清代后期,帝后的服饰风尚演变不大,基本上承袭了前期的法制规仪内容,一脉相续。但文武官员以及平民百姓的服饰风俗礼仪,却有程度不同的变革,这种演变在近代政治、军事中心的京师和经济、文化相对繁荣发达的南京、上海等地,表现得尤为突出与剧烈,实际上这些地区已成为服饰风俗演变的中心。

在服饰使用上,"重最新时尚,轻等级荣誉;重舒适实用,轻保守刻板"。衣服变化依然是物质生活中的弄潮健儿,突破礼法规格的新款式层出不穷。一是同、光以降,江浙衣饰绮丽,愈变愈奇。"同、光间,男女尚宽博,眼睛咸用墨晶,绔纨镶墨缎数重,白布袜、短靴,刺花,鞋帮极窄,底厚寸许,辫发松垂脑后,夏日咸握牙柄黑折扇";"光绪中叶以降至宣统,男子衣尚窄,袍衫之长可覆足,马褂背心之短不及脐,凡有袖,取足容臂而已。帽尚尖,必撮其六折,使顶尖如锥,戴之向前,辄半覆其额。其结小如豆,且率用蓝色。腰巾至长,既结束,犹着地也,色以湖或白为多"。出现一种时髦服饰款式后,无论贵贱,迅速仿效,很快风靡各地,如清末民初的南京,"妇女衣服,好时髦者,每追踪于上海式样,亦不问其式样大半出于妓女之新花色也。男子衣服,或有模仿北京官僚,自称阔老者;或有步尘俳优,务趋时髦者。至老学究之骨董衣服,新学派之西服革覆,则各是其是"①。经济发达地区如此,内地也不甘落后,奉天地区光绪中叶,衣尚宽博,喜着禿领,大褂之袖往往宽及一尺,女子衣服尤其肥大,"光、宣之际,政尚维新,民众喜穿瘦狭衣服,束身贴肤,曲臂很难。民国初年,世变更快,服装屡屡更新"②。二是妇女打扮惟时风而趋,不为等级名分及清规戒律所动。如光绪时,上海妓女喜欢着胭脂浓妆,大家闺秀却不耻为伍,纷纷效尤,将名妓用以掩藏斑点的浓厚装饰作为时尚模仿。三是在衣服颜色上,民人不惟黄色为尊而刻意模仿,而是依各自的喜好随意选用。如汴中男女穿衣,喜用青蓝两色土布,洋布、绸缎极少,儿童以红衣为多,甚至上下

---

① 胡朴安:《中华全国风俗志》下编,河北人民出版社1988年版,第129页。
② 民国《奉天通志》卷二百六十,民国二十三年铅印本。

通红，名为"十二红"。四是清末衣饰惟时髦是从已成为一种时尚和新的消费观念。社会上男子装饰像女子，女子装饰像男子，妓女仿效女学生，女学生仿效妓女，百姓效官宦，官宦效百姓，中国人着洋装，喜洋布，外国人着中装者比比皆是。甚至有些官员疏于官服穿戴，以致出现官民不分，竟闹出纷争，如散秩大臣裕兴身为职官，并不冠戴官品服饰，出门开车与人争道，竟然被一休致侍郎的家人殴打侮辱①。官员谨守礼制，使用尊服，反而为世人所讪笑②。其间，太平天国农民政权创制并实施的官民服饰装束风尚，则是清代后期服饰风俗发生演变的独特创举。1911年辛亥革命，废除帝制，建立民国后，剪辫发，易服色，官民中西装革履与长衫马褂并行不悖，更是服饰风俗的大演变。

2. 饮食生活习尚的变革

清代后期，清人在饮食风尚方面，不仅完善充实了前期的内容，而且在演变上呈现出显著的时代文明新特色：其一，饮食风尚的内容更趋丰富多彩。它主要由民族、民间、地方、宫廷与贵族饮食风尚等系列构成，且彼此间互有联系，各有特色，自成体系。同时，它又涵盖礼、雅、俗三个文化层次，从帝王贵戚官宦到士庶民人与少数民族的饮食风尚，均在包容之中。

其二，饮食风尚的外延，通过演变，更趋扩大。以膳食结构为例，它可划分为北方、南方与边疆少数民族三大系列，而且每个系列的饮食风尚，又因地理环境、物产气候、经济水平、宗教信仰、民间禁忌等诸多因素的制约和影响，呈现出饮食习尚上巨大的民族性、地区性差异与不平衡性。

其三，饮食风尚已发生多方面的演变：一是烹饪技艺在总结传统经验的基础上，更趋近代化、商业化、市场化、风味化、时尚化。许多风味各异的地方菜系，随着社会与时尚的演变，又形成许多新流派、子系统菜系。当时有特色的菜肴、美馔很多，但以京师、山东、四川、广东、福建、江宁、苏州、镇江、扬州、淮安、上海等地菜系最为著称，最为流行。二是食品的花色品种在传统基础上不断创新。适应人们的饮食需求，又涌现出许多各色各味、各式各样的名小吃和地方风味菜肴。此时清人在饮食习尚上的重大变化是注重美食与保健养生相结合。除了专门的药膳、食疗外，不少食经（如《随息居饮食谱》等），已专门记述饮食与保健养生的关系。一些饮食卫生方面的问题和良好的饮食习惯，也得到了清人的注意和推广。如广州已有盛筵之时"间有客各肴馔一器者，俗呼之曰每人每"，即分餐的习俗，这是符合保健卫生，减少疾病交叉传染的良好风尚。三是随着各民族饮食习俗与烹饪技艺的频繁交流，一些新的食尚正在

---

① 《光绪朝东华录》，光绪二十四年正月丁未条。
② 张仁善：《礼·法·社会》，天津古籍出版2001年版，第282—283页。

形成,导致清人饮食心态、价值取向、风俗演变的新变化。其中,"满汉全席"由宫廷逐渐传入民间,其食法、烹饪、饮习,为民间社会所接受。其四是中外饮食习俗的交流范围,逐步扩大,一些西方的饮食风尚,开始为国人所认同接受。同时,中国传统的美食与风尚,随着中外经济文化的交流传播五大洲四大洋。首先是西餐、西式饮料点心输入中国沿海开埠口岸市镇,以西餐馆为窗口辐射域内,为中国民众所接受。西餐中国人称之为"番菜",亦称"大菜"。鸦片战争前,西餐就由外国传教士献艺款客和使节进贡的方式传入中国,像"西洋饼"、"葡萄酒"等西洋名品在宫廷、王府和权贵之家的宴席上可以见到,但对中下层社会来说,这些西方食品只能是精神奢望。鸦片战争后,西餐开始在一些沿海通商城市流行,清末各大中城市都出现了一些以赢利为目的的"番菜馆"、"面包房"和"咖啡店",不少中国食品店也开始兼营西餐或"日本料理"。北京在光、宣之际,即有醉琼林、裕珍园、得利面包房等30余家西式食品店,天津、上海、广州、汉口等城也有类似的情况。与西餐相应的是,西方饮料在清末开始流行,大中城市均有一些西式饮料厂和饮料公司出现,如1853年,英国商人在上海开设的老德记药房、就生产冰激凌、汽水。山东张裕葡萄酒公司(1892)、青岛英德啤酒公司(1903)生产的葡萄酒和啤酒就专供在华外国人享用。西式饮食的传入,在一定程度上影响了传统的饮食习惯,在官绅阶层,已有人主张"中菜西吃法",采纳西式分餐制。同时参照中西宴席的规格,用中国菜组成的"改良宴席"被时人提倡。同席不得有13人,不得有盐粒洒落在桌上等西餐饮食习惯和观念,也被一些中国人接受。与此同时,出版的介绍西方烹饪技术的《造洋饭书》等书籍,将域外的食技、食艺、食俗、食尚加以传播。这使清代后期饮食风尚的演变,更趋多元化,更具包容性、融会性特色。其次,中国悠久的传统食技、食艺、食风,也通过交流的各种渠道,逐渐向外传播,并给日本、美国等国的饮食风尚,注入许多新的活力,从而为世界各国饮食文化的繁荣,作出了独特而重要的贡献。有趣的是,中餐在美国的传播与兴盛,还获得了诸多的发展机遇,如中餐为美国人所接受,便是利用了清光绪二十二年(1896),清朝洋务大臣李鸿章访美带去的"杂碎"热这一难逢的契机。

3. 居住生活习尚的变化

清代后期,民居建筑的变化是较为明显的,一是在沿海开埠大城市,特别是外国的租界地,开始成片地建设西洋风格的建筑,如1848年王韬初到上海,"一入黄歇浦中,气象顿异……浦滨一带,率皆西人舍宇,楼阁峥嵘,缥缈云外"[①]。1866年黄懋材在上海更看到这里"洋楼耸峙,高入云霄,八面窗棂,玻

---

① 王韬:《漫游随录》,岳麓书社1985年版,第58页。

璃五色，铁栏铅瓦，玉扇铜环，其中街衢衖巷，纵横交错，久居其地者亦易迷所向。取中华省会大镇之名，分识道里，街路甚宽广，可容三四马车并驰。地上用碎石铺平，虽久雨无泥淖之患"①。二是中国人居住的房屋在19世纪60年代以后也发生了较大的变化，在上海出现了中西合璧的里弄住房，高级公寓和别墅式建筑。里弄住房的外观是西式的，内部结构是在单位空间里按中国传统的一颗印式的设计布局，主房居中，左右两厢，天井在前。其外观几乎都是外来建筑的形式，上海《法华乡志》描述："徐家汇在法华东南二里许，向为沪西荒僻地。清道光二十七年，法人建一天主堂……同治二年……又开辟马路，商贾辐辏，水陆交通……光绪十年……市房翻建楼房"，"三十四年，马路东有巨商张士希购地建孝友里楼房百余幢，迤东程谨轩，顾象新各建店楼数十间，市面大兴。既而电车行驶矣，邮政设局矣，电灯、路灯、德律风、自来水次第紧接矣。马路东为法租界马路，西为天主堂界，再西老屋为乡下界，日新月异，宛似洋场风景"②。清末在南北大城市中出现的高级公寓和别墅住房，其建筑外观直接采用了当时世界各国流行的"古典式"、"巴洛克式"、"哥特式"等风格，"一般住于城市最好的地段，总平面宽敞，讲究庭院绿化和小建筑处理，建筑面积很大，有数间卧室及餐厅、厨房、卫生间……这是当时这些国家流行的高标准住宅在中国的复制"③。较有代表性的张謇的"濠南别业"等。19世纪70年代至80年代，张焘描写天津一些西洋式建筑的特点是说："北洋水师营务处……有洋房两所，楼阁峥嵘，美轮美奂，殊耀外观……屋中一应器具，华丽整洁，皆选购西国精良之品，使人取携如意"④。三是民人百姓的住房也有些微的改变，许多房屋用上了玻璃。据外国人观察"窗用玻璃的进口，有很大的增长，现在无论贫富，使用者非常普遍，连农家也是这样"⑤。如在湖南地方，近代建筑的变迁特点是：在建筑形式上，出现了一些从古代建筑到现代建筑的过渡形式，即所谓"中式屋顶，西式墙身"、中西合璧式的建筑，开始注意建筑的使用功能，合理解决住宅的通风、采光、隔热、防潮等问题；在建筑结构上，开始改变相沿数千年的木构器、砖木和砖石结构，逐渐在建筑中引进和使用新的建筑材料，红砖红瓦部分取代青砖青瓦，水泥、钢材、五金、玻璃开始用于住宅建设，木结构承重逐步改为砖墙承重；在室内装饰上，较多学习西式建筑，原清水墙减少，墙内外或加粉刷，或贴面砖、画腰线，门窗多为券拱式，有些

---

① 黄懋材：《沪游胜记》，光绪本。
② 黄苇艾：《近代上海地区方志经济史料选辑》，上海人民出版社1984年版，第286—287页。
③ 《中国建筑史》，中国建筑工业出版社1986年版，第249页。
④ 张焘：《津门杂记》卷下。
⑤ 姚贤镐：《中国近代对外贸易史资料》第2册，第1103—1104页。

较大建筑还设柱廊，用高级木料作护墙板等①。

4. 交通工具、道路以及道路管理机制的变化

清代前期，官员以乘轿为贵，弁夫越多，轿饰越华丽，身份越尊贵，地位愈隆重。乾隆、嘉庆时，有的官员改乘驴车。道光时，轿、车并行。车子以后档车最为流行。后档车就是车门开在车旁，轮轴移在车的后半部，减轻颠簸，乘坐安适。至同治时，京堂三品官以下已没有乘轿的，因为雇轿的费用极为昂贵，为一般官员所难以负担。于是王公勋戚以外，后档旁门车也无人乘坐。光绪时，二品乘轿的也不多见，后档旁门车虽王公亦不坐，其他京城高官还坐大鞍车，郎属等半坐小鞍车。光绪庚子以后，西式马车盛行，"贵人皆乘马车矣"，"风气又为之一变"②。继而又出现了汽车、电车、人力车、火车、汽船、轮船等新式交通工具。它们以轻便、迅速、舒适等优长日益获得民众的青睐，原先象征等级身份的轿舆失去了往日的辉煌与威信。与古代交通工具主要依靠自然力、人力和畜力不同，许多近代的交通工具主要凭借蒸汽、火力、电力等机械的驱动。同时道路以及道路管理的机制都是从无到有，完全从西方引进的。因而机动轮船、火车、汽车等的发明、引进和不断改良，以及与之相适应的新航路航线的开辟，铁路、公路的出现，就成为交通近代化的重要标志。近代继承古代，在相当长的时期内或相当广泛的地区，仍然依靠自然力、畜力、人力的木帆船、马车、肩舆等，机动的轮船、火车、汽车等发展还相当薄弱，且很难为艰于谋生的贫苦百姓所享用，然而从总的发展趋势看，还是后者逐渐代替前者，反映出新事物的强大生命力和历史发展的必然趋势。

5. 日常娱乐方式与心态的变化

清代前期，传统的娱乐活动相当发达，就表演方式来说，大体可分为五类：一是歌舞，如汉族的狮舞、龙舞、花灯等；二是游戏，除小孩游戏外，成人多带有赌赛输赢性质的"六博"、骨牌、掷骰子、弹钱宝、叶子戏，以及斗鸡、斗蟋蟀、斗鹌鹑等，均为传统游戏中较盛行者；三是竞技，常见的有摔跤、荡秋千、拔河、赛龙舟、放风筝以及原始简朴的足球活动"蹴鞠"等；四是杂艺，包括杂技、魔术、猴戏、禽戏以及木偶戏、皮影戏等；五是戏剧等。这些形形色色的娱乐活动，就其表演和观赏的时间与场所来说，除小型的歌舞、游戏、竞技、杂艺，特别是戏剧，则多于冬春之交农闲季节，或重大节庆、墟场庙会、迎神赛会期间，在宽广热闹的高台、广场或寺庙、茶园中进行③。但是到了19

---

① 孙燕宗：《晚清社会风尚研究》，中国人民大学出版社2002年版，第39—42页；刘泱泱：《近代湖南社会变迁》，湖南人民出版社1998年版，第361页。

② 《光绪朝东华录》，光绪二十四年正月丁未条。

③ 刘泱泱：《近代湖南社会变迁》，湖南人民出版社1998年版，第378页。

世纪 70 年代前后，民众的娱乐心态日趋多彩，各种新的娱乐形式、娱乐场所、娱乐素材蓬勃兴起。一是外国的马戏、戏剧、电影、音乐会、舞厅、台球（小弹子房）、保龄球（大弹子房）、足球、棒球、篮球、排球、垒球以及麻将、扑克等健身房，甚至大烟馆、花烟间等新式娱乐场所，或新旧兼具的娱乐场所相继出现。二是清朝前期，礼法控制严格，民间剧种单调，剧情正统，清末剧种繁多，剧情精彩，其情节看上去"如真家庭，如真社会，通塞其境，悲喜其情，出奇生新，足动怀抱。是以自东瀛败归后，所在流行，感动人心，日渐发达，是亦辅助教育之一种，是其举而莫敢废者也"①。被正统视为淫词的花鼓戏自清朝中期以来，常被禁止，但因民众爱听，始终不能禁绝。到了清末，常有棍徒携带妇女出没乡鄙，演唱"皆淫秽之词"②。这与清前期礼法苛严的状况形成鲜明对照。三是男女同台、同场看戏娱乐已完全公开化，这种现象不但在京、津、沪开放城市流行，有的边远或内地市镇、乡村也是戏园林立，男女观众云集。四是清末民众迎神赛会的娱乐活动，与清中期有所不同。民众在娱神的名义之外，不断加入自创的新内涵，使之更贴近民众的现实生活，娱乐的功利性有所增强。在有些地方停止这种以神的名义进行的娱乐，如在广西贵县每五年举办一期的"例醮"，多在城邑、墟市举行。城邑合数街为一会，客商自为一会，墟市商民共为一会。届期，构筑大棚厂、火树银花，梨园歌舞，通宵达旦。到清末这些神会已不举办，人们普遍的娱乐不过是良辰欢聚、脍鲤烹鲜、家庆燕席，以酒为寿，好友相聚，敲棋弄弦等③，在有的地区娱乐活动与经济活动结合，如在山东茌平地方，时届庙会"四方之人争集焉，出卖者即卖，当买者即买"④。

第二节　风俗政策与清人的生活观念

在社会政治、经济、军事、文化、民族、外交等诸多因素作用下，清朝统治者的风俗政策，以及清人的生活观念与思想，较之以往历史时期，不仅发生

---

① 徐珂：《清稗类钞》第十一册，《戏剧类·新戏》。
② 《上海研究资料》，上海书店 1984 年版，第 566 页。
③ 张仁善：《礼·法·社会》，第 286—289 页。
④ 民国《茌平县志》卷二，《地理·风俗》，济南五三美术印刷社 1935 年版。

诸多变化，而且有自身独具的一些时代特点。

一　风俗政策

清代统治者制定风俗政策的最终目的：其一，在于维护封建统治的长治久安与消除民众的"谋反"、"叛逆"之心。其二，这些风俗政策（如法制、礼制、官制、服制、宅制、葬制、婚制、军制、驿制、仪制、禁忌及相关政策），对约束官员、民人的行为规范，对一定历史时期社会风俗的形成变迁，有着法定的制约作用。其三，相关的社会风俗政策，对社会生活风尚的形成，更有重大的导向作用与功能。其四，清朝统治者制定的社会风俗政策，对官员民人的风尚心理，亦有道德制衡的功能效应，并以显形与隐形两种方式表现出来。其五，满洲贵族入主中原后，虽然满汉统治者合为一体，但仍以满洲贵族为主。在这种特定的历史与社会文化背景下，统治者制定的风俗政策，必然有着"满汉结合"、"满汉一体"、"满汉交融"的奇特景观。具体在服饰、发型上，汉族有"满化"的特征；而在饮食、住行、礼仪方面，满族有"汉化"的趋势等。

（一）礼制风俗政策

清代社会不同的阶级阶层群体的社会生活风俗，受清朝统治者礼制风俗政策的制约、影响，等级森严。不同身份的人，从帝王、贵族、官僚、缙绅到城镇乡村的市民、商人、农夫、手工业者、工匠、细役等，在平日与年节的衣食住行、婚丧嫁娶、娱乐游艺等风俗习尚方面，均有严格的等级规定，即所谓的"礼制"规范，如有逾越行为，轻则以"违制"议处，重则以"谋反"论罪。

（二）地域风俗政策

清朝统治者实施的"保甲制"等地域风俗政策，大大强化了清人浓厚的地域风俗观念与习尚，加之政治、经济、交通、文化等诸多因素的作用，使清人在社会物质生活（衣、食、住、行）与精神生活（娱乐、交往）方面，其风俗习尚呈现出封闭性、狭隘性的特点。如清代的世家、名门望族多在某一地区"累世而居"，或数代"同堂"；一般民人也受保甲制度的束缚，不能随意迁徙和易地而处。这就为以血缘为纽带的封建家族制度的兴盛和相对闭塞的社会生活，提供了最佳环境与肥沃的土壤；更为清人地域间风俗习尚的交流与变化，设置了无形的障碍。

（三）民族文化融会的风俗政策

清代封建统治者实施"满汉一体"等民族文化融会的风俗政策，各族人民通过各种途径、方式，在漫长的历史发展中，相互交往、彼此学习、互相支援，使社会各阶层的社会生活风尚，在逐渐、缓慢发展与变革的过程中，呈现出多样化的特点。社会生活风尚不但在内容上逐步改变其单调、贫乏,趋于多样化,而且就外在表现形式而论,更加丰富多彩;发展更呈现出多样一体的格局。这些在服饰风俗政策上,表现得最为明显。从帝王官员到一般民人的各色各式服饰,无论就其形制还是条文规章而言,均较以往任何一个朝代繁缛。从总体上看,清政府制定的官民服饰,既保留了汉族传统服制中的某些特点,又不失其满族本民族的习俗礼仪。这既是满汉服饰风俗融会与结合的结果,更是清统治者"多元一体化"风俗政策在服饰方面的生动体现。

二 清人的生活观念与思想

清人的生活观念与思想,既受统治者风俗政策的制约影响,同时,更有从自身生产、生活实践总结出来的思想观念。其表现形式:一是"乡规"、"民约",以约定俗成的方式,由民人共同遵守。二是通过移民、迁徙等方式,以"入乡随俗"的方式,改变或形成有别于旧传统的新思想、新观念。三是在不同区域、不同民族之间,因地理与人文的差异,形成各具特色的生活观念与思想。

(一) 清人的家庭生活观念与思想

家庭,是中国封建社会的重要支柱之一,也是构成清代社会的有机细胞。清人生活在有形与无形的社会组织中,家庭生活是一个重要的组成部分。在家庭之上,有宗族和祠堂。在政治方面,清代社会又严格区分为各个等级,各个等级的家庭和个人,在政治、经济、文化、生活礼仪、人际交往上,要求遵循一定的行为规范与风俗习尚,于是人们在理家持家的过程中,逐渐形成了"家和万事兴"、"成家立业"、鄙弃"败家子"的风俗观念。并由此引发出"勤俭持家"、"家有老,是个宝"的生存与敬老思想。

清代官僚、贵族和乡绅豪门大户,多聚族而居,四世同堂、五世同堂者,不乏其人。而一般平民之家,则由父子两代或祖孙三代构成;同父弟兄成年娶妻成家后,通常分家别居,建立新的家庭。清人家庭内,家庭成员之间形成多种亲属关系,其中有父子、夫妻、祖孙等,大家庭则有兄弟、叔侄、婆媳、姑嫂、妯娌等关系。清代家庭多以男性成年人为家长,故有"男为一家之主"的风俗观念与思想。在夫妻、父子关系中,作为父、夫的家长拥有比他人较多的权力和威望。家庭经济主要由家长掌握,南方女子除家务外,多半参加农业田间或辅助劳动。在纺织业发达的地区,民间更有着"男耕女织"、"男主外,女主内"的传统风俗观念与思想。女子的棉纺、棉织、养蚕缫丝、丝织、麻纺等,足够个人与家人的生活所需。此外,清代民间还有将女子作为"传宗接代"的生育工具的风俗观念与思想。她们不仅要生儿育女,而且要对子女进行哺教,其生活与操劳是繁重而艰辛的。名门大户的闺秀与富贵之家的贵妇,虽不从事生产劳作，但却有繁琐礼教——"三从四德"、"别内外"的封建条规的束缚与民间风俗观念准则要遵循。在家庭财产继承上，民间的风俗观念与思想是，一是财产由"男性成员"继承；二是寡妇除"从一而终"外，要由丈夫家族为其立后才有继承权；三是"嫁出之女，泼出门之水"，女儿对娘家财产无权染指，故在财产继承上也体现出"重男轻女"的生活观念与思想。

（二）清人的婚姻生活观念与思想

清人的婚姻生活观念与思想，内容丰富：一是在婚配上，主张"门当户对"，既重门第又重财产，更重财势。且在良贱通婚上禁忌颇严。二是婚仪按"礼仪""民俗"进行。男女双方订亲时，女方争索彩礼与聘金，男方要有陪嫁。其婚姻仪式，无论贵族还是平民，均按礼法民仪进行，既繁琐又铺张浪费。三是在婚姻形态上，"贵贱有别"、观念各异。平民家庭多是一夫一妻制，夫妻共同劳动、谋生、抚育儿女。富贵者凭借权势和财力，广纳妻妾以三妻四妾为荣。无论官民，夫妻感情如何，婚姻关系均较为稳定，很少有离异的。四是在"家丑不可外扬"的风俗观念与思想支配下，掩盖诸多为争名争利而引发的矛盾。在家庭中，由于各自的政治、经济地位差异，背景与阅历不同，很容易造成多重矛盾的并存，尤以家长与属员的矛盾为主，具体表现在父子、兄弟、夫妻、婆媳、妯娌等的明争暗斗、直接间接的大大小小冲突上。

（三）清人的宗族生活观念与思想

清人在宗族生活观念与思想上，一是宗法的风俗观念与思想颇强。由于宗法制度甚严，加之封建礼教、法规与保甲制度，又大大强化了清代的宗法宗族制度。在长江与淮河以南地区，有的家族几十人、几百人甚至上千人聚地而居；北方及中原也多有这种情况。聚族而居的宗族，多立祠堂。祠堂内包含同一祖先的各派子孙，是未出五服的血缘近亲与出五服的亲属的联合，其基础是拥有宗族成员的家庭。设有族长、族副等一套严密的组织机构，而大家族尤其完整。二是宗族组织立有宗规族训，且有实施教育、审理、调解族人的风俗，它是基于民间通过宗族组织寻求"安全感"、"生存权"的风俗观念，以及缘于"血缘关系"、"亲情脉络"的思想而产生的。故宗族组织制定宗族族训，规定族人的职业，族人对宗祠的义务，家长的理家权，以及族人的其他行为准则。它经常对族人进行宗法的、伦理的教育，审理族人内部的纠纷，惩办触犯宗法族规者，甚至拥有向政府押送族人的送审权。在清政府法令的允许下，甚至还可以处死族人，俨然是一级政权组织。宗族内部族长和有政治身份的人掌握着宗族权，从而与一般成员产生统治与被统治者的矛盾。宗族内外的矛盾也很多，在内部，族人之间常因经济利益与财产发生纠葛；在外部，不同宗族之间，常因政治、经济的原因，发生纠纷，诱酿诸多民间械斗事案。

（四）清人的等级生活观念与思想

清人深受天命观的影响，深信"生死有命，富贵在天"的信条，认为社会的等级、贵贱之别是"天生""注定"的。在清人的社会生活中，由于政治、法律、经济、文化方面的种种原因，呈现出明显的等级、贵贱有别的生活习尚。最底层为平民与贱民等。其顺序是：皇帝→贵族（宗室与异姓）→官僚→缙绅→平民→贱民等。

等级有序、贵贱有别的生活观念与思想，使清代中下层民众均有"认命"的风习，且多祈求祖先与神灵"护佑"今世与来生的"平安"。其中，皇帝、贵族、官僚享有政治、经济、军事、文化、法律等特权，而贱民阶层的奴婢，有卖身的，有家生的，有投靠的，主要从事家内劳动，他（她）们是主人的财产，人身受主人的控制，不能告主、叛主。政府虽然三令五申不允许任意杀害他们，但他们的主人杀害他们却享有减免罪责的特权，所以他们的生命与生存权并无保障。

（五）清人的地域生活观念与思想

以地域、地缘的人际关系作纽带，或以相同的职业、信仰作为生存与心理认同点的民间地域生活观念与思想，主要基于自身社会生活、生存、发展有效空间的"寻求"与"巩固"的需求。其中，以地域风俗观念形成的地缘群体，有"土著"、"客家"、"徽商"、"淮商"、"晋商"、"粤商"、"陕帮"、"甘（肃）帮"等；从不同的宗教信仰、宗教习俗形成的宗教群体等。这些群体既平行共存、相互维系又相互制约。

第一章
服饰与社会生活

服饰,被誉为人体的"第二层皮肤"。如果人类的第一层"皮肤"是为了保护自身的话,那么,第二层"皮肤"的服饰则是为了实现人类保护社会、美化社会、美化自然、美化空间的功能,更是审美观与道德观的和谐与统一的再现。从社会文化学来考察,服饰是一种特定的文化价值"符号",是不同社会群体权力、地位、职业差异的标识物。正如郭沫若所指出的:"衣裳是文化的表征,衣裳是思想的形象。"然而,服饰这种实用与审美相结合的装饰性造型艺术,处于"显"文化的层次上,必然受到时代、思想、审美情趣、致思方式、观念等的直接和间接影响。而封建社会有关服饰的法律规制、服用禁忌,更为某一特定时代人们的服饰生活,打上深深的权力烙印,清代即是如此。

清人的服饰,色彩缤纷,形式多样,具有强烈的时代性、规制性、民族性、多元性、实用性与时尚性特色,自成一个完整的服饰体系。该体系由帝后宗室贵胄与官员服饰、士庶民人衣冠与发式风尚、服饰使用与禁忌规制等组成,其发展既具特点(因阶层、民族、地域、习尚而异),更呈"多元一统"的文明共性。

早在清军入关前,后金统治者就开始对服饰制度加以厘定。天命八年(1623),太祖努尔哈赤规定了诸大臣、贝勒、侍卫、随侍及平民百姓的帽顶制度；天聪六年（1633）六月己巳谕官民冠服遵制划一。崇德二年（1637），太宗谕诸王、贝勒，重申服饰要遵循"祖制"，而不能轻依汉人风俗。谕称："昔金熙宗及金主亮废其祖宗时冠服，改服汉人衣冠。迨至世宗，始复旧制。我国家以骑射为业，今若轻循汉人之俗，不亲弓矢，则武备何由而习乎？射猎者，演武之法；服制者，立国之经。嗣后凡出师、田猎，许服便服，其余悉令遵照国初定制，仍服朝衣。并欲使后世子孙勿轻变弃祖制。"① 他总结历史的经验教训，将服饰与武备紧密相连，称骑射为立国之本，服饰为"立国之经"。这一方面表明，满族的服饰习俗是与骑射尚武的生活习惯相联系，是长期生活实践的产物。清军要想在马上得天下，同时又要在马上治天下，那么，骑射武备将永不能废弛，而与此相连、便于骑射的服饰，当永远保存。另一方面，不能轻易服饰，是遵循祖制的体现，是祖宗之法不可变的具体实践。乾隆时期，满族统治者及八旗军民，由于入关日久，军备渐弛，汉化日深，有鉴于此，乾隆帝命三通馆编纂进呈《嘉礼考》，详述辽、金、元各代冠服之制；亲下圣谕，谆谆训诫服饰不可轻革旧俗，宜当永守祖宗成宪。乾隆三十七年（1772），三通馆进呈纂修的《嘉礼考》，"于辽、金、元各代冠服之制，叙载未能明晰"，于是奉谕："辽、金、元衣冠，初未尝不循其国俗，后乃改用汉、唐仪式。其因革次第，原非出于一时。即如金代朝祭之服，其先虽加文饰，未至尽弃其旧。至章宗乃概为更制。是应详考，以征蔑弃旧典之由。衣冠为一代昭度，夏收殷冔，不相沿袭。凡一朝所用，原各自有法程，所谓有礼不忘其本也。自北魏始有易服之说，至辽、金、元诸君浮慕好名，一再世辄改衣冠，尽去其纯朴素风。传之未久，国势浸弱。况揆其议改者，不过云冕备章，文物足观耳。殊不知润色章身，即取其文，亦何必仅沿其式？如本朝所定朝祀之服，山龙藻火，粲然具列，皆义本礼经，而又何通天绛纱之足云耶？"在这里，乾隆帝一再强调，"衣冠为一代昭度"，既是新王朝统治在生活规范方面的重要标志，同时又是改朝换代，"不相沿袭"，清取明而代之的新王朝"法度"。这当然不能轻易更改，否则将导致"国势浸弱"的不堪设想的后果。正因为如此，《清史稿》载称，有清一代的服饰制度，"盖源自崇德初元，已厘定上下冠服诸制。高宗一代，法式加详，而犹于变本忘先，谆谆训诫。亦深维乎根本至计，未可轻革旧俗。祖宗成宪具在，所宜永守勿怠也"②。清人吴振棫《养吉斋丛录》载称："我朝服饰，列祖所定。太宗尝诫后世衣冠仪制，永遵勿替。高宗重申训谕，刻石大内之箭亭，垂示久

---

① 《清史稿》卷一百三，《志七十八·舆服二》。
② 同上。

远"①。由此可知,清朝历代统治者对服饰问题的高度重视。

对于各项人等的冠服与服饰制度,清朝统治者还以法律的形式,将它们固定下来,颁行天下,晓喻军民人等,共同遵循:

顺治九年(1652),清朝定《服色肩舆永例》,颁行天下施行;康熙九年(1670),清朝定民公以下有顶戴官员以上,禁止穿五爪蟒缎等服饰;雍正四年(1726)、八年(1730),清朝在原有的形制上,先后规定大小官员帽顶等级,对触犯服饰禁例者,严加处置;雍正十年(1732),校刊《大清会典》一书,其中有涉及服饰的规定;乾隆五年(1740),乾隆帝命敕撰《大清律例》,其中不乏服饰违制的惩处办法和条文;乾隆二十六年(1761)命敕撰《大清会典·会典则例》,其中列有冠服的具体规定;乾隆三十一年(1766),清朝校勘完成《皇朝礼器图式》;此后,在嘉庆、道光年间,清朝统治者命人纂修、完成《会典及事例、图式》、《大清通例》;光绪年间,增补修纂了《大清会典图例》。

应当指出的是,清代的服饰,特别是官服,虽废除明代的官员服饰,但仍有承袭之处。如对明代百官官服上的"补子",清代官服加以袭用,只是在服饰的形制上稍有变化。明代官员将补子饰用在常服上,而清代则将补子饰于官员补服上,只是补子式样较之明代略小。明代以靛染天鹅翎缀于红笠上,以一英、二英、三英来别其贵贱,清代则以羽翎(孔雀尾)垂于冠后,分单眼、双眼、三眼和没有眼的蓝翎来辨其贵贱尊卑;再如明代官帽帽顶有金、玉,清代官员的帽顶也用珠玉、珊瑚、宝石、金银等,且厘定更为详明。此外,明代劳动者所戴的毡帽,清代民间沿用不替;明代命妇冠缀饰的金凤、金翟,以其数目多寡以别等差,清代同样沿袭这种服饰制度。

清代服饰最大的变革,乃是清太宗和乾隆帝所谆谆训诫的宽衣大袖的形制改换为窄袖紧身的衣服,穿用马蹄袖式,是清代服饰的一大独创。其所以如此,据服饰史专家研究认为,这是由于北方寒冷冻手,马蹄袖可卷上、掩下,卷上时便于在马上弓射及灵活操作,掩下则可保护双手免受寒气侵袭。因此,它是生活方式与生活实践的产物。其他如衣服上都用纽扣(明代虽有,但非全部施用),使衣服使用时更为方便、快捷,而且衣襟的形式有所变化。尤其在衣领部分,使后期服饰在形式上变化较多②。到了清末,部分"洋务派"官僚主张"中学为体,西学为用",掀起办新学、练新军的热潮。一些去日本与欧美留学的中国留学生,在国外不仅剪掉发辫,而且身着西装革履;训练的新军采用了西式的操衣、操帽、军装、军帽。相沿已久的服饰习尚,为之一变。

---

① 吴振棫:《养吉斋丛录》卷之二十二。
② 周锡保:《中国古代服饰史》,中国戏剧出版社1991年版,第452页。

第一节　帝后宗室贵胄与官员服饰

清代帝后、宗室、贵胄勋戚及文武百官冠制、服制、饰物佩制之繁琐，为历朝历代所仅见。这些冠服、服饰，不仅形制、图案、制作、数量，因尊贵卑贱有等差，而且因季节、场合各异，有所不同。

一　帝后的冠饰与服饰

清代，皇帝为"万民之主"，其服饰不仅庄重、华贵，而且冠饰与服饰在用料、制作和形制上，体现出与众不同的特点。

皇帝冠饰：皇帝所用之冠，分为朝冠、吉服冠、常服冠、行冠、雨冠等几种。这些冠饰又分冬夏二种，冬天戴用的称为暖帽，以供防寒之用；夏天的称凉帽，以备防暑热之需。

皇帝冬朝冠，用熏貂做成，熏貂为黄黑色；十一月朔至上元时，用黑狐皮制作。冠上缀朱纬，顶三层，贯东珠各一，皆承以金龙四，饰东珠如其数，上衔大珍珠一。梁二，檐下两旁垂带交项下。

夏朝冠，织玉草或藤丝、竹丝为质，外表以罗，缘石青片金二层，里用红片金或红纱。与冬朝冠檐上仰（反折向上）不同，夏朝冠为敞檐（不折向上）。上缀朱纬，前缀金佛，饰东珠十五。后缀舍林，饰东珠七，顶则如冬朝冠。

皇帝冬吉服冠，用海龙、熏貂、紫貂做成。檐上仰，上缀朱纬，长及于檐。顶满花金座，上衔大珍珠一。梁一，亘顶上，檐下两旁垂带交项下。

夏吉服冠，以织玉草、藤丝或竹丝为质，表以罗，里为红纱绸里，石青片金缘，檐敞，上缀朱纬，内加圈，带属于圈。顶则如冬吉服冠。

皇帝的冬常服冠，红绒结顶，不加梁，余制如冬吉服冠。夏常服冠，红绒结顶，不中梁，余制如夏吉服冠。

皇帝冬行冠，用黑狐或黑羊皮、青绒为之，亦可以青呢制作，余制俱如常服冠。夏行冠，织玉草或藤丝、竹丝为之，红纱里，缘如其色。上缀朱氂，顶及梁皆黄色，前缀珍珠一。

皇帝的冬雨冠，冠顶崇，前檐深。顶及檐皆明黄色，月白缎里。毡及油绸、羽缎惟其时。夏雨冠，冠顶平，前檐敞。顶及檐皆明黄色，月白缎里。毡及油绸、羽缎亦惟其时①。

皇帝的服饰有衮服、朝服、端罩、龙袍、常服褂、行褂、常服袍、行裳、雨衣、雨裳等。

衮服，皇帝每年祭圜丘、祈谷、祈雨时穿衮服。衮服，色用石青，绣五爪正面金龙四团，两肩前后各一。左肩绣日，右肩绣月，前后篆文寿字并相间以五色云纹。其服春、秋棉、袷，冬裘、夏纱惟其时。它是在历代汉族固有衮服的基础上，加以改变而成的。

朝服，分为冬、夏二种，其形制采用上衣连下裳制。冬朝服有二式，均用明黄色，惟祀天、祈谷时用蓝色，朝日用红色，夕月用白色。一式为自十一月朔至来年上元间使用，披领及裳，俱表面用紫貂，袖端用熏貂，两肩及前后绣正龙各一，襞积处行龙六。衣前后绣十二章花纹，并间以五色云纹；另一式为披领及袖用石青色片金加海龙缘，两肩前后绣正龙各一②，腰帷行龙五③，（衣襟）正龙一，襞积前后团龙各九，裳正龙二，行龙四，披领行龙二，袖端正龙各一，前后衣裳绣十二章花纹，即绣列日、月、星、辰、山、龙、华、虫、黼黻在衣，宗彝、藻火、粉米在裳，并相间以五色云纹。下幅绣八宝平水（八宝是带有吉祥愿望的象征性纹饰，一为和合，二为鼓板，三龙门，四玉鱼，五仙鹤，六灵芝，七罄，八松）。

夏朝袍，用明黄色，惟常雩祭祀时用蓝，夕月时用月白色，余则如冬朝服二式。

龙袍，龙袍为明黄色，领、袖为石青色，片金缘。绣文金龙九。列十二章，间以五色云。领前后正龙各一，左、右及交襟处行龙各一，袖端正龙各一。下幅绣八宝立水，襟左右开，棉、袷、纱、裘，各惟其时。

常服褂，即"外褂"，色用石青，花纹则随所御用，裾左右开。

行褂，较常服褂短，长与坐时齐，袖长及肘，为石青色。

常服袍，是皇帝平常所穿用的袍子，颜色与花随所御用，裾四开。

行袍，为右衽大襟，窄袖有马蹄袖端、四开裾，形制与常服袍同，惟长比常服袍减短十分之一，右面的衣裾下短一尺，以便于乘骑之需，又称"缺襟袍"。不骑马时，将右裾下短一尺的一幅用三个纽扣扣拴，即同常袍一样。

行裳，色随所御用，左右各一片，前平，后中丰，上下敛。上用一横幅以

---

① 《清史稿》卷一百三，《志七十八·舆服二》。
② 正龙，又称坐龙，其图案是龙首的面向正面，姿态是头部左右对称，似一条正面而坐的龙。它是龙纹中最尊贵的纹饰。
③ 行龙，又称走龙，其图案为龙在行走之态。

带系之，横幅用石青布为之，或用毡用袷；冬用裘为表，或用鹿皮、黑狐为里。

雨衣，有六式，一如常服褂，而长与袍相称。自衽以下加博。上袭重衣。领下为襞积。无袖。斜帷相比，上敛，下递丰。两重俱加掩襟，领及纽约皆青色。一以毡及羽缎制作，月白缎作里。不袭重衣。领及纽约如衣色，油绸为之，不加里。纽约青色。一如常服褂而加领，长与袍称。用毡羽缎制作，月白缎为里。领及纽约如衣色。一如常服袍而袖端平，前施掩裆，油绸不加里。领用青羽缎，纽约青色。外加袍袖如衣色。一如常服褂，长与坐齐。用毡、羽缎制作，月白缎作里。领及纽约如衣色。一式如常服袍而加领，长与坐齐。用油绸制作，不加里。袖端平，前加掩裆，领用青羽缎，纽约青色。

雨裳，有二式，颜色俱为明黄色。一式为左右幅相交，上敛下递博。上前加浅帷为襞积。两旁缀以纽约，青色。腰为横幅，用石青布，两末削为带系之。一式前为完幅，不加浅帷，余与前式相同。

端罩，用紫貂制作，自十一月初至来年正月十五日穿用者用黑狐。用明黄缎衬里，左右各垂二带，带式为下阔而锐，颜色正反面相同。

清代皇帝的服饰，除冠与服之外，尚有身上挂的朝珠；腰间束的朝带、吉服带、行带等附件与饰物、常服带等。上述清代皇帝的冠服，乃是乾隆朝"增改"以后，历朝遵行的制度。

皇后、太皇太后、皇太后、贵妃、嫔、贵人等的冠饰、服饰、饰物，各有等差，严格遵循定制。

皇后、太皇太后、皇太后朝冠：科用熏貂，夏以青绒为之，冠体为圆顶呈半圆坡状，周围有一道冠檐。冠体上缀朱纬，冠顶呈宝塔形，分三层，每层贯东珠各一，皆承以金凤，饰东珠各三，珍珠各十七，上衔大东珠一。朱纬上周缀金惋丝凤凰七，每个凤身上饰东珠九，猫睛石一，每个凤的凤尾饰珍珠二十一。冠后金紫丝翟（雉鸟）一，翟背饰猫睛石一，翟尾饰珍珠十六。从翟鸟下垂珠结，由五行每行六十四颗珍珠串连，平排垂挂，在五行垂珠的半中间，接衔一个圆形青金石结，系用金惋丝圆形饰片嵌青金石一，东珠六，珍珠六制成。然后再从石结下面接垂五行的后半串珍珠。共珍珠三百二颗，这称为"五行二就"。每行大珍珠一，末缀珊瑚。冠后从冠檐里边下垂倒葫芦形护领，护领下端垂明黄色丝绦两条，末缀宝石。冠左右缀青色缎带。皇后夏朝冠以青绒为之，余制如冬朝冠。

吉服冠：冠形基本相同，以熏貂为之，上缀朱纬，顶用东珠。

皇贵妃朝冠，型制与皇后朝冠相同，差别是七只金凤上没有猫睛石，翟鸟下所垂珠结不是五行二就，而是"三行二就"，共用珍珠一百九十二颗。

妃、嫔朝冠，顶都是二层，每层承以金凤，每凤饰东珠九，珍珠十七，妃冠顶上衔猫睛石，嫔上衔砢子。朱纬上周缀金凤五，每凤饰东珠七、珍珠二十一。后金翟一，妃翟上饰猫睛石一，珍珠十六，嫔翟上只有十六颗珍珠，没有猫睛石。从翟鸟下垂的珠结三行二就，妃用珍珠一百八十八，中间金衔青金石结一，饰东珠、珍珠各四，末缀珊瑚。嫔翟鸟下垂的珠结三行二就用珍珠一百七十二颗，中间金衔青金石结一，饰东珠、珍珠各三，末缀珊瑚。余同皇贵妃。吉服冠顶用碧瑶玐。

朝褂，皇后、太皇太后、皇太后、皇贵妃朝褂，有三种款式，均为石青色，织金缎或织金绸镶边。一为圆领对襟，有后开裾，缺袖的长背心，自胸围线以下作襞积（摺裥），其纹饰在胸围线以上前后绣立龙各二条，胸围线以下则横分为四层，第一第三两层分别织绣行龙前后各二条，第二第四两层分别织绣万福（蝙蝠）万寿（团寿字），均以彩云相间。二为圆领对襟、缺袖、后开裾、腰下有襞积的长背心，纹饰前胸后背织乡正龙一条，腰帷织乡行龙四条，下幅织绣行龙八条。三个装饰部位下面均有寿山纹，平水江牙。三为圆领、对襟、缺袖，无襞积左右开裾至腋下的长背心，前后身各织绣大立龙各二条相向戏珠。下幅为八宝寿山江牙立水、立龙之间彩云相间。这三种朝褂领后均垂明黄色绦，绦上缀饰珠宝。朝褂穿在朝袍外面，穿时胸前挂彩帨、领部有镂金饰宝的领约、颈挂朝珠三盘、头戴朝冠，脚踏高底鞋，华美绝伦。

贵妃、妃、嫔朝褂，与皇贵妃相同，但领后的绦为金黄色。皇子福晋、亲王福晋、世子福晋朝褂，用石青色，织金缎、绸边，饰纹前行龙四、后行龙三。领后垂金黄绦，上缀杂饰。贝勒夫人、贝子夫人、镇国公夫人、辅国公夫人朝褂，石青色，织绣四爪蟒，领后垂石青绦。民公夫人以下朝褂，石青色，织金缎、绸边饰纹前行蟒二，后行蟒一，领后垂石青绦。

朝袍，皇太后、皇后朝袍，分冬夏两类，明黄色，其款式由披领，护肩与袍身组合。冬朝袍有三种形式：一为左右开裾高至腰线以上，袍身无襞积。饰纹金龙九条，间以五色云，下幅寿山江牙，八宝平水。衣身明黄色。披领饰龙二。两袖端饰正龙各一，袖相接处饰行龙二。两袖端饰正龙各一，袖相接处饰行龙各二。披领及接袖、综袖、袖端均石青色，片金（织金缎、织金绸）加貂皮边，在边的里侧钉三色金线的装饰。肩上下袭朝褂处（护肩外侧不与袖身缝死的一面）及袍襟右侧和底边亦加边。皇贵妃冬朝袍相同，贵妃、妃冬朝袍用金黄色，嫔冬朝袍用秋香色。二为袍身腰下部位有襞积，饰纹前胸后背正龙各一，两肩行龙各一，腰行龙四，下幅行龙八。各装饰区下均有寿山平水，间五色云。以片金加海龙缘边。三为除袍后身加后开裾外，第一式样夏朝袍有两种形式：一为以妆花绸、妆花缎、妆花纱织成料，刺绣绸、纱、缎等作面料，单夹随季节，以片金缘边。二为面料第一式夏朝袍，单夹随季节。余如冬朝袍第三式。

龙褂，龙褂为圆领、对襟、左右开气、平袖端、长与袍相应的服装。龙褂只能由皇后、皇太后、皇贵妃、贵妃、妃、嫔服用。皇子福晋、亲王福晋、郡王福晋、固伦公主所穿叫吉服褂而不称龙褂。皇后龙褂纹饰，有三种类型，均为石青色。一为饰五爪金龙八团，两肩、前胸后背各一团为正龙，前后襟行龙各二团；下幅八宝、寿山水浪江牙及立水纹；袖端行龙各二及水浪纹。二为只饰五爪金龙八团，下幅及袖端不施纹采。三为饰五爪金龙八团，下摆加水浪江牙、寿山、立水纹。太皇太后、皇太后、皇贵妃、贵妃、妃龙褂与此相同。嫔所穿龙褂，两肩前后正龙各一，襟夔龙四，余同妃。

龙袍，皇后、皇太后龙袍为圆领、右衽在襟、左右开裾、袖有袖身、接袖、综袖、马蹄袖端的长袍。明黄色，领与接袖、中接袖、袖端石青色。纹饰有三种类型，一为饰金龙九条，间以五色云及福、寿纹，下幅饰八宝立水，领托前后饰正龙各一，左右及交襟处饰行龙各一，袖端饰正龙各一，袖相接处饰行龙各二。棉、夹、裘随季节而定。皇贵妃龙袍相同，贵妃、妃龙袍金黄色，嫔龙袍香色。二为织绣五爪金龙八团，两肩、前胸、后背饰正龙各一。襟饰行龙四。下幅饰八宝立水。三为下幅无纹饰，余如第二种类型龙袍。

二 皇子、亲王、福晋以下冠服

清代皇族，除皇后、皇太后、太皇太后、皇贵妃、贵妃、妃、嫔、贵人外，还有皇子、亲王、郡王及福晋（亲王、郡王原配之妻称福晋，余称庶福晋或福金，其下则称夫人）；贝勒、贝子、镇国公、辅国公、镇国将军、辅助国将军、奉国将军、奉恩将军；固伦（皇后所生之女为固伦公主）额驸（夫婿）、和硕（妃所生之女为和硕公主）额驸、县主（郡王女为多罗格格，即县主）额驸、县君（贝子女为固山格格，亦称县君）额驸、乡君额驸；固伦公主、和硕公主、郡主、县主、郡君、县君、乡君；辅国将军夫人、镇国将军夫人、贝勒贝子夫人、奉国将军淑人、奉恩将军恭人等。异姓封爵的有公、侯、伯、子、男及夫人。对他（她）们的冠服，清朝也有详尽的规定，以封建等级而各有等差。

三 文武官员及命妇冠服

清代文武官员，包括一品至九品官员，以及未入流的品官等。而文武品官的妻子，为有诰命封授的妇人，又称命妇。官员服饰的区别等差，主要视其冠上的顶子、花翎、补服上绣的禽鸟和兽类纹样的不同来加以区别。清代补服的补子除方形外，还有圆形的，圆形补子除绣于胸背之外，还有绣于两肩者。圆形补子远比方形补子为贵，而绣于胸背及两肩四团补子者为"补服"的高贵者。

清朝规定圆形补子只用于亲王、郡王、贝勒、贝子，而四团圆形补子仅用于亲王、郡王。辅国将军以及文武百官等只能用方形补子。较之明代，清代补服的服色分两种：以石青色为贵，亲王、郡王、贝勒、贝子、镇国公、辅国公、镇国将军、奉恩将军、民公、侯、伯、子、男爵，均用石青色；文武百官一品至九品，其"补服"服色，基本都有天青。补服仍呈体现等级制度的形态。命妇的冠服，按照封建等级规定，仍反映出自身的一些特色。

1. 朝冠、吉服冠表

朝冠顶子	吉服冠顶
文一品，顶红宝石；武一品同	顶珊瑚、武同
文二品，顶珊瑚；武二品同	镂花珊瑚，武同
文三品，顶珊瑚；武三品蓝宝石	蓝宝石，武同
文四品，顶青金石；武四品同	青金石，武同
文五品，顶水晶；武五品同	水晶，武同
文六品，顶砗磲；武六品同	砗磲，武同
文七品，顶素金；武七品同	素金，武同
文八品，阴文镂花金顶；武八品	同朝冠，武同
文九品，阳文镂花金顶；武九品同	同朝冠，武同
未入流，同文九品	未入流，同文九品
从耕农官，顶同八品	一等侍卫，如文三品
一等侍卫，顶如文二品	二等侍卫，如文四品
二等侍卫，顶如文四品	三等侍卫，如文五品
三等侍卫，顶如文五品	蓝翎侍卫，如文六品
蓝翎侍卫，顶如文六品	

2. 补服表

文官补服图案	武官补服图案
文一品，绣鹤；都御史绣獬豸	武一品，绣麒麟
文二品，绣锦鸡	武二品，绣狮
文三品，绣孔雀，都御史、按察史绣獬豸	武三品，绣豹
文四品，绣雁，道绣獬豸；道绣獬豸	武四品，绣虎
文五品，绣白鹇；给事中、御史绣獬豸	武五品，绣熊

续表

文官补服图案	武官补服图案
文六品，绣鹭鸶	武六品，绣彪
文七品，绣鸿鶒	武七品，绣犀牛
文八品，绣鹌鹑	武八品，如文八品
文九品，绣练雀	武九品，绣海马
未入流，同文九品	未入流，同文九品

3. 朝带朝服、蟒袍、端罩表

文官式样	武官式样
文一品，朝带镂金衔玉方版四，饰红宝石一，余如公	武一品，皆如文一品
文二品，朝带镂金圆版四，饰红宝石一，余如文一品	武二品，皆如文二品
文三品，朝带镂花金圆版，余如文二品	武三品，朝服无貂缘，无端罩
文四品，蟒袍绣四爪八蟒，朝带银衔镂花金圆版四；余如文三品	武四品，皆如文四品
文五品，朝服色用石青，片金缘，云缎，方襕行蟒各一，中有襞积。领、袖石青妆缎。朝带银衔素金圆版四，余如文四品	武五品，皆如文五品，无朝珠（三等侍卫戴孔雀翎，用朝珠）
文六品，朝带银衔玳瑁圆版四，余如文五品。惟无朝珠。（五品以下，京堂、翰詹、科道用貂裘、朝珠。六品官以下，太常寺、鸿胪寺、光禄寺、国子监属官、坛庙执事、殿庭侍仪用朝珠。）	武六品，皆如文六品。（蓝翎侍卫，朝服、端罩、朝珠均同三等侍卫，余如武六品）
文七品，朝带素圆版四。蟒袍绣四爪五蟒，余如文六品	武七品，同文七品
文八品，朝服色用石青云缎，无蟒。领、袖冬、夏皆青倭缎，中有襞积。朝带银衔明羊角圆版四。余皆如文七品	武八品，同文八品
文九品，朝带银衔乌角圆版四，余皆如文八品	武九品，同文九品
未入流，制如文九品	未入流，制如文未入流

4. 命妇冠服表

命妇品名	冠服式样
一品命妇	朝冠顶镂花金座，中饰东珠一，上衔红宝石。余皆如民公夫人
二品命妇	朝冠顶镂花金座，中饰红宝石，上衔镂花珊瑚。吉服冠顶亦用镂花珊瑚。余如一品命妇

续表

命妇品名	冠服式样
三品命妇	朝冠顶镂花金座，中饰红宝石一，上衔蓝宝石。吉服冠顶亦用蓝宝石。余如二品命妇
四品命妇	朝冠项镂花金座，中饰小蓝宝石一，上衔青金石。吉服冠顶亦用青金石。朝袍片金缘，绣文前后行蟒各二，中无襞积。后垂石青条，杂饰帷宜。蟒袍通绣四爪八蟒。朝裙片金缘，上用缎缎，下石青行蟒妆缎，均正幅，有譬襞积。余皆如三品命妇
五品命妇	朝冠顶镂花金座，中饰小蓝宝石一，上衔水晶。吉服冠顶用水晶。余皆如四品命妇
六品命妇	朝冠顶镂花金座，中饰小蓝宝石一：上衔砗磲。吉服冠顶用砗磲。余皆如五品命妇
七品命妇	朝冠顶镂花金座，中饰小晶一，上衔素金。吉服冠顶用素金。蟒袍通绣五蟒。余皆如六品命妇

资料来源：《清史稿》卷一〇三，《志七十八·舆服二》。

第二节　士庶民人衣冠风俗

　　对士庶民人的衣冠服饰，清代有明文规定。但是从乾隆初年以后，服饰的变化大有突破贵贱等第的堤防之势。团龙补服，明珠冠顶，禁止臣民僭用，违者治罪。但乾隆后，恣意穿戴者屡见不鲜。礼法规定，凡珊瑚、宝石、水晶、砗磲等帽顶只有六品以上的官员才能使用①。自咸丰兵兴以后，各军营保举及按事例捐纳的官员越来越多，于是"知县无不蓝имущ其顶，即佐杂等官，亦多水晶车磲者"②。康熙时，士人仅仅穿裘衣，帽子大红线顶，十得一二；乾隆中期，里巷妇孺皆着裘衣，大红线顶，十之八九。庶民之家，以穿布衣为耻。惟有皇上能用的团龙、立龙之饰，高贵的泥金剪金之衣，普通民户也有僭用。民众在衣冠服饰上，崇尚追求以华奢为荣，以朴素为耻；以高贵为荣，以卑贱为耻。突破礼法界限，通过改变外在身份标志，跻身更高层次的欲望与日俱增③。如无锡地区，乾隆时，人们以布为耻贱，而以"绫缎绸布，争为新式新样"。有不改布素者竟被人"指目讪笑"。冬天富者穿着的是过去只有达官贵人服用的狐裘狢

---

① 《清史稿》卷一百三，《志七十八·舆服二》。
② 陈其元：《庸闲斋笔记》卷六，《职官章服之沿革》。
③ 张仁善：《礼·法·社会》，商务印书馆2013年版，第159页。

狲之类的衣服，间还有穿貂皮者①。原来"素号淘质"的乡间，到乾隆后期"冬皆皮裘，夏皆纱罗，以嵌山羊皮为不足齿，葛不经见，甚至妇人女子，十有六七，亦衣裘衣羽缎矣"②。官员违制僭用者更不在少数，湖南布政司理事瞿中溶告病回籍，不享有正式官员顶戴，但他在乡里竟僭用五品顶戴，且因涉讼詈骂本届知县而被依律惩处③。概而论之，乾隆后期衣饰一改以前的淡素款色，"不论富贵贫贱，在乡在城，男人俱是轻裘，女人俱是锦绣。货物愈贵，而服饰者愈多"④。道光、咸丰时，这种变化趋于高潮，其中太平天国运动对传统衣饰制度更是一次致命的冲击和革命。

一 士庶衣冠

清代，举、贡、生、监谓之士，其他杂项谓之庶。他们的衣冠服饰，虽自成体系，然与清代文武官员的服饰却有相通之处。《清史稿》对其有详尽记载，兹列表予以说明。

士庶衣冠规制表

士庶名称	衣冠规制
会试中式贡士（进士）	朝冠，顶镂花金座，上衔金三枝九叶。吉服冠顶用素金
状元	金顶，上衔水晶。授职后，各视其品
举人	公服冠，顶镂花金座，上衔金雀。公服袍，青绸蓝缘。披领如袍式。公服带，制如文八品朝带。吉服冠，顶银座，上衔素金
贡生	吉服冠，镂花金顶。余同举人
监生	古服冠，素银顶。余同举人
生员	朝冠，顶镂花银座，上衔银雀。公服袍，蓝绸青缘。披领如袍式。公服带，制如文九品朝带。吉服冠，顶与监生同
外郎、耆老	冠顶以锡
从耕农官	袍以青绒为之。顶同八品
祭祀文舞生	冬冠，骚鼠为之，顶镂花铜座，中饰方铜，镂葵花，上衔铜三角，如火珠形。袍以绸为之，其色南郊用石青，北郊用黑，各坛庙俱用红，惟月坛用月白。前后方襕销金葵花。带用绿绸
祭祀武舞生	冠顶上衔铜三棱，如古戟形。袍以绸为之，通销金葵花。余俱与文舞生同
乐部乐生	冠顶镂花铜座，上植明黄翎。乐部袍红缎为之，前后方襕绣黄鹂，中和韶乐部乐生执戏竹人服之；通织小团葵花，丹陛大乐诸部乐生服之。带均用绿云缎

---

① 《锡金识小录》卷一，《备参上》。
② 瞿宣颖纂：《中国社会史料丛钞》上册，上海书店1985年影印版，第125页。
③ 《刑案汇览》卷十一，《礼律·禁止迎送·道光十二年说帖》。
④ 钱泳：《履园丛话》卷七，《骄奢》。

续表

士庶名称	衣冠规制
卤簿舆士	冬冠,以豹皮及黑毡为之,顶镂花铜座,上植黄明翎,袍如丹陛大乐诸部乐生。带如祭祀文舞生
卤簿护军	袍石青缎为之,通织金寿字,片金缘。领、袖俱织金葵花。带如祭祀文舞生
卤簿校尉	冬冠,檐,顶素铜,上植明黄翎。袍、带俱同卤簿舆士

资料来源:《清史稿》卷一〇三,《志七十八·舆服二》。

二 民人服饰

地方民人服饰式样繁杂,南北东西各异。兹根据徐珂《清稗类钞》一书《服饰类》有关条目、地方志等文献资料,对清代民人服饰的变化沿革、民人服饰式样、一般男子的服饰、一般妇女的服饰、妇女的发型与饰物、民人的饰物等,作概要介绍。

(一)民人服饰的变化

顺治初年,清朝诏定官民服饰,命男子皆"削发垂辫"。是时"江苏男子,无不箭衣小袖,深鞋紧袜,非若明崇祯末之宽衣大袖,衣宽四尺,袖宽二尺,袜皆大统,鞋必浅面矣。即幼童,亦加冠于首,不必逾二十岁而始冠也"。民间服饰盛传"生降死不降,老降少不降,男降女不降,妓降优不降"之说,民人"生必从时服,死虽古服无禁;成童以上皆时服,而幼孩古服亦无禁;男子从时服,女子犹袭明服。盖自顺治以至宣统,皆然也"[①]。清代民人的服饰,大体沿袭此种规范而发展变化。

官民服饰,有区别,又有相通之处。在服饰式样、色泽等方面,更是彼此交融,相互影响。清初,袍褂有用红绿组绣者,其后吉服用绀,素服用青,别无他色。至康熙朝,花样有富贵不断、江山万代、历元五福诸名称,又有暗纹蟒服,如宫制蟒袍而组绣者。袍褂"皆用密线缝纫,行列如绘,谓之实行。袖间皆用熨折如线,满语名曰赫特赫。后惟蟒袍尚用之,他服则无之矣"。

京师一带民间"燕居",本无穿着"行衣"的习尚。但自乾隆"傅文忠公征金川归,喜其便捷,名得胜褂,其后无论男女,燕服皆著之。色料初尚天蓝,乾隆中,尚玫瑰紫,末年,福文襄王好著深绛色,人争效之,谓之福色。嘉庆时,尚泥金色,又尚浅灰色。夏日纱服皆尚棕色,贵贱皆服之。衬服初尚白色,嘉庆时,尚玉色,又有油绿色,国初皆衣之,殆尚前代绿袍之义。高宗恶其黯然近青色,禁之。嘉庆时,优伶皆用青色倭缎、漳绒等缘衣边,以为美饰,如

[①] 徐珂:《清稗类钞》第十三册,《服饰类·诏定官民服饰》。

古深衣。奴隶辈皆以红白鹿革为背子"。

"士大夫燕居，皆戴便帽，其制如暖帽而窄其檐，上用红片锦或石青色，缘以卧云，如葵花式，顶用红绒结，顶后垂红缦尺余，老少贵贱皆冠之。惟老人夏日畏早凉，用青缎缝纫衬凉帽下，如帽头状，初不以为燕服也。至毡帽之尚沿明式，皆农夫、市贩之服，人皆贱之。嘉庆时，盛行帽头，蟠金线组绣其上，且有以明珠、宝石嵌之者，如古弁制，惟顶用红绒结顶，稍异耳。士大夫皆冠之。春秋间徜徉市衢，欲求一红缨缀冠者，未易见。毡帽，则以细毯为之，檐用紫黑色。或有缀金线蟠龙为饰者，非复往日朴素，为士大夫冬日之燕服。往日便帽之制，不复睹矣。"（见《清稗类钞·服饰沿革》条）

从上述民人的袍褂、行衣、便帽的变化，可以看出，服饰风俗较之明代，已为之一变；在官员、士大夫中流行的服装款式，传至民间后，为民人仿制效尤，并引以为时髦。

清代民人服饰变化的另一重要特点，是满汉服饰文化的交流。这种交流，自上而下，是以渐进与隐蔽的方式进行的。《清稗类钞·高宗仁宗垂意服饰》条记载乾隆帝与嘉庆帝父子对汉服的垂青，以及旗人子弟不习骑射，而效汉人服饰的史实。史载：乾隆帝在宫，"尝屡衣汉服，欲竟易之。一日，冕旒袍服，召所亲近曰：'朕似汉人否'？一老臣独对曰：'皇上于汉诚似矣，而于满则非也。'乃止。

"或曰，巴克什达海库尔缠尝劝高宗用明代服饰，高宗曰'我辈若宽衣大袖，则左佩弓，右挟矢，忽遇硕翁科罗巴图鲁劳萨，挺身突入，能御之乎？我国士卒初有几何，因娴于骑射，所以野战则克，攻城则取，天下盛称我兵，曰立则不动摇，进则不回顾也。'

"列朝鉴于北魏之崇效汉俗，因以自弱，故力欲保存其固有尚武之俗。康熙以后，八旗子弟渐有不习骑射即于文弱者。圣祖迭加申饬，垂为厉戒，后且及于妇女。乾隆己卯，高宗谕曰：'此次阅选秀女，竟有仿汉人装饰者，实非满洲风俗。在朕前尚尔如此，其在家，恣意服饰，更不待言。嗣后但当以纯朴为贵，断不可任意妆饰'。此一事也。乙未又谕曰：'旗妇一耳带三钳，原系满洲旧风，断不可改饰。朕选看包衣之秀女，皆带一坠子，并相沿至于一耳一钳，则竟非满洲矣，立行禁止。'此又一事也。嘉庆甲子，仁宗谕曰：'今镶黄旗汉军应选秀女，内缠足者竟至十九人，殊为非是。此次传谕，仍有不遵循者，定将秀女父兄照违制例治罪。'此又一事也。"

中国古代，上导之为风，下行之为俗。乾隆帝、嘉庆帝青睐汉族服饰，在宫中向文武百官展示，这种"上导"的行动，当然会引起官与民在感情与行动上的巨大反响；另一方面，满汉人民通过生活、生产的频繁接触与交往，当然会在服饰方面相互影响，这是时代的大势所趋、人心所向，非行政的命令、皇帝的圣谕所能遏止的。

清代，民人阶级地位的差异，往往导致在服饰的质地、样式方面存在差别，这是民人服饰变革较为突出的特点。

清政府为维护服饰，上下有别、贵贱有等、贫富有差，在《会典》中明确规定，凡农家许着绸、纱、绢、布，商贾之家只许着绢、布。农民之家有一人为商贾者，不许着绸纱。由此可见清朝"贱农商，而商尤轻于农也"（见《清稗类钞·农商之衣》条）。在度冬常服方面，因阶级差异，而有等别。所谓"人之阶级，析而计之，何啻万千，言其大别，则有三：一曰上流社会，二曰中流社会，三曰下流社会。上流富，中流者介于贫富之间，下流贫"。在度冬防寒服饰方面，差异更大，"常人眼光，每以其度冬之常服判之。上流必有狐裘，中流必有羊裘，下流则惟木棉，且有非袍者矣"（见《清稗类钞·度冬之常服》条）。各等级之间的差别一目了然。

（二）地方民人服饰

江浙地方民人服饰，不仅异于北方，即在南方，亦较特殊。《清稗类钞·江浙人之服饰》载称，苏州风俗浇薄，康熙之服饰，"奇邪已甚"，时有作吴下谣称："苏州三件好新闻，男儿著条红围领，女儿倒要包网巾，贫儿打扮富儿形。一双三镶袜，两只高底鞋，到要准两雪花银。爹娘在家冻与饿，见之岂不寒心？谁个出来移风易俗，唤醒迷津，庶几可以辟邪归正，反朴还醇。"

同治、光绪年间，苏州及江浙男子"衣尚宽博，眼镜咸用墨晶，裤袱镶黑缎数重，白布袜，短靴，刺花，鞋帮极窄，底厚寸许，辫发松垂脑后，夏日咸握牙柄黑折扇"。光绪中叶至宣统，服饰为之一变，男子衣皆尚窄，袍衫之长可覆足，可褂背心之短不及脐，凡有袖，取足容臂而已。帽尚尖，"必撮其六折，使顶尖如锥，戴之向前，辄半覆其额。其结小如豆，且率用蓝色。腰巾至长，既结束，犹著地也。色以湖或白为多"。

顺治、康熙时，江浙妇女妆饰，以苏州为最时髦，犹如欧洲的巴黎。词人朱竹垞尝于席上为词，赠妓张伴月云："吴歌《白纻》，吴衫白纻，只爱吴中梳裹。"

清代后期的上海，繁华甲于全国，一衣一服，莫不矜奇斗巧，日出新裁。其间由"朴素而趋于奢侈，固足证世风之日下，然亦有由繁琐而趋于简便者，亦足见文化之日进也。衣由宽腰博带，变而为轻裾短袖，履由高底仄头，变而为薄底阔面，皆于作事行路，良多利益。光绪末，暑则雕毛扇，寒则风帽、一口钟。雕毛扇价甚昂，一柄须十余金，后则易之以五寸之纸折扇，廉而且便，风帽、一口钟亦易以大衣。此由繁琐而趋于简便之一端也"。光绪朝时，"沪妓喜施极浓之胭脂,因而大家闺秀纷纷效尤,然实始于名妓林黛玉,盖用以掩恶疮之斑者也。自女学堂大兴,而女学生无不淡妆雅浮,洗尽铅华,无复当年涂粉抹脂之恶态,北里亦效之。故女子服饰,初由北里而传至良家,后则由良家而传至北里,此其变迁之迹,极端相反者也"(见《清稗类钞》第十三册,《服饰类·江浙之服饰》条)。

地处开封地区的民人服饰,更是别有一番式样。清人记述,汴中男女衣服,喜用青、蓝两色土布,洋布极少,绸缎更为罕见。孩童红衣为多,甚至上下通红,名曰十二红。妇女"衣长袖大,裤必扎腿,然不著裙,髻圆足小,面抹浓粉。行路时,老幼均用拐杖拄之,或且策蹇以代步,宣统时犹然"(见《清稗类钞·汴人之服饰》条)。光绪《永城县志》记载当地服饰风俗时说:"妇女首覆以布,间有纻纱,少者以长为美,两端下垂尺余,插以横簪,富者以银为之,贫者即用铜簪,所以绾首幅也。男女服,用布素居多。"①

地处西北陕甘地区的民人服饰,较之其他地区而言,也有浓郁的地方特色。如归化城民人男女,平日"衣帽无别,惟女子以珊瑚、玛瑙相累作坠。耳环长寸余而下锐。卷黑布如筒,贯发其中,垂于两肩。亦有耳垂两环者。项带银圈,或数珠。红锦作帕,有以八字分贴项后者。习尚最重帽,以露顶为羞"(见《清稗类钞·归化人之服饰》条)。

清初,陕西汉中民人服饰崇尚白色,"男女皆以白布裹头,或用黄绢,而加白帕其上,或谓为诸葛武侯带孝,后遂相尚成俗。汉中太守滕某严禁之,始渐少"。但是,西凤等地"诸府亦然,而华州、渭南等处尤甚。凡元旦吉礼,必用素冠白衣相贺也"(见《清稗类钞·陕西人之服饰》条)。乾隆《临潼县志》记载,该地"男子冠多不缨;妇人虽浓妆,必以白布饰其首,盖西方金也,山曰太白,故多尚白,从来远矣"②。

甘肃地处西北僻地,民人服饰,甚为古朴。民间衣着"服饰朴素,尤甚于陕。光绪时,民皆衣褐,《孟子》所谓'褐宽博'是也。褐以羊毛织成,有粗细两种,粗者可御寒,细者中有微孔,可祛暑"。《合水县志》说:"通县惟广文、致仕归者有缎,余俱布衣,表里具;而冬月袭以羊裘者,即富翁矣。贫者亦羊裘,无面,而三伏尚衣之,或冬月转无有矣。究其故,则以俭岁,糊口之不给,而遑言蔽体;丰年谷贱,而布亦极贵,枲石余不能置一袄也。然则毛绒禁而纺

---

① 《中国地方志民俗资料汇编·中南卷》,书目文献出版社1991年版,第137页(以下简称《方志民俗资料·中南卷》)。

② 《中国地方志民俗资料汇编·西北卷》,书目文献出版社1989年版,第49—50页(以下简称《方志民俗资料·西北卷》)。

织成，民其衣褐哉。"① 乾隆《西和县志》记载："地不产丝，人绩胡麻、纺棉，织粗布服之。富者或衣褐帛，次者衣细布，然皆来自商贩，非本地所织。"②《岷州志》云："岷人之服，惟缙绅及旧家子弟之能守其业者，间衣绸缎，要皆以布为主。此中不事女红，俱易之商人，梭布为上，小布次之，表里上下之衣，不出乎此。其次，衣褐。""冠用绒毡之属，加以朱缨，夏用藤胎鬃缨。"妇人冠用银鬃，或用纱髻，以红衫翠裙为艳饰，亦多以布为之，或内衣窄袖小衫，外加以套，下与裙齐。"簪不以金饰，银者亦不常用，其佩之无珒者惟珥，且长幼同焉"，大抵口体之奉，"惟岷最称俭约，苟勤于生殖，晋风之饶俗无难立致也"③。同治、光绪年间，陕甘地区发生轰轰烈烈的回民起义，清政府派左宗棠率军镇压。其时，"左文襄公度陇，始申命将吏，辟道路，徕商旅，劝种棉，习织布，且自携南方百蔬之种移植金城，于是甘人始得衣絮布矣"（见《清稗类钞·甘肃人之服饰》条）。

在地方民人服饰中，妇女的服饰，不仅花样繁复，服饰风尚各异，而且颇具地区与时代风貌。

对大同妇女服饰，"麒玉符都统有《出塞纪程》诗，其《大同道上书所见》二首曰：'绛色襜褕绿裲裆，皮冠覆额紫貂长。琵琶千载余风在，学得明妃出塞妆。'又曰：'布裙椎髻亦风流，窄窄双莲曲似钩。记得大明天子事，至今争戴玉搔头。'盖大同冬日苦寒，妇女多戴皮冠，更饰小簪，殆仿搔头遗制也"（见《清稗类钞·大同妇女之服饰》条）。

上海妇女服饰，同治、光绪时"青楼中人之衣饰，岁易新式，靓妆倩服，悉随时尚。而妓家花样翻新，或有半效粤妆者。出局时，怀中皆有极小银镜，观剧侑酒，随置座隅，修容饰貌，虽至醉，亦不云鬟斜軃宝髻半偏也。至光、宣间，则更奇诡万状，衣之长及腰而已。身若束薪，袖短露肘，盖欲以标新领异，取悦于狎客耳。而风尚所趋，良家妇女无不尤而效之，未几，且及于内地矣"。其中，更有"戴西式之猎帽，披西式之大衣者，皆泰西男子所服者也"。这些女扮男装的妇女，在闹市中，常徒步而行，杂稠人中，"几不辨其为女矣"（见《清稗类钞·沪妓之服饰》条）。

浙江《安吉县志》记载，同治时"男子正服皆以布服，纱缎者少。妇女首饰，金银珠翠；衣裙，绫罗缎蟒，虽贫家亦具数事，然常服衫裙皆用布，绝无

---

① 《方志民俗资料·西北卷》，第187页。
② 同上书，第203页。
③ 同上书，第213—214页。

靡饰……城市衣纱罗者颇多。服尚时式，虽乡村亦然，较之旧俗盖相去远甚"①。《宣平县志》说："清季以后，习尚繁华，不仅富家子弟好着绫罗纱绔，新奇异样，远购都会，即中等之家亦尤而效之，以为非此则自惭形秽者，然谨厚老成犹崇尚朴素，不屑效尤。至妇女亦渐趋入繁华，惟家居仍着布为多，如遇初婚及喜庆等事，则珠翠绮縠，称家浓淡，不以炫耀为嫌。"②而开化妇女衣饰，"宣统时，但得衣布衫，花布裤，便蹀躞道途，自以为备极华美矣"。在专售制作服饰的市场店铺，其"绸肆无整疋之绫罗，盖售为镶鞋饰领之用，决不以之制衣也。且不系裙。有询之土人者，土人云，既有裤，何必裙"（见《清稗类钞·开化妇女之服饰》条）。

湘潭妇女衣着，道光时贫妇椎髻鹑衣。后则少妇童女，盛施朱粉。入湘乡，则衣饰异矣。咸丰时，东南盛为拖后髻，曰苏州罢，盖服妖也。王壬秋为之诗曰："桥上当垆女，双金绣额圆。巧挽苏罢髻，娇索市门钱。旧日村牢落，究薐泪泫然。繁华非盛世，饥乱况频年。"（见《清稗类钞·湘潭妇女之服饰》条）

福建闽中妇女，居城镇者皆为小足妇。其民风，"自缙绅以至小家，莫不以小足相尚，妆饰与他处无甚异。此等妇女，率多不任步履，故街市中初不恒见。偶一见之，亦必拄杖而行，或倩人扶掖，与残疾者无异"。但是，乡下劳动妇女则完全为大足，充担负役，步履快捷；其服饰更有别于前者。"其居村野者，呼为乡下妹，则完全天足，入城者恒为人充担负役。此等妇女，装束特异，头绾高髻，旁插银箭一双，长七八寸及尺余者不一，中一银枪称是。耳悬银环，大几逾盘，年幼好修饰者，其环愈大，箭愈长也。下则白足，不袜不履，冬日虽身衣皮服，而跣足如故。遇令节或庆吊事，则著前缀红线如须之黑色花履也。"（见《清稗类钞·闽女之服饰》条）

广东妇女服饰有三种风俗："一为潮州，纤趾广袖，髻发如蜻，薄蝉簇鬟，行伛偻而步蹀躞，虽有佳人，大有西子不洁之慨。""一为嘉应州，垂发挽髻，蝶翅双鬟，绰约如懒装佳人，而双趺玉洁，尤饶殊姿。""一为广州，修髻膏发，肤脂凝雪，曲眉脂唇，惟躐履秃颈，殊少惊鸿游龙之姿。"而且，潮州妇女还"多赤足而著拖鞋，皮色黑黝。耳环有长数寸者，略似棍棒。每坐，必举一足于椅之扶手，而以双手抚摩之"（见《清稗类钞·粤女之服饰》条）。

对云南的服饰风俗，康熙《阿迷州志》说"服饰多崇朴素。妇女行路恒以

---

① 《中国方志民俗资料汇编·华东卷中》，书目文献出版社1995年版，第755页（以下简称《方志民俗资料·华东卷》）。

② 《方志民俗资料·华东卷中》，第925页。

伞遮蔽"①。乾隆《蒙自县志》云"蒙邑衣服，冬不裘，夏不葛"，因为"滇地多暑，而蒙邑气候平和，四时可用春服"的缘故②。光绪《镇南州志略》称："士女朴素，女不艳妆。农多短褐，以便操作。夷服羊裘，冬夏不易。"③ 到了清后期，云南许多地方的服饰也开始趋尚奢华，如《楚雄县志》记载：该地"城乡士商，自来俭啬，衣无华丽。农工多尚短，以便操作。夷服羊裘，夏冬不易。近来城市男女侈靡，渐用摹本绸纱、洋布、绒缎，然土瘠民贫，亟宜反奢华而归俭约"④。

（三）一般男子的服饰

一般男子的服饰，系指官定服饰外，一般民人、品官及低级役使的便服，包括马褂、马甲、衫、袍、衬衫、袄、裤、套裤、小帽、毡帽、风帽、皮帽、狗皮帽、笠帽、凉帽、耳套、鞋、靴、袜、手套、腰带等。马褂，马褂有长袖、短袖、宽袖、窄袖、对襟、大襟、琵琶襟等数种。常人服用时，多穿在长衣袍衫之外，它较外褂为短，仅长及脐，袖口是平的，不作观蹄式。康熙、雍正以后，穿的人日渐增多。至嘉庆时，清人马褂往往用如意镶缘；到咸丰、同治年间作大镶大沿；光绪、宣统时，南方制作马褂将其减短至脐部之上，色用宝蓝、天青、库灰，料用铁线纱、呢、缎等，甚至有用大红色者。

穿马褂在清代极为流行，清人记述："马褂较外褂为短，仅及脐。国初，惟营兵衣之。至康熙末，富家子为此服者，众以为奇，甚有为俚句嘲之者。雍正时，服者渐众。后则无人不服，游行街市，应接宾客，不烦更衣矣。"（见《马褂》条）其样式多不胜举，有黄马褂、大襟马褂、琵琶襟马褂、长袖马褂等各种形式，名称不同，用途各异，制作有别，纹样色彩与蕴意更是殊有相同。

黄马褂，凡领侍卫内大臣、内大臣、前引十大臣、护军统领、侍卫班领，皆服黄马褂，"巡幸扈从銮舆，藉壮观瞻。其御前、乾清门大臣、侍卫及文武诸臣，或以大射中侯，或以宣劳中外，必特赐之，以示宠异"（见《黄马褂》条）。

大襟马褂，其"马褂之非对襟而右衽者，便服也。两袖亦平，惟襟在右。俗以右手为大手，因名右襟曰大襟。其四周有以异色为缘者"（见《大襟马褂》条）。

琵琶襟马褂，马褂之"右襟短缺而略如缺襟袍者，曰琵琶马褂，或亦谓之曰缺襟。袖与袍或衫皆平"（见《琵琶襟马褂》条）。

---

① 《中国地方志民俗资料汇编·西南卷下》，书目文献出版社1991年版，第829页（以下简称《方志民俗资料·西南卷》）。
② 《方志民俗资料·西南卷下》，第829页。
③ 同上书，第839页。
④ 同上书，第837页。

长袖马褂，又称"卧龙袋"，它是"马褂之窄袖而对襟者也。其身较对襟、大襟之马褂略长，亦曰长袖马褂，河工效力之人员常以之为正式之行装。相传某相国尝随驾北征，其母夫人忧其文弱，不胜风寒，为纫是衣，取其暖而便也。相国感母恩，常服之不去身。一日，急诏论事，未遑易衣。帝问所衣何名，因直陈其事。帝褒其孝，命得服以入朝。当时名之阿娘袋，后误为卧龙袋，久之，又称为鹅翎袋矣"（见《卧龙袋》条）。

翻毛外褂马褂，它又称为"皮外褂"，是冬季服用者。皮外褂，"马褂之翻穿者，曰翻毛，盖以炫其珍贵之皮也，达官贵人为多。其皮大率为海龙、玄狐、猞猁、紫貂、干尖、倭刀、草上霜、紫羔。而有丧者之所衣，则为银鼠，麦穗子"。"草上霜为羊皮之一种，质类乳羔，以其毛附皮处纯系灰黑色，而其毫末独白色，圆卷如珠，故名。以为裘，极贵重，外褂、马褂皆有，俗称青珠儿，又曰青种羊。虽可翻穿以为裘，然本非吉服也。乾隆某岁元旦，高宗偶御之，自是而遇喜庆宴会之事，皆服之矣。""御前大臣翻穿之皮外褂，有上下两截以两种皮联缀而成者，远望之，第见其颜色不同，不易审其皮之品类也。"按定例，紫貂马褂，为皇上打围时所御之衣，虽亲王、阁部大臣等，不能僭用。然而道光、咸丰以降，京官之翰詹科道，及三品外官与有三品衔或顶戴者，亦无不翻穿以自豪矣。羊皮贵羔而贱老，而"口外有一种曰麦穗子者，皮软毛长，形如麦穗，价值最贵，俗又名之为萝卜丝。大僚奉差口外，必以此为裘。盖口外风高，非此不足以御寒也"（见《翻毛外褂马褂》条）。

马甲，民间称为"背心"、"坎肩"，又称"半臂"（实为无臂）。半臂，"汉时名绣裪，即今之坎肩也，又名背心。隋大业时，内官多服半臂。《说文》：'无袂衣谓之褚。'赵宦光《长笺》曰：'半臂，衣也。武士谓之蔽甲方，俗谓之披袄。小者曰背子，与古之裲裆相似，其一当胸，其一当背，亦作两当。'尤西堂有咏妇女所衣之半臂一诗，诗云：'更衣斟酌十分难，亲制轻纨衹半端。取便最宜春起草，护娇偏称晚妆残。浑疑断袖留遗爱，却喜专房免忍寒。曾与三郎换汤饼，重提旧事泪阑干。'"（见《半臂》条）。

京师盛行"巴图鲁坎肩儿"，又称"一字襟马甲"，即多钮背心。此种马甲，"各部司员见堂官往往服之，上加缨帽，南方呼为一字襟马甲，例须用皮者，衬于袍套之中。觉暖，即自探手，解上排纽扣，而令仆代解两旁纽扣，曳之而出，藉免更换之劳。后且单夹棉纱一律风行矣。其加两袖者曰鹰膀，则宜于乘马，步行者不能著也"。后来，马甲则穿在外面，俗谓"十三太保"，单、夹、棉、纱各式均有。最初，向例只有王公、公主服用，但至清后期，则民间人人均可穿服（见《巴图鲁坎肩儿》条）。

民间的衫与袍，清初尚长，顺治末方减短而及于膝，其后又加长至踝上，且常将御寒的衣料为单衣。同治时，袍衫还较宽大，袖子有至一尺大的。但至甲午、庚子后，变为极短、极紧的腰身、窄袖式样。

在袍的式样，清代有开裾袍与缺襟袍之分。裾，即衣裾，清人称衣旁开处为"裾口"。"官吏士庶皆两开，宗室则四开。裾衣，即开裾袍，唐人已有之。"缺襟袍，为右襟短缺，作为骑马的行装之用。清代"臣工扈从行围，例服行装，《会典》所云'行袍行裳，色随所用，物裳冬以皮为表'，盖即缺襟袍也。行裳，俗呼战裙。""京外大小文武各官，若因公出差，以礼服襟袍也。行裳，俗呼战裙。""京外大小文武各官，若因公出差，以礼服谒客，则行装。行装不用外褂，以对襟大袖之马褂代之，色天青，其材为织团龙之缎，或宁绸。袍必缺襟，马褂较外褂为短，便于乘骑也，惟靴、帽仍依平时。其实始为军服而及于扈从行围，后遂沿用之。"（见《袍之开裾》、《缺襟袍》条）

短衫与袄，为民间常人穿着。在江南农村中男女大多喜其在衫袄外面加束一条短的或长的腰裙。短腰裙便于劳作，可保洁、护身；而长腰裙可用为做客的小礼服之用，具有美观、防寒的实效。其颜色以浅蓝、蓝为多。

民人衬衫与长衫相似，一般穿在礼服内。故清人又称其为里衣，"衬衫，里衣也。《东京梦华录》云：'兵士皆小帽，黄绣抹额，黄绣宽衫，青窄衬衫。'此二字之所由起也"。衬衫的作用有二，其一，是"以礼服之开裾袍前后有裾，衬以衫而掩之"；其二，是"凡便服之细行皮袍，如貂、狐、猞猁者，毛细易损，衬以衫而护之也"。衬衫的制式如"常衫，惟衬开裾袍所用，有不用两袖者，有上布而下绸者"。后者因上下两色相间，又称为"两截衫"。清代民间，对衬衫的颜色，最初崇尚白色，后喜玉色、油绿色、蛋青色等。至嘉庆时，优伶之辈，又多用青色倭缎、漳绒等缘其边，此时，民人复尚白色（见《衬衫》条）。

清代民人的裤有单、夹、棉、皮等种类。马夫、侍僮穿短衫窄裤。同治、光绪年间，男子裤脚有镶黑缎的。套裤，清代民间又称"胫衣"或"袴"。"其形上口尖，下口平，或棉或夹或单，而沍寒之地，或且以皮为之。其质则为缎为绸为纱为呢，加于棉裤、夹裤、单裤之上，函于外而重沓也。大率为男子所用，若在妇女，则惟旗人及江苏镇江以北者始著之"。山西男子，更有以"满裆裤"制作成套裤式者，"裤之满裆者，俗称马裤，古谓之裈。后假袴为裈，又讹裈为裤。山西男子有以满裆裤而饰套裤于上者，上之色较朴，下之色较华，远视之若二，于马裤之外加一套裤，其实一也"。江苏农人耕田劳作，其裤，称为"牛头裤"，"裤甚短，形如牛头，故名。盖耘时跪于污泥中，跣足露胫，本可不裤。着此者，以有妇女同事田作，冀蔽其私处，不为所见也"。冬季天寒时，北方有人着皮裤者，"吴退旃尚书体弱畏寒，非皮衣五层，不能过冬，至达天听，宣宗（道光帝）屡以询沈鼎甫。每岁严寒时，且于衬裤之外，加以夹裤、棉裤、皮裤也。都人士戏呼之曰三库大臣"（见《套裤》、《满裆裤饰为套裤》、《牛头裤》、《吴退旂衣夹裤棉裤皮裤》条）。

民人小帽，称"便冠"，又名"秋帽"，俗名为"西瓜皮帽"。民人春冬所戴小帽，用缎料制作；夏秋所戴者，则多用实地纱制作。小帽"色皆黑，六瓣合缝，缀以檐，如筒。创于明太祖，以取"六合一统"之意。清代因之，虽无明文规定，不之禁，旗人且皆戴之。咸丰初年，"其形忽尖。极尖者曰盔衬，与单梁挖云之所谓战履者，同时盛行"。至宣统时，其"檐有多至七八道者，不仅重檐也，为恶少年所喜。上有丝织之结，红色。欲名西瓜皮帽，又名秋帽"。明代士人多方巾大袖者，至顺治初，"戴平头小帽，以自晦匿。而禁令苛暴，方巾为世大禁，虽巨绅士子，出与平民无异。间有惜饩羊之遗意，私居偶戴主巾者，一夫窥瞷，惨祸立发。常熟有二生，于巡抚行香日，戴方巾杂行众中，为所瞥见，即杖之数十，并题奏将二生磔之于市"。同治时，左宗棠以"陛见入都，召见时，因谢恩，免冠磕头，则头上尚戴一物，似小帽而无线结，上问何物，对曰：'西瓜皮'。上大笑。男子有三年之丧者，其小帽以"黑布制之，结色黑"。轻丧者用蓝结子（见《小帽》条）。

民人戴毡帽与暖帽的风俗，沿袭于明代。在清代民间，毡帽多为农民及市贩劳动者所戴。毡帽的样式很多，一为大半圆形；一为半圆形而顶略平；一为四角有檐反折向上；一为反折向上作两耳式，在折下可掩人两耳；一为后檐向上反折而前檐作遮阳式；一为顶作带有锥状。暖帽是民间冬春的礼冠，"立冬前数日戴之。顶为缎，上缀红色缨，丝所织也。檐以皮、绒、呢为之。初寒用呢，次寒用绒，极寒用皮。京城则初寒用绒，次寒用呢，至于皮，则贵人用貂，普通为骚鼠、海骡之属"。"有三年之丧者，帽檐及顶皆以布为之，上缀黑缨，不用顶带"（见《暖帽》条）。

风帽，民间称为"风兜"，或"观音兜"。"风帽，冬日御寒之具也，亦曰风兜。中实棉，或袭以皮，以大红之绸缎或呢为之"。僧人、和尚、尼姑以及老妪、老妇人戴的风帽，用黑色。民间男子的风帽，以紫、深蓝、深青色为多（见《风帽》条）。

清代民间称皮帽为"拉虎帽"或"安髦帽"，前者脑后分开而系以二带，后者则脑后不分开。初为皇帝狩猎时所戴，后王公争而效之，"拉虎帽者，每岁木兰秋狩，皇上辄御之以莅围场。王公亦多效之，特不用红绒结顶耳。然曾赏红绒结顶者，不在此例"。北方民人戴的帽子，多用毡制作，左右两旁用毛，可翻下护耳，前用鼠皮，呼为"耳朵帽"（见《拉虎帽》条）。

狗头帽多为民间孩童所戴，帽顶两旁左右开孔装上两只毛皮的狗耳朵，或作兔子耳朵样式。此帽用绸缎呢绒制作，上镶嵌金钿、假玉。帽筒用花边缘围之，且绣花。

笠帽为农民在田间劳作时戴者，多用竹、藤、麦秸编织而成，帽檐出于周围者，称为"台笠"。凉帽，又称"纬帽"，为民人夏秋季节所戴的礼冠。每年立夏前数日戴用。凉帽"无檐，形如覆釜。有二大别。一曰纬帽，初热时，用白色或湖色之罗胎者。极热时，用黄色纱胎之内有竹丝者"，"戴羽缨（雨缨）帽，形亦如覆釜，惟无缘，藤织品也。以其一名凉篷而出于山东之德州也，故又称德州篷，上缀黑色缨，不用顶带"。至于行装所用之帽，"亦藤织品，缨以红色犛牛毛为之，其最佳者曰铁杆缨"（见《凉帽》条）。

耳套，为北方民人冬季所戴，用棉或缘以皮制作，又称"耳衣"。因为"燕、赵苦寒，朔风凛冽，徒行者两耳如割，非耳衣（唐李廓送振武将军诗：'金装腰带重，锦缝耳衣寒。'则自唐已有之矣），不可耐"，故在北方"肆中有制成者出售，谓之耳套，盖以棉或缘以皮为之也"（见《耳套》条）。

清代鞋的种类极多，有薄底、厚底之分，厚底可厚寸许；鞋面多以缎、绒、布制作。其种类有草鞋、芦花鞋、棕鞋、钉鞋、冰鞋、拖鞋等。草鞋多为"劳动者所著"；芦花鞋，"北方男子冬日著以御寒，江苏天足之妇女亦喜蹑之"；棕鞋，"以棕皮为之，蹑之可祛湿，遇雨即以为屐之用"；钉鞋是清人的雨鞋，"底著钉，雨行用之，始于唐德宗时"；冰鞋是民人冬季在冰上行走时所穿之鞋，它"著以作冰上之游戏者，北方有之"；拖鞋，"鞋之无跟者也。任意曳之，取其轻便也。蹑之而出外，亵矣。光、宣间，沪之男女，夏日辄喜曳之"（见《草鞋》、《芦花鞋》、《棕鞋》、《钉鞋》、《冰鞋》、《拖鞋》条）。

清初规定，靴为文武各官及士庶穿用，一般士民不能穿用，但至宣统年间，绅士、富商及学界人物，喜欢秋冬时穿用。凡"履之有胫衣者曰靴，取便于事，原以施于戎服者也。文武各官以及士庶均著之"。"靴之材，春夏秋皆以缎为之，冬则以建绒，有三年之丧者则以布"。其种类较多，有朝靴、绿牙缝靴、发靴、快靴、乌拉靴等数种。朝靴，"凡靴之头皆尖，惟著以入朝者则方，或曰，沿明制也。而道士之靴亦方其头"。嘉庆以后，谕令军机大臣俱准穿用，"著绿牙缝靴"。乾隆时，"符幼鲁郎中曾之被服鲜奇。嫌缎䘿靴有光，乃织发为之。人谓之发靴"。快靴，原名爬山虎，"底薄筒短，轻趫利步，武弁之如戈什哈、如差官者著之"。清太祖努尔哈赤之履，"以牛皮为之，饰以绿皮云头，长尺有二寸，藏陪都崇谟阁。满语呼皮云头为乌拉"（见《靴》、《朝靴》、《军机大臣著绿牙缝靴》、《发靴》、《爬山虎》、《太祖之履》条）。

袜在民间，有长筒与短筒、纱织与布缝制之别，清后期江南沪地民人有在袜上刺各种花纹与图案，以作装饰、美化者。

民人所用手套，有露指与不露指，棉织、织丝、皮制之别。清人记述："手

套,加于手,有露而仅掩手背者,有并十指而悉覆之者。以绵织品、丝织品为之,其精者则用皮。男女皆用之。"(见《手套》条)

清人的腰带,分为官定与民用两种。前者满族官员多喜佩用,有黄带子(凡宗室,皆系黄带,故俗称宗室为黄带子)、红带子(凡觉罗,皆系红带,故俗称觉罗为红带子)、忠孝带(一曰风带,又曰佩粉,视常用之带微阔而短)等。民人多在腰间束以湖色、白色、浅色的束带,其长结束下垂与袍齐,考究者亦有在腰带上绣织花纹者。清人亦用带环,"国初带环,用左右二块,系以汗巾、刀、觿等类。旋增前后二块,以为美观。后惟用腹前一块,带不垂下。或有左右二块嵌宝石,镀锞金银者,人人可用,不复分别等差矣"(见《黄带子》、《红带子》、《忠孝带》、《带环》条)。

(四)一般妇女的服饰

清代一般妇女的服饰,主要包括满族妇女(旗人妇女)服饰与汉族妇女服饰。至于其他兄弟民族妇女的服饰,见本书有关专章的记载。

1. 满族妇女服饰

满族妇女,又称八旗妇女,她们的服饰特点是,保留本民族传统服饰的同时,又吸收、融会了汉民族妇女服饰的一些样式,从而使服饰更加丰富多样和富于变化。

满族妇女在日常着装方面,皆以"连裳"为常服,即穿不分衣裳的长袍,而汉族妇女仍以上衣下裙为主。清人记述:"八旗妇女皆连裳,不分上下,盖即古人男子有裳、妇女无裳遗制也。"(见《旗女衣皆连裳》条)皇室"后、妃、主位以及宫眷之常衣,皆窄袖长袍"(见《大内之服饰》条)。但康、乾以后,满汉妇女在服饰上的相互效尤,相互影响有所加强。对此,乾隆帝和嘉庆帝明令禁止,乾隆二十四年(1759),申饬"此次阅选秀女,竟有仿汉人妆饰者,实非满洲风俗。在朕前尚尔如此,其在家,恣意服饰,更不待言。嗣后但当以纯朴为贵,断不可任意妆饰"。可见满仿汉服风气之盛。嘉庆十一年(1806),明谕"倘各旗满洲、蒙古秀女内有衣袖宽大,一经查出,即将其父兄指名参奏治罪"。至二十二年(1817)又谕"至大臣官员之女,则衣袖宽广逾度,竟与汉人妇女衣袖相似,此风断不可长"(见《高宗仁宗垂意服饰》条)。但越到后期,效尤之风愈甚,甚至出现"大半旗装改汉装,宫袍截作短衣裳"的状况。汉族妇女争效满装者,更为普遍,尤以城镇中达官贵妇与缙绅、商人妇女,争着"旗袍"者为多,以示显赫与时髦。

满族妇女,平日身着开衩长袍,其袖为形如马蹄之"马蹄袖",致敬礼时,必放下。"马蹄袖者,开衩袍之袖也。以形如马蹄,故名。男子及八旗之妇女皆有之。致敬礼时,必放下。"(见《马蹄袖》条)此外,在长袍上喜加罩一件短或长至腰的坎肩,后则喜加短小而绣花的坎肩。坎肩又称马甲、背心,其形制有对襟、一字襟、琵琶襟、大襟及斜直下襟式之别。清代后期,其演变成为镶滚多道,镶滚花边选用各自随喜的纹样。背心更有装领头与不装领头之分,衣领高低随时变化,清末时崇尚高领头。这种长袍,后演化为汉族妇女所喜的"旗袍"。

满族八旗妇女中,其命妇的服饰还有披肩,"披肩为文武大小品官衣大礼服时所用,加于项,覆于肩,形如菱,上绣蟒。八旗命妇亦有之"(见《披肩》条)。八旗妇人还有礼服、补服。"光绪朝,孝钦后六旬万寿,内务府人员定制礼服,改团龙为六合同春,形亦圆,一鹿一鹤一松枝。盖六之音,南人读之同鹿,合之音同鹤,春之音近松也。鹿鹤皆享遐龄,松亦四时常青,于以颂扬万寿耳。朝士从风而靡,团龙遂不入时矣。"(见《改团龙为六合同春》条)补服,俗称补子,"文武官吏之徽识也,缀于章服之前后心。以所补之物,分其等级,文职以鸟,武职以兽"(见《补服》条)。八旗命妇着女补服,形制为"品官之补服,文武命妇受封者亦得用之,各从其夫或子之品以分等级。惟武官之母妻亦用鸟,意谓巾帼不必尚武也"(见《女补服》条)。此外,"八旗妇人礼服、补褂之外,又有所谓八团者,则以绣或缂丝,为彩团八,缀之于褂,然仅亲妇用之耳"(见《八团》条)。

满族妇女崇尚"天足",她们所着之鞋,与汉族民人妇女有别。其鞋底极高,多为高至一至二寸者,后来更有增高至四五寸者。鞋底上宽下圆,其形如一花盆,俗称"花盆底"。底以木制作,有"马蹄底鞋"与"平底鞋"等式样。其形制是:"八旗妇女皆天足,鞋之底以木为之。其法于木底之中部,即足之重心处,凿其两端,为马蹄形,故呼曰马蹄底。底之高者达二寸,普通均寸余。其式亦不一,而著地之处则皆如马蹄也。底至坚,往往鞋已敝底犹可再用。向以京师所制之形式为最佳,著此者以新妇及年少妇女为多。"年老旗人妇女"仅以平木为之,曰平底,其前端著地处稍削,以便于步履也"。旗人"处女至十三四岁始用高底"。当然,亦有个别地区例外,不仅其妇女缠足者多,且鞋与汉族妇女相同。如"广州驻防之汉军妇女,异于他处之汉军,其妇女缠足者多,鞋与汉女略同"(见《旗女之马蹄底鞋平底鞋》条)。

2. 汉族妇女服饰

汉族民人妇女服饰多沿袭明代,但有所变异。前期,妇女以上身着袄、衫,下身束裙为主,或加一件长的背心;后期又以下身不束裙子而穿裤子为时尚。

明清之际,汉族妇女的上衣袖管较前代窄小,仅为尺许;其镶绣仅施于衣襟及袖端部分。南方中层社会妇女的服饰,领子高约寸许,有一二领扣,此领扣用金银做成,称为"金银扣",形如一蝶,应用似按扣。到后来改用绸子编成

041

的短纽扣，但衣服腰间部分，还是用带子打结，不用纽扣，领间嵌一道窄窄牙子花边。到康雍时期，中层阶级妇女便服之外，领下多外罩柳叶式小云肩。乾隆时，妇女服饰又多仿苏州妇女服饰式样，女衫以二尺八寸为长，袖广尺二寸，并在袖处锦绣镶滚。冬天用貂、狐之类的皮毛。嘉庆年间，妇女衣饰镶滚渐多，且袖口渐大。至咸丰、同治时期，京师妇女服饰镶滚之风更盛，一道又一道地加镶，号称"十八镶"。清人记述："咸、同间，京师妇女衣服之滚条，道数甚多，号曰十八镶。"（见《十八镶》条）妇女的衣裙，有琵琶、对襟、大襟、百裥、满花、洋印花、一块玉等式样。同治、光绪时，民人妇女争仿上海妇女服饰，其袖口、衣襟仍有阔的镶滚，但出手逐渐减短。上衣较长，直至膝下，有的罩以长背心。但也有着短袍窄袖者。"同、光间，男女衣服务尚宽博，袖广至一尺有余。及经光绪甲午、庚子之役，外患迭乘，朝政变更，衣饰起居，因而皆改革旧制，短袍窄袖，好为武装，新奇自喜，自是而日益加甚矣。"（见《阔袖》条）妇女的服饰还有坎肩、裙子、云肩、围巾等，现分而述之。

坎肩，又名背心、半臂。江苏及绥化妇女，有穿着者，"江苏苏五属及潼关附近各处之妇女，有于炎夏仅著坎肩，而裸其两臂者，或更赤露上体，游行入市"（见《妇女著坎肩》条）。北方绥化城妇女，六月着棉坎肩之习，"绥化城气候迥异内地，虽六月，亦着棉裤。妇女则着棉半臂，露两臂乳房于外，招摇过市。半臂之制，亦与内地不同"（见《六月著棉半臂》条）。

裙子，清代妇女的裙子，分为朝裙与普通裙子两种。朝裙作为礼服使用，"朝裙，礼服也，著于外褂之内，开衩袍之外，朝贺、祭祀用之"（见《朝裙》条）。而普通裙子，种类很多，穿着在上衣之内。清初苏州妇女喜穿用整幅缎子打折成百裥的"百裥裙"、一裥之中五色俱备的"月华裙"；其后又有用墨弹色而成的雅淡"弹墨裙"（又称"墨花裙"）；康、雍、乾时期，有用镶金线绣花缎条拼合而成的"凤尾裙"；咸丰、同治时，民人妇女争着"鱼鳞百褶裙"为时尚。此外，尚有西洋印花布裙、"金泥簇蝶裙"、"绣凤凰裙"、"百蝶裙"等；光绪时期，民妇时兴单衣裙、夏布裙等式样。江浙民妇流行束在腰间的长短"腰裙"、"作裙"。婚嫁与喜庆、年节时，民人妇女喜欢穿"红裙"。

云肩，清代一般民人妇女，将云肩作为新婚与平日"蔽诸肩际"的衣饰之一。光绪末年，苏、沪妇女以髻低至肩，用绒丝仿云肩式而编结为较小的云肩，以防发髻的油腻污染。文献记载"云肩，妇女蔽诸肩际以为饰者。元之舞女始用之，明则以为妇人礼服之饰，本朝汉族新妇婚时亦有之。尤西堂（尤侗）尝咏之以诗，其诗云：'宫妆新剪彩云鲜，婀娜春风别样妍。衣绣蝶儿帮绰绰，鬟拖燕子尾涎涎。延前拊鼓宜垂手，楼上吹箫许比肩。只恐巫山夜飞去，倩持飘带欲留仙。'光绪末，苏、沪妇女以髻低及肩，虑油之易损衣也，乃仿为之，特较小耳，以绒线所结者为多"（见《云肩》条）。

围巾，冬季民妇多以棉、毛或貂皮、狐皮制成围巾，围于颈脖，以防寒。"围巾者，以棉织品、毛织品为之，其佳者则为貂皮、狐皮。加于项，旋绕之，使风不入领以御寒。女子用之者为多，盖效西式也。"（见《围巾》条）

饭单，用方锦或布制作，系于颈而垂于胸前，腰间再用二带结于后。饭单"宴会时所用，以方锦或布为之，恐有饮食之污秽沾衣也。钱希白《南部新书》曰：'指坐上紫丝饭单曰：愿郎衫色如是。'是也"（见《饭单》条）。

手笼，又称"臂笼"，"光、宣间，沪之妇女盛行手笼，盖以袖短而手暴露于外，又嫌手套著指之不能伸展自由也。既有手笼则置两手于中，风不侵矣。大率以皮为之，珍贵者为貂为狐。谓之曰笼者，状其形也。或又谓之曰臂笼"（见《手笼》条）。

手套，有护手背而护十指和露十指两种，"手套，加于手，有露指而仅掩手背者，有并十指而悉覆之者。以绵织品、丝织品为之，其精者则用皮。男女皆用之"（见《手套》条）。

套裤，妇女用者不多，惟旗人妇女及江苏镇江以北地区多著此裤。套裤"其形上口尖，下口平，或棉或夹或单，而沍寒之地，或且以皮为之。其质则为缎为绸为纱为呢，加于棉裤、夹裤、单裤之上，函于外而重沓也。大率为男子所用，若在妇女，则惟旗人及江苏镇江以北者始著之"（见《套裤》条）。

套袖与襕裙，民妇劳作时，喜用套袖与襕裙。"套袖者，于作事时加之于袖，以护衣，不使污损也。一名假袖。"（见《套袖》条）襕裙，"自后围向前以束裙腰，古又名合欢袜裙。江、浙乡村之男子多服之，松江太仓妇女亦有用之者"。"上海之浦南，妇女都系长裙于衣外，谓之曰腰裙，即襕裙也。腰肢紧束，飘然曳地，长身玉立者，行动娜娜，颇类西女"（见《襕裙》条）。又，云南"滇多风，自秋之八月至春之三月，狂吼空中，昼夜靡间。妇女出游之裙，辄以布十二幅为之，多其襞积，藉以御风。盖非此重量，或为风所挟以高举矣"（见《滇女之裙》条）。

膝裤与裹腿。膝裤，"古时男子所用。宋秦桧死，高宗告杨沂中曰'朕免膝裤中带匕首矣。'是也。后则妇女用之，在胫足之间，覆于鞋面"（见《膝裤》条）。南方妇女之裤，不紧束，故"至冬而虑其有风侵入也，则以装棉之如筒而上下皆平口者，系于胫，曰裹腿，外以裤罩之"（见《裹腿》条）。

袜船、袜套与行缠，清代民人妇女皆缠足，故多用袜船、袜套与行缠等物。"袜船施于足，仅有下缘。或云，船，领缘也，施之于袜，形更近似"（见《袜船》条）。"缠足妇女之加于行缠外者，曰袜套。盖以行缠有环绕之形，不雅观，故以袜套掩之也。"（见《袜套》条）"行缠，以帛或布裁为条，妇女缠足所用，

束迫之使尖也，亦谓之曰裹脚。"（见《行缠》条）

抹胸，清代妇女所用抹胸有两种，一种是"兜肚"，"乾隆末叶，秦淮妓女之抹胸，夏纱冬绉，贮以麝屑，缘以锦缣，乍解罗襟，便闻香泽，雪肤绛袜，交映有情"（见《夏纱冬绉之抹胸》条）。一种是束于外系于腰腹间的抹胸肚，"抹胸，胸间小衣也，一名抹腹，又名袜肚，以方尺之布为之，紧束前胸，以防风之内侵者。俗谓之兜肚，男女皆有之"（见《抹胸》条）。

灯笼裤，清代"晋北人夜多卧于炕，女子有自幼至老从不履地者。盖一离炕，即足软不能行也。其所著棉裤，重至十斤，土人号曰灯笼裤，状其大也"（见《灯笼裤》条）。

腰带，民人妇女束腰带，大多束之于上衣内，始时还比较窄，用丝编鞭而不下垂流苏。至同治时用阔而长的绸带。光绪中期，因下身束裙子，故腰带垂开衣下而露出裤外，于是成为一种装饰品。

手帕，一般为妇女外出随身携带之物，后串于襟上，成为服饰饰物之一。

霞帔，为清代妇女的礼服。"霞帔，妇人礼服也，明代九品以上之命妇皆用之。以庶人婚嫁，得假用九品服，于是争相沿用，流俗不察，谓为嫡妻之例服。沿至本朝汉族妇女亦仍以此为重，固非朝廷所特许也。然亦仅于新婚及殓时用之，其平时礼服，则于披风上加补服，从其夫或子之品级，有朝珠者并挂朝珠焉。""结婚日，新郎或已有为品官者，固服本朝之礼服矣。而新妇于合卺时，必用凤冠霞帔，至次日，始改朝珠补服。其说有二：以凤冠霞帔，表示其为嫡妻也。一以本朝定鼎相传有男降妇不降之说也"（见《霞帔》条）。

襁褓，清代广东民间妇女用以背负婴儿之兜肚，"襁褓始于三代，而今尚有之。襁，幅八寸，长一丈二尺，以缚小儿于背。褓，小儿之被也。粤妇之保抱小儿辄用之"（见《襁褓》条）。

首饰，首饰"所以饰首之物，本兼男女而言之"。清代指妇女"臂钏、指环之属，虽不施于首，亦通谓之首饰矣"（见《首饰》条）。

布围，云南蒙自妇女外出遮头之饰物。史载，"云南蒙自县妇女之出外也，手改执一伞，伞有布围，藉以遮首，俗使人不见其面目也。如有人揭开之，即为破坏古规，必与争"（见《布围》条）。

金气通，清代民妇首饰之一，戴于头上。"金气通，妇女之饰于首者也。光绪初，上海盛行之。似簪而中空，两端贯气以达。横于髻，可使空气输入发际"（见《金气通》条）。

红丝球，妇女头上饰物之一。"京师花市常有丝球出售，大如茶杯，中纳小铃，妇女争购之，簪于髻左。燕山孙枟曾有诗咏之云：'红丝结得彩球形，步屧行来最可听。想是怕招蜂蝶至，钗头也系护花铃'"（见《红丝球》条）。

方胜，又名彩结，民妇的头饰之一。其俗"以两斜方形互相联合，谓之方胜。胜本首饰，即今俗所谓彩结。彩胜有作双方形者，故名"（见《方胜》条）。

耳环，清代民人妇女喜用的耳饰之一。"好穿耳，带以耳环，自古有之，乃贱者之事"，其后为"妇女之普通耳饰矣"。清代"苗女之耳环，大如钩，下垂至肩。富者多饰以珠贝，累累如璎珞"（见《耳环》条）。

多宝串与项圈，清代民人妇女身上的饰物。"多宝串，以杂宝为之，贯以彩丝，妇女所用，悬于襟以为饰"（见《多宝串》条）。项圈又称圈项。嘉庆时，"扬州玉肆有项圈锁一，式作海棠四瓣。当项一瓣，弯长七寸，瓣梢各镶猫睛宝石一，掩钩搭可脱卸。当胸一瓣，弯长六寸，瓣梢各镶红宝石一粒。掩机钮可叠。左右两瓣各长五寸，皆凿金为榆梅，俯仰以衔东珠，两花蒂相接之处，间以鼓钉金环。东珠凡三十六粒，每粒重七分，各为一节，节节可转。为白玉环者九，环上属圈，下属锁。锁横径四寸，式似海棠，翡地周翠，刻翠为水藻，刻翡为捧洗美人妆"（见《项圈锁》条）。

扳指、金指甲与指环，为妇人手上的饰物。扳指，"一作搬指，又作挪指，又作班指，以象牙、晶玉为之，著于右手之大指，实即古所谓韘"（见《扳指》条）。金指甲，"妇女施之于指以为饰，欲其指之纤如春葱也，自大指外皆有之。有用银者，古时弹筝所用之银甲也。又有用银而加以珐琅者"（见《金指甲》条）。指环，"以贵金属或宝石制之，约之于指，以为美观。初惟左手之第三、第四两指，后则惟所欲矣。亦谓之戒指"。清后期作为"订婚之纪念品，则欧风所渐也"（见《指环》条）。

臂镯与足钏，臂镯又称臂环、臂钏，"古男女通用，今以（指清代）妇女用之者为多，有金翡翠、白玉镶嵌、金刚钻、珠宝各种"（见《钏》条）。足钏，又称足镯，广东妇女多用之。"足之有钏，闽、粤之男女为多，以银为之。男长大，则卸之，女非嫁后产子不除也，而缠足者则无"（见《足钏》条）。

眼镜，清代妇女饰物之一。"眼镜，以玻璃片或水晶为之，所以助目力者。相传出自西域，明时始行于我国"，"盖自光绪中叶以后，妇女之好修饰者，亦皆戴之以为美观矣"（见《眼镜》条）。

清代妇女所着之鞋，种类较多，有芦花鞋、拖鞋、木屐、弓鞋、睡鞋、方头鞋、画屦、高底、假跴套等式样，名称不同，用途各异。"芦花鞋，北方男子冬日著以御寒，江苏天足之妇女亦喜躧之"（见《芦花鞋》条）。拖鞋无跟而轻便，"光、宣间，沪之男女，夏日辄喜曳之"（见《拖鞋》条）。"木屐，履类，底以木为之"，"各处皆雨时所用，闽人亦然。粤人则不论晴雨，不论男女，皆躧之"（见《木屐》条）。弓鞋，"缠足女子之鞋也。京、津人所著者，宛如弓形，他处则惟锐其端，而以扬州之鞋为最尖"（见《弓鞋》条）。睡鞋，"缠足

045

妇女所著以就寝者。盖非此，则行缠必弛，且藉以使恶臭不外泄也"（见《睡鞋》条）。乾隆末叶，秦淮妓女多着方头鞋，即拖鞋（见《秦淮妓女之方头鞋》条）。沪妓在同治、光绪年间"所著画屦，镂空其底，中作抽屉，杂以尘香，围以雕文，和以兰麝，凌波微步，罗袜皆芳"（见《沪妓所著画屦》条）。高底，"削木为之，上丰下杀，略如弓形，缠足之妇女以为鞋底，欲掩其足之大也。垫于鞋之外者，谓之外高底，垫于鞋之内者，谓之里高底，取其后高而足尖向地也"（见《高底》条）。光绪年间，"天足会"成立，"奈缠足者一时不能放大，则袜中实以棉，名曰假趾套。向之木底，装于跟后；今之绵套，塞于趾前。向之裹缠，惟恐鞋之大；今则放宽，犹虑鞋之小矣"（见《假趾套》条）。此外，南洋华侨"妇女率天足，所曳之鞋，上以金线绣各种花样，以处女所绣者为最工，华侨以为馈赠厚礼，一双之值，往往达银币数十圆"（见《南洋华侨妇女之鞋》条）。

（五）妇女的发型与饰物风尚

满汉妇女在发型与饰物方面，因为传统风俗和文化的差异，而有许多明显的区别。满族妇女喜梳"两把头"、"一字头"、"如意头"等发型，并佩以发饰。《旧京琐记》记载，"旗下妇装，梳发为平髻曰一字头，又曰两把头，大装则戴珠翠为饰，名曰钿子"①。该发型为头顶后左右横梳二平髻，一若横二角于后，恰似一如意横在顶后，故又称"如意头"。又因其二髻间插以双架成双角，又称"架子头"；望上去像"一"字横写，更称之"一字头"。脑后之发左右横出，髻之长度约一尺。"把儿头"发型，与此相似，清人记述："后、妃、主位以及宫眷之常衣，皆窄袖长袍，髻作横长式，可尺许，俗所谓把儿头者是也。"

清代后期，宫女大都着红袄绿裙，常服惟蓝布衫或袍，上加丝绸的坎肩，梳着辫子，在耳旁戴上两朵花。初进宫之宫女，大多梳着辫子，到宠幸加位号才梳裹发髻。慈禧太后，不仅喜梳创新的"大拉翅"发型，而且还好妆饰，头上好戴赤金卍字簪，史称"好妆饰，化妆品之香粉，取素粉和珠屑、艳色以和之，曰娇蜨粉，即世所谓宫粉是也。宫簪翡翠之深绿，为世所罕有，两端各镶赤金卍字七个，曰卍字簪。宫粉既涂，翠簪毕插，辄取镜顾照数四也"（见《卍字簪》条）。清末，这一发型甚为民间仿效。满族妇女的发型与发式，在清初与中后期，都有变化。《阅世编》记载："顺治初，见满装妇女辫发于额前，中分向后，缠头如汉装包头之制，而加饰于上，京师效之，外省则未也。"此后，发型愈梳愈高，至后期既高且大，似头顶着一块"小黑板"式的发型②。

---

① 夏仁虎：《旧京琐记》卷五，《仪制》。
② 叶梦珠：《阅世编》卷八，《内装》。

汉族妇女的发型与饰物，几经演变。明末清初，民妇发髻沿袭明制，南方江浙妇女喜将发髻在头顶上作螺旋式，此式样，即晚明所谓的"一窝丝杭州攒"发型。头上花朵首饰，早期多用珠玉点翠，稍晚才戴银质广式法蓝等饰物。妇女年老者，即用锦绫包头。其他地区妇女，多仿苏州流行的"牡丹头"、"荷花头"、"钵盂头"等发型式样。"牡丹头"是一种高髻，高约七寸，鬓蓬松而髻光润，其发式须用假发衬垫；荷花头发型与牡丹头相似；钵盂头发型，则形如覆盂。另有倒垂之状的"堕马髻"发式。当时，扬州地区盛行假髻发型，其中以蝴蝶、望月、折项、罗汉鬏、双飞燕、花蓝、懒梳头、八面观音、倒枕松等髻式，最为时尚。

清中期，苏州又兴元宝头，鬓发如翼两张而髻叠发高盘；后改为直叠三股在髻心之上，下股压发簪的平二股发型；后又盛行"平三套"，即一半盘三股于髻心之外。嘉庆、咸丰时，高髻渐趋长髻，江南流行拖在后面的长髻"苏州摆"，杭州争趋之，名为"背苏州"发式。又有"抛家髻"、"抓髻"、"牛角纂"、"元宝髻"、"扬州桂花头"、"狮子望长江"诸髻式，南北皆流行。光绪时，妇女以圆髻团结于脑后，用细线网结，髻以光洁为时尚。年轻姑娘，或梳"蚌珠头"，即额旁挽一螺髻，似蚌中圆珠，将发根为分二，左右做成空心似蜻蜓两翅；或做成左右二螺髻，加以珠翠等发饰；或在额正中做一小螺髻。更年轻者，挽"双丫髻"，或垂辫脑后，或将辫子梳成"抓髻"式样，婚后则改梳圆髻式。

光绪庚子后，不分年之长幼，额前均多留额发，此额覆短发，原名叫"前刘海"，是幼女幼发垂额，即雏发覆额之式，后则老妇效尤。其式有平剪如横抹一线者，有微作弧形者，有垂丝如排须者，有似初月弯形者，等等。最初，"刘海"时尚极短，后来越蓄越长，甚至有覆至半额者。宣统时，更将额发与鬓发相合，垂之于额两旁鬓发处，如燕子两尾分叉，北方人谓为"美人髦"发式。还有的在额发中置小木梳而以额发卷裹，遂使额上作隆起高卷状。清末还流行苏州撅、平三套、连环髻、巴巴头、双盘髻、长寿、风凉、圆月、麻花、双飞蝴蝶、圆髻等诸种发髻式。年长者更在髻上加罩硬纸与绸缎制作的黑色冠，绣以"团寿"字样，更有以马鬃做成纂，而加诸于发髻之上者。

发饰方面，民人妇女所用饰物，共分三类，一为鲜花类饰物，插在髻上。南方妇女喜将鲜花用彩丝穿成串，绕于髻间；北方妇女则好鲜花多种，插戴髻边。农村妇女，喜欢在发际髻间，插戴鲜花。插戴之花，以茉莉、素馨、蕙兰最为喜爱；次为夜来香、野蔷薇、山踯躅等花。二为象生花饰物。苏州即有用通草、绒绢等制作象生花者，类似鲜花且可久而戴用。之后，烧料花兴起，酷似真花，更为人们所喜爱。至清末又尚珠花，盛行用金翠宝玉、珊瑚制成的茉莉针，插排于发髻之上或作半环形之状。此外有用翠鸟羽毛制作成翠花，供民人妇女佩戴者。三为金银、玉石制作的饰物。各类发簪，如前述"金气通"、"红丝球"、"方胜"、"头钗"等，均用金银、翡翠、宝玉制成，其形类花朵、禽鸟、秋叶之郑状，民人妇女购得，或横于鬓，或簪于髻左。清代燕山孙枟曾写诗描绘此状："红丝结得彩球形，步屧行来最可听。想是怕招蜂蝶至，钗头也系护花铃。"（见《红丝球》条）在簪花插戴方式上，北方青楼女子喜将此插于发顶之上，高高顶着，以示招徕之意，南方无此式，而好插于髻中或鬓边。

（六）民人的服饰饰物与佩戴习俗

清代民人男女老幼的服饰饰物，除前面详述者外，尚有一些与之有关的佩戴饰物习尚。

身佩饰物，清代"某尚书丰仪绝美，妆饰亦趋时。每出，一腰带必缀以槟榔荷包、镜扇、四喜、平金诸袋，一纽扣必缀以时表练条、红绿坠、剔牙签诸件，胸藏雪茄纸烟盒及墨水、铅铁各笔、橡皮图书、账簿、手套、金刚钻戒指、羊脂班指、汉玉凤藤等镯。统计一身所佩，不下二十余种之多"（见《一身佩二十余物》条）。

徽章与宝星，两者均为清后期的服饰饰物："徽，帜也。古以旗帜为旌别，故设徽章。今谓凡可为旌别之记号者，曰徽章。常用者以金银铜为之，暂用者以绸缎绫为之。"（见《徽章》条）宝星，即勋章。"以镶嵌珍宝，光芒森射，故谓之宝星。凡五等，并于头二三等每再分三级，计次序之数，共十有一。光绪辛巳，始由总理衙门奏定其制，专为国际上馈赠赏赉之品，其后亦以宠锡群臣。"（见《宝星》条）

海青与道袍，此为清代民间寺观僧尼与道士之衣。"海青，今称僧尼之外衣也。然古时实以称普通衣服之广袖者。唐李白诗：'翩翩舞广袖，似鸟海东来。'盖言广袖之舞，如海东青也。"（见《海青》条）道袍，"古燕居之服。腰中间断，以一线道横之，谓之程子衣。无线道者，则谓之道袍，又曰直掇。后则以道士所服之长衣曰道袍矣"（见《道袍》条）。

七分二，是清人佩在衣服上用作拭汗之巾，它是"以棉纱所织之巾，本以拭汗秽，美容颜也，为舶来品。市肆售价，每方银币一角。角之重量为银七分二厘。粤市交易，向用银块，后虽流通银币，而仍合银块之重量以计算。巾之值为银七分二，于是遂以七分二呼巾矣"（见《七分二》条）。

鬼眼睛，清人称平光眼镜为"鬼眼睛"，"平光眼镜，大抵以避尘沙之侵入目中为用者也。京师则有以此为之者，略如普通之眼镜，曰鬼眼睛"（见《鬼眼睛》条）。

朝珠，又名数珠，凡"五品官以上文官，皆得挂朝珠。珠以珊瑚、金珀、蜜蜡、象牙、奇楠香等物为之，其数一百有八粒，悬于胸前。有小者三串，两串则男左女右，一串则女左男右。又有后引，垂于背。本即念珠。满洲重佛教，以此为饰，故又曰数珠"（见《朝珠》条）。

数珠，为清人佛教信徒身上所佩之物。"数珠，亦曰念珠，念佛时所用，以记诵读之数者也。《木槵子经》云：'当贯木槵子一百八个，常自随身，志心称南无佛，南无法，南无僧，乃过一子。'即数珠也。""云南之丽江有摸梭山，出黑玉，名曰贝峰石。初固不黑也，为正绿色，或沾油，或以污手抚之，即黑矣。有制以为念珠者"（见《数珠》条）。

香珠，又名香串，佩之以辟秽。"香珠，一名香串，以茄楠香琢为圆粒，大率每串十八粒，故又称十八子。贯以彩丝，间以珍宝，下有丝穗，夏日佩之以辟秽"（见《香珠》条）。

领章与领结，为清人衣服领下之饰物。"领章，陆海军将官礼服领上之饰也。用金线或银线为识，以官之高卑别之。"（见《领章》条）领结为西服之衣饰，"领结，西式衣服之附属品，有二种，或悬胸前，或附颈下。均以绸制，平时用彩色，庆祝用白，吊丧用黑"（见《领结》条）。

清人男女还有佩戴表与金钱表的风俗。如"内廷诸臣趋直，各佩表于带以验晷刻。于文襄公敏中在官，于高宗晚膳前，应交奏片，必置表砚侧，视以起草，虑迟误也"（见《于文襄佩表》条）。"光绪中叶，妇女有以小表佩于衣衽间以为饰者，或金或银，而皆小如制钱，故呼曰金钱表。"（见《妇女佩金钱表》条）

克辟勒拉默，为阿浑身上所佩之饰物，类似指南针。"徐星伯自伊犁归，携一小圆钱盒，大如拇，上镂银，文绝细，远观之，俨若萆麻子。下有键，所以管开阖者。上有钮，若表之环，辟之盖之。里色赭底，其中有翠色小雀，红其首，罩以玻璃，如指南针，而雀之首西向。实回回教阿浑之所佩者也。"文献记载，"回俗每日于未时以后五时，必向西礼拜。盖其祖国在西，故礼之，且以送日也。然惟阿浑之最尊者方得佩之。其物出于藏地，回疆亦少，得之甚不易也。星伯过叶尔羌时，遇克什米尔部人，货得之，其名曰克辟勒拉默。"（见《克辟勒拉默》条）

每年夏秋，清代民人多用折叠扇与蒲扇，以驱暑热。"折叠扇，通称折扇，古名聚头扇。光绪中叶以前，长可尺余，后仅七八寸。"（见《折叠扇》条）蒲扇，"以蒲为之，质轻而价廉，便于家用。仁和黄铁庵郎中钟有《题圆蒲扇》诗云：'谁把青蒲织细纨，携来皓月比团圆。轻摇渐觉凉风至，犹带湘江五月寒'"（见《蒲扇》条）。

宫扇，为清代宫廷极为富贵者所执之扇。清"宫扇以丰润、杭州所出折扇为贵,图画工细,扇骨有多至百二十根者。及欧风东渐,大内多置电气机扇。然适乎所用者,初夏则丰、杭折扇,仲夏则芭蕉团扇,盛夏则雕翎扇。扇柄以金玉、象牙,玳瑁等为之。雕翎或十一叶、九叶、七叶、五叶不等,愈少愈贵,有值数百金者"(见《宫扇》条)。

三 清代的军戎服饰

清代军制,在光绪前后有所变化,光绪朝以前,主要是八旗兵与绿营兵,军种方面,主要为步兵与水兵。军士的服饰,有盔、甲、撒袋、虎帽、束额巾、背心、绑腿带、尖头鞋、草鞋、快靴等。

崇尚武功,是清初的传统。清开国时期,满族生活在关外,主要以畜牧、狩猎为主,这种生产与生活方式,则造就了亦民亦兵的成千上万个骑射征战将士。清朝建立后,历代统治者均反复强调不要忘记骑射、祖宗在马上得天下这一"满洲根本"。同时,在制度方面,为加强对皇族宗室、八旗贵胄的骑射教育,确立了大阅、行围等带有军事演习、检阅和常规操练性质的制度。清代的大阅制度始于太宗皇太极时,顺治时明确规定为三年一次。行围出猎每年也要实行两、三次。而八旗兵丁的甲胄为仪仗、大阅、行围、训练时的礼服。八旗兵丁的甲胄,根据八旗的旗色而加以区分。若按八旗旗色而分,镶黄、正黄、正白为上三旗,镶白、正红、镶红、正蓝、镶蓝为下五旗。每逢大阅时,皇帝全副武装,检阅八旗军中的火器营、鸟枪营、前锋营、侍卫营等兵种,被检阅的兵丁则在皇帝面前表演火炮、鸟枪、骑射、布阵、云梯等技艺。届时,大阅场上,红旗招展,火炮并发,几百门大炮轰鸣作响,箭靶纷纷倒地,其声势蔚为壮观。乾隆时期,大阅多在京师南苑举行,满、蒙、汉八旗官兵参加者常达数万人之多。而八旗兵丁的甲,以棉布为里,绸为面,饰以铜钉,胄(盔)则用牛皮制成。乾隆时期,曾命由杭州织造衙门两次制成两万套甲胄,除大阅、行围(行围,多在承德避暑山庄等地举行)时穿用外,平时则都放在紫禁城的西华门城楼内①。有研究者认为,清代的铠甲表现出一种两极分化的特性,即不用于作战而用于阅兵等典礼活动的铠甲,特别是皇帝、勋戚和将军等的铠甲及戎服愈益精美华贵,而用于作战的士卒及下级武官的绵甲及戎衣等,则愈见粗疏简陋。仅以乾隆帝的大阅甲胄为例,系明甲,全甲有60万块鎏金髹漆的小钢片编成,而"清代士兵的戎服则要简单得多,上身穿对襟无领长袖短衫,下身穿中长宽口裤(武官也相同,但要比士兵长些)。上衣外面一般还要罩一件马褂,马褂前开襟、右衽,长袖和无袖两种,无袖的称作马甲,前后左右四面开

---

① 郎秀华:《清代八旗甲胄》,载《紫禁城》1989年第2期。

袂（有的背后不开袂），用不同于面料颜色的布料镶边。在马褂或马甲的前胸后背各缝有一块圆形布，上书士兵的部队番号或领军主帅的姓氏。襟外系束三角形的战裙，这种战裙将官有时候也会使用"①。

　　光绪三十一年（1905），清政府奏定陆军新服制式，但规定在大礼时仍需戴翎顶。陆军服制分军礼服、常服，戴军帽。士兵衣服都用开襟式结以纽扣，其长齐两胯之圆轴骨为度。军帽前有黑色遮阳，冬天不带遮阳。官员及骑兵用皮靴，步兵宽紧皮鞋，同时用麻布裹腿；衣有肩章，用金色团蟒并以金辫、红丝辫的道数多寡为分上下等级；领章以飞蟒珠色，以横道金辫分第一、二、三级；袖章以团蟒，以横青辫分三级，上等官则缀金蟒三个，中下官递减；操帽帽正用蟒珠，第一级缀金线辫三道，下递减；军帽也缀金辫道数分等级；军裤，上等缀金辫三道，中等随队色缀丝辫二道，下等一道。军服的礼服则用天青色；常服冬用深蓝，夏用土黄；兵士常服不用肩牌，只在胸前第二、三纽扣间刺字或印字，蓝衣刺白，土灰白等刺红字。到光绪三十三年（1907）时，清政府又颁定陆海军官制，次年（1908）又拟订巡警服。分为礼服、常服，区为三等，并折为九级。宣统元年（1909）又拟订海军长官旗式章服图说。巡捕等服则袖有圆圈，内有中西号码。然而，就在新式军服颁行后，军营中却仍有顶翎者。由此可见，晚清的军戎服饰形态的嬗递，已与近现代的军戎服饰接近了。其一，多以上衣下裤制，一改清初，中期戎服的"长袍马褂"即"行袍行褂"制，行动更加便捷。其二，晚清的军戎肩章、领章等军官等级的标志如"金辫金蟒"或"红辫金蟒"等。与当今将、校、尉官的军衔标志颇近，存在一定的渊源关系。其三，清代晚期军戎服饰的近代性转型，已初具系统，说明旧的以铠甲为核心内容的军戎服饰的结束，新的现代化的军戎服饰正在形成②。

第三节　服饰与禁忌

　　清代农业、手工业生产的发展，社会经济的繁荣，为官民服饰的多样化和

---

① 蔡子谔：《中国服饰美学史》，河北美术出版社2001年版，第773页。
② 同上书，第774页。

质地的提高，打下了坚实的物质基础。与此同时，清朝封建统治者对服饰的穿戴和使用，也作出许多具体规定，以显示封建君臣之间、上下之间、官民之间的尊卑和贵贱之别。

一　质料与纹样

清代，从帝后宗室、王公贵族到文武百官、农夫和市井细民，其所着服裳袍褂、各类衣饰，就制作质料而论，可归之为丝织类、皮毛类和棉麻类等三大类。

为充分保障皇帝宗室、王公贵族各式袍服衣料的供给，以及官方民族丝绸贸易货源的需求，清政府在江南的江宁、苏州、杭州三地，专门设置了织造衙门，并由内务府直接管理和统辖。与此同时，民间的丝织、棉织、麻织作坊，在一些地区，得到了迅速发展。而广大农村，一家一户"男耕女织"的小农生产方式，更维持着民人的日常衣食之需。

丝织类衣料，清代主要有绫、锦、绸、缎、罗、绢、刻丝、衲纱等。绫，为丝织物中，纹理甚细，望之一若冰绫者；锦为织彩，后有以孔雀毛织入缎内，称为"毛锦"。绸，丝密而细，山东有茧绸，质稍粗但价亦廉。缎，有花缎，织成团龙、团蟒纹，后被禁，改用大小团花、孔雀、山水景色等。此外，有闪缎、倭缎，后有羽缎、羽纱、哔叽缎等。罗，是纹理较粗疏的丝织物；绢，是丝织而无纹者；刻丝为贵重丝织物；纱是细丝织成轻而薄的丝织品，其中，有官纱、宫纱、素绢纱、绒纱、葛纱、漏地纱等，为夏季常用衣料。同时，清人又常将它作为棉衣的衬里之用。

丝织类衣料，在清代还有各色织绸。绸，有家蚕丝织与柞蚕丝织之别。山西潞州府、泽州府一带，盛产柞蚕丝，用此织成五光十色的潞绸、泽绸、闪色绸等，深受人们的喜爱和欢迎。随着丝织工艺技术的进步，适应社会时尚和需要，浙江生产的丝织品名目繁多，精彩夺目。濮院在康熙年间的产品中，绸有花纺绸，花色很多，行销全国；绢有花绢、官绢、箩筐绢、素绢、帐绢、画绢；散丝所织的绫有花绫、素绫、锦绫；罗有三梭、五梭、花罗、素罗；纱有花纱、脚踏纱、绉纱等①。当时的濮院绸，练丝熟净，组织亦工，花样更是鲜艳多彩，其中如大富贵、小富贵等名目②，曾盛销一时。乾隆三十九年（1774）以前，采用濮院绸制作冬衣绵袍绵褂的极为普遍。曾有"如今花样翻出，海内争夸濮院

---

① 康熙《桐乡县志》卷二；嘉庆《桐乡县志》卷四。
② 《梅里诗辑》卷十五，《褚凤翔〈稿杂咏〉》。

绸"①的赞语。濮绸中的纺绸，经丝是经过加捻的，虽略逊于杭、绍所产，但练丝熟净，组织工致，"质细而滑，柔韧耐久，可经浣濯"。此外，湖州产的湖绉、杭州等地产的线春、杭绸（宁绸）、纺绸、绫罗缎匹、温州瑞安产的"土绵绸、瓯绸"等也很有名②。

皮毛类衣饰，种类很多。"貂皮以脊为贵，本色有银针者尤佳。普通皆略染紫色，不过有深浅之分。次则貂膝（即下颏皮），次则腋（俗称胈），次则后腿（前腿毛小且狭，不佳），下者貂尾（毛粗而无光彩），若干尖、爪仁、耳绒，皆由匠人缀成为褂。此小毛便服。"③ 兽类皮毛中，"狐与猞猁、倭刀，皆以腋为上，后腿次之，膝次之（俗称青颏、白颏），脊则最下，只可作斗篷用。猞猁有羊、马之别，羊猞猁体小而毛细，马猞猁体大而毛粗，故行家皆以羊为贵。倭刀佳者多黄色，闻有红倭刀，珍贵无比，然未之见也。狐胈名目极多，有天马胈（即白狐），红狐胈、葡萄胈（即羊猞猁），金银胈、青白胈等，不胜记矣"。此外，"海龙虽名贵，只可作外褂，非公服所应用。其下者，如乌云豹、麻叶子，虽大毛之属，士大夫不屑穿矣。中毛衣较大毛衣不贱，真羊灰鼠与灰鼠脊子尤价昂，自昔已然者也。若云狐腿、玄狐腿二种，不恒见，其价尤贵；二种皆带银针，有旋转花纹间之，极好看"④。清人还将毛细软者，织之为绒。绒有漳绒、姑绒、剪绒。细而精致者为姑绒，兰州所产绒褐最佳。另一类，是将禽鸟之毛，织成衣服的。《红楼梦》中，"晴雯补裘"所叙用孔雀毛织成的"雀金泥"，是用平铺孔雀羽毛线，杂以丝线而成，即明代的洒线绣法而成；另有"凫靥裘"，是用野鸭子脸颊皮毛剪贴重叠而作成的。书中所述外来毛织物"哆罗呢"、"猩猩毡"；国内西藏毛织物"氆氇"等，并非虚构，在故宫均有藏品。

棉麻类织物，多为下层民人所用。主要是葛与布。葛，麻织品，清代以浙江慈溪、广东雷州所出产者为最佳，次为江西。清初及后期，用葛作为衣料者最多，最普遍。布，有直隶乐亭细布，多为士大夫作袍用；以江南松江所织者，质量最佳。后期有西洋印花布，质薄，清人多用它作衫。此外，广州有敲皮纱，有紫、缁二色，名为薯莨绸，它利用水及咸潮，同时又不易腐烂，民人多用它作夏服衣料，妇女也有穿用此料者。

清代服饰质料较之前代在质地上大有提高和品种增多的同时，服饰的纹样和图案，也更加多样化，从而大大丰富了清代官民的社会生活。

清代中期，江南地区一些大商业都市，随着生产的发展，以及染织技艺的

---

① 卢存心：《嘉禾百咏》，载《桐乡县志》卷七。
② 朱新予主编：《浙江丝绸史》，浙江人民出版社1985年版，第107—109页。
③ 崇彝：《道咸以来朝野杂记》，北京古籍出版社1982年版，第31—32页。
④ 同上书，第32页。

进步，使得民人妇女的衣裙花色式样、发髻鞋子等，品种日益翻新。《扬州画舫录》记载："扬郡著衣，尚为新样，十数年前（乾隆初）缎用八团，后变为大洋莲、拱璧兰颜色。在前尚三蓝、朱、墨、库灰、泥金黄，近尚膏梁红、樱桃红，谓之福色。"而妇女头髻鞋样及衣裙，则"扬州鬏勒异于他地，有蝴蝶、望月、花篮、折项、罗汉鬏、懒梳头、双飞燕、倒枕松、八面观音，诸义髻。及貂覆额、渔婆勒子诸式。女鞋以香樟木为高底。在外为外高底，有杏叶、莲子、荷花诸式。在里者为里高底，谓之道士冠。平底谓之底儿香。女衫以二尺八寸为长，袖广尺二，外护袖以锦绣镶之（即挽袖，起于乾隆，流行至同光年间）。冬则用貂狐之类。裙式以缎裁剪作条，每条绣花，两畔镶以金线，碎逗成裙，谓之凤尾。近则以整缎折以细缝，谓之百折。其二十四折者为玉裙，恒服也"①。扬州妇女的衣着时尚，为清代诸多地方城市中上层民人妇女所争相效尤。因此，在一定意义上说，带有普遍性。

再以苏州一般商品丝绸为例，同样表现出服饰纹样的繁多。据清人记述，"锦有海马、云鹤、宝相、球门等多种。同时，纻丝（缎子）上者曰清水，次曰兼生（即用杂生丝或麻纤维织成）。上贡则有平花、云蟒，精巧几夺天工。罗有花、素、刀罗、河西罗。纱有花的名夹织。绢有生熟。画绢幅广四尺，薄如蝉翼。上贡绢另置机杼，三人运梭，阔至二丈。绸分线绸、绵绸、丝绸、杜织绸、纹绸、捻绸诸样。秋罗有遍地锦。纻纱分花素。药斑布青白相间，作人物、花鸟、诗词各色，充衾幔用。刮白布用苎麻作成，细如罗縠，莹白可爱。飞花布细软如绵。绣花品种也极多。刷绒为彩绒用胶刷成花朵。弹墨为用吹管喷五色于素绢，错成花鸟宫锦。刻丝五色相错，间以金缕（全部金地名刻金）。染作最著名在娄门外维亭"②。

松江府，是清代江南地区著名的棉布生产基地，以棉、蓝著名。蓝有青秧、靛青、淮青等不同品种。木棉布幅阔者达三尺余。双庙桥有丁娘子布，尤为精软。又有紫花布，色赭而淡（即欧洲最著盛名的南京布）。明成化时即织丝棉交织的云布，有赭黄、大红、真紫等色，龙凤、斗牛、麒麟等纹，一匹贵至百金。又有兼丝布、药斑布、衲布。有紫白锦，作坐褥、寝衣，雅素异于蜀锦（可证故宫陈列中称为"改机"的，实为松江织紫白素锦③）。剪绒花毯，用棉线作经，彩色毛绒结纬，剪出花样异巧。而皇帝汗衣，则必用三梭布，也是松江机织的佳品④。

---

① 李斗：《扬州画舫录》卷九，《小秦淮录》。
② 《古今图书集成》卷六八一，《苏州府部》。
③ 沈从文编著：《中国古代服饰研究》，上海世纪出版集团2002年版，第660—661页。
④ 《古今图书集成》卷七〇〇，《松江府部》。

清代染色工艺，以苏州、扬州二地最精，最负盛名。乾隆时期成书的《扬州画舫录》描述其盛况时说："江南染房，盛于苏州。扬州染色，以小东门街戴家为最，如红有淮安红，本苏州赤草所染，淮安湖嘴布肆专鬻此种，故得名。桃红、银红、靠红、粉红、肉红，即韶州退红之属。紫有大紫、玫瑰紫、茄花紫，即古之油紫北紫之属。白有漂白、月白。黄有嫩黄，如桑初生。杏黄江黄即丹黄，亦曰缇，为古兵服。蛾黄如蚕欲老。青有红青，为青赤色，一曰鸦青、金青，古皂隶色。元青，元在缁缂之间；合青则为黯黯；虾青，青白色；沔阳青以地名。如淮安红之类；佛头青即深青，太师青即宋染色小缸青，以其店之缸名也。绿有官绿、油绿、葡萄绿、苹婆绿、葱根绿、鹦哥绿。蓝有潮蓝，以潮州得名。睢蓝以睢宁染得名；翠蓝，昔人谓翠非色，或云即雀头三蓝。通志云蓝有三种：蓼蓝染绿，大蓝浅碧，槐蓝染青，谓之三蓝。黄黑色则曰茶褐，古父老褐衣，今误作茶叶。深黄赤色曰驼茸，深青紫色曰古铜，紫黑色曰火薰，白绿色曰余白，浅红白色曰出炉银，浅黄白色曰密合，深紫绿色曰藕合，红多黑少曰红棕，黑多红少曰黑棕，二者皆紫类。紫绿色曰枯灰，浅者曰硃墨。外此如茄花、兰花、栗色、绒色，其类不一。无滋素液，赤草红花，合成帅朱，经纬艳异，凡此美名，皆吾乡物产也"①。而染布业最著名者则数安徽芜湖的蓝青。书中提到的种种颜色，都反映在当时的绫罗绸缎布匹的印染上，且普遍流行，为人们所时尚。

再从清代蟒袍质地的精美与图案纹样的繁多来看，更充分表明清代服饰颜料在染织技艺方面所取得的巨大成就。清人记载："蟒袍质地，或蓝色，或酱色，制作或组绣，或缂丝，无大别也。但分劲五彩者，去红加紫者，三蓝彩者（此最素，不宜用）。尚有暗水、暗蟒一种，远望如蓝袍，而其花纹则蟒袍也。寻常之袍分蓝、酱（即紫色，后来色加红，谓之枣儿红）、驼（浅黄色，又有一种名泥金色，在杏黄、明黄之间）、灰（有竹灰、墨灰、银灰之别）四色。蓝色最适于用。灰色素服也，朝会、庆寿，概不能著。花样则名目繁多，以二则团花为敬（二则为大光，四则为小光）。有二龙团光者，有拱璧形者，有八吉祥者，有瑞草螭虎者，有卍字牡丹者，有圆寿字者，有长寿字二龙抱之为团者，有江山万代者，有团鹤、松鹤种种式样。其本质有宁绸者，有库缎者。至散花纹名目尤多，不胜数矣。外褂皆二则团花，无散花者。更有一种缎机绸，是宁绸质，而花纹则缎丝者，最名贵，不恒见。又有《耕织图》花样一种，则散花者，非高手成衣匠不敢裁剪，以其多人物与屋宇，稍不留神，前后身必有倒置

---

① 李斗：《扬州画舫录》卷一，《草河录上》。

者，理不可解（蟒袍各种皆可随时，惟无绵的，无寒羊的）。"①

通观清代服饰服色与纹样可知，妇女衣着的色泽，大致以年龄为界定，中年妇女以青、蓝、紫、酱诸色为主；金绣浅色多为闺女们所喜。其他诸色，如浅色青、蓝、绿、月白、大红、轻红，亦为众多妇女所爱。而红色作为喜庆之色，被新娘多所服用。再就一般人而言，服色除明黄、金黄、香色不能用外，它如天青、玫瑰紫、深绛色、泥金、高粱红、樱桃红、浅灰、棕诸色，都是人们喜爱的色泽。与此同时，服饰的纹样图案，清代早期多用暗蟒、大洋莲、团鹤、团花、八宝、拱璧、法轮、宝剑、汉瓦当纹、江山万代、富贵不断、福禄寿字、八吉祥如宝盖、瓶戟、钹、卐字、牛角、花蓝、葫芦、书卷、蝙蝠、竹筒、云板、万字联、八结、如意等，及暗八仙（八仙手执之物）。光绪时，改团花为六合同春图案，以鹤、鹿、松枝等为团花，以取平安、吉祥、福寿富贵之意。清末，又多用写实纹样与图案，如牡丹、蝴蝶、石榴、寿桃、喜鹊、佛手、云鹤、折枝花、梅兰竹菊、缠枝花，以及仕女人物、山水、风景、楼台亭榭，等等。

二 穿戴与规制

清代官定服饰与民人服饰，在穿戴方面，有着巨大的差异。前者，以法定形式予以规范；而后者因人、因时、因季、因地而异，多以不成文的习惯、习尚而定。

（一）官定服饰的穿戴与规定

每年，服饰四时更换皆由宫中传出并发邸抄而行于各部署衙门，每岁春季换用夹朝衣，秋季用缘皮朝衣，定例农历九月十五日或二十五日御冬朝冠服，十一月朔至上元冠用黑狐，服用海龙缘及表面加紫貂，袖端熏貂并穿端罩，三月十五日或二十五日，则御夏朝冠服。帝后、王公贵族、文武百官均是如此。

凡遇祭圜丘等祀典，豫日诣斋宫，皇帝穿龙袍衮服，届时王公以下陪祭及执事官咸用朝服，其随从等，则俱穿吉服。至于每年元旦、长至（冬至）、万寿节等三大节朝贺，王公文武百官则须穿用朝袍。凡外官到任、拜牌、开印、封印、丁祭、入坛，则着朝服，属员谒见上台，不许穿朝服，其送迎上司只穿补服。蟒袍，又谓之花衣，是华灿之服，遇万寿、上元、年节，都穿蟒袍。小官员可不必穿，只穿补褂即可。出师、告捷之典，凡经略大将军所过地方，守土将军、督抚；文官司、道以下，咸着蟒袍补服以迎接。顺治四年（1647），清朝规定，品官寻常进衙门或往各本王以下等府，穿蟒缎、妆缎、素缎的镶领袖袍

---

① 崇彝：《道咸以来朝野杂记》，第32页。

及长短外套，在院部等衙门各穿补服。皇子婚仪，公主下嫁，届期赞事大臣及福晋之父俱穿蟒袍、晶官士庶婚礼，主婚者穿吉服（蟒袍）。

若遇筵燕、迎銮及一切嘉礼（礼有吉礼、嘉礼、军礼、宾礼、凶礼。嘉礼则包括御门听政、受大典、登极、上尊号、尊封、婚礼、册立册封、颁朔……贡举、筵燕等）时，俱穿蟒袍补服。每月朔日及初五、初十、十五、二十、二十五等日，俱穿补服，其应服端罩者则用端罩代补服。期逢斋戒忌日，皆穿青外褂，谓之常服。常服的褂则无补子。月朔日，朝臣例穿补服，遇日食则穿常服。如逢皇帝、皇后、太后去世，规定更多，如百日之内不准薙发，停嫁娶，辍音乐，军民摘冠缨，命妇去装饰，文武官绅耆等素服摘缨。丧时入临时，则皆须反穿羊皮褂。帝死，循例继承帝位者穿长寿袍，俟其殓毕，方能易服。大臣处斩，例穿玄青外褂。皇帝燕居宫中，冠红绒结顶，皇子皇孙皆以为礼服，近支王、贝勒得赐者许常冠戴。革职人员不准戴用原翎，须仍由本案开复者乃准戴用。太监不能戴花翎，只能戴蓝翎，亦不许用红顶，许戴蓝顶，清末太监李莲英，得宠于慈禧太后，赏戴孔雀翎，亦仅此一人而已。

凡文武候补选官之顶戴，均与现任相同。宫上行走官员，遇出差时概不许戴花翎，回京供职时，仍准戴用。外官监司以上及京官京察（京察大典，所以别贤否，明示激功的意义，内外大员由吏部开列具奏，带领各员引见，三年举行一次），俸满者引见以后在召见时，则须先去帽，或赏花翎者，必以翎向上，以示敬。

穿开衩袍的马蹄袖，在行礼时必须放下，先左手袖放下，再右手袖放下。端罩、冬朝服的披领及裳、外褂、马褂的毛向外，它如袍袄等都是毛在里面，其边缘则作出锋毛露出于边缘外。按外褂、马褂的毛在内、在外者都有。其翻毛的都为达官贵人所穿，大多用珍贵的皮毛，如玄狐、海龙、猞猁狲、紫貂等，以炫耀其毛之贵重。礼服的开衩袍，里面衬以衬衫以掩其开衩处的外露。细毛的皮袍也衬以衬衫。京外大小官员用礼服谒客则穿行装，不用外褂而用大袖对襟的马褂代之。

凡四开衩的衣裾，只有宗室才可穿用，其他官吏士庶则只能用二开衩的衣式。补服的补子，惟亲王、郡王等用圆形，其余皆用方补。光绪中叶汉族命妇的补子改为圆形，但不多见。宗室、觉罗因罪革退者，子孙分赐红带、紫带，即宗室罪黜者束红带，觉罗罪黜者束紫带。

嘉庆、道光时，道员初到省禀谒院宪时，皆穿蟒袍补服，如院宪在次后日请宽蟒袍的则只著补服。一般在长袍之外必加褂，但在三伏大热季节可以不加外褂，称之谓免褂时期。如除夕拜谒亲友亦著蟒袍、外褂。在引见时，冬天不能穿皮裘，因颜色近于丧服；夏天也不能用亮纱，嫌它透明见肤体。臣工召见引见皆穿天青褂、蓝袍，其他杂色袍均有禁止之列。宫中遇隆重大典，福晋、命妇穿蟒袍，外加青缎八团外褂，头戴垫子，姑娘们单穿大红蟒袍，戴二把头，二边有垂至两肩的大红穗子。

清代后期，慈禧太后生日、正日，姑娘们则穿蟒袍，挂朝珠，把头上挂两个大红穗子。皇后在褂子外戴一金项圈，上缀一条绣花的黄缎子飘带，缝着玉、翡翠的小剪刀、熨斗、尺、顶针等，挂三盘朝珠。光绪帝则穿蟒袍、褂子，戴朝帽，挂三盘朝珠。此则为慈禧、光绪时之服饰穿戴例制。

有清一代，红绒结顶冠，为皇上燕服时所戴，当时极为尊贵，大臣间有蒙赐者，但亦不敢戴。皇太后万寿节，皇帝换龙袍，衮服。王公百官换穿蟒袍补服，到起程时，则又换行装，此为清代中期之服饰使用例制。

凡被斩绞重犯等及解审发配，俱着赭衣。公、侯、伯、一品以下，满汉有顶子官以上，其妻照男子一样；父母照儿子等第穿用，未分家、未出嫁的女儿，跟父等第穿用，但不许用顶戴补子；分家儿子照本身等第穿用；出嫁女则照丈夫等第穿用。

（二）民人服饰的穿戴习尚

清代民人服饰的穿戴与使用，虽无官方明文规定，但遵从习尚而行。一是衣冠之寒暑更换，皆有次序；二是妇女服饰之隆优、服色之搭配，须与身份相符，以得体为宜；三是礼服饰物、鞋靴、头饰等，在使用时，须符合成例与习尚。

衣冠定制，寒暑更换，皆有次序。"由隆冬貂衣起，凡黑风毛袍褂，如玄狐、海龙等，皆在期内应穿。由此换白风毛，如狐皮、猞猁、倭刀之类，再换羊灰鼠，再换灰鼠，再换银鼠（银鼠真者色微黄，奇贵。有以灰鼠肚皮代者，次者兔皮也，然最白），再换寒羊皮（即珍珠毛），皮衣至此而止。再换则绵者、夹者、单者。纱衣始于实地纱、芝麻地纱、亮纱、蓝葛纱、黄葛纱，时至三伏矣。"穿葛纱，冠用万丝帽，是以细生葛组成者，色深黄；其余纱衣，冠用白罗纬帽。单衣之期，或用纬帽，或用暖帽，以视天气之冷暖。夹衣则用黑绒冠，绵（棉）衣用黑呢冠，珠毛、银鼠、期用纵线冠（此种后来多不备，以其为期短且耗财也）、灰鼠、羊灰为中毛，冠用江獭皮，穿大毛衣服，冠用染貂，或染银鼠，至貂冠（五品以上始得用）而止。"若海龙尾冠虽珍贵，不入下式也。"[1]

在妇女服饰的穿戴及衣裳配搭方面，清人认为，"妇女制服，最隆重者为组绣丽水袍褂。袍则大红色，褂则红青（即天青）。妇女袍褂一律长的，不似男服之长袍、短褂。有时穿袍不套褂，谓之领袖袍，亦得挂朝珠。其次礼服，则敝

---

[1] 崇彝：《道咸以来朝野杂记》，第31页。

衣、衬衣皆挽袖者（即缘以花边，将大袖卷上）。敞衣分大红色、藕合色、月白色（皆有绣花，或净面，分穿者之年岁、行辈定之）。以上皆双全妇人所著者。若孀妇敞衣或蓝色，则酱色衬衣，则视外敞衣之颜色配合之。女褂有八团者，亦天青色，下无丽水，以组绣团光八个嵌诸玄端上下左右（前后胸各一，左右肩各一，前后襟各二）。内不穿袍，以衬衣当之，其色或绿，或黄，或桃红，或月白，无用大红者。年长者则不用绣八团，改穿补褂矣。妇女补服，随其夫之品级，但皆圆形。汉官夫人则仍是方补，与男子无别（丽水袍与衬衣皆夹衣，虽隆冬穿大毛之期，亦如是。妇女不能重袭也）。又有褂襕（或是满语译音，是否此二字不定）一种，即长与衬衣齐之大坎肩也。其色以天青为正，亦有蓝色者，或绣花，或净面，亦礼服之一。冠则带困秋帽，与男冠相仿，但无顶，无缨，皆以组绣为饰，后缀绣花长飘带二条。此冬季所用者（著此服而头上带钿子者，萨摩太太也。即祭神时所用之女巫，满语曰 Saman 即'萨摩'）"①。其所述妇女身份，既有民人，又有品官夫人，更有满族信奉之"萨满教"祭祀跳神之"女巫"。她们虽然身份各异，但著服更须与其身份地位相称，方为适宜与得体。

至于礼服饰物、鞋靴、头饰等使用时，更须符合成例。妇女著礼服袍褂时，头上所戴者曰钿子。"钿子分凤钿、满钿、半钿三种。其制以黑绒及缎条制成内胎，以银丝或铜丝支之外，缀点翠，或穿珠之饰。凤钿之饰九块，满钿七块，半钿五块，皆用正面一块，钿尾一大块，此所同者。所分者，则正面之上，长圆饰或三或五或七也。凤钿除新妇宜用，其他皆用满钿；孀妇及年长妇人则用半钿。"同时，在穿礼服时，"脚下应穿高底绣花靴，其色红、绿、黄、蓝皆有，仅靴甬短于男靴，过踝而已。晚近趋于简便，皆穿绣花平金鞋，然非高底不可。"② 此为服饰穿戴之惯例以及习尚所致。

三 服饰禁忌

清政府为维护至高无上的皇权和封建的等级制度，对官民服饰在穿戴和使用（包括服装服式、用色）方面，有颇多限禁性的规定，臣民须严格遵循，不得逾越与违反，否则，将受到惩处。

顺治三年（1646），清政府定庶民不得用缎绣等服。满洲家下仆隶有用蟒缎、妆缎、锦绣服饰者，严禁之。九年（1652），又定凉帽、暖帽圆月，惟职官用红片金，庶人则用红缎。僧道服，袈裟、道服外，许用绸绢纺丝素纱各色，

---

① 崇彝：《道咸以来朝野杂记》，第33页。
② 同上书，第33—34页。

布袍用土黑、缁黑二色。

康熙元年（1662），清政府规定军民人等有用蟒缎、妆缎、金花缎、片金倭缎、貂皮、狐皮、猞猁狲为服饰者，禁之。三十九年（1700），又定八旗举人、官生、贡生、生员、监生、护军、领催许服平常缎纱。天马、银鼠不得服用。汉族举人、官生、贡生、监生、生员除狼皮外，例亦如之。军民胥吏不得用狼狐等皮。有以貂皮为帽者，并禁之。又兵民人等鞍辔不得用绣缎、倭缎、搭线、镶缘及镀金为饰。

雍正元年（1723），以职官不按定例，悬戴数珠，马项下悬红缨，使人前马。又有越分者，坐褥至以绸为之。清政府令八旗大臣、统领衙门及都察院严行稽察，如大臣等徇情疏忽，同罪。至诸王间赏所属人员数珠等物，并行文本旗记档，岁应汇奏。二年（1724），清政府又申明加级官员顶戴、补服、坐褥越级僭用之禁。官员军民服色有用黑狐皮、秋香色、米色、香色及鞍辔用米色、秋香色者，于定例外，加罪议处。该管官员不行举发亦如之①。

除此以外，从清初至清末，清政府在服饰方面，尚有诸多禁忌性的规定。顺治年间，清政府定：公、侯、伯、一品、二品、三品、四品等官，凡五爪、三爪蟒苏缎圆补子、黄色、紫色、秋香色、玄色、米色及狐皮俱不许穿，如上赐者许穿。嘉庆后，庶民亦有用秋香色为衣者，其后玄色、米色亦不禁。无官爵宗室、三品四品官、三等虾（hiya，即满语"侍卫"之意）、貂鼠、囤子、蟒缎、妆缎、花缎、各样补缎、倭缎各花缎等均可服用，凡五、六、七品官不许穿蟒缎、貂皮、猞猁狲等。八品、九品用素缎及除以上的皮衣、白豹皮外，可用其他皮为之。以下杂职及兵民商等止许穿花素、蓝素缎、纱、棉布、夏布等，不许镶领袖，不许穿缎靴及靴上镶绿皮、云头金钱，不许镶靴袜口，不许戴德勒苏（满语 deresu，即玉草，芨芨草）凉帽，只许戴貂皮帽及狐皮、灰鼠皮帽。

清政府还规定，官民家下奴仆、戏子、皂隶不许戴貂帽，不许穿花素各色缎绫，许戴狼皮、狐皮、沙狐皮、貉子皮帽，许用茧绸、毛褐、葛布、梭布、貉皮、羊皮等为衣。乐户、水户戴本色黄臊鼠皮帽，不许穿各色缎绫、狼皮衣，凉帽用绿绢里及沿边。五爪龙缎、立龙缎、团补服、四爪暗蟒之四团补、八团补缎纱，官民不许穿用。凡大臣官员有特赐五爪龙衣服及缎匹，无论色样俱许穿用；若颁五爪龙缎、立龙缎者，挑去一爪穿用。

至于民人，庶民男子衣服均不得僭用金绣，许用纻丝、绫、罗、绸、绢、素纱。若僭用违禁纹者，官民各杖一百，徒三年；工匠杖一百，违禁物入官；货卖者杖一百，机户亦同。团龙褂非奉上赐不得用五爪龙团花、四团龙，诸王

---

① 《清史稿》卷一〇三，《志七十八·舆服二》。

有特赐四正龙者许服用。四品官以上及侍从官衣服均得用蟒。

对僧道衣饰，清政府亦有规定与禁忌，只许用绸、绢、纺丝、素纱、棉布、夏布，不许用缎、绫、罗；色用黑色，不许用别色，惟袈裟、道服不在禁限之内。军民、僧道等常服若僭用锦绮、纻丝、绫罗、彩绣，妇人僭用金绣、闪色衣服，珍珠缘衣履等，则照律治罪，予以严惩。

文武百官服饰，凡蟒袍不是特赐的不能用金黄色，黄马褂须特赏者才能穿。狐皮不许穿著，如是上赐者方许穿用。例载五品以下官，非翰詹科道者，不许服貂。考职吏员在籍只用顶帽，不得僭用补服。凡公、侯、文武各官，应用帽顶束带，生儒衣服照品级次第，不许僭越，越品僭用、擅用者照律治罪。凡应用东珠，重不得过三分。

在冠饰与顶戴方面，有许多禁忌须遵守。帽顶不得用红绒结顶，一、二品大臣有赐红绒结顶者，不得照样再制。嘉庆五年（1800），民人凉暖帽上俱用绒缨大结，下敕严行禁止之。凡凉暖帽上圆月，有官者用红片金，无官者用红素缎。凉帽里及沿边，五品以下用红色里，青蓝倭缎沿边，无官者用别色，不许用锦里、红色里。不应用端罩者，不得于朝会之地反穿皮褂，以混补服。因军功而赏翎者准常戴，如升调他职亦得戴用。若职任之官戴翎者（如巡抚兼提督衔准戴翎），离任则除。太监不能戴花翎，只能戴蓝翎、蓝顶，不许戴红顶。三品以下官不能僭用红色油衣油帽。文武官上朝及坐班，如非下雨而戴雨帽者参处。御前使从等虽无官职闲人，蟒缎、妆缎俱准穿用。行在随銮之内大臣，俱准穿黄马褂。商贾捐纳职衔者，冠服各从其品，无职衔者不得僭用。

凡遇臣工召对、引见时也有禁忌须明记遵守，《清稗类钞·朝服之宜忌》记载："皆服天青褂，蓝袍，杂色袍在禁止之列，羊皮亦不得服，恶性其色白，近丧服也。故朝服但有海龙、猞猁狲、貂、灰鼠、银鼠，而无羊皮。夏不得服亮纱，恶其见肤也，以实地纱代之，致敬也。"

上述服饰禁忌，随着岁月的流逝，虽然清政府三令五申，要求遵行不替，但至后期，捐纳之风一开，花银即可买官买爵买顶戴，官秩即随之而滥。服饰之禁，实难坚持和划一，团蟒之纹，即多有不按品级而穿服者；再如彩绣、狐皮、金绣等，以及红色风兜，不得随用，但清代后期江南富贵之家的衣著服饰，则以服用违禁之饰为荣耀和身份地位的标志，于是乎朝廷的禁令规定形同一纸空文，屡遭破坏。

第二章 饮食与生活礼仪

清人的饮食与生活礼仪，是清代社会生活体系的重要组成部分之一。清代帝后与贵族饮膳礼仪、民间与地方饮食习尚、饮食思想与养生观念是体现各历史时期物质与精神文明程度的重要标志，也是展现清人社会生活风貌历程的重要窗口。

清代饮食与生活礼仪，呈现出与以往不同的新的发展特点和显著的时代特征：其一，等级性特征。清代的饮食风尚、饮食生活，等级森严。不同社会身份的人，从帝王、贵族、官僚、缙绅到城镇乡村的市民、商人、农夫、手工业者、工匠、差役等，在平日、婚丧嫁娶、人际交往中的饮食、筵宴礼仪方面，有严格的等级规定，即所谓的"礼制"规范。如果稍有逾越行为，轻者以"违制"议处，重则以"谋反"论罪。从而体现出清人饮食生活与礼仪中的等级性这一重要特点。

其二，封闭性特征。清人浓厚的地域观念，加之清代政治、经济、交通、文化诸多因素的作用，使清人在饮食生活（日常、寿辰饮食）与精神生活（娱乐、交往筵宴）习尚方面，呈现出某些封闭性的特点，并给清代整个社会生活以相应的影响。譬如，清代的世家、名门望族多在某一地区"累世而居"，或数代"同堂"；一般民人也由于保甲制度的束缚，不能随意迁徙和易地而居。这就为以血缘为纽带的封建家族制度的兴盛和相对闭塞的饮食生活风尚的形成，提供了最佳环境与肥沃的土壤；更为清人饮食生活礼仪的交流变化，设置了无形的障碍。这是清代饮食生活礼仪中封闭性与超稳定性的具体体现。

其三，多元一体化特征。在清代这个封建的统一多民族国家内，各族人民之间通过各种方式、各种途径，在漫长的历史时期内，相互交往、彼此学习、互相支援的结果，必然使清代社会各阶级、阶层人们的饮食生活与饮食习尚，处在逐渐地、缓慢地发展与变革过程中，程度不同地呈现出多样化的特点。饮食生活与礼仪不但在内容上，逐步改变其单调、贫乏，趋于多样化，而且就外在表现形式而言更加丰富多彩；发展趋势更呈现出多元一体化的格局。

其四，变异性特征。在清人的饮食生活与礼仪中，特别是在沿海地区，由于诸多新因素的渐次注入，从而在日常、年节的饮食生活与礼仪生活（婚嫁丧葬、礼仪交往、娱乐筵宴）方面，较之于内地呈现出某些变异性的特点。其中，既有量的一定增减和变化，更有某些质的区别与不同。

其五，交融性特征。纵观清代的饮食生活风貌，一方面是满人的饮食、食宴食仪，逐步为汉族人民所接受，成为清人的流行时尚；另一方面则是入主中原的满族，在日常、年节饮食，在婚丧嫁娶饮宴礼尚方面，受到汉族和其他民族饮食文化的诸多影响。这种满汉之间、满族与其他民族之间的饮食文化交流，更成为清人饮食生活与礼仪的显著特征之一，是民族之间饮食文化交融性特点的生动体现。

其六，时尚性特征。中国是一个"以农立国"的国度，农业是社会的主要生产部门，生产活动更是社会的重要活动之一，清代亦是如此。受其影响，民间实行的"夏历"又称"农历"。同时，每年凡届"农历"年节时，上自宫廷，下至民间，要进行一系列"应时"的年节饮食活动。此外，平日人们的生活节律、习尚，饮食生活的内容，既随季节、时令的变化而变化，更因年节而异，有不同的饮食生活与习尚。这是由清代的饮食生活与风俗的时尚性特点所致。

简而言之，清代饮食生活、礼仪习尚的总体特征，可用四个字来概括，即"盛"（菜系林立、风味饮食上千种、饮食文化与饮食思想著述甚丰）、"雅"（御宴排场之豪华、宫廷宴筵与祭祀食礼食仪之庄重）、"艺"（美食美味辅以美器、烹饪技艺之巧）、"精"（调味之精、食疗健身之精到、饮食文化思想论述之精湛）。这丰富而绚丽多彩的饮食风俗、饮食活动，不仅是专业性（名厨、庖人）与群众性（家庭与民间主妇）烹饪技艺人员相结合，共同创造的，而且在烹饪技术上，也是传统与创新、工艺化与实用性、民间菜肴与宫廷菜、美食与保健养生有机结合的产物。而清代的饮食思想家，则对上述实践活动加以总结、提炼、升华，进而提出了诸多有价值的理论见解，他们的有关著述，大大地丰富了中国古代的饮食文化理论宝库,更为中国古代的饮食美学的发展,作出了独特而重要的贡献。

第一节 帝后与贵族饮膳礼仪

清代帝后与贵族饮膳生活礼仪,内容丰富,主要包括帝后的宫中膳食与礼仪、宫中筵宴与帝后年节饮膳生活、帝王巡幸与热河行宫御膳活动;孔府与孔府菜点、孔府祭孔与贵族饮宴礼尚等。它既是清代特权阶级社会生活的重要组成部分,同时又是帝王与贵族权势以及封建礼制的体现和象征。

一 帝后的宫中膳食与礼仪

清代宫中帝后妃嫔的日常膳食,主要由内务府所属的御茶膳房和"掌关防处"等几个机构来管理的。而宫中的筵宴,除内廷筵宴、宗室筵宴外,主要由光禄寺具体办理,或由光禄寺与内务府共同办理。光禄寺于顺治元年(1644)设立,最初隶属礼部,康熙十年(1671)分出,光绪二十四年(1898)曾一度并入礼部,不久又分出,直到光绪三十二年(1906)官制改革时,再度并入礼部,直至清末。光禄寺的主要职掌为"燕劳荐飨之政令,辨其品式,稽其经费。凡治具,则戒其属以供事"①。光禄寺设管理事务大臣1名(满洲),卿2名(满、汉各1),少卿2名(满、汉各1)。其内部组织则设大官署、珍馐署、良酝署、掌醢署及典簿厅、督催所、当月处、银库、黄册房等机构,以司其事。

清代帝后妃嫔在宫中日常膳食方面,不但对饮食与烹饪技术十分考究,而且礼制与制度也极为严格、繁琐。

清朝皇帝平时吃饭称为"传膳"、"进膳"或"用膳",其地点并不固定,多在皇帝的寝宫、行宫或经常活动的地方。皇帝每天分早、晚两次用膳,早膳多在卯正以后(早晨六七点钟);晚膳却在午、未两个时辰(十二点至午后二点)。每天晚上在酉时(晚六时)前后还要进一次"晚点"(小吃)。每到传膳的时候,太监先在传膳的地点布好膳桌,当膳食从膳房运来后,迅速按规定在

---

① 《钦定大清会典》卷七十三。

膳桌上摆好,如无特别旨意,任何人都不能与皇帝同桌用膳。按照宫廷的规矩,凡皇帝、太后、皇后用膳后余下未动用过的菜点膳食,一般赏赐给妃嫔、皇子、公主、大臣等;而妃嫔用膳后所余菜点膳食,则多赐给宫女及太监等人。

在宫中,帝后妃嫔的日常膳食,主要由内务府属下的"御茶膳房"负责备办。至于宫廷膳食日常所需的米、面、菜、糖、酒、醋等物,则由内务府所属"掌关防管理内管领事务处"管理。此外,内务府广储司所属六库的茶库,营造司的炭库、柴库,掌仪司的果房和庆丰司管辖的牛羊群等,与宫廷饮膳也有密切的关系。清初,御茶膳房分为茶房、清茶房和膳房等处。乾隆十五年(1750)五月,乾隆帝谕旨:"内右门内太监等预备膳之膳房,著改为内膳房,其饭房著改为外膳房。"① 此后,膳房又有内、外之分。内膳房下设荤局、素局、点心局、饭局、挂炉局和司房等机构,专门承做帝后及妃嫔的日常膳食。嘉庆二十五年(1820),寿康宫又添设茶膳房。专门为老太后、太妃承办茶膳。同时,皇宫还设有皇子饭房和茶房。

对清代皇帝与后妃日常的膳食情况,现存的清代档案,记载得最为详尽。

乾隆帝,是继顺治帝、康熙帝和雍正帝之后,清代入关后的第四位最高封建统治者,而且是一位颇有建树和作为的满族封建政治家。乾隆帝在位六十年期间,清代社会政治、军事、经济、文化出现了空前繁荣的局面。史家常将此与康熙帝、雍正帝统治时期,统称为"康雍乾盛世"而大加赞扬。然而,历史事实也表明,尽管乾隆帝在治理国家方面是一位很有作为的封建帝王,但是平日在紫禁城内,他本人以及皇室成员不仅过着锦衣玉食的生活,而且其日常的膳食,也是清代(除慈禧太后外)最奢侈的。这一点,通过现存的乾隆时期内务府的"奏底单"档案,即能对其中的某些历史细节,窥知一二。

乾隆四十七年(1782)正月,宫内外膳房采买饮食用料的情况,福隆安等有过三次呈奏,以备御览。在福隆安等人进呈的折奏中,详细记载了该月上、中、下三旬期间内外膳房所用猪、鸡、鸭的名称和数目,并对这些用料的价银作了统计。这三个折奏的详细内容如下:

> 其一,"乾隆四十七年正月初一日至初十日内,除初一、初九日禁屠,此八日,内外膳房用:五十斤猪五十五口、猪肉三千九百三十五斤八两、文蹄二百七斤、肚子四十个、心肺三十二个、猪油四十九斤八两、大肠四十根半、小肠五十五根半、腰子二十二个、管子一百五十五根、肥鸡三十五只半、肥鸭五十八只、菜鸡一百十七只半、菜鸭一百三十五只、当年鸡

---

① 《钦定大清会典事例》卷一一七三。

七只。以上十五项，共用银五百三十四两二钱二分六厘零"①。

其二，"乾隆四十七年正月十一日至二十日，此十日内外膳房用：五十斤猪七十四口半、猪肉六千五百三十三斤十六两、文蹄二百六十斤、肚子八十斤、心肺六十四个、猪油三斤十二两、小猪一口、肥鸡五十九只、肥鸭六十八只、菜鸡六十二只半、菜鸭九十八只半、当年鸡四只。以上十二项共用银七百四十六两一钱六分三厘八毫。此外，正月十四、十五、十六日，此三日元灯备宴用过：猪肉八百五十九斤八两、文蹄一百九十四斤、肚子七十五个、猪油九十九斤、大肠六十七根、小肠一百九十根、腰子二十个、管子二百二十六根、肥鸡三只、菜鸡一百二十六只、菜鸭六十八只。以上十二项共用银一百三十两八钱二分四厘五毫。二共用银八百七十六两九钱八分八厘"②。

其三，"乾隆四十七年正月二十一日至三十日，此十日，内外膳房用：五十斤猪八十二口、猪肉七千七百十九斤六两、文蹄三百四十八斤、肚子一百二十五个、心肺四十八个、猪油三斤十二两、肥鸡三十一只、肥鸭四十五只半、菜鸡九十一只、菜鸭一百一只半、当年鸡三只。以上十一项共用银八百四十五两八钱三分二厘"③。

通过内务府《奏底单》的内容，显然可见，乾隆帝及皇室成员在该年正月对食品和用料的选择是十分严格而讲究的。例如，多用"五十斤猪"，这种猪的猪肉鲜嫩、皮薄、肉瘦，经过加工烹调以后，肥而不腻，鲜嫩可口，是上乘美味佳肴。至于"文蹄"，由于含有大量蛋白质及胶原脂肪，具有祛风寒、壮筋骨的功效。因而，加工烹饪后，是营养可口的佳肴。而肚子、心肺、大肠、小肠、腰子、管子等猪"内物"，不仅是各种名菜、汤膳的重要原料，而且经过加工后，菜的色、香、味、形俱佳。肥鸡、肥鸭、菜鸡、菜鸭、当年鸡等，内质各有特色，且易于作"全鸡"烹饪使用。"当年鸡"，肉质鲜嫩，皮薄肉细，加工制作后，菜及汤的色味清亮可口，向为宫中御膳的"常菜"。由此可知，乾隆帝及其皇室成员，在饮膳方面真是"食不厌精，脍不厌细"了。

乾隆朝初期，一方面由于乾隆帝即位不久，因此在生活等方面是比较节俭的，宫中的膳食，其"奢侈"程度还不像乾隆晚期那样厉害；另一方面，由于整个社会经济发展程度和水平还不太高，使皇家的府库岁入，受到一定的限制。

---

① 《为奏闻事》（乾隆四十七年二月二十七日），中国第一历史档案馆藏。
② 同上。
③ 同上。

所以，在乾隆初期，乾隆帝与皇室成员，在饮膳方面，较之后来而言，还是相对"俭约"的。其铺张的场面、筵宴的菜肴、年节的饮膳还不过分奢华。

现存的乾隆元年至乾隆三年的有关皇室饮膳的《节次照常膳底档》（乾隆元年至三年立），真实而生动地记录了其饮膳生活的情况。现将有关内容摘引如下，以揭示历史的本来面目：

乾隆元年二月十五日，禁止屠宰，"皇太后，承乾宫、钟粹宫贵妃等位，俱各止荤添素。（皇）上，养心殿进早膳，用方盘摆素菜七品（白里黄碗）、点心三品（黄盘）、奶子饭一品（黄碗）、银葵花盒小菜一品、银碟小菜二品、干湿点心六盘。上，进毕赏用。记此"。

乾隆元年八月十三日，"皇后等位伺候；万岁爷早膳，伺候饭菜九桌，每桌十二品；羊肉二方一桌、糊猪肉二方一桌、盘肉八盘一桌、寿意蒸食炉食一桌、小食三桌六盒。晚膳，伺候万岁爷同皇后贵妃等位重华宫进晚膳，用洋漆矮桌一张，摆寿意莱十二品、寿意点心四品（黄盘）、攒盘肉一品（金盘）、珐琅葵花盒小菜一品、金碟小菜二品；羊肉二方一桌、糊猪肉二方一桌、盘肉八盘一桌（金器）、寿意炉食蒸食十二盘一桌（七寸黄盘）、奶皮敖尔布哈十二品一桌，上用过，俱赏用。随送，饭菜二桌，每桌十二品（内寿意一品）、白里黄碗菜一桌、绿龙黄碗菜一桌、寿意干湿点心四品、攒盘肉一品（银盘）。赏嬷嬷妈妈、南府首领小太监等，饭菜十八盒，每盒四碗霁红碗菜、攒盘肉一盘。晚膳毕，伺候上用小食一桌十五品（果子十品、饽饽五品），绿龙盘小食一桌十五品（果子十品、饽饽五品）"。

乾隆二年十月初二日，早膳养心殿（皇上）同皇后等位进膳，"用洋漆矮桌，摆珐琅碗莱八品、拉拉一品（金碗）、攒盘肉一品（金盘）、点心三盘（黄盘）、银葵花盒小菜二品、金碟小菜一品。（皇上）重华宫进晚膳，用洋漆矮桌，摆热锅一品、珐琅碗菜六品、攒盘肉一品（金盘）、点心三品（黄盘）、银葵花盒小菜一品、金碟小菜二品"。

乾隆中期，清朝国势达于极盛，社会经济繁荣，府库充盈。但至乾隆后期时，逐渐开始走下坡路。乾隆帝连年对边疆地区用兵，军费支出浩大；加之乾隆帝及皇室成员频频南巡、东巡等等，给国家造成了沉重的经济负担。使乾隆帝由"十全老人"变为"散财童子"，搞得府库空空。然而，尽管国势日衰，阶级矛盾日趋尖锐，封建大厦将有倾倒之危，但乾隆帝及皇室成员在饮膳生活等方面的奢靡、腐化之风却有增无减。较之初期而言，筵宴排场更大、更奢；饮膳席面不但佳肴更多更繁，而且耗费惊人。现存的乾隆五十三年《节次照常膳底档》（乾隆五十三年正月初一日起至十二月三十日止），所载乾隆帝及皇室成员宫中饮膳方面的情况，与乾隆朝初期形成鲜明的对比。通过乾隆帝及皇室成员在饮膳生活方面，由"俭"渐变为"奢""繁"这一历史现象，我们不难理解为何乾隆一朝，是有清一代由盛转衰的重要转折点了。

乾隆五十三年五月十九日起，乾隆帝自圆明园起程，"驾幸热河木兰"。七月初七日，"寅正请驾，卯正二刻（皇）上至水芳严秀供前拈香行礼毕，卯正，一片云西暖阁进早膳，用填漆花膳桌，摆燕窝扁豆锅烧鸭丝一品（沈二官做）（红黄碗）、酒炖鸭子、酒炖肘子一品（郑二做）（红潮水碗）、燕窝肥鸡丝一品（朱二官做）（八仙碗）、羊肉片一品、托汤鸭子一品（此二品五福珐琅碗）、清蒸鸭子、烧狍肉攒盘一品、煳猪肉攒盘一品、竹节卷小馒首一品、孙泥额芬白糕一品、巧果一品（此三品珐琅盘）。随送，萝卜丝下面进一品；额食三桌：饽饽十二品、菜一品（收的）、奶子二品，芸一桌；内管领炉食四盘，一桌；盘肉七盘，一桌。上进毕，赏用。妃嫔等位，一片云东暖阁聚座分例膳，早膳后熬茶时，送符供尖巧果一品、瓜果三品，共一盒。呈进，上进毕，赏祥玉等。记此"。

"七月初七日，未初二刻，梨花伴月进晚膳，用折叠膳桌，摆辣汁鱼一品（八吉祥盘）、燕窝鸡糕锅烧鸡一品（沈二官做）（八仙碗）、猪肉丸子清蒸鸭一品（朱二官做）（红黄碗）、炒鸡白鸭子炖杂脍一品（红潮水碗）、羊他他士（食品名）一品（五福珐琅盘）、后送，符供鹿筋肉条一品、炒鸡蛋一品、蒸肥鸡烧狍肉攒盘一品、挂炉鸭子攒盘一品、象眼小馒首一品、猪肉馅包子一品、巧果一品（此三品珐琅盘）、珐琅葵花盒小菜一品、珐琅碟小菜四品。随送，仓米水膳进一品，上进毕，赏用。记此"。

乾隆五十三年七月十七日，"寅正一刻请驾，卯正二刻，（乾隆帝）勤政殿进早膳，用填漆花膳桌，摆额思克森一品、全猪肉丝一品（此二品大银碗）、燕窝鸭腰锅烧鸭子一品、燕窝攒丝肥鸡一品（此二品八仙碗）、燕窝葱椒鸭子一品（江黄碗）、烧肉烧肝血肠攒盘一品、塞勒肝肚抓攒盘一品、肥鸡腿烧狍肉猪尾庄一盘、竹节卷小馒首一品、孙泥额芬白糕一品（此二品黄盘）、江米酿藕一品、煮藕一品（此二品珐琅盘）、珐琅葵花盒小菜一品、珐琅碟小菜四品。随送，燕窝红白鸭子大菜汤膳进一品（此一次亦未赏额食）。次送，东西两边，赏随营王公大人福康安、海蓝察、鄂辉、普尔普巴图里辖人等九十余人，用桌五十张。每桌：全猪肉一盘、全羊肉一盘、蒸食一盘、米面一盘、银螺蛳盒小菜二个、乌木快（筷）子二双、肉丝汤、膳房饭"。

"七月十七日，未初二刻，含青斋进晚膳，用折叠膳桌。摆：肥鸡火熏白菜一品、酒炖扒鸡一品、葱椒羊肉一品、糟鸭子酱肉一品、羊他他士一品。次送楪楪（排）骨一品、蒸肥鸡烧狍肉攒盘一品、挂炉鸭子挂炉肉攒盘一品、象眼小馒首一品、白糖油糕一品、酿藕一品、银葵花盒小菜一品、银碟小菜四品。随送，仓米水膳进一品。次送，菜二品（收的）、饽饽二品，共一桌。上进毕，赏用。记此。"

通过上述档案的详细记载,我们对乾隆初期与晚期,乾隆帝及皇室成员在宫中饮膳生活方面的不同特点,以及对清代乃至整个乾隆一朝,乾隆皇帝与皇室成员的饮膳生活风貌和发展变化的脉络,则可以有一个较为清楚而具体的了解。

二 宫中筵宴与帝后年节饮膳

清代宫中(紫禁城)的筵宴与帝后年节饮膳,是清代帝后饮膳生活中的一个重要有机组成部分。在清代帝后的饮膳活动中,除他们平日的饮膳外,按照规制每逢除夕、元旦、上元、中秋、冬至和帝后寿辰等节日,所举行的各种筵宴以及伴之而进行的各种饮食活动的内容,是丰富和颇具特色的。尽管清代宫廷与节日筵宴的名目繁多,仪式繁缛,但它却有明显的政治目的,是直接服务于清代的封建统治的,也是清朝最高统治者致力和维护多民族封建国家巩固统一而采用的一个十分奏效的手段与方式。例如,为了团结蒙古族的王公贵族,每年岁除之日,必于保和殿宴赏外藩蒙古王公。届时,内外文武大臣和御前侍卫,赴宴的王公贵族和官员等均按品级、朝服入席,此为"除夕宴"。为了鼓励和表彰儒臣翰林等官员,每当钦命编修实录、圣训之期,必在礼部赏宴总裁以下各官,到时群臣朝服赴宴,行礼如仪,此为"修书宴"。如遇大军凯旋,必赏宴钦命大将军及从征大臣将士于京师南郊黄帐。王公大臣、钦命大将军及从征将士,皆按次为序,行酒进馔,此为"凯旋宴"。为了笼络知识分子,于顺天乡试揭晓次日,必宴主考以下各官及贡士于顺天府。主考各官朝服、贡士吉服入席,此为"乡试宴",亦名为"鹿鸣宴"。为了宣扬皇帝的"恩荣"和"威仪",尚有殿试传胪次日宴于礼部的"恩荣宴",皇帝经筵礼成,宴于文华殿的"经筵宴";临雍礼成,宴于礼部的"临雍宴"。文献档案记载,皇帝"万寿"、皇后"千秋"、皇子大婚、公主下嫁时,按礼制都要举行筵宴。各种宫廷筵宴(皇帝同后妃共同进膳的节日家宴除外),作为嘉礼,写进《大清会典》,编入《大清通礼》相沿遵行。此外,尚有规模盛大的"千叟宴"。

根据文献记载,宫中大宴所用宴桌、式样,桌面摆设,点心、果盒、群膳、冷膳、热膳等数量,所用餐具形状名称,有严格规定和区别。皇帝用金龙大宴桌,皇帝座位两边,分摆头桌、二桌、三桌等,左尊右卑,皇后、妃嫔或王子、贝勒等,按地位和身份依次入座。皇帝入座、出座、进汤膳,进酒膳,有音乐伴奏;仪式隆重,庄严肃穆;礼节繁琐,处处体现君尊臣卑的"帝道"、"君道"与"官道"。

宫中筵宴由光禄寺和内务府负责恭办。光禄寺备办的筵席分为满汉两种。

满席分六等：一等席，每桌价银八两，一般用于帝、后死后的随筵；二等席，每桌价银七两二钱三分四厘，一般用于皇贵妃死后的随筵；三等席，每桌价银五两四钱四分，一般用于贵妃、妃和嫔死后的随筵；四等席，每桌价银四两四钱三分，主要用于元旦、万寿、冬至三大节朝贺筵宴，皇帝大婚、大军凯旋、公主和郡主成婚等各种筵宴及贵人死后的随筵等；五等席，每桌价银三两三钱三分，主要用于宴请朝鲜进贡的正、副使臣，西藏达赖喇嘛和班禅额尔德尼的贡使，除夕赐下嫁外藩的公主及蒙古王公、台吉等的馔宴；六等宴席，每桌价银二两二钱六分，主要用于赐宴经筵讲书，衍圣公来朝，越南、琉球、暹罗（今泰国）、缅甸、苏禄（今菲律宾的苏禄群岛）、南掌（今老挝）等国的贡使。

汉席分一、二、三等及上席、中席五类，主要用于"临雍宴"，文、武会试考官的"出闱宴"，实录、会典等书开馆编纂日及告成日的赐宴等。其中，主考和知、贡举等官用一等席，每桌内馔鹅、鱼、鸡、鸭、猪等23碗，果食8碗，蒸食3碗，蔬食4碗；同考官、监试御史、提调官等，用二等席，每桌内馔鱼、鸡、鸭、猪等20碗，果食、蒸食和蔬食，均与一等席同；内帘、外帘、收掌四所及礼部、光禄寺、鸿胪寺、太医院等各执事官，均用三等席，每桌内馔鱼、鸡、猪等15碗，果食、蒸食和蔬食与二等席同。文进士的"恩荣宴"、武进士的"会武宴"，主席大臣、读卷执事各官用上席，上席又分高矮桌。高桌陈设：宝装1座，用面2斤8两，宝装花1攒，内馔9碗，果食5盘，蒸食7盘，蔬菜4碟。矮桌陈设：猪肉、羊肉各1方，鱼1尾。文、武进士和鸣赞官等用中席，每桌陈设：宝装1座，用面2斤，绢花3朵，其他与上席高桌相同。

光禄寺设炸食房，为厨役烹饪之所，各种宴席必须在筵宴的前一天备齐，用碗、盘盛好放在红漆的矮桌上，酒装在瓷罐里，然后抬到饽饽棚内，由光禄寺堂官亲自验看，再"按桌缠以红布，覆以红袱"，夜间由厨役看守，第二天再抬到现场陈设。

内务府恭办的筵宴，主要有皇太后圣寿、皇后千秋、各级妃嫔的生辰等日所举行的筵宴，还有皇子、皇孙、皇曾孙婚礼中的初定礼、成婚礼筵宴，普宴宗室及几次大规模的千叟宴等。当然，光禄寺备办的许多筵宴，如元旦、万寿、除夕赐宴外藩蒙古王公等，内务府也同样参与办理。

清代宫中筵宴，规模最大的要算是几次千叟宴了。每次千叟宴盛典，都是在特定的历史条件下举行的。康熙年间，内平三藩之乱，外御沙俄之扰，玄烨三次亲征噶尔丹，平定了勾结沙俄的民族叛乱。加之兴修水利，鼓励农耕，减轻赋税，让饱受明末清初战乱之苦的人民得以休养生息。此后，"国家蓄积有余，民间年岁丰稔"①，"四海奠定，民生富庶"。清朝呈现出一派繁荣兴旺的景象。

康熙五十二年（1713），适值玄烨六旬大庆。此刻的康熙帝，为自己"孜孜图治"、亲政年久而欣慰："屈指春秋，年届六旬矣！览自秦汉以下，称帝者一百九十有三，享祚绵长，无如朕之久者。"② 当时，各地农民有感于君王的"恩泽"，一些著名耆老为庆贺皇帝生日，新春伊始，便纷纷进京，自发前来祝寿。来自京畿顺天府几十里、数百里，外省上千里者，从四面八方接踵而至。作为大清王朝的"圣明"帝王，岂能令天下老人空空而回？于是在"万寿"（三月十九日，即康熙帝生日）前一日发布谕旨，决定在畅春园宴赏众叟，而后送归乡里。据载康熙五十二年三月二十五日和二十七日两次宴赏与宴耆老包括各省现任、休致文武汉大臣官员士庶等，年65岁以上者2800余人，是为第一次千叟宴。

八年之后，康熙帝已御极六十年。经过"滋生人丁，永不加赋"的诏令，丁口增加，民生更加富庶。于是，在康熙六十一年（1722）正月新春，玄烨为博取民心，先后召群臣耆老以及八旗满洲蒙古汉军文武大臣官员等1000余人，分满汉两次入宴。康熙帝在席上作七言律诗一首，名曰《千叟宴诗》，赴宴满汉大臣作诗奉和，以记其盛，千叟宴因此而得名。

到乾隆时，国家更加殷实富足。好大喜功的乾隆帝，更望"国家景运昌期"、"举世咸登仁寿"。乾隆四十九年（1784），卷帙浩繁的《四库全书》告竣，年过七旬的乾隆帝又添五世元孙。这使乾隆帝喜上加喜，于是发布谕旨，定于乾隆五十年（1785）正月在乾清宫举行千叟宴盛典。届时有3000耆老入宴。

乾隆六十年（1795），各省收成平均达到九成，十月又降大雪盈尺。年逾八旬的乾隆帝，将在来春正月举行"归政大典"，更为旷古罕有之事。届时纪元周甲，授受上仪。如再启耆筵，以纪重光之盛，岂不是换取民心、歌咏太平之良机？于是，谕令来春正月，在宁寿宫、皇极殿再举行千叟宴盛典。届时入宴群臣耆老和并未入座者共5000余人。是为清代的第四次"千叟宴"。嘉庆朝以后，清朝国力渐趋衰败，再也无力举行这样大规模的筵宴活动了。

由于千叟宴规模盛大，场面豪华，宴前需要大量的物质准备。遵照皇帝的旨令，宫廷各衙门的官员和工匠很早就为举行千叟宴进行紧张的准备工作。内务府营造司的工匠为老叟进出的各个宫门油饰了过木门座，盛宴周围的殿宇房

---

① 《清圣祖实录》卷二五四，康熙五十二年三月乙未条。
② 同上。

间也油饰一新，从而更加光彩耀人，富丽堂皇。营造司木库为御膳房添造了捧盒、茶桌、木墩、菜板和端酒木盘；营造司铁库添铸了蒸笼铁锅、生铁行灶和鹅博铁构。乾隆六十一年的千叟宴，只铁锅一项，就预备了二尺和三尺三寸口径的板沿锅、生铁锅共116口；为端送膳品，推运行灶，雇用役夫156名。乾隆五十年的千叟宴，为搭盖蓝布凉棚，仅坠风用的青白石鼓就备用了224个。与此同时，内外御膳房备齐了各种主副食品、玉泉酒等各项席上用膳之物。

据清宫内务府档案《御茶膳房簿册》（中国第一历史档案馆藏）记载，千叟宴席上的耗费是相当可观的，乾隆五十年的千叟宴，一等饭菜和次等饭菜共八百桌，连同御宴，共消耗主副食品如下：白面750斤12两，白糖36斤2两，澄沙30斤5两，香油10斤2两，鸡蛋100斤，甜酱10斤，白盐5斤，绿豆粉3斤2两，江米4斗2合，山药25斤，核桃仁6斤12两，晒干枣10斤2两，香蕈5两，猪肉1700斤，菜鸭850只，菜鸡850只，肘子1700个。再据清官内务府档案《奏销档》记载，千叟宴席每桌用玉泉酒8两，800席共用玉泉酒400斤。为举办一次千叟宴，内务府荤局和点心局还要烧用柴3848斤，炭412斤，煤300斤[1]。由此可见，至高无上的皇权和严格的封建等级制度，通过饮膳、饮宴活动所耗费的巨大财力、物力和人力了。

清代宫中大型的筵宴，除上述几次千叟宴外，每年元旦和万寿节，太和殿的筵宴是最隆重的了。

太和殿筵宴前，首先要在殿内宝座前设皇帝的御宴桌张，殿内再设前引大臣、后扈大臣、豹尾班侍卫、起居注官、内外王公、额驸以及一二品文武大臣和台吉、塔布囊、伯克等人员的宴桌共105张。其次，太和殿前檐下的东西两侧，陈中和韶乐与理藩院尚书、侍郎及都察院左都御史副都御史等人的宴桌。太和殿前丹陛上的御道正中，南向张一黄幕，内设反坫，反坫内预备大铜火盆二个，上放大铁锅两口，一口准备盛肉，另一口装水备温酒。丹陛上共设宴桌43张，在这里入宴的是二品以上的世爵、侍卫大臣、内务府大臣及喜起舞、庆隆舞大臣等。再次，丹墀内设皇帝的法驾卤簿如同大朝之仪，两翼卤簿之外，各设八个蓝布幕棚，棚下设三品以下文武官员的宴桌，外国使臣的宴桌设在西班之末。太和门内檐下，东、西两侧设丹陛大乐。

太和殿筵宴原设宴桌210席，用羊100只，酒100瓶，乾隆四十五年（1780）裁减宴桌19席、羊18只、酒18瓶。嘉庆、道光朝以后，太和殿筵宴的桌张，根据实际情况又有所增减。

太和殿筵宴，皇帝御用宴桌归内务府恭备，其他宴桌由大臣按规定恭进，

---

[1] 刘桂林：《清代宫廷大宴——千叟宴》，载《烹饪史话》，中国商业出版社1986年版。

如若不敷再由光禄寺负责增备。大臣恭进宴桌的规定是：亲王每人进8桌（其中大席1桌：银盘碗45件、盛羊肉大银方1件、盛盐银碟1件；随席7桌：每桌铜盘碗45件、大铜方1件、小铜碟1件），羊3只，酒3瓶（每瓶10斤，下同）。郡王每位进5桌（其中大席1桌，随席4桌，每桌等级均与亲王数同），羊、酒数额与亲王同。贝勒每位进3桌，羊2只，酒2瓶。贝子每人进2桌，羊、酒数同贝勒。公每人进1桌，羊1只，酒1瓶（贝勒以下进宴席的器物，均与亲王、郡王随席同。所进器物都用红布盖袱，羊只也都是蒙古大羊）。筵宴前，先行文宗人府，报明大臣的名爵，应进桌张以及羊、酒的数目，宗人府汇总送礼部查核后，奏明皇帝阅览。

太和殿筵宴之日，王公大臣朝服，按朝班排立。吉时，礼部堂官奏请皇帝礼服御殿。这时，午门上钟鼓齐鸣，太和殿前檐下的中和韶乐奏"元平之章"。皇帝升座后，乐止，院内阶下三鸣鞭，王公大臣各人本位，向皇帝行一叩礼，坐下以后，接着是一整套繁缛的进茶（此时丹陛清乐奏"海宇升平日之章"）、进酒（丹陛清乐奏"玉殿云开之章"）、进馔（中和清乐奏"万象清宁之章"）仪式，然后进舞。《啸亭续录》记述："国家肇兴东土，旧俗所沿，有喜起、庆隆二舞。凡大燕享，选侍卫之猨捷者十人，咸一品朝服，舞于庭除，歌者豹皮褂貂帽，用国语奏歌，皆敷陈国家忧勤开创之事。乐工吹箫击鼓以和，舞者应节合拍，颇有古人起舞之意，谓之喜起舞。又于庭外丹陛间，作虎豹异兽形，扮八大人骑禺马作逐射状，颇沿古人傩礼之意，谓之庆隆舞。列圣追慕祖德，至今除夕、上元筵宴皆沿用之。"①

喜起舞毕，"吹筂吹人员进殿"奏蒙古乐曲，接着掌仪司官员，"引朝鲜、回部各掷倒伎人，金川番子番童等，陈百戏"，表演杂技，这时筵宴进入高潮，然后鸣鞭奏乐，皇帝还宫，众皆出，宴毕②。元旦的次日或皇太后的生日，慈宁宫也要举行类似的筵宴。由此可见，新年在宫中被列为"三大节"之一，将举行隆重的庆贺活动。在除夕晚上或正月初一日新年、上元节等日，在乾清宫等地照例举行家宴和庆祝活动，以欢度新春佳节。

作为新年的延长，正月十五日的元宵节，也是每年庆贺的隆重节日之一。元宵节期间，清宫帝后不但要进行观灯、施放烟火等庆祝活动，而且还要举行各种类型的宴会或家宴。清宫元宵节，于每年十二月二十四日安灯，至次年二月初三日收灯。正月十四日、十五日或十六日，皇帝要举行各种类型的宴会。十四日，在圆明园的清晖阁或含辉阁举行皇太后宴，在奉三无私殿或宫中赐宴

---

① 昭梿：《啸亭续录》卷一，《喜起庆隆二舞》。
② 《钦定大清会典事例》卷五百十五，《礼部·燕礼》；卷五百二十八，《乐部·乐制》。

近支王公和皇子皇孙，还要举行家宴，与后妃等共进节膳。十五日，在圆明园的正大光明殿或宫中保和殿筵宴王公大臣和蒙古王公台吉等。

乾隆元年因乾隆帝还在为其先考（雍正帝）服丧，故这年正月十五日，乾隆帝与皇后妃嫔在重华宫、养心殿共进的御膳较为简单。据乾隆元年至三年《节次照常膳底档》记载：乾隆元年正月十五日早膳，"重华宫后殿进早膳，用照常膳桌摆：珐琅碗菜八品、点心四品（黄盘）、攒盘肉一品（金盘）、银葵花盒小菜一品、金碟小菜二品。皇后用膳桌摆：膳八品（黄碗）、点心二品、金碟小菜二品。妃嫔等五位用膳桌摆：菜八品（绿龙黄碗）、点心二品（绿龙盘）、碟小菜二品。晚膳，养心殿用膳桌摆：珐琅碗菜八品、点心四品（黄盘）、攒盘肉一品（金盘）、银葵花盒小菜一品、金碟小菜二品"。十六日，在"正大光明殿"或"乾清宫"赐宴廷臣。皇帝和廷臣筵宴，还要进奶茶、元宵、点心和果茶。在用膳、饮酒和进茶时要奏乐和演出承应戏，其场面既隆重又热烈。

通常情况下，元旦过后，选择初二或初五、初八日早膳后，乾隆帝亲至紫光阁设宴，招待蒙古族、哈萨克族、"回子"（即维吾尔族）以及外国的使者。乾隆朝《膳底档》记载，乾隆五十三年（1788）正月初八日，福长安曾传旨："正月初九日，早膳后，上（指乾隆帝）至紫光阁筵宴胡土克图堪布喇嘛、额尔沁喇嘛、扎萨克喇嘛、达喇嘛、蒙古王、郭什哈额驸、乾清门额驸、外边行走蒙古王公、额驸、台吉、杜尔伯特、土尔扈特、库库纳勒、年班回子、番子、额思尹、朝鲜国、琉球国人等。钦此。"果然，次日早膳后，乾隆帝在紫光阁设宴招待他们。《膳底档》记述："上（指乾隆帝）至紫光阁升座毕，送奶茶，赏奶茶毕随送上用饽饽奶子一桌十五品：饽饽五品，米面五品，蒸食炉食三品，奶子二品（俱用黄盘）。上赏人用饽饽奶子十五品。巴图进酒，上进酒毕，赏巴图酒。

"随送殿内两边，赏胡土克图、蒙古王、郭什哈额驸、乾清门额驸、外边行走蒙古王公、额驸、台吉、杜尔伯特、土尔扈特、库库纳勒、年班回子、番子、朝鲜国、琉球国、额思尹等人。用一等饭菜二十桌，每桌银热锅二个，蒸食一盘，炉食一盘，盘肉三盘，羊肉丝汤，膳房饭螺蛳盒小菜二个。用次等饭食六十桌，每桌锡热锅二个，内管领炉食一盘、螺蛳盒小菜二个、羊肉丝汤；外膳房饭，额食六桌：奶子十二品一桌，干湿点心八盘一桌，盘肉十六盘二桌，羊肉四方二桌。"

当天，乾隆帝在"正宜明道进晚膳，用填漆花膳桌摆：燕窝苹果酒炖鸭子热锅一品（郑二官做）、鸭子火熏白菜热锅一品（沈二官做）、山药红白虀热锅一品（朱二官做），羊肉片一品（五福珐琅碗）。后送黄焖肉一品、蒸肥鸡鹿尾攒盘一品、象眼小馒首一品、油糕一品（黄盘）。"接着，乾隆帝还接受了愉妃、容妃（即香妃）、婉嫔等进献的年节膳食，这也是清宫每年年节期间要进行的礼仪之一。"愉妃、容妃、婉嫔进热锅一品、茶四品、安膳桌二品、饽饽一品、珐琅葵花盒小菜一品、珐琅碟小菜四品。随送粳米干膳进一品（寻常珐琅碗金碗盖）。次送愉妃、容妃、婉嫔进菜二品、饽饽一品、攒盘肉一品，共一桌。上进毕，赏用。记此"。

元宵节前后三日，宫中向例要吃元宵。吃元宵的时间在晚上酉初后，还需在神祖前供元宵，时间在早膳后，由皇帝亲自上供。如光绪七年（1881）宫中《膳底档》记载：

正月十五日，卯正二刻，上（指光绪帝）至大高殿、寿皇殿供元宵，拈香。辰正，上至保和殿筵宴，俱是外边伺候。此一日，未赏外边大克食。记此。养心殿进早膳，用填漆花膳桌摆：烂鸭子一品（双喜碗）、三鲜鸡一品（双凤碗）、红白鸭仁一品、黄焖肘子一品、炖肉一品、羊肉片炖萝卜一品（此四品中碗）、豆腐汤一品（银碗）。后送肉片炖白菜一品、羊肉片余萝卜一品、羊肉片炖冻豆腐一品（此三品三号碗）、炒羊肝尖一品（四号碗）、肉片焖豇豆一品、豆芽菜炒肉一品、肉片焖白菜一品、羊肉丁萝卜酱一品、面筋酱一品（此五品碟）、白煮鸭子片盘一品（银盘）、烹肉一品（银碟）、苹果馒首一品、枣糖糕一品（此二品黄盘）。随送豆腐汤一品、老米膳、老米溪膳、素粳米粥、薏仁米粥、熘米粥。添安早膳一桌：火锅子二品、野意锅子一品、酱炖羊肉一品、大碗菜四品：燕窝天字锅烧鸭子一品、燕窝下字口蘑肥鸡一品、燕窝太字八仙鸭子一品、燕窝平字三鲜鸡丝一品。怀碗菜四品：大炒肉炖榆蘑一品、余鱼腐一品、燕窝肥鸡丝一品、海参蜜制酱肉一品。碟菜六品：熘鸽蛋饺一品、燕窝炒锅烧鸭丝一品、肉片焖玉兰片一品、青笋晾肉胚一品、炸八件一品、肉丁果子酱一品。

片盘二品：挂炉鸭子一品、挂炉猪一品。饽饽四品：如意卷一品、白糖油糕二品、苹果馒首一品、苜蓿糕一品。燕窝八鲜汤一品。添安早膳奉旨，赏小太监等。钦此。上进随早膳元宵一品，赏任代班。钦此。上进果桌一桌二十三品，奉旨赏领侍小太监等。钦此。养心殿进晚膳，用填漆花膳桌摆：焖鸭子一品（双喜碗）、三鲜鸭子一品（双凤碗）、肥鸡丝一品、黄焖肉一品、肉片炖冬蘑一品、炖肉一品（此四品中碗）、猪肉丝汤一品（银碗）。后送肉片炖白菜一品、羊肉片余萝卜一品、羊肉片炖冻豆腐一品（此三品三号碗）、锅烧鸭条溜脊髓一品（四号碗）、肉片焖豇豆一品、油渣炒菠菜一品、豆芽菜炒肉一品、韭菜炒肉一品、醋溜白菜二品（此五品碟）、挂炉猪肉盘一品、五香肉片盘一品（此二品银盘）、苹果馒首一品、白蜂糕一品（此二品黄盘）。随送：逛尔汤一品、老米膳、老米溪膳、素粳米粥、薏仁米粥、焅米粥。上进随晚膳元宵一品，赏督领侍。钦此。添安晚膳一桌：火锅子二品、八宝奶猪一品、金银鸭子一品。大碗菜四品：燕窝五字海参焖鸭子一品、燕窝谷字口蘑肥鸡一品、燕窝丰字红白鸭丝一品、燕窝登字什锦鸡丝一品。怀碗菜四品：荸荠蜜制火腿一品、燕窝白鸭丝一品、佘鸭虾丸子一品、鸡丝煨鱼翅一品。碟菜六品：碎溜鸡一品、燕窝伴熏鸡丝一品、大炒肉焖玉兰片一品、口蘑溜鱼片一品、榆蘑炒肉一品、盖韭炒肉一品。片盘二品：挂炉鸭子一品、挂炉猪一品。饽饽四品：苹果馒首一品、如意卷一品、白糖油糕一品、苜蓿糕一品。燕窝三鲜汤一品。添安晚膳一桌，奉旨赏督领侍。钦此。进母后皇太后、圣母皇太后二位晚膳一桌，照此。添安晚膳一样。每位克食二桌：蒸食四盘，炉食四盘，羊肉四盘，猪肉四盘。记此。晚用：肉丝黄焖翅子一品、羊肉片炒羊角葱一品、肉片焖面筋一品、白鸭丝一品、熏肘子一品、小肚一品、老米膳、老米溪膳、素粳米粥、薏仁米粥、焅米粥。

三　帝王巡幸与热河行宫御膳

清代满族封建统治者，为了发展经济，稳固政权，增强封建国家的政治、经济实力，维护统一的多民族封建国家的安定局面，康熙帝和乾隆帝都曾在统治期间有过南巡和东巡之举。巡幸之政作为帝王政治生活极其重要的一个方面，的确对康乾时期的政治统治乃至清代的政局产生过很大的影响，起过一定的积极作用。

（一）康熙帝东巡膳食

康熙帝玄烨，在位六十一年（1662—1722），先后三次东巡，六次南巡，创清代巡幸之制，嗣后历代皇帝遵循的宪典。

康熙十年（1671）、二十一年（1682）、三十七年（1698），玄烨以"寰宇一统"、"三藩平定"、"剿灭噶尔丹"为题，亲率王公大臣奔赴关外，诣盛京（今沈阳）恭谒福陵、昭陵、永陵等祖宗山陵，用告成功。并北上吉林边境，完成"巡行边塞，亲加抚绥，兼以畋猎讲武"①，从而达到巩固东北边防的目的。

康熙帝率员东巡，中经河北、辽宁、吉林三省及内蒙古部分地区，行程万里（按，前后三次），为时甚多。对巡幸所需的膳食数量与品种问题，康熙帝曾对臣下说："户部帑金，非用师赈济，未敢妄费，谓此皆小民脂膏故也。所有巡

---

① 《清圣祖实录》卷一〇一，康熙二十一年三月辛酉条。

狩行宫，不施采绘，每岁所费不过一二万金。"① 满文《黑图档》记载首次东巡，山海关外驻跸所由盛京所属皇庄供应的膳食仅有：腌白菜、满洲小芥菜、开心小酸菜、不开心小酸菜、大酱瓜子、清酱瓜子、茄子、韭菜、水萝卜、大红萝卜、葱、蒜和做饽饽用的奶油、蜜、猪油、好白面以及做麻花与馓糕用的稷米、鹅蛋、鸡蛋、高粱炒面、小米炒面等。不仅膳食的品种简单，而且颇具满族膳食的特点。

康熙帝一行，包括扈从人员沿途御用及众人所需食品除令京师宣徽院所属各庄预备外，皇上驾临盛京所用及回銮至大凌河一月所需，则由盛京皇庄备办。所需口米数为："稷米（即黄米）二金斗、白小豆一金斗半、红小豆二金斗半、绿豆一金斗半、高粱米二金斗、小米一金斗半、芝麻油一瓶、烧酒一瓶，早晚在各地食用之米及众大臣食用之米一日一金斗二升、众人食茶面四升。随驾太监三十人，一日食米一斗五升。"并指出："供应之米，有稻米则给稻米，若无稻米则一并供给稗米或燕麦。"②

肉、蛋之类，圣驾出山海关后，沿途凡有皇庄处则由皇庄供应，无皇庄处则令广储司备办，责令所过途中伙处每处预备 70 斤猪 2 头、50 斤猪 1 头、仔猪 2 头、鸭 4 只、鸡 10 只、鹅 6 只③。

从《康熙起居注》记载看，康熙帝首次东巡盛京，于九月初三日从京师起驾，曾驻跸三河县、别山、沙里河、榛子镇、范家店、榆关，出山海关，驻跸姜女寺、烟台河、连山、小凌河、榆林堡、盘山堡、小河山、双台、科尔沁国（部落），十九日丁卯至盛京，计途中经过 16 处驻跸所。这样，由盛京内务府属皇庄征用的各种杂粮不过 20 余仓石，为数甚少。而肉、蛋之类，山海关外九处，往返合计用 70 斤猪 36 头、50 斤猪 18 头、仔猪 36 头、鸭 72 只、鸡 180 只、鹅 108 只。

康熙二十一年春，平定三藩之乱后，康熙帝率员北上，举行第二次东巡。行程最远处抵达打牲乌拉，人数较第一次为多。南怀仁《鞑靼旅行记》记载为"七万人"，而朝鲜《李朝实录》则称"二十余万"，出入较大。此次东巡由于路途较远，时间较长，先后历时 80 天，调用的膳食品种、数量较多。

《黑图档》记载，康熙帝第二次东巡，从盛京内务府属 23 个大粮庄和 59 个棉、靛、盐庄，合计 82 庄，征用一应用品。其中从 23 个粮庄征用的膳食用品："猪六十二头，鹅二百三十五只，鸡六百二十只，鸭一百四十只，稻米十一仓石

---

① 《清圣祖实录》卷三〇〇，康熙六十一年十一月甲午条。
② 《黑图档》，康熙十年；档案，《京行档》，满文件。
③ 《总管内务府行文档》，康熙十年八月，满文件。

六金斗六升，红、白高粱米、燕麦等各项杂粮十仓石五金斗七升，豆面、菜豆八仓石九金斗半外，白面三千一百四十九斤，芝麻油一千零二斤八两，白芝麻油一百一十斤，以及饲养奶牛、牛犊、羊只、乘马等用豆一百五十二仓石八金斗半、饲草二万五千零一十九捆。从盛京五十九个棉、靛、盐庄征猪七十二头，仔猪一百二十二头，稻米三十仓石一板斗一升，饲草六千捆。"此外，因购买各差役吃米、肉菜蔬及往返吉林所用猪、羊、稻米、豆、草、盐、酱、酒肴及雇用车租银等，合计向82庄征银"八百八十八两五钱"[①]。

从京师带往盛京腌制的各种兽肉（大约为虎、鹿、狍等肉）以及各种鱼类，"一次就装了四十牛车，菜肴等物装了十四马车"[②]。御膳房一日用羊12只，拟三个月（实际80天）令备羊1080只；驶车太监120人，拟备羊180只；另备240只，合计需备羊1500只。还备有挤奶乳牛50头，随行乳牛70头[③]。

（二）乾隆帝南巡与东巡御膳

乾隆帝在位60年期间，先后六次南巡，多次东巡山东阜祭孔、祭泰山。现存中国第一历史档案馆的《江南节次照常膳底档》、《山东照常膳底档》等内务府御茶膳房档案，详尽地记载了乾隆帝南巡和东巡祭孔期间，沿途的御膳情况。

对南巡的膳食情况，《江南节次照常膳底档》（乾隆三十年正月十六日起至四月二十日止）记载：

> 正月十八日卯正，请驾伺候，冰糖炖燕窝一品。卯正二刻，涿州行宫进早膳，用折叠膳桌摆：皇太后赐炒鸡大炒肉炖酸菜热锅一品、燕窝锅烧鸭子一品、猪肉馅侉包子一品。燕窝肥鸡挂炉鸭子野意热锅一品、厢子豆腐一品、羊肉片一品、羊乌叉烧羊肚攒盘一品、竹节卷小馒首一品、烤祭神糕一品、银葵花盒小菜一品、银碟小菜一品。上传叫冯鼎做：鸭丝肉丝粳米面膳一品、鸭子豆腐汤一品。上进毕，赏用。正月十七日，大人福隆安传旨：明日晚膳紫泉行宫赏人饭食，钦此。正月十八日未正，上至宫门升座，茶膳房大人福隆安送上奶茶，赏奶茶毕，传膳。进晚膳用折叠膳桌摆：莲子八宝鸭子热锅一品、肥鸡火熏炖白菜一品、羊肉他他士一品、莲子猪肚一品、青笋香蕈炖肉一品、水晶丸子一品、奶酥油野鸡子一品。后送青笋爆炒鸡一品、摊鸡蛋一品、蒸肥鸡炸羊羔攒盘一品、象眼棋饼小馒首一品、荤素馅包子一品、烤祭神羔一品、银葵花盒小菜一品、银碟小菜

---

① 《黑图档》，康熙二十一年；《京行档》，满文件。
② 同上。
③ 同上。

四品、咸肉一品。随送粳米膳一品、树鸡汤一品。额食六桌——饽饽奶子十二品一桌、内管领炉食八品一桌、盘肉二桌,每桌八品、羊肉四方二桌。上(指乾隆帝)要饽饽二品、二号黄碗菜二品一盒。酉初,上至看灯楼,看花炮盒子,放盒子时随送上用:礼灯宝盒一副、元宵一品,三号黄碗、膳房箸、茶房叉子。看花灯毕,还行宫伺候:炸八件鸡一品、醋溜脊髓一品、火熏猪肚一品、小葱拌小虾米一品、涿州饼子一品。

四月初五日寅正三刻,请驾伺候:冰糖炖燕窝一品。辰初二刻,游水路船上进早膳,用折叠膳桌摆:燕窝脍五香鸭子一品、鸡丝肉丝水笋丝一品、羊肉片一品、蒸肥鸡煳猪肉攒盘一品、孙泥额芬白糕一品、蜂糕一品、竹节卷小馒首一品。上传青韭炒肉一品、银葵花盒小菜一品、银碟小菜四品。随送上传叫冯鼎做酸辣面疙疸汤一品、粳米老米膳一品。额食二桌——饽饽六品、内管领炉食四品、盘肉四品,十四品一桌;羊肉二方一桌。上进毕,赏:令贵妃燕窝鸭子一品、庆妃攒盘肉一品、容嫔羊肉片一品。太监荣世泰传旨:今日晚膳上拌馅青韭猪肉虾米馅水食。恭进皇太后。钦此。

四月初五日未正,五里铺马(码)头大营船上进晚膳,用折叠膳桌摆:莲子碓鸭子一品、鹿筋酒炖东坡肉一品、羊西尔占一品。后送鲜王瓜拌豆腐一品、五香肉烧狍肉攒盘一品、甄尔糕一品、枣尔糕老米面糕品、象眼棋饼小馒首一品、银葵花盒小菜一品、银碟小菜四品。随送猪肉青韭小虾米馅水食一品、老米水膳一品。额食五桌——奶子二品、二号黄碗菜四品、饽饽九品,十五品一桌;内管领炉食六品一桌;盘肉八品一桌;羊肉四方二桌。上进毕,赏:令贵妃水食一品、攒盘肉一品、酱油一品;庆妃水食一品、碓鸭子一;容嫔羊西尔占一品。晚晌伺候:水烹绿豆菜一品、卤煮皮冻一品、糟油燕窝拌五香鸡一品、四样小菜一品、鸭蛋一品。上进毕,赏:令贵妃绿豆菜一品、皮冻一品;庆妃拌五香鸡一品;客嫔鸭蛋一品。

乾隆帝及皇室成员,还多次东巡山东,登泰山,祭祀孔庙、孔林等地,沿途考察吏治民风,陛见山东巡抚、学政、布政使、总兵、梅伦章京、道员、知府以及外省前来恭候的官员等,询问民情,有功者赏赐"额食"以示奖赏和嘉勉,并谆谆告诫为官者当以安民兴邦为首务。各级官员更是凭此良机尽效忠之决心及报效之能事,千方百计向主子进贡各种奇珍异宝,以示奴才之尽忠。祭孔庙、孔林,尊崇儒家,赏赐衍圣公宗族人等更是清朝统治者奉行不替的一贯政策,清朝政府之所以给予孔府如此尊崇的隆遇,就是因为儒家思想在治国安邦中发挥着无与伦比的独特作用。而孔府贵族借此良机,进贡美味佳肴,以报答皇恩的浩大。从政治上、思想上、礼教上为维护封建专制统治服务。现存《山东照常膳底档》（乾隆四十一年二月初九日起至四月二十七日止），为人们深入了解乾隆帝及皇室成员，东巡祭泰山和祭孔期间，沿途的膳食情况，提供了弥足珍贵的资料。档案记载：

（乾隆四十一年）三月十六日，寅正一刻，请驾。寅正二刻，外请。卯初一刻，泰山朝天阁进早膳，用折叠膳桌摆：燕窝锅烧鸭丝一品（系郑二做）、五香鸡脍煎豆腐一品（系张金官做）、羊肉丝一品。上传新鲜春笋炒肉一品、清蒸鸭子烧狍肉攒盘一品、竹节卷小馒首一品、孙泥额芬白糕一品、蜂糕一品、银葵花盒小菜一品、银碟小菜四品、风肉一品。随送清蒸鸭子汤膳进一品。上进毕，赏用，记此。早膳后，熬茶时送：八珍糕一品（进二块）、涿州饼子一品、攒盘炉食三品。

三月十六日，未正，泰安府行宫西所殿内正宝座对台进晚膳，用折叠膳桌摆：糟鸡糟火熏糟肉酥野鸡熏肚子拌菠菜冷攒盘一品（双林做）、燕窝加线鸭子一品（张金官做）、肥鸡油煸白菜一品（郑二做）、羊肚片一品。后送青笋爆炒鸡一品、蒸肥鸡烧狍肉攒盘一品、象眼小馒首一品、枣儿糕老米面糕一品、猪肉馅包子一品、螺蛳包子豆尔馒首一品、银葵花盒小菜一品、银碟小菜四品、风肉一品、酱肉一品、野鸡蛋一品。随送粳米干膳一品（未用垫单膳单）。额食四桌——饽饽四品、奶子四品，共八品一桌；盘肉六盘，一桌；羊肉四方，二桌。上进毕，赏舒妃、颖妃、容妃、惇妃、顺妃。次送两边廊内。山东巡抚、学政、布政使、总兵、梅伦章京、道员、知府、外省官员人等，二十六人用：一等饭菜八桌，每桌八碗（内有外膳房四碗，青磁碗）、蒸食一盘、炉食一盘、攒盘肉一盘、螺蛳盒小菜一个（筷子二双）、粳米膳、肉丝汤。用次等饭菜六桌，每桌六碗（内有外膳房三碗，青磁碗）、蒸食一盘、内管领炉食一盘、攒盘肉一品、螺蛳盒小菜一个（筷子二双）、饭房饭。系茶膳房侍卫人等伺候，记此。

三月二十五日，寅初二刻，请驾。寅正一刻，外请。祭文庙毕，卯正二刻，曲阜县行宫进早膳，用折叠膳桌摆：皇太后赐鸭子萝卜白菜一品、酒炖羊肉一品、鸡蛋蜂糕一品、锅烧鸭丝脍金银豆腐一品（双林做）、燕窝肥鸡丝一品（张金官做）、额思克森一品。上传韭菜炒肉一品、烧羊肚同羊肉攒盘一品、竹节卷小馒首一品、匙子饽饽红糕一品、蜂糕一品、银葵花盒小菜一品、银碟小菜四品。随送面片汤膳进一品。额食三桌——饽饽十二品、奶子三品、二号黄碗菜四品，共一桌；内管领炉食五品，一桌；盘肉六品，一桌。早膳后，熬茶时太监徕獃传送：八珍糕一品（进二块）、涿州饼子一品。进毕未赏，记此。三月二十四日，郭什哈昂邦、福隆安传旨：明日晚膳，赏（衍圣公）孔昭焕宗族人等饮食，钦此。三月二十五日，未正，曲阜县行宫，大官门升座毕，送奶茶。赏奶茶毕，传膳。用折叠膳桌摆：葱椒鸭子炖萝卜一品（双林做）、攒丝肥鸡一品（郑二做）、山药酒炖樱桃肉一品（张金官做）。后送炒苏州鸡蛋一品、蒸烧肥鸡同羊肉攒盘一品、象眼小馒首一品。孔昭焕进菜五品。饽饽五品、安膳桌菜三品、饽饽二品、银葵花盒小菜一品、银碟小菜四品、野鸡蛋一品、酱肉一品。随送粳米干膳进一品、野鸡汤进一品（未用膳单垫单）。额食四桌——饽饽四品、奶子四品，共八品一桌；内管领炉食，一桌；盘肉六品，一桌；羊肉二方，一桌。呈进，赏用。次送大官门前两边，孔昭焕宗族人四十余人用：一等饭菜八桌，每桌八碗（内有外膳房四碗，青磁碗）、蒸食一盘、内管领炉食一盘、饭房饭、肉丝汤。用次等饭菜十二桌，每桌六碗（内有外膳房三碗，青磁碗）、蒸食一盘、内管领炉食一盘、饭房饭、肉丝汤。上进膳毕，送奶茶。赏奶茶毕。系茶膳房侍卫人等伺候，记此。随总管肖云鹏等，遵例将膳桌上剩下葱椒鸭子一品、野鸡蛋一品、攒丝肥鸡一品、炒苏州鸡蛋一品、攒盘肉一品、酱肉一品、野鸡蛋一品、孔昭焕进菜三品，共十二品一桌呈进。上要饽饽一品赏用。

(三) 嘉庆帝与热河行宫御膳

承德避暑山庄，又称热河行宫或承德离宫，是清代皇帝避暑和从事各种政治活动的地方，也是著名的古代园林，始建于康熙四十二年（1703），至乾隆五十五年（1790）全部竣工。嘉庆二十四年（1819）七月至九月，嘉庆帝"驾幸"热河避暑山庄，原定与回部及哈萨克等王公贵族在山庄木兰围场举行盛大"木兰狝典"活动，因"往返程途核计日期，已届不敷"，所以"停止进哨"[1]。

此次嘉庆帝的热河之行，自嘉庆二十四年七月下旬起程，九月初回到京师圆明园。他在"巡幸"沿途，虽减免额赋、赈济灾民、赏赉弁兵等，同时对办事不力、地方官员的"疲玩性成"[2]、武备的废弛，有所耳闻目睹，因而一路谕旨不断，赏罚频频。到达热河行宫后，嘉庆帝照旧例，赐宴、赏赉扈从王公大臣、蒙古王、贝勒、贝子、公、额驸、台吉及回部郡主、伯克、甘肃土司等有差。很显然这些活动的内容、规模，较之乾隆时盛大的围猎、阅兵和筵宴的声势来说，已有今非昔比之感。

---

[1] 《清仁宗实录》卷三六〇，嘉庆二十四年己卯秋七月。
[2] 同上。

而对嘉庆帝往返热河途中以及行宫的御筵情况，内务府《膳底档》为我们提供了许多鲜为人知的内容和细节。档案记载：

（嘉庆二十四年）七月二十一日，上（指嘉庆帝）驾幸热河，自起程之日，早膳用填漆花膳桌。晚膳起，每日早晚膳用折叠膳桌摆，照常家伙膳品，如有节次，另记档案。

七月二十一日，早膳前，总管魏进朝、王平泰议得，自今日早膳起，每日早晚膳添：荤粥、鸡汤、老米膳，记此。

七月二十一日，寅正一刻，如园进早膳。用填漆花膳桌摆：燕窝酒炖鸭丝一品、燕窝肥鸡一品、火熏烂鸭子一品、炒鸡大炒肉炖杂会（脍）一品、炖猪一品、十锦豆腐一品。后送炒三鲜一品、云片鸭子一品、炒锅渣泥一品、蒸鸭熘（煳）猪肉攒盘一品、祭神肉一分攒盘一品、猪羊肉攒盘一品。

内殿进大碗菜二品、中馫菜一品、小卖一品、银葵花盒小菜一品、银碟小菜一品。随送葱椒羊肉面进一品、大菜汤膳进一品、猪肉粥进些。未初，南石槽行宫进晚膳。用折叠膳桌摆：燕窝锅烧鸭丝一品、燕窝火腿熏鸡一品、红白鸡羹一品、肉丝锅烧冬瓜一品、鸭子白菜一品、三鲜鸡一品、攒丝汤一品。后送熯（炸）八件一品、焖鸡蛋一品、炒木樨肉一品、蒸鸡五香肉攒盘一品、苏造肉攒盘一品、猪羊攒盘一品、孙泥额芬白糕一品、银葵花盒小菜一品、银碟小菜一品。随送绿豆老米水膳进一品。克食三桌——饽饽十二品、菜二品、奶子三品、内管领炉食五盘，共二桌；盘肉七盘，一桌。七月二十一日，直隶提督徐锟进鲜鹿一只、野鸡九只。马兰镇总兵庆惠进鲜鹿一只、野鸡九只。（除膳上用留鹿尾、鹿肉，其余赏用。）沙河网户李悦进鱼十八尾（外赏十尾，内赏八尾）。

七月二十三日，直隶总督方受畴进鲜狍一只、奶猪九口、羊羔九只、白鸭五十只、太和鸡三十只。直隶提督徐锟进鲜狍一只。马兰镇总兵庆惠进鲜鹿一只、野鸡九只。

七月二十三日，随晚膳，小太监祥庆，传旨：天热不准伺候荤粥，撤绿豆汤。俟有传行，再添荤粥，撤绿豆汤。钦此。

七月二十四日，长芦盐政常显进太和鸡八十一只、白鸭八十一只、猪五十口、羊五十只。酱姜九瓶、酱茄九瓶、酱瓜九瓶、酱芽菜九瓶、腐乳九瓶（每样留用两瓶，其余安"烟波致爽"殿外内赏用了）。

八月初六日，卯正二刻，依清旷进早膳。

用楠木无足方盘摆：燕窝白鸭丝一品、芙蓉锅烧鸡一品、杂脍产品、红白鸡羹一品、羊肉片一品。后送溜鸡肉饼一品、蒸鸭子羊肉卷攒盘一品、煸（煳）猪肉攒盘一品、竹节小馒首一品、银碟小菜一品、南菜一碟。随送浇汤煮饽饽直一品、大菜汤膳进一品、南菜一碟。随送浇汤煮饽饽进一品、大菜汤膳进一品、猪肉粥进些。巳初，伺候上要小月饼尸品。午初二刻，詹伯敬诚东配殿进晚膳，用楠木无足方盘摆：燕窝锅烧鸭子一品、火熏肥鸡丝一品、三鲜鸭子一品、鸭子白菜一品、额思克森汤一品。后送炒木樨肉一品、蒸鸡五香肉攒盘一品、卤煮锅烧羊肉攒盘一品、孙泥额芬白糕一品、银碟小菜一品、南菜一碟。随送老米干膳进一品、鸭子粥进些。晚晌伺候上要：炒鸡丝一品、鸭丁炒小豆腐一品、攒盘饽饽一品、面咯哒（疙瘩）汤、香稻米粥。

从上述记载看出，嘉庆帝驾幸热河行宫往返途中及行宫驻跸期间，其皇家御筵之排场、菜肴及皇家专用食品之精美；沿途各省督抚大员进献之丰；行宫中皇室膳桌上，随着季节、地区的变换，出现的野味、海鲜、滋补保健强身和延年益寿食品之多样，等等。这些内容是清代帝后热河行宫中御膳的真实写照，亦是清宫廷饮食生活的重要组成部分，它体现出宫廷皇家、满族膳食的某些特性以及与其他社会各阶级饮食的不同和风俗的差异，自成一个特殊的饮膳体系。

四　孔府与孔府菜点

清代山东曲阜县城内的孔府，又称"衍圣公府"，它是明清至近代"衍圣公"及其家人居住的宅第。生活在孔府深宅大院内的孔子后裔，是封建社会里典型的贵族之家。这个自称"安荣尊富"的显贵之家，平日过着曹雪芹在《红楼梦》中所描写过的荣、宁二府式的锦衣玉食的豪奢生活。自明清到近代，官居"文臣之首"的历代"衍圣公"及其孔府，不仅命厨役杂工烹制风味独特、色香味形声别具一格的"孔府菜"，以迎迓东巡祭孔的"圣驾"、各级官员和自身平日年节寿日消费之用，而且还制作专门的"祭食"，以为"祭孔"之用。

清代孔府的厨房分内厨房、外厨房、小厨房。内厨房给内宅的"衍圣公"家人做饭；外厨房给内宅外的孔府衙门师爷、管家、账房等人做饭；小厨房只给"衍圣公"和夫人做饭。夏天，有时在后花园再临时设个厨房，以备膳食。内外厨房平时分为三班，每班每月干十天。到过年或祭祀时，三班人员都来厨房待命，各司其职。孔府厨房的分工极细，做馒头的、蒸包子的、做咸菜的、发豆芽的……均是世代相传，几代，甚至几十代在孔府厨房从事单一劳动，很像皇宫里的御膳房，所以它形成了一套独特的传统菜谱和烹饪方法。这些菜谱统称为"孔府菜"，在制作方法与饮食风味方面，既承袭了鲁菜的传统，以之为主体与基干，同时，又将江南和内地烹饪技法，广采博搜，熔为一炉，使之南北风味兼俱，烹饪技艺更是略胜一筹。"孔府菜"不仅品类繁多（菜肴即达170余种，孔府宴席在10种以上，尚不包括主食的花色品种在内），而且自成体系，有一整套严密而科学的制作、配菜方法。

孔府菜与孔府宴的"规格"、"档次"，因款待对象不同，而有高下之分。其中，"燕菜席"是孔府宴中规格较高的一种筵席，主要用于迎迓皇帝"圣驾"和随驾"祭孔"东巡的高级官员享用。而"鱼翅席"也是孔府较高级的筵席，分为四大件、三大件、二大件三种规格，款式各异，主要用于宴请皇帝委派的祭孔大臣，或"衍圣公"儿女婚嫁筵宾。此外，还有孔府喜庆时作为接待亲友、或年节时筵宴用的"海参席"（有八八四大件、八八三大件、六六二大件、四四二大件等款式）；孔府举办丧祭"白事"时，使用的"如意席"、"四四十大碗席"；有孔府在秋冬季节经常使用的便宴席面"双四鱼翅一品锅席"。"花宴"是"衍圣公"结婚时，在洞房花烛时使用的席面，喻其喜庆花红之意。"寿宴"，顾名思义，是孔府专供"衍圣公"夫妇及其尊长祝寿时的特定席面，宴席佳肴罗列，富丽堂皇，气派非凡。

五　孔府祭孔与贵族饮宴礼尚

孔府每年定期向皇帝、皇室进贡，遇有喜庆寿日时，"衍圣公"要亲率家人进京朝贺。封建帝王及钦差大臣来曲阜祭祀孔子时，孔府都要设筵迎迓圣驾和款待祭孔朝臣。

为报效皇帝的恩德，孔府每年将耿饼（山东特产大柿饼）、山药、荸荠、挂面、香稻米、猪、羊等土特产与风味食品作为"贡品"，献纳皇帝与皇室。如清乾隆四十九年（1784）二月初十日、五月初六日，先后进贡朝廷两次，贡品有："猪九十口，羊九十牵，鹅九十只，鸭九十只，挂面三箱，耿饼三箱，林檎三箱，荸荠三箱，小菜三箱，野菜五味，点心五种。"[①] 光绪二十年（1894），慈禧太后过六十岁生日，七十六代"衍圣公"孔令贻携妻随母上京贺寿。十月初四日，孔令贻母彭氏和妻陶氏为了感激慈禧太后的恩宠，向慈禧太后各进贡早膳一席。《孔府档案》记载，彭氏所进早膳有：

> 十月初四日，老太太进圣母皇太后早膳一席。海碗菜二品：八仙鸭子一品，锅烧鲤鱼一品。中碗菜四品：清蒸白木耳一品，葫芦大吉翅子一品，寿字鸭羹一品，黄焖鱼骨一品。大碗菜四品：燕窝万字金银鸭块一品，燕

---

① 《孔府档案》未编号，消费（一），山东曲阜文管会藏。

窝寿字红白鸭丝一品，燕窝无字三鲜鸭丝一品，燕窝疆字口蘑肥鸡一品。怀碗菜四品：熘鱼片一品，烩鸭腰一品，烩虾仁一品，鸡丝翅子一品。碟菜六品：桂花翅子一品，炒蕉白一品，芽韭炒肉一品，烹鲜虾一品，蜜制金腿一品，炒王瓜酱一品。片盘二品：挂炉猪一品，挂炉鸭一品。素食二桌：蒸食四盘，炉食四盘，一桌；猪肉四盘，羊肉四盘，一桌。饽饽四品：寿字油糕一品，寿字木樨一糕一品，百寿桃一品，如意卷一品。燕窝八仙汤，鸡丝卤面①。

孔令贻妻陶氏所贡之膳，佳肴品种相同。两桌早膳用银 240 两②，按当时市价可买粮 43000 斤。此外，孔令贻母彭氏及妻陶氏还向慈禧太后贡献"果子四盒，点心四盒"，梅花 16 盆等③，作为寿礼之用。同时，孔令贻母及妻还雇戏班在皇宫唱戏三日，向慈禧太后贺寿④。慈禧太后亲自召见她们，优礼赐宴，赏给衣物字画，"俨如家人"。孔令贻在宫中备戏三天，仅赏钱就用银 120 两。他（她）们三人这次进京，发赏钱银 490 两，钱 8000 文。孔令贻赠送"庆典银"2000 两，累计用银 2574 两⑤。

孔府迎迓皇帝"巡幸"孔庙祭祀时，也有频繁的饮宴贡纳，如乾隆三十六年（1771）十月，乾隆帝及其母来曲阜朝圣，恰逢皇太后 80 岁生日。衍圣公孔昭焕专呈《御膳事》奏折，献白银 1000 两，请皇上"进御膳二次"⑥，以取悦皇帝及皇太后。招待"随驾大人"的席面，仅干菜果品开销，就用白银 200 两⑦。孔府与各级封建地方官员的交往，比"接驾"活动要频繁和密切得多。上至山东的巡抚、藩台，下至兖（州）、曹（州）、济（宁）等府的知府，曲阜的知县等，都与孔府保持着千丝万缕的联系，每逢年节，孔府以各种方式，向这些地方官员，赠纳食品和"礼物"，如清道光七、八年（1827—1828）中秋节，孔府向山东巡抚等官员赠礼馈物，以致敬意，文献记载：

抚台收上月饼一盒八斤、南茅一桶八斤、上月饼一盒八斤、百合一桶六斤、南茅一桶八斤、海参一桶二斤半。学台收鱼翅一桶二斤半、大杠榴

---

① 《孔府档案》第 5476 号之 9。
② 同上。
③ 同上。
④ 同上。
⑤ 同上。
⑥ 《孔府档案》，未编号，信件（二）。
⑦ 《孔府档案》第 5127 号之 39。

一盒三十个、料丰绍酒二坛、金腿二只八斤半、上月饼一盒八斤、百合一桶六斤、南荠一桶八斤。藩台收大杠榴一盒三十个、上月饼一盒八斤。臬台收大杠榴一盒三十个、南荠一桶八斤、百合一桶六斤①。

在"无官不贪"、"三年清知府,十万雪花银"的封建社会里,孔府就是通过这种自上而下经常性的、频繁的"馈赠",来加强与封建官府和官员的密切关系。

孔府每年的"祭孔"祀典,对"祭品"有严格的挑选规定:"猪除毛足七十斤,羊除毛足三十斤,一切果菜全行足数,凡笾实豆实必洁必丰。"② 这些祭牛、祭猪、祭羊、祭鱼等物,则由孔府佃户、庙户中的"祭猪户"、"祭羊户"、"祭牛户"采办交纳。祭孔的时间,每年祭孔50多次。分为:四大丁(每年二月、五月、八月、十一月的上旬丁日,举行大祭);四仲丁(每年二月、五月、八月、十一月的中旬丁日,再祭);八小祭(每年清明、端阳、六月初一、中秋、十月初一、除夕、孔子生日、孔子忌辰,都举行祭祀)。还有"二十四节气祭",即每年农历的二十四个节气也要祭祀;"初一、十五祭",即农历每月初一、十五日的祭祀。大祭由衍圣公主祭,从祭官员160人,礼生80人,乐舞生120人。加上四氏学学生、族人,近千人。祭品用猪、羊、牛59头以及各种供品。《中阙里广志》记载,在大成殿内孔子"正坛陈设"前,其祭品、供品有:"整牛一头,整猪一头,整羊一只,白饼、菱、榛、黍、稻、韭菹、青菹、兔醢、黑饼、芡、粟、稷、粱、芹菹、笋菹、鱼醢、脾析、鹿脯、枣、形盐、藳鱼、醓醢、鹿醢、豚舶、和羹、太羹"有一套严格的程序规定,各种祭供品更是经过严格挑选,完全符合祭孔的特殊要求。

在祭孔时,还要献"馔盘一"、"牛一"、"羊一"、"猪一"等物,"四配位"(子思、颜子、曾子、孟子)各献"馔盘一"、"豆八"、"羊一"、"猪一"等祭品。祭祀的范围,还包括孔庙大成殿东西两庑的"先贤、先儒"156人,孔丘的父母及妻,家庙五代以内衍圣公牌位,孔子的坟冢,历代衍圣公及妻子的墓地等等。尼山书院、圣泽书院、洙泗书院和邹县中庸书院,每次也同时祭祀。其祭品,孔庙大成殿"东哲六位"各供"豆四",并献"馔盘一"、"羊一"、"猪一"等品。"西哲同两庑"共56坛,各供"豆四",并献"馔盘一"、"羊一"、"猪一"等物③。可见,清代孔庙祭孔,不仅是其政治性

---

① 《孔府档案》第6062号。
② 《孔府档案》第5200号。
③ 《阙里文献考》卷十九。

消费的重要支出之一，而且礼仪繁缛，是其饮食生活中具有悠久传承性和别具特色的组成部分①。

清代，贵族地主的饮食生活，极尽奢侈，如《红楼梦》中的贾府，既是"钟鸣鼎食之家，翰墨诗书之族"，又是皇亲国戚。其饮食生活的食物原料有其独立的供给系统，饮宴礼仪既有严格规定，又成相对独立的子系统，与其特权相辅相成，同时对各种饮馔食品，既讲究品种的多样化，又考究烹制及其美味佳肴的营养和滋补性。其特点是：

其一，饮食原料，由佃户自产供应，颇为丰富。如贾府有自己的封建庄园，每逢年终，庄头乌进孝按规例，送来大批银两和物品，其中有：鹿、獐、狍、暹猪、汤羊、龙猪、野猪、腊猪、野羊、鲟鳇鱼、各色杂鱼，活鸡鸭鹅、野鸡、兔子、熊掌、鹿筋、海参、鹿舌、牛舌、蛏干、大对虾、榛子、松子、桃仁、杏仁、各种米、多种炭等。以供贾府平日、年节、祭祀、喜庆时的饮食、饮宴生活之用，其中既有山珍野味，更有家禽、果品、米粮等物，可谓丰富而实用。

其二，在饮食生活的仪礼方面，既循传统，而又因辈有别各随其意。也有不少随心所欲而不循规仪之事的描绘。如《红楼梦》第六十一回，贾府中的小姐、少爷们高兴了，可以随时吩咐下人做几样点心吃，甚至也可自己动手烤鹿肉吃，乃至于"偶然商议了要吃个油盐炒枸杞芽儿来"。更有甚者，连丫鬟如司棋等人，也颇讲究"炖蛋"的老嫩，为"例换口味"而与厨房的人吵闹。

其三，珍肴美馔，品类繁多，做工考究，以供饮食生活的奢侈享受。《红楼梦》中，所列述的贾府的珍肴美馔甚多。其中，饮料中，除茶之外，尚有"惠泉酒"、"屠苏酒"、"玫瑰清露"、"绍兴酒"、"木樨清露"、"酸梅汤"等。面食类有寿面、馒头、包子、饽饽、寿桃等；糕点类有"糖蒸酥酪"、"荷叶莲蓬汤"、"枣泥馅的山药糕"、"桂花糖新蒸栗粉糕"、"菱粉糕"、"鸡油卷儿"、"藕粉桂糖糕"、"松瓤鹅油卷"、"螃蟹小饺儿"、"奶油炸的各色小面果子"、"如意糕"、"奶油松瓤卷酥"、"豆腐皮包子"等品种。极为讲究的饭粥肴馔有"碧粳粥"、"燕窝粥"、"腊八粥"、"绿香稻粳米粥"、"鸭子肉粥"、"枣儿熬的粳米粥"、"红稻米粥"、"白粳米饭"等美馔。特色菜肴有"糟鹅掌"、"火腿炖肘子"、"炸鹌鹑"、"牛乳蒸羊羔"、"叉烧鹿脯"、"野鸡爪子"、"酒酿清蒸鸭子"、"腌胭脂鹅脯"、"鸡髓笋"、"椒油纯齑酱"、"茄鲞"、"鹌鹑崽子汤"、"酸笋鸡皮汤"、"虾丸鸡皮汤"、"野鸡崽子汤"、"火烧鲜笋汤"等。它们不仅

---

① 林永匡、王熹：《清代饮食文化研究》，黑龙江教育出版社1990年版，第347—395页。

烹饪技艺考究而精湛，而且其色、香、味、型别具特色①。

第二节　民间与地方饮食习尚

清代民间与地方饮食生活习尚，分别由民间的饮食风尚、品茗饮酒礼仪、地方饮食文化风情等构成，它们彼此之间相互联系，又有不同的内涵，呈现出多元发展的态势，使得清代的饮食生活与习尚，显示出与时俱进、丰富多彩、繁荣不断的重要特色。

一　民间的饮食风尚

清代民间的饮食习尚，包括民众的日常饮食与饮宴活动、民间年节的饮食风尚（参见本书第八章）等内容。民众日常的饮食活动是指每日必需的饮食；饮宴活动则指彼此进行社会交际、交往而举行的饮宴活动。这些活动与习尚，不但因地区的不同而有所差异，更因社会阶级、阶层、群体的有别而大相径庭。

（一）民众日常的饮食风尚

清代民众日常的饮食风尚，是广大民众在长期饮食生活中不断探索总结的约定俗成的饮食规律，也是一种风俗时尚，内容丰富，形式多样。其内涵包括：

其一，民间主副食风尚。清代"南人之饭，主要品为米，盖炊熟而颗粒完整者，次要则为成糜之粥。北人之饭，主要品为麦，屑之为馍，次要则为成条之面"②。在北方民人吃面条时，有用肴馔"佐餐"的风尚，即"北人之饭，以麦为主要品。若不食馍而食面，亦皆陈列肴馔，借以佐餐。惟其面率为白水所煮，将进面时，即有生蔬如豆芽、黄瓜丝之类数小碟陈于几，曰面马，意以此为前马之导也。餐时，即和以调料而加于面。食竟，乃各饮煮而之原汁，谓可不至饮胀也"③。

其二，民间进餐习俗。清人"日食之次数，南方普通日三次，北方普通日

---

① 邱庞同：《〈红楼梦〉中肴馔考略》，载《中国烹饪古籍概述》，中国商业出版社1989年版，第238—249页；郭若愚：《红楼梦风物考》，陕西人民出版社1996年版，第74—123页。

② 徐珂：《清稗类钞》第十三册，《饮食类·南北之饭》。

③ 同上。

二次"。"昼长之时，中等以上之人家，又有于午后三四时进点心者，其点心为糕饼等物。""至富贵之家，迟起晏寝，有日食四次而在半夜犹进食者，则为闲食之习惯，非普通之风俗矣。"（见《日食之次数》条）在北方，"兰州为甘肃之省会，其居民日皆二食，一米一麦。米产甘州，然非贫者所得尝。贫者仅以面条置水中炊熟之，临食加盐少许，佐以辛辣品而已"（见《兰州人日皆二食》条）。南方的一日三餐中，"苏、常二郡，早餐为粥，晚餐以水入饭煮之，俗名泡饭，完全食饭者，仅午刻一餐耳。其他郡县，亦以早粥、午夜两饭者为多"（见《苏州一日五餐之误传》条）。

其三，民众食性与食习。清代民间，"食品之有专嗜者，食性不同，由于习尚也。兹举其尤，则北人嗜葱蒜，滇、黔、湘、蜀人嗜辛辣品，粤人嗜淡食，苏人嗜糖。即浙江言之，宁波嗜腥味，皆海鲜；绍兴嗜有恶臭之物，必俟其霉烂发酵而后食也"（见《各处食性之不同》条）。

在食习方面，各地区民间存在明显的差异。"苏（州）人以讲求饮食闻于时，凡中流社会以上之人家，正餐、小食，无不力求精美，尤喜食多脂肪品，乡人亦然。至其烹饪之法，概皆五味调和，惟多用糖，又喜加五香，腥膻过甚之品，则去之若浼"（见《苏州人之饮食》条）。在上海，"沪多商肆，饮食各品，无不具备，求之至易，而又习于奢侈。虽中人以下之人，茶馆酒楼，无不有其踪迹。以常餐言，几无一人蔬食也"（见《沪人之饮食》条）。在浙江，"宁波及绍兴人日必三饭，且以饭时必先饮酒者居大多数"（见《宁绍人之饮食》条）。在福建、广东，"闽、粤人之食品多海味，餐时必佐以汤。粤人又好啖生物，不求火候之深也"（见《闽粤人之饮食》条）。在湖南、湖北，"湘、鄂之人日二餐，喜辛辣品，虽食前方丈，珍错满前，无椒芥不下箸也。汤则多有之（见《湘鄂人之饮食》条）。在云南，"滇人饮食品之特异者，有乳线，则煎乳酪而抽其如丝者也。有饧枝，则调糯芋之粉而沃以糖缀以米也。有鬼药，则屑蒟蒻以为之也。有蓬饵，则杂缕饼饵而曝于日中也"（见《滇人之饮食》条）。在贵州，"物产有竹荪、雄黄之类，蔬菜价值亦廉。居民嗜酸辣，亦喜饮酒，惟水产物则极不易得，鱼虾之属，非上筵不得见。光绪某岁，有百川通银号某，宴客于集秀楼，酒半，出蟹一簋，则谓一蟹值银一两有奇，座客皆骇，此足以见水产物之难得而可贵也"（见《黔人之饮食》条）。在河南开封，"汴人常餐，以小米、小麦、高粱、黍、粟、荞麦、红薯为主品。而下饭之物，则为葱、蒜、韭菜、莱菔，调料以盐、醋为主，而大米、鱼、肉、油、酱等，食之甚稀"（见《汴人之饮食》条）。

（二）民间的宴习与忌食

清代民间所设宴席，"无论在公署，在家，在酒楼，在园亭，主人必肃客于门。主客互以长揖为礼。既就坐，先以茶点及水旱烟敬客，俟筵席陈设，主人乃肃客一一入席"。"席之陈设也，式不一。若有多席，则以在左之席为首席，以次递推，以一席之坐次言之，则在左之最高一位为首席，相对者为二席，首座之下为三座，二座之下为四座。或两座相向陈设，则左席之东向者，一二位为首座二座，右席之西向，一二位为首座二座，主人例必坐于其下而向西。""将入席，主人必敬酒，或自斟，或由役人代斟，自奉以敬客，导之入座。是时必呼客之称谓而冠以姓字，如某某生生、某翁之类，是曰定席，又曰按席，亦曰按座。亦有主人于客坐定后，始向客一一斟酒者。惟无论如何，主人敬酒，客必起立承之。""肴馔以烧烤或燕菜之盛于大碗者为敬，然通例以鱼翅为多。碗则八大小，碟则十六或十二，点心则两道或一道。""猜拳行令，率在酒阑之时。粥饭既上，则已终席，是时可就别室饮茶，亦可径出，惟必向主人长揖以致谢意。"（见《宴会》条）

　　清代民间，无论平日或宴会，禁忌之处较多，且有一定科学道理，如"牛马驴自死者，食之，得恶疾。河豚鱼有毒，不宜食。中其毒者，橄榄汁解"等即是。但也有实为误传，如"葱与蜜同食相反，伤命"，"鳝鱼多食，成霍乱"（见《食物之所忌》条）等，则近乎无稽之谈。

二　清人品茗饮酒礼尚

　　清人的品茗饮茶与饮酒礼尚活动，是清人日常生活与人际交往的重要方面，它是体现社会不同阶层人们的心态、礼仪、思想、风尚、行为规范的重要方式。

　　（一）清人的品茗饮茶礼尚

　　清人的品茗饮茶活动，包括清人的饮茶雅尚、宫廷与文人的品茗风尚、清代民间茶肆与茶食等内容。

　　其一，清人的饮茶雅尚。清人的饮茶品茗，是茶道艺术的完成和实践阶段。烹茶、煎茶的目的，是为了饮啜和品"味"。这一过程既是茶道艺术活动的延伸，又是饮茶艺术活动的"起点"。其有颇多的清规戒律，即所谓"所宜"、"所忌"之事。清初，"隐居不仕"的前明遗老冯正卿，在所著《岕茶笺》中提出了饮茶艺术活动的"十三宜"和"七禁忌"：

　　所谓"十三宜"，系指饮茶之"所宜者"，共十三项："一无事"，即要有饮茶的闲暇工夫和时光；"二佳客"，饮茶的客人需高雅博学之辈，既能与主人交流感情和对话，又能真正品玩茶之真"味"；"三幽座"，环境清幽雅适，饮者怡神自得；"四吟咏"，饮茗时，饮者或沉吟，以诗助兴，或与客对吟，以诗文唱和；"五挥翰"，饮时更需挥毫洒翰，泼墨诗画，以尽茶兴；"六倘伴"，闲庭信步，古院幽深，时饮时啜，体验古之饮茗者的闲情兴味，必将趣味无穷；"七睡起",古树下,小径旁,饮者一酣清梦,小睡再起,重品香茗,则另有一番情趣;"八宿醒",饮者如宿睡未解,醉意朦胧,则稍饮美茗,定能破之,神清意爽;"九清供",品茶时宜有清淡茶果佐饮,以供啜茗食用;"十精舍",饮茶时宜有精美清幽而雅致的茶舍,以便能更好地衬托和渲染出肃穆、高雅的气氛;"十一会心",品茗时,贵在饮者对饮茶艺术、茶的品味和茶道本身,能心领神会;"十二赏鉴",饮茶时,饮者需能真正品玩和鉴赏茶之真"味"、真"品",领悟其中的"意境"和艺术"真谛";"十三文僮",饮茶时宜有聪慧文静的茶僮,随侍身边,以供茶役,以遣清寂。

饮茶的禁忌,大致有七项,即所谓"七禁忌":"一不如法",即是烹饮皆不如式得法;"二恶具"饮茶与烹茶最忌茶器、茶具精恶不堪;"三主客不韵",饮茶亦忌主人与应邀客人,举止粗俗鄙陋不堪,无风流雅韵之态;"四冠裳苛礼",饮茶之事,乃消闲品茗之道,故戒官场交往陈规琐礼和使人拘泥的冠裳;"五荤肴杂陈",饮茶品茗贵在"清心"安怡,茶若染荤腥之味,果若肴杂陈设,则茶莫辨味,兴致顿消;"六忙冗",品茗甚忌繁忙冗杂,心绪紊乱,神不守舍,既无细品茗茶之"工夫",又无消闲之雅趣;"七壁间案头多恶趣",品茗时,为求饮茶主客心绪雅适,故应力戒壁间案头布置粗俗不雅,使人感到环境恶劣而无趣(见《冯正卿论烹茶》条)。

清代闽粤一带盛行的"工夫茶",烹茶技艺精湛,品饮艺术极为讲究。如家居福建的邱子明,不仅笃嗜工夫茶,而且最喜以此茶待客。如他家居烹茶时,均用新汲泉水,每一壶茶要用三铫水。据清人记述,他常"先置玻璃瓮于庭,经月,辄汲新泉水满注一瓮。烹茶一壶,越宿即弃之,别汲以注第二瓮。侍僮数人,供炉火。炉以不灰木制之,架无烟坚炭于中。有发火机,以器淬之,炽矣"。所用茶壶,"皆宜兴砂质"。"每茶一壶,需炉铫三。"他还认为,煎水时"汤初沸为蟹眼,再沸为鱼眼,至联珠沸而熟。汤有功候,过生则嫩,过熟则老"。因此,其功夫要像王羲之初写《黄庭经》那样"恰到好处",否则将过生过老。至于待客,他必用三铫水,第一铫用以烫茶壶;第二铫用以冲茶;第三铫用以淋浇茶壶,散发茶香。故其"烹茶之次第,第一铫,水熟,注空壶中,荡之泼去。第二铫,水已熟,预置酌定分两之叶于壶,注水,以盖覆之,置壶于铜盘中。第三铫,水又熟,从壶顶灌其四周,茶香发矣"。每逢客至,则注茶一小瓯以饷客,客人接过主人所奉之茶后,常舍"其涓滴而咀嚼之",反复品呷其"味"。此时,客人兴致勃勃,倘若"能陈说茶之出处、功效",那么主人将"更烹尤佳"(见《邱子明嗜工夫茶》条)之好茶以进客。由此可知,邱子明在烹煎和品饮"工夫茶"方面,其饮茶艺术的造诣和素养,确属精深,非同一般。

其二,清宫廷与文人的品茗风尚。在帝后日常生活中,每以饮茶品茗为雅尚、乐事。或饮奶子茶,或饮绿花、花茶,并佐以茶食糕点。清人记载,高宗喜饮龙井新茶:"杭州龙井新茶,初以采自谷雨前者为贵,后则于清明节前采者入贡,为头纲。颁赐时,人得少许,细仅如芒。沦之,微有香,而未能辨其味也。""高宗命制三清茶,以梅花、佛手、松子瀹茶,有诗纪之。茶宴日即赐此茶,茶碗亦摹御制诗于上。"

清代的儒士文人,不乏嗜茶之辈。他们或借助茶之刺激,作诗唱赋,挥毫泼墨,大发雅兴;或自视清高,退隐山林,烹茗饮茶,以求超脱;或邀友相聚,文火青烟,慢品名茶,推杯移盏,以吐胸中积郁;或夫妻恩爱,情深意切,"文火细烟,小鼎长泉",花前月下,品茗共饮,以诗唱和,不一而足。从而引出诸多或喜或悲、或愁或乐、或慷或慨、或聚或离的人间故事与情话。

"董小宛罢酒嗜茶",是清初江南才子冒襄与名妓董小宛二人通过饮茶品茗而引出的动人的爱情故事(见《董小宛罢酒嗜茶》条)。而清顺治时,江苏丹徒张则之,名孝恩,亦为江南文士。他一生嗜茶,且有"茶癖"。清人记述他:"出入陆氏之经,酌古准今,定其不刊之宜,神明变化,得乎口而运乎心矣。"而且他烹茶品茗时,最擅长"别水性",若外出他往,"必以已品定之水自随",故"能入其室而尝其茶者,必佳士也"(见《张则之嗜茶》条)。文人雅士,不仅烹茶品茗方式各异,而且所饮之茶,各有嗜好与偏爱,别具风尚。

若以文人品茗方式而论,殷富者与穷书生迥不相同。光绪五年(1878)己卯,"上元顾石公""僦居江宁(南京)东城委巷",谈小圃时"自吴县任所送其子归试,适与之邻"。当谈闻知顾石公茗饮时,便出重金购其佳者,日邀过所居之地共品尝之。二人"韝火瀹泉之暇,辄自述生平行事,纤悉靡所遗"(见《顾石公好茗饮》条)至为酣畅。然而,清代亦有穷布衣书生,虽良友至访,只得茶肆泼茗共饮。李客山,名果,福建长洲布衣买茶宴客。他平日"艰苦力学,忍饥诵经,樵苏不继,怡然自得"。所居亦狭小潮湿,"良友至,辄呼小童取一钱,就茶肆泼茗,共啜之"(见《李客山与客啜茗》条)。今之读来,颇有穷书生呼童去茶馆买回"大碗茶"以待客的味道了。

其三,清代民间茶肆与茶食。清代民间市井细民,或升斗之家,或贩夫走卒,为生计所迫,终岁劳碌,尚有温饱之虞,不可能像官宦仕家或文人雅士那样有闲,细细品茗,消磨时光。然而他们偶有闲暇时,则多聚于茶肆品茶,此习以江南地区为盛。此外,民间茗饮时还有佐以茶食的习惯。各种茶食,品类繁多。茶肆所售茶食,以价廉物美的各种风味小吃为多。

茶肆,又称茶馆。平日,茶肆所售之茶,分为红茶、绿茶两大类。其中,"红者曰乌龙,曰寿眉,曰红梅。绿者曰雨前,曰明前,曰本山"(见《茶肆品茶》条)。茶肆售茶与共客饮啜的方式"有盛以壶者,有盛以碗者。有坐而饮者，有卧而啜者"。而进入茶肆者，"终日勤苦，偶于暇日一至茶肆，与二三知己瀹茗深淡者"有之，"乃竟有日夕流连，乐而忘返，不以废时失业为可惜者"亦有之（见《茶肆品茶》条）。

京师茶馆，皆"列长案，茶叶与水资，须分计之。有提过来以往者，可自备茶叶，出钱买水而已"（见《茶肆品茶》条）。当时茶馆的光顾者，以旗人居多，"汉人少涉足，八旗人士虽官至三四品，亦厕身其间，并提鸟笼，曳长裾，就广座，作茗憩，与圉人走卒杂坐谈话，不以为怍也。然亦绝无权要中人之踪迹"（见《茶肆品茶》条）。而达官贵人以其身份高贵，权势显赫，不涉足于此。

在江南地区，直至乾隆末叶，"江宁始有茶肆。鸿福园、春和园皆在文星阁东首，各据一河之胜，日色亭午，座客常满。或凭栏而观水，或促膝以品泉。皋兰之水烟，霞漳之旱烟，以次而至。茶叶则自云雾、龙井、下隶珠兰、梅片、毛尖，随客所欲，亦间佐以酱干生瓜子、小果碟、酥烧饼、春卷、水晶糕、花猪肉、烧卖、饺儿、糖油馒首，叟叟浮浮，咄嗟立办。但得囊中能有，直亦莫漫愁酤也"（见《茶肆品茶》条）。

上海的茶馆，"始于同治初三茅阁桥沿河之丽水台，其屋前临洋泾浜，杰阁三层，楼宇轩敞。南京路有一洞天，与之相若。其后有江海朝宗等数家，益华丽，且可就吸鸦片。福州路之青莲阁，亦数十年矣，初为华众会"。此"青莲阁茶肆，每值日晡，则茶客麇集，座为之满，路为之塞。非品茗也，品雉也。雉为流妓之称，俗呼曰野鸡。四方过客，争至此，以得观野鸡为快"（见《茶肆品茶》条）。可见，清末时，上海一带的茶肆，已集茶馆、鸦片烟馆、妓院为一体，实为半殖民地、半封建社会的"缩影"。

在茶食方面，江南一些地区，民间啜茶时常有"必佐以肴"的习尚。而品茶时所佐之茶食，还有地区的差别。如镇江人在啜茶时，"必佐以肴。肴，即馔也。凡馔，皆可曰肴，而此特假之以为专名。肴以猪豚为之"（见《茗饮时食肴》条）。扬州人品茶时，例有饮食干丝的习俗，"干丝者，缕切豆腐干以为丝，煮之，加虾米于中，调以酱油、麻油也。食时，蒸以热水，得不冷"（见《茗饮时食干丝》条）。湖南长沙人的茶食别具风味，"湘人于茶，不惟饮其汁，辄并茶叶而咀嚼之。人家有客至，必烹茶，若就壶斟之以奉客，为不敬。客去，启茶碗之盖，中无所有，盖茶叶已入腹矣"（见《长沙人食茶》条）。长沙茶肆，茶客茗饮时更有食盐姜、莱菔的风尚，"凡饮茶者既入座，茶博士即以小碟置盐姜、莱菔各一二片以饷客，客以茶赀之外，必别有所酬。又有以盐姜、豆子、芝麻置于中者，曰芝麻豆子茶"（见《茗饮时食盐姜莱菔》条）。所谓莱菔，即萝卜之别名。

(二) 清人的饮酒风尚

清人的饮酒风尚，包括酒仪与酒德、宫廷与文人的饮酒礼尚、民间的酒肆与酒食风俗等内容。

其一，清人的酒仪与酒德。清人认为，饮酒者"乃学问之事"，须讲究礼仪规范，讲求酒德。万不可"知己会聚，形骸礼法，一切都忘"（见《黄九烟论饮酒》条），若成好酒贪杯之徒，必令观者齿冷。鉴于此，清代有识之士为了淳风俗、明教化，撰著成文，以对饮酒的酒仪、酒德进行论述。黄九烟便是为规范此一行为做出积极努力的一个代表人物。

黄九烟著《酒社刍言》一文，阐释酒仪与酒德的重要性。他指出："古云酒以成礼，又云酒以合欢，既以礼为名，则必无伧野之礼。以欢为主，则必无愁苦之叹矣。若角斗纷争，攘臂灌呕，可谓礼乎？虐令苛娆，兢兢救过，可谓欢乎？斯二者，不待智者而辨之矣。"他还认为，"饮酒者，乃学问之事，非饮食之事也。何也？我辈生性好学，作止语默，无非学问"。"盖知己会聚，形骸礼法，一切都忘，惟有纵横往复，大可畅叙情怀。而钓诗扫愁之具，生趣复触发无穷。不特说书论文也，凡谈及宇宙古今、山川人物，无一非文章，则无一非学问。即下至恒言谑语，如听村讴，观稗史，亦未始不可益意智而广见闻。"这样看来，若饮酒时，不讲求酒仪与酒德，实际上是弃礼而从野、舍欢而觅愁之举。正因如此，他提出饮酒时的"三章之戒"，即"一戒苛令"（指饮酒时劝饮的酒令）、"一戒说酒底字"、"一戒拳哄"，以成"四美之贤"（见《黄九烟论饮酒》条），作为饮者的戒律和应遵循的行为规范。

黄九烟的论述和提出的饮酒"三章之戒"，充分体现出清人在饮酒活动中强烈的风俗文化意识。通过饮酒应检验和表现出饮者的风度、礼仪、雅俗、涵养和学问之道，亦即饮者的风俗文化素养、风俗文化心态与风俗文化价值取向。这是清人切中当时社会上一般饮酒活动中的种种"时弊"，提出在饮酒风俗文化活动中，应遵循的酒仪与酒德规范，从而使人们通过这一活动达到更高的文化意境。

其二，宫廷与贵族的饮酒礼尚。宫廷的饮酒礼尚、饮酒与酒宴活动，是宫廷与皇室生活一个重要的组成部分，也是清代礼雅饮食文化活动的集中体现。如慈禧太后平日在宫中喜饮莲花白酒，按"御用秘方"遣人酿制此酒。然后，再将此酒赏亲信群臣饮用。清人记载，"瀛台种荷万柄，青盘翠盖，一望无涯。孝钦后每令小阉采其蕊，加药料，制为佳酿，名莲花白，注于瓷器，上盖黄云缎袱，以赏亲信之臣"。此酒"味清醇，玉液琼浆不能过也"（见《莲花白》条）。

宫廷与皇室王公贵族，凡遇皇帝大婚、王公婚娶、年节饮宴、祭祀时，与饮酒有关的风俗文化活动，更是不可或缺。如皇帝大婚时要用"绍兴酒"、"金银酒"等。据溥杰《回忆醇亲王府的生活》一文记述，溥杰结婚时，行"合卺"之礼，便要将两杯酒让新郎新娘各呷一口，然后互换酒杯又各喝一口。

在丧葬习俗中，亲人死去后第三天用酒实行家祭。家祭分为早、午、晚三次，每当祭时，先把一桌"祭席"摆在灵前，致祭者站着奠酒三杯（名为立奠），接着跪下奠酒三杯，应为跪奠，出殡时，各主要路口，亲友们临时搭有"路祭棚"，灵柩经过时，设棚路祭的主人要出来设供奠酒致祭。

王府家过生日时，照例要由著名的饭馆派人到家里做一席丰盛的酒筵，以示庆贺。而逢年节时，酒宴更多。正月初一日为拜年，王府家除了吃饺子之外，还需全家吃一顿丰盛的酒宴。正月十五日为元宵节，除了酒宴而外，还需有各种馅的元宵以为点缀。端午节吃各色粽子之外，必不可少的还有樱桃、红白桑椹与雄黄酒。节日当天，大人还要在小孩子的耳、鼻、肛门附近抹一些雄黄酒。还有在小孩子的脑门上蘸雄黄酒写"王"字的习俗，以此象征老虎。每个人还需呷一口雄黄酒，称这样可避"五毒"的侵害。

其三，文人雅士的饮酒风尚。清代文人雅士多有"以酒会友"的习尚，甚至结"酒社"，呼朋聚饮以为快事；有专门对某种名酒所独好者；也有以钱买醉，一醉方休，以求解脱者，嗜好不同，仪态各异。

文人雅士品酒，各有所好。清代地处天南海北的文人雅士，虽善品名酒，对各种酒的色、香、味以及亮、暗浑、清辨别极严；然嗜好不同，兴趣各异，品位变化，因人因时对不同酒类更是各有所好。如沈梅村很喜饮女儿酒，每逢友人宴请，一遇此酒，他便"饮而甘之"，且"赞不绝口"（见《沈梅村饮女儿酒》条）。裘文达嗜饮"丁香酒"，"江右出丁香酒，甚清冽，裘文达公曰修嗜之，曾致之京邸"。一日，友人来访，文达出酒饮之，信口说出"冲寒来饮丁香酒"句，友人对答"怀远还思丙穴鱼"后，两人相对大笑，"复饮至亭午而散"（见《裘文达嗜丁香酒》条）。嘉庆时太守李许斋喜饮"百益酒"，每有此酒，便甘之，且作酒诗，题有"仙醴回春"四字。另一太守倪又锄，乃以此四字冠首，和其诗。一曰："仙草携来碧玉峰，是成佳酿配重重。壶中一点人间酌，延得九天春意浓。"二曰："醴泉何事竞夸奇，恃有琼觞饮便宜。漫说延年无妙术，到微醺处益方知。"三曰："回转生机一盏陈，沈疴顿减速如神。垆头多少停车间，妙处医人不醉人。"四曰："春和迅疾转蓬壶，太守题来大笔濡。我亦垂涎思解渴，杖头却笑乏青蚨。"（见《李许斋饮百益酒》条）官员刘武慎好饮汾酒，"在官勤愍，治事接宾客，未尝有倦容"。但却好饮，饮必汾酒。饮时常独酌，一饮可尽十余斤，真可谓酒量如海。饮酒时，"左手执杯，右手执笔，判公牍，无或讹。或与客会饮，虽不拇战，而殷勤劝盏。宴毕客退，仍揖让如仪"，毫无醉翁之态（见《刘武慎好汾酒》条）。

文人呼朋聚饮，争结"酒社"。清代文人学士喜以酒会友，好仿晋人山涛等"竹林七贤"、光逸等八人闭室酣饮，不舍昼夜"八达"之流，呼朋聚饮，进而争结"酒社"。如福建福州府侯官林希村大令聂家居时，与林怡庵、林枳怀、叶与恪、梁开万诸人结酒社。他们"日高睡起，即登酒楼，终日痛饮。醉则歌呼笑骂，必夜深乃扶醉而归。归则寝，明日又往矣"。这些酒社之人，皆能不事事而沉饮，"殆晋七贤、八达之流也"（见《林希村结酒社》条）。这是他们以魏晋名士为榜样之举，更是对世事，嬉笑怒骂，不愿与浊世同流合污的清高之举。因而在清代被一般人视为异类，颇具典型性。

学者观人酣饮，以撰酒书。在中国，饮酒历来被视作是一项与社会生活密切相关的文化活动。在清代文人学者中，也不乏有识之士，他们将饮酒活动上升到风俗文化的重要层面来加以考察、评述和研究，从而对清代酒文化的基本特点作了描述和概括，这些研究虽难免流于粗疏，但其探索精神难能可贵，为人们保存了许多珍贵资料。如乾隆时期，浙江钱塘吴秋渔，名昇，曾做过杭州府知府（民间俗称太守），是一位著名诗人。他一生"素不嗜酒，而喜观人酣饮"。他通过长期的观察、体验、总结和探索，提出了对酒与饮酒文化的一整套较为科学的见解，并撰著成《酒志》一书行世，此书共分二十八卷，其下有子目十二：原始、辨性、述义、备法、详品、稽典、列事、纪言、考器、征令、录乡、识录等。为写成此书，吴秋渔曾"征引书籍多至千余卷"（见《吴秋渔喜观人饮》条），从卷帙浩繁的典籍中，旁征博引，然后融会贯通，成此专著，对研究清代乃至中国酒文化确有裨益。

应当指出的是，吴秋渔作为一个地方官员，素不嗜酒，已十分难能可贵；同时作为一个诗人兼学者，他从实践和生活中进行学习，密切关注社会风俗的变迁和发展规律，从攸关民生的饮酒风俗入手，著书立说，研究探索，其人其书，理所当然应在清代饮食史上占有一席之地。

其四，民间的酒肆与酒食习尚。清代民间的酒肆与酒食习尚，因地而异，各具特色。京师的酒肆（酒店、酒馆）分为三种，出售的酒品有南酒、京酒、药酒等类；佐酒之酒食，较之他处更加丰富多样。饮酒者所好不同，其所饮酒品和所酝酿也不一样，于是形成了专营南酒、京酒以及药酒的事业酒肆服务业。在南酒店"所售者女贞、花雕、绍兴及竹叶青；肴核（按，好下酒的酒食、酒菜）则火腿、糟鱼、蟹、松花蛋、蜜糕之属"。此种酒店经营江南一带酒类，酒食亦是江南名菜、名点与名食，光顾者多为江南来京的官员属僚、商人、士人、文人，以及喜食、喜饮南菜、南酒者。

京酒店"为山左人所设，所售之酒为雪酒、冬酒、涞酒、木瓜、干榨，而又各分清浊。清者，郑康成所谓一夕酒也。又有良乡酒，出良乡县，都人亦能造，冬月有之，入春则酸，即煮为干榨矣。其佐酒者，则煮咸栗肉、干落花生、核桃、榛仁、蜜枣、山查（楂）、鸭蛋、酥鱼、兔脯"。这种酒肆，从经营的酒类和佐酒之食来看，完全是地地道道的北方风味、京师风味，饮用者以北方各地旅居京师以及来此从事各种活动者居多。

药酒店，所售之药酒"以花蒸成，其名极繁，如玫瑰露、茵陈露、苹果露、山查（楂）露、葡萄露、五茄皮、莲花白之属。凡以花果所酿者，皆可名露。售此者无肴核，须自买于市。而凡嗜饮药酒之人，辄频往，向它食肆另买也"（见《京师之酒》条）。这类酒店所售药酒，一类为浸泡中草药之药酒；另一类为果木酒、花露酒。这两种酒，饮用后既可疗疾健身强体，且酒的度数较低，性味也颇为柔和，具有滋补功能，深受民人欢迎，嗜饮者也较多。

清代民人入京酒店饮酒，"以半碗为程，而实四两，若一碗，则半斤矣"（见《京师之酒》条）。这是一般民人在酒肆一边食酒肴，一边坐饮者的酒量，至于倘一时兴起，呼朋引友者入肆聚饮，则其量多不受此限。

三　清代地方饮食文化风情

清代地方饮食文化的发展，为有清一代饮食文化的繁荣奠定了坚实、雄厚的物质与技术基础；同时，又为其拓展与外延，为地区间饮食文化的交流、为宫廷官府与民间饮食文化的互补和借鉴、为民族饮食文化的交融、为中外饮食文化的交流与传播，提供了极为有利的先决条件。清代的地方饮食文化，包括地方菜肴与菜系、南北小吃与风味食品、寺院斋食与素馔等丰富内容。

（一）地方菜肴与菜系

清代各地区的饮食风味与饮食习尚很不相同，从而形成不同的地方菜肴、菜系与流派。造成这一状况的原因，除历史与传统的因素外，则是由各个地区地理环境、自然条件（如气候、水土、物产）的巨大差异以及社会经济发展的不平衡所导致的结果。因此，它在一定程度上，是历史上政治、经济、文化、自然与地理、人们的生活风尚、饮食文化心态等诸种因素交互作用而结出的硕果。

我国现存的地方风味菜系，早在清代以前便有雏形，清代这些菜系处于更加丰富与完备的阶段。鲁、川、扬、粤是中国影响最大的四大菜系，在此基础上又发展为鲁、川、扬、粤、湘、闽、徽、浙八大菜系，加之北京菜与上海菜，成为"十大菜系"。除此之外，各地方的风味饮食更具特色。以"各省特色之肴馔"而论，"肴馔之有特色者，为京师、山东、四川、广东、福建、江宁、苏州、镇江、扬州、淮安"（见《各省特色之肴馔》条）。可见，在众多的地方风味菜肴中，上述地方菜的影响较大，也较有特色。

097

其一，北京菜系与菜肴。明末清初，山东人在京师开了许多饭馆，卖炒菜的称盒子铺，卖烤鸭的称鸭子铺，卖烧肉的称肘子铺。这些小本经营店铺后来发展成许多"堂"字号大饭庄，如福寿堂、庆寿堂、天寿堂、庆和堂等。但这些堂字号饭庄后来被"居"字号饭庄代替，最著名的有"八大居"，即福兴居、东兴居、天兴居、万兴居、沙锅居、同和居、泰丰居、万福居。这些饭庄平日顾客盈门，车水马龙，常有"车马半条街"之盛况。除上述山东风味外，京师菜系里，还包含了河南菜、山西菜、东北莱、蒙古菜、宫廷菜、官府菜以及清真菜等风味，经过融会以后，形成了京师菜清、鲜、脆、嫩的特色，其烹饪方法则有爆、炒、烧、燎、煮、炸、熘、烩、烤、涮、蒸、扒、熬、焖、煨、煎、糟、卤、拌、氽等，集众菜之优长，自成一系。

其二，上海菜系与菜肴。上海风味菜系形成较晚，直至清末，才逐渐在原有以红烧、生煸为主的地方菜基础上，吸收了无锡、苏州、宁波等地方菜特点，增加花色品种与烹调手法而成。其菜肴特色是汤卤醇厚，浓油赤酱，糖重色艳，咸淡适口，保持原味。烹饪手法则有红烧、清蒸、生煸、油焖、生大熬、川糟、腌、炒等十余种。

其三，广东菜系与菜肴。广东菜系，即粤菜，由广州菜、潮州菜、东江菜、海南菜组成，是较大菜系之一。它多以广州菜为代表。广州菜包括珠江三角洲和肇庆、韶关、湛江等地名食在内，地域最广，用料庞杂，选料精细，技艺精良，善于变化，品种多样，风味讲究清而不淡，鲜而不俗，嫩而不生，油而不腻。其菜肴春秋力求清淡，冬春偏重浓郁。其特点一是用料广泛。广东地处亚热带，濒临南海，雨量充沛，四季长青，物产富饶。清人屈大均在《广东新语》中指出："天下所有之食货，粤东几尽有之，粤东所有之食货，天下未必尽有也。"其饮食用料，飞禽走兽，野味家畜，一应俱全。正如清人竹枝词所述："冬至鱼生夏至狗，一年佳味几登宴。"清代另一首《羊城竹枝词》也称："斫脍烹鲜说濒珠（濒珠为广州南岸的一个街市），风流裙屐日无虚。消寒最是围炉好，卖尽桥边百尾鱼。"便是粤菜用料广泛的生动写照。二是用料精细。粤菜食味则讲究清、鲜、嫩、爽、滑、香。烹制方法有煎、炸、泡、浸、焗、炒、炖等多种①。

其四，川菜菜系与菜肴。清代川菜较前有了进一步的发展，川菜菜系的文化内涵也更为丰富。在烹制用料、口味、烹饪技艺等诸方面，形成了自身独特而又多样的特点。清代川菜吸收南北菜肴之长及官、商家宴菜品的优点，尤以

---

① 李秀松：《略谈粤菜的形成和发展》，载《烹饪史话》，中国商业出版社1986年版，第307—313页。

北菜川烹、南菜川味的特色最为突出。同时，川菜在"味"字上颇为讲究，以味的多、广、厚著称；它主要由麻、辣、咸、甜、酸、苦、香七种味道，经烹饪技师、名师庖厨巧妙搭配，从而创造出麻辣、酸辣、鱼香、酱香、荔枝、椒麻、咸鲜、糖醋、白油、红油、怪味、麻酱、香糟、芥末、蒜泥、姜汁、豆瓣等多种复合味道。其中，以清末四川总督丁宝桢（太子太保衔）命名的宫保鸡丁、以清同治时陈姓微麻妇女得名的麻婆豆腐以及鱼香肉丝等名菜，不仅烹饪手法独特，味道亦别有滋味。在烹调工艺方面，据乾隆年间四川绵州人、著名文学家与戏曲理论家李调元所著《醒园录》一书介绍，川菜的烹饪方法有炒、煎、烧、炸、腌、卤、熏、泡、蒸、溜、煨、煮、焖、爆、炝、炖、煸、烩、糟等39种之多，各种菜肴达1328种之多，辣椒已成为川菜中的主要作料之一①。

其五，山东菜菜系与菜肴。清代山东菜作为北方风味菜的代表，进入宫廷成为御膳的支柱之一。同时，随着经济与文化的繁荣，清代山东菜系又分别形成以济南、胶东、曲阜为不同风味的小菜系。其中，济南风味菜的制作方法有爆、烧、炒、炸等，菜品以清、鲜、脆、嫩著称。胶东菜则以擅长烹制各种海鲜品见长；而曲阜的孔府菜则是著名的贵族公府菜。

其六，江苏菜系与菜肴。清代江苏菜系中，又形成江宁（南京）、扬州、苏州等不同风味菜系。其中，江宁菜擅长炖、焖、叉、烤，口味平和；扬州菜刀工精细，鲜嫩味醇，清淡适口；苏州名菜，口味趋甜，擅长炖、焖、焐、炸、熘、爆、炒、烧、氽烹法。这些烹技的形成，是与其他菜系交汇的结果。以扬州菜为例，清代漕运中心一直在扬州，这里市场繁荣，正如曹寅诗中所述："广陵截漕船满河，广陵载酒车接轲。"使淮扬风味随漕运北上，更多地进入京师。如《红楼梦》中的"火腿炖肘子"一菜，便是扬州名菜"炖金银蹄"一类。它如清蒸鸭子、笼蒸螃蟹、油炸骨头、鸡肉炒蒿子秆、炸鹌鹑、豆腐面筋、酱萝卜炸儿、燕窝粥之类，也是扬州名食。京菜也随漕运南下，清康熙帝、乾隆帝多次"南巡"，扬州一线多次接驾，钦差往返频繁，致使庙堂宴飨技艺南流，扬州亦仿作京菜，并办"满汉全席"。扬州是清代盐商聚集之地，盐商中尤以徽商为最，在厨艺方面，徽厨来扬开业献技者甚多，松毛包子、徽州圆子在扬州开始风行。此外，号称"美甲天下"的扬州卤子面在清中叶时传到四川成都，而四川的回锅肉也同时传到了扬州。经过长期的交流、融会，扬州菜烹饪加工技艺更进一步提高，并最终形成"甜咸适中，南北咸宜"的独特风味②。

---

① 蓝勇：《西南历史文化地理》，西南师范大学出版社1997年版，第286页。
② 陶文台：《扬州烹调源远流长》，载《烹饪史话》，中国商业出版社1986年版，第321—325页；汪福宝、庄华峰：《中国饮食文化辞典》，安徽人民出版社1994年版，第239页。

其七，浙江菜系与菜肴。清代的浙江菜系与菜肴，以杭州、宁波、绍兴三种风味菜为代表，擅长煮、炖、焖、煨，口味略甜，尤以烹制河鲜、海鲜见长。

其八，福建菜系与菜肴。清代福建菜系，拥有福州、闽南、闽西三个不同风味菜品。口味偏甜、偏酸、偏淡，烹调技法中，以炒、蒸、煨三种烹法最为突出。其中，福州菜又以"苏杭雅菜"、"京广烧烤"为两大支柱。它受广东菜的影响最大。1840年鸦片战争后，福州与广州同被辟为"五口通商"的口岸，而广东菜则随着广东买办商人而来到福州。此时的粤菜除传统烹制方法外，还夹杂着部分西洋菜（主要是英国）的烹调方法在内，这样一来福州的烹饪技师们均纷纷效尤。故在近代至清末，福州有颇多的广东菜馆，如"广复楼"、"广资楼"，及"广裕"、"广宜"、"广升"等。它们均以"广"命名其字号，以便更多地招徕顾客①。

其九，安徽菜系与菜肴。安徽菜系是清代有影响的著名菜系之一，由皖南、沿江和沿淮三种地方风味构成。皖南风味以徽州地方菜肴为代表，它是徽菜的主流和渊源。其主要特点是擅长烧、炖，讲究火功，喜用火腿佐味，米糖提鲜，善于保持原汁原味。不少菜肴都是用木炭火单炖单煠，原锅上桌，香气四溢，诱人食欲，体现了徽味古朴典雅的风貌，"黄山炖鸽"、"问政山笋"、"鼋凤兰桥会"等，都是脍炙人口的山乡珍品。沿江风味盛行于芜湖、安庆及巢湖地区，它以烹调河鲜、家禽见长，讲究刀工，注意形色，善于用糖调味，擅长烧、蒸和烟熏技艺，其菜肴具有酥嫩、鲜醇、清爽、浓香的特色。如，"毛峰熏鲥鱼"、"熏刀鱼"用上等毛峰茶叶熏制，成品金鳞玉脂，油光发亮，茶香扑鼻。至于"无为熏鸡"，更采用先熏后卤的独特制法，金黄油润，皮酥肉嫩，浓香袭人，回味隽永。而沿淮风味则主要盛行于蚌埠、宿州、阜阳等地，其菜肴特点是质朴、酥脆、咸鲜、爽口。烹调上长于烧、炸、熘等技法，喜用芫荽、辣椒佐味配色。其中，尤以"符离集烧鸡"、"葡萄鱼"、"奶汁肥王鱼"、"朱洪武豆腐"、"香炸琵琶虾"等菜最为著称。清代徽菜的发展，还与徽商有着密不可分的关系。清代中叶是徽商的黄金时代，其人数之多、活动范围之广、资本之雄厚，皆居全国商人集团的前列。他们经营以盐、典、茶、木为最著，其他行业也无不涉足其间，商栈、邸舍、酒肆、钱庄随之兴起。而他们在扬州经营极盛之日，亦是徽菜与淮扬菜大交流之时，清代自皖传入扬州的有徽州圆子、徽州饼和大刀切面等。文献记载，大盐商徐赞侯的侄孙徐履安擅长烹饪，歙县岩镇街盐商聚居地的没骨鱼面，就是由他首创的。乾隆初年，徽州人在扬州河下街卖松毛

---

① 徐天胎：《福州菜的发展沿革初探》，载《烹饪史话》，中国商业出版社1986年版，第325—326页。

包子,开设了"徽包店"以飨同乡。又模仿岩镇街的没骨鱼面,以鲭鱼为面,开设"合鲭"面店。又仿效作槐叶楼火腿面,"合鲭"又改为坡儿上的"玉坡"面店,以鱼面精美可口见长。从此,"郡城酒面馆列肆相望,连面各处驰名,点心制法极佳,有灌汤包子,尤擅一时"[1]。其中的"连面"即徽面,称为"三鲜大连",也就是鸡、鱼、肉大碗面[2]。

其十,湖南菜系与菜肴。清代湖南菜系,分别形成了湘江流域、洞庭湖区和湘西山区三种不同风味菜。在制作上以煨、炖、腊、蒸、炒见长,共同风味是辣味菜及烟熏腊肉,以辣味、熏味为主。纵观清代的湘菜,它有着品种多、选料精、味道浓、气味佳的特色。如陈年佳酿,馥郁芬芳,似极品香茗等形色,享有盛誉。湘菜之"香",芳馨独特,精微而细腻,正如清代著名美食大师袁枚所言,"不必齿决之,舌尝之而后知其妙也",大有先声夺人之势。清代湘菜随季节变化其香味,春有椿芽香,夏有荷叶香,秋有芹菜香,冬有熏腊香等;就原料而言,更有韭香、葱香、椒香、茴香等;再以品质而论,亦有清香、浓香、醇香、异香等。当然,还有一些特殊的香味,令人叫绝。如"翠竹粉蒸鮰鱼"的竹香,是仿照云南竹筒饭的制法,将洞庭湖特产鮰鱼置于翠竹筒中,上笼蒸熟,成品细嫩鲜美,竹香横溢四散。至于"君山鸡片"的茶香,更以君山银针茶叶为配料精制而成,较之其他菜肴,食时别有一番韵味。

其十一,其他地方菜系与菜肴。清代其他地方菜系与风味菜肴,还有以汁浓、芡稠、口重、味纯著称的鄂菜(湖北菜)菜系与风味菜肴;以鲜香清淡、四季分明、色形典雅、质味适中为特色的豫菜(河南菜)菜系与风味菜肴;以咸定味、料重味浓、香肥酥烂等特点闻名的秦菜(陕西菜)菜系与风味菜肴;有博采满、蒙、汉菜群芳,并熔京、鲁菜为一炉,从而风味与烹饪技艺独具的奉天菜(辽宁菜)菜系与风味菜肴等。这些地方风味的菜系与菜肴,各具特色,又相互借鉴,相互交汇,为有清一代地方饮食文化的发展与丰富奠定了良好的基础。

(二)南北名小吃与风味食品

清代的南北名小吃与风味食品,虽然品类繁多,做工考究,然而它们与其他食品一样,均有地区性、时令性、阶层性、民族性和多样性诸特点。所不同的是,有些名小吃与风味食品的上述特色表现得尤为鲜明和突出而已。有的老字号和店铺经营的名点、名食与名菜,还需有专门的用料、专门的制作与配料、

---

[1] 林溥:《扬州西山小志·市肆十二首》;林苏门:《邗江三百吟》卷九《名目饮食·三鲜大连》。

[2] 王振忠:《明清徽商与淮扬社会变迁》,生活·读书·新知三联书店1996年版,第136页。

专门的加工与贮藏等等，方能保持其传统风味与特色。如坐落于前门煤市街北门路西胡同内的致美斋饭馆，其拿手招待吸引食客的风味食品是"四做鱼"。所谓"四做"是把一条鱼做出四种风味：红烧鱼头，糖醋瓦块，酱汁中段，糟溜鱼片。鱼肉干烧，贵在鲜而不腥；瓦块，系以方形鱼片，先炸后烧，味兼甜咸，形如瓦片；中段则用鱼身肉厚之处烹制，上浇甜酱浓汁，味最醇美；糟溜鱼片，则一色纯白，鲜嫩异常。此外，还用鱼的肝肠肚肺做成鱼杂碎汤，加醋撒胡椒面，略似一般的酸辣汤却又带有鱼香①。这些满足不同品味食客的烹饪方法和经营思想，正是这些店铺与字号的经营活动，历数十年或数百年而不衰的奥秘所在。

其一，京师的名小吃与风味食品。清代京师民间称小吃与风味食品为"碰头食"或"茶食"，首先它的时令性很强。每当春暖花开时，传统小吃艾窝窝、年糕、豌豆黄便相继应市；在骄阳似火的酷暑盛夏，则冷凝脂滑的杏仁豆腐、奶酪、漏鱼供人们解热消暑止渴；而当金秋来临，江米藕、栗子糕、八宝莲子粥又供人们品尝；每届冰天雪地的隆冬"三九"季节，又有热气腾腾的盆糕、羊肉杂面、白汤杂碎等小吃供人驱寒送暖。在肉类小吃食品中，如苏造肉、爆肚、灌肠、卤煮小肠等很有名。其次，京师小吃选料甚为精细，所用主料，遍及麦、米、豆、黍、肉、蛋、奶、果、蔬、薯各大类；再次，各种小吃在烹饪制作技艺方面十分精湛。主要技法有蒸、炸、煮、烙、烤、煎、炒、煨、爆、烩、熬、炖、旋、冲等，而其中的擀、押、包、裹、卷、切、捏、叠、盘等制作技术，更需要高超而纯熟的技术。

清人潘荣陛对京师名小吃与风味食品作过生动描绘，他说："帝京品物，擅天下以无双……至若饮食佳品，五味神尽在都门；什物珍奇，三不老带来西域。京肴北炒，仙禄居百味争夸；芽脍南齑，玉山馆三鲜占美。清平居中冷淘面，座列冠裳；太和楼上一窝丝，门填车马。聚兰斋之糖点，糕蒸桂蕊，分自松江；土地庙之香酥，饼泛鹅油，传来涮水。佳酷美酝，中山居雪煮冬涞；极品芽茶，正源号雨前春芥。猪羊分两翼，群归就日街头；米谷积千仓，市在瞻云坊外。孙公园畔，薰豆腐作茶干；陶朱馆中，蒸汤羊为肉面。孙胡子，扁食包细馅；马思远，糯米滚元宵。玉叶馄饨，名重仁和之肆；银丝豆面，品出抄手之街。满洲桌面，高明远馆舍前门；内制楂糕，贾集珍床张西直。蜜饯糖栖桃杏脯，京江和裕行家；香橼佛手桔橙柑，吴下经阳字号。"②

清代京师的名小吃还有："都一处"的三鲜稍麦（即烧麦）、肉丁馒头；自

---

① 徐城北：《老字号春秋》，中国商业出版社 1996 年版，第 103 页。
② 潘荣陛：《帝京岁时纪胜》，《十二月·皇都品汇》，北京古籍出版社 1981 年版。

清宫传入民间的油炸焦圈、马蹄烧饼（肉末烧饼，据传为慈禧太后喜食）、豌豆黄、苏造肉；京师传统名食馓子麻花、荤素馅炸三角、盘香饼、麻酱烧饼、艾窝窝、八宝莲子粥、杏仁茶、炒肝；由民间传入宫廷的御膳名点芸豆卷、小窝头等。

其二，天津的名小吃与风味食品。清代天津的小吃品类繁多，在制作与烹饪技艺上兼采南北之长，因而无论小吃，抑或风味食品，均具特色。其中，最著称的名小吃与风味食品有：祥德斋的元宵，胜兰斋的月饼，东全居的小菜，复有顺的酱肉，东全号的切面，白家胡同的细糖，金声园旁的大糖，大丰巷赵家的皮糖，鼓楼下张二的咸花生，大胡同鸡楼的鸡油灼，甘露寺前的烧麦，侯家后狗不理的大包子，鼓楼东小车的小包子，查家胡同的小蒸食，小伙巷旁牛肉铺的牛肉，鼓楼北于十的炸蚂蚱，袜子胡同的肉灼，西头穆家饭铺的熬鱼，鸭子王的炉煮野鸭[1]；天津真素园"石头门坎"素包；天津"成"字号饭庄创制名食"元宝酥"；农历二月初二（"龙抬头"）民间小吃煎"焖子"；清末天津"大福来"嘎巴菜铺独创名小吃"大福来"嘎巴菜（"锅巴菜"）；天津"八大成"制作"锤鸡汤面"；津门回民小吃"羊肉粥"；天津"王记面茶铺"制售名吃"上岗子"面茶；清代天津"曹记"五香炉肉等。

其三，上海的名小吃与风味食品。康熙二十四年（1685），清政府在上海设立江海关，此后，上海的商业贸易日趋繁盛，人口日增，各种小吃与风味食品在花色品种方面较前有了新的发展。据有关地方志记述，上海及附近地区仅米制糕类便有薄荷糕、绿豆糕、花糕、蜂糕、柏糕、百果糕、丁香糕、薛糕等十多种，其中，以上海旧城区太平桥的炙糕、回民家的薄荷糕、胡都宪家的柏糕、薛氏创制的薛糕以及三牌坊徐氏所制的三牌楼圆子最为有名。在面食制品小吃与风味食品方面，城隍庙西辕门附近的隆顺馆、朝阳门外大街的施炳记的素面也都颇为著称。上海被列为通商口岸以后，交通更加便利，人口迅速增加，商业贸易更趋繁盛，各地名小吃与风味食品亦纷纷进入上海，致使市面街头，小吃摊、担和店铺林立。同时，西式小吃也日渐兴盛

其四，陕西的名小吃与风味食品。清代陕西的名小吃与风味食品达数百种之多。这些小吃与风味食品在烹制方法上，主要是采用烙、烤、蒸、烩、煮、炸、煎、炖、熬、炙、旋、浸等法。加工技艺手法更有叠、卷、盘、揉、扯、擀、包、捏等。各种小吃与风味食品，具有干、脆、酥、软、烂、筋等特点；其口味更有多、广、厚之特色，酸、辣、麻、甜、咸、荃（按，荃为古代的一种香草）、香味，一应俱全。

---

[1] 羊城旧客：《津门纪略》卷十一，《食品门·著名食物》，天津古籍出版社1988年版。

在清代陕西品种繁多的小吃与风味食品中，最著称的有：西安的羊肉泡馍、西安的葫芦头、慈禧太后曾品尝与称道的西安辇止坡老童家腊羊肉、梆梆肉、大肉饼、馄饨；渭南的时辰包子、西安的朱家包子；渭北的石子馍；富平的太后饼；西安的油酥饼；三原的泡泡油糕；定边的糖馓子；岐山的臊子面；三原的马鞍桥油糕；西安的水晶菊花酥；西安回民小吃糖栲栳；乾州的锅盔；蒲城的椽头蒸馍；西安的油泼箸头面；西安回民小吃糍糕；西安的名食蜂蜜凉粽子；临潼的黄桂柿子饼；宁强的王家核桃烧饼；西安的王记粉汤羊血等。

其五，四川的名小吃与风味食品。清代四川的各种名小吃与风味食品的创制者，多为民间家庭主妇、官宦家厨、楼堂店馆的名厨妙手等人。他（她）们制作的这些小吃与风味食品，其特点是：一为用料广泛。除主料采用稻、麦、豆、禾、黍、果、蔬、薯、蛋、禽、畜、山珍及海味外，还有花椒、辣椒、香油、八角、茴香等多种配料，以佐食品。二为烹制手制多样化。这些小吃食品在制作方法上有煎、炸、烤、烙、烧、炒、烩、蒸、煮等十余种。三为风味独具，一食多味。这些小吃与风味食品不仅具有咸、甜、麻、辣、酸、香、酥、脆、鲜、嫩等各种独特风味，且一食多味，有咸、甜、麻、辣等数十种之多。

在清代四川名小吃与风味食品中，最著称者，除乐山的棒棒鸡、自流井的火边子牛肉、泸州的白糕和五香糕、宜宾的燃面、南充的川北凉粉、羊肉米粉、大竹的醪糟、达县的灯影牛肉外，还有成都的红油水饼，四川名食韭菜合子，成都的蛋烘糕，成都的牛肉焦饼，江油的埋砂酥饼，保宁（今阆中）的白糖蒸馍，自流井的名吃担担面，新都的银丝面，达州的什锦烩面，成都的赖汤圆，江津的芝麻圆子（香果球），荣昌的"猪油泡粑"，四川名吃豆沙油钱，川东的涪陵油醪糟，顺庆（今南充）的羊肉粉，江津的冰桂藕丸等[①]。

其六，其他地方名小吃与风味食品。对清代其他地方名小吃与风味食品，徐珂在《清稗类钞》第十三册"饮食类"以及形成于清代的烹饪著述和地方志等文献中，介绍颇多，现分类述列如下：乳类名小吃与风味食品有：奶酪、鲍酪、牛乳、牛乳皮、杏酪、假杏酪（杏仁水）、橘酪、芡酪。

粥饭名小吃与风味食品：羊山粥、白米粥、茯苓粉粥、茯苓粥、枸杞粥、

[①] 在写作过程中，曾参考中国食品杂志社编《中国名食集萃》（中国展望出版社1986年版）、范云兴编著《中国名菜风味指南》（四川科学技术出版社1986年版）、北京市第二服务局编《中国小吃》（北京风味）（中国财政经济出版社1981年版）、天津市饮食公司编《中国小吃》（天津风味）（中国财政经济出版社1987年版）、上海饮食服务公司编《中国小吃》（上海风味）（中国财政经济出版社1983年版）、陕西省饮食服务公司编《中国小吃》（陕西风味）（中国财政经济出版社1985年版）、四川省蔬菜饮食服务公司编《中国小吃》（四川风味）（中国财政经济出版社1987年版）等书，特此说明，并谨致谢忱。

百合粥、山药粥、茶蘑粥、梅粥、绿豆粥、芡实粥、枣粥、杏仁粥、茵陈粥、防风粥、燕窝粥、发菜粥、蒲公英粥、红白饭豆粥、焦米粥、芦笋粥、木耳粥、莲肉粥、鹿尾粥、薏米粥、小米粥、豆粥、白米粥、糊粥、腊八粥、蟠桃饭、玉井饭、薏苡饭、野葛饭、杂粮饭、秋米饭、芹菜饭①。

面点名小吃与风味食品有：长寿面、八珍面、馒面、卤子面、鳝面、裙带面、素面、五香面、面老鼠、面拖玉簪花、扬州左家面、上海先得楼羊肉面、片儿汤、韭合、菱精、水苋糕、巧果、粽、馓子、油灼烩、扁食、麦饼、麦片、麦筋、饽饽、馒头、山药馒头、荞麦馒头、包子、烧麦（烧卖）、馄饨、饺、椴木饺、炒米、汤圆、萝卜汤圆、芋粉团、神糕、年糕、云英糕、三层玉带糕、沙糕、脂油糕、雪花糕、雪蒸糕、白雪糕、豆沙糕、广寒糕、栗糕、闵糕、面志饼、宫笔花饼、烧饼、家常饼、春饼、松花饼、甘菊花饼、玉兰花饼、百合饼、蓬蒿饼、蓑衣饼、糖饼、盲公饼、老婆饼、西湖藕粉、八仙藕粉、莲粉、栗粉、菱角粉、百合粉、凉粉、面包、布丁、窝丝糖、玫瑰糖、塔儿糖、茴香枣、冰果。

（三）寺院斋食与素馔

清代的寺院素菜与素食，较之以前有了更大的发展。同时，在寺院素食的影响下，"宫廷素食"与"民间素食"较为兴盛。清代，将寺院素食与素菜，又称之为"释菜"，称僧厨为"香积厨"，取"香积佛及香饭"之义。当时，在全国为数甚多的寺庙庵观中，以素馔著称于时者，"京师为法源寺，镇江为定慧寺，上海为白云观，杭州为烟霞洞。烟霞洞之席价特昂，最上者需银币五十元。陈六笙方伯璚、冯梦华中丞煦皆曾饫之，每以其品之多且旨，味之清而腴，娓娓告人，赞不绝口。其极廉者亦需十六元"（见《寺庙庵观之素馔》条）。清代江南扬州南门外的法海寺，"大丛林也，以精治肴馔闻。宣统己酉夏（1909），林重夫尝至寺，留啖点心，佐以素食之肴核，甚精，然亦有荤品。设盛席时，亦八大八小，类于酒楼，且咄嗟立办。其所制焖猪头，尤有特色，味绝浓厚，清洁无比，惟必须豫（预）定。焖熟，以整者上，攫以箸，肉已融化，随箸而上。食之者当于全席资费之外，别酬以银币四元。李淡吾尝食之，越岁告重夫，谓尚齿颊留香，言时犹津津有余味也"。由此可知素馔之精美（见《法海寺清治肴馔》条）。

在清代寺院斋食和素馔中，苏州的寺院菜、安徽安庆府迎江寺素菜、河南南阳元妙观暨其斋菜最具典型性。

其一，苏州佛寺寺院菜。清代苏州一地佛寺素盛，寺院饮食不仅发达，而

---

① 黄云鹄：《粥谱》；曹庭栋：《养生随笔·粥品》；林苏门：《邗江三百吟》等。

且颇具特色。《清嘉录》记载：六月"二十四日为雷尊诞，城中圆妙观，阊门外四图观，各有神像。蜡炬山堆，香烟雾喷，殿前宇下，袂云而汗雨者，不可胜计……自朔至诞日茹素者谓之雷斋，郡人几十之八九，屠门为之罢市。或有闻雷茹素者，虽当食之顷，一闻虺虺之声，重御素肴，谓之接雷素"①。《吴郡岁华纪丽》说："三伏烈日炎蒸，易感匀痧暑，食宜淡泊，薄滋味"，凡"腥臊肥腻食品，咸屏除弗御"才有利于防暑和身心健康，所以在苏州地方，无论男妇都有清斋素食一月的"金月素"习俗。按照传统习惯，"其少者，亦必二十四日为度。其食斋之期，二十三日火神诞，为火神素，二十四日雷尊诞，为雷斋。郡之人奉雷斋者，十八九，屠门为之罢市。或有闻雷茹素者，虽非斋期，一闻雷即素食，为接雷素。二十四日又为灌口二郎神诞，人咸素斋进香。二十五日为雷部辛天君诞，谓之辛斋。凡奉辛斋者，每月逢辛日及初六日，皆素食，俗谓之三辛一扳六云"②。因此，民间与寺院对素馔的制作讲究，"凡嗜斋之先，亲友必馈荤食肴馔，谓之封斋。俟斋期毕后，仍复烹宰治肴馔开宴，谓之开斋"③。当时寺庵多以芝麻香油、笋油、蕈油调味，烹制山蔬，别具风味。苏州附郭诸山的松林茂密处，清明节前后出产的"松花糖蕈"，经寺院僧厨烹制后，清香甜嫩，入口即化，是吴地素菜中的珍品佳肴。清人记载，连乾隆帝也慕味而来，特地到寒山寺去品尝僧厨所烹制的素菜，史载："高宗喜微行，在位六十一年，尝微行出京，时疆臣颇惴惴，以帝行踪隐秘，恐訽察也。顾帝所至，辄诚知其事者不得供张。一日，携二监微行，张文和公廷玉从之。至苏州，时巡抚为陈大受，大受故识文和，惊其突至，文和耳语大受曰：'衣湖色袷袍者，圣上也。'大受不知所出，遽上前跪迎。帝笑而扶起之，谓勿惊，第假此间佛寺宿一旬足矣，勿使左右及寺僧知也。大受唯唯。进馔，帝命五人同坐。食毕，大受修函介绍于寒山寺僧，谓有亲串数人，欲假方丈游数日。大受启帝，谓微臣当随驾。帝曰：'汝出，恐地方人士多识者，多不便，不如已。'大受叩头谢。既而帝及文和、二监赴寒山寺，僧以为中丞之戚也，供膳。帝谓吾等夙喜素餐，第供素馔足矣。僧导游各处，帝赠一筹，书张继《枫桥夜泊》诗，款署漫游子，留宿七日而去。临行以函告大受，略谓予去矣，恐惊扰地方，万勿远送，遂微离苏。"（见《高宗在寒山寺素餐》条）这个故事当然不无封建文人对乾隆帝的美化粉饰之辞。然而苏州寺院饮食活动之兴盛、素馔之精美可口，由此可见一斑。同治十年（1871），曾国藩到苏州灵岩山，品尝该地素菜后倍加赞誉，誉称为

---

① 顾禄：《清嘉禄》卷六，《雷斋接雷素》。
② 袁景澜：《吴郡岁华纪丽》卷六，《六月·六月素斋》。
③ 同上。

"江东第一妙品"。不仅如此,曾国藩率兵作战时亦喜素食,"一日,提兵至池州。池守某迓之,馈酒筵甚丰。盖其人颇风雅,而性好奢侈也。文正诫之曰:'此时何,当以崇俭为勖,吾愿茹素耳。'守唯唯。明日,进素馔,文正大悦,以语从者"(见《池州守进素馔于曾文正》条)。

距苏州不远的江苏常州天宁寺,也是江南著名寺院之一。该寺僧厨所烹调的素菜,远近闻名。乾隆帝下江南南巡时,曾品尝过该寺素肴,并多加赞誉:"高宗南巡,至常州,尝幸天宁寺,进午膳。主僧以素肴进,食而甘之,乃笑语主僧曰:'蔬食殊可口,胜鹿脯、熊掌万万矣。'"(见《高宗谓蔬食可口》条)

其二,安庆迎江寺素菜。清代安徽安庆府怀宁(今安庆市)迎江寺素菜,因烹调精细、风味独特而远近驰名。该寺濒临长江,建于明万历四十七年(1619),寺内有振风塔,建于明穆宗隆庆四年(1570),八角七层,高72米。塔内有砖雕佛像600余座,碑刻51块。迎江茶楼位于迎江寺左侧,建于清末,飞檐斗拱,雕梁画栋,背寺面江,供游人品茗饮酒,观赏江景。迎江寺素菜,以当地沙洲所产黄豆为主料,加工制成千张、豆腐、豆腐衣、面筋,以附近山区所产的冬菇、金针、木耳、玉兰片为辅料,配以时鲜蔬菜精心烹制而成。烹调方法以蒸、煮、炸、烧为主。其制作方法常用的有捆扎法,将豆腐衣或千张,用细麻布包裹捆扎,蒸热冷却后,使表面呈现毛孔状,用来仿制鸡鸭猪羊等"肉类"荤菜菜肴。有模具法,如做变蛋,在淀粉熟浆中加入少许绿色素、碱,倒入两只酒杯中,用胡萝卜或栗子粉做蛋黄,将两杯合起即成。做烧大肠是以竹棍做心,用面筋浆子裹绕,炸后,用八角、酱油卤煮,抽出竹棍即成。如加放糯米、冬菇、玉兰片,还可做出素腐乳糟大肠,更具大肠的味道。民谚云:"唱戏的腔,厨师的汤。"迎江寺素菜僧厨同样能吊出好汤,提高素菜的鲜美之味。烹饪时,多用黄豆芽、皮棍(挑豆腐衣的棍子,使用日久凝聚而成,先用水浸发,后抽去棍子,即成皮棍,油炸后煨两小时)吊汤,特别是用皮棍吊出的汤,汤浓如奶,味美如鸡。为突出原料中原有的鲜味和香味,如制作素锅贴,以冬菇、玉兰片、茶干为主制成馅心,秋冬两季则加放寺庙中僧尼自种的白菜,春季加放地儿菜,夏季加放蒿儿菜,这样便可随着季节的不同变换时鲜馅心。清代迎江寺素菜,品类繁多,风味独具,深受游客的喜爱。其中,尤以僧厨烹制的素锅贴、素煮干丝、素火腿、素烤鸭、素鱼肚、糖醋素桂鱼、罗汉斋等为人们所称道。该寺还可包揽承办"银耳"、"素鱼翅"、"素海参"等大型全素筵席。其烹饪技术之精湛和全面,以及该寺院僧厨烹饪力量之雄厚,不言而喻①。

其三,南阳元妙观斋菜。河南南阳府"元妙观",原名"玄妙观",清代改

---

① 沈静、朱双庆:《安庆迎江寺素菜》,载《中国烹饪》1982年第1期。

称"元妙观"。

据明成化总志记载，该观坐落在"本府城西北，洪武四年道士李云庵创建，置道纪司于内"。明唐藩重修。又据光绪县志载，该观"园亭之盛，甲于一郡，黄冠行住，动辄数百人，为京师西南道观之最"。元妙观殿宇雄伟，园亭佳秀，房舍310间，神像75尊，占地150多亩，庙田70余顷。清代，它与京师的白云观、山西的长清观、西安的八仙庵并称为全国道教的"四大丛林"。该观坐北向南，主体建筑分为五重，前为五量殿，殿后为山门、四神殿、三清殿，再后为玉皇殿、祖师殿，最后为斗姥阁。建造精巧，高逾城垣，为全观最壮观的建筑物。观中在方丈、监院的主持下，设有客堂、寮房、账房、库房、经房、号房、堂头、典建八大执事，并由寮房掌管膳食。厨房分大伙与小厨房，小厨房专供方丈、监院饮膳和招待宾客。由于道人按教规吃斋茹素，素菜不但是道人的斋食，而且作为当地士绅在观中待客宴宾的素席使用。

清代南阳元妙观斋菜，向以烹调技艺精湛，花色品类繁多，色、香、形俱佳而著称。当时，以元妙观斋菜为代表的寺观菜，完全可与宫廷菜、地方菜和少数民族菜相媲美。该观的斋菜，主要有如下几个特点：

首先，斋菜选料广泛，道观斋菜历史悠久，选料严谨而广泛。观中斋菜为了烹制风味独具的菜肴，常选用天南海北之珍品，其中有菜蔬如滇南之鸡枞，五台山的天花羊肚菜、鸡腿银盘等蘑菇，东海的石花海白菜、龙须、海带、鹿角、紫菜、江南蒿笋、糖笋、香菌，辽东的松子，苏北的黄花、金针，都中的山药、土豆，江南的苔菜，武当的莺嘴笋、黄精、黑精，北山的榛、栗、梨、枣、核桃、黄连菜、木兰芽、蕨菜、蔓菁等，不可胜数。至于南阳府本地，由于地处秦岭东麓，三面环山，南濒汉水，地当南北要冲，号称盆地，物产甚丰。制作斋菜时，亦就地取材，多用当地各种土特产、食用菌类以及品种繁多的蔬菜和豆制品。尽管斋菜的主料、辅料都是真素，汤菜亦只用黄豆芽汤而不用荤汤，但经观中道厨的扒、溜、炒、炸、烩、蒸等细工烹制，各种肴馔不但味道鲜美，且多具保健养身和食疗价值。值得一提的是，观中还根据饮膳需要，雇用一批专门技术人员，开设有油坊、磨坊、碾坊、豆腐坊等，并腌制各种咸菜、酱菜，自制各种调料如酱油、醋等。同时还种植各种蔬菜，从而使许多原料能自给自足。

其次，斋菜呈"素质荤形"。清代南阳元妙观素斋斋菜除注重色、香、味外，还特别讲究"象形"，即利用蔬菜、瓜果、花卉加工造型，调配色彩，从而使斋菜以素质而拟荤，且十分逼真。如用豆腐皮制作的"素火腿"，加工时用酱油、芝麻油、豆腐乳、红曲等作料，食用时将火腿从芝麻油缸内捞出，沥干抹净油迹后，用刀从中劈为两半（呈紧卷卷状），再切成半寸厚的薄片，在盘中摆放整齐，撒上蒜苗花、姜丝各一分，滴几滴小磨香油上桌。它色泽棕红，酷似火腿，咸香味美。再如，用山药等烹治的"溜素鱼片"，似鱼片状，食时软润咸香；用豆腐皮等制作的"扒素鸡"，形似鸡块，嫩脆辣香；以净山药、红萝卜压制烹饪而成的"咸鸭蛋"，切成圆块，摆在盘中，白如蛋清，红似蛋黄，软嫩咸黄；至于"素鱼翅"、"素燕窝"、"素鸽蛋"、"卤大肠"等，形荤实素。烹制加工技艺，精妙绝伦，食时引人入胜。

再次，斋菜烹制时，还根据"时令吃鲜"的原则，烹制出各种时令斋菜。该道观道厨为了让住持、宾客能应时吃鲜，还根据季节的变化，就地取材，因地制宜，加工烹制各种异样珍馐和时令斋菜。每当夏秋荷花盛开之时，在观中池塘内采摘，挂糊油炸后，配上白糖，山药糕吃的"炸荷花"；秋季用北瓜秧尖兑香菇、口蘑炸制的"龙须菜"；用嫩玉米（包谷）棒尖加玉兰片、香菇烧出的"珍珠笋"；用小冬瓜装进玉兰片、花生米、香菇、口蘑、南荠、猴头、糯米和调味品油炸的"八宝冬瓜"；用红薯（亦称白薯、甘薯、地瓜等）切成块油炸后，将白糖在锅中化开，红薯条放入搅拌，立即出锅的"拔丝红薯"等，其色、香、味、形皆酷似正席大雅的菜肴，然又风味独特，鲜美爽口，食后挂齿留香[①]。

最后，寺院素斋与宫廷民间素食。在清代，正是在寺院饮食活动的启发与带动下，使宫廷素食与民间素食开始兴盛。这主要表现为烹制素食食品的加工技艺，较之前代，有了显著的提高；烹制的素食品种更为多样和更具营养性，成为与荤食并驾齐驱的饮食系列。因此，在一定程度上，它是清代寺院饮食文化结出的又一巨大成果。

一是帝王斋戒与宫廷素食。清代宫廷素食主要是供帝王在斋戒时食用，为此，清宫御膳房专门设有素局。仅光绪朝，御膳房素局就有御厨27人之多。这些专做素菜的御厨技艺精湛，他们常以面筋、豆腐片等为原料，能烹制出200多样风味独特的素菜菜肴。如乾隆二十八年（1763）四月初七的御膳单上载有："皇后用供一桌，素菜十三品：面卷果三品，面筋三品，卷签二品，山药糕三品，豆腐干二品。"光绪末年，御厨还创制了慈禧太后斋戒时食用的"小窝头"等名点。有时慈禧太后亦思素馔，如"孝钦后堂召见伍秩庸（伍廷芳）侍郎，语及饮食。秩庸请以素馔进御，孝钦俞之。而左右以孝钦春秋高，谓非食肉不饱，遂罢。其后，孝钦寝疾，念秩庸之言，因又命以素馔进，旋以腹疾而止"（见《孝钦后思素馔》条）。这表明，素菜、素馔、素肴，在宫廷中是颇受欢迎和称道的御食之一。

---

① 刘琰：《南阳元妙观暨其斋菜》，载《中国烹饪》1986年第1期。

二是民间素菜馆与素馔素肴。清代民间素食，是指社会市间的素菜馆，"结席未除聊尔尔，定阳素菜且尝尝"的诗句，表明早在道光年间，京师民间已有了专门经营素菜的素菜馆。到了光绪初年，开设在京师前门（正阳门）街路西的"素真馆"已载入当时的史料中。当年，该馆的门面上还挂有"包办素席"、"佛前供素"的牌匾。而城内的"香积园"、"道德林"、"功德林"、"菜根香"、"全素斋"等，更为世人所共知。

在各省地方肴馔中，有风味荤肴，也有别具一格的"素肴"，"以江宁（南京）言之，乾隆初，泰源、德源、太和、来仪各酒楼之肴馔，盛称于时。至末叶，则以利涉桥之便意馆、淮清桥河沿之新顺馆为最著。别有金翠河亭一品轩诸处，则大半伧劣，不足下箸。新顺盘馔极丰腆，而扣肉、徽圆、荷包蛋、咸鱼、焖肉、煮面筋、螺羹及菜碟之鲜洁、酒味之醇厚，则便意所制为尤美。每日暮霭将沈（沉），夕餐伊迩，画舫屯集于阑干外。某船某人需肴若干，酒若干，碟若干，万声齐沸，应接不暇。但一呼酒保李司务者，嗷然而应，俄顷胥致，不爽分毫也。而秦淮画舫之舟子亦善烹调。舫之小者，火舱之地仅容一人，踞蹲而焐鸭、烧鱼、调羹、炊饭，不闻声息，以次而陈。小泛清游，行厨可免。另买菽乳皮，以沸汤瀹之，待瀹挤去其汁，加绿笋干、虾米、米醋、酱油、芝麻拌之，尤为素食之美味，家庖为之，皆不能及"（见《各省特色之肴馔》条）。可见，在清代各省有特色的肴馔中，素菜的烹制占有重要的地位，各种素食美品，是地方风味菜肴的一个有机组成部分。

在烹饪技艺方面，民间素肴的烹制有"单纯用素者"，亦有以"素肴为主而稍杂荤肴"者。采用上述方法烹制的素肴，因地、因需、因季、因俗而略有不同，突出一个"素"以满足社会各方面的食需求，从而体现出素肴的营养性与实用性特点。其具体制作技艺如下：

一是单纯用素菜的烹制方法。清人有将"生菜"炒、拌、煮、烧以食用的习俗。古人云："春初早韭，秋末晚菘"。所谓晚菘，即大白菜，南方呼之为黄芽菜。又云："千里莼羹，末下盐豉。"相传千里为莼菜之名。末下，或谓地名，出盐豉处；或谓细末糁下之意。还称："菜重芥姜。"上述列举的蔬食美品，皆为一年四季民间民人每日喜食之时鲜"生菜之美者"。在用这些生菜烹制素菜时，清代民间"大抵食生菜有四法，一宜炒，一宜拌，一宜清煮，一宜红烧。烹饪得宜，甘芳清脆，可口不下于荤肴。至于菰、笋、蒲（北方甚多，其质在竹笋、茭白之间，味甚清美）、椒（青椒、红椒）之类，有特别风味。生菜四种食法，皆可斟酌加入，倍觉可口"。鲜、嫩、脆、可口而又保持蔬菜各种营养维生素摄入是素菜的显著特点，所以民人在素菜的烹饪方面，作了许多有益的探索，总结出了诸多针对不同素菜进行分门别类烹制的科学营养方法。

二是以素肴为主而杂荤菜的烹制方法。其操作又分为两种：一为"稍杂以荤物者"，如大白菜、冬瓜最宜用虾米，即小干虾烹制。壶瓜，即壶子，最宜与丁香鲏烹调制，丁香鲏为海滨一种小鱼，如丁香而故名。烧笋、烧茄、炒蚕豆、豌豆时，则宜用虾米、肉丁、冬菰丁之类合而烹制。二为"素肴之中加以荤肴之汁者"，烹制时"仅用流质"，如鸡肉汁、猪肉汁、鸡油、猪油之类调和。采用这种方法烹制的素肴，品尝时，"惟觉其味之鲜美，而仍目之曰素菜也"（见《肴馔》条）。这些在实践中摸索而成的素菜烹制方法，不仅大大丰富了民间菜肴的加工技艺，而且清人的膳食结构更加科学合理，荤素搭配平衡，注重营养，提高了民人的身心健康水平，使清代民间和地方饮食的内容更加丰富多彩。

第三节　饮食思想与养生观念

清代的饮食思想与养生观念，是中国古代饮食思想体系中重要且最具时代发展特点的内涵。清人在饮食实践中继往开来，注重对饮食的研究总结，撰写了许多饮食专著，提出了系统思想理论，强调理论对于社会生活的指导意义，取得了积极影响和效果。

一　饮食思想

清代的饮食思想，包括饮食审美思想、饮食伦理思想、饮食科技思想等内容。这些思想理论的出现，不仅是清代饮食风俗趋向成熟迈向繁荣的重要标志，而且是包括饮食思想在内的整个思想文化体系，在新的社会历史条件下，进行科学化、社会化、功利化、实用化、艺术化超越的必然结果。

（一）清代的饮食审美思想

清代杰出的戏曲理论家、文学家李渔在《闲情偶寄·饮馔部》中，对饮食审美的理论进行阐述，他主张人们要通过饮食求美尚真的途径，来达到审美的目的。其核心内容可分解为如下几个重要方面：

其一，李渔在"蔬菜第一"中，提出了饮食的"美"与"真"的标准在于"渐近自然"的审美思想。他指出："吾谓饮食之道，脍不如肉，肉不如蔬，亦以其渐近自然也。"

其二，对饮食的"美"、"真"标准，李渔提出了"务鲜"的审美见解。他在论述蔬食"笋"时指出："论蔬食之美者，曰清、曰洁、曰芳馥、曰松脆而已矣。不知其至美所在，能居肉食之上者，只在一字之鲜。"

其三，对饮食"美"、"真"的审美标准，李渔提出了"务洁"、"务净"的思想。他在谈及"菜"时，论述说："世人制菜之法，可称百怪千奇，自新鲜以到腌糟酱腊，无一不曲尽奇解。"但"务求至美"的根本之道，在于"摘之务鲜，洗之务净"的"八字诀"。否则，将会以"污秽作调和"，而导致破坏"百和之香"的恶果。

其四，对饮食的"美"、"真"的审美标准，李渔还提出了当为"精"、"细"的科学见解，具体到糕饼时说："谷食之有糕饼，犹肉食之有脯脍。"制糕饼者，当有"糕贵乎松，饼利于薄"的思想观念。而"食之精者，米麦是也；脍之细也，粉面是也"。因此，只有"精细兼长，始可论及工拙"。

（二）清人的饮食伦理思想

李渔在《闲情偶寄》一书的《饮馔部》中，力主通过饮食的"食道"求悟处世之道、识人之道和治国之道，从而寻求人生与生活中美的"真谛"的伦理思想。

其一，求悟"处世之道"。李渔在书中，通过对"葱、蒜、韭"的调味论述，悟出了"吾于饮食一道，悟善身处世之难"的人生哲理。

其二，求悟"识人之道"。他在书中"蔬菜第一"中论述"萝卜"时，通过烹饪加工萝卜的技法、人们食用萝卜的饮食习尚，悟出了人"虽有微过，亦当恕之"，犹如萝卜生吃"嗳必秽气"，但人们却"仍食勿禁"一样的"识人之道"。

其三，求悟"治国之道"。李渔从烹虾的技艺中，悟出了"治国之道"的艺术。他在书中的"肉食第三"中论及制虾时，写道："笋可孤行，亦可并用；虾则不能自主，必借他物为君。"因此，"是虾也者，因人成事之物，然又必不可无之物也。'治国若烹小鲜'，此小鲜之有裨于国者。"其意是虾这种东西"为荤食之必需，皆犹甘草之于药也"，只有以别的东西为主，才能成为荤食，但虾又是必不可少的原料。治理国家就像烹调小小的鲜虾一样是一种艺术，也算是一种借鉴，有利于国家的治理之道。

（三）清人的饮食科技思想

李调元为清代著名的文学家、戏曲理论家、饮食烹饪艺术家，他在《醒园录》一书中，通过烹饪的具体方法，从饮食烹饪与禁忌、食品防腐与保鲜、"千里"食品制作等方面对清人饮食科技思想作了较为系统的总结和论述。

其一，饮食烹饪与禁忌的科技思想。李调元的饮食烹饪科技思想，在假火肉法、封鸡法、假烧鸡鸭法、顷刻熟鸡鸭法、关东煮鸡鸭法等烹调方法中都有体现。这些烹饪技术具有"新"、"奇"、"特"的思想特征。其饮食禁忌科技思想，强调烹饪制作时，一要身之"洁"；二要"器"之"洁"；三要防污"染"；四要防霉变"质"。

其二，食品防腐与保鲜的科技思想。李调元强调"防"与"保"的重要性，并采取一些自然的、物理性的技术，如酱不生虫法、鱼肉耐久法、夏天熟物不臭法、米经久不蛀法、藏橙橘不坏法、西瓜久放不坏法等，来"防蛀"、"防坏"、"防臭"，收到了较为理想的效果。

其三，"千里"食品制作的科技思想。所谓"千里"食品，实指外出旅游的"方便"食品。李调元在《醒园录》中记载的有关千里醋法、千里茶法、仙果不饥方、耐饥丸、行路不吃饭自饱法等，具有很强的可操作性，为人们的社会生活提供了极大便利。

（四）清人的饮食工艺美学思想

清人的饮食工艺美学思想体系，融文化、科学、艺术为一体，创造出了造型生动的食品雕刻、典雅庄重的食器、食形多样色泽自然的菜肴，显示了高超的食品烹饪制作技巧，将带有强烈工艺美学色彩的各种"食形"、"食器巧妙的配合，进而激发、产生、衍化出新的饮食美学的时空艺境效应。

其一，食器媲美，以求美的和谐统一。清代帝后、王公贵族平日与年节的饮膳、饮宴活动，既注重美食、美味、美肴，又讲究饮食器具的精美。而美食家则从文化、艺术和工艺美学的角度出发，力主美食与美器二者之间的和谐统一。

从中国最早的陶钵、陶盆、陶豆、陶碗，到商周时期专门盛饭用的簋、盂、簠；盛肉用的豆；盛放整牛、整羊用的俎；吃肉搛菜的匕、箸，均用金属、玉石、牙骨、漆木等制作而成。而统治者则多用象箸、玉碗、铜簋、漆豆等，直到清代的金银、瓷器、酒具、茶具的使用，都充分体现出各个不同历史阶段饮食美学与工艺美学之间内在的必然联系与不可分割性，它们不仅质地、造型各异，而且纹饰、图案、线条美观大方，体现出工艺之精技与实用艺术之美观。再以酒器而论，中国新石器时代遗址中发现的许多尊、罍、盉、杯之类的陶器，表明此时已能酿酒和制造酒具。商代，各种酒具达数十件之多。如酿酒用的罍；贮酒用的壶、瓿、方彝；盛酒备饮用的尊等。而清代的酒器，如粉地开光珐琅彩牡丹纹杯，较之前代而言，不仅质地、造型各异，纹饰、图案、线条也美观大方，体现出清代工艺美学独特的魅力。

其二，食形韵化，以达再创美效应"味"是清代饮食和菜肴色、香、味、形、声、器等诸多要素中的"核心"，也是菜肴的"灵魂"所在。清代饮食美学实践活动，通过多种"食""形"韵化手段，以达"再创"美的工艺美学效应，是由饮食、菜肴不同的"味"来多层次、全方位、辐射状显现的。饮食的"形"实际上是一种感觉上的"味"。对食物原料，通过切、割、雕、刻、片、剁、刮、剔等处理过程，烹饪加工，从而使"食"、"形"既源于"本形"、"本味"，又大大高于"本形"、"本味"，产生出新的、立体的"再创"美的工艺美学效应。如清代"全羊席"的各种美味菜，"满汉全席"展示的各种蒸、煮、烧、烤、烹、煎、炒、涮食品的色彩、色泽、亮度、食形；又如名菜"芙蓉鸡片"的鸡片较之原形、原味而论，显现出高、雅、谐、和等新的美韵。这种美韵是通过工艺美学活动得以生动再现的。

其三，器形调合，企达时空艺境。对于美食与美器的结合、食物"器""形"之间的调配，清代思想家、美食艺术家曾有一整套理论的构想，其核心是要体现出一个符合"礼"的规范的"美"。从食器的质地、造型、使用，到各种筵宴的规格、座次、食具的安排，体现出森严的等级性与伦理规范。除此之外，为了达到美食与美器之间真正的和谐统一；为使"器""形"反映有机调合，成为一个工艺美学整体，且由此企达"时空"艺境，他们又提出"美食不如美器"的原则理论，袁枚在《随园食单》中认为食与器的搭配："宜碗者碗，宜盘者盘，宜大者大，宜小者小，参错其间，方觉生色。大抵物贵者器宜大，物贱者器宜小；煎炒宜盘，汤羹宜碗；煎炒宜铁铜，煨煮宜砂罐。"这样，各色各式饮食器皿参错陈设在席上，令人觉得更加美观舒适。这无疑是袁枚对美食与美器、"器"与"形"以及特定条件下的"时空"关系的一个既精彩又生动、既科学又辩证的总结和概括。

再从象征符号的角度看，清代饮食文化、饮食美学中的"器"与"形"作为符号，其中蕴涵的社会的、文化的意蕴更是异常深广和丰富。从先秦到清代，历代的统治者不仅"大国礜十器，小国礜十器，前方丈，目不能遍视，手不能遍操，口不能遍味"，沉溺于酒食之中，更赋予了它浓郁的社会、文化乃至宗教的意义和内蕴。其中，食物、饮食的"器""形"与祭祀更是密不可分，而祭祀仪式更是"国之大事，在祀与戎"的头等大事；烹饪用的重要食器——鼎，是国家最高权威的象征。同时，清代饮食"器"与"形"、饮食美学中所具有的"时空"效应的艺境，更是清代士大夫品位、资历、等级、权力与身份的象征（如"钟鸣鼎食"之家）和重要体现（如"食有鱼，出有车"、"锦衣玉食"、"琼浆玉液"、"金樽美酒"、"朱门酒肉臭"等）。

其四，食艺同律，以成工雅归真。从美学角度对清代的音乐、舞蹈以及包括工艺在内的艺术与饮食进行考察的话，它们不仅同律、共韵，相互交融，而且犹如孪生兄弟与姐妹，音乐、歌舞、工艺将美韵化在旋律、舞姿、器物之中；

而饮食则将美蕴涵于美食、美器的形、味里。尽管它们的表现形式各异，但却都极力追求新的、美的韵律共同点：即"工雅"与"归真"。前者指工艺和雅尚；后者则求其归真于生活，归真于人生，归真于艺术，归真于自然。然而，最能体现这诸种艺术"群体功能"的，莫过于清代饮食美学体系中反映工艺美学特色与技艺的各种宴会了。

早在西周时期，上层贵族宴会的场面就很大，边饮宴，边歌舞狂欢，热闹非凡。《诗经·大雅·行苇》载称："肆筵设席，授几有缉御。或献或酢，洗爵奠斝①（音甲）。醓醢以荐，或燔或炙。嘉殽脾臄（音锯），或歌或咢。"筵席间设矮几，盘膝而坐，相互敬酒，推杯换盏，旁边有专人侍候。用的酒器、食品不仅考究，而且工艺美学水平很高。席席载歌载舞，气氛热烈。

清代宫中的重大筵宴，均有音乐、歌舞助兴，以烘托气氛。每逢宫中筵宴，特别是太和殿筵宴之日，王公大臣朝服，按朝班排立。至吉时，礼部堂官奏请皇帝礼服御殿。这时，午门上钟鼓齐鸣，太和殿前檐下的中和韶乐奏"元平之章"。皇帝升座后，乐止，接内阶下三鸣鞭，王公大臣各入本位，向皇帝行一叩礼，坐下以后，接着是一整套繁缛的进茶（引时丹陛清乐奏"海宇升平日之章"）、进酒（丹陛清乐奏"玉殿云开之章"）、进馔（中和清乐奏"万象清宁之章"）仪式，然后进喜起、庆隆二舞。光绪《钦定大清会典事例·乐部·陈舞》条记载：

> 原定：庆隆舞司琵琶、司三弦各八人。司奚琴、司筝各一人。司节、司拍、司拊十有六人，俱服石青金寿字袍豹皮褂。司章十有三人，服蟒袍豹皮褂。又戴面具、服黄画布套者十有六人，服黑羊皮套者十有六人。司舞八人。又朝服队舞大臣十有八人。凡筵燕，皇帝进馔毕，中和清乐止，乐部官由丹陛两旁引两翼司节、司拍、司拊各八人上，分三排北面立。引两翼司琵琶、司三弦各四人上，东西相向立。司奚琴一人在东，司筝一人在西。司章十三人随右翼上，东面立，乐奏《庆隆之章》。戴面具人上，各跳跃掷倒象异兽。骑禺马人各衣甲胄带弓矢，分两翼上，北面一叩兴，周旋驰逐，象八旗；一人射，一兽受矢，群兽慑伏，象武成。队舞大臣上，入殿内正中三叩兴，退立于东边西向，以二人为一队，进前对舞。每一队舞毕，复三叩，退；次队进舞如前仪。乾隆八年奏定：筵燕各项乐舞名色，蟒式总名庆隆舞，内分大小马护为扬烈舞，扬烈舞人所骑竹马为禺马，所戴马护为面具，大臣起舞上寿为喜起舞。又蟒式时所用乐人，照和声署之

---

① 高亨：《诗经今注》，上海古籍出版社1980年版，第405页。

例，歌章者曰司章，骑竹马者曰司舞，弹琵琶者曰司琵琶，弹弦予者曰司三弦，弹筝者曰司筝，划籔箕者曰司节，拍版者曰司拍，拍掌者曰司抃①。

这就是庆隆舞演出的乐制。进喜起舞的大臣原为18员，嘉庆八年（1803）正月十六日奉旨增为22员。

喜起舞毕，"吹笳吹人员进殿"奏蒙古乐曲，接着掌仪司官员，"引朝鲜、回部各掷倒伎人，金川番子番童等，陈百戏"，表演杂技，这时筵宴进入高潮，然后鸣鞭奏乐，皇帝还宫，众皆出，宴毕②。在宫中元旦（正月初一日）举行太和殿筵宴的次日，即正月初二日或每逢皇太皇的生日寿辰时，在慈宁宫中也要举行类似的筵宴③。

在宫中举行的各种隆重、盛大筵席的氛围里，所显现的既有各种技艺形式（如美食、美味、美器、歌舞、音乐）的"群体功能"，更有赴宴者、与宴者之间的情感传递与交汇。这正是"食""艺"同律，以成"工雅"、"归真"之势的真实写照，也是清人饮食工艺美学思想，源于自然与社会（带有智慧色彩）的"创造美"的多重再现。

二 养生观念

清人的养生观念，集中表现为：对饮膳的"戒奢求简"、尚洁戒浊以及时节饮食务求养生强身等方面的实践活动。

（一）饮膳"戒奢求简"的养生观

李渔在《闲情偶寄》一书《饮馔部·谷食第二》中，提出并倡导饮膳"戒奢求简"的养生观，而要做到这一点，须实行"三戒"：一戒"饮食太繁"。他认为："食之养人，全赖五谷。"倘"肴馔酒浆诸饮杂食"太繁则会"为精睚所误"，故世人尤须戒之。二戒"嗜欲过度"。李渔研究后发现民人"疾病之生，死亡之速，皆饮食太繁，嗜欲过度之所致也。此非人之自误，天误之耳。天地生物之初，亦不料其如是；原欲利人口腹，孰意利之反以害之哉"。三戒"食气"胜食。李渔指出："然则人欲自爱其生者，即不能止食一物，亦当稍存其意，而以一物为君；使酒肉虽多，不胜食气，即使为害，当亦不甚烈耳。"

（二）饮食尚洁戒浊的养生观

清人认为，要实现并达到养生的目的，那么在饮食烹饪制作时，必须首先

---

① 光绪《钦定大清会典事例》卷五百二十八，《乐部·乐制·队舞》。
② 光绪《钦定大清会典事例》卷五百十五，《礼部·大燕礼》。
③ 林永匡、王熹：《清代饮食文化研究》，第285—286页。

做到其制作过程的饮食卫生有保障，坚持尚洁戒浊是养生益寿的关键。袁枚在《随园食单》一书《须知单·戒单》中对清人的这一养生观，作了较为系统的论述，他认为：

其一，厨艺操作须"洁净"。袁枚在"洁净须知"中提出，这是一个系统工程，它要烹饪者具有较高的文化素养并遵守基本的职业道德：一是专器专用。即"切葱之刀，不可以切笋。捣椒之臼，不可以捣粉"。二是常用之器尤须保洁无污，不可闻菜有"抹布气"，"闻菜有砧板气"。三是良厨应做到"四多"，即多磨刀、多换布、多刮板、多洗手，"然后治菜"，这样才能烹制出色、香、味俱全且卫生清洁的养生食品。

其二，烹饪时须"戒混浊"。做到这一条的基本要求是烹饪者在思想观念上时刻牢记"洁净"的饮食卫生标准和操作规程，以保证其"总在洗净本身"，做出洁净食品，为养生提供卫生安全的食物，供人选择和享用。

（三）时节饮食与强身的养生观

对于人之饮食，须序时而用之，方能强身健体，这是清代袁枚对饮食养生观的重要见解。他在《随园食单》一书中，专列"时节须知"的篇章，提出强体养生之道有三：

其一，人之饮食，应循时而进。如"冬宜食牛羊，移之于夏，非其时也。夏宜食干腊，移之于冬，非其时也"，应时摄入人体所需的各种时鲜食物，是强身健体的重要方面。

其二，人之饮食，当因季变味。如"辅佐之物，夏宜用芥末，冬宜用胡椒。当三伏天而得冬腌菜，贱物也，而竟成至宝矣。当秋凉时，而得行鞭笋，亦贱物也，而视若珍馐矣"。随季节变化摄入身体必需的营养食物，补充各种维生素，既可祛病又能养生滋补。

其三，人之饮食，须择时"见好"而食。袁枚指出："有先时而见好者，三月食鲥鱼是也；有后时而见好者，四月食芋艿是也。""有过时而不可吃者，萝卜过时则心空；山笋过时则味苦；刀鲚过时则骨硬，所谓四时之序，成功者退，精华已竭，褰裳（按，即撩起衣裳）去之也。"可见，只能择时"见好"而食，方能强体养生。

第三章
建筑与居住风尚

　　清代建筑与清人的居住风尚，是清人物质文化生活中的一个重要的组成部分。遍布全国城镇乡村的各式居舍与建筑群体、群落，显示出清人在这一生活领域中的阶级性、阶层性、多元性与变异性诸特点，同时，又是中国古代建筑与居舍风尚、传统，在新的历史条件下的继承、发展与创新的生动体现。

　　在建筑类型方面，内容极为宏富，包括宫殿、寺庙、塔、城镇、住宅（民居与官宅）、园林、陵墓以及各类建筑小品等等。从建筑结构来说，有土木建筑、木结构建筑、砖石建筑以及竹构建筑等多种材料结构方式、除各类建筑以外，清代的各式园林，亦是中国建筑史上一颗颗璀璨的明珠。无论是江南的园林，抑或是北方皇家林苑，主要由树木、山水、建筑物（亭台水榭）等三个方面因素构成。整个园林构思奇巧，建筑手法高超。它们是清代高层次居舍生活习尚的重要实践场所，含有特定的生活与文化的内涵。清代在城镇建筑与居舍方面，规划性大大加强，表现了行政力量，对清人居住生活习尚的巨大的干预力。具体表现在，分区严明（如内城、外城，满城与汉城等）、规整有序（有各式城墙、城壕、沟渠等），从而对防御、交通、排水、防火、商业集市和城市绿化等，都有一定的考虑和科学技术措施。

　　清代形形色色的建筑与清人多姿多彩的居住生活风尚，包括清人居址选择与规划、宫廷与官府建筑风格、民居住宅与起居用具、行宫庙宇陵墓与园林等内容。它们虽各有不同的思想文化背景、风尚源流，但从总体而言，又构成一个清代社会生活风俗大系统中不可或缺的子系统。

第一节　居址选择与规划

清代上自天子王公贵胄，下至普通百姓，对住居地址的选择十分慎重，且遵循《黄帝宅经》的理论原则，加以实践。在长期的实践中，有着"趋吉避凶"、"天人合一"、"因地就势"、"依山傍水"等若干科学与风水迷信二者掺杂的信条，在解决城镇、村落、都城、皇宫、民宅的建筑向阳、居高、避潮湿诸难题上，有一整套切实可行的办法。

一　都城地址的选择与规划

清代都城地址的选择与规划，大体沿袭明代永乐年间以后都城构建的原则，但又在此基础上，有所改造与扩建。

清代都城地址选择与规划，所承袭遵照的理论实践原则为：其一，对都城的地址选择、规划、布局上，具有整体性、实用性、科学性的规划与施工法度。此法度在春秋末期的《周礼·考工记》中有系统论述，且为后世所遵奉。其主要内容与条规有：都城选址须当"正朝夕"；都城选址须当"水地以县"；都城选址须当天子之国（即宫城）应"方九里"；都城选址须有"旁三门"；都城选址须"有沟树之固"；都城选址须"左祖右社"；都城选址须"面朝后市"；都城选址须"九经九纬"；都城选址须"经涂九轨"；都城选址须"市朝一夫"；都城选址须"王宫门阿五雉"；都城选址规划上，对其他王府建筑，须依爵位高低，各有等差。其二，除《周礼·考工记》外，在具体选址、规划、建设上，还遵循后世的《木经》、《鲁班经》、《营建法式》等书阐释记载的具体规划。其三，都城的选址、规划、建设，遵循并符合科学、实用、自然的准则：一是京师地面平坦开阔，属华北平原的东北部，在燕山小盆地之中。具有建筑大城市的广大面积，便于开发、布局。二是有充足的水源，京师境内有永定河、潮白河、温榆河、拒马河、通惠河、凉水河等，水源较为充沛。三是位于平原与盆地之中，交通便利，加之运河等水路与南口古北口狭谷沟通燕山内外陆路的通畅，导致地区经济的繁荣，为京师作为都城奠定了坚实的经济基础。四是有山河之险作天然拱护，可供防守而加以利用。如京师西面、北面、东北三面有西山、军都山、太行山、燕山、古长城居庸关等山脉、关隘可加利用，以作军事上屏障。

在中国古代都城地址的选择、规划、建设中，清代京师的规模最大，基础设施最完善，城市布局总体上也最为典型。其特点是：在总体选址、规划上，构成一个左右对称、方正严整、井然有序、棋盘式布局、能攻能防的都城。在王宫宫城的选址、规划上，帝王深居宫中，远离尘世，既幽静又安全，便于实施帝王的各种行政最高权力。同时，又足以体现帝王之尊崇与天下归一的愿望。在经贸活动与百姓生活方面，其规划布局，以便利通畅为准则，从而形成商业相对集中于南市区一带，便于贸易活动。至于市井细民则居于小巷胡同之内，相对比较安静。同时，在行政管理、治安保甲、户籍登记等方面，如此选址、规划、布局、建设的京师都城，更便于加强治理，分区管理，以使都城生活能正常平稳运转。

二 皇宫地址的选择与规划

清代京师的皇宫，又称为"大内"、"紫禁城"，是帝后、妃嫔、宫女生活之地，亦是皇帝行使最高统治权力之所。在皇宫地址的选择、规划与建设方面，所遵照、奉行的准则是：其一，在皇宫宫城构筑上，遵循方正严整、左右对称、左祖右社、面朝后市等准则。其二，是皇宫宫城构筑上，遵循方九里、旁三门、有沟树之固（筒子河）等规范法则。而"三"、"九"之数，言其多也，是为佳数、吉数，亦为泛化之数目。其三，在皇宫宫城构筑上，遵循"前朝后寝"[①]的便于生活起居、行使权力的建筑群体格局，即以"三大殿"为主体的南部为"前朝"，而乾清门以北为"后寝"（帝王妃嫔宫女的生活起居，包括帝后日常政治活动使用之所），进而构筑成为一个体形与空间组织繁复的庞大建筑群体。其中，无论"朝"、"寝"均由许多建筑物组合而成。其四，在皇宫宫城构筑上，循行"高台建筑"的原则[②]，紫禁城的"三大殿"建筑群体，是建筑物的最高者，更是高台建筑物的典型。皇帝在此行使最高政治、军事、司法权力，在建筑物的形体上，庄严、雄伟、气派，显示至高无上、惟我独尊的皇权。其五，在皇宫宫城的构筑上，遵奉军事上"利于防御"的原则，故有垛楼之建、厚重

---

① 杨鸿勋：《建筑考古学论文集》，文物出版社1987年版。
② 同上。

坚固的宫城城墙之设。为在政治上、军事上达到"长治久安"的目的与效应，清朝统治者自关外入主中原、定都京师后，又在皇宫与都城的原有基础上，进行了一系列的重建、改建和规划。其六，在皇宫及都城一体化的构筑与重新规划上，清朝满洲贵族统治者，要实现其"久安"的构想。于是，在顺治八年（1651），重修承天门竣工后，将"承天门"改名为"天安门"。顺治九年（1652）七月，清统治者下令改皇城的后门为"地安门"。加上皇城原有的东安门、西安门，这样，皇城的东、西、南、北四门的重新命名，均蕴涵"长治久安"、"江山永固"之意。其次，在皇宫——都城一体化的构筑与重新规划上，要达到和实现的是"政通人和"的构想。一是在顺治二年（1645）五月时，清政府下令对紫禁城三大殿，即明代的皇极殿、中极殿、建极殿进行重建，完工后改名为太和殿、中和殿、保和殿。二是将紫禁城各门的匾额，用满汉文合璧进行书写，且将原玄武门更名为神武门。而外城的广宁门更名为广安门。三是对内廷进行改造，将坤宁宫按满族风俗改建，对宁寿宫花园进行修建等。为体现"政通人和"，在这些建筑群体内，还举行一系列有别于前代的政治活动，如各种年节庆典、朝会、宴飨、命将、颁朔之礼；《玉牒》（皇室谱系）的告成仪式；《四库全书》的修贮、《古今图书集成》的编纂仪礼；"秘密建储"的实施；规模盛大的"千叟宴"[1]的举行等即是，反映出其政治功能的巨大变化，更有着特定的政治目的与效应。

三 城镇、村落地址的选择与规划

清人选择城镇、村落地址对所遵循的原则，多源自于自然条件、社会条件、交通条件的选择，以及对相关伦理、风俗传统的传承、变革与创新。

清人对城镇、村落地址的选择所承袭、遵循的习俗准则有：其一，依山傍水，既可依托山势对城镇、村落的防御作天然屏障，又可起调节气候、防止自然灾害的缓冲作用，如对风沙、沙暴危害的侵害即是如此。重视傍水，一可保证充足的水源，又可有交通、灌溉之利。其二，地势平坦的准则。这利于市镇、街道建设，又可减少与外地交通的障碍。其三，多为水网、河网、交通干道之旁，或交汇之处。此对城镇、村落人们的经贸、交通、对外交往活动，能提供诸多便利条件。譬如，清代的第二政治中心承德，其城镇及附近村落的选址与规划，颇具典型意义。其特点：一是距京师很近，仅250公里之遥，交通便利。二是承德周围山川环绕、群峰突兀，风景秀丽。三是清初仅为一个80户人家的小山村，但气候凉爽，景色优美，山、水、林、泉俱佳。四是它为清帝每年

---

[1] 阎崇年主编：《中国历代都城宫苑》，紫禁城出版社1987年版。

"北巡"的必经之地,有要道之险。五是因它有诸多优势,康熙四十二年(1703),清政府选址于此,大兴土木,修建行宫。承德遂由一个人烟稀少的小村落逐渐发展成为一个初具规模的城镇。六是避暑山庄建成后,它的城镇功能随之发生变化。清帝不仅每年来此避暑消遣,而且有半年时间在此处理朝政,接见少数民族上层首领、外国使节,承德自然赢得"塞外京都"的美誉。

四 住宅地址的选择与规划

清人对住宅地址的选择遵循《黄帝宅经》与风水的原则,包含着既有迷信、又具科学的成分。民人对住宅的选址,又称"卜宅"或"相宅",俗称"看风水"。由专司其职的"风水先生",先观察住宅(又称阳宅,以别于葬地的阴宅而言)基地周围的风向水流等形势,以图避祸得福。此举为晋人郭璞所创立,在相宅选址时看罗盘,盘上分东南西北四方,依次以寅卯辰、巳午未、申酉戌、亥子丑划为12个刻度,观其指针之向以别地之吉凶。多以"气散风冲"之地为凶,空阔无碍之地为吉。且杂以阴阳五行之说,力避"冲犯",以为宅基"贯气",才能护佑子孙福禄平安。在相宅选址与规划中,长期探索和积累的运作规范颇多。

其一,选址须用罗盘先行占卜。清人承袭传统,又有发展。《周礼·地官·大司徒》记载:"以土宜之法,辨十有二土之名物,以相民宅。"而《书·召诰》称:"太保朝至于洛,卜宅,厥既得卜,则经营。"罗盘是占卜必备的工具,乾隆时的餐霞道人说过:"罗经(指罗盘图经)是堪舆之指南,无罗经则以向何由分,方位何由定。"罗盘共分七层:一层天池,二层后天八卦,三层正针,四层十二地支,五层缝针,六层天星,七层中针。风水师用它格龙砂、穴位、建房屋以定吉凶。

其二,住宅选址多循《宅经》。《宅经》又称《黄帝宅经》,其序说:"夫宅者,乃是阴阳之枢纽,人伦之轨模",故"凡人所居,无不在宅,虽只大小不等,阴阳有殊,纵然客居一室之中,亦有善恶。大者大说,小者小论,犯者有灾,镇而祸止,犹药病之效也。故宅者人之本,人以宅为家居,若安即家代昌吉,若不安即门族衰微"[1]。此为清人所循之规,也为风水师依据的理论。

其三,住宅选址迷信"龙穴"为吉。清人建造民宅时,请风水师选址找"龙穴",以为吉利。所谓风水师的与山势、水口相关联的"龙穴",有"四大类"之说:一类称"窝穴",又称"开口穴"、"金盆穴"、"窟穴",指前平后凸、两边掬抱的阳结之穴。二类称"钳穴",又名"开脚穴"、"钗钳穴"、"虎

---

[1] 见《黄帝宅经·序》。

口穴"、"仙宫穴",指左右两边掬抱特长而中平后凸的龙穴。三类名"乳穴",又名"悬乳穴"、"垂乳穴"、"乳头穴",指山势垂下复又高起所结之穴。四类名"突穴",又称"泡穴",指平中起突之穴。选到吉穴后,还须因穴制宜,即"穴有高的、低的、大的、小的、瘦的、肥的,制要得宜,高宜避风,低宜避水,大宜阔作,小宜窄作,瘦宜下沉,肥穴上浮"① 为妥当,才能使居住者福禄昌盛。

其四,住宅选址力求趋吉避凶。清人选址建宅时,十分迷信宅外环境应趋吉避凶的禁忌。宅外环境包括水、路、树、宅与宅关系等要素,须加恰当处理,否则,按阴阳家说法,即使宅内布局规划再完美,也不能使居者家人子孙吉利。首先,阳宅与水。卜宅者将住宅周围的水分为六种,一为朝水,如九曲水、洋潮水等。二为环水,如腰带水、弯弓水等。三为横水,如一字水等。四为斜流水。五为反飞水。六为直去水。前三种主吉,后三种主凶。宅前只能开挖半月形池塘,不能开挖方形池塘,因后者称为"血盆照镜",大凶。其次,住宅与树木。风水家对住宅周围的树木也有诸多规避,如宅前不种桑,宅后不种槐等。再次,宅与宅关系。相宅者认为,民宅不可与众人住宅方向相反,否则会导致"众抵煞",使居住者不吉不祥。

其五,住宅布局结构规划戒律多。清人住宅的布局结构规划,深信风水家的诸多迷信和清规戒律,在行为上予以遵循和实践。首先从总体结构上讲,风水家将房屋分为金、木、水、火、土五形;凡金形,欲其屋宇光明,墙壁严整,四檐相照。木形,欲其屋背高耸,墙垣起伏,四檐拱照。水形,欲其屋宇整洁。火形,欲其屋宇藏风,屋脊不见尖耸。土形,欲其屋宇方正,四檐齐平,墙无缺陷。如果是金形屋宇枯边,木形屋宇举头,水形屋宇歪斜,火形屋宇尖长,土形屋宇下垂,均属不吉。其次,对住宅结构,风水家有许多清规戒律和约定俗成的迷信信条。如住宅的大门称为"气口",关系吉凶甚大。而对院内中心、总门、便门、房门的开启,极为讲究。其总的原则是,应当通过门的设置使空间曲折幽致。复次,风水家对住宅的"天井"十分重视,认为"凡第宅内厅外厅,皆以天井为明堂、财禄之所",在设置上应"横阔一丈,则直长四五尺乃宜也,深至五六寸而又洁净乃宜也,房前天井固忌太狭致黑,亦忌太阔散气,宜聚合内栋之水,必从外栋天井中出,不然八字分流,谓之无神"。若于"天井栽树木者不吉,置栏者不吉"②。又因天井与排水相关联,故"总宜曲折如生蛇样"③。同时,对住宅中水井、仓库、厕所的位置与方向,有许多迷信做法和应遵守的禁忌。

---

① 黄妙应:《博山篇》。
② 《相宅经纂》卷三,《天井》、《放水定法》。
③ 同上。

其六，住宅用符镇保平安。清人建宅选址与规划时，常采用图画与文字相结合的符镇以护佑其平安。这遵循的乃是风水术的原则，清人认定："修宅造门，非其有力之家难以卒办。纵有力者，非逗延岁月，亦难遽成。若宅兆既凶，又岁月难待，唯符镇一法可保安全。"① 其符镇之法甚多，一是"石镇法"，即用灵石镇宅，常用刻有"泰山石敢当"、"山镇海"的大石。二是"符镇法"，常在桃、梨、杏等木或纸上画图符，或悬于宅前，或置于宅中，或埋在土中以镇邪避祸。其图符有："五岳镇宅符"、"镇宅十二年土府神杀符"、"镇四方土禁并退方神符"、"三教救宅神符"，以防家宅不安，或有凶神邪鬼作祟。三是"物镇法"，用作镇物的有镜子，多用"白虎镜"、"照妖镜"悬挂于住宅门首，以镇防住宅门首外有高楼、庵观、石塔、寺院旗杆与之"相冲"。亦有用埋木头、泥人、泥作牲畜、动物骨血等作镇物者，以达镇妖驱邪、除魔扶正的目的②。

清人住宅的选址规划，受上述制约与影响，最常见和具有典型性的为木构架庭院建筑中的"三合院"、"四合院"。该民居以木构架房屋为单体，在南北向的主轴线上建"正厅"或"正房"，正房前面左右对称建"厢房"，形成次要的东西向轴线，这种院落称"四合院"或"三合院"。其中，"四合院"以清代京师的最具代表性。如京师的"四合院"的三进院布局因受"风水"理论与清规戒律的影响，为趋吉避凶，大门不开在"轴线"上，而开在阴阳八卦的"巽位"或"乾位"，造成路北"四合院"住宅大门开在住宅的东南角上、路南"四合院"住宅大门开在住宅的西北角上的"格局"，并在大门内外修设"影壁"。至于"四水归堂"式民用住宅，在清代多见于江南地区，庭院内设有"天井"，以供居住者采光、排水之用。住宅大门开于中轴线上，屋顶铺以小青瓦，墙壁用青砖或白石灰粉刷，以为装饰。

第二节 宫廷与官府建筑风格

清人定都京师后，统治者在承袭明代皇宫的基础上，经重建与改造，而成

---

① 《古今图书集成》卷六百七十八。
② 高寿仙：《星象·风水·运道》，广西教育出版社1995年版。

为清代的皇家宫殿。其建筑群落，较之明代而言，更加金碧辉煌、巍峨壮丽。各官府与王公贵胄之家的高门府第建筑，陈设雅致，气势壮观；建筑风格各有特色。显示的是其政治上的尊崇地位，炫耀的是其权势与殊荣。

一　皇家宫殿建筑的群落风格

　　清代皇家宫殿区，称"皇城"，又名"紫禁城"。它是历朝帝后生活、居住、办公的处所，也是皇帝日常接见臣僚、外国使节，接受朝贺、批览奏章、臣工应对、处理各种军政要务的地方。这一宫殿建筑群体，承袭明朝皇宫加以重建改造而成。自明永乐五年（1407）起，明成祖朱棣集中全国匠师，征调二三十万民工和军工，经过十四年的时间，建成了这组规模宏大的宫殿建筑组群。清朝定都京师后，沿袭此宫殿群落作为皇宫，只对其部分加以重建和改造，而总体布局基本上没有什么变动。

　　清代宫廷全部建筑分为外朝与内廷两大部分，外面用宫城围绕。宫城的正门——午门不仅是宫门，还是一座献俘和颁布诏令的殿宇。外朝以太和、中和、保和三殿为主，前面有太和门，两侧又有文华、武英两组宫殿。内廷以乾清宫、交泰殿、坤宁宫为主，是帝后居住的地方。这组宫殿的两侧有居住用的东西六宫和宁寿宫、慈宁宫等；最后还有一座御花园。宫城内还有禁军的值房和一些辅助服务性建筑以及太监、宫女居住的矮小房屋。午门至天安门之间，在御路两侧建有朝房。朝房外，东为太庙、西为社稷坛。宫城北部的景山，西部的西苑，是附属于宫殿的另一组建筑群体。

　　紫禁城的主要建筑，从总体上考察，基本上是附会《礼记》、《考工记》及封建的传统礼制来布置的。社稷坛位于宫城前面的西侧（右），太庙位于东侧（左），则是附会"左祖右社"的制度；而太和、中和、保和三殿更是附会"三朝"的制度；大清门到太和门间五座门是附会"五门"的制度；前三殿和后三宫的关系，体现了"前朝后寝"的制度。整个宫殿建筑群体，体现出封建社会帝王至高无上的权力，因此，它的总体规划和建筑形制用以体现封建礼法和宗法制度，象征帝王权威的"天人感应"、"天人合一"。为显示整齐严肃的气概，全部主要建筑严格对称地布置在中轴线上，在整个宫城中以前三殿为重心，其中又以举行朝会大典的太和殿为其主要建筑。在总体布局上，前三殿占据了宫城中最主要的空间，而太和殿前的庭前，平面方形，面积2.5公顷，是宫城中最大的广场，有力地衬托出太和殿是整个宫城的重心。至于内廷及其他部分，显然是从属于外朝，因此布局比较紧凑。为强调和突出前朝的尊严，在太和殿前面布置了一系列的庭院和建筑。其中由大清门至天安门为一段，天安门至午门以后，在弯曲的金水河的后面矗立着外朝正门太和门，太和殿就在其后。这一系列精心构筑与设计的巍峨建筑，充分体现出一种"威"、"隆"、"盛"、"势"的神秘与庄严的皇家气派。使每一个身临其境的臣民，在叹服之余，不得不甘心"俯首"听命。

在具体建筑手法、风格技巧上，清代皇宫又是封建等级制度的集中体现，是封建宗法观念的生动典型。因前三殿是宫城的主体，所以这组宫殿的四角建有崇楼，同时太和殿是当时最高等级的建筑，采用重檐庑殿的屋顶、三层白玉石台基、十一间面阔等；甚至屋顶的走兽和斗拱数目也最多；御路和栏杆上的雕刻，彩画与藻井图案使用龙、凤等题材；色彩中用了大量的金色；月台上的日晷、嘉量、铜龟、铜鹤等也只有在这里才可以陈设。除太和殿以外，其他建筑的屋顶制度与开间等都依次递减，装饰题材也有所不同。至于红色的墙、柱和装修，黄色琉璃瓦，是建筑皇宫专用的"明黄"色彩，象征帝王的尊严、独尊与华贵。

二 官府与宅第建筑风格

清代的官府建筑与宅第，包括山东曲阜孔府以及满汉王公贵族的王府宅第等。这些宅门府第，华美壮观，并不亚于皇宫，仅在规模、气势、建筑高度上，逊于后者而已。

其一，"衍圣公"府的高门宅第。清代官居文臣之首的"衍圣公"居住的山东曲阜"衍圣公"府及其他建筑群落，是一个将居住、祭祀、享堂相结合的"三位一体"的建筑群体。它包括孔庙、孔府、孔林三部分。其中，孔府建筑，是专供孔氏贵族地主居住的。

曲阜城内的"衍圣公府"，又称孔府，始建于宋宝元年间（1038—1040）曲阜旧城内。明洪武十年（1377），"移县城卫庙，改建衍圣公府于庙东"，是为后来的孔府。清时扩建若干建筑物，使之更具规模。清代的孔府宅第，拥有各式厅、堂、楼、阁463间，九进院落，占地240多亩。前四进院落，大门至二门，大堂、二堂、三堂，为孔府"六厅"官衙，是管理、罚惩、刑治地方民人及孔府佃户的场所。后五进院落，内宅门至前上房，前堂楼，后堂楼，以及后花园是住宅。除主建筑群体外，东西两旁有御书楼、慕思堂、红萼轩、忠恕堂、安怀堂、东西南花厅、学房、佛堂楼、一贯堂等。

为维修这些建筑群落，清道光十八至二十三年（1838—1843）孔府一次修缮，即花费匠工七万七千三百八十余个，各项工役五万三千六百七十余个，费银六万六千四百余两①。光绪十二年（1886），孔府修缮内宅前后堂楼及左右配

---

① 《孔府档案》第6199号，山东曲阜文管会藏。

楼等工程，耗银八万一千三百三十多两，折粮二千八百多万斤①。

孔府后花园虽始建于明代，但经清代几次修建才告完成。嘉庆年间，衍圣公孔庆镕把附近找到的铁矿石说成"天降神石"助他建园，并将花园命名为"铁山园"。园内修有假山、养鱼池、牡丹池、芍药池，还按一年四季红花盛开、树木常青要求，搜集各地奇花芳草宝树广植园内，同时修建三个花厅以供玩赏。为修假山，还逼迫佃户民夫自苏州采运奇异太湖石一千多立方。

庞大的建筑群内，陈设豪华，以接待各级官员、属僚的"忠恕堂"为例，西、明、东三间摆有三百一十多件珍贵木漆具，以及古玩金银玉器等。据《孔府档案》"孔府忠恕堂陈设清单"记载："忠恕堂西间陈设：炕机一架、镀金花盆带罩座一件、粉定磁瓶带座一件、古铜罐一件、旧玉山带座一件、玉花篮带座一件、小炕桌一架、小铜鼎带顶座一件、碎磁玺子代座一件、小占柜一对、八大家字帖一套、《尚书精义》二套、炕桌一架、书架一架、碧玉碗带板花带座一件、玉象带座一件、霁红碗带座一对、蓝磁瓶带座一件、古铜鼎带鼎座一件、《昌黎集》带木盆二套、《格致镜原》四套、《行宫图》五册一套、架几一架、灯罩一对带座、霁红瓶一件带座、古铜鼎带顶座一件、太阳玉璧带座一件、书案一张、独正盘九件带罩座、木笔筒一件、大端砚一方带盒、荷叶玺代座一件、紫精笔架一件（不全）、荆葛答椅代座脚踏一件、方桌一张、黑洋漆椅二把、茶几一个、小太师椅二把、大太师椅一把、方杌一对、梅大章梅花一幅、全家福洋挂达一件、镶钳大吉挂达一对、铁大人挂对一副、蒋廷锡条山一张、山水方挂达一张、方灯四个、博古灯一架、铜穿衣镜代座一架"。

"明间玻璃穿衣镜代座一架、书架一对、《全唐文》一百套、圆桌一张、三角月桌一张、沉香凤凰山一件代座、方桌一张、铜穿衣镜一对、靠背灯四个代座、琉璃高灯罩一对、炕几一张、自鸣钟一架、玉罩碑代座一对、方磁瓶一个代座、古铜镜一个代架、檀香木筒一对、炕桌一张、书案一张、木花瓶代灵芝如意座一个、大架几一张、陈香山代座一个、景泰磁桃洗代座一个、景泰磁鼎带座一个、景泰磁方盘代座一个、扑翠凤凰镜代座一个、洋漆帽架一对、大力方石桌一方、大脚踏一件、太师椅八把、茶几六个、脚踏四个、藤方杌一个、十八学士图一张、金字木挂一副、皇十一子木挂对一副、瑶华道人挂对一副、大方玻璃灯四个、六楞宫灯四个、锡满堂红一对"。

东间"几一张、竹根山一个代座、玻璃灯罩一对代座、碎磁方瓶一个代座、汗文铜盆代座一个、小炕桌一个、竹根狮子代座一个、红玉桃代座一件、多宝阁一对（少六件）、琴桌一张、竹根象代座一件、小古铜鼎一件代座、圆杌一

---

① 《孔府档案》第6199号，山东曲阜文管会藏。

第三章 建筑与居住风尚

127

个、龙泉磁炉代顶座一件、条桌一张、碧玉盆一个代座、天吉壶一个代架座、碧玉碗一个代座、罗汉榻一张、玻璃占柜一对、青金石山一个代座、玉梅花洗一个代座、罗汉榻一张、玻璃占柜一对、青金石山一个代座、玉梅花洗一个代座、小片金炉一个代顶座、霁红磁瓶一个代座、古铜铎代架一件、海棠花盆一对代罩座、玉片钟代架一件、御赐书六木盒、胡二乐大挂达隶字一张、酿桃图一张、皇次孙对一副、崇大人挂幅四张、玻璃灯四个、博古灯一个、太师椅六把、小炕桌一张、脚踏一对、方茶几一对"①。

  孔府接待官吏的"红萼轩"东、西两间的陈设古玩物品，据《孔府档案》"红萼轩陈设清单"记载：东间"书架一对、廿二史全部（毛订）、琴桌一张、玉镜一个代座、方古铜瓶一个代座、石炕桌一张、小炕桌一张、古磁碗一个、磁瓶一个、二件一座、洋磁花墩一对、玻璃裙灯一对、字挂达一个、孙星衍木对一副、唐寅山水一张、多宝阁一架、花磁瓶一个代座、玉鱼龙花插代座一架、珊瑚镀金盆代罩座一件、竹根狮子代座一件、御制诗文集木盒一套、玉捧盒代座一对、条桌一张、汉匾瓶代座一件、书案一张、木笔筒一个、砚台一方、磁砚水壶一个、羊角灯一对"。

  西间"条桌二张、玉花盆代罩座一个、碎磁匾瓶一个代座、古铜瓶代座一个、方桌一张、黄瀛元字一张、破穿衣镜一个代座、小碧花瓶一对、条桌一张、灯罩一对代座、玉香亭一对代座、景泰磁炉一个代座、小多宝阁一对、茶几五个、《御批历代通鉴辑览》一部、《昌黎集》一部四套、方玻璃灯一对、六楞玻璃灯一对、大脚踏一个。"此外，"红萼轩"明间的陈设物件还有："条几一张、景泰磁鼎一个代座、碧玉象代罩座一对、方桌一张、大小太师椅七把、琉苏灯四个。"②

  其二，王公贵族与王府。清代，王公贵族及显赫官宦之家的王府宅第，属"一入侯门深似海"的深宅大院型。清代王府入关前集中在盛京（沈阳），入关后集中在北京。据《盛京城阙图》标绘的王府有12处，分为亲王府、郡王府、贝勒府和贝子府，各府规制依次递减。清军入关后，王府全部集中在北京。《乾隆京城全图》标绘的辅国公以上府第计42处（包括1处公主府）。昭梿《啸亭杂录》记载，顺治至嘉庆年间，北京辅国公以上的府第有89处，以下者当不在少数。对王府的建筑规制，《大清会典》记载，亲王府中轴线上共有屋五重，即正门五间（启门三）、正殿（又称银安殿）七间附两侧翼楼各九间、后殿五间、后寝七间，后楼亦七间，而据《大清会典事例》则为六重，在后殿、后寝之间多出一座寝殿。亲王府凡重要建筑如正门、殿、寝等均覆绿琉璃瓦，脊安吻兽，

---

① 《孔府档案》未编号。
② 同上。

但禁止雕刻龙首装饰。次要建筑如楼屋旁庑用筒瓦，更次者如府库仓廪厨厩等皆用板瓦。郡王府、世子府情况与亲王府略同。贝勒府、长子府有屋六重，即正门一重，三间；堂屋五重，各广五间。规定重要屋只用筒瓦。各王府建筑的台基高度、装饰色彩、装饰题材以至大门门钉数目等，皆按地位高下等级有差。

研究者对清代北京现存的顺承王府、醇亲王府、恭亲王府等遗存实地考察后认为：

其一，王府的格局为"前堂后寝"（或称"前堂后室"）的纵向院落序列。前堂是治事临政、接见宾客、进行府内重大礼制活动的空间场所。后寝是主人及家眷生活起居之所，深幽私密。主路空间组合主要表现在楼的安排上。王府普遍在单层的银安殿两侧建两层翼楼，每层都不高，总高稍低于正殿。正殿坐落在高大台基上，前面还常有月台或丹陛桥，进深最大，屋顶较高，体量最崇。依据风水之说，正殿为"主山"，东、西要有二山"护龙"才是佳势。清朝典制规定居于主路最后的建筑也要以楼结束，多数王府的确如此而建。依据风水之说，后楼是"主山"后的"靠山"，能屏风聚气。后楼左右复建旁庑，更加强了屏蔽的感觉。

其二，以多为贵，以大为贵，以高为贵，历来体现着建筑等级的高下。清代王府建筑的总间数大大少于皇宫又大大多于民居，正是其具体表现形式。以大型王府为例，总间数不及皇宫的十分之一，然而反过来又大约是一座大型四合院民居的十倍。其台基之高虽不及皇宫，但远非四合院民居可比，再加上民居所没有的月台和丹陛桥，更显出王公之尊之隆。

其三，府中附园是王府的显著特点之一，几乎是每府必园，且许多府邸以园胜而名噪于时。而民居则仅少数有园，此为王府与民居的区别之一。

其四，王府的装修装饰，既使用官方建筑独揽的琉璃瓦，又使用筒瓦和只有民居使用的板瓦。在油饰方面，王府梁柱门窗以铁红和黑色为主，与皇宫以银朱（大红）、铁红为主，衙署多用黑色，民居以铁红、绿色为主。红、黑二色几乎成了王府油饰的代表色。

其五，王府的木装修也表现出包容性的特点，从宫殿特有的菱花隔扇，庙宇常见的正搭斜交或正搭正交，到民间常用的步步锦，均在王府建筑中有所使用。

其六，王府的石雕、砖雕、木雕装饰，尤其是室内木雕工艺更称装饰的上乘之作，如王府豪华精美的花罩、碧纱橱和博古架，可与皇宫比拟。室内墙壁采用绘画、装护墙板、裱糊锦缎、裱糊银花纸等工艺，内檐隔扇用裱糊纱绢，顶棚采用木顶、海漫天花或井口天花的工艺装饰技术等无不处处体现出与皇宫相等量的主题意识。从而使豪华的装饰与大形建筑特有的室内大空间的结合，更渲染展示出豪门朱庭的非凡气势①。

第三节　民居住宅与起居用具

清代的民居宅舍建筑与居住习尚，是社会政治、经济、文化发展与制约的产物，由于民族、地区和阶级、阶层地位的不同，彼此之间的差别也较大，其居住习尚，因时、因地、因人（各社会群体）、因物（经济与物质条件）的差异与变化，更呈现出千姿百态的特色，反映出清代不同于以往以及新的时代发展特征。

一　民居结构与特征

各地民居的建构，多遵循"就地取材，因地制宜"、"经济适用，生活方便"的信条与原则。这是清人在物质生活方面，"务实"、"求真"、"济惠"心态和价值取向的重要体现。

清代各地民居建筑的结构与特征，共性与个性特征并存，因政治、经济、地域、民族、宗教以及生活观念和风俗的差异，表现出多元化发展的基本特点。其共性是，汉族民居，多为土木结构建筑，即土木院落式住宅；而在黄河中游地区多采用窑洞式院落住宅，其余地区多用木结构的住宅。研究者认为规整式民居是中国传统民居的主流，其主要特点：一是中轴对称向心凝聚的格局。较重要的房屋如厅堂等贯穿在中轴线上，卧室等居于中轴两侧，主次分明，井然有序。二是内部开敞的院落（或天井）。三是外部封闭的宅墙。各房屋都朝向院落开窗，院外除了宅门，完全被院墙或屋墙包围，很少或完全不开孔洞，独门独户，封闭而严实。在北方地区规整式民居广泛采用四合院落或三合院，基地一般坐北朝南，沿纵轴排列多重院落；多为平房，以北房为主房，朝向院落，以利纳入阳光和避免北风。北方院落民居与南方天井民居比较，院落一般较大，但随着各地气候条件的不同，院落的形状也有不同②。

---

① 萧默等：《中国建筑艺术史》下册，文物出版社1999年版，第716—717页。
② 同上书，第718页。

（一）窑洞与拱券式住宅风貌

河南、山西、陕西、甘肃等黄土带地区，民人在居住方面，鉴于客观物质条件和自然环境的制约影响，为适应这种独特的地质、地形、气候与经济条件，建造和构筑各种窑洞院落式与拱券院落式住宅，以供居住使用。窑洞式住宅有两种，一种是靠崖窑，另一种为地坑窑或天井窑。前者是在天然土壁内开凿横洞，常常数洞相连，或上下数层，有的在洞内加砌券或石券，以防止泥土崩溃，或在洞外砌砖墙，保护崖面。规模较大的在崖外建房屋，组成院落，称为靠崖窑院。而地坑窑或天井窑，则是在平坦的岗地上，凿掘方形或长方形平面的深坑，沿着坑面开凿窑洞。这种窑洞以各种形式的阶道通至地面上，如附近有天然崖面，挖掘隧道与外部相通。大型地坑院有两个或两个以上的地坑相连，可住二三十户人家。还有在地面上用砖、石、土坯等建造一层或二层的"拱券式"房屋，称为"锢窑"；用数座锢窑组合而成的院落，被称为"锢窑窑院"。

清代黄河流域的土窑洞民居，称为"穴居"。此种"穴居"，历史悠久，远在万年以前，原始氏族公社的人们就挖地为穴居或半穴居。《易·系辞下传》记载："上古穴居而野处，后世圣人易之以宫室，上栋下宇，以待风雨，盖取诸《大壮》。"至宋代已有大型窑洞，据宋代郑刚中《西征道里记》记载，当时武功的窑洞已有数里长，中间可住千余户人家。根据清人记载，对晋中、冀北（察北）、豫西、陕北、陇东的各式窑洞风貌，有基本的了解。

其一，晋中窑洞。山西晋中各府州县民人，挖筑不同形式的土窑洞，以作为住宅。其中，以太原、平遥、太谷、祁县、霍县、介休等地的窑洞最为典型。康熙《隰州志》说：该地民居"皆穿土为窑，工费甚省，久者可支百年。有曲折而入，如层楼复室者。每过一村，自远视之，短垣疏牖，高下数层，缝裳捆屦，历历可指"[1]。乾隆《孝文县志》云："西乡半穴土而居，他或砌砖如窑状，不则朴斫数椽，蔽风雨而已。惟富室大家，窑房之外，复构瓦房，窑房上或更为楼，亦绝少雕镂彩绘。"[2]

其二，冀北（察北）窑洞。河北（或察哈尔北）北部的窑洞，实际上是土房，其特点全是土洞，不用砖石镶边，窗子开口较小，门框安在正中心。此种窑洞的高度不大，一般在2.8米左右，多选择在平沟或半崖的侧面，洞顶距离崖面很高。由于土质坚硬，故不易塌崖。

其三，豫西窑洞。河南豫西民居窑洞，又称"西窑洞"。当地民人挖筑土

---

[1] 《中国地方志民俗资料汇编·华北卷》，书目文献出版社1989年版，第665页（以下简称《方志民俗资料·华北卷》）。

[2] 《方志民俗资料·华北卷》，第604页。

窑，多沿着陡削的崖面开凿。这些民窑，大体上可分为单项窑、天井窑、混合窑等三种类型。其优点是施工较简便，土尽其用，因不占用大量地面，较少破坏地面植被和自然风貌，在审美上，有一种特殊的"融于自然"的情趣，保持着某种来自上古穴居文化的古风野蕴，在文化品格上自然是"古典"的。而其空间和功能也与远古时有了较大的扩充，窑洞除了居室，洞内还开辟了用以进行生产活动的空间，如粮仓、菜窖、鸡窝、猪圈甚至磨房与织机房等①。

其四，陕北窑洞。陕北窑洞分为土窑与石窑两种：土窑券口砌石边，内部为土，冬日居住较温暖，民人多喜居此窑洞，光绪《永寿县志》说："永寿民多住窑房，即所谓'陶穴'也。盖圀地有横土，有立土。立土不可穴居，又不宜种植；横土反是。物土之宜，而布其利，故民习而安焉。由周而来，未之或革。"②《同官县志》记载该地"居民多依地势凿土崖成窑，名之曰'窑'，犹存太古穴居之风。进深普通在一丈以上，或六七尺，宽窄高低称之（门设于洞口之面墙，采光通气有天窗及窗）。虽鲜观瞻之美，而冬暖夏凉，尚为舒适"③。石窑洞全部用石块砌筑，坚固整齐，但居住其中，较土窑寒冷，故多用作民间的私塾、学堂、民人家用储藏室等使用。

其五，陇东窑洞。陇东式民居窑洞，多分布在甘肃平凉、庆阳地区。陇东民间土窑有地上横洞式、半地坑式、平地挖下去的地坑庄子式三种形式。还有土坯式窑洞，都是土筑窑洞，有特殊构造方法，不同式样，各具风格。

在清人的著述中，对"穴居"式的民居，有着细致入微的描述："山、陕、河南一带，颇有着仍如上古之穴处者，开山为穴，有门有窗，光可入屋，所异者，特屋顶与墙壁皆山土耳。然冬温夏凉，且收藏食物于中，可经年不坏，且造穴屋之价，有时昂于木屋。穴上仍有树木街道，不费地之面积。"④至于城市民居，则类似"南方庙宇"，如"洛阳人民之房屋形式，如南方庙宇，矮而小，无楼，且有梁无柱，梁椽即架于壁，有谚云'田靠天，屋靠壁，人靠命'。屋瓦有阴无阳，两瓦搭界之处用泥灰涂之，以土筑墙，砖砌少有。乡人居土窑最多，故火患甚少"⑤。

（二）北方民居风貌

北方民居以京师地区的四合院为代表。这种住宅的布局，在封建宗法礼教的支配下，按照南北纵轴线对称地布置房屋和院落。还因为人们社会政治、经

---

① 王振复：《中国建筑的文化历程》，上海人民出版社2000年版，第226页。
② 《方志民俗资料·西北卷》，第44页。
③ 同上书，第67页。
④ 徐珂：《清稗类钞》第一册，《第宅类·京都内城屋宇》。
⑤ 徐珂：《清稗类钞》第一册，《第宅类·穴居·洛阳家屋》。

济、阶级地位的不同，在院落的大小、设置上，存在较大的悬殊。如京师"内城屋宇，异于外城。外城参仿南式，庭隘而屋低，内城不然，门或三间或一间，巍峨华焕，二门以内必有听事，听事后又有三门，始至内眷所住之室，俗称上房，其巨者略如宫殿。大房东西必有套房，曰耳房，左右有东西厢，必三间，亦有耳房，名曰盝顶。或从二门以内，即以回廊接至上房，其式全仿王公邸第。盖内城诸宅多明代勋戚之旧，及入国朝，而世家大族乃又互相仿效，所以屋宇日华"①。

北方民居，在采暖与防寒设施方面，多用"火地"与"火炕"等简便而实用的办法，以度过漫长的严寒季节。

"火地"，是清代关东即东北民间的习惯称法；《红楼梦》中称火地为"地炕"，是北京民间的称呼。此种民间采暖办法，与炙地一样，是用火把地烤烧发热。炙地是用火在地面上烤，火地是在地面下烧。因而地面下要设有烟道，相应的还要有烧火口与排烟口、烟囱，设备配套，构造较为复杂。火地采暖在宫廷与民间比较盛行。在盛京故宫、北京紫禁城中，采用火地的房间很多；一些王公府第、官僚住宅，以及部分民宅，亦采用此设置取暖防寒。

"火炕"的原理与火地基本相同，主要区别是火炕从地面上高起，形如床榻，火地则是不高起的平地。清代，火炕采暖在北方民间普遍盛行。其炕的布置多靠近前槛墙，设于南窗下。火炕成为北方城镇及乡村较为固定的采暖方式后，带来室内装修（如室内墙壁的裱糊、窗花等饰物的出现）和家具造型等一系列变化，应运而产生了花门子（连二炕中间分隔扇）、炕屏风、炕桌、炕柜之类的新型室内用具。在北方乡镇与乡村，火炕与炊事连在一起，往往是炊事、采暖一把火，使能源与余热充分利用、充分循环。而在城市中，火炕取暖，多用木炭，亦有用煤的。后者在使用时，用一种特制小车，先将煤在外燃着且烟气不大时，再将小车推入炕门子；城镇中烧柴用以暖炕者更不在少数，且民居住宅之家，在设计建造房屋时，即已考虑这些因素。

（三）南方民居风貌

清代南方民居的类型与模式、建筑风格，呈现出不同的居住风貌。长江下游的院落式住宅，与浙江、四川等山区住宅及岭南的客家住宅，存在着显著的差别。

长江下游江南地区民居住宅，以封闭院落为单位，房舍沿着纵轴线布置，但方向不限于正南正北。大型民舍住宅，多在中央纵轴线建门厅、轿厅、大厅及住房，再在左右纵轴线上布置客厅、书房、次要住房和厨房、杂屋等，形成

---

① 徐珂：《清稗类钞》第一册，《第宅类·京都内城屋宇》。

中、左、右三组纵列的院落组群。江南住宅的结构，一般用穿斗式木构架。以福建为例："闽中房屋形式殊甚特别，其地多木材，故用木多于砖石，砖墙罕靓。官舍巨筑，率以竹木编制成壁，外附以泥，加白垩焉。平民住宅，可称之为板屋，上覆瓦片，余均用木，且建屋如制橱然，数家数十家为一宅，上下四旁，以木为框，而中嵌以板，造成，平列地上，与地不相连属，故从无倒塌之患。惟平时防火极严，设一不慎，则数十百家同时煨烬，从无一二家即止者。楼阁形式略同欧制，窗槛玲珑，纯以材木，虽三层楼亦各自为柱，盖其梁栋柱槛，均以榫互相投合，质言之，即垛厨耳。"① "厕所亦在屋中，如高足木橱，可容一二人，橱距地约三四尺，以缸承其下，前有板梯，置于院中之隙地。如厕者既入，阖其门，则院中仍可任人往来，略无所碍也。"②

浙江、四川等处的山区民人住宅，是另一种类型。这些地区的民人，多利用各种地形，灵活而经济地做成高低错落的台状地基，建造房屋，因而住宅的朝向往往取决于地形；院落的大小、布局、形状也不拘一格。在布局上，主要房屋仍具有中轴线，只是左右次要房屋不一定采取对称方式而已。房屋的结构，通常采用穿斗式木构架，屋高一至三层不等。墙壁的材料，往往就地取材，因材施用，主要有砖、石、夯土、木板、竹笆等。在屋顶的形式方面，一般采用"悬山式"，即前坡短，后坡长，其出檐与两山挑出颇大，但亦有造歇山式屋顶者。山区民居住宅房屋外墙多用白色；木结构部分多为木料本色，或柱涂黑色，门窗涂浅褐色或枣红色，与高低起伏的灰色屋顶相配合，故其屋宇形成朴素而富环境生气的外观。

客家住宅沿着五岭南麓，分布于福建西南部及广东、广西的北部地区。他们聚族而居，因而构筑体形巨大的群体式住宅。这一模式与类型的建筑群体，分为两个类型：其一为大型院落式住宅，建筑物形体为平面前方后圆，内部由中、左、右三部组成，院落重叠，屋宇参差；其二为平面方形、矩形或圆形的砖楼与土楼。现存的清代构筑的客家土楼中，以福建永定县客家住宅承启楼最为典型。最大的土楼，直径达十余米，用三层环形房屋相套，房间达三百余间之多。这些屋宇中，其外环房屋高达四层，底层则作厨房及杂用间；二层储藏粮食；三层以上住人。其他两环房屋仅高一层。中央建堂，以供族人议事、婚丧典礼、祭祀祖先、奖惩族人及其他合族公共事务活动之用。在构建的结构上，外墙用厚达一米以上的夯土承重墙，与内部木构架相结合，并加若干与外墙垂直相交的隔墙。聚居闽粤一带的客家，因安全考虑，外墙的下部不开窗户，整

---

① 徐珂：《清稗类钞》第一册，《第宅类·闽屋之特式》。
② 同上。

个建筑物实体，外观十分坚实雄伟，且封闭性能、安全性能、生活性能十分好，既像一座遇敌易守难攻的"碉堡"，又是客家民人特殊居住习尚的实物标本①。

二 起居生活用具与演变

清人的起居生活用具，主要指居室内人们赖以日常生活起居的家具而言。它包括人们日常生活，起居、坐卧、会客、学习、办公、储藏、装饰的用具等。清代，无论从宫廷到民间，其家具的器类、设计、制作，来源于生活，又服务于各种生活需求，体现出社会各阶层人们生活的基本特征。在服务于适用性这一前提下，清代前后期家具的用材、品种、功能、结构与装饰工艺不断改良、不断演进、不断提高、不断升华，进而使家具在艺术性、科学性、适用性、工艺性方面，达到高度的合谐与统一，体现出时代性、多样性、传承性、文化性与适用性的发展特点。

（一）清前期的宫廷与民用家具陈设

清代前期，宫廷与民用家具陈设，主要包括家具的不同系列、宫廷家具与陈设、民间家具及用途等内容，它们虽源自清人社会生活的不同层面，却又相互依存、互为影响。

其一，清前期家具的不同系列。床与榻类家具系列：在清前期的床、榻家具系列中，一为"架子床"，床下四足，床四角立柱，柱顶加盖。床围、挂檐、门面上图案多用透雕，床柜采用"两头沉"做法，体现用材厚重、崇尚华丽、雕工考究的特点。二为"拔步床"，又分为"大床"、"凉床"两类，它是在架子床外加一"小木屋"，南方使用较多。三为"罗汉床"与"罗汉榻"，它们是左右与后面装有屏板却不带立柱顶架的一种床榻。康熙后此类家具的发展特点：首先是五扇、七扇、九扇屏的床榻增多，造型风格富于变化。其次是用材粗壮厚重、座面趋于宽大、形体加高。最后是装饰华丽、雕磨工艺繁缛。四为"板床"与"板榻"，即床榻之上无架子与靠背，平民家庭中使用最多，床下立柱，造型结构简便易行，形体宽大厚重，讲求实用。清代南方民间有竹木长榻、凉榻、交脚榻、石榻；北方则以炕作榻。此外，清前期还有竹躺床、双层架子床、荷叶宝顶四围式漆木床等床榻样式家具。

几案桌类家具系列：一为"几"类家具系列，根据造型、功能与方式，又可分为炕几（包括炕桌、炕案）、香几、茶几、花几、琴几、条几（案头几）、凭几等。其中，炕几窄而长，制作精致；炕桌呈宽大矮方形，北方用为饭桌；炕案较炕几长大，腿足与面板两端平齐或缩进，用置书卷或办公用。琴几又称

---

① 刘敦桢主编：《中国古代建筑史》，中国建筑工业出版社 1984 年版，第 326—330 页。

琴桌，供设琴弹奏使用，较一般桌案稍矮。条几又称长几，一般长一丈、宽一至二尺、高三尺左右，上置书函文具或珊瑚、盆景、音乐钟、多宝格等物。凭几可置于席、床榻上，三面可供人凭靠。二为"案"类家具系列，有平头案、翘头案、架几案，属形体狭长的高桌类家具，案面较腿足长出甚多且有上翘卷边，不加屉。其用途有供人作画的画案、供人看书的书案、供人写字办公的奏案等。三为"桌"类家具系列，是人们家居生活的必需品，用途广泛，形制多样。清前期有方桌、圆桌、长桌、短桌、大桌、小桌、高桌、矮桌、抽屉桌、八仙桌、四仙桌、六仙桌、小琴桌、横盘方桌、一字桌、折桌、案桌、炕桌、酒桌、画桌、书桌等，其桌面以方桌为例，有喷面、浑面（四面平）、加面心几种。在制作上，以艺术性与实用性相结合，饭桌与写字桌力求平正；书桌、画桌求其宽长；有的追求精美雅尚、雕工细致等。

椅凳墩类家具系列：一为"椅"类家具系列，此为清人所用垂足坐具之一，具有品种多、制作精的特点。基本形态有：无扶手靠背椅、有扶手靠背椅、圈椅、交椅、靠背（养和）椅、躺椅等。其中，清式"太师椅"属扶手椅，陈设于厅堂正中或雅致庄重场合；圈椅又叫"罗圈椅"；交椅是腿足交叉的靠背椅；具有坐靠功能的无足"靠背"椅，在清代有炕椅、欹床（斜床）、养和等不同称呼。二为"凳子"类家具系列，它也是清人所用垂足坐具之一。它的基本形态有方凳（杌）、圆凳（杌）、鼓凳、长凳、马杌、交杌（马扎）、高杌等。清代的凳子达三十种，分别按材料、造型、装饰工艺、地方传统、使用习惯的不同，进行命名。概括而论，分为"凳子"、"杌子"、"杌凳"三类。三为"墩"类家具系列，清代墩的形态包括鼓墩、圆墩、方墩三大类。"鼓墩"中有中间大、两头小，墩面有锦袱的"绣墩"；还有呈方台状、细腰状、圆筒状的鼓墩；更有圆鼓墩、瓜棱墩、梅花墩、海棠墩及墩面呈为六角形、八角形的多面体鼓墩。此外，还有木墩、石墩、瓷墩、蒲墩（蒲草编成，近于蒲团）、竹墩、藤墩等。石瓷坐墩多在清人庭院、园林亭榭中使用，而竹藤坐墩在南方多于夏季使用。

箱柜橱类家具系列：一为"箱"类家具系列，清人所用箱类家具较前用料讲究。同时，是箱子造型结构有新变化，出现类似多宝格的"百宝箱"、多层书箱、文具箱、手提箱、抬箱、官皮箱等。最后是装饰上求新求异，风格多变，如箱外包藤皮、包竹黄、嵌彩瓷、加绒面等，清人所用加雕漆、彩漆的漆木箱便具典型性。二为"柜"类家具系列，清人居家所用有衣柜、书柜、壁柜，北方所用的有炕柜、炕头柜，还有竖柜、圆角柜（面条柜）、四件柜、顶竖柜、两件柜等。清式柜类家具，较前形体向高宽发展，多有柜上加柜、加格，柜下加屉、加格的形制，装饰工艺上，较之前代更趋华丽，柜的边面多用雕花并嵌以名贵玉石。至于三件柜、大型组合柜、仿洋式玻璃面心、蕃草雕镂风格等，也十分流行。三为"橱"类家具系列，清人居家所用有衣橱、书橱、壁橱、炕橱（北方所用）等。形制上有"上柜下橱"式、"桌案式"橱式，装饰上注重雕磨、镶嵌工艺，用料上崇尚紫檀木，且为使用途广泛，大型衣柜、壁柜较之以往更加常见。

屏架台类家具系列：一为"屏风"类家具系列，清人所用屏风有小型座屏、大型插屏、各式折叠屏（围屏）和挂屏四大类。二为"架托"类家具系列，清代有衣架、巾帽架、盆架、花架、乐器架、镜架、鸟架等类。三为"台座"类家具系列，清人使用的有灯台（蜡台）、镜台（包括镜架）、梳妆台、非专用托座（如庭院中用于承托日用器皿的木、石、瓷台、架托等）。其中，梳妆台有桌式梳妆台、宝座式梳妆台等；室内用于承托火炉、火盆、香炉、烧壶的架子、托座，文玩古董之下的雅托、桌案上置放随用之物的承盘，亦属托座类家具。它们有材料考究、形制新颖别致、工艺明细、装饰华贵的特点，属家具中的高档类，显示出使用者社会地位的尊贵。

其二，清前期宫廷家具与陈设。清代前期，宫廷家具较之明代更趋豪华、工艺制作更加繁缛。对其特点，青年学者李宗山在所著的《中国家具史图说》一书中，有提炼与概括：一是家具用材更崇尚名贵硬木，如紫檀、红木、黄花梨等，且有不少嵌美石、嵌瘿木、描金、雕漆、百宝嵌家具在宫中使用。二是家具形体宽大厚重、气派粗壮。三是制作工艺上更加注重雕磨工艺与形体结构起伏变化。四是装饰材料和手法上，较明代更丰富和繁缛，如有镶嵌、雕磨、描画、钩填（掐丝、錾花）、包贴、缠裱等手法，以及嵌美石工艺、嵌竹木牙骨彩瓷和珐琅工艺、雕花剔彩工艺、百宝嵌工艺使用更为普遍。

在宫廷家具的陈设上，有的突出政治氛围与效应，如太和殿中皇帝宝座前面另设一金漆高束腰嵌宝珠脚踏，踏面金光闪亮，踏座造型与雕镂风格和宝座基本相同，装饰手法上也是通体贴金罩漆，重在突出座、踏的精美贵重，以物而示皇帝与皇权的至高无上；有的则通过家具陈设体现居住环境的绮丽秀雅，如寝宫；有的以清一色雕花紫檀家具陈设为主；有的陈设鲜艳明快的花梨木家具组合，以衬托环境、烘托气氛，但均以其不同环境的生活功能而定。

其三，清前期的民间家具与用途。清前期，不同地域的民人，因居住环境各异，故其所用家具与用途亦大有区别。不但东南西北与民族间不同，而且在同一区域，因风俗习惯及社会经济发展的差异而表现出不同的文化理念与区域的固有传统的继承性特点。

在长江下游地区，民间家具以用料简洁、结构科学、形体舒展为特点。民人多用柴木制作家具，床、椅、凳、桌使用非常普遍。且多有漆木家具、竹制家具与摆件，其特色家具有竹、草编制的席、帘、椅、凳、苏绣屏面、帐围、罩垫，以及用骨、木、玉石镶嵌的家具等。

在黄土高原地区，民人多住窑洞，家具多使用炕式结构的组合型家具，不但有炕桌、炕橱、屉橱、柜橱、长案、镜台、梳妆台、饭桌等，而且这些家具多用榆、松、杨柳、核桃木、楠木等材料制作。

在东北地区，民人多住平房、院落，由于冬天取暖多用土炕生火，加之冬季漫长，诸多活动多在室内进行。其家具多用木制，某些民族亦就地取材用桦皮制作。其常见的木器家具有圆桌、水桶、长桌、长靠椅与木床、大澡盆、炕桌（长条形与方形）、炕橱（立式与柜式）、炕柜、厨用柜橱、矮桌、方桌、四足立式圆桌、衣箱等。亚腰长盒、条筐与背兜、带盖提篮、带盖提筒、高低箱、婴儿摇篮、桦皮席、芦席、桦皮碗、桦皮杯、桦皮杓、桦皮漏斗、桦皮水桶、桦皮口袋、鱼皮口袋、用野猪皮、鹿皮、狍子皮做的被褥等。

维吾尔、哈萨克等民族，因生产方式与生活方式各具特色，在民居与日用家具上，种类繁多，且体现出不同的民族生活习惯与特点。蒙古族居住较小的"草原珍珠"式蒙古包（有承重立柱、篱墙、柱顶架起的大伞盖形梁架和伞枨），家具有铁炉架（烤架）、矮地桌（形成炕桌）、木碗、皮水袋、奶筒、漆木小桌、漆木小箱、漆木小橱架、漆木小低柜等。哈萨克族居住毡房，家具有矮木榻、火炉、三脚或四脚烧烤架、铜罐铁锅、大木盘（相当于案桌）。其汉人的民居家具多与北方、东北地区相似。

在西南地区，生活的汉族与少数民族，在民居与家具方面，多使用竹、木，如竹圆桌、竹圆凳、竹楼、竹床、竹箱、竹椅（躺椅）、竹大柜、竹小柜；木大柜、木小柜、木方桌、木圆桌、木梳妆桌、木箱、木面盆、木盆架、皮箱等。

在江南与南方地区，民人多居住砖木泥石结构的房屋，所用的民居家具，多以竹木制作，富裕之家，崇尚硬木家具，且讲求成对、配套。如民人出嫁女儿的"嫁妆"，一般民人均讲究有木制的八大箱、八中箱、八小箱、八柜、八桌、八椅、八凳、八床榻。家境稍差者，减为六只六口、四只四口、二只二口、一只一口，或一顶一箱即一箱一柜。而二只二口以上，多有床榻，二只二口以下则无。

在中原地区，民人日常与年节生活所用家具，多以木制家具或组合式家具为主，讲究配对、制作精美、装饰华贵。以京、冀、鲁、豫地区民人女儿陪嫁的家具为例，有压床柜（炕头柜、子孙箱）、樟木箱子（放衣物鞋帽）、条案（几）、条桌、八仙桌、衣橱、屉桌、梳妆台、梳洗用铜盆及盆架一套、花几、盆景或花瓶各一对、掸瓶一对（内插毛掸）、茶几、茶具一套、烛台一对、长命灯一盏、帽筒（帽架）一对、脚盆、尿盆（夜壶、夜净儿）、子孙盆等。富裕民人之家，更讲求家具装饰华贵、用料考究，木质有紫檀、花梨、红木，装饰使用雕漆、嵌玉、嵌螺钿等。在品类上，更要求成对成双，方为吉利，如有对香几、对花几、对茶几、大小方桌、圆桌、大小衣箱、首饰箱、大小落地插屏、折叠屏、四件柜、高低橱、四对几、八堂椅等。还有琴桌、琴几、棋桌、画桌、书案、绣案、多宝格、穿衣镜、化妆台等。

（二）清代后期家具的演变

1840年中英鸦片战争后，中国逐步沦为半殖民地半封建社会，整个社会生活亦发生相应的变化，反映在民人所使用的家具方面，则表现为西式新的家具制造工艺技术与地方特色家具的兴起。

其一，近代民用家具的演变。近代以降，直至清末，由于西方殖民主义势力的相继入侵，使得本已脆弱的民族经济备受摧残；同时，随着西方商品涌入中国城乡市场，也带来了诸多西式新的家具制造工艺等，经过中西文化的碰撞、融会、再创，进而使得中国传统的民用家具在品类、制作工艺上出现新的发展变化，更丰富了清人的生活内容。

一是传统家具走向衰落。以苏式、广式与京式为代表的传统家具，一因市场萎缩，购买力下降；二因硬木原材料的匮乏；三因传统制作工艺后继无人，而在西方列强的入侵与摧残下，走向衰落。

二是宫廷家具的制作工艺传入民间。过去秘不外传或保密垄断的宫廷细木家具与其他家具制作工艺及其样式，此一时期，开始由宫廷传入民间，从而使民间家具的制作工艺，得以升华。

三是西方一些加工技艺传入中国。西方先进的装饰艺术、金属加工工具（含开料、制作、打磨、雕刻工具）、玻璃工艺、新型的装饰包镶技术，以及高效率的机织毯、席、帐、褥和严格精密的机械化工作流程，被引入中国，生产社会各阶层所需的生活家具，这些新的技术和工艺与中国传统的家具生产工艺相结合，使得家具制造实现批量生产。

其二，地方特色家具的兴起。从1840年至清末，由于地方特色家具制作的兴起，致使家具制作由传统的北京、苏州和广州，发展为上海、浙江、山东、山西、湖南、湖北、云南、四川等地，在家具的造型与品类上大为丰富，且由此反映出社会生活的某些变化和需求。这些地方特色家具有：一是浙江宁波的骨嵌家具。骨嵌家具主要以牛骨、马骨等硬片骨板为嵌料，配以楠木、黄杨木、螺钿、玳瑁、大鱼骨等制作，这类家具有着古拙、纯朴、清新、柔和的家具风格。清后期宁波的骨嵌家具，可分为平嵌（脱）、高嵌、隐起混合嵌三种，在工艺上注重雕磨上光，造型古雅，线条流畅，具有清式家具精雕细琢的风格，属民间家具中的佳品。

二是云南嵌大理石家具。清代后期，云南大理地区成为嵌大理石家具的制作中心。镶嵌大理石的家具，大到床榻、屏风，小到桌、椅、几、凳、灯座、烛台，种类多而全。家具的用材有红木、紫檀、花梨等硬木；镶嵌的大理石品种，有红如朝霞的红瑙石、霞石、碎花藕粉色的云石，质色如玛瑙的锦屏玛瑙石（土玛瑙）、竹叶玛瑙石，显现以水日月或人物形态的永石（祁阳石）、湖山石、南阳石等。家具嵌石后，不仅美观大方，别有情趣，使生活用具的品位与文化档次得以升华提高，同时，这也是清人在社会生活中，追求情趣化、艺术化、雅尚化的心态的物化反映。

三是山东潍坊嵌银丝家具。清代后期，山东潍坊嵌银丝家具用材多以红木、花梨木等硬质深色木材为主，嵌入银丝后，形成各色各式亮度反差颇大的图案，观感甚佳。所制作的家具有床榻、屏风、柜格、梳妆台等，其图案以山水、花鸟、鱼虫、草兽、人物为主，亦有楼台亭阁等题材，线条生动而细腻，是集观赏性、艺术性、实用性于一体的最佳结合的清人社会生活用品之一。

四是湖北谷城古藤树根家具。清代后期，湖北鄂西北的谷城古藤树根家具，是以古藤树根为原材，经过加工拼合、雕琢而成的。藤、根家具，有各类架格、托座、小型摆件、屏风、灯台、香几、茶几、花几、椅、凳、墩、角柜、圆桌、藤椅、藤床、太岁椅、落地龙凤灯等，形态雅致，技法奇巧，自然古朴。藤根的疤、节、瘤、洞及枝干部分，经艺人加工，而成为家具中的艺术构件，透发出种种生活妙趣，更不乏神工之笔，艺术之魂。

五是各类竹器家具。清代后期，南方各地的竹器家具，不仅品类繁多，产地广泛，大有市场，而且因人口的增加，生活用具需求的激增，致使其发展颇为兴盛。其中湖北、湖南、安徽、四川、浙江、福建和广东等地的竹制家具较有代表性。

湖北竹制家具：主产地为湖北广济（古蕲州）、郧阳、江陵、云梦等地，以广济一带所产"野五里竹"制作的椅、桌、几、凳、架格、屏风等家具，因其美观大方，舒适雅致，最受使用者欢迎，产量更是逐年增长，名气愈来愈大。

湖南竹制家具：清后期，湖南益阳的小郁竹器最为著称，其竹器家具以楠竹、麻竹为原料，制作椅、凳、桌、柜、架格、床、枕、灯具、屏风、成套的折叠家具等数十个品类，这些竹制家具，具有造价低廉、美观适用、经久耐磨的特点，做工精细，深受人们喜爱，销售范围日渐广泛。

安徽竹制家具：安徽竹制家具，以舒城地区所产"舒席"最为著名，其他家具有竹制的席、箱、盒、筐（笼）、餐具、茶具、酒具的盘、套等。具有设计精巧、做工细致、图案美观、雕饰雅尚的特点。

四川竹制家具：清代后期，四川的竹制家具，以崇庆竹编家具、成都瓷胎竹编家具最为著称。家具原料以本地所产苦性慈竹，经过数十道加工工序，制成席、盘、盒、竹丝帐等，同时，还编织各种优美图案，以满足社会各阶层生活之需，贴近民众，故深受欢迎。四川竹制家具中，宜宾所产的竹椅，泸州、开县所产的各类竹器和凉席，丰都的包鸾细篾席，安岳的竹席等，颇具特色，久负盛名。

浙江竹制家具：主要产地集中在浙江东阳、嵊县、鄞县、绍兴、西湖、温州、黄岩等地，竹编的果盒、器具套盒、灯座、托盘、屏风、手提箱、包木桌、椅、折叠器具，以及竹刻的茶叶盒、果盒、台屏、挂屏等，均有造型生动、制作精美的特点。

福建竹制家具：清后期，福建的竹制家具中，以漳州、泉州、龙岩、莆田等地所产，最为著称。这些竹编家具中，既有竹编的盒、盘、屏风，更有竹制的床、椅、桌、凳、雕花竹枕等。其特点是造型生动、变化多样、图案优美，有十字花、米字花、海棠花、孔雀、白鹅及各种花鸟等竹编织纹，颇具工艺与实用的双重价值。

广东竹制家具：近代以降，广东的广州、信宜、南昆、汕头、潮州等地的竹制家具，颇富特色。竹编与竹制的家具有席、枕、椅、凳、餐桌、屏风、盒、盘、箱柜、竹帘画、竹帘等，深受民人的喜爱，并具有浓厚的粤地特色[①]。

第四节　行宫园林与庙宇陵墓

清代皇家行宫、地方园（苑）林与各类寺庙、帝后陵墓等建筑群体，是帝后与民人，进行政治巡幸、宗教活动、祭祀、消遣等活动的居止场所。同时，这些建筑群体的不同风格、气势、构建，也是清人在居住生活中等级性、宗教性、炫耀性价值心态的真实反映；更是清代帝王与民间居住文化、世俗建筑文化与宗教建筑文化、北方园（苑）囿文化与江南园林文化、汉族建筑文化与兄弟民族建筑文化、中国建筑文化与外国建筑文化，相互作用，相互影响，相互渗透的生动体现。

一　皇家行宫与京师、江南园林

皇家行宫，是帝王居住文化中的一种特殊形态；京师、江南园林则是民间

[①] 李宗山：《中国家具史图说》，湖北美术出版社 2001 年版。

居住文化的自然延伸与重要组成部分之一。二者既有质与量的差异，又有共性。皇家行宫，在一定意义上说，是园林文化的升华与放大；而园林是行宫文化模式在民间的折射与变异。

（一）皇家行宫与苑林

清代的皇家行宫，其最著者为热河行宫（避暑山庄）、奉天（盛京）行宫、扬州行宫、西安行宫；林有西苑、南苑、圆明园、颐和园、绮春园、畅春园等所谓的"三山五园"。它们是帝后外出巡游、围猎、祭祠或避暑、赐宴、赏赉、召见少数民族王公贵族头人所居用的宫苑建筑群落。

热河行宫，又名承德避暑山庄、承德离宫。它是清代皇帝避暑和从事各种政治活动的地方。山庄自康熙四十二年（1703）始建，至康熙四十七年（1708）初步建成。乾隆时又进行过大规模的改造与扩建。先后经过八十余年，直至乾隆五十五年（1790）时，才最后将主要工程完成。从避暑山庄内部的布局看，大体可区分为宫殿区和苑景区两大部分。苑景区又分为湖区、平原区和山区三个部分。宫殿区，在整个山庄的南部，是清代皇帝处理政务和居住的地方，包括"正宫"、"松鹤斋"、"万壑松风"和"东宫"四组宫殿建筑。其中，"正宫"的"澹泊敬诚"殿是山庄的主殿，皇帝过生日，接见文武大臣、国内少数民族王公贵族以及外国使节等大典，均在此殿举行；"烟波致爽"殿是皇帝的寝宫，嘉庆帝、咸丰帝就病逝于此。寝宫东西各有一个小院，与寝宫有侧门相通，称为东、西所，是皇帝后妃居住的地方。慈禧太后就曾住在西边的小院里。清代前期，承德避暑山庄初步建成后，康熙帝与嘉庆帝，几乎每年都来此避暑，处理政务。一般是五月来，九、十月返回京师。他们每次来承德，都带领大批军队围猎比武，如在木兰围场举行"木兰秋狝"，或"秋狝大典"，同时指令蒙古王公贵族轮班陪同打猎。木兰秋狝期间，清帝在围场随时宴赏随围蒙古王公，颁赏缎匹、白银等物品，组织摔跤、骑射、赛马等活动。清代前期边疆的许多重大问题，均在此处理。

奉天（盛京）行宫，"在未入关以前，屋不宏敞，约百余间，四重四厢而已，一曰大清门，二曰崇政殿，三曰凤凰楼，四曰清宁宫"。"行宫藏有古物，皆在翔凤、飞龙二阁，翔凤藏珠宝服饰，飞龙藏皮羊鼎盘，别有瓷器库，藏古名瓷。翔凤阁有高宗（指乾隆帝）佩刀两柄，约长尺许，柄以金刚石为之，长四寸许，套以金饰之，光彩夺目，又有朝珠、珍珠、龙袍、盔、瓶、文具、大刀、铜器等物。"[①]

西安行宫，是光绪帝及慈禧太后西逃西安临时"驻跸"之所。"光绪庚子，德宗（指光绪帝）奉孝钦后（指慈禧太后）西狩幸西安，所建行宫，大门内为

---

① 徐珂：《清稗类钞》第一册，《宫苑类·奉天行宫》。

一宫庭，旁堆砖瓦累累，殆为修建御园之用。此外又有大宫一座，为召见臣工之所，皇上曾经驻跸，惟狭窄耳。宫后花园，颇堪凭眺，又有内苑一处，孝钦后亦曾驻跸焉。"①

清代的皇家园林，有西苑、南苑、圆明园、颐和园、绮春园、畅春园等处。它们是帝后、王公贵胄休憩、游乐与避暑之地，有的还是著名的皇家花园。

南苑，"在京城南，为元时南海子故址，亦名飞放泊，广百余里，国初作东西二宫，有珍禽异兽，奇花佳果。乾隆以后，谒陵回跸，辄于此行春蒐之典。晾鹰台在苑之迤南，蒐毕，命虎枪营人员殪虎于此。乾隆时孝圣后、道光时孝和后皆尝一幸南苑。光绪丑冬（1901），德宗奉孝钦后回銮；壬寅（1902），癸卯（1903）谒东西陵，均至南苑驻跸数日"②。

圆明园，"在挂甲屯北，距畅春园里许，园为世宗（雍正帝）居藩邸时赐园，康熙己丑（康熙四十八年，1709）建。高宗（乾隆帝）六巡江浙，罗列天下名胜点缀于园，其中四十景俱仿各处胜地为之，万几余暇，题为《四十景图咏》，命词臣校录刊之，颁赐王公大臣。园有门十八，南曰大宫门，曰左右门，曰东西夹门，曰东西如意门，曰福园门，曰西南门，旱水闸门，曰藻园门；东曰东楼门，曰铁门，曰明春门，曰蕊珠宫门，曰随墙门；正北曰北楼门。为闸三：西南为一空进水闸，东北为五空出水闸，为一空出水闸。园水发源玉泉山，同西马庙入进水闸，支流派衍至园内曰天琳宇、柳浪闻莺诸处之响水口，水势遂分，西北高而东南低，五空出水闸在明春门北，一空出水闸在蕊珠宫北，水出苑墙，经长春园出七空闸，东入清河。大宫门前辇道东西皆有湖，是为前湖。大宫门五楹，门前左右朝门各五楹，其后为宗人府、内阁、吏部、礼部、兵部、都察院、理藩院、翰林院、詹事府、国子监、銮仪卫、东四旗各衙门等直房。东夹道内为银库，又东北为南书房，东南为档案房，西为户部、刑部、工部、钦天监、内务府、光禄寺、通政司、大理寺、鸿胪寺、太常寺、太仆寺、御书处、上驷院、武备院、西四旗各衙门直房。西夹道之西南为造办处，又南为药房。大宫门内为出入贤良门，五楹，门左右为直房。前跨石桥，度桥，东西朝房各五楹，西南为茶膳房，再西为翻书房，东南为清茶房，为军机处。出入贤良门是为二宫门，凡武职侍卫引见御此门校射，左右直房为各部院臣工入直之所，东西设两罩门，各衙门奏事由东罩门递进，茶膳房太监人等由西罩门进入。门前河形如月，中驾石桥三，其水自西来东注如意门闸口，会东园各河而出"③。

---

① 徐珂：《清稗类钞》第一册，《宫苑类·西安行宫》。
② 徐珂：《清稗类钞》第一册，《宫苑类·南苑》。
③ 徐珂：《清稗类钞》第一册，《宫苑类·圆明园》。

颐和园，"光绪乙酉（光绪十一年，1885年）冬，有诏天下今已太平，可重修清漪园以备临幸，改名颐和园，然苦于筹款无术。恭邸为孝钦后言，以兴办海军名义，责疆吏年拨定款，就中挪移十之六七，园可成也。孝钦用其言。北洋海军粗以成立，甲午败后，尽移各省所解海军经费以建颐和园，常年经费亦颇不訾。白玉石阶级每年一易，易后太监必椎而碎之，碎则更修，龙舟亦然，盖必如是而始可渔利也。""园在京外西北隅，距城可二十里，依万寿山围昆明湖以为之。由东角门过仁寿门，殿宇巍巍，其上有题额曰'仁寿殿'。入殿门，门内有院，院中即月台，第一层行列四鼎，第二层行列二龙二凤二缸，皆以铜铸。殿有宝座，门皆封锁。又西行不数武，有一额题曰'水木自亲'，西即昆明池。池之北有乐寿堂在焉，堂即孝钦后寝宫，堂前亦有月台。旁有一亭，如花园暖房然，中藏柏树一株，似珊瑚状。又曲折而西，回廊湾转，约数十丈，北有山，山巅有台曰国华台，高数十仞。台下有殿，题曰'排云殿'。殿最大，向为朝贺之所。"①

绮春园，"含晖园在圆明园东，有复道相属，仁宗（即嘉庆帝）三女庄敬公主釐降时，赐居于此。公主薨，额驸索特那木多尔济照例缴进，又以成哲亲王寓园西爽村均并入绮春园中。道光时，宣宗（即道光帝）尊养孝和后于绮春园，文宗（即咸丰帝）初元，亦奉孝静后居此，问安视膳，一如道光间礼。盖文宗幼时失母，为孝静所抚育，故即位后孝静由康慈皇贵太妃尊为太后也。咸丰庚申（咸丰十年，1860年）淀园之灾，绮春园亦同归煨烬矣"②。

清代京西御园还有所谓三山最为著称，一为"清漪园，以瓮山得名，后因孝钦后办六旬万寿，改名万寿山，就其址修颐和园"。二为静明园，"以玉泉山得名，当年园内分十六景"。三为"静宜园，以香山得名，有二十八景"。它们自"乾隆以来，皆为游幸之所"③。

从以上描述可知，皇家园林和行宫的主要特点：其一，规模都很大，以真山真水为造园要素，损低益高，开池造山注意与原有地形地貌的密切配合，更加注重选址，造园手法近于写实。其二，皇家园林几乎都有宫殿，且集中的宫殿区常在园林入口处，用于听政，供居住用的殿堂则散布在园内，所以皇家园林的功能内容和活动规模，要比私家园林丰富和盛大得多。其三，清代为中国封建皇朝之终，其版图之广、民族之众，在中国历史上无与伦比。这一点表现在避暑山庄的总体设计思想中，较好地反映出封建帝王那种贵为天子、君临天

---

① 徐珂：《清稗类钞》第一册，《宫苑类·颐和园》。
② 徐珂：《清稗类钞》第一册，《宫苑类·绮春园》。
③ 崇彝：《道咸以来朝野杂记》，北京古籍出版社1983年版。

下的踌躇满志与美好感觉。它将天下园林尤其是江南园林之精华经过适度改造、缩小尺度，移建于北地皇苑之中，这在圆明园与颐和园中可以见到，避暑山庄也有这一份"雅兴"。这可称之为"移天缩地在君怀"。其四，避暑山庄具有民族融合的文化意义。比如所谓"外八庙"就是如此。其中以普陀宗乘庙和须弥福寺在建筑上最为精彩，它是对西藏布达拉宫与扎什伦布寺的仿造与改建，其平顶大红台，配以白台、喇嘛塔，辉煌灿烂，这些是藏族建筑的"语汇"，又采用宝塔、牌坊、碑亭与壁龛等，多用"琉璃"，又是传说汉族建筑"语汇"。两种民族建筑"语汇"的浑契，体现出天下各族尽收于眼底的所谓帝王"胸怀"。其五，颐和园的文化个性，还表现在大胆采用了轴线的做法。全园以万寿山为组景之中心，从南湖北望，可以看到在万寿山上有三条轴线，主轴线居中，是排云殿佛香阁一组，西面次要轴线是听鹂馆、画中游一组。东面次要轴线是大戏楼一组和遥接山顶的景福阁。有了这三条主次轴线，提纲挈领，其他亭馆点缀其间，尽管高下错落，变化丰富，就不会有杂乱之感了。这种设计理念，体现出一定的理性的秩序感，可以看作是讲究轴线的宫殿建造观念在皇家园林空间的体现①。

（二）京师与江南园林

清代京师与江南地区的园林，多属贵族、官僚、地主、富商大贾、士绅们的私家园林。这些园林、构建不同，风格与气势各异。

京师园林，最著名的有京师城内及郊外的勺园、尺五庄、怡园、万柳堂、三贝子花园等。

在北京，"道光以前，京师西北隅近海淀有勺园，明米万锺所建，结构幽邃，后改集贤院，为六曹卿贰寓直之所。右安门外有尺五庄，为祖氏园亭，清池一泓，茅檐数椽，水木明瑟，地颇雅洁，又名小有余芳，春夏间，时有游人宴赏。其南王氏园亭，颇爽垲，多池馆林木之盛，嘉庆辛酉（嘉庆六年，1801年），为水所冲圮，明保得之，力为构葺，缮未终而明遽卒，池馆半委于荒烟蔓草中矣"②。

怡园，"京师北半截胡同潼川会馆南院有石山，曲折有致，昔与绳匠胡同（后名丞相）毗连，为明严嵩父子别墅，北名听雨楼，世蕃所居，南名七间楼，嵩所居也。康熙间，相国王熙就七间楼遗址构怡园，中饶花木池台之胜，其听雨楼遗址则归查氏，诸名士文酒流连无虚日，不及百年，池塘平，高台摧，地则析为民居，鞠为茂草，仅余荒石数堆，供人家点缀，潼川会馆之石山即东楼

---

① 王振复：《中国建筑的文化历程》，第 247—250 页。
② 徐珂：《清稗类钞》第一册，《园林类·京师园亭》。

故物也"。

除京师外，苏州、扬州、杭州、上海、桐城、桂林，以及松江、嘉兴二府，都是当时江南园林荟萃之地。其中，最著名的有江南金陵的随园、薛庐、胡园、又来园、韬园；苏州的拙政园、绣谷园；上海的昧莼园（亦名张园）、愚园、西园、徐园、戾虹园、东园、西园；扬州的大虹园、洁园、王洗马园、卞园、圆园、贺园、冶春园、南园、郑御史园、篠园（此为清初"八大名园"）、片石山房、个园、寄啸山庄、小盘谷、逸圃、余园、怡庐、蔚圃等；安徽桐城的逸园；桂林的李园等。这些耗费巨大人力、物力、财力建造的私家园林，其主人多系王公贵胄之家，或退隐官僚、文士，或盐商巨贾。这些园林精美雅致，山石竹木，别有情趣。

随园，"金陵小仓山，自清凉山胚胎，分两岭而下，蜿蜒狭长，中有清池水田，古木蓊郁而幽邃。康熙时，织造隋某当山之北巅构堂皇，缭垣墉，莳花种竹，都人游者翕然盛一时，号曰隋园，因其姓也。后三十年，袁子才宰江宁，园弛为茶肆，寀瘤哆剥，百卉芜谢，因购得之，茨墙剪阖，易檐改涂，随其陂陀纡回隆陷之势，增营台榭，恬然引退，遂迎养居之，仍名随园，同其音易其字也。随园以小仓山房为主室，宴客辄于是，而子才朝夕常坐之处，则为夏凉冬燠所，在山房之左也。壁嵌玲珑木架，上置古铜炉百尊，冬温以火，旃檀馥郁，暖气盎然，举室生春焉。夏凉冬燠所之上有楼，曰绿晓阁，亦曰南楼，东南两面皆窗，开窗则一围新绿，万个琅玕，森然在目，宜于朝暾初上，众绿齐晓，觉青翠之气扑人眉宇间，子才每看诸姬晓妆于此"。咸丰癸丑（1853）后，随园毁于战火[1]。

胡园，一名愚园，"在江宁城中凤凰台花盝冈之东南，为胡煦斋太守所筑。中汇大池，周以竹，因高就下，置亭馆数十所，地极幽僻，树木扶疏，正门内亦有竹。历房廊至正厅，厅三楹，厅后叠石为小山，据地不及亩许，而曲折回环，出人意表，且有亭台可憩。假山尽处为亭轩，曲折尽致，仍达于正厅之后，厅旁有室曰水石轩，厅外有隙地，陈列盆景，护以石栏，栏外有方塘，曰秋水。石栏之西通一小径，绕塘蜿蜒，循径左有一水榭，右为菊山，山巅有合抱之古松，数百年物也。松旁有古石矗立，相传为六朝遗迹。山之背，竹篱茅舍，鸡犬桑麻，名曰城市山林。循菊山而南，水中有舟亭，迤东有家祠，曰栖云阁。再东有海棠春睡轩，窗外芭蕉数本，又有鹿栅一、孔雀栏一。稍南竹深处有小屋数椽，曰竹坞"[2]。

---

[1] 徐珂：《清稗类钞》第一册，《园林类·随园》。
[2] 徐珂：《清稗类钞》第一册，《园林类·胡园》。

绣谷园，在苏州阊门内，"嘉庆中，为福州叶晓崖河帅所得，后归谢椒石观察，而后归王竹屿都转。此园在国初为蒋氏旧业，偶于土中掘得绣谷二大字分书，遂以名其园，园中亭榭无多，而位置极有法，相传为王石谷所修。康熙己卯（1699年），尤西堂、朱竹垞、张匠门、惠天牧、徐征斋、蒋仙根诸名流曾于此作送春会，王石谷、杨子鹤为之图，时沈归愚尚书年才二十七，居末座。乾隆己卯（1759年），又有作后己卯送春会者，则以沈为首座矣。先是，蒋氏将售是宅，犹预未决，卜于乩笔，判一联云：'无可奈何花落去，似曾相识燕归来。'人不解其义。迨归叶氏，而上语应，后叶氏转售与谢氏，谢又转售于王氏，而对语亦应。一宅之迁流，悉有定数，亦奇矣哉"①。

片石山房，一名双槐园，扬州著名园林之一。《履园丛话》卷二十记载："扬州新城花园巷，又有片石山房者。二厅之后，湫以方池，池上有太湖石山子一座，高五六丈，甚奇峭，相传为石涛和尚手笔。其地系吴氏旧宅。"

个园，扬州著名园林，为清嘉庆、道光年间盐商两淮商总黄庆泰（别号个园）所筑。刘凤浩著《个园记》称：此"园系就寿芝园旧址重筑"。园内植竹万竿，清风徐至，万竿摇碧，流水湾珠，恰似"人间仙境"。个园还以假山堆叠精巧而出名，园内假山以石斗奇，采取分峰用石的手法，号称"四季假山"。它在堆叠时，体现出"春山淡冶而如笑，夏山苍翠而如滴，秋山明净而如妆，冬山惨淡而如睡"的意境。清代私家园林的布局及构园原则归纳为如下几个方面：一是"小中见大"，划分景区，每区皆构图完整，各有特点，如上海豫园五个景区，都做到主次分明，虚实得体。二是叠山理水，皆得章法，其原则是"虽由人作，宛自天开"。假山立峰，皆取其真意；池水则做出"来龙去脉"的活水，并且遵循"大池有汪洋之感，小池则有不尽之意"的原则。三是林木，原则为"取其自然，顺其自然"，不矫揉造作。四是建筑物，其原则是与山水林木有机结合，形成变化而又和谐。堂、厅、轩、宅、亭、台、楼、阁以及墙垣、石舫、桥梁等，各不相同，形式多样，但风格统一。五是园主都是官僚（或隐退官僚）而兼地主或富商，在以修身养性、闲适自娱为园林主要功能的同时，又加进了如享、乐、宴客等其他功能。六是文人的构园主题就在于求得人与自然的理想关系，所谓"木欣欣以向荣，泉涓涓而始流"的环境。其建筑物，除实用性外，还在于表现人的理想生活②。

二 寺庙与陵墓建筑

清人认为，"天"是至高无上的主宰，自然界的日、月、星辰、雷电、风、

---

① 徐珂：《清稗类钞》第一册，《园林类·绣谷园》；钱泳：《履园丛话》下，卷二十，《绣谷》。
② 沈福煦：《中国古代建筑文化史》，上海古籍出版社2001年版，第340—341页。

雨和重要的山、河等各有其神，支配着农作物的丰歉与人间的吉凶祸福。其次，崇尚祖先，也是宗法礼制的一个重要内容。为了表现皇帝和祖先及各种神祇之间的联系，修建了许多祭祀性的建筑，如京师的天坛、地坛、日坛、月坛、风神庙、雷神庙和宗庙建筑（太庙）、祭祀有关的寺、庙、观堂等建筑。其中，最著者有天坛、地坛、日坛、月坛、风神庙、云神庙、雷神庙、雨神庙、东岳庙、土地祠、太庙、京师孔庙、曲阜圣庙、焦山定慧寺、雍和宫、京都崇效寺、京师天宁寺、京师旃檀寺、正定大佛寺、滦阳札什伦布寺、盛京延寿寺、江宁灵谷寺、江宁的妙相庵、苏州寒山寺、上海龙华寺、泰安岱庙、邠州大石佛寺、开封相国寺、西宁塔尔寺、青海东科寺、循化拉布郎寺、玉树拉布寺、多伦诺尔内宗寺与外宗寺、西藏布达拉大昭寺和小昭寺、纳木喇嘛庙、广州光孝寺、广州海幢寺、福州涌泉寺、长安清真寺、河南少林寺、大梁孟子庙、杭州送子观音庙等。另据崇彝著《道咸以来朝野杂记》一书，所载京师及外地寺庙，尚有观音寺、京师左安门内法塔寺、夕照寺、崇效寺、龙树寺、法源寺、广安门外五显财神庙、江南城隍庙、西四广济寺、德胜门内拈花寺、翊教寺、北长街福佑寺、东城贤良寺、柏林寺、广化寺、延寿寺等。

　　清代，帝王的陵墓建筑有：盛京的昭陵；直隶遵化的东陵、易县的西陵。这些陵墓及辅助建筑群体，在其风格上有明显的轴线，陵丘居中，绕以围墙，四面辟门；同时，在每个陵的轴线上建享殿（作为祭祀、供奉祭品的场所）、门阙、神道、石象生、牌坊、碑亭，并将陵墓方城明楼和宝顶相结合。整个建筑群落，占地广阔，耗费钜万，气势非凡，是中国古代帝王陵墓建筑中的佼佼者之一。它充分体现了清代帝王生前死后所独有的权势与凌驾于一切之上的气派。从而制造出一种人为的"威"、"严"、"穆"、"重"的陵墓建筑文化的特殊氛围。

第四章
行旅与交通邮驿风俗

　　清人的行旅与交通邮驿活动，随着社会经济的发展、文化的繁荣、区域的开发，伴之而来是彼此交往的增加、邮驿需求的旺盛，进而促成行旅与交通邮驿相对繁盛的局面。其特点是：第一，行旅与交通工具更趋便捷。各色各式各样的舟车辇舆、马匹畜力，是帝后王公乃至庶民百姓的主要交通工具。到了清后期，始在部分沿海及通商口岸等地区出现了火车、汽车、电车、轮船、自行车、摩托车等机动性运载工具。第二，行旅交通中等级性更为严格。为显示皇帝"真龙天子"的威严和"全方位"炫耀其至高无上的权力，维护官场、法律的至尊、至崇地位，以及各级官员"为民父母"、主宰和辖制一方的政治权力形象，清朝对帝后王公、各级文武官员、命妇的辂车、辇舆、舆车等的使用仪礼，作出明文规定，这是清人行止生活等级性的反映，更是政治权力对社会生活直接干预的体现。第三，邮驿成为传递信息的重要渠道。清前期的邮驿，多使用专递快马，并分设各类驿站，以供歇息与交接换役。到了清后期，某些近代化交通工具的使用，才使这种状况，有所改变。这是沟通中央与地方、沿海与内地、地方与地方之间，传递各种政治、经济、军事、文化、民族、民风民俗等信息的重要渠道。第四，行旅交通体现社会动态变化。清人的行旅交通状况，从一个侧面动态地体现出清代社会发展中政治上封建专制集权、等级森严、闭关自守、盲目自大；经济上自给自足的小农自然经济占主导地位；各种信息相对闭塞的真实国情、民情、人情与物情的变化情况。

第一节 帝后王公与官员出行礼仪

帝后王公与官员出行，无论是礼仪还是乘坐的运载交通工具，遵从严格的规制。其中既有显示特权阶层尊威，炫耀权势，威慑民人与下属的作用，同时又包含行旅安全与舒适的因素在内。

一 出行的礼仪

清代，上自帝王下至民人，受封建自然经济"守土"、"安业"传统思想的潜在影响，其行旅交通活动，被看作是人生中的一件大事，同时又看作是一项受天地神灵制约的生命活动历程。对帝王而言，行旅中的"巡幸"活动，有其特定的政治任务与目的；即使是民人百姓，离乡别家出行，亦有风险，需要做好充分准备。因此，清人的出行礼仪有特定的内涵。

（一）行神祭祀与卜行择吉习尚

帝王出行，要进行一系列礼仪活动，既要祭祀"行神"求吉，又要选择吉日良辰，先期派遣礼部官员，在天坛、地坛、日坛、月坛祭祀外，还要进行占卜活动，以求"神示"。

所谓"行神"，是民间诸神中的一种，又称"路神"或"祖神"，《礼记·祭法》及注疏记载，行神"主道路行作。使者出，释币于行神；归，释币于门神。今时民家或春秋祠司命、行神"。又称："国行者，谓行神在国内门之西。"至于"行神"的来历，有黄帝妻、黄帝子、共工子三种说法。帝王祭祀"行神"，既有祈求神灵护佑之意，更有祈求行旅往返平安、趋吉避凶的期盼，它是通过出行的礼仪活动表现出来的。

清人出行还有"卜行择吉"的风俗，选择良辰吉日出门，其最终目的和愿望是旅途平安顺利。《阴阳书》记载，噩神在四方云游，为避开它，出行者"五日正东，六日正南；五日正南，六日西南。西北仿此"。元日出行，忌向北方。山东一带，民间俗忌正月初五日出行，因为是"破五"，恐有不吉。每月的初

五、十五、二十五日,为"黑道日",忌出远门。河南虞城县民间有"要出走,三六九;要回家,二五八"的谚语。林县民间认为离家出行应避开初五、十四、二十三等日子。萧县民间有"三六九,向东走,二四七,向正西"的说法。《清稗类钞》载称,"官吏上任及人民移家,每忌正、五、九月"。因为这些月份为"至尊之位",应当回避①。

(二)饯别与赠别礼仪

饯别与赠别,是清人出行礼仪中的重要组成部分。饯别多在城邑的郊亭处,或酒宴、或茶宴、或别宴,以示主人对出行客人或亲友惜别、祝福之意。赠别,多选宴席后,由主人或赠送旅费(又称"盘缠"),或赠旅途所需衣物,或赠旅途所用行具(伞具、车辆等),或赠诗文以示惜别之情。

颇有意味的是,为清人传诵的"劝君更尽一杯酒,西出阳关无故人"的阳关对过往官员、商人,尤为"重视饯别"及其礼仪。凡遇"祖道设饯,人之常情,而当康熙时,甘肃人视之为尤重"。每当有官员"宦游南去",或"贾客东归"时,"率皆携挈樽罍。招邀于郭外之荒墩古戍间,红毡密地,毳帐如鳞,人围马住,颇极缠绵。更时有密识妖姬,牵驴道左,偷啼背面,送面添杯。行者停车助其叹悼,登高望尽,悒悒归途,此亦边人之善俗也"②。此种饯别礼仪,既热烈又颇富边关民风民情,称之为"善俗",不为过。

二 帝后王公与官员行旅工具

清代帝后升殿、出巡、祀天时,乘坐专门的车轿,通称龙车凤舆,或辇舆辂车,并有盛大的仪卫。史载,"国朝初制,玉辂、大辂、大马辇、小马辇、香步辇,并称五辇。大朝日,设于太和门东。乾隆癸亥(1743),改大辂为金辂,大马辇为象辂,小马辇为革辂,香步辇为木辂,玉辂仍旧,并称五辂。戊辰(1748),钦定五辂之制"③。皇太后、皇后、妃子等外出有凤舆、凤轿等,其数量、规格、颜色、纹饰,各有等差。王公贵族、京外职官、命妇、亲王福晋的舆车,也有各自的规定。

对帝后王公与官员辇舆的演变,《清史稿》有详尽的记述:"清初仍明旧,有玉辂、大辂、大马辇、小马辇之制,与香步辇并称五辇。大朝日设于太和门东。又凉步辇、大仪轿、大轿、明轿、折合明轿,均左所掌之。冬至大祀、夏至祀方泽,并乘凉步辇,升殿日亦设于太和门东。乾隆七年(1742),定大祀亲

---

① 任骋:《中国民间禁忌》,作家出版社1991年版。
② 徐珂:《清稗类钞》第五册,《风俗类·甘人重视饯别》。
③ 徐珂:《清稗类钞》第十三册,《舟车类·帝后五辂》。

诣行礼，均乘舆出宫，至太和门乘辇。祀毕还宫，仍备舆。八年（1743），改大辂为金辂，大马辇为象辂、小马辇为革辂，香步辇为木辂，玉辂仍旧，是为五辂，銮仪卫掌之。遇大朝会，则陈于午门外。十三年（1748），谕定乘用五辂，自今岁南郊始。更造玉辇，改凉步辇为金辇，是为二辇。又定大仪轿为礼舆，改折合明轿为轻步舆，定大轿为步舆，是为三舆。南郊乘玉辇，北郊、太庙、社稷坛，乘金辇，朝日夕月，耕耤以下诸祀，均乘礼舆。遇大朝会，则并陈于太和门外。行幸御轻步舆，驾出入则御步舆。皇子舆车，俟分封后始制。"[1] 书中还对皇帝卫辂、皇帝辇舆、皇后舆车、皇太后舆车、皇贵妃以下舆车、亲王以下舆车、亲王福晋以下舆车、京外职官舆车、命妇舆车、庶民舆车与禁忌等，均有详载。

（一）帝后辇舆

帝后辇舆，包括皇帝五辂、皇帝辇舆、皇后与皇太后乘座的舆车、皇贵妃以下舆车等不同的等次。皇帝五辂为玉辂、金辂、象辂、木辂、革辂。

玉辂，为"木质髹朱，圆盖方轸（横木），高一丈二尺一寸。盖高三尺一分，青饰，衔玉圆版四。冠金圆顶一尺二寸九分，承以镂金垂云檐八尺一寸，贴镂金云版三层。青缎垂幨亦三层，绣金云龙羽文相间。系带四，绣金青缎为之，属于轸。四柱高六尺七寸九分，相距各五尺六寸，绘金云龙。门垂朱帘，四面各三。座纵八尺五寸，横八尺四寸，环以朱阑，饰间金彩。阑内周布花毯。云龙宝座在中，高一尺三寸，阔二尺九寸。两轮各十有八辐，镂花饰金。贯以轴辕二，长二丈二尺九寸五分，金龙首尾饰两端。轸长一丈一尺一寸五分，径八尺四寸。后建太常，十二斿，亦青缎为之，缋绣日月五星，斿绣二十八宿，里俱绣金龙，下垂五彩流苏。用攒竹髹朱竿，左加闟戟，右饰龙首，并缀朱旄五，垂青緌。升用纳陛五级，左右阑皆髹朱金彩。驾象一，髹以朱绒䋽。陈设时，行马二承辕，亦髹朱直竿，两端俱钻铜"。

金辂，"亦驾象一。圆盖方轸，黄饰，衔金圆版四。黄缎垂幨三层。系带四，亦黄缎为之，属于轸。后建大旗，十有二斿，各绣金龙。余如玉辂之制"。

象辂，"服马四，骖马六，设游环和铃，圆盖方轸，高一丈一尺三寸。盖高二尺六寸五分，红饰衔象牙圆版四。红缎垂幨三层，系带四，亦红缎为之，属于轸。四柱高六尺四寸九分，相距各五尺八寸。座纵一丈五分，横九尺一寸，环以朱阑。辕三，各长二丈二尺三寸，轸长一丈五分，径九尺一寸。后建大赤，十有二斿，各绣金凤。余制与玉辂同"。

木辂，"服马二，骖马四，设游环和铃，圆盖方轸，高一丈一尺六寸五分，

---

[1] 《清史稿》卷一百二，《志七十二·舆服一》。

盖高三尺六寸一分，黑饰衔花梨圆版四。黑缎垂幨三层，系带四，亦黑缎为之，属于轸。四柱高六尺五分，相距各五尺一寸。座纵九尺，横八尺八寸，环以朱阑。辕三，各长二丈一尺。轸长九尺，径八尺八寸，后建大麾，十有二斿，各绣神武。余俱如玉辂之制"①。

革辂，"服马一，骖马三，亦设游环和铃，圆盖方轸。高一丈一尺三寸，盖高二尺五寸五分，泥银饰衔圆黄革四。白缎垂幨三层，系带四，亦白缎为之，属于轸。四柱高五尺五寸九分，轸长一丈六寸，径八尺三寸五分。后建大白，十有二斿，各绣金虎。余制均与玉辂同"。

皇帝辇舆为玉辇、金辇、礼舆、轻步舆、步舆：

玉辇，"木质髹朱，圆盖方座。高一丈一尺一寸，盖高二尺，青饰，衔玉圆版四。冠金圆顶，承以镂金垂云。曲梁四垂，端为金云叶。青缎垂幨二层，周为襞积。系纫四，黄绒为之，属于座隅。四柱高五尺三寸，相距各五尺，绘云龙。门高四尺八寸，冬施青毡门帏，夏易以朱帘，黑缎缘，四面各三。座高二尺四寸，上方七尺六寸，下方七尺七寸，缀版二层，上绘彩云，下绘金云，环以朱阑，高一尺六寸八分，饰间金彩。阑内周布花毯。云在宝座在中，高一尺三寸。左列铜鼎，右植服剑。辕四，内二辕长三丈八寸五分，外二辕长二丈九尺，金龙首尾衔两端。升用纳陛五级，左右阑皆髹朱，亦饰金彩，舁以三十六人"。

金辇，"圆盖方轸。高一丈五尺，盖高二尺九寸，饰盖用泥金衔金圆版四。冠金圆顶。檐径七尺一寸。黄缎垂幨二层。柱高五尺，相距各四尺九寸。门高四尺七寸五分。冬垂黄毡门帏，夏易以朱帘，黑缎缘，四面各三。座上方七尺三寸，下方七尺五寸，环以朱阑，高一尺三寸。辕四，内二辕长二丈八尺一寸，外二辕长二丈六尺一寸，舁以二十八人。余如玉辇之制"。

礼舆，"枏质。高六尺三寸。上为穹盖二层，高一尺三寸。上层八角，饰金行龙。下四角，饰亦如之。冠金圆顶，承以镂金垂云，杂宝衔之。檐纵四尺七寸，横尺五寸。明黄缎垂幨二层，绣金云龙。四柱高五尺，饰蟠龙，门端及左右阑饰云龙，皆镂金。内设金龙宝座，高一尺七寸，帏用明黄云缎纱毡，各惟其时。左右启棂，夏用蓝纱，冬用玻璃。直辕二，长一丈七尺六寸五分。大横杆二，长九尺。小横杆四，长二尺二寸五分。肩杆八，长五尺八寸。皆幨朱，绘金云龙。横钻铜，纵加金龙首尾。舁以十六人"。

轻步舆，"亦舁以十六人，木质髹朱，不施幌。盖高三尺四寸。倚高一尺五寸八分，象牙为之。座高一尺八寸二分，纵一尺八寸三分，横二尺二寸。踏几

---

① 《清史稿》卷一百二，《志七十七·舆服一》。

高三寸，髹以金。直辕二，长一丈五尺四寸五分，加铜龙首尾。大横杆二，长九尺一寸。小横杆四，长二尺八寸四分。肩杆八，长五尺八寸五分，俱钻铜。余制与步舆同"。

步舆，"亦舁以十六人，木质涂金，不施幰。盖高三尺五寸。倚高一尺六寸五分，镂花文。中为蟠龙座，座高一尺八寸五分，纵一尺八寸，横二尺二寸。坐具冬施紫貂，夏以明黄妆缎。四足为虎爪螭首，圆珠承之，周绘云龙。踏几高三寸一分，笼以黄缎。直辕二，长一丈五尺五寸。大横杆二，长七尺六寸，中为双龙首相对。小横杆四，长二尺八寸。大横杆二，长七尺六寸，中为双龙首相对。小横杆四，长二尺八寸。肩杆八，长五尺六寸。余同礼舆之制"。

皇贵妃凤舆为"木质，髹明黄，高七尺，穹盖二重，高一尺五寸五分。上为八角，下方四隅，俱饰金凤。冠金圆顶，镂以云文。杂宝衔之。檐纵五尺，横三尺七寸六分，明黄缎垂幨，上下皆销金凤。四柱，高四尺七寸，皆绘金凤。橘四启，网以青纩。前为双扉，高二尺六寸，启扉则举橘悬之，内髹浅红。中设朱座，高一尺七寸。倚高一尺八寸，髹明黄，绘金凤。坐具明黄缎绣彩凤。前加抚式，明黄金凤髹绘亦如之。直辕二，长一丈七尺二寸五分。大横杆二，长八尺，中为铁镂金双凤相向。小横杆四，长三尺。肩杆八，长五尺一寸。皆髹明黄，横钻以铜，纵加铜镂金凤首尾。舁以十六人。亲蚕御之"。

皇后仪舆为"木质，髹以明黄，高视凤舆减一尺一寸。上为穹盖，高六寸七分。冠金圆顶，涂金檐，纵四尺七寸。四隅系黄绒纩，属于直辕。明黄缎垂幨。四柱，高四尺七寸，门帏红里，亦明黄缎为之。中设朱座，高一尺五寸。倚幨明黄，高一尺六寸，绘金凤。坐具明黄缎，绣彩凤。直辕二，长一丈五尺五寸。横杆二，长七尺七寸，中为铁镂金双凤相向。肩杆四，长五尺二寸。两端钻铜镂金。舁以八人"。

皇后凤车为"木质，髹明黄，高九尺五寸，穹盖二层，高一尺七寸，上绘八宝，八角饰以金凤，下绘云文，四隅饰亦如之。冠金圆顶，镂云，杂宝衔之。檐纵四尺九寸，横四尺。明黄缎垂幨，盖明黄络，四隅系纩，明黄绒为之，属于轸。四柱，高三尺三寸，左右及后皆绘金凤。中各启楔，网以青纩。门高三尺，上镂金凤相向。明黄缎帏，黄里。坐具亦明黄缎为之，上绣彩凤。轮径四尺九寸，各十有八辐。辕二，长一丈七尺五寸，两端钻以铁镂金。轸长六尺二寸。驾马一"。

皇后仪车为"木质，髹明黄，高九尺五寸。穹盖，上圆下方，高九寸。冠银圆顶，涂金。檐纵五尺五寸，横四尺一寸。四隅系纩，明黄绒为之，属于轸。明黄缎垂幨。四柱，高二尺八寸，不加绘饰，里髹浅红。黄里明黄缎帏。坐具亦明黄缎为之，上绣彩凤。轮径四尺，各十有八辐。辕二，长一丈五尺，钻以铁镂银,轼长五尺八寸,驾马一"。

皇太后舆车之制,"与皇后同,惟绘绣加龙,故遂异其名曰龙凤舆、曰龙凤车。乾隆十六年(1751),皇太后六旬圣寿,皇上自畅春园躬奉慈驾入宫。皇太后御金辇,明黄缎绣寿字篆文。奉辇以二十八人。二十六年(1761)、三十六年(1771),皇太后七旬、八旬圣寿,并御是辇,自畅春园入宫。定名曰万寿辇"。

皇贵妃翟舆为"木质,髹明黄,绘绣皆金翟。横杆中为铁镂银双翟相向,翟首镂金。凡杆纵加铜镂金翟首尾。肩杆四。舁以八人。余同皇后凤舆之制"。

皇太后仪舆为"木质,髹明黄,倚绘金翟。坐具绣彩翟。横杆中为铁镂银双翟相向。翟首镂金。余同皇后仪舆制同"。

皇贵妃翟车为"木质,髹明黄。盖饰金翟。左右及后均绘金翟。门亦镂金翟相向。坐具绣彩翟。辕钻以铁镂银。余如皇后凤车之制"。

皇贵妃仪车"坐具绣彩翟。余与皇后仪车制同"。

贵妃翟舆、仪舆、仪车,皆"木质,髹金黄。盖、襜、坐具皆金黄缎,饰彩绣皆金翟。横杆中为铁镂银双翟相向,翟首镂金。凡杆皆纵加金翟首尾。余俱同皇贵妃舆车之制"。

妃嫔翟舆为"木质,髹金黄。冠铜圆顶,涂金。直杆加铜镂金翟首尾。肩杆四,镂金。舁以八人"。仪舆为"木质,髹金黄。冠铜圆顶,涂金。肩杆二,舁以四人。仪车,木质,髹金黄。冠,铜圆顶,涂金。余如贵妃舆车制"。

(二)王公贵胄与福晋、夫人舆车

清代王公贵胄与福晋、夫人的舆车,包括亲王以下的各式舆车、亲王福晋以下舆车、公主与贵胄夫人的各种规格舆车等,它们是封建等级制在行止生活中的重要标志与生动体现。

亲王"明轿一,木质,洒金,不施帷。盖、辕、杆皆髹朱饰金"。"暖轿一,银顶,金黄盖襜,红帏,缎、毡各惟其时"。亲王世子"明轿一,制同前。暖轿一。红盖,金黄襜,红帏。余如亲王"。

郡王"明轿一,暖轿一。红盖,红襜,红帏。余同亲王世子"。郡王长子、贝勒"明轿一,暖轿一。自贝勒以上,用舆夫八人。红盖,青帏,红襜。余如郡王"。贝子"明轿一,暖轿一。红盖,红襜,青帏。余如贝勒"。辅国公"明轿一,暖轿一。青盖,红襜,皂青帏。余如镇国公。自辅国公以上用舆夫四"。

固伦公主"暖轿一,金顶朱轮车一。皆金黄盖,红帏,红缘,盖角金黄襜"。和硕公主"暖轿及朱轮车,红盖,红帏,盖角金黄缘。余同固伦公主"。郡主"暖轿及朱轮车,红盖,红帏,红襜,盖角皂缘。余如和硕公主"。郡君车,"红盖,红襜,青帏,盖角青缘"。县君车,"皂盖,红襜,皂帏,盖角红缘"。镇国公女"乡君车,皂盖,皂帏,红襜,盖角青缘"。辅国公女"乡君车,青帏,盖去缘饰。余如镇国公女"。

亲王福晋"暖轿及朱轮车,红盖,四角皂缘。金黄幨,红帏,朱辕,舆用金顶(自亲王以下,贝勒以上各侧室,均降嫡一等。并按初制,亲王妃车、轿红盖,红帏,金黄垂幨,盖角青缘。其侧妃车、轿亦红盖,红帏,盖角青缘,红垂幨)"。亲王世子福晋"暖轿及朱轮车,红幨。余如亲王福晋"。郡王福晋"暖轿及朱轮车,皂幨。余如亲王世子福晋。舆用银顶"。郡王长子福晋"暖轿及朱轮车,四角蓝缘,蓝幨。余如郡王福晋"。贝勒夫人"暖轿及朱轮车,四角皂缘,皂帏。余如郡王长子福晋"。贝子夫人"车,红盖,青缘,青帏,红幨"。

镇国公夫人车,"朱轮,皂盖,红缘,皂帏。红幨(自公夫人以上,盖、帏均用云缎,镇国将军夫人以下用素缎。并按初制,镇国公夫人车盖、帏与贝子侧夫人同。其侧夫人车,青盖,蓝缘,青帏,红幨)"。辅国公夫人车,"朱轮,皂盖,青缘,皂帏,红幨"。镇国将军夫人车,"朱轮,皂盖,青缘,皂帏,红幨"。辅国将军夫人车,"朱轮,青盖,红幨,青帏"。奉国将军淑人、奉恩将军恭人车,"均朱轮,皂盖,皂帏,皂幨"。

民公夫人车,"黑辕轮,绿盖,皂缘,绿幨,皂帏"。侯、伯夫人车,"四角青缘。余如民公夫人"。子夫人车,"皂盖。余如侯、伯夫人"。男夫人"车,皂盖,不缘。余如子夫人"。

(三)职官与命妇、庶民舆车

职官与命妇、庶民舆车,包括京外职官舆车、命妇舆车、庶民舆车与禁忌等项内容。清朝对职官与命妇、庶民的舆车的各种规定甚详、甚严;对庶民使用舆车,更是严格限制,明确禁忌,如有违越,即按要求论罪。

京外满洲官"惟亲王、郡王、大学士、尚书乘舆。贝勒、贝子、公、都统及二品文臣,非年老者不得乘舆。其余文、武均乘马"。汉官"三品以上,京堂舆顶用银,盖帏用皂。在京舆夫四人,出京八人。四品以下文职,舆夫二人,舆顶用锡。直省督、抚,舆夫八人。司、道以下,教职以上,舆夫四人。杂职乘马"。钦差官"三品以上,舆夫八人。武职三品仍不得用。武职均乘马。将军、提督、总兵官,年逾七十不能乘马者,奏闻请旨"。

乾隆十五年(1750)谕令:"本朝旧制,文、武满、汉大臣,凡遇朝会皆乘马,并不坐轿。从前满洲大臣内有坐轿者,是以降旨禁止武大臣坐轿,未禁止文大臣。今闻文大臣内务求安逸,于京师至近之地,亦皆坐轿。若谓在部院行走应当坐轿,则国初部院大臣未尝坐轿。此由平时不勤习技业,惟求安逸之所致也。满洲大臣当思本朝旧制,遵照奉行。嗣后文大臣内年及六旬实不能乘马者,著照常坐轿,其余著禁止。"

一品命妇车,"黑轮、辕,皂盖。青缘,绿幨,皂帏"。二品命妇车,"皂盖，不缘，余同一品命妇"。三品命妇车，"皂盖，皂帏。余同二品命妇（以上舆用银顶）"。四品命妇车，"皂盖，青帏，舆用锡顶。余同三品命妇"。五品命妇车，"青盖，青檐，青帏（二品以上，盖、帏、檐用缯，余均用布。并按初制，内大臣、都统、大学士、尚书、左都御史命妇车，青盖，绿缘，绿檐，青帏。散秩大臣、前锋统领、步军统领、副都统、侍郎、学士、副都御史、通政使司通政使、大理寺卿、詹事府詹事命妇车，青盖，青帏，绿檐。头等侍卫，参领，步军总尉，王府长史，太常，太仆，光禄寺各正、少卿，通政司副使，大理寺少卿，国子监祭酒，内阁侍读学士，翰林院读讲学士，侍读，侍讲，詹事府少詹事，庶子，谕德，洗马，郎中，鸿胪寺卿，给事中，监察御史，轻车都尉命妇车，青盖，青帏，青檐。闲散宗室、二等侍卫、佐领、贝勒长史、钦天监监正、内阁侍读、国子监司业、鸿胪寺少卿、通政使司参议、詹事府中允、员外郎、步军副尉、骑都尉命妇车，青盖，蓝帏，青檐。三等侍卫、云骑尉、五品以下官命妇车，蓝盖，蓝帏，青檐）"。庶民车，"黑油，齐头，平顶，皂幔。轿同车制。其用云头者禁之"①。

上述记载表明，清政府对贵族、品官的轿子和车辆的形制，饰物的质量、颜色，车辆引马的数量，以及引马的饰物等，都有严格的规定。官员、贵族外出，看到车辆、轿子，其主人的身份一目了然。为了维持交通秩序，清政府还设立了相关的制度。如在运河上，船过河闸时，先官船，次商民货船等。

乾隆以前，京师官员，大多乘坐轿子上朝。乾隆以后，始易轿为车。对其沿革，《清稗类钞·京官乘舆乘车之沿革》记载：

  王公简公士祯有赠南海程驾部可则诗，有"行到前门门未启，轿中安坐吃槟榔"句。时京师正阳门（即前门）五更启钥，专许轿入，盖京官向乘肩舆也。杜紫纶太史诏始乘驴车，后渐有之，然帏幔朴素，且少开旁门者。是易轿为车，固在乾隆、嘉庆间矣。

  道光初，京官复坐轿，即坐车，亦无不后档。后档者，盖辟门于车旁，移轮轴于车后，取其颠簸稍轻，乘坐安适也。至同治甲子，则京堂三品以下无乘轿者，以轿须岁费千金，一品大员始有多金可雇轿役也。光、宣间，贵人皆乘马车矣。然王公勋戚，尚有乘后档旁门车者。

  或曰，雍正时，京城已有驴车。乾隆时，刘文正公统勋之车则驾白马，人见有白马车，不问而知其为刘中堂来也。自川运捐例开，骡车始出，故其时又名骡车为川运车。然刘海峰云，雍正时已有骡车矣。

---

① 前述引文均见《清史稿》卷一百二，《志七十七·舆服一》。

骡车之有旁门，则纪文达始创之。定制，三品以上方得乘用。然光绪庚子后，乘车者为欲安适，咸争乘后档车。盖旧式车坐处，正值轮轴之上，颠播殊苦，车底苟非编簾为之，行十余里，即困顿不堪言状。惟围人坐处，距轴最远，所传摇动力少杀，为一车最安处。故风日清和，士夫命驾出游，或纨绔弟子竞车之戏，皆好坐其处。特奔走权贵者，不能以峨冠博带露于外耳。庚子后，西式马车盛行，风气又为之一变矣。

然而，官员乘座的轿子，不仅因轿的规制、轿夫的多寡，而有"四轿"、"八轿"、"显轿"之别，而且乘坐者更因官阶、职别而大有差等。时人对轿子有二解，"一，小车也；一，竹舆也。今于凡为舆者，皆呼之曰轿，不必悉以竹为之矣"①。"显轿"可露坐，其上下前后左右皆无障，显而易见也，又称之"明舆"。乘坐显轿的官吏，多为各省乡试人闱时的主考、监临、监试、提调，郡邑迎春时的知府、同知、通判、知县、教官、县丞、典史②等。乘坐明舆的官吏，"必朝衣朝冠，端拱而坐。迎神赛会时，则为神所乘"③。

八轿，又称八抬大轿，它因有舆夫八人而得名，此轿抬行时，轿夫"前后左右各二，曰开扛，盖四人舁之为直杠，八人舁之为横杠，舆前无所阻碍，古所谓起居八座者是也"。轿的四周，多帏以绿呢。此种轿舆，"京官无座八轿者。外官为督抚、学政，可于大典时乘坐，将军、提督亦偶有乘之者"。此外，凡"命妇之得其夫、其子之封典者亦乘之"④。

四轿，有舆夫四人，轿之前后夫役各二。此种轿舆，级别较前者为差。其乘座者，多为"京官之得用舆者，及外官自藩、臬以下，及命妇之得有夫若子之封典者，皆得乘"。此轿四周饰以蓝呢，以为标志⑤。

有些清政府的官吏大员，为炫耀自身地位显赫与权势，外出乘轿时，有几十名轿夫轮替值役者，如乾隆时文襄王福康安凡出行，"辄坐轿，须用轿夫三十六名，轮替值役，轿行若飞。其出师督阵，亦坐轿。轿夫每人须良马四匹，凡更役时，辄骑马以从"⑥。更有总督等封疆大吏，在专用大轿中，设有小童役，装烟斟茶，并备点心数十百种，以供享用。清人记载，"某督四川，其轿甚大，

---

① 徐珂：《清稗类钞》第十三册，《舟车类·显轿》。
② 同上。
③ 同上。
④ 徐珂：《清稗类钞》第十三册，《舟车类·八轿·四轿·福文襄役轿夫三十六名·轿中装烟斟茶·眠轿》。
⑤ 同上。
⑥ 同上。

须夫役十六人，始能举之。轿中有小童二人侍立，为之装烟斟茶，并有冷热点心数十百种，随时可食之"①。

一般官员外出长途跋涉者，则乘"眠轿"，将应用各物置于轿中，且可偃卧以憩。这种"长途跋涉之肩舆，较普通者深而广，以常日危坐之易于疲乏也，或偃卧其中，且置应用物耳，俗呼曰眠轿"②。

清代后期，官吏外出，易轿为车后，在车辆的形制、尺寸、装饰、夫役等方面，因乘坐者的职阶高低，而大有差异。车有方车、长辕车、大鞍车、小鞍车之别。官车中，"有方车，有四尺长辕车，有三尺八大鞍车，有三尺六小鞍车。以上所说尺寸，皆以车厢为度，前辕后椅，不在数内"。车饰，"方车围用绿呢，上顶有缨络网，妇女遇大典时所乘者"③。四尺长辕车围用蓝色红障泥，俗呼拖泥布，多旁开门，亦有正门者，凡遇旁门，车左右皆有。此类乘坐者多为各部长官。至于阔官所乘车，"前有引马，后有跟马。御车之夫不得跨沿，皆牵骡而行，谓之拉小拴。尚有一参加车夫，谓之双飞燕"④。而三尺八大鞍车，男女皆可乘坐，"惟五品以下官则用绿油障泥"。三尺六小鞍车，又称要车。"上者驾快骡，表里无不华美，官员所乘，前有引马，在车之右，则非若大鞍之式。其马与骡只差一头，谓之旁顶马，行走如风，足显轻肥风度也"⑤。其余率下或标下者，胥吏仆夫所乘，备一种车而已。"车轮有中挡、后挡之别。无前挡者。后挡车，人乘之舒适稳妥，而骡曳之费力，不能快行。方车、长辕车皆如此。大鞍、小鞍皆中挡，为其行走便利也。辕之下有勾心四根，此搭挡处，故前后可随意挪动，按月修理，谓之挑箭，亦作闲"⑥。

除陆上交通工具外，清代官员凡行水路，则弃轿、弃车而乘舟楫以代步。官船分为"座船"与"差船"两种。凡"官署所蓄之船，为本官所乘者，曰座船，不载客，不运货，例标本官结衔于黄布以为旗，悬于桅，以表异之。其舟子食于官"⑦。差船，亦属官署所有，它主要"以备本官之差遣所用者也，亦不载客，不运货，船旗标明差船"⑧。

---

① 徐珂：《清稗类钞》第十三册，《舟车类·八轿·四轿·福文襄役轿夫三十六名·轿中装烟斟茶·眠轿》。
② 同上。
③ 崇彝：《道咸以来朝野杂记》；第34—35页。
④ 同上。
⑤ 同上。
⑥ 同上。
⑦ 徐珂：《清稗类钞》第十三册，《舟车类·座船·差船》。
⑧ 同上。

第二节　民间舟车肩舆与行旅风尚

清人的行旅生活，是民间交际与交往的重要手段，它包括民人出行的运乘、运载工具的舟车肩舆，以及民间行旅的各种社会风尚。它们不仅具有时代性、变异性特征，而且在行旅活动中，更有着时尚性、传承性的特点。

一　民间的舟车肩舆

清代，民间的舟楫或肩舆车辆，因时因地因人而异。一般而言，"南人使船，北人使马，古语有之"。"北方妇女之善骑，为南人所艳称，而南方妇女之能弄船，则每多忽之。湘、鄂不必论，以舟女皆裹足，仅能为助手也。至于江苏及浙江之嘉兴，其舟中妇女，以皆天足，故于撑篙、荡桨、曳缔、把舵之事，无不优为之，蒙霜露，狎风涛，不畏也，不怨也。"[1]

（一）水上运载交通工具

江南水乡多船家，他们多以舟楫为业，或捕鱼，或航运，或以船为家；更有甚者，为谋生或赢利，有专供官吏及富商大贾享乐狎妓用的水上业操，舟船名目繁多，名有专司。其中，有捕捞用的"网船"，"无锡有网船，视渔船为大，而小于无锡快。凡城乡来往之十里八里者，皆乘之"[2]。有专供航运的舟船，称"无锡快"。"无锡快者，无锡人所泛之船也，往来于苏之苏州、松江、常州、镇江、太仓，浙之杭州、嘉兴、湖州。买櫂者问船之大小，则于单夹衢、双夹衢之外，辄以若干档为答。档者，舟师之代名词也。其言档也，曰几个档，即几个人也。船舱之门为斜面，略如满江红。乘客餐时，必佐以所烹之青菜，味至佳，盖舟主之眷属所制者也。"[3] 更有以船为家的"艋艋船"江淮流民多以船为家，"凡吴越间之有水可通者，无不泛梓以去，妻孥鸡犬，悉萃于中，船尾有以一人立而左右施桨者，俗谓之艋艋船。艋，音帽，小船也。盖本于扬子方言，

---

[1] 徐珂：《清稗类钞》第十三册，《舟车类·江浙妇女之使船·网船·无锡快》。
[2] 徐珂：《清稗类钞》第十三册，《舟车类·艋艋船》。
[3] 同上。

小舸谓之艖，艖谓之艒䑿也"。艒䑿船中之人，倘有其于乡里有家者，辄冬出春归，归而率其天足之妇女，从事田亩。农事毕，则肩门而又出，岁以为常。亦有无家，自春徂冬，常年漂泊者。"其船所至之地，男子之业为皮匠，为拉车，女子之业为缝纫，俗谓之曰缝穷婆。若力作，若小负贩，若拾荒，则男女老幼同任之。诚以其耐苦、忍饥寒，皆出于天性，而大多数之妇女皆天足，故虽极人世间至污浊至艰苦之事，皆无所惮，无所避也。"① 还有专供游人玩乐狎妓的"灯船。"这种灯船，江宁、苏州、无锡、嘉兴一带皆有，专供游者在江上游览饮宴之用。"及夕，则船内外皆张灯，列炬如昼。夏时为盛，容与中流，藉以避暑。舟子率其妻孥，为荡桨舵之役，虽二八女郎，亦优为之，盖皆天足也。船中或有蓄妓以侑客者，春秋佳日，肆筵设席，且饮且行，丝竹清音，山水真趣，皆得之矣。""江宁秦淮河之灯船，有题曰涛园，曰宛中茶舫，曰得胜茶园，曰悦来画舫，曰需赁资数十金也。""苏州人之呼灯船也，曰热水船，盖以夏夜为多故耳。"②

在北方，其舟楫是另一类型。如渡黄河多用平底船，此舟平底，"以巨木为之，一舟可坐五六十人，约两小时之久而登岸"③；在甘肃渡黄河，更有牛羊皮船及板船，牛皮船的制法，将牛皮"以麻线缝之，一如原式，曝干待用。用时，取二牛皮或四牛皮，上束以长木数梃，更于木上横铺以板，则一船成矣"。将此船"浮于河，运输货物，桨舵不具，但凭一篙顺流下，随意所适。盖名虽曰船，实则木筻也"④。羊皮船制法与此同。而甘肃所使用的板船，"颇似浙江之大划船，橹舵略具，帆樯不施，无楼无篷，仅有舱以储百货"⑤。它是清代甘肃至天津一带海口，用作贸易与交通的重要工具。在东北花江上有艚䑿小船、宁古塔有桦皮船，用以载人、捕鱼。艚䑿，小者载二三人，大者可容五六人。"其疾如飞。松花江冰冻时，即用以代马槽。入山猎捕者，水则乘以渡，陆则负以行，殊便利也。"⑥ 宁古塔一带使用的桦皮船，"以桦皮为之，止容一人，用两头桨。如出海捕鱼，则负至海边，置水中，得风，便自驶矣"⑦。

（二）民间陆上行旅交通工具

清代的交通条件和运输设施，较前代已有很大的改善，但是，在民间陆上，

---

① 徐珂：《清稗类钞》第十三册，《舟车类·艒䑿船》。
② 徐珂：《清稗类钞》第十三册，《舟车类·灯船》。
③ 徐珂：《清稗类钞》第十三册，《舟车类·渡黄河之平底船》。
④ 徐珂：《清稗类钞》第十三册，《舟车类·甘肃牛羊皮船》。
⑤ 徐珂：《清稗类钞》第十三册，《舟车类·甘肃板船》。
⑥ 徐珂：《清稗类钞》第十三册，《舟车类·松花江之艚䑿》。
⑦ 徐珂：《清稗类钞》第十三册，《舟车类·宁古塔桦皮船》。

人们较为普遍使用的仍是肩舆车轿等传统行旅交通工具。

清代前期，北方地区民间的陆上交通工具多为骡轿、小车，及骑乘（如骑驴、骑马）。山东沿海多淤沙，不通舟楫，"故送陆者必骑，骑以驴或马，或乘骡车，或乘骡轿，或乘大车。大抵即墨以南，道路平坦，骡车通行，即墨以北，嶝路崎岖，海滩泞泽，跋涉稍艰，非骑驴乘轿不可。河无桥梁，浅者徒涉，深者乘筏以渡。各村皆有小递旅，宿一宵，费钱十余文，惟多尘垢且黑暗耳，越宿而仍车或骑矣"①。其中，骡轿，形如箱，长四尺弱，阔一尺强，高三尺弱，以二长杠架于前后二骡之背。"杠上置轿，颇宽大，可坐卧其中，并略载行李。其行较轿车为静稳，而次于人所舁之轿，北数省旅行多用之。"② 北方民间的肩舆与南方绝异，"仅有南方轿之上半，而去其下半，故两足下垂，以一木板托之。坐椅之两旁，贯以两木杠，木杠之两端，系以皮条，而舆夫之肩此皮条，两肩不时更替。其行也，非若南方轿夫之一前一后，后者之面，对前者之背也。乃两人同时面向所行方向以行，故坐者为侧坐，而行者为横行"③。车辆方面，盛行使用羊角车、塌车、冰车、扒犁等。羊角车又称独轮小车，南北皆有，一人挽之于前，一人推之于后，亦有无挽而一人独推者。两旁为乘客之座，山东齐鲁一带间有铺以垫者，乘之颇为安适④。塌车面积甚大，"以一寸强之厚木为板，专以载物，任重可数千斤，前挽后推，人数之多寡，视重量以定之"⑤。冰车，又名拖床、冰排子，"其形方而长，如床，可容三四人，高仅半尺余。上铺草帘，底嵌铁条，取其滑而利行也。人坐其上，一人支篙撑之，捷于飞骑，京师、天津皆有之"⑥。扒犁是黑龙江一带，江面冬季封冻后，民间冬季使用的重要交通工具。它的形状如拖床，但不施铁条，屈木如辕，驾二马以行于雪上，"疾于飞鸟"⑦。

在南方地区，民间使用的肩舆，其形制与北方殊异。如湖南长沙一带，民间多乘用"响轿"，"长沙之轿，制亦普通，惟舁行时，辄有声格格然，行愈疾，响愈甚，盖于机捩中膏以油也，俗谓之曰响轿。纨绔少年之招摇过市者，辄喜乘之"⑧。在广东一带，民间喜乘"飞轿"，此种肩舆大而华，捷而稳。舆夫举步极速，有飞轿之称。肩舆有四名夫、三名夫之别。"三名夫，加一横木于舆门

---

① 徐珂：《清稗类钞》第十三册，《舟车类·山东沿海之车骑》。
② 徐珂：《清稗类钞》第十三册，《舟车类·骡轿》。
③ 徐珂：《清稗类钞》第十三册，《舟车类·泰山之舆》。
④ 徐珂：《清稗类钞》第十三册，《舟车类·羊角车》。
⑤ 徐珂：《清稗类钞》第十三册，《舟车类·塌车》。
⑥ 徐珂：《清稗类钞》第十三册，《舟车类·冰车》。
⑦ 徐珂：《清稗类钞》第十三册，《舟车类·扒犁》。
⑧ 徐珂：《清稗类钞》第十三册，《舟车类·响轿》。

之前，以绳系之。四名夫，再加一横木于舆窗之后，距离至近"①。粤西盛行"八卦轿"，滇中更有三丁拐轿。前者以"粤西乡村妇女，率多天足，肩挑负贩，与男无异。柳州、来宾一带，时有舁肩舆为生者。世以阴阳爻象譬之，如坐客为男，二女肩舆则似坎卦，坐客为女，前女后男肩舆则以震卦，以此类推，则八卦全矣"②。后者之轿，"轿以竹片编成，以前二人后一人舁之。滇之名三丁拐，盖滇省万山丛积，道路崎岖，行旅至艰，俗有'路无三里平，家无三分银，之谚"③。

车辆方面，清代后期，除两轮腕车（人力车）、马车外，上海、京师、天津等地，又有火车、电车、汽车、摩托车、脚踏车（自行车）、洒水车等。

腕车即人力车，"腕车者，两轮，两车柄，一坐箱，有幕可舒张，以御风雨，一人以手腕挽之，使车前行，故名。创于日本，而输入我国，商埠盛行，沪尤多。一曰人力车，言其专用人力，不烦牛马驴骡也。而流俗不察，呼之曰东洋车，则大谬。盖吾国亦在太平洋，不能以东洋二字代表日本，此亦足见国人之无国家观念也"。竹枝词《东洋车》条云："双轮左右并安排，两柄朝前拽上街。稳坐车中篷罩首，东洋名字唤同侪。"④"有自制腕车者，其形式类于轿式之马车，居其中者，可蔽雨，可避风，自安适矣。而车之重量，亦必倍于寻常，挽之而疾驰者，犹一人也，此诚同人道于牛马矣。金奇丁在沪，每乘腕车，辄悯之，必优给酬资，且不促其疾行，而又告之曰：'方食不可疾行，防肠痛也。'"⑤

上海"俗所谓之马车，与北方之骡车偶驾以马者大异，西人所创，而吾国仿为之者也。有曰船式者，制如舟。有曰轿式者，制如舆。有曰皮篷者，上有篷，可张可弛。其轮或四或二，四轮则二大二小，二轮者轮甚大而车甚高，译音曰亨斯姆。驾车之马，普通为一，两马者少。御者必二人，皆华服，或且诡异，且有戴无顶带礼冠者，凉帽、暖帽惟其时"。"兜圈子者，沪人乘坐马车，周行繁盛处所之谓也。初至沪者及青年之男女皆好之，招摇过市，藉以自炫，曰出风头。其有女子同车者，非尽眷属，妓院之名姬及其庸亦或与焉。兜圈子者，例于福州路登车，自山东路之麦家圈，进广东路之宝善街，出北海路，沿跑马场，过中泥城桥，至静安寺路之味莼园。归途由南京路经山东路之望平街，转福州路，沿跑马场，进北海路，由广东路之宝善街，至河南路之棋盘街，进

---

① 徐珂：《清稗类钞》第十三册，《舟车类·粤中之舆夫》。
② 徐珂：《清稗类钞》第十三册，《舟车类·八卦轿》。
③ 徐珂：《清稗类钞》第十三册，《舟车类·三丁拐轿》。
④ 顾炳权：《上海洋场竹枝词》，上海书店出版社1996年版，第156页。
⑤ 徐珂：《清稗类钞》第十三册，《舟车类·腕车》。

福州路，转东至黄浦滩路，进南京路，由湖北路之大兴街，至福州路下车。如是而绕行一周，所谓圈子者是也"①。竹枝词描述上海马车房业务繁忙时说："马夫多业马车行，专备游人雇用忙。揽得西商兼富户，按时包坐博银洋。"②

火车，"又称火轮车。其制以汽机为原动力，曳引客车、货车行驶于铁路上，其装设汽机之车，谓之机关车，俗称车头"③。"英人杜兰德于同治乙丑七月，以长可里许之小铁路一条，敷于京师永定门外之平地，以小汽车（即小火车）驶其上，迅疾如飞，京人诧为妖物。旋径步军统领饬令拆卸，群疑始息。自是而后，遂有淞沪铁路矣。"④

火车有慢车、快车与特别快车之分，"铁路开车之速率，有慢车及快车、特别快车三种。吾国通行之快车，每一小时约二十六哩，尤快者约三十哩。欧美各国，则自四十五哩至五十哩，尤快者七十五哩至八十哩。特别快车者，谓沿途之小站不停，较他种车为尤速也"⑤。

花车为火车之一种，"以头等车或头等卧车为之，其中陈设，无异常时，惟于门于窗，札花为彩，缘于门及窗以为饰。花则五色具备，缀于松柏枝。政界于迎送长官时用之，藉表优待之意也"⑥。

手摇车为铁路执事人所乘，于汽车（即火车）开后以要事来往于各站者也"⑦。"车有轮，行于轨，仅容六七人，以手摇之，并树红旗以进驶，使汽车（即火车）之司机者得瞭见之，不至相撞也。客有要事而不及附乘汽车者，亦可出资雇之。"⑧

除此之外，光绪，宣统时，上海、天津、京师等地，陆续有电车、汽车、摩托车辆、脚踏车（自行车）、洒水车等公共交通、城市环境卫生车辆投入使用，从而给城市民人的日常行旅生活，增添诸多便捷，给他们的行止习尚，注入了新的内涵。

电车，"以电力驶行之车也。特设发电所，用蒸气力转动发电机以生电流，由架空电线及车顶铁杆传达车底之电动机。电动机之轴，由齿轮与电车轴相衔接，故电动机旋转，电车亦动。车之前后端有半圆筒状之物，司机人转其把手，调节电力，可使车随宜以缓急进退。因供给电力之不同，分为三种。一为单线

---

① 徐珂：《清稗类钞》第十三册，《舟车类·上海马兜圈子》。
② 顾炳权：《上海洋场竹枝词》，第155页。
③ 徐珂：《清稗类钞》第十三册，《舟车类·汽车》。
④ 徐珂：《清稗类钞》第十三册，《舟车类·小汽车》。
⑤ 徐珂：《清稗类钞》第十三册，《舟车类·慢车快车》。
⑥ 徐珂：《清稗类钞》第十三册，《舟车类·花车》。
⑦ 徐珂：《清稗类钞》第十三册，《舟车类·手摇车》。
⑧ 同上。

架空式，用电柱架电线一条，地上铺铁轨，电流入车，车分为二，一燃电灯，一通电动机，复相合为一，循铁轨以还至发电所。二为复线架空式，上架二线，不设铁轨，电流由甲线而来，作用既终，由乙线还至发电所。亦有将电线埋于地下者，欧美大都会多用之。三为蓄电池式，不用发电所，藉车中所备蓄电池之电流以行车，与通常之摩托车同，光、宣间，天津、上海均有之"。"上海电车，乃西人所经营，华人虽亦投资，而实权皆为彼所握。车位分两等，曰头等，曰三等。初开时，华人虑或触电，类多望而却步，头等座中则更绝无仅有。于是西人假优待妇女之名，以为招徕，于周行某处至某处至某处之路，所号称圆路者，许妇女出三等车资而坐头等。殆亦揣摩华人心理，意谓车有妇女，则寻芳猎艳之男子自必相率偕来。自是不及一年，其营业果日益发达，而幽期密约之事，亦出于车中矣。"① 国人描述电车说："电车各国早通行，独有申江尚未成。今幸聘师初创造，新奇结构利堪多。"②

摩托车，俗称汽车，又称机器车，"日本谓之自动车，京师、天津、上海多有之，用挥发油涨力或蒸汽力、电力等以动之。用挥发油者最多，其速度每一小时能行一百余里"③。时人描述机器车说："有轮无马亦飞行，机器开车制亦精。时止时弯真便捷，呼人让路气球鸣。"④

上海的摩托车，"鄞有周湘云名鸿荪者，席父荫，纳粟为候选道，居上海公共租界牛庄路，辟园于长浜路中，曰学圃，占地二十八亩。其出入也，恒以摩托车。夕阳在地，邻人闻汽笛声呜呜，则必曰周观察归矣"。"上海租界所有之摩托车，不论其为自乘，为出赁，其置备时，必纳税于工部局，请领填有记号之执照。是车之初运华也，为光绪丙午，湘云首购之，遂为第一号。而西人好胜，耻第一号之为华人所得也，宣统时，使人言于湘云，原馈银币五千元，取消第一号，湘云不允。""湘云之所以得第一号者，以其时摩托车初行，西人且尚未购也。而西人富虚荣心，不欲落华人之后，凡有记号者，必自得之，以哀然居首为幸。如电话（俗称德律风），如马车，其第一号，皆西人也，此所以不惜重资而欲赎之于湘云也。"⑤

脚踏车，"即自转车也。两轮前后直立，前轮有柄夹持，可左右以正方向，后轮之侧附以钢炼，与曲拐相联。乘者以脚踏曲拐，使炼牵转后轮，前轮亦随之而转，以向前进行。虑妨行人，则振铃以告。男子所用与妇女所用者，异其

---

① 徐珂：《清稗类钞》第十三册，《舟车类·电车》。
② 顾炳权：《上海洋场竹枝词》，第156页。
③ 徐珂：《清稗类钞》第十三册，《舟车类·摩托车》。
④ 顾炳权：《上海洋场竹枝词》，第156页。
⑤ 徐珂：《清稗类钞》第十三册，《舟车类·周湘云蓄第一号摩托车》。

式。又有用汽力者，年少子弟辄喜乘之，以其转折灵捷而自由也。我国妇女乘之者绝少"①。竹枝词《脚踏车行》条云："踏车工制亦开行，包用包修价独昂。来往如飞人尽羡，趋时骑坐意扬扬。""两轮前后快盘旋，中制皮鞍软似毡。手执机头司转折，全凭足力得争先。"②

洒水车，"洒水于道时所用者也。车有方木柜，可储水数十担，柜后横铁管一，遍凿细孔，其管上通水柜，内设枢纽。用时以索掣开，水即从管孔喷出，势如骤雨，驱马疾行，约可洒半里许"③。竹枝词《洒水马车》条云："满街尘土屡飞扬，驾马拖车洒水忙。铁柜旁穿无数眼，开机如雨涤沙场。"④

清代无论南方与北方，清人的行旅习尚，有的人以发展义渡为风尚，如陈志宏好善乐施，"村之对河，路通婺源，向募船通济，迄无成绪。独捐田租，立义渡户，名为造船及渡夫工食之费，而岁修亦取给焉"⑤。或私人出资、众人集资修桥补路，以行善事，以积阴功德泽，如安徽婺源人戴振伸，"素业木姑苏。资禀奇异，洞悉江河水势原委。丹徒江乃向有横越二闸倾坏，后水势横流，船艒往来，迭遭险陁。道光年间……董事请伸筹画筑二闸，并挑唐孟二河。比工告竣，水波不兴，如涉平地……又杨泾桥为南北通衢要道，倾圮有年，伸邀同志捐修，行旅至今利赖之"⑥。或私人、或望族置船雇夫役，免费摆渡过往行人旅客。有的地方，还有人以发展茶亭为美事，施茶、施水给过往行人，如苏源，安徽黟县赤岭人，"尝往来浮梁、乐平，于南村岭上建凉亭，施茶于三星庵，行者便之"⑦。汪琼行经商发家，"往皖所经之大洪、流沙等岭，皆独立捐修。岭上施设茶汤，令僧司其事，以济行旅"⑧。

二　清人的行旅风尚

清人交往频繁，其行旅活动，较之前代，更为兴盛。在行旅风尚方面，有诸多新的特点；内容较之以往更为深厚宽广，主要涵括清人的行旅饮食与宿息、清人的行旅题记风俗与地方民人行旅风尚等诸多丰富多彩的内容。

（一）清人的行旅饮食与宿息习尚

随着清代饮食烹饪技术和各种地方饮食文化的发展交流，风味食品的不断

---

① 徐珂：《清稗类钞》第十三册，《舟车类·脚踏车》。
② 顾炳权：《上海洋场竹枝词》，第156页。
③ 徐珂：《清稗类钞》第十三册，《舟车类·洒水车》。
④ 顾炳权：《上海洋场竹枝词》，第156页。
⑤ 嘉庆《休宁县志》卷十五，《人物·尚义》。
⑥ 光绪《婺源县志》卷三十四，《人物·义行》。
⑦ 嘉庆《黟县志》卷七，《人物·尚义》。
⑧ 嘉庆《休宁县志》卷十四，《人物·孝友》。

涌现，为清人出行旅游提供了诸多便利，无论身处何地，都无饥馑之虑。在交通住宿方面，一是全国交通道路的布局更加合理有序，以北京为中心，辐射全国各地，形成网络系统；二是传统的交通工具有所改进，伴随西方科技的输入，出现了轮船、火车等新式交通工具，既为人们行旅提供了便捷条件，又改变了人们的行旅观念；三是住宿的条件有更多的便利，驿馆、客栈、客店、会馆、寺庙以及西式新旅馆等，能为清人行旅住宿提供理想合适的场所。

清人的行旅饮食，因阶级、阶层和身份地位差异而不同，以清帝巡幸御膳最具代表性。如乾隆帝在位六十年期间，曾率皇室人员先后六次南下扬州、苏州、杭州等地巡视。在前四次南巡中，乾隆帝带着皇太后、皇后和妃嫔多人，随同的还有王公大臣、章京侍卫、拜唐阿兵丁等两千五百多人。每届南巡前一年就开始进行周密的准备。指定亲王一人任总理行营事务王大臣。派官员勘察沿途道路，修桥铺路，修葺行宫。

乾隆帝南巡，沿途供应极尽铺张，豪华奢靡。乾隆帝每天的膳食已够精美，但地方大员还是要随时进献山珍海味。每当出入省境时，乾隆帝都要赏赐扈从王公大臣、地方文武百官、休致老臣、命妇等酒宴，以示皇恩浩荡。和在宫中一样，乾隆帝每饭毕，要赐给妃嫔等饮食肴馔。此外，还特地由京师随带茶房用乳牛七十五头，膳房用羊一千只，预先送往宿迁、镇江等地，不敷应用时以便补送①。每天由京师或地方支应冰块、泉水。在直隶境内时用香山静宜园泉水，到德州入山东境内时用珍珠泉水，过红花埠入江苏境内时用镇江金山泉水，到浙江境内则用杭州虎跑泉水②。在江宁、苏州、杭州等地驻跸时，织造衙门例需演戏。乾隆二十七年（1763）、三十年南巡，还从京师随带回民扒竿绳技一班，到各地演出，作出与民同乐的姿态。

清代官员与民人外出时，其住宿休息，分别有驿馆、旅舍供其休憩。帝王巡幸外出，有行宫供其食宿。旅舍又称旅店、客栈，专供民人与过往商贾住宿，它的位置，多于交通要冲之地，供过往民人旅者食宿之用。门前有圆形或方形的灯笼悬挂，且用"未晚先投宿，鸡鸣早看天"、"客到烹茶旅者权当东道，悬灯待月邮亭远映胥江"之类的幡联以招徕过往客人投宿。仕人公卿，多住宿"私馆"，此处的食宿条件优于一般客栈和荒村野店。每届夜深，栈内、馆内向有值更守夜的更夫敲梆报时，并沿路招呼住宿者"小心火烛"、"收好财物"等等。

清代最具特色的旅馆是专为外国客商提供住宿的"洋馆"。鸦片战争后，外

---

① 《内务府来文》卷号10，中国第一历史档案馆藏。
② 同上。

国商人大量涌入中国，于是在全国各地的中心城市，尤其是通商口岸出现了招待外国客商的西式洋馆，如在广州出现了十三洋行商人办的"商馆"。美国马士《中华帝国对外关系史》记载，广州十三行商馆分布在羊城太平门外，分为怡和馆、集义馆、丰泰馆、隆顺馆、瑞典馆、帝国馆、宝顺馆、广源馆、明官馆、法国馆、西班牙馆、丹麦馆等。这些商馆多为西式建筑，"有若洋画"，"备极华丽"。在上海，洋馆更为常见。王韬《瀛壖杂志》记载："沪城内外，近来设有丝茶等栈，所以招待远客，使如归之乐。"上海还有外国人开设的旅馆，如比克顿斯旅馆、尼尔森旅馆、菲里克旅馆、伯林顿饭店、维多利亚饭店等。在汉口，清末民初开设的洋馆、旅馆有德明旅馆、汉口旅馆、亚细亚饭店、远东饭店和璇宫饭店等。北京御河桥边的六国饭店就是著名的洋馆，专门接待外国客商和国内贵族。1900 年八国联军侵入北京后，六国饭店加盖一层，以满足外国人的食宿需要。《京华百二竹枝词》描述说："饭店直将六国称，外人情态甚骄矜。层楼已是凌云汉，更在层楼建一层。"此外，建在东长安街北边的三星饭店是西班牙人经营的，宝珠饭店是德国人开办的。这些饭店的出现，是中国半殖民地社会性质的折射，同时这也说明在中国境内的外国旅游者在日益增多①。

（二）清人的行旅题记

清人因社会地位、文化素养不同，行旅风尚也存在巨大的差异。统治者与文人墨客，每到名胜之处行旅观赏，总有题记诗文的风尚，这是其政治与社会价值自我实现的重要手段，更是其以文化创造者与优胜者自居的"自我标榜"、"自我炫耀"心理的再现。一般民人商贾，出门行旅多为生计所迫，有尚早、尚俭、尚快的习尚，这是其务实求真生活态度与哲理的反映。

清代上自帝王，下至官员文仕，每登临名胜观景之余，多有游记、诗文、题记、楹联等，以作为行旅的纪念。

清代康熙帝、乾隆帝都是著名的游历皇帝。他们或东出关外，或西游秦晋，或北上塞外，或南巡江浙。康熙二十八年（1869），康熙帝第二次南巡过济南，入扬州，进苏州，游杭州，还登灵隐北高峰眺望，见晨雾笼罩寺宇，云林漠漠，故题字赐名"云林禅寺"，这就是著名的灵隐寺。接着登临会稽山祭拜大禹陵，篆书"地平天成"的刻石。在游览绍兴兰亭后御书著名的《兰亭集序》全文，刻碑留念。康熙三十八年（1699），康熙帝第三次南巡再游西湖，题写西湖十景。乾隆帝六次下江南巡游，并在扬州、无锡、苏州、杭州的名山胜水中留下众多的故事。他多次游览无锡惠山寄畅园，因慕其优美素雅，先后赋诗二十多首，此表倾倒之心。在苏州，乾隆帝幸游狮子林，园中有一临池而筑的小亭，

---

① 谢贵安：《旅游风俗》，湖北教育出版社 2001 年版，第 80 页。

精而雅，乾隆帝特别喜爱，游赏之余，御笔"真趣"额题，至今犹存①。

清代许多杰出的政治家、官僚、诗文、戏剧作家和文人墨客，如李渔、叶燮、孔尚任、邵长蘅、袁枚、姚鼐、洪亮吉、祁韵士、徐松、林则徐等都在旅途过程中创作出许多传之后世的旅游记和散文。如袁枚是清中叶享有盛誉的文学家。中年后他辞官定居江南，游山玩水，赋诗作文达四十三年之久。直到七十岁那年，他还远行安徽、江西、广东、广西、湖南。途中浏览了黄山、庐山、罗浮、桂林、衡山、洞庭、鄱阳，一路寻幽访胜，极尽游兴。回家后踌躇满志地吟道："自觉山人胆足夸，行年七十走天涯。公然一万三千里，听水听风笑到家。"并写下《峡江寺飞泉亭记》、《游黄龙山记》、《游黄山记》、《游桂林诸山记》等一系列游记与散文。在《峡江寺飞泉亭记》一文开头即提出"余年来观瀑屡矣，至峡江寺而意难决舍，则飞泉一亭为之也"的悬念。接着着力描写于飞泉亭观瀑布的舒适可喜："登山大半，飞瀑雷震，从空而下，瀑旁有室，即飞泉亭也。纵横丈余，八窗明净，闭窗瀑闻，开窗瀑至；人可坐，可卧，可箕踞，可偃仰，可放笔砚，可瀹茗置饮；以人之逸，待水之劳，取九天银河置几席间作玩。当时建此亭者其仙乎！僧澄波善弈，余命霞裳与之对枰，于是水声，棋声，松声，鸟声，参错并奏。顷之，又有曳杖声从云中来者，则老僧怀远，抱诗集尺许，来索余序。于是吟咏之声，又复大作；天籁人籁，合同而化。不图观瀑之娱，一至于斯！亭之功大矣。"文章描写亭中观瀑的感受，舒适而可喜，并且声响极为丰富，"天籁人籁"，"参错并奏"，使人耳不暇闻。作者处处在写游览之乐，也是处处在赞飞泉亭之妙。

清代旅游诗别具特色，如龚鼎孳、施闰章、李澄中、史夔、沈用济等诗人写下了不少出色的旅游诗。龚鼎孳是崇祯年间进士，官至刑部尚书，所作诗与钱益谦、吴伟业齐名，合称三家。他在《飞来峡》诗中写道："浈水沿江曲，双崖浪欲吞。石欹崩峡口，云涌荡天门。地截蛟龙断，山埋日月昏。楼船飞渡后，惘惘失空村。"飞来峡在广东清远县东，又名清远峡。是珠江支流北江的小三峡之一。诗中写出了这里峡谷壁立，江流湍急的景致。"浪欲吞"、"荡天门"、"日月昏"都是竭尽夸张之词。

施闰章是著名诗人，一生喜爱旅游，写下不少旅游诗。其中的《钱塘观潮》这样描写钱塘潮的声势："海色雨中开，涛飞江上台。声驱千骑疾，气卷万山来。绝岸愁倾覆，轻舟故溯洄。鸱夷有遗恨，终古使人哀。"全诗气魄宏大，淋漓尽致地表现了钱塘潮的壮观。诗末还联想到范蠡功成后浮海的典故，将自然和历史结合了起来，在历代描写钱塘潮的诗文中独具一格。

---

① 郑焱：《中国旅游发展史》，湖南教育出版社2000年版，第256页。

中国古代反映云南旅游景观的诗文不多。李澄中的《登太华寺大悲阁望滇池作》是少数描写滇池风光的诗作："香台高拥万山平，无数烟云绕涧生。杯底览光浮太华，檐前秋色挂昆明。空余战垒悲戎马，似有霜风动石鲸。我醉欲留归路晚，满湖鸥鹭棹歌声。"太华池建在五华山附近的高地上，登大悲阁，昆明及滇池的壮阔景色尽收眼底。难见到了。

无锡惠山自古是江南名胜，游览佳处。史夔的《无锡望惠山》吟咏道："九峰半天落，一棹夕阳回。客为游山盛，船因载水多。溪边高士宅，月下榜人歌。好乘樵风便，轻船采芰荷。"惠山诸峰似乎从半空掉落地上，一只桨片可以使夕阳回留，还有溪水、明月、轻船、芰荷，江南美景便呈现在人们眼前。

北京西北的八达岭是军都山山峰，长城蜿蜒其上，形势险要，自古为军事要冲。沈从济的《登八达岭》是作者策马行走于八达岭时的所见和所感："策马出居庸，盘回上碧峰。坐窥京邑尽，行绕塞垣重。夕照沉千帐，寒声折万松。回瞻陵寝地，云气惚成龙。"诗中不仅写出了八达岭、居庸关的雄险，还透露出一种历史的苍凉感，这也是历史古迹能够给人的特殊感受。

清代是楹联的盛期，中国旅游景点中的楹联大多题刻于清代。其中许多具有相当的艺术水平。如二十四桥是扬州的名胜之一，相传始建于隋文帝时，因唐代杜牧的诗而出名。清代文人江峰青又在此题联："胜地据淮南，看云影当空，与水平分秋一色；扁舟过桥下，闻箫声何处，有人吹到月三更。"此联的上联描绘二十四桥白天的景色，有云彩、水影、秋色；下联描绘夜晚的景色，有扁舟、箫声、明月。全联充满了诗情画意，在人们眼前呈现出一幅美丽的风景画。

岳麓山是长沙的风景名胜，它是南岳衡山七十二峰之一，面临滔滔湘江，古往今来，吸引了无数的文人游客。清代的黄道让曾在岳麓山顶的云麓宫题联曰："西南云气来衡岳；日夜江声下洞庭。"此联上联咏色，写衡岳的云气雾霭排空而下，直向岳麓山飘洒而来；下联咏声，写湘江浩浩荡荡，日夜奔流不息，向北流入洞庭湖。全联词意雄阔，气势恢宏，境界高远，是一副声色俱妙的佳联。

清代的旅游楹联中最著名的要数孙髯题昆明大观楼的长联。全联写景、咏史、抒情，洋洋洒洒，竟长达 180 字，被人称作"天下第一长联"。该联写道："五百里滇池，奔来眼底，披襟岸帻，喜茫茫空阔无边。看东骧神骏，西翥灵仪，北走蜿蜒，南翔缟素，高人韵士，何妨选胜登临。趁蟹屿螺洲，梳裹就风鬟雾鬓。更蘋天苇地，点缀些翠羽丹霞。莫孤负四围香稻，万顷晴沙，九夏芙蓉，三春杨柳。数千年往事，注到心头，把酒凌虚，叹滚滚英雄谁在。想汉习楼船，唐标铁柱，宋挥玉斧，元跨革囊，伟烈丰功，费尽移山气力。尽珠帘画栋，卷不及暮雨朝云；便断碣残碑，都付与苍烟落照。只赢得几杵疏钟，半江渔火，两行秋雁，一枕清霜。"该联上联写滇池风物。前两句写滇池及周围群山景致；后三句写选胜登临所见。下联追叙云南历史。前两句叙述历代中央帝王对云南用兵的赫赫武功；后三句写统治阶级的移山功力终为过眼烟云。全联上景下史，浑然天成，构思巧妙，具有很强的艺术魅力。此联一出即震动儒林，传诵四方，清代文人梁章钜在《楹联丛话》中评价说："胜地壮观，必有长联始称，然不过二三十余字而止。惟云南省城附郭大观楼，一楹帖多至一百七十余言，传诵海内。"①

（三）民人的行旅风尚

清朝疆域辽阔，沿海与内地、南方与北方、城镇与乡村之间，在地理环境、社会经济条件诸方面，存在较大的差异，因此，民人在行止习尚方面，出现不同特点，形成不同风格，并非偶然。

京师顺义"陆恃土路，大道曲径遍远城乡。清盛时，平垫东西路，每年皇舆经过，地方官派人修垫，向称御路。沿途墩铺，送往迎来。箭杆河、小中河，随处修桥。白河、温榆两水上，设立船渡，行旅往来称便。而白河航运，上通密云，下达津卫，温榆上通巩华，下至通县，商货军饷，输运无穷"②。

直隶晋县"古云行路难，行路诚难也。县境一望平原，并无高山大川为之阻隔，然旱则风沙蔽日，雨则道路泥泞……县民通常行路，率以车骑。骑多用驴，富者间用骡马。车有大车、轿车。大车用之运输重物；轿车用之亲戚往来。但乡间轿车甚少，多有以席篷、布帐蒙于大车上，以代轿车者。""城西北一隅，虽有溽沱河流，然严冬及初春则结冰，夏日天旱则河水涸浅，均不能行舟。即使能行舟，以水量太少，只有帆船来往"③。

满城县"西境多山，运载往来率用驮骡，远山之地则用车马。惟道路失修，近山多沟谷，平原多沮洳，加以村民争地侵占，狭窄崎岖，行人若之。城市妇女出门，乘旧式轿车，乡间甚少，率用大车，上盖席棚，名曰'篷子车'。男子多步行，非远道不乘车马也。近则少年喜乘脚踏自行车"④。

山西沁源县道路，"除城区附近各村外，绝少纯土专路，非上山即沿河；山路多石，而河滩亦积石，以致沿路多有乱石。一、二区，临川农农普通有牛骡小车，为运粮粟、粪炭之用，间有为人坐乘于路者，轿车则无。三区备小车者，

---

① 郑焱：《中国旅游发展史》，第265—271页。
② 《方志民俗资料·华北卷》，第24页。
③ 同上书，第91页。
④ 同上书，第359页。

仅数村而已,出门系步行,必要时,不过以骡马及驴为骑乘"①。

在江南民人行旅交通以舟车并济。史载"有以船济人者,而羊角车或肩舆至,亦载之以渡,盖以车舆置之舟而人即坐于其中也。江、浙二省所在有之,以浙之钱塘江渡船为最大"②。

清末,"汉口至宜昌,水程约华里一千五百余里,江面较下游窄,而湍急过之,且多浅滩,航行视下游为难,往来有汽船"。"最初航行者,为我国招商局之江通,次则彝陵,次则固陵。初辟时,仅半月或一月航行一次。盖当时民智未开,往来商货,仍由内港轮舶上下,必俟客货俱满,始能启行。其后则怡和、太古,以渐航驶。迨光绪甲午中日战争之后,宜昌、沙市辟为通商口岸,日本商船亦渐露头角矣。"③ 汉阳船渡最小,俗名双飞燕。"一人荡两桨,左右相交,力均势等,捷而稳。且取值甚廉,一人不过制钱二文,值银不及一厘。即独买一舟,亦仅数文。故谚云:'行遍天下路,惟有武昌好过渡'。"④

在江浙地区,民人出行旅游,乘坐的交通工具有满江红与小汽船。满江红,"船名,江淮之船也。船之门为斜面,其大小有一号至五号之别,五号最大。行时不论风之顺逆,必使帆,以艕佐之"。"汽船、汽车未兴之时,每驶行江、浙间,自清江浦以达杭州,载运往来南北之客。"⑤ "满江红、无锡快诸舟之往来江、浙间也,固以汽船、汽车之大通而失其利市矣。其幸而仅存者,则富贵之家以眷属众多,来往浙西之杭、嘉、湖,与苏五属之苏、松、常、镇、太者,特赁一舟而乘之,取其安适。而又以其驶行之迟缓,则别以小汽船曳之使行,俗所谓拖带者是也。行时,以铁缆系于汽船之尾,鼓轮直进,行驶自如。拖船之舟子,安坐无事,惟于转折之时,偶一司舵而已。"⑥

在浙江和江苏水乡,还有划船、航船与班船供游人乘坐。文献记载"以竿进舟谓之划,而俗以用桨者为划,伸足推之,进行甚速。绍兴人精此技,皆男子也,谓之划船,常往来于江、浙间"⑦。"浙江临水州县各乡,皆有航船,男女老幼,杂处其中。以薄暮开驶者为多,解缆时,鸣锣为号,以告大众。邮政未通、信局不设之处,且为人寄递函件,罔或误。"⑧ "江苏之称航船也,曰班船,

---

① 《方志民俗资料·华北卷》,第631页。
② 徐珂:《清稗类钞》第十三册,《舟车类·舟车并济》。
③ 徐珂:《清稗类钞》第十三册,《舟车类·汉宜汽船》。
④ 徐珂:《清稗类钞》第十三册,《舟车类·汉阳有双飞燕渡船》。
⑤ 徐珂:《清稗类钞》第十三册,《舟车类·满江红》。
⑥ 徐珂:《清稗类钞》第十三册,《舟车类·小汽船拖带船舶》。
⑦ 徐珂:《清稗类钞》第十三册,《舟车类·划船》。
⑧ 徐珂:《清稗类钞》第十三册,《舟车类·航船》。

喻其往有定，更番为代也"①。

浙江海门与广州供人乘坐旅游的船只也有特点，"浙江之海门，属台州，舟甚陋，约长三丈余，广六七尺，上支竹箬以为篷，中无障，至夜，风甚大。舱中仅容二人，可坐不可立"②。而"广州省省河，船名不一，紫洞艇之外，有河头船，专为载客远行者，如赴任、赴差官员，则船价极廉，以可夹带货物也。若能包庇过关，不惟不取船价，并可赂遗舆台，大差更不言而喻矣。又有低舱艇、孖舱艇、沙艇等，则专为渡送行人之用，用沙艇尤轻便也"③。

上海民人出行的交通工具有舟车。舟有"舢舨船，作红色，船首绘两鱼目，上海有之，其篷有租界或警察局、捐务处发给执照所载之号码。一船仅载两三人，泛于中流，随浪颠播，望之甚危，然失事者甚鲜"④。上海有车，"始于同治初，初惟江北人所推之羊角车而已。继乃有腕车，行旅便之。然士绅商贾之小有财者，每一出入，仍必肩舆。已而马车渐兴，肩舆渐废，五陵少年，硕腹巨贾，每出必锦鞯玉勒，驰骋康庄以为快。又有驾车往来于法租界之十六铺及三茅阁桥者，载人货以行，其制较陋，称野鸡马车。光绪戊申以还，公共租界及法租界皆行驶电车。旋又有黄包车出焉，其车之形式类腕车，惟稍低，且为橡皮轮。其后又有摩托车，则藉汽力以驶行，而以一人为之司机，捷于飞鸟，有公司专赁之，每租一小时，须银币四五圆。脚踏车，则必习其行驶之术，始可乘之。塌车以板为之，惟以载货"。"电车为大众所附乘。摩托车有常年自蓄者，有临时租赁者。马车、腕车亦如之。羊角车，则除载物外，惟为细民所傚乘，非乡居，鲜自蓄者。电车以取值廉，乘之者不仅屠沽佣保，虽达官贵人、富商大贾，亦群趋之，漏卮之外溢不计也。然若辈亦时乘摩托车与马车，以自示其豪。"⑤

在边疆地区，各地因地制宜，使用不同的交通行旅工具。文献记载："同治以前，行陆路来往京师者，有急事，则千里长途驾骡车，戴星而行，数日可达，谓之包赶程。"⑥ 在东北"黑龙江向无各项车辆，有达呼尔随意用柳条编造者，曰辐辐车，轮不甚圆，不求准直，轴径如椽，而载重致远，不资毂辗，且以山路崎岖，时防损折，动以斧凿随之。曳车者为牛。一人尝御三五辆，载粮谷柴草类。然富人乘车，亦用毡毳为盖，以蔽风雪。间亦有用桦皮，或如棺木者，别

---

① 徐珂：《清稗类钞》第十三册，《舟车类·班船》。
② 徐珂：《清稗类钞》第十三册，《舟车类·海门之舟》。
③ 徐珂：《清稗类钞》第十三册，《舟车类·广州之船》。
④ 徐珂：《清稗类钞》第十三册，《舟车类·舢舨船》。
⑤ 徐珂：《清稗类钞》第十三册，《舟车类·上海之车》。
⑥ 徐珂：《清稗类钞》第十三册，《舟车类·包赶程之车》。

号桦皮车，东西布特哈多有之"①。到冬季，黑龙江民人则多用扒犁作代步工具，"黑龙江有扒犁，如凌床，不施铁条，屈木如辕，驾二马以行于雪上，疾于飞鸟"②。

在西北地区，民人的行旅除用轿子马匹骡驴外，还因地因俗乘用车围和台车，史称"嘉裕关外之西为伊犁、哈密、和阗，再西曰南八城。欲至其再西，必经瀚海，行旅必联合大车四辆，路宿则以之作围。翌晨起视，则四车中央之隙地，沙厚数尺，四围如壁，而中则积沙也。苟不如是，则入夜风烈，车必倾倒，人多埋于沙中，窒息而死。瀚海无路，车行需指南针。世传行必中道，否则掉入沙中者，误也"③。此外，"新疆有台车（谚语谓驿站曰台），创始于左文襄（即左宗棠）西征时，修筑马路，以运辎重，每台各备车数辆。其车如马车式，曳以二马，另备马若干匹，以待更易。新疆底定，遂为常法。行旅至，乘车以赴彼台，至彼台，又易车马以达他台，马不过劳，客不淹滞，其法自较驿传为善也"④。

第三节　交通与邮驿变迁

清代，随着封建王朝政治、军事统治的日益巩固，社会经济、文化的发展繁荣，直接为封建统治者服务的邮驿制度，更臻完善；与此同时，民间通信事业相应有所发展。邮驿，是一个与政治、经济、军事、文化乃至普通百姓日常生活密切相关的古老部门。它不仅包括通信，还包括交通、运输和旅店业。中国古代，邮与驿，是既相联系又相互区别的两个不同系统。前者以通信传递为基本功能；后者以交通联系为主要作用，而运输则成为游离于二者之间的纽带。邮驿与民信业的发展，大大开阔了清人的视野，丰富了清人的物质与精神生活。同时，它还多层次、多侧面、多渠道、多途径地增进了清代各地区之间、边疆与内地之间、沿海与中原之间、各民族之间、中央与地方之间、地方与中央之

---

① 徐珂：《清稗类钞》第十三册，《舟车类·辐辐车》。
② 徐珂：《清稗类钞》第十三册，《舟车类·扒犁》。
③ 徐珂：《清稗类钞》第十三册，《舟车类·车圈》。
④ 徐珂：《清稗类钞》第十三册，《舟车类·台车》。

间的密切联系和交往。

一　邮驿的发展与盛衰

清代的邮驿制度是在明代的基础上发展起来的。明末清初，长期战乱破坏，使驿递遭受洗劫，驿政废弛、驿路不通，军情政令不能及时传递。面对这种情况，新建立的清朝政府，通过兵部，采取诸如颁布车马、夫役、邮符、给驿等条例规范制度；遵循繁简冲僻区别处理的原则，调整邮驿网路；加强巡察，严禁私票；改革驿银支付办法等有效的整饬措施以后，到康熙时，驿政已逐渐好转，《清史稿》称，"各省驿制，定于康熙二年"。自康熙、雍正至乾隆年间，清代的邮驿发展出现兴盛。而至嘉庆后，由盛转衰，清末，积弊丛生，使清代邮驿走向衰败。

（一）邮驿的组织与管理

在组织机构方面，清代的邮驿，由驿、站、塘、台、所、铺六种组织形式构成，统称为邮驿。它在中央由兵部车驾清吏司主管，在地方归按察使司管理。《光绪会典》卷五一载称："凡置邮曰驿、曰站、曰塘、曰台、曰所、曰铺，各呈其途之冲僻而置焉。"同时，对驿夫、马、车、船、经费有一定规定。在公文传递方面，则有驿站传送、专差传送、急递铺传送等方式。传送时其凭据称邮符，由兵部掌握。给驿的证明共分两种，官员驰驿给"勘合"，兵役驰驿则给"火牌"，规定甚严。

驿：驿的主要任务是传递通信、传递紧急公文，此外，还有迎送接待过往官员食宿和运送官物之责。清代各省腹地所设者称"驿"，属州、厅、县管辖，专设驿丞管理驿务。"驿丞"一职，据《清史稿》卷一百十六记载："未入流。掌邮传迎送。凡舟车夫马，廪糗庖馔，视使客品秩为差，支直于府、州、县，籍其出入。雍正六年，定满人不得为驿丞。"此外，盛京设驿，但不隶属于州县，专设驿丞管理。"驿丞"例由吏员除授，全国各驿站共设驿丞六十五人。奉天府设"驿巡道"一官，系道员的一种，属汉缺，职掌为巡察边防、督征税课、节制营伍，并审转奉天府属刑名，兼管驿站事务。驿站的日常经费，又称"驿站钱粮"，凡驿站的夫役工食、过往官员之廪给及过往兵役之口粮等，均在此项钱粮内支付。该项经费为国家直接掌握，统由国库收支。腰驿，也称腰站，是在两驿之间设置的"换马处"，用以节省马力，确保紧急公文的传送。县递，供本州县驿传所需，又称递马，或里甲马，额不过数匹而已。

站：军报所设为站。《光绪会典》卷五一记载，其常设者自京城北回龙观站起，迤逦而西分两道：一达张家口接阿尔泰军台，以达北路文报；一沿边城路山西、陕西、甘肃、出嘉峪关接军塘，以达西路文报。每站各拨千把总，外委以司道接送，其夫马钱粮仍归所在厅州县管理。吉林、黑龙江所设亦曰站，每站设笔帖式管理，统于将军。直隶喜峰口、古北口、独石及山西杀虎口处所设也称站，并衔蒙古站，以在该地区六盟四十九旗。其口外各站夫马钱粮，归直隶、山西督抚奏销。蒙古站每站各设蒙古章京、骁骑校、毕齐克齐、佐领、兵丁以司接递，统于理藩院章京。

塘：甘肃安西州、新疆哈密厅、镇西厅设军塘，以送达出入文报。新疆设行省后，裁哈密、镇西两属旁边塘，安西州仍设军塘。每塘设有军塘夫以司接递，并设督司一人督率稽察，夫马钱粮归文员奏销。

台：西北两路设台传递公文。北路张家口外各台，每台派蒙古章京、骁骑校、兵丁以司接递。在张家口、赛尔乌苏各派理藩章京一人分管，统于阿尔泰军台都统。迤逦而西，达于乌里雅苏台城，每台派喀尔喀章京、骁骑校、兵丁以司接递。每隔数台派喀尔喀台吉一人督率稽察。由乌里雅苏台分道而北，达近吉里克卡伦设台，派喀尔喀官兵司递，统于定边左副将军。由乌里雅苏台迤逦而西达科布多。由科布多分道而北达卡伦亦设台，派喀尔喀官兵管理，由科布多分道而南达古城设台，派扎哈泌官兵管理。均统于科布多参赞大臣。由赛尔乌苏迤逦而北达库伦，再北达恰克图设台，派喀尔喀官兵管理，皆统于库伦办事大臣。这些站、塘、台，是为适应边疆地区特点，沟通边疆与内地联系的一种特殊的交通与邮驿组织形式。其共同特点是：由军卒充役，以飞递军事文报为首要任务，兼具巡逻、侦察、运输等多种职能。它们多数是在古驿路或商路的基础上兴建起来的。

所：清旧设递运所，运递官物，后裁并归驿，只有甘肃一带还保留着这种形式，各设牛车专司运输，归所在厅州县管理。

铺：清朝规定，各省腹地厅州县，皆设铺司。由京至各省者，称为"京塘"，各以铺长、铺兵走递公文，工食入户部钱粮奏销。清代的急递铺与明制基本相同，规模庞大，网路纵横，较明代更为发达。按规定，每十五里设铺一所，每铺设铺司一名，铺兵四名。铺兵由递铺附近有丁力、税粮一石以上、二石以下的农户中征派，须要少壮正身，并免去杂项差役。急递铺的主要设备与元、明相同，十二时日晷牌子一个，红绰屑（门楼）一座并牌额，铺册二本（上司行下一本，各府申上一本），遇夜常明灯烛。铺兵每名备夹板一副，铃攀一副，缨枪一条，油绢三尺，软绢包袱一块，笠帽、蓑衣各一件，红闷棍一条，回册一本。急递铺专司传送地方和中央的寻常公文，严禁役使铺兵挑送官物及行李等，违者依律严厉制裁。

清代，对邮驿机构的管理，主要体现为经济管理（如对驿站的人、财、物的管理）和行政系统管理两个方面。

其一，经济管理方面。

按清政府的规定，各地驿站的人、财、物（包括夫、马、车、船及经费等），有一定的数目，统称为"额设"，凡在驿服役的差役，统称为驿夫，名目有马夫、驿夫、兽医、驿皂、驿船水手、扛抬夫等，他们分别专司喂养马匹、递送文书、抬轿、运物等劳役。按规定，每两匹马配备驿夫一名。一般是设在通衢大路的驿站，设夫一二百名、七八十名不等；偏僻驿站只有二三十名。这些驿夫的待遇，每名日给工食银二三分以至七八分不等，由驿站钱粮内支销。据《光绪会典》记载，全国共有驿夫七万四千余百五十九名，以每名每年工食银七两二钱计算，全年约需银 52 万两，约为全年驿站经费的五分之一左右。各地驿夫名目繁多，旱驿有杠夫、轿夫、青夫、白夫、囤养夫、长夫、短夫、走递夫、所夫、募夫、兜夫、堡夫等等；水驿有水夫、纤夫等。盛京专设驿丁供差，吉林、黑龙江驿站的领催、壮丁由旗人派充。甘肃军塘夫由绿营兵调派。蒙古及北路军台、蒙古喀尔喀、札哈沁昆都兵丁由各部落派充。驿站夫役不敷应用，雇用民夫，以百里为一站，每站每名给钱一钱，超过或不足十里者，分别增减银一分。

对驿马、驿车、驿船等，有明确规定，因地因务因繁而有差异。

驿马：除福建、广东、广西驿站没有驿马外，其余各省驿站均设驿马，以备使用。《清史稿》载称："驿置肇自前汉，历代因之，清沿明制，设驿马，为额四万三千三百有奇。各省驿制，定于康熙二年，凡赍奏官驿马之数，各藩马五匹，公、将军、提督、督、抚三匹，总兵、巡盐御史二匹。""边外之驿，定于（康熙）九年，凡明诏特遣，及理藩院饬赴蒙古诸部宣谕公务，得乘边外驿马。三十五年，征噶尔丹，设边外五处驿站，用便车粮运输。又从理藩院言，自张家口外设蒙古驿。其大略也。驿传在僻地者，仅供本州县所需，亦曰递马，额不过数匹。冲繁州县，置驿或二或三，额马至六七十匹。驿差大者，皇华使臣，朝贡藩客，余如大臣入觐，莅官、视醮、监税皆是。若赍奏员役，呈奉表册，其小者也。要者，如星驰飞递，刻期立赴之属。若闵劳恤死，允给邮传，其散者也。"至于"已定例诸驿额马，每年十踣其三，循例买补"。直隶驿站还兼设驴，吉林、黑龙江兼设牛，北路罩台兼设骡驴，山东、浙江还兼设骆驼。这些畜力，按地方冲僻及差事的多少，各有定数。驿马每年倒毙减损的数额，一般多在十分之二至十分之四左右。以光绪朝为例，全国驿站供驱使的马、驴、骡、牛等数目，多达五万三千三百九十二匹。

驿车：除在京师会同馆设车外，直隶、黑龙江、甘肃驿站也设车。其余驿站不置车辆，必要时雇用民车。以百里为一站，每车每站给银一两，多十里增银一钱，少十里减银一钱。

驿船：水驿设有船只，以供使用。其名目因地而不同。在江南、湖北有宣楼船、站船；浙江有站船、渡船；广东有座船、楼船、河船、马船、粮船、快船、小船、站船；江西、福建、广西有站船。一般三年小修，六年中修，九年大修，十年拆造。站船每十船编为一甲，每甲立一甲长。如不足十船，五六船也可编为一甲，或附入其他甲内。开船时，挨号衔尾停舶，不许离帮。每船给保甲牌一面，将船丁头舵水手姓名年貌籍贯注明悬挂船首。一甲之内各船互相稽查保结。驿船不敷，准雇民船，每里给银三分。雇用纤夫，以百里为一站，每户给银一钱作佣资。

驿站经费：清初，驿站一度实行民支（即差徭制），不久改为官支（即募用制），驿站经费随地粮税征收。各省设道库，为驿站经费的专库，由按察司（臬司）管理。驿站开销的项目有工料银、牛马价、廪粮、船价、雇价、修理费、租赁驿舍费、药饵费、什支银等等。清初，各州县驿站经费在当地征收地税银两内自行留支，如遇粮税减免缓征，以及有驿无征和数额不足的州县，从藩库地丁银内拨给。乾隆五十一年（1786），清政府为防止地方挪用侵占，禁止自行留支，一律上解到省，由臬司按季领存给发。嘉庆五年（1800），清政府又准州县将驿站征收地粮税中夫马工料等款悉数留支，余银上缴。征额不足，准于地丁银内扣支。至于驿银奏销册，每省造一省总册；每府造一府总册，以节年存剩为"旧管"，以额设实征为"新收"，以夫马车船各项工料及廪给、杂支、雇募价值为"开除"，以本年支用存剩为"实在"，统于次年五月，由督抚核明具题，造册分报该科核察。全国各地驿站的经费，在清政府财政支出中占有一定比重。顺治三年（1646），户部以明万历时旧籍为准，着手编纂《赋役全书》，核定全国驿站经费每年3429030.42两，至康熙初年，驿费岁额银达3077813.52两，较顺治时减少十分之一。以后，驿站经费虽时有增减，或多有变动，但其支出银两在220万两上下浮动。

清政府为严格与整肃邮驿法规、维护邮驿的正常运转、提高邮驿的驿递效率，在《大清律例》的《兵律》中，专门设有"邮驿"十六条，对"递送公文"、"邀取实封公文"、"铺舍损坏"、"私设铺兵"、"驿使稽程"、"多乘驿马"、"多支廪给"、"文书应给驿而不给"、"公事应行稽程"、"占宿驿舍上房"、"乘驿马赍私物"、"私役民夫抬轿"、"病故官家属还乡"、"承差转肩寄人"、"乘官畜产车船附私物"、"私借驿马"等过失或处置失当的行为，均要治罪。

其二，行政系统管理方面。

清代邮驿的行政系统管理，分为中央管理与地方管理。在这两个"主系统"下，又有若干分支"子系统"的管理。

中央管理系列：清政府为了统辖和掌管全国的邮驿与马政事务，在兵部设有车驾清吏司，以专司其职。《清史稿》记载，车驾清吏司有郎中，宗室一人，满汉各一人；员外郎，宗室一人，满二人，蒙古一人；主事，满汉各一人；笔帖式若干人及经承六人。在车驾清吏司下设驿传科、脚力科、马政科、马档房、递送科等机构，分办本司事务。此外，还有会同馆、皇华驿、捷报处等机构。"会同馆"，专门管理京师驿传事务，设管理馆所侍郎一人，由兵部侍郎选派，一年更换一次。另设满汉监督各一人，由兵部堂官于司员内选派，也是一年更换一次。"皇华驿"，是京师所在地的驿站，也是全国驿传的总枢纽，设驿马五百匹，马夫二百五十名，车一百五十辆，车马一百五十匹，车夫一百五十名。每年经费由兵部核准，户部给领。"捷报处"，设在京师东华门外，下设郎中、员外郎、主事、笔帖式，无定员，由兵部堂官酌委。差官四十人，以武举已拣选者充补，掌管驰送文报。由皇华驿或捷报处，驰交通州、良乡、昌平、顺义及固安各驿，接续飞递。捷报处掌接驰奏之折而递于宫门。尚有各省提塘官公设报房，凡钦奉谕旨及题奏等事件，均亲赴六科钞录刷转发。其各部院奏准议复应行发钞事件，该衙门将原奏抄录铃盖印交直季提塘按日刊刻颁发。仍令该提塘将发钞底本及原奏印文按十日汇报兵部存案。若承办衙门并未交发，不得刊发。按清朝的规定，各省驻京提塘官十六人，均由各督抚将本省武进士及候选守备咨部充补，如无合适之人，已拣选之武举亦准保送。而各省咨送各部院之公文，以及各部院咨行各省公文，皆由提塘交发。

地方管理系列：清政府规定，各省的驿传事务，统归按察使司按察使管理。按察使职掌"一省刑名按劾之事，以振风纪而澄吏治"。按察使每省一人，同时还兼管全省的驿递事务。在新疆由镇迪道兼，全国共为十八人。省下设若干道，道员是藩（布政使）、臬（按察使）两司的辅佐官，有"守道"与"巡道"之分。清初，有的省设驿传道，有的省设驿传盐法道或粮驿盐道，主管所辖驿站，后来裁设无常。光绪时全国分守、分巡道共九十二人（包括奉天驿传道一人）。"驿丞"是主管驿站的官吏，未入流。乾隆二十年（1755），清政府规定，驿站钱粮均由州县经管，驿站只负责应差馁马，不必另设官员管理。凡在城或离城较近的驿站，由州县兼管，撤销驿丞；离城较远，或离城虽近，但路当冲衢要道，驿务繁忙，州县无力兼管者，仍由驿丞管理；对距本州县较远，但离其他州县较近驿站，调整隶属关系，划归就近州县管理。光绪时，全国仅有十个省设驿丞六十五人。盛京的驿站不隶属州县，设驿丞管理。同时，又设正副监督二人，为专职的稽察人员，他们均由盛京兵部管辖。

（二）邮驿"网络"与分布路线

清政府为了使封建国家机器能维持正常运转，耗费大量的人力、物力、财力，来保障邮驿"网络"以及水旱驿路的畅通无阻。这个"网络"，由全国两千个驿站、七万多名驿夫、一万四千个递铺、四万多名铺兵组成。它规模庞大，网路纵横，四通八达。清人自称"延袤万里"，"驿递鳞次，远近毕书"，"驿递之设……未有能逮于今者"。就其邮驿业本身而言，无论是"面"、"点"、"线"方面，还是在广度与办事效率上，都远胜于前代。

清朝有效辖制的是一个幅员辽阔、人口众多、地形复杂的封建大国，其通信联系，是以各地驿站为主体的"水旱驿路网"和以急递铺为主体的"步班递铺网"两条渠道进行的。由于网络体系相互交织，能够发挥有效作用，因而把中央与地方，内地和边疆紧密地联系起来。上情能下达，下情亦能及时、准确的上报。这对维护整个封建国家的统一局面，起了十分重要的作用。

在邮驿网路的具体走向与线路上，清代全国的邮驿网路，以位于京师东华门的"皇华驿"为中心枢纽，然后，向全国四面八方辐射与自然延伸。延伸的干线、网路，又分为东路、东北路、北路、南路，以及水路等若干条。

东路：自京师皇华驿东行，经通州潞河驿等十个驿站，出山海关，又经十三驿至盛京驿，全长一千四百六十里；再由盛京驿起，经十二驿七百八十五里至吉林省城乌拉站；复由吉林起，经十八站一千零七十二里至黑龙江将军驻扎地齐齐哈尔。这是一条联通东北三省的干线驿路，全长三千三百一十七里。此外，自京师皇华驿东行至遵化石门驿，东北行至喜峰口，出喜峰口接蒙古地区各站。

东北路：此路自京师皇华驿至热河共四百五十里，由古北上口外案匠屯接蒙古站。

北路：北路干线，一为自皇华驿至独石口共五百二十里，由独石口接蒙古站，此路由土木驿正北行。一为自皇华驿至张家口共四百三十里，由张家口接蒙古站，此路由土木驿偏西北行。

南路：南路干线形成的"网路"较多。它主要有：一是自皇华驿一百四十里至涿州涿鹿驿，经雄县、河间、献县、德州等驿，至山东省城济南府，全长九百三十里。由山东省城出发分两路，一路至江宁、安徽、江西、广东，为山东中路；一路至江苏、浙江、福建，为山东东路。二是自皇华驿行三百三十里至保定，经正定、栾城、邢台、安阳等驿，通往河南省城开封府，全长一千四百九十五里。由河南出发，又分为两路，一路达湖北、湖南、广东、广西；一路达云南、贵州。三是自皇华驿至山西省城，又分为两路，一路经居庸关外；一路经保定、正定、越太行山，经获鹿、井陉、平定州，通往山西省城太原府，再由太原出发以达陕西、甘肃、四川；又由甘肃以达新疆、青海、西藏。

水路：清代水路干线，自皇华驿，经通州潞河驿，沿大运河，通往山东、江苏、安徽、浙江、江西、福建、湖北、湖南等省的区域。

由于清朝封建统治者的高度重视、管理体制上"裁驿丞，归州县"更好地发挥了地方的积极性，驿银等经费管理制度上的改革，使这一事业，确实有了大的发展。其表现为：其一，邮与驿、通信与交通的联系更加紧密。驿站既是官方的交通组织，又是政府的通信系统。清代首创的"马上飞递"传送公文的形式，更是将驿站拥有的交通、通信工具（马、车、船等）与传递通信的人（马夫、驿卒）紧密地结合起来，真正形成了与步递通信网并行的马递通信网，公文的传递组织与运转系统更形严密；与此同时节省了大量人力与物力，在一定范围与程度上减少了专差对驿站的骚扰。其二，驿站设置，更加普遍与"网络化"。以山东为例，光绪时，全省驿站达一百三十九处之多，比乾隆时增加八十九处，增加的主要是县递。在一百三十九处驿站中，县递有八十四处。县递设有递马，多则十余匹，少者三四匹。各县递马总数达四百五十三匹之多，约为全省驿马总数的百分之十七左右。干线驿站与县递相连接，从而有效地扩大了通邮面，有利于整个邮驿事业覆盖面的拓展。其三，通信与邮驿的效率大为提高。中国古代，清以前"马递"传送公文的最高速度，按一昼夜计算，一般为四百至五百里。清代创造了一昼夜路行六百至八百里的新纪录。康熙平定三藩之乱时，军事情报和急件公文，从西南至京师五千余里，九日可到。荆州、西安到京师，五日可至；浙江至京师四日可到，京师至新疆八千五百余里，半月可达。可见其效率是很高的，速度迅猛，时空的距离被一下子缩短了许多。其四，清代边疆地区的邮驿，得到了较大的发展。如前述各驿路干线，许多条可直达东北、西北、西南的边疆地区。同时，在边疆省份的驿站数量较多，分布密集，邮驿信息传递畅通，如新疆在康熙时，自嘉峪关至哈密设十二台，用山陕小车三千辆以运粮。自哈密至岭南设三台，自岭北至巴里坤设三台。至乾隆十九年（1754）时，自神木至巴里坤又设站一百二十五处，运送粮草。后来，清政府派专员去新疆，整顿台站和邮驿事务，足见其重视程度。

二 民信业与民间通信

清代专门经营民间通信事业的"民信业"，是在1840年鸦片战争前后，发展建立起来的。文献记载道光初年时，不仅重要城市民信业已较普遍，即使一些中等城市，如四川的夔州（今奉节）、广元，云南的昭通，陕西的秦州（今天水）设有民信局。这既大大方便了民间民人的互相联系、交往，更拓展了人们的视野，丰富了清人的社会生活。

（一）民信业的兴盛

清代，民信局是由私人经营的、负责民间通信的一种商业性组织；在经营方式上，有独资开业的，亦有合伙经营者。这些大大小小的民信局，一般并无华丽的门面装潢,大多因陋就简,为一两间门面;铺面招牌高悬,写明某某信局,或某某轮船信局,以广招徕。其中,轮船信局的招牌,在19世纪,清代后期的民间,是最具有吸引力者。因为,当时轮船是最为便利、快捷的交通工具,故信件通过轮船信局寄递,最受民人的欢迎。在这些规模各异的"民信局"招牌下,写明本局信件通达的地点,标出该局特定的运输与投递路线。这些局里,具体主持与承办业务的店员人数,视业务量大小,而有多有少,多者为几十人,少者仅二三人。这些店员的具体工作是:司账或管柜;收寄信物营业员;送信或揽信员;挑夫;杂役;厨司;脚夫,即运送信件的工人。其中,脚夫只有自办信局信路的民信局才有;有的信局自己不设脚夫,而与当时已独立分离出来的专营运输业的工人、或"脚行"签订合同;工人则按期承运信物,按路程之远近、信物之多少,给予报酬。一些大的民信局,分工较细,一个工种设几个人;小的民信局多为一人身兼数职。工人与店员的工资(工价)有按年计算的,从每年制钱三十吊、四十吊到八十吊不等;有按月计酬的,由每月二三吊到十吊以上,更有只按年节分红,而不给工资者。这种民间商业组织中的雇佣关系的计酬计值,无统一规定,大多视民信局自身规模、经营状况的好坏、经营者本身的商业素质的高下,而有所差别。

民信业的存在与发展表明,它往往受到社会政治、经济、军事、文化、交通等诸种因素的多重制约。道光时期,清代民信业才呈现出兴盛之势。此后,遍布全国许多地方的大小民信局,共有几千家之多。这些民信局,资本额高的达二三十万两白银;低的只有银四五千两。这些信局的分布,视地区而有差异:较大的民信局多在商业中心开设总号,如上海、九江、汉口、重庆、天津、广州、营口、厦门、汕头等,并各在特定业务活动路线上设立分号。总号与分号之间的关系,共分为两类,一是总号统一计算盈亏,分号只按期向总号解款;二是分号单独计算盈亏。分号之下有的还设有代理店。这些大大小小的民信局,虽然各自门户林立,各有特定的业务活动路线、范围。但是,由于民间信物的各种需求在不断增加,要求业务范围向纵深和横向发展扩大。致使信件的流动,有时往往超出和逾越了信局划定的界域。在这种状况下,也就大大促使各信局之间,加强业务纵与横的交往和联系。因此,各信局之间,往往采取业务上相互合作的办法,彼此交换各自收到归对方局投送的信、物,每年年终再相互结算。同一地点的民信局,有的在业务上也相互合作共事,轮流担负投递和运送工作。使民信局的网络化与信递业务的多功能化大为加强。

(二)民信局的业务活动

清代,民信局的业务范围甚广,方式甚多。其主要业务活动有四项:一为信件收寄;二为包裹运送;三为汇总与现金运送;四为报纸发行。

其一，信件收寄业务。民信局的信件收寄，是其经常、大量的业务活动之一。在活动方式上，主要采取"上门收信"的办法，对信局的老主顾尤为如此。有的一天收信一次，也有收几次的。派往收取信件的人，服务十分周到，态度谦恭，以"诚"字取信于主顾。收信的手续很简便，不需过秤、贴票或付现款。不论其平信或挂号信，都要在收信簿上登记姓名、地址、内装何物、价值等等，以备日后查对。因此，一封普通平信实际上也享受了挂号的利益。在责任方面，几乎实行无限赔偿制度，甚至连追查所需费用也归信局负担。在信件的封发上，为满足商家把每日最后的行情，以最快的办法赶发出去，信局尽量把信件封发的时间移到最后一分钟，然后立即封发。在信件的接运和投递上，民信局总是在轮船还未抛锚停泊时，就已先乘小驳船等守候在那里，在轮船抛锚停泊之际，驳船已将轮船所带信件接运下来，并立即在驳船上分拣。因此，驳船一靠岸，就开始投递。而且在投递时，又采取重点先投办法，把老主顾的信件，列为投递路线的起点，尽快先投。这些做法，颇得老主顾的信赖。在信资的收取上，一般分为"酒力"、"号金"两种。"酒力"亦称"酒资"，即普通信资，多由发信人付给。"号金"，有的称为"保险金"、"保险费"，多由收件人付给。具体的信资，更是名目繁杂，有书信寄递费、包裹寄递费、钞票及有价票据寄递费、现金寄递费、汇总费、挂号费等六种。收费标准有七种：以件数计；以距离计；以重量计；以价值计；以距离重量计；以重量合价值计；以重量、价值、距离三项并计等。其付费的方法，更加灵活多样，可由寄件人、收件人付，也可各半分付。此外，民信局收递的紧急信件有"火烧信"、"鸡毛信"、"么帮信"等。"火烧信"是烧掉信件的一角；"鸡毛信"是在信件封口处插一根鸡毛，以示"火速"、"飞速"之意，在信资上要加倍付费。"么帮信"是在电报创办前最快速的通信方法，民信局派专差急送，不与普通信件同时处理和运寄。

其二，包裹运送业务。民信局运送包裹有两种方式，一种是只供应客商所需的轿夫、挑夫、骡车、驴等工具，收取一定费用；另一种是负责运输，不需要客商押运包裹，由民信局负责运送到指定地点交给指定商号收取。此外，信局除供应运输工具外，还派专人护送，另收保险费用的办法。清末，东北的民信局还有兼营镖局的，以保障包裹运送的安全。保镖的办法是派武艺高强的镖客、镖师随行护运，车上、船上白日插镖旗，夜晚悬挂镖灯，从而对企图拦劫的惯匪，产生某种威慑作用。

其三，汇兑与现金运送业务。民信局由于运送现金，所以要承担很大风险，特别是在一些交通不便、盗匪出没的地区，风险更大。但是，民信局对顾客仍采取负责的赔偿制度。在某些地区，就采取有限赔偿责任制。如果中途被劫，由民信局与顾客对半负担损失。如果被劫而致脚夫丧命者，则对顾客不予赔偿。

不过，由于民信局过失而丧失票款者，仍由民信局负责进行全部赔偿。这实际上，民信局在承办和经营保险业务。从而为这一有风险的业务活动，奠定了坚实的信用基础。

其四，报纸发行业务。同治年间（1862—1874），国内已出现铅印的中文报纸：《上海新报》创刊于1862年；《申报》创刊于1872年。当时，上海的报馆甚多，外埠民信局多通过上海民信局批发寄递。报社和个人订发户也多托民信局运递报纸，于是报纸发行成为民信局的一个重要业务项目。

清代，民信局的业务与活动方式，有两个重要特点。一是为了拓展与扩大业务活动，取信于客户，民信局对信件采取保护措施。长江上游川江运输，水急滩多，时常发生事故。于是，这一地区的民信局在运输信袋时，总是先用油纸把信件包好；包裹使用油布捆扎，信袋均用绳子紧缚于桨桩上，以防不测，同时便于抢救。二是民信局在进行业务活动时，还时刻注意提高效率，以缩短信件递送日程。具体做法是，奖励快速运递。江南盛产茶叶的江西省，每年采茶季节时，为了将茶叶行情尽快传递，创立了一种特殊的"奖励快递制"。即在茶市最忙的时候，规定了一种按快慢日程不同收费各异的办法。同时，在这种情况下，各地民信局还按不同快速日程，支给脚夫以不同差额的奖金或工资，以示鼓励。这些特殊的激励机制，为商业的繁荣，市场的活跃，商业信息的流通和传递，民人生活的便利，创造了便捷与快速的联系手段。同时，它更是清人迈入现代社会生活，所必经的通道之一①。

---

① 本节在撰写中，参考刘广生主编《中国古代邮驿史》一书，人民邮电出版社1986年版。

第五章

婚嫁与婚姻礼仪

　　婚姻风俗与礼仪，是清代社会生活中最具特色的重要组成部分之一。这一风俗礼仪，既具有清代社会物质生活与精神生活的二重性，同时又是沟通二者的特殊手段。因此，在清代婚姻风俗礼仪中，一方面是社会各阶层的物质性消费；另一方面是清人满足其特殊政治需求（如王公贵族的联姻、婚嫁礼制）和精神需求（家族的兴旺、人口的繁衍和孝悌的实现）的最佳途径。这是清代社会，从皇帝到平民，为何高度重视和努力实践它的真谛所在。

　　清代是中国古代文明高度繁荣和灿烂的时期，各种礼制之缜密、内容之广博，封建礼仪之繁缛、影响之深远，更是前所未有。满族统治者由边隅入主中原，作为一种生机勃勃的向上力量，又给这种传统的文明注入了新的血液和文化基因，从而使古老的风俗礼仪赋以新的内涵，焕发出新的活力。这又理所当然地给予包括婚姻礼仪在内的清代社会生活风俗以诸多影响。清统治者出于政治需要，更是不遗余力制定各种繁琐的礼仪，进而对社会生活施加权威性的影响；他们要求社会成员（包括宗室成员、王公贵族、官僚士绅直至贩佚走卒、贱民、奴婢，以及边疆的各少数民族成员）从婚姻礼仪到交际往来，必须依"礼"而行，使社会成员处于一个上下有等、尊卑有序、贵贱有别的等级体系之中，整个社会形成为一个身份社会。这样，各种礼仪自然成为清统治者手中防僭越、辨尊威、明贵贱，以及维护封建等级体系的有力工具，禁锢人们思想的重要精神枷锁之一。社会各阶级、阶层和各民族成员的婚姻礼仪，虽因政治、经济、文化以及地区与民族差异等因素的作用影响，呈现出千姿百态、杂色纷呈的状态；但最具特色的是它的礼制性、等级性、地区性、变异性与民族性的内涵和特质。

第一节 婚嫁观念与婚姻形式

清代的婚嫁观念，系指清人择偶婚配的标准而言，它的形成，是继承传统婚嫁观念的结果，更是清代政治、经济、军事与伦理观念的产物：一是在政治上，清人择偶重"门第"。二是在经济上，清人婚姻"重财富"又"别贵贱"。三是在军事上，重满汉之别与官阶之异。四是在伦理上，清代是封建贞操观念较为严格的时代，婚制除继承明代的诸多流弊外，对妇女贞节的要求更达到登峰造极的地步。五是在演变上，清后期的太平天国运动、资产阶级革命运动，在一定程度上、一定范围内，改变或冲击了封建传统的婚姻道德观念和礼仪，为婚姻风俗的变革和进步，注入了一股新的活力。

一 清人的婚嫁观念

（一）婚嫁政治观：重门第与择偶

礼制缜密、繁仪缛节，等级森严，不可僭越违制，须循礼而行，是清代婚嫁政治观的突出特点。按照清代的封建礼制和仪礼规定，不仅皇帝的大婚、皇子的成婚、皇孙成婚、皇曾孙和玄孙的婚礼遵循一定的规格和等级，不容僭越，而且凡公主下嫁礼、亲王婚礼、世子郡王婚礼、贝勒婚礼、贝子婚礼、镇国公婚礼、辅国公婚礼、镇国将军婚礼、辅国将军婚礼、奉国将军婚礼、奉恩将军婚礼、闲散宗室婚礼、觉罗婚礼、王公以下婚娶通例、郡主于归礼、县主于归礼、郡君于归礼、县君于归礼、乡君于归礼、郡主以下于归通例和官员士庶婚礼等，都有严格的规制、等级需要遵循，不许随意违制，否则一律给予严惩。刑部户律婚姻条，对清代平民阶层的男女婚姻、典雇妻女、妻妾失序、逐婿嫁女、居丧嫁娶、父母囚禁嫁娶、同姓为婚、尊卑为婚、娶亲属妻妾、娶部民妇女为妻妾、娶逃走妇女、强占良家妻女、娶乐人为妻妾、僧道娶妻、良贱为婚姻、外番色目人婚姻、嫁娶违律主婚媒人罪等婚姻行为，均有条律规定，必须严格遵守和奉行，从而使得清代金字塔式的等级婚姻制度与礼仪，得以用封建法定的形式确定，封建的伦理纲常得以维护与加强。

清代边疆地区各少数民族的婚姻形态，随着社会经济的发展、文化的繁荣，有所发展进化。其中，绝大多数的少数民族实行一夫一妻制的婚姻制度，而且不同的阶层有自己的择偶标准，一般都要考虑门当户对，贫富之间绝少通婚，如藏族实行严格的阶级内婚制，贵族绝不容许与平民通婚；彝族各个不同等级之间严禁通婚。可见在少数民族的婚姻活动中，其等级特点也是严格的。另一方面，各民族社会政治、经济、文化的发展的不平衡性，导致一些少数民族，还保留着各种古老婚制的残余，形成了丰富多彩的婚姻习俗。如侗、彝、苗、景颇等族，姨表兄弟姐妹不得通婚，这溯源于母系氏族制时期的氏族外婚。姐妹的子女属于同一氏族，所以在禁婚之列。与此相反，有些民族却盛行姨表婚，如珞巴族认为姨表兄弟姐妹通婚是"金子换不到的婚姻"。如此种种，使清代的婚嫁礼仪，更加仪态万千，其婚姻风俗的内涵更为宏富。

其一，法律上的婚姻禁令。清政府颁布实施的《大清律例户律·婚姻》中，有许多对官员、民人的婚姻禁令，这些法律条文对强化清人婚配择偶"重门第"、须"门当户对"的婚姻政治观的形成，具有重要的导向作用。这些禁令一是禁官员"娶部民妇女为妻妾"，"凡府、州、县亲民官，任内娶部民妇女为妻妾者，杖八十"以治罪。二是禁"娶乐人为妻妾"，"凡文武官并吏娶乐人妓者为妻妾者，杖六十，并离异。归宗，不还乐工，财礼入官。若官员子孙应袭荫者娶者，罪亦如之。注册，候荫袭之日，照应袭本职上降一等叙用"。三是禁"良贱为婚姻"，"凡家长与奴娶良人为妻者，杖八十。女家主婚人减一等。不知者，不坐。其奴自娶者，罪亦如之。家长知情者，减二等，因而入籍指家长言为婢者，杖一百。若妄以奴婢为良人，而与良人为夫妻者，杖九十，妄冒，由家长，坐家长；由奴婢，坐奴婢。各离异改正。谓入籍为婢之女，改正复良"。四是禁"与番人结亲"，凡"福建、台湾地方民人，不得与番人结亲。违者，离异。民人照违制律杖一百，土官通事减一等，各杖九十。该地方官如有知情故纵，题参，交部议处。其从前已娶生有子嗣者，即安置本地为民，不许往来番社。违者，照不应重律杖八十"。

其二，王公贵戚"指婚"联姻。清代王公贵戚通过"指婚"而联姻的现象，普遍存在。其目的在于借助联姻之力，使之"亲上加亲"，巩固"门第"之尊，强化其政治实力。《清稗类钞·婚姻类·指婚》条记载："近支王贝勒贝子公及外戚之子女既及岁者，开具婚氏年龄进呈，即由太后指配与满洲、蒙古、汉军之贵族联姻。指定后，明发懿旨，以某女婚某王，或某某，名曰指婚，满语又谓之'拴婚'"。这种"指婚"联姻的习尚，虽仅限于王公贵戚内部的小范围，但这种由太后亲自明令"指配"的形式，显然是以"重门第"为其行为指归。因此，它是一种政治指令性行为，在高层王公贵戚婚姻活动中的再现，同时，它也是清代"重门第"的婚姻政治观的具体、生动反映。

其三，官员违政"忌"嫁娶革职。在清代官员民人的婚姻生活中，不仅有诸多法律上的明禁，而且有不少政治上的制约"忌讳"，如有违反，则要遭到惩处制裁，如两位高官长叙、葆亨，因违政"忌"，这对儿女亲家，被双双革职罢官。《清稗类钞·婚姻类·长叙葆亨以子女嫁娶革职》条载称："光绪庚辰六年（1880）十一月，以侍郎长叙护理山西巡抚，布政使葆亨于圣祖（即康熙帝）忌辰为儿女嫁娶，交部严议，皆革职。"即使是高官大吏，在儿女婚嫁上，于康熙帝的大丧忌辰之期，进行喜庆活动，当然为最高统治集团和政治伦理所不容。这又从一个侧面展现出清人婚姻政治观的牢固，以及对社会生活风俗的渗透力。

其四，倡导"阶级内婚制"以固门第之尊。清代藏族贵族在婚姻上，实行严格的"阶级内婚制"，目的是为了巩固贵族政治上的实力、保护财产，以及门第之尊。《西藏见闻录》载称，藏族"婚媾亦遴选坦腹，重门第，婿以识字者为佳，媳以善经营、能货殖者为淑"。《西域遗闻》也载，藏人"婚姻富贵者论门户，择婿女。通媒妁、纳采、问名，先以哈达；既允，回以哈达。乃令媒氏择日以绿松石饰于女首"，名曰"色贾"，仍"以衣装、金银、茶羊为聘礼。未允，则不接哈达"。宣统《西藏新志》记载："凡婚姻必择门户，男以识文字为佳，女以善贸易、识物价、理家务为善。"这些"论门户"、"重门第"、"择门户"的婚姻习尚，"此有官职者乃然"。《清稗类钞·婚姻类·西藏婚嫁》详述："藏人婚姻之年龄无定限，通常为十五至二十五，而女常长于男。"而在通婚上，"其阶级之严，犹逊印度"。且"惟王室及阀阅之家，其女不适下级人民，苟不得相当之偶，宁送其女于僧院尼庵也"。

其五，"等级内婚制"以固政治血统。彝族的统治阶级内部，实行"等级内婚制"，以巩固其"高贵"的政治血统及"纯洁"性。《清稗类钞·婚姻类·倮倮婚嫁》条记载："倮倮结婚，必以同族。结婚之法，互择门第相等者，由新郎赠品物，订约词，其承诺与否，视女家之纳品物与否，纳者为成约。"马学良等编著的《彝族文化史》载称：清代彝族婚俗中，严格限制不同等级之间通婚，如处于统治等级的兹莫、诺合不许与被统治等级的曲诺、阿加、呷西结姻。即使在诺合内部，通婚也受血缘限制。但诺合女子可上嫁兹莫男子，然而，如果诺合女子与曲诺男子通奸，双方必被处死。如诺合男子与曲诺女子通奸，双方将受社会舆论责难，男方将受到家长的惩处。这表明，政治与权力在婚俗中所留下的深深烙印，婚姻只不过是实现其特定政治目的的工具、途径与手段而已。

（二）婚嫁经济观：重富贵与择偶

清代社会经济的发展与繁荣，给婚姻习俗以巨大影响，使清人在择偶上，重富贵而轻贫贱，于是择婿时，有人提出"岁入须逾万金"的要求，就不足为奇了。

通过联姻，而达到富贵之目的，多出现在官员与商贾通婚联姻的过程中。《清稗类钞·婚姻类·赵国麟与刘藩长联姻》条记载："咸、同以前，搢绅之家蔑视商贾，至光绪朝，士大夫习闻泰西之重商，官、商始有往来，与为戚友，若在彼时，即遭物议。乾隆初，大学士赵国麟与商人刘藩长联姻，为高宗所责。盖乾隆辛酉六月，因仲永檀劾赵往奠俞姓之事而及之。"乾隆帝谕令说："赵国麟素讲理学，且身为大学士，与市井庸人刘藩长缔结姻亲，且在朕前保荐。朕已明降谕旨，较之仲永檀参奏之事，其过孰为重大。"斥刘为"市井庸人"，可知"商之为世所轻乃如此"。然岁月无情，世风日变，光绪时，官商联姻，前者图财贪富，后者图贵贪尊，各获其利，彼此乐从而成风习。至有高官之子娶木商女，虽遭弹劾落职而不悔之事例发生。《清稗类钞·婚姻类·阎锡龄子娶木商女》条载称："光绪己亥，某道监察御史阎锡龄，山右人，为子娶木商女。女曾认某福晋为义母，迎娶日，妆奁多至百余起，璀璨耀目，半为福晋所赠，远近争羡艳之。壬寅，两宫回銮，张文远公百熙为总宪，傲居中城，闻人言阎事，乃疏劾之，谓其巧于钻营。阎落职，侨京师，以书画自给。然其人实谨厚一流，为子议婚时，木商女甫二龄，初不知其异时之母福晋也。"可见此风之盛。

民间通婚重择门第的同时，更趋于富贵之家而择偶。乾隆时山东平原县民家"嫁女适他邑乃论聘财"之多少选婿。东平县民人议婚时，须"择两家门第相当，资产相垺及子女年龄相若者"，方可"提亲"。

（三）婚嫁军事观：重军阶与择偶

清代在军民通婚中，重军阶、重身份、重赡养已成约定俗成的观念。其一，重身份。在官场、社会与民间，重满而轻汉、满汉有别的现象，已普遍存在。汉人女子与八旗军官、旗人男子结婚时，一个重要目的，在于通过联姻途径，以提高女子家的社会身份与地位。《清稗类钞·婚姻类·满蒙汉通婚》条记载：清代"满洲、蒙古之男女类皆自相配偶，间或娶汉族之女为妇，若以女嫁汉族者，则绝无仅有。其于汉军，则亦有婚媾，不外视之也"。顺治戊子五年（1648）二月，世祖（顺治帝）谕礼部："方今天下一家，满、汉官民皆朕赤子，欲其各相亲睦，莫如缔结婚姻。自后满、汉官民有欲连姻者，听之。其满洲官民娶汉人之女实系为妻者，方准其娶。"康熙时，"圣祖妃嫔有年佳氏、王佳氏、陈佳氏，仁宗生母孝仪后为魏佳氏，皆汉人而投旗者，故称为某佳氏"，而

"佳"为"家"之"叶音也"。

其二，重军阶。清代凡军民通婚联姻，多重军阶，以获实惠。《清稗类钞·婚姻类·李四娘嫁谢参将》条记载："乾隆时，有水师参将谢某者，以勇名。初从狼山总兵，以长江皆枭匪，无能为，闻太湖盗能且众，自请入太湖督水师。大吏素多其能，且患盗，许之。"谢参将"乃分数十舰为数起，各自为队，悉依商船式，偃旗息鼓，惟以暗号相通问，而自率其一以前。期月，得大盗数十，悉戮之，湖面肃清，谢意得甚，大吏亦奏奖其能"。而"四娘为淮上人，父母早亡，幼从妪居，其技勇得妪传。妪，义母也"。谢参将肃清湖上残盗及乡里无赖之徒，颇得李四娘之助，结果，李四娘"归于谢，偕老焉"。

其三，重赡养。清代受传统封建礼教的束缚，妇女的社会地位低下，谋生技能缺乏。其生存，多依赖父母、夫婿、子孙的供养。在湖南民间，军民通婚，看重的是兵丁的"月饷"收入，可以赡养家口。《清稗类钞·婚姻类·凤凰女喜嫁兵》条载称："湖南凤凰厅女子喜嫁兵丁，以其有月饷可资赡养也。故男子之欲得妇者，必先求入伍。然此与西女之愿嫁军人者有别。盖彼俗尚武，此则志在谋生而已。亦可见吾国工艺之不讲，生计之枯寂，女子之多倚赖性也。"男子入伍而娶妇，女子图养而嫁兵丁，可谓两得其利的双赢之举，这也是清人婚姻军事观中，追求赡养价值观的体现。

（四）婚嫁伦理观：重贞操与求偶

清代也是封建礼教盛行、束缚妇女身心、扼杀人性最残酷的时代。民人的婚姻伦理观，最重女子的贞操。在广东中部地方，民间新婚之仪中，有对新娘"验贞"的恶习。《清稗类钞·婚姻类·粤中婚嫁》条记述：粤中民间婚俗，凡"新妇入门，直入洞房，新郎即与新妇登床而寝，室门亦砰然而阖，新郎之父母宗族戚属皆静待于房外。少焉，室门辟，新郎手捧朱盘，盘置喜娘所授之白巾，盖以红帕，曰喜帕者是也。在门外者见新郎手持喜帕而出，则父母戚属皆大喜，贺客至是始向新郎道贺。其未见喜帕之先，例不道贺，盖恐新妇不贞，则不以为喜而转以为辱也"。继而"新郎既捧喜帕而出，女家之舆从已在男家门中立俟，新郎高捧朱盘，登舆端坐，直至女家。女家闻新郎至，外舅外姑迎于门，外舅揖新郎，新郎傲不为礼，直捧喜帕至外姑卧室，置于外姑之床，然后修谒见外舅外姑之礼，盛款而还"。但"验贞"后，"如新妇不贞，则即以女家来舆迫令新妇乘之大归，即须涉讼公庭，追索聘礼焉。故新郎新妇之交拜，必须俟至诘朝也"。这种仅以新郎新娘交媾时，新娘处女膜破裂的血红的"喜帕"，来检验新妇"贞节"与否的手段，体现出清人婚姻伦理的顽固性，更突出了封建礼教的野蛮性。

（五）婚嫁观念的变革

太平天国运动，带来了崭新的婚姻观念和主张，并在实践中加以实施。金田起义前，洪秀全在《原道醒世训》中主张："天下多男人，尽是兄弟之辈；天下多女子，尽是姊妹之辈，仅得存此疆彼界之私，何可起尔吞并我之念。"在婚姻问题上，太平天国在《天朝田亩制度》中主张："凡天下婚姻不论财"，"婚娶所用，取之于国库"。同时，还下达禁止纳妾、禁止买卖奴婢和取缔娼妓的主张婚姻之事，应当完全"使之自择所与，以为己匹"[1]；温和派主张"稍予子女以自由求婚之机会"，"婚姻之事，必不能以全权委诸父母；必也，先令子女得自由选择，而复经父母之承认，然后决定"[2]。保守派虽然对旧式婚姻不满，但认为"当时中国人至自由结婚尚不知几个阶段"[3]。理解的不同层次性恰恰表明了思想界对主婚权问题的关注。

其一，反对以金钱维系的聘仪奁赠和卖婚现象，主张删繁就简的文明婚礼。传统婚礼"徒以一人之事，动劳百千之众"，聘仪奁赠"成为互市之浇风……富者竭其脂膏，贫者亦思步武，相夸以力，相尽以财"[4]。思想界对此深恶痛绝，认为"以财结婚，不特无爱情，且有恶情。因财而爱，爱非真。财尽而爱亦终。恶心发，离婚之期至矣"[5]。主张婚姻"宜以爱情结合，而不容夹入他种之观众"，"黄金无权，难作鹊桥之渡"[6]，应改良卖婚现象，使情感型的文明婚礼在社会上得以推行。

其二，反对早婚，提出了适宜的婚龄。当时中国青年男女多在二十岁之内完婚。梁启超、孙中山、柳亚子等名人的第一次婚龄分别为十九岁、十九岁、二十岁。早婚具有普遍性。当时就有"男子二十不娶，谓之当梁，女子十六不嫁，谓之禁婚"[7] 之说。认为早婚对修学、人种、经济、品性、事亲、教子等事有害，主张"男女之婚期皆限于二十五岁以后"[8]，得出了"凡愈野蛮之人，其婚姻愈早。愈文明之人，其婚姻愈迟"[9] 的结论。这在当时是非常可贵的探索。

---

[1]　金天翮：《女界钟》，第31页。
[2]　履夷：《婚姻改良论》，《留日女学会杂志》1911年第1期。
[3]　汪原放：《亚东，六十年回忆录》，未刊稿。
[4]　陈王：《论婚礼之弊》，载张枬、王忍之编《辛亥革命前十年间时论选集》第一卷下册，三联书店1960年版，第856—858页。
[5]　一人来稿：《西人之结婚及成婚》，《新世纪》第2号，1907年6月。
[6]　履夷：《婚姻改良论》，《留日女学会杂志》1911年第1期。
[7]　民国《续修陕西通志稿》，卷一九六。
[8]　履夷：《婚姻改良论》，《留日女学会杂志》1911年第1期。
[9]　李华兴、吴嘉勋编：《梁启超选集》，上海人民出版社1984年版，第357页。

其三，主张离婚、再嫁自由，否定片面贞操观。离婚再嫁和贞节观是衡量婚姻开放程度的一个重要标志。主张"夫妇以情爱，以义合"，"情义既绝，虽生可离"，离婚是女子避免"一生之祸福荣枯恒恃其良人为运命"的"自主之道"①。"如果婚姻中道而有丧亡，未逾四十，允许再择再娶"②。对离婚、再嫁自由认可的思想基础是对片面贞操观的否定。谢震告父母翁姑"勿强妇以守节"，告青年妇女"慎勿勉强守节"③。"男可再婚，女可再醮"的新型婚姻观充分显示了向传统挑战的力度。

婚姻自由的目标是建立一个与大家庭异财、分居、人伦平等、夫妻互爱的小家庭制。对婚姻自由的追求必然引发对传统家庭的变革，传统家庭的变革有助于婚姻自由的实现，两者相辅相成。对于家庭变革，时人提出了"家庭革命"、"女子家庭革命"等口号。所谓家庭革命的任务就是在家庭中破父界、男女界、夫界、母界、兄界、妻界及翁姑界，松动家庭成员旧有关系，确立新型平等的关系。破父界是家庭革命的首要任务。家庭革命者批驳了"爱身而不爱国，利己而不利群"的家训，"倘有命令，告示全国军民：一夫一妇，理所宜然"。太平天国政府发给结婚男女的"合挥"上，载有婚姻当事人的姓名、年龄、籍贯，类似现代的"结婚证书"。在经济上，《天朝田亩制度》规定："凡分田，照人口，不论男妇。"政治上，太平天国设有女官制度。军事上，设有女军共四十军，约十万人。这些主张与举措，对封建礼教禁锢下的传统婚姻观念，无疑是一个巨大的冲击。

清末，同盟会成立时，孙中山在《同盟会宣言》中提出："我汉人同为轩辕之子孙，国人相视，皆伯叔兄弟，诸姑姐妹，一切平等，无有贵贱之差，贫富之别。"邹容《革命军》主张："凡为国人，男女一律平等，无上下贵贱之分"，并以此为"革命独立之大义"。这些"男女平等"的主张，具有划时代的意义，对于人们婚姻观念的变革，无疑起到了推波助澜的重要作用。

辛亥革命前夕的社会状况提供了婚姻家庭观念变革的现实土壤。新式知识分子群体在挑战传统和瞩目欧美的同一过程中，形成了各种各样的婚姻家庭新观念，主要有婚姻自由和家庭变革思想、废婚和毁家论。其中，婚姻自由和家庭变革观念适应了社会生活近代化的要求，占据当时思潮的主流，影响颇为深远。

他们主张：其一，对婚姻主体的要求：女性提高自我素质。认为缠足会导

---

① 江亢虎：《忠告女同胞》，《民立报》，1911年6月。
② 何大璆：《女界泪》，第13页。
③ 谢震：《论可怜之节妇立保节会，并父兄强青年妇女守节之非计》，《女报》1908年第2期。

致流传弱种，女学不兴流害波及于个人、家族、社会和国家①，得出了"今日中国所以衰颓之故，莫不知由于女子之为废人"②的结论，提出了禁缠足、兴女学的任务。科学的宣传使婚姻自由在择偶观上得到了体现。"一要天足；二要通晓中西学术门径；三聘娶仪节悉照文明通例，尽除中国旧有之陋俗"③的择偶标准成为新动向。反映了婚姻自由对女性素质的要求，符合婚姻近代化的企望。

其二，强调婚姻的前奏：社交公开至恋爱自由。"中国人结婚，由父母主之。今日秦楚，明日夫妇，而不相识。一朝纳于床笫间，其无爱可知。故夫妻反目者几什九，和好者仅什一。通达之士，无不知其害。"④ 因而，以社交公开至恋爱自由为前提的婚姻自由成为他们首先要求的人生权利。金天翮把交友列为20世纪女子应当争取恢复的第二项权益。号召"跳出旧风气复能改造新风气"⑤，使社交在良好的氛围中进行。社交公开扩大了男女择偶范围，并为恋爱自由创造了条件，有助于婚姻自由的实现。

其三，强调婚姻主体对主婚权的把握。婚姻主体对主婚权的把握是实现婚姻自由的关键。"中国主婚之全权，实在于父母，而无子女容喙之地，此其弊之最大者也。"⑥ 新式知识分子基此对婚姻自主达成了共识。由于思想认识水平的不同，他们对自主程度的理解却存在差异性。激进的小资产阶级知识分子"干蛊之才，出言惊座，具振兴国权、恢复人道之思想，不曰此子赤我族，即操大杖以随其后矣"的劣迹⑦，要求确立平等的父子关系。破男女界是家庭革命的难点。何大谬提出了男女平等的具体方案：一是女子同男子一样继承财产。二是女嫁男，亦可男嫁女。三是女子与男子一样作为嗣续，并详细规定了实施办法，从而有力地冲击了男女界⑧。家庭革命还包括破夫之"第二君主之威权"⑨ 为夫妻平等，变更"柔脆其体魄""困其长图"⑩的不恰当母教，剔除"居处相依，

---

① 竹庄：《论中国女学不兴之害》，见《辛亥革命前十年间时论选集》第一卷下册，第922—924页。
② 《胡彬夏在无锡"天足会"的演说辞》，《女子世界》第2年第4—5期，1906年。
③ 《大公报》，1902年6月26日。
④ 一人来稿：《西人之结婚及成婚》，《新世纪》第2号，1907年6月。
⑤ 金天翮：《女界钟》，第22页。
⑥ 履夷：《婚姻改良论》，《留日女学会杂志》1911年第1期。
⑦ 家庭立宪者：《家庭革命说》，载《辛亥革命前十年间时论选集》第一卷下册，第833页（以下简称《时论选集》）。
⑧ 何大谬：《女界泪》，第19页。
⑨ 丁初我：《女子家庭革命说》，载《辛亥革命前十年间时论选集》第一卷下册，第928页（以下简称《时论选集》）。
⑩ 家庭立宪者：《家庭革命说》，载《时论选集》第一卷下册，第835页。

无父母之恩,而有父母之虐"① 的兄弟专暴的第二重压制,摒弃"夺产析居"、"同室操戈,忿争不息"② 的兄弟阋墙,改变以专制致"伟大之丈夫"使妻子"如病如醉"、"如眠如死"③ 的惨状,扫荡翁姑对媳妇的"勃豁悍跋之威权","拔千万女同胞于家族之火坑"④,建立平等的家庭成员关系。

新式知识分子揭露和批判了旧式家庭的弊端,探究了家庭革命的原因,强调了家庭革命的紧迫性,在此基础上提出了改造家庭的具体方案,反映了他们积极救世的思想。他们在一定程度上把家庭革命与政治革命、妇女解放运动、经济革命联系起来进行思考,认为政治革命和家庭革命"其事同其目的同"⑤,家庭革命有助于政治革命的进行,妇女解放运动与家庭革命互相促进,经济革命对家庭革命起重要作用。说明他们认识社会的水平已达到了一定高度。但由于时代和阶级的局限,他们中除少数革命派知识分子外,很多人对家庭革命的认识尚存偏颇之处。他们对于家庭革命和政治革命的先后顺序认识模糊。以为"论家国革命之先后,并无秩序之可言"⑥,甚至提出了"欲革国命,先革家命;欲革家命,还请先革一身之命"⑦ 的错误命题。把个人革命、家庭革命作为社会变革的根本,这是颠倒本末的改造社会方式。政治革命是社会革命的起点,是家庭革命最终取得成功的前提和保证。家庭革命的进行会推动政治革命向纵深发展。婚姻家庭问题并不是一个孤立的问题,只有广大群众共同投身于推翻清朝封建专制的斗争中,才能求得基本解决的条件。

尽管在婚姻自由、家庭变革思想中存在局限性,但这无法阻滞它在当时所起的积极作用。基于思想家的宣传,婚姻自由成为"引起当时社会注意的一件大事"⑧,家庭变革之风在神州大地吹拂。尤其在大城市中,一批青年知识分子勇敢地追求婚姻自由,冲出封建家庭,投身社会革命。寡妇可以再嫁在当时比较普遍。有的族谱写道:族中孀妇,"或有志不能守及家贫无一可守者,而势难终守者,听其别为调停,族规无庸苛责"⑨。婚姻自由、家庭变革思想开启了民智,推动了中国社会生活近代化的历程,并为政治革命奠定了基础,显示出积极的功用⑩。

---

① 丁初我:《女子家庭革命说》,载《时论选集》第一卷下册,第928页。
② 丁初我:《女子家庭革命说》,载《时论选集》第一卷下册,第835页。
③ 家庭立宪者:《家庭革命说》,载《时论选集》第一卷下册,第836页。
④ 丁初我:《女子家庭革命说》,载《时论选集》第一卷下册,第928页。
⑤ 家庭立宪者:《家庭革命说》,载《时论选集》第一卷下册,第834页。
⑥ 丁初我:《好家庭革命说》,载《时论选集》第一卷下册,第926页。
⑦ 同上书,第928页。
⑧ 陈东原:《中国妇女生活史》,商务印书馆1937年版,第354页。
⑨ 光绪《周氏三续族谱》卷二。
⑩ 蒋美华:《辛亥革命前夕婚姻家庭新观念》,《山西大学学报》1995年第4期。

二 清代的婚姻形式

清代的婚姻形式，除常见的一夫一妻制、一夫多妻制、一妻多夫制外，尚有残存的掠夺婚、买卖婚、交换婚、服役婚、招赘婚、指腹婚、典妻婚、冥婚等特殊的形式，它们是人们婚姻观念的产物，更是传统的、落后的婚姻形态的"遗物"。

（一）掠夺婚

清代，无论在汉族地区还是其他民族地区，在婚姻形态上，尚残留有古代掠夺婚的遗风遗俗。如江苏、浙江某些地区存在的"劫婚"风尚，即为掠夺婚的遗风。《清稗类钞·婚姻类·劫婚》条记载："劫婚者，仓猝毕姻，不备礼，而强迫从事也。然亦有先日订明，而出于彼此之自愿者。"可见有所谓"真抢"与"假抢"两种形式。民人"张阿福，绍兴人，寓于杭，自幼聘王氏女为妻，年三十矣，贫不能娶。女亦年二十有七，其母屡托媒媪趣阿福婚"。但媪却说："彼贫，奈何？"母则答："彼无婚费，我亦无嫁资。无已，其抢亲乎？"接着，"媪以告阿福，阿福大喜，乃期于某月日纠众劫女去，母故招集比邻至，张氏夺女，则合卺已毕，贺客盈门矣"。面对此情此景，媒媪则劝曰："事已至此，复何言！当令其明日来谢罪也。"结果，"母若为悻悻者而归"。"苏州葑门内有王七者，与富仁坊巷某姓有连，自其父在时，即呼某姓妇为干阿姊。父卒后，某姓抚育之，视犹子也。妇有一女，与年相若，初意即以为婿。及王年长，则一流荡子也，妇乃悔前议，许嫁其女于门外某生。娶有日矣，王闻之，纠合无赖少年十余辈劫其女归。女至王家，闭门号泣，久之，无声，或自门隙窥之，则雉经矣。破门入，救之，复苏。女遂绝食求死。事闻于官，官言王劫婚，非礼也，笞之百"，以示处罚，谕之曰："汝谓某姓先曾有婚姻之议，然空言无实据。女既誓死不汝从，汝又何爱焉？男子岂患无妇哉！"接着，官员"乃判某姓妇归以银币五十畀王，使为异日婚资，而全曩时抚育之义，女则归之某生"。

抢亲与抢婚风俗在清代的云南霑益州地方民间也颇为流行，光绪《霑益州志》记载，婚礼有"抢亲"风俗："十乡土住（著），凡男女婚嫁有年月未协，两家先自言定，男家备轿马于半路，女家引女至会场，为男家抢去"，俗称"抢亲"。次日，"婿往翁家谢，请其女父母照备妆奁送之"。云南怒江泸水县彝族民间，亦有"抢婚"风俗。《泸水志》称："除汉族婚礼依据古制外，其夷族（指彝族）婚礼半多自由婚，或抢婚。抢后，请地方父老议礼金，甚至抢后二三年始议礼金者有之。此夷族之婚礼也。"

（二）买卖婚

买卖婚系指付给一定财物，以作为女儿出嫁条件的婚姻形式。它萌生于父权制氏族出现之时，随着私有制的确立，普遍流行于阶级社会。清代，这种婚姻形式在某些地区，还较为盛行。

其一，标银售妇。康熙时发生过公开标银价以售妇的事例，此为公开的买卖婚习。《清稗类钞·婚姻类·夫妻老少之互易》条记载："康熙时，总兵王辅臣叛，所过掳掠，得妇女，不问老少妍媸，悉贮之布囊，四金一人，任人收买。三原民米某年二十未娶，独以银五两诣营，以一两赂主者，冀获佳丽。主者导入营，令自择。"这是买卖婚姻的典型事例之一。

其二，以牛行聘。在贵州八寨的苗族地区，男子娶亲，以牛作为聘礼。《清稗类钞·婚姻类·八寨苗以牛作聘》条载称："贵州八寨苗为黑苗类，近寨置空舍，男女未婚者群聚唱歌其中，情洽，即以牛行聘。""女嫁一二月即归女家，仍向婿索钱，曰鬼头钱，不得则另嫁"他人。在此风习中，行聘牛为实物，而"鬼头钱"则为银钱，其实男方用实物与钱财娶妻，实为女子的身价银两，这也是买卖婚俗的遗风。

其三，交"外甥钱"准嫁。在贵州苗族聚居地区，有交献"外甥钱"，方准获嫁的独特婚俗。《清稗类钞·婚姻类·爷头苗有外甥钱》条记载："贵州之爷头苗为黑苗类，婚嫁，以姑女定为舅媳。舅无子，必重献银钱于舅，曰外甥钱，无则终不得嫁。或私召少年与合，呼为阿妹。男女多苟合，惟洞崽不敢通爷头，盖洞崽为下户，爷头为上户也。"这是女子为获嫁而向舅，即男方须交"外甥钱"才准放行的奇特婚俗。它源于苗族传统婚姻中，姑与舅结表亲获"优先权"的习尚所致。因此"舅无子"，姑女须另择婿时，通过"外甥钱"而获准，实为婚配"转让费"。此又为古代买卖婚习的一种"变相"形式。

（三）交换婚

交换婚是古老的婚姻形式之一，清代在许多地区盛行的"姑舅婚"，即姑家的女儿，须优先嫁给舅舅的儿子，这种所谓"亲上加亲"的婚姻形式和风俗，便是"交换婚"的表现形式之一。贵州麻江县的苗族即有"姑舅婚"的习尚。《麻江县志》记载："其嫁娶，则姑以一女配内侄"，俗称为"还娘头"，并以此"为惯例"。"如兄弟无子，姑女适他人者，得视适者贫富而取"，名"外甥钱"。"聘女以银"，称"礼金"，"视求女者之贫富而定，在迎女时兑清"。

（四）服役婚

服役婚又称"劳役婚"，它是原始社会末期由母权制向父权制过渡时期，所产生与演化的一种婚姻形式。其特点是男子为换取妻子的身价，使之成为自己财产的一部分，故到女家服一定时期的劳役。其服役时间，短者几个月，长者数年。此种婚姻形式，既是对女方丧失女儿的一种补偿，也是用"劳役"代替娶亲"聘金"的一种变通之法。

清代一些民族地区盛行此种婚姻形式。马学良等著《彝族文化史》载称，如彝族男子在幼年时即赴女家服劳役，时间约为二至十年不等。在此期间，男与女同食同寝、同劳动同玩乐。倘若双方感情相投，则由女方择定吉日，通知男方准备结婚。届时，除女家备牛羊、布匹、花毡等若干物件外，男家则应装饰，男家兄弟骑马担酒、背猪到女家，将一对青年夫妇迎回。在男家住三天后，新娘须回娘家，住一年或半年。新郎住返于两家之间，直至新妇怀孕，才重返夫家。此可谓服役婚的典型婚姻形式。

（五）招赘婚

招赘婚又称入赘婚、招养婚，民间呼为"入赘上门"。这是一种由男出"嫁"到女子家中为婿，近似"倒插门"的婚姻形式，它是母系氏族社会中，族外婚制的遗存与衍化的婚姻形态。清代它不仅在某些汉族地区存在，而且在一些民族地区的婚姻中，也占有一定位置。

陕西府谷县民间，"有男赘女家者"，名之为"招婿"。在洛川县"招亲"赘婚风尚，颇为流行。《洛川县志》记载："赘婚"，俗称"招亲"。"赘婚有两种：一为富裕之家，子死不愿媳妇改嫁，而为之招夫；二为有女无子，为之招婿，以婿作子"，俗称"招夫养老"。而"大家巨族则禁招婿、要子；有之，亦不得顶门立户"。"被招之人，分不卖姓、半卖姓、卖姓三种，须事先与合族人商定之"。"不卖姓者：老而复回本宗；招婚后子女全归本宗，成长子不回，余仍回；被招者不参加妇家之祭祀"。"半卖姓者：名字上须冠二姓（如王姓招李妻，即称王承李等）；其继承权则被招人不能享受；亦不参加祭祀；年老是否回本宗，自行决定。""卖姓者：永不回本族；改姓；有继承权。"在"赘婚手续"上，"先由媒人说定，择日领往妇家"，俗称为"进门"，"不讲仪式，但拜天地"。届时，"妇家设筵，遍请族人，被招人酌酒叩头"。此谓之"合户"，男方"不用财礼"。

（六）指腹婚

指腹婚，又称"指腹"、"指腹联姻"、"指腹裁襟"、"指腹之盟"、"指腹之约"等。这种婚姻风尚，是中国古代一种极为独特的订婚形式，父母双方为尚在怀孕妊娠中的子女订婚，待生育长大后，不论贵贱，均不得改变婚约。此婚尚在南北朝时，颇为盛行。元代时，一度被禁止，但清代仍偶有存在。

其一，河南上蔡县民间，此婚习不仅存在，而且儿女长大后，因无"婚书"，致使"毁盟"之事屡屡发生，以致康熙时，该地方官员，不得不出面加以制止。康熙《上蔡县志》记载，该地"近俗婚姻，两家契合"，甚至"指腹为婚"，即"于酒肆换钟为定，每多事后毁盟"，乃至"蔑礼极矣"。为此，"康熙二十五年，刊示永禁，又刻婚书格式，令民遵行"。清政府的"告示"称，今"上蔡风俗，动以片语投机"，乃至"指腹为婚"，"换钟为定，既无六礼，又无婚书，两家毫无凭据。至于年深日久，每以炎凉起见，或有先富后贫，始定而终悔者；或有许大易小，许小易大者；或有两女许两家，而一女死亡，两家争执现在之女者；或有并无影响，冒执换钟为名，希图诓骗者，种种不一，难以枚举。揆厥所由，皆因婚书不立，遂致彼此混赖，风俗恶薄，莫此为甚"。为此，刊示永禁，以正"风化""彝伦"。

其二，"指腹为婚"的风俗，又衍化为有关联的"襁褓婚"和"襁褓联姻"。在河北的武安县民间，盛行此风。《武安县志》载称，"武俗论婚襁褓，两家门户相当，由冰人执柯，男具红柬送女家曰，敬求金诺。女以红柬回答曰，唯命是从"。俗称为"占亲帖"。接着，"换已，藏帖于箧，是为定亲"。于是，儿女双方的婚姻大事，就这样在父母的安排下决定终身了。

（七）典妻婚

典妻婚是一种畸型婚姻风俗，它主要是指雇者将受雇人的妻、女作为自己"典雇"的"妻子"，以达到生育子嗣、繁衍后代的目的。早在元代，元政府曾明令禁止。清代，《大清律例》《户律·婚姻》明令禁止典雇：

> 凡将妻妾受财立约出典验日暂雇与人为妻妾者，本夫杖八十。典雇女者，父杖六十，妇女不坐。若将妻妾妄作姊妹嫁人者，杖一百，妻妾杖八十。知而典娶者，各与同罪，并离异，女给亲，妻妾归宗，财礼入官。不知者，不坐，追还财礼。仍离异①。

尽管如此，但在某些地区，此婚俗不仅存在，而且在浙江宁绍台、福建的某些地区和甘肃等地颇为流行。在广西贺县一带有寄肚之说，张心泰《粤游小志》云："贺县桂岭乡俗最陋，嫠妇鲜再醮，有独而鳏者，删纳之生子，委之男后不复通问，谓之寄肚。"就是男子租妻生孩子后，便解除契约关系。究其原因，其一，男子出于生子目的典妻应是重要原因，所谓"有中年无子之徒，妻未死而典人以育子者"②。其二，因贫困娶不起妻子，或妻亡无力续娶，又不甘于长期鳏居，也有采取典妻方式以解身心之困的，如福建同安县"甲某无力娶妻，乙某无力养妻，双方约定，由甲某璞乙某妻，价不过数十元，期限三五年至十年不等，期满赎回，名曰璞妻"③。在浙江定海县"男子妻亡无力续娶……

---

① 《大清律例》卷十，《户律·婚姻·典雇妻女》。
② 民国《松阳县志》卷六。
③ 转引陈支平《近500年来福建的家族社会与文化》，三联书店上海分店1991年版，第151—152页。

常在外别谋一妻，订立契约，限以岁月，时期久者谓之典妻，暂借谓之租妻"①。对甘人租妻风俗《清稗类钞·风俗类·甘人租妻》条记载："雍、乾以前，甘肃有租妻之俗。盖力不能娶而望子者，则僦他人妻，立券，书期限，或二年，或三年，或以得子为限。过期，则原夫促回，不能一日留也。客游其地者，亦僦之以遣岑寂。立券书限，即宿其夫之家，不必赁屋别居也。限内客至，夫辄避去，限外无论。夫不许，即其妻素与客最笃者，亦坚拒不纳。欲续女子，则更出僦价乃可。"其三，在典妻活动中，更有甚者，他们之间还互相辗转相售。嵇尔遐在《禁溺女典妇议》中，谈到浙江严州府一带情况时说："至贫儿乏食，则典其妇，妇若生子，子属彼而妇仍归此，盖以妇为本，而子为利也。甚至甲典之乙，乙复典之丙，一妇而辗转数人。以夫家为传舍，及其碎璧归赵，亦恬然不以为妇。"②文中把被典女子当成丈夫手里一笔本钱，而受典的那位男子，在得到儿子这桩利银后，在典期未满前又有权再典。如此层层传递，那女子就成了租典人手里泄欲和传宗接代的工具，直到满约重新回到丈夫身边为止③。

（八）冥婚

冥婚，又称"冥契"、"冥配"、"幽婚"、"鬼婚"、"配骨"等，此种婚俗是为已死的男女举行婚礼并迁葬在一起。迷信认为，人死后其灵魂至阴世冥界，故称死者结婚为冥婚。这种婚俗有两种情况：一是男女已互相定婚但尚未结婚而夭亡，双方家族仍为其举行虚拟的婚礼，并将死者葬在一起。另一种是男女尚未定婚而夭亡者，家族为其找一年龄相当的异性夭亡者，虚合婚配迁葬一处。

清代，这种"冥婚"陋习，仍在某些地区存在。《清稗类钞·婚姻类·山西冥婚》条载：民间婚"俗有所谓冥婚者，凡男女未婚嫁而夭者，为之择配。且此男不必已聘此女，此女不必已字此男，固皆死后相配者耳。男家具饼食，女家备奁具"。冥婚的仪式为，"娶日，纸扎男女各一，置之彩舆，由男家迎归，行结婚礼。此事富家多行之，盖男家贪女家之奁赠也"。"此风以山右为盛，凡男女纳采后，若有夭殇，则行冥婚之礼。女死，归于婿茔。男死而女改字者，别觅殇女结为婚姻，择吉合葬，冥衣、楮镪、备极经营，若婚嫁然。且有因争冥婚而兴讼者。"可见山西民间的"冥婚"风俗很盛。

---

① 民国《定海县志》册五，第16页。
② 李渔：《资治新书》卷七。
③ 郭松义：《伦理与生活——清代的婚姻关系》，商务印书馆2000年版，第498页。

第二节　婚姻程序与嫁娶礼仪

婚姻是人生的大事，又是关系宗族人丁繁衍的社会行为，其上系国之安危、社会稳定，下关家之存亡、宗族之传接，故历代统治者将婚姻程序与嫁娶礼仪纳入"礼制"的范围，制定相关法律条文，加以规范和实施。

一　婚姻程序

清代的婚姻程序，更趋礼制化、法规化、传统化，它主要包括行聘订婚、结婚礼俗两方面的内容，前者为确定婚姻关系之举，后者为结为婚姻的活动过程。其特点：一须遵循有关婚姻的法律条文行事；二须循礼制规仪为行为的准则；三须按传统风俗进行婚姻活动，以循人伦风仪之序。

行聘订婚系指男女缔结婚姻的方式而言，男方以娶之程序而娶，女方以聘之程序而嫁。其中，聘的含义：一是通过父母之命，媒妁之言。即所谓的"明媒"。二是要有聘约、聘礼。即所谓的"正娶"。三为须按礼书规定的婚礼仪式进行。即所谓的"明婚"。清代法律将按"聘娶婚"程序进行的婚姻，称为合法婚姻，予以保护。《大清律例·户律·婚姻·男女婚姻》条规定：

> 凡男女定婚之初，若或有残废或疾病、老幼、庶出、过房同宗乞养异姓者，务要两家明白通知，各从所愿，不愿即止，愿者同媒妁，写立婚书，依礼聘嫁。若许嫁女已报婚书及有私约谓先已知夫身残废、老幼、庶养之类，而辄悔者，女家主婚人笞五十。其女归本夫。虽无婚书但曾受聘财者，亦是。若再许他人未成婚者，女家主婚人杖七十。已成婚者，杖八十。后定娶者，男家知情主婚人与女家同罪，财礼入官。不知者，不坐。追还财礼，给后定娶之人，女归前夫。前夫不愿者，倍追财礼，给还其女，仍从后夫。男家悔而再聘者，罪亦如之，仍令娶前女，后聘听其别嫁，不追财礼①。

---

① 《大清律例》卷十，《户律·婚姻·男女婚姻》。

清代的行聘订婚仪程，大体遵循《仪礼》一书所载，男女从行聘订婚到完婚的过程，按"六礼"程序进行。纳采：即男家请媒人至女家提亲，若女方同意议婚，男家再去女家求婚，须携带活鲜礼物。问名：男家托媒人询问女方名字与出生年月日，准备合婚的仪式。问名后，占卜男女双方生辰八字阴阳，以定婚姻吉凶，若八字合，即可成婚。清代的问名礼扩展至议门第、财产、家庭权位、容貌、健康等诸方面。纳吉：将问名后占卜合婚的消息告知女方的礼仪。男家卜得吉兆后，备礼复至女家决定婚约。经议婚到婚定，进入"小聘"阶段，俗称送定、过定、定聘等，礼品多为首饰、彩绸、礼饼、礼烛等物。纳征：又称纳币、大聘、过大礼，男女两家缔结婚姻后，男家将聘礼送往女家的仪礼，通常备有礼单，礼品名取吉祥语，其数取双忌单，装置箱笼，或挑或抬，甚至伴以鼓乐，在媒人、押礼人护送下至女家，女家受礼后回礼，或将聘礼中食品的一部分退回，或将女家给男方准备的衣帽鞋袜等物，送与男家。请期：俗称提日子、送日头等，男家送聘礼后择定结婚日期，备礼去女家征求意见时的仪式。民人有时将此项礼仪从简，通常在送聘礼的同时决定婚期。亲迎：此为迎娶新娘的仪式。或用花轿，或用车马，或用船载，至男家时，有迎轿、下轿、祭拜天地、行合卺礼、入洞房等程序，每一程序又有几种或十几种做法，大多是表示祝吉驱邪的仪式。这些礼仪，在有的地区名称各异，仪程有简化、合并；在有的地方，以男女双方家境和当地风尚，而有增减。

二 嫁娶礼仪

嫁娶礼仪的实施，是清人接受人生与社会"课堂""礼仪"、"礼制"、"礼规"教育的过程。它包括帝王贵胄、仕宦官员的嫁娶礼仪和平民百姓的嫁娶礼仪等方面。其中，帝王贵胄、仕宦官员的嫁娶礼仪，因其政治、经济地位的显赫，属于社会生活中高层次的婚姻活动与嫁娶行为；而其政治性（联姻）与封建等级性（门第）的显现，是其显著特点。而平民百姓的嫁娶礼仪，因其社会经济状况与实力的不同，在简约与繁奢上，存在较大的差异。尽管如此，在礼仪过程中，民人的相互攀比与炫耀心理，仍处处显露，遂成为清代民间嫁娶礼仪的一大特色。

（一）帝王的嫁娶礼仪

清代皇帝结婚称为"大婚"。皇帝的大婚典礼，极为隆重华贵，有一整套繁复而严格的等级规制、封建伦理纲常的仪礼程序。一旦皇后选定，先要行"纳粉礼"、"大征礼"，迎娶时行"册立礼"、"奉迎礼"、"合卺礼"，婚后行"朝见礼"、"庆贺礼"和"赐宴礼"等。大婚前，内阁（后改为翰林院）要先撰写册立皇后的册文和宝文；礼部要制做金册、金宝，还要备办彩礼及大婚用的龙亭、凤舆（喜轿）、节案、册案和宝案等；钦天监要选择黄道吉日行礼。

纳彩礼：是皇帝向皇后家赠送彩礼时所举行的仪式。其彩礼品种、式样等比较简单，不外乎马匹、甲胄、布帛等物。清代文献载述，同治皇帝行"纳彩礼"的物品主要有马十匹（全副鞍辔）、甲胄十副、缎一百匹、布二百匹（其中金黄色、明黄色、大红色、桃红色各四十匹；深绿色和浅绿色各二十匹）。举行"纳彩礼"的当天早晨，礼部鸿胪寺官员在太和殿正中设一节案，内阁官员取"节"放在节案上，彩礼中的马匹在丹陛下分左右排好，其他物品由内务府官员放入龙亭，再由銮仪卫校尉把龙亭抬到太和殿丹陛上分左、右停放整齐。皇帝钦命的正、副使臣先在丹墀东边恭候，其他的执事官员和文武大臣都在指定的地方排列整齐。授"节"大学士一人站在太和殿东檐下，同时，在东、西檐下各立一名鸣赞官。吉时一到，鸣赞官高呼"齐班"，序班引正、副使臣朝皇上行三跪九叩礼后，升东阶，立在丹上。鸣赞官赞："有制"时，立刻跪下。这时宣制官从殿左门入内，面向西制曰："皇帝钦奉皇太后懿旨，纳正蓝旗蒙古侍讲崇绮女阿鲁特氏为皇后，命卿等持'节'行纳彩礼。"宣读毕，大学士从殿左门入，到节案前取"节"，出中门授给正使。正使受"持"，率副使，从中节之左走下丹陛，在御仗前导下先行，内务府官员率校尉抬龙亭下中阶，卫士率父马随行，出太和门中门，直抵皇后府邸。是日，皇后之父纷令子弟洁扫邸第，于皇后府邸正厅面南设一节案，左右各再设一案。正副使持"节"到来时，皇后之父朝服跪迎于大门外之道右。正副使入内，将"节"陈放在节案上，左右案陈设甲胄、布匹等彩礼，龙亭、马匹停在仪门之外的中阶之下。正副使行授礼时。皇后之父在大厅中门之外跪迎，率领子弟面向皇宫行三跪九叩礼，谢圣上隆恩殊荣，正副使臣"奉节"回宫复命①。为了庆贺纳彩礼成，当日在皇后家举行纳彩宴。参加宴席的有领内大臣、侍卫、八旗公侯以下满汉二品以上官员。

大征礼：将要迎娶皇后入宫前，还要行一次"大征礼"，即向皇后家送一次大婚的礼物，并告知即将奉迎皇后入宫的良辰吉日。这次备办的礼物有：黄金二百两；白银一万两；金茶筒一个；银茶筒两个；银盆两个；缎千匹；全副鞍辔的文马二十匹；闲马四十匹；驮甲二十副。大征礼还有赏赐给皇后父母的礼物，计有黄金一百两；白银五千两；金茶筒、银茶筒、银盆各一个；帛五百匹；布一千匹；全副鞍辔马六匹；甲胄一副；弓矢各一；冬夏朝服各一袭；冬夏衣各一袭；貂裘各一领；上等玲珑带一束等。赏赐皇后祖父的物品有：大红大缎一百匹；布二百匹（杏黄色、鹅黄色、深蓝色、浅蓝色和桃红色各四十匹）；鞍

---

① 光绪《大清会典事例》卷三二四，《大婚》。

卷四副。此外，赐给皇后兄弟及从人的服物各有差等。这次正副使臣诣皇后府邸授礼的仪式仪礼，均与纳彩礼相同，只是不举行筵宴而已。

册立和奉迎礼：清代皇帝大婚典礼中最为隆重的仪式是册立和奉迎礼。同治皇帝大婚时，册立和奉迎礼是前后两日昼夜不停连续进行的，而其他几位皇帝（如顺治帝、康熙帝和光绪帝）大婚时，册立和奉迎礼是在同一天完成的。届时，行册立礼和奉迎礼时，要求京内各条街道打扫干净整洁，家家户户张灯结彩，以示万民同庆欢乐。宫内所经御路则是红毡铺地，门神、对联更要焕然一新。午门内的宫门、殿门红灯高悬，太和门、太和殿、乾清宫和坤宁宫搭建彩棚，挂双喜字彩绸，宫内处处洋溢着喜气洋洋的欢乐气氛。同治十一年（1872）九月十四日，是同治帝大婚行册立礼的日子。前一日，皇帝遣官告祭天、地和太庙后殿；皇后的冠服由銮仪卫章京、内务府司员率领校尉，先期送至皇后府邸。命亲王贝勒充正、副使将迎接皇后的凤舆，由乾清门中门送到乾清官正中朝南摆好。再由四名结发公主或福晋、命妇，将皇帝御笔的"龙"字用宝后放入凤舆内，旁置上好的一柄"如意"以示万事吉祥如意。接着往坤宁宫布置洞房。同治帝孝哲毅皇后阿鲁特氏的洞房处处布置得富丽堂皇，喜气盈人。其墙壁是用朱砂桐油髹饰的，鎏金页的双扇大红门上各有一幅很大的"喜"字，两扇门关上之后就是一幅完整的双喜字，门的上方是一个草书的大"寿"字，门的两侧墙上有一副长对联直落地面。洞房里靠南窗前是一铺通连的大炕，北边有两座落地置木炕，靠东头的木炕是一套皇帝休息的宝座，宝座上方墙上是咸丰皇帝临摹的乾隆帝御制《坤宁宫铭》，两边有蒋廷锡和顾铨等大臣的字画，炕上还陈设有炕几、如意及瓷器等。西边的木炕就是帝后大婚用的龙凤喜床。床前挂着五彩纳纱百子帐，"百子"是"多福多寿多男子"的象征。床上铺着特制的大红缎绣的龙凤双喜字炕褥，红、黄缎绣的百子被，图案典雅华贵，绣工精细，"百子"造型生动，神态自然，象征皇帝子孙万年之意。喜床墙上有一副大红的喜庆对联，正中是一幅牡丹花卉图。龙凤喜床的正中放一个宝瓶，瓶内装有珍珠二个、金锞二个、金八宝二个、红宝石二个、金钱二个、银钱二个、金如意二个、银如意二个、银八宝二个，还有金银米一把。龙凤喜床的四隅，各放如意一柄，象征"万事如意"。床前靠近出入西间的门内和东头门外的通道里，还各立着一座大红地金色双喜字木影壁，它是取帝后合卺"开门见喜"之意。

行册立礼的当天早晨，太和殿内设节案、册案和宝案，殿外陈设皇帝的法驾卤簿，中和韶乐设在太和殿前檐下的东、西两侧，丹陛大乐设在太和门内的廊下。皇太后的仪驾设在慈宁宫外，太和门至午门陈设皇后的仪驾。凤舆仍停在乾清宫，龙亭放在太和殿阶下，"节"、"册"和"宝"分别放在太和殿内的各案上，寅刻吉时到，礼部堂官恭导皇帝具礼服出宫，先到太和殿阅视册、宝，然后升殿就座，这时午门鸣钟、鼓、作乐鸣鞭。序班领正副使升丹陛行礼，面北跪听宣制。大学士授节后，皇帝还宫。正、副使臣持"节"下中阶，前张黄盖、列御仗，由中路出太和门，銮仪卫校尉列皇后仪驾，各执事官取册、宝放入龙亭，校尉异亭随行，还有内大臣、侍卫官等护送。与此同时，由结发的公主或福晋、命妇带领内务府女官，敬持皇后上轿时穿的龙凤同合袍、用的盖头及藏香，北出顺贞门、神武门，先诣皇后家恭候。

是日，皇后府邸张灯结彩、红毡铺地，处处装饰一新。内堂正中设节案，左右两侧设册宝案，节案前设一香案，香案前再设一皇后的拜位，拜位左右两侧有侍仪女官站立，宣读册文、宝文的女官站在册案的南边。使臣诣皇后府邸时，皇后家迎接如常仪。正使传制毕，内监接节、册、宝分别置于各案。内监入内，皇后御礼服，行礼女官二人恭导出迎，立于内中门之右，后母率领诸妇朝服跪迎。宣册立礼时，先是皇后在拜位上跪听宣读册文和宝文，然后受册、受宝行礼，至此册立礼竣，内监奉节授正使、使臣回宫复命。申刻时候，穆宗毅皇帝（同治帝）到慈宁宫慈安、慈禧两宫皇太后前行礼毕，御太和殿受百官朝贺，同时遣派奉迎礼的正、副使，然后皇帝还宫。正副使列皇后仪驾，銮仪卫校尉到乾清宫恭舁凤舆，随迎亲队伍出太和门至大清门各中门，直至帝后府邸传制行礼。皇后府内女官先将已授与皇后的宝册分别放在两个龙亭内，等钦天监官员报告时刻，皇后梳双髻、穿龙凤同合袍，再由公主、福晋、命妇及后母、内眷、结发年命相宜的四人，共同用藏香先熏凤舆、盖头，这为的是要去掉邪气，使婚后日子香甜。再恭请凤舆内的如意安放在旁，皇后升凤舆前，手持苹果和如意，表示"平安如意"，敬搭盖头，然后由结发公主等恭扶升凤舆。这时内监、执事人等全部退下，銮仪卫校尉陈仪仗车辂，鼓乐前导，使臣持节乘马先行，内监步行左右扶舆，内大臣、侍卫在后乘马扈从，自府邸出发。

使臣和凤舆从大清门中门入至午门外，鸣钟鼓，仪驾止行，由九凤曲柄盖前导，引凤舆进午门、太和门中门到乾清门，龙亭止行，使臣复命，内大臣和侍卫各退。皇后凤舆在内务府大臣前引下进乾清门中门，礼部官员捧册、宝安放在交泰殿内左、右册宝案上，事后由守宝太监收存。皇后的凤舆在乾清宫停止后，预先等候在此的公主、福晋和命妇上前启帘升杆、恭请皇后降舆，护送皇后至坤宁宫东暖阁洞房。皇帝御龙袍龙褂，由近支亲王从乾清宫恭送到坤宁宫。皇帝揭去皇后的盖头，皇帝升龙凤喜床居左、皇后居右，平坐。内务府女官设铜盆于床上，以圆盆盛子孙饽饽恭进，由公主等人伺候帝后进子孙饽饽，祝愿皇帝子孙万代。之后，请皇后梳妆上头，戴凤钿，穿明黄龙袍、八团龙褂，戴项圈、手巾和朝珠，帝后进合卺宴。此时，殿外窗前，有结发侍卫夫妇用满语念交祝歌。宴罢，合卺礼毕。至晚内务府女官再设铜盆于床上，公主等再伺候帝、后吃一顿长寿面。

翌日，内务府掌仪司设"天地桌"于坤宁宫明殿内，上陈如意供、香烛、香斗和苹果等；同时在殿内，当日喜神的方位上设一"喜神桌"，桌上所陈供物与"天地桌"同。帝后先后至此上香行礼，继之到灶君前拈香行礼。于东暖阁进"团圆宴"毕，帝后分别乘轿至景山寿皇殿拜见列圣、列后的圣容（即祖宗画像）。回宫后还要到承乾宫孝全成皇后（道光帝的皇后，咸丰帝的生母）、毓庆宫孝静成皇后（恭亲王奕訢的生母，原是道光帝的妃子，因扶养咸丰帝长大，死前尊封为皇太后）、乾清宫文宗显皇帝（咸丰帝）圣容前拈香行礼等。同时，帝后还要到钟粹宫慈安皇太后前递如意，行三跪九叩之礼；再到长春宫慈禧皇太后前递如意，行礼如上。然后皇帝回养心殿升座，皇后至皇帝前递如意，皇帝也回赐皇后如意。妃、嫔和公主等也都要到皇帝前行礼、递如意。皇后回到储秀宫，先到佛龛前拈香行礼，后到殿神前拈香行礼，然后在储秀宫前殿升座，接受妃嫔、公主、福晋和命妇等行礼拜贺、递如意。至此，名目繁多、礼节繁复、等级森严、绝不许丝毫违制的礼仪始告结束。

朝见礼：婚后第三天（九月十七日），同治帝后行朝见礼，仪式较前简单。清晨，慈宁宫至长信门外设皇太后仪驾。巳初，总管太监奏请慈安、慈禧两宫皇太后具礼服分别自钟粹宫和长春宫乘礼轿到寿康宫少坐，然后到慈宁宫升宝座。巳时一刻，皇后具礼服从储秀宫乘轿到慈宁宫向皇太后行六肃三跪三拜礼。皇太后在慈宁宫赐宴，宴罢各还本宫。

庆贺礼：同治帝婚后第四天（九月十八日）行庆贺礼。是日，慈宁门至长信门外照样设皇太后仪贺。辰初以前，皇后和各宫妃嫔、公主、福晋等，由本宫乘轿到慈宁宫外等候，辰初时，慈安、慈禧两宫皇太后具礼服乘轿到慈宁宫外等候，辰初时，慈安、慈禧两宫皇太后具礼服乘轿自本宫往寿康宫少坐。辰初一刻，皇帝俱礼服乘轿到慈宁门前下轿等候，皇太后从寿康宫到慈宁宫升宝座后，礼部堂官引皇帝上前行三跪九叩礼，礼毕，乘轿还养心殿少坐。皇后和妃、嫔、公主、福晋等在总管太监的导引下，向皇太后行六肃三跪三拜礼，礼毕，各回本宫。辰正时，皇帝自养心殿乘轿到保和殿下轿，步行御中和殿宝座，各执事官在行礼后，皇帝再御太和殿宝座，接受文武百官的朝贺，同时颁诏宣示海内。继之，皇帝升乾清宫宝座，接受皇后、妃、嫔、公主、福晋及命妇等人的拜贺，至此，全部庆贺礼毕。

筵宴礼：同治帝婚后第五日（九月十九日），是行"筵宴礼"的日子。此日，皇帝在太和殿、皇太后在慈宁宫分设大宴，宴请皇后的父母及亲属等。宴席上所用的桌张和酒肉等物，都有严格的等级规制，一般都是要亲王、郡王等王公大臣恭进的,若不敷用,再由光禄寺增办①。光绪朝《大清会典事例·礼部·筵宴》条载述:太和殿宴后父及公主百官,桌一八九,羊七十七,酒七十七瓶……王公等进桌一三二,羊七十二,酒七十二瓶,不敷桌张、羊、酒,照例由光禄寺、两翼分别增备。太和殿筵宴,殿内设桌一〇一,为王公、一二品文武大臣、台吉、塔布囊、伯克并前引大臣及起居注官等列坐。殿檐下设桌二,为都察院左都御史、左副都御史、理藩院尚书、侍郎列坐。丹陛上设桌四十,为一二品世爵及侍卫等列坐。丹墀左右共设桌四十,为三品京堂以下文武各官列坐,并设外国来使桌二于两班之末。共设桌一八五,用羊七十五,酒七十五瓶。又奏准,后父族属共七人,殿内添设桌一,为后父,列坐在王公之次;丹墀内添桌三,为后父族属,列坐仍按翼序品,计添桌四,羊二,酒二瓶,共设桌一八九,羊七十七,酒七十七瓶。同日,慈安、慈禧两宫皇太后在慈宁宫宴请了后母族属女眷和皇后,其他人奉懿旨免入宴作陪。宴席上,皇后父母及族属人等,均得赏赉有差。宴罢,皇帝的大婚礼仪宣告结束。

(二) 王公贵胄的嫁娶礼仪

清代世居京师的王公贵族,他们为了维护自身的种种封建特权和政治、经济上的殊荣地位,在社会生活(包括婚嫁礼仪、人际交往、日常行止、文化与生活习尚等)方面,形成了一个相对独立、颇具特色的体系。其既有别于封建帝王,又有别于一般仕宦之家的婚姻礼仪,颇具典型意义。据载涛、恽宝惠著《清末贵族之生活》一文描述,当时京师王公贵族的婚礼是,如探得或相准某家之女,可以为子妇,则先托与女家相熟之亲友,为初次之征询;如荷同意,则随便以钗、钏、戒指等物(不拘多少大小)央媒持往,谓之放"小定"。若为老亲旧友,由男家径自求亲,插戴一言为定。亦有如汉族之算八字合婚者。过此则放大定。由男家备整身玉如意一柄(亦有用紫檀三镶玉者),以栏杆桌抬往,请全福太太(即有夫、子女之妇人)两位押往女家;并将如意捧进内室,亲置于未来之新妇怀中。

婚期已定,举行"通信",其礼节如汉族之过礼。男家将礼物上抬(栏杆桌),每抬以两人舁之,鼓乐前导,继以猪、羊、鹅、酒、禽畜随之。其羽毛皆略染红色,酒则整坛花雕,外加彩画,数必成双。头抬如意一柄、礼单及通书,内写迎娶吉期,何时上轿、喜神在何方,及在新妇应避忌之属相。次为新妇所穿之衣服,所戴之头面、钗钏(均钉在玻璃糊锦匣内),合欢被、褥之里、面,及装新之棉花;各备半斤重之馒头(上印红双喜字)二百个(至少一百个),分作两抬,随同前述之猪、羊、鹅、酒送往女家,是为男家聘礼。

---

① 光绪《大清会典事例》卷三二四,《大婚》条。

女家妆奁，有带木器（最讲究的是紫檀、花梨，次为硬木），有不带木器者，其丰俭不同，亦称家有无之意。送妆奁在迎娶之前一日，或当日，除沿俗例不陪送刀剪外，必力求周备。其带木器者，则有穿衣镜、衣箱（用香樟木做）、顶箱、立柜、几案、方桌、圆桌、琴桌、炕桌、炕几、罗汉椅、方凳、圆凳等，皆在其列。后来西式家俱盛行，亦备沙发、靠椅、小圆桌之类。屋内门帘、窗帘、幔帐、铜盆（内扣皂鞋，取同谐之音义）、书架、洗脸盆、案上座钟、盆景、帽筒、帽镜、全桌瓷器、大瓷掸瓶（内插鸡毛掸及吉庆谷穗等），按类用红绿绒线缠扎。方桌正中带座大果盘，须装苹果满盘、至手使匙箸，桌上、炕几各物，如新妇梳头之镜箱，各种瓶罐，化妆品；文房四宝；插红烛之锡铜烛阡（大抵为四川制刻龙凤花纹之方形红烛）及锡油灯一架（内盛香油和蜜，取蜜里调油之意，象征夫妇亲密和美，燃以红头绳，备吉夕点用）、壁间挂钟、挂镜暨字画挂屏之类，无不应有尽有。并将男家送来之被褥之里、面及棉花做成齐备，配上枕头，随妆送到男家。接着是男家迎妆和谢妆的礼仪。

迎娶时，男家租备大红呢官轿一乘，八抬，轿窗玻璃上水银，画六龙，裹帏则红缎平金绣花。前导为牛角透明质画双喜字高架灯十六对、二十四对、三十二对不等（满族迎娶，多在夜间，恰合古昏礼之意），后跟戴帽穿靴著外褂之家人四名或八名，手持长杆大藏香一支，官吹、锣鼓、细乐随行吹奏。出发前须候喜房铺设（铺床须请全福太太）齐备，先在院中吹奏各一通，同时由童男一个持大锣一面，在喜房内敲打三声，名曰响房。喜轿随即出发。

新妇于上轿前，例须将头发挽一丫髻（俗称抓髻），带上头绒花（取"富贵荣华"之意），花上，并有通草制的人形，如麒麟送子之类。所穿之上轿袄裤，向系絮棉旧衣，不用新制，或男家传代，或借自亲戚本家，既肥且大，且不知已经若干人穿过，以为穿的人愈多、愈旧愈吉祥也。上轿鞋为蓝布制，鞋端绣双喜字，钉单股带子，系于足胫（俗称腿腕）；其女家所备之鞋，交陪房妈妈带走，俟到男家下地时，始许更换。于发轿迎娶之时，娶亲太太先乘车到女家，与送亲太太（皆须为全福太太，并属相相宜者）为新妇上头，即由娶亲太太将大红绸盖头盖于新妇头面之上，向喜神方向端坐，静候轿到迎娶。于是送亲太太随轿前往女宅。此时男家已预约定亲友四人或八人，往女宅迎亲，名为娶亲老爷。迨新妇娶回时，由女家将合卺所用之饭碗一对，连筷子两双拴好，由茶房递与其一位亲家老爷带回，谓之偷碗，不知有何用意。女家亦预约定亲友四人或八人（视男家来人之数而定），随轿往男宅，名为送亲老爷，其本与男家熟识，应行人情（即道贺送礼）者，另自请安称贺，皆坐于棚内官座，临时烦人相陪，本家并不周旋，候礼或即行。

喜轿一到，临时关门，由送亲者递进喜封启门；以铜钱向上扬撒，名曰满天星；仍由执香之家人前导，轿经过火盆（须将木炭燃炽），盖取兴旺之意。轿在院中落平，其时喜房外间已预设天地神马桌（纸印各种神像，染以极粗劣之彩色），桌上并陈列弓箭、新秤杆（以红纸裹之），即由新郎向轿门射三箭，盖驱除邪祟之意；轿夫将轿舁至屋外，紧对屋门。新妇下轿时，皆须脚踩红毡（上轿同），不令鞋沾地。于是由全福太太搀扶新妇下轿，与新郎同拜天地神马，新妇跨马鞍子（木质金漆，摆在里屋门坎上）进屋，与新郎并坐木炕上，即将幔帐放下，名曰坐帐。少顷再打开，以预备之秤杆，由新郎将盖头挑下，并亲手将新妇头上所戴之绒花摘下，插于喜神方向之窗或墙壁上。两人复在炕上盘腿对坐，喝交杯酒，吃阿什不乌密（羊腿）及子孙饽饽（即清水饺，由女家包制，在男家煮熟）。事毕，新郎退出，新妇遂盘腿坐于炕上，不得随便下地，名曰坐财。大抵娶妇进门，若在前半夜（即亥正以前）即当夜合卺，翌晨即可下地；若已届子时，即为次日，而新郎不得在屋内停留，须另觅宿处，新妇则须坐一昼夜，第二日夜间合卺。复日晨间下地。

新婚夫妇临睡之前，在炕上对坐，中间扣铜盆，吃长寿面（由女家预备）后同寝。次早新妇下地、开脸、梳头、戴钿子、穿敞衣、外褂，先往厨房祭灶、佛堂祭神、祠堂祭祖；夫妇到上房叩见父母、翁姑（中设双椅并坐），谓之行双礼；次分大小，本家及亲戚长辈。请坐受礼；平辈相对请安行礼；小辈向新婚夫妇请安行礼。礼毕回屋，夫妇对坐炕上，由全福太太将两人长衣之襟扯搭在一起，中间铺红挖单（即包袱皮），为倒宝瓶。此瓶木质金漆，由喜轿铺租用，顶装五谷杂粮，以红绸扎口，届时启瓶倾出（此种风俗礼仪，或亦寓预祝丰收之义）。时约近午，女家男女偕来，谓之吃梳头酒，或曰坐筵席。是日男家门首彩绸（红、黄两色）排子，及垂头彩子，皆不拆下。女亲入门，进上房见礼后，即在棚内（席棚亦过是日始拆）官座分别序坐；男家设果席相款，敬酒安座，上大菜，沿俗皆不动筷。新郎须按桌磕头，上汤后，即放赏封起席。

次即新妇开箱，谓之开箱礼（此礼满汉皆同），自翁姑、伯婶、长亲，皆须备物进献，兄弟、子侄晚辈分别赠给。大抵为尺头（绸缎衣料）、鞋、袜、活计（分七件头、九件头，皆装匣）之类，一切皆由女家预备。丰俭并无规定，其高门大族，人口众多者，供应尤丰。

次为回门（即归宁），大约择双日子，如结婚后第二、四、六等日。是日新妇须于黎明前登车（俗谓不见婆家瓦，亦极滑稽）回家；新婿可日上三竿，始著衣冠继往。岳家照例设宴款待，而后双归，归时不得迟至日落。

王公府第的迎娶礼节，大同小异，惟应在神殿东间合卺，殿之西间，设备略如坤宁宫之次。次日新妇下地后，一切礼节完毕，即于西间跳神吃肉。按旧制，婚后应每日跳神，萨满太太每日必至，后来礼节从简，仅举行一次而止。夫妇于神殿东间须住满一个月，始回卧室，其女家妆奁，概安置于卧室之内①。

由此可知，清代聚居于京师地区的王公贵胄的婚姻礼仪，一方面有别于帝王大婚的礼制与礼仪，另一方面，又有诸多民间婚嫁礼仪的影子。这固然是由于封建礼仪的等级性所决定的，但也应看到的是，清代民间风俗礼仪，对这一特殊阶层的婚姻活动的启迪与影响，是颇大的。二者的区别，仅在于婚姻活动心态（政治的、文化的）与价值取向（政治的、经济的）的差异而已。

（三）官员士庶的嫁娶礼仪

清代对品官士庶的婚姻礼制，也有严格的规定和限制，各级品官名分上下有别，贵贱有等。规定："凡品官的婚礼，必以媒妁通言二姓，选择黄道吉日，行纳采礼仪。"自公侯伯至九品以上官员，"各具簪珥、约领、衣服、衾褥有差"。"主人吉服，命子弟为使，从者赍礼物如女氏。至门，女氏主人吉服迎入，从者陈礼物于厅事，宾致命，主人只受，告于庙，乃礼宾，宾退，主人送于门，使者还复命。"是日，品官家设宴庆贺，对公侯以下各官的设宴规格，清政府也有具体规定。婚期的前一日，女氏以"奁具往陈婿家，至日，婿家具合卺宴于室。婿吉服以俟，乃设仪卫，以妇舆如女氏，女氏主人告于庙，笄而命之，醴女以俟迎者。迎者至，女母奉女升舆，行至门，女侍导妇入室，婿妇交拜讫，行合卺礼"。是日，设宴宾客，其规格与纳采宴相同。品官之子，未受职者，"礼得视其父，已受职者，各从其品。士婚礼得视九品官"。庶民纳彩首饰，数以四为限，舆不彩饰，"余均得视士"。越三日，主人主妇率新妇见于庙。"分不得立庙者，见祖祢于寝，如常告仪。"②品官的纳彩日聘礼、筵宴规格，成婚日的设宴桌张等，清朝均有明确规定，雍正元年（1723 年）规定：公的纳彩礼有金约领一具、金簪三枝、金耳饰一副、缎衣四袭、缎衾褥三具。纳彩日设宴，用牲九；成婚日，具宴二十席。侯的纳彩礼与公相同。纳彩日设宴，用牲八；成婚日具宴十八席。伯的纳彩礼与侯相同。纳彩日设宴，用牲八；成婚日，具宴十七席。一品官的纳彩礼定制缎衣三袭，其余与伯相同。纳彩日设宴，用牲六；成婚日，具宴十五席。二品官纳彩礼有缎衣二袭、缎衾褥二具，其余与一品官相同。纳彩日设宴，用牲四；成婚日，具宴十三席。三品官的纳彩礼有金簪二枝，其余与二品官相同。纳彩日设宴，用牲三；成婚日，具宴八席。四品官的纳彩礼，有金约领一具、金耳饰一副、缎衣一袭、缎衾褥一具。纳彩日设宴，用牲二；成婚日，具宴六席。五品官的纳彩礼与四品官相同。纳彩日设宴，

---

① 此文载《晚清宫廷生活见闻》，文史资料出版社 1985 年版。
② 光绪：《大清会典事例》卷三二五，《官员士庶婚礼》条。

用牲二；成婚日，具宴五席。六品以下官员的纳彩礼与五品官相同。纳彩日设宴，用牲二；成婚日设宴用牲三。规定："自四品以下，约领、耳饰各听其力能具者备用。"军民人等的纳彩礼有衣一袭、衾褥一具。纳彩日设宴用牲一；成婚日具宴用牲二。还明确"凡有品级官员婚嫁，或用本官执事"，"鼓乐人不得过十二名，灯不得过六对。无品级人及生监军民不得僭用执事，鼓乐人不得过八名；灯不得过四对。一应糜费，概行严禁"。此外还特别规定：汉人婚娶、纳彩及成婚礼，四品官以上，用绸缎不得过八匹、金银首饰不得过八件，食品种类不得过十。五品以下官员各减二。八品官以下有顶戴者，又各减二。军民人等，其绸绢不得过四，果盒不得过四，"其金银财礼，官民概不许用"。如庶民妇女，有僭用冠帔补服大轿的，必须严加禁止，违者罪坐夫男①。由此可见官员士庶婚礼礼仪等级之森严，以及封建法定制约色彩之浓厚，更是其政治性的最佳体现。

（四）民人的嫁娶礼仪

清代民人婚姻的礼仪，虽因各地风习与礼仪繁简的差异而有所不同，但均未超出古时"六礼"的范围。所谓"六礼"，即是《仪礼》所称"纳采、问名、纳吉、纳征、请期、亲迎"等六种礼节。此外，"拜堂"、"合卺"二礼，在六礼中虽未列专章，但属亲迎范围。这就是古代婚姻所必须遵行的六种仪节，也是婚礼进行应有的程序。"纳采"清人称为合婚，或谓谋媒，通媒妁，先由媒人往述男家求婚之意，问明待字之女的年岁属肖，找算命卜卦的术士来合婚。"问名"，相当于后来的"订婚"，清代俗称"小定"、"大定"或"换龙凤帖"——即庚帖，主要仪文是双方交换正式年庚，并详注两造三代及主婚人姓名、荣衔、里居等。"纳吉"，古称卜吉，是向宗庙问卜于祖先，以决其适当与否，清代称"小聘"。小聘是指男家致送女家的订婚礼物，一般是女子所用的衣饰，如簪珥指环之类，或附以衣服布帛，及小量财礼。"纳征"古称"纳币"，迄清代时改称"下财"、"聘礼"，或"过大礼"。就是男家依照论婚时所议定的"财帛、礼饼、衣服、布帛、首饰等物"，按原议数量在迎娶之前数日，盛饰仪仗送至女家。"请期"，清代称"催妆"，就是男家择定迎娶吉日，照会女家。届时由男家仪仗队及轿夫抬着花轿，迎亲之人则乘舆，至女家迎娶新娘，乐工仪仗在鼓吹作乐，由迎亲之人再三催促新人理妆上轿，而新娘故意拖延时间，然后整妆出阁，一般择吉日良辰，作登舆上轿之时，以符合大喜之义。"亲迎"之礼，最为繁缛，古人重视婚礼，男子多至女家以礼相迎，故谓亲迎。后经演变，亦有不亲往者。古时婚礼多以昏为期，因此亲迎必在黄昏之后，直至深夜。

由此可知，清代民人的婚嫁礼仪程序：一是议婚；二是订婚（办理"纳征"

---

① 光绪《大清会典事例》卷三二五，《官员士庶婚礼》条。

"请期"手续);三是结婚(其中有送嫁妆、迎亲、拜天地、入洞房、喝喜酒、闹洞房、开脸等礼仪);四是婚后礼仪(包括贺喜、上拜、拜街、认大小、倒宝瓶、拜祖宗、回门、下地饭、归宁等礼仪程序)。清代民人婚期多在秋冬,尤以腊月廿三日至除夕为最佳。这是因为民俗谓"送灶"后,家中已无司命纠察,故嫁娶之事可随意举行;再则此时正值农闲岁尾、秋收冬藏之后,家有盖藏、人有闲暇、农事间隙,便于举行婚嫁活动。清代民人的婚姻礼仪活动,虽因地区风俗不同及贫富条件的限制和影响,在礼节与程序上有繁简之别。但封建礼制、传统道德观念、文化心态和价值取向、约定俗成的习惯,却自始至终贯穿于整个婚姻礼仪活动之中,并呈现出鲜明的时代特点:

其一,严等第、明良贱的婚姻观念与封建包办婚姻制度更趋强化。清朝为巩固封建礼制与强化封建礼教,坚决维护父母决定子女婚姻的权力。规定,"婚嫁者由祖父母、父母主婚,祖父母、父母俱无者,从余亲主婚"[1]。若祖父母、父母犯死罪被囚禁,子孙的婚姻仍需由他们安排,倘若自做主张嫁娶,要受杖八十的刑罚[2]。此外,对妻妾失序、居丧嫁娶、娶亲属妻妾、尊卑为婚者,清代法律有明文规定及违制的处罚律文。在宗法与家族势力强大的地区,祠堂以族人联姻关乎宗族盛衰为由,也要出面干预族内的男女婚姻选择。如清代江苏宜兴篠里任氏宗祠要求,当家长为子女议婚将成时,必须报告祠堂的宗子、宗长,由他们来最终决定婚姻的成败与否。这样,婚姻的当事人男女双方无权力选择自己的配偶,不管他(她)们愿意与否,均得服从家长及宗长的安排[3]。这种典型的封建包办婚姻,是清代婚姻形态中的"主干"。而家长在为子女择定配偶时,所遵循的主要原则,一是论门第,二是论贫富。

清代封建等级制度森严,人们的联姻也同其他社交一样,直接受等级制的制约。雍正《浙江通志》卷一百《风俗》条记载,宁海县"婚姻择,先门第";道光《祁门县志》卷五《风俗》也称,该县婚俗是"婚姻论门第";同治《石首县志》载称"男子十岁以上,女子十岁而下,门第年齿相匹,即为定盟"[4]。光绪《崇明县志》云"婚姻论良贱,不论贫富"[5]。可见,"论门第"、"严良贱"是联姻时遵循的重要准则。清朝为严禁良贱通婚,法律专设有"良贱婚姻"的条文:"凡家长与奴娶良人为妻者杖八十,女家减一等";"奴自娶者,罪亦如之";"若妄以奴婢为良人,而与良人为夫妻者杖九十";"各离异";因婚入籍

---

① 光绪《大清会典事例》卷七五六,《刑部·户律·婚姻》。
② 同上。
③ 《宜兴篠里任氏家谱》卷二十五,《婚娶议》。
④ 同治《石首县志》卷三,《民政·风俗》。
⑤ 光绪《崇明县志》卷四,《风俗》。

为奴的女子，改正为良①。法律还有"娶乐人为妻妾"的专条，禁止官吏及其子孙与贱民中乐贱人户通婚："凡官并吏娶乐人为妻妾者，杖六十，并离异；若官员子孙娶者罪亦如之，注册，候荫袭一日，降一等叙用"②。明文规定良贱不得通婚，绝不许良人以上的家庭掺有贱民的血统，以维持封建的良贱等级制度。宗族祠堂作为封建宗法与"族权"势力的代表者，更极力维持婚姻论门第、严良贱的原则，望族不乐与寒门联姻，不准与贱民通婚更成为一条不可动摇的天经地义的婚姻准则。

尽管有的地区婚姻论良贱而不计贫富，但在更多的地区，既别良贱又计较贫富。江苏无锡，"婚姻之家，必量其贫富而后合"③。在宁国府，更是"婚嫁论财"④。因虑及女儿出嫁后的衣食保障，女方注重观察男方的经济实力。当时婚姻论财突出地表现在讲究聘礼与嫁妆上，而聘金的多寡，常成为婚姻成功与否的重要因素。清人陆耀辑《切问斋文钞》卷四《昏说》称："将择妇，必问资装之厚薄，苟厚矣，妇虽不德，亦安心就之；将嫁女，必问聘财之丰啬，婿虽不肖，亦利其有所而不恤其他。"

其二，早婚与童养媳制度成为普遍的现象。清朝为了达到使"天朝"人丁繁衍和兴旺的目的，始终鼓励早婚多育；明文规定男子十六岁、女子十四岁即达到结婚年龄，可以自便⑤。民人为传宗接代和补充劳动力，多乐于早婚多育。此外，早婚还体现在童养媳制度的普遍与风行上。童养媳又称"待年媳"，就是由婆家来育女婴、幼女，待到成年才正式婚配。它的风行有着深刻的社会原因，一是由于贫穷人家生女多无力养活，于是将其给人，长大后再成为抚养者家中的媳妇。二是父母亡故，对于未成年子女，尤其是贫苦家庭的子女，常因此沦落为无依无靠的孤儿。在以男性为重的社会里，男女本不平等，当子女失去父母后，家庭或家族长辈在抚养上有所选择的话，女孩的命运总是位居末下，于是送人作童养媳，成为出路之一。三是由于结亲聘礼重，婚礼彩礼支付甚巨，嫁女者亦需嫁奁，这种婚俗常人之家无力负担。在女方"即畏目前乳哺与日后婚嫁之累"，在男方"或贫家子嗣多者，亦求抚为媳"⑥；或者是男家"无力不能完娶"，女家又"贫不能妆女出阁"，于是只好领养或送养童养媳了⑦。但童

---

① 光绪《大清会典事例》卷七五六，《刑部·户律·婚姻》。
② 同上。
③ 光绪《无锡金匮合志》卷三十，《风俗》。
④ 嘉庆《旌德县志》卷一，《风俗》。
⑤ 俞正燮：《癸巳类稿》卷三，《媒氏民判解》。
⑥ 道光《永安县志》卷九。
⑦ 嘉庆《渑池县志》卷七。

养媳制度却可大大缓解此矛盾,因为男方抱养待年媳不需彩礼,等正式完婚时,仪式简化,花钱少,同时女方免陪嫁妆,无破家嫁女之忧,故"农家不能具六礼,多幼小抱养者"①。四是父母远迁异地谋生而将女儿送出的,亦有绅宦之家外出做官谋职,怕路远时间长,耽误婚事,将业经聘定的女儿寄养翁家,以待及岁后合卺成亲。他们之中,有的由女方家庭率先提出,也有应男方家庭的要求而这样做的。五是男方领养童养媳作为劳动力使唤,如河南鄢陵县"贫家无力,每多养媳,必女大而男小,常有长五六岁者,盖取其早能料理家事也"②;福建诏安县"设寄乳养苗媳","抚女七八年,解执箕帚,又七八年能为人妇,无嫁娶之难"③;江西南昌县"贫家垣抱人女乳养,小时可同操作,既长可省婚财"④;贵阳府"幼妇归夫家者曰童养媳,长于男四五岁,取其能操作任井臼也"⑤。六是清代还有公婆或丈夫病重提前娶媳妇的陋习,俗称"冲喜",企图病人就此好起来,这也是出现童养媳的一个重要原因。因为童养媳的婚姻选择余地是有限的,所以童养媳婚姻出现的悲剧,较之正常婚姻,其频率往往更高,婚姻质量更加严重,婆婆或翁姑虐待童养媳的事件屡有发生;夫妻矛盾也较正常婚姻偏多,婆媳不和或翁媳关系不和以及夫妻嫌弃对方而发生外逃、命案事端的记载,更是屡见不鲜⑥。童养媳的命运和处境是悲惨的。

其三,寡妇的生活悲凉,许多地方还存在"殉夫"制度。封建统治者为了捍卫封建礼教和伦理,于是严禁寡妇和离异的妇女再婚。而要她们保持贞节,"从一而终",并给身体力行的"殉道者"建立"贞节坊"、"烈女祠"。在这种情况下,寡妇的生活自然悲凉;而且许多地方还存在着野蛮的"殉夫"制度。然而,大量的文献记载都表明,清代寡妇再婚的现象较为普遍。在上海,"闾阎刺草之家,因穷饿改节者十之八九"⑦。这为一个侧面,即"穷饿"是当时寡妇悲惨命运的真实写照和反映;另一方面表明,随着时代的进步,寡妇们以自己的"改节"行动对那种泯灭人性的封建旧礼教进行了抗争。

其四,已婚妇女完全处于"家庭女仆"的地位。无论是明媒正娶的、童养的,抑或是再婚过门的妇女,在家庭内部由于受"别内外"、"勿听妇言"等封建礼教"训条"的制约和影响,完全被排斥在"家政"事务之外,屈居于附属

---

① 同治《新城县志》卷一,《风俗》。
② 民国《鄢陵县志》卷五,引《嘉庆志》。
③ 陈韶盛:《问俗录》卷四。
④ 民国《南昌县志》卷五十六。
⑤ 爱必达:《黔南识略》卷一。
⑥ 郭松义:《伦理与生活——清代的婚姻关系》,第307—308页。
⑦ 同治《上海县志》卷二十四,《烈女》。

地位。她们实质上成为封建的"家庭奴仆"及丈夫的"生育工具";更有甚者,有的还被剥夺了最基本的人身权利,被当作财产"典当"和出卖。从而使得清代妇女所受的封建压迫更形深重。

(五) 少数民族的嫁娶礼仪

边疆地区的少数民族,绝大多数实行一夫一妻的婚姻制度。但不同的阶级和阶层成员,有不同的择偶标准,贫富之间绝少通婚。由于边疆地区社会经济发展极不平衡,加之受传统观念和社会风俗习惯、宗教信仰的影响,致使许多少数民族仍保留着诸多古老婚制的残余,从而形成丰富多彩的婚姻习俗。清代黎族地区有"放寮"的习俗;广东北部的壮族有称为"放牛出栏"的风尚,即每年自夏历除夕开始,未婚男女,均可寻找自己喜欢的对象,在田峒间、林荫下相互对唱山歌,倾诉爱慕之情,这一习俗源于古老的群婚时代。在苗、瑶、壮、侗、怒、傈僳等族中,盛行姑舅表婚的习俗,即所谓"有女先问舅"的婚习,它源于原始氏族男女之间互相婚配,实际上就是兄弟的子女与姐妹的子女之间互通婚姻。在哈萨克、柯尔克孜、鄂温克、怒、景颇、黎、彝、苗、壮等族中有"转房"的婚俗,即死去丈夫的妇女有再嫁给已故丈夫的兄弟的义务和权利。这一婚俗应是古代兄弟共妻的遗迹;但在阶级社会中,随着生产资料私有制的发展,妻子实际上成为家庭中的一笔活的财产,她与其他财富一样,不能外溢,只能在族内继承。独龙族有姐妹共夫的婚俗。

藏族,有的地方实行一妻多夫制,这在世界各民族的婚俗中不多见,多见于贵族农奴主家庭。一是兄弟共妻,长兄结婚后与弟弟共妻,子女称父亲中最年长者为父,其余称叔,由长兄当家长;二是朋友共妻,大都是家庭的主人早有妻子,外来的朋友与主人要好,或是主人家缺乏劳动力,因而合为一家。藏族的一妻多夫制,尽管反映了群婚制的残迹,但清代兄弟共妻的主要目的还在于保持封建庄园、财产不致分散,封建农奴主的地位和各种特权不致下降。至于少数农奴阶层家庭中的兄弟共妻,是为了避免各立门户而加倍承受农奴主加在头上的沉重负担,以免遭受更为苛重的剥削。永宁纳西族有"阿注婚"习俗;侗、布依、黎等族中更有女子婚后不落夫家的婚俗。这些婚俗反映了古代由母系制向父系制过渡时,男子从妻居向女子从夫居的转变,女子不愿立即实现这一转变,因而婚后不落夫家,经历一个两头居住的过渡阶段。苗、景颇、纳西族有些地区的"抢婚",亦是古老婚俗的遗迹,它同样反映了女子对父系制从夫居转变的反抗。与汉族地区相比,尽管少数民族在婚姻上有较多的自由,但总的说来,各族子女大多处于被压迫、被奴役的地位,在家庭中仍多受男性家长和封建礼教的统治与束缚,同样没有多少人身自由可言。在剥削制度下,婚姻实际上变成了变相的买卖婚,男子可以用牲畜、物品或货币作为支付妻子身价的手段。在剥削阶级内部，其成员之间缔结的婚姻，不过是政治、经济利益结合的体现，并无多少"情感"可言。

满族是东北地区古老的民族之一。满族的嫁娶，一方面承袭了其先世的一些固有习俗；另一方面，又深受汉族高度封建文化的影响，而赋有新的时代特点。

清初，满族婚娶看重民族"高下"，禁止满汉通婚。昭梿著《啸亭杂录》载称："满洲旧俗，凡所婚娶，必视其民族之高下，初不计其一时之贫富。"《清稗类钞》说："满洲、蒙古之男女类皆自相配偶，间或娶汉族之女为妇，若以女嫁汉族者，则绝无仅有。"满族入关后，杂居汉族地区，民族融合更是不可阻挡的趋势。满汉不婚的禁忌逐步打破，统治者只好承认既成事实。"顺治戊子五年（1648）二月，世祖谕礼部：'方今天下一家，满汉官民皆朕赤子，欲其各相亲睦，莫如缔结婚姻，自后满、汉官民有欲联姻者，听之。其满洲官兵娶汉人之女实系为妻者，方准其娶……'光绪季年，德宗曾降旨，令满、汉通婚。"① 清初八旗子女的婚姻，要由各旗诸首领决定。谈迁《北游录》记载："旗下所生子女听上选配，或听亲王，并不敢自主。"天聪九年（1635）皇太极谕令："嗣后凡官员及官员兄弟，诸贝勒下护卫、护军校、护军、骁骑校等女子、寡妇，须赴部（户部）报明，部中转问各该管诸贝勒，方准嫁。若不报明而私嫁者，罪之。其小民女子、寡妇，须问明该管牛录章京，方准嫁。"② 但满族入关后，这一婚俗逐渐变成徒具形式，转而主要由媒妁之言，父母之命来决定。此外，满族还有早婚、娶长妇的习俗。《柳边纪略》记载，宁古塔满族，"结婚多在十岁内，过（期）则以为晚"。《吉林通志》记载："满人唯结婚多在十岁内，过期则以为晚。"天聪九年（1635）三月皇太极晓谕军民等："凡女子十二岁以上者许嫁，未及十二岁而嫁者，罪之。"③ 可见女子在十二岁以后即出嫁当是普遍现象。奉天满人婚龄稍晚，富裕人家男子，"生十三四岁即结婚，至二十岁以上方结婚者，俱为贫人"④。满族还有少男娶长妇的习俗。究其原因，乃是当时特定的社会条件所决定的，即满族长期对外军事征服活动影响所致。满族入关前人口最多不过六十万，长期的军事征服使大批的青壮年战死沙场。而战争的继续与广大征服地区的统治，急需大批满族人丁；要解决这一矛盾的最好办法，是实行早婚和娶长妇，以保证男子在十六岁成丁入伍前就实现人口繁殖。同时满族的一夫多妻制亦被法律所允许，但严禁同姓通婚的"转房"婚。满族的婚

---

① 徐珂：《清稗类钞》第五册，《婚姻类·满汉通婚·指婚》。
② 《清太宗实录》卷二十三，天聪九年三月戊午条。
③ 同上。
④ 《中华全国风俗志》下卷，卷一《奉天》。

娶礼仪，在入前关古朴简单。入关后，因受中国传统封建礼教文化和"六礼"的影响，逐渐形成具有满族特色的一套繁琐礼节。大体分为通媒、小定、拜女家、下茶、开剪、迎娶、坐帐、合卺、分大小、回门、对住月等程序和礼仪。各个程序的礼仪在保持民族特色的同时，其整个过程与汉族的婚娶礼仪内容大同小异。

分布在各地的蒙古族因地区和社会经济条件的差异，各地的婚俗与礼仪略有差别。但盛行早婚少男娶长妻是其共同特点。一般，女子二三岁至四五岁时，即须定婚，十六岁以上未成婚者绝少。向例女子比男子年长二三岁，或四五岁不等①。徐珂《清稗类钞》叙述蒙古族的婚礼时说："蒙古婚嫁，聘礼奁资皆以牲畜，牲畜之数尚奇，起一九，至九九而止，如贫不能九数者，亦必三、五、七等数，与内地数对偶之意适相反。近边一带，已染汉习，有以银块行聘者。婚日婿公服弧矢，策骑而往，亲朋随之，婿谒外舅姑，必递哈达，女家延至上坐，享以全羊、奶、酒，宾朋酾饮，宿一夕而归。次日，女家亦召亲朋，策骑送女。男家于室中爇火一盆，新夫妇向火拜，次及翁姑，不交拜，不合卺。饮后，始与亲朋为礼。贫者，女至男家，随身衣饰而外，无长物。中人之家，牲畜三五头，富者牲畜之外，复媵以奴婢。婚日，新妇束装不异常人，亲朋馈赠，以牛马为厚仪，通常不过布一匹，羊一头而已。"② 可见，蒙古族在议婚时不论财帛，而是以牲畜为聘礼，其数量之多寡，视贫富而定。但无论送多送少，均以九数为起点，自一九递加至五九、六九是极普遍的，然最多不超过九九（即八十一头），其本意在取九九长寿之含义。家贫之户，连九头都送不起，可取奇数，自一至五、七头均可。汉人尚偶数，而蒙古族尚奇数，这是汉蒙两族婚姻礼仪方面最大的差别。对蒙古族亲迎礼的特色，《最新蒙古鉴》载称："亲迎之日，由喇嘛选定吉期，另在附近设一帐，由新郎派人迎接新妇。至新妇家，其新妇长族及戚属均鹄立幕前，作拒纳状，而后启门出迎。""新妇即乘马（开拓地方多乘轿，未开拓地方多乘马）绕幕驰骋三匝，始引导至新郎家。会亲赠物，拜佛读经，见翁姑后入内拜灶，出堂一同礼拜祈祷，礼成。然后设筵款客，有继续至七八日者。"可见整个婚礼具有浓厚的游牧民族的特色。

彝族的婚姻基本上是一夫一妻制，但盛行买卖婚姻，女方要向男方索取高额的聘礼。在凉山地区，黑彝必须恪守等级内婚制，严禁与外族通婚。还盛行姑舅表优先婚、姨表不婚的习俗，故形成联姻的家支成为两家的状况。有的彝族地区还流行"抢婚"的习俗，《皇朝职贡图》记载，黑彝为"滇夷贵种"，凡

---

① 民国《最新蒙古鉴》，《风俗》条。
② 徐珂：《清稗类钞》第五册，《婚姻类·蒙古婚嫁》。

土官营长皆其族类,"婚娶以牛马、金帛为聘礼。新妇入门,命以名,次日用祝者引谒祖先,披套头,执檻器,候舅姑洗沐,七日乃止。男椎髻,头缠皂布,左耳代(戴)金银环,衣短衣,大领袖,着细腰带。女辫发盘于头;皂布缠头,垂两端于后。嫁女,主家泡酒数缸,娶男妇会饮,老者坐于其上,大者,男女牵手罗舞而唱,一人吹笙以导之,轮次饮酒,至三五夜乃止"①。白彝"为贱",婚姻以牛马纳聘,婚嫁女家以牝牛猪陪随嫁妆,"男家作乐,以酒甑火炉居中。围绕歌舞,吹芦笙相和"②。《东川府志》记载,该地彝族聘妇议银币,娶议牛马,轻重多寡,凭媒妁口,贫者不易得妇。"爨之父母将嫁女,三日前持斧入山,伐带叶松树于门外结屋坐女,其中旁列米渐数十缸,集亲族执瓢杓,列械环卫。婿及亲族新衣黑面,乘马持械,鼓吹至,两家械而斗。婿直入松屋中,挟妇乘马疾驱走,父母持械杓米渐遂浇婿,大呼亲族同逐女不及怒而归。新妇在途中故作坠马三,新婿挟之上马三,则诸爨皆大喜,即父母亦以为是爨女也。新妇入门,婿诸弟抱持,新妇扑跌,人拾一巾一扇乃退。及月,爨女归宁,子生,婿家别议以牛马迎之,否则终身不娶也。未生子,夫妇相见不与语。"③ 康熙《云南通志》卷三十七记述:婚姻惟其种类,以牛马为聘,"及期聚众,讧于女家,夺其女而归"。可见,清代彝族的婚姻礼仪确有诸多地区性与民族性特色。

白族汉化水平较高,社会经济与文化较为发达,其婚姻风俗多仿汉民。然而在不少方面仍有自己的民族特色。同宗同姓不通婚,但例行姑舅表婚。婚姻由父母长辈包办,要门当户对,成婚的聘礼较为昂贵。"同堂兄弟之子女都互配"即指此④。其婚嫁礼仪,"生子甫龀,即为择配。先向女家问生年月日,令星士与男命合之,即吉请亲串中齐眉者,为蹇修往女家致词,得允乃择期以酒脯环钏将礼,女家答庚帖,即问名纳吉也。候男女稍长,方纳采若纳币,于亲迎前行之六礼仪节,一俭视力,无相强。近于问名时,女家间有论财者,愚鲁寒微,因丧服娶,在所时有持风化者,宜挽之"⑤。

苗族的婚姻礼仪不同于其他民族。王崧等纂《云南通志》卷一百八十五记载:婚姻不先媒妁,男女交往比较自由,"每于岁正,择地树芭蕉一株,集群少,吹芦笙,月下婆娑起舞,各择所配,名曰礼山。两意谐和,男女归告父母,始通媒焉。以牛马布匹为聘,嫁娶迎送亦以人多为荣"。凡婚娶,"亲迎婿步行,

---

① 《云南通志》卷一百八十二。
② 《云南通志》卷一百八十二。
③ 同上。
④ 余庆远:《维西闻见录》。
⑤ 《邓川州志》卷四。

迎妇归,始置酒待客母家,三日后以牲畜送婿家以为嫁妆,婿家答以牛马布匹,即准财礼厚款送归"①。

壮族婚姻风俗,多行一夫一妻制;但有婚后"不落夫家"的习俗,史称"新娶之妇,至夫家一宿即去,及娠然后至夫家,以奉议蔗圆为甚"当指此②。壮族青年男女婚前的交往比较自由,史载"亲族少男少妇数十人,歌饮号叫,剧戏三四日,夜乃毕,谓之作星。少妇于春时,三五为伴采芳拾翠于山陬,水湄,歌唱为乐。少男亦三五为群,歌以赴之。一唱一和,竟日乃已,以衣带相赠答"③,选择自己的意中"情人"。这与汉族的婚俗确有较大差异。《白山司志》记述,壮族婚姻,"不用庚帖,但槟榔一橄,戒指一对送,谓之吃。准口行聘,亦以槟榔为重。富厚家以千计,用苏木染之,每八枚包以箬竹,累累数十百包。亦有散盘内者,佐以蒌叶,每二三十叶为一束,缚以红绒。其次则酒肉糕饼,捻以多为贵。首饰甚简,惟银簪、手钏、戒指数事而已。聘金不论多寡,称家有无。迎娶之日,有力家及近圩市者,用四人或二人肩舆,结彩绸于四角,鼓乐导引,爆竹声不绝于道。其贫而居深山乡僻者率步行,新妇手张雨盖,群妇女围而送之。交拜后,亲友围坐饮酒,唱土歌达旦乃散,官族则行六礼如汉人,惟纳采,亦尚槟榔,盖相沿土俗,也至冠礼。汉人中行者亦甚鲜,土人更无论矣"④。

黎族的婚姻制度实行一夫一妻制;但男女婚事一般由父母包办,聘金昂贵,婚后"不落夫家"的习俗较为普遍。"其嫁娶礼仪十分繁杂,凡婚娶必择吉日,婚礼用牛马,聘家皆用牛,一般贫者五六头,富者一百数十头。"⑤新娘在婚前必须绣面、绣手,绣面的花样由男家(即新郎)提供。其礼仪程序是,受聘时绣手,临嫁时再绣面,其目的在于表明新娘终身不二,不得再嫁的决心。迎婚之日,新郎还要送聘礼:生牛两头,猪肉六十斤,米两石,酒一缸⑥。同时还有"送嫁"、"压手"、"哭别"等礼仪。而且"迎妻之日,令二人画面先行,以防路煞,妻步行以归"⑦。"新妇至,次日始归宁,候有野胎,方返夫家;或有不谐者,男女自由脱离,倘有子女,母离而子女仍在。"⑧若"黎死无子,则合村共养共妇;欲再适,则以情告黎长,囊其衣帛,择可配者投于地,男子允则拾其

---

① 鄂尔泰等:雍正《云南通志》卷二十四。
② 羊复礼修:《镇安府志》卷八,《风俗》。
③ 全文炳修:《平乐县志》卷一,《风俗》。
④ 王言纪修:《白山司志》卷九,《风俗》。
⑤ 吴应康:《安定县志》卷九,《黎岐志》。
⑥ 周文海:《感恩县志》卷十三,《黎防志》。
⑦ 吴应康:《安定县志》卷九,《黎岐志》。
⑧ 周文海:《感恩县志》卷十三,《黎防志》。

囊，妇乃导归宿所，携挟牲牢往婚焉"①。可见黎族的离婚与再婚的选择，自由较多，这是汉族婚姻与礼仪所无法相提并论的。

维吾尔族不禁止同姓间的婚姻，一向男女多早婚，婚配方式大体为天定（即由阿訇指定）、买卖婚姻和自由恋爱三种；而"贵族婚姻必凭媒定吉期"，多由父母做主，请阿訇念经为证②。按维族的习俗，结婚时不行亲迎礼或迎娶之礼，而是女家"送亲"。《西域图志》卷三十九载称，按照议定的婚期，"女家坐于毡毯，四人扶舁出门，预备骏马雕鞍于门外，女戚抱以上马，施障面以行。鼓乐前导，赠物随之，女先行，婿后随，女家之母及女亲或送女及婿以至婿家，越宿归。又越三日，婿家设筵延女父母为燕会，两家亲属无不与者。女始至婿家先拜灶神，浇油于灶神之门，然后入房以示主馈之意。舅姑不即拜也，也半岁或经年，婿之卑幼入房去新妇障面，始出拜舅姑，行叩头礼"。这确与汉族婚仪中的认大小之礼差别甚大。新妇至婿家，诵经成礼，易换"恰齐把什"为妇人装束（即双歧发辫）③。是日，婿家酒肴毕具，大吃抓饭，"男女皆'围浪'，新郎新妇亦然，远近乡邻皆贺之，各送油馓面馍为礼，尽一日之欢，客始散去"④。婚礼遂告结束。

第三节　离婚与再嫁风俗

离婚与再嫁，是人们在对偶婚时期，婚姻活动的中止与继续，是两种特定内涵的婚姻形态。

"离婚"又称"离"或"离异"，系指配偶生存期间，依照法律规定，解除婚姻关系的一种行为。清代处于中国封建社会末期，传统礼制极盛的时代，其离婚多采取夫权离婚主义，丈夫具有离婚的特权，而妻子则无离婚的自由。清朝在法律上保护丈夫的这种特权，有专门的条文对"出妻"作出规定，这些条文规定有利于丈夫，而且以严重损害妇女的基本人权为基点。

---

① 屈大均：《广东新语》卷七，《人语》。
② 《回疆杂记》，载《维吾尔族史料简编》下册，第457页。
③ 《维吾尔族史料简编》下册，第458页。
④ 萧雄：《新疆杂述诗》卷三。

再嫁，称"再婚"，又称"再醮"。它源于古代男女婚嫁时，父母为新郎酌酒的仪式，这种仪式称作"醮"，元明清三代，"再醮"一词，专指丈夫死后，女子再嫁的婚姻形态。再嫁或再婚，系指离婚或丧偶后一方，或双方又与他人结婚的行为。这种行为，在清代虽有诸多限制，但仍受到法律的保护。然而，再嫁的妇女，不仅受到社会的歧视，而且更受到宗族势力的刁难与迫害，故其生活境况大多悲苦。

一　离婚风俗

在离婚方面，清人要遵循有关的法律条文，又须顺应各地、各民族习以为常的社会风俗，这是一种特殊的婚姻民俗。

（一）维护夫权的法律条文

《大清律例·户律·婚姻·出妻》条规定：

> 凡妻于七出无应出之条，乃于夫无义绝之状，而擅出之者，杖八十。虽犯七出，无子、淫泆、不事舅姑、多言、盗窃、妒忌、恶疾，有三不去与更三年丧、前贫贱后富贵、有所娶无所归。而出之者，减二等，追还完娶。若犯义绝应离而不离者，亦杖八十。若夫妻不相和谐而两愿离者，不坐。情既已离，难强其合。若夫无愿离之情，妻辄背夫在逃者，杖一百，从夫嫁卖。其妻因逃而辄自改嫁者，绞监候。其因夫弃妻逃亡，三年之内，不告官司而逃去者，杖八十。擅自改嫁者，杖一百。妾各减二等。有主婚媒人，有财礼乃坐。无主婚人不成婚礼者，以和奸、刁奸论。其妻妾仍从夫嫁卖。若婢背家长在逃者，杖八十。因而改嫁者，杖一百，给还家长。窝主及知情娶者，各与妻妾、奴婢同罪。至死者，减一等，财礼入官。不知者，主娶者言，俱不坐。财礼给还。若由妇女之期亲以上尊长主婚改嫁者，罪坐主婚，妻妾止得在逃之罪。余亲主婚者，余亲，谓期亲卑幼及大功以下尊长。卑幼主婚改嫁者，事由主婚，主婚为首，男女为从；事由男女，男女为首，主婚为从。至死者，主婚人并减一等。不论期亲以上及余亲，系主婚人皆杖一百，流三千里①。

从法律规定看，这明显是袒护男子的权利：其一，凡有女子犯"七出"之条，对封建伦理有违犯时，丈夫随时可抛弃、遗弃妻子。其二，如果"夫无愿离之情"，妻背夫在逃，不仅要受"杖一百"，而且"从夫嫁卖罪"。其三，妻

---

① 《大清律例》卷十，《户律·婚姻·出妻》。

出逃改嫁者，更要被严惩，其参与者、知情者坐罪。当然，此律也允许"夫妻不相和谐而两愿离者"，得以离婚，这是社会进步与文明的表现。同时，对丈夫"弃妻"逃亡者，要求妻子三年内告官司，且不得擅自改嫁，否则须惩治男女双方。应当说，这是对合法婚姻的法律维系，警告男子不得擅自弃妻出逃。王跃生认为，在清代离婚的主流是丈夫以各种名义将妻子休弃，但实际生活中，丈夫被赋予的"七出"之权并没有被其广泛利用。或者说，大部分符合"七出"过失或缺陷的妻子并没有被丈夫逐回娘家。除通奸个案中有明确的休弃行为外，其他"七出"条文的落实是很稀见的。其原因并非"三不出"的保护，而缘于一是婚娶费用过高使多数平民家庭不会轻易将家庭拆散而重起炉灶；二是休弃是一种使双方家庭均遭受损失的离婚方式，因而都力图加以避免；三是"七出"的规定缺乏实际意义。即使如此，我们不能因此否认"七出"在对妻子加强控制，使之不敢有所妄为以及保护家庭的表面和睦方面所起的作用。应当肯定，在"七出"之外，丈夫以夫妇不和为由休妻并非个别现象，它对妻子的行为形成很大的制约，这实际上是"七出"规定和意识的扩大化，是夫权的重要体现①。

（二）离婚的风俗

汉族地区的离婚风俗，因各地民俗的差异，故其名称与方式有别。其一，浙江定海县民间，称离婚为"活出离"。《定海县志》载称，该地凡"男子未亡而妇女生离者，谓之'活出离'"。在离婚的方式上，"大抵离婚出自男子者，须予妇赡养费用；出自女子者，女家须偿还聘金，女子则由父兄收领云"。"赘婿，乡村多有之。大抵父母无子，故招婿以为之子"，俗谓之"进舍夫"。"男子妻亡无力续娶，或妻久不育，常在外别谋一妻，订立契约，限以岁月，时期久者，谓之'典妻'；暂借，谓之'租妻'。"期至各离，所生子女则归男子"②。

其二，在贵州平坝县民间，离婚风俗又别具特点。《平坝县志》记载，一是"离婚至不易"之事，其"无论夫妇若何困难同居，在士夫之家率多隐忍讳言，在官吏之裁判上，亲友之和解上，恒以委曲迁就而求全，撤散离婚"，为"不道德"行为。二是"如万不得已必离婚（或因生计，或因生理及病理，或因不正当之行为等），无论已嫁娶、未嫁娶，裁判上、和解上之救济标准，除人离异外，大约双方已得之物互相退还（不能还物时，折合金钱），或经济力优裕之一方，更补助于对手之一方"。双方"离后各自婚配"。

二 再嫁风俗

凡丈夫去世的妇女，出路为"守节"不嫁或改嫁。离异妇女，出路也有两

---

① 王跃生：《清代中期婚姻冲突透析》，社会科学文献出版社2003年版，第125页。
② 民国《定海县志》第十六，《风俗》。

条,改嫁或独居。而对于再嫁妇女来说,清朝有相关的法律规定和社会舆论更多维护女子应"从一而终"的封建伦理准则,从多方面施加压力,进而使其基本人权难以保障。

(一) 清朝有关妇女再嫁的法规

清朝颁布的《大清律例》,载有妇女再嫁的法规。《户律·婚姻·居丧嫁娶》条记载:

> 孀妇自愿改嫁,翁姑人等主婚受财,而母家纠众抢夺,杖八十。夫家并无例应主婚之人,母家主婚改嫁,而夫家疏远亲属强抢者,罪亦如之。其孀妇自愿守志,母家夫家抢夺强嫁以致被污者,祖父母、父母及夫之祖父母、父母杖八十;期亲尊属尊长杖七十,徒一年半;大功以下尊属尊长杖八十,徒二年;期亲卑幼杖一百,徒三年;大功以下卑幼杖九十,徒二年半。娶主不知情不坐。知情同抢,照强娶笞五十律加三等杖八十。未致被污者,父母、翁姑、亲属、娶主各减一等,妇女均听回守志①。

这表明,在清代妇女再嫁中,"受财"、"强抢"、"被污"、"强嫁"等违背妇女意志的事实普遍存在,清政府不得不采取法律措施予以惩治。同时,也表明对合法的再嫁,法律上是予以保护的。然而在现实生活中,妇女再嫁却受到社会各个方面有形无形的阻碍。

(二) 汉族地区的再嫁风尚

汉族地区妇女再嫁,因各地区社会发展的不平衡性,致使风尚各异。其一,在辽宁昌图府民间,其再嫁风俗是"女子夫死再瞧(醮)者有之;有不瞧(醮)与人伙度者;更有夫外出而妻与人伙度,狐绥淇梁(梁)不以为怪,盖陋俗也"。其二,在浙江遂安县民间,"寡妇再醮,则由双方面约,夫家主婚,即期迎归"。若"夫亡不嫁,另赘他婿",谓之"招亲"②,这实为另一种"再嫁"形式。其三,在陕西横山县民间,妇女再嫁以"有子"或"仅有女"而加以区别对待。《横山县志》记载:"邑中妇女素重节操,不幸中途夫故,青年有子者:中资之家恒抚孤守节,社会饮誉不置;倘以环境所迫,不得赡养者,则再醮改嫁"。若"其仅有女无子者,其父母以宗祧承继;有延外姓入门为赘婿,但以血统所关,立宗族近支同辈者为嗣"。这表明,除存在再醮(嫁)风俗外,还有寡妇"招赘"入门的风尚,是为另一种改嫁再婚的习俗。

---

① 《大清律例·户律·婚姻·居丧嫁娶》。
② 民国《遂安县志》卷一,《方舆志·风俗》。

对寡妇再嫁的原因，有学者认为，一是男女性比例失调是寡妇再嫁的外因。二是家穷无法生活，没有子女依靠是寡妇再嫁的第二个原因。三是夫家或夫家族人为觊觎资产，劝逼寡妇再嫁。四是"坐产招夫"，是指妻子死了丈夫，多少留下些产业，或者还有公婆子女，既不能随嫁带走，又想保持原来家庭的完整性，同时也为防止家产为家人或丈夫族内亲房染指吞没，便使用招赘后夫的办法，加以解决。这一风俗广泛流行于陕西、甘肃以及山西、直隶等地区，此外在四川、两湖、两广以及浙江、江苏等地的农村，也常可见。如"孀而有赀者，开门赘夫承业"①。"如女失夫……再醮不禁，乃至事筹两便，以夫从妇似赘非赘者，名曰坐堂招夫，意以抚子理家"②。五是"招夫养子"或"抚子承差"。这里"招夫养子"和"坐产招夫"的区别在于前者不一定有田地房产，而后者一般都有产业。两者比较，"招夫养子"赘婿义务似乎更重一些。因为他在娶妻子的同时，也把妻子前夫的儿女和翁姑的抚养义务也承接了过来，所以寡妇"招夫养子"常常奉公婆之命，或在其他家庭长辈主持下进行的。尽管如此，招来的赘婿，在身份上仍像"坐产招夫"一样，"遵从女姓，不复其族"或"认妇之翁姑为父母"，"承其香火"③。

（三）民族地区的再嫁风俗

清代少数民族，因经济、文化、宗教、民族传统、风俗的差异，使妇女再嫁的习尚呈现出不同的民族特点。

其一，蒙古族再嫁风尚。蒙古族婚后重生育，若新娘婚后三年不育，则令"大归"，听其再嫁。《清稗类钞·婚姻类·蒙古婚嫁》条记载：蒙古"新妇三年内生子，应得外家财产一半，如三年不育，勒令大归，并追还原聘，听其择人再醮"。妇女再嫁，较汉族相对自由。其二，哈萨克族再嫁民俗。哈萨克族妇女，若丈夫去世，允许再嫁，但首先应嫁亡夫的兄弟。《清稗类钞·婚姻类·哈萨克婚嫁》条载称，哈萨克妇女"夫死，妇不得嫁异族，其夫之兄弟娶之。不愿再醮者，亦弗强也"④。此俗在于防止子女、财产因妇女再嫁而流失。若妇女不愿再嫁，亦不强逼，较为尊重妇女的个人意愿，有其一定的社会进步意义。

---

① 康熙《巩昌府志》卷七。
② 乾隆《延长县志》卷五；又见嘉庆《延安府志》卷三十九。
③ 郭松义：《伦理与生活——清代的婚姻关系》，第438—457页。
④ 又见《方志民俗资料汇编·西北卷》，第323页。

第六章

丧葬与礼仪风俗

丧葬礼仪，是人生最后一项"通过礼仪"，也是最后一项"脱离仪式"，标志着人生旅途的终结。丧礼，民间俗称"送终"、"办丧事"等，为"凶礼"之一。它是处理死者时，殓殡奠馈、拜诵哭泣的礼节。《周礼·春官·大宗伯》有"丧礼哀死亡"之语，说明它的主要内容是对死者表示哀悼之情。清代丧葬制度除继承古代丧仪之外，又增添不少新的内涵。这与清代封建统治者高度重视礼制、社会教习和孝悌之道，在立国与治国、维护封建统治秩序方面，所发挥的特殊重要作用（政治的、精神的、人伦的）有关。清朝对社会各阶层的丧葬礼仪，规定得详尽又细密，人们无论在生前还是死后，必须各安其位、各行其道、各施其礼，最终要顺服命运的摆布和统治者的安排。

清代的丧葬风俗，包括清人的丧葬观念、帝王官员与民人的丧葬礼仪、墓室与棺椁规制、服丧风俗、明器与殉葬制度等，它们各具特色，其风尚更因时而有所变化。

第一节　丧葬观念与丧葬礼仪

清代的丧葬观念与丧葬礼仪，有许多新的特色与变化。如果说，丧葬观念是体现人们不同的生死观的话，那么丧葬礼仪则是其观念的具体实践。人们在"生"时的社会地位、贫富悬殊的差异，导致在丧葬观念与丧葬礼仪上，给予"死"者以不同的对待。同时，由于宗教和传统文化的影响，也使得清人在丧葬观念与礼仪上呈现出多样化的特点。

一　丧葬观念

在丧葬观念上，自古即有厚葬与薄葬的分野和不同主张。在实践上，清人根据自身社会地位、经济实力、文化观念的悬殊，而大相径庭，王公贵族、官员与富商多主张厚葬，而民人及部分有识之士，主张薄葬。

（一）清人的厚葬观念及其表现

帝王、贵胄、官员及富商大贾，他们拥有政治经济大权，或巨额财富，为在生前死后维护自身的权势，以及社会优越地位，主张厚葬。其法律依据和基础是《大清律例》。清律将"不孝"定为"十恶"大罪之一，其中与丧事有关的罪行界定为："居父母丧身自嫁、娶，若作乐、释服从吉。闻祖父母、父母丧，匿不举哀。""十恶之人，悖伦逆天，蔑礼贼义，乃王法所必诛"，不孝列为大罪。清人认为先前事孝，死后对祖父母、父母进行厚葬，不仅是遵循传统礼仪，使亲人灵魂得以安息之举，更是继续尽孝，以教育后辈的示范行为。而最高统治者修陵建寝的"上行"厚葬活动，自然对官民的"下效"行为，有倡导和鼓励的意义。

清人厚葬活动及其厚葬的活动表现在：其一，丧事活动礼仪隆重繁杂，从帝王贵胄到庶民百姓，均是如此。其二，殉葬、陪葬、焚销物品甚多，尤以宫廷为最。吴振棫《养吉斋丛录》卷二五记载："火化，国制也。无贵贱皆然，平时服御各物，殁后尽焚之。遇大丧，则所化者积如山阜。"其三，是丧葬活动，耗费大量物力财力。以宫中"国有大丧"为例，《养吉斋丛录》载称："国有大丧，有钦差官员至西藏熬茶之礼。届期，赏四大寺布施银各一千两，大哈达各一百个，小哈达各一千个，茶各一千块。又各寺银一千两，茶一千块，小哈达四千个。又赏达赖喇嘛镀金银茶桶一个，重六十两镀金银瓶一个，银杯一个，大哈达五个，小哈达四十个，缎二十四疋。班禅额尔德尼银茶桶一个，重三十两银瓶一个，银杯一个，大小哈达各十个，缎十二疋。由京派札萨克、喇嘛及侍卫等赍送至藏。俟熬茶事毕而返。熬茶即作佛事之谓。然往返二三万里，驿站供应及例支各项，所费不资。"①

在民间，一些地区厚葬之风也很盛行。雍正《陕西通志》记载，在韩城县民人"稍有力则用椁，名曰'套材'；扯布散衣，名曰'破孝'；又以各色纸结金银山斗、层楼、驼、狮、马、象及幡幢、帛联；广作佛事斋醮，名曰'名坛'。富贵家更侈张戏乐，走马上竿，亲执挂帐，猪羊油盘，食桌动辄数十"，因厚葬耗资费财而"丧家破产"者，"往往有之"②。在甘肃陇西，"士绅家麻冠衰绖以杖，葬时必请显者题主。棺椁、冥器、执事，称家资力"③。岷州地方，"惟自首虞至七虞、自小祥及即吉，无论智愚，以多作佛事为孝，否则以为薄于其亲"④。

（二）清人的薄葬主张及其实践

与厚葬观念相反，有不少有识之士，主张丧事从简薄葬，如世居京师附近直隶宝坻林亭口的李光庭，目睹厚葬及丧事苛繁的危害，主张应"群起而攻之"，须革则革，可减则减。他认为厚葬与丧事大办为"非礼"、"非情"之俗。他借时人《西江月》词："盼得一声告奠，快把地方先占。三百铜钱小分资，落得长吞大咽。吹吹打打笙歌，整整齐齐席面。孝子一遭谢不周，还说将他怠慢。"讥讽"素服哀吊之日，而乐酒醴笙笛"，实为"非礼"；至于"以衰麻可矜之人，而责其跪拜礼教"，更是"非情"之事，应予革除⑤。

针对民间厚葬之风，他认为"不可从者"有三："亲死之日，即请僧道念倒头经，逢七念经，送三、送殡用僧道鼓吹"，此其一；"送三之夕，妇女步行送灵牌至五道庙"，此其二；"入殓择时，不与化命相冲便是，必请阴阳定时，虽暑月亦不敢违，及出殁、迥煞等说"⑥，此其三。其"可从减免者"，送三之夕，"不必街上设位行礼"；逢七"只可家祭，不受外礼"；择葬日，"以与山向、化命、主祭之命不冲便是，断不可细讲，以致稽迟"；开吊一日，"除远亲外，本

---

① 吴振棫：《养吉斋丛录》卷之二十五。
② 《方志民俗资料·西北卷》，第 4 页。
③ 同上书，第 161 页。
④ 同上。
⑤ 李光庭：《乡音解颐》卷三，《人部·丧祭》。
⑥ 同上。

镇远近朋情，俱不送讣，不受礼，不备席"；辞灵家祭三献礼，"似可并行"；侑食不必"彻烛合门"，幡、伞等不必多设，"影亭亦不必用，恐致损坏"；涂车、刍灵，自古有之，"多亦无益"；死者入土为安，"非定以有椁为孝也"①。是为切中时弊，改革厚葬陋习的明智之举。

清代不仅有主张薄葬者，而且也有身体力行之人。在山东即墨民间丧葬时，"民间喜作佛事，独士大夫不行"②。在夏津县民间，"七日，朔望哭奠，不理佛事。营葬仪节，颇如《家礼》。明器刍灵，贫富有差，惟东乡棚帐近奢，每一棚费三四十金及六七十金不止，亲友竭力应执，或至破产。教谕梁大鲲严饬学侣，又条其事于知县方学成通行示谕革之"③。在陕西商州民间，"近时，殡仪多用剧，尚花火；知州王廷伊以事不合礼，悉议革之"。这位官员以"合法"名义，倡导薄葬之风，移风易俗。在陕西泾阳县民间，确有一些有识之士，为挽厚葬盛行之"颓风"，而实施薄葬，"间有一二守礼之家"，丧葬时，"不用乐"，"亦不以酒食宴宾"。这些薄葬之举，尽管"寡不敌众"，但却有警世与开风气之先的作用。

二 丧葬礼仪

清人的丧葬礼仪，因社会阶层不同，各地风俗差别而各具特色。帝后、王公、品官的丧葬循礼仪而行；民人多遵地方传统葬习与丧事风俗行事。

（一）帝后等的丧葬礼仪

清人帝后、王公、外藩蒙古与品官等的丧礼，隆重而繁琐，旨在显示其生前死后的权势与殊荣。

帝后的丧葬仪礼：皇帝是全国的最高统治者和主宰，其丧事称为"国丧"，全国上下要为皇帝服丧。届时，清宫还要举行隆重的葬礼。皇帝死后，在上谥号入葬之前称为"大行皇帝"。死之当日要进行"小殓"，继嗣皇帝、诸皇子、王公、百官、公主、福晋以下，宗女、佐领、三等侍卫、命妇以上，男摘冠缨截辫，女去妆饰剪发。小殓后，当日或次日，或过几日进行"大殓"丧仪，命亲王以下，顶戴官员以上；和硕福晋以下，佐领三等侍卫妻以上等，要到乾清门内瞻仰大行皇帝的遗容，近支王公、公主、福晋等要到乾清门内的丹陛上，随嗣皇帝行"大殓礼"。清制，皇帝皇后的棺木以稀有的梓木（或楠木）制作，称"梓宫"。梓宫必须按规定漆饰四十九次，四周由喇嘛敬缮"西番字样"，梓

---

① 李光庭：《乡音解颐》卷三，《人部·丧祭》。
② 《方志民俗资料·华东卷上》，第262页。
③ 同上书，第139页。

宫外边浑饰以金，内衬织金五色梵字陀罗尼缎五层，各色织金龙彩缎八层，共计十三层。大殓后，灵堂设在乾清宫内，正中宝床上停放梓宫。明清两代，乾清宫是皇帝的寝宫，于此停灵，含有"寿终正寝"的意蕴。死在承德的嘉庆、咸丰二帝，大殓后，梓宫一时运不回京师，暂将灵柩停在避暑山庄的"澹泊敬诚"殿，待移京后，仍在乾清宫停留数日，再运往殡宫暂安。

　　与此同时，嗣皇帝还要命王公大臣具体恭理大行皇帝的丧事，礼仪有：亲王以下的文武大臣及闲散宗室觉罗、公主、福晋以下，乡君及宗室之女以上的成员，一律成服；内务府所属各官员，男截辫、女剪发，一体成服。在京的外藩王公、台吉、额驸及外国贡使等人成服。头三日，朝、晡、日中三个时辰，嗣位皇帝要到灵前举茶、上食，奠酒行礼。在京的文、武候补及候补官员，教司、进士、举贡、肄业监生、吏典、僧道官等穿素服，冠去缨纬，齐集顺天府三日，早、晚行礼举哀。专司坛庙、堂子、奉先殿、寿皇殿、坤宁宫祭神殿及陵寝一应祭祀事务的官员、内监及出征在外的官兵和军营办事人员免成服。平民百姓若家有父母新丧、子女出痘者，也免成服。近支宗室二十七个月内，远支宗室及在京王公大臣一年之内，不许嫁娶；二十七个月内不许作乐宴会。在京军民百姓，男去冠缨、女去首饰，素服二十七天，不准祭祀，一百日内不许嫁娶和作乐。全国军民百姓，从皇帝死时算起，一百天之内不准剃头。所有京城内的各寺庙，一律撞钟三万杵。各部院的章奏俟十五天后具奏，二十七天之内的奏疏、文移用蓝印，一百天之内的上谕批本要使用蓝笔。

　　在办理皇帝的丧事中，要向国内、外颁发大行皇帝的遗诏，颁诏要举行十分繁琐的仪礼。诏到各省时，文武官员要摘冠缨、穿素服，至郊外跪迎，回到衙署跪听宣诏，然后供诏正堂。此后三日内，文武各官每日朝、夕两次举哀行礼。从遗诏到时算起，二十七日后除服，一百天内不准嫁娶和作乐。遗诏还要送往蒙古诸部及朝鲜、琉球、缅甸等国，各处迎诏的仪式也极为繁冗。若大行皇帝无遗诏或来不及写遗诏，死后由内阁大学士或军机大臣代拟一个"遗诏"，以同样的形式向各地转发。

　　大行皇帝的梓宫在乾清宫停放时间不宜太长，一般在葬入陵寝地宫之前，还要奉移到殡宫暂安一段时间。清代的殡宫有景山内的寿皇殿、观德殿和雍和宫的永佑殿等，不在固定地方。梓宫奉移殡宫之前要先进行"启奠礼"，嗣位皇帝亲自祭祀行礼。俟奉移时，再行奉移礼。其间的丧仪仪礼亦甚多。在梓宫未入地宫安葬之前，还要举行多次祭祀活动。除初祭、大祭和释祭之外，满二十七日行"释服礼"，满月行"初满月礼"，继之要行"二满月礼"、"三满月礼"，满百日行"百日礼"，遇清明节行"清明日祭祀"，七月十五日行"中元礼"，十月朔行"奠献礼"，遇大行皇帝生日行"圣节致祭礼"，年终行"岁暮礼"，恭题神主升祔太庙和奉先殿时，行"恭题神主礼"和"升祔礼"，满一年、二年时，行"周年致祭礼"，梓宫奉移陵寝地宫时，还要行"奉移致祭礼"等。每次致祭都要用羊、酒陈供，设饭食供桌若干张，焚烧纸钱，纸制金银锭、五色纸，乃至皇帝的衣冠服饰等物。

清代皇帝丧仪的最后一项重要内容，是将梓宫从殡宫奉移陵寝地宫安葬，礼仪甚繁。梓宫奉移日期由钦天监决定。奉移前三日，遣官告祭天、地、太庙、奉先殿和社稷坛，前一日（或二日）行"祖奠礼"，由向导官查看梓宫赴陵寝的路线，划定宿程，每程设芦殿，搭凉棚，修理道路。沿途有王公等官员到指定地点跪迎。梓宫安放入享殿正中后，嗣位皇帝进殿于灵前行"奠献礼"，遣官告祭各陵和皇陵山神。次日，再行"享奠礼"，以后照常行礼祭祀。继之，嗣位皇帝把载有梓宫的龙楯，顺木轨送入地宫，奉安在宝床上，随入的香册、香宝安放在梓宫左、右两侧的石案上，一切安置完毕，一应人员退出地宫，将地宫石门封好，新皇帝和文武官员在祭台前行"告成礼"，遣官告祭陵山、土地之神。至此，繁琐的皇帝丧仪才告结束，以后的每日供献、满月致祭等礼全部停止，仅有平常祭祀。皇帝死后，嗣位皇帝还要为他恭上庙号和谥号①。

皇太后和皇后的丧仪也十分繁冗，如康熙二年（1663）二月，康熙帝母亲、慈和皇太后佟佳氏崩逝时，康熙帝"截发成服，辟踊哀号，水浆不入，近侍感泣。日尚三食，王公大臣二次番哭。停嫁娶，辍音乐，军民摘冠缨，命妇去装饰，二十七日。余凡七日。四日后，入直官摘冠缨，服缟素。五日颁诏，文武官素服泣迎，入公署三叩九拜，听宣举哀，行礼如初。朝夕哭临三日，服白布，军民男女素服如京师。上尊谥孝康章皇后，梓宫移坝上，帝祭酒行礼攀号"②。"太皇太后，皇太后念帝冲龄，止亲送，与世祖合葬孝陵，升祔太庙。"由此可知，凡皇太后、皇后丧时，全国上下也要为她举哀致祭，以示"尊崇"之意。

亲王暨福晋等的丧仪：顺治九年（1652）清朝规定，"亲王丧闻，辍朝三日。世子、郡王二日。后改贝勒以下罢辍朝。殓具，亲王至贝勒采棺，藉五层。贝子至辅国公棺同，藉三层。镇国将军以下朱棺，藉一层。初虞陈仪卫，鞍马、散马亲王十五，世子、郡王各十四，贝勒各十三，贝子各十二，镇国公各十……府属内外咸成服，大祭日除。内外去冠饰、素服会集，各如其例。镇国将军以下不会丧。公主、福晋、命妇会丧，临行请旨行。凡亲王至辅国公，御祭二，遣官至坟读文致祭。宗人府请赐谥，撰给碑文。工部树碑建亭，贝勒以

---

① 《清史稿》卷九十二，《凶礼一》；光绪《大清会典事例》卷四六二至四八一，《丧礼》。
② 同上。

下碑自建，给葬费有差……奉恩将军赐祭无文，不立碑，不予谥。王至公婚娶之子卒，许陈鞍马，祭品各如其父母例，唯不遣官致祭。未婚娶幼子不造坟"①。葬期限定：亲王期年，郡王七月，贝子以下五月②。又定亲王福晋以下的丧仪，内外会集如上述制仪，陈仪卫从其封爵，亲王福晋、侧福晋、世子福晋御祭一次③。顺治十二年（1655）清廷又定，凡下嫁外藩公主报丧，御祭一次，遣官至茔所读文致祭④。

公主以下各福晋丧仪：顺治九年（1652）定制，固伦公主的丧仪视亲王福晋、和硕公主丧仪视世子福晋，郡主丧仪视郡王福晋等丧仪办理。十二年又定，凡下嫁蒙古公主至县主报丧，"给谕祭文，遣官赴坟读奠。郡君以下，致祭无文"⑤。道光二十四（1844年）再定，"公主薨，内务府请旨，如命官为治丧，一切典礼，即会礼部具奏。得旨，再牒各署治办，额驸自行治丧，礼部应将会集处奏闻。公主以下丧，会集临时请旨，如获请，牒宗人府、五旗传行。未厘降受封者，内务府治丧，不会集"⑥。可见，清代王公贵族、亲王、公主及其配偶的葬丧，需严格遵循清朝所定礼制，以示尊贵高下有别。

品官的丧礼：对大臣等官的祭葬仪礼，清朝规定："有疾迁正寝，疾革书遗言，三品以上官具遗疏，既终乃哭。立丧主、主妇。护丧诸执事人治棺，民公采极，侯、伯、一品官以下朱棺。讣告。设尸床、帷堂，陈沐具，乃含。三品以上用小珠玉，七品以上用金木屑五。袭衣，常服一称，朝衣冠带各以其等。明日小殓，陈殓床堂东，加殓衣，三品以上五称，复三、禅二；五品以上三称，复二、禅一；六品以下二称，复、禅各一；皆以缯。复衾一；又明日大殓盖棺，设灵床柩东，柩前设灵垂，陈奠几，丧主及诸子居苫次，族人各服其服"⑦。对亡灵的祭奠规制为：朝夕祭奠肴馔，"午饼饵。遇朔望，则朝奠具殷奠，肴核加盛。初祭，陈馔筵羊酒，具楮币。公筵十五席，羊七，楮四万；侯筵十二……六、七品筵三，楮二万，羊俱二"⑧。族人前来吊唁祭奠，丧主以下再拜，哭奠如礼。"卒奠，大功者易素服，大祭同。初祭，期服者易素服，百日致奠剃发，三月而葬"⑨。对品官坟墓的大小、墓志铭的制作、葬法、柩舆的图饰、色泽、

---

① 《清史稿》卷九十三，《凶礼二》。
② 《清史稿》卷九十三，《志六十八·凶礼二》。
③ 同上。
④ 同上。
⑤ 同上。
⑥ 同上。
⑦ 同上。
⑧ 同上。
⑨ 同上。

规格、随葬物等都有严格的限定，处处体现出封建礼仪的等级性。其中，"一品茔地九十步，封丈有六尺，递杀至二十步封二尺止。缭以垣。公侯伯周四十丈，守茔四户……其墓门勒碑，公、侯、伯螭首高三尺二寸，碑身高九尺，广三尺六寸，龟趺高三尺八寸。一品螭首，二品麒麟首……刻圹志用石二片，一为盖，书某官之墓，一为底，书姓名、乡里、三代、生年、卒葬月日及子孙葬地。妇人则随夫与子孙封赠。二石相向，铁束，埋墓中"①。制柩舆，"上用竹格，结以彩，旁施帏幔，四角垂流苏，缯荒、缯帏并着青蓝色"。公、侯、伯织五彩，一二品官用销金，五品以上各官画云气，六、七品素缯无饰。"承以杠，五品以上髹朱，六七品饰红垩，障柩画翣，五品以上四、六、七品二。引布二，功布二，灵车一，明器则从俗"②。诹日发引，前夕祖奠，翌日遣奠，"会葬者毕集。公鞍马八，递杀至二数。仪从前导，引以丹旐、铭旌，满（族）用铭旌，汉（族）用铭旌。至墓所，递窆。祀后土，题主，奉安，升车，及哭，乃虞。羊、酒、楮帛各视其等。祭毕，柔日再虞，刚日三虞。百日卒哭，次日祔家庙。期年小祥，再期大祥，迁主入庙。祝读告辞，主人俯伏五拜。讫，改题神主，诣庙设东室，奉祧主芷夹室。乃撤灵座。后一月禫。丧至此计二十有七月。丧主诣庙袛荐谭事"③。康熙二十六年（1687）清朝规定，禁居丧演习饮博。凡官卒任所，或父母与妻丧，准许入城治事。乾隆年间，谕京旗文武官员遇有亲丧，百日后即入署办事，持服如故。道光二十四年（1844）进一步补充上述丧制仪礼，并"定民公以下，军民以上居丧二十七月，不筵会、作乐、不娶妻、纳妾，门户不换旧符"④。以寄哀情。

士庶人等的丧礼：士、庶虽处于清代统治阶级中的最低层，但与民人仍有区别，清朝对其丧葬仪礼也有明文规定。顺治初年定制，士庶卒，用朱棺，"椁一层，鞍马一。初祭用引幡，金银楮币各一千，祭筵三，羊一，大祭同。百日、期年祭，视初祭半之。一月殡，三月葬。墓祭纸币、酒肴有定数。通礼，士殓衣複禅各一，複衾一袭常服一称，含用金银屑三，用铭旌。庶人复衾一，含银屑三，立魂帛。士茔地围二十步，封高六尺"。墓门石碣，圆首方趺。圹志二，如官仪。柩舆上竹格垂流苏，杠饰红垩，无翣。引布二，功布一。灵车一。明器从俗。庶人茔地九步，封四尺。有志无碣。舆以布衾覆棺，不施帏盖。杠两端饰黑，中饰红垩。余略仿品官，制从杀"⑤。清朝还对各级品官丧服仪制有详

---

① 《清史稿》卷九十三，《志六十八·凶礼二》。
② 同上。
③ 光绪《大清会典事例》卷七六八，《刑部·礼律仪制》。
④ 同上。
⑤ 同上。

尽规定。

(二) 民人的丧葬仪礼

民人的丧葬仪礼,较之帝后王公贵族、品官士庶的丧葬礼仪而言,实有较大差别。它是在继承古代"生有所养,死有所葬"的传统基础之上,在新的历史条件下形成的。在这一历史时期,清朝统治者为了维护其封建统治,除对帝后王公、官员士庶的丧仪有严格规定外,对一般民人的丧仪亦有诸多规定和限制,要求民人有丧之家,必须依礼安丧,不容许"惑于风水及托故停柩在家,经年暴露不葬"。否则依律处罚,决不宽贷①,从而将其纳入礼制孝治轨道。

清代封建统治者明文规定,不准民人"从尊长遗言,将尸烧化及弃置水中"②,所以中原汉族的葬式一般采用土葬。尽管由于各地区经济发展与风俗的不同,其丧仪有繁简、丰啬之别,但清代民人的一般丧礼,在继承和发展传统丧葬礼仪的基础上,形成了下列大体相同的几项程序:停尸:人死后的第一个仪式,是把尸体安放在规定的地方,所谓"死于适室,怃用殓食"即指此。此时举行的迷信仪式有供饭和点灯。招魂:按古礼俗,招魂自前方升屋,手持寿衣呼叫,死者为男,呼名呼字,共呼三长声,以示取魂魄返归于衣,然后从后方下屋,将衣敷死者身上。吊丧:丧礼的公开,首先由死者家属进行报丧,多由死者近亲晚辈到亲族家门口。"叩报丧头",通知死讯。吊丧期间,家属亲友禁忌颇多,通常非丧事不谈,面垢禁洗,女忌脂粉、食米粥淡饭,不食菜果,以示哀恸。殡仪:又称"入殓"、"大殓"。有饰尸仪式、洗尸,按制更衣,入棺前先书铭,写好柩位;入棺时,下铺上盖十分严格;入棺的时辰要由家族占卜,届时守灵。后世入棺盛殓,一律由亲属守在左右,抬尸时由孝子抱死者头部,盖棺时人们高喊死者称谓,大叫"躲钉"。入殓时有随葬物同时入棺的习俗。盛殓后,设灵堂举行奠礼。送葬:又称下葬,是全部葬礼的最后程序。送葬的准备,土葬法先有掘墓破土卜吉仪式,有的富豪官宦人家生前就有营造墓室的。大多数采取死后破土掘墓。随后有"请启期告于宾"的通知亲友下葬日期的程序。送葬日辰、行例、祭品供物都各有习惯。祭品包括猪、羊、鱼、枣、栗等,都按制分等,祭酒也有定制。送葬行列十分繁杂。富户人家从先导"打路鬼"、各仪仗、僧道鼓乐,直到杠抬灵柩,孝子驾灵扛幡,孝女及亲族送灵车,浩浩荡荡。由于清朝法律规定"民间丧葬之事,凡有聚集演戏","该地方官严行禁者,违者照违制律治罪",但民间丧葬"扮演杂剧等类,或用丝竹管弦演唱佛戏

---

① 光绪《大清会典事例》卷七六八,《刑部,礼律仪制》。
② 同上。

者"①,却大有人在,屡禁不止。

清代各地民人丧仪虽大同小异,但在此仪礼的社会生活文化主旨方面,却有其共同点,一是表现生者对死者的哀悼之情;二是怀念死者生前的功德;三是超度亡灵,使死者的灵魂得以安息;四是通过信仰和禁忌仪式,来免除生者对死者的惧恐心理,并寄托对死者的美好祝愿。

第二节 葬法葬式与墓室棺椁

清代的葬法葬式与墓室棺椁,虽是清人丧葬礼仪活动的物质性部分,但其内容却处处打上了丧葬思想观念的印记,同时,在葬法葬式的采用与墓室棺椁的选取上,更因民族习尚、宗教传统、社会地位的不同,而有差异;并随着时代的发展、社会的演进,有所因革。

一 葬法葬式

清代在各民族聚居地区,其葬法与葬式,有土葬、火葬、天葬、野葬、树葬、水葬、塔葬,以及洞穴葬、崖葬等不同风俗,与其相关的丧事礼仪,也有地方和时代特色。

边疆少数民族的丧葬与礼仪,受其社会经济发展水平的制约,生活习惯与宗教信仰的影响,因而呈现出多样化、地区化、民族化的特色。民间普遍存在着逝者"灵魂长存"的观念,并认定死者的"灵魂",既能赐予吉祥,更能降人灾祸,因此,伴随一定的葬式,有特殊而繁琐的丧葬礼仪外,还有颇多禁忌。

(一)土葬

土葬是将死者遗体埋于土中的一种葬式,它在少数民族葬俗中最为普遍。但各少数民族在采用土葬时的具体葬仪却很不相同。东北地区的鄂伦春和达斡尔等族在举行土葬时,多在棺内安放一些死者生前物件作为随葬品,有的地方更有杀死死者生前所骑马匹作为殉葬品的遗风;在广西西部壮族中,有人死埋葬五年十年后,还有将骨骸拣移至所谓风水好的墓地重葬丧仪。在云南部分彝、

---

① 光绪《大清会典事例》卷七六八,《刑部·礼律仪制》。

哈尼等民族地方，还流行着一种滚鸡蛋选择墓地的风尚，所滚鸡蛋在哪里摔碎就在哪里挖穴为墓，安葬死者。可谓独具民族特色的葬法。

（二）火葬

火葬是用火焚化遗体的一种葬式，它是仅次于土葬而在清代少数民族中较为流行的一种丧葬方式。此种葬式在历史上甚为盛行，如彝、白、纳西、拉祜、哈尼、羌、畲等民族，普遍采用过火葬方式，但后来由于与汉族长期交往及其他方面的原因，在清代这些民族聚居的大部分地区已先后改为土葬。但是，清代川、滇大小凉山彝族地区却仍保留着火葬这一葬式。《皇朝职贡图》记载，云南黑倮倮"死则覆以裙毡，罩以锦缎，不用棺木。缝大布帐，用五色帛裁为云物，谓之远天锦。生前所用衣物悉展挂于旁，事毕焚之。打牛羊猪以祭三五七日，举而焚之于山，以竹叶草根，用必磨（必磨，倮倮之巫师）裹以锦，缠以彩绒，置竹筒中，插蓰篮内，供于屋深暗处。三年袷于祖，供入一木桶内，别置祖庙以奉之，谓之鬼桶。打牛羊犬祭其先，谓之祭鬼"①。而彝族的"白倮倮，丧无棺，缚以火麻"，"裹毡舁于竹椅，前导七人，环甲胄，执枪弩，四方射，名禁恶止杀。焚之于山，既焚，鸣金执旗招其魂，以竹签裹絮少许，置小篾笼，悬生者床间，祭以丑月念二日，插山榛三百枝于门，列篾笼地上，割烧豚，每笼各献少许，侑以酒食，诵彝经，罗拜为敬"②。东川府的乾倮倮，"葬以火，缚尸如猿猴，使人踊跃火上助唱。其长死，趋骑挟弓弩，周围驰骋，名搅魂马。祭祀则揭牲畜心肝于竹梢，绕尸旁歌舞。孝子受贺，孝妇衣彩，蟠毕拣骨纳器悬屋中，或送入鬼洞"③。而永北直隶厅的彝族"死则火化，置之深山不许人知"④。云南纳西族的火葬也有自己的民族特色，史称，"土人亲死既入棺，夜用土巫名刀巴者，杀牛羊致祭。亲戚男女毕集，以醉为哀。次日送郊外火化，不拾骸骨，至每年十一月初旬，凡死人之家，始诣焚所拾灰烬余物，裹以松枝瘗之，复请刀巴念夷语，彻夜西祭以牛，名曰葬骨"⑤。畲族的火葬也有特点，人死先入殓将棺木停放于野外，经数年火化后，再将骨灰贮于罐内埋于土中。

（三）天葬与野葬

天葬也称鸟葬，它是清代藏族普遍流行的葬式。部分裕固族和少数门巴等民族中也有这种葬习。其葬法是把尸体送往山间葬场肢解，喂食鹫鹰。《中甸县

---

① 康熙《云南通志》卷一百八十二、卷三十七。
② 康熙《云南通志》卷三十七。
③ 王崧纂《云南通志》卷一百八十二。
④ 《永北直隶厅志》卷七，《菠蒗土知州》。
⑤ 余庆远：《维西闻见录》，《夷人》。

志稿》卷下记载，藏族天葬将死尸"舁于高山，寸两磔之，以饱鹯鹗，如人有福，有认为鹯鹗其食即食德，若香烟冲天，经声震地，而鹯鹗不来接受，即认为其人于今生或前世有宿孽重障，故不能立时解脱"。野葬，在蒙古族西部牧区较为常见。《蒙旗概观》说：野葬"即将亲尸唪经后，弃之于野。或置之于深山谷中，以任狐、狼、野鸟之啄食；倘逾三日，其尸未食，则谓不祥，便即敦请喇嘛，诵经追忏，必至鸟兽食尽而后已"。天葬和野葬，又被归为露天葬的一种，以尸体被食尽为吉祥、完结。

（四）树葬

也称风葬、林葬、挂葬、空葬，或天葬一起归为露天葬。鄂伦春、鄂温克等民族盛行此葬。其葬仪是人死后即为死者更衣，用柳条或松木作棺，无棺的以桦树皮将尸体包裹，然后在树林里选择几棵大树为柱，高架横木，将棺木或包裹尸体置放架上，由巫师（或萨满）念咒语和亲属祭奠后结束葬仪，尸体听其腐朽。以死者男女生前的用物作随葬物品。

（五）水葬

水葬，在清代门巴、藏族、独龙、傣族等少数民族中流行。《中甸县志稿》记藏族的水葬是，"无论春夏秋冬，凡人死后，即将其尸抛入江河中，任其漂流而去，亦间有子女，不忍其父母尸体逐去而系之于附近之深渊者"。《西藏纪要》记载："人死之后，用绳缚之，使嘴膝相连，两手插入腿中。裹以旧衣，负至河边，用小刀划之，或切为零片，然后委诸中流，以饱鱼虾。三朝、七夕，延请喇嘛超度。富者即将亡人衣服变卖。捐诸寺中，念大经数日。"① 傣族，凡遇有凶死和暴病、妇女难产、儿童病亡者，也多采用水葬，将死者尸体直接丢弃河中。

（六）塔葬

又称灵塔葬，它仅限于清代藏族中极少数转世活佛死后，才能享有这种被称为最高规格的葬式。塔葬的葬仪是，用香料将尸体保存起来，置于金属铸成的塔内，供人们祭奉，仪式非常隆重。灵塔的种类很多，有金灵塔，即外包金箔的灵塔；有银灵塔、铜灵塔、木灵塔、泥灵塔。灵塔的不同根据活佛的地位高低而定，如达赖、班禅是金灵塔，而甘丹寺赤巴（首座格鲁派甘丹寺宗喀巴法统宝座继承人）只能用银灵塔。灵塔制成后，分别存放在寺庙的大小宫殿里。其中，以西藏拉萨布达拉宫十三世达赖的灵塔规模最大。

（七）瓮葬

清代台湾高山族盛行此葬。即以大瓮缸（陶罐）作棺，瓮底有孔，瓮上有

---

① 《方志民俗资料·西南卷下》，第917页。

盖。以尸体坐于瓮中，身体必须向北，然后将瓮置于地下，盖上瓮盖①。

（八）崖葬

清代台湾新竹地区高山族流行此葬俗，即将尸体悬挂在高山崖石之间，不埋土中作冢椁。

（九）石棺葬

清代台湾高山族葬式之一，用珊瑚石或灰石做成石棺，棺底无石板，上盖以石板②。

二　墓室棺椁

在清人的丧葬风俗中，墓室的选建与棺椁的使用，是其重要的组成部分，它包括墓地制度、墓室、棺椁、墓上建筑（石刻）等礼仪与风俗。

（一）墓地制度

墓地是死者的归宿之地，更是"阴宅"（墓室）的依托之所，受到上自帝王贵胄，下至庶民百姓的普遍重视。清人普遍迷信风水堪舆之术，故墓地的选择，一定要请术士堪测筛选，避凶趋吉，才能最后确定。"堪舆术"，又称风水、卜宅、相宅、青乌、青囊、形法、地理、阴阳、山水之术等。清代不仅有专门从事此业者，俗称"阴阳先生"、"风水先生"；而且他们使用专门的工具"罗盘"、风水术书籍等，从事迷信活动。

帝王陵墓之制：清代帝王墓地的选择，受汉族儒家文化的影响，广泛使用墓地堪舆之术。而皇帝后妃陵寝或园寝的选址与营建，更注重强调龙、砂、穴、水、土壤、明堂、近案、远朝的相互协调关系。

其一，慎重择地。对皇陵的选址，派王公大臣、堪舆人员（风水官或相度官）利用罗盘仪器赴陵区各处实勘，称"望势"、"寻龙"、"查穴"、"观四面之山峦，望两旁之水势，看山在何处住，水在何处合"，以"寻求落脉结穴之处"。此处的"穴"是指龙穴，即棺椁置放之地，是陵寝建筑布局的核心。有时皇帝还亲自参与此事的确定，如清东陵是由顺治帝亲自选定确址的。《清世宗宪皇帝实录》卷八十九记载，清西陵在雍正七年（1729）即已初卜，始欲择吉地于东陵界内，而"堪舆人俱以为无可营建之处，后经选择九凤朝阳山吉壤……堪舆臣工再加相度，以为规模虽大而形局未全，穴中之土又带砂石，实不可用……今据怡亲王、两江总督高其倬等奏称，相度得易州境内大宁山"。

其二，南向为尊。在山势选向上，清代王陵循"南向为尊"，"南为正向"

---

① 刘如仲、苗学孟：《清代台湾高山族社会生活》，福建人民出版社1992年版。
② 同上。

与"负阴抱阳"的准则而选定。故多取南或偏南的方向。同时，来龙左右须有起伏错落而下的砂山，形成对穴区的环抱拱卫辅弼态势，此谓左辅右弼，或左右护沙，或龙虎砂山，更要对称和谐。至于穴区前中轴线上近对浅岗与远对峰峦，风水谓之"近案"、"远朝"，要求"案如贵人几席，可俯而凭也"，"朝如人臣面君，敬对而拱拜也"。体现出生为居龙尊之位，死亦居龙穴之所的"价值理念"。

其三，得水为上。郭璞在《藏书》中称，"风水之法，得水为上，葬风次之"。"山束水回，贵寿而财，山囚水流，虏王灭侯"。《大汉原陵秘葬经》认为，"凡好山不如好水，一丈之岗不如一尺之水，地平百里无山只要此水，葬之吉"。对墓地之水的要求是"来宜曲水向我，去宜盘旋顾恋"，最忌"直冲走窜，激湍陡泻"。清代帝王陵墓除达到这些要求外，还对墓地范围土壤的质地、色泽、含水量、穴区四至、树木情况，按堪舆理论加以实施，不足之处，用修、补、填、挖、削、整等手段，加以补救①。

民人选墓之俗：清人选择墓地时十分迷信风水之术。浙江衢县，民人对"阳基阴宅均有忌避，必经堪舆师相定，而阴宅（指墓地）尤甚。家有祸福，皆以为风水之所致，是以亲死停柩至数十年不葬，葬而争地涉讼，以致家破人亡，时恒有之"。在龙游县，民人遇有丧葬，"中人之家大较数日即为安厝，富家巨族则好需善地，至有权厝数年者"。其中，所谓安葬"善地"，即风水好的墓地，可见，民间很迷信堪舆之术。

（二）墓室营建

清代帝王陵的墓室建造，基本上承袭明制，但又有所改易：其一，陵墓由古代的方形改为前方后圆形，称为"宝顶"（坟丘）。此循明制，但有改易。其二，循明制，缩小寝宫（下宫）建筑，扩大祭殿（上宫）规模。其三，陵园围墙从方形改为长方形，并从前向后分为三个院落：第一院落包括陵门、碑亭、东西朝房。朝房专作祭祀时供奉果品、茶点的场所。第二院落有殿门、隆恩殿与东西配殿，配殿为祭祀时用作念经的场所。第三院落有内红门、牌坊、五供台（一个香炉、两个香瓶、两个烛台）和方块明楼，方城后为前方后圆坟丘②。此循明制而有改易。其四，在墓室地宫建造上，别具特色。如"裕陵地宫"，葬乾隆帝及其二皇后、三贵妃，是一座石结构巨形地下建筑，进深五十四米，落空面积三百三十七平方米，全部为拱券式。三堂券室由四道石门连接，由前至后依次为明堂券、穿堂券、金堂券，均为长方形，使地宫形成"主"字型。在装饰上，八扇石门

---

① 徐吉军、贺云鹏：《中国丧葬礼俗》，浙江人民出版社1991年版。
② 同上。

上浮雕菩萨立像，门楼上雕出檐瓦珑、鸱吻斗拱，金券堂壁上有图案、佛像和用梵文（古印度文）、香文（藏文）镌刻的经文达三万余字。明堂门洞两侧浮雕四大天王坐像大小与真人相仿，券顶浮雕"五方佛"，穿堂两壁浮雕"五供"，金堂内有石刻室床。堂中央放置乾隆帝的棺椁，两旁分置二后，三贵妃灵柩。

清代品官的墓室建造规定："一品（官）茔地九十步，封丈有六尺，递杀至二十步封二尺止。缭以垣。公、侯、伯周四十丈，守茔四户；二品以上周三十五丈，二户；五品以上周三十丈，一户；六品以下周十二丈，止二人守之。"①

墓室建造的形制，最具特色的是少数民族的墓穴。有学者在《中国少数民族的丧葬》一书中介绍："从我国各少数民族的墓穴形状来看大致有长方形、方形和圆形竖穴土坑等几类形式。"但从总的情况来看，清代"绝大多数民族地区都为长方形竖穴土坑。一般长约二米五，宽约一米左右。比如，德昂、景颇等民族即是如此。西藏墨脱县门巴族和珞巴族墓穴为圆形，而四川道孚县藏族和台湾省南投县'布农族'（按，高山族部族之一）墓穴为方形"。其原因与民族葬式葬法有关，一般来说，凡实行"直肢葬者"，墓穴都为长方形。而实行"屈肢葬"、"蹲坐坐式葬"的民族聚居区域，其墓穴为圆形与方形②。

（三）棺椁

棺与椁均为葬器，棺又可称内棺，椁可称外棺或套棺，用此可作为一定社会身份地位的显示，使死者得以享受某种殊荣。清代帝后死后所用之棺，称为"梓宫"，它是用梓木做成的灵柩，漆四十九次，浑饰以金，内衬梵字陀罗尼缎五层，各色妆龙彩缎四层，共九层。而帝后以下的王侯臣属不得用此葬具，否则为"违制"之举。对贵妃、王侯及臣属所用之棺，清朝有明确规定：贵妃、妃、嫔等死后，用"金棺"③。皇太子死后，"金棺用桐木"制作④。

皇子死后，康熙时规定："凡皇子殇，备小式朱棺，祔葬黄花山，唯开墓穴平葬，不封不树。"⑤乾隆时，"皇长子"死后，"金棺用杉木"制作⑥，较一般皇子用棺为优。

民人之家，家境一般者，多用木棺葬死者；贫者无棺，只得"裸葬"于土内；富者既用"棺"，又用"椁"。其一，棺椁葬习。在陕西民间，丧事"贫富不等"，"稍有力则用椁，名曰'套材'"。光绪《新续渭南县志》记载，民人办

---

① 《清史稿》卷九十三，《志六十八·凶礼二》。
② 夏之乾：《中国少数民族的丧葬》，中国华侨出版社公司1991年版。
③ 《清史稿》卷九十二，《志六十七·凶礼一》。
④ 同上。
⑤ 同上。
⑥ 同上。

丧事，所用"棺椁，富者以柏或以松、楸，内外用漆"。其用资不菲。其二，用棺葬习。光绪《靖边志稿》记载，陕西靖边县民人丧葬"富家用松柏木，贫者用杨柳板，有棺无椁"。海南黎族土葬，《琼崖志略》记载，该地黎人"棺用佳木，而各地形式不同；有刳整木为棺者；有以板为之者；有掘地作长方形，而于上下四方列板为墙，置尸其中，以土掩盖者"。其三，无棺葬习。无棺葬习，多用之于贫穷之家，光绪《永寿县志》载称，该地民人"丧葬有棺无椁，贫民不能买棺，则掘土数尺而埋之"。这确有"裸葬"的遗风。

(四) 墓上建筑

清代墓上的石刻建筑物，因是死者身份地位、权势的象征，清政府对此有严格规制：

帝王陵墓建筑：其一，东陵墓上石刻建筑。清东陵有孝陵、景陵（康熙帝）、裕陵（乾隆帝）、惠陵（同治帝）、定陵（咸丰帝），共葬五帝、十四后、一百三十六个妃嫔。孝陵为顺治帝陵墓，在清东陵（今河北遵化马兰峪）内，陵上石刻有：五间六柱十一楼"石坊"，高十三米，宽三十二米。在砖石铺面的神道两旁，依次建有大红门、更衣殿、圣德神功碑楼（大碑楼）、石望柱、石象生、龙凤门、石桥、神道碑亭（小碑楼）、神厨库、朝房、隆恩门、配殿、隆恩殿、明楼、宝殿等数十座建筑物。其中，"石象生"又称"石像牲"，即石兽十八对，有狮子（一称獬豸）、骆驼、麒麟、马、虎、羊等，更有文臣武将各二对；石兽每类二对，一蹲一立。除孝陵外，其余四陵无石牌坊、更衣殿、龙凤门。孝陵有石象生十八对，裕陵八对，景、定陵各五对，惠陵则无神道、大碑楼和石象生。其二，清西陵墓上建筑。清西陵（今河北易县永宁山）内，有泰陵（雍正帝）、昌陵（嘉庆帝）、慕陵（道光帝）、崇陵（光绪帝）等帝陵四座、后陵三座，公主、妃嫔、王公园寝七座，共葬七十六人。陵内殿宇千余间，石建筑及雕刻一百余座，气势恢宏。泰陵为雍正帝陵，其墓上建筑，自最南端联拱式汉白玉五孔石拱桥起，沿2.5公里的神道向北，依次建有石牌坊、大红门、具服殿、七孔石桥、石象生、龙凤门、隆恩门、隆恩殿、方城明楼、宝顶等建筑物及精美的石雕艺术品。

官员的墓上建筑：其一，石雕规制：凡公至二品官，墓上用"石人、望柱暨虎、羊、马各二"；三品官"无石人"，四品官"无石虎"[①]。六品及六品以下官员不得设石刻。其二，勒碑规制：其"墓门勒碑"，公、侯、伯"螭首高三尺二寸，碑身高九尺，广三尺六寸，龟趺高三尺八寸。一品官"螭首"，二品官"麒麟首"，三品官"天禄辟邪首"，四至七品"圆首方趺"。首视"公、侯、伯

---

① 《清史稿》卷九十三，《志六十八·凶礼二》。

递杀二尺至尺八寸止",碑身"递杀五寸至五尺五寸止",广递杀二寸至二尺二寸止,趺递杀二寸至二尺四寸止①。其三,圹志规制:官员"刻圹志用石二片,一为盖,书某官之墓,一为底,书姓名、乡里、三代、生年、卒葬月日及子孙葬地"。妇人"随夫与子孙封赠。二石相向,铁束,埋墓中"②。

第三节 服丧冥器与殉葬之俗

清代的服丧制度,除清朝有明确的规定外,随着社会生活的需要、时代的发展,其服丧礼仪出现新的变化。清人使用的冥器以及殉葬风俗,因袭某些传统,随社会变迁,呈现出新的特点。

一 服丧制度与礼仪

清代官员与民人,凡遇国之大丧或亲人去世,均有服丧的风俗。表现在服饰上使用"丧服",以示忠孝;在生活起居上过居丧生活。这些礼仪风尚,虽源自古代,但清代却有自己相应的要求和规范,以约束人们的生活。

(一)丧服制度的新变化

清代丧服的形制,顺治时"列图于律,颁行中外";道光时载入《大清通礼》要求世人遵奉。其"五服"为:

斩衰服——为最高等级的丧服,服期为三年。形制:用"生麻布,旁及下际不缉。麻冠、绖、菅履、竹杖。妇人麻屦,不杖"③。服用法:凡"子为父、母,为继母、慈母、养母、嫡母、生母;为人后者为所后父、父;子之妻同。女在室为父、母及已嫁被出而反者同;嫡孙为祖父、母或高、曾祖父、母承重;妻为夫,妾为家长同"④。在三年服丧期间,均着此服。

齐衰服——为丧服中的第二等级。服丧的时间有一年、五月、三月三种。其中,一年服又分为"杖"(甚悲)、"不杖"(毋过悲)两种。形制:用"熟麻

---

① 《清史稿》卷九十三,《志六十八·凶礼二》。
② 同上。
③ 同上。
④ 同上。

布，旁及下际缉，麻冠、绖，草履，桐杖。妇人仍麻屦"①。服用法：一为"齐衰杖期"，凡"嫡子、众子为庶母；子之妻同；子为嫁母、出母；夫为妻；嫡孙祖在为祖母承重"②。在一年服丧期间，均着此服。二为"齐衰不杖期"，凡"为伯、叔父、母；为亲兄、弟；为亲兄、弟之子女在室者；为同居继父两无大功以上亲者；祖为嫡孙；父、母为嫡长子及众子；为嫡长子妻；为女在室者，为子之为人后者；继母为长子、众子；孙为祖父、母；孙女在室、出嫁同；女出嫁为父、母；为人后者为其生父、母；女在室或出嫁而无夫与子者为其兄、弟、姊、妹及侄与侄女在室者；女适人为兄、弟之为父后者；妇为夫兄、弟之子及女在室者；妾为家长之父、母与妻及长子、众子与其所生子"③。在一年服丧期间，均着此服。三为"齐衰五月"，凡"为曾祖父、母，女虽适人不降"④。在五个月服丧期间，均着此服。四为"齐衰三月"，凡"为高祖父、母，女虽适人不降；为继父昔同居者；为同居继父两有大功以上亲者"⑤。在三个月服丧期间，均着此服。

　　大功服——为丧服中的第三等级。因服装的衰裳以大功布为之，故有此名。形制：用"粗白布，冠、绖如之，茧布缘屦"⑥。服丧期为九个月。服用法："大功九月"，凡"祖为孙及孙女在室者；祖母为诸孙，父、母为诸子妇及女已嫁者，伯、叔父、母为侄妇及侄女已嫁者；为人后者为其兄、弟及姑、姊、妹在室者；既为人后，于本生亲属皆降一等；为人后者之妻为夫本生父、母；为己之同堂兄、弟及同堂姊、妹在室者；为姑、姊、妹已嫁者；为兄、弟之子为人后者；女出嫁为本宗伯、叔父、母；为本宗兄、弟及其子；为本宗姑、姊、妹及兄、弟之女在室者；妻为夫之祖父、母及伯、叔父、母"⑦。在九个月服丧期间，均着此服。

　　小功服——为丧服中的第四等级。其衰裳所用之布，其缕粗于缌麻而细于大功布，故谓之"小功"。形制：用"稍细白布，冠、屦如前"⑧。屦，为古代的一种鞋子。服用法：小功五月，凡"为伯、叔祖父、母；为同堂伯、叔父、母及同堂姊妹已嫁者；为再从兄、弟及再从姊、妹在室者；为同堂兄、弟之子及女在室者；为从祖姑及堂姑在室者；祖为嫡孙妇；为兄、弟之孙及孙女在室

---

① 《清史稿》卷九十三，《志六十八·凶礼二》。
② 同上。
③ 同上。
④ 同上。
⑤ 同上。
⑥ 同上。
⑦ 同上。
⑧ 同上。

者；为外祖父、母；为母之兄、弟、姊、妹；及姊、妹之子；为人后者为其姑、姊、妹已嫁者；妇为夫兄、弟之孙及孙女在室者；为夫之姑、姊、妹、兄、弟及夫兄、弟之妻；为夫同堂兄、弟之子及女在室者；女出嫁为本宗堂兄、弟及姊、妹在室者"①。在五个月服丧期间，均着此服。

缌麻服——为五服中，服制最轻者。"缌"为布名，因衰裳用缌布做成，而其经带又用藻麻而名。形制：用料"细白布，经带同，素屦无节"②。凡"祖为众孙妇；祖母为嫡孙、众孙妇；高、曾祖父、母为曾、玄孙，为乳母；为族曾祖父、母，族伯、叔父、母；为族兄、弟及族姊、妹在室者；为族曾祖姑及祖姑、族姑在室者；为兄、弟之曾孙曾孙女在室者；为再从兄、弟之子及女在室者；为祖姑、堂姑及再从姊、妹出嫁者；为姑之子、舅之子；为两姨兄、弟；为妻之父、母；为婿；为外孙及外孙女；为兄、弟孙之妻；为同堂兄、弟子之妻；妇为夫高、曾祖父、母；为夫伯、叔祖父、母及夫祖姑在室者；为夫堂伯、叔父、母及堂姑在堂者；为夫同堂兄、弟及同堂兄、弟之妻；为夫同堂姊、妹；为夫再从兄、弟之子及女在室者；为夫同堂兄、弟之女嫁者；为夫同堂兄、弟子之妻与孙及孙女在室者；为夫兄、弟孙之妻及兄、弟之孙女已嫁者；为夫兄、弟之曾孙及曾孙女在室者；女已嫁为本宗伯、叔祖父、母及祖姑在室者；为本宗从伯、叔父、母及堂姑在室者；为本宗堂兄、弟之子及女在室者"③。在三个月服丧期间，均着此服。

这些服制规定，在乾隆、道光、同治时期，略有变动，有一些补充④。但清代丧服之制，仍循此规仪。它是清代丧葬礼仪中重要的物化标识，是对服用者进行封建孝道伦理教育的最佳途径和有效手段之一。《礼记·丧服小记》称："亲亲，尊尊，长长，男女之有别，人道之大者也。"古代还确立了服丧的六个原则，即《礼记·大传》所载："服术有六：一曰亲亲，二曰尊尊，三曰名，四曰出入，五曰长幼，六曰从服。"后经历代儒家学者的演义，据此衍化为正服、义服、降服、加服、报服、生服等不同等级名目，清代丧服的确立、服用期的长短，所遵循的原则，是视其亲、疏、贵、贱之别而确定的。

（二）清人的居丧生活

清代居丧，又称丁忧、守丧、值丧，它是生者为死者寄托哀思的一种重要方式。儒家为了宣扬"忠孝"之义，以巩固封建的伦理与社会秩序，于是将它纳入人们理当共同遵守的"礼"的范畴。

---

① 《清史稿》卷九十三，《志六十八·凶礼二》。
② 同上。
③ 同上。
④ 同上。

据《礼记》、《仪礼》记述，人们在居丧期间，在日常生活行为方面，有许多严格的限制。《礼记·间传》说："斩衰三日不食。"即君父始死，须绝食三天。《仪礼·丧服传》称，斩衰"居倚庐，寝苫枕块"。即居门外庐舍，睡草垫，枕土块等。"哭昼夜无时"、"朝一哭，夕一哭"、"哭无时"。容体，要作出内有哀情，外似苍黑的恶貌状。言语方面，"斩衰唯而不对"，即对别人说话，尽量沉默而不作应对，以示哀戚①。清代有关的法律条文，对此有所规范，但在实际生活中已是违礼成风、违制成习。《大清律例·户律·婚姻居丧嫁娶》条云：

> 凡男女居父母及妻妾居夫丧而身自主婚嫁娶者，杖一百。若男子居父母丧而娶妾，妻居夫丧、女居父母丧而嫁人为妾者，各减二等。若命妇夫亡虽服满再嫁者，罪亦如之，亦如凡妇居丧嫁人者拟断。追夺敕诰并离异。知系居丧及命妇而共为婚姻者，主婚人各减五等，财礼入官。不知者，不坐。仍离异，追财礼。若居祖父母、伯叔父母、姑兄姊丧除承重孙外而嫁娶者，杖八十，不离异，妾不坐。若居父母、舅姑及夫丧而与应嫁娶人主婚者，杖八十。其夫丧服满，妻妾果愿守志而女之祖父母、父母及夫家之祖父母、父母强嫁之者，杖八十，其亲加一等，大功以下之又加一等。妇人及娶者，俱不坐。未成婚者，追归前夫之家，听从守志，追还财礼。已成婚者，给与完聚，财礼入官②。

二　冥器与殉葬风俗

明器，是随葬而制作的器物；殉葬，分为人殉与牲殉，均源自远古的丧葬风俗，到清代，随着时代的变迁，又赋予其特定的内容和含义，反映出清人丧葬风俗的时代特征。

（一）明器制度

清代专为随葬而制作的明器，又称"冥器"、"盟器"，它们多用金属、玉、石、陶土竹木、纸为原料，加工而成。用途是作为死者随葬至"阴间"享用的物品，故其制作多模仿人类日常生活器物。帝王随葬物品多用金玉等制作；品官的"明器从俗"③，士庶更是如此。民人视其贫富而数量有增减，总的来看清代盛行纸与竹木制作的明器。

皇后的随葬物品：光绪帝嘉顺皇后的随葬物品有：金镶珍珠石凤钿一顶，

---

① 徐吉军、贺云鹏：《中国丧葬礼俗》。
② 《大清律例》卷十，《户律·婚姻·居丧嫁娶》。
③ 《清史稿》卷九十三，《志六十八·凶礼二》。

珊瑚朝珠、金珀朝珠、蓝碧玡玖珠、茶香念珠各一盘，红碧玡玖手串、蓝碧玡玖手串、正珠手串、绿玉手串、伽南香手串、伽南香四喜手串、紫金锭手串各一盘，珊瑚手串一盘，金长簪、金扁簪各一只，金镶红碧玡玖抱头莲一枝，金钳子、金小钳子、金龙头钳子、金镶珊瑚镯子、金镶珠玉镯子、绿玉镯子各一对，红碧玡玖坠子一对，正珠戒箍一对，金戒箍四对，金镏子、金穿珠镏子各二件，珊瑚镏子一件，金指甲套四对，绿玉圈、白玉圈各一件，金花囊一件，绿玉戒指二件，金指甲套四对，对玉圈、白玉圈各一件，金花囊一件，绿玉戒指二件，白玉戒指、金镶红碧玡玖戒指各一件。随葬衣物有藕荷江绣棉氅衣二件，桃红油绣棉氅衣一件，藕荷江绣绣花卉棉衬衣各一件，大红、桃红、果绿、葱绿藕荷棉半宽袖各一件，蓝羊绉棉马褂、桃红缎夹马褂、月白闪缎夹马褂、月白圆银缎夹马褂各一件，藕荷缎夹马褂二件，绿绉绣夹紧身二件，藕荷缎夹紧身、蓝绉绣夹紧身、浅绿缎夹紧身、桃红缎紧身各一件，上栓白玉佩的荷包一对。此外，嘉顺皇后的"梓宫"内安放白玉烟壶一件，汉白玉葫芦珮、青玉瓜式浬各一件，白玉玩器二件①。在这些皇后随葬物品中，既有饰物、衣物，更有诸多玩赏之物，供其在"阴间"享用。葬仪如生仪，其尊崇显赫的权势地位，通过随葬物品的珍贵价值、数量、品类等，再现出来。同时反映出清人浓厚的封建迷信思想，深信在人世之外，还并存一个"阴间"世界，其目的在于巩固现世的封建统治秩序与统治地位。

民间明器：民人多用纸、竹木等制作明器，送葬后加以焚烧，以供死者在"阴间"享用。其种类多为生活用具、或作驱使的工具、房屋、纸钱，甚至还有模拟纸扎的仆人等。随葬明器以家资的厚薄而有别，因地区不同而风俗各异。陕西民间办丧事时，"又以各色纸结金银山斗、层楼、驼、狮、马、象及幡幢、帛联"为冥器，供祭奠之用。光绪《三原县新志》记载，民人"丧葬侈用纸钱，饰以金银，且为纸人、纸马之类"。使用冥器数量很多。乾隆《甘州府志》载称，该地民人办丧事，"殡之日，以方相开路，舆前列功布、翣牌、铭旌、冥器，并纸作鹿、马、狮、猴、车、旗、仆从等类，参用鼓吹、僧道"，其情景蔚为壮观。而明器的种类、数量、声势显赫，表明死者的家境较为富裕。康熙《滨州志》记载，民人办丧事时，"至为殉俑、舆马、幡幢、楼阁以付火炬，羡门棚彩，备极工致，用纸片时，动费多金，或值风雨摧残，则物料之破不可胜计"。盛行大办明器以供奠死者。同治《新城县志》载称，民人办丧事"殡时，富贵家途次设方相、铭旌、纸马、鼓亭、明器，生时职事，鼓乐前导，以多为荣"。这些记载表明，置办明器，既要品类全，更要数量多，并以此为荣。目的

---

① 万依、王树卿、刘璐：《清代宫廷史》，辽宁人民出版社1990年版。

在于，通过送葬队伍，明器陈列，以显示死者的荣华富贵；同时，炫耀其家庭、家族的权势与社会地位。

（二）殉葬风俗

中国古代即有用战俘、奴隶、仇人殉葬的风俗。它分为"人牲"、"人殉"两种。人牲，又称人祭，是将活人像牛、马、羊一样作"活祭品"杀掉，供祭祖先和神灵。"人殉"是指活人为死去的特权人物殉葬。

清代，不仅存在"人殉"现象，而且变相的"殉父"、"殉母"、"殉节"（即殉夫守节）等现象也很多，统治者的提倡，以及树"贞节牌坊"之举，更助长了此风的蔓延和孳生。

清代的"人殉"：清前期不仅保留生人殉葬制度，而且统治者还予以鼓励。其一，努尔哈赤死后，随即有三人殉葬：努尔哈赤最为宠爱、较他小三十一岁的大妃阿巴亥和两位"庶妃"。努尔哈赤的元后叶赫纳喇氏死时，更有四个奴婢被迫殉葬死去的"主子"。其二，皇太极死时，有章京敦达里、安达里二人为其殉葬。其三，顺治帝死时，有贞妃董鄂氏、侍卫傅达理二人殉葬。其四，多尔衮死时，侍女吴尔库尼为其"主子"殉葬。清代的人殉制度，直至康熙初年时，才被禁止①。

民间的"殉父""殉母""殉节"：清代变相的殉葬十分盛行。其一，汪鱼亭殉父。《清稗类钞》记载："乾隆朝，杭人汪宪，宁鱼亭，尝官刑部员外郎，在京数十年，以亲老归，不复出。居父忧，食苴服粝，期不变制，遽以毁卒。"②其二，王品璋殉母。《清稗类钞》云："王品璋，海宁人，家贫，负贾于吴门。道光壬辰，闻母病，徒步归，侍汤药惟谨。越七日，母殁，庀丧具，昼夜长号，旬日骨立，旁观者忧之，而品璋不觉也。常蒲伏侍柩侧，癸巳春正月八日夜将半，呼家人言曰：'吾将从母往矣'。问何往，曰：'归位'。逾时卒，距母丧未百日也。"③ 其三，孙兰贞殉母。《清稗类钞》记载，湖北"襄阳孙兰贞者，孝女。性温柔，年十五，父早丧，寡母抚之成人，家无遗产。尝从母纺绩，母病痰喘，不能吐，兰贞乃口含母唇而吸之。晨夕侍奉，肱进汤，然终不见效。及亡，兰贞葬之，礼成，痛哭，绝食七日而死。死时方严寒，女单衣，盖已质棉衣等物以葬母也。乡人贤之，为葬于母旁"④此外，在《清稗类钞》"孝友类"中，载述的殉父、殉母者还有"王瘦山殉母"、"殷润之殉母"、"傅氏女殉父"、"中州丐殉母"、"王继谷殉母"等。在"贞烈类"记载的贞女节妇从殉的

---

① 万依、王树卿、刘璐：《清代宫廷史》一书。
② 徐珂：《清稗类钞》第五册，《孝友类·汪鱼亭殉父》。
③ 徐珂：《清稗类钞》第五册，《孝友类·王品璋殉母》。
④ 徐珂：《清稗类钞》第五册，《孝友类·孙兰贞殉母》。

事例，更是屡见不鲜。

　　这种风俗习尚的盛行，绝非偶然，有其特点：一是实践此风俗者，既有官员，也有民人；既有男人，更有妇女，涉及面广，参与者众。二是封建统治者，对此加以提倡和表彰，这是从维护封建统治秩序与伦理的目的出发的。三是殉父殉母者，既表明其对父母感情的深厚，更表明要以身实践封建统治者提倡的"忠"、"孝"人伦道德。因此，他（她）们在一定程度上，是吃人的封建专制制度的殉葬品和牺牲品。这些事例表明：清代确已走到了封建的末世，"人殉"之风盛行，丝毫不能显示其封建专制制度的强大，相反，却深刻地暴露出它的腐朽罪恶本质。

第七章
生育养老与卫生保健风俗

在清人的社会生活中，生育与敬老养老、卫生保健，是人生必经的几个重要环节，它是关乎每个家庭、整个社会延续传承与稳定的大事。其特点是：其一，清人对自身的繁衍极为重视，普遍认同"不孝有三，无后为大"的伦理准则，在生育方面有一整套衍化传承的习尚。它包括求子风俗、孕妇保健与胎教、诞生风俗、育儿风俗、成年礼俗等内容，反映出清人在人生的"摇篮"阶段，重育、重教的主题。其二，源于儒家思想的"忠""孝"伦理，成为上自君王，下至庶民百姓遵循的生活准则，由此更衍化出诸多养老敬老的风俗。其三，清人的卫生保健风尚，具有时代性、科学性、地域性的特点，它包括卫生保健、疾病医治等内容，它们彼此关联，进而构成社会生活独具特色的体系。

第一节　求子与诞生风俗

在清人的求子活动中，既有其生育观念的传承与形成，更有其向上天、向神灵"求子"的活动，进而折射出人们对自身繁衍后代的渴望，以及子女是通过对上天神灵的祈求而获得"善果"的神秘文化心态。

一 生育观念

清人生育观念的形成，一方面系由历史的生育观念传承；另一方面，则与统治者提倡的多生多育的鼓励性举措，如"滋生人丁，永不加赋"的赋役政策导向有关。此外，源于自给自足的小农经济对劳动力人口的需求，是其生育观的现实基础。

清人的生育观是指人们对生育行为的看法，更是其的人生观与世界观的重要组成部分。而清人"多子多福"的生育观，不仅是清代社会生育活动的客观反映，而且有其相对的独立性，即它是落后或滞后于已经变革的社会存在。尽管如此，它却对清人的生育行为起着重要的支配作用。

其一，清人的生育动机和目的观。清人的生育动机，主要是为传宗接代，民间所谓的"续香火"。其潜意识中，更有着秉承、遵从"不孝有三，无后为大"的封建伦理理念，故为其为祖宗、父母"尽孝"就必须"多生多育"。清人的生育目的是为了增加家庭的劳动人手，以及"养儿防老"，因为，清代是一个典型的自给自足以小农经济为基础的社会，人们对土地、对家庭、对自然的依赖很强，而对于防病、抗灾的能力相对很弱，社会化养老能力更是微乎其微。在这种情况下，人们对生、老、病、死的感情寄托与经济支付能力，只能从家庭中获取。犹如"积谷"是为"防饥"一样，人们"养儿"生育的重要目的，更在于"防老"，使之老有所养、所敬。再加之统治者的倡导，如康熙五十二年（1712），清朝规定，以五十七年丁册为常额，续生人丁为盛世滋生人口，永不加赋，鼓励人们多生多育。而儒家学说创立者孔子的理想社会，如《论语·公冶长》所描述的："老者安之，朋友信之，少者怀之。"至于老者如何安度晚年，首先必须"养儿防老"，使子孙繁衍，人丁兴旺，人气很足，老者方能儿孙绕膝，颐养天年。

其二，清人的生育数量观与质量观。在生育的意愿与要求上，清人主张多生，因为子女是家庭劳动力的后备军，子女多，"防老"、"养老"时，其赡养费用与义务，则可分头负担，出现"多子尽孝"的局面。而在生育的质量观上，清人则有性别歧视，普遍存在"重男轻女"的现象。具体表现在溺杀女婴的恶习较为流行。

由于受封建"夫权"思想和"重男轻女"社会偏见，以及封建财产的继承制（男继承女不继承）的影响，溺杀女婴的恶习较为流行。光绪四年（1878）时，翰林院检讨王邦玺请禁民间溺女奏折写道："民间生女，或因抚养维艰，或因风俗浮靡，难遣嫁，往往有淹毙情事，此风各省皆有，江西尤盛。该省向有救溺六文会章程，行之多年，全活不少。无如地方官奉行不力，致良法未能遍行，请饬责成州县官劝办。"此折上奏后，清朝谕令，要求江西巡抚刘秉玮督催州县官认真办理六文会，并晓谕军民，"嫁娶务从简俭"，以清溺女之源。还令咨行各直省督抚，一例照此办理①。但大量的记载表明，溺杀女婴的恶习仍在许多地方存在。

地区	溺女婴状况
江西	于都"溺女相沿已久，皆以为当然"。 宜黄"民俗多溺女"。 乐平"生女辄溺之"。 石城"溺女，邻邑皆然，石为甚"。 兴国"溺女之俗由来已久，目下为少"②。
浙江	金华府"江右风俗多溺女，浙江而金华尤盛"。 永康"俗产女多溺"。 浙东"吴恩诏任金衢严道，禁当地溺女"。 镇海"俗生二女溺辄不举"。 永嘉"奁资盛而女溺"。 长兴"俗多溺女不举"③。
安徽	和州"俗多溺女不举"。 泾县"俗多溺女不举"。 芜湖"风俗喜男厌女，弃者众"。 宁国府"俗多溺女"。 旌德"溺女多，辄不举"。 徽州府"俗多溺女"。 铜陵"旧习产女有勿举者，近严溺女之禁。"④

---

① 《大清律例新增统纂集成》卷二十八，《刑律斗殴》。
② 同治《雩都县志》卷五，《风俗》；孙星衍《平津馆文稿》下，连江知县王艺山行状；嘉庆《松江府志》卷五十七，《朱衮传》；道光《石城县志》卷一，《风俗》；同治《兴国县志》卷十一，《风俗》。
③ 钟琦《皇朝琐屑录》卷三十八《风俗》；嘉庆《松江府志》卷五十七，《沈藻传》。民国《歙县志》卷三，《官蹟》；光绪《嘉定县志》卷十六，《张骏业传》；光绪《永康县志》卷六，《风俗》；光绪《锡金县志》卷二十五，《顾璞传》。
④ 民国《吴县志》卷六十八，《宋里仁传》；嘉庆《泾县志》卷十九，《壹恣行》；嘉庆《芜湖县志》卷二〇，《育婴堂碑记》；光绪《嘉定县志》卷十六，《程侯本传》；嘉庆《旌德县志》卷一，《风俗》；道光《徽州府志》卷十二，《余铭传》；乾隆单修《铜陵县志》卷六，《风俗》。

	尤溪	"俗生女多不育,相效淹溺"。
福建	古田	"其俗溺女"。
	漳州	"俗多溺女"①。

由此可见,溺女恶习风行全国。清人之所以溺女婴而保存男婴,除了王邦玺所述原因外,封建的继承制和重男轻女的传统思想作祟也起着重要作用。尽管清政府针对全国许多地方溺女婴的风俗而设有育婴堂、六文会之类救济机构,企图从经济上资助贫人,促其养育女婴,但由于经济力量的限制,它只能作为统治阶级推行"善举"和"仁政"的点缀而已。

其三,清人的生育年龄观与间隔观。清人主张早婚早生早育,且生育间隔甚短,故盛行密生。特别是一些名门望族与富裕之家,由于"一夫多妻"的婚姻形态,妻妾成群,因而早婚与密生现象更为普遍。如奉天的富裕人家的男子,"生十三四岁即结婚,至二十岁以上方结婚者,俱为贫人"②。汉族地区,男子十五六岁结婚,女子十四五岁的早婚早育现象甚多,穷人之家,更盛行"童养媳"的风俗,成为滋生早婚早育的沃壤。清代民间"早生儿子早享福"、"早生儿子早得济"的民谚,是此种生育观的形象描述。

其四,清人的生育态度与理念。清人认为子女的多少是"命中注定",更是"神灵所赐"与"前世带来",或是"祖宗保佑"的结果,对生育多持"宿命论"的态度,信奉听天由命的生活理念,不采取有效措施节育或优生,而是盲目生育,注重生育数量,而不求生育质量。

二 求子风尚

对于期盼"多子多福"、"早生儿子早得济"的清人而言,婚后自然盼望早生贵子。但因种种原因,有的已婚妇女在三年后,仍未怀孕,于是民间便有一系列的求子风俗产生。

其一,祈求神灵的求子活动。清人认为,孩子是神灵赐予的,那么,暂时未能受孕,首先须向神灵,尤其是主管生育的神灵,如碧霞元君、送子观音、金花夫人、子孙娘娘、张仙等祈求,为其修祠建庙,或敬献祭品。其中,"碧霞元君"又称泰山娘娘,民间传说,该神能使妇女多子,又能保护儿童,所以清代妇女信奉尤虔,不仅泰山有庙,而且全国各地亦有"娘娘庙",专供求子妇女拜祭。至于"张仙送子"的传说,清人赵翼在《陔余丛考》中考证,此传说起

---

① 乾隆《尤溪县志》卷九,《恤政》;同治《上元江宁两县志》第二十四,《叶世经传》。
② 《中华全国风俗志》下卷,卷一,《奉天》。

于五代。而苏老泉（苏东坡）谓其名为张远霄，眉山人，游青城山成道。其像皆绘持弓弹状。因古时生男子有"悬弧矢"之俗，而祀高禖祈子之礼，于所御者带以弓韣，授以弓矢，后人或写其意于图，以为祈子之神像。清代民间祈祭求子的神灵还有送子观音、金花夫人、子孙娘娘等。妇女求子时，有婆婆、大娘、婶子等陪同前往，用带去的香蜡红烛、纸钱，以及其他供品，一齐祭神，祈求得孕生子。祭祈之后，要进行在神前"拴娃娃"的求子活动，即祈神妇女从神灵前供案上的一大堆泥娃娃中，挑选一个取走，或是用红绳套在泥娃娃脖子上，将泥娃娃的小鸡鸡（生殖器）掐下来带回家，泡水喝下。倘若日后果然生下孩子，求子妇女还要再前往庙中敬神还愿，以谢神灵。清代各地民间，妇女祈祭神灵求子以及"拴娃娃"、"领娃娃"的仪式，多选择在正月十五日前后，或者传说中送子的神灵的生日那天进行，只求神灵显灵，而祈子妇女得以"应验"怀孕。

其二，他人"送子"的求子活动。清代，民间妇女求子的另一种活动形式是由亲朋好友或他人，向欲求子者"送子"，以求通过此举而真的受孕。其做法一是由他人送给求子妇女某种食物，如南瓜、鸡蛋、芋头、生菜等，民间传说吃了它们，妇女可迅速有孕。《中华全国风俗志》记载，贵州民间有八月中秋节"偷瓜送子"的风俗。偷瓜多在晚上进行，且故意要使瓜园主人知晓，使之激怒而怒骂不止。瓜偷得后，再绘上人的眉目状，且穿上衣服，类似小孩儿状，然后再用竹舆抬送至求子之家，送瓜时一路敲锣打鼓，以示庆贺。求子之家在接待"偷瓜送子"队伍时，要请他们吃月饼，以示感谢。然后，求子妇女将类似小孩儿状的瓜，置于床上伴睡一宿，次日清晨再将瓜煮熟后食用，谓之可以怀孕生子。二是由他人给祈子的妇女之家，送去带有多子多孙含义的"吉祥物"，如"孩儿灯"、"麒麟送子图"、用口袋盛好的百谷、瓜果之类等。三是由他人配合元宵节舞龙灯活动，进行"送子"活动。如在湖南长沙民间，每届元宵舞龙灯时，当龙灯到达求子人家时，则由他人请求龙身绕求子妇女身一次，又让一男孩骑在龙身上，在堂前绕圈，称为"麟麒送子"。除此之外，还有"拍喜"、"棒打求子"等风俗。如福建闽侯一带民间，每逢正月十五日，亲邻们用竹杖拍打"新妇"，其意是拍走新妇身上的邪气，使之早日怀孕生育。而在陕西民间，求子妇女更组成"乞子会"，于三月初三日到"娘娘庙"集体祭神求子，通宵达旦不眠，谓之"坐夜"，以求感动神灵而赐子于己。

其三，生殖器象征物祭拜与性行为模仿求子活动。清代民间还有一种求子活动，是在特定的神圣时间、地点与场合，对生殖器象征物祭拜，并进行性交媾行为的模仿。在云南永宁摩梭人的"祭山"求子活动中，就有求子妇女与石祖"久木鲁"（摩梭语，意为生孩子的石头，与男根'巴窝'同义）接触的内容。其仪式为求子妇女首先在"东巴"（巫师）的带领下祭拜岩洞主人"吉泽乍马"女神，随后至水池边洗澡沐浴，用水冲去附在身上的恶鬼"乔"，接着到"久木鲁"附近，用细竹管饮用三次"哈机"水，"哈机"水贮存于"久木鲁"顶端凹坑之中，有精液之意。最后再由东巴施行送"乔"魔术①。清代一些地方还有"投石求子"的习尚，如安徽民间有让求子妇女往深山中的石洞丢石子的风俗，传说此举可使妇女很快受孕生育，且将洞口视为生育婴儿的女性"阴门"的象征。而流行于苏北民间的"偷桩求子"，京师正月十六日夜求子妇女结伴的"走桥求子"、"摸城门铜钉求子"等风俗，均蕴含有原始生殖崇拜的内容②。

其四，祈孕巫术的求子活动。清代民间有采用原始宗教迷信残余的巫术祈孕的仪礼，来达到尽快使求子妇女受孕生育的目的。《诗经·大雅·生民》载称："厥初生民，时维姜嫄，生民如何？克禋克祀，以弗无子。"可见，古代周族的始祖母姜嫄，企图通过祭神（即禋祀）的巫术仪式，求得怀孕生子的。云南永安纳西族有多种祈孕的巫术活动。其中，有的村寨妇女，在过婚姻生活后三年仍不怀孕者，就举行"火把节"，村民在村寨附近游行，以火把来驱赶灾祸。有的则用糌粑捏一个生育女神像，在像的腹部放一个鸡蛋，象征怀孕然后再对女神像供奉麻线、麻布、鱼类、腊肉、鸡蛋、牛奶和牦牛酪，再由巫师向求子妇女加以祝祷："保佑女人怀孕，顺利生下娃娃来。"以此来祈求神灵使求子妇女能迅速怀孕生育。此外，壮族地区民间的"安花"、"架桥"求子仪式，也有类似的目的，只不过用敬祭"花神"来祈求神灵赐子而已。

三 孕妇保健风俗

清人对人生礼仪中"摇篮"阶段的准备事宜，极为重视，有诸多孕妇的保健之法与胎教之方。这些方法，虽限于人们对自身生命活动的进程，尚处于初始阶段，加之科学技术条件的限制，不甚完美。但在当时社会生产力条件下，能实施如此，已属难能可贵。清人对孕妇的保健途径，主要有两条，其一为民间禁忌保健，其二为医学保健。二者，有着互补功效，故能相辅相成。

清代，在民间禁忌与孕妇保健方面，汉族地区与民族地区则各有其保健之法。

（一）汉族地区

汉族地区民间对"身怀六甲"的孕妇，为保护其能顺利生产孩子，不但有

---

① 宋兆麟：《生育神与性巫术研究》，文物出版社1990年版。
② 钟敬文主编：《民俗学概论》，上海文艺出版社1998年版。

诸多禁忌需要遵从，而且家人、丈夫也要积极配合。这些保健方法为：其一，禁犯神灵。清人认为，女人生育由"胎神"主管，故孕妇不可冲犯，须在卧房用红纸书写一张"胎神在此"张贴房内墙上，以安神灵。其二，室内禁忌。如禁动砖瓦土石；禁钉钉子，以防将胎儿"钉死"腹中；禁张挂人物画像，以防"换胎"，《清稗类钞·鄂妇妊忌》条载称："湖北妇人妊子，避忌最甚。有所谓换胎者，言所见之物入其腹中，换去其本来之胎也。故妇人妊子，凡房中所有人物画像，藏之弃之。或以针刺其目，云其目破不为患矣。"禁动剪刀针线，以防伤及胎儿耳眼；禁捆绑什物，以防生育时胎儿脐带绕脖；禁塞瓶口，在浙江温州民间此风尤甚，以防闭塞胎儿五官；禁拆堵门窗，以防胎儿眼盲；禁孕妇手臂上举，以防"奶筋"断裂；禁搬动大型家具器物，以防流产滑胎；禁声响过大，以防胎儿耳聋；禁烧烤东西；禁属虎的人闯入；禁睡卧在熊皮獐子皮上；禁用冷水洗浴，恐伤胎气；禁肩披线绳，以防胎儿绕脐。其三，室外禁忌。有禁手抓食盐跨过户磴，以防得罪门槛神，导致难产；禁在门口伸头缩脑，以使生育时能顺产；禁夜晚不归或在外露宿，以防冲犯神灵及伤身；禁爬果木树，以防早产；禁接近牲畜，以防撞踢咬伤孕妇及胎儿；禁跨过戥秤，以防产期延长至十六月；禁将澡盆拿至室外，以防夜间触怒黑虎神或孤魂野鬼，对胎儿不利；禁坐房檐下，以防胎儿中风；禁坐葡萄架下乘凉，以防生葡萄胎；禁在异地大小便，以防难产；禁见月食月晕，以防生下残缺婴儿；禁看戏曲，防生怪胎，在湖北民间此风尤甚[1]。《清稗类钞·鄂妇妊忌》条载："又一妇人偶观优，及生子，头上有肉隆起，如戴高冠，两耳旁各有肉一片下垂，如以巾幂之者然。因忆观优时，有优人之冠如是，为其换胎矣。"这些禁忌，有的纯属迷信，无稽之谈，但其中不乏科学保健的合理成分与方法。

（二）民族地区

在民族聚居地区，孕妇的保健方法各有不同。其一，满族妇女怀孕后，不准坐锅台、窗台、磨台；不准进产房；不准听人说某家某妇人难产；不准侍奉祖先和参加他人的婚礼。怀孕五个月后，不准进马棚牵马，不准扭身坐，不许大哭大笑[2]。这些禁忌，实际上是从心理、生理、以及身体上维护产妇健康的保健措施。其二，台湾高山族妇女怀孕后，被视为"不洁"，有禁止参加祭祀活动；禁止动刀斧；禁止食用动物内脏；禁止夫妻同房[3]等保健措施。其三，瑶族称胎神为"胎魂"，民间传说，凡正月、七月怀孕的，胎魂在正门，禁修理正门

---

[1] 见《台北市志》，《信仰民俗》；《新竹县志》，《信仰民俗》。
[2] 杨英杰：《清代满族风俗史》。
[3] 刘如仲、苗学孟：《清代台湾高山族社会生活》，福建人民出版社1992年版。

及在正门挖地;二月与八月怀孕的,胎魂在庭院,禁在庭院放重物;三月与九月怀孕的,胎魂在舂米的臼里,禁移动米臼;四月与十月怀孕的,胎魂在厨房,禁在厨房淋水;五月与十一月怀孕的,胎魂在卧室,禁修理与移动卧室摆设;六月与十二月怀孕的,胎魂在孕妇的腹腔,禁将孕妇的衣服泡在开水里。否则,将引起流产、怪胎、难产等。此外,鄂伦春人孕妇禁坐卧在熊皮狍子皮上,以防流产;畲族禁孕妇跨过牵牛绳,以防难产;云南彝族禁将孕妇衣裤晒在蜂窝旁①,以防生怪胎,这些保健风俗,反映出特定的民族文化心理与保健意识。

四 医学与孕妇保健

清代的妇科、儿科学中,有许多关于孕妇保健的知识。妇科仍称女科,名医傅青主擅长女科,著有《女科·产后编》。其中,《女科》二卷,论述妇科各病的诊治。内容有产后总论,产前、产后、方症、宜忌及血块、血晕厥症等四十三种产科疾病的诊治。内容简要,造方实用。在民间流传甚广,影响较大。公元1684年,肖赓六撰《女科经论》八卷,记述妇科病症一百六十三条,对妇科临床辨证与保健,有一定参考价值。其他如叶其蓁的《女科指掌》、沈尧封的《女科辑要》、竹林寺僧的《女科秘传》等,都对女科疾病治疗与保健,有所记述。

清代有关胎产的专著,有公元1730年阎纯玺著的《胎产心法》三卷,书中对胎前、临产、产后各种疾病的诊断治疗均有论述。公元1780年汪喆著《产科心法》二卷,扼要介绍妊娠及临产、产后一些疾病的诊治。公元1715年亟斋居士著《达生篇》一卷,主张临产时镇静,孕妇掌握"睡、忍痛、慢临盆"六字诀,尽可能不服或少服药物,这些保健措施极为实用。公元1762年唐千顷撰《大生要旨》五卷,论述胎产、儿科常见疾病及护理保健事项,内容简要易学,在社会与民间流传甚广②。

五 诞生风俗

清人的诞生风俗,内容丰富,它包括催生风俗、产房风俗、诞生风俗礼仪、取名风俗等内容。

(一)催生风俗

清人的催生风俗,在江浙等地民间,最为流行。凡孕妇将分娩,其娘家父母或亲人送礼品至婿家,以祈产育顺利吉祥。这些礼品有喜蛋、桂圆、襁褓衣物之类。并携一笙,吹而进屋,意为催生("吹笙"与之谐音);有的还外加红

---

① 任骋:《中国民间禁忌》,作家出版社1991年版。
② 杨医亚主编:《中国医学史》,河北科学技术出版社1989年版。

漆筷子十双，取快生快养（筷，与快谐音）。《杭州府志》记载，"杭城人家育子，如孕妇入月，于月初外舅姑家以银盆或彩盆盛粟秆一束，上以锦或纸盖之，上簇花朵、通草贴套五男二女"吉祥图案，并"以彩画鸭蛋一百二十枚，膳食羊、生枣、栗果及孩儿绷彩衣送至婿家，名'催生礼'"。此处粟秆，意祈孕妇顺产速（粟，与速谐音）生。《遂安县志》载称，民人"子将生，母家先送衣物，曰'催生'"。此举既有对孕妇祝祈之意，也为即将降生的孩子早备衣物，迎接其早日来到人间。

在双林镇民间，"凡人子将生，外家备衣服、褓褓、粽子、糖蛋、风鱼、火腿等物送至婿家，谓之'催生'（贫家不及备物，略具规模而已）。亲戚馈产妇以鸡蛋、鱼、肉、糖、枣等，或二色，或四色"。亲友馈送枣、糖之物，意蕴有快生、早生（枣，与早谐音）与顺产等内容。

《定海县志》记载，凡民人"女子嫁而有孕，先知母家，母家乃制备婴儿衣物、褓褓，纤微毕具，俟产期濒近，令人送至婿家，谓之'催生'"。此俗有家人祝愿孕妇顺利生育孩子的意思。在浙江台州地区的路桥民间，民人"新妇有孕将产，女家送酒席，谓之'姑爷饭'。又半月未产须再送，曰'催生饭'"。光绪《太平县志》记载，民人"女子孕过期，亲戚馈饭催生，曰'过洋饭'"。可见过期未生的孕妇，实蕴风险，而送"过洋饭"催生，则古有战胜风浪，顺利抵达岸边，即孩子顺利降生的意愿。

（二）产房风俗

清人妇女产子后，在产房的设置与禁忌方面，有一系列的风俗习尚。其一，产房门前的悬挂习尚。民间产房前有专门的悬挂物品，以示生男或生女之别。《辽阳县志》记载，辽阳民人"生男悬弧于门左，生女设帨于门右，此古礼也"。而在海城县民间，"生男，悬弧于门左，生女，设帨于门右，此古礼也"。开原县民间，"生孩之家，先于门外作一表示，生男则悬弧于门左；生女则设帨（按，即古代的佩巾，类似现代的毛巾）于门右"。《西丰县志》载称，该地民家，凡"生男悬弧于门左，生女设帨于门右"。在营口县民间，"古礼生男悬弧于门左，生女设帨于门右，今犹沿用之"。其二，产房设置与生产风俗。清人生产时，产房的设置则直接与产妇的生育过程相关联。《辽中县志》载称，该地民家，凡"小孩出生，谓之'落草'，盖以草铺炕，置儿于上，以防燥湿，习俗然也。产妇食米粥一月，每餐必有鸡卵数枚，借壮身体"。其三，产房的禁忌风尚。清人特别注重产房禁忌的目的是出于产妇保健与母子免受灾害的考虑。在汉族或民族地区，产妇临产时，多回避包括丈夫在内的男人。其次是台湾高山族的阿美人认为，婴儿从怀胎到降生，均由生命女神特娥及其八个子女主宰创造，故生育时要回避猎手，更要回避被视为不祥的寡妇。在彝族聚居地区，民人的产房常设在卧室内,贫苦人家无卧室者,对屡生不育的妇女也要回避。这些屡生不育的妇女,生产时,只能在室外,乃至在田间或水沟旁。倘若产妇难产,则须请呗耄念经、念符咒、请菩萨、赶鬼,为产妇驱邪,以使婴儿顺利降生①。而在广西壮族地区,民人妇女生产后,主人立即用木叶插在门口,三日之内忌生人入产房,为的是怕冲了财气,孩子长大后挣不到钱,故有"见死不见生"的谚语。倘有不知情的生人闯入,主人立即要客人喝一口茶以解邪气②。

(三) 诞生礼仪

清人的诞生礼仪风俗,包括三朝、三腊(按,宋代《东京梦华录》一书载,育子七日,为之一腊。且有一腊、二腊、三腊等名,届时庆贺。清时已将此与做满月合并)、满月、百日、周年等活动。其一,"三朝"礼仪风俗。孩子诞生后的第三天,要举行"三朝"的庆典仪式,有的地方称为"洗三"。届时舅舅家要送红鸡蛋、十全果为婴儿祝福。有的地方要给婴儿沐浴,设宴欢庆,迎接他进入社会。在汉族地区,乾隆《昌化县志》记载,此地民人"始生子者,先以羊酒报于外家,谓之'报喜'。其外家则具绣褓、衣及金银铃、钱、牲醴诸仪以贶焉。三日洗儿,抱见舅姑,唤以乳名。诸族人各送来蛋之类以望产母,其余亲友或贺、或不贺"。光绪《嘉兴县志》载称,民家"生子三日,作'汤饼会'"。而在浙江桐乡县民间,"生子三日",有"邀亲友吃馄饨"的风俗。光绪《鄞县志》称,民家妇女"既产,三日洗儿,谓之'解厌'。外家馈牲牷,用以祀神,谓之'还落地福'"。在浙江定海县民间,三朝又称"洗床诞",有祭祀活动,《定海县志》载称,民人"三朝,设祭床前,稳婆为洗礼儿,谓之'洗床诞'"。乾隆《袁州府志》记载,民人"丈夫初举子,即日以鹅酒馈外家",称为"报生";三日后"外家以猪羊、襁褓、衣被来",谓之"做三"(即三朝也);接着,"受贺宴客,先上饭于家庙,告以生月、日、时及乳名",称为"烧三";而"是日浴儿,煮鸡子,以苏木沐相饷",谓之"洗三"。

在华北地区,《万全县志》载称,产妇生子后"第三日,用艾泡水洗儿之周身",谓之"洗三"。"是日,并供奶奶纸许愿,盖认儿之生也,纯为奶奶神所赐,不得不重酬之也。人人既认小儿之来源皆来自奶奶庙,故求儿者,对奶奶神甚为重视。每年于奶奶庙会时,有儿者必送高约五寸之泥人于奶奶庙,后面并写某家外甥、某家子,谓之'替身',至十二岁始止。盖恐奶奶之反口,召回所赐之小儿也。替身既为儿童之代表,故求子者有盗替身之举。法用红绳于奶奶庙会时,乘人之不备,系之而返,藏于密处,即可生子矣。"在西南地区,

---

① 马学良:《彝族文化史》,上海人民出版社1989年版。
② 梁庭望:《壮族风俗志》,中央民族学院出版社1987年版。

《合川县志》记载，民人"子生三日，以陈艾煮鸡卵浴之"，称为"洗三"。同时，"三日宴客，妇父母具褟袴及食物至婿家"，谓之"汤盘"，而此日之宴会，俗谓"打三朝"。

民族地区的"三朝"诞生礼仪，以满族与壮族地区的风俗最具典型意义。满族孩子出生后的第三天，要举行洗礼，俗谓"洗三"。洗浴婴儿前，须将接生婆或儿女双全、有威望的老太太（俗称为姥姥），用车接至产妇家中。届时，姥姥在炕上盘腿坐好，由别人端来一个大铜盆，盆里装着用槐树枝、艾蒿叶熬成的热水。趁着水冒热气，前来祝贺的亲友将带来的铜钱、花生、鸡蛋等各种东西放入水中，边放边说些祝吉的话，俗称为"添盆"。添盆之后，再由姥姥给新生婴儿洗身。边洗边说："洗洗火，做王侯；洗洗腰，一辈倒比一辈高；洗洗蛋，做知县；洗洗沟，做知州！"洗完之后，用姜片和艾团灸脑门和身上的各个重要关节。据说这样洗浴、熏灸之后，孩子体格健壮，不得病。之后，用一块新布沾些清茶水，用力擦磨孩子的牙床。若是孩子放声大哭，便是大吉大利之兆，亲友们再次祝吉，高兴欢笑。是举，俗称"响盆"。最后用一根大葱打三下，边打边说道："一打聪明，二打伶俐，三打明明白白。"孩子的父亲把大葱扔到房上去。扔完，亲友一齐向孩子的父母道喜。当日，用面条招待前来祝贺的亲友，意为祝孩子长命百岁。饭后，送给姥姥浴儿钱，并将添盆的铜钱、花生、鸡蛋等一起奉上，用车将姥姥送走①。

其二，"三腊"及其遗风。"三腊"的诞生礼仪，在宋代民间及宫中十分盛行。及至清代，在一些地方民间，仍有为孩子过"腊"的遗风。乾隆《普宁县志》记载，民人"生子，弥月作汤饼会，亲友毕贺。其在月内时，交厚者皆往道喜索饮"，此谓之为"食美酒"。"然必俟十二日之后"，称为"过腊"。可见，这些地区的民人仍称产后每七日为"一腊"，且依次类推有"一腊"、二腊"、"三腊"之谓，届时尚有宴请亲友至交的风尚。

其三，满月、百日、周年礼仪。清人的满月（又称弥月）、百日（又名百晬）、周年（又称周晬或对晬）的庆贺礼仪，因地因俗而有特色。《新民县志》记载，民家"生子以豚蹄、面、糖、鸡卵等物馈遗，俗谓'下奶'。弥月，醵金制送金银麒麟锁、状元牌、手镯等物"，称为"作满月"。《辽中县志》称，民人生子作"弥月"时，"亲族、戚友咸至"，作"汤饼会"。"主人设诞款待，必蒸馒首"，俗呼为"吃满月酒"。《辽阳县志》记载，民人作"弥月"时，"母家以花冠、绣褓、玩具赠小儿"，称为"作满月"。"其他亲友各赠以资。主人设筵款客"，称作"汤饼会"，俗称"吃满月酒"。至百天，"母家赠馒首百枚"，称

---

① 杨英杰：《清代满族风俗史》，梁庭望：《壮族风俗志》等书。

为"蒸百岁","赠钱百枚",称为"百岁钱"。到"周岁试儿"时,"男用弓矢、笔墨,女用刀尺、针缕,及珍宝、玩物置儿前,任其自取,以观其志",名为"周晬盘"。此俗"惟缙绅家行之"。

在浙江,光绪《嘉兴县志》记载,民人作"弥月"时,"令工剃胎发,丸之贯彩缕悬帷帐"。满周岁时为"晬盘,杂置各物,视所取以占趋向"。嘉庆《桐乡县志》称,民家作"弥月剃乳发,亲友致馈遗",称为"贺满月"。"弥岁"时,作"试儿会",名为"拿周"。同治《安吉县志》记载,生子"周岁送盘",谓之"闹周","有用金银饰帽,或制项圈、手镯等物以遗之者。虽生女亦然。俗谓初生为'头生',故其礼甚费,虽贫富不同,亦不能概从减省"。光绪《太平县志》记载,"儿弥月剃发,剃工送画鹰,取英俊。外孙初至外家",更有"以墨点额"的风俗。同治《南城县志》记载,生子"七日,外家以荤索仪及小儿衣物",谓之"开斋"、"送七朝"。到孩子满月时,要"浴几剃发,外家又送煮鸡子百千及衣服、银器、荤素等物"。至周岁"晬日,具晬盘,如古式,陈笔墨、戈印、金钱诸物于儿前,视其所取以觇成立",谓之"拈周"。届时,"外家皆有贺有馈,其厚者衣服、银器外兼饩羊、豕"等物。

在西南地区,四川《大邑县志》记载,民家生子作"弥月"时,有"送粥米"之俗;而作"周岁"时,要"设晬盘,悉如他处"。嘉庆《洪雅县志》载称,生子"迎(满月)月"时,有举行"汤饼会"的习俗。《合川县志》记述,民家生子作"周岁"时,"先盥沐,服新衣、装饰。男则有弓矢、纸笔,女则用刀尺、针线,并列饮食、物品及珍宝、玩器,观其发意所在,以验贪廉智愚",此俗谓为"抓周"。

(四)取名风俗

一个人的名字将伴随他(她)的一生,更与宗族的字辈及传宗接代有关。故清人在命名时,不仅十分慎重,而且有一套风俗礼仪。命名仪礼,不同民族和地区举行仪式的时间不一,有的在胎儿出生后数日举行,有的在胎儿脐带脱落后一两个月内举行,有的则在三四个月小儿会笑时举行。命名时间的迟早还有性别的区分,独龙族男孩出生后七天命名,女孩则于九天时命名。台湾《基隆县志》记载,为孩子取名,还有一定的礼仪程序:其一,须占卜。须儿出生后"旬内请星相家占卜婴孩终身命运,如谓出生时日不佳,女婴则请设法改换,即于命书上记载改造之诞辰时日;男婴如认其(八字)缺少五行之一或二,于命名时补其短少。如有'媳妇仔命',则多给他姓为养父,台湾养女之风特盛,此亦一因"。其二,论伦序。命名时,"除多有伦序,俗称字辈命名外,常以相反之压胜心理取不雅名字,如猪、狗、戆、乞等,意即非如此则易早夭。或信阴阳五行干支之说,以金、木、水、火、土或干支为名,取相生之义,以补八字之缺憾"。

高山族小孩多无乳名，生下后不久就要命名，命名的时间及方式各部族风俗不同。有的于脐带脱落后命名，如赛夏族、曹族、泰雅族多在脐带脱落后一二日进行；有的于小孩长至三四个月的进行；布农、阿美等族小孩出生后，得吉梦时予以命名。

命名的方式各部族也不一样：有的有简单的仪式，曹族命名由母亲抱小孩外出，父亲持食品祈祷后命名；布农族由父亲至山中捉一小鸟给小儿食后祝福命名；赛夏族则于小孩额上贴一小草喷上水祝福命名。主持者大多是父亲，少数由母亲主持，卑南族、阿美族则由外祖母主持，赛夏族由姑母主持。有的由巫师主持仪式，举行仪式时，家族及氏族之女子参加，在屋中北向之一角，先以灵罐盛酒后与槟榔、米糕等置于命名处祭祀祖先，巫师手舞足蹈请示祖先，然后，根据各部族祖传之名选定，不合适者更换，直至合适为止。命名后的七天，若小孩生病、大便不通及遇有不祥之兆时，再请巫师换名。

高山族命名有使用传统名谱的习俗，就是子孙重复使用祖先的名字使用，称之为"袭名制"。还有"创名"、"借名"、"换名"的风俗。由于盛行"袭名制"，因此在高山族中有许多同名人。

袭名者，主要承袭祖辈之名，它在高山族中占绝大多数，但也有一些风俗需要遵守。首先，袭祖辈之名，如系男子，绝对禁止与父兄同名，女孩与母姐同名。男孩多袭用祖父及外祖父之名，女孩袭用祖母及外祖母之名，也有以父之母及父之父之名来作后代之名的。其次，袭用父母之同胞姐妹兄弟之名，如系母系氏族社会，多袭母亲之姐妹兄弟之名，也有的地方袭用外祖母以上远亲之名的，但较为少见。也有袭用客名者，如生男孩，以女客之名为名，但这种袭名风俗不太盛行。赛夏、布农、阿美、卑南、曹等部族保存有长子袭祖父之名的习惯。在阿美族、卑南族中也保存有长子袭祖母名的习惯，反映出母系氏族残余的存在。清中叶后，排湾、鲁凯等族的名字带有身份的特征，酋长与平民的命名出现差异和不同，反映了阶级社会的发生与发展。

创名，有以地为名者，如以出生之地、路或广场等名为名；也有以时间为名者，如以除草季节、天热、丰收、割稻等时间来命名的；还有以事件命名者，如出生时正值地震，或出生时正遇洪水泛滥成灾，于是以发生的突发事件为标志而予命名。

借名，入清后，随着汉族和其他文化的传入，高山族受其影响，发展进步较快，因此，他们在命名时也借用外族人的名字，特别是借用汉字者较多。

高山族还有同性亲子女连名的风俗，即父子连名，或母女连名，就是以自己的名再加上父亲的名字。如系被人收养，则以自己的名，连上养父或养母之名；女孩很少连父名，有自己连自己名者，就是将己名与别名并呼；还有的连配偶名，如妻连夫名，或夫连妻名。

在壮族地区，产子之家，婴儿的"命名礼"与"满月"礼同时进行。届时用外婆送来的三牲（即一头猪肉、一只鸡、一条鱼）敬过神后，巫觋当神灵之面命名，如是第一胎，也同时给父母命名。譬如婴儿名"龙"，父亲就叫"波龙"（意为龙儿之父），母亲叫"姆龙"（意为龙儿之母）。除特殊情况，一般人不再呼叫父母的学名，老一辈也是如此。龙之前加一个"特"字，这是专门用于男性青少年的名量词，叫特龙。特龙结了婚，就不能再叫这个小名，要叫名字，否则被认为是侮辱人格，有时甚至为此发生冲突。有的壮族地方不举行命名礼，而是在周岁以内由爷爷或父母命名，有了小名，人们对父母的称呼也随之发生改变。

第二节　育儿风俗与成年礼仪

清代的育儿风俗与成年礼仪，是社会各阶层、各群体必经的人生阶段，这一过程，不仅生动地透发出清人育儿的各种途径与手段，而且更显示出清人对成年礼仪的重视。

一　育儿风俗

清人的育儿风俗，包括育儿之道、育儿的内容（含日常生活规范、道德修养、功名思想、学术文化教育）等，较之明代，有传承更有其时代与民族特色。

（一）育儿之道

清人的育儿之道，基本遵循儒家的礼教程序并加以付诸实践。遵循《三字经》"人之初，性本善。性相近，习相远。苟不教，性乃迁"的圣训，认为礼仪、生活规范、道德修养、功名思想、文化等观念与习尚的树立，必须自幼学起，其具体方法有，其一，寓（教）育于乐。清人育儿的过程，大体可分为三个阶段，第一阶段为零岁到三岁的婴幼儿时期，此一阶段中，育儿主要是寓教于乐，包括成人、朋友、亲戚参与的游戏或庆典、祭仪活动，其目的在于试其人之"本性"（如"抓周"）的同时，还要消灾免祸（如系红线或祭神占卜），以确保孩子健康成长。其二，寓（教）育于识。当出生的子女在四岁至十岁的幼儿时期，家庭对其进行第二阶段的教育活动，通过儿歌、谜语等，教给子女自然、社会生活的常识，以及健康之道。其三，寓（教）育于礼。当子女成长至十岁至十五岁的少年时期，或进行家庭教育，或进行学校与家庭相结合的教育，寓教育于礼，使孩子的心性、行为、道德、文化，符合"礼"制的要求，否则，社会与时人认为"苟不教，父之过"，父母将受到责难。

（二）育儿的内容

清人育儿的内容，汉族与少数民族，有相似之处，更有许多地方与民族的特殊风俗，这反映出清人对育儿的重视以及育儿教育对人生的重要性。

其一，"乞奶"育儿风俗。台湾基隆地区民人，在"婴儿出生后四个月内，乞取已满四月之异姓婴孩之母乳一次以饮之，谓如此则长大后，得早日成婚"。其二，"系红丝"育儿风俗。台湾基隆民人，"婴儿出生后，满月内必以红丝系结手足，否则谓长大后必将为非作歹。生后二十四日剃头，取二十四孝之意，期成孝子。是日煮鸡蛋为祝。剃发时，将小石三或十二颗，铜钱十二文，染红之鸡蛋、鸭蛋十二个放水盆中；剃后，由水中取出红蛋在其头轻滚三下，同时偏（边）滚偏（边）念'鸡卵身，鸭卵面，好亲成，来相配（音似垫）'，然后以蛋黄与葱汁混合在其头上作涂抹，意为弃垢，能聪明，有财气官运，壮健可期。发与石头包以红纸放在屋顶"。其三，"祀祖"、"敬神"祝祈育儿风俗。台湾基隆民人生子"弥月"时，要"敬神祀祖，治酒席宴客。外祖父母馈送衣服、身饰等礼物，称曰'送头尾'；并送红圆，俗称'外妈圆'，红龟、红桃、礼烛、礼款等。亲朋于十二或二十四朝未送贺礼者，仍可此日送贺，以鸡酒、油饭、红桃（馒头）为答礼。每逢朔望，拜祭'床母'，褥祝婴儿自出生以至成人，将受床母保佑，永托平安。是日有'喊鸱鹎（鸢）'之习，由母亲或祖母抱至门外，或由兄姊背之，用鸡棰（赶鸡用竹竿）敲地呼喊：'鸱鹎飞上山，囝仔快做官；鸱鹎飞高高，囝仔中状元；鸱鹎飞落低，囝仔快做老爸'。而后分送旁观小孩红蛋一个。未满月前，产妇不拜神佛，不出月内房"。其四，育儿的"禁忌"。在台湾基隆民间，凡"未满四个月婴孩"，育儿时"多有禁忌，如一忌在婴孩面前谈猴子，忌说婴孩肥胖。二忌婴孩坐帽上、算盘，忌在砚上写字。三忌婴孩食肉类、蛋类、鸡肠、猪脚蹄。四忌用尺打婴孩。五忌滴眼泪于夭折小孩尸上"。其五，"收诞"育儿风俗。台湾基隆民人生子"满四个月，以面制红龟及红桃，并备牲醴祀祖先，外祖父母观曾衣服礼物。此日，家备酥饼，串以红丝悬儿颈，请长辈、亲朋、邻右取开酥饼在婴儿口边作揩抹状，念吉祥语句"，谓为"收诞"礼仪。其六，"试周"育儿风俗。在台湾基隆县，婴儿周岁称"度晬"，其育儿礼仪是，"以书本、印章、笔、墨、算盘、钱币、田土、稻草、秤、尺、斧、葱、芹菜、鸡腿、猪肉等十二种物纳于竹筛中，使婴儿任意攫取之，以卜其将来命运。书、笔、墨主读书文士、印主做官，算盘、秤主商贾，钱币主财主，尺主工，葱主聪明，芹菜主勤勉，各有含义。此名为之'试儿'或'试周'，即古之晬盘之仪。备牲醴敬神拜祖，宴戚友，以红龟粿赠亲朋邻右，外祖父母赠衣物金饰。通常亦于此时断奶。生女亦祝周岁，惟较简单"。其七，巫师"压惊"的育儿风俗。台湾基隆民人育儿，若"孩童遇事惊悸，则请巫觋，俗称'先生妈'者施法压惊收魂。未成年，不食鸡爪，谓将撕破书皮，不成文士"。

清代，民人对子女在幼儿、少年时期的育儿教导，除读书识字的学校教育外，主要还用童歌童谣、猜谜语、唱山歌等方式和渠道，来对子女进行日常生活规范、生产生活常识、道德、修养、功名思想、学术文化等方面知识的传授，这种言传身教的育子方式，既生动活泼有趣，又使少儿易记易懂，便于身体力行。

满族的育儿风俗与汉族或其他少数民族相比，更表现出独具的特色和丰富的内容：其一，好睡扁头与注重健康育儿风俗。汉族育儿，让小儿头自由滚动，不加限制，任其发展。而满族风俗与此迥异，其以"扁头"为美，无论贵贱，皆有为小儿睡扁头之风。即让小儿仰卧，以小米或高粱米等充实枕头，枕在孩子头下，俗称"睡头"。久之小儿后脑勺齐平，成为扁头。如果哪个孩子头没睡好，人们就会笑话母亲育儿无方。东北地区的汉族受满族风俗影响，也有睡头的习俗。

其二，睡"悠车"与运动育儿风俗。民谚说："关东外，三大怪：窗户纸糊在外，姑娘叼着大烟袋，养活孩子吊起来。"所谓"养活孩子吊起来"，系指满族育儿悬挂"悠车"的风俗。悠车是满族传统的育儿工具，形如船，木制。前后两头的左、右两侧，各系两环，以长条或绳穿环内，悬于梁上。车外绘以彩画，车内垫薄板，离地三四尺。小儿哭则乳之，不哭则悠之。为吸引小孩不哭闹，车上多系小铃或花朵等玩饰。孩子睡在悠车里，为避免因翻动而掉出来的危险，要用褯子（裹孩子的布片）将孩子包起来，再在胳膊肘、膝盖、脚脖子三处用布带捆起来，孩子在悠车中便万无一失。孩子下悠车多是在满月那一天。如生男孩，悠车由外祖父或舅父赠送。并且要亲自送到外孙或外甥家。送悠车时，还要随带压车钱，给双不给单。满族育儿睡悠车的风俗，始于原始社会的射猎时代。父母骑射狩猎，携带幼小婴儿不便，在森林中将孩子放在地上又不安全。这样，便常常将孩子悬挂在树上。定居生活、住上房屋之后，将孩子吊在树上的习俗逐渐转变为于屋内梁上悬挂悠车的风俗。但是，直至清末民初，居于黑龙江和吉林的所谓"鱼皮鞑子"等部，仍还是"多束缚襁褓儿，悬诸林木间"。较为真实地再现了悬挂悠车习俗的古老风貌。

其三，驱祟叫魂与"打鬼"育儿风俗。满族信奉多神崇拜的萨满教。小儿生病，以为鬼魅作祟，不延医吃药，却请巫驱祟。《黑龙江志稿》记载，其俗："多魅，为婴孩祟者，形如小犬而黑，潜入土埂……燃灯于外，魅知有备，辄冲毡而出，巫急斩之，婴顿苏。"①满族人认为人的灵魂是可以离开肉体而独立存在的。小儿生病是灵魂遇到了某种鬼的阻拦，使灵魂长时间游离在外，不能附体，因此治病的方法是把灵魂喊回来。《黑龙江外记》卷六记载：满族"小儿病，其母黎明以杓击门，大呼儿名：'博德珠'，如是七声，数日病辄愈，谓之'叫魂'，处处有之。'博德珠'，家来之谓"。

其四，挂锁、换锁与祝祈育儿风俗。满族小孩降生后，要于亲戚家乞线为之作锁。线用蓝、白二色，也有用红、黄色的，聚为一束粗线作圈，在线头接合处结一疙瘩，结处缝三块小绸，俗名"百家锁"。满族供奉护佑小儿的神，称为"子孙娘娘"，又名"佛托妈妈"。在祭祀柳枝娘娘时，小儿小女跪在神前，萨满太太用柳枝蘸净水，洒在小儿小女头上，然后将"锁"挂在小孩的颈上，男孩挂红彩线，女孩挂蓝彩线，是为"挂锁"。辽宁岫岩地区的满族，挂锁仪式多在小儿小女四五岁时举行。早晨天亮时，小儿小女跪在祖宗位前（即佛托妈妈），家中老太太右手拿一碗水，左手拿一香碟，香碟在小儿小女头上绕三圈，水向头上喷三次，口中祝告：保佑小儿小女一年四季身强力壮，头清眼明，不生病不生灾，不长疮、不烂盖……之后将两三尺长的五彩线挂在小儿小女脖子上，下午落日前将五彩线取下，系在子孙绳上（佛托妈妈口袋中的长索）。至下次祭祀时，将锁取下，另挂新锁，俗称"换锁"。清代中期后，所挂之锁三日后即可取下，藏手袋中，下次祭祀时再戴上以候换锁。换锁一般是在春秋大祭时进行。但是，如果孩子生病，日久不愈，也可以随时许愿换锁。先择好祭祀日，前一日上午，令一妇女为病儿出走，化七家小黄米，可多可少，不足自备；下午轧面。祭日早晨，先在西炕放净桌一张，将南边祖上香碟请下来，点香悬幔，将蒸好的饽饽，每个上面粘上小豆粒三四个，摆好后叩头三遍。主祭的老太太立身向上祝赞为谁许愿，因何许愿，礼毕，将香碟、神幔请上南祖宗板，将饽饽撤下。晚上，桌北边点一盏灯，请下北祖宗板、香碟，其他礼节与早上相同。挂锁与换锁意味着可以得到子孙娘娘的庇护与赐福，小儿小女可长命百岁，所以满族人十分重视履行这一育儿风俗。

其五，教习骑射与习武育儿风俗。满族自其先世始，多以射猎、畜牧为业，以弯弓盘马为能事，俗尚骑射。满族的孩子，从幼儿始即进行崇尚骑射的教育。黑龙江、吉林等地满族有流行很广的《摇篮曲》云："悠悠喳，巴卜喳，小阿

---

① 《中国地方志民俗资料汇编·东北卷》，书目文献出版社1989年版，第385页（以下简称《方志民俗资料·东北卷》）。

哥，睡觉吧，领银喳，上档喳，上了档子吊膀子，吊膀子，拉硬弓，要拉硬弓得长大。拉响弓，骑大马，你阿玛出兵发马啦。大花翎子亮白顶喳，挣下功劳是你们爷俩的啊！"这首摇篮曲是母亲对孩子进行崇尚骑射的启蒙教育，反映了她们希望孩子以骑射建功立业的心情。满族儿童到六岁时就利用木制的弓箭练习射鹄。十三四岁就开始随父、兄参加行围射猎。满族入关后，历朝皇帝都非常重视保持骑射之风。康熙帝特别规定，宗室和八旗子弟必须自幼习骑学射。十岁后每年要进行小考。考试由皇子、军机大臣等主持，并由皇子先射。清人赵翼《檐曝杂记》记载帝王之家教儿习射事云："上（乾隆帝）坐较射，皇子、皇孙以次射。皇次孙绵恩方八岁，亦以小弓箭一发中的，再发再中。上大喜，谕令再中一矢赏黄马褂。果又中一矢。"由于最高统治者率先提倡发扬满族骑射之风，重视骑射家教，"故一时勋旧子弟莫不熟习弓马"①。不仅男孩学习骑射，女孩亦然。清代诗人赞颂满族幼儿习骑射之风："经过妇女多骑马，游戏儿童解射雕。"②

其六，尊孔读经与文化育儿风俗。满族初重武轻文，把披甲征战、弯弓骑射视为第一，所以不重读书。天聪五年（1631）大凌河之役后，皇太极从明军将士死战而不溃散的忠勇精神中认识到"读书明义理"的重要性。对诸贝勒大臣下谕："自今凡子弟十五岁以下，八岁以上者，俱令读书。"③ 如不让子弟读书，就不令其披甲出征。入关后，更加重视习文读书，还建立了各种类型的学校。如教育宗室子弟的宗学、教育八旗贵族子弟的官学、教育八旗平民子弟的义学等。幼童十岁以上入校学习。在校除教习骑、射之外，即是学习满语与诵读儒家经书。尊孔读经是各类学校的必修课。"敦品行，习仪礼，胥于学校是赖。"④ 清朝最高统治者，对尊孔读经非常重视，雍正帝曾说："若无孔子之教，势必以小加大，以少陵长，以贱妨贵，尊卑倒置，上下无等，干名犯分，越礼背义。"⑤ 由于满族封建化进程的发展和最高统治者的大力提倡，满族学童特别是北京等大城市的八旗子弟，尊孔读经遂成风气。《清稗类钞》记载一些满族人家"课子甚严，经史日有程，偶误，则榎楚立施"。康熙朝顺天府的一次院试，八旗子弟应试者五百人，考取六十多人，占录取者一半以上。时人说："初谓旗下无文章，不意成章二百多卷，取之不尽，尚有三十多卷，皆遗珠也。第二名蔡某……真神童也，年十二，通《五经》，日可成十余篇，莫谓旗下无才也。"⑥

---

① 昭梿：《啸亭杂录》卷一，《不忘本》。
② 杨宾：《柳边纪略》卷五。
③ 《清太宗实录》卷十，天聪五年闰十一月庚子朔。
④ 《八旗通志·学校志》。
⑤ 蒋良骐：《东华录》。
⑥ 徐珂：《清稗类钞》，第二册，《考试类·康熙朝旗童应院试之多》。

由此可见，清代满族文化育儿的成功①。

二　成年礼俗

中国古代，男女成年时，要举行"冠笄"的成人礼仪。"冠礼"，又称结发、加冠，是男子到二十岁时举行的"成人礼"。男人举行"冠礼"后，表示男子已经成熟，可以结婚成家，"笄礼"，也叫结发、加笄，是指女孩到十五岁时举行的"成人礼"。笄礼的举行，是女子婚龄的标志。清代，作为成年的男女"冠笄之礼"，不仅在一些地区举行，而且汉族与少数民族在礼仪与形式上有不同的特色和内容。汉族地区的成年礼俗，有的地区不再举行，有的地方遵循古礼，而或在士大夫、缙绅之家，或在民人之家，且多在婚礼前举行之。

其一，东北地区的成年礼俗。辽中县民间，成年古礼虽不常行，但在取名上仍有遗风，光绪《辽中县志》记载："冠，三加之礼虽皆不讲，而冠而字之，约在将及弱冠之年。"② 即在将及弱冠之年时，男子将正式取"官名"（大名）与"字号"，以示成年。海城县士大夫家间有举行"冠礼"者，《海城县志》载称："《礼记》：'男子二十冠而字，女子许嫁笄而字。'古者男子年二十而冠，谓之成人，始行冠礼。女子十有五年而笄，故女子成年者，曰'及笄'。此礼久废。士大夫家行者尚罕，民间更无论矣。"黑龙江宾县民间有"冠礼"的遗风。《宾县县志》记述，民家"男子及长，随时加冠，不拘古礼"，"如今子弟至成童后，即使缨冠袍褂见诸亲邻长者，是亦古冠之遗也"③。

其二，华东地区的成年礼俗。山东乐陵民间的冠礼，据乾隆《乐陵县志》记载："冠礼，古者男子十五至二十皆可冠。告诸宗庙，肃宗三加元服，致祝语，去幼志、顺成德，巨典也。古礼之废也久矣。旧志，男子十五以上随便加冠，女子受聘时乃笄，绅士家亦然。"④ 在山东东平县民间，将成年冠礼与婚礼合二为一举行。《东平县志》记载："冠者，礼之始也。古者，男子二十冠而字，有始加、再加、三加之词，将以责为成人之道，故礼仪至为详备。汉唐以来，此礼渐废，东平亦久无行此礼者。然男子迎娶新妇时，期前至戚友家行礼"，称为"告冠"，而戚友家送礼亦谓之为"冠敬"，"殆将冠婚之礼合而为一欤"⑤。浙江安吉县民间的成年礼仪，据同治《安吉县志》记载："冠礼久废，虽士大夫家鲜有行者。男子十二三岁总角者少。女子将嫁始笄，笄之日父母必以筵款"，

---

① 杨英杰：《清代满族风俗史》。
② 《方志民俗资料·东北卷》，第55页。
③ 同上书，第427页。
④ 《方志民俗资料·华东卷上》，第129—130页。
⑤ 同上书，第281页。

此俗谓之"上头"①。而在太平县民间，士大夫之家，不仅举行冠礼，而且行加笄之仪，康熙《太平县志》载称："士人家择瑞日行加冠礼。谒家庙，请字于长者，次第拜父母伯叔，设庆贺筵席。平民家礼从简，拜礼亦如之。"而"女笄，则于将嫁前数日，父母设筵席，会诸姑母姊，为之加笄"②。

其三，西南地区的成年礼俗。在四川峨眉县民间，成年冠礼士夫之家仍有举行者，嘉庆《峨眉县志》记载："冠礼，惟士大夫家行之。近俗男冠巾，即照女冠髻日。女家冠髻，多在嫁娶之前数日，择吉设筵，请男家父母及亲戚宴会。"③ 在黔江县民间，对其成年之礼，光绪《黔江县志》载称，冠礼"俗无行之者。惟年将二十，亲故为取字相赠，后遂字之，而不多。女则嫁之前夕，婿家以衣饰至女家，倩族戚中娴妇道而多男者为加笄"④。在云南陆凉州民间，冠礼为"始成人之大礼。男女冠、笄有三加之礼，告以祖祠，速宾示以成人之道。礼毕命字。惟士夫行之"⑤。

其四，西北地区的成年礼俗。在陕西地区民间，虽古之三加成人冠礼不再举行，但其遗风仍存。或于婚嫁，或在命名时，举行相应的成年礼俗。雍正《陕西通志》记载，在临潼县民间虽"不知冠（礼）久矣"，但是民家"娶妇者，前一日"却要"冠带拜见尊长，尊长斟以酒，或其遗意欤"。届时，"男子多麻冠。妇人虽浓妆，亦必以白布饰其首。盖西方金也，山曰太白，故多尚白，从来远矣"。此俗的文化意蕴与民人的文化心态，则显现于一种特定的文化审美认同之中，即"冠加于首，所以象天也，最宜雅重。古时制度无论已；今制夏凉冬暖，各有定制，又有帽顶以别贵贱，用之者不可不审也"⑥。在陕西泾阳县民间，成年礼俗被称为"冠中"之礼。宣统《泾阳县志》载称，此地"冠礼虽久废，然县俗于子娶妇之前一夕为酒食，召戚族姻党会集，其父为子加冠命醮，子跪受之"，名为"冠巾"，"盖犹古冠礼遗意"。而"童子读书至应试时，犹有已冠、未冠之目。今则孩提而冠，僭亦甚矣"⑦。渭南县民间的成年冠礼，据光绪《新续渭南县志》记载，此礼"士绅家间行之"，然一般"乡人了无仪节，唯择日加冠，拜尊长而已"⑧。

---

① 《方志民俗资料·华东卷中》，第747页。
② 同上书，第860页。
③ 《方志民俗资料·西南卷上》，第194页。
④ 同上书，第250—251页。
⑤ 《方志民俗资料·西南卷下》，第790页。
⑥ 《方志民俗资料·西北卷》，第3页。
⑦ 同上书，第29页。
⑧ 同上书，第44页。

第三节　养老敬老与寿诞风俗

清代从官方到民间，不仅将养老敬老作为政务、家庭与人生的要务，而且政府的优老举措、民间的敬老养老以及寿诞等良风美俗的倡导与践行，使之成为一种人所共遵的社会风气，这对清代社会的稳定产生了积极作用，是传统美德在新的历史条件下的延伸与弘扬。

一　政府的优老举措

《礼记·曲礼》记载，人生"六十曰耆，指使；七十曰老，而传；八十、九十曰耄；耄虽有罪，不加刑焉。百年曰期颐"。清代对老人的界定，自六十岁起始。《皇朝政典类纂·户役·户口》记载，十六岁以上的男子为成丁，要为官府服徭役；年满六十岁的男子为除丁，免除徭役。清政府的优老政策，既有法律依据，又有具体措施和实际内容，概而言之，表现在如下两个方面：

（一）举行乡饮酒礼，宣扬"忠孝"之义

"乡饮酒礼"，本是民间祭祀神灵、庆丰收、敬老与欢送参加科考士人的礼仪，清政府通过此礼，以宣扬"忠孝"之义。《大清会典》记述，康熙四年（1655），清政府颁布诏令明确指出："朝廷举行乡饮，非为饮食，凡我长幼，各相劝勉，为臣尽忠，为子尽孝。"《大清律例·乡饮酒礼》规定："凡乡党序齿及乡饮酒礼已有定式。违者，笞五十。""乡党叙齿，自平时行坐而言。乡饮酒礼，自会饮礼仪而言。"同时在《条例》记载："乡饮坐叙，高年有德者居于上。高年淳笃者并之。以次序齿而列。"① 可见，对敬老又加以法律上的保障。光绪《永寿县志》记述："乡饮，率以春季举行，大宾、介、僎，必推齿德兼优者。然仪简节疏，不能尽合于古。""乡饮，孟冬朔、孟春望。今永寿亦然。至执事生员八九人，歌诗童子六七人，则惟兴平有之，各县俱无，不独永寿也。"② 《重修灵台县志》记载，在甘肃灵台民间，"每年正月望、十月朔，先由儒学斋长等

---

① 《大清律例》卷十七，《礼律·仪制·乡饮酒礼》。
② 《方志民俗资料·西北卷》，第43页。

择士绅之有齿德者荐为大宾,诸生之有齿德者荐为介宾,庶民之有齿德者荐为耆宾;乡举学,学详县,预期下启。至日,县令尉谕二官率谒明伦堂,宴饮扬觯读卧碑,酬酢拜跪,俱遵典礼,亦古之尊高年而重有德之遗意"①。通过这些礼仪,在民众中,确能起到宣扬与深化忠孝观念的作用。

(二)帝王对老人的优渥赏赐

对年老的官员或高龄的庶民,帝王出于政治目的,多加优渥赏赐,借此以示仁爱之心,以增强臣民对政权的向心力和凝聚力。同时,也向世人宣扬封建的"盛世",以及帝王恩泽普天之民的"圣德"鸿仁,其常见的做法和形式有:

其一,皇帝赏赐。吴振棫《养吉斋丛录》记述,凡朝中"一品大臣年六十以上,遇旬寿每有赐寿之典"。届时,"先期命内三院卿一人"赍捧皇帝的"赐物至,以御书匾联为冠,余则福寿字、寿佛、如意、朝珠、玉琴铜陈设、蟒袍、绸缎等,无定制"②。对于高龄庶民,《清朝通典·嘉礼》载称,康熙帝下诏,老人满百岁时,各地官府要颁给"升平人瑞"匾额。雍正时,雍正帝传旨,凡满百岁的老人,朝廷赐白银三十两,超过一百一十岁,赐银六十两,届满一百二十岁,加两倍赏赐。乾隆帝即位初年,为弘扬敬老风俗,以示太平盛世,谕令,凡七十岁以上老人,家中可免一个成年男丁的赋役;八十岁以上的老人,赐官服顶戴,以示朝廷的优渥。

其二,巡幸赐官。乾隆三十年(1765),乾隆帝南巡江南,至浙江遂昌,为县训导、一百零七岁老人王世芳题写"黉席期颐"四字匾额,赐六品官衔,以示优待。《清朝通典·嘉礼》记载,五年后乾隆帝再次南巡时,王仍健在接迎"圣驾",惊喜之余,乾隆帝亲自接见王氏,赐国子监司业官衔,以示恩宠。清人王士祯《香祖笔记》记述,康熙帝南巡至杭州,山阴老人王锡元率兄弟五人及家人三十余人朝见,兄弟中两人年过八十岁,最小者七十五岁。康熙帝喜遇寿星,不仅行宫赐宴,而且赐兄弟锦缎各一匹,并钦赐"一门人瑞"匾额,以示褒奖。皇太子赐对联:"五枝锦树荣今代,百秩仙寿萃一门。"以表喜悦之情。《清朝通典》卷五十七《嘉礼》载称,乾隆帝巡幸热河,路经常山峪,赏赐迎驾的一百零二岁老人赵可立饮食及御制诗一篇。幸游直隶宁津,赏赐迎驾的李友益长寿之家(李一百零三岁,三子已八十余岁,侄孙八十岁)御书匾额诗篇外,还赐每人银牌与锦缎,以示"皇恩"隆遇。

其三,恩赏落第老人。为安抚落第知识分子,清政府还恩赏落第老人。《清朝通典·嘉礼》记载,乾隆元年(1736)各省乡试时,清政府即对会试落第的

---

① 《方志民俗资料·西北卷》,第181页。
② 吴振棫:《养吉斋丛录》,卷之二十五。

年老举人赏以官衔,并著为成例。乾隆十七年(1752)九月,诏令该年北京会试落第的老年举人:八十岁以上者赐翰林院检讨,七十岁以上者赐国子监学正的官衔。乾隆三十一年(1766)四月,赏赐会试落第年老举人:年满八十岁以上者,赐六品京官衔,七十岁以上者赐七品京官衔,六十岁以上或未满六十岁形神俱衰者,赐八品京官衔。同时规定,凡逢科考,会试落第年老举人均可得恩赏。嘉庆十四年(1809),参加会试落第的年过七十岁的举人,皇帝恩赐为翰林院编修、检讨官衔者,达三百七十余名之多。

其四,减免徭役。顺治元年(1644),清政府诏令天下:全国军民,凡年满七十岁以上的老人,准免其家中一个成年男丁的差徭。《清朝通典·嘉礼》记载,至乾隆元年(1736)时,清政府再次重申优免老人的政策。

其五,放宽刑惩。对高龄老人犯罪,《清朝文献通考》载称,顺治三年(1646)规定:凡年满七十岁以上老人,犯罪应判充军流放之刑者,可以杖笞刑代惩。而年满八十岁以上的老者,若犯死罪,须报皇帝钦定裁夺。如果仅犯伤人或盗窃罪者,可用钱财赎罪而免刑惩。雍正九年(1731),清政府进一步规定,流放的犯人,若年龄超过六十岁者,可不再服刑,而入官办养济院养老而终。

其六,赐宴老臣。康熙帝与乾隆帝基于政治目的,为安抚效命老臣,以示敬老爱老,先后举行四次"千叟宴",赐宴满汉老臣:康熙五十二年(1713)三月,朝廷赐宴各省现任、休致文武大臣官员年满六十五岁以上者,共二千八百余人,此为首次千叟宴。康熙六十一年(1722)正月,举行第二次千叟宴,赐宴满汉文武老臣一千余人,康熙帝即席作《千叟宴诗》,与宴老臣奉和。乾隆五十年(1785)正月,举行第三次千叟宴,在乾清宫赐宴三千余位耆老官员。乾隆六十年(1795),又谕令于次年,即嘉庆元年(1796)举行千叟宴。届时,在宁寿宫、皇极殿入宴老臣官员达五千余人,此为第四次千叟宴。此次宴会规模空前,仅大铁锅即使用一百十六口;送膳与推运行灶,雇用夫役一百五十六名。每次千叟宴后,皇帝与皇室还赐给赴宴老臣鸠杖、金玉如意、貂皮、锦缎、笺纸、银牌等物。席间,皇子为老臣敬酒,以示恩宠之意。

二 民间的养老敬老风俗

清人继承中国古代敬重老人的优良传统,在社会上形成一种普遍认同的养老敬老的风尚,进而形成以家庭"养老"为主、社会"济老"为辅的老人"赡养"模式。

(一)"十恶"之罪与"劝孝"民谣

清政府将"不孝"作为"十恶"大罪之一,《大清律例·名例律上》云:

"七曰不孝。谓告言、咒骂祖父母、父母、夫之祖父母、父母,及祖父母、父母在,别籍异财,若奉养有缺。居父母丧身自嫁、娶,若作乐、释服从吉。闻祖父母、父母丧,匿不举哀。诈称祖父母、父母死。"① 法律对不孝行为的惩治范围,实际上是向世人宣示了对"不孝"行为的界定,这对于民人的孝悌行为起着规范与导引作用,更对其不孝行径的孳生蔓延,有遏制的功能。

在促使民间养老敬老风尚的形成过程中,除上述法律因素外,民谣"劝孝歌"的流行,发挥着道德"净化剂"的作用。光绪《文县志》记载,甘肃文县流行的《劝民歌》云:"劝吾民,孝顺好,孝顺传家为至宝;试看乌鸦能反哺,何以人而不如鸟。""语云:在家敬父母,强似远烧香。"又《劝妇女十二贤歌》教化民人说,"贤妇女,孝爹娘,问安进饭洗衣裳;凡事殷勤听教训,自家有错自思量"。"三年乳哺,恩德难忘。莫学恶女,忤逆颠狂。""贤妇女,事公婆,谨慎小心没折磨;做人媳妇能贤慧,胜似泼名嗤笑多。""孝顺公姑,如同父母。事事小心,听其吩咐。"②

《夏津县志续编》记载的《劝孝歌》歌谣说:"世有不孝子,浮生空碌碌,不知父母恩,何殊生枯木。"接着,在历数父母对子女的养育之恩,子女成人后,贪恋酒色,不孝父母等诸事后,劝诫人们不要学习此辈行径,而应行孝道:"不念二亲恩,惟言我之福,嗟哉若此辈,何异兽与畜。慈乌尚反哺,羊羔犹跪足,劝汝为人子,经书勤诵读。""如何今世人,不效古风俗,为你作长歌,分明为世告。勿以不孝口,枉食人间谷;勿以不孝身,枉着人衣服。天地虽广大,不容忤逆族,早早悔前非,莫待天诛戮。"③ 应当说,这些民歌民谣,对于敬老风尚的形成与传承,有着潜移默化的作用。

(二)民间的养老敬老孝亲风俗

清人敬老孝亲诸多实例中,为父伸冤者有之,愿代父戍者有之,事继母如母者有之,愿赎父罪者有之,陈情养母者更有之。其一,为父讼冤。"山阴杨宾,字大瓢",其父"安城以友人事牵连,戍宁古塔,宾赴阙讼冤,圣祖鉴其诚,谕令之柳条边,迎父归养,塞外人称为杨孝子"。其二,愿代父戍。乾隆时,"长芦运使蒋国祥以事谪戍军台,其子韶年屡求代,不得"。后"出塞省之,恸哭求于台帅。帅怜之,为奏请,果获谕旨。国祥归,寻卒,韶年旋亦放还"。其三,孝事继母。雍正时,"南靖王侍御麟瑞八岁丧母,能尽哀,事继母如母,母病渴,思食青梅,侍御绕树呼号,绝食三日。父殁,庐墓三年,突遇虎,虎

---

① 《大清律例》卷四,《名例律上·十恶》。
② 《方志民俗资料·西北卷》,第209—210页。
③ 《方志民俗资料·华东卷上》,第142—143页。

却避之"。其敬老孝行为世人所传颂。

（三）施粥厂与"济老"之举

对孤贫无助老人，清政府采用施粥厂等"济老"救济办法，加以救助。这些救济老人的机构，称为"厂局"。光绪《顺天府志》卷十二的"厂局"中，对京师厂局的情况有详载：光绪时京师的"厂局"共有四十八所，设立最早的为顺治七年（1650）的"增寿寺饭厂"与"承光寺饭厂"。广宁门外的"普济堂粥厂"，于康熙三十六年（1697）冬，由僧人寂容和尚始创，并得到王廷献及社会的捐助。康熙四十四年（1705），御赐"膏泽回春"匾额；雍亲王每年拨给一千两白银资助。乾隆时，每年赐粟米三百石；嘉庆时，赐白银五千两生息；至同治朝，每年加赐该厂小米五百石。自嘉庆朝始，普济堂粥厂每年由顺天府派官吏轮流管理，遂由民办而为官办。在京师与普济堂粥厂齐名的还有德胜门外的"功德林粥厂"，其规模，与普济堂大同小异①。

对清代后期，京师施粥厂及社会"济老"之举的总体状况，《清末北京志资料》记载：施粥厂分为"官府经营"与"私人经营"两种。官设施粥厂有：王泉庵（中城）、普济堂及崇善堂（南城）、砖塔胡同及礼拜寺（西城）、圆通观及公善堂（北城）、挂甲屯粥厂（海甸）、悦生堂（宣武门内）。"私设施粥厂很多，其中著名的有北城的继德堂及同德堂等。此等皆系多数志同道合者共同经营。""作为暖厂收容五十岁以上之贫民"，于每年十月至次年三月底施粥，"有的留宿以渡过严寒"②。

三 敬老寿诞风俗

各地民间，高龄老人寿诞时都有庆贺活动，但其风俗则因家境贫富、社会地位、地域传统的差异，而有不同。

其一，合资贺寿的风俗。在浙江昌化县，民人"寿自五旬、六旬以上方受贺，亲友各具羊酒、盒礼及折仪（即礼金）之类往祝，酒筵则佐以优唱。或主人固辞而后已。近有平民市井家，各出分资制屏幛、卷轴相侈耀者，亦时俗之一变也"③。

其二，出游避贺的风俗。在江西南城县民间，同治《南城县志》记载，民人"寿诞，三四十岁前无过问者；五十，亲友间往贺，亦不甚盛。近今三四十诞亦有客，其粉碟酒席，五十尤甚。若六十以上，子孙视其家力通知戚友，制

---

① 谢元鲁、王定璋：《中国古代敬老养老风俗》，陕西人民出版社1994年版。
② 《清末北京志资料》，北京燕山出版社1994年版，第423页。
③ 《方志民俗资料·华东卷中》，第619页。

锦称觞，歌优杂进，大率可以荣其亲者无弗为也。间有寿翁厌繁费者，出游避之"①。同治《新城县志》称，该地民间寿诞老人，处于为"子孙惜费"的原因，也有寿诞时"多出游以避之"的风俗②。

其三，寿名各异，贺寿相宜的风俗。在台湾基隆民间，有诸多从福建泉州、漳州移居而来的民人，《基隆县志》记述，民人"至五十岁始称寿，尔后每十年而祝"，称做"大生日"，并称六十岁为"下寿"，七十岁为"中寿"，八十岁为"上寿"，九十岁为"耆寿"，百岁为"期颐"。逢十祝寿为泉州的风俗，而"漳州籍"民人"逢十一，即五十一、六十一、七十一、八十一"岁时"祝寿"。七十七岁称为"喜寿"，八十八岁称为"米寿"。《嘉定县续志》记载，当地"绅富年届六十或七八十者，其子若孙为之称觞，俗称'庆寿'。先期，柬邀亲友筵宴，往祝者多以烛、面、糕、桃为馈赠。凡非正寿则不举行，有行之者俗必异而嗤之，盖原为人子博其亲之欢心，并非如官场之祝寿为敛钱。父母已故而年届百龄者，亦为之庆祝，俗称'做阴寿'，唯不多见"③。康熙《通州志》说："年遇六十、七十、八十，以人生难得者，当衣冠相拜，礼像称情，不必过厚。其平常生日，止随众出分，借此一会可也，不必相拜。若亲友父母年高者，虽常诞亦当拜之。"④

其四，星图寿灯贺寿的风俗。陕西《中部县志》记载，民人"俗祝男女寿均在六十岁后（六十岁前虽有行之者，然只限于家中，不动亲友）。其仪式，于庭中正座供寿星图，寿者先拜，子女晚辈依次拜（六十岁后，亲友方送匾额或屏幛）"⑤。江苏《阜宁县新志》记载该地的祝寿礼，除"婚嫁之外以祝寿为重。寿者诞日，设礼堂于宅内，亦名'寿堂'。宾客祝寿，昔均三叩首……堂上点寿灯，自朝至暮不许熄。宴客必有面，高寿必赠碗。前一夕亲朋聚饮，名曰'馂寿酒'"⑥。

其五，猪担治面具酒的暖寿贺庆的风俗。在浙江衢县民间贺寿礼时，"以猪蹄、猪首、鸡面，曰'担盘'。举猪全体，中分之以盒，并担及酒二罂，曰'猪担'。主人率受其半。亦有罗列锦绣、尊罍、珍玩之属者，主人不受，为观美而已。更有制锦屏、锦幛之礼，或懿亲送之，或主人醵赀自为之。一屏费至数十金，幛亦不下五六金，主人受而酬之。其子弟甥婿（寿不自祝，必幼小辈署名）于诞前一日置酒邀客，曰'暖寿'（亦作餪）。诞日觞客，曰'治面'（原作煮

---

① 《方志民俗资料·华东卷中》，第1132页。
② 同上书，第1135页。
③ 《方志民俗资料·华东卷上》，第57页。
④ 同上书，第519页。
⑤ 《方志民俗资料·西北卷》，第137页。
⑥ 《方志民俗资料·华东卷上》，第544页。

面，后改称治），亦曰'生日酒'（文其词曰'桃觞'）。子婿、孙婿之富者，以银剪寿字，缀以花、桃，分饷贺客，曰'插花分桃'，亦有饷豚肉者"①。甘肃《合水县志》记载，该地民人"老亲之寿，皆有贺。各持钱百文，少者二数十，即以为礼；至厚者，用泥头酒，佐以鸡"②。

其六，演戏祝寿的风俗。陕西《葭县志》载称，该地民人贺寿的风尚是，凡有"年高硕望，间有开寿筵者。亲戚祝寿者间以酒肉、花炮、蜡烛等项为寿仪，缙绅之家或有送屏帏者。平民中绝少。主人惟款以八簋常品，而珍错盛馔、演戏宴客者，尤属罕见"③。其贺寿别有一番蕴意。

第四节 保健与疾病医疗风尚

清代的卫生保健与疾病医疗风尚，因于清人对自身健康和生命的延续，而采用的诸多防范举措而形成的。它包括卫生保健、疾病医疗等内容，二者相互关联，因果互动。

一　卫生保健风俗

清人的卫生保健思想源于"天人合一"、"阴阳互补"、"医食同源"等传统养生之道，关于人体卫生保健的现代科学知识，清末时才由西方传播到中国。因此，"卫生保健"又称为"养生保健"。其特点是：其一，卫生保健必须顺乎自然界的四季变化，即所谓"和于阴阳"。只有认识和掌握了人与自然界的规律，才有利于人体的健康。其二，卫生保健须"形神兼养"、"形神兼调"，只有形、神健全，才是健康无病之人，才有可能长寿。形神之中，首重养神养气，认为神是一切生命活动的主宰。其三，卫生保健以讲究适度为重要原则，即在人的精神活动、饮食五味及体力、房事均应适"度"。否则，就会走向反面。其四，在个人卫生保健中，人的健康状况、寿命长短、生育年限与先天因素有很

---

① 《方志民俗资料·华东卷中》，第892页。
② 《方志民俗资料·西北卷》，第186页。
③ 同上书，第87页。

大的关系，但后天的调摄、保养也很关键。各年龄段的人，因其生理状态的不同，应有不同的卫生保健原则。其五，卫生保健的方法，主要有情态调摄、饮食调理、生活起居、房事谐调、劳作运动、气功调摄、经络穴位、药物调理卫生保健法等多种形式和方法。

（一）清人的卫生保健观

清代社会经济的发展和科学技术的进步，导致了饮食文化的繁荣。接受过近代科学熏陶与启示的学者，对饮食卫生、饮食节律、饮食加工技艺与人体保健等方面的关系，提出过较为系统的见解，这些见解至今看来，仍有一定的科学道理。《清稗类钞·饮食类·饮食之卫生》条记述最详。其要旨，可归纳为以下六个方面：

其一，饮食需有节制。清人认为，"人情多偏于贪，世之贪口腹而致病，甚有因之致死者，比比皆是，第习而不察耳。当珍馐在前，则努力加餐，不问其肠胃胜任与否，而惟快一时之食欲，此大忌也。人本恃食以生，乃竟以生殉食，可不悲哉！人身所需之滋养料，亦甚有限，如其量以予之，斯为适当。若过多，徒积滞于肠胃之间，必至腐蚀而后已。故食宜有一定限制，适可而止者，天然之限制也。顺乎之，即顺乎道矣"。

其二，讲究饮食卫生，切忌"急食"与"默食"。清人主张，"于饮食而讲卫生，宜研究食时之方法，凡遇愤怒或忧郁时，皆不宜食，食之不能消化，易于成病，此人人所当切戒者也。急食非所宜，（不咀嚼之谓）默食亦非所宜（不言语之谓）。食时宜与家人或相契之友，同案而食，笑语温和，随意谈话，言者发舒其意旨，听者舒畅其胸襟，中心喜悦，消化力自能增加，最合卫生之旨。试思人当谈论快适时，饮食增加，有出于不自觉者。当愤怒或愁苦时，肴馔当前，不食自饱。其中之理，可以深长思焉"。从现代人体生理卫生、心理卫生，以及饮食卫生的角度来考察，清人的这些见解和主张是符合时宜的。

其三，定时、定餐、定量。清人指出，平日饮食，"宜从容不迫，午餐、晚餐之前，必休息五分时，餐后至少休息十分，能以二刻为最适。食品中以富于滋养料而又易于消化者为上品，油煎之物与糖果之类，皆难消化，自以不食为是。具奋兴性之物，如胡椒等类亦然；三餐宜有定时，有节制，一切杂食均不宜进"。清人的这一见解，从现代营养学、饮食卫生学的角度来观察，是有科学价值的。

其四，采用科学的烹饪与加工方法，使食物可口富于营养，又易消化。清人提出"牛乳，饮时必煮沸之。伪造者，辄搀泔水，或以提取乳油之余料，其有腐败者，更加碱以灭其臭味。又有臭气或酸味者，以及病牛之乳，服之皆有害。且牝牛患结核病（传于人身即成肺痨）者极多，故榨得之乳，尤宜多煮。鱼鸟兽等肉，中多含滋养料，其成分大都为蛋白质与脂肪，若烹调之法不同，消化亦有难易之别。其中以焙烧为最，蒸煮次之。至牛豚及鱼等肉，每含寄生虫之卵，故最不宜生食。又细小之鱼骨、骨片以及一切尖细之物，若误食，其为害甚剧……贝类含水虽多，然含蛋白质亦甚富，中以牡蛎为最良。甲壳类肉质，亦与贝类无大异。惟此二类之物，煮时过多，则其质坚硬，食之不易消化……谷类为米、大麦、小麦、稞麦、粟、稗、黍、玉蜀黍荞麦等。米中所含之蛋白质与脂肪虽少，然多含小粉质，煮为饭而细嚼之，则消化吸收皆易。大麦、小麦及其他谷类等，其外面皆有木材质包之，故颗粒甚坚，食之不易消化。若磨成粉末，制为面包、糕饼等物，则功用转胜于米……海菜类为苔菜、海带等，虽有香味，而含滋养分甚少，然易消化……香辛料为番椒、胡椒、姜、山崙菜等，皆助消化，惟其害与酒同"①。

其五，酒茶以少饮为宜。清人力主酒类、茶类饮料，以少饮为宜，多则伤身致害。他们认为"酒类，如米酒、麦酒、葡萄酒等之仅由发酵所成者，烧酒等之由蒸馏法而得者，要皆含有酒精。惟成于发酵之酒，其酒精较蒸馏者所含为少。饮酒能兴奋神经，常饮则受害非浅，以其能妨害食物之消化与吸收，而渐发胃、肠、心肾等病，且能使神经迟钝也，故以少饮为宜。茶类为茶、咖啡、可可等。此等饮料，少用之可以兴奋神经，使忘疲劳，多则有害心脏之作用。入夜饮之，易致不眠"。

其六，饮食须注重时节与洁净。清代学者袁枚，一生精于烹饪技艺，讲求美食美味，更注重食物的营养与饮食卫生。他在《随园食单》一书中开宗明义，提出烹饪加工的"须知单"，其中有先天须知、作料须知、洗刷须知、调剂须知、配搭须知、独用须知、火候须知、色臭须知、迟速须知、变换须知、上菜须知、多寡须知、洁净须知、用纤须知、选用须知、疑似须知、补救须知、本份须知等。这些须知单，表面上都在谈论食物的加工、烹调技艺，而实际上，则与饮食的卫生、食物的营养有关。特别是他主张饮食须注重时节与洁净的诸多论述，更加弥足珍贵。

（二）卫生保健风俗

清代是中国古代保健养生学的鼎盛时期，不但在理论上有建树，而且有关知识技术，已经普及到民众阶层，对增进人们的健康长寿，起到了积极作用。其特点：

首先，清人的保健养生手段多样，具有实效性。其一为气功保健养生术。它通过对练功者主观能动性的充分调动和发挥，来达到防病治病、增智益寿、陶冶性情的目的。而综合性的呼吸、按摩、肢体动作及意识训练，是气功练习

---

① 徐珂：《清稗类钞》第十三册，《饮食类·饮食之卫生》。

的基本特点,强调动作姿势、呼吸方法与精神意识的自我调整是气功保健养生的基本内容。从医学原理上看,气功能够调整人体紊乱的生理功能,增强人体正常的生理功能,进而通过保精、炼气、调神达到精足、气旺、神全的保健养生效果。清代是气功保健养生术在民间得以普及的繁荣时期,它对于心血管、消化系统、呼吸系统、神经系统、内分泌系统的各种慢性病及病后康复有着较好的疗效。

其二为五禽戏保健养生术。它又名虎鹿熊猿鸟"五禽操",各有动作,作用不同。如练虎势能强肌健骨,精力旺盛;练鹿势能引申筋脉,益腰肾;练猿势能灵活脑筋,增强记忆;练熊势能增强脾胃功能,壮健力量;练鹤势能强肺呼吸功能,提高平衡能力。

其三为易筋经保健养生术。"易"指改易、增强之意,"筋"则泛指肌肉、筋骨。此为强健筋骨以祛病延年的保健养生术。清人认为它是天台紫凝道人托达摩之名所创。其方法有二:一种是练功时采站立姿势,上肢动作较频;另一种采取姿势多样、全身运动、动静结合的方法,配合呼吸、意念,动则全身用力,静则全身放松。其姿势有韦驮献杵势、摘星换斗势、出爪亮翅势、倒拽九牛尾势、九鬼拔马刀势、三盘落地势、青龙探爪势、恶虎扑食势、打躬势、掉尾势等。具有增强肌肉、内脏的保健功能。

其四为八段锦保健养生术。它是清代民间流行的由八种形体动作(即八段)组成的防病健身方法。它又分为南北两派,南派动作以柔为主,法简易学;北派动作以刚为主,多用马步,法较繁难。其歌诀为:双手托天理三焦,左右开弓似射雕,调理脾胃需单举,五劳七伤往后瞧,摇头摆尾去心火,背后七颠百病消,攒拳怒目增气力,两手攀足固肾腰。

其五为回春功保健养生术。因此功有归顺脏腑、畅通气血、培元回春之功效而故名。其动作为先深呼吸,后全身放松,后左右转肩,交替协作进行。它可防治腹泻、腹胀、便秘、痔疮等疾,对人体泌尿器官有显著的保健作用。

其六为太极拳保健养生术。太极拳是以太极阴阳哲理为依据,太极图形组编动作而成的一种拳法。它结合古代导引、吐纳之术,若常年锻炼,可起益气、固肾、健脾、通经脉、行气血、养筋骨、利关节的保健养生作用,可治疗神经、循环、呼吸、消化诸系统及关节、肢体等多种疾病。清代全国城乡民众练太极之风颇盛。

其七为按摩保健养生术。按摩的基本方法是运用手、手指的技巧,辅以器械,在人体一定的经络穴位上,进行推、按、点、拿、拍、搓、捏、揉等连续动作,促进肌体的新陈代谢。清人用此法养生,可起畅通经络,行气活血,疏理毛窍,调和营卫,松弛肌肉,灵活关节,调养人体五脏的保健作用。

其八为散步保健养生术。散步保健之风，因无需设备，简便易行，故在民人中盛行。通过散步，可使人气血流通，经络畅达，利关节而养筋骨，畅神志而益五脏。其对多种慢性疾病有辅助治疗作用，清代养生家推崇此术，民人对散步更倍加推崇，谚语中"饭后百步走，活到九十九"，道出了它的保健养生功能。

其九为钓鱼保健养生术。这是一种颐养心神的保健养生方法，明代大医药学家李时珍认为垂钓可消除"心脾燥热"。清代人们对此增益身心的保健方法，广加运用。

其十为书画保健养生术。清代民间流行"书画人长寿"之说。通过书画练习，可增加指、腕、肘、肩及关节活动，进而使人神志畅达，气血流通，兼收调心调与动身形、利身心的保健功效。

其十一为放风筝保健养生术。在清代，这是城乡老幼，均颇为喜爱的娱乐性保健活动。通过放风筝时，拉线奔走，张弛有节，可收到乐情怡性、身心保健之效。

其次，著述宏富。清代有关保健养生的著述，颇为宏富。曹慈山在《老老恒言》中，根据自己长寿的经验，从日常生活琐事、衣食住行等方面，总结出一套简便易行的保健养生方法，还根据老年人脾胃虚衰的特点编制粥谱一百多种，既养生保健，又治疗疾病。张映汉在《尊生导养编》一书中，重点介绍了自我按摩的保健养生法。王祖源等编《内功图说》等书，介绍了"十二段锦"、"易筋经"等保健养生术，并结合保健按摩术，以图解形式进行说明。清末，较重要的保健养生著述有伍廷芳的《延寿新书》、胡宣明的《摄生论》等，而蒋维乔著的《因是子静坐法》一书在沪、港一带颇为流行。清代不仅是保健养生学的鼎盛时期，在理论上有建树，而且这些理论为广大民众所接受，成为指导人们社会生活的指南。

二 疾病治疗

清代疾病疫疠流行严重。自顺治元年至道光十九年（1644—1839）间，见于记载的疾病流行达二百四十七次之多，平均每年达一次，每次大疫，"人死无算"，生命财产遭受重大损失。基于社会的医疗保障制度，未能确立，广大民众缺医少药，只能相互自救互助。这也促使中国的传统医学，在治疗实践中，取得新的成就。清末，西医的传入，以及太平天国对医疗设施的重视，使得疾病医疗出现新的变化。

（一）太医院与宫中疾病治疗

为了给皇帝及后妃治病，清朝于顺治元年（1644）设立"太医院"掌管宫中的医疗事宜。设院使一人（汉员一人，秩正五品，为太医院主官，掌管考察院属九科医务官员才能，督率御医、吏目、医士为皇帝、后妃、王公、大臣等治疗疾病）；左右院判（俱汉员，太医院副主官）各一人，秩正六品。乾隆五十八年（1793）始特简满大臣管理院务。院使和院判所属官员有御医、吏目、医士、医生等百余人，除管理大臣外，皆为汉人。院内设有大方脉、小方脉、伤寒、妇人、疮疡、针灸（院内有专用的针灸铜人）、眼、口齿、正骨九科。初期设有痘疹、咽喉科，后来将痘疹科并入小方脉，咽喉科与口齿科并为一科。光绪时，将九科合并为大方脉、小方脉、外科、眼科、口齿等五科。御医、医士、医生各专一科医术。

清代太医院，还设有御药房、药库，以及为宫廷培养医务人员的教习厅（同治年间，改立为医学馆）。平日，太医院医官按科在宫中侍值，为皇帝及后妃看病。在宫内值班称为"宫值"，在外廷值班称为"六值"。凡皇帝外出巡幸时，则有医官随侍。在圆明园药房、西苑寿药房等处，也有太医院派出的医官值宿，以供帝后治疾之用。

宫中治疾，遵循一定规矩：若皇帝有病疾时，有专门奉侍皇帝的御医七人，按病跪诊息脉；如皇太后、皇后及妃嫔有疾患时，有奉侍皇太后的御医六人，御医跪于幔帐之外，将手伸入帐内诊脉。诊脉完毕，书写病源、病状、药方，供皇帝、皇太后阅览后，再交药房配方。医生遵依处方笺，用药调配二剂送内务府。医官及近臣尝试其中一剂，然后送上另一剂。凡调配药剂有误或封题错误时，医官及近臣将被处以杖一百的处罚，而未尝调药者要被答五十。试药时，有提调官在一旁监视。诸王、公主及文武大臣患病时，太医院医官奉旨诊视，具状复奏。而"六值"的医官，分六处值宿，以应六部官衙诊治的需要。太医院人才的选拔，多由举人、拔贡、文生员、监生中精通医学，身无过犯且有太医院医官三人担保，经考试录取，优秀者待有缺时任实官。每年考试两次。

（二）民间医疗疾病的风俗

清代一般地方官吏与城乡民人，凡有疾病、生育时，多找民间医师、稳婆（收生姥姥）进行诊治、接生，然后去药铺抓药。一般的常见小疾，多为自疗。真正意义的医院，至清末才出现。

其一，民间医师与稳婆：清代医师分为两类：一类为"官医"，供职于宫中太医院。另一类为"医生"，包括世医、儒医、医人三种。"世医"，为世代从医者；"儒医"为儒者（知识分子）而通医术者；"医人"为自学医术者。在城乡民间开业行医者中，医人最多，次之为儒医，而官医最少。英国人说：中国没有一所正式医科学校。"一个青年假如立志学医，惟一的办法是投到一个医生那里做学徒，跟着师傅去治病，借此学一点师傅肯于教给他的知识和秘密。这种医生本身的本领也就不高。"①

民间医生的资格,并无相应的考试制度,熟读医书,通晓医学大要,有一定实践经验者,均可开业为医。但清代涌现的诸多名医,大多为世代行医者,他们医学功底较深厚,勇于实践,如杰出的医学家、《医林改错》一书的作者王清任即是其代表。清代的名医还有喻昌、张璐、叶桂、薛雪、柯琴、徐大椿、吴瑭、王士雄、赵学敏、汪昂、雷丰、林澜、祁坤、邹岳、傅山、吴道源、单南山、汪琪、黄庭镜、肖福庵、李昌仁、曾恒德、许裢等人。民间医师初开业时,友人上门道贺,选良辰吉日,挂行医招牌,四处张贴广告,宣传医术功底,得自家传或奇人传授,以拥有祖传秘方,丹膏丸散,对症用药,药到病除等招徕顾客上门。对京师的行医状况,李虹若在《朝市丛载》"行医"条下描述:"满城贴报播声名,'世代专门'写得清,忝蒙亲朋送匾额,封条也挂'御医生'。"可见,行医者良莠不齐,乍观一时难辨高下②。乾隆时期来华的英国人记载:"许多江湖医生利用医学的落后以及人民的无知和迷信,故弄玄虚制造一些所谓秘方来赚钱。他们散发传单,广事宣传他们的药有多么灵验。""有些供奉太上老君的道士居然自称他们有一种'不死'的秘方。那些享尽人间荣华富贵的人希望能永远继续那种享受……他们在身体非常健康的时候,听那些宗教庸医的话,服了大量的不死药。它不止仅仅是一些多食而无害的药品,可能还包含一些罂粟一类的东西,吃了以后可以使人暂时精神兴奋。他们以为药真有作用,于是继续服用。久而久之,服药的人兴奋之后很快陷入精神疲惫倦怠,不但不能不死,反而促其壮年夭折。"③

民间医师治病,分内、外、妇、儿等科,行医时,可坐堂待客诊治,也可外出行诊,以挽危疾。诊治后开方,患者去药铺购药,亦有自制丹膏丸散供患者服用者。外出"行诊",患者须付"马钱"(即出诊费)。凡坐堂行医的官医或名医,收"门钱"(即诊断费),有时贫民可免收门钱,以示济人之意。医师诊断时,采用中国传统中医医学的望闻问切四诊法。

民间为产妇诊治接生者,称作收坐婆,又称"稳婆"、"收生姥姥"或"姥姥"。她们的医术,或源自家传,或来自师承。其开门行医者,门上挂有"某氏收洗"的木牌,以招揽顾客。民人妇女从妊孕时,即来求诊,"姥姥"问月经有无,并切断其孕否,以压妇人中指两侧来判断生男生女,左指脉大而盛为男胎,右指脉大而旺为女胎。令孕妇服安胎药,并教以保胎之法。之后,每月前往妊

---

① [英]斯当东:《英使谒见乾隆纪实》,叶笃义译,上海书店出版社1997年版,第499页。
② 李虹若:《朝市丛载》卷七,《时尚》。
③ [英]斯当东:《英使谒见乾隆纪实》,叶笃义译,第500页。

妇家中一次。"临盆"生产时,令孕妇跪坐于地上或炕上,裸出腰部以下,两手置于高处,腰下铺、草纸,备瓦盆。令家中妇人抱孕妇腰部,"姥姥"按其腹,以助产。婴儿出生称"落草"、"落婴",若不哭,取其足,头朝下,摇动数十次,令其啼哭。然后用川莲、甘草煎汤擦洗婴儿口内,以绢包脐带。胎盘及污血收入瓦盆,埋于屋角。

其二,民间的药铺药店:民间的药店很多,制售专用药品。门前招幌,上书"本家秘制何药治何病奇效如神",以招揽购药者。药铺,多为世代专营药业之家,如京师的"同仁堂"是药铺业的"老字号"。这些药铺,或由患者自寻医师诊治后,持处方配药;或在铺堂内聘雇名医,为患者坐堂诊治,然后按方购药。所售之药多为中草药,或丹膏丸散成药,或方剂汤药。"定州眼药"有奇效,故眼疾患者多赖此药以治愈眼疾。在北方,直隶的祁州为药品的集散批发市场,每年的四月、冬月(四月三十天,冬月二十天)在该地开市,各省的药材多于此时集中销售,贸易颇为兴旺①。

其三,民人的自疗与互济:民人患有一般小疾或常见病时,多用流行"偏方"进行自疗或互济。如煮食白果(银杏)七枚,则经日不小便;小便数多者,临床时坐床垂足闭气,舌抵上腭,目视顶,提缩谷道,手磨两肾俞穴各一百二十次,行数十日自有效,且固精;病人寒热,宜看小便,黄而短者为热,清而长者为寒。惟久泻者,虽寒而小便亦黄;妊妇多食生芝麻,则小儿少疮疥;妊妇不宜食干姜及桑葚;妊妇七八月,脉洪大者吉,沉细者凶;妊妇头红,或唇白者,须妨产厄;妇人难产,用扎发油透之,旧头绳一条,烧灰加入参一两煎服,即顺流而下;产后,用童便冲无灰酒服之,百病不生;有病服此,亦佳。产后忌用参术,误服往往不救;妇人血崩,取荔枝壳烧灰存性研末,空心酒服二钱即止,重者三五服等。这些"偏方",简便易行,又有一定疗效,故在民间颇受欢迎,常用以"自疗"与互济。

其四,民间药膳与药粥:药膳与药粥,是民间传统的疗疾和养生方法之一,它是传统营养疗法与药物疗法有机结合的产物。因取材容易、造价低廉、简便易行、煮制方便、安全有效、无毒副作用,为民间广泛采用。清人著述介绍的民间药膳与药粥,达数百种之多,常用的祛病延年的药粥有红枣粥:以红枣、粳米煮粥服用,可治疗体质虚弱、病后体衰、气血两亏、营养不良、脾胃虚弱等症。木耳粥:多用白木耳或黑木耳;体质虚弱、肺痈咯血者多用白木耳,有润肺生津、滋阴养胃、益气止血和补脑强心的作用。白扁豆粥:用炒白扁豆或鲜白扁豆、粳米等物制成,它可治脾胃虚弱、食少呕逆、慢性久泻、暑湿泻痢、

---

① 参见《清末北京志资料》,北京燕山出版社1994年版。

夏季烦渴的患者。芝麻粥：用黑芝麻炒熟研细同粳米一起熬成。芝麻有补益五脏、防衰抗老之效，民间多用此药粥，治疗体虚气弱、早衰发白、大便干结、慢性便秘、头晕目眩、贫血等症。赤豆粥：药粥用赤豆、粳米熬制。赤豆有清肿、解毒、利尿、清热去湿、健脾止泻的功效，民人用此粥治心衰肾亏、肝脾不健、脚气浮肿等症。萝卜粥：多用鲜萝卜与粳米煮成。它对咳嗽痰多、胸闷气喘、消渴病等患者甚为有益。百合粥：多用鲜百合、粳米煮成，能润肺止咳，养心安神。荷叶粥：民人将新鲜荷叶，洗净煎汤，再用荷叶汤同粳米、冰糖少许煮成药粥，清香可口，清凉解暑，有时作饮料服用。菊花粥：将菊花（秋季霜降前采摘去蒂者）晒干磨粉，先用粳米煮粥，待粥将成时，调入菊花粉末，再稍煮一二沸即成。此粥不仅是民人夏季常用的清凉饮料，而且对风热头痛、肝火目赤、眩晕耳鸣等症，有一定的疗效。

（三）清末疾病医疗风尚的变迁

太平天国的医疗举措和西医的传入，使清人传统的治疾风俗，适应社会生活的需要而发生了一些变迁。

其一，太平天国的医疗举措。太平天国定都天京（今南京）后，在医疗上有诸多举措：一是兴办医院。太平军在进军南京途中，提出"努力护持老幼男女病伤"的主张，定都后，积极兴办医院、疗养院，称为"能人馆"。如洪仁玕在住所设医院，为民人治病。二是招聘医生。太平军在南京出告示招聘医生，设国医一人，负责卫生和医疗事务。军中设恩掌检点督医将军一人，下设内医、掌医、诊脉医生、拯危急（军医）等，还有骡马医（兽医），专治军马，并设有药库。三是开展卫生活动。在城市设"老民残废馆"，收养跛、盲、聋、哑、老残之人。在农村设"乡兵"，洒扫街道，消除垃圾，预防疾病发生。四是禁毒禁酗酒。明令军民禁抽鸦片，如有违反将受到法律制裁，且禁酗酒行为。

其二，西医传入与教会医院的建立。西医的传入与教会医院的建立，是伴随西方列强的文化侵略而来的。如在广东地区，传教士带到广州的西方文化中，最突出的是医学。从1770年（乾隆三十五年）东印度公司派大班常驻广州以后，先后有安诺特、戈登、啤呕、李文斯敦、郭雷枢等医生在广州施医。这些医生到广州，主要为洋商看病，同时也向中国人施医。1805年，啤呕医生为广州儿童种牛痘，一年之中，有几千名儿童前往接种，"亦有本地人到来学习种痘之法，传到邻近省份"[1]。同年，啤呕写了《暎咭唎国新出种痘奇书》，第一次将西方种牛痘、防天花的知识，系统地介绍进中国。1820年，马礼逊与李文斯敦医生联合在澳门设一诊所，同时聘一通中医的华人协助，几个月内，便为300名病

---

[1] 《澳门新闻纸》，1840年7月11日，转见李志刚《基督教早期在华传教史》，第242页。

人施诊。李氏曾对中国病人进行调查,发现患眼疾人数最多。其后,他们在广州开设诊所,治疗眼疾、足疾及其他疾病。

美国传教医师伯驾于1835年11月4日在广州开办著名的新豆栏医局。他是第一个来华的传教医生。来诊人员初尚观望,后来日见踊跃。第一季度,便诊治病人1195人,其中男性925人,女性270人。伯驾将西方医院的管理制度移植进来。第一,对所有前来就诊者,都有诊断记录,建立医务档案。第二,对疾病进行分类。眼病被分为47种,其他病分为23种。患病人是求治者,治愈后便成为赞助者、宣传者。有些病人在治愈以后,或捐款相助,或赠诗志谢。无钱财亦无文才的穷苦人,便广为宣传。医局闻名遐迩,求诊者户限为穿。到1836年11月4日,开张一周年之际,医局已诊治病人2152人。1837年,求诊者更甚于前,平均每日赴诊者二三百人,有时多达600人。新豆栏医局治病,不限眼疾,其他疾病也治。1836年初,一位13岁的女孩由家长陪同,要求伯驾诊治她右部面颊上的一个重约一斤的大肉瘤。伯驾经过认真的研究和周密的准备,在1月19日为她成功地施行了外科切除手术。1840年6月,中英鸦片战争爆发后,医局被迫停开,伯驾返回美国。1842年战争结束后,伯驾于11月重来广州,新豆栏医局也重新开业。

鸦片战争以后,广州被列为通商口岸之一,虽然这里的人民一再抵制"番鬼"入城,但传教士还是加速了活动。设在十三行的博济医院,即新豆栏医局,门庭若市,成为传教士扩大西方文化影响的重要场所。1848年,英国伦敦传教士合信来到这里,在金利埠创办惠爱医院,一批先前已经入教、粗通医学的人梁发、梁柱臣、卢挺善、周勤堂等供职其中。以后,广州成为西医在中国传播的最重要的城市之一。

在厦门,美国传教医师高民(William Henry Cumming)于19世纪40年代中期到达厦门后开了一家医院,为当地华人施医赠药,并获得医药传道会资助。宁波于1844年1月开埠后,最早到宁波活动的是美国浸礼会传教医师玛高温(Daniel Jerome MacGown)。他于1843年2月底到达香港,继赴舟山、宁波。他租得宁波北门外平房几间,开办诊所,为人施医看病。他后来移居上海。1847年6月,与玛高温属同一教会的罗尔梯(Edwward Clemens Loard)来到宁波,将玛高温设在北门外的传教站,迁至西门虹桥头附近,继续进行施医传教活动。1844年英国传教士雒魏林(William Lockhart)在上海开办了仁济医院。

西医在中国的传播遭遇了从排斥—调和—吸纳的曲折过程。西医传入中国,可以追溯到明清之际。明隆庆三年(1569),传教士在澳门设立医院,为人治病,是为西医传入中国之始。与西洋医学密切关联的西洋药学也同时传入中国。《药露说》、《本草补》,是西洋药物学最早传入中国的专书。清代,不只是澳门,内地有些地方，甚至宫廷中，已有人使用西医西药。患疟疾，康熙帝曾赐以西方传入的特效药金鸡纳（即奎宁）。《红楼梦》里有多处提到西药的使用。

但是，由于西医在诊治原理、医疗手段、医疗工具（手术刀、注射针等）等方面，与中医有着明显的不同，加上行医的传教士碧眼紫髯的形貌，旁行斜上的文字，祈祷洗授的宗教仪式，多为国人闻所未闻、见所未见。特别是西医为了辨明病症而开刀检视，为了进一步研究而将切除部分藏之器中，加以药品，使不腐烂，更令一般人不可思议，疑窦丛生。西医被蒙上神秘、恐怖的色彩，挖眼、剖心、熬药、炼银、摘取红丸、蒸食小儿，种种不经之说亦由此而起。

还在清初，就已有西人蒸食小儿的谣传：

（佛朗机国）其人好食小儿，云在其国惟国王得食之，臣僚以下皆不能得也。至是潜市十余岁小儿食之，每一儿市金钱百文，广之恶少掠小儿竟趋，途所食无算。其法以巨镬煎滚汤，以铁笼盛小儿，置之镬上蒸之，出汗尽，乃取出，用铁刷刷去苦皮，其儿犹活，乃杀而剖其腹，去肠胃，蒸食之，居二三年，被掠益众，远近患之。①

这段话，出自以治学严谨著称的大学者顾炎武的书中，可见绝非个别人的看法。到了鸦片战争前后，关于西人挖人眼睛以供炼银煎药的传闻更是沸沸扬扬，愈演愈烈。连思想最为开明的魏源也将这种传闻写入他的名著《海国图志》中。

西人如此可怕，西医进入中国自然步履维艰。所以，在通商五口岸，无论是广州还是在上海，教会医院在开始时都是阻力重重，因而都免费送医送药。但是，医学有着其他科学所没有的两个特点，一是治病救人，二是效果可证。因为生命的宝贵，有两种人，即使在西医的价值尚未得到承认的时候，也会前来就诊：一是无力求医买药的贫民；二是中医无法医治、生命垂危的病人（即使是富裕家庭出身）。药到是否病除，妙手能否回春，这不用很多附加的说明，一看效果便知。这两个特点，使得西医在鸦片战争以后，没用多少时间，便逐渐被中国人所认可、接受。在很多地方，传教士都是首先通过施医，树立自己善的形象，建立西学的信誉。1840年，传教士描述广东人还在厌恶西人、却已接受西医的情况："中国之人民，平常尽皆恨恶我等，不欲与我等往来，况又有官府之严禁。在我等各样事业之中，只有医学乃系中国之人颇肯信之。"有由各

---

① 顾炎武：《天下郡国利病书》卷一一九。

省到来就医之人，莫不欢喜感谢，中国官府虽已知之，亦不禁止①。

健康欲望、生存欲望，驱使病人不顾世俗对西人、西医的成见，接受西医治疗。这给西医提供了一个与中医进行竞争、显示自身价值的机会。世人从一次次鲜明的事例中，认识了西医的价值。下面是发生在上海的成千上万个例证中的一个：某君于1873年9月，忽患虚寒症，上吐下泻，汗出如雨，片刻之间，衫裤已如水浸。请来中医，谓为寒痧，实九死一生之症，束手无策。病急乱投医，他请来一位精通西医的黄医生，"取西国药水，方服二匙，而喉间觉如开锁者，寒痧咯出"，又用了一些药，竟彻底痊愈②。

到了19世纪六七十年代，在中国通商口岸，西医已普遍被接受。当时的报纸报道：

> 自中国通商以后，西医之至中国者，各口岸皆有之，非徒来医西人，而且欲医华人。但华人不识西国药性，不敢延请西医，故初时华人均不肯信西国医药。于是西医邀请中西商富，先集巨资，创立医馆；次集岁费，备办药材，以为送医之举。初则贫贱患病、无力医药者就之，常常有效；继则富贵患病、华医束手者就之，往往奏功；今则无论富贵贫贱，皆有西药之简便与西药之奇异，而就医馆医治者，日多一日，日盛一日也③。

据统计，仅上海的仁济、体仁、同仁三所教会医院，在19世纪70年代，每年诊治病人，已多至十万人次。嘉约翰在广州博济医局，一人在四十多年中，施诊病人达74万人次，为近五万人施行外科手术。

到19世纪90年代，尽管在内地某些地方，西医仍然受到抵制，但从总体上说，西医已经在中国确立了稳固的地位。上海名人郑观应在《盛世危言》中，仔细比较中西医的优劣，认为从总体上说，西医比中医高明得多。他从研究生理结构、探明病因病理、以脑为人体中枢、医疗器具精细、用药精当等五个方面，说明中医远不能及西医。他归纳说："窃谓中西医学各有短长：中医失于虚，西医泥于实；中医程其效，西医贵其功。其外治诸方，俨扁鹊、华佗之遗意，有中国失传而逸于西域者，有日久考验弥近弥精者。要其制药精良，用器灵妙，事有考核，医无妄人，实暗合中国古意，而远胜于时医，亦不必曲为讳饰矣。"④疑忌——接触——试用——对比——信服，这是中国人接受西医的五

---

① 《澳门新闻纸》，1840年7月11日。
② 事见《论西国医药》，《申报》，同治十二年十月廿七日。
③ 《书上海虹口同仁医馆光绪三年清单后》，《申报》，1877年12月22日。
④ 郑观应：《盛世危言·医道》。

个环节①。至光绪二年（1876年）时，中国已有外国教会医院16处，诊所24处；光绪三十二年（1905），教会医院增至166处，诊所增至241处，并有39家教会医院招收中国学徒②。

---

① 张仲礼主编：《东南沿海城市与中国近代化》，上海人民出版社1996年版，第761—788页。
② 杨医亚：《中国医学史》。

第八章
交际与年节生活

清代人与人之间在社会、官场、市易等场合的交际往来，以及人们的年节贺岁庆节活动，因区域、民族、传统风俗的差异，而有着不同的内容。它包括清人的相见待客与馈赠风俗、结交与庆贺吊唁礼仪、年节与岁时活动礼尚等社会生活内容。随着社会的发展，这些内容又被赋于新的内涵。

第一节 相见待客与馈赠风俗

清代的社会交际风俗，是清人社会生活中人际关系的一个缩影，更是社会不同阶层、群体之间，互动关系与效应的生动显现。清人的相见风俗、待客风俗、馈赠风俗、结交风俗、通信风俗、庆贺与吊唁风俗、称谓风俗，具有较为显著的地区性、民族性、阶层性、时尚性、群体性的特征。

一 相见礼仪

清人相见行跪拜、执手、鞠躬等礼仪。官员相见,礼仪更为繁琐,清朝具体制定了"内外王公相见礼"、"京官相见礼"、"直省官相见礼"、"士庶相见礼"等规则,要求各级官员士庶依礼执行。

其一,内外王公相见礼仪。崇德初元,"定宗室外藩亲王、郡王、贝勒、贝子相见仪。宾及门,王府属官入告,主人降阶迎,宾辞,主人升。宾从自中门入,宾趋左,主人趋右。行相见礼,二跪六叩,即席序立。从官升东阶,行礼亦如之。兴,入右门,坐宾后。执事献茶,宾受茶,叩,主人答叩。饮茶叙语毕,从官趋前楹,跪,叩,兴,趋出。宾离席跪叩,主人答叩,并兴。宾出,主人降阶送,属官送门外"。

其二,京官相见礼仪。顺治元年(1644),"定制,京朝官敌体相见,宾及门,主人迎大门内,揖宾入,及阶,让升,宾西主东。及厅事,让入,皆北面再拜。兴,主人为宾正坐西面,宾辞,主人固请,卒正坐。宾还正主人坐东面亦如之。宾就坐,受茶,揖,主人答揖。饮茶叙语毕,告辞相揖。宾降阶,主人送及门,复相揖。宾辞,主人固请,送宾大门外,视宾升舆马,主人送及门,复相揖。宾辞,主人固请,送宾大门外,视宾升舆马,乃退"。

其三,直省文武官相见礼仪。顺治间,"定督、抚、学政、河漕总督,盐政,巡视御史相见,坐次平行,余各按品秩行礼"。雍正八年(1730),"定直省官相见,位均等者,宾至署,吏入白,启门,自中门入,至外堂檐下降舆马。主人迎檐前,揖宾入。及厅事,各再拜。其正坐、就位、进茶、辞退,如京朝官仪"。

其四,士庶相见礼。宾及门,"从者通名,主人出迎大门外,揖入。及门、及阶揖如初。登堂,各北面再拜。兴,主宾互正坐。即席,宾东主西。饮茶,语毕,宾退,揖。及阶、及门,揖,辞,主人皆答揖。送大门外,揖如初"。卑幼见尊长礼,"及门通名,竢外次,尊长召入见,升阶,北面再拜,尊长西面答揖。命坐,视尊长坐次侍坐。茶至,揖,语毕,禀辞,三揖。凡揖皆答,出不送。若尊长来见,卑幼迎送大门外。余如前仪"。见父挚友,与"见尊长仪同"。受业弟子见师长礼仪,"初见,师未出,先入,设席正位,竢堂下。师出召见,乃奉贽入,奠贽于席,北面再拜,师立答揖。兴,谨问起居。命坐乃侍坐。有问,起而对。辞出,三揖,不送。常见侍坐,请业则起,请益则起。师有教,立听。命坐乃坐。师问更对,仍起而对。朝入暮出均一揖"。与同学弟子,"以齿序之"[①]。

[①] 《清史稿》卷九十一,《志六十六·礼十·宾礼》。

其五，民人相见礼仪。陕西高陵县民人的相见礼仪，光绪《高陵县志》"相见礼"记载：凡"子孙、弟侄、甥婿见尊长，生徒见师，奴婢见家长，久别四拜，近别揖。诸亲戚长幼，久别再拜，平交同。其乡党、士、农、工、商，平居相见及宴会，皆序齿。如佃户见佃主不齿序，并行以少事长之礼。亲属则不拘其内外。"但官员"致仕居乡，惟于宗族序尊卑，如家人礼，于外家及妻家亦然；若筵会则设别席，不得坐于无官者下，如与同致仕官会，则序爵，爵同序齿。其与异姓无官者相见，无答礼，庶民则以官礼谒见"①。可见，清人的相见礼仪，既有浓厚的封建等级色彩，更有官民之别、主仆之异，且处处体现出官贵民贱、主尊仆卑的社会伦理与价值观。

二 待客礼尚

清人的待客礼仪因阶层、群体、身份、地位以及少数民族风俗习惯的差异，而有所不同，在迎客、宴请、送客方面更有特定的礼仪和必遵的规范要求。

（一）清人的迎送客礼尚

官员在迎送客时，讲究主客的站位、座次，并按清朝制定的礼仪规则，序尊卑长幼。陕西《米脂县志》"相见礼"条记载："仕宦知礼之家，凡晚辈见尊长、生徒见师傅，久别四拜，近别特拜。亲戚长幼、友朋交揖，乡党平居相见序齿，遇宴会亦序齿。《清典礼》：'品官致仕居乡，惟于宗族序齿，尊卑如家人礼，其于外家、妻家亦然。前辈谦虚从厚，乡党之间亦念桑梓情谊，咸序尊卑；品官相见，亦略序齿'。"②

民间在迎客送客时，虽循一定规仪，但较之官场的应酬交往礼规而论，相对随意宽松。如在民风甚为古朴淳厚的陕西高陵县民间，凡有"宾造主人门，主人出迎于大门外，揖宾，宾入，及门，及阶，皆揖如初。宾西，主人东升，宾再拜，主人答再拜，兴。主人趋正宾坐，宾辞，固请，卒正坐，左还。宾正主人坐，亦如之。执事者进茶，宾受茶，揖辞，退揖。主人送宾，及阶、及门，宾揖辞，主人皆答揖，遂送宾于大门外，揖如初迎仪"③。这是有一定身份地位民人之家的迎送客礼仪。至于普通民人，或邻里交往，其迎送之仪，则简化随意得多。

（二）清人的宴请礼尚

清代从宫廷到民间，从官场至市场，通过宴请进行交际、应酬、沟通，是

① 《方志民俗资料·西北卷》，第20页。
② 同上书，第102页。
③ 同上书，第28页。

其重要途径，与宴者身份、地位的尊卑贵贱可从宴会的规格和座次的排列中得以体现，这是中国传统的官本位意识的物化形式。这种意识在官场中尤其得到凸显。

从先秦至清末，在正式的宴会场合，"座次"的安排颇为讲究：在堂室宫殿举行的宴请，以"室内"或"堂上"来区别贵贱。在室内宴请的座次，最尊贵的座位是：背靠西墙的东向坐。其次是背靠北墙的南向坐。再次是背靠南墙的北向坐。最卑的位置是背靠东墙的西向坐。顾炎武在《日知录》中提出："古人之坐，以东向为尊。"[①] 清代凌廷堪在《礼经释例》明示"室中以东向为尊"，堂上宴请最尊者为"南向座"，次为"西向座"，再次为"北向座"，最后才是"东向座"。对清人的宴会礼仪，各地的方志文献都有或简或详的记载和描述，其中康熙《登州府志》的记载有代表性：宴会前三日具束，"至日侵晨奉邀，或全帖，或单帖赴席。先差人白，主人知，出候于大门之外致恭，揖让而进。登堂一长揖，再揖为谢，不行跪礼。先到者与主人揖过，随即更衣，乃命坐，以齿叙。奉茶，彼此交换，亦不过恭。宾齐行酒，主向宾通共一揖。宾以次出，主人一长揖，向坐授爵于案，俱回复一长揖，不行跪礼。主人行酒毕，首宾举爵白，众宾酬主，如主人礼。如有专席，主人行酒，先出厅致奠，次揖众宾，后请专宾出次授爵。先一爵，主人长揖授宾，宾授（受）爵，向众宾告僭复位，主人行一跪礼，宾不再跪。宾饮毕，还爵于主。主人复进一爵，止长揖，宾再饮毕，复还爵于主，命从者索酒酬主，亦如主人礼。宾主酬酢毕。近悉减，主要安上宾坐，次众宾，俱照常仪。告坐，依次定正，通共一揖。内有卑幼遇尊长，及师生列旁席，告坐行一跪礼。席散，上宾向主人行一跪礼为谢，主人行再跪礼酬宾。近亦减，众宾止一长揖，仍各依次分向通共一揖而退。次日，宾用双束，众宾用单帖谢，俱不用回帖。迩来，乡市之间礼文比前颇烦，相见接行四跪礼，作揖必交换更次，大街通衢不惮长跪。近亦减，然士人之行终为近古"[②]。

宴会名目不同，礼仪繁简各异，但无论是南方还是北方，抑或是经济发达和滞后地区，在宴请宾客方面，一方面是主人热情好客，极尽能事以奉客；另一方面是铺张好丰，宴席都呈现出由简超奢的发展趋势。江苏康熙《通州志》记载当地"酒席先年尚简，物薄情真。近来侈靡，杯盘罗列，堆积满案，殊为可厌"[③]。光绪《直隶和州志》说："荐绅士族惟婚娶及延宾客用果碟小食，间

---

① 顾炎武：《日知录》卷之二十八，《东向坐》。
② 《方志民俗资料·华东卷上》，第217页。
③ 同上书，第519页。

以点心，菜则杂用海错。其常燕丰约随宜。近日繁费无等，愈趋愈盛，守礼者亟宜矫其流弊焉。"① 道光《怀宁县志》云："凡燕飨，遇有吉庆，若婚、若诞、若生子，城俗戚党必贺，贺必燕。水土之菹，南北之产，兼致并陈，虽平时春秋小集亦然。近年以来，食器侈大，一簋之实殆容数豆，不知所起。转相仿效，每设一席动费万钱，主人娱宾犹谓未足。"② 陕西光绪《绥德州志》称："昔时宴会，盛筵不过八簋，率以鸡、羊、豕数品为之，无异味也。其次六簋、四簋、三簋，亦皆可以待客。酒则用家醅法，以软米和麦曲酿之，六七日一熟，漉去其糟而煮之，是名'浑酒'。主人以大杯劝客，尽五六杯，不饭亦饱……今则渐用海味，以多为贵，烧酒之外，又有所谓潞酒、汾酒者。昔时盛筵，不为异矣。"③

三　馈赠风俗

清人的馈赠风俗，因社会阶层、身份不同，馈赠对象各异，而有许多名称，臣属对皇上的敬赠，称为"进贡"；而皇上对臣下的赐赠，称为"恩赐"；民人之间的馈赠，俗谓"礼赠"或"送礼"。

其一，"进贡"风俗。清代"各直省每年有三贡者，有二贡者"，吴振棫《养吉斋丛录》对道光年间各省的"年贡"方物有记述，直隶总督年贡进"三镶如意一柄、吉绸袍褂二十五套、饶绸袍料五十件、一丝加金大荷包五十对、一丝加金小荷包五十对、桂元五桶、南枣五桶"。各省督抚呈进方物，"有非本省土产者"④。清代的"进贡"风俗，具有如下一些特征：首先，"进贡"多在年节期间进行，并有明确规定和要求。如每年皇帝"万寿节"时，"大学士、尚书、侍郎、各省督抚，皆有贡。以九为度，一九则九物，至九九而止"⑤，以取其长寿吉利之意。其次，贡物多为地方名特物产，具有名贵、珍稀的特色，供皇帝及皇室消费。再次，此风俗具有政治性与寄生性消费的特质，对社会再生产有停滞与阻碍的作用。

其二，"赏赐"活动。清代频繁而名目庞杂的"赏赐"活动，多在君臣之间进行，所赐之物，种类很多；赏赐之由，由皇帝喜好而定。常见的一是赏赐药物。《养吉斋丛录》记载，嘉庆年间，嘉庆帝常"以西洋贡药赐军机大臣。有所谓噶几牙油，容几粒油，郭巴益巴油，白尔噶木德油，桂皮油。贮玻璃瓶，油

---

① 《方志民俗资料·华东卷中》，第946页。
② 同上书，第960页。
③ 《方志民俗资料·西北卷》，第95页。
④ 吴振棫：《养吉斋丛录》卷之二十四。
⑤ 同上。

色备五"。还有所谓的"德里雅噶贮锡盒,达末利地,贮磁盒,皆黝色如膏"。更有所谓"色噶谋牛蛇木若木贮木盒"。这些西洋贡药,是"康熙间贡入者",因"年久未详其用",作为摆设而已。二是赏赐寿礼。《养吉斋丛录》记述:"一品大臣年六十以上,遇旬寿",皇帝"每有赐寿之典"。先期"命内三院卿一人赍赐物至,以御书匾联为冠,余则福寿字、寿佛、如意、朝珠、玉罄铜陈设、蟒袍、绸缎等,无定制"。三是赏赐财物。皇帝对一些有功之臣或有政绩的地方州县官员,以赏赐物品的方式,对其加以褒奖。如"雍正丁未(1727年),冯少寇以知州开复,蒙世宗超授庐州知府,并于请训之日,特赐貂裘、锦绮、端砚、法帖诸珍"①。这些赏赐活动的特点:一是沟通联络君臣之间的感情。二是达到笼络臣下的政治目的。三是奖掖臣下的有效手段与途径。

其三,"馈赠"风俗。清代民间的馈赠活动,可分为岁时馈赠、人生贺仪馈赠、社交与非近缘性馈赠与文人馈赠等五大类。其中,岁时馈赠包括迎春、夏日、秋节与辞岁馈赠;人生贺仪馈赠包括产育馈赠、婚恋馈赠、寿考馈赠;社交与非近缘性馈赠的内容有村社馈赠、邻里馈赠、尊师馈赠、学友馈赠、商业馈赠、江湖馈赠等;文人馈赠内容包含刀剑馈赠、文房馈赠、器玩馈赠、方物馈赠等丰富多彩的内涵②。这些内容在清代各种地方文献中有详尽的描述和记载。黑龙江《绥化县志》记载,当地的馈赠风俗是"或升官进级,或商家开张、或男女寿诞,或诞生子女,以及娶妇嫁女。元旦、端阳、中秋诸佳节,戚友有往来者,各具贺仪,以伸敬意"。庆贺的礼仪有别,馈赠的礼节、礼品也各有特色,贺官晋级馈"以对联,或以幛帧,鼓乐送至喜主之家,宾主相对,高唱喜喏,客拜,主人亦答拜,设筵席以款宾客",商家开张,"贺仪多以宫灯、屏镜、彩毡、钟表等物,亦有具幛帧以贺者",此风俗是"必会同数人,敛资购备,名曰'随分子'";贺寿与生子时,"其平常人家寿,但贺以寿面、寿桃、寿酒,外无他物";贺生子"亦以红糖、鸡子、白面等物,俗曰'下奶'";贺娶妇"首饰而外,则以钱币,曰礼钱,多寡随贫富而异";贺嫁女"以妆奁,或衣服、首饰、钟、椅等物,亦有以钱者"。若是贺三大节,"端阳以凉糕、角黍;仲秋以月饼、西瓜;年节以山鸡、麋鹿、黄羊、白鱼、粳米诸物品"③。山西《永宁州志》说当地民俗"生辰之日,亲友率相拜馈,遇当旬时,庆祝如常仪,但馈送比平时较丰,或有置屏设幛者。主人备筵款客。生子'洗三',亦设'汤饼会',受贺宴客。娶妇行贺礼,相赠以联"④。

---

① 徐珂:《清稗类钞》第一册,《恩遇类·知州蒙世宗特赐》。
② 许平:《馈赠礼俗》,中国华侨出版公司1990年版,第89—397页。
③ 《方志民俗资料·东北卷》,第442页。
④ 《方志民俗资料·华北卷》,第595页。

甘肃合水县民间,"凡人家娶妻、生子,或入泮、得官,及老亲之寿,皆有贺。各持钱百文,少者二数十,即以为礼;至厚者,用泥头酒,佐以鸡。平时,清酒二壶、鸡子十数、肠蹄、酱醋之属,即可以为见官之赘。或牵羊以不许神,而仍不杀。要其物菲而意诚之处,类如此"①。可见,馈赠物品的多少、礼仪的繁简,则视双方关系的亲疏而有不同。

第二节　结交与庆贺吊唁礼仪

清人的结交礼仪,因社会阶层、民族风尚、传统习惯的不同,而呈现出差异性。庆贺、吊唁礼仪,是清人在特定场合、特定条件、特定需求下,进行群体交往活动时,所应共同遵循的若干传统生活的"规则"与"信条"。既为清代五光十色的社会生活增添了亮丽的光彩,也为清人个性的张扬、交往范围的扩大、交际自由度的增加,设置了有形无形的"藩篱"。

一　结交风尚

清人的社会结交,形成官场结交与民人交往两个体系;生活于边疆地区的少数民族,其交际风俗,更呈现出民族文化自身所具有的传统特色。

（一）官场结交活动

清代官员彼此的结交频繁,且礼仪繁琐。这些结交活动多基于政治目的而生,以其升迁荣辱的官场功利性目标的实现为其动因,其结交则多限于官场范围内外进行;在活动方式上,更有公开与隐蔽两种,或二者兼而有之,其花样之繁多、手段之奇异,可谓无孔不入、无处不在。

其一,名帖交结风尚。清代官员的交结,普遍使用"名帖"。名帖,又称"名刺",类似现代的名片。对其源流,清人赵翼在《陔余丛考》称:"古人通名,本用削木书字,汉时谓之谒,汉末谓之刺,汉以后则虽用纸,而仍相沿曰刺。"② 清代官员在官场拜谒时,使用红纸书写官衔名的"名帖"。赵翼考证说:

---

① 《方志民俗资料·西北卷》,第186页。
② 赵翼:《陔余丛考》卷三十,《名帖》。

"自明末尚声气,并无半面者亦称社称盟,今则改为同学,且无论有科第与否,俱写年家矣。《分甘余话》:顺治中社事盛行,京师往来投刺,无不谓社盟者。杨雍建疏言之,部议饬禁,遂止不行。二十年来,京师通谒无不用'年家眷'三字,有人戏为词曰:'也不论医官道官,也不论两广四川,但通名,一概年家眷'。"叶梦珠《阅世编》记载官场此风俗的盛行时说:"至康熙初,乡绅与督、抚两台交际,始分等职,不论出身。"一改顺治朝"乡绅,凡两榜出身者,无论官之尊卑,谒抚、按俱用名帖抗礼"的风尚,"京官自部曹、中、行、评、博而上,用名帖。外官自藩、臬而下,俱用名揭,几与现任等。用帖者,两台答拜,用揭者,只用名帖致意,不答拜矣"[1]。

其二,公便服交结风尚。清代官场交结活动中,有身着公服、便服的区别。对明清官场交往中,公便服交结的异同,《阅世编》记载:"前朝乡绅相见,大概必着公服,晋谒当事更不必言。今乡绅入宾馆俱便服矣。现任官升堂视事,必着公服,接见宾客,更不必言。今现任官,除新任朝祭及朔望谒庙行香参谒上台而外,俱不着公服矣。惟学臣临试,则如旧服。昔举、贡、监生、生员谒官长,俱必公服,遇大礼必公服,平时交际及见武弁、县佐则否,而县佐、武弁必以公服接之。有讼赴公庭,则降同氓庶之服。当新婚假仪,则加本身服色一等,不为僭也。今举、贡、监生、生员,除谒本管上台而外,俱不用公服,讼亦无降服,惟新婚假仪则同。"[2] 较之明代,清代官员的交结,从形式到内容,均有变化,后者的礼仪性减少,而务实性、功利性增加,等级性更趋于明显化。

(二)民间的结交风尚

清人民间的结交活动,为"义"、"利"所驱使,或为一己之利,或为亲族之权益,或与官场交结,或以"义"结盟。其目的,一是为自身求生存寻求依托;二是为自身及亲族发展寻求更大的互助空间;三是为未来目标的实现觅求共济之力。

其一,谒客风尚。民间,"凡至官厅及人家,投谒答谒,由从仆以名刺交阍人。既通报,客即先至客堂,立候主人。主人出,让客,即送茶及水旱烟。有须主人客于门而陪客人内者,则为特别之客"。"光、宣间,名刺之式不一,或红纸,或西式白纸,均可。名片之背,则书名号与住址,西式名片之左角则书职业。女子亦然,惟已嫁者辄增夫家姓氏,男子有承重丧或父母丧者,则于白纸名片之四周以二三分黑色为缘,或即沿用旧式,于姓之左角书制字,期服以外之丧,仅于姓之左角书期字,余类推,女子亦然。若携有介绍书者,于接见

---

[1] 叶梦珠:《阅世编》卷八,《交际》。
[2] 同上。

时面投。"①

其二，认干儿风尚。清代民人两家欲结义，有认"干儿"的风俗。"干儿者，不论男子、女子子皆有之。盖于十龄之内，认二人为义父义母，称之曰干爹干娘。吴俗曰过房，越俗曰寄拜。干爷为其命名，冠以己姓，曰某某某，必双名，两字也。"至命名之日，"由干儿之父母率儿登堂，具馔祀祖，更以礼物上献干爹干娘，书姓名于红笺，于其四角并著吉语，媵以金银饰物、冠履衣服、珍玩、文具、果饵。自是而年节往来，彼此辄互有所馈，长大婚嫁，干爹干娘赠物亦必甚丰"。其认干儿的原因有二：一为"迷信，惧儿夭殇"。二为"势利，甲乙二人彼此本为友矣，而乙见甲之富贵日渐增盛也，益恩有以交欢之，且俗附于戚党之列"，"夸耀于他人也"②。

其三，结盟拜把风尚。清代京师民间，盛行结盟与"拜把子"的风俗。《清末北京志资料》"风俗·结盟及义父子"条记载："结盟又称结金兰，俗称拜把子。即朋友意气相投，便结为异姓兄弟。择吉日在饭庄即采馆挂桃园三义士像，供三牲、干鲜果品、纸钱等，请一年长有德者献香。结盟者先在红笺上详细写明自己籍贯、出生年、月、日、时及祖宗三代姓名官职以及妻子兄弟等事，然后交换，定名为兰谱。结盟俗称换帖。交换此字据后，依照本人出生年月之先后，决定兄弟顺序，并焚香盟誓"，其誓词为"虽不能同年同月同日同时生，但愿同年同月同日同时死"等语。然后，"为弟者向为兄者行磕头礼。事毕饮酒不散。凡义兄弟之情义较之平常一般之朋友更为亲密，患难相助，凶祸相怜"③。

（三）民族地区的结交俗尚

清代聚居生活在边疆地区的诸多少数民族，他们的结交俗尚，颇为淳朴、厚道、真诚。黑龙江《肇州县志略》记载当地蒙古族仍然保持自己的民族风尚，宾主相见，以请安献哈达为敬④。《清稗类钞》说：蒙古族"宾主初见，贵官必互递哈达"。"致送礼物，亦必附以哈达，示尊敬也。年节互相道贺，亦致送哈达。"蒙人喜鼻烟，"常日宾主相晤，接谈之初，平等则交相递送，彼此鞠躬"⑤。藏人相见，以"一揖为普通之礼。西部阿里地方，见官长不脱帽，但以右手指额，念唵嘛哄三度。土人遇官吏之时，脱帽垂两手，立于路旁而拜。土人之官吏对于驻藏大臣，或国内派遣之官吏，礼亦如是。最奇之礼，伸舌是也，此为土人之最敬礼。土人上自官吏，下至齐民，谒达赖喇嘛或班禅喇嘛时，则

---

① 徐珂：《清稗类钞》第五册，《风俗类·谒客》。
② 徐珂：《清稗类钞》第五册，《风俗类·干儿》。
③ 《清末北京志资料》，北京燕山出版社1994年版，第505—506页。
④ 《方志民俗资料·东北卷》，第469页。
⑤ 徐珂：《清稗类钞》第五册，《风俗类·蒙人俗尚》。

诣法座前、脱帽、合掌、长伸其舌于外、顶礼三度、垂手聚足、鞠躬屏气；此时达赖、班禅以手拂其头，或以手摩其顶，则以为至大之荣誉，幸福之预兆，人皆羡之"①。"献哈达是藏族最普遍的一种礼节。婚丧节庆、拜会尊长、觐见佛像等都有献哈达的习惯。"献哈达是对人表示纯洁、诚心、忠诚的意思。自古以来，藏族认为白色象征纯洁、吉利，故哈达一般是白色的②。

维吾尔族的相见礼节有屈足、抱膝、鞠躬、接唇及摩手、嗅鼻诸礼。"自阿奇木以下等官见汗之礼……屈一足如著地状，又双手捧汗膝问安好，汗以一手抚其背而慰之。寻常相见，止略屈足，下不抱膝，上下抚背也……寻常相见，鞠躬而已……岁时子孙见祖父，行屈足抱膝礼，凡卑幼见尊长亦如之。平时相见止鞠躬。妇见舅姑，虽定时亦止鞠躬也。尊长见卑幼，以手摩之，以鼻嗅之。平等相见，各行抱膝礼。""回子见人无跪拜之礼，凡遇尊长及其头目，交手当胸而顿其首，谓之'阿斯拉木'。唯'纳马兹'（送日西入礼拜之名）则始跪拜；妇人亦'阿斯拉木'。而长上与幼辈相见，不论男女皆以接唇为礼。"平民相见，"无跪拜礼式，遇尊长交手抚胸，俯首诵'赛拉玛里坤帖斯列海'再合手摸面以为亲敬。女子相见以靥相抚掩，尊长与卑幼相接以唇"③。

新疆哈萨克族"尊长见幼辈，以接吻为亲，平辈以握手抱腰为欢，犹如西俗。客至，铺新布于客前，设茶、食酿酪。贵客至，则系牛马于户外，请客观之，然后屠宰。杀时必先诵经，血净始烹。每食，手必净，头必冠，始席地而坐，据毯为案，以刀割肉，以指取饭。性喜浓烈之煎茶，惟禁烟酒、忌猪肉，与回俗同"④。

二　庆贺与吊唁风俗

清人每逢有喜庆或丧事时，亲友要前往庆贺或吊唁，或以礼相贺相吊，或以物相馈以示同贺或寄哀思，从而形成具有清代特色的庆贺与吊唁的习尚。

（一）庆贺习尚

清代的庆贺活动，名目繁多，随时代变迁，而赋予其不同的内容和特点。

其一，贺喜庆的风俗。黑龙江《望奎县志》说当地贺嫁娶的风俗是"贺嫁女者，馈赠首饰、钱物，谓之'添箱'。贺娶妇者，登堂敬贺，必赠以钱，谓之'上礼'；或男与新妇钱物，谓之'上拜'；有集合多人，购一绸缎衣料，装成彩

---

① 《方志民俗资料·西南卷下》，第909页。
② 同上书，第938页。
③ 冯家昇等：《维吾尔族史料简编》下册，民族出版社1981年版，第460—461页。
④ 《方志民俗资料·西北卷》，第324页。

帐，悬挂中堂，谓之'送帐子'"①。山东《泗水县志》称："每岁正月，邻族各具酒相招，辄欢醉。麦秋后，至戚必以仪物相馈遗，至则留饮。凡此，所以联姻好，笃乡谊也。"②陕西葭县男女婚嫁之期，"亲戚皆至，各送礼钱二四百文不等，并喜对、花红、胭脂等类以作喜敬；主人款留一日"，谓之"喜筵"。及"亲戚归时，各酬以馒头八个或十六个"，谓为"茶饭"③。

其二，贺祝寿的风俗。山东《单县志》云：吉事举贺，或馈赠食物，或馈赠币帛。"寿诞则岁岁交祝，富者宴集，俭者一拜为敬。"④ 安徽《太湖县志》说当地庆贺诞日的风俗是"五十以上称祝，亲友具屏障、诗联，佐以羊酒等仪，主人设宴酬之"⑤。《阜阳县志》称："长老生辰，亲友醵分称觞，或制锦幛为祝。至亲分金外，别具衣帽、靴鞋袜、酒果等，余则以酒、面、果为率。主人设席以谢。门内仪节，主人先拜祖先，举家以次拜贺。"⑥ 同治《长阳县志》说："生日，戚谊具祝文、寿联，朋契攒金为匾额，具礼仪以贺。"⑦

其三，贺筑屋的风俗。陕西洛川县民间，筑屋"上梁日，邻友备酒肴致贺"，俗称"浇梁"，"贺主人，更慰劳工匠也"。工将竣，"邻友偕来协助摆椠于椽上（薄木，以铺瓦者）"，俗称"抹椠房"。房屋落成时，"于屋脊两端（俗称"寿头"）高插红旗，并于新屋设香案祀鲁班、土地等神，挂红布于神前。祀毕，则将红布披于匠者之身，以示新屋落成功在匠人也"⑧。

其四，贺迁居的风俗。黑龙江在呼兰县民间，建筑居室落成时，"贺以什物、联匾，名曰'贺房'"⑨。《望奎县志》记当地贺迁居风俗说：民人贺迁居又称"贺房，合集多人馈赠八仙桌、靠椅、坐钟、帽甬等物，或送屏联。贺迁居者亦然"⑩。陕西洛川县"迁居时，亲友多以对联相贺；亦有备酒肴、放鞭炮者"，俗称"烘房"。届时，"主人则以挂面、饸饹（一作活络）款客"，以示庆贺。

此外，在洛川县民间，还有贺棺木之成的怪俗，民人"为年迈父母预制棺木；将成，通知女婿、外甥等约期合木"，俗称"亲盖房"。届期，"亲邻以鸡、

---

① 《方志民俗资料·东北卷》，第454页。
② 《方志民俗资料·华东卷上》，第294页。
③ 《方志民俗资料·西北卷》，第87页。
④ 《方志民俗资料·华东卷上》，第301页。
⑤ 《方志民俗资料·华东卷中》，第972页。
⑥ 同上书，第983页。
⑦ 《方志民俗资料·中南卷上》，第426页。
⑧ 《方志民俗资料·西北卷》，第127页。
⑨ 《方志民俗资料·东北卷》，第410页。
⑩ 同上书，第455页。

酒来贺木，筵款一二日云"①。

清代的庆贺风俗，随着时代的发展，渐呈趋侈的趋势。清人叶梦珠在《阅世编》中指出："喜庆贺礼，向来有之。盛者杯帛以及羹果而已。"但至清中叶后，"今或间用羊、酒。营中往往用面。其祝寿桃糕，上插八仙，昔年亦有之，然第存其意耳。今吾郡（按指松江府，今上海）所制，精巧异常，须眉毕见，衣褶生动，俱以染色面为之，可久而不剥落，前此未尝有也。人物专取吉祥，故事亦不拘泥八仙"。可见其故作精巧中所隐含的奢靡倾向。

（二）吊唁礼仪

清人的吊唁活动，是人生礼仪中的重要历程，其活动礼仪，体现出应酬繁多、风尚求奢的特征。河南《新蔡县志》说："凶礼则吊之，有赗议。贫者咸相助焉。或远不相及，则遣使者赍物以致诚意。"②《光州志》云：该地"凶礼则吊之，有赗仪、奠仪，贫者或相助焉"③。湖北《钟祥县志》记载，亲丧之日，"或大殓，或小殓，衣衾、棺椁之属视家有无为差。本日讣告亲友，择期成服，延生员四相礼，亲友咸集，设席吊奠如仪。每遇七期，多建斋醮，虽诗礼之家亦然。竭力营葬，有至破家者。葬之日，先期延宾，曰'开吊'，或三日，或一日。请街邻宾客，酒食靡费，以集众为荣。亲故祭轴牲醴，丰俭不一，大约从厚。殡出，有祭于道者，曰'路祭'。若远殡，送客皆至茔所，复为设席"。此外"凡遇家有庆事，或祭墓，或祭祠，彩旗鼓吹，牲醴俱尚丰美"④。陕西葭县民间，凡遇新丧，"亲戚以香楮、祭品为奠仪，远来者以香楮、钱钞代之，其他除道执绋之礼，大略相同"。然而，"惟百日、小祥、大祥、三周脱服，亦间有举行设奠者，其赠酬亦如之"。由此可见，其应酬之繁，时间延续之长。

民间的吊唁活动，随着时间的推移，在好礼之士、势宦以及宗族的推波助澜下，开始由简趋奢，湖南《湘潭县志》描述：该地的吊丧风俗是"好礼之士，多遵朱子《家礼》，纂有四礼仪节书，遵行者众。而乡俗积习，每遇丧事，必请僧道开路，棺下燃灯，昼夜不息，或盛作佛事，谓之'超度'。葬则陈列游戏之具，以侈美观。虚靡相竞，动辄不赀，力不及者必称贷，变产以行之；不如是，则人以为俭其亲"⑤。对上海一带吊唁风俗日趋奢侈浪费的情况，清人叶梦珠在《阅世编》中指出："丧祭吊奠，向来看卓亦尚精巧，然不过以泥塑人物，采绢装成山水故事，列于筵上，以示华美而已。"但是，"自顺治以来，即以荤素品

---

① 《方志民俗资料·西北卷》，第127页。
② 《方志民俗资料·中南卷上》，第220页。
③ 同上书，第241页。
④ 同上书，第392页。
⑤ 同上书，第490页。

装成人物模样，备极鲜丽精工，宛若天然生动，见者不辨其为食物，亦莫辨其为何物矣"。甚至"一筵之费，多至数十金，饰一时之观，须臾尽成弃物，殊为虚费，其如习俗已成"！以至于"苟有其力者，以为不如是便成简略不敬"。可见，其求奢之风，已成某种社会"共识"、"同遵"之规，深入人心而无可逆转。

第三节　年节与岁时礼俗

清代从宫廷到民间，从城市到乡村，从内地到边疆，每逢年节、宗教及纪念性节日、民族性节日时均要举行一系列的岁时年节活动，它们不仅内容丰富，地域特征显著，彼此的联系密切，而且因民族、宗教信仰的影响，呈现出多民族共同发展的态势。

一　汉族地区的年节与岁时礼尚

汉族地区的节令性年节，因地域、风俗不同而大同小异，农历正月有元旦、立春节、上元节（灯节）、元宵节和填仓节；二月有中和节（龙头节）、春社、"文昌会"和"花朝节"；三月有"上巳"节、寒食节和清明节；五月有端午节；六月有天贶节；七月有"乞巧"节、中元节；八月有中秋节；九月有重阳节（重九节）；十月有寒衣节；十一月有冬至节；十二月有腊八节和"灶王节"。每个节日都有相应的饮食与游乐活动。

（一）年节饮食礼尚

每逢年节岁时，汉族通过一系列"节食"活动，祭祀祖先与神灵、敦睦亲友，庆祝合家团聚，以此来表达对节日风尚的继承、对神灵的感激、对祖先的怀念、对亲友的谢忱以及对亲情、对未来的祝福与期盼之情。

其一，农历正月的年节活动。元旦是从夜里子时算起的，元旦的首要事项是祀神祭祖，拜见尊长。在亲朋互相贺岁、贺元旦、拜年时，一般要喝春酒；相互请客吃饭，名为"年节酒"。对各地丰富多彩的饮食活动，文献有详尽的描述。清人《帝京岁时纪胜》，对京师地区饮宴的盛况作了介绍：元旦为"除夕之次，夜子初交，门外宝炬争辉，玉珂竞响。肩舆簇簇，车马辚辚。百官趋朝，贺元旦也。闻爆竹声如击浪袭雷，遍呼朝野，彻夜无停。更间有下庙之博浪鼓声，卖瓜子解闷声，卖江米白酒击冰盏声，卖桂花头油摇唤娇娘声，卖合菜细粉声，与爆竹之声，相为上下，良可听也。士民之家，新衣冠，肃佩带，祀神祀祖；焚楮帛毕，昧爽阖家团拜，献椒盘，斟柏酒，饫蒸糕，呷粉羹。出门迎喜，参药庙，谒影堂，具柬贺节。路遇亲友，则降舆长揖，而祝之曰新禧纳福。至于酬酢之具，则镂花绘果为茶，十锦火锅供馔。汤点则鹅油方补，猪肉馒首，江米糕，黄黍饦；酒肴则腌鸡腊肉，糟鹜风鱼，野鸡爪，鹿兔脯；果品则松榛莲庆，桃杏瓜仁，栗枣枝圆，楂糕耿饼，青枝葡萄，白子岗榴，秋波梨，苹婆果，狮柑凤桔，橙片杨梅。杂以海错山珍，家肴市点。纵非亲厚，亦必奉节酒三杯。若至戚忘情，何妨烂醉！俗说谓新正拜节，走千家不如坐一家。而车马喧阗，追欢竟日，可谓极一时之胜也矣"①。此时，在食俗方面还有北人吃水饺（又名馄饨，煮饽饽），南方吃元宵（汤圆）的习俗。届时"无论贫富贵贱，皆以白面作角而食之；谓之煮饽饽，举国皆然，无不同也。富贵之家，暗以金银小锞及宝石等藏之饽饽中，以卜顺利。家人食得者，则终岁大吉"②。

立春是一个节气，同时又是正月里继元旦之后的节日。每届"立春日，各省会府州县卫遵制鞭春。京师除各署鞭春外，以彩绘按图经制芒神土牛，舁以彩亭，导以仪仗鼓吹。交春之刻，京兆尹帅两学诸生恭进大内"③。在食俗方面，清人吃春饼、萝卜、生菜等做成的春盘，谓之"咬春"。这一饮食习俗，在北方地区较为流行。

农历正月十五是上元节，又称元宵节、灯节，是民间又一个隆重的节日。在北方，欢庆三天，在南方则持续四五日。上元节的主要活动，一为张灯结彩，二为盛吃元宵（南方称汤圆）。京师地区，正月"十四至十六日，朝服三天，庆贺上元佳节。是以冠盖蹁跹，绣衣络绎。而城市张灯，自十三日至十六日四永夕，金吾不禁。悬灯胜处，则正阳门之东月城下、打磨厂、西河沿、廊房巷、大栅栏为最。至百戏之雅驯者，莫如南十番。其余装演大头和尚，扮稻秧歌，九曲黄花灯，打十不闲，盘杠子，跑竹马，击太平神鼓，车中弦管，木架诙谐，细米结作鳌山，烟炮攒成殿阁，冰水浇灯，簇火烧判者，又不可胜计也。然五夜笙歌，六街轿马，香车锦辔，争看士女游春，玉佩金貂，不禁王孙换洒。和风缓步，明月当头，真可谓帝京景物也"④。可见，民间在观灯时，还以其他游艺活动，借以助兴。放烟火是其主要娱乐活动之一，清人说，"烟火花炮之制，京师极尽工巧。有锦盒一具内装成数出故事者，人物像生，翎毛花草，曲尽妆

---

① 潘荣陛：《帝京岁时纪胜》，《正月·元旦》。
② 富察敦崇：《燕京岁时记》，《元旦·灯节》。
③ 潘荣陛：《帝京岁时纪胜》，《正月·进春·春盘》。
④ 潘荣陛：《帝京岁时纪胜》，《正月·上元》。

颜之妙。其爆竹有双响震天雷、升高三级浪等名色。其不响不起盘旋地上者曰地老鼠，水中者曰水老鼠。又有霸鞭、竹节花、泥筒花、金盆捞月、叠落金钱，种类纷繁，难以悉举。至于小儿顽戏者，曰小黄烟。其街头车推担负者，当面放、大梨花、千丈菊；又曰：'滴滴金，梨花香，买到家中哄姑娘。'统之曰烟火，勋戚富有之家，于元夕集百巧为一架，次第传热，通宵为乐"。更有各种"元宵杂戏，剪彩为灯"，如博戏，则有骑竹马、扑蝴蝶、跳白索、藏朦儿、舞龙灯、打花棍、翻筋斗、竖蜻蜓；闲常之戏则有脱泥钱、踏石球、鞭陀螺、放空钟、弹拐子、滚核桃、打尜尜、踢毽子等①，十分热闹。在饮食方面，民间盛吃元宵，此时"市卖食物，干鲜俱备，而以元宵为大宗"②。元宵，又称汤圆、面圆、粉团等，南方多用糯米做成。

上元节期间，南北方民间不仅盛吃元宵，而且还用元宵等食品作"祭食"，来礼神祭祖。如河南泌阳县民间"祀祖祭先，常供以外，复设汤圆、水茶、枣卷、面灯"③等物。山西保德州民间，有用"元宵拜扫先茔"的习俗④。在宫廷，上元节有放和合、廷臣宴、赐宴群臣等娱乐与饮宴活动。

每年农历正月二十五日，北方地区要过"填仓节"。有些地方称正月二十日为小填仓，二十五日为大填仓。这是一个以烹调饮食和祭仓神为主要内容的民间节日。《燕京岁时记》"填仓"记载："每至二十五日，粮商米贩致祭仓神，鞭炮最盛。居民不尽致祭，然必烹治饮食以劳家人，谓之填仓。"《帝京岁时纪胜》"填仓"条载称："念五日为填仓节，人家市牛羊豕肉，瓮餐竟日，客至苦留，必尽饱而去，名曰填仓。惟是京师居民不事耕凿，素少盖藏，日用之需，恒出市易。当此新正节过，仓廪为虚，应复置而实之，故名其日曰填仓。今好古之家，于是日籴米积薪，收贮煤炭，犹仿其遗意焉。"在北方一些农村，填仓节时有以粱黍、米面等做成供品，虔祀仓官的风俗。如山西阳城县民间，称"填仓节"为"天仓节"，每逢此日"各家以粱黍为屑作饼，虔祀仓官，名曰补天穿，俗曰添仓"⑤。陕西府谷县，每逢此节，家家户户"午食米面蒸食，不食虚粥，夜用米面作灯盏，或作人物，捧盏，名曰仓官，凡有窗处，点一二盏"⑥。

其二，农历二月的年节活动。二月初二日，民间有过龙头节的习俗。传说这一天为龙抬头的日子，有一系列的祭祀和饮食风俗。龙头节古称"中和节"，

---

① 潘荣陛：《帝京岁时纪胜》，《正月·烟火·岁时杂戏》。
② 富察敦崇：《燕京岁时记》，《灯节》。
③ 道光《泌阳县志》卷三，《风土记》。
④ 康熙《保德州志》卷三，《岁时》。
⑤ 同治《阳城县志》卷五，《风俗》。
⑥ 乾隆《府谷县志》卷四，《风俗·岁时》。

始自唐代。清代北方地区，该节日的各种风俗与"龙"有关。在京师每年二月初一、初二日，民间要吃太阳糕，并用作"祭日"供品；还要食"龙鳞饼"、"龙须面"，油糕、油煎糕点等，名曰熏虫。在吉林地区龙头节这一天，家家有"多食猪头，啖春饼"的习俗①。陕西府谷县户户"或食豆面，或食菜饼，谓之骑龙头"②。

在南方地区，每年农历二月时，民间有祭祀土地神的春祈活动，称为春社。这一天（立春后，五戊日即为社日），不仅是祀神祈谷的日子，而且是人们欢聚饮宴的节日。祭祀毕，人们要"餕余分肉，群饮为欢"。并将这些活动称为"打社"、"饮福"、"散福"。

农历二月初三日，民间传说是文昌帝的诞辰，文昌帝在人间有"赏功进士"的功能，所以，官府与士人都要为他祝寿，取名为"文昌会"。《清朝续文献通考》记载，由于天下府县，处处建立文昌庙和文昌宫，故每逢"文昌会"时，儒生士子"秩而祀之"。他们不仅供奉各种"祭食"和供品，祈求来年"金榜题名"，富贵显荣；而且祭祀后作会饮宴。如甘肃成县每年二月初三日文昌会时，儒生士人便聚集"文昌宫祝寿，作会饮酒"③。

农历二月十二日（有的地区为二月初三，有的地区为二月十五日），传为花王的生日，民间和士人有过"花朝节"的风俗。这一天，民间幽人韵士，有赋诗唱和、赏花、饮花朝酒和聚宴的习俗。《帝京岁时纪胜》"花朝"条载，京师地区，每年二月"十二日传花王诞日，曰花朝。幽人韵士，赋诗唱和。春早时赏牡丹，惟天坛南北廊、永定门内张园及房山僧舍者最胜。除姚黄、魏紫之外，有夭红、浅绿、金边各种。江南所无也"。地处江南的江西瑞州府，二月十五日为花朝节时，学者士人有"采百花酣饮赋诗，各学徒争饮谒长，谓之花朝酒"的习俗④。

其三，农历三月的年节活动。农历三月，有上巳、寒食节与清明节等节日。节日期间，民间或游春踏青，或家家户户祭扫祖宗坟茔，同时有许多与饮食有关的活动。农历三月初三日，民间认为是古之上巳节。每逢此节，有携酒食出游、踏青聚饮的习俗。河南泌阳县，每年三月三日"人多出游，追上巳拔除之遗风"⑤。江西瑞州府，上巳节时，民间"携酒盒郊游踏青，士民皆然"⑥。在京

---

① 光绪《吉林通志》卷二十七，《风俗》。
② 乾隆《府谷县志》卷四，《风俗·岁时》。
③ 乾隆《成县新志》卷二。
④ 同治《瑞州府志》卷二，《风俗》。
⑤ 道光《泌阳县志》卷三，《风土记》。
⑥ 同治《瑞州府志》卷三，《风俗》。

师有游蟠桃宫致祭饮宴的习尚。

清明节是农历三月的一个全国性的民间节日，而寒食节只在一些地区盛行，有的地区则是二者合一，但在更多地区寒食节已融并为清明节的活动内容，并为其所取代。清明节最主要的内容是家家户户制作各种"祭食"，以祭扫祖先的坟墓。因此，它不仅是民间规模盛大的祭祖活动，而且是内容丰富的饮食活动。陕西宜川县清明节时，民间有"戏秋千、拜坟，作馒头相馈，上缀多样虫鸟，名为子推，谓晋文公焚山，禽鸟争救子推"①的风俗。浙江云和县民间则是"清明插柳，谓之挂清；拜扫先茔，悬楮钱，谓之标墓"。在湖南永州地区，家家户户除"插柳于门"外，还"具酒肴合陇墓"，以祭奠先人②。

在京师地区，每届此节，扫墓人数更多，声势更浩大，"祭食"品种更丰富。普济堂、育婴堂等亦有施粥、赦孤的义举。《帝京岁时纪胜》记载："清明扫墓，倾城男女，纷出四郊，担酌挈盒，轮毂相望。各携纸鸢线轴，祭扫毕，即于坟前施放较胜。京制纸鸢极尽工巧，有价值数金者，琉璃厂为市易之。清明日摘新柳佩带，谚云：'清明不带柳，来生变黄狗'。又以柳条穿祭余蒸点，至立夏日油煎与小儿食之，谓不齼夏。"也有的地方用"祭食"供祭祖先，非郊外扫墓，而是在宗祠内进行。安徽繁昌县，世代聚族而居的宗族，祭祀后，常聚饮于祠，并按丁分享胙稻、胙肉。记载说民间凡"有宗祠之有，届期少长咸集，祭其先人，逐次饮于祠。亦有按丁分给胙稻、胙肉者"③。其节日祭祀与饮食风尚，殊于别地。

其四，农历五月的年节活动。农历五月端午节是重要的节日，这一天，不仅有赛龙舟等盛大的节日活动，而且家家户户还有争饮雄黄酒、菖蒲酒、吃粽子和家宴等丰富多彩的饮食活动。农历五月初五日，无论北方、南方，均过端午节。这一天，不仅要赛龙舟，家家以蒲艾插户，人皆佩艾、戴符、持香囊等物；而且争饮雄黄、菖蒲酒以避虫毒，吃粽子，举行家宴以贺节。粽子常称为角黍，它的种类很多，在京师地区，每届"五月朔，家家悬朱符，插蒲龙艾虎，窗牖贴红纸吉祥葫芦。幼女剪彩叠福，用软帛缉逢老健人、角黍、蒜头、五毒老虎等式，抽作大红朱雄葫芦，小儿佩之，宜夏避恶。家堂奉祀，蔬供米粽之外，果品则红樱桃、黑桑葚、文官果、八达杏。午前细切蒲根，伴以雄黄，曝而浸酒。饮余则涂抹儿童面颊耳鼻，并挥洒床帐间，以避虫毒"④。该日民间极盛游览之风，"或南顶城隍庙游回，或午后家宴毕，仍修射柳故事，于天坛长垣

---

① 嘉庆《延安府志》卷二十九，《岁时》。
② 道光《永州府志》卷五上，《风俗志》。
③ 道光《繁昌县志书》卷二，《风俗》。
④ 潘荣陛：《帝京岁时纪胜》，《五月·端阳》。

之下，骋骑走繂……喧呼于夕阳芳树之下，竟日忘归"①。

其五，农历六月的年节活动。农历六月，民间要过天贶节。六月初六日，时值盛夏，为感戴天日给人间的造化，民间要过天贶节。同时有祀神祭祖的习尚。天贶节主要是制作尝新解暑的食品，以供献土神、谷神、田祖和各自的祖先。在陕西延绥镇，每逢此节，家家户户"鸡初鸣，作绿豆汤，俗名浆水。迟明各携至祖茔浇奠，名解炎热，人以后至者为不孝"②。在北方一些地方，天贶节时，有酿酱造醋的风俗。在山西朔州，民间要家家"晒曲作面合酱"③。而在甘肃西和县，"人家于是日汲水，可以久蓄不坏，采百草和曲以酿酒"④。

其六，农历七月的年节活动。农历七月，民间有过"七夕"和中元节的习俗。在这两个民间节日里，除乞巧和祭拜祖先等外，还有丰富多彩的饮食活动。

农历七月初七日晚，民间有姑娘、童女乞巧的风俗。故这一天又称为乞巧节或七夕。其活动是家家陈瓜果和焚香于庭，以祭祀牵牛、织女二星乞巧。而祭祀用的瓜果，种类颇多，如苏州民间，每年"七夕前，市上已卖巧果，有以白面和糖，绾作苎结之形，油氽令脆者，俗呼为苎结。至是，或偕花果，陈香烛于庭，或露台之上，礼拜双星以乞巧"⑤。在安徽繁昌县，七夕时有"闺秀设茶果于露台乞巧"的习俗⑥。在京师地区，民间除乞巧外，还有街市卖巧果、家人设宴欢聚等饮食活动。在皇宫，每逢七夕，亦有设果桌祭牛女，皇后亲行拜祭的礼仪。

农历七月十五日中元节，是民人祭祀祖先、怀念亡灵的日子。民间称这一天为鬼节、七月半或麻俗节。民间向有"中元祭扫，尤胜清明"的说法。节日期间，家家户户制作各类祭食，以奠祭先人。在山西阳高县有"十五日墓祭，家家送面人"⑦祭祖的习俗。阳城县民间是"搏面肖麻谷、人物各形，竟祀田祖，并上冢焚纸祀先"⑧。京师地区中元节时，民间除作各种"祭食"祀祖外，寺观设盂兰会，超度亡灵，燃放河灯，以普渡慈航。

其七，农历八月的年节活动。农历八月，民间都过中秋节，家家户户不仅要赏月、拜月，而且还要吃月饼、瓜果等节日饮食。八月十五日中秋节，民间

---

① 潘荣陛：《帝京岁时纪胜》，《五月·天坛》。
② 嘉庆《延安府志》卷三十九，《岁时》。
③ 雍正《朔州志》卷三，《风俗》。
④ 乾隆《西和县志》卷二，《风俗》。
⑤ 顾禄：《清嘉录》卷七，《巧果》。
⑥ 道光《繁昌县志书》卷二，《风俗》。
⑦ 雍正《阳高县志》卷二，《风俗》。
⑧ 同治《阳城县志》卷五，《风俗》。

又称八月节、八月半。此节时家家户户团聚,共赏明月,因此,也称团圆节。中秋节时,民间有吃月饼和各种瓜果的风俗。拜月时,有"男不拜月,女不祭灶"的说法,拜月多由妇女与儿童进行,拜祭前,先将月饼、瓜果供月,然后参拜。浙江云和县的习俗为"儿童陈月饼,罗拜于庭,谓之拜月"①。拜月后,家家户户,一边赏月,一边品尝各种月饼、瓜果。在京师地区,每逢中秋佳节时,人们供月和品尝的月饼、瓜果更为丰盛。除各种月饼外,还祀以切成莲花瓣形的西瓜、苹果、枣果、枣、李、梨、毛豆、石榴、丹柿、莲藕、鸡冠花等,中秋月夜,"皓魄当空,彩云初散,传杯洗盏,儿女喧哗,真所谓佳节也"②。

其八,农历九月的年节活动。农历九月,有"重阳节",清人有插茱萸,饮茱萸、菊花酒,吃重阳糕,登高赏菊等习俗。是日,民间除饮重阳酒外,还有吃花糕(重阳糕)的习俗。花糕不仅制作精美,配以图案,而且品种繁多。如文献说:"京师重阳节花糕极胜,有油糖果炉作者,有发面累果蒸成者,有江米黄米捣成者,皆剪五色彩旗以为标帜。市人争买,供家堂,馈亲友。小儿辈又以酸枣捣糕、火炙脆枣,糖拌果干,线穿山楂,绕街卖之。有女之家,馈遗酒礼,归宁父母,又为女儿节云。"③ 可见,市肆供应的花糕,有两种,一种以糖面为之,中夹细果,两层三层不同,此为最精美者;另一种为蒸饼之上星星然缀以枣栗,此为次之的重阳糕。每届节日,多预为制作以应市。

农历九月九日,京师民间,除喜吃花糕外,还喜"提壶携榼",去天宁寺、陶然亭、西山八刹等处,"出郭登高"赏菊,"赋诗饮酒,烤肉分糕"的习俗④。也有都人结伴相邀,或前往西山看红叶,或"治肴携酌","痛饮终日"以"辞青"。更多的民人,是日或制作酒食,去道院祭拜;或家家户户,合家团聚,"以良乡酒配糟蟹等而尝之,最为甘美"⑤。

其九,农历十月的年节活动。农历十月,民间有"寒衣节",是一个与祭祀和饮食有关的节日。农历十月初一日寒衣节,是一个以"祭食"祭祀祖先,并为祖先亡灵送寒衣的节日。其"祭食"供品,与中元节大致相同。此时,天气渐寒,皮货商人,见西北风急烈,预定皮革肯定得价,于是争相庆贺。文献描述说皮货商人有占风饮宴的习俗,届时,众商"治酌陈肴",杯觥交错,通宵聚饮方散。

---

① 同治《云和县志》卷十五,《风俗》。
② 富察敦崇:《燕京岁时记》,《中秋》。
③ 潘荣陛:《帝京岁时纪胜》,《九月·重阳》。
④ 富察敦崇:《燕京岁时记》,《九月九》。
⑤ 富察敦崇:《燕京岁时记》,《糟蟹》。

其十，农历十一月的年节活动。农历十一月，民间有过冬至节的习俗。冬至后，为一年中最为寒冷的数九寒天。清人视此节"仪如元旦"，某些地区称其为"亚岁"，甚至有"冬至大如年"的民谚。在北方地区"预日为冬夜，祀祖羹饭之外，以细肉馅包角儿奉献。谚所谓'冬至馄饨夏至面'之遗意也"①。馄饨之形"有如鸡卵，颇似天地浑沌之象，故于冬至日食之"②。届时不仅皇帝要"亲诣圜丘，举行郊天大祭"，而且祭天后，有将"冬至胙肉纳之怀"，"携回斋宫"的习俗③。

在南方广大地区，每届冬至节时，盛行做节令食品，或家众团乐而食，或馈送亲友，共度佳节。福建民间冬至节时，家家户户有做果圆"添岁"的习俗，如汀州"人家作米圆，家众团乐而食，谓之添岁"④。广西民间冬至时，则喜吃粽子，如北流县"祭祀祖先，各家多包米粽，送亲友，并给佣人"⑤。在广东增城县，每年冬至节，民间"作糍以祀祖先"⑥。云南楚雄县届冬至时，有家家户户以"食糯饼饭饵"为贺节之乐事的习俗⑦。

每年农历十一月，京师时届隆冬，冰天雪地，都人则以冰上之"拖床"或"冰床"做交通工具，以"冰舟"、"冰车"代行。此冰床以人力肩负拖之，其行甚速。富贵之家，往往将数床并给，然后治酌陈肴于上，欢饮高歌，并饱览沿途冰雪世界的奇景，是为"冰上宴饮"。

其十一，农历十二月的年节活动。农历十二月，已届年终岁尾，民间有过腊八节和祭灶的风俗。每年农历十二月初八日，为腊八节。传说，这一天是佛祖释迦牟尼得道成佛的日子。因此，寺院要作佛会，并熬粥供佛或施粥贫者；民间要用各种米、豆、果品等物，熬制"腊八粥"，或合家聚食，或祀先供佛，或分赠亲友；而在笃信佛教的宫中，极重视此节，不仅派王公大臣监督雍和宫熬腊八粥供佛，而且宫内还要用大锅煮粥供佛并分赐王公大臣品尝。除腊八食粥外，民间与宫中或凿冰祀神、贮窖；或家家争做腊肉、腊醋、腊酒、腊水等。地处南方的湖北荆州府地区"是日人家汲水贮盎，谓之腊水，酿秫曰腊酒，盐脯曰腊肉，盖亦周礼之昔酒，大易之腊肉也"⑧。

农历十二月二十三日或二十四日晚上，民间有祭灶祀神的风俗，是日又称

---

① 潘荣陛：《帝京岁时纪胜》，《十一月·冬至》。
② 富察敦崇：《燕京岁时记》，《冬至》。
③ 徐珂：《清稗类钞》第十三册，《饮食类·冬至胙肉纳于怀》。
④ 乾隆《汀州府志》卷六，《风俗》。
⑤ 光绪《北流县志》卷九，《风俗》。
⑥ 嘉庆《增城县志》卷一，《风俗》。
⑦ 宣统《楚雄县志》卷二，《风俗》。
⑧ 光绪《荆州府志》卷五，《风俗》。

"灶王节"。有的地方称"小年"、"小年夜"、"小除"等。"祭灶",北方地区多在腊月二十三夜进行。而南方地区则多在腊月二十四日夜举行,也有较为特殊者,如湖北宜昌府于腊月二十三日祀灶;广东的遂溪县在腊月二十五日送灶。清人每年祭灶,这是由于民间认为此日灶王爷要上天去汇报人间的善恶事,因此要为他送行,请他吃好的,从而为人们除恶扬善,"上天言好事";然后,"下地保平安"。清人祀灶时,有专门的"祭品"。这些祭品除羹汤外,还有糖瓜糖饼。有的还为灶王爷所骑神马摆设供品。有的祭品,用意颇深,如人们为防止灶王爷上天时说坏话,于是供祭糖饼,使之"胶牙"。更有甚者,一些地区竟用酒糟涂抹灶门,使灶王爷成"醉司命",而不能乱说话。

(二)年节岁时的游乐活动

清代的年节游艺娱乐活动,除歌舞、民间百戏演出外,还有各种民间曲艺、民间艺术、杂技、杂耍等娱乐内容,致使节日期间,呈现出一幅艺花竞放、色彩斑斓纷呈的生活图景。

其一,中原汉族地区的年节游乐。清代的京师,是全国政治、经济、文化的中心,也是各种年节活动的荟萃之地,由它可窥知清代中原汉族地区年节娱乐活动的基本概貌。

元旦的娱乐:清人吴锡麒著《正味斋日记》载称,新年朝元会罢"士大夫联裾接襫,以纵游观,至收灯而止,谓之'光厂'。百戏之属,则有演书、跳鉈,料虎、驯熊、幻技、乔妆,穷变尽巧"。光绪时让廉著《京都风俗志》记述,正月初一日,子时后,少年游冶,演习歌吹,儿童鸣锣击鼓,踢球舞棒,"以及竹马风筝,不论昼夜,随意所之"。正阳门外琉璃厂、西直门内曹公观等处,是月"陈设杂技,锣鼓聒耳,士女车马,蜂拥蚁聚,阗塞街市",更是热闹非凡。

元宵的娱乐:元宵节时各种娱乐与游艺活动丰富多彩。而观灯是这一节日的中心内容。昭梿《啸亭续录》记载,清代帝后、王公大臣及少数民族上层首领、外国使臣等上元节观烟火及举行宴会主要在西苑西南门内的山高水长楼。西厂有舞灯、放烟火和各种马戏、马术表演;届时,还在圆明园的宫门内,燃放烟花盒子。届时,全国各地城乡举行放烟火和观灯等游艺活动。光绪陕西《凤县志》记载,该县每年的"上元灯节",民人皆"醵金结社,扮演百戏,如龙灯、走马、烟火、秋千之类,扎束甚精"。社内有力之家,"教习抬歌,择娟秀子女扮演,衣妆服饰务出新奇,更兼宝玩毕陈,匪但罄其家藏,亦且取之外府,极一时视听之娱。游戏通衢、衙署,每至一处,彩红、酒果赏耗,务各从丰。盖好胜之念隐见一斑。火树银花,为近境所不多见。二十三日为送懒之期,男巫扮作懒妇,群相鼓噪,舁送郊外,谓之'送懒婆',盖妇女嬉于度岁,至是始习女红，故相传是俗"①。灯节期间，在京师也有滚绣球、骑竹马、扑蝴蝶、跳百索、藏朦儿、舞龙灯、打花棍、翻筋斗、竖蜻蜓等搏戏，脱泥钱、踏石球、鞭陀螺、放空钟、弹拐子、滚核桃、打夯夯、踢毽子等闲常之戏和杂耍。更有施放烟火的习俗，烟火种类甚多，有盒子、花盆、烟火杆子、线穿牡丹、水浇莲、金盘落月、葡萄架、旗火、二踢脚、飞天十响、五鬼闹判儿、个角子、炮打襄阳城、匣炮、天地灯等名目。届时富室豪门，争相购买，银花火树，光彩照人，车马喧阗，好一派"笙歌聒耳"的欢乐景象。

清明节的游乐祭祀活动：潘荣陛《帝京岁时纪胜》记载，清明扫墓时，清人还各携纸鸢线轴，祭扫毕，即于坟前施放较胜。放风筝已成当时妇女儿童喜爱的游艺娱乐活动之一。孔尚任《燕九竹枝词》称："结伴儿童裤褶红，手提线索骂天公；人人夸尔春来早，欠我风筝五丈风。"李声振《百戏竹枝词》云："百丈游丝放纸鸢，芳郊三五禁烟前。风筝可惜名空好，不及雷琴张七弦。"此外，荡秋千之戏，亦是清明节的主要游艺活动，此节又称"秋千节"。

端午节的游乐习尚：清人有龙舟竞渡的习俗。昭梿《啸亭续录》称，乾隆初，宫中"上《乾隆帝》于端午日命内侍习竞渡于福海中，皆画船箫鼓，飞龙鹢首，络绎于鲸波怒浪之间，兰桡鼓动，旌旗荡漾，颇有江乡竞渡之意"②。李声振则在《百戏竹枝词》中说："龙舟，舟作龙形，上设彩幡，置箫鼓为乐，近津门亦有五月演者。"

中元节的游艺习尚：每年此节，京师在运河二闸放河灯外，更有扮演秧歌、狮子诸杂技和其他游艺活动者。《旧京风俗志》记述，二闸在东便门外，每届七月十五左右，该处酒馆茶肆之商人，联合船主，为昌盛其营业起见，在城中邀请各会，如狮子、秧歌、开路、五虎棍、杠子、双石头等，先在船上演唱，至二闸时，即在闸头演唱，最后在闸南龙王庙降香，以符合香会之意，因之引动城内喜于游乐之观众，纷至沓来，热闹非凡。

重阳节的游乐活动：京师重阳节的游乐活动主要是登高、访菊，在城墙下观八旗操演，妇女簪挂金灯等。

冬至节的游艺活动：京师冬至节的游乐活动，无论是宫中或民间，最喜欢的是健身滑水竞技。届时，朝廷要在太液池举行八旗官兵滑冰检阅。现藏于故宫博物院的乾隆时绘的《冰嬉图》，其主要画面所显示的是冬至的花样滑冰和冰上杂技。花样滑冰的动作有大蝎子、金鸡独立、哪吒探海、双飞燕、千觔坠等。杂技滑冰则有射箭、爬杆、翻杆子、飞叉、耍刀、使棒、弄幡等，并在竿上、

---

① 《方志民俗资料·西北卷》，第78页。
② 昭梿：《啸亭续录》卷一，《端午龙舟》。

杠上、肩上、臂上表演倒立或扯旗等竞技动作。与此同时，民间的盛行滑冰，宝竹波的《偶斋诗草》记载："朔风卷地河水冻，新冰一片如砥平，何人冒寒作冰戏，……年年结队嬉郊冰。"表明城郊滑冰者喜欢此项运动。

腊八节和灶王节的游娱习尚：届时，辞岁时有敲"腊鼓"风习，《日下旧闻考》载其风俗为"十二月，羯鼓声益喧，曰迎年鼓"。而《燕台新月令·十二月》称，此月还在宫廷表演莽式舞，"莽式演于庭，窗眼出，皮球踢，太平鼓伐，儌枝登架，造化吃戏园，剪庖丁为上客"。

其二，京师年节庙会与民间百戏。清代京师各处的大规模庙会，如妙峰山庙会，各种"香会"、"花会"、"中元的盂兰盆会"时，有各种娱乐演出，内容包括歌舞、音乐、武术、杂技、曲艺等民间艺术。这些民间表演艺术，在长期的发展过程中，形成了"百戏"。清代的"百戏"在形式上不但包括音乐、舞蹈、杂技、武术、幻术和一些体育活动，而且还包括戏剧声腔、曲艺及民间杂耍、工艺美术等内容。李声振《百戏竹枝词》一书说，百戏内容是：吴音、弋阳腔、秦腔、乱弹腔、月琴曲、唱姑娘、四平腔、花档儿、女优、琵琶伎、霸王鞭、十不闲、蹅谣、打盏儿、鼓儿词、弹词、评话、宫戏、独角班、八角鼓、打花鼓、太平鼓、莲花落、唱道情、口技、大头和尚、焦侥、穿心国、波斯进宝、跳钟馗、迎拗芒、春官、赛龙神、春婆、师婆、观肚仙、秋千架、影戏、介妇、反腰、竖蜻蜓、角抵、扎高脚、台歌、闹五鬼、走冰鞋、舞中幡、舞索、刀山、飞刀、舞叉、引腹受匏、射鼓、射天球、弄丸、舞冰盘、坛技、扇技、天饶、蹬梯、踢毽子、踢鞠、放风筝、乞巧针、拔不倒、旱船、吞剑、吞火、飞钱、变金钱、鬼搬运、空中取酒、黄果园、冰山、鳌山灯、爆竹、火判官、雪灯、竹马灯、龙灯斗、走马灯、狮子滚绣球、龙舟、跳大虫、猴戏、骗橐驼、马衔鞭、羊车、哈巴狗、调鹦鹉、画眉曲、斗鸡、放鸽、斗鹌鹑、麻雀衔旗、衔卦帖、舞蛇、驯鼠、斗蟋蟀、斗百草等。

二 宗教与纪念性节日活动

清代除汉族外，各民族因宗教信仰方面的差异，文化背景的不同，汉族和少数民族的宗教与纪念性风俗，呈现出各自的民族特点。汉族地区的宗教与纪念性节日，有的是泛地区的，如"浴佛节"；有的则因地区信仰的不同，而属行业性或地区性的，如"妈祖节"以及在闽、台民间的祭祀、纪念性节日，更显示出较为独特的区域特色。

其一，浴佛节活动。民间传说，四月初八日是佛祖的生日，届时，不仅要浴佛、祭祀，而且有禁屠宰、寺院撒豆结缘、做乌饭（乌饭，又称青精饭）馈送等饮食习俗。寺院与民间的撒豆结缘之风，尤以京师为盛。每年四月"八日为浴佛会，街衢寺院搭苦棚座，施茶水盐豆，以黄布帛为悬旌，书曰普结良缘。禁屠割。都人多于悯忠寺游玩，施斋饭僧，讲经于讲堂，听讲者甚夥"①。民间有施"舍缘豆"的习俗，"四月八日，都人之好善者，取青黄豆数升，宣佛号而拈之。拈毕煮熟，散之市人，谓之舍缘豆，预结来世缘也"②。

南方的浴佛节，还有做乌饭相馈送的习俗。江苏乾隆《直隶通州志》记载：四月初八日浴佛节，"造乌饭相饷遗，谓之'青精饭'"③。浙江光绪《临安县志》云：四月八日俗传浴佛，民间"采楝叶染米作饭，曰'乌饭'"④。同治《安吉县志》说：该地民俗"佛生日"，"啖青精饭，亦云乌米饭，以乌树叶浸秫米令黑，去水蒸熟，用糖拌食。女初于归，女家必送之"⑤。嘉庆《长兴县志》称：初八日，相传为释迦佛诞辰，"人家以南烛草染糯作黑饭供佛，因相馈送"⑥。江西同治《瑞州府志》载：四月八日，"浮屠以桐叶汁蒸饭遗俗家，名浴佛会。男女蔬素供佛以祈福"⑦。

清代满洲贵族统治者重视佛教，每年四月初八日浴佛节时，皇宫中有煮青豆，分赐宫女、大臣等，谓之"吃缘豆"。《清稗类钞·浴佛节之缘豆》条载："四月初八日为浴佛节，宫中煮青豆，分赐宫女内监及内廷大臣，谓之吃缘豆，以为有缘者方得啖之也。光绪间，驻京各使眷属订期四月初九日，觐见孝钦后于宁寿宫。外部侍郎联芳奉派为翻译，先一日入宫，察看布置之是否合法。是日适为浴佛节，孝钦与诸宫女方作投琼之戏，大啖缘豆。联芳趋经宫外，低首疾驰。孝钦遥望见之，大声呼其名，联惊而趋入，赐以缘豆一小碟，联就阶下跪啖，叩首谢恩而退。"可见，四月初八日浴佛节时，民间与宫中均有吃缘豆的饮食风尚。通过这项带有宗教色彩的饮食活动及"因缘"纽带，从而将人、神、佛、官，以及食道、官道、医道（祈求平安）、今生、来世、前世等，巧妙而又紧密地结合起来，真是一举数得的"善事"。

其二，民间的宗教性节日活动。民间逢诸多宗教性节日时，要举行祭祀、娱乐、饮食等活动，以示对神灵的敬奉，并祈求神灵保佑消灾赐福。如农历二月朔为中和节，河南《祥符县志》记载该日"姻亲互饷细面，谓之龙须面。取豆生芽者火炙之，以禳虫毒。有神曰句龙，'春社'祀之"⑧。三日为文昌诞辰，

---

① 潘荣陛：《帝京岁时纪胜》，《结缘》。
② 富察敦崇：《燕京岁时记》，《舍缘豆》。
③ 《方志民俗资料·华东卷上》，第517页。
④ 《方志民俗资料·华东卷中》，第612页。
⑤ 同上书，第752页。
⑥ 同上书，第759页。
⑦ 同上书，第1105页。
⑧ 《方志民俗资料·中南卷上》，第18页。

各地有宗教祭祀活动，江西《会昌县志》说：文昌会城乡皆有之，"社友相与赴文昌宫拜祝神诞，餕余酬饮，共享神惠"①。云南《昆明县志》称：民人"谒宝成门外，觞咏为乐"②。十六日为"玉皇会"，四川《德阳县新志》载：该地玉皇观"列肆不及姜祠，而进香人亦复不少。庙前有古柏数株，病者咸量其高，下注艾以炙之，云能祛病，在目齐目，在心齐心，未知其验否也"③。十九日为观音会，《德阳县新志》记载，"至日进香者联络数十里，游人杂沓，喧哗鼎沸。凡饮食之物、戏玩之具，填溢衢路"④。

农历三月三日为"真武诞日"，许多地方有谒真武庙等祭祀活动，江苏《常昭合志稿》称，该地民人前往"拂水祠进香（乡人结社拜香，每社由会首率之，且诵且拜，鱼贯登山）"⑤。江西《会昌县志》说："至期演剧庆祝，男妇求示灵签。"⑥ 四川德阳县民间有"壁山会"，在县北圣觉寺。"壁山神并妻妾像，刻木为之，机关转捩，皆可屈伸，祈子者多祷焉。得子，则以红布数尺横覆像首，只鸡斗酒以酬报之。杀鸡必于座前，是日鸡血常凝至寸许焉。"⑦ 江苏《常昭合志稿》记载，二十日，"湖田人诣致道观迎李王神像"，然后"下乡龙舟竞渡"；二十八日为"东岳天齐诞日"，"各庙神齐赴，似人间颂祝，华轩彩仗，争奇炫丽。凡乡有岳庙者皆然"。二十九日，"东门外乡人祭赛忠孝王，有龙舟竞渡"⑧。

农历四月八日为"浴佛会"，又名"如来出世日"，"名刹禅院，祈禳甚众，有以熟大豆贮桦中，听人手抪，谓之结缘"⑨。四川德阳县民间是日"释子各寺敲钟击鼓，以香汤浴佛躯，乡村叟妪云集而礼拜焉。此日又为"城隍会"，俗传为"城隍夫人生辰"，故妇女进香尤多，来必以夜，谓夫人之义主乎阴也。"灯烛晖光，照彻如昼，达旦不息……惟许白日演戏致祀而已"⑩。陕西临潼县民间，该日有"赛祭城隍庙"的风俗⑪。福建《永春州志》说该地"寺刹建龙华会以祀佛"⑫。

农历六月六日为晒经会，在四川德阳民间，"释子陈佛经晒于日中，礼佛者

---

① 《方志民俗资料·华东卷中》，第1171页。
② 《方志民俗资料·西南卷下》，第733页。
③ 《方志民俗资料·西南卷上》，第122页。
④ 同上。
⑤ 《方志民俗资料·华东卷上》，第429页。
⑥ 《方志民俗资料·华东卷中》，第1171页。
⑦ 《方志民俗资料·西南卷上》，第122页。
⑧ 《方志民俗资料·华东卷上》，第429—430页。
⑨ 《方志民俗资料·中南卷上》，第18—19页。
⑩ 《方志民俗资料·西南卷上》，第123页。
⑪ 《方志民俗资料·西北卷》，第49页。
⑫ 《方志民俗资料·华东卷下》，第1298页。

亦云集，惟县西高斗寺演戏最盛"①。六月十九日为白衣神诞，在江西会昌县民间，有"先一日迎神，自水东庙出游，各铺户门首设香案迎接"的风俗②。七月七日为祁山道人赖神诞日，民人"先日迎神出游，城乡市镇皆演剧恭祝，以答神庥"。七月十五日为中元节，延僧建醮诵经，各斋戒。八月十二日为许真人诞辰，"各虔设斋供至庙稽首，唤优人演戏，城乡皆然"。九月九日为"九皇会"，"自初一日始斋，至重日止，设坛拜斗诵经"。十月初一日为"十月朝"，"名斋戒素供，于是日清晨谒祖祠及各坛宇"③。二日为"牛王会"，在四川德阳县民间"农家尤重之。城市则皆有牛王庙，乡村则寺观亦塑牛王像，比户合钱演戏以酬神，彼此争先，乐部为之增价"④。

三　少数民族年节生活

清代各少数民族的年节及游乐活动，因时因地而异，丰富多彩。这些年节活动时尚及游乐活动，不仅是政治、经济、文化发展的直接产物，而且是展示与表现一个时代社会风貌、物质文明与精神文明（宗教信仰、文化艺术、民族心理、社会交往）、民俗文化的最为生动的橱窗。这些具有全息性质的年节生活时尚和游乐活动，随着社会的发展，地域、民族、生产方式与生活方式的不同，其内容和形式随之发生变异。究其原因，则是与人们各自不同的宗教祭祀、生产活动、社交、娱乐活动、岁时活动，以及各民族间相互影响有着密切的关系。多姿多彩的年节与游乐活动，不但增添和烘托了节日的浓厚喜庆气氛，而且它还多侧面展示出各族人民对生活的祝愿、祈求和对美好未来的憧憬、期待与渴望的群体性社会心态。

（一）少数民族的传统性年节

各少数民族的传统性节日与活动

节　期	节　称	过节民族	过节地区
农历12月1日	灭鼠节	苗族龙姓节日	贵州镇远、施秉
	壮年	壮族	贵州从江一带
12月2日	苏宁节（妇幼节）	壮族	黔南、桂北
12月6日	六过年（大年节）	普米族	云南宁蒗、四川木里盐源

---

① 《方志民俗资料·西南卷上》，第123页。
② 《方志民俗资料·华东卷中》，第1171页。
③ 同上。
④ 《方志民俗资料·西南卷上》，第123页。

续表

节 期	节 称	过节民族	过节地区
12月7日	俄喜节	藏族	四川木里
12月10日	密枝节	彝族	云南弥勒、路南
12月14日	烧白柴节	阿昌族	滇阿昌族地区
	大十五节	普米族	滇宁蒗地区
12月15日	老人节	哈尼族	滇哈尼族区
藏历12月15日	洞更谷乳木	珞巴族	藏珞瑜东部
农历1月间	盍什节	傈僳族	云南怒江一带
	卡雀哇	独龙族	云南贡山
	特毛且	基诺族	云南景洪
12月25日	千灯节	蒙古族	新疆
12月28日	陀螺节	壮族	广西
	舞春牛	侗族	广西龙胜
	迎春节（赶春节）	苗族	湘西
12月29日	社公节	壮族	广西环江
	姑婆节	侗族	广西侗族地区
	过起年	土家族	川、湘、鄂交界处
农历1月1日	白节（白月）	蒙古族	蒙古族地区
	跳花会	布依族	布依族地区
	江（葛南）	黎族	海南岛
	扩塔	拉祜族	云南山区
	新春灯会	纳西族	川、滇纳西族地区
	村巷节	白族	云南地区
	阿涅	达斡尔族	东北达斡尔地区
	蚂另节	壮族	广西东兰、凤山
	畲族年	畲族	东南山区
藏历12月29日	跳神节	藏族	西藏地区
农历1月2日	祭门主节	苗族	西南苗族地区
藏历1月1日	落萨节（藏历年）	藏族	西藏等地
农历1月3日	跳花山节	苗族	西南苗区
	铜鼓节	瑶族	广西田林
1月4日	窝罗节	阿昌族	云南德宏地区
月5日	龙头节	瑶族	云南河口

续表

节　期	节　称	过节民族	过节地区
1月8日	上十节	畲族	闽浙畲族地区
	曼拉节	藏族	甘肃卓尼
	祭龙	哈尼族	云南石屏
1月9日	上九节	藏族	云南夹金山
1月10日	正月大会	裕固族	甘肃南部
	额节	水族	贵州荔波
1月12日	跳花场节	苗族	贵州惠水、紫云、安顺
1月13日	巡田坝	傣族	云南绿春
农历1月15日	歌墟节（歌节）	壮族	广西地区
	塔尔寺灯节	藏族	青海湟中
	闹灯会	满族	辽宁地区
	白沙农具会	纳西族	云南地区
农历1月16日	古龙坡会	苗族	广西融水
	芦笙节	苗族	贵州凯里、舟溪
	目脑纵歌	景颇族	云南德宏
藏历1月15日	花灯会	藏族	拉萨等地
农历2月间	赛马节	藏族	川西地区
	赶年场	苗族	湘西地区
	跳花节	苗族	西南地区
	活路节	侗族	贵州镇远
	祭天节	纳西族	滇北、川南
	调年会	土家族	湘西地区
	砍牛尾巴	佤族	云南佤族地区
	灯节（舞龙灯）	苗族	黔东南、湘西
农历3月3日	歌圩节	壮族	广西壮族地区
4月8日	四月八	苗族	贵州龙里等处
4月18日	四月十八	锡伯族	新疆地区
4月25日	观音会	白族	云南上阳溪等地
5月26日	盘王节	瑶族	瑶族地区
6月2日	五谷庙节	壮族	广西龙胜地区
6月6日	赶歌节	苗族	湘、黔苗区
藏历6月15日	雪顿节	藏族	西藏地区

续表

节 期	节 称	过节民族	过节地区
农历6月24日	火把节	彝族	云南彝族地区
6月25日	火把节	白族	云南大理地区
农历6月30日	社庙	瑶族	广西南丹
7月7日	坦勒贵节	瑶族	瑶族地区
8月23日	耍海会	白族	云南洱海地区
农历十月间	十月年	哈尼族	哈尼族地区
	苗年	苗族	苗族地区

上述清代少数民族的传统年节，从年节的活动的内容、形成原因和背景来加以考察，则粗略可分为农事年节、祭祀年节、纪念年节、庆贺年节、社交游乐年节等五类。

（二）少数民族年节游乐风俗

清代少数民族传统年节的游乐活动，源于其政治、经济、文化、宗教、生产等诸方面的原因，较之汉族地区而言，不仅风格各异，而且千姿百态、生动活泼。

各少数民族主要传统年节游乐活动

节 期	节 称	民 族	游乐内容
农历12月6日	大年节	普米族	打靶、赛马、荡秋千
12月7日	俄喜节	藏族	对唱山歌、跳锅庄舞、赛马、射击、转山
12月10日	密枝节	彝族	唱歌跳舞
12月14日	大十五节	普米族	上山露营、篝火晚会
12月15日	老人节	哈尼族	祝福老人、敬酒、跳舞唱歌
藏历12月15日	洞更谷乳木	珞巴族	饮酒对歌
农历1月间	盍什节	傈僳族	对歌、射弩赛、跳无伴奏舞蹈
	卡雀哇	独龙族	宴饮、剽牛、跳舞唱歌
	特毛且	基诺族	敲牛皮鼓、唱歌、跳芦笙舞
农历12月25日	千灯节	蒙古族	摔跤、赛马、射箭、歌舞

续表

节　　期	节　　称	民　　族	游乐内容
12月28日	陀螺节	壮族	打陀螺比赛
	舞春牛	侗族	表演农事舞蹈
	赶春节	苗族	歌舞、荡秋千
12月29日	过赶年	土家族	跳摆手舞
农历1月1日	春节	满、白、布依、壮族	耍社火等
	跳花会	布依族	弹月琴、吹木叶、跳舞
	江葛晦	黎族	野游、跳年舞
	扩塔	拉祜族	走村串寨，歌舞
	新春灯会	纳西族	举行灯会竞赛
	蚂另节	壮族	唱蚂拐歌、跳铜鼓舞
	畲族年	畲族	摇毛竹、对歌
农历1月2日	祭山	彝族	宴饮、撵雀
藏历1月1日	洛萨节(藏历年)	藏族	赛马、歌舞
农历1月3日	踩花山节	苗族	吹笙、歌舞、赛马、射箭
	铜鼓节	瑶族	敲铜鼓、跳舞
1月4日	窝罗节	阿昌族	歌舞、祭祖
1月8日	上十节	畲族	祭祖、唱祭祀歌
	曼拉节	藏族	酒宴、对歌、跳舞
	祭龙	哈尼族	耍龙、祭龙、歌舞
农历1月9日	上九节	藏族	灯会、舞狮、摔跤、踩高跷
1月10日	额节	水族	祭祖、赛马、击铜鼓
1月13日	巡田坝	傣族	跳对扭舞、唱歌、巡田
1月15日	塔尔寺灯节	藏族	跳神、观灯、舞狮舞牦牛、踩高跷、跑旱船
	歌墟节	壮族	对歌、抛绣球、碰彩蛋，农历三月三、四月八、五月十二、中秋亦举行
	白沙农具会	纳西族	赛马、演戏
1月16日	古龙坡会	苗族	赛芦笙、踩堂、斗鸡、赛马、舞狮、对歌，农历八月十六日亦举行
	芦笙节	苗族	吹芦笙、跳舞、情侣对唱
	目脑纵歌	景颇族	举行目脑（跳舞）典礼、唱歌
2月间	赛马节	藏族	赛马、跳锅庄舞七八月亦举行
	赶年场	苗族	荡秋千、舞狮、耍龙灯、上刀梯
	祭天节	纳西族	打靶、射箭、七月为小祭
	舞龙节	苗族	舞龙灯串寨

续表

节　期	节　称	民　族	游 乐 内 容
农历 4 月 18 日	四月十八	锡伯族	弹跳唱诵，郊游
藏历 6 月 15 日	雪顿节	藏族	演藏戏
农历 6 月 24 日	火把节	彝族	跳锅庄舞、舞火把
7 月 7 日	坦勒贵节	瑶族	歌舞娱乐
8 月 23 日	耍海会	白族	划船、放生、文化娱乐活动
农历 10 月间	十月年	哈尼族	敲芒锣皮鼓、歌舞
	羌年	羌族	饮咂酒、唱酒歌、跳锅庄舞庆丰收
	郎卯	苗族	跳铜鼓、跳芦笙、对歌、斗牛、赛马

第九章
社会教化与娱乐生活

　　清代的教化与娱乐生活，内容宏富，形式多样。既有官方倡导的教化、戏曲、美术、音乐、歌舞、语言、文学、体育、竞技等，也包括民间自发兴起和参与的游艺娱乐、冶游、民间年画、雕塑、杂耍、曲艺等活动。清人的教化与娱乐活动，不仅拓展了清人的视野，在一定程度上，身心得以净化，而且它是清人文化生活中最具群体性与生命力的部分，故对封建伦理道德的传播、封建文化的继承与弘扬，对社会风习和人们精神面貌的改变，都产生了极为深远的影响。

第一节　社会教化

　　在社会教化活动中，经常性的、大规模的、卓有成效的活动，当为社会教育。各式学校，不仅是培养各种人才的场所，而且是传承文化知识、集中教谕人民的好地方。社会教化活动的核心，乃是社会教育。清朝统治者非常清楚潜移默化对长治久安的重要性，为了使理想中的社会规范及相关法规家喻户晓，清朝推行了一套讲约制度，"凡直省州县乡村巨堡及番寨土司地方，设立讲约处所，拣选老成者一人，以为约正；再择朴实谨守者三四人，以为直月。每月朔望，齐集耆老人等，宣读《圣谕广训》、钦定律条，务令明白讲解，家喻户晓"①。对此，历朝皇帝无不饬令各地认真实施。

顺治、康熙时期，主要寻找教化乡民的思想武器，经历了从孔孟儒学到程朱理学这样一个认识过程，教化乡民还处于草创阶段。满族入关后造成的城乡混乱局面，使礼制的恢复成为现实的迫切需要，顺治十二年（1655）御史魏象枢上奏，请求颁布礼书，他认为"夫礼者，所以辨上下、定民志也"，还说目前朝廷的急务是加强教化，而教化的首要条件就是恢复礼制，只有将历代礼制汇集成书颁行天下，才能达到使教化行于全国的目的②。顺治十六年（1659），经部议在全国推行约讲，规定乡里必须设立约正、约副作为讲解员，由全乡公举六十岁以上履无过、德高望重的生员或七十岁以上乡民担任，每月朔望（初一和十五）负责招集乡民宣讲顺治的六条，同时分别乡人善恶，实行登记③。此外还一度设立社学，要求农村"每乡置社学一区，择其文义通晓、行谊谨厚者补充社师，免其差役，量给廪饩养赡"④。

康熙帝继位后，把孔孟乃至程朱理学作为统治全国的官方正统思想加以推崇。尤其宋明理学将儒学进一步系统化、世俗化，更便于利用。他说："自汉以来儒者世出，将圣人经书多般讲解，愈解而愈难解矣。至宋时，朱子辈'四书五经'，发出一定不易之理。故便于后人。朱子辈有功于圣人经书者可谓大矣！"甚至认为"朱夫子集大成而继千百年传绝之学，开愚蒙而立亿万世一定之规"，朕"读其书、察其理，非此不能知天文相与之奥，非此不能治万邦于衽席，非此不能仁心，仁政施于天下，非此不能内外为一家"⑤。可谓对程朱理学推崇备至。他令人先后纂修了《朱子全书》、《性理精义》、《周易折中》等理学名著发行各地；将朱熹升配孔庙；朱熹所注四书，由朝廷明令定为科举考试必考内容。一时间形成"非朱子之传义不敢信，非朱子之家礼不敢行"的社会风气。康熙帝效法古代帝王"尚德化刑，化民为俗"，以儒学思想教育全国臣民，乃于九年（1670）十月向全国颁布"上谕十六条"，系统地阐述了他的乡教思想。其主要

---

① 嘉庆朝《大清会典事例》卷三百九十七，《礼部·风教》。
② 《皇清奏议》卷十四。
③ 《士庶备览》卷二，《讲约事例》。
④ 《钦定学政全书》卷六十四。
⑤ 《康熙政要》卷十六。

内容有：惇孝弟以重人伦、笃宗族以昭雍睦、黜异端以崇正学、讲法律以儆愚顽、明礼治以厚风俗、务本业以定民志。核心思想还是利用宗法关系，通过讲求儒学的纲常名教化导百姓，使人们安分守法。其中最主要的是"孝"，通过"孝"架起通往"忠"的桥梁。

"十六条"颁布后，规定地方官要在每朔望宣讲。理学名臣汤斌巡抚江苏，令属下官吏定期将士民召集到乡镇的空旷祠宇，选年老有德为乡人敬重者讲说，宣讲时须言语明白痛切使人感动。乡民平日闲暇，也要互相叮咛，一有过错就彼此展开批评和自我批评，以共存天理、同守王法①。官员还将"上谕十六条"加以发挥和注解，乃至将前人有关名教言论重新刊印，作为宣讲的辅助材料。九年（1670）安徽繁昌县知县梁延年认为"上谕十六条"铸词典雅，平常百姓未必都能理解，他用浅显俗语加以解说用于宣讲，结果"凡在编氓亦稍稍知向方矣"②。江南总督将其事迹上奏受到康熙帝的嘉奖，梁氏受宠若惊，又针对妇女儿童及目不识丁者，编辑成《圣谕像解》一书，于康熙二十年刊行。该书以十六条冠首，把经史中有关古人孝悌事迹分类排列，然后配上插图。梁延年说他编撰此书的目的"期于宣布圣化，俾目不知书者翻然动其为善之心，亦政教之一助也"③。魏裔介还著有《教民恒言》，其书"本'圣谕十六条'，衍为通俗之词，反复开阐以训愚蒙"。康熙帝很关心各地的教化情况，曾对直隶巡抚赵宏燮讲，移风易俗莫过于读书，应该在穷乡僻野皆立义学，教育贫民子弟④。康熙朝的乡村教化比顺治朝有了进步。

雍正、乾隆时期，清统治者对乡村教化的重要性有了更深的认识，以《圣谕广训》颁布为标志，完成了清代乡教的思想体系；教化已形成制度；执行中更多将儒家纲常名教与巩固封建统治紧密结合，以致"忠孝一体"成为这时乡村教化的突出特征。主要表现在：

其一，义学是封建官府为弥补府州县学的不足而设立的学校，其教育对象是广大乡村的儿童。陈宏谋说"义学之设，最有关于风化，历代皆重其事。乡间义学以广教化，子弟读书务在明理，非必令农民子弟人人考取科举也"⑤。他在西南做官时大力提倡兴办义学，四年时间"共得新旧义学六百五十余处"⑥。《牧令书辑要》也告诫那些做官的人，"建议义学，实养蒙之首务，于风俗顽悍

---

① 《训俗遗规》卷三，《语录》。
② 《圣谕像解》，《序》。
③ 《圣谕像解》，《凡例》。
④ 《康熙政要》卷十六。
⑤ 《五种遗规·养正遗规》，《补编·社学要略》。
⑥ 陈宏谋：《培远堂偶存稿》卷一，《序》。

处尤为要务。牧民者当认真举行以化民成俗"。蒙童平日学习除课读外,"必训以拜、跪、坐、立之礼仪,君亲节孝之大义",每逢朔望"馆师率领各徒以次序立,拜谒至圣,次拜馆师,次令各徒交相拜揖。馆师于该地恭讲'圣谕广训'令各学徒环立听讲,并许该耆老民人齐集听讲"①。从儿童抓起,用封建伦常培养封建社会的"安身良民",这就是义学教育的终极目的。

其二,借戏曲、小说喻世劝俗。杂剧小说,词曲浅显,妇女儿童一般都能理解,所以很受社会下层的欢迎。当时民间有很多应时戏,每当演出盛况空前。王克昌《春游竹枝词》有:"年年正月唱春台,妇女人多挤不开,笑煞村庄多看戏,么儿么女一齐来。"说的是成都乡下演"春台戏"的情景。江苏"每至春时,祈年报赛","于田间空旷之地高搭戏台,哄动远近男女,群聚往观,举国欲狂"②。甚至出现"一村演戏,众村皆至……移他村,亦如之"的景象③。对所谓有害世道人心的曲文,这时也加强了审查,乾隆四十五年下令抽撤删改一批剧本,理由是有些剧本中"如明季国初之事有关涉本朝字句……至南宋与金朝交涉词曲,外间剧本往往有扮演过当,以致失实者,流传久远,无识之徒或至转以剧本为真,殊有关系,亦当一体饬查"④。伊龄阿在江南派人暗地搜查昆曲,乾隆帝指示他"但须不动声色,不可稍涉张皇",留心查验,将应删改者删改,应抽掣者抽掣,陆续粘签以呈御览⑤。这种指导思想下出现的戏剧,内容是忠孝节义之事,所谓"欲劝人为孝,则举一孝子出名,但有一行可观,则不必尽有其事,凡属孝亲所在有者悉举而加之;一居下流,天下之恶皆归也,亦犹纣之不善不如是之甚也"。通过剧中人物的善恶报应,"使天下担夫贩竖、奚奴凡婢亦莫不耳而目之,心而志之,恍如有刀山剑树之在其前,不特平坦之气清明,即夜梦亦有所惧而不敢肆"⑥。

清中叶的小说也拥有众多的读者,所谓"士大夫农工商贾无不习闻之,以至儿童妇女不识字者,亦皆闻而如见之"⑦。其时小说也常常把伦常道德与因果报应等迷信思想结合一起,如笑花主人《今古奇观》序中提出作品应写"庸常","仁义礼智,谓之常心;忠孝节义,谓之常行;善恶因果,谓之常理;圣贤豪杰,谓之常人",这不可避免地使作品内容极端保守、狭隘,情节趋向程式

---

① 徐栋:《牧令书辑要》卷六,《教法》。
② 汤斌:《汤子遗书》卷九,《苏松告谕》。
③ 乾隆《郾城县志》。
④ 《清高宗圣训》卷二百六十四,乾隆四十五年十一月乙酉条。
⑤ 同上。
⑥ 李渔:《劝善金科·序》。
⑦ 钱大昕:《正俗》六十八《正俗》。

化。绝大多数小说全不讲艺术而居高临下教化气十足，有的明确主张"以通俗语言鼓吹经传"①，这些说教盈耳的作品形象干枯苍白、情节生硬，常使人不能卒读。乾隆后期问世的《娱目醒心编》序言论及说教小说危机的原因时认为因果报应之书，并非不足以劝人为善，问题就出在这类小说太注重伦理纲常以致遭人厌弃。孙楷第评论说："清以来有专主劝诫之书，与传奇用意似相近而又不尽同"，借小说来醒世劝俗，自古以来我国就有，"然皆以此自饰，自始至终本此意为书者则清之劝诫小说乃自成一体，为古昔所无"②。可见利用小说宣扬封建纲常名教的确是统治者为教化乡民而采取的又一措施。

雍正、乾隆时期的乡村教化之所以具有"忠孝一体"的特征，与清朝是少数民族建立的政权有密切的联系。汉民族中传统的"华夷之分"观念根深蒂固，对清统治构成直接威胁，因此这时的乡村教化一面竭力灌输儒家的纲常名教，使"华夷之辨"观念淡化于"君臣大义"中；另一方面也对鼓吹"华夷之分"的异端思想进行残酷镇压。于是"忠孝一体"的乡村教化，在广大乡村和乡民中产生了深远的影响。物质生活上人们遵循礼制，不敢稍有逾越，史载河北保安州民"宴答不过数簋"③；甘肃清水"婚丧鲜侈靡，与婚不论财"④；浙江于潜县民"衣着恒崇朴素，绅士不过布衣，妇女装饰不尚铅华，裙布钗荆，古风可见"⑤。即使原先服用奢华地方，经过教化也回归朴素，如陕西咸阳原来"崇侈靡，薄仁义，商贾竞利，嫁娶尚财，送死逾度"，乾隆时经地方官劝导风俗渐变，"士好读书，民尚廉正，男勤耕稼，女事桑麻"⑥，恢复到敦本尚俭的习俗。乾隆朝官员蒋熊昌说："百余年来太平长享，民生不见外事而安于乐生送死，以睦族敦伦"，这样的社会图景是"圣朝培育有素所使然"⑦。后来道光朝贺长龄也认为清朝二百多年"化行俗美，海内乂安，间有邪说诬民旋即歼灭"，"诚以渐摩既久、觉悟既然生，虽煽诱百端而邪不胜正，诚宣讲'圣谕广训'之明效也"⑧。两人从不同侧面得出了同一结论：乡村教化是清朝享国长久的一个重要原因。

嘉庆至光绪时期，在"康乾盛世"表面繁荣的背后，社会固有的矛盾日趋激化，终于引发了几次足以动摇王朝统治的农民起义，乡村教化也逐渐解体、

---

① 《觉世名言·序》。
② 孙楷第：《中国通俗小说书目·分类说明》。
③ 《保安州志》卷四，《风俗》。
④ 乾隆《清水县志》卷四，《风俗》。
⑤ 民国续修《杭州府志》卷七十四，《风俗》转引自乾隆志。
⑥ 乾隆合刊本《咸阳县志》卷一，《风俗》。
⑦ 参见《清史论丛》第四辑，第160页。
⑧ 《皇朝道咸同光奏议》卷四十一，《礼政类·学校》。

衰败。究其原因：其一，宣讲《圣谕广训》等有固定的时间、地点、人员、内容和方式，尽管皇帝和一些官员三令五申、不厌其烦长年鼓吹，但长此以往无论听者、讲者都会形成逆反心理，视之故套，导致形式主义。早在乾隆朝已出现了某些地方官宣讲时按照十六条口诵数条，念完即散的现象，至于"荷锄负米之夫，阛阓贸易之人并未有一人舍其末业前来听讲者，间或有行路之人驻足观听，又于圣言之精义未能入耳会心"①。乾隆帝自己也承认"但朔望宣讲，只属具文，口耳传述未能领会"②。到后来即使这样流于形式的"口耳传述"也少了，所谓"日久视为具文，仅于月之朔望循例口诵一、二篇，乡僻愚民非特不能听解，亦并不知有此（宣讲）一事"。

其二，官员因循敷衍。宣讲教化本是地方官员的一项重要职责，所谓"朝廷敷布政教，全赖州县奉行"。乾隆初年还规定督抚荐举下属，首先要看是否认真宣讲《圣谕广训》，但并非所有的"父母官"都认真重视，不久有人奏言宣讲"在州县不过奉行故事，而督抚开列在首条，亦不过遵循旧文"③。甚至说若问当时的州县官有关钱粮事务，无不知之，因催征钱粮有火耗之利。问其刑名偶尔也能知道，因钦定案件若迟误要受处分，"至其视教化之通塞，既无利于身家，复无碍于功名，则漠然无复留意者十居八九矣"④。如果说这些话不无夸大之处，那么到了嘉道以后的确如此，前文提到光绪朝卞颂臣令下属道府按月报告州县宣讲情况，还要填上某人在某地宣讲了几次，岂知事过数年，他就发现各州县仅于朔望循例宣讲，广大乡镇并未举行，而道府"不加考虑，第于课治表中泛填'按期宣讲'四字，按月上报"，惹得他不禁大动肝火，"以圣朝训民之良规、上官饬属之要务，无不视为故事报以虚文，官且不遵，安望民之能化乎"？⑤可见乡村教化的废弛与地方官员的因循有着密切联系。

其三，乾嘉以降，吏治腐败、官逼民反，是教化衰败的又一原因。清中叶以后官吏横征赋役，滥用刑罚，"乡里小民偶有睚眦之故，相与把持愚弄，不破其家不止"，吏治腐败导致民间结社迅速流布，洪亮吉在"征邪教疏"中说：当时湖北宜昌、四川达州一带虽有秘密宗教组织，然百姓大都顾恋身家，不愿加入，"州县官既不能化导于前，及事有萌蘖即借邪教之名把持、诛求之，不逼至于贼不至"。其时乡民起事无不以"官逼民反"为号召，章学诚《上执政论时务书》也将吏治腐败与农民起义联系起来，他说："贼扬言官逼民反……夫由官逼

---

① 《皇清奏议》卷三十三，《敬陈教民实政疏》。
② 同治《上杭县志》卷首，乾隆五年上谕。
③ 《皇清奏议》卷三十三，《敬陈教民实政疏》。
④ 同上。
⑤ 卞颂臣：《抚湘公牍》卷一，《札九府四州六厅》。

民反观之,则吏治一日不清,逆贼一日得藉口以惑众……夫贼以官逼为辞而吏治之坏又有不得不然之说,则吏治与寇患相与呼吸。"从这可以看出清中期以后乡村教化解体的必然趋势乃至农民起义不断爆发的根源①。

第二节 美术生活

清代的美术(包括雕塑与书法绘画、工艺美术)活动,是清人社会生活的重要环节。其艺术风尚,既能折射时代的时尚风貌,同时,又是清人文化心态和生活技艺情操的形象化再现。因此,从宫廷到民间的每一件雕塑与书法绘画、工艺美术作品,无不打上历史的烙印和时代的标记,并在奔腾不息的艺术长河中,闪射出自身独具的熠熠光彩。进而为清人的社会文化生活,增添了许多魅力与色彩。

一 雕塑艺术

雕塑作品,既是凝固了的音乐"旋律",更是人们向往现实与未来的物化的艺术"见证"。清代的雕塑品类繁多,包括石窟雕塑、民间雕刻(含木、竹、玉、牙等雕刻)、民间泥彩塑、陵墓石雕、墓室俑塑等门类。然而,由于清代处于封建社会晚期,封建专制的桎梏更形沉重、文网更加严密、文化意识园地的长期沉闷局面,都给予雕塑艺术以消极影响,致使其雕塑艺术风尚,多继承与模仿前代,而开拓进取与创新精神则大为缺乏,所雕刻塑造的艺术群像、实体,显得软弱、松弛和缺乏生气,与整个封建国家的日趋衰落的时代频率相共振。尽管如此,但在雕塑艺术的题材选取方面,在世俗的神佛造像和小品工艺雕塑方面,较之明代更形广阔,品类更多。

其一,寺庙雕塑风俗。清代虽未见石窟雕塑,但寺庙造像却颇为繁荣。其制作风格基本上是在承袭明代的基础上,进一步从神坛走向世俗化的。有的则完全因袭前代,在服饰样式上,唯求更形象真实,但在纹饰处理上,显然受到绘画线描的影响,故具体意匠技巧的运用,有许多优点。最具代表性

---

① 张瑞泉:《略论清代的乡村教化》,《史学集刊》1994年第3期。

的寺庙雕塑有京师雍和宫、昆明筇竹寺和华亭寺、新津宝光寺等处。雍和宫（喇嘛庙）建于康熙年间，原系雍正帝登基前的官邸，雍正帝登基后改为喇嘛寺庙。庙中有大殿五进，依次排列，由前而后为：天王殿、三佛殿、永佑殿、法轮殿和大佛楼。法轮殿有喇嘛教祖师喀巴的铜像，高达六米；大佛楼系一所三层高楼，特为身高十八米的白松木雕弥勒像建造；三佛殿中塑造的三世佛，就艺术造型看，仍保持明代的某些风格，尤以神光的装饰，工整细致，要比明代同类雕塑在艺术上更进一步。京师碧云寺罗汉堂的五百罗汉造像（木雕），其人物神态的刻塑，也较明代同类雕塑更近于世俗。据载，此罗汉堂建于乾隆十三年（1748），堂内雕塑当为同时期的创作。此外，在云南昆明近郊的筇竹寺、西山华亭寺和四川新津宝光寺等地，同样有泥塑五百罗汉像，其创作年代，前者建于光绪十一年（1885）①。这三处罗汉造像中，筇竹寺罗汉较富有生活气息，也更接近于现世。其雕塑特色是：罗汉像神态生动，线刻比例合度，衣带的处理生动真实。在人物的神态刻划上，喜怒哀乐，惟妙惟肖，各具神韵；各个人物之间也有着一定的艺术与呼应联系。但就总体艺术风格而论，则多是接近于近代民间雕塑的一些绘画式的人物艺术造型。后者四川新津宝光寺建于咸丰元年（1851），罗汉堂塑有五百罗汉，其制作年代与建寺同时。这些罗汉群塑，高约二米，其姿态"或坐或立，姿态各异，有的瘦削长颈，有的佝偻龙钟；或笑容可掬，或横眉怒目；喜、怒、哀、乐，表情迥然不同；衣褶襞纹，清晰分明"，从人物神志的塑造与表现来看，足可以与筇竹寺罗汉塑像相媲美②。

其二，陵墓雕塑。清代的陵墓雕塑，当以清帝陵石雕与清代墓俑雕塑最具典型和代表性。清代的帝王陵墓，分别建造在盛京（沈阳，北陵）、直隶的遵化（东陵）、易县（西陵）等地。清统治者入关定鼎后，将其祖宗三代追遵为皇帝，第一代肇祖（永陵）葬于清朝发祥地兴京（今辽宁新宾）；第二代太祖努尔哈赤（福陵）；第三代太宗皇太极（昭陵），均葬于盛京（沈阳）附近郊区，统称北陵；它与直隶（河北）的东陵、西陵相对应和并称。昭陵和福陵，都有数量不多的石兽雕塑。列置昭陵前的石兽，共有六对，由外而内，其顺序为蹲狮、卧麟、蹲豸、立马、卧驼、立象，但无文武侍臣；在最前方的石牌坊之外，隔玉带桥另有蹲狮、华表各一对，这与东西陵的石雕不同。

东陵位于直隶遵化县以北的马兰峪山区，那里主要葬有顺治帝（孝陵）、康熙帝（景陵）、乾隆帝（裕陵）、咸丰帝（定陵）和同治帝（惠陵）等五位皇

---

① 参见《云南筇竹寺塑像》，中国古典艺术出版社1956年版。
② 参见《中国名胜词典》，上海辞书出版社1981年版。

帝；还葬有顺治的生母孝庄皇后（昭西陵）和咸丰的两个皇后，即东太后慈安、西太后慈禧（定东陵）。五帝陵墓，除同治惠陵和孝庄皇后昭西陵在单独划定的地区以外，其余四帝依山筑墓。整个陵墓区的布局是：以顺治帝孝陵为中心，康熙、乾隆二陵分别在左、右；咸丰陵又在乾隆陵之右。由孝陵而南，直至最远处的大石牌坊，形成一条长达五公里的中轴线。这种陵垣的格局，很大程度是仿明十三陵而来的，但在陵前石人兽刻的布列上，则有清代的特色。明十三陵只有共同的一组石雕群塑，而清东陵每一帝陵前均各有独自的石雕行列，只是数量有等差：顺治陵前与明十三陵同样是石兽十二对，石人六对，共十八对；而康熙陵前，仅有石兽三对（狮、象、马），石人二对；咸丰陵与康熙陵相同；同治陵前则无石雕。

位于直隶易县境内的清西陵，共葬有四个皇帝，即雍正帝（泰陵）、嘉庆帝（昌陵）、道光帝（慕陵）和光绪帝（崇陵）。其陵区布局，大致与清东陵相类似。但陵前的石雕有所不同，如清西陵的石雕行列仅有作为中心的雍正帝泰陵和嘉庆帝昌陵前的两组。陵垣的最前方不仅石建牌坊有三个之多，而在坊内"大红门"前还雕有一对瑞兽石雕，这是清东陵所没有的。其中，道光帝慕陵和光绪帝崇陵一东一西，相距十余华里，由于地势的关系，陵前未雕置石人与石兽。清西陵在石雕饰艺术方面，尤其在建筑装饰雕刻上，仍有自身突出的特色，如道光帝慕陵隆恩殿（享殿）的建筑木雕装饰特别考究。隆恩殿和左右配殿，全用清一色的上等楠木建造，不施油漆彩画，所有殿壁隔扇、梁柱和天花板，悉以精工雕制的龙凤飞云纹饰，艺术美感效应强烈，此虽属于清代后期的制作，但在建筑装饰艺术方面，仍具很高的欣赏和实用价值。

清代盛行用纸扎冥器送葬，因而从葬的俑人较之前代，更属罕见。但1982年《文物》杂志载文指出，清初屯镇广东边防的将军吴六奇墓的考古资料，称在此墓中发掘出土一组近五十件陶俑，表明清代仍保存着以俑随葬的制度。吴六奇原为明末南迁后偏安王朝的总兵，因反戈降清备受重用，死后赐一品仪卫，营造墓葬于广东大埔县城郊，随葬陶俑特别精巧。五十件俑人中有女侍俑十四、男侍俑三、侍吏俑三、衙役俑一、仪仗俑七、传令俑四、乐俑一。以上俑人连同其他的什物模型，分别装放在一个葬具箱中，与墓志一起埋于墓室，因此保存完整无损。这批陶俑人的艺术造型与手法，高出于元、明墓俑。不但其体躯比例匀称，而且眉目清秀，神态如生，衣纹塑法也细致流动，富有变化。尤其引人注目的是个别女侍俑，形象秀美，周身衣纹简洁自然，可与同时代的牙雕仕女和观音像相媲美。这种高超的塑技，无疑出自一位名匠之手。当与广东传统牙雕、木雕艺术有一定的渊源关系。

其三，建筑饰雕和民间小品雕塑风俗。清代建筑物装饰雕刻，包括石雕、砖雕、木雕装饰等；民间小品雕塑系指民间工艺美术雕刻、书画雕版和民间彩绘泥塑等。

清代建筑装饰雕刻，现存较多的有石雕、砖雕、木雕等类，且多敷用于大型建筑群体。如北京的故宫（紫禁城）太和殿三层台基云龙云凤和前后石阶（"龙凤石"）；天安门外的华表；东西陵的华表、石坊以及遍于中国北方城镇的石牌坊等，均附有花纹雕饰的雕刻。建筑物上的砖雕与木雕装饰，更遍及全国各地，尤以陕西、山西、河北、江苏、广东和江西等地最为典型。在这些地区，不但寺庙和会馆等公众建筑物盛行木雕装饰，即使砖雕与陶塑（或琉璃）亦甚为普遍。其所雕饰内容以人物故事、花鸟图案以及属于封建祥瑞的龙凤等，最为多见。由于城市工商业经济的繁荣，一般建筑装饰的砖雕和木雕，其主题内容有变化，雕刻技术有提高。有的还受到绘画中花鸟、人物画等题材、体例的影响，从而雕刻出各种富有艺术情趣的花鸟或人物故事。这些装饰雕刻，至今仍较好地保存下来。如安徽省亳县县城有一座"大关帝庙"，建于17世纪后期的康熙年间，到18世纪前期的乾隆初年又重加施工。庙门为三层牌坊架式砖建仿木结构，在水磨砖墙上，满嵌砖雕人物故事、车马、城阙和山林鸟兽等，琳琅满目，美不胜收。庙前院建有戏楼，内部大木透雕三国关帝的故事戏十八组，配以垂莲、悬狮、鳌鱼等装饰；戏台后壁屏风，雕为二龙戏珠，顶部藻井花纹图案，玲珑透雕。整个戏楼显得堂皇绚丽，气象万千，乃至被誉称为"亳县花戏楼"①。

清代石建牌坊由于封建统治者提倡忠孝节义等封建道德以及表彰功名而愈益盛行。如山东单县城内的"百狮坊"和"百寿坊"，山西原平朱氏牌坊，福建仙游的陈氏石坊，河北曲阳的石坊等，均以装饰雕刻而著称。而与石牌坊同类形式的装饰性建筑物，则是宫殿、寺宇前的照壁。如北京北海的九龙壁，清帝王陵的地面装饰石雕工程（各陵享殿的石栏、望柱、石阶与"龙凤石"），山东曲阜孔庙大成殿前廊所雕饰的盘龙列柱等均具有代表性。

清代的工艺美术品雕刻、书画雕版和民间小品雕塑，随着城乡社会经济的发展和繁荣、社会文化生活的日趋丰富、清人社会交往的密切与广泛，在一些地区，具有强烈的实用与观赏价值的工艺美术品雕刻、书画雕版与民间小品雕塑，随之兴盛起来。首先，除雕漆外，其他如石雕、玉雕、牙雕、木雕、竹雕等工艺美术雕刻，因产地或艺人聚集而著称于世。如浙江的青田石雕、福建的寿山石雕、京师与苏州的玉雕、广州的牙雕、浙江东阳和广东潮州的木雕、嘉定的竹雕制品，雕制工艺精湛，深受民间的普遍喜爱和欢迎，其制品既能"雅俗共赏"，更能"雅俗共用"。其次，清代广为流行的民间泥彩塑，最著名的有"无锡惠山泥人"、

---

① 参见《中国名胜词典》，上海辞书出版社1981年版。

"天津泥人",盛行于广东潮安浮洋镇地区的"浮洋泥塑",盛行于湖北黄陂、孝感地区的"泥人彩塑"等。随着泥塑本身的发展以及彩塑技艺的提高,清代还涌现出一大批著名的民间艺人,如无锡的丁阿金、周阿生、丁驼子、卢富茂、胡春喜、胡万成、冯金山、鲍阿富,天津的"泥人张"张万全等。在塑制的题材内容上,也由儿童"耍货"扩展到昆曲"戏文"(戏出)和生活故事。而在塑造技术上,更创造出一种分捏法,即头、身、手、脚等部分捏出后,再镶在一起,并且注意对不同人物身份和个性的刻划。尤以著名艺人丁阿金的制作,更对各种人物无不刻划入微,形象生动逼真,因而深受清人的喜爱①。

二 书法绘画

清代的书法绘画成就在中国艺术史上享有十分重要的地位,其技法造诣之精湛、师承流派之纷杂与总结著述之宏富,汇成了艺术史上屈指可数的繁荣时期。书法中,清初帖学受宠,至中叶则一改旧尚突破了宋元以来帖学独盛的樊笼,以碑学的崛起为标志,给书界的发展注入了新鲜血液,营造出一个碑帖更替、书道中兴的书艺时代。绘画中,传统的宫廷画、文人画、民间画等各竞风流,呈现出绚丽夺目的异彩。另外,社会生活各个方面的繁荣气象,也为书法绘画创作提供了丰富的表现题材与广阔的表演舞台。

其一,书法艺术。

清初书学承明遗绪,晚明集帖学大成者董其昌受新朝赏识,被定于一尊,康、雍之际,一批帖学名家主持书坛,其技法尊帖习董,手摹心追,斤斤于法,致使馆阁大臣、翰林学士无不景从,甚至连科考也唯董体是依。乾隆时期,帝王嗜尚转向元代赵孟頫圆腴甜润一路,馆阁书体遂风靡南北。康有为称之:"康、雍之世,专仿香光;乾隆之代,竞讲子昂"②。然而不论香光(董其昌号香光居士)、馆阁,皆以奉求"乌、方、光"的笔墨效果为圭臬,二者交替而兴,妍宛秀媚的"馆阁体"书风使传统帖学走向极致,同时也造成书坛千手雷同、拘谨乏味的萎弱局面。迄乾、嘉,碑碣墓志大批出土,促成金石考据的学术时尚,许多摹拓不胫而走,流传于世,其浑厚雄劲的篆、隶气韵,令书界为之一振,一些富有艺术个性的书法家开始领风气之先,逐渐从拘谨古板、陈陈相因的馆阁书风转向追求返璞归真的艺术旨趣,纷纷摹碑弃帖,究心碑版,另辟蹊径,碑学遂勃然兴起,风行成潮。碑学理论著述随之而出,如阮元的《南北书派论》、《北碑南帖论》,包世臣的《艺舟双楫》,康有为的《广艺舟双

---

① 见王子云《中国雕塑艺术史》,上册,人民美术出版社1988年版。
② 康有为:《广艺舟双楫》。

楫》等，无不推波助澜，掀动巨浪，终于构筑了蔚为大观的碑学体系，开创了清代书坛百花争妍的局面。

其二，绘画艺术。

清代绘画艺术可以分为宫廷画、文人画与民间画。其中，宫廷画之盛与清代统治者对绘画艺术的大力提倡和采取相应的保护政策有密切关系。文人画有正统派与野逸派的分帜，清初画坛，前者以四王（王时敏、王鉴、王原祁、王翚）为典型代表，后者则以四僧（髡残、弘仁、朱耷、石涛）的创作为标举。此外，龚贤为首的金陵八家①，以高士面目称世，形成了不拘古法的自由画风。清中期后，宫廷画仍沿袭山水、花鸟传统题材，技法渐趋保守；而文人画以扬州八怪为代表的创作群体另出奇峰，主张抒发性灵，追求自我法度，活跃于雍、乾时期的画坛，影响最著。由于他们大多寄食扬州，鬻画为生，对社会下层有着深入了解，其取材视野十分广泛，而扬州一带商品经济的繁庶也造成艺术品需求市场的相对膨胀，客观上为画风的争奇斗怪，提供了有利的发展契机。于是，有所谓"怪以八名，画非一体"之说，"扬州八怪"得以成为野逸派的中坚。民间画派在清代堪称是绚丽多姿的奇葩，其充满生活气息的创作实践取得了令人瞩目的艺术成就。像民间版画，随着小说、戏曲的渐兴，涌现出一大批精美的插图佳作，专业画家与民间艺匠的结合，又使得版画由民间步入宫廷，形成殿刻版画的艺术品种。像康熙年间刻就的《御制耕织图诗》、《万寿盛典图》等，堪称为名品。清后期，西方石印技术传入中国，石印版画走俏一时，石印画报广受欢迎。而民间版画发展中特别值得关注的是，明中叶以后流行民间的木版年画艺术在清代获得了强大的生命力。

作为一种特有的民间美术创作形式，贴年画习俗可以追溯到很早，一般认为其源于古代以门神驱邪的风俗，由门神装饰发展而来，同时保留了古代造型艺术的某些风范。年画是民间岁时信仰的一种表现方式，其喜闻乐见的朴素题材，包含了祈福求祥、避祸驱邪的思想内容，充分表现了庶民百姓的审美情趣。清人李光庭《乡言解颐》记载的"新年十事"中即有"贴年画"一项，他说："扫舍之后，便贴年画，稚子之戏耳。然如《孝顺图》、《庄稼忙》，令小儿看之，为之解说，未尝非养正之一端也。"② 清代是民间年画创作的高峰期，年画的生产几乎遍及中国大江南北，各地相继出现了一批木版年画的刻印、销售中心，著名的有天津的杨柳青、苏州的桃花坞、山东潍县的杨家埠、陕西的凤翔、河北的武强、四川的绵竹、福建的泉州、广东的佛山等，聚集了众多的民间画

---

① 张庚：《国朝画征录》。
② 李光庭：《乡言解颐》卷四，《物部上·年画》。

师、工匠、艺人，形成了自成体系、风格各异的年画品类，满足了社会与民众的广泛需求。清代年画不论是题材内容，还是表现手法都有创新和提高。清初以来，通俗文学风行民间，像历史故事、戏文人物、传奇小说、时事风俗等，为年画创作提供了大量素材。康熙末年，西人郎世宁入清，在如意馆为画师，民间年画受其影响，出现了借用明暗透视技法的年画作品，被称为"仿泰西画法"。福建泉州、广东佛山等通商口岸，每年都有大批的年画出口到东南亚一带。乾隆末年，各地戏班纷涌京城，大量戏曲题材的年画作品流行市肆，民间说唱艺术的活跃，进一步促进了年画的发展。及至晚清时期，帝国主义列强以武力叩关，使中国社会陷入了半封建、半殖民的苦难深渊，年画中集中涌现出一批以反帝爱国思想为特征的富有时代气息的作品。年画以其不同于宫廷画、文人画所特有的造型构图方式，用炫目的色彩和浓重的笔墨，勾画出明快艳丽的艺术效果，因而久盛不衰。

三 工艺美术

清代的工艺美术承袭明代，发展普及程度明显达到一个新的高度，艺术门类流光溢彩，艺术流派争奇竞艳，理论著述琳琅满目，展示出商品经济的迅速繁荣，对民众社会生活产生了重要影响，精彩纷呈的艺术创作，极大地丰富了清代社会的物质创造、精神生活与文化享受。兼之西方工艺的大量传入，与封建王朝的文化成果相互影响，导致审美风尚更趋奢华浓丽，充分满足了社会不同层面的多样化需求。与此同时，清人丰富多彩的社会生活，也使清代民间工艺美术发展获得了赖以滋生壮大的沃壤和养料。

其一，染织与刺绣工艺美术。染织刺绣是民间工艺的重要组成部分。清代的染织工艺规模较明代大为完备，清政府在江南苏、杭等地设置织造局，许多优秀的民间艺人被征集到官营作坊工场。民间织锦技艺发展普及，形成了许多风格相异且有鲜明地方特色的织锦品种，如苏州的宋锦、四川的蜀锦、南京的云锦，以及西北的回回锦、西南的泰锦等。乾隆时，中国又引进西方染织工艺纹样，使传统勾线方法得以改进，丰富了织造技术。流行于民间的手工艺制品刺绣异军突起，无论在题材、造型、色彩还是针法，都超越了宫廷刺绣，表现出蓬勃发展的势头。江南以苏、湘、蜀、粤四大名绣为代表，北方有京、鲁、汴等地方名品，兼与浙江的瓯绣并列四小名绣，清人说："同、光间，首推京绣，有五彩、平金、拉索、打子之别，五彩尤精……至宣统朝，而湘乡盛称于时，书画皆有，则驾苏绣、京绣之上。"[①] 可见，各地名绣皆有所擅，往往可领

---

① 徐珂：《清稗类钞》第五册，《工艺类·画绣》。

一时风骚。

其二，陶瓷工艺美术。清初诸帝酷爱瓷器，使清代瓷业发展自始呈现出兴旺局面。清代陶瓷生产仍然以明季制瓷中心景德镇为御窑重地，由于废除了匠籍制度，民间经营成为主流，瓷业生产形成了官搭民烧的格局，乾隆年间更是出现了官民竞市的繁华景象。从工艺特点上看，受慕古风习的影响，清代瓷业相应表现出普遍的仿古特色，清人称："袭历朝之形式，无所不仿，且亦一一皆得近似。"① 尤其是末叶所仿，最为全面，所谓"前所不敢仿之贡品，今则无所不敢矣"。制作技术更趋完美，康熙青花瓷，"集其大成，制品特多"②，堪称历代青花瓷之冠，其有纯为白地者，有兼油底红者，有略施油面绿者，有用铁沙圈者，有为金漆缘或棕色缘者等。时人称："康熙瓷釉备而画工，质佳而色耀，价值之昂，殆无与匹。"说明当时的釉上彩技术十分出众。釉上彩是指在烧成的陶瓷釉上面进行彩绘，然后再作低温烘烤处理。清代釉上彩以康熙时的五彩最为精妙："康熙五彩，以绿、红、黄、赭、蓝为主"，因其堆起甚厚，彩色过浓，而有"硬彩"之称。最富创新者当属康熙时期出现的粉彩："白地而纷彩者，谓之粉彩。"粉彩是将明代景泰蓝铜胎画珐琅技术移植为瓷胎画珐琅法，用铅粉掺入绘瓷色料，在素烧瓷胎上作画，然后再入窑烘彩。借助粉彩方法，使上彩的色调趋于柔艳清逸，会产生明暗层次，形态更显逼真、风格与硬彩形成鲜明对比，故又有软彩之名。康熙年间，西方画珐琅器输入渐多，对制瓷工艺产生了重要影响。人们在制瓷施彩时开始引入某些西洋彩料，于是又有称五彩为古彩，称粉彩为洋彩者。根据粉彩技术制成的珐琅彩瓷，在一定程度上受到了欧式装饰技巧的影响，艺术效果臻至上乘，是釉上彩的珍品，是康、乾时期极为名贵的宫廷御器，堪称内廷秘玩，时人皆以"古朋轩"名之。清人记载："乾隆瓷以古月轩声价为最巨。古朋轩所绘，乃于极工致中极饶清韵，物尤难得……当时由景德镇制胎入京，命如意馆供奉画师绘画，于宫中开炉烘花。"③

其三，剪纸工艺美术。剪纸又称刻纸、纸彩，民间剪纸集中反映了劳动人民自娱性的艺术创造才华，故流传十分广泛，生命力极其旺盛。又由于它所特有的装饰功能，使其成为民间造型艺术的珍品。远在商代，中国工艺制作中就有雕镂花纹的传统，战国时期的镂空刻花已属剪纸的雏形，至迟在宋代出现了专事剪纸的行业。清代民间剪纸发展迅速，更为普及。民间馈送食物时，往往

---

① 徐珂：《清稗类钞》第五册，《工艺类·瓷之仿色》。
② 徐珂：《清稗类钞》第九册，《鉴赏类·李乘骥评本朝名瓷》。
③ 徐珂：《清稗类钞》第九册，《鉴赏类·许守白论古月轩瓷》。

在盘中覆上红纸一块，或方或圆，中间嵌空雕镂"生命富贵"、"诸事如意"等吉祥用语，这些代表吉祥之意的礼花题材形式的剪纸，反映了剪纸艺术趋向多样化。民间过年悬贴的挂钱也属剪纸之例。《燕京岁时记》记载："挂千者，用吉祥语镌于红纸之上，长尺有咫，粘之门前，与桃符相辉映。其上有八仙人物者，乃佛前所悬也。是物民间多用之，世家大族鲜用者。其黄纸长三寸，红纸长寸余者，曰'小挂千'，乃市肆所用也。"① 剪纸艺术一方面受到民间百姓的欢迎，涌现出不少专业性的剪纸艺人。另一方面，随着商品经济的繁荣，民间自娱性的民俗活动也影响到宫廷，剪纸便是其例证。如故宫的坤宁宫是皇帝举行婚礼作新房的地方，其室内墙壁四角就贴有黑色的双喜字剪纸角花，顶棚贴有龙凤双喜团花的剪纸造型，宫殿两旁走廊墙壁上也贴有角花剪纸。剪纸虽属小技，却能遍及百姓之家与帝王宫室，可见其妙趣之所在。

第三节 音乐歌舞曲艺与体育竞技

音乐、歌舞、曲艺与体育竞技，源于人们的生产劳动活动，为使劳动者的步伐、节奏统一，指挥者的呼号、劳动者为之应和的"杭育派"，当是音乐产生的"鼻祖"。这些艺术与竞技形式的形成与发展，反过来，又大大美化了人类的生产与生活，陶冶净化着人们的心灵。清代，随着清人社会生活的日趋丰富、社会演变的加速、人们交往的频繁与范围的扩大，使这些艺术与竞技活动成为满足清人社会文化生活需求的重要手段。

一 音乐歌舞与曲艺

在清代社会生活中，内容宏富、流派众多、艺术形式与特色各异的音乐、舞蹈、曲艺等民间艺术依靠民俗土壤哺育成长，其共同特征是注重听觉的审美感受，以声音曲调为纽带，追求悦目娱心的审美效果。它们无不具有古老的传承渊源和独特的表现形式，其在社会生活中纷繁多姿的变化，深刻反映出清人审美需求的嬗递。

---

① 富察敦崇：《燕京岁时记》，《十二月·挂千》。

其一，音乐。

中国传统的音乐艺术在不同时期，都显示出鲜明的艺术特色，清代社会生活相对稳定，艺术民众化的需求与日俱增，除宫廷音乐仍然表现出礼仪典制的特征外，俗乐的应时而兴是这个时期音乐风俗的主要特征。俗乐大多直接来源于民俗生活中广为流行的民歌、俚曲、说唱等音乐形式，具有鲜活的生命力和丰富的表现力，其涉及内容，反映着不同阶层人们的时尚情感，因而受到民众的普遍欢迎。

中国不少地区都有歌会风俗，歌会汇聚了大量的民歌、小调，《广东新语》记载当地歌会情形说："粤俗好歌，凡有吉庆，必唱歌以为欢乐……其歌也，辞不必全雅，平仄不必全叶，以俚言土音衬贴之。唱一句或延半刻，曼节长声，自回自复，不肯一往而尽。辞必极其艳，情必极其至，使人喜悦悲酸而不能已已。"① 民间小调，在社会下层传播迅速。如乾隆末叶，江南秦淮一带盛行《绣荷包》新调，以致"画舫青楼一时争尚，继则坊市妇稚、担夫负贩者皆能之，久且卑田院中人，藉以沿门觅食者，亦无不能之"②。这些民间俗曲，因其无拘无束，大胆热情的表现手法，得以在各地流传。

俗曲说唱音乐以北方的鼓词和南方的弹词影响最大。鼓词脱胎于宋代的鼓子词，清代鼓词主要受明代词语影响，表演特点是曲文说唱相间，"唱鼓词者，小鼓一具，配以三弦，二人唱书，谓之'鼓儿词'。亦有仅一人者，京、津有之。大家妇女无事，辄召之使唱，以遣岑寂"③。鼓词所唱概为韵文，顿挫扬抑，声情并茂，具有独特的感染力。清后期有名的京韵大鼓，最初由操河北乡音者演唱，人称"怯大鼓"，后经民间艺人改进，以京音主之。光绪年间，河北沧县的刘宝全随父入津献艺，在表演大鼓的同时，悉心学习京剧的吐字发音，使鼓词的"怯味儿"为之顿改，创造出一路高亢激昂的大鼓唱腔，被誉为京韵大鼓的创始人。弹词属词话的变种，得名于伴奏所用的弹弦乐器，所谓"以故事编为韵语，有白有曲，可以弹唱者也……弹词为吴郡所有，而越有平调，粤有盲妹，京、津有鼓词，其声调有足与弹词相颉颃者"。其声调，"惟起落处转折略多，余则平波往复，至易领会，故妇孺咸乐听之。开场道白后，例唱开篇一折，其手笔多出自文人，有清词丽句，可作律诗读者。至科白中之唱篇，半由弹词家自行编造"④。南方弹词以苏州弹词的传统最悠久，有清一代，名家辈出，流派竞起。嘉、道年间有陈遇乾、俞秀山、毛菖佩、陆瑞庭四大家，咸、同年间

---

① 屈大均：《广东新语》卷十二，《粤歌》。
② 徐珂：《清稗类钞》第十册，《音乐类·唱绣荷包调》。
③ 徐珂：《清稗类钞》第十册，《音乐类·鼓词》。
④ 徐珂：《清稗类钞》第十册，《音乐类·弹词》。

又涌现出马如飞、姚士章、赵湘舟、王石泉等后四大家,使苏州弹词始终占据弹词之冠的位置。苏州弹词的另一个特点是,女性舞台表演曾影响轰动一时,成为社会风气渐开的一种标志。《清稗类钞》记载:"上海称女弹词曰'先生',奏技于书场曰'坐场',又曰'场唱'。开场各抱乐具,奏乐一终,急管繁弦,按腔合拍。乐终,重弄琵琶,则曼声长吟,率为七言丽句,曰'开篇'。其声如百啭春莺,悠扬可听……女弹词以常熟人为最,其音凄婉,令人神移魄荡,曲中人百计仿之,终不能并。"① 当时弹词女伶演出,观睹如云,盛况空前,其声艺出众,当是其中的重要原因。

清代流行于民间的秧歌戏、花鼓戏、采茶戏等艺术形式,为民间音乐的发展提供了有利条件。《广东新语》记载:"潮人以土音唱南北曲者,曰'潮州戏'。潮音似闽,多有声而无字,有一字而演为二三字,其歌轻婉,闽、广相半,中有无其字而独用声口相授。"② 《清稗类钞》记载,清初刘献廷"尝客衡山,曾卧听《采茶歌》,赏其音调,而于辞句懵如也。翌年又至,则于其土音虽不尽解,然领其意义者,十可三四"③。民间戏曲中的皮簧、梆子、弦索等声腔剧种,可谓八音繁会,异彩纷呈,吹歌唱曲,卓然民风,使民间音乐的生命力日趋活跃。

其二,歌舞。

歌舞是生活的艺术再现,清代的民间舞蹈活动十分常见,随着民间音乐、民间戏曲等多种艺术门类的成熟,以及与歌舞艺术彼此借鉴,相互影响,导致传统舞蹈出现戏曲化的发展趋势,有些民间歌舞表演逐渐成为有情节的歌舞戏,像秧歌戏、采茶戏等,都来自于民间朴素的歌舞自娱活动。清人在《百戏竹枝词》中所列的霸王鞭、打花鼓、太平鼓、大头和尚、跳钟馗、扎高脚、闹五鬼、旱船、龙灯斗等,为民间常见的舞蹈形式。值得注意的是,歌舞中的秧歌在清代的发展尤为迅猛。

秧歌本为农民插秧耘田时唱的歌曲,后来逐渐发展成为民间歌舞体裁和有情节的民间小戏。清人吴锡麒称:"秧歌,南宋灯宵之村田乐也。所扮耍耍和尚、耍公子、打花鼓、拉花姊、田公、渔妇、装态货郎、杂沓灯术,以得观者之笑。"④ 清初统治者为巩固封建专制秩序,对民间群体性的歌舞活动采取严厉的防范措施,民间流行的秧歌多次遭禁。然而,这种风格质朴、表演粗犷、喜闻乐见的歌舞形式却显示出强大的生命力,有清一代南北各地秧歌,舞风四起,

---

① 徐珂:《清稗类钞》第十册,《音乐类·女弹词》。
② 屈大均:《广东新语》卷十二,《粤歌》。
③ 徐珂:《清稗类钞》第十册,《音乐类·刘献廷听采茶歌》。
④ 吴锡麟:《武林新年杂咏·秧歌》。

刚柔并呈,异彩翻新,汇成民间舞蹈一道亮丽的风景线。《广东新语》记载:"农者每春时,妇子以数十计,往田插秧。一老挝大鼓,鼓声一通,群歌竞作,弥日不绝,是曰'秧歌'。"① 在北方,满族人喜尚秧歌舞戏,《柳边纪略》记载:"上元夜,好事者辄扮秧歌。秧歌者,以童子扮三四妇女,双以三四扮参军,各持尺许两圆木,戛击相对舞,而扮一持伞灯卖膏药者前导,傍以锣鼓和之,舞毕乃歌,歌毕更舞,达旦而已。"② 相比之下,北方秧歌的舞姿更为粗犷,身体摆动幅度更为夸张。如高跷秧歌,又称扎高脚、踩高跷,原是古代一种踏跷艺术,至清代与秧歌表演相结合,成为民间颇受欢迎的娱舞项目。《百戏竹枝词》称:"农人扮村公、村母,以木柱各二,约三尺,缚踏足下,几于长一身半矣。所唱亦秧歌类。"诗咏云"村公村母扮村村,履齿双移四柱均。高脚相看身有半,要知原不是长人"③。舞蹈者脚系木腿,鹤立鸡群般扭摆舞动身体,样子活泼有趣。清末,秧歌戏甚至传入宫中,受到慈禧太后的垂青。《清稗类钞》记载:晚年的慈禧"衰老倦勤,惟求旦夕之安。宠监李莲英探孝钦意,思所以娱之,于观剧外,辄传一切杂剧进内搬演。慈禧果大悦,尤喜秧歌,缠头之赏,辄费千金,遂至一时风靡,近畿游民,辄习秧歌,争奇斗异,冀以传播禁中,得备传召,出入大内,藕势招摇,而梯荣罔利者,坐是比比矣"④。

花鼓是秧歌的另一种形式,流行于清代。清人袁启旭《旭燕九竹枝词》中描述:"身歌初试内家装,小鼓花腔说凤阳。如蚁游人拦不住,纷纷挤过蹴球场。"⑤《百戏竹枝词》记载"打花鼓"时称:"凤阳妇人多工者,又名'秧歌',盖农人赛会之戏。其曲有'好朵鲜花'套数。鼓形细腰,或古之搏拊然。"诗咏云:"赛会时光趁踏青,记来妾住凤阳城。秧歌争道鲜花好,肠断冬冬打鼓声。"⑥

茶歌来源于采茶的生产劳动,采茶舞是南方较常见的一种集体民间歌舞形式,清人吴震方称:"湖州灯节,有鱼龙之戏。又每夕各坊市扮唱秧歌,入京师无异,而采茶歌尤妙。丽饰姣童为采茶女,每队十二人或八人,手挈花篮,迭进而歌,俯仰抑扬,备极妖妍。又以少长者二人为队首,擎彩灯,缀以扶桑、茉莉诸花,茶女进退作业,皆观队首。"⑦ 特点是边歌边舞,无论是自娱,还是

---

① 屈大均:《广东新语》卷十二,《粤歌》。
② 杨宾:《柳边纪略》卷十一。
③ 李声振:《百戏竹枝词·扎高脚》。
④ 徐珂:《清稗类钞》第十一册,《戏剧类·秧歌戏》。
⑤ 《清代北京竹枝词》,北京古籍出版社1982年版,第6页。
⑥ 李声振:《百戏竹枝词·打花鼓》。
⑦ 吴震方:《岭南杂记》。

观赏，都有颇值得回味的民间俗趣。

大头和尚与闹五鬼属面具舞形式，与原始宗教中的傩舞有关。清人描述闹五鬼："童子带面具，绣帽持花棒，五人相舞。俗以面具为鬼脸，殊可笑。"①

跑旱船，是一种在陆地上模仿水面行舟的舞蹈表演，文献载称："跑旱船者，乃村童扮成女子，手驾布船，口唱俚歌，意在学游湖而采莲者。"② 又云："陆地行舟，以锡片铺地作水形，亦水银江海之意也。"③ 有诗咏道："罔水行舟古所难，居然一叶下银滩。无边陆海吾何惧，稳坐鳌鱼背上看。"

龙灯头，是龙灯舞的别称，属古代龙舞的一种形式，历史悠久，清代民间的龙舞活动成为年节赛会的重头戏。《百戏竹枝词》称：龙灯斗"以竹篾为之，外覆以纱，蜿蜒之势，亦复可观"。光绪《龙游县志》记载："迎神赛会……街市悉张灯彩……制龙灯自数十节至一百节不等，进城祀神，并游街市。"足见龙舞气势的壮观。

狮舞与龙舞相似，属模拟性舞蹈，规模庞大，表演酣畅，场面热闹，极富感染性。狮舞最初与佛教传入有关，后来发展为民间舞蹈富有特色的一种舞蹈形式。在清代狮舞与龙舞广为流行，南北皆尚，久舞不衰。《百戏竹枝词》记录"狮子滚绣球"舞的情景时说："以羊毛饰为狮形，人被之，滚球跳舞。"狮子虽凶猛威严，然舞之者却尽力表现出柔顺驯服的姿态，展示狮舞特有的美感。

其三，曲艺。

曲艺是各种说唱艺术的统称，它由民间口头文学和歌唱表演演变而来，植根于民众生活，具有深厚的民众基础。清代说唱艺术继承明代时曲小调的特点，伴随市民阶层的成长，从清中叶开始，如雨后春笋般大量涌现，促成了清代曲艺蓬勃兴旺的局面。像《百戏竹枝词》中罗列的什不闲儿、打盏儿、鼓儿词、弹词、平话、八角鼓、莲花落、唱道情等，都是清代曲艺中有富有民间特色的品种。

弹词是一种说唱相兼的板腔式曲艺品种，明中叶以后开始流行于江南地区，清代又渐兴于北方，表演时因伴奏使用弹拨乐器而得名；鼓词，是流行于北方的一种民间说唱艺术。清代鼓词在流传过程中，因地域和方言的不同，形成了许多地方品种，如梨花、梅花、乐亭、西河、奉天、安徽、湖北、京韵等数十种之多，其中有代表性的包括流行于河北的西河大鼓、流行于山东的梨花大鼓和流行于北京、天津的京韵大鼓。与鼓词相关的曲艺还有子弟书、八角鼓、唱

---

① 李声振：《百戏竹枝词·闹五鬼》。
② 富察敦崇：《燕京岁时记》，跑旱船。
③ 李声振：《百戏竹枝词·旱船》。

道情等艺术形式。

子弟书源于清代军中流行的俗曲,乾隆初年,北京一些旗籍子弟以此调式为基础,参照民间鼓词形式,创造出一种七言为体,无说白韵文与唱曲相结合的书段。演唱时以八角鼓击节,用三弦伴唱,本称"八旗子弟书",简称"子弟书"。它最早形成于东城,故称"东韵子弟书",调式雄阔激昂,适合演唱忠烈故事,后来,西城仿之而有"西城调"。西调近于昆曲,缠绵婉转,多唱花月风情,清人称:"西城调尤缓而低,一韵萦行良久。"① 八角鼓为清代盛行一时的满族曲艺形式。八角鼓因伴鼓呈八角而得名,框用木制,原为满族人行围打猎之余,自歌自娱的一种放松活动。据说八角象征满族八旗,击之表示吉祥如意,后来流入京津等地,与民间杂曲、小调等演唱故事相融合,成为一种说唱艺术形式。乾隆时,一度在八旗盛行,清末活跃于京城。时人称:"八角鼓乃青衣数辈,或弄弦索,或歌唱打浑,最足解颐。"②

评话即说书,又名平词、平书,《百戏竹枝词》描述清代评话艺人的表演:"其人持小扇指画,谈古今稗史事,以方寸木击以为节,名曰'醒木',亦鼓词类,颇叠叠不倦也。"③ 评话始于唐宋以来的"说话"、"讲史",明末清初,逐渐形成南方评话、北方评语两大分支,前者以扬州评话、苏州评话等著名,明末清初的柳敬亭即以善说书而闻名于大江南北。《扬州画舫录》记载:"评话盛于江南,如柳敬亭、孔云霄、韩圭湖诸人……郡中称绝技者。吴天绪《三国志》、徐广如《东汉》、王德山《水浒记》……皆独步一时。"④ 后者则以北京评书为代表。

莲花落,又称"落子",多用四块竹板击打节拍,故称"四块玉"。最初源于唐、五代时期的散花乐,后成为乞丐沿门乞讨的演唱调式。《清稗类钞》记载:"乞丐截三寸竹为两,以绳贯其两端,指捩之作声,歌而和之,作乞怜及颂祷语,亦有演故事者,名之曰'莲花落',亦曰'莲花闹'……苏州有李阿七者,所唱独佳,每入市,唱于商店之门,人不厌其聒,或且招之使唱。"⑤

相声是清末京城曲艺的一朵奇葩,道、咸年间著名的八角鼓艺人张三禄,因与同行龃龉,无人与其搭档,遂改说相声,成为清代相声艺术的创始人之一。光绪年间,天桥"八大惯"中称"穷不怕"的朱绍文以唱太平词闻名,兼善单口相声,又与弟子"贫有本"合演对口相声,为相声艺术发展作出了重要贡献。

---

① 震钧:《天咫偶闻》卷七。
② 富察敦崇:《燕京岁时记》,《封台》。
③ 李声振:《百戏竹枝词·评话》。
④ 李斗:《扬州画舫录》卷十一。
⑤ 徐珂:《清稗类钞》第十一册,《乞丐类·李阿七唱莲花落以行乞》。

清末民初，著名艺人李德钖以"万人迷"之名享誉南北，足迹遍及"京、津、沪、汉、奉、鲁、苏、杭等处"①，轰动一时，极大地提高了相声的知名度。

二 体育竞技

体育竞技是以体能、技巧的竞赛、表演为主要内容的娱乐活动，是民俗游艺中富有刺激性与观赏性的活动。它植根于人们实际的生产与生活经验的积累，具有广泛而深厚的民众基础。它包括武术、相扑、弈棋、冰嬉、球类、杂技杂耍等。明清鼎革造成巨大的社会动荡，激烈的民族矛盾导致民间习武的高涨。清中叶以后，社会经济的稳定与繁荣，又给民间体育竞技与游艺注入了新的活力，进一步推动了民间体育竞技活动的开展。

其一，武术与相扑。

中国民间武术是分布最广的一种体育运动项目。满族入主中原后，一方面，其传统的骑射风俗在中原地区迅速传播，为民间武术活动的发展注入了新的活力。另一方面，统治者实行的民族高压政策，激起了尖锐的民族矛盾，导致反清活动此起彼伏，民间宗教与秘密结社盛行，出现了前所未有的习武热潮，武术活动的内容因此不断丰富。

骑射是满族的习武传统，清人以弧矢定天下，入关时，"王公诸大臣无不弯强善射"②，康熙帝说："我国家以弧矢定天下，又何可一日废武？"谕令凡乡、会试，必先试弓马合格，然后许入场屋，一时勋旧子弟莫不熟习弓马。由于满族八旗皆重习骑竞射，每年都要进行各种骑射校赛活动，影响波及民间，以致"士夫家居，亦以习射为娱。家有射圃，良朋三五，约期为会"③。《帝京岁时纪胜》记载当时北京五月端午节的射柳风俗说："帝京午节，极胜游览。或南顶城隍庙游回，或午后家宴毕，仍修射柳故事，于天坛长垣之下，骋骑走鞴。"④

相扑指摔跤，其名始于晋代，当时上自宫廷下至民间均有为之者。满族素崇尚武之风，摔跤习俗在宫廷和民间较为流行。清人记载："相扑，蒙古所最重，谓之'布克'，国语谓之'布库'，即撩跤也。"⑤ 另有一种称"厄鲁特"者，袒褐而仆，虽蹶不释，必控首屈肩至地，乃为胜，与现代国际古典式摔跤的规则颇为相似。清代的摔跤又称角觝，或撩脚，有谓："选十余岁健童，徒手相搏，而专赌脚力胜败，以仆地为定。康熙初，用此收鳌拜，故至今宫中年节

---

① 庄荫棠：《都市丛谈》卷九十一，《相声》。
② 昭梿：《啸亭杂录》卷一，《不忘本》。
③ 徐珂：《清稗类钞》第六册，《技勇类·旗人以习射为娱》。
④ 潘荣陛：《帝京岁时纪胜》，《五月·天坛》。
⑤ 吴振棫：《养吉斋丛录》卷之十六。

宴，必习演之。"① 清初，康熙帝即位时，大臣鳌拜恃权肆行，为人彪悍，入宫更是刀不离身。因此，康熙帝为对付他专门训练了一批擅长布库的宫中侍卫，乘机将鳌拜擒住，扫除了政治隐患。后来，康熙帝命设立善扑营，"选八旗勇士之精练者，为角牴之戏，名'善扑营'，凡大燕享皆呈其伎。或与外藩部角牴者争较优劣，胜者赐茶缯以旌表之"②。乾隆帝对摔跤也特别喜爱，善扑营中"勇挚有素者"往往能"自士卒拔至大员"，摔跤之技，受到格外重视。

  清代，民间的习武热潮，使传统的拳法与器械武术进步明显，武术内容的门派化、套路化特点突出。拳法达数十种，诸如太极、八卦、形意、螳螂、通臂等，均由明代发展而来。雍、乾时期的武术名家甘凤池"具绝大神力，于拳法，通内外二家秘奥，以故莫为敌"③，说明自明季以来形成的内家与外家两大流派，此时已有所融合。而以拳勇名闻天下的少林寺，素重拳法习练，据载："少林拳法有练工术，运气于盘肉，则脉络突起，筋如坚索，肉如韧革，刀击不能伤也。"④ 而且外家拳功夫，堪称第一。因此，民间常有人"存赀若干"，慕名前往少林寺学习拳艺。义和团，就是在练拳基础上形成的民间秘密组织，通过拳坛，招徒授艺，以少林拳、梅花拳、八步拳、五祖拳、洪拳为主，其极盛时，仅北京即设坛八百余所，人数不下十万余众。清代的器械武术更是五花八门，精彩纷呈，咸丰年间，无锡守备蒋志善深通枪法，其舞枪"闪闪成白光，大若径四五丈车轮"⑤，以水泼之，竟能一点不着身体，令人称奇不已。又有所谓善舞飞枪者："穴壁，置一杯，口向外出，掷枪中杯，杯随枪出，以手接之，百不一爽。武器以飞枪为难，然见有能舞双飞枪者，如二龙盘旋空际，群以长戟刺之，皆不能中。"⑥ 算得上是奇中之奇。

  其二，弈棋。

  弈棋是一项以智力角逐为特征的体育竞技活动，中国传统的弈棋以象棋和围棋为主，清代，两者在民间十分风行：一方面，各种弈事迭起，名家高手先后继出，弈学技艺突飞猛进，弈风之盛，空前未有；另一方面，总结性的理论著述和名家对弈的棋谱屡有问世，水平之高，美不胜收。这两者交相辉映，汇成了一幅幅色彩斑斓的弈俗画卷。

  首先，清代是中国弈事最为发达的时期。清初名手有过百龄、盛大有、吴

---

① 梁章钜：《归田琐记》卷五，《鳌拜》。
② 昭梿：《啸亭续录》卷一，《善扑营》。
③ 徐珂：《清稗类钞》第六册，《技勇类·甘凤池拳勇》。
④ 徐珂：《清稗类钞》第六册，《技勇类·江僮负石疾趋》。
⑤ 徐珂：《清稗类钞》第六册，《技勇类·蒋志善枪术》。
⑥ 徐珂：《清稗类钞》第六册，《技勇类·舞飞枪》。

瑞澂、许在中、汪幼清、黄月天、周懒予、李元兆、汪汉年、周乐侯等十余人。嘉兴周懒予先声夺人，战胜明末弈坛盟主过百龄，"时过百龄方负第一手之誉，懒予不为下，数与对局，懒予多胜之"①，名噪一时。康、乾之际，善弈者更是群峰竞秀，极尽风流，有"四大家"之誉的梁魏今、程兰如、范西屏、施襄夏堪称翘楚。李斗《扬州画舫录》记载扬州弈棋盛况时称："画舫多以弈为游者，李啸村《贺园诗》序有云：'香生玉局，花边围国手之棋。'是语可想见湖上围棋风景矣。"②"乾、嘉时，朝贵盛行弈艺，以此四方善弈士，咸集京师，而以海宁范西屏（世勋）为巨擘。"③与范师出同门且为同里的施襄夏，虽年逊一岁，但棋艺却与之相仿佛，长期并峙，熠熠闪光。乾隆初，平湖（别称当湖）张永年邀范、施来家教弈，二人皆年当而立，精力、技法均臻妙境，激战十局，未分轩轾，"当湖十局"因此被誉为围棋史上的旷代绝品。此外，与范、施处同时代而水平稍逊的名家强手不下百数十位，真可谓极百代之盛，成就了围棋史上最为辉煌的一章。

　　清代围棋发展兴盛的又一个特征是理论著述和名家对弈的棋谱异常繁富，是中国围棋著述最丰的时期，较有名的如清初期过百龄的《三子谱》、《四子谱》、《官子谱》，周东侯的《二子谱》、《弈悟》，汪汉年的《眉山墅隐》，黄龙士的《弈括》，董耀的《弈学会海》，陶存斋的《官子谱》，徐星友的《兼山堂弈谱》；清中期程兰如的《晚香亭弈谱》、施襄夏的《弈理指归》、范西屏的《桃花泉弈谱》、张永年的《三张弈谱》、钱长泽的《残局类选》、张雅博的《弈程》、汪秩的《弈隅通会》等；清末黄绍箕的《海昌二妙集》、周小松的《餐菊斋棋评》等。不少书谱中对围棋的各种专门技艺进行了系统阐述，《弈理指归》、《桃花泉弈谱》等都足可视为棋谱的典范之作。

　　其三，冰嬉。

　　冰嬉为冰上活动的泛称，是北方地区特有的体育运动形式。满族入主中原后，仍保持了这种富有地方风情的体育风俗，并作为国俗提倡，所谓："大液池冬月陈冰嬉，习劳行赏，以简武事而修国俗。"④冰嬉俗称跑冰鞋，清朝规定：每岁十月，咨取八旗及前锋统领、护军统领等处，每旗照定数各挑选善走冰者二百名，内务府预备冰鞋、行头、弓箭、球架等项。至冬至后，择其令辰，圣驾幸瀛台等处御冰床临观。兵丁按八旗各色依次走冰较射，人数颇为可观。

　　冰嬉表演中有抢等、抢球、转龙射球等项目。其中抢等类似于现代的滑冰

---

① 徐珂：《清稗类钞》第九册，《艺术类·周懒予弈胜过百龄》。
② 李斗：《扬州画舫录》卷十一。
③ 毛祥麟：《墨余录》卷十四，《弈艺》。
④ 富察敦崇：《燕京岁时记》，《十二月·溜冰鞋》。

速度，竞技性强。抢球之制为："兵分左右队，左衣红，右即衣黄，既成列。御前侍卫以一皮球踢之，至中队，众兵争抢，得球者复掷，则复抢焉。有此已得球，而彼复夺之者。或坠冰上，复跃起数丈，又遥接之。"再者是转龙射球，即一种冰上射箭表演："走队时，按八旗之色，以一人执小旗前导，二人执弓矢随于后。凡执旗者一二百人，执弓者倍之，盘旋曲折行冰上。远望之，蜿蜒如龙。将近御座处，设旌门，上悬一球，曰'天球'，下置一球，曰'地球'。转龙之队疾趋至，一射天球，一射地球。中者赏，复折而出，由原路盘曲而归其队。其最后执旗者一幼童，若以为龙尾也。"若在国恤期内，则走队时时撤去各色旗，唯用弓矢。冰嬉表演结束，"头等三名，各赏银十两；二等三名，各赏银八两；三等三名，各赏银六两；其余兵丁各赏银四两，俱有内府广储司支给"①。

宫中冰嬉的抢等在民间称为"溜冰"，每年隆冬，积雪残云，景象如画，京城百姓多有为冰上滑擦者，其"所著之履皆有铁齿，流行冰上，如星驰电掣，争先夺标取胜，名曰'溜冰'"②。冬季的滑冰活动在北方较为普遍，"都人于各城外护城河下，群聚滑擦，往还亦以拖床代渡"。拖床又称冰床，本是一种极为适合冰上滑行的工具，后来又被用于冰上娱戏，它"以木作床，下镶钢条，一人在前引绳，可坐三四人，行冰如飞"。《燕京岁时记》记载："冬至以后，水泽腹坚，则十刹海、护城河、二闸等处皆有冰床。一人拖之，其行甚速。长约二尺，宽约三尺……至立春以后，则不可乘，乘则甚危，有陷入冰窟者，而拖者逃矣。"③《都门杂咏》云："十月冰床遍九城，游人曳去一毛轻。风和日暖时端坐，疑在琉璃世界行。"④ 冰床之戏，令游戏竞技者何等陶醉！

其四，球类竞技。

球戏在唐、宋时较为盛行，随后渐趋萎缩。清代，传统球戏在节俗中还有一定表现。清初多禁民间养马，马球遂难觅其踪。康熙初，马禁稍弛，马球娱戏间有出现。康熙中叶由袁启旭纂刻刊行的《燕九雅集》九人诗中，描述了当时京都燕九节（正月十九日）白云观庙会的球戏情形。其序称："京师以正月十九日为燕九之会，相传元时丘长春于此日仙去，至今远近道流皆于此日聚城西白云观……车骑如云，游人纷沓，上自王公贵戚，下至舆隶贩夫，无不毕集。"

蹴鞠是中国古代的足球。清朝统治者严禁民间结社活动，因此以群聚竞技为特征的蹴鞠球戏的发展受到限制，蹴鞠活动的记录较少见，清人袁启旭在《燕九竹枝词》称"如蚁游人拦不住，纷纷挤过蹴球场"，说明蹴鞠之戏仍未绝

---

① 《清朝文献通考》卷一七五。
② 潘荣陛：《帝京岁时纪胜》，《十一月·冰床·滑擦》。
③ 富察敦崇：《燕京岁时记》，《十二月·拖床》。
④ 杨静亭：《都门杂咏》，《市廛门·冰床》。

迹。清代儿童游戏流行一种踢石球的习俗,《燕京岁时记》记载:"十月以后,寒贱之子,琢石为球,以足蹴之,前后交击为胜。盖京师多寒,足指痠冻,儿童踢弄之,足以活血御寒,亦蹴鞠之类也。"① 特别有趣的是,清代冬季还有嬉于冰上为蹴鞠之戏的风俗,《帝京岁时纪胜》记载:"金海冰上做蹴鞠之戏,每队数十人,各有统领,分位而立,以革为球,掷于空中,俟其将坠,群起而争之,以得者为胜。或此队之将得,则彼队之人蹴之令远,欢腾驰逐,以便捷勇敢为能,将士用以习武。"② 诗咏称:"蹴鞠场中浪荡争,一时捷足趁坚冰。"③ 蹴鞠之戏因其特有的魅力而广为民众喜爱。清末,西方的足球活动逐渐传到中国,人们知道足球为何物后,很快尝试参与其中。清人记载:"足球,与蹴鞠相类,盖效西法也,宣统时盛行之……游戏时,人分两组……以球能踢入对面之门者为胜。"④

其五,杂技。

杂技是古老的表演艺术,具有很强的观赏价值。它要求表演者具备一定的体能和娴熟的技巧,因此被赋予斗巧竞奇的性质。杂技来源于长期的生产实践,远古时代先民将生产技能再现于自娱性的游戏活动中,是最早的杂技表演。春秋战国时期许多杂技门类都已出现,至清代杂技艺术广泛流行于民间。随着清代戏曲的勃兴,杂技内容得到更为丰富的拓展,大量的技巧表演融入其中。李声振编纂于康熙中叶的《百戏竹枝词》,较为生动形象地记录了流行于京城的舞索、刀山、飞刀、舞义、弄丸、坛技、扇技、舞铙、蹬梯、吞剑、吞火、飞钱等,每种技法都有绝艺的江湖艺人在民间表演,深受百姓欢迎。在苏州玄妙观新年庙会中,也有各种各样的杂耍节目,让人目不暇接,"立竿百仞,建帜于颠,一人盘空拔帜,如猱之升木,谓之'高竿'。索上长绳,系两头于梁,举其中央,两人各从一头上,交相度,谓之'走索'。小儿缘长竿倒立,寻复去手,久之,垂手翻身而下,谓之'穿跟斗'。长剑直插入喉噱,谓之'吞剑'。取所佩刀,令人尽力刺其腹,刀摧腹幡,谓之'弄刀'。置磁氅于拳,以手空中抓之,令盘旋腰腹及两腋、两股,瞥起條落,谓之'弄氅'。或以磁盘置竿首,两手交换,有时飞盆空际,仍落原竿之上,谓之'舞盆'。置丈许木于足下,可以起乘,谓之'踏高跷'。置以毯覆地,变化什物,谓之'撮戏法'。以大碗水覆毯,令隐去,谓之'飞水'。置五红豆于掌上,令其自去,谓之'摘豆'。以钱

---

① 富察敦崇:《燕京岁时记》,《十月·踢球》。
② 潘荣陛:《帝京岁时纪胜》,《十一月·蹙鞠》。
③ 李声振:《百戏竹枝词·踢鞠》。
④ 徐珂:《清稗类钞》第十一册,《戏剧类·足球》。

十枚，呼之成五色，谓之'大变金钱'"①。如此丰富多彩的杂技表演，反映出杂技这门以技巧变化为特征的娱乐活动在民间的普及与发展。

清代杂技表演内容之丰富、技艺之精湛，都是空前未有的。像脚蹬技艺，是明清时期杂技表演的重要内容，清代直隶磁州江湖女艺人李赛儿表演的耍坛子，堪称佼佼者。《清稗类钞》记载："其持小花瓷缸通身环绕。复叠桌五层，高齐木末，盘旋而上，仰卧其间，以两小足承大瓮，重数十斤，舞弄久之。"②与此同时，戏曲的繁荣，也给杂技发展注入新的活力，《都门杂咏》生动描述的戏曲"火流星"的表演场面，在彩绳的两端缀上装有炭火的盛器，表演者持绳作舞，观之若金蛇飞蹿，目眩神摇，煞是好看，为剧情平添了几分生色。又有水流星者，在两端盛器中注满水后，表演者舞动彩绳，展现各种抛接动作，舞到疾处，但见寒光一片，呼呼有声，观者大呼过瘾，场面格外热闹。

口技，又称口戏，其表演"能同时为各种音响或数人声口、及鸟兽叫唤，以悦座客。俗谓之'隔壁戏'，又曰肖声、曰相声、曰象声、曰像声。盖以八仙桌横摆，围以布幔，一人藏于中，惟有扇子一把，木板一块，闻者初不料为一人所作也"③。口技是清代杂技中较为发达的一个门类，不少擅长口技的艺人在民间都有影响。如清末北京有位"百鸟张"的艺人，善学百鸟之声，"光绪庚寅五月，嘉善夏晓岩寓京师，招集同人至十刹海，作文酒之会。其地多树，为百鸟所翔集，座客方闻鸟声而乐之。酒半，有善口戏者前席，言愿奏薄技，许之。则立于窗外，效鸟鸣，雌雄大小之声无不肖，与树间之鸟相应答。及毕，询其姓名，则曰：'姓张，人以我能作百鸟之声，皆呼曰百鸟张'"④。

禽戏是以驯服动物为特征的杂技表演形式，它要求表演者必须具备高超的驯兽技巧。清代禽戏中有驯虎一门，表演起来既惊险又刺激，《百戏竹枝词》称为"跳大虫"。此外像驯猴、驯犬等小技，在民间颇为多见。马戏，本指马舞一类的杂技表演，自古不衰，表演起来场面壮观。清末西洋马戏的传入给传统马戏增添了新的内容，《清稗类钞》记载，西人在表演马戏时："场有作乐处，铃动乐作，演技者联翩而出，骑术极精。初用常法骑马，循场而走。继则立于马背，旋以两膝，跪于马背，且走且跳索，或令马走方步。其始马首尚有缰，未几，即尽云之。或一人立于场中，举鞭为号，马即如法作种种游戏。"⑤ 还间有驯狮、虎、象等精彩表演，"驱使之，无异于驱马"，令观者大开眼界。

---

① 顾禄：《清嘉录》卷一，《新年》。
② 徐珂：《清稗类钞》第六册，《技勇类·李赛儿弄九连环》。
③ 徐珂：《清稗类钞》第十一册，《戏剧·口技》。
④ 徐珂：《清稗类钞》第十一册，《戏剧·百鸟张》。
⑤ 徐珂：《清稗类钞》第十一册，《戏剧类·西人演马戏》。

戏法，又称幻术，属杂技分支，清代民间艺人变戏法的表演较为普遍，大凡街巷撂地设摊或庙会娱庆，总少不了戏法一类。李声振《百戏竹枝词》描写变金钱戏法："以铜钱取手巾覆之，少顷皆作金色。"鬼搬运戏法："置物于室，扃其门，能使鱼钥不启，致其物于他处。"清末，西方戏法不断传入中国，舞台戏法表演轰动一时，成为人们社会生活的重要内容。

第四节　游艺娱乐与旅游风俗

清人各色各式的游艺娱乐与旅游风俗，展现出社会各阶层人们的情趣、爱好和追求，这反映出人们对某种文化消费的心理需要，其本身具有调剂身心、娱悦情绪的多种实用功能。在封建社会，社会文化活动被限定在封建礼教的樊篱内，表现形式与内容都受到极大约束，一方面，许多贴近百姓的民间游艺娱乐与旅游活动长期活跃于社会基层，只能以朴素的形式存在和发展，而始终不为封建礼教体系所认可和提倡。另一方面，封建统治阶级腐朽没落的生活方式与消遣心理又导致民间游艺娱乐与旅游内容在相当大程度上受其影响。

一　鱼虫花鸟

鱼虫花鸟主要是指与动物、植物相关的娱乐消遣活动，在清代民间多以斗赛的形式来表现，而且各地斗戏习俗往往有所不同，显示出一定的地域特色。斗戏中以斗鸡出现最早，古人云鸡有五德，言其敢斗。清代斗鸡之风多见于北方，京城有一种名为"九觔（斤）黄"的上品，尤其善斗。有诗咏："红冠空解斗千场，金距谁堪冠五坊？怪道木鸡都不识，近人只爱'九觔（斤）黄'。"[①] 除此之外，斗鹌鹑备受青睐，鹌鹑"又名'早秋'，笼至次年，尤善斗，恒在把握间玩之"[②]。京城中"膏粱弟子好斗鹌鹑，千金角胜。夏日则贮以雕笼，冬日则盛以锦囊，饲以玉粟，捧以纤手，夜以继日，毫不知倦"[③]。

---

① 李声振：《百戏竹枝词·斗鸡》。
② 李声振：《百戏竹枝词·斗鹌鹑》。
③ 潘荣陛：《帝京岁时纪胜》，《九月·斗鹌鹑》。

斗草是以花草为内容的民间竞巧益智游戏,据说《诗经》中的《芣苢》篇就是当时儿童斗草嬉戏唱的歌谣。清代斗草又称斗百草。其游戏已从最初的草茎相勾,演变为较为文雅的斗报花名形式,清人称:"古人已有此戏,以吉祥而少见者为胜。闺人春日为之。"① 如《红楼梦》第 62 回描写香菱等丫鬟在园中斗草的情景:"大家采了些花草来兜着,坐在花草堆中斗草。"② 随后逐人报出观音柳、罗汉松、君子竹、美人蕉、星星翠、月月红等花名,当有人报姐妹花时,香菱对以夫妻蕙,结果招致同伴的取笑,惹出一段打闹来,显得十分有趣。

斗牛之俗起源于秦汉时期。清代各地立春时有鞭土牛劝农耕的习俗,表现了封建政权对农业生产的重视。牛虽性情温顺,却十分倔强,故有些地方俗尚使牛相斗,以博娱趣。如清代浙江一带的人们特喜斗牛之戏。清初谈迁说:"金华近例,正月,乡人买犍牛,各赴场相角,决胜负,至群殴,不能禁。"③ 可见斗牛之盛。生于嘉庆年间的陈其元在《庸闲斋笔记》中说:"金华人独喜斗牛……每逢春秋佳日,乡氓祈报祭赛之时,辄有斗牛之会,先期治觞延客,竭诚敬。比日至之时,国中有千万人往矣。"④ 斗场专门辟出水田四五亩,沿田塍皆搭台,备置桌凳,以待远客及本村老幼妇女。斗牛出场,鸣钲开道,金花簪头,身披红绸,簇拥护送者达数十人。既至田中,两家各令健者四人翼其牛,二牛并峙,互相注视,良久乃前斗,斗以角,乘间抵隙,各施其巧,三五合后,两家之人即各将其牛拆开,复簇拥去。此时,观者不知其孰胜负,而主之者已默窥其胜负矣。斗牛之日,聚集群牛不下三五十头。有时两牛斗得性起,"苍黄抵触,血肉淋漓,奔逃横逸,溅泥满身,冲出(堤)塍,掀翻台凳,不可牵挽。于是老妇孺子暨粉白黛绿者,哗然争避。或失足田中,或倒身岸下,遗簪坠珥,衣服沾濡,头面污损,相将相扶而去"。乱糟糟一片,真是好不狼狈。

斗蟋蟀之俗,吴越等地自古有之。明代斗蟋蟀之风炽盛,清承遗绪,南北皆尚此戏,其势愈演愈烈。清人说:"蟋蟀戏由来已久。金盆玉笼,聊寄闲情云尔。自以财帛当胜负,而网利之徒设阱以诱,则戏而为搏也。其间妓舸填集,数可盈千,角口挥拳,五分昼夜……局中抛掷金钱,可亿万计矣。人之身家性命,倾倒者,又不知几许矣。"⑤ 京城斗蟋蟀之俗犹如《帝京岁时纪胜》所载:"都人好畜蟋蟀,秋日贮以精瓷盆盂,赌斗角胜,有价值数十金者,为市易

---

① 李声振:《百戏竹枝词·斗草》。
② 曹雪芹、高鹗:《红楼梦》,第 443 页,黄渡人校点本,齐鲁书社 1992 年版。
③ 谈迁:《北游灵》,《纪闻下》。
④ 陈其元:《庸闲斋笔记》卷五,《婺州斗牛俗》。
⑤ 诸联:《朋斋小识》卷九,《蟋蟀策》。

之。"① 广东地区好此俗，有云："蟋蟀，于草中出者少力，于石隙竹根生者坚老善斗。然多以东莞熊公乡所产为最……广人喜斗蟋蟀，岁于此间捕取，往往无敌，其立于蛇头上者，身红而大，尤恶。"②

二 游戏

游戏是一种能够有机地融合体能与心智的娱乐形式，它强调通过参与一定规则下的嬉戏娱乐活动，从中品味游戏所特有的乐趣，借以增强人们参与的兴致，从而达到调养身心、益智娱情的目的。

风筝是清代民间特别受欢迎的一种游戏活动。风筝又称风鸢、纸鸱、鹞子等，在中国已有两千多年的发展历史。风筝在民间艺术中占有特殊的地位，它能够将观赏、竞技、健体、益智等多种功能集于一身，同时又与游艺、科技等因素保持着密切关联，较为典型地反映出民间艺术的丰富内蕴。

清人放风筝大多在岁首初春之际，"以线系纸鸢，乘风纵之，恒在清明前郊外也"③。清代浙江人高鼎描写春日乡间孩子乘风放飞的诗句云："草长莺飞二月天，拂堤杨柳醉春烟。儿童散学归来早，忙趁东风放纸鸢。"④ 又有人称："风筝盛于清明，其声在弓，其力在尾。大者方丈，尾者有至二三丈者，式多长方，呼为板门。余以螃蟹、蜈蚣、蝴蝶、蜻蜓、福字、寿字为多……巧极人工。晚或系灯于尾，多至连三连五。"⑤ 山东潍坊以善造风筝闻名，乾隆年间，郑板桥一度在那里为官。乾隆二十八年（1763）夏，他赋诗云："纸花如雪满天飞，娇女秋千打四围。五彩罗裙风摆动，好将蝴蝶斗春归。"⑥ 对潍县夏日放鸢的情景仍萦牵于怀。《帝京岁时纪胜》记载："京制纸鸢极尽工巧，有价值数金者，玻璃厂为市易之。"⑦ 据说曹雪芹家道中落后迁居北京西郊，他经常利用闲暇以制作风筝为乐，而且撰有《南鹞北鸢考工志》、《风筝诀》等书，专门研究风筝技术，其中《南鹞北鸢考工志》记载了有关扎、糊、绘、放风筝的四十余种技法。曹雪芹虽自称"风筝于玩物中微且贱矣"，却仍乐此不疲，在当地百姓中享有不小的名气。

花灯又称彩灯，是一种照明用具，又是传统节日的常备器物，民间每逢文

---

① 潘荣陛：《帝京岁时纪胜》，《七月·蟋蟀》。
② 屈大均：《广东新语》卷二十四，《蟋蟀》。
③ 李声振：《百戏竹枝词·放风筝》。
④ 高鼎：《村居》。
⑤ 李斗：《扬州画舫录》卷十一。
⑥ 郑燮：《怀潍县》。
⑦ 潘荣陛：《帝京岁时纪胜》，《三月·清明》。

娱活动，无不张灯结彩，烘托喜庆气氛。由于花灯种融合了光与彩的特性，有实用功能，又蕴涵审美价值，所以长期风行民间。清代的花灯形式五花八门，异彩纷呈，由此演绎出别具风情的灯戏。如京城百戏中的龙灯斗："以竹篾为之，外覆以纱，蜿蜒之势，亦复可观。"有诗咏："屈曲随人匹练斜，春灯影里动金花。烛龙神物传山海，浪说红云露爪牙。"①

空竹，也称空钟，为清代京城常见的一种儿童娱戏，有浓厚的地方特色。空竹是一种带有轴柄的竹木玩具，玩空竹亦称抖空竹，抖动时先将线绳缠绕轴柄，然后双臂用力，反复开合，逐渐将空竹带起，使其在空中疾速旋转，此时空竹中间的哨孔就会呜呜作响，声音清越悠长，并且随着旋转速度的变化而高低错落，颇富韵味。《燕京岁时记》称秋冬时节，儿童多喜此戏："空钟者，形如车轮，中有短轴，儿童以双杖系棉线播弄之，俨如天外晨钟。"技艺精湛者，"有时以半段空钟用绳扯之，飞至极高，跌至极低，盘旋如意，虽两轮去一，失重心而不坠。观者辄拍掌称善，争掷钱与之"②。娴熟的抛接动作已呈现出杂技化的水准。此外，像鞭陀螺、跳毽子等娱乐，随处可见。

七巧板、九连环是民间传统的儿童益智玩具，在清代风靡一时。七巧板也称巧图、智慧板者，其制"以薄木一方，截成七块，可合成种种模型，以启儿童思想"③。嘉庆年间，还有人专门编辑刊印了《七巧图合璧》，以凑暇趣。咸丰时，慈溪严笠舫创造七巧书法，突破了以往多拼接人物、花鸟图案的传统，翻新出别具一格的七巧行草字，遂称一时之奇。九连环是用金属制成的环类玩具，其形制为：一个长圈，柄在一端，中间套有九个圆环。玩法要求将套在柄中的九个圆环逐一脱出，多者可达十余环，而以九连环最常见，《红楼梦》第七回中描写，周瑞家的到黛玉房中送花，"谁知此时黛玉不在自己房中，却在宝玉房中，大家解九连环呢"④。由于玩法复杂，趣味特浓。

端午赛龙舟在中国已有两千多年的历史，后来龙舟竞渡成为江南水乡最为热闹的一项民间体育活动。至清代，这种风俗保持着浓厚的竞技色彩，并影响至北方，成为南北皆有的端午盛事。《清嘉录》称苏州一带端午日赛龙舟为"划龙船"。是时，游船喧集，参赛者如云，扬旌拽旗，各有名目："中舱伏鼓吹手，两旁划桨十六，俗呼其人为'划手'。篙师执长钩立船头者，曰'挡头篙'。头亭之上，选端好小儿，装扮台阁故事，俗呼'龙头太子'。尾高丈许，牵彩绳，令小儿水嬉，有独占鳌头、童子拜观音、指日高升、杨妃春睡诸戏，谓之'艄

---

① 李声振：《百戏竹枝词·龙灯斗》。
② 徐珂：《清稗类钞》第十三册，《物品类·空钟》。
③ 徐珂：《清稗类钞》第十三册，《物品类·七巧板》。
④ 曹雪芹、高鹗：《红楼梦》，第47页，黄渡人校点本，齐鲁书社1992年版。

梢'。舵为刀武，执之者谓之'挡舵'。"① 胜会之时，舵手执五色小旗，插画舫之楣，而后诸龙各认旗色。回朝盘旋，谓之"打招"。一招水如溅珠，金鼓之声与水声相激。至于"男女耆稚，倾城出游，高楼邃阁，罗绮如云，山塘七里，几无驻足之地。河中画楫，枳比如鱼鳞，亦无行舟之路，欢呼笑语之声，遐迩振动"，场面热闹至极。最称奇观者："入夜，灯燃万盏，烛星吐丹，波月摇白……俗称'灯划龙船'。"受此影响，北方地区渐有开展此戏者，《帝京岁时纪胜》称："京东里二泗"前临运河。五月朔至端阳日，于河内斗龙舟，夺锦标，香会纷纭，游人络绎。"② 有时竟连皇宫内苑也不免偶一为之，平添乐趣。《清稗类钞》记载："乾隆初，高宗于端午日命内侍习竞渡于福海，画船箫鼓，飞龙首，络绎于波浪间，颇有江乡竞渡之意，召近侍王公同观。"③

三　旅游

清代莘莘学子、文人、仕宦官员，向有读万卷书、行万里路的文化传统，旅游既能增长阅历、考察社会，同时又是陶冶心性、怡情悦志、寄情山水的游艺娱乐活动。至于以政治为目的的帝王巡幸旅游、以经商营利为目标的商业（商帮）旅游活动，则属于政治旅游与经济旅游的范畴，其游艺娱乐性则退居次要地位。

（一）清前期旅游

清前期，在清人的旅游与游艺娱乐活动中，无论是寓志山河的文人学者考察游，还是士人的仕宦游、学者的学术考察游等境内旅游、边塞旅游活动活跃，他们在游艺娱志之余，留下诸多诗词、记游、学术著作等。肩负特殊使命的海外旅游活动，也有发端，为近代的出国游学、游商活动的兴起，奠定了坚实的基础。

其一，寓志山河的学者考察游。清初，以"天下兴亡，匹夫有责"为其人生坐标与政治抱负的著名学者顾炎武（1613—1682），为寓志山河，进而实现反清复明的政治目标，曾历数十载，考察大江南北、长城内外。足迹所至，除金陵、镇江、吴江、洞庭湖、淮安外，还遍及河南、河北、山东、陕西、山西等省。对其考察游的重要意义，清代著名学者全祖望在《亭林先生神道表》中，有总结性描述：他一生"足迹半天下"，"凡先生之游，以二马二骡，载书自随，所至隘塞，即呼老兵退卒，询其曲折。或与平日所闻不合，则即坊肆中发书而

---

① 顾禄：《清嘉录》卷五，《划龙船》。
② 潘荣陛：《帝京岁时纪胜》，《五月·里二泗》。
③ 徐珂：《清稗类钞》第一册，《时令类·端午龙舟》。

对勘之"。沿途"考其山川风俗，疾苦利病，如指诸掌"。清代寓志于游、寓游于乐的学者，还有归庄（1613—1673）、魏禧（1624—1681）、屈大均（1629—1696）等人，他们或不仕清朝，遍游名山大川，寻访明代故国江山遗迹；或以文会友，结交俊才志士；或收集遗民志士的事迹，以励后人；或游历代忠良古迹，赞其气节、才华，以作故国之思。在考察游中，归庄写有《锦堂寿·燕子矶》、《洞庭山看梅花记》；魏禧则有《答南丰李作谋书》、《登雨花台》；屈大均有《鲁仲连台》、《于忠肃墓》、《赛上曲》、《长亭怨·与李天生冬夜宿雁门关》、《翁山诗外》等游记诗词、著述，以遗后世。

其二，以游明志的仕人宦游。清前期，诸多入仕做官的文人学士，或在任上、或罢官辞官归里之后，多作宦游，以游明其愤世之心志。其代表人物一为宋琬（1614—1674），顺治朝时官至按察使，被诬下狱获释后，遍游江浙、陕西关中各地，并写有《登西岳庙万寿阁》、《登华山云台峰》等抒情言志的游记诗章。二为施闰章（1618—1683），顺治时官至翰林院侍讲转侍读，他或游学、或奉旨出使、或为言上任，遍游京师、桂林、山东、湖西、安徽九华山等处，并留下以游明志、借景抒情的《游九华记》等游记佳作。三为陈维崧（1625—1682），曾官至翰林院检讨，他未入仕时曾游食四方，亲眼目睹亲身体察过下层人民生活的艰辛；做官后，游历河南中州，并浪游南北各地。写有《贺新郎·纤夫词》等抒情言志的游记辞章，感人至深。四为朱彝尊（1629—1709），曾官至日讲起居注，后入值南书房，他一生遍游大江南北，足亦所至，南及广东，东至杭州、南京，北出雁门关，并游山西大同、太原等地。写有《水龙吟·谒张子房祠》、《卖花声·雨花台》等抒情明志的游记诗词。五为王士禛（1634—1711），曾官至刑部尚书，毕生喜游名山大川，广交名士，游遍蜀地、南海、扬州、安徽泗州、江苏高邮、真州（今仪征）、无锡、南京、河南新乡等地名胜古迹。留有《秋柳诗》、《南将军庙行》、《高邮雨泊》、《真州绝句》、《惠山下邹流绮过访》、《青山》、《登燕子矶记》、《蜀道驿程记》等宏富游记与咏山川风物人情的诗词。六为查慎行（1650—1727），官至翰林院编修，他或随军至西南各地，或随帝驾到东北各地，且游遍南北各地名山大川。在《清史稿》卷四八四本传，称他"性喜作诗，游览所至，辄有吟咏"。七为叶燮（1627—1703），康熙朝进士，官至江苏宝应知县，罢官后曾遍游海内。在《清史稿》卷四八四本传，称他"性喜山水，纵游宇内名胜几遍。年七十六，犹以会稽、五洩近在数百里独未游为憾。复裹粮往，归遂疾。逾年卒"。著有《巳畦诗文集》，其中不少游记与诗词名篇。此外，作此类以游明志的士人还有康熙朝进士乔莱（1642—1694），他曾游桂林的七星岩，并有记游的名篇传世；有官至户部侍郎的田雯（1635—1704），性喜游历，在游河南少林寺后，写有游记《游少林寺记》，以抒其情，坦明心志；有官至文华殿大学士的张玉书（1642—1711），曾随皇帝东巡、南巡，曾作《游千山记》一文，记述沿途见闻、景观、山水、古碑、鸟兽花木等。还有福建秀才陈梦林，于康熙五十五年（1716）应台湾诸罗县令之聘，赴台修撰《诸罗县志》，当年重阳游北香湖荷开盛景，作《九日游北香湖记》传世，文中记述台湾的美丽风光与山水，读后使人如临其境、如闻其声。

其三，以科学技术、山水结缘、边塞风情为目的的学者考察游、僧游、边塞游。一是学者科技考察游。此种旅游的代表人物，在清前期：一为顾祖禹（1631—1692），他一生不参加科举，精研学术、历史地理学，对史籍中记述的山川、城郭、道路、关津在清时的位置及变迁，经实地考察后，著成《读史方舆纪要》（130卷、280余万字）一书，附有《舆图要览》四卷，堪称历史地理与军事地理的学术名著。二为刘献廷（1648—1695），一生未仕，致力学术，遍游各地，访求遗佚，著有《广阳杂记》五卷，内容涉及社会、人文、天文、地理、舆地、地图、水利、物候、资源、旅游等。三为黄叔璥（1666—1742），康熙朝时曾奉使巡视台湾省，考察游览台湾各地，写成《台海使槎录》八卷，书中以其见闻，记载了台湾、澎湖一带的自然、地理、人文、社会景观。四为梁份（1641—1729），他一生跋涉千里，亲自考察边关，且往榆林、河套、甘州、凉州、贵州、西安、河州等地游览，著有《秦边纪略》（原名《西陲今略》）一书，述其见闻，绘制舆图，颇具学术价值。五为徐松（1781—1848），嘉庆朝进士，后谪戍伊犁，他随机对新疆各地进行实地游历考察，写成《新疆志略》、《西域水道记》等书，述其风土人情、舆地状况、军事要塞等内容。

二是结缘山水僧人游。清前期，一些遁入空门为僧的士人，喜与山水结缘而遍游四方，以游寓志、以游交友、以山水寄情。其代表人物：一为见月老人（1601—1679），俗名许见月，他入佛门后喜游历，擅长绘山水人物画，足迹遍及云南、贵州、湖南、江西、江苏、山西等名刹古寺，著《一梦漫言》，总结游览所见所闻与弘扬佛法之事。二为弘仁（1610—1664），俗名江韬，他入佛门后，游黄山、白岳、宣城、芜湖、南京、杭州等地，作诗绘画，曾作名画《黄山图》，以画寓情抒感，成为传世名作。三为髡残（1612—1692），俗姓刘，他年四十，出家为僧，于是释游黄山、南京等名寺，擅长山水绘画，自成风格，笔调苍郁雄健、气度非凡。四为石涛（1642—1718），俗名朱若极，他落发为僧后，成为清前期的名僧与名画家。他先后游历过湖南、湖北、安徽、江西、浙江、江苏、京师等地名寺古庙，擅长绘画，师法自然又高于自然，画中取山川风物之景、现自然灵气、抒胸中之意蕴，成一代绘画宗师。

三是山水游与边塞游。清前期，许多文人学士，为陶冶心性、增加阅历、

349

领悟人生、考察社会，多作山水之游与边塞之游。其代表人物：一为郑燮（1693—1765），官至山东范县、潍县知县，一生喜游历，其诗书画人称"三绝"，为"扬州八怪"之一。辞官后，在扬州、镇江、金陵、镇江等地游览，以卖画为生。其诗书画自成一格，超凡脱俗，同情民间疾苦，如《恶姑》、《悍吏》、《逃荒行》、《还家行》及所画竹石等作诗画书，均成后世传颂的名品。二为袁枚（1716—1797），官至江苏溧水、江宁县官，退居后尤喜游历，游迹甚广，对庐山、黄山、武夷山、雁荡山、天台山、桂林山水，尤加赞赏。其《到石梁观瀑布》、《游黄山记》、《游武夷山记》等，皆为写景抒情的名篇佳作。三为姚鼐（1668—1749），官至刑部郎中，居官期间仍喜游历考察，所写《登泰山》游记，为亲身登临冬雪泰山时的见闻，描述银装素裹的泰山及群山、大川的壮丽景观，颇具气势。四为洪亮吉（1746—1809），嘉庆朝时因指斥朝政而被谪戍伊犁。他一生游历全国许多名山大川，并到江苏、浙江、湖北、贵州、陕西、山西、山东、河南等地进行考察。即使身遭贬谪，仍作边塞考察活动，所写《少寨洞记》、《游天台山记》、《伊犁日记》、《天山歌》、《安西道中》、《行至头台雪益甚》、《伊犁记事诗四十二首》等游记、诗文，饱含对大好山河与边塞山川人文景观热爱的深情。

其四，随使、奉使的海外游。清前期，闭关锁国使前往海外旅游者人数不多，有的人肩负特定使命，但他们在沿途仍进行游历考察，并将见闻撰写成文。其中，代表性人物：一为樊守义（1682—1753），山西绛州（今新绛县）人，是一个虔诚的天主教徒。1707年（康熙四十六年）康熙帝遣西洋传教士艾若瑟等四人出使罗马。樊以艾的好友身份随使意大利罗马，1709年初到罗马，直至1719年春从葡萄牙起程，次年九月赴热河觐见康熙帝，历时十三年之久。樊回国后将亲身游历见闻，写成《身见录》一书（原稿现藏意大利罗马国立图书馆），惜未刊行。书中记述了意大利文艺复兴时代罗马、热那亚、里窝那、比萨、锡耶纳、那不勒斯、佛罗伦萨、波伦亚、米兰、都灵、维切利等名城的庭园、教堂、斗兽场、殿宇、图书馆的风光特色，还记录了在葡萄牙、巴西首府的见闻，实为中国人第一部欧洲与南美洲的见闻录游记，具有很高的史料价值。二为图理琛（1667—1740），满洲正黄旗人，康熙五十一年（1712），他以侍读身份奉命与侍读学士殷礼纳等假道俄国，出使土尔扈特部，历时三载。《清史稿》卷二百八十三本传载称"图理琛奉使无辱命，既归国，入对，述往还事状，并撰《异域录》，首冠舆图，次为行记，呈上览"。《异域录》一书用满汉文写成，分为上中下三卷，记述他沿途所见的俄罗斯的城镇、山川、民族风土人情、地理、形胜、方物、民俗的状况，描述生动流畅，堪称第一部中国人游历俄罗斯的风土人情的游记著作。三为陈伦炯，康熙时代福建同安人，曾任台湾总兵、浙江水师提督等职，奉命出使东西洋。他将其见闻，撰成《海国见闻录》上下两卷，内容宏富，不仅有中国沿海形势、东洋记、东南洋记、南洋记、小西洋记（今印度洋）、大西洋记、昆仑记、南澳记、四海总图、沿海全图、台湾图、澎湖图、琼州图等内容，而且还介绍了日本、泰国、阿拉伯国家、葡萄牙、西班牙、法国、意大利、荷兰、英国的风物人情，是中国人通过亲身考察后所写的有关亚欧国家的难得的游记著述。四为谢清高（1765—1821），广东嘉应州（今梅县）人，青年时代随商人前往海南，因遇风暴舟覆，为"番舶"所救，此后得以游览海中诸国各地。此后的十四年间，谢清高到过南洋群岛、印度洋沿岸、欧美与非洲西海岸共九十五个国家和地区。他三十一岁回到澳门后，将其游历见闻口述、友人杨炳南笔录整理成为《海录》一书，共三卷、九十五则，分述不同国家与地区的风土人情、历史地理、物产、城市、村镇、商贸、民人服饰等①。

（二）清后期旅游

清后期，清人的旅游与游艺娱乐活动，无论是其种类、手段、方式，还是参与人数、数量与地区而言，大大超过清前期。该活动对社会发展进步、对社会生活风尚的改良、对人们眼界视野的拓宽、对参与者阅历的增长，都产生了不可低估的影响和积极作用。通过国内外的旅游活动，不仅大大提高了清人游艺娱乐活动的质量和水平，而且参与者将游历的亲身体察，撰著成书，给后世留下一笔珍贵的游记著作，成为中国历史文化宝库的精品之一。

清人后期旅游与游艺娱乐活动的种类，大体可分为海外游、官宦游、官费留学游、学者考察游、海外考察学习游等。

其一，以广见闻的海外游。1840年中英鸦片战争中，西方殖民侵略者用炮舰轰开了封建闭关锁国的清朝的国门，中国战败后，社会上各方人士，既思考中国战败的原因，同时，也借助各种方式，出国到东西洋的异国他乡，以广见闻与阅历，作为人生一大乐趣。其典型人物：一为林鍼，生于1824年，福建福州人，后迁居厦门，年青时因会外语而在洋商处任翻译、教中文为生。1847年，他在美国工作一年多，至1849年春返回福建，同年夏撰成游记《西海纪游草》一书，书中通过诗文记述在美期间的城市、建筑、民情、风俗、商贸、交通的所见所闻，介绍了美国的社会经济、奴隶制、选举、独立、总统制方面的情况，使人读后有大开眼界、耳目一新之感。二为罗森，广东人，他虽为商人，却是美国传教士卫廉士的朋友，1854年1月，罗以友人身份，与卫廉士、美国舰队司令柏利一道赴日本，共议条件，途中经琉球等地。罗归国后，写成《日本日

---

① 王淑良：《中国旅游史》（古代部分），旅游教育出版社1998年版。

记》一书，述其东游历程，书中记述了他在琉球、日本的见闻，并译述了日本的政治、经济、文化、风土人情的状况，以及他参与的美国的柏利将军与日本幕府大将军代表谈判、签订协议的过程。三为斌椿，汉军旗人，中年曾赴外地做官。1866年（同治五年），由斌椿父子率同文馆学生官方旅游团一行五人，在英人赫德的向导下，赴欧洲考察游历。此行于同年五月抵达法国的马赛，然后游历考察了法国、英国、荷兰、德国汉堡、丹麦、瑞典、芬兰、俄国、普鲁士、德汉诺威、比利时等地，于8月离开马赛回国，历时三月余。斌椿回国后，将考察游历见闻，撰成记事抒情的游记《乘槎笔记》一卷、咏物抒情的旅游诗作《海国胜游草》与《天外归帆划草》二种。四为志刚，满族人，任官总理各国事务衙门章京、花翎记名海关道等职，1867年（同治六年），由清政府钦使蒲安臣率领（蒲为美前任驻华公使、被清廷聘为钦使），志刚参加的具有访问考察性质的外交使团一行五人，由京师出发，于次年赴日本、美国旧金山、英国伦敦、法国巴黎、瑞典、丹麦、荷兰、柏林、俄国圣彼德堡等地，直至同治九年（1870）回国。期间，蒲病死后由志刚接任使臣事。他回国后，将考察游历欧美各国的见闻、感受，撰写成《初使泰西记》（又名《初使泰西纪要》）一书，四卷，起自1868年2月24日（同治七年二月初二日），迄于1870年11月8日（同治九年十月十六日）。书中除记述欧美异邦礼仪、风俗、社会、风土民情、名胜风景与游历观感外，还记述了诸多中外外交交涉事务。书末还附录《恭亲王等派蒲安臣出使折》等文件，此书于1872年（同治十一年）刊行。五为容闳（1828—1912），广东香山（今中山市）人。青年时随父至澳门，寄读于德国传教士学校，接受西方教育。1847年容随美国传教士勃朗游学美国，同年四月抵纽约，就读于孟松学校，1850年考入耶鲁大学，1854年毕业于该校。次年回国，后又数次出国。直至1912年4月20日病逝于美国康州哈特福德城。容闳作为中国游学美国的先驱者，著有《西学东渐记》一书，该书原用英文写成，书名为 My Life in China and America（直译为《我在中国和美国的生活》），共二十二章，自述其1828—1901年（道光八年至光绪二十七年间）的中外经历与见闻，包括在国内外游学、从事教育、政治、经济活动时的感受。此书1909年由纽约亨利·霍特图书公司出版，后由徐凤石、恽铁樵节译为中文译本，并改书名为《西学东渐记》，于1915年由商务印书馆在国内出版面世。六为王韬（1828—1897），江苏甫里人，他17岁考取秀才，却未入仕做官。后先至上海，又至香港，他于1867年、1879年先后出游过欧洲英法俄等国。1862年王韬至香港，协助英华书院院长、英国汉学家理雅各（James Legge）工作，1867年王应理氏之邀，赴欧洲考察英法俄等国；1879年他又应日本友人之邀，赴日本考察四月余。这两次东西游后，王韬撰成《漫游随录》与《扶桑游记》二书。《漫游随录》

三卷，书中通过亲身考察见闻，介绍英法俄诸国的文化、近代科学（如天文、地理、电学、光学、化学等）外，还对中西文化及哲学观念的不同点作了分析。《扶桑游记》一书分为上中下三卷，记述了他东渡日本的见闻，并逐日记述了此次游程。此书除介绍日本各地的风俗、民情、名胜、日本仿效西法的事状外，还涉猎了明代遗民流亡日本的人和事。七为李圭（1842—1903），江苏南京人，在上海谋生时结识了许多外国人，并应英人好博逊之聘，在宁波海关工作十余年。1876年他有幸被推荐参加美国费城世界博览会，返国时又自费城渡大西洋，抵英国伦敦、法国巴黎，再由地中海经苏伊士运河过红海，历锡兰（今斯里兰卡）、新加坡、西贡等地，历时八月余，环游地球一周。回国后将见闻、考察写成游记《环游地球新录》一书，四卷，卷一为"美会纪略"、卷二与卷三为"游览随笔"、卷四为"东行日记"。书中不仅对费城世界博览会与中国馆有生动翔实的描述，而且还对沿途见闻与美英法等国的政治、社会、风土、人情、城市、工业、农业、科技产品有介绍，不失为由中国人撰写的一部较早的世界游记。此书由李鸿章作序，于1878年（光绪四年）刊印问世。

其二，以增阅历的官宦游。清后期，以增阅历而去东西洋考察旅游，乐此不疲的官员大有人在，官宦游大有兴旺之势。这方面的代表人物：一为郭嵩焘（1818—1891），湖南湘阴人，曾中举而供职翰林院，自青年时始办洋务。1876年（光绪二年）郭奉命出使英国，次年元月抵伦敦；至1879年离英回国，前后两年。回国后他将出使期间的考察观感与见闻，写成《使西经程》一书，二卷，以旅程日记的形式，详述沿途新加坡、暹罗、波斯、土耳其、希腊、意大利、法国、埃及、摩洛哥等十八国的见闻，涉及相关国家地区的地理位置、山川形势、风土人情、宗教、文化、社会经济的状况，同时，还介绍了著者在香港参观考察学馆、监狱的情况。二为何如璋（1838—1891），广东大埔人，曾中进士，入翰林院，以庶吉士授编修。1877年（光绪三年），他奉命以正使身份出使日本，在出使期间，他将在日本的见闻与考察感受，写成游记《使东述略》和《使东杂咏》诗六十七首。该书记述中日建交互派公使的经过，介绍了明治维新后日本的时政、民俗、礼仪、地理、社会经济、文化、现代科技、铁路、电报的情况。三为黄遵宪（1848—1905），广东嘉应（今梅州市）人，举人出身。光绪三年（1877）任驻日使馆参赞，任职期间，考察日本社会变化，写成《日本国志》一书，四十卷，是黄在日本任职近五年期间考察游历的见闻，书中除系统介绍日本的天文、地理、国情外，还有邻交、职官、学术、食货、礼俗诸志，是近代中国人研究日本国情社会的重要著作。此外，黄还撰有《日本杂事诗》二卷以诗专咏日本的国政、民情、风俗、物产、社会等。四为曾纪泽（1839—1890），湖南湘乡人，曾国藩之子，父死袭封爵位。1878年（光绪四年）任驻英法公使，1880年（光绪六年）又任使俄大臣。他回国后将任职期间的考察见闻，写成《使西日记》、《出使英法俄国日记》二书，二卷，为作者1878—1886年（光绪四年至十二年）出使英法、赴俄谈判记事的节本。书中除记述中外交涉及异国的政治、社会、工业、交通、文化外，还对风土人情、相关礼仪作了介绍。五为薛福成（1838—1894），江苏无锡人，初入曾国藩幕，后随李鸿章办外交。1889年（光绪十五年），薛任驻英、法、意、比四国公使，于1890年出洋，至1894年回国，在欧洲度过了四年半时光。回国后，他写成《出使英法意比四国日记》（六卷）、《出使疏牍》。前者记述中外交涉事件外，还对各国的风土人情、工业、交通、军备、科技、教育、文化、学术的情状作了描述，辑录了不少外交案卷与地理资料。书首有自叙一篇，主张中国对外开放，认为唯有学习外国，并对其图谋有抵御之方，才能自立和自强。《出使疏牍》为薛福成在任驻四国公使期间的奏疏和公牍。六为傅云龙，浙江德清人，曾做过京官，光绪十三年（1887）至十五年（1889）间，被派往日本、美、秘鲁、巴西诸国游历考察。归国后，他将游历见闻写成《游历各国图经》86卷，主要用图和表的形式，介绍各国的社会、经济、政治、文化、风土、民情、军事、外交等概况。同时，还将游历日程、见闻、感想，写成《游历各国图经余记》15卷。七为黎庶昌（1837—1897），贵州遵义人，先在曾国藩幕供事，后又为参赞随郭嵩焘出使英国。他于光绪三年（1877）至七年（1881）随使欧洲，游历考察英、法、德、日斯巴尼亚（西班牙）四国。归国后将见闻撰成《西洋杂志》（8卷）一书，对其欧洲各国的社会政治、法律、地理、风俗、交通、经济、文化、生活记述尤详，表示作者的关注尤在社会的变革与风俗层面之上，同时赞美议会制度。还附有日记、书信、随笔等。该书于光绪二十六年（1900）刊印面世。八为徐建寅（1845—1901），江苏无锡人。光绪五年（1879），他奉李鸿章之命，赴德国订购铁甲兵船，考察欧洲兵工、机械、化学工厂的情况。回国撰写《欧游杂录》（2卷）一书，述其在欧历时三年考察产业发展状况的见闻与实录。这既是清人出国进行产业考察游历的实录，更是近代中西科学技术交流史上的重要资料，较一般的游记著述，更具特色。

其三，以游求学的官费留学游。用官费资助而派遣大批留学生前往东西洋各国，以培养国之急需人才，是从清后期开始的。官费留学，既具以游求学的游历性质，同时，在国外学得新知识、新技术、新文化之际，又可对国外的社会政治、经济、科技、文化、民生、风俗，进行实地感受与考察。通过东西方文明交汇与洗礼后的留学生，回国后对社会生活的变革、社会的风气的开放、科技文化的进步、社会的发展，从不同角度施加作用与影响。在一定程度上，为清后期清人的社会生活，带来了新的活力、吹进了一股清新的洋风。其代表人物：一为同文馆学生西洋游学，1866年（同治五年）斌椿、赫德游历欧洲期间，曾随携三名同文馆首届毕业生德明（张德彝，英文馆）、凤仪（英文馆）、彦慧（法文馆）。同文馆是当时清政府开办的中国第一所外语学校，对于其游学西洋、欧洲的情况，通过斌椿的《乘槎笔记》、张德彝的《航海述奇》二书得以间接了解。二为张德彝（1847—1918），又名德明，汉军镶黄旗人，他先后八次出国，游历考察欧美各国，或游学、或任英文翻译、或出使，阅历甚丰，见识甚广，游记著述甚多。继《航海述奇》后，又撰《再述奇》至《八述奇》，这些书详述欧美国家的社会生活、文化、语言文字、风土人情等，更对所见的火车、轮船、电报、电梯、煤气灯等奇工巧技，乃至名胜古迹、生活习俗等，描述生动真实。三为官费留学欧美游。1863年毕业于美国耶鲁大学的容闳回国游说曾国藩，建议官费派遣留学生，游学欧美，受到曾与清政府的支持。第一次公派留学美国学生120名，从1872年起分为四期，按年递派，每年30人，学生年龄12—15岁，为期15年，赴美后，容闳将他们二人一组分配至美国家庭居住、生活、学习、游览。詹天佑即是首批学子中的一员。福建船政大臣沈葆桢等，分别从船政学堂与马尾造船厂挑选学生与艺徒，于1876年、1881年、1886年三次派往英法德学习造船、驾驶、矿务。其中有严复、萨镇冰、林永升、林泰曾、刘步蟾等人。四为官费留学东洋游。1896年清政府首批官费派遣留学生13人抵达日本，后人数渐增。1899年留日学生为200名，1902年为400名，1903年达1000名，1906年多至8000名，鲁迅、蔡锷、杨度等人也在其列。自1899年单士厘随夫留学日本始，后渐有增多，至1907年仅东京一地即有近100名留日女生。其中包括何香凝和秋瑾。此外，还有自费留学日本者，称私费生，人数不少，有吴玉章等人。五为李筱圃（清末人），他原在江西为官，1880年（光绪六年）受商人资助赴日本游历，回国后写有《日本纪游》一书，记叙了诸多东洋的风土人情、社会世象、科学技术、生活习尚、工厂、博物馆、火车、轮船等，由于他持反对维新立场，故对日本一切效法西洋愤愤不平。六为黄庆澄（1863—1904），浙江平阳人，1893年（光绪十九年）他受官员资助，游历日本二月余，回国后著《东游日记》一书，除记叙日本的社会、时政、风俗、名胜、文化、中日文化比较外，还介绍日本的地理、礼仪、习尚等。他是新派人物，钻研西学，力主中国应向泰西（西方）学习科技、经济、军事之学。

其四，以游求治的学者考察游。中国屡遭战败后，使许多爱国的有识之士，力图通过以游求治的方式，作实地考察游历。其代表人物有龚自珍（1792—1841），浙江仁和人，著有考察游历的诗文《说天寿山》、《病梅馆记》、《己亥杂诗》等；林则徐（1785—1850），福建侯官（今福州）人，撰有游历考察诗《赴戍登程口占示家人》等；徐松（1781—1848），大兴人，著有考察游历的著述《新疆志略》、《西域水道记》等；魏源（1794—1857），湖南邵阳人，撰有实地游历考察的文论《明代食兵二政录》、《筹河篇》、《畿辅河渠议》、《湖广水利论》、《湖北堤防议》、《海国图志》，有记游诗章《粤江舟行》、《阳朔舟行》、《太湖夜游吟》、《西湖夜游吟》、《秦淮灯船引》等；康有为（1856—1927），广东南海人，著有游历考察诗文《初游香港睹欧亚各洲俗》、《过昌平城望居庸关》、《登万里长城》、《将重桂林望诸石峰》、《漓江杂咏》等以景明志的名篇佳作；谭嗣同（1865—1898），祖籍湖南浏阳，生于北京，他曾漫游十年，著有游记诗文《三十自纪》、《崆峒》、《自平凉柳湖至泾州道中》、《洞庭夜泊》、《上欧阳中鹄·十》等气势豪迈的篇章；聂士成，安徽合肥人，出身武童，入淮军，曾考察东北边境武备，写有介绍边境民族生活、习俗、地理风貌、历史沿革、气候的游记《东游纪程》四卷，充满对祖国山河的热爱、力主强化边疆武备、强兵卫国的赤忱之情。

其五，以游求变的海外考察学习游。清末，面对世界局势的动荡、列强瓜分中国、国内社会矛盾激化的局面，许多爱国志士，将寻求救国变革之路的目光，投向西方，投向海外。其中既有改良派，更有革命派的代表人物，亦有其他爱国人士，他（她）们是：一为梁启超（1873—1929），广东新会人，是戊戌变法的代表人物，他曾游历日本、美国、欧洲各国，其以游求变的游记文论甚多，如《汗漫录》（又名《半九十录》）、《新大陆游记》、《欧游心影录》等。二为钱单士厘（1856—1943），原名单士厘，浙江萧山人，作为清末外交官钱恂的夫人，她曾游历日本、俄国、意大利、希腊等国，著有《癸卯旅行记》、《归潜记》等书，书中介绍了各国的社会、政治、经济、风土、民情、生活习尚、教育的情况，力主中国应学习西方，发展教育，特别是"女学"教育。同时，书中充满诸多寻求救国之方、对列强的暴行痛加指斥的爱国激情。三为伟大的民主革命的先驱孙中山（1866—1925）先生，广东香山（今中山市）人，他为寻救国救民之路、为求变革中国社会之方，多次与民主革命党人游历考察欧美、日本，历经磨难艰险，矢志不移，以海外为基地，多次策划、组织以推翻腐朽没落、封建专制清朝的国内武装起义。通过游历，孙中山先生结合中国实际，描绘出中国社会未来发展建设的蓝图。这些在《孙文学说》、《三民主义与中国前途》、《中国问题的真解决》、《建国方略》等著述中都有翔实的记载[①]。

[①] 王淑良、张天来：《中国旅游史》（近现代部分），旅游教育出版社1999年版。

第十章

信仰与迷信禁忌

清代信仰（含自然崇拜、祖灵崇拜、宗教礼尚、巫术信仰等）与迷信禁忌活动，是清人精神生活的重要方面，内容宏富而芜杂。一方面是清代各族人民的宗教信仰十分庞杂，各种教派林立；另一方面伴之而生的迷信活动、各种禁忌盛行，深深地渗透到社会日常生活的方方面面，呈现出一派科学与宗教同在、进步与愚昧迷信并存的光怪陆离、扑朔迷离的景象。在中原汉族地区广为奉行的宗教有佛教、民间宗教、耶稣教和天主教，而边疆地区少数民族则信仰原始宗教、伊斯兰教、佛教、道教、基督教和天主教等。各种迷信禁忌更是门类繁杂。

第一节　自然崇拜与祖灵祭拜

人类的生产与生活活动，依托于大自然，同时又是大自然最早的崇拜者。追根溯源，人类最古远的自然崇拜与祖先神灵崇拜，主要因于远古时代的人们对复杂的自然现象、社会现象及其人的自身缺乏理性认识，对这些现象所表现出来的神秘性一方面充满着神奇幻想，另一方面又因难以抗拒而产生强烈的敬畏或依赖心理，从而赋予它们以超人的力量。在几乎被动和本能的思维意识驱使下，万物有灵观念在人们的精神世界占据了主导地位，民间信仰即从这种原始的崇拜观念中逐步发展起来。清代随着社会生活的成熟与活跃，使民间信仰在更广泛的基础上向社会的各个层面交叉辐射，蔚成大观。社会生活自然崇拜与灵物崇拜现象久盛不衰，各种各样的信仰风俗表现生动。其中表现形式最为充分的莫过于封建社会隆重的国家祀典与千姿百态的民间庙神拜祭，许多地方志都记载有关于龙王庙、土地庙、雷公庙、火神庙、东岳庙、太庙等祠祀的资料，说明当时民间信仰中自然崇拜与祖灵崇拜现象极为普遍。

一　清人的自然崇拜

清人社会生活的自然崇拜风俗，形式多样，内容各异，主要包括对天地、日月星辰、气象、山川水火以及动植物的崇拜等。

（一）对天地的崇拜

人类最初关于自然界的认识来自对天地万物的观察，他们所感知到的不外乎是日月星辰、山川物种等各种具体物象，此时，天还只是一个相当笼统的概念。随着万物有灵观念的产生，人们开始探寻能够主宰自然与社会的那种异乎寻常的异己力量，于是天逐渐演变成抽象的概念，天神崇拜成为一种超自然的现象。

在封建礼法的严密控制下，祭祀天地是统治者展示其特权的重要手段，最高统治者自称天子，屡屡通过亲诣祭告，显示其虔诚的敬天信仰，而对臣民则刻意强化奉天承运的统治意志。清朝统治者同样如此，他们将祭祀天地奉为大祀。祭天又称郊祀，清太宗皇太极于"天聪十年（1636），度地盛京（今沈阳），建圜丘、方泽坛，祭告天地，改元崇德"①，称帝建元，郊祀之制始备。方泽又称后土或皇地祇，北京的天坛和地坛分别是清帝举行祭祀天地典礼的场所。清朝规定："天坛制圆，三成，上成九重，周一丈八尺；二成七重，周三丈六尺；三成五重，周五丈四尺；俱高三尺。垣周百十有三丈。地坛制方，二成，上成方六丈，高二尺；下成方八丈，高二尺四寸。垣周百三十有三丈。制甚简也。世祖奠鼎燕京，建圜丘正阳门外南郊，方泽安定门北郊。规制始拓。"② 其中冬至日举行隆重的祭天祀典，夏至日祀方泽。凡国家重要事务，诸如皇帝登基、出巡等政务活动时，都要派遣官员祭告天地，以示诚敬。

在清代民间信仰中，天地崇拜表现得更为多元。如满族所信奉的萨满教，以祭天来表现对天神的崇拜，这种形式被称为堂子祭。所谓"堂子祭天：清初起自辽沈，有设杆祭天礼"③。满族入关后，这种习俗相沿不替。文献记载："凡立杆祭神于堂子之礼，岁以季春、季秋月朔日举行……凡出师展拜堂子之礼，皇上亲征诹吉起行？内府官预设御拜褥于圆殿外，及内外御营黄龙大纛前，兵部陈螺角，銮仪卫陈卤簿均如仪。皇上先诣圆殿，次诣纛前，均行三跪九叩礼。云军凯旋，皇上入都门，先诣堂子行礼。命将出师，皇上率大将军及随征将士诣堂子行礼，仪均与亲征同。凯旋日，诣堂子行告成礼，均与古之祃禂告功明堂之礼相同。实国家祈祷之虔，百神之所佑庇，与商、周之制若合符节，所以绵亿万载之基地。"④

这种风俗既是上层统治者所规定的仪典，又表现出鲜明的民族特点。汉族有正月祭祀天诞的习俗，天神是唐朝以来在民间信仰中形成的玉皇大帝。俗以每年农历正月初九为天诞日，人们在这一天要设祭斋天。北京的天诞日："禁屠宰。大高玄殿建皇坛，各道观设醮，拜朝天忏，锡福解厄。"⑤《清嘉录》记载江南的风俗称："（正月）初九为玉皇诞辰，元妙观道侣设道场于弥罗宝阁，名曰'斋天'，酬愿者骈集，或有赴穹窿上真观香者。"⑥ 还有人将姓名书写在黄疏之上，然后点火焚烧。一时之间，男女毕集，焚香敬礼，观者如堵，足见人们对天帝信仰的执着。

土地是与人们生存联系最为密切的物质基础。中国自古以农立国，由于地能生长万物，因此从很早的时候开始，人们便将代表土地神的社与代表五谷神

---

① 《清史稿》卷八二，《志五七·礼一·坛遗之制》。
② 同上。
③ 《清史稿》卷八五，《志六〇·礼四·堂子祭天》。
④ 昭梿：《啸亭杂录》卷八，《堂子》。
⑤ 潘荣陛：《京帝岁时纪胜》，《正月·天诞》。
⑥ 顾禄：《清嘉录》卷一，《斋天》。

的稷结合起来，作为社稷进行祭祀，春祈丰收、秋祀报赛，春秋社日风俗在民间表现得丰富多彩。清人记载："二月二日为土神诞日，城中廨宇，各有专祠，牲乐以酬。乡村土谷神祠，农民亦家具壶浆，以祝神釐。俗称田公、田婆，古称社公、社母。社公不食宿水，故社日必有雨，曰'社公雨'。醵钱作会，曰'社钱'。叠鼓祈年，曰'社鼓'。饮酒治聋，曰'社酒'。以肉杂调和铺饭，曰'社饭'……田事将兴，特祀社以祈农祥。"① 再如秋社："中元，农家祀田神，村翁里保敛钱，于土谷神祠作会。刑牲叠鼓，男女聚观，与会之人，归时各携花篮、果实、食物、社糕而散。又或具粉团、鸡黍、瓜蔬之属，于田间十字路口，祝而祭之，谓之'斋田头'。"② 由此可知，农人对土地神有着极为深厚的信仰与祈望。城隍是古代城市的保护神，它来源于周礼腊祭八神的水庸神，后被道教吸收，成为护国保郡的神。清代民间十分重视城隍，各地城镇大都建有城隍庙，每年农历五月的城隍庙会更是格外热闹。

（二）对日月星辰的崇拜

日月星辰与人类的生存联系十分密切，是初民社会各种原始信仰产生的重要基础。日月星辰崇拜属自然崇拜范畴，即以自然事物为崇拜对象，集中反映了人类祈求自然给予福惠的愿望。

太阳是天际中给予大地光明和温暖最多的发光体，所以太阳崇拜在原始社会相当普遍。清代北京东郊的日坛是国家祭祀太阳神的地方，每年春分日卯刻举行祭祀大典。民间以农历二月初一为太阳星君诞日，是原始太阳崇拜观念的遗痕。据传该俗源于唐朝，清代仍甚流行。是日，各地多有供祀太阳的习俗。《帝京岁时纪胜》记载："京师于是日以江米为糕，上印'金乌圆光'，用以祀日。绕街遍巷，叫而卖之，曰'太阳鸡糕'。其祭神云马，题曰'太阳星君'。焚帛时，将新正各门户张贴之五色挂钱，摘而焚之，曰'太阳钱粮'。"③《燕京岁时记》记载："二月初一日，市人以米面团成小饼，五枚一层，上贯以寸余小鸡，谓之'太阳糕'。都人祭日者，买而供之，三五具不等。"④ 京城内还建有太阳宫，前殿塑太阳星君像和雄鸡像。每逢农历二月初，按例开放三天，供人礼祀。

月神代表黑暗中的光明，自古民间就流传关于月神的故事。月神又称嫦娥、月姑等，也称太阴星主。顺治八年（1651），清帝上谕建夕月坛于西郊，规定每年秋分日酉时致祭，以为国家祀典之一。民间月神崇拜由来已久，表现最热闹

---

① 袁景澜：《吴郡岁华纪丽》卷二，《土神诞日作春社》。
② 袁景澜：《吴郡岁华纪丽》卷七，《斋田头作秋社》。
③ 潘荣陛：《帝京岁时纪胜》，《二月·中和节》。
④ 富察敦崇：《燕京岁时记》，《太阳糕》。

的莫过于每年农历八月十五中秋节的拜月习俗。《吴郡岁华纪丽》记载："吴俗中秋，人家各设炉香灯烛，供养太阴，纸肆市月光纸，绘月轮桂殿，有兔杵而人立，捣药臼中，极工致。金碧璀璨，为缦亭彩幄，广寒清虚之府，谓之'月宫纸'。又以纸绢为神，具冠带，列素娥于饼上，谓之'月宫人'。取藕之生枝者，谓之'子孙藕'；莲之不空房者，谓之'和合莲'；瓜之大者，细镂如女墙，谓之'荷花瓣瓜'。佐以菱芡银杏之属，以纸绢线香，作宝塔形，钉盘杂陈，瓶花樽酒，供献庭中，儿女膜拜月下。拜毕，焚月光纸，撤所供，散家人必遍。嬉戏灯前，谓之斋月宫。比户壶觞开宴，灯球歌吹，莫盛于阊门内外，南北两濠……自十五至十七日，每夕如是。里门夜开，金吾无禁，人在光明世界，真胜景哉。"① 在京城，拜月不啻是一项国家祀典，"至于先丁后社，享祭报功，众祀秋成，西郊夕月，乃国家明禋之大典也"②。而民间拜月，充满欢乐祥和气氛。史载："京师谓神像为神马儿，不敢斥言神也。月光马者，以纸为之，上绘太阴星君，如菩萨像，下绘月宫及捣药之玉兔，人立而执杵。藻彩精致，金碧辉煌，市肆间多卖之者。长者七八尺，短者二三尺，顶有二旗，作红绿色，或黄色，向月而供之。焚香行礼，祭毕与千张、元宝等一并焚之。"③ 京城还有谚语称"男不拜月，女不祭灶"，说明京城拜月者多为女性。

　　星辰崇拜与先民对古代星象的观察与认识密切相关，由于星辰位置变化与农业生产活动往往形成某种有规律性的联系，因而产生了星象崇拜的习俗。传说上古时代就设有占星之官，先秦时期占星术已露端倪，可见在民间信仰中，星辰崇拜具有广泛的心理基础，后来人们逐渐将某种星象变化与世间的吉凶祸福相附会，以致对某些星宿形成了特殊信仰，如太白主凶、彗星为妖等，使星象崇拜观念掺杂了大量迷信成分。清代国家祀典中有太岁祀仪，顺治元年（1644），上谕建太岁殿于先农坛东北。民间的星象崇拜同样盛行，民俗传说农历正月初八为诸星下界的日子，故有祭星习俗。《帝京岁时纪胜》记载："（正月）初八日传为诸星下界，燃灯为祭。灯数以百有八盏为率，有四十九盏者，有按玉匣记本命星灯之数者。于更初设香楮，陈汤点，燃而祭之。观寺释道亦将主檀越年命星庚记注，于是夕受香仪，代具纸疏云马，为坛而祭，习以为常。"④ 每年农历二月初三，许多地方都要举办文昌会，以祀文昌帝君的诞辰。《史记·天官书》记载："斗魁戴匡六星，为文昌宫"，有司令、司中、司禄等多项职责。后来，这个居于北斗之上的文昌星逐渐被附会为专司仕进文运的星神，

---

① 袁景澜：《吴郡岁华纪丽》卷八，《斋月宫玩月》。
② 潘荣陛：《帝京岁时纪胜》，《八月·中秋》。
③ 富察敦崇：《燕京岁时记》，《月光马儿》。
④ 潘荣陛：《帝京岁时纪胜》，《正月·星灯》。

被列入国家祀典。《吴郡岁华纪丽》记载："二月初三日，为文昌帝君诞日。郡僚刑牲致祭，用太牢。各邑俱有专祠。城东隅巽方有钟楼高峙，内奉帝君像。以文昌在天，临莅巽方，故用形家言，于娄荂间高建此楼。以壮吴郡文峰。因是科第郁兴，盛于他郡。是日钟楼开敞……士大夫酬答尤虔，众庶亦纷集殿庭，焚香敬礼，名'文昌会'。"场面之热闹，可见一斑。

（三）对气象的崇拜

所谓气象，是指与人类生活有密切联系的云雨风雷等自然现象。同具有较为固定规律的日月星辰等天象相比，云雨风雷无疑富有较大的变易性，对农业生产的影响更为直接，尤其在以农耕形态为主的中国古代社会，这些表现无常、神秘莫测的自然现象更易使人产生强烈的敬畏心理。因此，在民间信仰中气象崇拜占有重要地位。

在清代国家祀典中，云雨风雷诸神被安排在天神坛享祀，顺治朝初谕令在先农坛南修建天神坛，设有四青白石龛，镂刻云形，分祀云师、雨师、风伯、雷师，按时祭祀。风伯是先民创造的一个神祇，中国古代围绕风的风俗还发展出风角术。雍正六年（1728）谕旨修建风神庙，选址在景山东，因其地属箕位，而风师以为箕星，故建之，赐号"应时显佑"，前殿祀风伯，后殿祀八风神。第二年，又以云师、雷师尚缺专祀，谕令修建雷师庙和云师庙，分别赐号"资生发育"和"顺时普应"。同时以时应宫龙神为雨师而予合祀。

在民间，云雨风雷诸神各有不同的表现形式。民间仍多祈雨之俗，龙王信仰十分盛行，从而取代了国家礼典中雨师的地位，各地龙王庙香火特旺，江南地区还有"龙挂"之说："五六月之间，每雷起云簇，浓云中见若尾堕地，蜿蜒屈伸者，亦止雨其一方，谓之'龙挂'。深山大泽，龙蛇所居，其久而有神，行雨分役，亦若人之有官受职者。"①

风对渔业影响颇大，而多受渔民的供奉。江南渔民以农历十月初五为五风生日，届时"太湖渔者十余家，泛六桅船，候风暴以行，船飨濒湖神祠，祈是月有风"②。

雷神崇拜是民间信仰较为活跃普遍者。俗以农历六月二十四日为雷神诞辰。江南苏州一带，是日："城中圆妙观、阊门外四图观，各有神像。蜡炬山堆，香烟雾喷，殿前宇下，袂云而汗雨者，不可胜计。庙祝点烛之资，何止万钱……自朔至诞日茹素者，谓之'雷斋'，郡人十之八九，屠门为之罢市。或有闻雷茹

---

① 袁景澜：《吴郡岁华纪丽》卷六，《龙挂》。
② 袁景澜：《吴郡岁华纪丽》卷十，《五风信》。

素者，虽当食之顷，一闻祂祂之声，重御素肴，谓之'接雷素'。"① 《广东新语》记载当地的雷神庙时，称："雷州英榜山，有雷神庙，神端冕而绯，左右列侍天将。一辅髦者捧圆物色玺，为神之所始，盖鸟卵云。堂后又有雷神十二躯，以应十二方位，及雷公、雷母、风伯、雨师像。"②

（四）对山川水火的崇拜

山川水火崇拜属自然物崇拜范畴，在民俗信仰中同样表现出自身的特色。山川是一种自然生态现象，由于中国地形复杂，各地山川具有十分突出的地理特征，故其神祇呈现出多样化的特点。在原始社会末期，尧、舜开始祭拜大山；进入封建社会，五岳诸山形成自己的神祇，历代统治者屡行致祭大典，累加封号，祭祀山神成为一项重要祀典。清顺治初建了地祇坛，以祀天下名山大川，此坛位于天神坛之西，坛中设五石龛，镂刻山水之形，分祀五岳、四海等。民间信仰普遍认为山川为神灵寄居之地，祭拜山川无非是祈求风调雨顺，物阜民丰。山神信仰盛行，靠近山地区的地方经常组织规模不等的山神会，如东岳庙神祇已遍及民间。俗以农历三月二十八为东岳帝诞辰。《吴郡岁华纪丽》记载："二十八日为岳帝诞辰。圆妙观有东岳殿，殿宇宏丽，士女瞻拜者，月朔望毕至，左右门无闲阒，座前拜席为暖，化纸钱炉，火相及无暂熄。俗谓神掌人间生命禄籍修短，故酬报尤虔。城乡并有岳庙，诞日赛会，拈香者阗咽，翠盖红旗、锦幢羽葆，辉映衢巷间，楼船野舫，充塞塘河……入夜，庙中陈设供席，张灯演剧，百戏竞陈，游观若狂。"③《巢林笔谈》记载："三月二十八日，俗称'岱诞'，各乡之神朝于岱庙。庙有数处。石牌、介昆山、常熟间，赛会尤盛。届期水陆毕集，加以鼓枻游拳，飞艎竞渡，玉箫金管，蜚逸响于清波；翠袖红妆，流采葩于涟漪。"④ 场面如此铺张，是何等热闹！

水是自然界最普遍的存在，人类早期的农业文明无不与水结下不解之缘。在传统农业社会，水是决定农业收成丰歉的重要因素。清代，人们对水的崇拜表现得多种多样。在国家祀典中有江、河、淮、济四大水神，在民间有龙王、湘君、河伯等众多水系神祇，其中各地龙王庙香火最盛。民间龙的观念起源甚早，与水密切相关，人们普遍认为龙能兴云雨，善变化，故祭土龙以求雨。《广东新语》记载祭祀土龙的风俗时称："广人亢旱，以水口雩祭于社而请雨。以土为龙，身皆黑而尾白，长九尺。使丈夫八人、小儿八人，皆衣黑衣。丈夫舁龙，小儿欢呼曰：'乌龙头，白龙尾，小童求雨天公喜。'自北而南，又自南而北，

---

① 顾禄：《清嘉录》卷六，《雷斋》。
② 屈大均：《广东新语》卷六，《雷神》。
③ 袁景澜：《吴郡岁华纪丽》卷三，《东岳草鞋香》。
④ 龚炜：《巢林笔谈》卷四，《岱诞赛会》。

乃归于社息焉。"① 江南民俗以农历三月二十八日为白龙生日,《吴郡岁华纪丽》记载:"吴中,泽国也,龙以为蓄,则田禾无旱暵之患。三月二十八日为白龙生日,前后旬日阴雨不常,是日雨,人言龙归省母也。"龙王成为民间与雨水关系最为密切的信仰对象。

火的崇拜源于人类与火微妙的关系,自然现象中的火具有二重性,一方面它带给人们温暖的光明,另一方面又会经常造成难以抗拒的灾害,这就使人们越发感觉到火的神秘性,因此对火奉若神明,火的崇拜成为一种普遍的原始信仰形式,中国古代对火神祝融以及火德星君的崇拜是这种信仰的生动反映。清代不少地区建有火神庙,《清嘉录》记载:"(六月)二十三日为火神诞,以神司火,祷谢者众,至是或有不御荤酒者,谓之'火神素'。"火神最初以炎帝、祝融为信奉对象,至清代,火神与灶神的区别不十分明显,苏州一带,每年六月初四、十四、廿四日,各户都用素篮祀灶,谓之"谢灶"。谚云:"三番谢灶,胜做一坛清醮。"

(五) 对动植物的崇拜

动植物崇拜也是万物有灵观念的体现。由于动物与人的生活、生产活动密切相关,因此动物崇拜较植物崇拜更为普遍。远在原始渔猎时代,原始的动物崇拜信仰已盛行,中国古代极为流行的龙、凤、麟、龟的四灵观念,在先秦时期已经定型。传统的十二生肖观念成熟于两汉,也是动物崇拜信仰的历史反映。清代民间动物崇拜信仰仍有丰富的表现,对蛇的崇拜是受古代龙蛇神话的影响,俗以农历四月十二日为蛇王生日,《清嘉录》记载苏州一带的民俗是"进香者骈集于娄门内之庙,焚香乞符。归粘户牖,能远毒蛇"②。清代盛行狐仙崇拜,清人笔记小说《聊斋志异》、《阅微草堂笔记》都有狐仙的故事。对虎的崇拜,在中国神话中,虎就是先民图腾崇拜的对象,民间有除夕画虎以镇宅辟邪的风俗,《清嘉录》记述江南腊月喜剪老虎花以除岁:"年夜,像生花铺以柏叶点铜绿,并剪彩绒为虎形,扎成小朵,曰'老虎花'。有旁缀小虎者,曰'子孙老虎'……闺阁中买以相馈贻。"③《吴郡岁华纪丽》记载端午女红节物有"以彩绒缠铜线……编钱为虎头形,系小儿胸前,以示服猛"④。满族信奉的萨满教中有不少动物神,虎被视为有灵性的动物,具有突出地位,人们行猎时都要尽量避免与虎遭遇。民间普遍流行的祭祀蚕神习俗,多以马头娘为蚕神,以致享祀蚕神被列入国家祀典。这些反映了清代动物崇拜观念多样化的特点。

---

① 屈大均:《广东新语》卷二十二,《土龙》。
② 顾禄:《清嘉录》卷四,《蛇王生日》。
③ 顾禄:《清嘉录》卷十二,《老虎柏子花》。
④ 袁景澜:《吴郡岁华纪丽》卷五,《端午女红节物》。

植物崇拜实际上与远古时代人类采集生活有关，像树木、花草、谷物等都是采集劳动的主要对象，但采集生活相对简单，制约着人们对植物崇拜不如动物崇拜那样丰富多样。清代民间植物崇拜的信仰依然在某些地区保持着，江南流行的农历二月十二日祭百花生日的习俗，属于植物崇拜的遗风，《吴郡岁华纪丽》记载："宋制，守土官于二月十五花朝日出郊劝农……今吴俗以二月十二日为百花生日……是日，闺中女郎为扑蝶会，并效崔元微护百花避风姨故事，剪五色彩缯，系花枝上为彩幡，谓之'赏红'。虎邱花农争于花神庙陈牲献乐，以祝神釐，谓之'花朝'。是时春色二分，花苞孕艳，芳菲酝酿，红紫胚胎，天工化育，肇始于兹。故俗以是日晴和，占百果之成熟云。"① 在北方，《帝京岁时纪胜》记录了北京的花朝风俗："十二日传为花王诞日，曰'花朝'。幽人韵士，赋诗唱和。春早时赏牡丹，惟天坛南北廊、永定门内张园及房山僧舍者最胜。除姚黄、魏紫之外，有夭红、浅绿、金边各种。江南所无也。"②

二　清人的祖灵崇拜

清人祖灵崇拜风尚很盛，其产生来源于先民原始的灵魂观念。灵魂观念构筑了人类早期宗教信仰的基石，从自然崇拜转向灵魂崇拜，标志着人类原始思维水平的巨大飞跃，是人类从观念形态上对自身文明认同与肯定的表现。通过笃信灵魂的存在，人们在自我意识中自觉地构造了一个万物有灵的众生世界，自然界的一切无不被赋予灵魂的意志，这样就为祖先崇拜拓展了心理空间。祖先意识与灵魂观念相结合，最终形成了中国文化发展史上影响深远的祖先崇拜信仰。

（一）灵魂崇拜

灵魂观念的产生是原始人类自我意识不断发展的结果，是人们对超自然力崇拜的一种基本形式。清代民间灵魂崇拜主要表现在丧葬习俗中。《清稗类钞》记载淮安丧礼的情形，当家中某人死去后，要有人为他守灵。"头七"被认为是死者上望乡台的日子，此时家中所发生的事情，死者还能看到，反映了所谓灵魂不死的观念。所以，家中成员要身着白色孝服，通宵不能睡卧。又俗传人死后三日之内到不了阎王殿，暂时住在本地的土地庙中，所以要有人每天前往送饭一次，尽量多焚纸钱等物，意思是请那里的土地神多加关照。东北地区的送魂习俗："人死三日，既薄暮，其子以纸囊盛纸钱负入土地祠，即神前曳囊三匝，觉重，曰亡者收去，出而焚之，谓之'送褡裢'。"又记："客死者柩还乡

---

① 袁景澜：《吴郡岁华纪丽》卷二，《百花生日》。
② 潘荣陛：《帝京岁时纪胜》，《二月·花朝》。

时,请鬼票于城隍庙,遇关津焚之,云不然魂不得过。"①

灵魂观念经过嬗变,进一步发展出鬼魂观念,先秦时期的鬼魂崇拜盛行。汉代以后,鬼魂崇拜信仰与外来佛教相融合,鬼魂观念遂成为民间信仰的重要内容,直至清代仍有较大影响,《清稗类钞》记载:"朱云甫,名其昂,浙江候补道,宝山人,侨居上海。其家世以沙船为业,谙熟海道……光绪戊寅,在沽分局,偶感时疾,旬日而亡,年未五十。亡之次日,由汽船寄信其家。船甫至,信犹未达也。其家一婢忽仆地,作朱语,告家人以死期,且云:'本尚可活十二年,为医药所误,今附某船南归,至矣'。举家方共惶骇,而船中之信至。"② 此记载反映了民间传说中灵魂附体的迷信观念。每逢新年在家门上悬挂桃符,用意就是要驱鬼辟邪。《吴郡岁华纪丽》记载:"吴俗多以漆板画八卦形,或画苍龙形,钉门楣以镇宅。"《清稗类钞》记载闽人祀鬼习俗:"闽人信鬼,鬼且有姓名。其于子女初生也,即赴丛葬处招新死之鬼,虚奉而归,永久祀之,以祈终身之福。更有所谓下爷者,曰'地主',亦家祀之,实则所祀者乃病疠而死者也。"可见,鬼魂信仰是世俗迷信的重要内容,人们祀鬼的目的无非是企图通过巫术来支配自身的命运。

(二) 祖先崇拜

人们对自己祖先崇拜本质上是一种灵魂崇拜形式,它反映了人们对祖先灵魂虔诚的膜拜意识,是中国民间信仰的一个基本特征。早在几千年前,我们的先民就用他们的文字为后代保留了这方面活动的大量记录。进入封建社会,严密的封建宗法制度终将敬天尊祖作为核心原则,在以血缘关系为纽带的传统社会中,祖先崇拜成为维系人们社会伦理道德的基本准则。所以,敬天祭祖既是中华民族悠久的文化传统,也是祖先崇拜信仰最重要的内容。清朝是中国封建统治政权的继承者,统治者为显示其正统地位,在政治、文化政策上仍将传统的封建礼制思想奉为圭臬,各种祭祖活动表现得隆重而丰富。

后金初无太庙之制,后清太宗皇太极于天聪末年始在盛京建立太庙,供奉太祖努尔哈赤神位。定鼎北京,国家的祭祖大典规定在北京太庙举行,设在紫禁城正门午门之左,每年四次大享太庙,称为"四孟时享"。又辟奉先殿,如太庙寝制,供皇室贵族日常祭祀之用。雍正朝,谕建寿皇殿,供奉圣祖康熙圣容,开创了供奉皇室列祖遗容的先例。同时,清朝统治者特别强调皇帝亲祀太庙的做法,将此列为家法,认真履行。雍正十年(1732)颁谕:"国家典礼,首重祭

---

① 西清:《黑龙江外纪》卷六。
② 徐珂:《清稗类钞》第十册,《迷信类·朱云甫魂归》。

祀，每当斋戒日期，必检身竭诚致敬，不稍放逸，始可以严昭事而格神明。"①同时，对陪祀及执事人员提出严格要求。依前朝之制，还修建了历代帝王庙，制定相应的祀典，以强化敬天尊祖的统治思想。

同样，祭祖是民间祭祀中最重要的祭祀礼仪，在传统的宗法社会，祭祖更具有特殊的意义。民间祭祖多表现为对亡灵的祭奠。通常将农历七月十五日的中元节称为鬼节，中元又称地官，主司赦罪转投，故称"鬼节"，又将它与清明和十月朔日（或冬至日）合称"三鬼"节。在这些特定的日子，人们要举行各种各样的祭祖事鬼活动，清明扫墓早已沿袭成为祭拜祖先的重要的民俗，而中元节的祭奠活动最为隆重，所谓"中元祭扫，尤胜清明"。《清嘉录》记载："中元，俗称'七月半'，官府亦祭郡厉坛。游人集山塘，看无祀会，一如清明，人无贫贵，皆祭其先。新亡者之家，或倩释氏羽流，诵经超度，至亲亦拜灵座，谓之'新七月半'。"②

第二节 宗教礼尚与巫术信仰

清代的宗教活动与巫术信仰，因民族、因地区而有差异。在这些活动中，信徒或参与者，作为活动的主体与受众，将其信奉的宗教或巫术，作为精神家园；同时，通过与"神灵"的对话沟通，以寻求精神的寄托、苦难人生的归宿之地。而民众的愚昧与麻木不仁，不仅阻滞了社会的发展与进步、有碍科技文化的昌明，而且也为封建统治思想的灌输及民众反抗情绪的消弭，提供了思想基础。这正是清代封建统治者利用宗教与巫术的"精神鸦片"巩固其统治的原因所在。

一 佛教信仰

佛教在清代得到统治者的提倡和保护，它同所有的宗教信仰一样，是要人们把希望寄托在虚幻的彼岸世界，看轻现世的苦难与不幸，以削弱和消弭人民

---

① 《清朝文献通考》卷一〇一。
② 顾禄：《清嘉录》卷七，《七月半》。

反封建压迫剥削的斗志，客观上有助于维持和巩固其封建统治秩序。因此，乾隆帝说："彼为僧之道，亦不过营生之一术耳。穷老孤独，多赖以存活。其劝善戒恶，化导愚顽，亦不无小补。"① 因此，清统治者对广兴佛教予以极大关注，并且多与僧人相交往。如顺治帝先后与名僧憨璞性聪、玉林通琇、茚溪行森和木陈道忞等相交游。康熙帝巡幸各地，每住憩名山巨刹，必为之题字撰碑，以示优渥与殊荣。雍正帝笃信佛教，自称圆明居士，选编语录，俨然以禅门宗匠自居。然而，应当指出的是，清政府对佛教的发展也并不是无限制的。这是因为，如果过多的劳动力遁入空门，封建剥削的对象自然也要减少；加之寺院上层兼并土地，发展寺院经济，更会激化社会矛盾。而且，一些触犯封建刑法的人，也往往藏身寺院以作为躲避惩罚的"世外桃源"；更为严重的是，某些"聚众为'匪'之案"，甚至多"由'奸邪'僧道主谋，平时'煽惑愚民，日渐酿成大案'"，这不利于封建统治，所以，清统治者在保护佛教的同时，对之加以限制，以免其发展失控。简而言之，清朝限制佛教的办法有三条：一是设置僧官，总管僧人。如康熙十三年（1674）规定，在京城的僧录司设"善世、阐教、讲经、觉义左右各二人，左善世由右善世补，右善世由左阐教补，左阐教由右阐教补，右阐教由左讲经补，左讲经由右讲经补，右讲经由左觉义补，左觉义由右觉义补，右觉义以候补僧官补"。在外地，府设僧纲司，州设僧正司，县设僧会司。其职责是专管天下僧人，使之"属守戒律清规，违者听其究治"②。二是实行度牒制度，其制始于入关前，目的在于加强对僧人的"稽考"。"亦如民间之保甲，不至藏奸，贡监之有执照，不容假冒。"③ 三是不许擅建寺庙。如顺治二年（1645）清政府宣布："严禁京城内外，不许擅造寺庙佛像，必报部方许建造。"④ 顺治十一年（1654）又颁旨："禁止创建寺庙，其修理颓坏寺庙，听从其便，但不得改建广大。"⑤ 尽管如此，但佛寺在全国仍为数不少，僧尼队伍庞大。据统计，康熙六年时，"通计直隶省敕建大寺庙共六千七十有三，小寺庙共六千四百有九；私建大寺庙共八千四百五十有八，小寺庙共五万八千六百八十有二。僧十有一万二百九十二名，道二万一千二百八十六名，尼八千六百十有五名"⑥。这一统计包括佛教、道教寺观和僧人、道士的数字在内。由此可知，全国佛寺、道观数量之多，佛教与道教之兴盛，僧尼、道士队伍之众了。

---

① 光绪《大清会典事例》卷五〇一，《僧道》。
② 同上。
③ 同上。
④ 同上。
⑤ 同上。
⑥ 同上。

清代佛教僧众队伍教派林立，其中最兴盛的是禅宗，其次是净土宗，再次是天台、华严、律宗、法相等宗。各派均有著名僧人，他们或著书立说，弘扬佛法，阐释经义；或广收门徒，讲经说法，报效佛门，从而在佛教传播史上占有一定地位。

应当指出的是，满族入关前，主要受萨满教与藏传佛教的影响；入主中原后，则以兴文教，崇儒学为治国之策，因此，在清朝官方宗教中，佛、道的影响并不显著。不过，清初，统治者立足不稳，根基未固，他们意识到有必要对汉地宗教加以利用。而且，不少汉族士大夫经过天崩地解般的鼎革剧变，纷纷遁迹佛门，拒仕新朝。因此，清初统治者并未从政策上对汉地佛教进行排斥，而是做出较为宽容的姿态，注重加强对藏传佛教与汉地佛教上层的笼络工作。另一方面，萨满教也深受藏传佛教的影响，其供奉的神灵有如来、菩萨诸神像，所以佛教对满族的影响程度要比其他宗教大得多，在民间，佛教信仰因此得以普遍发展。

清代民间佛教信仰盛行。《清稗类钞》记载：当时"寺院遍郡邑，供奉文殊、普贤、释迦、观音诸像"，中下层社会多信之者。农历四月初八日为佛诞日，称佛诞节或浴佛节。这一天，人们持斋礼忏，结众为放生会，以水盆盛铜佛，大家争舍钱财，赛会迎神，各寺院的僧众纷纷以水盥洗佛像。《吴郡岁华纪丽》记载："世俗浮屠遂以四月八日为释迦生辰，各寺院建龙华会，香花供养，以小盆从铜佛，浸以香水，复以花亭铙鼓遍行闾里，迎往富家，以小枓浇佛，提唱诵偈，男妇布舍钱财，居入持斋礼忏，名曰'浴佛'。"① 受此影响，民间有许多有趣的放生活动，被称为"放生会"。"释迦生日，居人持斋礼忏，结众于寺院，为放生会。笼禽鸟，盆鱼虾，筐螺蚌罗佛前，僧作梵语数千相向，纵羽飞空。孽者落屋上，移时始去。水之属投大云庵放生池、南园流水居并城河禁网罟笱饵之处。至于牛羊鸡豕之属，亦有买放畜养于城西园，并施舍饲养刍料之费给僧领之，竟日乃罢。"② 农历二月十九日为观音诞日，各地要组织观音会。据传观音菩萨是农历二月十九日出生、九月十九日出家、六月十九日得道，因此这三个日子都要举行享祀活动。《帝京岁时纪胜》记载："（二月）十九日为观音大士诞辰。正阳门月城内观音庙香火极盛，城内外白衣庵、观音院、大悲坛、紫竹林，庙宇不下千百，皆诵经聚会。六月十九日登莲台，九月十九日传妙道，如前行之。有善信奉大悲咒戒荤酒者，二、六、九食素三月。"③ 农历

---

① 袁景澜：《吴郡岁华纪丽》卷四，《浴佛》。
② 袁景澜：《吴郡岁华纪丽》卷四，《放生会》。
③ 潘荣陛：《帝京岁时纪胜》，《二月·观音会》。

七月十五日的中元节,是佛教最大的祭日。按佛教说法,七月十五日为解夏日,僧徒安居期满,要行忏悔,所谓"佛自恣日",又称"佛欢喜日"、"佛腊日",恰好与民间鬼节之期不谋而合,显得多姿多彩。除自恣活动外,还要举行丰富多样的放灯会、盂兰盆会等。盂兰盆会源于佛祖弟子目连救母的传说,兴起于梁武帝时,此后一直延续不衰。《吴郡岁华纪丽》描述:"吴下中元节日,闾里醵钱结会,集僧众设坛礼忏诵经,拯济孤魂,施瑜珈食,名放焰口。纸糊作鬼王像以临坛,精冥锒钜万,香亭旛盖击鼓鸣锣,有七叶功德,杂以盂兰盆冥器之属,于街头城隅焚化,名曰'盂兰盆会'。或剪纸作莲花灯,浮于水次,为放河灯,名'水旱灯',谓照幽明之苦。"① 《帝京岁时纪胜》记录北京的风俗是:"街巷搭苫高台、鬼王棚座,看演经文,施放焰口,以济孤魂。锦纸扎糊法船,长至七八十尺者,临池焚化。点燃河灯,谓以慈航普渡。如清明仪,舁请都城隍像出巡,祭厉鬼。闻世祖朝,曾召戒衲木陈玉林居万善殿。每岁中元建盂兰道场,自十三日至十五日放河灯,使小内监持荷叶燃烛其中,罗列两岸,以数千计。……至今传为盛事。都中小儿亦于是夕执长柄荷叶,燃烛于内,青光荧荧,如磷火然。又以青蒿缚香烬数百,燃为星星灯,镂瓜皮,掏莲蓬,俱可为灯,各具一质。结伴呼群,遨游于天街经坛灯月之下,名斗灯会,更尽乃归。"这样的节日风俗确实热闹非凡。

研究者认为,中国文化之博大包容,多彩多姿,生机蓬勃,乐观健康,充分表现于民间多神信仰之中。纵观民间宗教信仰,首先不能胶柱鼓瑟,对宗教系统定得太死。由于思想习惯,知识来源,异方殊俗,使民间宗教杂乱而不统一,各类记载矛盾牴牾。然妙在此点,不必互相攻伐,自当一概尊重。其次,凡严守正当宗教义理信条,宗派特色,师承系统者,无损其仍为正派宗教,无损其宗教活动,无损其信徒广众数字。质言之,佛教道教各自流行,弘法广远。而民间多神信仰之活动与其不甚严密之组织,仍自有其广阔天地,不会侵夺正派宗教,却在庶民生活中占有重要地位。

中国民间宗教信仰虽以佛道教为其礼拜根本,实并非纯然信奉佛教或道教,大凡众广之佛教徒及道教徒必同时崇祀各色神祇,并不以为违反教规。佛教深入民间之处,不在于劝人剃度,以及经典义理之讲求。其民间形成之强大势力,主要在于丧祭之超度,民户之放焰口,为入世繁复之佛事仪节。此种为亡人追祭之种种仪礼,佛教徒不能自行其礼,只有僧尼导引代劳。表现佛教世俗化之一面。民间祈福清醮,太平清醮,亦非道教徒所能自行,必须真人羽士通晓经文符咒仪节规矩者行之。然为民户做法事,亦正是道教世俗化之一面。平民真

---

① 袁景澜:《吴郡岁华纪丽》卷七,《盂兰盆会》。

正要出家修道，进为僧尼羽士，实是少数，并非一切教徒具是道士。故论民间佛教道教信仰，必须画清，以其世俗面一端讨论，自不当刻舟求剑，定以真正修积之清苦高深，以定佛徒道徒标准。因而是民间居士一类人物，当居于世俗佛道之重要主体，在此不必再讨论道士僧尼可也。换言之，佛道之世俗化部分，表现于民间佛事之频繁，与庶民生活息息相关。此种佛徒道徒，不以严肃苦修之僧尼道士为主，而以众广之俗家民户为主。美其名为居士善人可也[1]。

二 道教信仰

道教是源于中国本土的宗教之一，也是中国的传统宗教，由来已久，发展至清朝，道教的社会影响大为减弱，清统治者对道教的重视程度远不如其对藏传佛教与汉地佛教，而且最高统治者除雍正帝对道家养气斋醮略感兴趣外，素无崇奉道教者，故从未对道教予以提倡，道教在清朝总体上呈现了日益衰落的趋势。所不同的是，道教信仰在民间的发展并未受此影响，反而随着清代民间宗教的兴旺而得到了更广泛的发展，成为人们社会生活中较为活跃的信仰风俗。

（一）道士与社会政治

道教自宋元以来基本分为南北两派，即南方的正一派（又称天师派）与北方的全真派。清朝，满洲贵族入主中原后，在统治者眼中，道教自然而然地被视为汉人的宗教而遭到冷落，道教与清政府的关系更趋冷淡。但清初国家统一的格局尚未形成，统治者出于政治原因，不得不对道教采取适当的笼络政策。顺治帝晓谕龙虎山正一道天师世家，表示不废正一清静之教，还令五十二代天师张应京入觐，封赐正一嗣教大真人，给一品印。五十三代天师张洪任袭封，并敕免本户及上清宫各色徭役。顺治十三年（1656），顺治帝还允许全真道天龙派第七代律师王常月在京城白云观主讲教法，度弟子千余人。康熙初，王常月又率弟子南下南京、杭州等地立坛授戒，收罗不少弟子。康熙帝封五十四代天师张继宗为正一嗣教大真人，并授光禄大夫品级，赐第京师，张继宗奉敕进香五岳，祈雨治河。雍正朝沿成例敕封五十五代天师张锡麟，赐银修龙虎山上清宫并为诸宫购置香火田数百亩。还召白云观及龙虎山道士入宫治病驱邪。其中正一教的道士娄近垣颇精于学，雍正九年（1731），他受召入宫，设坛礼斗，声名大显。《清稗类钞》记载："娄道人，名近垣，江西人。世宗召入京师以光明殿居之。有妖人贾某为患，道人为设醮祈祷，祟立除。又于世宗前结幡招鹤，颇有左验，特封'妙应真人'。"[2] 清朝统治者对这些人都给予了很高的待遇，

---

[1] 王尔敏：《明清时代庶民文化生活》，岳麓书社2002年版，第12—13页。
[2] 徐珂：《清稗类钞》第十册，《方外类·娄道人为真学道者》。

如王常月死后，康熙帝还赐号"抱一高士"，足见统治者对笼络道教上层颇为用心。但同时，清朝统治者并未放松对道教的限制。顺治帝赐封五十二代天师张应京时，就明确他不得干预教外诸事，不得妄行异端邪术；康熙帝也颁行过类似的谕旨。雍正时，白云观道士贾士芳入宫给雍正帝治病，本极受宠信，只因言语有侮圣颜，即惨遭横祸。乾隆五年（1740），乾隆帝谕旨礼部，今后正一道人不再入朝臣班行；乾隆十二年（1747），谕令正一真人从正一品降为正五品，后虽略有提升，但道教地位屡屡受抑却是显而易见的事实。因此，道教在清初的社会影响十分有限，如康熙初期道教徒仅两万余，显然大大少于佛教僧众；乾隆朝以后，清朝的统治根基日趋稳固，对道教的限制也逐渐加强，从而使道教在政治上的影响迅速走向衰落。

（二）民间的道教信仰

道教是中国民间土生土长的宗教信仰，其内容在民间流传极为广泛，各种神仙信仰显得庞杂繁芜，其中影响较大的有玉皇大帝、东岳大帝、土地爷、天妃、吕祖、龙王等，对它们的信仰崇拜构成了民间各种各样的风俗。如前面述及的东岳大帝，为道教所奉的泰山神，属五岳之尊。道教认为东岳大帝主冥，三月二十八日是他的诞辰，自南宋以来江南一带始终有祭祀演戏的风俗。《清嘉录》记载苏州地区的情景："城中玄妙观有东岳帝殿，俗谓神权天下人民死生，故酬答尤度。或子为父母病危而焚疏假年，谓之'借寿'；或病中语言颠倒，令人殿前闹魂，谓之'请喜'。祈恩还愿，终岁络绎，至诞日为尤盛。虽村隅僻壤，多有其祠宇。在娄门外者，龙墩各村人，赛会于庙，张灯演剧，百戏竞陈，游观若狂。郡西罨山亦有行宫，关内外吏胥奉香火。好事者安排社会，设醮酬神。"① 天妃娘娘是清代民间道教信仰著名的神仙。天妃娘娘即天后，又称"妈祖"，在闽南、台湾等地区呼为"马祖"者。宋代徽宗时颁赐封号，元代封为"护国天妃"，康熙二十年（1681）加封"天后圣母"，道光朝重建天后宫碑。天妃成为南海渔民最大的保护神，尤以东南沿海各地对其崇拜长期不衰，信奉最诚。《清稗类钞》记载："闽海船中之舵要，皆有小神龛，龛中安设天后牌位。"② 民间流行的三元斋会，是颇有特色的祭拜风俗，追溯其源，则来自道教对天、地、水三官的信仰。《清嘉录》记载："上元、中元、下元日为三官诞辰。俗以正、七、十月朔至望日嗜素者，谓之'三官素'。或以月之一、七、十日持斋，谓之'花三官'。遇三元日，士庶拈香，骈集于院观之有神像者……至日，舆舫络绎，香潮尤盛，归持灯笼，上衔'三官大帝'四字，红黑相间，悬于门

---

① 顾禄：《清嘉录》卷三，《东岳生日》。
② 徐珂：《清稗类钞》第八册，《丧祭类·闽海船祀天后》。

首,云可解厄。或有以小杌插香供烛,一步一拜至山者,曰'拜香'。"①

在清代道教乃至民间信仰中最受尊崇的人物是关羽,其忠信勇武、重义轻利的形象特别流行,关帝庙更是遍布中国城乡,当时仅北京就有关帝庙百余座。神庙之外,几乎家家供奉香火,清人赵翼称:"今且南极岭表,北极塞垣,凡儿童妇女,无有不震其威灵者,香火之盛,将与天地同不朽。"② 满、蒙等少数民族亦相当重视祭礼关帝,就连清统治者对他也十分推崇,像这样被儒、道、佛和满、蒙、藏、汉尊崇供奉的神灵,历史上恐怕绝无仅有。统治者更是充分利用这一信仰资源,来强化封建礼教思想,明万历四十二年(1614)赐关羽"三界伏魔大帝神威远镇天尊关圣帝君"封号,顺治九年(1652),加封"忠义神武关圣大帝"。清末入关前,征服蒙古诸部,与蒙古诸汗约为兄弟,引汉民族桃园结义的故事,满洲以蜀国刘备自认,蒙古则自比关羽。《清稗类钞》载称,清人"羁縻蒙古,实用《三国志》一书……累封……关圣大帝,以示尊崇蒙古之意。是以蒙人于信仰喇嘛外,所最尊奉者厥惟关羽"③。满洲称关羽为"关玛法","玛法即满语 mafa",为"祖父"的意思。满族信奉萨满教,举行跳神仪式,跳神在室内举行,最尊贵的神龛首供观音,其次供奉关帝,再次为土地,故用香三盘,表明关帝祭祀已完全融入了满族的信仰。咸丰五年(1855),追封关羽曾祖为"光昭王"、祖父为"裕昌王"、父亲为"成忠王",三王一帝,何等显赫!祀典也升至中祀,春秋由官员行祭。光绪朝,关帝封号累加至二十六字之多。

道教称关羽为"关圣帝君",民间呼为关圣、关帝。俗以农历五月十三日为关帝生日,各地都要举行祭祀和规模盛大的赛神活动。光绪《荆州府志》记载:"(五月)十三日,谓之'单刀会'。是日类多风雨,俗谓之'磨刀雨',列户祠祀关庙。"④ 光绪《曲江县志》说:五月十三日"祀关帝,作'圣诞会'"⑤。咸丰《琼山县志》云此地的信仰风俗是五月十一日"扮杂戏,迎'关帝君会'"。十三日,毕集庙中赛愿,祈保者各戴枷锁,有执刀伫立王像前三日者,谓之"站刀"。"甚有剪肉焚香,腰臂各刺箭刀者"⑥。嘉庆《定边县志》说"十三日,皆敬事关帝献牲"⑦。嘉庆《宁夏府志》记载:"五月十三日,竞演剧,祀关圣。先日,备仪仗迎神,前列社火,周游城中。"⑧《清嘉录》记载:"(五月)十三

---

① 顾禄:《清嘉录》卷一,《三官素》。
② 赵翼:《陔余丛考》卷三十五,《关壮缪》。
③ 徐珂:《清稗类钞》第八册,《丧祭类·以祀关羽愚蒙》。
④ 《方志民俗资料·中南卷上》,第 387 页。
⑤ 同上书,第 705 页。
⑥ 同上书,第 113 页。
⑦ 《方志民俗资料·西北卷》,第 86 页。
⑧ 同上书,第 233 页。

日为关帝生日，官为致祭于周太保桥之庙。吴城五方杂处，人烟稠密，贸易之盛，甲于天下。他省商贾各建关帝祠于城西，为主客公议规条之所，栋宇壮丽，号为会馆。十三日前，已割牲演剧，华灯万盏，拜祷唯谨。"各地的民间会馆大都供奉关帝以求神灵庇护，有的地方还将与关帝信仰相关的劝善文镌刻刊石，关公俨然成为一尊护国之神。有学者描述说：中国庶民多神信仰，自由而多元，杂骇而纷歧。虽然佛教、道教、回教、基督教各拥信众，实无一种宗教占绝对优势。其能真正维系大多数民众依从信持者，不在于任何宗教，而在于多样神祇崇拜。大多数只重信仰不重宗教，即令佛教、道教最受仰重，实亦难以戒律约制广大徒众。但人人亦并非毫无信仰目标①。

三　基督教信仰

作为世界三大宗教之一的基督教主要包括天主教、东正教和新教各宗派。基督教的这些教派，在清代先后传入中国，其中，天主教于明末传入中国；东正教是17世纪60年代伴随沙俄侵略势力传入中国的。18世纪初，东正教在京师扎下脚跟，且势力日强，影响日剧。新教在中国也称耶稣教，它是鸦片战争前夕，随着英国鸦片贸易在华的展开，传入中国的。基督教传入中国后，不但对清代的政治、经济、外交政策产生了不可忽视的作用及影响，而且它很快又在中国内地及边疆各少数民族地区传播开来，拥有众多的教徒。从而也给各族人民的传统观念、思维方式以及社会生活习俗，提出了新的课题，施加了新的影响，展现了新的"天国"与"宗教世界"，也带来了新的迷茫与困惑。

四　民间宗教信仰

清代的民间宗教大多遭到统治者的禁止，因而处在秘密流传的状态。但其传播范围之广，信徒之众多，却令人瞩目，并使最高统治者深感惊惧。清人颜元著《存人编》卷四载称："追红巾、白莲始自元明季世，焚香惑众种种异名，旋禁旋出，至今日，若皇天、若九门、十门等会，莫可穷结，家有不梵刹之寺庵，人或不削发之僧尼，宅不奉无父无君之妖鬼者鲜矣，口不诵无父无君之邪号者鲜矣。"由此可见其兴盛之状。清代较为常见的民间宗教有收元教、八卦教、天理教、清水教、离卦教、一炷香离卦教、震卦教、金丹八卦教、弘阳教、混元教、三阳教、先王教、长生教、清茶门教、青莲教、罗教、老官斋教、无为教、圆教、大同教等。这些名目众多的教派，有的渊源不同，有的渊源相同而在教义或仪式上有所差异，有的属别名或系支派。但总的说来，各教派的信

---

①　王尔敏：《明清时代庶民文化生活》，第20页。

仰和组织却并无太大的差异和根本区别；他们相互吸收、彼此混同的趋向更为明显。其教徒基本上是农民、手工业者、矿工、水手和城市无业贫民等，也有若干差役、胥吏、下层知识分子以及个别从统治阶级中分化出来的人物。教徒主要通过念经烧香等宗教活动，以祈求吉祥、却病延年；有的还习拳棒、学符咒，企望健身长艺，以备日后应用。当时流传最广、最为著名的民间宗教经卷是所谓的"五部六册"，它是明代山东即墨人、罗教的创立者罗清著的经卷，包括《苦功悟道卷》、《叹世无为卷》、《破邪显证钥匙卷》、《正信除疑无修证自在宝卷》、《巍巍不动泰山深根结果宝卷》共五种六册，自明末以后，它们几乎成为各个民间宗教的共同经典[1]。这些民间宗教经卷的思想内容，有的大量抄袭佛、道、儒等各家的说教，宣传的基本思想是关于弥勒等神佛下凡和劫变的观念，以及关于"真空家乡，无生父母"的信仰，具有浓厚的封建迷信色彩。它要求人们耐心等待神佛的降临和拯救，因而是消极、落后的东西。但是，它却有否定现实封建统治与秩序的合理性，表达人们对现世不满和抗争的一面，因而给那些生活在社会最底层、恰似沦陷在无边地狱与苦海中挣扎苦斗的人们，以莫大的安慰、希望和精神的寄托。同时，它在一定程度上反映了人们强烈要求改变现实的愿望，更易为人所接受；并进而以共同的信念结为组织，成为人们斗争的工具。有些民间宗教，如清茶门教大力宣传"反清复明"的思想，并进而组织教徒，进行反清起义和武装斗争。

五　少数民族的宗教信仰

清代少数民族信仰的宗教，主要有原始宗教、伊斯兰教、佛教、基督教和道教。

（一）少数民族的原始宗教信仰

清代少数民族的原始宗教信仰包括各种起源于原始社会的宗教。各民族最普遍盛行的原始宗教信仰是自然崇拜。人们崇拜大自然中最有力量、对生产与生活有积极作用的自然物和自然力。在人们心目中，水、火、土地、山林、太阳、月亮、雷、雨等，作为万物神灵，因而对之加以崇拜。水是一切生物和人类生存所不可或缺的，自然赢得人们的崇敬。高山族一年举行几次"海神祭"；佤族、景颇等族每年的宗教活动以祭"水神"为开端。各农业民族普遍崇拜土地神，都有"祭地母"的宗教习尚。壮、苗、彝、哈尼等族，每年春季要举行"祭龙"活动，以祈求风调雨顺，作物丰收。此外，在各少数民族中，图腾崇拜、祖先崇拜、巫术以及萨满教信仰等，也很盛行。

---

[1] 喻松青：《明清时代民间的宗教信仰和秘密结社》，载《清史研究集》第一集。

（二）少数民族的伊斯兰教信仰

清代的伊斯兰教又称"回教"、"清真教"等。其主要教义是信仰真主（"安拉"、"胡达"）为唯一的神，穆罕默德是真主的使者；信奉《古兰经》是真主"启示"的经典；信奉世间一切事物都是真主"前定"；并信奉"死后复活"、"末日审判"等等。清代普遍信仰伊斯兰教的民族有回族、维吾尔族、哈萨克族、柯尔克孜族、塔吉克族、乌孜别克族、塔塔尔族、东乡族、撒拉族、保安族等民族。由于信仰伊斯兰教，故宗教给予他们的政治、经济、文化及社会心态施加重大影响外，还在相当程度上影响了他们的生活习尚，一些宗教习惯慢慢地变成了他们的民族风俗习惯，如忌食猪肉和一切凶猛禽兽的肉，忌吃一切动物的血和自死之物；每年"开斋节"、"宰牲节"、"圣记节"等三大节日，原先都是宗教节日，但后来慢慢变成为这些民族的重要节日。

（三）少数民族的佛教信仰

清代少数民族信仰佛教的较多。佛教的基本教义是宣扬现实世界的一切均是虚幻的，人生充满着苦难；人们受苦是"前生造孽"的结果，如果"今生作恶"，"来生"即变成饿鬼、牲畜等；只有消除一切欲望，追求超脱世间红尘世界的"涅槃"境界，才能断绝"苦根"。一般认为，佛教是东汉初年逐渐传入中国的，大致分为北传和南传两条路线，北传以大乘佛教为主，南传以小乘佛教为主，在西藏又产生了藏传佛教即喇嘛教。清代普遍信仰喇嘛教的有藏族、蒙古族、土族、裕固族等。大乘佛教主要在白族中流行，云南大理白族地区早在唐宋的南诏、大理国时期，佛教已很盛行，兴建了一批佛塔寺院，故大理地区有"佛国"和"妙香国"之称。信仰小乘佛教的主要是云南边疆的傣族、崩龙族、阿昌族和部分布朗族，少数佤族因受傣族影响，亦有信奉者。这些宗教，对各少数民族的社会生活与文化习尚，产生了深远影响，傣族的主要节日"泼水节"、"关门节"（"进洼"）、"开门节"（"出洼"），都与宗教有关。

（四）少数民族的基督教与道教信仰

清代少数民族，较之伊斯兰教、佛教信众而言，信仰基督教和道教者甚少。少数民族信奉基督教主要在近代以后，以云南怒江地区的傈僳族和怒族为代表。在与汉族杂居的壮族、布依族、土家族、侗族、黎族等少数民族，因受汉族的影响，也有信奉太上老君、张天师、玉皇金母，供奉城隍、土地、灶君诸神者，但数量不多，故其宗教信仰的社会影响面不大。

六　巫术信仰

在清代社会生活中，清人的巫术信仰持久不衰，它的信仰习尚与祭祀活动，不仅具有传延的特点，而且对清人的社会生活，产生广泛的影响，故对其作用与潜在功能，不可低估。

在人类对自然、社会关系的认识、理解、沟通、演变过程中，巫术和巫术信仰的出现，绝非偶然。实践表明，巫术表现了人类企图对自然界及人自身进行控制的一种特殊行为，巫术信仰则代表了人类原始意识发展过程中的观念文化，也可以说它是人类社会发生得最早的原始信仰。由于人神之间无法直接沟通，自称可以通晓神灵奥秘的巫师便以某种方式担当起这个"中介人"的任务，于是出现了巫术活动。随着人类认识水平的不断进步，对其自身认识能力的局限性的理解会趋向理性化，但巫术信仰却是复杂的文化现象，由于它本身不是一种独立的宗教形态，所以虽会受到社会生产力发展水平的制约，但与人们社会生活中长期积淀的信仰风俗关系密切。因此，不少巫术在历史的发展过程中，始终被民俗信仰虔诚地传承保留，成为其重要的组成部分。中国古代很早就有了关于巫的记录，传说时代的颛顼，就是能够"绝地天通"的大巫，后来巫逐渐为统治者所垄断；与此同时，早已在民间生根发芽的巫术信仰则在民俗活动中保持着的活力，尤其是民间多神崇拜、祖先崇拜观念的长期盛行，为巫术信仰的传播提供了空间，使之得以渗透到社会生活的各个方面，成为一种世代相沿、久盛不衰的民俗，构成了中国民族信仰中一个特殊的文化形态。

（一）巫术信仰的种类和内容

中国古代巫术的发展至少已有五千年的历史，远在殷商时代民间巫风就十分炽盛，从古至今，巫术信仰始终是中国古代民间信仰的有机组成部分。施展巫术被认为是与神灵沟通的过程，神灵的意志通过某种奇特的方式展示出来，使人们面对巫术的结果直观地感受到一种非凡法力的存在。一旦这种神奇的魔力被表现出来，便愈发渲染出巫术本身所特有的神秘色彩；反过来，其变化莫测的神秘性又进一步加强了人们对巫术崇拜的信念。因此，巫术信仰经过历代的发展嬗变，仍然保持着极其深厚的民俗基础。清代统治者信奉萨满教，萨满教的跳神活动即是一种巫术信仰的表现形式，清人昭梿《啸亭杂录》详细记载了跳神仪式的内容，同时还提到蒙古跳神，说明当时在东北满族及蒙古族中跳神风俗广为流行。事实上是统治者的嗜好对社会风尚往往产生重要的影响，满族跳神既然得到提倡，民间的巫术信仰自然难以禁行。

从社会背景看，受宋、元以来战乱动荡及大规模移民、垦荒等活动的影响，明清时期水土流失现象异常严重，极大地破坏了自然生态系统，导致自然灾害数量急剧增长，至清代达到高峰。据统计，清代是自然灾害最为严重的时期，水灾、旱灾、蝗灾等频发，尤其是清后期，灾荒过后的难民动辄上千万，贫困交加，病疫肆虐，直接导致社会动荡、经济萧条，结果导致民间迷信泛滥，于是乎中国古代民间巫术的许多形式在清代都得到了表现。

巫术直接来自人类原始的宗教信仰习俗，具有突出的行为特征，种类十分庞杂。在实际生活中，祈求巫术、神判巫术、预兆巫术、避邪巫术、驱鬼巫术、符咒巫术、招魂巫术、施蛊巫术等形式较为多见。

"祈求巫术"，是人们出于某种目的通过一定的祭拜方式而寻求神灵福佑的巫术形式，这种巫术在社会生活中较为普遍，民间求雨巫术，国家典祀中的大雩礼仪等都可以被视为是祈求巫术的形式。乾隆《博山县志》记载，该县"凡遇旱，祷雨不应，民间无夫老妇挈箕帚叩祝于秋谷龙王庙，以帚刷箕毕，将泉水轮箕扬之，谓之'刷镢箕'，往往有应"①。

"神判巫术"，也称为感应巫术，是指在对发生争执的事情进行判断的过程中，借助某种手段来推测神灵的意志，从而实现裁决的巫术形式。清人屈大均《广东新语》记载粤人作神判的情形时说："粤有三界神者，人有争斗，多向三界乞蛇以决曲直。蛇所向作咬人势则曲，背则直。或以香花钱米迎蛇至家，囊蛇而探之，曲则蛇咬其指，直则已。"②

"预兆巫术"，是指借助一定方式探知神意对某事未来发展的安排。这种巫术在民间占有较重要的地位，像卜卦、算命等均可被视为预兆巫术的不同表现形式。清人陈其元在《庸闲斋笔记》中记载："乩仙多系鬼狐假托，昔人论之详矣，然世人仍多信之……无锡唐雅亭……以县尉起家，累擢至浙之慈溪令。为人有干材，能饮酒、度曲，上官俱喜之。而顾极信扶鸾，每事必咨而后行。在慈溪任时，乩仙忽告以大祸且至，宜亟去官。雅亭遽引疾，上官留之不可。未半载，滨海乡民入城滋事，后任官竟至罢斥，于是益神之。又询以卜居之所，乩言天下且有事，惟金华府之武义县最吉，遂徙往居之。置田营宅，极园亭之胜；饮酒按歌，望者疑为神仙中人……贼至处州，叩之，曰'无碍'。既被永康，又叩之，曰'必无碍'。且云'迁避则不免'，遂坚坐不出。比贼至，全家被掳，雅亭为贼拷掠，死甚惨。"③

"避邪巫术"，是指使用某些特定的物品来祛除被认定的鬼怪邪物，避免受其伤害的巫术形式，是民间较为流行的一种巫术信仰，不少节俗中都有避邪禳祸的内容。《广东新语》记载："博罗之俗，正月二十日以桃枝插门，童稚则以桃叶为佩，曰'禁鬼'也。"

"驱鬼巫信"，是指由巫师依靠特定的仪式来完成请降神灵，驱除鬼魂威胁的巫术形式，民间某些地区流行的傩祭、萨满教的跳神仪式等都属此类。

---

① 《中国地方志民俗资料汇编·华东卷上》，第102页。
② 屈大均：《广东新语》卷六，《二司》。
③ 陈其云：《庸闲斋笔记》卷二《迷信扶乩受祸》。

"符咒巫术",是指通过纸符或咒语所表达的信念,求得神灵完成某种意愿的巫术形式,它们可以通过人们对符咒直观的感受,加深对超自然力量的膜拜心理,因此在巫术中占有重要的位置。清代巫风盛行,符咒巫术较为常见。

"招魂巫术",是指借助一定的法术将受到神鬼作弄的灵魂招回身体的巫术形式。《清稗类钞》记"采药招魂"的风俗:"采药之风,盛于怀宁之石碑。无论贫富之人,一经染病,不先延医,但舁木偶至药肆采药。药肆略诘病源,遂将药名一一报告。木偶一动,即隐示需用此药。归而悉煎之,不问药性。间有因此而戕身者,转诿之于命数。如不效,则至夕又舁木偶于途,明火狂奔,鸣锣高喊以招魂。"[1]

"施蛊巫术",是指以益虫制成毒药进行施放的巫术形式,民间传说中有不少关于巫蛊方面的故事,清人袁枚在《子不语》中称:"云南人家家畜蛊",原因是"蛊能粪金银以获利",所谓食男子者粪金,食女子者粪银。以致每晚放蛊之时,家家争相将小孩藏匿起来,恐为蛊所食,"养蛊者别为密室,命妇人喂之,一见男子便败,盖纯阴所聚也"[2]。

(二)民间淫祀与巫术信仰

淫祀,系指未被纳入封建国家典祀的民间神灵崇祀。国家祀典中的神灵谱系虽然庞大,但作为封建宗教礼法的重要组成部分,有严格的祭祀制度,是表现封建专制统治权威的重要手段;相比之下,民间的神灵崇拜显得十分芜杂,通常没有严谨的等级排列,更缺乏系统的理论支持。其实古代祭祀本是原始巫术最基本的表现形式,多样化的神灵信仰在日常生活的祠祀中表达着人们祈望神灵佑护,渴求灵验的虔诚意愿,这些信仰在历史上为正统宗教的发展提供了足够的养分,并被后者加以吸收和利用;而反过来,正统宗教又在不同程度上对民俗信仰施加影响。这样,民间崇祀的诸神变得更加纷繁多端,它们有的是从正统宗教中讹变而来,有的则直接来自民俗自身的创造与传承,它一经产生便获得社会性意义而广为人们膜拜,成为民俗信仰真实而生动的折射。所以说,淫祀在很大程度上反映了民间巫术信仰多元化的特征。自古江南多淫祀,吴越、闽粤等地都是淫祀盛行的地区。而清代巫风炽烈更有着深刻的社会背景,民间崇祀的刘猛将军,是清代蝗灾盛行的产物。尤其在咸丰年间,蝗灾遍及大江南北。因民间传说中刘猛是捕蝗英雄,农历正月十三为其祀日,民人驱蝗无术,乞灵于神助成为不得已的选择,故当时刘猛将军庙既多且香火甚旺。《清嘉录》记载:"(正月)十三日,官府致祭刘猛将军之辰。游人骈集于吉神庵,庵中燃

---

[1] 徐珂:《清稗类钞》第十册,《迷信类·采药招魂》。
[2] 袁枚:《子不语》卷十四,《蛊》。

铜烛二,大如杯棬,半月始灭,俗呼'大蜡烛'……前后数日,各乡村民击牲献醴,抬像游街,以赛猛将之神,谓之'待猛将'。穿窿山一带,农人异猛将,奔走如飞,倾跌为乐,不为慢亵,名曰'赶猛将'。"① 清代民间淫祀大行其道,由此可见一斑。

因为民间神祀普遍具有明显的实用性功能,故求神佑护的心理期望成为各种神祀产生的重要基础。相对于正统宗教而言,人们所崇祀的对象更多的表现为杂神,这些神祇往往在某个领域拥有十分虔诚的信众。诸如流行于民间的送子娘娘形象,其来源就有多种传说,清人屈大均《广东新语》记载的广州当地将送子娘娘归属于西王母,载称:"广东多有祠祀西王母,左右有夫人,两送子者,两催生者,两治痘疹者,凡六位,盖西王母弟子……相传西王母为人注寿注福注禄,诸多弟子亦以保婴为事,故人民事之惟恐后。"又称,祠庙墙壁上多绘有保婴题材的故事,名曰"子孙堂","人民生子女者,多契神以为父母"②。清代民间淫祀中出现较普遍的是五圣神祀。五圣又称五显、五通,其来源颇为芜杂,在民间其祀最盛。光绪《归安县志》记载:"湖俗淫祀,最信五圣,姓氏原委,俱无可考。但传其神好矮屋,高广不逾三四尺,而五圣夫妇将佐间以僧道共处,或塑像,或绘像,凡委巷空园及屋檐之上、大树之下,多建祀之。"③康熙朝,汤斌受命抚吴,曾奉旨勒碑永禁淫祠滥祀,他在《奏毁淫祠疏》中对民间淫祀屡禁不绝的现象十分感慨,他说:"苏松淫祠,有五通、五显、五方贤圣诸五号,皆荒诞不经,而民间家祀户祝,饮食必祭。妖邪巫觋创作怪诞之说。愚夫愚妇为其所惑,牢不可破。苏州府城西四十里,有楞伽山,俗名上方山,为五通所踞几数百年。远近之人,奔走如鹜。牲牢酒醴之饷、歌舞笙簧之声,昼夜喧闹,男妇杂沓,经年无时间歇。岁费金钱,何止十百万!商贾市肆之人谓称贷于神可以致富,借直还债,神报必丰。……荡民志、耗民财,此为最甚!"淫祀发展到这种地步,不但不利于封建国家礼教秩序的稳定,更对普通百姓生活造成了极大的伤害,当然有必要令行禁止。

清代淫祀难禁是民间巫风炽盛的重要标志,尽管清统治者对它屡有禁令,但淫祀禁而不绝,甚至愈禁愈烈却是不争的事实。清人毛祥麟称:"三吴风俗,信祀淫祠。康熙间,汤文正公抚吴,曾经奏毁,久而禁弛。僧人渐搭房屋,香火复盛,祈祷者又接踵于途矣。道光乙未,江苏按察使裕谦,复毁上方山五通祠,获僧傅德、成镒等,严加惩办。并禁民间,如有私奉五通、太母、马公等

---

① 顾禄:《清嘉录》卷一,《祭猛将》。
② 屈大均:《广东新语》卷六,《西王母》。
③ 光绪《归安县志》卷十二。

像者，以左道论，由此始得稍息。"① 可见，淫祀之盛是民间长期积淀的浓厚的迷信风尚的一种必然结果，同时无可否认，佛、道两教中的僧、道人员经常参与其事也产生了推波助澜的作用。

（三）巫术信仰与社会生活

清代巫风盛行，处处可看到古代巫风的遗迹和影响，不同的巫术形式在不同的地区广为信奉，对人们的生活习俗产生了重要影响。举凡民间祭神祀鬼、禳灾祈福、驱邪逐疫等活动，都不同程度地透出巫术的影子。从形式上看，巫术以神灵信仰为基础，并企图与神灵力量达成联系的某种特殊的行为方式，它最重要的特征是借助特有的法术来影响虚设的神灵，从而达到某种期望的效果，其所强调的是一套特殊的操作程序。《清稗类钞》记载："巫有降神之术，尝以之为人治疾病，觅失物。有延之者，辄红巾裹头而至，从以侍者二。入门，即踞高座，披发瞪视。未几而回袖作舞，侍者亟挟持之，乃以刀刮舌使破，喷血书符以焚之。至是而神降，有所问，即答，声甚微，侍者为达之。语毕而更以舌血作符，焚之于室隅。若治疾，则又焚之于净水中，使饮。久之而安坐如常人，则神去矣。"② 在巫师施展法术的过程中，行为特征明显，而且这种行为的奇特性是巫术能够惑人心智的关键。当然，也有看不惯巫术把戏者，如《清稗类钞》则记载，北京人陈五曾以妙法破除家人对巫术的笃信，史称"有武人陈五者，家京师，厌其家人崇信女巫，莫能激悟。一日，口含青李于口中，作患疮状，不语亦不食，呻吟竟日。家人视其颊颊之突肿也，恐甚，亟召女巫治之。巫至，降神，谓五之患素有口过，此特神道降罚，非仓卒可以解救。家人罗拜哀求，五愈佯作痛楚状，以手作势，欲家人招巫入视。迨巫近身，五突起批巫颊，吐李，使视之，巫大愧恨而去，自是家人无信巫者"③。毕竟，当时像陈五这样有见识者太少了，因为巫术的盛行有着深刻的社会背景，其影响之深远，绝非几人的努力可以消除的。

在施展巫术的过程中，通常是运用多种施巫手段，以增强巫术效果，达到预期目的。其中既有施蛊巫术，又有符咒巫术，多种巫术交叉影响，致使人们对巫术崇奉的态度更为虔诚。

在民间以巫治病驱鬼是巫术风俗的主要表现形式，清人屈大均到广东东莞时，每夜都会听到驱鬼之声，他说："至于东莞，每夜闻逐鬼者。合吹牛角，呜呜达旦作鬼声，师巫咒水书符，刻无暇晷。其降生神者，迷仙童者，问觋者，

---

① 毛祥麟：《墨余录》卷六，《淫祠》。
② 徐珂：《清稗类钞》第十册，《方伎类·巫降神》。
③ 徐珂：《清稗类钞》第十册，《方伎类·陈五破巫术》。

妇女奔走，以钱米交错于道，所在皆然。"① 光绪《嘉兴县志》记载："吾里则凡遇疾病，均以驱祟为急务，供神马，煮猪首以祀。主人拈香拜跪，巫者唱神歌侑酒。祷毕，缚草鸣锣而送诸途，名曰'献猪头'。有一病而数数为之，贫者不胜其费。乡愚无知，甚有专重巫祝而竟废医治者，可慨也。"② 巫术诡行骗术，在巫祝的表演中暴露无遗，无论巫祝如何掩盖，无非是让无知的人上当受骗，以便从中渔利。毛祥麟在《墨余录》中揭其术，直斥为"妖巫"，他说："或谬托双瞳，或捏称鬼附，妄论休咎，武断死生。而于富室婢媪，必预勾结，藉之熟私亲，探琐事，名曰'买春'。设偶有病，或家宅不安，婢媪辄捏造见闻，以耸主妇之听。延巫入门，必发其阴事，使人惊为前知，遂妄言病者有何冤孽……病家倘求禳解，则又揣其肥瘠，以索酬劳。其术，如赴庙招魂，名曰'叫喜'……其所最盛行者，曰'宣卷'。有观音卷、十王卷、灶王卷诸名目，俚语悉如盲词。若和卷，则并女巫搀入。又凡宣卷，必俟深更，天明方散，真是鬼蜮行径。其称女巫则曰'师娘'，最著名者，非重聘不能致，出必肩舆，随多仆妇。次者紫仙，曰关亡、曰游仙梦。最下则终日走街头，托捉牙虫，看水碗，扒算命为活者。要其诡诈百出，殊难殚述。在富家贵宅，即或浪费金钱，亦尚无害；而平等病家，医药已属不资，乃又质衣典产，供此妖巫。万或病有起色，犹之可耳；否则异时孤寡，因是致难为朝夕谋，魂魄亦将赍恨重泉矣！世之甘受其惑而卒不悟者，不诚深可悯哉！"

第三节　禁忌风俗与祭祀礼仪

　　清代由于人们受传统观念礼仪的束缚，加之经济、科学技术不发达、文化落后以及封建统治者愚民政策的高压，使人们无法正确认识、理解客观事物的内在发展规律，找到自我生存和发展的真正出路，于是将诸多对生活、生产与未来的美好祝愿、祈求，寄托于神灵的保佑、赐予，企求实现梦寐的幻想，从而造就了许多人为的迷信与禁忌活动。这些活动，不仅限制了人们的视野和开

---

① 屈大均：《广东新语》卷六，《祭厉》。
② 光绪《嘉兴县志》卷十六。

拓力，阻碍了生产和经济的发展，文化与科学的繁荣，而且还成为清代社会进步的巨大堕性力，并对后世产生了消极影响。清代迷信活动的类型有占卜、禁咒、巫蛊、祭祀等，各种类型有特定的形式和手段，并因此造就了一大批从事迷信活动的职业人员。凡供奉神鬼、精灵及祖先的各种迷信仪式，都称祭祀。在民间信仰中，祭祀不包括教徒的一般宗教仪礼活动，只涉及各民族自发的具有原始信仰色彩的祭祀活动。祭礼迷信在中国各民族中十分盛行。其中对大自然、对动植物、对氏族图腾、对祖先神灵的各种崇拜，都密切联系着各种祭祀仪式、仪礼和手段。同时，祭祀又往往与上述各种迷信活动形式、手段相结合，从而形成多重性与多样性的特点。清代闽台地区的许多民俗年节，都以祭祀神祖为主要活动内容，除中秋、重阳等少数年节外，绝大部分都是没有组织的、自发的或仅有一定规模的祭神活动，而这些活动尚不包括各家各户的祖先祭日等内容。

一　年节活动中的迷信风俗

清代社会生活中，迷信风俗盛行，迷信风俗在年节活动中表现得具体而繁多。如乾隆《祥符县志》记载："元旦夜半各起，栉沐盥漱，陈牲醴，焚寓钱，祝天地，祭影堂，换桃符，张门神守户，曰'炭将军'，逐疫也。衣地以芝麻秸，祛邪也。焚辟秽丹，放驱魔炮，刻木为匙，悬匏于户，福来灾祛矣。"康熙《登州府志》记载："元旦，五更设燎，陈盘案祭赛天地，祀百神，祀先祖。"同治《江夏县志》记载："清明墓祭，以竹木枝束五色纸挂楮钱、彩球，植于坟巅，子孙罗拜。有阖族鼓吹聚饮者，亦缀食之遗。"同治《长阳县志》载称："孟秋七月，牛女渡河，妇女'乞巧'。登楼眺望，见五色云现，为'得巧'，谓之'看巧云'。"同治《芷江县志》云："十月朔日为'烧衣节'。人家剪楮作衣，制竹丝障纸为箱箧盛之，焚于墓前，谓之'送寒衣'。""十一月冬至，邑人不相贺。十七日为'弥陀生日'，寺僧顶礼作佛会。"同治《保靖志稿辑要》称："冬至日，宰牲祭祖，谓之杀年猪'。"同治《直隶澧州志》记载："腊月八日，乡村酿钱，具醪酒、羊豕、雉兔，鸣腊鼓，祭报土谷之神，乃燕耆老于上，群聚饮于下。"光绪《锡金识小录》记载当地的除夕风俗时说："除夜，祀神，祭家祠，凡门神、对联及门左五路神悉去旧易新者。夜，又燃火炉，存其柴之烬而未灰者三，置五路神前，俟'元宵'糁盆同焚之，谓之'隔年柴'。"乾隆《古田县志》云："除夕蒸饭，祀祖，藏之，名曰'岁饭'，以燕亲族。夜则家家燎柴于门辟鬼，亦取除旧布新之意。"①

---

① 《方志民俗资料汇编》中南卷、华东卷有关记载，恕不一一注出。

虽然上述迷信活动在各地的祭祀内容大同小异，礼仪形式体现出分散性的特点，但其绝大部分祭祀活动，随季节变换而默默进行，是一种自发的、没有组织、约定俗成的活动。

二 禁忌风俗与社会生活

在清人社会生活中，禁忌风俗不仅是其共遵共行共避的行为方式，而且对生活方式的发展变革还产生多元的、制约性影响与作用。实践表明，禁忌是建立在巫术信仰基础上的较为普遍的民间信仰观念，在民间信仰中禁忌占有相当重要的位置。无论禁忌还是崇拜，均属于人类对神秘的自然现象与社会现象在心理上建立的反应方式，二者都以万物有灵为信仰原则。相对而言，崇拜主要是出于人们对这种神秘魔力的屈从而祈望神灵赐福，禁忌则是人们出于敬畏的心理而更多地导致对自身行为的限制。它们分别代表着神灵信仰的不同方面，归根于异向而同构的民俗心理机制。与宗教信仰不同的是，禁忌在社会风俗中表现得更为宽泛，它往往通过口耳相传和行为示范，成为普遍遵奉的习俗惯例，从这个意义上说，禁忌是民间风俗中表现得最为普遍的文化现象。禁忌意识起源甚早，人类早期的各种社会习惯即包含了丰富的禁忌内容。在人们的社会生活中，禁忌观念一经产生，往往会在特有的领域对人们的行为产生重要的影响和作用。当然，不少民间禁忌不可避免地包含了浓厚的迷信成分。从人类认识发展的角度看，这些带有明显迷信色彩的禁忌观念，一方面真实地反映出人们对世界认识的局限性；另一方面，禁忌观念作为民间风俗特有的表现形式，也在某个领域被约定俗成地视为具体的社会规范，而受到广泛认同与遵崇。它从一个侧面为我们提供了解一个民族历史文化的活的化石，称得上是一笔相当丰厚而特殊的文化遗产。应该承认，作为一种广布民间的信仰观念，禁忌风俗历久不衰，始终在丰富多彩的民俗沃土中汲取着无穷的营养，顽强地开拓着自身的生存空间。

在社会生产和生活两大领域中，清人的禁忌活动名目繁杂。可细分为行业禁忌、岁时禁忌、人体禁忌、性别禁忌、饮食禁忌、语言禁忌、礼仪禁忌、日常生活禁忌等多种类型。

其一，行业禁忌。

行业是由社会分工不同而形成的职业门类。行业禁忌一般与各行业的生产内容密切相关，各行业本身的行业特征对于禁忌的形成具有不可忽视的作用，即便是某些明显带有迷信色彩的禁忌习俗，也长期被行业内部的人们严格遵守共奉，作为一种特定的行业法规，师徒传承，代代延续，构成了特有的行业风貌。

清代的行业禁忌又可分为农事、牧业、狩猎业、渔业、手工业、商业禁忌等。中国是一个以农业生产为基础的大国，长期以来表现在农业上的禁忌不仅数量多，而且颇具特色，那就是常常流露出对自然的神秘感、对生产对象的崇拜、依赖和乞求的心理。这也表明，在一个封闭的、不发达的农业生产系统里，禁忌几乎成为人与自然之间，纵横交错、正反逆向连接的一条脆弱的纽带。人们通过它来调整人与自然的关系，力求和谐相处。清代的粮农、药农、蚕农、牧民、狩猎者、捕渔者、手工业者、商人等，在各自的生产与流通领域，都有自己特定的禁忌习俗。

清代商品经济的相对繁荣，使各行业的发展十分活跃，反映行业特点的行规日趋完善。而行规条款往往着眼于行业的共同利益，对诸多不利于维护正常经营秩序的行为明确予以禁止，如规定不得把持价格、不得私行钻夺，不得跨行经营等。如湖南长沙武陵刻字店条规称："生意无论大小……务必任客投店，毋得低价钻夺，概不准与外行合伙，亦不准请外行帮做。"① 其次，是有关限制同业竞争的禁忌，湖南长沙茶馆条规称："铺面对门以及上十下十，不准同行开铺。"② 有些禁忌规约显然与从业人员的职业纪律相关。道光年间的《渝城永生帮顾绣老板师友公议条规》云："永生帮我行老板司友学徒者，不准在三皇会入会。违者查出，凭众革出帮外，不许□□□犯首诫钦崇之罪也。""帮内我行司友，不得私窃各铺老板货物，致犯七诫之罪，若怙恶不悛者，不许入帮。""帮内我行人等不得阳奉阴违，欺诈条规，违者查出，不许入帮。"③

有些行业禁忌规约的制订与该行业生产和经营的特点密切相关，光绪二十年（1894）湖南长沙绸布庄条规称："我行通商，务必开设门面，悬挂招牌，交易公平，方有信实。近有射利之徒，肩挑夏布、棉布、青绢等项，负贩沿门，无非取巧鱼目混珠之意，此种恶习，准其禁革，倘敢不遵，公同禀究。"④

有些行业的禁忌规定又与其经营内容相关，如书肆经营"不准贩卖悖逆邪书、花柳淫说及犯禁报章，并刻刷匿名传帖等类"；"出售书籍，如有遗页，均应补给，或装订颠倒，随即更正，违则合同处罚"；"各家向来附设印刷并刻字修谱检告示，每多鲁鱼帝虎，不堪入目。此后若不改良，仍旧讹错，一经查出，公同处罚"⑤。《清稗类钞》记载梨园演戏禁俗称："优人演剧，每多亵渎圣贤。康熙初，圣祖颁诏，禁止装孔子及诸贤。至雍正丁未（雍正五年，1727），世宗

---

① 彭泽益主编：《中国工商行会史料集》上册，中华书局1995年版，第300页。
② 同上书，第437页。
③ 同上书，第549—550页。
④ 同上书，第259页。
⑤ 同上书，第287页。

则并禁演羽。"① 可见，清代的行业禁忌风俗的内容十分丰富，甚至于娼妓这样的贱业都有自己独特的禁忌规定，如京城妓俗禁止与优伶、阉人共宿："京师……妓女若与优伶共宿，则人皆贱之；若与阉人共宿，则闻者不复顾。"② 如此禁俗，堪称奇闻。

其二，岁时禁忌。

自古以来，岁时节令与人们的生产和生活息息相关。而岁时禁忌反映的是人们对不同的岁时节令所形成的特殊认识，属于岁时信仰的一个部分。在清代的各种岁时活动中，也伴随着禁忌习俗的影子。

岁时禁忌是清人在节日生活中对自己言行的禁制与忌讳。它反映出人们对神灵、对灾祸的畏惧和对未来、对吉祥的巨大渴求。农历新年汉族与一些兄弟民族最隆重的节日，它是农历新岁之首。因此，从除夕到正月末，生活中的禁忌最多，人们对各种信仰亦最为虔诚。它一方面映照出人们追求快乐、趋利避害的复杂社会心态；另一方面，清人也是利用各种禁忌为手段，藉以调整生活中的各种关系，如劳动与娱乐、休息，欢乐与忧患、警惕，吃荤与吃素等；以及人与人、人与社会的诸种关系，以寻求新的和谐与生活的涵接点。

正月为一年伊始，人们无不祈盼平安吉顺，《清嘉录》记载："元旦为岁朝，比户悬神轴于堂中，陈设几案，具香蜡，以祈一岁之安。欲忌扫地、乞火、汲水并针剪。又禁倾秽、瀽粪。讳啜粥及汤茶淘饭。天明未起，戒促唤。"③ 光绪《临安县志》记载，元日"不炊生米，不倾水，不洒扫"④。

三月，向有寒食禁火的风俗，"两浙俗，养火蚕亦于此日禁火"⑤。民间视其为恶月，《吴郡岁华纪丽》记载："是月俗称毒月，百事多禁忌，不迁居，不婚嫁。"《帝京岁时纪胜》称："京俗五月不迁居，不糊窗槅，名之曰'恶五月'……五月多不剃头，恐妨舅氏。""五月朔日、端阳日，俱不汲泉水，于预日争汲，遍满缸釜，谓避井毒也。"

九月天气初肃，草木凋零，民间多驱邪祈祥习俗。《帝京岁时纪胜》记载："九月不迁徙，不糊窗槅。以菊花叶贴户牖，解除凶秽以招吉祥。不瀚缉被褥，恐犯九女星，则育女多，不宜男矣。"

岁末多祀神习俗，与禁忌相关者："廿五日俗传为上帝下界之辰，因廿三日送灶上天，奏人间一年之善恶，故上帝于廿五日下界，稽查臧否，降之祸福。

---

① 徐珂：《清稗类钞》第十一册，《戏剧迷·禁演圣贤之事》。
② 徐珂：《清稗类钞》第十一册，《娼妓类·京师之妓》。
③ 顾禄：《清嘉录》卷一，《岁朝》。
④ 《方志民俗资料·华东卷》，第611页。
⑤ 袁景澜：《吴郡岁华纪丽》卷三，《过节寒具》。

故世人于是日谨起居，慎言语，戒饬小儿毋得詈骂恶言，恐招不祥。"① 在江南地区，腊月还有做"口数粥"的习俗："（十二月）二十五日，以赤豆杂米作粥，大小遍餐，有出外者亦覆贮待之，虽襁褓小儿、猫、犬之属亦预，名曰'口数粥'，以辟瘟气。或杂豆渣食之，能免罪过。"②

其三，人体禁忌。

人体禁忌是指对人的身体或身体的部分器官，以及与身体密切相关的事物作为某种禁忌习俗的对象，通过对它们作出带有强制性的约束或主动性的回避，以达到对自身保护的目的。人体禁忌具有明显的象征性，在很大程度上是通过联想来发生作用。

在文明社会，许多场合裸露身体都在禁忌之列。《清稗类钞·吉林俗尚》条称："阖家尊卑老少长幼男女共寝一炕，虽外来之亲友，假宿之孤客，亦无上下床之别，且卧必赤身，故相率不燃灯，中上之家，则稍施以间隔。"对人体其他部分的禁忌，在清代表现最激烈的是对留发的禁忌。满族本有薙发旧俗，入关以后，清政府屡颁薙发令，并以汉人是否薙发作为顺逆标志，《东华录》记载："向来薙发之制，所以不即划一，姑听自便者，欲俟天下大定，始行此制耳。在天下一家……若不划一，终属二心，不几为异国之人乎……不随本朝制度者，杀无赦。"可谓是"留发不留头，留头不留发"，这种带有强烈政治色彩的人体禁忌，必然造成激烈的满汉冲突。

缠足，是自宋代以来流行于民间的针对妇女身体的十分野蛮的禁忌陋俗，封建士大夫不乏患寸莲淫癖者，把是否缠足作为评判妇仪、妇容的重要标志。清人笔记称"元、明以来，士大夫家以至编民小户，莫不裹足，似足之不能不裹，而为容貌之一助也"③。而"四五岁之间，即将两足以布条阑住，不使长，不使大"。《听雨丛谈》载称，人们往往"以足之纤钜，重于德之美凉，否则母以为耻，夫以为辱，甚至亲串里党传为笑谈，女子低颜，自觉形秽"④。女子自幼便在心灵与肉体上备受折磨。缠足浸透着无数妇女的血泪，从一个侧面暴露出封建礼教摧残妇女的野蛮与残忍。由于满族妇女一向无此陋俗，所以清初统治者屡有禁令，然而民间缠足之风却愈禁愈烈，无奈之下，康熙初只得罢除禁令，悉听民便，于是一发不可收拾，连不少旗人妇女也纷纷效仿。清人袁枚在给友人的信札中不无感慨地说："今人每入花丛，不仰观云鬟，先俯察裙下，亦

---

① 潘荣陛：《帝京岁时纪胜》，《十二月·稽善恶》。
② 顾禄：《清嘉录》卷十二，《口数粥》。
③ 钱泳：《履园丛话》卷二十三，《裹足》。
④ 福格：《听雨丛谈》卷七，《裹足》。

可谓小人之下达者矣。"① 愤然斥之为"败俗伤风"。

封建礼教对妇女压迫的又一典型表现是对妇女的性禁锢,特别是明清以来对妇女贞节的严格控制,不啻是诸多人体禁忌观念中最为颓败者。清朝虽未在法律上禁止妇女离婚、改嫁,但却沿袭封建礼教的传统,大力旌表贞女、节妇,各种家法族规也莫不视此为甚。而民间对女贞之嗜,更是无以复加。清人俞樾《右台仙馆笔记》记载:"直隶永平府某县,其地闺范极严。凡女子初嫁,母家必使侦探。成婚之次日,夫家鼓乐喧阗,贺客杂沓,则大喜;若是日阒然,则女家为之丧气,女子留否,惟夫家为政,不敢与争矣。积习相传如此,虽其意固善,然亦敝俗也。"在封建礼教的桎梏下,妇女的身体是男性的私属,在这种畸形变态的封建贞节禁忌观念中,不知多少妇女守节殉身,沦为不幸悲惨的牺牲品。

其四,性别禁忌。

性别是组成人类社会最基本的单元,在不同的社会环境中,基于人们对性别观念认识上的差异,会产生不同的文化内涵,性别禁忌是以强调对两性中的某一方进行限制或约束为前提,来满足人们某种风俗信仰的需要。

在民间日常生产、生活过程中形成的性别禁忌反映了某种经验积习或迷信心理。《清稗类钞》记载江苏江宁地区的风俗,当地忌讳新娘新婚时来家做客,认为:"江宁之新娘,非于一月以后不能入人家,如或误犯,必责令斋百怪以祓除不祥。斋百怪者,须备香烛、纸马、牲牢、酒醴以往,且必男著女衣,女著男衣,夫妇双双顶礼,斋毕偕归。"② 这种禁忌与神祀信仰有直接关系。《燕京岁时记》记载,京城祭灶禁止妇女参与,"(正月)初五日谓之破五,破五之内不得以生米为炊,妇女不得出门"。同样,南方亦有禁止妇女祭灶的习俗,嘉庆《松江府志》记载:"(十二月)二十四日,是夜祠灶神,谓之'送灶',妇女不得参祀。"③ 清代与男性相关的习俗是妇女临产,产房宜忌男人;江南一带,蚕房亦忌男人。谈迁《北游录》记载,江南芜湖县梁山枭矶上有孙夫人庙,禁男性涉足,称是庙:"吴王权女弟适刘先主者也,神极灵验,寝殿男子不得入,薰沐衾被,朝夕严洁,有男子拭其榻,遽腹痛死。"④

中国封建社会以男性特权为中心,传统的封建伦理道德观念对妇女充满歧视,对妇女施加种种限制是中国封建社会性别禁忌的重要内容。光绪年间刊行的《女儿经》云:"为什事,两截衣,女人不与丈夫齐。百凡事体须卑顺,不得

---

① 袁枚:《小仓山房尺牍》卷五,《答人求妾》。
② 徐珂:《清稗类钞》第十册,《迷信类·新妇人忌入人家》。
③ 《方志民俗资料·华东卷上》,第5页。
④ 谈迁:《北游录》,《纪闻》上。

司晨啼牝鸡。"要求妇女尊奉三从四德的封建家法，妇女的生存空间被严重扭曲。所谓牝鸡司晨，就是指责妻子有干预家政的倾向，意味着对封建夫权的破坏，此等行为绝对在禁止之列。

男女授受不亲是中国封建礼教的产物，妇女往往被视为祸根恶源，因此对妇女行动的限制十分严厉。《清稗类钞》记载："道光时，京城剧团演剧，妇女皆可往观，惟须在楼上耳。某御史巡视中城，谓有伤风化，疏请严禁，旋奉严旨禁止。而世族豪门，仍不敛迹，园门虽揭文告，仍熟视无睹也。某愤甚，思有以创之。一日，赴园，坐楼梯旁，遣役登楼宣言，谓奉旨明禁妇女观剧，它眷自谙禁令，来此者必为妓女，今召尔等下楼，候点名。宅眷不听，某又使人传谕曰：'果为宅眷者，则弁髦圣旨之罪，当更加等，速言夫家、母亲姓名、官职听参。'诸大人惧，图窜，乃勒令各具不再观剧甘结，事乃寝。"①

在封建家法中，特别强调闺门规范，妇女教化更与封建礼教融为一体，清代不少族谱为此制订了十分严厉的戒规。光绪《即墨杨氏家乘》规定："妇人不许干预外事，妇人非其至亲之家不得住，妇人不许往疏亲家饮燕。异性卑幼，妇人不许辄见；小姑之夫见；侄婿非大事不见；堂侄婿大事亦不见。妇人不得入庙焚香，不许游山玩景，不许与男子语。妇人遇翁则避，年节生日拜，则卷帘立门内，妇拜门外，叔翁则重帘。"嘉庆《湘江赵氏族谱》，称："男不入，女不出，外内不共井，不共湢浴，不通寝席，不通乞假，不近衣裳。"甚至说："闺门之内如朝廷焉，则渎慢奢淫之弊绝，而雍睦之象兆于庭帏。"在封建末世，传统礼教对妇女从人格到行为的控制反而愈演愈烈。

其五，饮食禁忌。

饮食是关系人类社会生存最重要的物质基础，饮食活动作为社会生活不可或缺的部分，自古以来在中国文化传统中占有显著地位。人们在长期的饮食实践中，形成了丰富的饮食风尚，饮食在满足生理需要的同时，更表现出社会文化的深层内涵，饮食禁忌内容主要包括饮食对象、饮食习惯和饮食仪规。

饮食可以直接对人体产生影响，因此日常饮食通过各种各样的禁忌将人们对饮食的认识与社会心理折射出来，其中有的源于经验总结，有的来自俗定的习惯。饮食对象的禁忌主要是避免进食神圣的或不洁的食物，清代不少地区禁止食牛，主要是因为牛作为必不可少的耕作工具，终年劳苦，又通人性，故不忍宰食。江南地区祭社时忌幼儿进食献祭的糖果诸物，《清稗类钞》记载，南昌人多忌食龟鳖，载称："南昌人畏龟与鳖，呼之为'老爷'。南康府附近有老爷庙，所祀为龟老爷。相传明太祖与陈友谅战时，曾救御舟出险。赣人祀之甚虔，

---

① 徐珂：《清稗类钞》第十册，《戏剧类·京师妇女观剧》。

且相戒不食龟鳖，恐犯老爷之怒也。"① 这些禁忌的产生都是出于对饮食对象的崇拜心理。也有地方由于对某种事物心理认同而禁食之，《清稗类钞》记载兰州人忌食鸽子的习俗说："兰州多鸽，盈城皆是也，常飞入粮食肆啄米麦，肆主辄听之。盖兰人不食鸽，谓食之必有灾。"② 禁食不洁食物是饮食禁忌的一个重要内容。中国自古有"医食同源"的说法，人们对食物有许多独特的品鉴方式和经验，其中不乏科学成分，《清稗类钞》记载，清人认为"牛、马、驴自死者，食之，得恶疾。河豚鱼有毒，不宜食"③。

饮食习惯是人们在进食过程中形成的带有固定特征的行为方式。清人认为："凡遇愤怒或忧郁时，皆不宜食，食之不能消化，易于成病，此人人所当初戒者也。""急食非所宜（不咀嚼之谓），默食亦非所宜（不该言语之谓）"④，这些禁忌强调要有科学合理的饮食习惯。

饮食礼仪禁忌主要表现在对进食仪规的要求上。光绪年间修撰的《即墨杨氏家乘》称："饮宴于异性，尊长在，揖而后就坐，酒食至，尊长未取，不许受卒事。"饮食礼仪禁忌在一定程度上反映了封建礼教思想的影响。

其六，语言禁忌。

语言是人们日常生活中必不可少的交际工具，语言禁忌是禁忌观念在语言符号系统的具体表现。人们出于对吉凶、功利、礼敬原因的考虑，对某个领域的用语作出具有限定性或约束性的规定，企图通过语言交流过程中有意识避免某些不宜于出现的用语，以免除可能导致的不利结果。语言禁忌的产生，表明人们在运用语言过程中，经常将某些语言的实际功能夸大到具有超人或超自然的能力的程度，从而赋予语言以强烈的神秘色彩，以致形成了许多约定俗成的用语禁忌习惯。语言禁忌是语言交流中较为活跃的因素，语言禁忌在各行各业中都有普遍存在。

称谓禁忌多出于礼敬尊重，如晚辈对长辈切忌直呼，而有些禁忌则是封建礼教秩序的产物，如封建帝王的名讳，是绝对不容冒犯的。还有的禁忌带有一定的政治色彩，《清稗类钞》记载："国初，盟会盛行，凡投刺无不称盟弟。甚而豪胥市狙能翕张为气势者，缙绅蹑屐问讯，亦无不以盟弟自附。康熙初，朝廷以法律驭下，严行禁革，遂不称'同盟'。"⑤

日常用语禁忌多与人们的道德观念相关，《清稗类钞》记载，京城百姓忌讳

---

① 徐珂：《清稗类钞》第十册，《迷信类·鳖为老爷》。
② 徐珂：《清稗类钞》第十册，《迷信类·兰人不食鸽》。
③ 徐珂：《清稗类钞》第十三册，《饮食类·食物之所忌》。
④ 徐珂：《清稗类钞》第十三册，《饮食类·食物之卫生》。
⑤ 徐珂：《清稗类钞》第五册，《称谓类·圣祖禁称社弟盟弟》。

骂人，说："都人忌骂，与夫走卒之醉对，亦绝少江南恶口吻，而于辱及祖宗父母之谩辞，尤深恶而痛嫉之。苟有犯者，立攘臂而斗，甚且白刃相加，决诸生死。京东诸郡县如之。"①"北人骂人之辞，辄有'蛋'字，曰'浑蛋'，曰'吵蛋'，曰'倒蛋'，曰'黄巴蛋'，故于肴馔之'蛋'字，辄避之。"② 大清律例对骂人行为有严厉的惩处条款，规定：凡骂公、侯、驸马、伯及京省文职三品以上，武职二品以上官者，杖一百，枷号一个月发落。凡奴婢骂家长者，绞监候。凡骂祖父母、父母者，并绞③。有些用语由于具有特定含义，因而受到人们的忌讳而禁言，《清稗类钞》记载，京城人忌言"龟"、"兔"二字，说："京师忌讳，莫如'龟'、'兔'二字……尝有人定梨园花榜，一须生以李龟年相喻。翌日，须生觅定榜者而殴之。又有在乡会场中，以试贴用'兔魂'者，致遭摈弃者。"④

其七，礼仪禁忌。

礼仪禁忌是清人日常特殊生活中的禁忌习俗，它包括婚姻禁忌、生育禁忌、丧葬禁忌、交往禁忌等。在这些禁忌风俗中，除一部分具有迷信色彩外，有的还包含着一定的科学道理；有的则表达了人们善良美好的愿望；有的更表现了人们长期在封建礼教压抑下，仍然有着幽默、诙谐、乐观向上的生活情趣。

其八，日常生活禁忌。

在日常生活中，清人对衣、食、住、行、医等方面，都有禁忌。生活在西北地区的回族、维吾尔族、哈萨克族等忌吃猪肉、动物的血和一切自死的动物，这是源于地中海东部和非洲东北部古代居民曾视猪为"秽物"，后被伊斯兰教创始人穆罕默德将其定为教规。后来又逐渐超出宗教范畴，变成信教各族人民平日饮食生活的重要禁忌。上述民族信奉伊斯兰教后，其宗教禁食条规，亦逐渐变成了民间日常的饮食习惯。

禁忌风尚在清代社会生活中占有十分重要的位置，每一个人都要受到各种禁忌的约束。其实，早在古代，《礼记·曲礼》记载："入境而问禁，入国而问俗，入门而问讳。"可见，古人对此十分重视。认为禁忌的基本含义是止和戒，禁忌的对象是所畏、所敬、所恶的东西。简言之，人们心理上以为忌讳和言行上规定不能说和不能做的就是禁忌。在清人的禁忌风俗中，有的虽起过某些积极的作用，但它的消极作用是主要的，有许多纯属迷信成分，是文化糟粕。它所体现的是人们的自我封闭与保守意识、惰性心理和消极保守心态。

---

① 徐珂：《清稗类钞》第十册，《迷信类·都人忌骂》。
② 徐珂：《清稗类钞》第十三册，《饮食类·京师食品》。
③ 《大清律例》卷二十九，《刑律·骂詈》。
④ 徐珂：《清稗类钞》第十册，《迷信类·都人忌言龟兔》。

三 社会生活中的祭祀礼仪

清代各种形式祭祀礼仪活动的繁盛，是清人信仰观念的生动体现；同时，又是人们感激神灵、祖先护佑，进而表达祈求美好未来心愿的最佳场合。

祭礼是人们对尊崇的神祇表示虔诚意愿的一种行为仪式，是信仰观念和意识的重要表现方式。在封建社会，祭祀作为政治生活的重要内容被列入国家典祀，从而纳入到封建礼教秩序之中。清统治者规定：凡祭三等，圜丘（天）、方泽（地）、祈谷、太庙、社稷为大祀。天神、地祇、太岁、朝日、夕月、历代帝王、先师、先农为中祀。先医等庙、贤良、昭忠等祠为群祀。乾隆朝时，改常雩为大祀，先蚕为中祀。咸丰朝时，改关圣、文昌为中祀。光绪末，改先师孔子为大祀，是殊典也。天子祭天地、宗庙、社稷；有故，遣官告祭。中祀，或亲祭，或遣官。群祀，则皆遣官。国家祭祀活动统属礼部掌管，不同的礼祭内容，都有严格的规定。

满族入主中原，与汉民族文化圈不同的是，满族有属于自己的宗教信仰系统，因此在国家宗教祀典中不可避免地掺杂进不少满族的旧俗，如堂子祭："世祖既定鼎燕京，沿国俗，度地长安左门外，仍建堂子。正中为飨殿，五楹，南向，汇祀群神，上覆黄琉璃。前为拜天圜殿，北向。中设神杆石座，稍后，两翼分设各六行，行各六重，皇子列第一重，次亲王、郡王、贝勒、贝子、公，各按行序，均北向。东南为上神殿，三楹，南向。祭礼不一，而以元旦拜天、出征凯旋为重，皆帝所躬祭。"① 除祭天外，堂子祭还月祭、马祭等多种内容。

清代各地民间有许多特别的祭祀风俗，《清嘉录》记载，每年正月该地有"挂喜神"和"上年坟"的风俗，所谓"挂喜神"就是展拜尊亲的遗像；"上年坟"则为携带糖饵、茶叶、果盒至祖先坟墓祭拜。每年冬至更是家无大小，皆市食物以供祀祖先，有的还要悬挂祖先遗像。随着民俗活动日益丰富，祭祀信仰更多地融入了多样化的节俗赛会等内容，清代最为流行的庙会，由于佛、道两教世俗化的倾向日益突出，庙会已经集祭祀、娱乐、贸易等多种功能于一体，在民间文化生活中占据了重要地位，在此影响下，祭礼的娱乐色彩也就愈发凸显。乾隆《汲县志》载："常年香火会以敬事神，且因以集场通商贩为，士女游观者，亦各有日期。正月初九日，土人朝黄花洞或扮秧歌杂剧，或备酒檻聚饮，是日香泉寺亦然。二十九日，小河坡'火神会'，里人以仪卫迎神，扮秧歌，晚多放烟火。三月十八日济渎庙，二十一日城西龙王庙，二十八日东门外东岳庙、府城隍庙，四十五日吕祖阁，十八日西北两天仙庙，而北关外庙尤盛，商贾皆

---

① 《清史稿》卷八五，《志六十·礼四》。

集（龙玉、东岳、吕祖、北天仙等庙皆鬻农具）。五月十三日'关帝诞'。六月十五日城隍庙，九月九日小河坡庙，十九日西盐店大王庙，皆演戏。若五月登麦，九月秋收后，各乡村多祭赛演戏，犹得古者祈报之意也。"① 即使像清明祭扫这种传统的祭祀先祖活动，在有些地区也带有相当浓厚的娱乐性质，《吴郡岁华纪丽》记载："吴俗，清明前后出祭祖先坟墓，俗称'上坟'。大家男女，炫服靓妆，楼船宴饮，合队而出，笑语喧哗。寻常宅眷，淡妆素服，亦泛舟具馔以往……拜埽哭罢，不归也，必就其路之所近，趋芳树，择园囿，游庵堂、寺院及旧家亭榭，列座尽醉，杯盘酬劝。踏青拾翠，有歌者，哭笑无端，哀往而乐回，以尽一日之欢。"② 祭祀的严肃气氛在阵阵喧闹的笑语声中已荡然无存。总之，各种祭祀对象在民间风俗中承担着不同的现实功能，对人们的生产与生活产生了积极影响。

---

① 《方志民俗资料·中南卷上》，第 54—55 页。
② 袁景澜：《吴郡岁华纪丽》卷三，《寒食上冢》。

第十一章
生产与商贸风俗

　　清代生产（含农业、畜牧业、渔猎业、手工业）与商业贸易活动，不仅是清代物质文明与精神文明赖以存在延续发展的基础，而且它本身也是清人广泛参与的基本社会活动之一。因此，它对清代社会生活形态的演变，产生重大而深刻的影响。

　　一个时代的生产与商贸风俗，是指人们在从事物质生产与商品流通过程中，创造和传承的具有相对固定特征的活动方式。这些方式既反映生产者与流通者在具体的生产流通实践活动中积累和传播的经验习惯，又能展示不同条件下形成的劳动模式所包含的个性内容。一个社会的物质生产与商品流通是保障社会成员生存的最基本活动，因而它能直接反映并影响着人们日常社会生活的方方面面，而它所涉及的社会生活事象无疑具有十分丰富的内容。清代作为中国最后一个封建王朝，各种生产与商品流通风俗仍然不同程度地表现出封建社会经济体系所固有的特点。首先，中国自古以农立国，农业是封建社会最重要的物质生产部门，迄至清朝，满族入主中原后，统治者在逐步接纳汉民族文化的同时，对农业经济重要性的认识日益加深，农业生产的总体水平呈现出稳步上升的趋势。其次，养殖业一直是中国传统农业生产体系中必不可少的补充成分，其中茶业与养蚕业都占有较大的比例，它们在清代均有兴旺发展的时期。再者，受自然条件的限制，传统意义的畜牧业主要经营于北方地区，清代驯养、放牧的方法与技术较前代有所改进和提高,但随着社会人口剧增,农耕范围不断扩大,面积不断增加,致使北方传统的畜牧业在清初后即迅速萎缩,各地的家畜饲养成为主要特色。同时,相对于传统的农业社会,渔业并非主要的生产事项,但在江河湖海之滨,特别是中国东南沿海地区水网较为稠密的地区,渔业生产早已形成独特的模式,与当地的农业生产活动有机地融为一体;与此同时,满族入主中原后,不少世代相习的古老的生产风俗仍得以保持,传统的狩猎、游牧等方面的生产活动,为清代社会经济生产增加了特色。清代的手工业生产进一步活跃,随着商品经济的不断繁荣,促使清代的手工业与商业贸易达到了中国封建社会前所未有的高峰,与之相应的各种风俗组成了清代社会经济生活多姿多彩的百花园。清代的生产风俗,在新的历史发展时期,呈现出多元发展的格局,所涉及的领域更为广泛,所表现的内容更为繁富,在保持农业经济传统特色的前提下,又在不同范围内融入某些新的经济元素,为我们了解整个社会的真实风貌,提供了一幅幅生动活泼的风俗图画。

第一节　农业与畜牧业生产风俗

清代的农业与畜牧业生产活动,是清人社会生产活动中,两个传统的、基本的产业活动,它们在为清人社会生活提供衣食物质保障的同时,更与社会生活诸多习尚的形成密切相关。就清代农业、畜牧业生产活动风俗而论,它们虽各具内涵与特色,但却又互相紧密联系。

一　农业生产风俗

中国是世界上农业传统最悠久的国家之一,清代的农业生产在国家经济活动中仍占有绝对的主导地位。满族入关后,结束了中原农业民族与北方游牧民族长期军事对峙的局面,经过一段时期调整,社会经济一步步复苏,为农业生产的持续发展创造了十分有利的条件。清中叶后社会人口空前膨胀,又给农业生产发展带来相当大的压力,在耕地日益不足的情况下,清政府不断加大垦荒力度,通过开荒拓殖、围湖造田等经营手段,使农业生产保持了较高的水准。在生产中,清政府还十分注重提高土地的利用率,大力推广多熟复种制度,像江南地区稻麦两熟制已十分普遍,而北方黄河流域二年三熟制、三年四熟制趋向定型,传统农业开始向纵深方向发展,精耕细作达到前所未有的水平,这些都说明农业在整个封建社会经济体系中,仍然发挥着无可替代的作用。与此同时,商品经济的繁荣,使农业商品率不断提高,东南传统农业区内部出现了以耕种粮食为主逐渐转向经营获利较为丰厚的其他经济作物的明显趋势,时风所及,使农业生产的风俗亦随之发生了相应变化。

其一,农事安排。

农事活动具有明显的季节性,中国人在长期的农业生产中,积累了异常丰富的生产经验,农人早已习惯于根据不同的气候与气象特征来安排农事活动。清人记载:"春耕夏耘,秋获冬舂,固为农人四时之所有事。然勤于农功者,一岁无不有事,且男女同任之,亦云劳矣……正月,棉花地翻泥(或以人督牛,或人自为之)。二月,麦田菜地施肥料,种紫荷草。三月,捞水中草泥(捞时置之舟中),加泥于田塍,种菱养鱼。四月,获麦,稻田布种,俗曰'种秧田'。种棉花,种芋。五月,插稻秧,耘稻(人立于田中,或跪,以手拔去其草,手或有套)。稻田车水,棉花地削草,豆地削草,种黄豆,种芝麻。六月,荡稻(荡,器名,一长方之木板也。其意义则移行也,动也。人持一器,立于田中以器荡之,使泥悉平,有直荡横荡之别)。稻田施肥料(豆饼菜及人畜粪也,如酷暑须加石膏)。稻田戽水,棉花地削草,获瓜。七月,搁稻(此与陶朱公书所谓稻田立秋后不添水,晒十日余,谓之搁稻者不同。搁稻之法,有荡扒之别,扒,器名,其形略如梳,以梳之)。稻田戽水。八月,获稻,获棉花,获绿豆,获豇豆,获芝麻,种竹,稻田有戽水者。九月,获稻,获稷,获麦,种蚕豆,稻田有戽水者。十月,获稻,种麦,种菜。十一月,捕鱼,樵薪,垦桑地。十二月,樵兼葭,樵绿柴(为染料之用),种苔菜。"[1] 从上面详细的罗列中,可以看出各项农事被安排得错落有序,几乎称得上是一幅清代农家每年农事活动的全景图。

在农事安排中,特别注重季节变化,以适时安排农事活动,如《吴郡岁华纪丽》"布谷催耕"条记载:"四月有鸟,其名自呼,曰:'家家播谷'……农业候此鸟飞鸣桑间,则犁耙上岸,五谷可布种也"。又如"秋农占候谚语"条记载:"凡稻田收刈,皆以霜降为候,谚云:'寒露没青稻,霜降一齐倒'。"[2] 有不少农谚生动形象地反映了农人对自然物候和农时节气规律的认识,并在生产中积累了丰富的实践经验,如:"谷雨抢头种,立夏种河湾""小满前后,安瓜

---

[1] 徐珂:《清稗类钞》第五册,《农商类·农业》。
[2] 袁景澜:《吴郡岁华纪丽》卷四,《布谷催耕》。

点豆""芒种急种黍,夏至也不迟""七月白露麦种早,八月白露麦种迟""天旱锄田,雨潦浇园"①;等等。说明农谚作为生产经验的总结,对农人安排农事活动有着重要的指导作用。

其二,耕耘习俗。

耕耘是一项重要的农业生产活动。每年春季是农事活动的开始阶段,围绕耕耘形成的各种风俗,反映了农业社会人们对耕种活动的重视。首先,清朝统治者对农业耕种生产有严格规定。后金时期,"天聪九年(1635),禁滥役妨农。崇德元年(1636),禁屯积米俗,令及时耕种,重农贵粟自此始"。清统一全国后,继续强调农业的重要地位,"顺治十一年(1654),定岁仲春亥日行耕耤礼。先期,户、礼二部尚书偕顺天府尹进耒耜暨穜稑种。届期,帝亲飨祭献如朝日仪。毕,诣耕耤所,南向立。从耤者就位。户部尚书执耒耜,府尹执鞭,北面跪以进。帝秉耒三推,府丞奉青箱,户部侍郎播种,耆老随覆。毕,尚书受耒耜,府尹受鞭。帝御观耕台,南向坐,王以下序立。三王五推,九卿九推,府尹官属执青箱播种,耆老随覆。毕,帝如斋宫。府尹官属、众耆老行礼。农夫三十人执农器随行。礼毕,从府、县官出至耕耤所,帝赐王公坐,俟农夫终亩,鸿胪卿奏礼成,百官得庆贺礼。赐王公耆老宴,赏农夫布各一匹,作乐还宫。……康熙时,圣祖尝临丰泽园劝相。雍正二年,祭先农,行耕耤。三推毕,加一推。颁新制《三十六禾词》。赏农夫布各四匹,罢筵宴。颁赐各省《嘉禾图》"②。至清中叶,先农礼的内容又有所变化。"乾隆三年,帝初行耕耤礼,先期六日,幸丰泽园演耕,届时飨先农,行四推。二十三年谕曰:'吉亥耤亩,所重劝农。黛耜青箱,畚鐏蓑笠,咸寓知民疾苦至意。吾民雨犁日耘,被禶维艰,炎湿遑避。设棚悬彩,义无所取。且片时所用,费中人数十户产也,其除之。'三十七年,群臣虑帝春秋高,吁罢视耕,不许。命仍依古制三推。嘉庆以降,仍加一推如初。"上行下效,在全国各省,清初也都相继设立了先农坛,如反映江南苏州一带社会民俗的《吴郡岁华纪丽》记载:"先农坛在长洲县治南新桥西,坛制在耤田后,累石为之,高二丈一尺,宽二丈五尺。中正北一室,供先农神主,外缭以垣,门南向。耤田制四亩九分。岁仲春亥日,郡僚致祭先农神,礼毕,耕耤田。中丞秉耒,县令执青箱,郡守插种,耆老一人牵犊,农夫二人扶犁,九推九反,农夫终亩。农具用赤色,牛黑色,箱青色,籽种以土之所宜。每当莺声唤晓,南园始春,翠盖青旗,遥临绮陌,济济群僚,咸亲履亩。于是

---

① 祁寯藻:《马首农言·农谚》。
② 《清史稿》卷八十三,《志五八·礼二·先农》条。

杏花村里,绿女红男,招邀游瞩,具见在上者重农教稼之深心焉。"① 每年春季,国家祀典中的耕种仪式代表了封建统治者奉行以农为本的传统治国政策,实际的田间耕种习俗通常由各种耕作活动需要所决定。

清代农作物的耕种水平较前代又有所提高,当时江南水田农业区一年两熟十分普遍,像闽、粤地区由于气候湿暖,甚至可达到一年三熟的程度。据清初广东番禺人屈大均记载:"南方地气暑热,一岁田三熟,冬种春熟,春种夏熟,秋种冬熟。……若勤于耒耜,则一年有三熟之稻矣。"② 而北方旱作农业区多为二年三熟或三年四熟制。清代的耕种技术,如《授时通考》所总结的,大致包括垦耕、耙劳、播种、淤阴(即施肥)、耘耔、灌溉、收获、攻治等方面。清人杨屾的《知本提纲》称:"耕序苟能详明,必且自家之常足。"其弟子郑世铎作注称:"耕垦、栽种、耘锄、收获、园圃、粪壤、灌溉之次第,苟能一一详明,自然善于耕稼,而出息倍收,身家常足矣。"康熙年间完成的《御制耕织图》对江南稻作耕种的各生产环节都作了详细的记述,所配图中还描绘了具体的操作姿势。在耕法上,《授时通考》记载:"耕地之法,未耕曰生,已耕曰熟,初耕曰塌,再耕曰转。生者欲深而猛,熟者欲浅而廉,此其略也。北方农俗所传:春宜早晚耕,夏宜兼夜耕,秋宜日高耕。中原地皆平旷,旱田陆地一犁必用两牛、三牛或四牛,以一人执之,量牛强弱耕地多少,其耕皆有定法。南方水田泥耕,其田高下阔狭不等,以一犁用一牛挽之,作止回旋,惟人所便。此南方地势之异宜也。"通过深浅不同的耕作方法,可以避免将生土翻出地表,有利于作物的生长发育。另一方面,南方多水田,在耕种上有自己的特点。《沈氏农书》称:"古称深耕易耨,以知田地全要垦深,切不可贪阴雨闲工,须要老晴天气,二三层起深,每工止垦半亩,倒六七分;春间倒二次,尤要老晴时节。头番倒不必太细,只要棱层通晒,彻底翻身。若有草则压在底下,合坨倒好。若壅灰与牛粪,则撒于初倒之后,下次倒入土中更好。"③ 在耕作习俗方面,清人更强调天、地、人三要素的对耕作的重要性。生于乾隆末的山西人祁寯藻,在撰写的《马首农言》中就提出了因地、因时、因物制宜的耕种方法。如因地:"凡犁田,深不过六寸,浅不过寸半。山田四寸为中;河地,秋三寸,春二寸半。"如因时:"春犁宜浅,秋犁宜深。"如因物:"麦子犁深,一团齐根。""小豆犁浅,不如不点。"④

其三,茶业生产风俗。

---

① 袁景澜:《吴郡岁华纪丽》卷二,《祭先农》。
② 屈大均:《广东新语》卷十四,《谷》。
③ 《沈氏农书》上卷,《运田地法》。
④ 祁寯藻:《马首农言》,《种植》条。

茶是受自然条件影响较大的经济作物。中国素称茶的故乡，至清代，茶树的种植较明代有了更为普遍的推广，除原产茶地四川、湖北等省外，北方的河南与陕西省也有茶叶出产，南方茶树种植则遍及江淮流域各省区。《清稗类钞》记载："茶产安徽、江西、浙江、福建、湖北、湖南、四川；而绿茶以安徽之徽州、浙江之杭州为著；红茶福建之武彝（夷）为著。"① 在这些省份中，有不少人是以种茶为生，如安徽省霍山县近县百里皆种茶，"民惟茶以生"；浙江余潜县"乡人大半赖（茶）以资生"。

《清史稿》称："明时茶法有三：曰官茶，储边易马；曰商茶，给引征课；曰贡茶，则上用也。清因之。"② 其中官茶即指茶马互市，又称茶马贸易。以中国西部和北部边地少数民族聚居的牧区多为产马区，中原地区茶源充裕，故自唐始，西北兴起茶马贸易，后历朝相沿，成为民族间交易往来的一种习俗，为官方茶业的大宗销路。清初，军事征战对马匹需求很大，因此统治者十分重视茶马贸易，将茶叶作为赏赐品，对少数民族实行羁縻政策。但是，随着清政府在西北地区不断建立养马牧场和战事的渐少，军马需求已非急务，至清乾隆中叶，茶马贸易逐渐衰落。

自明以来，社会上饮茶之风渐趋活跃，至清代愈为盛行。随着商业贸易的发展，江南、福建、四川、云南、贵州等地的茶叶种植也十分可观，同时茶叶出口始终未断，鸦片战争后，西方对中国茶叶的需求剧增，茶叶一度风靡欧美诸国，成为出口的大宗商品，甚至出现出口超过内销的情形，这些原因极大地刺激了民间茶业经营规模的扩大。乾隆《宁德县志》记载："其地山陂，洎附近民居，旷地遍植茶树……计茶所收，在春夏二季，年获息不让桑麻。"嘉庆后，"泰西诸国通商茶务因之一变。其市场大者有三：曰汉口，曰上海，曰福州……福州红茶多输至美洲及南洋群岛"③。

经过发酵处理的红茶自清中叶始，因色、香、味突出，在对外出口中占据了相当大比重，堪称极一时之盛。《清稗类钞》记载："湘乡朱紫桂，初赤贫，读书村塾，三月而辍，以樵采营生。成童，执爨于米肆，甚勤，巨商刘某委之司店事，尤干练。越数年，以所得薪资红利自设一肆，积千余金，遂业红茶，岁盈万金，时同治丨卯也。紫桂既小康，即以少年失学为憾，而补读。既而逐岁贸茶，积资近百万，湘皋、汉浒，几无不知有朱紫桂名矣。"④ 因茶致富，在当时十分常见，南方各地更是茶商云集，悉为获利而往来。同治《平江县志·

---

① 徐珂：《清稗类钞》第五册，《农商类·商品》。
② 《清史稿》卷一二四，《志九十九·食货五·茶法》条。
③ 同上。
④ 徐珂：《清稗类钞》第五册，《农商类·朱紫贵业茶致富》。

物产志》记载："道光末，红茶大盛，商民运以出洋，岁不下数十万金。"编者按云："近岁红茶盛行，泉流地上，凡山谷间向种红薯之处，悉以种茶……茶市方殷，贫家妇女相率入市拣茶……茶庄数十所，拣茶者不下二万人，塞巷填衢，寅集酉散"，喧嚣拥挤①。红茶之盛，获利之巨，令人称叹。于是，江西、湖南、湖北等地争相仿效，纷纷改植红茶。光绪《巴陵县志》记载："道光二十三年与外洋通商后，广人每挟重金来为制红茶，土人颇享其利，日晒色微红，故名'红茶'。"巴陵为今湖南岳阳县，在广东及各省茶商的倡导下，红茶遂成出口的主要商品。像清后期崛起的乌龙茶也与此相似。乌龙茶是半发酵茶类，介于红茶与绿茶之间，所谓"乌龙茶，闽、粤等处所产之红茶也"，其制法为："当生叶晒干变黄后，置槽内揉之，烘之使热，再移于微火之釜而揉结之，以布掩覆，便发酵变红而成。香味浓郁，为茶中上品。"② 福建茶多产自武夷山区，如出产于崇安武夷山一带的大红袍、铁罗汉等均为乌龙茶的名品。清人称："武夷焙法，实甲天下。"③ 连与之相毗邻的浦城也都将茶运抵此处加工，"盖浦城本与武夷接壤……浦茶之佳者，往往转运至武夷加焙，而其味较胜，其价亦顿增"。清代闽茶特盛，乌龙茶的问世，说明福建武夷等地制茶工艺确有独到之处。

茶树为喜阴性作物，对气候条件要求较高，属特产之列，故制法须十分讲究。乾隆《石城县志》载："邑茶多取资于福建崇安、宁化，本处山谷虽产亦不佳，惟县南五十里通天岩有异茶，善制者往往携囊就岩采制，清芬淡逸，气袭幽兰"。茶叶的采摘分春、夏两季进行，所采摘者以嫩为贵。同治《襄阳县志》引宗景藩《种茶说十条》称："种茶至白露时摘取茶籽，晒干，垦地一方，将土锄细。取茶籽一二升，匀铺地上，如布薯种，芋头种之式，铺好盖土约二三寸厚，土上再盖草须一层，能买茶饼、或豆饼、或菜饼，研碎拌入土内，得肥更妙。如旱干，宜用水浇之。""茶发芽后，须搭盖阴棚，夏则避太阳蒸晒，冬则避霜雪冻凌。茶发芽后经二春，即可移栽。以大者两茎为一兜，小者三茎为一兜，每兜须相离三尺，以便发长。移栽后一二年，茶树高二尺许，枝叶蕃茂，即可采摘茶叶。"④ 每年五六月间，还要将茶树旁的空土挖松，芟去杂草，使土肥而茶茂，且宜早不宜迟，故有"五金、六银、七铜、八铁"之说。如果是做青茶，要雨前摘取嫩叶，用锅略熟炒后，用簸箕盛做一堆，用手力揉，去其苦水，再炒、再揉，然后用炭火焙干，火势不宜过大。若做红茶，也要雨前摘取茶叶，用晒垫铺晒，晒软后合成一堆，用脚揉踩，去其苦水，踩过之后再晒，

---

① 转引郑昌淦《明清农村商品经济》，中国人民大学出版社 1989 年版。
② 徐珂：《清稗类钞》第五册，《工艺类·制乌龙茶》。
③ 梁章钜：《归田琐记》卷七，《品茶》。
④ 同治《襄阳县志》卷三，《物产》。

至手捻不粘，再加布袋盛贮扎紧，需三时之久，待其发烧变色，则谓之上汗，汗后仍晒，以干为度。当茶做好之后，要用纸包固，以石灰贮缸内，将茶包放置其中，缸口封盖严密，则茶叶香味能持久不散。一般来说，三月为头茶，可做青茶。四月底五月初为二茶，六月初为荷花茶，七月为秋露，均用以做红茶。各地植茶虽多有名品，但其采摘也有相通之处。俗称：雨前是上品，明前是珍品。意思是清明、谷雨前所采茶叶多属珍品。光绪《武昌府志》载："茶之属。山乡多种于隙地，隔年播种茶子数十颗，至次年便生，烈日须用树枝遮之，三年便可采，有雨前、明前、雀舌诸名。士人以嫩为贵，故味清而不腻，产黄龙山巅者名云雾茶，极佳。"光绪《郁林州志》记载："茶宜于山，近山者之利，嫩芽清明前采，故未明。茶比他省雨前尤早，茶味厚而色近浊，土人不善制之故。"

贡茶是经由地方官府进贡皇宫的茶品，它们多来自产茶名区。清代的贡茶在品种上有所增加。如产于江苏太湖的碧螺春，据载："康熙间，东山碧螺峰石壁产野茶数株，土人持筐采撷，以供日用，岁以为常。忽一年，茁叶较紧，筐不胜贮，采者因掇置怀间。茶得人温气，异香忽发，常年所未有，因呼为'吓杀人香'。自后，采茶者贮不用筐，悉置怀间。山中人朱正元独精制焙，出自其家，尤称妙品。己卯岁（康熙三十八年），翠华临幸，中丞宋荦以此茶进御，赐名'碧螺春茶'。每岁谷雨节前，邑侯采办入贡。"①再如安徽歙县老竹岭的老竹大方茶。据《歙县志》记载："明隆庆间僧大方住休宁之松萝山，制茶精妙，郡邑师其法，因称茶曰松萝……然其时仅西北诸山及城太函山产茶……降至清季，销输国外，遂广种植。""其采摘计分二次。头茶名春茶，二茶名子茶。其制而售诸国内者，有毛峰、顶谷、大方、雨前、烘青等目。大方以旱南有大方山而得名，或云仿僧制法，故以僧名之，产诸旱南者，味极浓厚，原为邑产佳品。"②乾隆十六年（1751），乾隆帝南巡，大方茶作为贡品进献，从此每年都有专人采办，送往京城。

其四，养蚕业风俗。

男耕女织是中国传统农业社会的典型特征，在农业生活中养蚕制丝占有极其重要的地位。所以，清代的养蚕业同样受到政府的重视，国家祀礼中有先蚕礼："康熙时，立蚕舍丰泽园，始兴蚕绩。雍正十三年，河东总督王士俊疏请祀先蚕……部议然之。""乾隆七年，始敕议亲蚕典礼……建坛苑东北隅。三面树桑柘。坛东为观桑台，前桑园，后亲蚕殿，后浴蚕池，池北为后殿。宫左为蚕

---

① 袁景澜：《吴郡岁华纪丽》卷三，《碧螺贡茶》。
② 民国《歙县志》卷三，《食货·物产》。

妇浴蚕河。南北木桥二，南桥东即先蚕神殿也。左曰蚕署，北桥东曰蚕所，皆符古制云。"①民间养蚕业比较发达的江南地区，特别是杭、嘉、湖一带，人们多有供祀先蚕庙的习俗。光绪《嘉兴府志》记载，当地的先蚕庙为"国朝乾隆五十九年知府邢玠奉文建立。先是，奉上谕吉庆奏浙省乡民饲蚕，每年在轩辕黄帝庙后殿祈祀。蚕神向不官为致祭，蚕桑本与稼穑并重，浙省嘉、杭、湖三府尤比户饲蚕，以资生业，允宜恭祀。此后每年官为致祭，均载入该省祀典，并御书匾额，发往悬挂轩辕黄帝庙及先蚕后殿，以祈神贶"②。先蚕庙建制为设木主二，一轩辕黄帝位，一司蚕之神位。庙东隅设马头娘像，西隅设大姑、二姑、三姑像。传说帝高辛之世，有马皮卷女飞栖桑树之间。后化身为蚕，食叶吐丝成茧，于是人们塑女子像，披马皮，谓之"马头娘"，民间私祀已久。

江南蚕事历来较盛，并以桑蚕培植为特色。"夫桑蚕之地，北不逾松，南不逾浙，西不逾湖，东不至海，不过方千里。"③说明杭、嘉、湖地区在清代是主要的桑蚕业发展地区，有的地区甚至以蚕代耕，使蚕业取代稻谷生产而成为主业，所谓"农桑并重，而湖俗之桑利厚于农"④，说明人们对蚕事给予的不同一般的关注和重视。《吴郡岁华纪丽》记载："吴俗岁晚，乡村田家，就田中插长竿，以秃帚、麻秸、竹篾缚诸竿首，燃为高炬，夹以爆竹，流星乱洒，和以钲鼓，喧阗四野，以照烛田塍，灿然遍垅。每深更举火，视火色赤白，以占水旱。焰高明亮者，为丝、谷丰稔之验，谓之'照田蚕'，一名'烧田财'。"⑤俗以十二月十二日为蚕生日，这一天开始浴种："取清水一盂向蚕室方，采枯桑叶数片，浸以浴种，去其蛾溺毒气也。或加石灰，或加盐卤，浴后于无烟通气房内凉干。忌挂苎麻索上，孕妇、产妇皆不得浴。"⑥二月十五日俗谓"花朝"，"凡育蚕之家皆祀蚕神。花朝日并祀灶，其元旦及诸令节如之。其育蚕前后亦如之。凡祭物以猪首、鸡、鱼及酒、果等，若村庄有蚕神庙，则蚕生日及育蚕前后，更到庙中祀之"⑦。每年春天，江南流行祈蚕习俗，"吴郡西山及太湖诸山村民，多以蚕桑为业，四月谓之蚕忙。比户壶醪豆肉，争向神祠叠鼓祈蚕。巫讴杂进，杯筊占年，小姑拈香献祝，童子舞柘跳跟，笑语喧哗，日斜人散。自此桑苎金芽，宬中蚁动，正蚕帖粘门，俗多禁忌时矣"⑧。养蚕多始于清明前后，农历三

---

① 《清史稿》卷八十三，《志五十八·礼二·先蚕》条。
② 光绪《嘉兴府志》卷三〇，《农桑》。
③ 唐甄：《教蚕》，《清经世文编》卷三十七。
④ 同治《长兴县志》卷八，《蚕桑》。
⑤ 袁景澜：《吴郡岁华纪丽》卷十二，《照田蚕》。
⑥ 同治《湖州府志》卷三〇，《舆地略·吞蚕上》。
⑦ 张中孚：《蚕事要略·祈报》。
⑧ 袁景澜：《吴郡岁华纪丽》卷四，《祈蚕》。

四月是江南养蚕人家最为忙碌的时节，俗称"蚕月"。此时蚕家纷纷贴红纸于门，谓之"蚕禁"。对养蚕十分讲究，《沈氏农书》记载：养蚕的方法以清凉干燥为主，忌潮湿郁蒸；以西北风为贵，以南风为忌。育蚕的蚕房固宜邃密，尤宜疏爽。晴天北风时应该打开窗牖通风以舒解郁气。有地板者最佳，否则用芦席铺垫，以免湿气上行。四壁用草薦围衬以收潮湿，大寒则重帏障之，别用火缸，取火气以解寒冷。蚕室固要避风，但尤不可不通风。同治《湖州府志》记载："蚕事始于清明初。此日虽男之远适，女之归宁，亦必聚于家室。越十余日，收上年所布纸上之子，以帕裹之，置熏笼一宿，随帖胸取暖，谓之护种。率以谷雨为期。"① 蚕本娇弱，养蚕人家遂称之为"蚕宝宝"，而且蚕生长期比较短，养蚕之事殊为不易，各项技术环节都要经过长期经验的积累，稍有不慎，便可能造成难以挽回的损失，故而称"育蚕如炼丹，力最劳瘁，成败亦在转盼间"②。

幼蚕娇嫩，形如蚂蚁，俗称幼蚕为"乌蚁"。从催青出蚁到吐丝作茧，要经数次脱皮才能变成老茧，生脱一次称一眠。蚕过三眠，谓之"出火"，此时蚕茧收成在望，人们往往磨米粉杂叶作粉团，青白相间，名为"茧圆"，礼祀蚕神，以示小庆。结茧时，蚕农可以出外走动，此谓"蚕开门"。苏州一带还有"开蚕党"习俗："环太湖诸山皆石田，不宜稻，民则以蚕桑为务……育蚕者谓之蚕党，或畏护种出大辛苦，于立夏时，买育成三眠蚕于濒湖诸村，谚云：'立夏三朝开蚕党。'谓开买蚕船也。"③ 届时乡亲邻里纷纷"具牲醴飨神，而速亲宾以观之，名'落山酒'"，自是往来如故④。大家携带花果糕点相互探问，俗称"望蚕讯"。除此之外，养蚕地区还盛行祛蚕祟的习俗，《农桑经》称："闺阁信巫，故为存压禳之法。事亦无害于义，且祭余又可致蚕公也。"人们用各种画符神像或法术，驱赶有害蚕事的鬼邪虫害，不啻是一种原始的卫生防疫措施，其中当然不乏迷信成分。蚕丝丰收后，蚕农还要宰鸡具酒以谢蚕神："蚕事毕矣，古有谢蚕神之礼，示不忘本也。如丝多者，当用三牲酒醴，丝少者或止割鸡焚香，奠醴可也。先设先蚕位，献新丝于神前，敬设牲醴香烛，率阖家长幼跪读报祝之文曰：'龙精一气，功被多方。圣母作则，降福无疆。赐我蚕丝，制此衣裳。室家之庆，闾里之光。敬师长幼，虔诚升香。设肴于俎，奠醴于觥。工祝致告，神德弥彰。'读毕，斟酒，阖家不拜，此谢神之礼，古今皆然。"⑤ 养蚕业

---

① 同治《湖州府志》卷三〇，《舆地略·蚕桑上》。
② 光绪《石门县志》卷十一，《杂志类志·风俗》。
③ 袁景澜：《吴郡岁华纪丽》卷四，《立夏天蚕党》。
④ 乾隆《吴江县志》卷三十八，《生业》。
⑤ 杨屾：《豳风广义》卷二，《谢蚕神说》。

的兴旺还直接带动了相应的买卖市场的繁荣，以至于"南方至蚕忙之月，官长停其讼诉，里民停其婚丧，亲友息其往来，专心事蚕。里有蚕市，春日卖筐箔帘荐，一切蚕事器具，卖桑树，卖蚁，卖蚕，卖桑叶，卖茧，无不毕具"①。"蚕丝既出，卖与郡隍庙前之收丝客。每岁四月始聚市，至晚蚕成而散，谓之'卖新丝'。"②

清代除桑蚕盛于南方外，还有柞蚕。柞蚕是山蚕的统称，像柞、槲、橡、柘等树均可放养山蚕，其初多为山野放养，明中叶山东胶东半岛一带放养柞蚕的技术最优，至清代，山蚕放养始受重视。清初，山东益都的孙适铨著《山蚕说》，随后柞蚕放养的风俗逐渐向各地扩散，特别是在辽宁、陕西、河南与西南川黔等地得以传播。宣统《西安县志略》记载："近日，发生出产不占田利者，则有山茧。山茧者，异乎家养蚕之称也。以春、秋两季放虫于山，春以三月至五月初，秋以五月至八月。虫食柞树叶饱，则自裹茧，乃取之家。"

二　畜牧业生产风俗

牲畜饲养是传统农业经济的一个重要组成部分，清人称："夫牧畜者……佐耕桑而收余利，继树艺而裕民财"③，指的就是这层意思。清代官方农书《授时通考》将畜牧归入农余一门，畜牧仍作为农区的副业，反映了中国传统农业农畜结合的特征。清代疆域辽阔，北方塞外有大面积的天然草原牧场，后来，随着边疆垦殖规模的不断扩大，不少牧场改垦成为农业耕地，逐水而居的传统畜牧业呈现出萎缩趋势，局限于北方边地以及蒙古地区，《清稗类钞》记载："汉人之业畜牧者，蒙旗草地皆可任便纵牧。岁由蒙官收水草租钱，计牛、马一头各约三百文，羊约三十文。又有分配于蒙人使代牧者，惟圃食其乳酪，不给工资，且自认为佃户。"④ 相比之下，家畜饲养始终是传统农业经济的重要补充，像南方地区受自然条件限制，无法经营大规模的牲畜牧养，所谓"江南寸土无闲，一羊一牧，一豕一圈，喂牛马之家，鬻刍而饲桑"⑤，农家普遍以粮喂猪，积粪肥田，以桑叶养羊，用羊粪壅桑，形成了农畜结合的生产结构。所以，清代最为普及的畜牧业还是以家畜饲养为主。饲养的品种主要有牛、马、猪、羊等，其中北方多兼养，南方以牛的饲养最为常见，许多农书中载有家畜饲牧的习俗。

---

① 杨屾：《豳风广义》卷二，《解桑多蚕广做法》。
② 顾禄：《清嘉录》卷四，《四月·卖新丝》。
③ 杨屾：《知本提纲》卷五，《修业章·农则畜牧一条》。
④ 徐珂：《清稗类钞》第五册，《农商类·汉人牧于蒙》。
⑤ 徐光启：《农政全书》卷八，《农事·开垦》。

清代家养畜禽的饲养，仍以牛、马、猪、羊、鸡、鸭等为大宗，但不同地区，又呈现出不同的差别。首先，牛是重要的生产资料，在农业耕种中作用最大，清人称："牛为农之本，腴田百顷，非牛莫治。其兴地利，不止代七人之力。"① 在民间流行每年立春日设土牛劝农耕的风俗。"古制于国城南立土牛以示民。如立春在十二月望，则策牛者近前，示其农早也；如立春在正月望，则策牛者在后，示其农晚也。今立春日，州县制土牛，以彩杖鞭而碎之，事与古殊，然相沿已久。"② 土牛的形制颇有讲究，嘉庆《长沙县志》记载：土牛胎骨用桑柘木，身高四尺，按四时；长三尺六寸，按三百六十日；头至尾长八尺，按八节；尾长一尺二寸，按十二时；鞭用柳枝，长二尺四寸，按二十四节气。牛色以本年为法，头角耳用本年天干，身用本年地支等。策牛者站立的位置形象地反映了一年农耕的早晚宜忌。因此在立春之日，"郡守率僚佐，以彩杖鞭春牛碎之，谓之'打春'，农民竞以麻麦米豆抛掷春牛"。宫府彩杖鞭牛时，人们则在官府外争买小春牛，满街的茶灯彩饰，热闹非凡。京城一带的打春风俗："打春即立春，在正月者居多。立春先一日，顺天府官员至东直门外一里春场迎春。立春日，礼部呈进春山宝座，顺天府呈进春牛图，礼毕回署，引春牛而击之，曰'打春'。"③

牛是得力的役畜，所以"养犊最为农家之利，或畜牸（引者注：雌牛），或买犊，一年之间可致倍获。犍牛其利尤多……但不可售于屠肆。牛之勤苦，其功甚大，羸老则轻其役而养之可耳"④。清朝律例明令禁止私宰耕牛，规定："宰杀耕牛，并私开圈店，及贩卖与宰杀之人，初犯，俱枷号两个月，杖一百；再犯，发附近充军。杀自己牛者，计只，照盗牛例治罪。故杀他人牛者，仍照律，杖七十、徒一年半。若计只重于本罪者，亦照盗例治罪，俱免刺，罪止杖一百、流三千里。"⑤ 在盗牛罪中，规定更详："凡盗牛一只，枷号一个月，杖八十；二只，枷号三十五日，杖九十；三只，枷号四十日，杖一百；四只，枷号四十日、杖六十、徒一年；五只，枷号四十日，杖八十、徒二年；五只以上者，枷号四十日、杖一百、徒三年；十只以上，杖一百、流三千里。盗杀者，枷号一个月，发附近充军，俱照盗例刺字。"⑥

中国役畜用牛以黄牛分布最普遍，南方多水牛，其性好浴，相法称："水牛

---

① 丁宜增：《农圃便览·岁·养牛》。
② 袁景澜：《吴郡岁华纪丽》卷一，《打春拜春》。
③ 富察敦崇：《燕京岁时记》，《打春》。
④ 祁寯藻：《马首农言》，《畜牧》条。
⑤ 《大清律例》卷二十一，《兵律·厩牧》。
⑥ 《大清律例》卷二十四，《刑律·盗贼中》。

眼要环大，瞳要光明，耳要紧小，去角近者耐暑，角要长细，大过于身者，有寿。"① 上北方牧场大多可以牛羊群牧，像青海等地"牧户殖产，率以畜之多寡计，牛、羊、马、驼以群为名，少以数十为群，多则千，巨室更以谷量牛羊。……游牧之法曰：牛群可无羊，羊群不可无牛。羊得秋气，足在杀物；牛得春气，足以生物。羊食之地，次年春草必疏；牛食之地，次年春草必密。草经羊食者，下次根出必短一节，经牛食者，下次根必长一节。牛羊相间而牧，翌年之草始匀"②。

马为古代六畜之首，用途较为广泛，无论是农区还是牧区都被广泛饲养，它的军事价值更为突出。明代重视马政，民间养马之风很盛。清统治者出于自身利益的考虑，废除明代官督民牧的养马制度，对中原内地的民间养马业实行抑制政策，凡违禁贩马者，要被处以绞刑。满族本身崇尚骑射，以游牧、狩猎为业，财富以牲畜多寡相论，因此保留不少传统的畜牧风俗。入关初期，满人几乎家家养马，《黑龙江述略》记载："江省牲畜，遍放于野，不以豆料麦屑饲之，至秋后畜于家厩，则喂以羊草。长尺许，色青而润，经冬不变，郊外随地皆有，四月即生，七八月将枯时，土人争往刈割，堆平房顶上，约可供牲畜冬春之需……羊草饲马极肥泽，胜豆麦远甚。"③ 成群牧养是满洲的旧俗，但转入农耕生活后，受牧放条件限制，满人养马风俗日趋减弱，清代民间马业遂不复振。不过，清代在养马技术上有所发展，如合群配种问题，规定每五匹骒马搭配种一匹。马在农业生产中主要为运输工具，其奔驰能力更受重视。广东东莞盛行马会："东莞盛时，喜为马会，以驰骋相雄。每会日，于平原广野，设步障，陈鼓乐，数百里外皆以名马来赴，其下者不得杂驰，即上驷，亦须主人举觞以请乃驰。"④ 清人李声振的《百戏竹枝词·觖妇》中还专门描述了北方女子参加民间赛马的情景。

清中叶后，人口压力激增，人均占有土地面积不断缩小，役畜的饲养受到影响，与此同时，猪、羊、鸡、鸭等家养畜禽呈现出兴旺发展的趋势。猪的繁殖力特强，肥质亦优，堪称农家最易饲养的品种，农人几乎家家都有喂养。清人对养猪的重视程度要高于明代，许多少数民族地区也都加强了对猪的饲养。猪虽易养，但在繁殖方面，农人多重视其品种的选择，如《三农纪》称："以喙短扁，鼻孔大，耳根急，额平正，腰背长，胸膛小，尾垂直，四蹄齐，后乳宽者易养。反之，喙长则牙多，不善食；气膛大，食多难饱；耳根软，不易肥，

---

① 张宗法：《三农纪》卷八，《牛》。
② 徐珂：《清稗类钞》第五册，《农商类·阿里克牧务》。
③ 徐宗亮等：《黑龙江述略》卷六。
④ 屈大均：《广东新语》卷二十一，《马会》。

鼻孔小则翻食。至于作种者,生门向上,易乳;乳头匀者,产生易。产后两月而思孕,不失其时,一岁二生其豚。"《豳风广义》更明确提出:"其共食乳时居下者最佳"①,应该特别挑选出来,重点饲养。

猪在古代是重要的祭牲,江南农家每年岁末还有用猪祭神的风俗,如:"乡人豢猪于栏,极其肥腯。俟腊月宰之,充年馈祭神享先之用,谓之'岁猪'……里俗岁终祀神,尤尚猪首,必选择猪首如寿字纹者为佳。于是腌透风干,至年外犹足充馔。"②

羊属常见家畜,早在狩猎时代先民就注意驯化野羊。"大抵南方之羊,少味发;北方之羊,味厚大补。盖土地使然也。"③《豳风广义》专设《饲肥羊法》,称:"羊须骟过最美。羊生十余日便骟,名曰'羯羊'。饲时不拘多少,初饲时,将干草细切,少用糟水拌过,饲五六日后,渐次加磨破黑豆,或诸豆,并杂谷壳、烧酒糟子,稠糟水拌。每羊少饲,不可多与,与多则不食,浪弃草料,又不得肥。勿与水,与水则溺,多退膘。当一日上草六七次,勿令太饱,亦不可使饥。栏圈常要洁净,勿喂青草,否则减膘破腹,不肯食枯草矣。亦间饲食盐少许,不过一两月即肥。"北方多山羊,南方嘉杭湖一带的羊种多为蒙羊驯养而成的湖羊,那里人多地少、羊多用舍饲,饲料除青草外,常喂以养蚕所余桑叶,形成了独具特色的桑基鱼塘。

家禽饲养品种以鸡、鸭最常见。鸡为古代六畜之一,甲骨文中已有"鸡"字,其种类繁多,《豳风广义》记载:"五方所产,大小名目甚殊。朝鲜一种长尾鸡,尾长三四尺;辽阳一种食鸡、一种角鸡,味俱肥美;南越一种长鸡,昼夜啼鸣;南海一种石鸡,并高三四尺;江南一种矮鸡,脚高二寸许;江西一种太和鸡,按时而鸣。我秦中一种边鸡,一名斗鸡,脚高而形大,重有十余斤者,不杷屋,不暴园,生卵甚稀,欲供馔者多养之;又有一种柴鸡,形小而身轻,重一二斤,能飞,善暴园,生卵甚多,欲生卵者多养之。"④矮鸡是江南有名的鸡类品种,清代广东地区有产之者,俗呼为"广东鸡"。母鸡孵化小鸡,俗称为"抱",每窝二十余个,费时二十余日,"抱母鸡一只,大者可覆二十卵,小者覆十八卵。窠忌近打鼓、纺车、砧杵、脚蹈罗、舂捣,及振动有声之处。窠不宜低,低则恐有虫害。母鸡伏四五日合起,与之食饮。伏至二十一日而雏生。雏之出时,不可用手剥取,须听其自出。既出之后,饲之以小米、干饭一顿。次后饲以小米,饮以温水,候五七日方可下窠,任食无妨。一岁可抱数次。晚抱

---

① 杨屾:《豳风广义》卷三,《饲豚子法》。
② 袁景澜:《吴郡岁华纪丽》卷十二,《岁猪》。
③ 杨屾:《豳风广义》卷三,《论羊》。
④ 杨屾:《豳风广义》卷三,《论鸡》。

者形小，而肯多生卵"①。民间还有所谓"火抱法"的习俗，即设置密室，用火炕孵化，适度调节温度，以免雏鸡冻死，其方法类似于现在的温室养鸡，说明当时的人工孵化技术已经十分成熟。

鸭的孵化与鸡大致相同，在品种上，选择鸭种讲究"头欲小，口上觜有小珠，满五者生卵多；满三者生卵少，择其多者养之"②。清人还记载了养鸭以除农害的习俗："广州濒海之田，多产蟛蜞，岁食谷芽为农害，惟鸭能食之。鸭在田间，春夏食蟛蜞，秋食遗稻，易以肥大，故乡落间多养鸭。"③ 蟛蜞是一种小蟹。明代中叶后，农人掌握了养鸭治蝗的技术，清人陆世仪的《除蝗记》记载："（蝗）尚未解飞，鸭能食之。鸭群数百，入稻畦中，蝻（引者注：蝗幼虫）顷刻尽，亦江南捕蝻一法也。"④

中国养鹅历史悠久，尤其东南地区乡村多有养鹅的习俗。鹅本属草食家禽品种，其生长较快，以体健易养闻名，故颇受农家喜爱，但品种不如鸡多。如《补农书》记载："吾地无山，不能畜牛，亦不能多畜羊；又无大水泽，不能多畜鸭，少养亦须人看管，惟鹅、鸡可畜。然多畜鸡，不如多畜鹅；鸡多防攘窃，鹅不忧攘窃；鸡食腥则长，鹅食草谷而已。鸡畜一年不及五斤，鹅三月即有六斤。若非留种及家用，则六七斤即宜卖。"⑤

第二节　渔猎业与手工业生产习尚

清代的渔猎业与手工业生产活动，不仅是清人赖以生存的重要的产业，而且其生产成果在丰富人们的社会物质生活的同时，更为清代社会生活习尚的发展演变，产生直接或间接的影响。

---

① 杨屾：《豳风广义》卷三，《抱鸡雏法》。
② 杨屾：《豳风广义》卷三，《相鸭生卵法》。
③ 屈大均：《广东新语》卷二十，《鸭》。
④ 《清经世文编》卷四十五。
⑤ 张履祥：《补农书》下卷。

一 渔猎业生产

渔业不是中国传统农业经济主要的生产内容，但自古以来江南地区水网稠密，得自然之利，很早就形成了淡水养殖的传统。东南近海一带受季风气候影响，定期有大量鱼群出没期间，天然渔场为人们世代捕养创造了优良条件，像背山面海的福建地区就有"海为田园，渔为衣食"的说法，这里网罟相接，渔业资源丰富。不同的自然条件与渔业资源又使各地形成了不同的渔业风俗，在南方水乡，基塘养殖渐成趋势，渔业与传统的农桑经济生产融为一体，发展出较为合理的生态农业形式，渔业以其自身的特点，为传统农业的发展注入了新的内容。北方地区，除传统的农业生产外，以满族为代表的游牧民族，在清朝建立后，仍保留了一定的尚武骑射、狩猎游牧的生产习俗。

清初实行海禁，对广东、福建、浙江、江苏、山东等地的渔业生产造成了严重损失。康熙朝中叶弛禁，渔业渐趋复振。福建地区，"田少海多，民以海为田，自通洋弛禁，夷夏梯航，云屯雾集，鱼盐蜃甲之利，上裕课而下裕民"①。江南一带"邑濒长江，江鱼之市聚焉。四境往往多陂池，勤于治生者，市鱼苗而市畜之，其傍湖居民又多恃网罟为生计，故饶于鱼"②，这些地区的渔业经营已呈现出"渔倍于农"的局面。

清代渔业在渔船、渔具及渔法等多方面都有所进步。首先，渔船名目繁多，如南海等地："捕鱼者曰香舡，亦曰乡舡，曰大捞罾、小捞罾，其四橹六橹者曰小舡，八橹者曰大舡。曰缯罛船，曰沉罾。其曰朋罛者，以船数十艘桵为一朋，同力以取大鱼，故曰朋罛，亦曰'摆帘网船'。其上滩濑者，曰匮水船，即艑艖也，亦曰'扒竿船'……竿即樯也。置人所居曰艇。"③ 以专记闽中海产的《海错百一录》记载："渔船名目：海人讨海之船，以渔为生者名讨海。名目不一：曰'竹编网船'，曰'旋编船'，曰'竹编舱船'，曰'拖钓网船'，曰'手摇钓船'。渔者各有其技，各乘其船，各取其鱼，非一船能取诸鱼也。"④ 每种鱼的捕取都有固定类型的渔船，渔业兴旺可见一斑。又如渔网："网制不一，名亦各异，曰'牵丝运网'，曰'沿岸撒网'，曰'拖沙连网'，曰'方网'，曰'插竹木系网'，曰'网斗'，曰'扦揪小网'。渔人之技不同，故所用之具亦异。"在捕鱼方法上，捕捞与黄花鱼相似的鳋鱼："鳋鱼，又作鳘鱼，脑骨脆而味美，大者和丈许，百余斤，四明谚云：'宁可弃我海稻，不可弃我鳘鱼脑'……钓鳋鱼

---

① 道光《厦门志》卷十五，《风土记》。
② 光绪《常昭合志稿》卷四十六，《物产志》。
③ 屈大均：《广东新语》卷十八，《战船》。
④ 郭柏芝：《海错百一录》卷一。

者,钩之倒刺在前,钓黄花鱼者,钩之倒刺在后。谚曰:'鲐鱼好进又不进,黄花好退又不退',言鲐鱼进,黄花退,皆可脱钩而遁。鱼癖不同,钩与饵亦各异。"某些地区还发明了以光诱捕鱼的办法,如《广东新语》记载的鹅毛鱼:"取者不以网罟,乘夜张灯火艇中,鹅毛鱼见光辄上艇,须臾而满,多则灭火,否则艇重不能载。"

捕鱼品种中,石首鱼的捕捞在清代有较大发展。乾隆《福宁府志》记载,每年四月,石首鱼(指黄花鱼)成群应候而至,"绵亘数里,声闻如雷,海人以竹筒探水底,闻其声乃下网,截流取之。宁德、福安、霞浦等地渔船往来如织,远近渔商连宵达旦,灯火辉煌,数日方散"。带鱼渔业的兴起是清代渔业的又一特点,据载:"带鱼身薄如带,长至三四尺,中阔至三四寸,锐口尖尾,仅一脊,骨无鲠,无鳞,皮白积膜如腻,海滨呼大北风为恶风,诸鱼皆匿,独带鱼上钓,故泉州、兴化呼'恶鱼',台湾呼'银刀',小者名'带柳',即'虾鲜'带在虾鲜中挑出也。肥厚者鲜货之腌者装载上游,其市最广……带身长,好鱼贯,故钓带者多截带尾为饵,一钓偶得二三带,腌带者略刃其尾,使盐力易透,重刃则尾断,所云'相御而尾脱',非也。带鱼初上,渔者罕得,集数家而腌之,前后需时,鱼不鲜故味逊。至钓多则各渔随得随腌,自面筐篚,名曰'网仔',鱼鲜故味腴。"①清代人们对鱼苗的认识亦有提高,《广东新语》对广东西江一带鱼苗的分布有详细记载:"鱼花(指鱼苗)产于西江。粤有三江,惟西江多有鱼花……其类不一……凡取鱼花,自三月至于八月。当日落时,望某方电脚高,则知某方无雨,某江之水不长;某方电脚低,则知某方有雨,某方之水长,长则某鱼花至矣。西南为南宁左江,其水多土鲮,正西为柳州右江,其水多鳙鲩,西北为桂林府江,其水多草鱼。草鱼者,鳗也。鱼花以此四种为正,畜于池易长,故务取之。"

渔人捕鱼为生,各地渔俗自有其特点。《海错百一录》记载福建一带渔人捕鱼经验时称:"凡以绠钓为生者,曰'讨海';所得之货曰'海水'。专候风信,故有'海水好呆'之语。凡海面微雨不波,日暖风和,群鱼上游,喈水曝鬐。或乘阴瞳欲雨,海气上蒸,诸鱼唅喝水面,急载网罟,则海水好。阴雨晦明,狂风吼激,或干风不雨,名曰'风痴',则海水呆。春暴畏始,冬暴畏终;南风多闲,北风罕断;南风舟从南,北风舟从北之类,谓之'上风',此虽舟诀,亦渔诀也"。江苏崇明地区,"土瘠民贫,自本分农业外,惟赖渔樵为活。(康熙)二十三年大开海禁,大小船只春往南洋贩鲑鱼,北洋打鲫鱼……名曰'春熟'。"②

---

① 郭柏苍:《海错百一灵》卷二。
② 雍正《崇明县志》卷九,《风俗》。

浙江东南镇海一带的渔人，"凡绝岛穷岸、人迹罕到之区，冒险重往来，率以为常"①，每年初夏"黄鱼（即石首鱼）起发，谓之'渔期'。渔船出洋，乘湖捕鱼，水底能鸣，其出入以三汛为度，俗名头水、二水、三水。每汛将毕，各船衔尾而进，即捕乌鲗船亦然。招宝山下，沿塘一带，樯帆如织，四方商贾争先贸易。至六月初旬，三汛方毕，除渔户终岁捕鱼外，农民仍归陇亩"②。当地渔人使船的习惯亦有特殊之处："舟人摇橹皆向右，浙东操舟者多向左。"地近太湖的吴江县渔人行舟之技十分有名，"邑滨太湖，其最近处仅二三里为入郡经行之路。此外，湖荡或广十余里，或广三四五里者，以数百计。小民生长波涛中，其行舟便利巧捷，他处不能及，古称'习流'。"当地人"使船如使马，内有鸭嘴船，亦尖头船者，邑东南境乡民皆业此，无虑以万计。妇女操舟之神与男子等。男子十岁以上即可称'舟师'，一日夜行二百五十里，南至杭州嵊至镇江，近且渡河淮，而至北通州，此他处所无者"③。疍户是广东地区最早的居民之一，以渔为业者称"渔疍"。《广东新语》对当地渔户生活有生动的记述："诸疍以艇为家，是曰'疍家'。……疍人善没水，每持刀桨水中与巨鱼斗。见大鱼在岩穴中，或与之嬉戏，抚摩鳞鬣，俟大鱼口张，以长绳系钩，钩两鳃，牵之而出。或数十人张罟，则数人下水，诱引大鱼入罟。"④

杭、嘉、湖一带河网繁密，素为鱼米之乡，当地俗称渔区为"荡"，多养鳙、鲢等鱼。《吴郡岁华纪丽》记载苏州"起荡鱼"风俗："吴郡水乡也……荡鱼之家，设人守御，若舟鲛焉。每至冬月，渔人毕集，来此打鱼，必向荡户言价，抽分其利，俗称'包荡'。然后箸争投，鸣榔四绕，谓之'起荡'。荡主视其具，衡值之低昂，而视鱼之多寡，各有不同。鱼价较常顿杀，俗谓之'起荡鱼'。"⑤

渔人终年与水相伴，时常会遭遇恶劣气候，捕鱼的风险相当大，因此，渔人生活中祭祀水神是不可缺少的内容，而各地因习俗的不同，水神对象各有差异。广为祭拜的水神为天妃娘娘。天妃娘娘又称天后、妈祖，清代被封为"天后圣母"，是渔民中影响最大的保护神，沿海地区大多供有天后宫，俗以农历三月二十三为其诞日，要举行热闹的天妃庙会。又如太湖地区专祠太湖神，表现出浓厚的地方色彩。俗传太湖神为郁使君，同治《湖州府志》记载湖州、苏州两郡各有湖庙，祀神水平天王，所指即郁使君。

---

① 光绪《镇海县志》卷三，《风俗》。
② 光绪《镇海县志》卷三，《风俗》。
③ 乾隆《吴江县志》卷三十八，《生业》。
④ 屈大均：《广东新语》卷十八，《疍家艇》。
⑤ 袁景澜：《吴郡岁华纪丽》卷十一，《起荡鱼》。

明清时期淡水养殖以太湖、杭嘉湖地区和珠江三角洲最为发达。这些地区因水网交错，地多湿洼，很早就有田、塘结合的生产习俗。明代广东地区"诸大县村落中，往往弃肥田以为基，以树果木，荔枝为最，茶桑次之，柑橙次之，龙眼多树宅旁，亦树亦基，基下为池畜鱼。岁暮涸之，至春以播稻秧，大者至数十亩"①。这种基塘形式称"果基鱼塘"，在对水利资源的利用上有了突破。后来，蚕丝业渐盛，进而出现了桑基鱼塘的形式。与果基鱼塘相比，桑基鱼塘将种稻、栽桑、养鱼、饲蚕数者结合起来，形成了一种良好的生态循环，因此更切合江南农业生产的实际需要，至清代以桑基取代果基逐步成为趋势。有不少的"业蚕之家，将洼田挖深，取泥覆四周为基，中凹下为塘"②。其比例多以基六塘四为标准，"基"的地势较高，既可排除内涝，又可种植桑树果木，塘内蓄养鱼类，"桑叶饲蚕，蚕矢饲鱼，两利俱全，十倍禾稼"。在渔桑业较为发达的九江地区："九江地狭小而鱼占其半，池塘以养鱼，堤以树桑，男贩鱼花，妇女养蚕，其土无余壤，人无敖民。"③ 在太湖一带，自明嘉靖年间开始，江苏常熟县的谭晓、谭照兄弟就有意识地利用基塘进行多种经营，因当地湖田多低洼荒芜，乡民纷纷由耕垦而转向渔业经营，被弃置弗耕的田地数以万亩，晓与照薄其值而买之，然后雇佣乡民百余人，凿其最洼者为池，余则固以高塍，辟而耕之，一年下来，岁入是平壤三倍。池以百计皆畜鱼，池之上架以梁为菱舍，畜鸡豕其中，食其粪而肥。又易肥塍之上，植梅桃诸果属，其汙泽种植菰、茈、菱、芡，可畦者以艺四诸蔬，皆以千计④。以基塘为基础的多种经营提供了一种新的农业经济发展的途径。嘉兴、湖州等地到清初时，桑基鱼塘的经营日趋增多。《补农书》中记载："凿池之土可以培基，基不必高，池必宜深。其余土可以培周池之地。池之西，或池之南，种田之亩数，略如其池之亩数，则取池之水，足以灌禾矣……池中淤泥，每岁起之，以培桑竹，则桑竹茂而池益深矣。"⑤乾隆《湖州府志》记载："傍水之地，无一旷土，一望郁然。"稻鱼互长，渔桑兼利，桑基鱼塘的发展已处于较为成熟的水平。农、桑、鱼、畜相互结合的基塘经营则展示出一种较为合理的生态农业雏形，这在清代称得上是比较先进的生产模式，农人充分利用当地的自然条件，在各种资源的综合利用上，达到了相当高的程度，使渔业十分自然的与传统的农桑经济融合为一个整体。

狩猎是古老民族较为原始的生产方式，东北地区丰富的动物资源为狩猎活

---

① 屈大均：《广东新语》卷二十二，《养鱼种》。
② 光绪《高明县志》卷二，《地理·物产》。
③ 道光《南海县志》卷四，《舆地略》。
④ 光绪《常昭合志稿》卷四十八，《轶闻》。
⑤ 张履祥：《补农书》卷下，《附录·生计·策溇上生业》。

动提供了得天独厚的有利条件，满族入主中原后，仍在一定程度上保留着这种习俗。清朝统治者为表示不忘武备，对狩猎活动表现出浓厚兴趣，并且划定了几个较大的围猎区，称之为"围场"，尤其是清初的几个皇帝，定期在围场举行春猎、秋狝活动，甚至将其定为皇室例行的制度。康熙二十一年（1682），藩乱渐除，四海初定，康熙东巡塞外，出山海关，日射三虎，可谓神勇。乾隆帝亦喜行猎，乾隆八年（1743）特作《射虎行》。二十二年秋狝，乾隆帝在木兰围场力射数虎，传为佳话。著名的木兰秋狝是康熙、乾隆两朝较为频繁的皇家狩猎活动。

二 手工业生产

手工业属于中国封建社会经济体系中除农业外最重要的传统生产行业之一。清初废除匠籍制度，放宽了对民营手工业的限制，各业工匠可以自由赴工应役，官营手工业渐处次要地位；相比之下，渐次兴起的民间手工业获得了较大发展机会，主要表现为大的手工业门类基本形成，生产和市场规模都相应扩大，不少手工行业在城镇中形成有组织的专业性经营活动，专业化手工业生产的兴旺为社会经济的转变提供了契机。至清中叶，城市民间手工业达到空前繁荣的程度。

其一，手工业行业的拜师祭祖风俗。

中国民间手工行业多由家庭技艺或副业延续而成，带有明显的封建经济烙印，清代社会各个行业盛行拜师祭祖风俗，表现出浓厚的封建伦理色彩。经过世代相传，不同的行业都逐渐形成了与本行业密切相关的行业祖师，他们有的是本行业的开创者，有的是历史上对所从事的行业有特殊贡献者，当然也有些是经由神话传说附会出来的人物，这些人物通常被某个行业视为自己的行业保护神。嘉庆年间湖南长沙香店条规："盖凡艺业，各有先师。本行葛祖真人，创香艺为伊始。我同行辈，自应齐心竭力，捐资敬奉以及瑞诞庆祝之用。"[①] 葛祖系指晋代道士葛洪，由于他擅长炼丹之术，炼丹时必以焚香佐助，故而祀之。同时，颜料业、印染业，甚至酒业亦奉葛洪为祖师。光绪八年（1880）颁布的上海《印花坊整规》称："吾业印花染坊，向有成规……今爰集同业，重整条规，已于正月二十四日在邑庙恭敬葛大真君伯府大神座前，清音宴待一永日。凡我同业永守恒规。"[②] 究其缘由，盖因古代这些行业和炼丹一样，所用原料在制作过程中都会不同程度发生化学反应，故祀葛洪为祖师。

[①] 彭泽益主编：《中国工商行会史料集》（上册），第309页。
[②] 彭泽益主编：《中国工商行会史料集》（下册），第697页。

清代工商业的空前繁荣，也相应带动了行业神崇拜的兴旺，当时传统手工业行业达百余种，如木业、石业、铁业、银业、染业、鞋业、帽业、成衣业、皮革业、玉器业、丝织业、餐饮业、典当业、扎彩业、剃头业等，举凡衣食住行、三教九流，各行各业的行业祖师在清代蔚为大观。不过，由于手工业自身的特点所限，最初各行业拜祭祖师的传承方式多为口耳相授，难免有所讹误，兼之地域上的差异，相同行业所尊奉的祖师在历史上的表现又不尽相同，其产生的时间也未必一致，从而导致不少行业多祖共存，如理发业、整容业即同时尊奉罗祖、吕洞宾为行业祖师。另一方面，多祖共存现象也造成不同行业供奉同一个行业祖师的结果，如葛洪是香烛业祖师，又是颜料业、印染业、酒业等行业的祖师。随着民间行业组织剧增，祀神活动日益繁复，特别是一大批工商行会组织出现后，相继制订了不少行会规约，其中对各自行业的祭拜祖师活动提出了明确规范，用专门条款开列出每年固定的祭祀本行业祖师的日期。如咸丰四年湖南长沙刻字店条规称："每年二月初三日，恭逢文昌帝君圣诞之期，凡同行人齐集寿坛，拈香礼拜，以昭诚敬。"① 光绪三十一年（1905）湖南长沙笔店条规称："笔业一行，每年二月初二日虔奉蒙公师祖，所有值年人等，各自整肃衣冠，齐集公社庆祝，以昭诚敬，违者议罚。"② 不少条规还规定，凡是参与祖师诞日祭祀者，均须缴纳一定数额的香资钱，以充公用。如道光八年（1828）湖南长沙酥食汤点条规规定："每年六月二十四日，恭逢雷祖瑞诞，各出香资，铺家捐钱二百文，客师捐钱一百文。又每年九月初九日，欣逢梅公师祖瑞诞，铺家捐钱五十文，客师捐钱三十文。其两次香资均须先期十日交值年承办。"③ 光绪九年（1883）湖南长沙辫线丝带店条规称："每岁先师庆祝，先期一日，铺户作坊客师各备香资钱六十四文，以作庆祝之用。"④ 除此之外，有的行业还特别规定在祖师瑞诞之期要演戏敬神，以示虔诚。

拜师祭祖风俗的另一个重要内容是拜师为徒。拜师祭祖师崇拜观念的延续，又深刻反映了传统手工业师徒传业的特点。传统的拜师学徒有一套相沿成俗的规定，如"投师之手续，先由亲友为之介绍，经本号经理人许可，即由徒弟书立投师文书字据，亦有由其父兄书立者……当徒弟进师之日，须按照通常礼式，备酒请师（俗谓之"进师酒"），由其父兄或介绍者带领徒弟拜本号之经理人为师（亦有拜号主为师者）"⑤。学徒者经人介绍获准入行学艺后，首先要订立师

---

① 彭泽益主编：《中国工商行会史料集》（上册），第294页。
② 同上书，第289页。
③ 同上书，第421页。
④ 同上书，第255—256页。
⑤ 同上书，第527—528页。

徒合约。合同中规定学徒要交纳一定数额的师俸钱。随后，学徒的一方照例置备酒席，行拜师礼，所谓"学徒勿论亲友，须要治酒拜师"①。学徒期间，学徒者寄食于师傅，丝毫没有独立身份可言，必须严格遵师训诲，"自拜之后，任师教训……倘有不听师言，任师责罚。年限未满，毋得自去加行"②。凡学徒期间学徒者的一切灾病忧疾，乃至死亡、失踪等意外，均与师傅无涉。出师时，徒弟依例置备酒席拜谢师恩，交纳出师钱后，还要帮师一至二年不等。此项虽不列入投师字书，但却是必须遵守的惯例，成为拜师过程的一个重要环节，即"甫经出师，类多不准遽入他号帮伙"。清人称："江浙间，凡学艺者必三年而成，成后役于其师者三年，不取值，故俗语谓之'学三年，帮三年'，六年之后，任其所往。"③ 而且徒弟出师，为表示尊重师道，尚应尽问其师，如果师傅明确表示没有挽留的意思，才能随其自便。即便出师后，徒弟仍然要礼敬师傅。光绪三十二年（1906）湖南武冈漆店条规称："学徒三年已满出师，不许忘义，亦不得抢夺生理，违者公逐。"④ 有的条规还称："出师徒弟，各遵各教，如有得艺忘师、不守正业，公同革除。"⑤ 总之，各行业中有关拜师祭祖活动的规范化，反映出清代城市民间手工业发展日趋成熟的一面。

其二，手工业行业的技艺传授风俗。

在封建社会，手工业始终处于封建社会经济体系的控制范围之内，传统的作坊式手工业生产模式制约了手工业发展的规模。手工业生产者多为技艺能手，当经营资本有所扩大时，他们便会拥有一定数量的雇工和学徒，但为避免竞争，又必须严格控制技术秘密的传授范围，特别是特殊工艺和关键工序。于是，这些特殊的生产经验与制作技艺被视为各个行业赖以生存的根本，一技之长通常可以决定一个行业的兴衰。掌握技艺的业主或师傅对本行业的手工技艺大都采取秘而不宣的态度，仅通过口耳相授的方式使之世代相续，这种技艺传授风俗成为中国古代行业民俗中独具特色的部分。同时，在传统的封建等级思想的影响下，男尊女卑观念严重禁锢着人们的头脑，不论哪一种手工行业，都遵奉着传艺中传男不传女的习俗。

中国传统的手工业技艺传授方式明显带有封建家长制的特点，学徒者投拜师傅后，必须听师教诲，任师责罚，技艺传授十分苛刻，所谓"朝学洒扫、应对进退及供号内杂役；夕学书计，及本业内伎艺。有不遵规、不勤习者，其师

---

① 彭泽益主编：《中国工商行会史料集》（上册），第537页。
② 同上书，第529页。
③ 俞樾：《右台仙馆笔记》卷八。
④ 彭泽益主编：《中国工商行会史料集》（上册），第485页。
⑤ 同上书，第495页。

片惩戒之，谴斥罚跪，甚且加以夏楚焉"①。学徒者除日常习艺外，还要帮作诸务杂役，格外辛苦。对于学徒者入门学艺的期限更有严格规定，咸丰十年（1860）湖南长沙砚店条规称："凡带徒学习三年，帮师未满，逞刁出店者，不许另投别家从新学习。"② 约定俗成，同行之间对于学未出师者，不得雇用。光绪二十一年（1895）湖南长沙成衣店条规："未出师徒弟，同行不得雇请帮做，至同官来省未入班者，我行不许帮做，违者公同议罚。"③ 不成文的相沿已久的师徒关系还界定，学徒者学艺期间的劳动所得，要悉归师傅所有；倘有中途辍业者，所议俸钱，有照原数奉缴，不得退还。可见，封建时代学徒者的地位十分低下。有些地方学徒者学艺三年外，还要帮师三年，甚至有的行业竟规定"尚须再帮半年，以补偿饭食之需耳"④。即便如此，学徒者也往往未必能够学到真正的本领以立业安身，据同治十二年五月十三日《申报》所载《论苏帮玉器作行规应酌改议》一文称："习业之苦楚，如冬令淘沙洗料，手为之裂，固可勿论。恶极者，六年已满之后，如果手艺出色，习于雕琢者，每日可得一二百文之工价；若车等工，色艺稍次，则必逐之，使其自行谋就，并无师父举荐之规矩也……故习成亦无吃饭之处。可怜若辈习业者，大都极贫人家子弟，自幼至壮，光阴几何，业既习成，徒归何益！人已壮年，又难再习别业矣。"因此作者慨叹："最苦者，学徒辈也！"对于封建社会广大的手工业者来说，这种带有明显弊端的技艺传授方式，实在是害人至深。

第三节　商贸活动习俗

清代前期社会经济经过一段恢复期后，农业与手工业的发展超过了前代，至清中叶，社会经济出现持续繁荣的景象，商品经济的总体水平有所提高，为商业资本的积累创造了有利的条件，商贸活动遍及各地，经商人数有所增加，富商大贾足迹遍于海内。嘉庆、道光时期，社会人口压力凸显，内忧外患并起，

---

① 彭泽益主编：《中国工商行会史料集》（上册），第 529 页。
② 同上书，第 293 页。
③ 同上书，第 375 页。
④ 同上书，第 687 页。

吏治败坏，政治衰退，商业发展受到一定的影响。然而，民间商贸的活跃程度前所未有，以北方的京师和江南的苏州为例，前者为当时全国政治、经济、文化中心，史称："京师最尚繁华，市廛铺户，妆饰富甲天下，如大栅栏、珠宝市、西河沿、琉璃厂之银楼、缎号，以及茶叶铺、靴铺，皆雕梁画栋，金碧辉煌，令人目迷五色。至肉市酒（楼）饭馆，张灯列烛，猜拳行令，夜夜元宵，非他处所可及也。"① 每年城中各处庙会如潮，更是令人应接不暇。后者素为江南名郡，被称为东南一大都会，所谓"五方商贾，辐辏云集，百货充盈，交易得所"，全国的商贸活动呈现出丰富多彩的繁盛景象。

一　集市贸易风尚

集市贸易是中国传统市场贸易的一个有机组成部分，它流行于各地乡镇，按俗定时间进行物货买卖交易的较为普遍的商贸形式。唐、宋以来，坊市制度逐渐被废弃，草市、墟集等交易形式趋于活跃，至清中叶，社会经济稳定，促进了集市贸易的繁盛，乡村都有定期的集市贸易活动，随地域不同，名目各异，"南方曰市，北方曰集，蜀中曰疾，粤中曰墟，滇中曰街子，黔中曰场"②。各地集市以数量之多、分布之广、密度之大构成了庞大繁密的集市网络，形成了区域性商贸中心，如著名的四大镇，所谓"北则京师、南则佛山、东则苏州、西则汉口"③，皆为工商辐辏之地，汇集了为数众多的商业经营者。这些商贸中心突破了早期农村集市的规模，既满足了乡村民众的生活需要，也满足了他们的娱乐需要。其繁荣还带动了一大批新兴市镇的崛起，"然东海之滨，苏州而外，更有芜湖、扬州、江宁、杭州以分其势，西则唯汉口耳"④，清后期，商业性市镇更遍及大江南北，集市贸易对民间社会生活的影响和作用越来越大。

在清代集市贸易中，庙会占有十分重要的地位。庙会，又称货会、山会、庙市，它的出现与古代寺庙在宗教活动之外参与一定的经营活动有密切关系，起初，受佛道信仰的影响，大批人群前往各地庙宇参与礼佛，经由商人的设市参与，在当地逐渐形成了具有一定规模的时间性的交易市场，同时各种民间娱乐活动加入其中，商贸活动通常在寺庙节日或规定的日期举行。由于它集祭祀、娱乐、贸易、旅游、交谊、购物等多种功能于一体，因此对人们的社会生活产生了重要影响。清代的庙会发展较为迅速，康熙年间全国有佛寺道观近八万处，庙会开始成为城乡一种特有的商贸交易形式。光绪《顺天府志》记载，京城的

---

① 杨静亭：《都门纪略·风俗》。
② 陆以湉：《冷庐杂识》卷八，《市》。
③ 刘献廷：《广阳杂记》卷四。
④ 同上。

庙会有每月逢三在土地庙，逢四在花儿市，逢七、八在护国寺，逢九、十在隆福寺；每月初一、二十五六在东岳庙；每逢初一、十五在药王庙；每逢正月初三至十五在火神庙、厂甸、曹老公观；五月在都城隍庙；三月初一至十五在蟠桃宫；正月十八九在白云观；清明、七月半、十月初一在南城隍庙；正月十五、二十三日在黄寺、黑寺。可谓种类繁多，形式多样。北京的城隍庙会："都城隍庙在都城之西……惟于五月朔至八日设庙，百货充集，拜香络绎。至于都门庙市，朔望则东岳庙、北药王庙……俱陈设甚夥。人生日用所需，以及金珠宝石、布匹绸缎、皮张冠带、估衣骨董，精粗毕备。羁旅寄客，携阿堵入市，顷刻富有完美矣。"① 炫采居奇，相互贸易，热闹非凡。江南苏州新年庙会的情景："城中玄妙观，尤为游人所争集。卖画张者，聚市于三清殿，乡人争买芒神春牛图。观内无市鬻之舍，支布幕为庐，晨集暮散，所鬻多糖果、小吃、琐碎玩具，间及什物而已，而橄榄尤为聚处，杂耍诸戏，来自四方，各献所长，以娱游客之目。"② 喧闹的景象，令人难忘。

庙会的周期往往以年计，一年不过数次，远不如集市频繁，也正因如此，庙会在影响上又比集市贸易大得多，其商品汇聚丰富、参与人数之众，均大于城乡普通的集市。在中国封建社会经济生活中形成的集市庙会，以自己独特的交易形式，在社会文化生活的舞台上扮演了重要的角色。

二 市商经营风尚

市商经营是商贸活动发展到一定阶段的产物。招幌是经营活动中较早出现的一种招徕性的行业经营标志，用以突出商店出售货物的特色，又称"市招"。中国传统招幌中最早见于文献记载的是酒旗。李斗的《扬州画舫录》记载乾隆年间，扬州虹桥西岩一座名为"跨虹图"的酒家高悬酒旗的情形："跨虹阁在虹桥爪。是地先为酒铺，迨丁丑（乾隆二十二年）后，改官园。契归黄氏，仍令园丁卖酒为业……阁外日揭帘，夜悬灯。帘以青白布数辐为之。下端裁为燕尾，上端夹板灯，上贴一酒字。"③ 清代市商经营中招幌的使用十分普遍，成为经营习俗中的一个重要特点。《清稗类钞》中有《市招》一则，其依照形制将招幌大致分为招牌与幌子两类，称："商店悬牌于门以为标识广招徕者曰'市招'，俗呼'招牌'，大抵专用字，有参以满、蒙、回、藏文者，有用字兼绘形者。更有不用字，不绘形，直揭其物于门外，或以象形之物代之，以其人多不识字也。

---

① 潘荣陛：《帝京岁时纪胜》，《五月·都城隍庙》。
② 顾禄：《清嘉录》卷一，《新年》。
③ 李斗：《扬州画舫录》卷十三。

如卖酒者悬酒一壶，卖炭者悬炭一支，而面店则悬纸条，鱼店则悬木鱼，俗所谓'幌子'者是也。"① 还有如《帝京岁时纪胜》所载："秋日……酒垆茶设，亦多栽黄菊，于街巷贴市招曰，某馆肆新堆菊花山可观。"② 这里的"市招"只能说是一种简单的招牌。

在商贸经营中，除招幌外，还有叫卖吆喝或以各种器物有击打等声音特征为经营标志的买卖活动。其击打者，《清稗类钞》记载了京城小贩以打鼓招揽生意的习俗："京师细民有以打鼓收买敝物为业者，持小鼓如盏击之，负箱笼巡行街巷中，无论破败残缺之物，苟有所用，即以贱值买之，而转售诸肆，可得微息。然都中风多巨室，所藏珍物每为奴婢所窃。更有世家中落者，不知爱惜，急于易钱，旧书古器、块金砾珠，时或出售，打鼓者往往以薄值而得至宝。故京师语云：'怕甚苦，且打鼓；怕甚饿，日检货。'盖相传操是业者，岁必有一暴富者也。"③ 其叫卖者，如《燕京杂记》所载："京师荷担卖物者，每曼声婉转，耸人听闻，有发数十字而不知其卖何物者。呼卖物者高唱入云，旁观唤买，殊不听闻，有数惟以掌虚覆其耳，无不闻者。"④ 清末，有人专辑市贩诸行叫卖市声，录成《燕市货声》（别作《一岁货声》），堪称一奇。

值得注意的是，清代的商贸与手工业经营，已在方式上有新的突破。考古新发现的文物遗存表明，乾隆年间"合股"经营已用于温州造纸业，浙江温州成为中国古代"股份制"的鼻祖。据报载，2001年11月，浙江温州文物部门在瓯海区西岸纸山发现清代农民刻在石碑上的合股建造水碓的实录。该石碑坐落在西岸乡塘宅村一古老水碓旁，立于乾隆五十五年（1790）。造纸业在瓯海有悠久历史，水碓是造纸的重要设备。以水碓造价较高，一人难以承担，于是村民"合股"建造成为民间自发的经济行为。碑文记载，水碓由村民潘子玉等七人"合股"建造，按事先排好的次序轮流使用，不许随意插入"先捣"。违反规定者，被处以"罚钱一千文"⑤。

古代商业经营者大都为男性，但在有些地区亦有例外，雍正《崇明县志》记载苏州地区，常以妇人守店的风俗："吴俗市肆每用妇人守店，买卖亲授，男女无别"⑥。商店里的摆设布置是经营形象的重要体现，以致商人争相攀比，不甘落后。《燕京杂记》记载："京师市店，素讲局面，雕红刻翠，锦窗绣户，招

---

① 徐珂：《清稗类钞》第五册，《工商类·市招》。
② 潘荣陛：《帝京岁时纪胜》，《九月·赏菊》。
③ 徐珂：《清稗类钞》第五册，《工商类·京师小贩之打鼓》。
④ 佚名：《燕京杂记》。
⑤ 顾玉祥：《温州："股份制"鼻祖》，载《解放日报》2001年12月3日。
⑥ 雍正《崇明县志》卷九，《风俗》。

牌至有高三丈者。夜则燃灯，数十纱笼角灯照耀如同白日。其在东西四牌楼及正阳门大栅栏者，尤为卓越。中有茶叶店，高甍巨桷，细槅宏窗，刻以人物，铺以黄金，绚云映日，洵是伟观。总之，母钱或百万或千万，俱用为修饰之具。茶叶则贷于茶客，亦视其店之局面，华丽者即无母钱，存贮亦信而不疑。倘局面黯淡，虽楱积于万，亦不敢贷矣。金玉其外，败絮其中，所由来也。"在经营方式上，各地商人也是争奇斗巧，花样百出。《清嘉录》记载："年夜以来，市肆贩置南北杂货，备居民岁晚人事之需，俗称'六十日头店'。熟食铺豚蹄、鸡、鸭较常货买有加……酒肆、药铺，各以酒糟、苍术、辟瘟丹之属馈遗于主顾家。"① 如此的年节促销手段，反映出商人经营的精明与睿智。当然，商业经营不可避免要引起同行竞争，激烈的竞争往往暴露出商人虚伪巧诈的一面，《清稗类钞》记载经营京城银号的四大恒因忌恨同行生意，陷害不成反受其累，史称："京师某钱肆初无赫赫名，而营业日盛，四大恒忌之，乃谓某肆将倒，于是凡藏某肆钱票者，相率往取，如是三日。某肆从容应付，绝不出绌，谣言乃息。后某肆知四大恒之算己也，乃发巨金遍收四大恒票，四大恒闻之，惧，乞人关说，乃已。盖某肆有实钱四百万，每发一票，必贮一票之赀本于肆中，不出空票，故不为人所窘。四大恒虽名震一时，而未尽实，故一闻某肆收票，即惴惴出。"② 除市商经营外，民间还有零星散布的小市，这些小商小贩的经营远不能与市商相抗衡，却仍在民间商业活动中占有一席之地，"京师崇文门外暨宣武门外，每日晨鸡初唱时，设摊者辄林立，名'小市'……又名'黑市'，以其不燃灯烛，凭暗中摸索也。物既合购者之意，可随意酬值。其物真者少，赝者多；优者少，劣者多。虽云贸易，实作伪耳。好小利者往往趋就之，稍不经意，率为伪物，所得不偿所失也"③。

三　商贸经营之道与行为风尚

趋利谋财是商业活动固有的经营原则，也是商人阶层所具有的共同心理特征。在传统封建社会等级制度的严密控制下，商人的社会地位始终受到抑制，清中叶后，商业经营规模不断扩大，促使商人队伍的迅速膨胀，商业的经营原则与道德规范也随之受到广泛的重视，各种经营活动表现得更为活跃，并且逐渐渗透到社会生活习尚中。

商海变化莫测，商业活动巨大的风险性极容易造成商人的迷信心理，因此，

---

① 顾禄：《清嘉录》卷十二，《年市》。
② 徐珂：《清稗类钞》第五册，《工商类·京师四大恒》。
③ 徐珂：《清稗类钞》第五册，《工商类·京师小市》。

财神观念在商人群体中盛行，尤其清代商业十分繁荣，各地遍布的商会无不崇尚供奉财神，商人笃信财神的法力，以求免灾祈福。财神是民间诸神中出现较晚的一种，北宋的《东京梦华录》始有"财门"之称，财神崇拜的盛行应该说是社会经商活动趋于活跃的必然结果。清代，财神已不再仅仅是商贾奉若神明的神祇，而且发展成为一种相当普遍的社会信仰风俗，影响着人们的日常生活，民间修造财神庙与财神拜祭现象相当普遍。《燕京岁时记》的"财神庙"条记载："财神在彰仪门外，每至九月，自十五日起，开庙三日。祈祷相属，而梨园子弟与青楼校书等尤为多。士大夫之好事者，亦或命驾往观焉。"前往财神庙祭拜的人绝不仅仅是商人。

俗以正月初五为财神诞日，各地市商大都设财神堂，祭拜各种财神。《吴郡岁华纪丽》记载，民间有祭五路财神之俗："（正月）初五日，俗称财神五路诞日。五路者，为五祀中之行神，东西南北中耳。求财者祀之，取无往不利也……吴俗标于厅事，参以元坛神，谓掌天库之财。是时，连街接巷，鼓乐爆竹声聒耳，人家牲醴毕陈，以争先为利市……店肆争于是日开市贸易，尘涨百廛，人喧万瓦。"①

民间财神有文武之分，清代武财神最受欢迎，而被供奉最多的要数赵公明和关羽。赵公明的名字最早出现于晋代干宝的《搜神记》，明代成为小说《封神演义》中的峨眉仙人，曾助纣抗周，后被姜子牙封为正一龙虎玄坛真君，下辖招宝天尊、纳珍天尊、招财使者、利市仙官等，俨然一尊财神爷。清人还有以赵公明为回族的说法，《清嘉录》记载："十五日为玄坛神诞辰。谓神司财，能致人福，故居人多塑像供奉。又谓神回族，不食猪，每祀以烧酒、牛肉，俗称'斋玄坛'。"②将赵财神属籍回族，也许是与中国自古同西方波斯、阿拉伯商人多有贸易往来相关。关羽成为财神，主要归功于清人的尊崇信奉。因关羽最重忠义，其思想有利于封建统治，故自宋朝以后被列入国家祀典，清朝统治者对关帝屡加敕封，使其在民间影响更为深广。《帝京岁时纪胜》记载："关帝庙遍天下，而京师尤胜。入祀典者，地安门外西步量桥白马庙，正阳门月城右之庙，春秋致祭。除夕开正阳内门，由内城居人瞻拜；夜子后开西门，城外居人瞻拜，香火极胜。岁之五月十三日为单刀会，是日多雨，谓天赐磨刀水云。殿祀精严，朱楹黄覆，绮槛金龛，中奉圣祖御书额曰'忠义'。西庑下有明董文敏书焦太史所撰碑记，传为二绝。"③《吴郡岁华纪丽》记载江南习俗："汉前将军、汉寿亭

---

① 袁景澜：《吴郡岁华纪丽》卷一，《接五路财神开市》。
② 顾禄：《清嘉录》卷三，《斋玄坛》。
③ 潘荣陛：《帝京岁时纪胜》，《五月·关帝庙》。

侯关帝庙宇遍华夏，岁月有增，灵爽显赫。五月十三日为帝君诞日，郡僚刑牲致祭于各邑武庙。城西各商会馆俱建关帝祠，所以敦崇信义。盖商贾集朋友为之，多以文合者也，其栋宇靡不宏丽。"[1] 关帝信仰得以广泛传播，反映了当时社会中商人在认同封建伦理道德秩序的同时，普遍标榜以诚待人、以信接物、以义为利的经营原则，有的还提倡"轻货财，重然诺"，以循道守礼的姿态将经商活动融入传统的儒家思想的轨辙之中。明中后期开始活跃于江南的徽商，即因宗族势力和文化积累的深厚，形成了一批贾而好儒、儒而好贾的豪商富贾。他们大多服膺于传统的儒家思想，视其经营，往往"一贾不利再贾，再贾不利三贾，三贾不利犹未厌"[2]。将传统的儒学观念与经商活动有机地结合起来，因而享有"儒商"的美誉。应该说这种商业道德观自有其合理的一面，像诚、信、义等原则，本身就是商业活动应该提倡的品德；但另一方面，它亦在很大程度上掩盖了私有制下商人唯利是图，渴望发财致富的本性，因而不可避免地带有一定的欺骗性；而且，用儒家伦理学说的主流思想来统御商贸经营活动，其结果等于自觉认同封建社会的道德价值观念，这就使商业经营无法真正摆脱传统社会的束缚，导致其经营思想裹足不前。

随着商业的持续繁荣，商人足迹遍及天下，影响所及，商人的社会地位有所提高，于是社会上出现了工商亦可为本的新型价值观念。北方山西地区自然条件不利于农，地少人众，土质不腴，故不少人流寓四方，外出经商，在清代前期晋商之繁盛可谓执北方商界之牛耳。晋商普遍持有"重利之念，甚于重名"的思想，虽然商人社会地位仍居四民之末，但他们却明确提出崇富趋利的思想，人称："山右积习，重利之念甚于重名。"人才出众者，要先入贸易一途，中材以下才去读书应试，这与传统的诗书传家的社会观念形成迥然差异，甚至商人阶层中还出现了唯利是图、不顾廉耻的趋尚。清人叶调元在《汉口竹枝词·序》中慨叹："富商大贾，拥巨资，享厚利，不知黜浮崇俭，为天地惜物力，为地方端好尚，为子孙计久远，骄淫衿夸，惟日不足。中户平民，耳濡目染，始而羡慕，既而则效，以质朴为鄙陋，以奢侈为华美，习与性成，积重难返。"

商业的繁荣又不可避免地滋长了商人的奢靡风习，而且直接影响社会上逐富拜金风气的日益加重，以致"嘉庆及道光初年，地方官更艳商人之利，惟商人之命是听"[3]，连官场也不得不为之所动，可见其风之烈，甚至不少地方出现了官商合流的现象，《广东新语》记载："吾粤金山珠海，天子南库，自汉唐以

---

[1] 袁景澜：《吴郡岁华纪丽》卷五，《磨刀雨》。
[2] 光绪《祁门倪氏族谱》卷下，《诰封淑人胡太淑人行状》，引自《明清徽商资料选编》，黄山书社1985年版，第49页。
[3] 段光清：《镜湖自撰年谱》，《道光二十八年戊申》。

来，无人而不艳之……故今之官于东粤者，无分大小，率务朘民以自封。既得重赀，则使其亲串与民为市，而百十奸民从而羽翼之，为之垄断而罔利。于是民之贾十三，而官之贾十七。官之贾，本多而废居易，以其奇策，绝流而渔，其利尝获数倍；民之贾虽极其勤苦，而不能与争，于是民之贾日穷，而官之贾日富。官之贾日富，而官之贾日多，遍于山海之间，或坐或行。近而广之十郡，远而东西二洋，无不有也。民贾于官，官复贾于民，官与贾固无别也，贾与官亦复无别。无官不贾，且又无贾不官，民畏官亦复畏贾。"① 商业经营在封建权势贪婪无度的重重劫掠中，步履格外沉重。

清中叶后，随着各地商贸的发展与繁荣，一方面有利于社会经济的活跃，另一方面也大大地丰富了地方民人百姓的物质与精神生活，促使他们更多地参与和仰赖市场的商贸活动。与此同时，随着地方商人获利范围和领域的扩大，一部分有势力的大商人便出现了欺行霸市、强行压价或哄抬物价的不法行为。这不仅扰乱了市场的正常商贸活动，而且还损坏了广大民人百姓消费者的权益。鉴于此，清政府地方官员有时迫于民众的压力，或出于维护地方税收、安定市情民情社情的目的，不得不对此加以"示禁"，强行加以行政司法干预。四川省犍为县的罗城镇嘉庆间的"示禁碑"云："仰府官吏，遵照查明示禁，凡一切大小衙门，城乡市镇，肉斤火腿，务照时价，毋得勒取短价，不得挪累闾阎。"勒取短价即强行压价，挪累闾阎即挪累百姓②。

商人在长期商业活动过程中，还积累了丰富的经商经验，成为指导商人经营活动的重要原则。清代休宁商人辑录的《士商十要》称："凡待人，必须和颜悦色，不得暴怒骄奢，高年务宜尊重，幼辈不可欺凌。此为良善忠厚……凡与人交接，便宜察言观色，务要背恶向善，处事最宜斟酌，不得欺软畏强。此为刚柔相济……凡有事，决要与人商议，不可妄作妄为，买卖见景生情，不得胶柱鼓瑟。此为活动乖巧。"③ 其所强调的和颜悦色，既是经商者所应恪守的经营准则，又是善贾获利的不二法门。《清稗类钞》记载："京师、广州各肆，凡交易而不成者，亦怡悦其颜色以对之。如交易已成，则于买主临行时，必致声道谢，虽数十钱之微，亦然。其意殆谓吾既设肆以求利，则无论买者出钱购物之多寡，皆为我获利之源、衣食之本，故虽一钱之贸易，亦不可不谢也"④。这与现代社会中奉顾客为上帝的提法颇有相似之处。《士商规略》对商人的经商活动进行总结和概括，得出的经验之谈是："货贱极者，终虽转贵。快极者，决然有

---

① 屈大均：《广东新语》卷九，《贪吏》。
② 谢俊：《罗城镇发现两百年前的示禁碑》一文，载《犍为报》2000 年 9 月 4 日。
③ 憺漪子：《士商要览》卷三，《士商十要》。
④ 徐珂：《清稗类钞》第五册，《工商类·京粤商肆善于交易》。

迟，迎头快者可买，迎头贱者可停；价高者只宜赶疾，不宜久守，虽有利而实不多，一跌便重。价轻者方可熬长，却宜本多，行一起而利不少，纵折却轻。堆货处要利于水火，买卖处要论之去头。买要随时，卖毋固执。如逢货贵，买处不可慌张；若遇行迟，脱处暂须宁耐。货有盛衰，价无常例，放账者纵有利而终久耽虚，无力量一发不可；现做者虽吃亏而不许多把稳，有行市得便又行。得意者，志不可骄，骄则必然有失；遭跌者，气不可馁，馁则必无主张。买卖莫错时光，得利就当脱手。"① 面对竞争残酷的商海，商人的投机行为成为一种合理的经营理念，被普遍加以倡导，从一个侧面反映出清代商业活动繁荣的特征。《买卖机关》中强调"是官当敬，凡长宜尊"，对于为官者、年长者要谦虚恭敬，认为这是生意兴隆的一个重要因素。这说明商人十分善于观察分析社会不同阶层的行为特征，因此造成商人多势利的普遍看法。清人钱泳在《履园丛话》中感慨："余谓天下势利，莫过于扬州，扬州之势利，莫过于商人，商人之势利，尤萃于奴仆，似能以厘戥权人轻重者，当为古今独绝。"②

由于封建统治者对商业的严密控制，封建官僚体制始终对商人阶层形成严重的制约，因此商人无奈之下总要寻求封建权势的庇护，在这种依赖性中，商人只能沦为封建统治的附庸，经营观念也必然被深深打上封建思想和时代的烙印。

---

① 憺漪子：《士商要览》卷三，《士商十要》。
② 钱泳：《履园丛话》卷二十一，《势利》。

第十二章
少数民族的社会生活

清代随着边疆地区的开发与经营,边疆各民族的社会生活发生了相应的变化。内地与边疆地区经济发展的不平衡现象,开始得到扭转,有些边疆地区民族经济的发展赶上并超过了内地中原地区,成为中原人民向往之地。与此同时,各族人民的社会生活水准,亦有较大幅度的提高。这是历史的进步,也是边疆地区政治局面趋于稳定、社会经济繁荣、文化发展的必然结果。

第一节 民族服饰与饮食生活

一 民族服饰与礼仪

清代少数民族的服饰,较之汉族而言,更加千姿百态、色泽妍艳,在服饰的制作、风格、穿着上,自成体系,这与各民族居住的地域、自然条件、生活习俗、经济活动、宗教信仰有着密切的关系。其服饰特点为：其一，每个民族都有自身独特的审美意识，反映在服饰上，式样各异、不拘一格，成为辨识各个不同民族的重要标志之一。其二，边疆地区民族服饰的区域特点十分显著，如西北民族多着袍和鞋，南方民族喜着短衣与裙。其三，随着各地区、各民族间服饰文化交流的加强，各民族在服饰衣着上，有着相互影响、相互比照、相互模拟与学习、相互渗透的"痕迹"，这是历史发展的趋同存异之势，更是时代进步的标志。

（一）东北蒙古地区的民族服饰礼仪

清代的东北地区包括今辽宁、吉林、黑龙江三省；蒙古地区含内外蒙古，即大漠南北和漠西。生活在这一广袤地区的少数民族有满族、朝鲜族（后迁入）、赫哲族、达斡尔族、鄂温克族、鄂伦春族和蒙古族等。他们在民族服饰方面，有着鲜明的地方与民族的诸多特色。

清代满族的服饰承袭女真人喜尚皮裘，以适射猎、便于奔驰与骑驱的基本习俗外，又融进了汉族、蒙古族服饰的一些内容。通观其服饰的发展演变，满族的袍、褂、鞋、帽等，具有浓郁的东北地方与民族风格。1. 旗袍：袍是满族男女老幼、贫富贵贱都穿用的服装，满语称之为"衣介"。因为它是旗人的常服，后世呼其为"旗袍"。袍的基本款式为圆口领、窄袖、左衽，衣摆四面开衩，有扣襻、束腰带。男子穿的袍，长至足面，下摆肥大。袍窄袖、四面开衩，下摆肥大，便于骑射，因而又称为"箭衣"。袍的狭窄袖口上，往往还要加上一个半圆形的袖头，盖在手背上，冬天可以御寒保护手背，便于射箭，又称"箭袖"；又因其形似马蹄，俗称"马蹄袖"。此袖平时向上翻起，行礼时放下。满族入关后，随着军事活动的逐步减少，箭袖渐失其原有作用，只作为上层人物"掸袖"行礼时所用。袍有常服袍与行服袍之分：行服袍为外出时所穿的袍子；常服袍为平常所穿的袍子。袍因季节不同，有皮、棉、单、夹、纱等多种，因用而异。袍的纹饰繁多，但以龙纹、蟒纹为贵。由于满族喜好青色、蓝色，故一般平民的袍以青色、蓝色居多。2. 褂：满族将套在袍外的短衣称为"褂"，有补褂、常服褂、行褂诸种形式。补褂为官服褂；常服褂系平常所穿之褂；行褂为外出所穿之褂，因便于骑马时穿用，故又称"马褂"。行褂在满族入关初，只限于士兵穿用。康熙时，只有富贵人家才能服用。傅文忠公（傅恒）征西川凯旋后，所服之"得胜褂"，更成为男女喜穿的燕居便服。马褂以黄色为尊贵，俗称黄马褂，非皇帝特赐者不得服用。乾隆年间，还曾盛行过翻毛马褂。3. 马甲：马甲是一种无袖短衣，又称"坎肩"。它原非满族衣着，而是由古代汉族的"半臂"发展而来，是一种便服。满族入关后，逐渐成为满族上下所喜爱的服装。马甲分为大襟、对襟、琵琶襟诸式，一般多穿在里面，服式较窄小。4. 领衣满族早期的袍，均为圆领口，无衣领，穿袍时需要加一硬领，此硬领呼之为"领衣"。领衣为联结于硬领之下的前后两张长片，多用锦缎制作或绣花，中间开衩。穿在颈上后，用纽扣系结，前后两端束在腰带下。因其形状如大牛舌，俗称"牛舌头"。5. 套裤：满族通常穿长腰、宽裆、肥脚裤。冬季出猎，还要穿一种"套裤"，其特点是无裤腰，也不缝裆，两只裤腿单独分开。每只裤管的上端钉有系带或索扣，穿时系结在腰间。因适于骑乘，一直为一些游牧、射猎民族所沿袭。6. 鞋、靴：满族最具有民族特色的鞋叫做"乌拉"。满族及其先世，以狩猎、采集为主，终年在山林冰雪中奔波，为保护双脚，最初以兽皮裹足，而后逐渐演变为鞋，满族称之为乌拉，用野兽皮或家畜皮制作。穿靴是满族贵族的一种特权和习俗。皇太极天聪六年（1632）曾规定，平民不准穿靴。后文武官员及士庶逐渐穿用，但平民仍在禁止之列。7. 冠帽：满族男子的冠帽有礼帽、便帽之分。礼帽俗称"大帽子"，为贵族官吏所戴。礼帽寒暑易制。秋冬所戴，名谓"暖帽"；春夏所戴，呼之"凉帽"。便帽亦称"小帽子"，以六瓣合缝，缀檐如筒；俗称"瓜皮帽"。创自明太祖洪武年间，取其"六合一统"之意。《清稗类钞》称："国朝因之，虽无明文规定，亦不禁之，旗人且皆戴之。"《啸亭续录》卷二载："士大夫燕居皆冠便帽。其制如暖帽而窄其檐，其上用红片锦或石青色，缘以卧云如葵花式，顶用红绒结顶，后垂红缦尺余，无老少贵贱皆冠之。"便帽中还有一种毡帽，也是承袭明代汉族之俗。最初多为农夫、市贩顶戴，人多贱之。清中叶后，成为满族士大夫喜爱的"冬日燕服"。8. 佩挂：满族无论男女皆有佩挂。凡穿袍必扎腰带，必挂"活计"。《宁古塔纪略》记载："出门者，腰带必系小刀、匙子袋、火链袋、手帕等物。"此外还常带烟袋、衣箸、荷包之类。18世纪，朝鲜使者朴趾源在《热河日记》一书中载有亲见的凤凰山下村庄满族平民的佩挂："服佩缤纷，或绣囊三四，小佩刀皆插、双牙箸、烟袋和胡芦样。或绣刺花草禽鸟，古人名句。"这些佩挂物最初均为在草原山林中放牧、狩猎时，生活之所必需。入关后的满族，放弃了原来的牧、猎生活，故这些佩挂亦逐渐失去其原有的实际意义而变为各种装饰之物。9. 妇女服饰：满族妇女服饰，大体上与男子相同，亦有官服、便服之分。满族妇女无裹足的恶习，其鞋履有靴、平底布鞋和"花盆底"鞋，后者在鞋之中部装有前平后圆的马蹄形木底，高三四寸，形似花盆，故名。鞋面多施五彩刺绣，有镶饰各种珠宝者，此鞋多在贵族妇女中流行。下层满族妇女主要穿平底鞋，夏日又多跣足。因此，西清在《黑龙江外纪》卷六中称："夏日妇女跣足，或剗袜行。然野花满鬓，无老少分，故有'修头不修足'之谚。"清代，满族的服饰禁例也很严格，绝不许僭越违制。早在努尔哈赤建国时，为使贵贱尊卑有序，以维护统治秩序，对军民人等的衣冠形式、纹饰、颜色等作了具体规定。嗣后，虽有损益，但对犯禁者予以严惩。在满族统治者看来，满族的冠服乃是"立国之经"，不可改变。因此，清朝统治的二百余年间，尽管满族上下深受汉族文化、风俗影响，但其服饰基本保持着满族旧制。

赫哲族是东北古老民族之一，与东海女真有着直系的同源关系，东海女真之呼尔哈部、使犬部即为赫哲族的祖先。他们世世代代以渔猎为生，长期居住在松花江、混同江和乌苏里江沿岸。史载的"黑斤"、"黑金"、"赫金"、"黑津"、"额登"等名称，均为赫哲的别称。清初，其经济、文化较为落后，"无文字笔墨，裂革以记事"。"不知生辰，未知岁月"。经济生活主要依赖渔猎，"食鱼兽肉"、"衣鱼兽皮"，善养犬，是其典型特征，文献称该族为"鱼皮部"、"使犬部"、"鱼皮鞑子"或"乌稽鞑子"。对其服饰，《西伯利东偏纪要》一书记述：居住在松花江两岸的赫哲族，共约五六千人，"其男皆薙发，女未字则作又髻，已字则垂双辫，鼻端贯金环，语言多与国语（即满洲语）同。衣服亦悉如制度，惟喜用紫色，袖口束以花带二三寸，足着鱼兽皮乌喇，自膝至踝，或蒻色布，或蒻鱼皮为花，下边乌喇如靴，男人也多戴耳环"。"富者蓄蟒缎羔皮以自侈，间有藏先人所遗甲胄"者。清吴振臣《宁古塔纪略》一书说，衣朗哈喇（Ilanhala，即三姓）东北五六百里，为呼乐喀，又六百里为黑斤，又六百里为非亚哈，总名乌稽（又名鱼皮）。因其衣鱼皮，食鱼皮而扬名。"其人最喜大红盘金蟒袍，及各色锦片妆缎，其所衣鱼皮极软，熟可染成五色。糯米珠并铜钱响铃，缝于衣旁，行动有声，彼此称呼曰安答（anda，朋友），黑斤人留发梳髻，耳垂大环四五对，鼻穿小银环"，讲究衣着及其装饰的佩戴物，该地产貂最多也最佳。李重生《赫哲风土记》称，鉴于他们居住之地"土性寒浆，春晚霜早……衣服用布帛者十无一二，寒时著狍鹿皮，暖时则以熟成鱼皮制衣服之，客人贩布于此，每匹可换貂皮一二张，故不常服用"。"至鱼皮熟成，则软如棉薄，而且坚实而穿。"又"妇女善制荷包腰褡，及蹋蹋马等物，俱用鱼皮缝就，镶以云卷，染成红绿色，亦鲜明"。赫哲族妇女尤其喜爱装饰打扮，"头上编发为群辫，四周盘绕，夏以红绳缠之，其中亦多有美丽者，惟两足常跣，服长衣拖地，边幅皆钉以海则匾螺，或铜钱，举步即争鈚有声，以为美饰"。内地商人至其地所贩不过食用零星各物，"其中惟脂粉红绳尤多，以俗好装饰妇人也。"对此，《皇清职贡图》形象述描说："男以桦皮为帽，冬则貂皮狐裘。妇女帽如兜鍪，衣服多用鱼皮，而缘色布，边缀铜铃，亦如铠甲相似。"

黑龙江流域是鄂伦春族的历史文化摇篮。鄂伦春族清初被称为树中人，又谓使鹿部。早先居住在黑龙江以北、外兴安岭以南地区。17世纪中叶后，沙俄的侵略扩张，迫使黑龙江以北精奇里江两岸的鄂伦春族南移到大小兴安岭地区。《呼伦贝尔志略》记载，他们"居无室庐，散处深山，迁徙靡定，以打牲为业，衣皮食肉，有步及猛兽之能，骑马使枪习成特技"。其服饰花样色泽较为单一，制料的来源主要取自于游猎和采集活动。《呼伦贝尔志略》记载，其所穿之衣服，大都由堪达罕鹿皮缝成，与内地小铺接近之各地点则与蒙古人相同。对此，《龙城旧闻》叙述："鄂伦春地宜桦，冠履器具庐帐舟车皆桦为之，齐齐哈尔老妪亦能拈麻绳，制桦皮斗，卜魁桦皮鞍板尤为土产之一。"

达斡尔族是中国北方具有悠久历史的农牧民族之一，也是东北地区最早的开发和建设者。17世纪以前，达斡尔人分布于外兴安岭以南精奇里江河谷与东起牛满江，西至石勒喀河的黑龙江北岸河谷地带。17世纪中叶，沙俄殖民者入侵黑龙江流域，迫其迁徙嫩江流域、呼伦贝尔、爱辉和新疆塔城等地。他们主要从事农业、狩猎和渔业生产，故其服饰原料，多仰藉于此。《黑龙江志稿》记载："达斡尔以麑头为帽，双耳挺然，如人生角，又反披麑皮服黄毳，亦穷苦者装饰如此。""达斡尔女红缀皮毛最巧，常见布特哈幼童一褂雉头，氉毛为之，均齐细整，无针线迹，元狐最上品，青狐号倭刀贵，逊元狐，皆非其镜内所出。"《黑龙江外纪》记述：达斡尔人有"皂鞋，鞋尖绣白云头，嫩江以西类然"。"土人著履曰乌拉，制与靴同，同底软连帮而成，或牛皮或鹿皮缝纫极密，走荆棘泥淖中，不损不失，且能耐冻耐久。市有专司，力食者，入冬皆依赖之，价亦不昂。传闻盛京上库，贮有清太祖皇帝遗履，形名同此，所以示创业时，崇俭习劳之檗意至深也。"可知此鞋非一般意义的鞋，而是达斡尔族在特定的自然条件下，生产及生活的产物，更是其服饰生活的一个重要组成部分。

明末清初，蒙古族主要分布于漠南、漠北、漠西和青海等地。1776年，清朝平定准部的叛乱，重新统一蒙古地区，建立了盟旗制度，这对于蒙古族生产的发展、社会生活的稳定，无疑起了重大的推动作用。蒙古族的服饰，半沿清制，有官服、便服之分。官服，大抵与满族补褂袍套无异。便服较汉满服装稍形宽阔。蒙古族服饰，各地各旗虽不一致，但以赤紫、黄色为普遍喜好的颜色。其外衣颇长，解束带则达地，《绥蒙纪要》称："就寝之际，往往可用以代被，着时须提上，用带紧束腰部，故其胸背褶襞甚为显著。"腰带的佩饰及悬挂物颇具民族特色，"带之前面，挂鼻烟壶袋，左挂烟荷包，右挂刀箸，后则挂燧石；其烟袋插入长靴勒中，或插左腰为常"。"官服"指王公和有爵位者的服装，通常由三部分组成。《绥蒙辑要》描述："合上衣与下衣由三部成之，下为衬衣，其上袍子，袍子之上褂子。褂子之胸背部，各有补子，依此而分文武官与其品级。有补子之褂子，一称補服"，也就是清代的官服，補系绣品，如一品官，文职绣鹤、武职绣麒麟；二品官，文用锦鸡、武用狮子之类。亲王、郡王、贝勒、贝子等，所用官服補子为圆形，胸背两处之外，于左右肩上各附一个。官服之袍子、褂子，随四季而异，棉、夹、单之外，盛夏用纱，严冬用皮毛。着官服时，颈悬朝珠，珠为一百零八颗，色因品级而异。婚丧时所穿礼服，略同官服，只异补子之色，遇凶事不附补子。"通常服"无身份阶级之别，质地因贫富而异。大衽之上即马褂、坎肩。蒙古族通常服，男子形样与汉人无甚差异。一般民众社会生活水平较之内地较为落后，加之贫富不均，故民人服饰用缎绢者少，多用棉布；唯王公、喇嘛，可能"穿诸色缎服"，观其服饰用料色泽、质地，即可辨别其阶级、社会地位与身份。

蒙古族妇女的服装，因地而少有差异。如哲里木盟妇女服饰，比之于清代满族的服饰，广袖阔服，《内蒙古纪要》一书记载，其"裾几蔽地，头发则于前头部分为两方，后头部则加以结束，常插美丽之簪，不用帽子，外出则多乘车。昭乌达、卓索图二盟，略为相同。然既婚女子，则后头部突出为握拳，有附以簪饰者焉。若至锡林郭勒、乌兰察布、伊克昭、察哈尔地方，多用珊瑚或磁料璎珞，自前方垂向后方，由耳侧至头而下垂"。汉人俗呼为"打练垂"。需要指出的是蒙古族妇女均系天足，无缠足之弊。同时，妇女还特别喜爱穿耳孔，悬挂各种耳环与饰物。唯稍与妇女不同者，未婚"处女"，"只挂耳环，发束一组，垂于脑后，或戴小帽，或缠红巾"。在东部蒙古地区，蒙古族妇女随身喜携旱烟管、烟荷包，以作饰物。

蒙古族的靴分为革制与布制两种，妇女的靴有长短两类。由于各地区气候条件和其他方面原因的影响，有些地区妇女通常爱穿长靴，有些地区的妇女并无特殊的规定。通常，蒙古族男子爱戴帽，帽形平扁反缘，颈悬佛像，手提佛珠，行坐念佛，出外必携鞭杖。妇女一向不戴帽子，《内蒙古纪要》载述，蒙古族的"靴帽多由自制，鲜用市售品"，因为蒙古族妇女工刺绣和制靴，乃为"彼等最夸之作业，至赶毡织带，各尽其巧，亦手工业之一大特色"，无须购买。至清末民初时，随着汉族移民的大量涌入，以及蒙古族地区社会经济、文化的发展，在服饰习尚方面，蒙汉相互影响，如察哈尔归化城一带的蒙古族，"因迩来移民的增进，渐次同化于汉族，与内地无异"。其所需的"革靴、荷包、帽服，大半购自汉商，其能自制者鲜矣"。这与清代前期形成鲜明的对照。

青海与漠西地区的蒙古族在服饰方面，除较多保留民族传统外，亦有若干地方特色。准噶尔蒙古族的服饰，主要有冠、袍和靴三大类。冠，蒙语呼为"哈尔邦"，与内地暖帽略同，顶高，边平，以白毡为里，外饰以皮，贫者无皮饰。毡或染紫绿色，无冬夏之分，但以毛质厚薄为区别，上缀缨名札拉，止及其帽之半。妇人之帽与男子相同，辫发双垂，以红帛束发。在发之腰，帛间缀以好珠瑟，望若繁星。袍，蒙语称"拉布锡克"，贫富区别悬殊。傅恒等撰《西域图志》"服物"中记载，"台吉用锦缎为之，上饰以绣，宰桑则丝绣丝纻氆氇为之。贱（贫）者多用绿色及杂色。御冬则以驼毛为絮，名库绷；亦有止衣羊皮者，右衽，袖子不镶，四周皆连纫。台吉、宰桑之妇，衣用锦绣，两袖两肩，及交襟续纩，镶以金花，或以刺绣。民人妇女襟袖衣衽，俱用染色皮镶之"。袍外扎带，称布色，以丝为之，端垂流苏，其长委地，或以全幅帛为之，端长尺余。靴子，蒙古语称固都逊，多"以牛皮为之。台吉多用红香牛皮，中嵌鹿皮，刺以文绣。宰桑亦用红牛皮，不嵌鹿皮，不刺绣。民人穿皮履，或黑或黄，无敢用红者。妇人靴履与男子同"。其饰物主要有环和荷包。环叫"绥克"，"金银为之，以坠耳。饰以珠，男妇皆用之"。荷包称"哈卜塔噶"，"缎布为之，制与内地微异，结穗精美"。可见，准部蒙古族的服饰，既有浓郁的地方特色，更有突出的民族特点。

（二）中东南地区少数民族的服饰礼仪

清代，中东南地区包括今湖南、湖北、福建、广东、广西和台湾等地区。聚居在这一地区的少数民族，主要有壮族、黎族、畲族、瑶族、仫佬族、毛难族、京族、土家族、高山族等。在服饰方面，他们各具民族特色。

壮、布壮，原是壮族自称，在汉文史籍中，常译写为"撞"或"僮"等。云南方志中有"侬"、"侬人"、"沙人"、"白沙人"、"土僚"等称呼。清代壮族大部分聚居在广西，其余散居在云南、湖南、广东等地。

广西地区壮族服饰：对广西壮族的服饰，《天河县志》记载"略与华（汉人）同，呼为百姓。妇人服饰，无老少色，红红裙作细褶，原累五六层，重数斤"。他们通晓汉语，"男女衣著，类百姓长。女以青布蒙首"，所不同的是，未嫁女子"披其前鬓，腰系红带"。善耕作，尤好种棉①。《三江县志》称，壮人"体貌服装多与汉人同。在昔颇称剽悍，现时之表现，大都性直而和平。好公益，乐建筑，似较其他边民为先进。妇女未嫁者垂辫发，裹花巾，已嫁者挽髻，裹青布。其服饰一如六甲人，其居处多在平地。男女皆勤于农作，其衣料以其妇女自染之土布为唯一品"，由于他们接触汉族的机会较多，故其男女强半能通汉语（说官话），而且男子读书识字者多，文化风俗与汉人近趋一致②。所以这部分壮族的服饰特点是："男女皆穿绣服，以五彩绒绣于布衣上。衣长仅过脐，裙不过膝，如白果等处也。"③《白山司志》记述："土人性朴而悍，出入以刀自卫。土官世族，习俗犹仿佛汉人。旧志云，农务耕织，诸凡朴率从俭，不失太古之风。"其服饰"衣尚青，男子间有著蓝青，妇女则纯青，行路以青布一幅濒于发上，短衫长裙，裙其宽而折，极细。其着长衫者，则无裙"。未嫁女子"项

---

① 林光隶等修：《天河县志》，《服饰·风俗》条。
② 魏任重修：《三江县志》，《风俗·服饰》条。
③ 同上。

挂银圈，耳悬灯笼，坠手，无戒指，惟拇指束一银箍，名曰桶箍。首饰用琴样，银簪长尺许，横贯于髻，出入林木，频侧其头，恐挂碍也。平日皆跣足，遇年节及喜庆宴会，男着袜履，女蹑花鞋，悉以布为之。绫锦绸缎，富绅家或间用之"①。《崇善县志》（今崇左县）记载，该县壮族"男子天寒好包头，多跣足。女子戴项圈，染黑齿，穿短衣，扎长裙"②。宜山县壮人服色尚青，男衣短狭，老耆衣绸褐。女则短裤长裙"；还有"男薙发留辫，未嫁者披发，已嫁者挽髻"的习俗③。由此可知，上述壮族虽受汉族文化的影响颇大，但在服饰上，仍保持着自己本民族的浓厚特色。《龙胜厅志》载称，该地壮族在服饰方面，"头顶留发挽髻子，插银簪，戴耳环，颈上戴项圈，四时用青布包头，青短衣，青长裤，妇女长发挽髻子，戴银梳银簪，耳戴银圈。上穿绒织花布，长领短衣，胸前花兜肚，下穿细褶长花裙"④。还应指出的是，壮族在服饰方面，除注意吸取汉族服饰的"养料"外，还受瑶族服饰的影响甚大，从而使其民族服饰更具多元性与多样化特色。

云南地区壮族服饰：云南壮族主要散居在广南、广西、曲靖、临安、开化等五府。他们"以耕渔射猎为主"，情性刚直，出入带刀弩，其衣着特征是"男穿青蓝两截衣，头戴青帽，跣足。女如男，束发插簪戴帕，穿绣衣绣裙"⑤。康熙时，石屏、嶍峨、路南等地的壮族，在衣着方面，其特点是"男妇首裹青帨，服白麻衣，领上缀红布一方，妇人冠红巾，衣花绣"⑥。《广南府志》记载，壮族散居四乡，在服饰方面，男女"衣服尚白色"⑦。《镇雄州志》记述，该地壮族服饰多为"男前发齐眉，衣不蔽膝。女束发为髻，著平顶冠，系桶裙，好赤足，饰冠服，缀贝织花纹，类乎苗子"⑧。道光《普洱府志》卷十八记载此地的壮族，大部分习汉语，"言语服食近汉。泽居水耕，气质稚鲁，尚勤俭，男女衣饰略同"；他们"男穿青布裩，女上穿短衣，用五色碎布簇成四方锦于前后，与补相似，下穿青桶裙"。光绪《罗平州乡土志》卷五指出，此地壮族"服色尚黑，女紧衣，以桃花黑布包头，腰围桶裙，跣足不裤。多种杭秋，纺织"。可见在服饰方面，仍保留着浓厚的民族特色。

瑶族，清代大部分居住在今广西、贵州、云南；还有一部分居聚在今湖南、

---

① 王言纪修：《白山司志》卷九，《风俗》。
② 黄旭初修：《崇善县志》，《风俗·文化》条。
③ 陈赞瞬修：《宜山县志》，《服饰·习性》条。
④ 周诚之纂修：《龙胜厅志》。
⑤ 王崧等纂：《云南通志》卷一百八十四。
⑥ 范承勋等：康熙《云南通志》卷二十七。
⑦ 王崧等纂：《云南通志》卷一百八十四。
⑧ 王崧等纂：《云南通志》卷一百八十五。

广东和江西。其名称因起源传说、生产方法、民习与服饰等方面的差异，而有"盘古瑶"、"过山瑶"、"茶山瑶"、"红头瑶"、"兰靛瑶"、"背篓瑶"、"平地瑶"、"白裤瑶"等三十余种不同的称呼。在服饰方面，瑶族继承"好五色衣服"、"椎发跣足，衣斑斓布"的民族传统；随着社会经济的发展，清代瑶族的服饰更多样化、实用化。

　　排瑶为瑶族的一个支系，聚成在广东西北连南一带。其服饰不仅是瑶族服饰的一个典型，而且亦是衡量一个人年龄、婚否、贫富、社会地位的重要标志之一。在排瑶内部，十四五岁以下的少年男子衣着简单，衣饰与成年人相同，头部一般也不加装饰，最多插鸡毛或山花。男童额发剃光，只留脑后一束，或扎小辫或束成小发髻，并留髻尾。女孩与未婚姑娘的额发剪齐，留中间部分束成发髻。十五岁以上的姑娘较为重视发髻的装饰，或缠红绒彩线，或绕"白木通"，野草珠，或插山花、白鸡毛、银簪、小木梳，五彩纷呈。青年男子不再理发，梳成发髻，或缠上大匝红绒线，或扎红布头巾。对此，李来章《连阳八排风土记》描述："瑶无冠礼，少年男子以五色绿珠及棉花作条饰髻，上插鸡尾，以为美观，男二十余岁不剃发，以红布缠头，兼用网巾，穿耳戴环。"[1] 区别婚否，主要看女子的头饰，未婚姑娘不戴冠，凡盖上帕巾的，便是订婚和已婚的标志："女年至将嫁，发长以为羞，择日于私室梳髻，以五色红绒绣红巾，缝头包，其名曰'帕'，其状上尖，左右两角下圆，罩发昼夜不脱，不令人见，嫁三年后，换白布，不绣绒。"[2] 由于排瑶崇拜"盘古王"，妇女戴冠，主要是为纪念祖先盘古王婆。传说盘古王婆椎髻戴冠，人们因而予以承袭。然而各排妇女头冠并不统一，这也反映出不同部落、不同支系的瑶民，对盘古王婆冠的不同想象。同时，排瑶还认为，红色可以避邪除疫，象征吉祥如意。所以，不论男女老幼，身上总佩戴点红色的东西；而在社会上处于特殊地位的人，更是全身披红。此外，凡经过宗教仪式"打道篆"的人，其冠、带也改成了红色。对此，凌锡华《连山县志》卷五载称："受箓者，得衣朱衣，髻缠朱布……其妻亦以红布为髻笠。"这体现了瑶族在服饰上特殊的民族审美心理。

　　通过《连阳八排风土记》的记载，我们可以清晰地看出，清代连阳八排瑶族男女衣着的共同特点是"男衣皆大领左衽，裤用青布，裤脚以五色绒横绣之，腰间缚包肚，或皮带。少年衣领下加白布一幅，如女子云肩以绿珠数串缀于白布之上，女衣幅袖，以五色绒密绣之，后衣则长过膝，无前衿，余布二幅不绣，左右相交，遮肚转后下垂，女裙前用青布一幅，印白花，名曰'裙襕'，裙无

---

[1] 李来章撰：《连阳八排风土记》卷三，《冠》。
[2] 同上。

褶，无后幅，后用衣遮脚，跣足"①。这一记述，比较全面地概括了清代连阳瑶族服饰的基本特征。

黎族主要居住在海南岛广东钦廉等地区。《黎岐纪闻》记述，黎族分生、熟两种。"熟黎之类有三：黎岐、考黎、黎鬃是也；生黎之类有六：花脚黎、大厂黎、小厂黎、岐黎、霞黎、生岐是也。"② 他们在生活习尚与服饰方面各有特色。生黎"伏居深山"、"性直犷悍"，多以射猎为生，在服饰上，"男不着裤，衣用粗麻布，缝之如单被；或织吉贝为之，前后两幅，名曰纤；下体为裙，长不掩膝，头插银铜钗，戴六角帽，跣足而行。妇人高髻，钗上加铜环，耳坠垂肩上，衣短窄，以粗绒刺花，下则自织粗麻或粗棉花或五色吉贝，以通连幅为围，名曰裳，亦曰黎桶（今熟黎男服颇与汉同，妇女服饰仍故，惟少雕题）"③。熟黎多为上衣粗麻短衫；生黎用布一幅，"穴其中，以首贯之，无袖，长不掩脐；黎岐下著犊鼻裈；余黎并无下衣，仅以四五寸粗布二片，上宽下窄，蔽前后，名曰黎厂；或用布一片，通前后包之，名曰黎包。按《图说》惟岐黎为然，然别黎亦间有之"④。这是男子的服式特征。其妇女的服饰是"上衣短衫，其制用布一幅，中开一长穴，后至背，前至胸，下各留五六寸许不断；唯大厂黎长距膝前后近下各绣一方幅，胸前衬以抹胸，或蓝或青；下衣如竹筒，用幅布对缝之，名曰黎桶；黎岐长不蔽膝，别黎并长至胫，唯大厂黎长敷足；或绣五色花以为饰，名为绣花桶"。所谓大厂黎，是因为"厂较别黎独大，故名；其制上窄下宽，有箙，亦稍异于别黎；小厂黎制与大厂同，唯小不及半，故名小厂"⑤。

《感恩县志》对清代散居在该县境内的三星黎（皮黎）、美俘黎（穿裙黎）、大鬃黎（尖鬃黎）、夏黎的服饰，有详尽的描述。三星黎衣着特征为"男无裸体，着衣裳，发髻于前；女髻鬃跣足，着衣穿桶；其衣裂前幅，领扣一纽；其桶以红黄绿三色柳绒及绣花织纹，四围合缝，穿而结之……男伐岭为田园，女织席为生活"⑥。美俘黎的服饰是"男女皆髻发在后，亦皆穿耳带环，但男环白铜而小圈，女环黄铜而大圈；又男童时薙发，冠者蓄全发；穿左右两幅裙，故俗谓之穿裙黎。女穿三色绣花桶，颈盘五色粉珠，十余岁以针刺头面手脚胸，细如虫蛾花卉，用青靛涂入刺痕，谓之绣缅"⑦。大鬃黎，"男之性质，女之妆

---

① 李来章撰：《连阳八排风土记》卷之二，《衣服》。
② 张庆长：《黎岐纪闻》。
③ 吴应廉：《定安县志》卷九，《黎俗》。
④ 张庆长：《黎岐纪闻》。
⑤ 同上。
⑥ 周文海：《感恩县志》卷十三，《黎情》。
⑦ 同上。

饰",亦与三星黎、美孚黎的服饰大致相同。所不同的是其男髻发在前,稍大而尖,因而又被称为尖鬃黎。他们皆"不着裤,缝布两幅,垂蔽下体"①。夏黎则性格犷悍,其服饰习俗是"不剃头发,挑分前后,由后扭绊回前合盘;赤身露腿,下体以小白布一条包裹阳物。女涅面跣足,穿補带环,亦与各种黎同"②。

对清代黎族的"礼服"和"见官装束",《黎岐纪闻》、《广东新语》有翔实的记述。首先,黎民遇有吉凶事,其"上衣如民人马褂状,或花或绿或青不等,四围嵌以绿色矾珠;熟黎则用红布,不绣花"③。其次,《广东新语》对黎民的"见官装束"作了介绍:黎母山,高大而险,中有五指、七指之峰,"生黎兽居其中,熟黎环之。熟黎能通汉语,尝入州县贸易,暮则鸣角结队而归。生黎素不至城,人稀得见。岁壬子忽有生黎二十余献物上官,旗书'黎人向化'四字"④;他们"短衣及腰,以三角布掩下体","当额作髻,髻用金银钯或牛骨簪;其纵插者生黎也,横插者熟黎,以此为别。妇人率著補,以布令幅,上与下紧连,自项至胫不接续,四围合缝,以五色绒花刺其上,裙衩作数百细褶,用布至十余丈,长不能行则结其半于腰间,累累如带重物。椎髻大钗,上加铜环,耳坠垂肩,面涅花卉虫蛾之属,号绣面女"⑤。这些记述,体现出清代黎族服饰的一些重要方面,更是其社会生活的一个重要组成部分。

黎族男女的头饰、发饰,如男髻、包鬃、鸡尾形银饰,以及女髻、耳环、项圈、绿珠、布帕、头标等,均有浓厚的民族与地方特色。其特征是"富人头前多插银条为饰,或一条或两三条不等,似鸡尾形,故名鸡尾"⑥。"男发结在前,而束以圈,或银或铜,随贫富为之,阔半寸许,大小视发之多少,名曰包鬃。额关饰以簪,唯黎岐无之,余黎类然。岐黎则发结在中,贯以簪,前用薄银片掩之,亦曰包鬃,制稍异于别黎。"⑦黎族妇女头饰多结发垂后,唯有花脚黎、岐黎披发不结,小厂黎亦间有之。"耳垂大环,项圈铜圈,如项之长,或用绿色矾珠围数扎;亦如项长;其头上不用金银杂饰,唯以布帕绣五色花覆之,长及肩,下缀五色绒绳数十条,长尺余,绳端系铜线,名为头标,互击有声,以为媚。《图说》谓黎岐为然,余则无。然别黎中亦有覆帕如黎岐者。"⑧其幼年人耳垂大环,或银或铜,"亦随贫富为之,以为观也;未娶亲者多用之,成亲

---

① 周文海:《感恩县志》卷十三,《黎情》。
② 同上。
③ 张庆长:《黎岐纪闻》。
④ 屈大均:《广东新语》卷七,《人语》。
⑤ 同上。
⑥ 张庆长:《黎岐纪闻》。
⑦ 同上。
⑧ 同上。

后则无"①。许多习俗,一直传承至今。

　　高山族是台湾的本地民族,他们主要聚居在台湾本岛的山区和东部沿海河谷平原。在称呼上因地区不同而异,如平埔人(平埔番)、百宛(派宛)、耶美(雅美)、"东番"、"番人"、"蕃族"等。最能体现高山族民族文化特色是他们的男上衣、女上衣、裙子、衣饰与饰物等。

　　1. 台湾高山族男上衣有无领对襟、圆领短上衣、对襟长袖衣及对襟短背心、鹿皮衣等。无领对襟:它有长短之别,短者至腹,称为拉当;长者至膝,称为鲁靠斯,其特点是:二者均无领、无袖、无扣,以自织窄幅"番布"两幅相并,不加剪裁,用线密缝其背到腋下两侧,未缝之部分为对开之前襟,以两条纽带相联结。其襟多有黑白两色。胸背织有几何形彩色衣纹,如菱纹、圈点纹、星纹等,衣之前后下方多织有纹饰。这是泰雅、赛夏、阿美等族男子的衣着②。

　　圆领短上衣:系泰雅、赛夏等部族男子衣着。它为对襟、无袖、多无扣,也有扣在领者。圆领短衣,多为带色之窄幅"番布"二幅相并缝制。衣服的正面及背织以红色、蓝色等麻线花纹,以菱纹为主,间几何纹。下摆及襟也以有色麻线织以花纹③。

　　对襟长袖衣及对襟短背心:系排湾、鲁凯、卑南、阿美、雅美等部族的男子衣着。多以窄幅"番布"为之,着此服者腰部系以腰带或半腰裙。雅美部族多着对襟短背心,腰部围以"丁"字形之布带④。

　　鹿皮衣:系曹部族、布农部族男子之衣着,"衣用鹿皮树皮,横联于身,无袖"⑤。

　　2. 台湾高山族之女上衣有长袖上衣、长衣长裙、仿汉族女上衣、背心及胸布数种。长袖上衣:高山族称为"几辘",系泰雅、赛夏、曹族、阿美等部族妇女的衣着。其特点是长袖对襟,前后襟仅及胸背,领及袖部均绣花纹,袖部花纹在袖口内,黄叔璥称:"番妇衣短至腰,或织茜于领,或缘以他色"⑥,穿时衣袖外卷露出花纹。此衣"长只尺余,钉以排扣"⑦。长衣长裙系排湾、鲁凯、布农等部族妇女的衣着,特点是长衣窄袖、肩及袖皆绣花纹,下为长裙膝裤。此外,各地高山族妇女的仿汉族女上衣、背心和胸布等服饰,也富有民族与地方

---

① 张庆长:《黎岐纪闻》。
② 黄叔璥:《台海使槎录》,《北路诸罗番》一。
③ 黄叔璥:《台海使槎录》,《北路诸罗番》三。
④ 黄叔璥:《台海使槎录》,《北路诸罗番三·七》。
⑤ 同上。
⑥ 黄叔璥:《台海使槎录》,《北路诸罗番一·三》。
⑦ 同上。

特色。

3. 裙子。高山族男喜好穿裙子。裙有多种，如缠腰裙、单式裙、双合裙、竖式长裙、长裙、筒裙等。单式裙为男裙；双合裙为女子所穿着。裙的制式多是"下体用乌布为蔽，长二尺余，炎天则结麻片为之，缕缕四垂，围绕下垂"以为裙[1]；而"腰下围幅布，旁无襞积，为筒裙"[2]；有的裙用"色绸、锦缎重叠围之，另缀绮罗于肩之左右如结悦然，随风飘飏，五彩夺目"[3]，此为富贵者的裙子。一般人穿的裙子，多用白色"番布"作底，裙子下部，皆夹织红色、蓝色纹饰。花纹的种类有菱形、波浪形等，间有人形纹；更有饰以色绸锦缎者。

4. 衣饰。高山族男女很重视衣饰，衣饰的种类繁多。台湾南部高山族各部族的衣饰，又较东北部诸部族为多。衣饰主要有套袖（分为麻制和皮制两种）、头巾、腰带、扎结裹腿、布袋和帽子等多种。就帽子而论，有竹帽、藤帽、绒帽、皮帽诸种，各有用途，各有特点[4]。

5. 饰物。高山族的服饰饰物种类甚多，男女服饰，从头至脚皆有不同形状的饰物。而且男子服饰多于女子，并因贫富而有差异。这些饰物多用贝珠、贝片、兽牙、羽毛、兽皮、银、铜、竹、木等材料制作，真是应有尽有，令人目不暇接。这些饰物可分为头饰（含冠、额、耳诸部位）、颈饰、胸饰、臂镯、手镯、脚镯、鞋等部分。其中，脚镯较为特殊，它用贝珠或贝条穿缀而成，也有用铜等金属制作者，饰于脚腕之上。诸罗地区高山族"手足腕俱束以铜圈"；凤山地区高山族有"脚带铁镯，名石加来"者。脚镯为高山族男子盛装时使用的饰物。此种装饰与古时猎获敌首有关，且只有猎获敌首者，才能用此装饰，可见这一习俗与军事活动有密切关联[5]。通过以上论述可知，高山族的服饰，从形制、色泽到各种饰物，具有浓厚的民族特点与地方特色。在服饰与社会生活习尚方面，亦有汉族与其他民族（如黎族、古代百越民族）文化影响的印记。

（三）西南地区少数民族的服饰礼仪

中国西南地区，有众多的少数民族，他们主要分为氐羌系统部落、百越系统部落、百濮系统部落和苗瑶系统部落四大群体。经过长期历史的发展、分化与重新组合，到清代时，居住在西南地区的少数民族主要有：藏族、白族、彝族、纳西族、傈僳族、拉祜族、哈尼族、怒族、独龙族、景颇族、阿昌族、傣族、德昂族、佤族、苗族、布依族、侗族、羌族、水族、仡佬族、布朗族、基

---

[1] 黄叔璥：《台海使槎录》，《北路诸罗番三·一》。
[2] 同上。
[3] 康熙《诸罗县志》，《风俗志》。
[4] 黄叔璥：《台海使槎录》，《北路诸罗番》诸条。
[5] 黄叔璥：《台海使槎录》，《北路诸罗番》；乾隆《重修凤山县志》，《风土志》。

诺族等。每个民族除有一片大小不等的主要聚居区外，普遍的是相互交错杂居。其分布特点是：边远和高寒山区多为少数民族居住，平坝及交通方便的地区为汉族和少数民族杂居。但各民族的社会、经济发展极不平衡，即使是同一民族，其所处地理环境不同，导致发展水平差异较大。这种发展不平衡的现象，始终与有清一代相存。因此，西南地区少数民族在衣食住行等物质文化生活方面，所表现出来的特点也是千姿百态、各色各样。

白族被称为"白人"、"僰人"、"白子"；又称为"民家"或"民家子"。另有一部分被称为"那马"。其分布区域，主要聚居在云南大理府；靠内地各府州县境的白族普遍与汉族杂居。在四川建昌（今西昌）一带及贵州境内普安、威宁等地也有少量分布。白族的经济与文化发展水平较高，在生活习尚方面，除保持自身一些特点外，与汉族基本一致。《皇朝职贡图》载称："白人其先居大理白崖川……后居景东府地，而云南、临安、曲靖、开化、大理、楚雄、姚安、永昌、永北、丽江等府俱有之，随各属土流兼辖。其居处与民相杂，风俗衣食悉仿齐民（即汉族），有读书应试者，亦有缠头跣足，衣短衣披羊皮者，又称民家子，岁输赋税。"① 经明清两代在云南地区实施大规模的改土归流后，白族绝大部分地区的社会发展水准，已与汉族大体一致。但分布在各地的白族在服饰方面，还保存着本民族的显著特点，如康熙时期，楚雄府白族"男子以帕为冠，妇女出入，辄以帕覆顶面"②。东川府"其衣冠遵时制，女人青布帕首，金银铛，白布衣，五色布统裙，尘头大鞶"③。《丽江府志》称，居住澜沧江边的白族，多"戴白帽，穿白衣。自言武侯征南不杀刺毛（即白族）一人，闻其没（殁），遥为孝服，遂沿成俗。柔儒畏法，织麻布种田以供食赋"④。邓川的白族，"一曰水手，性椎鲁，耕田治圃外，捕鱼为业。衣短褐跣足"⑤。崇尚白色，是清代白族在服饰方面的显著特色。

彝族主要分布在跨滇、川、黔三省之间，其中尤以云南人口最多。云南的东川、乌蒙、镇雄三府，是彝族的主要聚居区。清代彝族的名称，除概称"罗罗"外，在同一区域内或不同地方，其名称各异。不仅明代即已存在的摩察、罗婺、撒摩都、鲁屋、些门（撒弥）、普特、仆喇、母鸡、阿者、车苏等名称，清代仍然存在，而且还出现了子间（即今昆明附近的子君）、聂素、嫚且、孟乌、喇鲁、利米等新的称呼。

---

① 王崧等纂：《云南通志》，卷一百八十二。
② 张嘉颖等：康熙《楚雄府志》卷一。
③ 方桂：雍正《东川府志》卷一。
④ 王崧纂：《云南通志》卷一百八十五。
⑤ 侯允钦：《邓川州志》卷四。

经过雍正时期大规模的改土归流后，彝族中的封建领主和奴隶主（土官）的统治受到极大的冲击，封建经济逐步发展起来。在平坝区域，发展尤为突出，雍正朝《云南通志》记载："海倮倮，寻甸有之，亦名坝倮倮，以其居平川，种水田而得名也。土人以平原可垦为田者呼为海，或呼坝故名。与汉人相杂而居，居处饮食衣服悉如汉人，唯与其同类仍作夷语。居家俭朴，情性和纯，且知读书。"①《皇朝职贡图》称，海倮倮，一名坝倮倮，"或云即白倮倮也，与齐民（汉民）杂处，其服食语言俱相似，唯与同类语则有别。勤于耕作，急公输税，间有读书者"②。可见，这部分彝族在生活风尚方面，受汉人影响较深。生活在山区半山区的彝族，其发展水平参差不齐，《沾益州志》说，乾倮倮，"于夷人中最贱者，织麻捻草为布衣之"。"虽高岗硗陇，亦力耕及之，种惟荞菽、燕麦。四时勤苦，尽足食。"③《东川府志》说，乾倮倮，"最勤苦，近皆畏威怀德，一洗从前旧习，业儒者千之一。余皆刀耕火种，农隙则荞牧渔猎，……服粗麻布衣，其自织也。所食荞燕麦"④。因为各地彝族社会与经济发展水平不齐，所以，在服饰等方面，表现为特色各异。

1. 黑倮倮。黑倮倮为"滇夷贵种，凡土官营长皆其族类。散居云南、曲靖、临安、澄江、武定、广西、东川、昭通、楚雄、顺宁、蒙化等府……男子青布缠头，或戴箬帽，布衣毡衫，如亦以青布蒙自，布衣及羊皮，缠足著履"⑤。《楚雄府志》云："嫁女与皮一片、绳一根为背负之具，或用笋殻为帽，衣领以海贝饰之，织麻布，织当作纺麻线市买之。"⑥《弥勒州志》载，黑倮倮，"挽髻插骨簪耳。著环，出则包黑帕，佩刀披毡衫……妇人首戴长布一条，绕头三匝，余者垂后。穿布袍，前及膝，后拖地（似古时衣著尾），无开襟，服之自首笼下，不穿裙。男女俱赤脚"⑦。

《开化府志》称，黑倮倮，"性朴……妇女戴青布箍，穿青衣，钉银泡数匝"⑧。《宁耳县采访》描述：黑倮倮威远宁耳有之，"性多猛悍。男女皆穿青蓝短衣，裤外均以草叶做披衣，名曰遮雨"⑨。《沾益州志》记载"蛮娘能织连线

---

① 鄂尔泰：《云南通志》卷之二十四。
② 王崧等纂：《云南通志》卷一百八十二。
③ 同上。
④ 同上。
⑤ 同上。
⑥ 同上。
⑦ 同上。
⑧ 同上。
⑨ 同上。

锦具饰花裙百褶"①。《宣威州志》描述：黑倮倮"男椎髻，头缠皂布，左耳戴金银环，衣短衣，大领袖，着细腰带。女辫发盘于头，皂布缠头，垂两端于后"②。

2. 白倮倮。对"白倮倮"的各种服饰，《皇朝职贡图》记载："白倮倮，于夷种为贱，云南等府及开化、景东比重在之。一名撒马都，又称为洒摩……男子以布蒙首，衣短衣，胸挂绣囊，着革履。妇女椎髻，蒙以青蓝布，缀海贝，锡铃为饰，足着履，勤于耕作。"③《景东厅志》载称：该厅彝族"男女袴皆麻，女束发，青皮缠头，别用青帕覆之。男务耕，女织麻布"④。《开化府志》云，该地白倮倮"性直朴，服尚青蓝，妇人以布围头"⑤。《宁洱县采访》记述：思茅、威远、他郎的白倮倮，"性情耿直，男女皆穿蓝白短衣侉，外披羊皮，脚裹青布"⑥。《伯麟图说》称，白倮倮性情朴直，"裹头跣足，披羊皮如蓑，负薪入市。近颇有耕而读者，徵江府及他郡州皆有之"⑦。

3. 妙倮倮。对"妙倮倮"的服饰，《皇明职贡图》云，妙倮倮，皆土蛮官合之裔，或称"虎头营长，或称官娜，与黑白诸种异，广南、元江、开化、镇源、大理、楚雄、永昌、永北、丽江、姚安十府皆有之。无部落，随各属土流兼辖……男子椎髻短衣，妇女青布缠头，以幅布披右角，绾于左腋，短衣短裙，跣足无袴"⑧。《伯麟图说》记载：妙倮倮俱"结茅松间，围炉坐卧，男或罗衣鹤帽，女三角冠，胸背刺绣文，吹芦笙，自清越也"⑨。

4. 乾倮倮。对"乾倮倮"的服饰，《皇朝职贡图》称：乾倮倮与黑白倮倮散居，主要分布于云南的曲靖、东川府等地，其服饰的特点是"男子束发缠头，耳缀圈环，衣花布短衣，披羊皮，用麻布裹胫，着草履。妇女以白麻分辫，束顶，缀海妃"⑩。《沾益州志》曰：其为"夷人中最贱者，织麻捻火草为布衣之。男衣至膝，女衣不开领，缘中穿一孔，从头下之，名套头"⑪。分布于东川府的乾倮倮服饰是"男子椎发帕首，妇人青布首，同服粗麻布衣，其自织也"⑫。

---

① 王崧等纂：《云南通志》卷一百八十二。
② 同上。
③ 同上。
④ 同上。
⑤ 同上。
⑥ 同上。
⑦ 同上。
⑧ 同上。
⑨ 同上。
⑩ 同上。
⑪ 同上。
⑫ 同上。

5. 撒弥倮倮。《皇朝职贡图》将撒弥或作洒美，记述"其种类不蕃，惟云南曲靖二府有之。居处与齐民相杂，其人面目多黑"。服饰特点是"男子椎结，青布裹头，衣褐披毯，白布束胫，着草履，腰短刃"。其"妇女青布裹头，缝合，两鬓间如帽，着绿衣，披青布，单系白布短裙，着履，能织布及毛褐"①。

6. 阿者倮倮。阿者倮倮居云南盘江，服食与黑倮倮相同，辖于流官，其服饰为"男女皆短衣袴，耳缀大环。男跣足，着履"②。

7. 鲁屋倮倮。《皇朝职贡图》记载，鲁屋倮倮主要居处于云南的曲靖府，与齐民（即汉民）杂居，居处饮食与黑倮倮类同。其服饰"男子束发裹头，着青蓝布衣袴，踏木履。妇女戴青抹额，耳缀大环，短衣长裙，跣足"③。《弥勒州志》记述："各土官土舍之官奴寨民，不戴耳环……男子亦有戴帽着靴者，穿青白大衣，佩刀。妇人穿袍，首包青绫帕。"④ 所以《伯麟图说》叙述鲁屋倮倮的服饰特点时指出，其服饰"类黑倮倮"⑤。

8. 摩察。《皇朝职贡图》记载，摩察本系黑倮倮苗裔，主要分布于云南武定、大理和蒙化三府境内，居处与黑倮倮同。其服饰"男子束发裹头，耳缀短衣，披毯衫，佩短刀……妇女皂布裹头，饰以砗磲，短衣长裙，跣足"⑥。

9. 黑乾夷。《云南通志》记载，黑乾夷主要分布于云南宣威深山密菁中，经济不发达，他们的服饰是"男椎髻，头缠麻布，耳戴大铜圈，垂至肩，穿麻布短衣，跣足。女衣套头衣，毛褐细带，编发筛盘，罩于首，饰以海贝、砗磲等物，衣领亦然，褶褐亦用毛褐"⑦。

10. 仆喇。清末民初，居处马关县的仆喇因各地方言不同，而有黑仆喇、白仆喇、花仆喇、母鸡仆喇之分。黑仆喇之男女衣服均以青布为之，"面黧而形陋"；白仆喇衣服装饰多用白色；花仆喇的服色用青蓝，领缘袖口衣边以红绿杂色镶之；"头帕上横，勒杂色珠一串，珥坠形如陀罗，以海巴（海贝）为美饰，尤多佩戴之"⑧。母鸡仆喇，服色青蓝并用，妇女妆饰仿佛与白倮倮同；牛尾巴仆喇，"妇人以毛绳杂于发而束之，粗如几臂，盘曲成圆，以绳维索，并戴于头上，径大尺余"⑨。可见其妇女十分注重打扮，且富浓郁的民族特色。

---

① 王崧等纂：《云南通志》卷一百八十二。
② 同上。
③ 同上。
④ 同上。
⑤ 同上。
⑥ 同上。
⑦ 同上。
⑧ 张自明：民国《马关县志》卷二。
⑨ 同上。

11. 葛倮。葛倮彝族清末民初主要散居云南的邱北县境内，以"耕牧为业"，史称该部彝族"穿麻衣，披羊皮毡衫。未婚者均蓄发，以细麻辫裹之，左右成两珥状，饰以海贝。衣则以羊毛线，茜染五采，织绵为章。莫分男女，惟女不穿袴，以麻布四幅为裙，膝下扎麻布一尺。男子有妻子后，岳家始为薙发，易以蓝布包巾。女子嫁后收发上篐，曰'大头'，饰以缨络"①。

12. 花倮倮。花倮倮主要分布于云南的马关县境内，其服饰特点主要是："倮妇服长及膝，跣足着裤，服色青蓝，以布裹发而盘于头，甚朴素也。倮男反是领襟、袖口、裤脚俱绣二三寸之花边，袖大尺余而长仅即腕，裤管亦大尺余。前发复额及眉，后挽髻而簪，顶花帕，全似女妆，此已可异最怪者，其衣裤上身即不易换濯。换衣时典礼最重，必请巫师禳鬼神，宰牲牢，以宴宾客，此种广南居多。"② 云南中甸县境内的彝族，在服饰的质料与式样方面，到清末民初时，亦有变化，其服饰多用大布，其次是毛巾，再次是麻布。彝族"男子皆短装系带，跨刀盘发于胸前，如独角然，故谓之老盘，亦称独角牛，近多薙发，冬夏皆喜披毡，夏则赤足，冬则屦能踩羊毛为毡袜、毡帽，以御寒。妇女皆系百褶大布或麻布，长巾长裙，跣足，以青布褶为八角首蓬而顶之"③。

纳西族，清代文献称"么些"，主要聚居于云南丽江与鹤庆二府境内。雍正年间，改土归流后，促进了纳西族地区社会经济文化的发展。《丽江府志》记载，么些"性轻捷柔懦，儇慧相高……安分畏法，务耕植，畜牧，善劲弩骑射，勤俭治生，虽馈不过麦酒米脯……今则渐染华风，服食渐同汉制"④。这表明清代丽江、鹤庆一带的纳西族在服饰方面，受汉族文化的影响颇深。至道光年间，丽江一带，与服饰有关的手工业获得进一步的发展，道光《云南通志》卷三十"地理志五"记载，丽江"妇女初习纺织，近日府城内外，各设立机坊，竞相师法，纺织之声，延而渐广"。这就为纳西族服饰的丰富多彩，提供了必要的物质前提。

清代云南境内纳西族服饰特色，据道光《云南通志》引《皇朝职贡图》所载："男子薙发戴毡帽，著大领衣，披羊皮。其读书人学者衣冠悉同士子。妇女高髻，戴漆帽，耳缀大环、短衣长裙。"⑤ 又转引《丽江府志》称，纳西族"男子头佶二髻，旁薙其发，名三搭头。膝下缠以毡片，四时著羊裘。妇人结高髻于

---

① 缪云章编纂：民国《邱北县志》第二册，《种人》。
② 张自明：民国《马关县志》卷二。
③ 段绶滋：民国《中甸县志稿》卷下。
④ 王崧：道光《云南通志》卷一百八十四。
⑤ 同上。

顶前，戴尖帽，耳坠大环，服短衣，拖长裙，覆羊皮，缀饰绣金珠相夸耀"①。生活在维西一带的纳西族，在服饰方面，更多地吸收了汉族服饰的一些特色，更加多姿多彩。据余庆远《维西闻见录》"夷人条"记载："自建设以来（按，雍正六年筑维西城，设维西通判治其地），男皆剃头辫发，不冠，多以青布缠头，衣盘领白䌷，不袭不裹，绵衣袴不掩膝。妇髻向前，顶束布勒若菱角，耳环粗如藤，缀火龙眼果，铜银为之，视家贫富。衣白褐青，缘及脐为度，以裾为裳，盖膝为度，不著袴，裹臁肕以花布带束之，女红之类，皆不能习，男女老幼率喜佩刀为饰，不爱颒泽，衣至弊不澣，数日不沐，经年不浴。冬不重衣，雪亦跣足，严冬则覆背以羊皮，或以白毡，近年间有著履屦鞾者。头目效华人衣冠，而妇妆不改，裙长及胫，亦其中旧制，以别齐民（汉族）。"至清末时，因纳西族地区"间有汉籍杂处其中"，故其"言语、服饰俱与丽江里民相同"②。

居处于北胜州、蒗蕖和永宁土府境内的纳西族，因经济不发达，加之偏远闭塞等原因，其服饰较为单调，"男女悉以棉布、麻布为衣"；"披发左衽，赤足，穿耳贯环……披毡毯为衣"③。清代纳西族的服饰，还受周围藏族等兄弟民族服饰的影响颇大，其衣服"多用麻布，次大布，次毛布，亦间有氆氇者，男子多长衫系带，半薙辫发，戴帽著履者甚少，妇女皆系有百褶麻布长裙，不袴，多跣足露髻，不喜装饰"④，十分典朴端庄。这些记载表明清代各民族服饰文化之间的相互交流、融会是多方面的。

哈尼族，在元明清的史籍中，又被称作"斡泥"、"窝泥"、"禾泥"、"和泥"、"倭泥"等。清代，该族内部又细分为卡堕、黑铺、糯比、喇乌、罗缅等部。居住在云南临安府南部红河两岸一带的部族，多称为"窝泥"；散居在元江、普洱、景东、镇源、思茅等地者，呼为"卡堕"。生活在临安府一带的哈尼族，农业与手工较为发达。道光《他郎厅志》称，哈尼族"男勤稼穑，女事纺绩，虽出山入市，跬步之间，口衔烟袋，背负竹笼；或盛货盛柴，左手以圆木小槌安以铁锥，怀内竹筒装裹绵条，右手掀裙，将铁锥于右腿肉上擦撑，左手高伸，使绵于铁锥上团团旋转，堆垛成纱，谓之撑线。至心喜时，口唱山歌，名曰倒板腔，妮妮可听也"⑤。线撑成后再由简单的木机织成布匹，以满足制作服饰之需求。由于各地区窝泥族经济发展水平不同，其服饰呈现出显著的地域特色。

① 王崧：道光《云南通志》卷一百八十四。
② 张异蘷：新修《中甸方志书》卷上。
③ 乾隆《永北府志》卷二十五。
④ 段绶滋：《中甸县志稿》卷下。
⑤ 光绪《普洱府志》卷四十六。

1. 窝泥。窝泥"性躁……男以白帕裹头，腰束皮绳。女子衣花布衫，以绵绳辫发数匼，穿海𧴫（贝）盘旋为饰"①，这是临安府纳楼土司所辖窝泥族的服饰特点。康熙《嶍峨县志》卷二"种人"条记载，该地窝泥族"男子多跣足，妇女衣衫，以绵绳辫发数绺，穿海贝盘旋为饰，穿珠垂胸"②。雍正《阿迷州志》卷十一记述与"罗罗"杂居的窝泥族的服饰特征：窝泥或称斡泥，"男环耳跣足，妇女花布衫，以红白绵绳辫发数绺，海贝杂珠盘旋为螺髻"。雍正《景东府志》卷三载称，窝泥族"男服皂衣，女束发，青布缠头，别用宽布帕覆之，衣用长桶，有领袖而无襟，穿衣自首套下，内着桶裤，领缀海𧴫，用锡作短小筒串以饰顶"。普洱府也是窝泥族聚居的主要地区之一，至道光时，这里的窝泥族分为黑白两种，主要"以衣色分别"。黑窝泥"宁洱（普洱）、思茅、威远（景谷）、他郎（墨江）皆有之。性情和缓，服色尚黑"。白窝泥"宁洱、他郎有之……服饰尚白，身挂海𧴫，耳坠大环"③。楚雄府所属地区的窝泥族，"男妇善彝歌。男子剪发齐眉，衣不掩胫。妇人辫发，饰以海贝、红绒、青绿绕珠为瓔珞垂于头额，桶裙无襞。女子以红黑布相间缀于裙之左右。既适人，则以藤丝圈束膝下"④。

2. 阿卡。道光《普洱府志》卷十八记载，阿卡部窝泥族主要分布在宁洱、思茅，其服饰特征是"男穿青蓝布短衣裤，女穿青蓝布短衣裙，均以红藤缠腰"。

3. 卡惰。雍正《云南通志》记载，清代自称卡惰的窝泥族主要分布在元江府和普洱，他们服饰的主要特征是"男女衣青布短衣裙裤，红藤缠腰"。"男穿黑衣，女穿杂色"。

4. 黑铺。黑铺窝泥部族主要分布于元江府境内，其生活习尚基本上与窝泥相同，但言语微异，性巧慧，善作宫室，勤劳智慧，唯"其人多黑色。男女皆徒跣……耕山力穑，颇知纺织，多作竹器入市交易"。其服饰"男子剃发为辫，短衣着裤，善操弓矢。女子单衣仅长尺，前不扣合，以彩布为桶裙，其裙蒙乳以至下体，又用五色烧珠与海贝排串为饰束于脐下，两耳穿孔，环以银铜锡"⑤。

5. 喇乌。喇乌主要分布在景东府和开化府一带，他们多居边地，自为耕织，"男女蓬头跣足，面黧黑而身短小"；其服饰"男如摆夷（即傣族），衣用棉布。

---

① 嘉庆《临安府志》卷十八，《纳楼土司所辖种人》。
② 康熙《嶍峨县志》卷二，《种人》。
③ 李熙龄纂修：道光《普洱府志》卷十八。
④ 张嘉颖等修：康熙《楚雄志》卷一，《土人种类》。
⑤ 李熙龄纂修：道光《普洱府志》卷十八。

女装如窝泥，织绵布，衣桶裙"①。

傈僳族主要居住在云南大理、丽江、永昌三府接壤地带。其服饰颇富民族特色。雍正《云南通志》记述，傈僳族"在大理名粟粟，在姚安名僳㵲，有生熟二种，男囚首跣足，衣麻布衣，披毡衫，以毳为带束其腰。妇女裹白麻布"。《维西闻见录》称，傈僳族"近城四山、康普、弓笼、奔子栏皆有之。男挽髻戴簪，编麦草为缨络，缀于发间，黄铜勒束额，耳戴银环，优人衣旧，则改削而售其富者衣之。常衣杂以麻布、绵布、织皮，色尚黑，袴及膝，衣齐袴，臁（胫）裹白布，出入常佩利刃。妇挽发束箍，耳戴大环，盘领衣，系裙曳袴。男女常跣"。光绪《腾越厅志稿》记载，散居姚安、大理、丽江和永昌四府的傈僳族，其服饰特征"男人裹头，衣麻布，披毡衫，佩短刀"；"妇女短衣长裙，跣足"。六库（今怒江州所在地）的傈僳族，其打扮与服饰"男以麻布为领衣，女人剃发戴海贝小帽，大耳环，着五色衣，每人头挂五色料珠十数串"以作为头饰②。到清末民初时，傈僳族的服饰为之一变，《中甸县志稿》载称，傈僳族"衣服纯用麻布，男服不褐不衫，长仅及膝，科头跣足，半薙辫发，麻布裹腿。妇女皆系麻布长裙，终生跣足，喜编连贝子为朋，缀于巾帼，以为首饰"。可见，随着时代的进步，岁月的流逝，傈僳族的服饰，较之从前更为美观大方。

清代称傣族称为"摆夷"，系明代"百夷"之同音异写。傣泐、傣那、傣雅、傣绷等为其自称。清代傣族主要聚居区在云南边疆；在靠近内地一些府州亦有部分散居。散居各处傣族的服饰颇具地域和民族特色。

1. 边疆地区傣族服饰。这一地区傣族服饰的具体样式，在清代一些地方史籍中，记述甚详。康熙《顺宁府志》卷一称："摆彝一种，郡西锡腊里多有之。男贯耳成大孔，薙发辫，衣无领，戴箬帽，间有着履者"。"女贯耳，戴小坠，着细褶长裙，裹头赤足，亦知纺绩，且巧手织。"③ 其"女贵则贯象牙于髻，长二寸，插金凤蛾，金络索，不施脂粉自然白。下着桶裙，好穿窄袖素服，或白布衫皂裙，跣足，性懦而甘下人"④。雍正《景东府志》卷三描述，傣族"男皂衣，以青布绞足胫，肩挂春袋，染齿令紫红，喜浴。女短衣齐腰，穿桶裙，中以宽带缠绞腰……织布疏软，不堪取用，惟以自给"。道光《普洱府志》卷十八记载，摆夷地方，居多卑湿，故今称为水摆夷。宁洱、思茅、威远有之。性情柔懦。服饰特点是："男穿青蓝布短衣裤；女穿青白布短衣，丝棉花布桶裙。"

---

① 雍正《景东府志》卷三。
② 光绪《云龙州志》卷五，《夷地风俗人情》。
③ 康熙《顺宁府志》卷一，《风俗条》。
④ 雍正《顺宁府志》卷九。

傣族每年以季春为岁首,"届时男女老幼俱着新衣,采取各种山花,并以糯米蒸熟,染成五色饭斋供,齐赴缅佛寺,鸣鼓击钵,供献佛前,听缅诵经,名为担佛";"以各种山花插于沙堆之上,名为堆沙;又以竹筒取水,男女互相洒泼,以湿衣为乐"。雍正《临安府志》卷七记述临安府的"摆夷"服饰为"男以布缠头,穿青衣;女以布盖头,衣服用海贝为饰,下身着筒裙,镶边绣花"。嘉庆《临安府志》卷十八记述纳楼土司的"摆夷"男女皆以布缠头,颜色崇尚青、兰、白诸色,忌讳红绿。妇人着筒裙,镶花边,种槟榔棉花为业。雍正《阿迷州志》卷十一记载,"摆夷"在阿迷州者,其服饰为"男白帨缠头,著革履,衣有襞绩。妇人白帨束发,缠叠如仰螺"。对云南开化府的"摆夷"服饰,乾隆《开化府志》卷九云:"男服长领青衣裤;女布缝高髻加帕其上,以五色线缀之,结絮为饰,服短衣桶裙,红绿镶边。"广南府"摆夷"服饰与开化府傣族服饰,大致相同。

2. 散居内地傣族服饰。散居内地的傣族服饰,特色各异,咸丰《邓丰县志》卷四说,该处傣族"男加帽,女辫发,耳垂银大环,衣统裙,勤于织纺"。道光《大姚县志》卷七称,该地"摆夷"多"以箨为尖顶帽,男女皆戴"。"其耕作贸易与汉人同,惟衣尚白,妇人下衣尚红"。康熙《广西府志》卷十一记载,该地"白彝,性柔直,善耕作蚕织,居草楼"。其服饰"男戴帕,穿两截衣,着鞋。妇女戴花首巾,穿围裙,戴大圈耳环,善担担"。乾隆《弥勒州志》卷二十一称:"白夷,性柔直,善耕种,多白姓。蚕织,居草楼。男戴帕,穿两截衣,着鞋。妇人青白布包头,交裹为饰,筒裙无裤。"正因如此,乾隆时《皇清职贡图》,对清代傣族衣着特征描述道:"男子青布裹头,簪花,饰以五色线。编竹丝为帽,青蓝布衣,白布缠胫。恒持巾帨。妇盘发于首,裹以色帛,系彩线分垂之。耳缀银环,著红绿衣裙,以小合包二三枚各贮白金于内,时时携之。"足见其服饰,不仅美观大方,而且色泽多采用欢悦、明快的暖色织物,以作其衬。

清代,苗族主要聚居在湖南、贵州、广西、四川、云南等地。史籍对云南与贵州地区苗族服饰的发展演变,有较为详尽的描述,从其可此窥知苗族服饰的基本特征。

1. 云南苗族服饰。清代云南境内的苗族主要分布于镇雄、昭通、东川、曲靖等府。对其服饰,乾隆《镇雄州志》卷三"风俗"条载,苗族"服饰俱不甚异,色尚青白,以丝线织文(纹)于布为衣,男女皆然"。道光《云南通志》引《皇清职贡图》称,昭通府苗人"喜居水滨,耐寒暑。男子青布裹头,短衣跣足,勤耕作。妇女束发戴五色花冠,耳缀银环,著紫布短衣,系绣花布裙,跣足,能织苗锦,常携竹筐入市贸易"。雍正《东川府志》卷一记载,苗族"妇女短衣长裙,裙用彩为之,头戴高巾。男服与倮罗同。"乾隆《东川府志》卷八称，其府苗人衣着"男子青布帕首，青布长袴，跣足。妇人绣巾高顶，金银大珰，青布衣，统裙"。雍正·《云南通志》卷二十四，指出曲靖的花苗，"蒙布为冠，饰以彩绒，短衣无襟，腰连细褶短裙至膝，跣足"。

2. 贵州苗族服饰。清代贵州苗族可分为东部、中部、西部三大方言地区，其服饰体现出较为典型的区域特色。

黔东苗族服饰：《镇远府志》记载，境内苗族（黑苗）的服饰为"衣服皆尚黑"，妇人"挽髻长簪，耳垂大环，戴银项圈。衣短，以色锦缘袖"。"男女俱挽髻向前，衣概左衽。男不穿裙，女不著裤，衣悉仅齐腰，缠头裹足，布悉用青。"富者"男裹半装网巾，耳环、梳、篦以及项圈，俱以银制，贫则否。男女跣足，间用木屐，屐止木板，以足大趾夹草绳而行。衣悉尚单，虽严寒不易。至五六十岁，始有穿袄者"。"女则自织自染，袖以彩绘绣。"《黔南识略》描述镇远府苗族男女的服饰为男女皆挽髻向前，挽簪戴梳，女子银花锦首，耳垂大环，戴银项圈，以多者为富。所绣布曰苗锦。台拱厅的苗族"妇女短衣窄袖，耳环大，径二三寸。顶戴大银圈，插簪长尺许"。台拱苗女"服细褶长裙，以青布蒙髻，耳垂大环，项系银圈。衣短，以色线缘两袖，富者饰以银花。工织斗纹布，善染"。都匀府属八寨、丹江等厅苗族的装束是"妇女挽长簪，耳垂大环，（戴）银项圈，衣短，以色锦缘袖"。可见其织锦、刺绣工艺颇精。

黔东北苗族服饰：黔东北苗族主要聚居在松桃厅一带，雍正年间，松桃设厅由流官统治后，苗族被迫改装，"男苗皆剃发，衣帽悉仿汉人，唯项戴银圈一二围"。女苗头必裹布，耳戴大环，"项戴银圈自一二围以至十余围不等。上著窄袖短衣，镶花边，下著褶裙"。近城女苗，间学汉人妆饰。"女苗习耕种，勤纺织，养家蚕，织板丝绢及花布锦以为业"。是为乾隆年间的装束，嘉庆时，用"青布果（裹）头，衣尚青，短仅蔽膝。男著裤，女著裙，裙多至数匝，百褶翩跹，甚风不举。盛饰时，用斑丝，常服惟青布。近则少壮妇女多用浅蓝，亦名月蓝。挽髻以簪，博可七八分。富者以银丝假髻，两旁副以银笏，形仿雁翎，鬐鬐然于首。平常坠耳之环，大几及肩。项束银圈，多至七八只，多者以铜为胎，镀以银，稚女亦然。女未嫁者，青布蒙首，以发为辫，挽于帕外，男女皆跣足，近颇仿汉制，间用鞋"。"女亦娴纺织，所织斑布，精致古雅，坚耐用。"迄清末，这部分苗族开始易裙为裤，裤脚及上衣边缘，均缀阑干绣花，围腰上截也满绣花纹。到民国初年，已全部易装，无人穿裙了①。

黔中、西部苗族服饰：贵州福泉西部至贵定一线以西的苗族，属于西部方言区。其中，贵筑、广顺等地的苗族（主要为花苗），其服饰为"男女折败布缉

---

① 杨通儒：《明清两代贵州苗族的物质生活及其变化》，《贵州文史丛刊》1988年第2期。

条以织衣，无衿，窍而纳诸首，以青布果（裹）头。妇女敛马鬃尾杂入发为髻，大如斗，笼以梳，裳服先用蜡绘花于布而染之。既染，去蜡则花现，饰袖以锦"。居住镇宁州衣色尚青的苗族，其装束"顶竹、蹑履、佩刀，妇女以青布一幅制如九华巾著之"。平远州的苗族，多"衣麻衣，皆其自织。男子未婚者，剪脑后发，娶乃留之"。《黔南职方纪略》记载，"青苗"贵阳、广顺、镇宁、黔西皆有之。他们的服饰"衣尚青，男子顶竹笠、蹑履，出入必佩刀，性强悍好斗；妇人以青布制如华山巾蒙首，衣止及腰，裙长掩膝"。"白苗贵阳、龙里、贵定、黔西、清江、黎平皆有之。衣尚白，短仅及膝，男子科头赤足，妇人盘髻长簪……祀祖……主者服白衣，青套细褶宽腰裙。"每岁孟春，"合男女于野，谓之跳月，择平地为月场，鲜衣艳妆，男吹芦笙，女振响铃，旋跃歌舞"终日，以尽其兴，同时这也是展示民族服饰的最佳场所。

清代藏族主要聚居分布在西藏、青海、甘肃、四川、云南等地区。其民族服饰不仅在质料、样式上，独具特色，而且是体现其社会地位、身份的重要标志。

1. 达赖、班禅服饰：藏族的衣冠，因等级而有差异。达赖与班禅的冬帽，以氆氇或羊绒制成，上尖下大，颜色崇尚黄；夏帽似如竹笠，以金色皮制成，"皆表示尊重黄教之意。衣有内衣、外衣之别。内衣以氆氇制造，形如内地之坎肩。外衣为紫羊绒之单衫，以帛缚其上。足著锦靴或履，腰束制，春冬惟露半臂，其喇嘛亦大致相同，惟有精粗之别"①。

2. 活佛及喇嘛衣冠：藏族的衣服冠裳多用毛毡氆氇，富者穿着绸缎布匹。其衣饰服色，"贵者多用黄，其服制分僧（俗）两种。喇嘛服制先系一深紫色，三百褶围裙，上者坎肩披紫色袈裟，足有乌拉靴，与裙相接，向不看袂，近因编制僧团，令荷枪骑马驰驱击匪，始许著袴，喇嘛帽有便帽、法冠两种，便帽为捉箕形，法冠为鸡冠形，其色黄，其质毛，均自拉萨而来。凡活佛及大喇嘛之法衣，为黄色绣龙圆领大袍，杏黄衬衫，金丝缎坎肩，贴金圆帽，高底扬头长靴"②。这一记载，叙述了清末中甸县活佛及喇嘛衣冠的状况，具有普遍意义。

3. 郡王颇罗、鼐服饰：藏族郡王颇罗鼐的衣着分为帽、裳服、靴和佩物四部分。和宁辑《西藏志》"衣冠条"称："郡王颇罗和鼐冬戴元狐帽，或红狐帽，或锦或缎为胎；夏戴绵帽，制仿秋帽式，高六七寸，平顶丝缨，颁边约宽二寸，两旁有衩，以蟒缎或片锦为之面，上镶獭皮窄边。居长穿大领无衩小袖衣，名曰褚巴，皆以五色缎锦或片子为之。亦用各色皮为里，遇贺大节则穿蟒

---

① 徐珂：《清稗类钞》，《服饰类》。
② 段绶滋：《中甸县志稿》卷下。

衣貂皮披肩，不穿大褂，腰束金丝缎一幅作带，长六七尺，腰匝二道。"佩饰有小刀、荷包等物，必带碗包一个。脚穿香牛皮靴，名曰顶；头饰特征是"蓄发，左耳带珠坠"；所骑之马亦挂两踢胸。

4. 噶隆、牒巴、郭家哇服饰：藏族郡王属下噶隆、牒巴的服饰，其"所著裳服皆与颇罗鼐同"。所不同的是"惟发不束不绾不梳，披垂肩后，戴栽绒平顶大帽无缨。亦或戴缎狐各样帽，其栽绒毛长二三寸，如羊毛状"。手带骨扳指，拿素珠，束皮鞓带，"或缎或绸或毛氆带不等"。并带顺刀、荷包和碗包；识字者腰插铁筒，其形状如小刀鞘，内装竹签，描金皮盒，内贮黑水小铜瓶一个，写字时盘膝坐地，以纸渍摺成行，左手持定，置于膝上，右手握竹签醮墨水，自左而右横书；画匠则以獭皮为笔。遇过节令或公事时，噶隆将发分作两股，并于顶上左右各绾一髻，身穿蟒衣，上披片子。牒巴、牒巴将发亦绾成一髻。戴无翅白纱帽，此乃唐之遗制也。"头饰特征为："左耳坠金镶绿松石坠，约酒锤口大，其形似鸟兽，以两爪并嘴相擒掬一物状，名曰璌珰。右耳垂珊瑚坠，用李大珊瑚两颗，上下金镶，名曰工绁。""身穿大领窄袖绸绿锦短衣，以水獭皮走边，袖口用五色缎各一条相接，前镶獭皮，下穿黑氆百褶裙，名曰郭在。脚蹬皮巷；上披红氆褊单，腰插顺刀，并带腰刀，系大红花缎带一条。""其巡街之役名曰郭家哇，逢时令会期，亦穿蟒锦短衣，黑氆裙，带腰刀，系缎带，不披褊单，不绾发，戴白圈帽，如箭皴子边样，手持木棍，巡查打街。"① 自噶隆以下至小民，"手上俱带骨扳指，大领无衩褚巴，或布氆氇绸缎等，看其贫富为之，不拘颜色皆穿，而所戴之帽亦同。腰束皮带或毛氆带，亦带小刀、顺刀、碗包、火镰等行。手拿素珠，怀揣木碗"②。其裤子的特征是"裆内开衩，两旁亦开衩，腰如荷包口扎束腰间"③。

5. 妇女服饰：藏族妇女服裳与装饰，别具民族特色。她们的"头发从顶分两旁，搓如绳交脑后，稍以绳束之；女子未嫁脑后另分一辫，以宝石、珍珠、珊瑚之类戴辫上。若受聘则将夫家所定之金镶绿松石一大块戴顶上；嫁为妇则不复辫发矣"。居常以红绿栽绒做尖顶小帽戴头上，脚穿布靴，或是"皮巷"；下穿十字花黑红氆裙，名曰"东坡"；前穿围裙，或以红褐或各色绸缎为之，并镶花边，名曰"班带"；上穿小袖短衣，长齐腰间，名曰"文肘"；一般以绫缎、绸布、毛氆等料为之；上披栽绒小方单，名"伞"；手戴银镶珊瑚戒指，名"慈姑"；左手戴银钏，名曰"则笼"；右手戴砗磲圈，宽约二寸，名同"箍"，"乃

---

① 和宁辑：《西藏志》，《衣冠》条。
② 同上。
③ 同上。

小时带者，至磨断方已"，无论贫富必戴之，只有这样才能"死后不迷路"。耳戴金银镶绿松石坠，长寸余，宽七八分，后面有小钩挂于耳上，名曰"额歌"，而且上连珍珠珊瑚串，缀以银钩，挂发上名曰"吞达"，下以连珍珠珊瑚串长六七寸，垂两肩，名曰"重杂"，贵贱不等，皆项挂素珠一二串，自珊瑚、青金砗磲、瓷器至木珠者。"富室带蜜蜡珠，有大如茶盏者，又带一银盒，名曰阿务，内装护身佛、子母药之类，胸前必挂银镶珠石环，长有三四寸，宽寸余，两头有钩，乃挂衣扣者，名曰的拉，不拘贵贱皆有之。稍富余则戴珍珠帽，以木作胎，如纬笠式，而厚朱红漆里，以金镶绿松石为顶，周围满载珍珠于胎上，价有值千金者。""老年妇人以金镶绿松石一片如镜，约汤碗口大，立戴于额上，名曰白玉，凡戴白玉亲友作贺宴客"，以示礼仪与敬意①。由此可见，清代西藏地区的藏族各社会阶层的地位、特权、身份等，分别在服饰上得以体现；至于贫富不均、贵贱有别的现象，在服饰上显示得更加泾渭分明。

(四) 西北地区少数民族的服饰礼仪

清代西北地区，包括今陕西、甘肃、宁夏、青海和新疆等地方。这一地区，自古以来就是中国北方各游牧民族的发源地与摇篮。清代随着封建统一民族国家的巩固与发展，西北边疆地区的经营开发，使这一地区的政治、经济、文化取得了较大的发展和进步，从而丰富了聚居在西北地区的各民族的物质文化生活的内容。清代聚居在这一地区的少数民族，有回族、撒拉族、裕固族、维吾尔族、哈萨克族、柯尔克孜族、锡伯族、塔吉克族、乌孜别克族、塔塔尔族、蒙古族、东乡族、藏族等。这些民族，在经济与生产方面，有的主要从事农业，有的农牧兼顾，有的则从事商业。但尤以从事农牧生产者居多，且大多信仰伊斯兰教。然而，由于所处地理环境、文化发展程度的不同，以及风俗习惯、文化心理方面的差异，使各民族在物质文化生活方面，诸如衣食住行、婚丧嫁娶、生活礼仪等，均表现出各民族不同的风格与特点。

回族是回回民族的简称。是以13世纪初叶开始东来的中亚细亚各族人以及波斯人、阿拉伯人为主，并吸收汉人、蒙古人、维吾尔人成分以及别的民族成分，融合、发展而形成的一个民族。元代是回回的初期活动时期，明代回回开始形成为一个民族。随着明初全国社会经济的恢复和发展，回回的分布和经济状况开始发生较大变化。在陕甘，回回继续垦荒种地，并不断有归附明朝的回回人迁徙到这里来，人口逐渐增加。当时陕西关中、甘肃河州、宁夏州至平凉、固原各地州县，回民众多，形成回回的主要聚居区。此外，在云南、华北各地及运河两岸，亦有不少聚居点。随着工商业贸易往来的频繁，回回军士屯田镇

---

① 和宁辑：《西藏志》，《衣冠》条。

成的扩展，官吏学者宦游的增多，特别是农民起义军中回回人的流动迁徙，致使回回的分布越来越分散。但回回在农村往往自成村落，在城镇往往聚居关厢或若干条街巷的大分散、小聚居的特点始终不变。他们有的从事农业，有的还附带经营牧业、手工业、小商业。其在民族心理状态、宗教信仰、风俗习惯诸多方面，仍旧保持着自身的民族特性。

对清代回族男女的衣着特征，《最近之青海》中记载，回回男女服饰，大致与汉人相同。男女无论冬夏，均戴一平顶小帽。妇女无论冬夏，皆以绿绸做古风帽式之帽，凡出门必戴之，名曰"盖头"。"又有被脸幕者随步行，亦佩戴之"。此为青海回民的服饰。《新疆概况》一书描述了分布于新疆境内的回民服饰的状况：回族"头戴白布帽，圆围平顶，或绣以花。衣履均如汉人常服，无甚差异。妇女着长衣，逾膝下数寸，天足自然，喜敷粉插花，大方知礼"。而《新疆问题讲话》的记载，与此略有差异，称："甘回之装束与汉人略同，男子剺（剃）首，女子缠足，居、食、衣服，无不同汉人。但在寺中时，礼拜须戴六棱冠，上锐下圆，五色俱全，白色居多。冠之材料是用羊、鹿皮及布褐作之，样式不一，有六缝、十二缝、四十缝、五十一缝不等，盖为古皮弁之制。市井商人戴帽者为多。"这与清代王树枏纂《新疆礼俗志》的描述大同小异。据此可知，清代回族在服饰上有别于汉族的主要区别在于他们的头冠。对此，清代《固原州志》描绘：回民子弟多诵回经，"举阿訇，由各庄头人公送四角尖顶冠、长领袍，尚绿色；入寺所行礼节：直伏其身叩首者三，举手及胸供揖者三，诚为自成风气，名曰'穿衣礼'。而回民寻常帽式，则多用白色者，亦习俗囿之也"。对清代回民特殊的衣冠及寻常帽式的区别，作了简要的说明。

清代维吾族主要分布于新疆的天山南北地区。"维吾尔"是民族自称，意为"团结"、"联合"。清乾隆初年，清朝完成统一天山南北的历史大业后，为加强对新疆的有效管理，采取了一系列措施。在军事方面，实行军事管制制度（军府制）；地方行政方面，因地制宜，分别采用郡县制、扎萨克制、伯克制；在经济政策方面，实行屯垦，调整赋税，改革货币，大力发展区域间和中外间的商业贸易往来；在文化方面，对伊斯兰教采取容让逐步限制的政策。这在客观上对清代维吾尔族社会的发展，起到了一定促进作用。特别应当指出的是，清代维吾尔族的农业专业化程度大为加强，手工业生产进一步繁荣，丝棉纺织、毛呢皮货、木器油漆、玉石雕刻、酿酒、文化用具、造纸等部门，更发展到相当水平。与此同时，交通运输亦有新的发展，商业贸易活动日趋活跃，维族商人活动的地区，西至中亚，东至内地与沿海各城市，南至西藏、印度、阿富汗，北至喀尔喀蒙古等地，为清代维吾尔族物质文化生活的丰富与多样化，奠定了坚实的物质基础。

清代维吾尔族服饰的民族特征，主要体现在男女帽式、衣饰和鞋履的制作与穿戴礼仪、打扮装饰等方面。乾隆时绘制的《皇清职贡图》中，清代维吾尔族的服饰："男戴红顶黑簪帽，衣长领齐膝衣。妇女披发四垂，戴瓜皮小帽，衣用各色褐布。"但此一概述很不全面。现根据清代其他史籍、文献资料，加以详述。

1. 帽子。维吾尔族的帽子，分为礼帽与便帽两种，更有冬帽、夏帽之别，且男女帽式有差。这些帽子主要由皮、紬绸、彩绸、棉缎或棉布制作，并绣制以花。傅恒等撰《西域图志》卷四十二记载，"特勒帕克"是暖帽，顶高五寸，以毡罽等制作，边宽，前后独锐，各五寸，"饰以海龙水獭，贵者用貂。帽顶红色，织花绣纹，均不缀缨"。妇女的帽"顶尖圆，中腰稍细，形若葫芦之半"。"喀勒帕克"，系秋帽，制作同于"特勒帕克"，一般以小呢子、猩猩毡、倭缎制成。又有小帽，无边，顶微尖，用布或毡制成。"凡冠暖帽、秋帽则以此为裹焉。又或以布制缠头，名'荫帕特'，其末半垂于后。"《西域闻见录》卷七记载：维族的"女帽冬夏皆用皮，而插鸟翼于前以为美观。女帽后翅少垂，顶上皆起金绒为花"。《回疆通志》卷三记述，清代维族男帽，顶圆，高六七寸，前后尖，沿翅各长六七寸。"阿浑帽圆而无沿，如大南瓜形，白布绕为之，中填棉絮，高厚各五寸。"王曾翼《回疆杂记》称："回妇平居戴小帽，顶有红花数穗，锦裹经符，并有青鹤飘翎三四根。出门则以花彩帕或白布蒙头，名'他里吉'。"清代维吾尔族的衣冠风俗，清代肖雄撰《西疆杂述诗》卷三有形象生动的描述："四季戴帽，且无换季之分。帽式不一，皆布棉二项。一若甕，口小上大，顶隆而平，高四五寸，顶边围二尺余，以青缎、紫绸等项为之，内衬铁丝，铺以棉，外以金银花线，盘绣各花，微缀小缨，裁如箸大，精者值银七八两，哈密一带尚之。檐矮顶高，用红绿倭缎与毡片为之，或亦绣花垂小缨，檐坦而长，缘以海龙、狐獭等皮，南八城多戴之，每用夹小帽为衬。一似中国瓜皮棉帽，分作数瓣，瓣有棱，锐其顶而无结，紫绿彩绸、锦缎之属，皆所不论，棉厚而软，亦绣以花，且密纫若衲，用为小帽，各城皆是。"此外，还有一种服饰风尚，恰如裴景福《河海昆仑录》卷四所述，清代维族男女"皆著皮靴冠，色尚绿，绣金彩为花，高胎卷檐，皮者以貂鼠羊为之，以白布缠头为礼服，女子则簇锦鸡羽团团饰冠上，先以白布蒙顶，拖至背，再罩白网巾，谓之'裙板'，以遮面，而后加冠"。

与冠礼、冠俗相配，清代维族女子耳、指的装饰物更显富丽雅致。傅恒等撰《西域图志》卷四十二记述："阿勒喀"，是维族女人的耳环，以银及铜制作，"贵者用金，上缀珠宝"。女子的耳饰，也如裴景福《河海昆仑录》卷四所载，"耳饰穿明珰，瑰琳琅轩，长一二寸，条脱杂金珠珊瑚，累累及臂。约指多嵌钻石，晶光灼目，艳冶跌宕"。具有鲜明的民族特色。哈密的维族还常用白布蒙头，这与其他城镇维族的生活习尚，略有差异。

维族男女的发型、发式，据清代七十一《西域闻见录》卷七称："凡回女皆垂发辫数十，嫁后一月，则梳发后垂，以红丝为络，宽六七寸，长三四尺，其双岐拖地处，仍络红丝数寸成穗，富者上缀细珠宝石珊瑚等物。裳发垂后，谓之'恰齐巴克'。小户贫回及有孝服者，其'恰其巴克'或用蓝，或用绿。"维族男子则不蓄发辫，不剃髭须，唯剪唇须，以便饮食。男子光顶与僧同，而女子则如裴景福《河海昆仑录》卷四所述："结辫经丝绦，缀银花镂片、珊瑚、流芳葳蕤，长尺余。"由于清代维族男女身材高大魁梧者甚多，故此清人肖雄撰《西疆杂述诗》卷三描述："鼻高眉重，目深而睛黄"，所以"须则蔓连肋鬓"。这一记载基本上反映了当时维族男子在发式方面的独特风俗。可见，清代维族男女在发式方面的特征是女子垂发辫，男子不蓄发辫，唯留"唇须"而已。

2. 衣饰。维族的衣饰，包括袍、带子和佩饰三部分。据傅恒等撰《西域图志》以及《西陲要略》等书记述，"托恩"即袍也，其制略同于内地，领无扣，袖平不镶，四围连纫，富贵者用锦绣，冬用貂。"余服缎、屬、绸、褐不等，冬用羊皮。又一种，旁无衽，当胸扣五行，行必以二，常时服之。若见尊长，则以'托恩'为重。"可见，"托恩"实为礼服，维族人的常服当与此稍有别。腰带维语叫"普塔"，又名"库尔"，多用"全幅绸绫或布为之，其末下秣，斜压小刀于左"。

维族的衣服，据《西域闻见录》卷十二、《西疆杂述诗》卷三记载，"皆大领窄袖，男右衽，女敞前襟，内衬衫袄及膝"。其男女式样、装饰、色泽、质料及穿戴风尚，各有特色，皆著长衣圆领，右衽而袖小，下幅两旁无衩，名曰"通腰"，以棉布束绕之，佩小刀于左。皮棉等衣，多用灰、蓝、紫、绛色或回回锦绸与和田酱色绸。暑月单衫，通用白色，而腰带仍不稍离。"佣工之人，同一装束，或下垂微短而已"。阿浑富户人，"每于长袍外，加圆领直襟衣一件，下与袍齐，袖如之，无旁衩，无纽扣，皆披其襟，盖崇礼而饰观瞻者，色用锦绸及青紫布帛"。裴景福《河海昆仑录》卷四记述："男衣圆领长衫，无扣纽，略以僧衣，有单、棉、皮，无夹，悉以布为之，有彩色印花者。"女子衣称"袷绊"，即夹衣，其服装式样为"长不没足，裁锦绮金绒缀成之，珊瑚为纽，四枚，大如卵"。《新疆图志》卷四十八的记载，与上述记载大同小异："衣曰袷绊，圆极而窄裈，男右衽环带，女有领无衽，橐首而下，生子则当膺开襟，便乳哺也，内衬长襦，下及膝。"

3. 靴履。"靴"，维语叫"乌图克"；鞋，称"克辟实"，一般由皮革制成。维族靴履的特点，主要是头稍尖，无脊梁，似汉人朝靴，鞋底微锐而扁，底有

453

木根锭铁掌。有高底与平底之分,色泽颇为讲究,傅恒等撰《西域图志》卷四十二记述"乌图克"即靴也,香牛皮为之,或红或黑,制同内地,头稍尖,上嵌花绣,底亦皮为之。"'克辟实'即鞋也,形与靴同,其旁稍仄,亦皮为之。"《西域闻见录》卷七记载:"维族喜以牛皮革为靴为履,朱色,其履木根二寸。女履有前无后,夏日跣足跋之,益西有高五六寸者。"《回疆通志》卷十二,在谈及维族靴的制作时说:"牛羊之革为靴,木根二寸,外锭铁掌,履地极响。"《西疆杂志述诗》的著者指出:"回人鞋微锐而扁,底后乘以墩,高寸余,前方后圆,与内地弓鞋相仿,男女皆着之。曾闻始制之由,相传古有阿浑避难,恐人追及,特作疑踪,西人素惯骑驴,以倒看底部,酷似驴蹄,庶步向东行,追者以为骑驴西去矣,说亦近理。按所称阿浑,疑误,以即教主穆哈默德避难时所制也,故后世遵之而不易。"对维吾尔族的高底与平底靴,王树枏撰《新疆图志》卷四十八记载:"靴之高底者,谓之'玉代克',平底者谓之'排巴克';履谓之'克西',皆牛、马革为之。"

哈萨克族是我国源远流长的古老民族之一。它是由古代居住在我国西部地区的众多部落和部族,经过长期的历史发展过程逐步融合而成的。清代,彻底平息准部贵族的叛乱,解除了哈萨克族人民来自准噶尔部的威胁后,哈萨克大、中、小三玉兹先后遣使上表清廷,重申归附清朝的意愿。部分哈萨克族经清政府许可,陆续迁至其故地阿尔泰、塔城和伊犁等地安居、放牧。自此,哈萨克族摆脱了长期战乱的困境,有了安居乐业、繁衍生息的环境。清政府还明确规定,伊犁、塔城、科布多、乌鲁木齐为贸易地点,每年夏秋冬季,哈萨克的商队赶着牲畜,携带各种畜产品到指定地点换取布匹、绸缎、茶叶、大黄、粮食或其他生活日用必需品。这对进一步增强哈萨克族与祖国内地的经济、文化交流,丰富哈萨克族自身的物质与文化生活,起了很大的促进作用。

许多世纪以来,哈萨克族以畜牧业为生,同时兼营农业和狩猎业,手工业还没有从畜牧业中分离出来,基本上还属于家庭手工业性质的生产,清人七十一著《异域琐谈》卷四描述:哈萨克族,"其地无城郭屋宇之定居……毡帐为家,游牧为业,分布散处,无爱曼聚落,地多乎冈漫岭,草生被野,皆绿叶白根长四五寸许,牲畜食之易于腓。字称其君长曰比。凡相呼皆以名,令其王名阿布赉,其人皆呼之曰阿布赉比也。幅员辽阔,人户殷繁,多牲畜,富者马牛以万计,羊无算……即贫者亦有牛马数百,羊数千,不至缺乏衣食,生子十六岁即分出予以牧畜,使自为纪理"。可见,哈萨克族的衣食皆取自于其游牧经济,因此,其服饰亦深深打上游牧经济——即"行国"——的烙印。

1. 衣服。哈萨克族的衣服,主要有皮衣和布衣两种。王树枏纂《新疆礼俗志》一书介绍,哈萨克族多在伊犁、塔城一带,"其人皮肤黧黑如蒙古人,而无其高大"。其男女所穿之衣,贵贱不分,名曰"袷袢",圆襟窄褾,不结纽,长拖于膝。"男敞前衿,以左衽掩腋,束之皮带,带刻金银,嵌含珊瑚、珍宝诸石,左悬皮槖,右佩小刀。"妇女的衣服较长,当胸以金丝编绪,"缀以环纽,衣之前后繁系小囊,盛零纤什物,便于取用,缤缤如也"。男女衣服的颜色,喜尚"以黑色为上,白为次"。虽盛夏,"袄褥、裌复以蔽日光,春冬则外袭皮裘,厥名曰'恫',富者以貂、獭、猞猁诸皮,贫者羊裘裹身,衬白布及五彩裈襦,有袖而无衿。女子襦衣下围如绕领,其长曳地"①。

2. 帽饰。哈萨克族男女帽式略有区别。男子"着皮帔,高帽,内衬幞头"。女子的皮帽,"方顶阔檐;嫁后则花布斜系头上,逾一二载,其姑为换载白布面衣,名曰'雀洛计'"。其制作是以白布一方,斜纫如袋,"蠓首至于颏,而露其目,上覆白布圈后帔,襜襜然下垂肩背,长二尺余,见者知为妇装也"。哈萨克儿童小帽,呼之为"克摆什",它是"以五色绒丝组织之,上系训狐毛,名曰'玉库尔',避邪祟也。年十三四,则以金丝缎及杂色争绸布制为小帻,四时均加皮帔高帽,谓之'突马克'。其上或用猞猁、貂、狐之毛,或用羊皮,概视家之贫富为之。其式六方,顶高三四寸,后帔长尺许,皆皮里也。戴时露口、眼于外,冬日以御雪霜。夏亦帽,无露顶者"。其大小头人的帽饰,各有等差,"大小头人进谒官长,皆呢边红缨大冠,间置翎顶其上,以示尊异"。由此可知,通过各种不同式样的帽饰,直接反映出其人的社会地位、等级、贫富之差,以及不同的老幼尊长等年龄齿序。

3. 鞋靴。哈萨克称皮靴为"玉底克",皮袜为"黑斯",皮鞋谓之"克必斯",均以牛革制作。妇女的靴较窄小,"踵底之木高二三寸,连鞯铁钉踏地,铮然作响,便于骑而不利于行。其入室也,脱之门外,室中人数,视履而知。妇女出门,必乘骑,以花巾为幪,此古礼也"。哈萨克族妇女十分讲究美观,注重仪表举止的大方,平时较为注意打扮自己。《新疆礼俗志》记载,"富女发辫金宝缤纷,面不施脂粉,喜著臂钏,左右各一,式不必成双。女子耳贯珠环,妇人有面衣,去之不复著,多以宝石、珍珠嵌为约。其头人以银制约指,镂回文名字,其上书立约卷,多以此抚之为证"。此外,哈萨克族男子还有"少不剃须,唯常剪唇髭,便汤饮"的良好生活习俗。清人七十一的《异域琐谈》卷四也称,哈萨克族还有"衣以多为华美"的审美观点,所以"虽暑月亦被服八九层"。同时,哈萨克商队与清朝的官方贸易,为哈萨克族的日常社会生活提供了丰富的日用品。因此,哈萨克族"喜中国之瓷、茶、杂色棱布及片金倭缎之属,得之宝贵"。对哈萨克族首领的服饰,乾隆时修的《皇清职贡图》有较为概括的

---

① 《方志民俗资料·西北卷》,第350页。

描述："头目等戴红白方高顶皮边帽，衣长袖锦衣，丝绦，革鞡。妇人辫发双垂，耳贯双环，锦镶长袖衣，冠履与男子同。"哈萨克族的服饰，具有较为突出的游牧民族的风格特色。

柯尔克孜族的先民最初居住在中国北方叶尼塞河上游，是见于《史记》、《汉书》的"鬲昆"和"坚昆"。6世纪中叶，被称为"黠嘎斯"；清初，被称为"布鲁特"（准噶尔语，高山居民）的柯尔克孜族，以天山为界，分别称为东西布鲁特。天山以北的称为东布鲁特，天山以南称为西布鲁特。

柯尔克孜族从事牧业生产有着悠久的历史，兼营农业但耕作技术粗放，没有深耕施肥等习惯；手工业不发达，一般就地取材，利用畜产品加工为主，如制作马具、织毯、皮帽、纺毛线等，基本上仍是家庭副业性质。牧民需要的炊具、水桶、碗盘、刀剪、茶、烟、针、线、面、绸缎、花帽等生活用品，都用畜产品交换。狩猎是重要的副业。乾隆时期，曾亲历新疆布鲁特（即柯尔克孜族）游牧的椿园七十一著述《异域琐谈》卷四描述：布鲁特的言语风俗与回疆回子大同小异，而"礼拜纳玛兹者百中不过一二人，间亦耕种二麦。而毡帐为居，游牧为业，以肉为食，以牛马乳为酒，则额鲁特之风也"。他们散处于喀什噶尔、英吉沙尔、蒲犁、叶城、乌什诸边境。"其俗好利喜争，尚牧畜，事耕种，与缠回同教而颇畏法度，问其家之富，则数畜以对。"他们最喜中原"瓷、茶、绸布、火、烟、烧酒，得之宝贵"。他们在生活习尚方面，仍保持自身的诸多特点。

清人王树枏纂《新疆礼俗志》一书记载，柯尔克孜族的服饰多与维吾尔族相同，但也有其自身特点，他们"身披襢襦，冬冠他玛克，夏冠斗破；女则摺叠白布络头，垂背尺许。阿浑（訇）之帽，上锐而高，檐以白布统之，厚二三寸。脱帽为敬，入门必解屦，妇女出，必以瑶帛障面，或以白布或以花巾，边垂丝穗，皆古制也"[1]。此即为清代新疆地区柯尔克孜族在服饰方面所保留的民族习俗。

二　民族饮食礼仪

饮食是民族文化生活的一个重要组成部分，各民族的饮食习尚，在很大程度上受其所从事的生产活动、生活环境、宗教信仰、传统观念、生活方式的制约与影响。饮食及饮食的加工（烹饪），既是自然物向文化物转化的重要手段，更是人类从自然升华到文化的主要通道之一。而各个不同民族之间，他们各不相同的民族饮食习俗、饮食嗜好、饮食烹饪、饮食礼仪、饮食文化心态与价值

---

[1] 《方志民俗资料·西北卷》，第348页。

取向，更是其民族性、民族文化具体而又生动的体现。饮食文化的共享性，使得它成为各民族之间相互交往的重要途径与方式。

（一）东北蒙古地区的民族食风与礼仪

清代，聚居在东北蒙古地区的少数民族的民族食风，与各自的生活习尚、宗教信仰、文化传统、伦理观念有着密切的关联。

满族在东北地区主要从事农业生产，并以狩猎和畜牧为副业；笃信萨满教，其饮食特点。

其一，主食以面食为主，品种多样，风味独特。特点是酸、黏、酥、凉。制作原料主要有麦子、玉米、高粱、粟、糜等。面食主要被加工成饽饽、打糕等类。《清朝野史大观》记载："满人嗜面，不常嗜米，种类繁多。有炕者，蒸者，炒者，或制以糖，或以椒盐，或做龙形、蝴蝶形以及花卉形。"因满族统称面制品为饽饽，故饽饽的品种极多，计有萨其马（满语）、豆面饽饽、搓条饽饽、苏叶饽饽、椴叶饽饽、牛舌饽饽、豆面卷子（俗称"驴打滚"）、马蹄酥、小酥合、肉末烧饼、豌豆黄、波罗叶饼等。糕点是满族的传统风味食品，主要有芙蓉糕、绿豆糕、五花糕、卷节糕、凉糕、风糕、打糕、馓糕、淋浆糕、豆擦糕、炸糕等多种。这些食品风味独特，制作精美，享有盛誉。后世誉为"满点汉茶"，可见其烹饪技术的高超水平。

其二，主食粥、饭主要有小米饭、黄米饭、黏高粱米饭、高粱米水饭、小豆甜粥、豌豆粥、八宝粥等多种。此外，还有一些别具风味的食品，如"酸汤子"，又称酸姜子、臭米子、酸楂子等，是用发酵后的玉米面制成的，食时略酸爽口，别有一番情趣。

其三，主食不仅有鲜明的季节性，而且每年秋收后，还有"荐新"祭祀的风俗。乾隆帝钦定的《满洲祭神祭天典礼》规定："每岁春秋二季立杆大祭，则以打糕、搓条饽饽供献，正月以馓子供献，五月以椴子饽饽供献，六月以苏叶饽饽供献，七月以新黍蒸淋浆糕供献，八月以新稷蒸饭，用木榔头打熟，作为饺子，油炸供献，余月俱用洒糕供献。"这些规定具有浓厚的宗教迷信色彩，其意在恭请先祖在天之灵下凡尝新，尔后才能轮到活着的后人食用。

其四，副食品式样多，品种全，做工细，在菜肴方面，火锅是其传统的烹饪方式之一，自辽代初期至清代，这种烹调方法一直经久不衰。满族入关后，火锅与火锅菜肴开始风行全国。火锅菜的原料通常主要以羊肉（俗称"涮羊肉"）、猪肉为主。此外，东北地区的狍子肉、鹿肉、野鸡肉、黄羊肉、飞龙肉等，配之以满族喜食的酸菜、粉丝、虾仁，均可入火锅食用。使用火锅，既可涮又可炖，制作的菜肴不仅鲜嫩可口，而且味道醇厚，别有风味。另外，满族还特别喜食卤味、酱制、熏制肉食食品。

457

其五，满族及其先世还是一个有着悠久酿酒历史的民族。《魏书》、《三朝北盟会编》等史籍中，对满族先世"嚼米为酒"、"女真人多酿糜为酒"等习俗，有所记述。所酿之酒，品种较多，有清酒、醴酒、烧酒、黄酒、汤子酒、松苓酒等。其中，酿造的清酒和醴酒专供祭祀之用。

其六，满族饮食中最有特色，最能体现各民族间饮食文化交流的是满族的"全羊席"和"满汉全席"。早在金代，女真人——满族先世——已有"牛鱼宴"之举。这是一种以"牛鱼"为主菜的筵席。满族的"全羊席"是指一席菜以羊之全体为之，"蒸之，烹之，炮之，炒之，爆之，灼之，熏之，炸之。汤也，羹也，膏也，甜也，咸也，辣也，椒盐也。所盛之器，或以碗，或以盘，或以碟，无往而不见为羊也"①。其烹饪方法，既吸收了汉族的烹调技术，更有中原的饮食风味。形成于清代中叶的"满汉全席"，是满汉烹饪技艺的集大成者。具有礼仪隆重、用料华贵、菜点繁多、格调高雅等特点。迄今仍是中国规模最大的古典宴席，也是古代烹饪文化宝库中的一笔宝贵遗产。

赫哲人居住的三江流域盛产各种鱼类，捕鱼成为赫哲族的主要生产与经济部门。鱼不仅是他们日常生活的主要食物，而且鱼皮是他们衣着的主要来源。《吉林外纪》记载："黑捕打为食，夏衣鱼皮，冬衣犬鹿皮，未尝食粟。"《鸡林旧闻录》载称："今临江县之赫哲人，专以斯鱼为衣食，鱼肉充饥，鱼皮染绘作衣，赫哲人故又名（鱼皮鞑子）。"狩猎是清代赫哲人的另一重要衣食之源。他们主要以捕貂为大宗。尽管后来赫哲族人也发展了农业，但非他们饮食主要来源。由此观其饮食，最富民族特色的是他们丰富多彩的鱼类食品，以及对鱼类食品的加工、烹饪技艺。

17世纪以前，达斡尔族曾在黑龙江一带从事农业、打猎和渔业生产活动；17世纪中叶，清政府将他们迁居到嫩江流域一带。由于达斡尔族主要从事农业、打猎和渔业生产，因此，他们平日的饮食生活也丰富多彩。其主食有"稷子米"，加牛奶的热稷子米饭，加牛奶的荞麦面、荞麦饼、燕麦米粥加大豆等。此外，"哈哈面"（炒燕麦面粉）和"滚特勒"（较粗的燕麦面），也是主食之一。副食方面，烹制的蔬菜主要有白菜、萝卜、黄瓜、豆角、辣椒，以及采集的木耳、蘑菇等。他们还喜食腌菜。肉食方面，除宰杀饲养的牲畜外，也吃猎获的野鸡、雁、水鸭、鹿等肉。其肉食的烹饪加工，以晒肉干和煮、烤肉为主，而不习惯于吃炒肉。在饮料方面，达斡尔人喜欢奶子酒。《黑龙江外纪》记载："达呼尔以牛马乳造酒（案：书谓之桐酒）谓之阿尔占，汉名奶子酒。"由此可知他们的饮食也有自己的风俗习惯。

---

① 徐珂：《清稗类钞》，《饮食类·全羊席》条。

鄂伦春人的社会生产活动，长期以来是以狩猎为主，采集与捕鱼为辅。喜食和善于烹制加工各种兽肉，是鄂伦春人饮食习尚的一个突出特点。鄂伦春人烹饪兽肉的加工方法有煮、烤、烧、炖等几种。他们平日喜欢食用生狍肝和不十分熟的肉，喜欢喝烧酒与马奶酒。《瑷珲县志》记载："其男子身最壮，目力尤强，知兽之性，围猎以时或今日阴晴，何方之风兽何在，明兽之踪，识兽之类，出必获。如兽远迁，即必全家挪移尾随，择地而居，出则如获狍即便生饮其血，并食其肝，将余身暂寄山洼，再获一两只必即策马旋回，饬其妇道乘马去取，携到刨卸皆妇所为，将肉煮好，每处联居窝铺，至多不过三五家，必同招来共饮共食。一家获牲必各家同飨互为聚食，久惯为俗。妇女熟皮成衣，均能自理。男童如及十三岁，即可持枪行猎，女孩十三亦可编笼网鱼"。鄂伦春人的饮食习俗与"共食"之道，较之内地汉族而言，不仅独特，而且充满着颇多的人情味与亲情。

随着蒙古地区社会经济与文化的发展，蒙古族的社会风尚与饮食习俗，较之以往发生了一些变化。

其一，从事畜牧业的蒙古族，其饮食多以牛、羊肉及乳制品为主食，并辅以谷物、蔬菜等。其中，奶制品种类甚多，有白酸油、黄油、奶饼、奶豆腐、奶酪等，均为他们平日喜食之乳品。赵翼《檐曝杂记》云："蒙古之俗，膻肉酪浆，然不能皆食肉也……寻常度日，但恃牛马乳。每清晨，男女皆取乳，先熬茶熟，去其滓，倾乳而沸之，人各啜二碗，暮亦如之。"傅恒《西域图志》载："准噶尔旧俗，逐水草，事畜牧"，他们"各有分地，问富强者，数牲畜多寡以对。饥食其肉，渴饮其酪，寒衣其皮，驰驱资其用，无一不取给于牲畜"。对厄鲁特部的饮食习俗，《西陲要略》称，该部"欲粒食则因粮于回部（指维吾尔族），回人苦其钞掠，岁赋以粟，然仅供酋豪膻粥，其达官贵人，夏食酪浆酸乳。冬食牛羊肉；贫人则但食乳茶度日，畜牧之外，岁以熬茶西藏为要务"。

其二，从事农业的蒙古族人主要以谷物蔬菜为主食，辅以肉食，或经常吃谷物蔬菜，少吃肉食。牧区、农区饮食的丰俭，因阶层和贫富的不同而有差别。

其三，因新疆、青海地区蒙古族所生活的地理环境较之大漠南北略有差异，故这一地区的蒙古族人，其饮食习尚带有鲜明的地区性。《清稗类钞》记载："新疆之蒙古人，其饮食与普通之蒙人略异。烹茶，和以盐，濡以牛溲，献佛而后食之。食毕，男女内外各执其业。午餐亦如之。日晏，牧者归，取牛羊乳，以备宿餐。其食也，湛面肉于汤而瀹之，古礼所谓焰者是也。食毕就寝，不燃烛，灶烬而眠。凡食，以茶、乳为大宗，酥油、奶酒均以乳酿之。酿余之乳，制为饼，曰奶饼，酿酒，值客至，必延坐尽饮而后已。""青海之蒙古长饮食，或用箸、勺与瓷碗，番目则以手取食食。器以木为之。蒙长饮清茶，啖米、面，番目惟食青稞粉。茶汁非乳不甘，复以牛羊乳熬茶和酥油，色如酱，腻如饴。"

其四，蒙古族人的饮料，除奶酒、奶子茶外，还有酒、砖茶和红茶等。特别是清代中叶，随着蒙古地区商业贸易的繁荣，中原行商多深入蒙古地区进行交易，使得茶叶交易十分兴盛，饮茶遂为蒙古人的普遍饮食习尚，无论贫富，均尚如此风。于是，茶叶成为蒙古人日常生活的必需品。到清代后期，砖茶开始成为广大蒙古族人十分喜爱的饮料之一。《清稗类钞》曾专门记述蒙古族人的食茶习俗："茶，饮料也，而蒙古人乃以为食。非加水而烹之也，所用为砖茶，辄置于牛肉、牛乳中杂煮之。其平日虽偏于肉食，而不患坏血病者，亦以此。"蒙古族平日喜饮的奶酒的制作方法是"于夏季收集牛奶，置缸中，以棍搅之使酸，置蒸馏器中，蒸取其气即成（法同内地蒸高粱然）味酸劣，几难入口，亦无酒味，斤价银三钱许"。饮料马奶子酒的制作更为奇特："缝皮为袋，中盛牲乳，束其口，久而酿成，味微酢，谓之桐酒，每岁四月马湩新得时，置筵酾神，诈马为庆，谓之玉体斯。蒙古亦然，但不如其盛耳。"而奶子茶则以盐与牛乳、茶等共煮而得名。

其五，蒙古族的"整羊席"（全羊席）、蒙古族宴会之带福还家、新疆蒙古族人之宴会等也很有特色。其中"整羊席"是蒙古族人民在喜庆宴会和招待尊贵客人时的最为丰盛、讲究的一种传统宴席。这一传统风味宴席的形成，可以追溯到成吉思汗时期。所谓"带福还家"，是指清代"年班蒙古亲王等入京，值颁赏食物，必携之去，曰带福还家。若无器皿，则以外挂兜之，平金绣蟒，往往为汤汁所沾濡，淋漓尽致，无所惜也"。清代新疆地区蒙古族人的宴会，则情文稠叠，每当"宾客至门，闻马蹄声，主人趋接缰下马，男西女东，启帘让客，由右进，坐佛龛下，荐乳茶、乳酒、乳饼、奉纳什（纳什乃烟叶搓末加麻黄灰制成，久食可固齿），即烹羊以留客。其不相识者至门，必饫以酒食，居数日，敬如初，无辞客者。贵人官长止其家，屠羊为飨，必请视之，颔而后杀。食则先割头尾献佛，乃饷客。食毕，家人团坐。馂哎林（一村之意）父老争携酒肉寿客，谓贵人至其家，将获此福，歌以侑之。卑幼者至门，绕舍后下马，置策而后入"。

（二）中东南地区的民族食风与礼仪

清代聚居在中东南地区的少数民族的食风与食趣，较之其他地区而言，别有一番风貌，使民族饮食文化内容更加丰富。

壮族主要从事农业生产，其主食多以所生产的稻米、玉米、芋头、红薯、木薯和荞麦等为主。每遇民族传统节日时，其饭食更丰富，如每年农历三月初三日，"歌节"的五色饭、包生饭，色香味形俱佳的猪籽粽、牛角粽、羊角粽、驼背粽等，均是具有浓郁民族风味的食品。用红兰草、黄饭花、枫叶、紫蕃藤的汁浸泡糯米做成的黄、黑、紫、白五色饭，更是色香味俱全。相传，这种五色饭是专门为纪念远古时代，曾下凡来到壮族地区的五位仙女而做的。

壮族的副食，不仅花样多、品种全，而且很有民族风味与地区特色。制作副食的蔬菜，主要有芥菜、白菜、瓢羹菜、南瓜秧、白薯秧、萝卜等。肉类有猪肉、牛肉、狗肉、蛇肉等。《肇庆府志》记载，壮族风俗"衡板为楼，上以栖止，下顿牛畜。博饭以食，掬水以饮，盛夏露处，冬则围炉达旦。宴客以肉盛木具或竹箕，均人数而分，置之罢则各携所余去。分肉或不均衔之终身，莫解有所要约，必以酒肉，得肉少许，酒半酣虽行劫斗狠无不愿往也"。可见肉在壮族饮宴生活中的特殊重要性。清代居住在云南马关一带的壮族，还喜食水牛、田螺等野鲜水产食品。《马关县志》记载，壮族"好吃水牛、田螺，其不于人者，尤好吃虾蚍虫（蜻蜓幼虫）、蝌蚪（蛙类之幼虫），谓其味之美，诸物莫与比。当春夏之间，田水澄清，两种幼虫产生最多，农妇三五成群，手网兜而腰篾篓，褰裙立水中，目注而手营，皆捞虫者也"。

壮族平常与年节的饮料，有自家酿制的米酒、木薯酒和白薯酒等，均属低度酒。其中，米酒是壮族过年及宴筵宾客时喜用的主要饮料。还有甜酒，亦是宴客的佳酿。壮族酿制这种甜酒，已有上千年的历史。宋代周去非的《岭外代答》记述，早在宋代邕州、钦州一带的壮族村寨，农户喜用小瓮干酿成侬糟，储存起来。客至，先在地上铺一张席子，将小瓮置于宾主之间，旁放一盂净水。开瓮后，酌水入瓮，插一根竹管，宾主轮流用竹管吸饮，先宾后主。管中有一个像小鱼一样的关掕，能启能合，吸得过急或过稳，小银鱼都会关闭。此风俗就叫打甏。壮族敬甜酒之风俗即由此演变而来。壮族妇女，与南方其他民族妇女一样，酷爱嚼槟榔，而且嚼食的槟榔颇为讲究，要配以药物、香料，如蒌叶、蚬粉、丁香、桂花、三赖子等，也可用石灰蚬粉和蚬灰。此种食俗，既防瘴气，又能染齿，是"食道"与健生"医道"相结合的最好证明。

清代以前，瑶族的饮食，以黍、粟、豆、山芋等为主食，并辅之"猎食"。"青精饭"是别具特色与风味的民族食品。尚有"香菰"、"木耳"、桂皮等作副食食品，且"食用皆能自给"。至清代，其食风与食趣更趋多样化。

其一，瑶族的主食以大米、玉米、红薯和芋头等为主；副食蔬菜有辣椒、南瓜、黄豆等，肉类有牛、羊、鸡肉等。部分瑶族还以鸟腌制的"鸟酢"和以牛羊、兽肉腌成的"酢"，作为风味民族食品。据《连阳八排风土记》、《钟山县志》记载，广东连阳八排瑶族"远出包裹米饭，虽经时腐败不以为秽，食毕掬涧水饮之。窃人牛刲去其肉，张皮木橛使中凹可受水，以火煮之，饱餐而去，以牛肉为粮糇，盖其人使然"。"宴会大都分肉而食"。

其二，酒与打油茶是瑶族的主要饮料。《河池县志》记载，瑶族"嗜酒甚于

461

他族，无论男女老幼遇饮必醉，每值市期，其倒卧酒肆之旁及路侧者，指不胜偻。……此凤池丹瑶种均同"。热情好客的瑶族，凡客至其家，不问熟识与否，"概由妇女招待，敬以油茶，客能多饮，则主要喜"。《钟山县志》载称，此油茶的制法是以油炒泡开的茶叶后煎成浓汤，再加食盐调味，然后用以冲泡炒米花及炒黄豆等物。吃起来不仅喷香扑鼻，而且可作午餐。

其三，连阳八排瑶族的节令食品，是瑶族风味食品的典型与代表之一。这些年节食品，不仅烹制精美，而且品种甚多。《连阳八排风土记》记述，该地瑶族"正月初一日鸡鸣先击米箕后，击锣鼓，放铳，吹牛角，天明酒肉糍茶各二碗，箸二双，拜祖宗。是日新婿亲送酒肉至岳翁家拜年，主人请亲族聚饮，计客多寡，婿出银作封，每客送银二分。越日，各客请酒用生肉二斤以酬。元宵击锣挝长皷，跳跃作态，长皷其形头大中小黄坭涂皮，以绳挂颈或云亦古制也。男女相杂，至山岐唱歌。三月初三日谓开春节，备酒肉祀祖宗，请岳翁饮酒。清明，凡祭新坟亲族各送楮纸一张一束，焚于墓前，主人酬以米糍四块，肉二片，相聚轰饮。惟婿送楮钱一束、酒一埕。四月初八日谓之牛王诞节，备酒肉祀祖宗，请岳翁来饮。七月初七日，谓之七月香节，备酒、肉、茶、盐、米饭各二碗，箸二双，祀其先祖。此节瑶排最重，有事于外者，必归其家。每岁至七月瑶人四出窃牛及牛鱼等物，民间更加提防。八月早禾初熟，请岳翁尝新，又发肉银一钱，或五分赠之。十月谓之高堂会，每排三年或五年一次，行之先择吉日，通知各排届期至庙，宰猪奉神，列长案于神前，延道士坐其上，每人饭一碗，肉一碟，口诵道经，瑶人拜其下，以茭卜吉凶，富者穿五色绣衣，或袍，或衫，必插鸡羽于首，足穿草履，或木屐，或赤足不袜；系金银楮纸于竹篙，上手执之，击锣挝皷赛宝唱歌，各排男女来会，以歌答之；至夜宿于亲戚之家，间有以银牌、红布作贺者，客回主各酬以生肉。除夕，备酒肉祀祖宗，男妇聚饮，客至宜款待者，瑶妇立侍左右"。这些节令食尚，有的沿袭至今。

黎族多聚居海南岛一带，其饮食风尚，与华南地区其他少数民族相比，又有自己的民族风情，呈现出许多新的特点：

其一，清代黎族多从事稻作农业，并辅以渔猎和采集，因此他们的主食为黎米、蕗菜、牲畜肉、捕获的鱼类以及采集的土产槟榔、琼枝菜、石蟹等为主。张庆长《黎岐纪闻》载称："黎内多崇山峻岭，少平夷之地，然依山涧为田，脉厚而水便，所获较外间数倍；其米粒大色白，味颇香美，然外间人食之多生胀满。琼人所谓大头米，即黎米也。"修撰于清乾隆、道光年间的《琼州海黎图》的文字亦称，黎族"稻熟而收，不知获法，但以手连茹拔之，束担以归。中有香稻一种，粒大而坚，炊之香闻一室。然外人食之易染瘴疠，故弗贵焉"。《黎岐纪闻》记载："生黎不知种植，无外间菜蔬各种，唯取山中野菜用之。遇有事则用牛犬鸡豕等畜，亦不知烹宰法，取牲用箭射死，不去毛，不剖腹，燎以山柴，就佩刀割食，颇有太古风。"即使谷物，黎族"收获后连禾穗贮之，陆续取而悬之灶上，用灶烟熏透，日计所食之数，摘取舂食，颇以为便"。黎族的射鱼之法，十分别致，《琼州海黎图》中的《射鱼图》文字载称，"黎人取鱼溪涧中，不谙网罟罾箸之具，惟以木弓射之。故鱼盐多资内地小贩有肩咸鱼入市者，得倍利焉。"由此可见，捕鱼已成为清代黎族生活中的一个重要组成部分，更是其日常饮食中鱼类的主要来源。此外，喜嚼槟榔亦是黎族一种重要的食俗。《崖州志》记载，黎族"俗重槟榔，宾至必先敬主，主亦出以礼宾。婚礼纳采，用锡盒盛槟榔，送至女家。尊者先开盒，即为定礼，谓之出槟榔。凡女受聘者，谓之吃某氏槟榔。此俗，琼郡略同，延及闽广，非独崖也"。可知当时此风尚之盛。

其二，黎族有亲死不粥饭、不食糯等饮食禁忌；以及七酿三食、饮食以牛皮为器物等习尚。早在宋代，周去非《岭外代答》记载，"海南黎人，亲死不食粥饭，唯饮酒食生牛肉，以为至孝是也。"直至清代，仍沿此习，《崖州志》记载，琼州黎族"亲死，戚至，盘结病由，祭鬼少者，辄鞭挞交加；富者插以银羽，披以花衫，率以游村，以酒灌使极醉；举家不食饭，不食糯米，不坐高床"。而临高一带，黎族食俗更有特色，《临高县志》称，他们"耕作惟顺其地力，不事人工。一岁所收，以其七酿酒，余三为赡口汁。食尽则群赴他村食之，又尽则又赴他村，皆无彼此之别"。此外，安定一带的黎族，他们性格强悍、质朴、饮食器物多以牛皮制作，《安定县志》云，这些黎族常在"田中采无名之菜，屋内四时聚薪壅火，冬则靠以辟寒，夏则炕其禾谷。耕田之外，四月必垦山地以种山禾。婚姻以牛为聘，贫者五六头，富者一百数十头"。

其三，黎族饮酒之风盛行，酒是其主要饮料之一。早在宋代，黎族便有"打甏"饮酒的习俗。到元代，马端临的《文献通考》载称：黎峒，唐故琼管之地，"人饮石汁，又有椒酒，以安石榴花著瓮中即成酒。俗呼山岭为黎，居其间者号黎人"。明代《皇舆考》记载，琼州黎族"酿酒不用蘖（有木曰严树，捣皮叶和粳成酒，石榴花叶亦和酿数月成酒）"。至清代，黎族饮酒更为普遍。《崖州志》称，崖州黎"性好酒，每酿用木皮草叶代麦蘖，熟以竹筒吸饮"。他们常常亦如《黎岐纪闻》所载，"以稻米作酒，谓之黎酒，味其淡，见外间太和烧酒尤好之。近日惠潮人杂处其中，多以沽酒为业，任其赊取，不知数，秋后计算，以米偿之，虽欺之亦不觉也"。

其四，黎族的饮食器皿，仍如《旧志》所载，素"以土为釜（即灶），瓠匏为器"。有的地区的黎族，他们"每食以大钵贮饭，男女围聚，用匙瓢食之"。《黎岐纪闻》记载，黎族"器用皆椰壳，或刳木为之。炊煮熟，以木勺就釜取食，或以手捻成团而食之，外间碗箸无有也"。

清代聚居在台湾岛上的高山族，其饮食生活丰富多彩，并有着突出的民族特色。其一，高山族主食以粮食为主。《重修台湾府志》记载，高山族基本上是"一日之三餐"，一日饭通常是"清晨煮熟置小藤篮内，名霞篮，或午，或晚，临食时沃以水"食之。饭有两种，"一占米煮食；一篾筒贮糯米，置釜上蒸熟手团食，日三餐，出则裹腰间"。"饭不拘秔糯炊而食之，或将糯米蒸熟舂为饼饵，名都都。""饭渍米水中，经宿鸡鸣蒸熟，食时和以水，糯少则兼食黍米。"其主食不仅种类甚多，且烹制方法也多种多样。

其二，在炊食方面，他们炊饭用铁铛，"亦用木扣，陶土为之，圆底缩口"，且据黄叔璥《台海使槎录》载称，此铁铛还"微有唇起以承瓴，以石三块为灶，置木扣于上以炊"。还有一种竹煮之法，此与南方傣族、哈尼族饮食常采用之法相同。此外，高山族常将粟、番豆、菜豆、加雪豆、玉蜀黍、龙爪稷、藜、花生等，作为主食的一部分，与糯米等杂而食之。《番社采风图考》记载，清代台湾地区所产"粟，名倭，粒大而性黏，略似糯米"，故高山族将粟"蒸熟摊冷，以手掬而食之"。

其三，薯芋是山地高山族的主要食物。这些山地高山族，皆"傍崖而居，或丛处内山，五谷绝少，砍树燔根以种芋。魁大者七八斤，贮以为粮"。他们烹制薯芋的方法很特别，《重修台湾府志》载称，将"芋熟置大竹扁上，火焙成干，以为终岁之需，外出亦资为糇粮"。在食俗方面，有些高山族还有"聚一社之众发而叫噉焉，甲尽则乙，不分彼此"，"鱼贯而启，以果其腹"的饮食风尚。

其四，高山族的副食种类十分丰富，蔬菜瓜果有"竹笋、萝卜、南瓜、黄瓜、茄子、番芥蓝、葫芦匏、番姜、葱等；水果有菠萝、椰子、番柿、柑仔密、杨桃等"。肉食有鱼肉、鹿肉、猪肉（家猪及野山猪）和鸡肉等。清代高山族渔猎的技艺极高，百发百中；烹制鱼虾及各种野味时，更是别有一番技术，《重修台湾府志》、《诸罗县志》、《番社采风图考》等书描述，他们"凡捕鱼于水清处，见鱼发，发用三叉镖射之，或手网取之"。台湾彰化县一带的高山族，"捕鱼番妇或十余，或数十，于溪中用竹笼套于右胯，众番持竹竿从上流殴鱼，番妇齐起齐落，扣鱼笼内，以手取之"。鱼的吃法，清代高山族最喜将捕获之鱼生食。此外，还喜将所获之"鱼虾、鹿、麂俱生食"。当然，也将鱼虾等腌食或熟食。他们常将"小鱼熟食，大则腌食；不剖鱼腹，就鱼口纳盐藏瓮中，俟年余生食之"。还有将"鱼肉蛆生，气不可闻，嗜之如饴，群噉立尽"。其吃法较为特殊。而内优等社的高山族，他们"得鱼、虾、鹿肉等物，先炙熟，再于釜内煎煮"。对猎获的鹿肉、山猪肉、飞禽肉等，高山族的食法略有不同。他们将猎获之"麋鹿，刺其喉，吮其血，至尽乃剥割。腹草将化者绿如苔，置盐少许即食之"。禽兔，亦"生啖之，腌其脏腹，令生蛆，名曰肉笋，以为美馔"。而将"鸟兽之肉，传诸火，带血而食"。捕获鹿后，"即剥割群而饮，脏腑腌藏瓮中名曰膏蚌鲑"。食鸡"最繁，客至杀以代蔬"，烹饪加工后熟食之。

其五，高山族日常与年节烹制美味食品所用的调味品，据《重修台湾府志》记载，"深山捕鹿不计日期，饥则生姜嚼水，佐以草木之实，云可支一月"。此外，姜还是食用鱼肉、鹿肉的主要调料之一。至于调味品盐，高山族主要是用海水取盐，因此，他们"半线以北，取海泥卤暴为盐，色黑味苦，名几鲁，以腌鱼虾"。

其六，酒是高山族日常与饮宴的主要饮料，其酿制与饮用的酒有两种，《重修台湾府志》记载："一用未嫁番女，口嚼糯米，藏三日后，略有酸味，为麦舂碎，糯米和麦置瓮中，数日发气，取出搅水而饮，亦名姑侍酒。"一将糯米"蒸熟拌曲入箅篮，置瓮口，津液下滴，藏久，色味香美，遇贵客始出，以待敬客，必先尝而后进"。亦有用黍秫等酿制酒者，其酿法很独特，《番社采风图考》记载，他们常将"黍秫熟留以作酒，先将水渍透，番妇口嚼成粉，置瓮中，或入竹筒，亦用黍秆烧灰搅成，米麦发时，饭或黍秫和入，旬日便成新酒"，"其色白，味淡，善醉易醒"。热情好客的高山族，还常用自家酿造的美酒，款待来客。他们经常是"客至漉糟，番轮饮之"。若每遇祭祀大典，或生育、婚嫁、年节，高山族喜欢举行宴会，互为邀饮，痛饮，醉不止，《清稗类钞》记载，台湾高山族"每俟秋米登场，即以酿酒，男女籍草剧饮歌舞，昼夜不辍，不尽不止"。但是，饮酒之风唯在台湾红头屿高山族（即雅美人）中，并不盛行。而嚼食槟榔是台湾高山族的一种比较普遍的嗜好，《番社采风图考》记述，他们有以椰子"切片和槟榔啖之"的习俗。这些饮食嗜好，与热带、亚热带地区的气候和物产有密切的关系。

（三）西南地区的民族食风与礼仪

清代，聚居在西南地区的少数民族，他们各有其独特的民族食风，并为清代民族饮食文化园地的繁荣，绽开出一朵朵瑰丽的奇葩。

清代藏族的饮食文化生活十分丰富，其特色如下。其一，藏族平日的主食，多以糌粑、牛羊肉、茶和奶子奶渣、酥油等为主，且有牛羊肉多生食的习俗。《西藏志》记载："藏番蒙古不拘贵贱，饮食皆以茶为主，其茶熬极红，入酥油盐搅之。饮茶食糌粑，或肉米粥，名曰土巴汤，其次面果牛羊肉、奶子、奶渣等类。牛羊肉多生食。"《清稗类钞》记述："藏人饮食，以糌粑、酥油茶为大宗，虽各地所产不同，然舍此不足以饱。人各有一碗，纳于怀。食毕，不洗涤，以舌舐之，亦纳之怀中。其食也，不用箸而用手。日必五餐，餐时，老幼男女环坐地上，各以己碗置于前，司厨者以酥油茶轮给之，先饮数碗，然后取糌粑

465

置其中，用手调匀，捏而食之。食毕，再饮酥油茶数碗乃罢。惟晚餐或熬麦面汤、芋麦面汤、豌豆汤、元根汤。如仍食糌粑，亦须熬野菜汤下之，或以奶汤、奶饼、奶渣下之。食牛肉则微煮，不熟也。牛之四腿，悬于壁，经露风则酥，味颇适口。其杀牛羊，不以刀而用绳，故牛羊血悉在腹中。将血贮于盆，投以糌粑及盐，调和之，以盛于牛羊之大小肠，曰血灌肠，微煮而分啖，或赠亲友，盖以此为上品也。"此外，藏族因信奉喇嘛教的宗教禁忌等原因，他们"不食鳞介、雀鸟之类，以鳞介食水葬死尸，雀鸟食天葬死尸故也。间亦食兽肉，惟不善食饭，即食，至多亦仅两木碗而已"。

其二，藏族地处高寒地带，平日多喜饮酒。酒，是他们重要的饮料之一。藏族的酒有两种，"一名阿拉，如内地之白酒；一名充，如内地之甜酒，皆自造，味淡而性烈"①。《里塘志略》称，藏人"所饮酒乃青稞酿成，淡而微酸，其名为冲；亦有青稞烧酒。凡饮辄醉，醉后或歌或笑，至有争吵者，客至必设酒"。《西藏志》记载，藏族男女老少"皆日饮蛮酒，乃青梨所酿，淡而微酸，名曰呛，亦有青稞烧酒。饮酒后男女相携，沿街笑唱为乐"。

其三，藏族进餐习俗较为独特，他们平日"日必五餐"，焦应旂《西藏志》记载，其"日食不拘顿数，以饥为度，食少而频"。《里塘志略》记述，藏民"食不以饥为度，食少而频"。他们是一日多餐，且每餐食少量微。他们在长期实践中总结的这一进餐方法，不仅有益于人体健康，而且使所进食物能充分消化吸收，是符合饮食卫生规律的。

其四，藏族年节宴会饮馔十分丰盛。《西藏志》记载："西藏年节如腊月大，以元日为年，小以初二为年。凡商民停市者三日，各以茶、酒、果肉等食物互相馈送为礼。郡王于元日设宴布达拉宫，请汉番官员及头人过年。"接着，举行丰富多彩的庆祝与宗教活动。此外，每逢岁时节令，藏族郡王也举行礼仪宴会，其民族风味肴馔，琳琅满目，丰富多样。该书记述，每逢"岁时令节郡王亦知宴客，或在家，或于各柳林中，正中铺方褥数层，郡王自坐。前设矮方桌一二张，上摆面果，长尺许，生、熟牛羊肉、藏枣、藏核葡萄、冰糖、回回果、焦糖等尖，各一二盘。其焦糖及黑糖同酥油熬成者，长尺余，宽三四寸，厚一指。牛、羊肉，或一腿，或一大方。随时两回铺长坐褥，前亦挨设矮桌，摆列果食等类各半。郡王之半噶隆牒、巴浪子、沙仲意等，列前两行而坐。或两人一席，或一人一席。随从人等各就席后地坐，每人给果食一大盘，食则齐食，先饮油茶，次以土巴汤，再以奶茶、抓饭，乃缠头回民所作，有黄白色二种，用米做饭，水淘过，入沙糖、藏杏、藏枣、葡萄、牛羊肉饼等物，盘盛手抓而食，继

---

① 徐珂：《清稗类钞》，《饮食类·藏人之饮食》。

饮蛮酒。遇大节会筵，乃选出色妇女十余人，戴珠帽，穿彩服，行酒歌唱，近有能唱汉曲者，又有八九十二三岁小童十数名，穿五色锦衣，戴白布圈帽，腰勒锦条，足系小铃，手执钺斧，前后相接。又设鼓十数面，其司鼓者装束亦同，每进食一巡，相舞之于前，步趋进退与鼓声相合。揆其义仿古之佾舞欤！食毕肉果等物，俱各携去不留。抑或设宴请汉官，凡此食物等品，自郡王下至小民皆同。惟行酒、妇女、童舞、鼓吹除郡王而外，他皆无也。总之主人上坐，客至不起立，不迎送。若在主人之上者，始让之。其酒罐上必以酥油捏口上，以为致敬，碗皆自怀，食毕不洗以舌舔之。民间宴筵，男女同居，坐亦同坐，彼此相敬，歌唱酬答竟日，始散时，男女携手跌坐而歌之，至门外街中歌唱而散，富者每月二三日。"这表明，清代藏族不仅宴会规模、礼仪讲究，而且食风独特，能歌善舞，从而为宴聚时增添了许多文化艺术情趣。

对古代羌族的饮食，《北史》记载，他们"牧养牦牛、羊、豕以供其食"。清代，他们的主食，以玉米、洋芋为主，尚辅以小麦、青稞、荞麦和少量大米等。副食品蔬菜有圆根、萝卜、白菜、辣椒，以及豌豆、黄豆、杂豆等数种。调味品较为缺乏，常年多食用白菜或圆根叶子泡制的酸茶；副食肉类极少。饮料与西南地区其他少数民族一样，多饮用各酿的咂酒。咂酒系由青稞、大麦煮熟后拌上酒曲，置入坛内，以草覆盖七日后发酵而成。羌族也有以青稞、玉米做醪糟或烤制白酒的，他们有喜酒嗜酒的习俗。

对清代彝族的饮食习俗，马忠良《越嶲厅全志》记述，其主食"食荞麦，以糌粑为常，行动皆羊皮口袋盛之，掬溪水拌食"。屋内"无灶，以三石支釜，名曰'锅庄'。肉菜杂煮，肉半生，席地或团坐竹笆分食。汤用木勺取贮，团转分食，好敬客。客至必杀牲供之，以火烧去其毛，即以飨客"。每年农历六月二十四日，"为过小年，杀牲以木杵击其脑，饮酒欢庆。夜燃炬跳舞，满山星火名火把会。十月朔日为大过年，必打牛羊，跳锅庄。极贫者亦多买豆腐庆贺"。其饮食好尚，多为"好盐，好酒，好烟，好海椒、布帛、牲畜"。咂酒是其主要饮料，饮食器皿多以木制为主。他们"食不用箸，用木勺盛茶，名曰枯摸，盛食名挖者。居板高不逾寻，以竹笆围绕一日而成者最佳。夜无灯以竹燃照，无床男女皆依'锅庄'团卧，以杂粮泡酒，用以竹竿中间打通，咀吮之名曰咂酒。盟誓取牛血合酒饮，悬牛革以身钻之，誓无悔"。

清代云南境内的彝族的饮食习尚，也有自身的特色，"撒完倮倮，居蒙自县明月诸村，在黑白两种之外，勤于耕作，捕虫豸及鼠而食"[①]。"普特（彝族一部），以鱼为业，性耐寒，舟不盈丈，而炊爨牲畜资生之具咸备。又有泗水捕鱼

---

① 范承勋等：康熙《云南通志》卷之三十七。

者，丹须蓬发，竟没水中，与波俱起，口啗手捉皆巨鱼，今滇池旁碧鸡山下有此种类。"① 可见捕鱼食鱼已成此部族的主要食物来源。云龙州的彝族的饮食风尚多"饶荞稗牲畜，岁春烹宰牛羊，召亲戚会食，歌笑为乐。腊则宰豚登山顶以祀天神，暇者射猎，凡蔓菁笋蕨之属，悉干而储之，以备荒"②。该部族以农业为主，兼营狩猎，且善储藏食物，故生活水平较高且有保障。但也有的彝族部族，经济不发达，加之自然环境的限制，故饮食较为简单，"小列密，亘州有之。刀耕火种，精于射猎，遇雀鼠则以弓取而炮食之"③。"利米，顺宁有之。善弩猎，每射雀得之，即为生啖"。④ "嫚且，姚安有之。尚丑为正月，性好饮而荡……饮竟月而忘返，不知节日，过此则终岁饥寒，惟寻野菜充腹而已"⑤。"喇乌，临安、景东有之……山居亦务种植。男善伏水取鱼。"⑥ "麦岔，和曲有之，娶妇以牝牛为聘，吹笙饮酒，提柴荷篑，治生勤苦"⑦。侔鸡，"耕山食莜，暇则射猎，捕食猿狙，佩利刀，负强弩毒矢"⑧。"黑倮倮……种田卖柴为生，能通汉语。"⑨ "仆喇，性懦胆小，身倭面黑，略通汉语"，种植棉花杂粮，以供饮食之需⑩。山苏"潜居深山，板片为屋，种荞稗为食，能制竹器易米。出常持弩，射禽炙食"⑪。这些记述，反映了彝族饮食生活的另一侧面。

清代彝族"星回节"（即火把节）的祭祀食品"剁生"祭品很有民族特色。史载，彝族"四时无祭祀，惟六月、十二月廿四日，贫用豕，富用牛，名曰献天。其六月廿四日夜，村寨田宅，悉燃火炬，名曰火把节，脍生肉食之，以此为献岁。会饮之期，多酗酒好争"⑫。"剁生，夷俗于六月二十四，以生肉加各种豆蔬，剁碎用蒜调和，分而食之。相传阿南以是日赴火死，故用生祀之也。近士大夫家亦相效尤焉。"⑬

清代白族主要从事农业生产活动，且多居平坝。其平日饮食，多以稻米、小麦为粮；山区白族以玉米、荞子、马铃薯等为主食。其副食则蔬菜品种甚多，

---

① 范承勋等：康熙《云南通志》卷之二十七。
② 黄元治：康熙《大理府志》卷十二。
③ 鄂尔泰：雍正《云南通志》卷之二十四。
④ 同上。
⑤ 同上。
⑥ 同上。
⑦ 同上。
⑧ 张权修：雍正《阿迷州志》卷之十一。
⑨ 张无咎：雍正《临安府志》卷之七。
⑩ 同上。
⑪ 同上。
⑫ 汤大宾修：乾隆《开化府志》卷九。
⑬ 张无咎：雍正《临安府志》卷之七。

且菜肴的烹调技术较高，擅长烹制猪肝酢、螺丝酱、弓鱼、吹肝等传统美味佳肴。大理等地白族还喜吃"生皮肉"，即将鲜肉稍加烘烤后，切成丝片，拌以辣子、葱花、生姜、香菜等作料，再加上花生酱或芝麻油食用。此"生皮肉"，味道鲜美可口，食后使人胃口大开，故白族将此奉为上品美食。据考证，白族"剁生"、吃"生皮"的风习，早在唐宋以前，即已十分盛行。《南诏野史》记载："白民，有阿白、白儿子、民家子等名，白国之后……宴客切肉拌蒜，名曰食生，余同汉人。"在饮料方面，白族主要有用糯米酿制的白酒与烤茶，这些饮料极富民族特色，而且其加工方法，传承至今。

在年节饮食方面，白族有元旦先一日设糖果、香烛的习俗，次晨合拜家堂祖宗，"即拜父母亲党，各设茶酒于中庭。子弟盛服相拜，以扇帕钱粑茶果馈之弟之幼者，自后拜坟墓，拜神庙，宰牲邀饮。元宵各立灯彩，昼游夜饮，以社夥相夸竟。清明家插杨柳，各具牲礼祭坟加土石于坟上。端午幼小带彩绳于手，各插蒲艾于门，且以苇叶裹粽相馈。若婿送女家衣鞋茶食等物以晒，且忌出门避汙气。星回节六月十五日，南诏灭五诏，各燃松炬哀之。且火把节占岁之丰歉，亲友邀饮于火下，驰马并鸣锣逐疫。中元各筵祖宗于家，或建斋祀之，具冥衣钱包送之哀。中秋设果饼献月拜之，亲友邀饮。重阳家具糕面献祖送亲，再采菊泛酒沓（踏）青登高。冬至造糍饼献祖送亲，各盛服拜贺曰道长之日。交年自仲冬各造年酒，打米粉茶食醃腊菜。至腊（月）二十四日，宰年猪，献祖宗，请亲友，竟以牲饭相送至晚祭灶神，以米粉团糊其口。祝曰神到天曹，奠吉我本家过恶。太上篇曰，若人有恶，神岂能隐庇，艾儒师曰，此事可笑。除夕一家和乐，传杯至夜曰送岁，放爆逐疫，先一日刷门户，贴门丞门对锭桃符，候次日新年相贺"[①]。由此可见，清代白族除保留自己民族的节日饮食习俗外，亦有汉族与其他民族节日文化与之相互渗透、交融的痕迹。

清代云南地区傣族主要从事农业生产，大量种植水稻，他们的饮食，多以大米为主。在食性方面，傣族普遍喜食酸、辣等味食物。其副食品，除喜食猪、牛、鸡、鸭等肉类外，还喜食烘烤的水产佳肴。其常吃的蔬菜，有白菜、萝卜、笋和豆类等。其主要饮料为酒。平日喜嚼槟榔，是傣族较为普遍的习俗。

傣族的年节饮宴活动，更讲究礼仪与乐舞，每逢"筵宴则贵人上坐，僚属以次列坐于下。有客十人，则令十人举杯齐行十客之酒。酒初行，乐作，一个大呼一声，众人和之，如此者三。既就坐，先进饭，次具醪馔有差，食不用箸。每客一卒，跪坐侧，持水瓶盥脱。凡物必祭而后食。乐有三，曰僰彝乐者，缅乐、车里乐。僰彝乐者，有筝、笛、胡琴、响珓之类，歌中国之曲。缅乐者，缅

---

① 侯允钦：《邓川州志》卷之三。

人所作，排箫、琵琶之类，作则众皆拍手而和。车里乐者，车里人所作，以羊皮为三五长鼓，以手拍之，间以铜铙、鼓、拍板，与中国僧道之乐无异。乡村村晏饮则击大鼓，吹芦笙，舞牌为乐"①。民间的各种饮食器物，"多以陶冶"。孟艮等处则有漆器，甚精。而傣族土司首领则用金银砗磲琉璃等器物，"其下亦金银为之"②。可见，傣族土司贵族的饮食器皿一是做工精细，多用金银制作；二是透过它以体现其社会地位的身份性与等级性。

清代云南边疆傣族普遍信奉小乘佛教，同时，还对原始鬼神进行崇拜。因此，他们的"祭食"亦具特色。傣族祭祖，一般到缅寺里举行，富者准备丰盛的菜肴，贫困者仅单合斋饭一碗。祭祀时，献上祭食后，在大佛前跪下，并在佛座前燃点蜡条，请佛爷来"享用"，此谓之"滴水"。法事做完后，将所带肴馔全部送给大佛爷享用，以为经过大佛爷这样的居间介绍，自己要想敬的祖先就已享受着了；若不如此，只在家旁祭献，则任是多么虔敬，祖先都接受不着。此外，他们也与汉人一样有接祖之举。时间由阴历六月十五日起，叫做"关门"，至九月十五日止，叫做"开门"。在这期间，停止经商、出行、嫁娶等活动，并倾其所有，以供开销。年老点的，则各带行李，相率入缅寺，在凉爽的佛殿里心旷神怡，弛然而队，除吃饭时间外，全不归家，也不受家里的大事小物，此称为"纳佛"。并且轮流负责办会，于一定间隔时间内杀猪宰牛，请佛爷念经，表示超度祖先。每年"关门"、"开门"、"采花"，为傣族三大隆重的祭典；有时还会就此期间蒸无数甄糯米饭，煮无数牛肉到街上来遍施所有街人，借以奠荐亡人③。傣族还以春季为岁首，届时，男女老幼，"俱著新衣，摘取各种山花，并以糯米蒸熟，染成五色斋供，齐赴缅寺鸣鼓击钵，供献佛前，听缅僧诵经，名为担佛。施以各种山花，插于沙堆之上，名为堆沙。又男女均以竹筒取水，互相洒泼，以湿衣为乐"④。祭品以山花并以糯米蒸熟，染成五色斋供，不但风俗奇特，而且内涵丰富。

对傈僳族的饮食风尚，《盐源县志》记载，傈僳"居深山中，怠于种树，逐兽捕鱼。男女皆猿捷，物多生啖，有茹毛饮血之风"。嘉庆七年（1802），云贵总督的奏折叙述维西及澜沧江内傈僳族的情况时说，他们耕田住屋，各有村寨头人，能通汉语，服官管束，缴纳钞粮，与民人无异。野傈僳住居江外，山碉密箐，并无村寨头人，不通汉语，亦不服官约束。"惟种青稞、苦荞，并无钞粮，每遇冬季江水浅涸之时，即过江在山后一带，打牲为食，与家傈僳认识。

---

① 范承勋等：康熙《云南通志》卷之二十七。
② 同上。
③ 桂萼：《双江一瞥》，第68页。
④ 张问德修：《顺宁县志初稿》。

近年以来，野傈僳亦有潜入江外山碉密箐，搭盖草蓬居住者。"康熙《元谋县志》记载该地傈僳族已是"板瓦为屋，耘荞、稗为食"。《云龙州志》载称，当地傈僳族"男挽髻带簪"，"事耕耘，饶黍、荞、稗"。乾隆时期余庆远作的《维西见闻录》记述，傈僳族"男挽髻带簪，编麦草为缨络，缀于发间。黄铜勒束额，耳戴铜环，……出入常佩利刃。妇挽发束箍，耳戴大环，盘领衣，系裙曳袴，男女常跣。喜居悬岩绝顶，垦山而种，地脊则去之，迁徙不常，刈获则多酿为酒，昼夜酰酣，数日尽之，粒食罄，遂执劲弩药矢猎，登危峰石壁，疾走如狡兔，妇从之亦然。获兽或烹或炙，对坐共食。虽猿猴亦炙食，烹俟水一沸即食，不尽不归。餍复采草根木皮食之"。表明傈僳族的饮食因社会经济发展水平不高，主食以荞、黍、稗为主，并辅以捕鱼狩猎等活动所获之物；他们生啖兽肉，并嗜酒，收获的粮食大部分用于酿酒。

苗族是清代西南地区人数较多的少数民族之一，他们有悠久的历史，分布地区很广。苗族的食风较过去更加绚丽多彩。

其一，苗族平日的主食，多以荞、粟、米、杂粮（玉米等）为主。此外，还喜吃蛇，但盐尤贵。《中甸县志稿》记载："苗族粮食以包谷、荞麦、燕麦为主。"《苗疆闻见录》称："苗疆产米最白，斗亦较中土为大，每米一石重有三百六十斤，其价值总不过三四五吊而止。"①《清稗类钞》记载："苗人嗜荞，常以之作餐。适千里，置之于怀。""乾州红苗，日三煮，粟、米、杂粮并用。渴饮溪水。""宴客以山鸡为上俎。山鸡者，蛇也。又喜食盐，老幼辄撮置掌中，时舐之。茶叶不易得，渴则饮水。""客至，煮姜汤以时。不识五味，盐尤贵，视若珍宝。""食少盐，以蕨灰代之。"

其二，苗族副食，喜食牛肉与狗肉，并有独特的屠牛宰狗法。还食用一种类似蜈蚣的虫子为美味。《苗疆闻见录》卷之下记载："苗人席地而食，菜不加盐，如牛、猪等肉，并鱼虾之类，但取半熟食，以手搏，不用箸。"②《清稗类钞》载称，"黑苗在都匀、八寨、镇远、清江、古州，每十三年，畜牡牛，祀天地祖先，曰吃枯脏"。《百苗图校释·生苗》条记载：生苗"在台拱、凯里、黄平、施秉等处。多野性，所食皆生物，即鱼肉亦以微熟食为鲜〔故名'生苗'也〕〔勤耕织，出入带镖弩，入山行猎，近水捕鱼〕"③。《马关县志》记载："苗人生活极简单，谋生无宿计，故烹牛开一瓮一餐要尽也。累月无酒肉，无油盐，不以介意也。""苗人嗜狗肉，款宾以狗肉为上品。若杀狗款远客必留一腿不尽食，迨宾归去，用

---

① 徐家干：《苗疆闻见录》，贵州人民出版社1997年版，第178页。
② 同上书，第174页。
③ 李汉林：《百苗图校释》，贵州人民出版社2001年版，第86页。

做赠馈，以示为宾杀狗之意。"苗族宰牛、狗的方法也很特殊，宰牛"择广场栽矮木桩紧系牛觕索于桩上，使牛头不能左右转，一人背持大斧猛击牛脑二三，击牛已晕倒，然后以尖刀刺其喉，惨象不忍观。亦有一击未晕，牛奋力拔桩起触狂奔，其险亦不可测。屠狗则木棒连击其脑，既毙，复以火烧其毛，全不用刀矣"。纪晓岚的《阅微草堂笔记》记载，贵州苗人部落的酋长，以吃寄生在兰花中、吮吸兰花蕊长大的一种类似蜈蚣的虫子为美味佳肴。其吃法是，捉住这种虫子后，放少许盐末，然后将此虫盖覆于酒杯之中，即化为水，"湛然净绿，莹澈如琉琉，兰气扑鼻。用以化醯（醋），香沁齿颊，半日后尚留余品"。

其三，"苗人最嗜酒"，《百苗图校释·短裙苗》记载：都匀的短裙苗"酒醉常卧于山凹"①。"咂缸酒"是其主要饮料之一。《苗疆闻见录》云："苗妇多好饮，或量酒召之，则老幼偕至，饮次唱歌为乐，群以酒奉召者，受之饮则兴高色喜，否则歌止随罢而去。"②《马关县志》详载："苗人最嗜酒，其饮不必有肴，辄举数觥如饮茶，然遇宴会，则必尽醉方休。"凡有"远宾至场，必先款以咂缸酒。咂缸酒者，用玉麦（玉蜀黍）为原料炒香磨碎，复煮之使软，和麦入缸，封之数月而酿成，插四五尺长之细竹管于糟内，曲其端，而咂其汁。汁减则增之以水。至日昃早无酒味，吸饮者犹咂唇舐舌，似津津有余味，以领主者盛意"。清代云南地区的苗族，每年举行踩花山的盛会时，也饮用咂缸酒，《马关县志·风俗志》记载，苗族踩花山，"上年冬季选一高而稍平之山场，竖数丈高之木杆，于其边作标识而资号召，当事者酿咂缸酒数缸。翌年春初，陈咂缸酒于场，苗男女皆新其装饰，多自远方来，如归市然。自初一日起，来者日众，累百盈千，肩摩踵接，诚盛会也"。从这些生动的记述中，可以看出，在苗族的传统节日里，饮咂缸酒不仅可以使节日活动更加丰富多彩，而且，通过这一饮酒过程还能起到助兴和烘托气氛的作用。

清代纳西族主要从事农业畜牧业生产，并辅以狩猎，其饮食习俗有许多新的特点。雍正《云南通志》记载，云南丽江府所属纳西族，好畜养牛羊。男子勇厉，善于骑射。其习俗讲究"俭约，饮食疏薄，岁暮竞杀牛羊，相邀请，一客不至，则为深耻"。《维西见闻录》记述，纳西族的节令饮馔与列郡相同。并转引《丽江府志》称，纳西族不习织纺，"男女皆刀耕火种，力作最苦。耕用二牛，前挽中压后驱。平地种豆麦，山地种荞稗，弃地种蔓菁"③。除此之外，纳西族祭祖的"祭食"以及宴会的风味饮馔，丰富多彩。纳西族每年祭祖，以

---

① 李汉林：《百苗图校释》，第72页。
② 徐家干：《苗疆闻见录》，第170页。
③ 余庆远：《维西闻见录》，《夷人条》。

"清明"、"六月十一日"为盛，届时，"土人庭前植果树一，盛陈果馔牲酒，用刀巴祝赞，寄籍祭墓"①。纳西族所在村落，必于附近高阜筑一天坛，"定于每岁的旧历正月初四、五、九日集众酾金延请东跋，杀牲祭天一次。嗣秋收前，又择日祭天一次，其祭天之东跋，必须先期选定。凡遇人畜病疫、死亡，即延东跋，于大树或岩石下念经，或祭风，或送鬼，招魂。每次必用一豚或一羊一鸡，故有一日而数豚者"②。每逢宴会，有尊老敬上之习，"宴会每推年老年上坐先酌之，子弟依次跪饮入席，终席恂恂，无敢越次"③。总之，纳西族的饮食，主食以荞稗为主，副食较为简单，有牛羊肉，并以"蔬食菜羹"以佐餐。饮料主要是酒，故此《中甸县志稿》卷下云："摩甡族粮食以包谷稗子为大宗，米次之，荞麦、小麦又次之，喜食蔬果、鸡、鱼、猪、羊，亦知烹饪，惟最苟简粗糙，不尚清洁，喜饮酒。"他们"谷麦未熟，以值预售其半，及熟治衣酿酒，不计餐，坐食之"④。不仅如此，纳西族男女"婚姻听从父母之命，以牛羊酒食聘"⑤，足见饮食习尚与婚姻风俗，有着十分密切的联系，从而使该族社会生活别具一格。

　　清代聚居在云南边境一带的拉祜族"勤于劳作"，耕种苡稗，但农业的发展尚不能解决对食物的全部需求，故男子多出猎及编织竹器、烧炭献炭，入市交易，以换取更多食物。文献记载，拉祜族，"云州有之……所食苡稗即为上品。其余树皮、野菜、藤蔓及蛇、虫、蜂、蚁、蝉、鼠、群鸟，遇之生噉"⑥。顺宁的拉祜族，其风俗与僰（白族）不甚相远。"蜂、蛇、鼠、蛤无所不噉。然勤于耕作，妇人任力，男子出猎，多居于箐间。"⑦ 散居临安、元江、普洱等地的拉祜族"性俭，居山崖，种苡稗度日"⑧。《景东厅志》称，此地的拉祜族的"略种杂粮，取山芋菜以为食，嗜烈喜酒"。其在三猛的拉祜族，以六月二十四日为年，十二月二十四日为岁首，"至期烹羊豕祀先，醉饱歌舞"⑨。据《宁洱县采访》、《他郎厅志》记载，思茅、威远、他郎、宁洱等地的拉祜族，性情淳良，"近亦颇知礼仪"，除耕种之外，"男多烧炭，女多织草为排，负鬻于市，剥焦心

---

① 余庆远：《维西闻见录》，《夷人条》。
② 段绶滋：《中甸县志稿》卷下。
③ 余庆远：《维西闻见录》，《夷人条》。
④ 同上。
⑤ 乾隆《永北府志》卷二十五。
⑥ 鄂尔泰：雍正《云南通志》卷二十四。
⑦ 同上。
⑧ 同上。
⑨ 王崧等纂：《云南通志》卷一百八十四。

煮食，亦负薪入市"①。由此可知，清代拉祜族的主食以荍稗为主，辅之以杂粮；副食主要有羊肉、山芋菜以及蜂、蛇、野菜、群鸟等；饮料是烈性酒。

（四）西北地区的民族食风与礼仪

清代西北地区的少数民族，虽大多信仰伊斯兰教，然而由于地域环境和文化的差异，使民族食风，颇具时代特点。

回族的饮食习惯与汉族大体同，多以米面为主食。仅在不同地区，其主食的花色品种不同而已。在肉食方面，回族以食牛羊肉为主。徐珂《清稗类钞》记载："内地回教徒之饮食品，与汉人较，不甚异，茶、酒皆饮之。惟肴馔不用豕，煎炒各品之普通用猪油者，大率以牛油、羊油、鸡油、麻油代之而已。"回族忌吃猪、马、驴、骡和一切凶猛禽兽的肉，并忌食一切动物的血和自死之物。这种忌俗原受宗教的影响所致，但在回族长期的历史过程中，后来成为一种特殊的民族饮食习尚。

清代肃南裕固族的畜牧业生产得到进一步发展。清初西北地区茶马贸易时，裕固族是其中一个重要的"中马"民族。由于肃南山区裕固族主要从事畜牧业，故其牧民的饮食多以酥油、糌粑、乳制品为主。而酥油炒面茶是其日常生活的主要饮料。因贫富差异，其饮食也多有差别。其平日所用饮食烹调加工炊具与生活餐具，主要有铁锅、木勺、木盆、木桶、木碗和背水、盛物及打酥油用的羊皮袋等。

维吾尔族饮食生活丰富多彩，创制出琳琅满目的民族风味食品，以丰富自身的物质文化生活内容。

其一，维吾尔族肉食以牛羊为主，而食用羊牛、必请阿訇颂经宰屠，否则不食。《西疆杂述诗》记载，食"俗牛羊鸡鸭，非同教所宰不食。凡自死者皆弃之，虽肥不食，因恶其不洁，且未曾诵经宰割也"。《西域闻见录》记述："'回子'宴会，总以多杀牲畜为敬，驼马牛均为上品，羊或至数百只。"《清稗类钞》称："新疆缠回（指维吾尔族）之宴客，以多杀牲为敬，瓜果、饧饴、汤饼、肉腊之属，纷列于几。客至，皆叉手大啖。"

其二，维吾尔族日常饮食中，主食粮食以麦面、黄米、小米为主，稻米次之。面食以干馍（即"馕"）著名，米食以抓饭著称。《西疆杂述诗》记载："食以麦面、黄米、小米为主，稻米次之。寻常家面食，又以干馍为主，皆用土砖砌甕，内光泽，烧热贴饼烙之，黄而香，食此以为常。间亦切面成手牵作片，煮与炒不拘也。若烹稻米，喜将羊肉细切，或加鸡蛋与饭交炒，佐以油盐椒葱，盛于盘，以手掇食之，谓之抓饭。遇喜庆事，治此待客为敬。小米、黄米亦作

---

① 王崧等纂：《云南通志》卷一百八十四。

干饭，或煮粥以下馔。"

其三，维吾尔族聚居的天山南北地区，所种蔬菜种类甚多，为维吾尔族平日食。《西域闻见录》记载，新疆地区"豆、粟、芝麻、蔬菜、瓜、茄之类，无不可以成熟"。王曾翼《回疆杂记》称，"'回子'菜蔬止食蔓青、芫荽、丕牙斯三种，丕牙斯如内地之薤"，俱系回疆"原有者"。对其他菜蔬亦多有种植与食用。

其四，在维吾尔族的民族风味食品中，最为著称的有黄油、乳酪、油茶与塔儿糖等。《西域杂述诗》描述，维族食"油以酥油为最，系提牛羊乳之精液凝炼于皮袋者，食之大补……牛羊乳并作为乳饼、乳豆腐以备零食。羊油可作油茶，以油煎滚，用灰面炒黄搅入，佐以椒盐、葱、桂之类，俟凝冷成团收贮，每摘少许煎汤饮之，冬日最宜，体温而适口"。王曾翼《回疆杂记》对维吾尔族的风味食品塔糖儿的制作过程有形象的记述："白糖和面，抟成杵形，高尺许而锐其头，呼为'塔糖儿'，回俗最珍之，以饷贵客。"

其五，维吾尔族日常酿制以筵宴宾客的酒的种类繁多。《西域闻见录》载述："夏初桑椹熟，回人取以酿酒，家各数石，男女于树荫草地或果木园中欢然聚饮，酣歌醉舞，彻夜通宵。""桃熟亦可酿酒，味微酸。秋深葡萄熟，酿酒极佳，饶有风味。余时唯有大麦、糜子烧酒而已，其酿法纳果于瓮，覆盖数日，待果烂发后，取以烧酒，一切无需面蘖，均谓之'阿拉克'。磨糜为酒，浑似米泔，微酸，无酒之气，亦不能醉人，谓之'色克逊'，'回人'喜饮之，能愈痢，奇验。""沙枣……色肉似细沙，味甘，回人取以酿酒。"《回疆通志》记载，"大麦用以烧酒……高粱亦用以烧酒，……沙枣，可以造酒……葡萄……回地多以之酿酒，尚可饮。"《西陲要略》对维吾尔族酿制马奶酒有介绍："牛马酿酒为'阿拉占'，酸乳为'气格'，即'马㖉'也。"《西疆杂述诗》对维吾尔族酒的种类及酿酒方法有生动记述："酒有数种，呼为'阿拉克'，究竟'阿拉克'系言沙枣所酿者，固以此为常酒，故专其名。又有用稻米、大麦、糜子磨细酿成，不除糟粕，如关内黄酒者，味淡而甜，名曰'巴克逊'。最上之品，莫如葡萄所酿，成时色绿味醇，若再蒸再酿，则色白而猛烈矣，性甚热，饮之可除寒积之症。""又马乳可作酒，名曰'七噶'，以乳盛皮袋中，手揉良久，伏于热处，逾夜即成，其性温补，久饮不间，能返少颜。"由此可知，这种酒具有很高的营养价值，长期饮用，可滋补身体，焕发精神。

其六，维吾尔族不仅讲究美食，而且讲究美器，他们使用的食器、炊具与餐具，制作精巧、考究，美观大方，专物专用。《西域图志》载称，维吾尔族的饮食之具有："酬察克，刳木为碗，其大小不等，以油涂之，以漆髹之，盛茶及饭。有酋长及贵人，或以玉为之。喀喇桑，屈木为之，其形如桶，以盛牛羊乳。

察喇，小木桶也，以盛酸乳。烈干，大盘也，红铜为之，其形正圆，围七八尺，高七八寸不等，以盛牛马羊肉。托古斯密斯塔巴克，用红铜为圆盘，径尺许，深三四寸不等，其数用九，以盛各项饮食之物。塔赫锡，用红铜为小圆盘，圆径约二寸以内，高寸许，以盛果品，其数亦用九。"库喇，"以红铜为之，其形如罐而有盖，旁施两耳，以盛饭面乳食等物，数以四。鄂喇札木，以红铜为之，其形如缸，高七寸余，口径三寸余，以盛肉汁，数以四。喀淑克，小木杓也，挹饭面以实于酬察克，其柄稍弯，而刻其末以饰观。楚默楚，大木杓也。挹牛羊等肉食以实于烈干；挹肉汁以实于鄂喇札木"。"阿布塔巴，洗手面器，以铜为之，有长口，有盖，有提，形同内地之茶壶，将洗则以壶水浇手用之。""柴珠实，小铜壶也。高七八寸许，口仅寸许，有长口，有柄，有盖用以烹茶。密斯噶藏，以红铜为之，其形如锅，口径四尺，可煮全牛之肉，旁有六耳。崇楚云噶藏，大铁锅也，口径约二尺，可供一二十人食，旁有两耳。奇齐克噶藏，形如小锅，红铜与铁相和为之，以木为盖，上系以绳，旁有两耳，用以熬汤及烹茶。努尔古赤，圆木杖也。作饼时用之。腾纳，以木为槽形，盛水以和面。苏富喇，羊毛毯也。施于地上以受面。阿勒噶克，屈柔木为边，粗布为纶，其形正圆，如内地之筛，用以除粗取细。绰里，编细柳木为之，其形如圆筐，用以漉水。"由此可见，维吾尔族的饮食餐具花样繁多，做工精细。在器物质地方面，或以木为之，或以铜为之，或以铁为之，或以玉为之。每件器具都有浓郁的民族与地区特色。器物的使用，表明维吾尔族平日良好而又符合卫生的饮食习尚。这些具有高度艺术价值与实用价值的餐具、炊具、食器，不仅是维吾尔族饮食文化的一个重要组成部分，而且是其民族食风、食趣的生动体现。

　　哈萨克族平日的衣食等物质生活的来源，绝大部分取自牲畜。《新疆礼俗志》记载，哈萨克族能用肉（主要是羊肉）和奶制造出各种民族风味食品。食肉以羊为主，通常的吃法，最普遍的是烹制抓肉。用马肉制作灌肠非常有名，并喜食熏肉。"其俗喜食薰燔诸肉，而马腊肠为款客上品（杀马驹三四岁者，切细脍，以五味和之，实诸马肠长三尺余，而以筋束其两端，名曰马腊肠，烤干煮食，以待贵客）。"哈萨克族的奶制品种类不少，如酥油、奶疙瘩、奶皮子、奶酪等。用牛羊奶制成的酥油，不但富于营养，而且将它储藏于羊胃中，还可随时取食。制作的奶疙瘩便于长期保存与携带。此外，烤馕、抓饭、"拉仁"（羊肉拌面片）、"结尼特"（用奶渣、黄小米、黄油、糖等混合物制成）、"包尔沙克"（羊油炸面团）等，是哈萨克族平日与年节喜食的米、面食品。在饮料方面，茶与马奶子酒是哈萨克族普遍饮用的主要饮料。由于哈萨克牧民多吃肉食，故茶在他们的饮食中占有特殊重要的地位，牧民之家，每餐无论男女老少，均不得无茶。然而，他们的烹饪方法却十分独特：先将烹茶用的砖茶用铜壶煮开，然后加入奶子（牛奶、骆驼奶）和少量的酥油，即为奶茶。马奶子酒是哈萨克族的名贵饮料，其酿制方法是将生马奶盛入马革所制的皮袋中，不断搅动，使其发酵，略带酸味，即可饮用。此酒有开胃健脾、增进食欲的功效。故哈萨克族不仅喜饮马奶酒，并用此美酒来款待来自远方的客人。

清代哈萨克族的宴会，不仅独具民族风味，而且很能体现其民族饮食特色。《西陲总统事略》载称，哈萨克族"风俗大抵与回人相似，惟不知礼拜诵经之事。宴会以牛、羊、马、驼为馔，马湩为酒"。《清稗类钞》记载，哈萨克人"朴诚简易，待宾客有加礼。戚友远别相会，必抱持交首大哭，侪辈握手搂腰，尊长见幼辈，则以吻接唇，唼喋有声。既坐，藉新布于客前，设茶食、醺酪。贵客至，则系羊马于户外，请客觇之，始屠以饷客。杀牲，先诵经（马以菊花青白线脸者为上，羊以黄首白身者为上）血净，始烹食。然非其种人宰割，亦不食也。客至门，无识与不识，皆留宿食。所食之肉，如非新割者，必告之故。否则客诉于头人，谓某寡情，失主客礼以宿肉病我，立拘其人，责而罚之。故宾客之间，无敢不敬也"。"每食，净水盥手，头必冠，傥事急遗忘，则以草一茎插头上，方就食，否则为不敬。食掇以手，谓之抓饭。其饭，米肉相瀹，杂以葡萄、杏脯诸物，纳之盆盂，列于布毯。主客席地围从相酬酢。割肉以刀，不用箸。"因清代哈萨克族普遍信仰伊斯兰教，故在饮食方面，有许多禁忌，"禁烟酒，忌食豕肉，呼豕为乔什罕，见即避之。尤嗜茶，以其能消化肉食也"。通过上述记载，可以看出，清代哈萨克族普遍热情好客，性格豪爽。对款待亲友和客人而举行的宴会的饮食品种，十分讲究。同时，他们在平日还养成了良好的饮食卫生习惯，每食，必以净水盥洗手。这不仅可以减少病菌传染，而且有益于人体健康。这是食道中美好风尚的生动体现。

柯尔克孜族是西北地区少数民族之一。他们主要从事畜牧业生产。《新疆礼俗志》对其衣食、起居的描述，见其多带有游牧生活的色彩：其"甂瓵荐地，无床榻。倚卓值门置娃灶，驾三足铁炉，谓之格尔加克。家长居其下右处，宾客稚幼居门之左，仆役居门之右，爨则粪以代薪，汲水以羊皮袋，谓之通拉，亦有以葫芦者，谓之脑盖。铜壶谓之沙玛（铜壶高尺余，上有盖，下有足，中置火筒，烹水用之），铁釜谓之喀章（釜重数十斤或十数斤，上有四耳，烹饪用）。席地之布承食以槃（有铜铁木三者，方圆异形，即古之所谓椸禁，通名曰案，今则通名曰槃），切肉以刀，掳饭以手（即抓饭）……"牧民平日饮食，主要仰给于畜产品。《新疆舆图风土考》载称，该族"风俗言语与回疆大同小异，毡帐为居，游牧为业，以肉为食，牛马乳为酒"。柯尔克孜族的主食，多以肉、奶制品和面食为主。其中，肉食品有羊肉、牛肉、马肉、骆驼肉等，以及烹制的手抓肉、烤肉、灌肺、灌肠、炒肉等风味菜肴，尤以手抓肉最为著称，这可

477

能是受维吾尔族影响的结果。奶制品种类繁多，营养丰富。主要有马奶、牛奶、羊奶、奶油、酸奶等。面食制品有"馕"、稀面条、面片面条、奶油甜米饭等。《新疆礼俗志》记载，由于清代柯尔克孜族"其教专祀天，其历法斋期一遵回制，不食豘，不饮酒。宴客荐牛羊酸乳，贫者湛面为汤，富者以马湩茜酒，瀹羊肉大米为饭。宾主之间情意洽浓重，少诈虞者"。这表明，柯尔克孜族牧民十分热情好客，淳朴真诚。其年节与待客的宴会，更使民族风味的饮食丰富多彩，独具特色。此外，柯尔克孜族牧民还喜饮茯茶，其烹茶方法是将茶煮沸后，再加奶与食盐，然后直接饮用，别有一番食趣。

第二节　民族居舍与居住特色

清代，由于各民族历史的、政治的原因，以及社会经济发展与自然环境的制约，使各民族在居住习尚、居舍建筑程式化方面，形成了多样化与地域性的显著特征。

其一，原始的"风篱式"住宅。这是一种古老的居舍建筑形式，纳西族、苦聪人的住宅即是此种建筑的典型物化标志。

其二，适合于游猎、游牧、游耕生活的"帐篷式"住宅，是中国古代北方游牧民族的一种传统居舍建筑，鄂伦春族、鄂温克族的"仙人柱"，蒙古族的"蒙古包"，哈萨克族、塔塔尔族、柯尔克孜族的"毡房"等都属此种类型。

其三，长江以南的"干栏式"居舍，亦为一种古老的建筑形式，其结构分为竹木结构与土木结构两种，土家族的"吊脚楼"、傣族的竹楼、海南五指山区黎族的"船形屋"等居舍，即属此类。此外，壮族、苗族、毛难族、拉祜族、布朗族、哈尼族、佤族、侗族、瑶族、景颇族、德昂族等的民族居舍建筑，在风格与构建上，或多或少地保留着"干栏式"建筑的遗风。

其四，"半地穴式"居舍，此种居舍形式较为独特，它是台湾自称"阿美人"的部分高山族喜爱的住屋。

其五，"上栋、下宇"式居舍，这种住宅多通行于南方和北方各民族，建筑结构形式多种多样，以屋顶而论，有平顶、一面坡或"人"字形等。在清代西藏、新疆和雨水较多的凉山彝族地区，此类建筑多且较为典型。清代少数民的传统居舍建筑，不仅限于这些建筑类型，而且与此相关的居住生活习尚，其内容更为丰富。

一　东北蒙古地区的民族居舍与生活

东北的吉林地区是满族的发源地，清代满族多聚居在松花江上游一带。以吉林乌拉（吉林）、布特哈乌拉（乌拉镇）为中心，南至桦甸、磐石等县，北达法特哈门。《吉林府志》记述，"吉林本为满州故里，蒙古、汉军错屯而居……然满洲聚族而处者，犹能无忘旧俗"，因此在居舍方面仍保持民族固有的传统习俗。而且，许多吉林满洲官员多半在吉林、乌拉镇附近建筑住宅，所以吉林满族的居舍具有典型意义。其居舍建筑，可归纳为居民街坊、城镇大型住宅和乡村居住房屋三种类型。

居民街坊：按类型，可分为城镇街坊和村屯街巷两种。城镇街坊，《吉林旧闻录》记载："满洲古为城郭射猎之民族，与蒙古之逐水草迁徙者不同，故吉林省古城之遗留至今者不可胜数，犹有睥睨。巍然，基址尚在，或废垒颓墙仅存隐约，而什有八九皆累土为垣……"吉林船厂是满族官宦住宅集中的城镇，此为平地甚少的多山地区，故街道布置不甚规整，且随大江河道自然弯曲。满族聚居街巷的特点是，大街为商店街，小街（胡同）为住宅街。街坊的宽度就是胡同与胡同的距离，也就是两个住宅宅地的长度。因此，都将大门设在路北向南，或路南向北。吉林的大街由河道河床形成，因交通量大自然宽阔，但与胡同相同都有不同程度的弯曲。这主要是由所谓"压人一头"而能有"阳气"的封建迷信思想所致，因此，各家住宅前段的建筑线步步向前，而形成相同的弯曲状态。

满族的村屯街巷也很有特色。满族常聚族而居，从而逐渐形成村落，"村"本是乡民聚居之地，但在满洲地方则多称为"屯"，如杨屯、韩屯、关屯等都是以姓氏作为屯的名称；而白旗屯、红旗屯、厢黄旗屯等是以八旗名称作为屯的名称；亦有以地方的山沟、水等来命名屯者。"屯"字的来源，本始于清初以屯田为生者，嗣后世代相沿，习呼村为"屯"。一般而言，屯址的选择，多因地势而异，多半在河、江、湖、沟沿岸，或在山岗前面的向阳地带，亦有在主要道路的近旁者，但总的以生活方便为原则。屯内的庙宇建筑，一般都有一处或两处以上，其位置在屯的中心或村端，建筑规模多为一个院，大的亦有二至三个院落者。在建筑的构造上，采用清代宫式与地方的建筑风格相结合的做法，这些庙宇主要有关帝庙、娘娘庙、土地庙、城隍庙等。

城镇大型住宅：清代在吉林乌拉一带，有数量甚多的满族大型住宅。其中，一部分为休致官员的住宅，他们休致回原籍，乐于安居故乡，以选址建造大型住宅为荣。如吉林的红旗屯、黄旗屯、蓝旗屯以及西关、北关、通天区的白旗堆子、蓝旗堆子等处，均为旗人住宅的集中地，这些住宅，宅墙相连，大门栉比，且构式规整。乌拉镇的各住宅胡同内，都有红柱大门外露，当地人呼为"四脚落地大门"建筑，这是旗人住宅特有的形式。

　　清代满族的住宅用地，基址较为宽敞。房屋布局、院落程式，除有自身民族特点外，亦采用古代建筑的传统风格与习尚，《白山黑水录》载，光绪时，满族的屋舍建筑，其"满洲房屋构造之制，南面设堂、设中庭、左在为厢庑，前面为客屋，外设衡门，积砖为墙，室中有炕"。住宅类型有三合院、四合院两种。其庭院各部分由墙、庭、台阶、宅门、影壁等组成。庭院内的墙，根据不同的需要与用途，又可分为外墙（宅外墙）、腰墙、拐角墙等三类。外墙是住宅院落的主要组成部分之一，它的功能是用以划分宅的境界、区隔宅的范围，并用它来指示住宅的长度与宽度；且防止外人随便闯入。腰墙多半建置在宅的庭院中二厅的两侧，功用是将空旷的宅院分隔成前庭（外院）和后庭（内院）。由于每日都能看见它，故墙的造型和艺术装饰颇为讲究，多选用磨砖对缝的青砖砌筑；墙的内外两面多施以精工雕刻，花纹图案既玲珑秀美，又十分坚固。拐角墙俗语称作"风叉"，它是正房和厢房缺口处相连接的墙壁，主要用途是分隔内院和后院（花园），同时可抵挡来自后院的风；在墙的两侧装有墙门，俗称为"配门"。庭，也称院子，即房屋布置后，四面包围所形成的空间。

　　台阶，多布置在房屋前后基与甬路的相交处。它比院心高起，周边镶砌石条，当是铺砖心，其长度与甬道宽相同。在院心内也有布置饰缸的。

　　宅门，一幢住宅内，有数道宅门，因位置和用途不用，而名称各异。在住宅中轴线的最前端，即它的总出入口称为大门；用腰墙将宅院划分前后两部时，其中间的叫二门；两旁"风叉"处的小门称为配门；在它的后部大墙开通的小门叫做后门或后角门。

　　影壁，满族住宅的影壁与汉族的影壁大体相同，一般是把它建置在大门的外部。面对大门中心，是自宅内外出时，必能望见的地方。它是做好遮挡用的一堵墙壁。满族居舍的建筑，有砖影壁、土影壁、木板影壁、院心影壁等多种。此外，在大门与影壁之间，还安设有上马石，它系拐角形的石块，布置在大门的两侧，也称下马石。在住宅的大门前或大门后，还安放狮石柱二对或三对，石柱为细长形，截面四、六、八角不等，柱头雕以蹲狮式样，故称为狮石柱，并逐渐成为一种装饰品，实际上它原是用作拴马用的。

　　在大门和二门之间左侧，设有索罗杆子（神杆），以为祭天之用。《吉林通志》卷二十七载，"祭杆置丈余细木于院墙南隅，置斗其上形如浅碗，祭之次曰献牲于杆前，谓之祭天，春秋择日致祭，谓之跳神"。《重订满洲祭神祭天典礼》

称："满洲各姓，亦均以祭神为至重，虽各姓祭祀，皆随土俗微有差异，大端亦不甚相远，若大内，及王、贝勒、贝子、公等于堂子内向南祭祀。若满洲人等均以各家院内南以祭，又有建立神杆以祭者，此皆祭天也。"

满族的房屋建筑，有正房、厢房、门房等。正房、门房均布置在宅内的中心轴线上，为横长方形；厢房布置在正房的两端，因而组成三合房、四合房的组合形式。其正房与厢房的建筑格局，体现出宗法社会与支配地位的主从思想。正房系主人所居之处，故房屋间架高大，构造宏伟；厢房系晚辈所居之处，较正房小；至于外院之厢房、外套房则更小。

乡村居住房屋：满族乡村住宅和城镇住宅基本相仿，从平面与外观上看，仍保留不少满族原有的古老建筑风貌。满族居民在清代经济较富裕，故乡村房屋建筑规模较汉族乡民房屋宏大而又整齐。满族重礼仪，故房屋内外是整洁的。他们信佛、崇奉天地，故每家的正房脚柱上端供有天地牌位，每逢年节，皆陈列香供五彩，鸣放鞭炮。室内仍供祀祖宗于上屋西墙和北墙上，其他方面和城镇住宅相仿。住房总平面的布局，基本上按一户一宅的规制。此种布局皆以正房为主，绝大部分人家都有正房并配置厢房，一般的为一正一厢，或者单独一处正房。外墙用土筑成或用柳条等其他植物性材料编制而成，并根据墙壁来划分宅的界围。大门一般多设在中轴线上，有的采用光棍大门（衡门），门扇用植物性材料或木板制成。光棍大门和柳编墙的制作，构造简洁朴素，它是满族的传统建筑方法。尤其是在吉林东部一带，木材储量丰富，因此居民造房时多就地取材。房屋平面布局，一般是三间，俗称"三间草房四铺炕"的构式。屋中南北炕当中以万字炕连接。《扈从东巡日录》载述："其居联木为栅，上覆以瓦，复加以草，墙壁亦以木为之，圬泥其上。地极苦寒，屋高仅丈余独开东南扉。一室之内炕周三面，温火其下，寝室起居，虽其盛夏，如京师八月。"就是三间房子也采用四铺炉的布置方式，西屋不借间，在堂屋内设四个锅台，变成厨房。从外观上看，房屋墙框多采取青砖或者是土坯砌成。另有一种房屋，全用木板制作，中间夹以锯屑，此种居舍以吉林东部山区较多，这是满族原始住宅形式之一。屋顶苦草，为双坡式，在脊部用木杆压草，杆头接连至坡顶交叉。《黑龙江外纪》称，满族"屋脊置木架压草，以防风摄，谓之马鞍，亦有以砖代者不多见"。《宁古塔纪略》说："房屋大小不等，木料极大，只一进或三间五间或有两厢，俱用草盖，草名盖房极长细。有白泥，泥墙极滑可观，墙厚几尺，然冬间寒气侵入，视之如霜屋，内南、西、北接绕三炕，炕上有芦席，席上铺大红毡。炕阔六尺，每面长二丈五六尺，夜则横卧炕上，必并头而卧，即出外亦然。橱箱被褥之类，俱靠西北墙安放。有南窗西窗门框，南窗之旁，窗户俱从外闭，恐夜间虎来易于撞进，靠东壁间以板壁隔断，有南北二炕，有南窗即为内房矣。

无椅凳,有炕桌,俱盘膝坐,客来俱坐南炕。"《柳边纪略》对清代宁安一带满族的房屋构筑,作了较详的描述:"宁西塔屋皆南向,立破木为墙覆以苫草厚二尺许,草根当檐际若斩,绚大索牵其上,更压以木,蔽风雨出瓦上。开户多东南,土炕高尺五寸,周南、西、北三面,空其东,就南、北炕头做灶,上下男女合聚炕一面,夜卧南为尊,西次之,北为卑。晓起则垒被褥于一角,覆以毡或青布,客至共坐其中不相避。西南窗皆如炕大糊高丽纸,寒闭暑开。西厢为碾房,为仓库为楼房(用做贮食物)。四面立木城成(名曰障子)以栅为门,或编桦皮或以横木,庐舍规整,无贵贱皆然,唯有力者大而整且。"林惠祥《中国民族史》云:"清初满族人的生活系射猎、定居、住木屋,屋内有炕……入关以后,渐易旧俗,惟关外者改变较少",确实如此。

  满族居舍的厨房分两种,一种是按满族原有的风俗习惯布置,在东屋的后半部;另一种是将厨房搬于外部,厨房内的锅台安置大锅。满族农家的储藏室,一般都利用厢房。厨房的烟囱,一般采用独立式烟囱,称为坐地烟囱,可以使房屋更加整齐清洁。有青砖砌筑和土坯砌筑两种,形状有方、圆,形制外观如同小塔。这种烟囱的好处是,风不能直接吹入烟囱内,使灶内的焚火极易燃烧。所以,《黑龙江外纪》说:"侧屋烟突过屋数尺,砖者望之如窣堵,一家不啻五六座,亦有土木为之者,卑陋不耐风雨。"这是清代满族生活习尚的一个重要侧面[①]。

  清代赫哲族的经济以渔猎为主,史称"夏捕鱼作粮,冬捕貂易货,以为生计",而且射鼠鹿狐貂水獭等,均有一定的季节性。因此,其居舍的特点,一是居无定处;二是房屋建造简易,就地取材;三是房屋形制,与季节性及经济活动有着密切的关系。历史文献记载,"至阿吉大山以上,沿松花江两岸,居者通称黑斤;亦呼短毛子,共约五门千人,……冬夏所止之处,取树皮,或草为小屋,有安口,桦皮为之,捕牲住;搓罗,草盖用棚,捕鱼住;傲苟,冬行晚宿所住或布或树皮为之;胡莫纳,桦皮小圆棚,夏捕鱼住;麻衣嘎,不剃发黑斤捕鱼小棚;刀伦阿吉嚷莽,行船时晚宿岸上小布棚诸名,平居皆草房,在江沿有暖炕,门置捕鱼架,得鱼则划为四片晾之,以其一带鱼头脊作狗食。"[②]《黑龙江志稿·地理志》称,赫哲人无庐舍,"以木为架,复以茅或盖以桦皮,四周亦以木皮裹之,大如一间屋,数口栖聚于中,谓之曰磋落,居无定处,或一月一迁,或终岁数迁,移动时男女数人负之而去,但近年亦多室矣"。由此可知其居住习尚之一斑。

[①] 张驭寰:《吉林民居》,中国建筑工业出版社1985年版,第20—71页。
[②] 《辽海丛书》,《西伯利东偏纪要》。

鄂伦春族的居舍，为适应其狩猎与采集经济活动而构筑的，它是一种原始的圆锥形住屋，叫"斜仁柱"，属于帐篷式住宅的类型。一般用三十根至四十根极长的木杆搭盖。"斜仁柱"的覆盖物，冬季是"额勒敦"（狗皮围子），夏天主要用"铁克沙"（桦皮围子）。"斜仁柱"的门挂有狍皮或柳条做的门帘。不论冬夏，"斜仁柱"顶端都不围任何东西，以便通烟，其优点是便于搬迁和搭建。《呼伦贝尔》载称，鄂伦春人的住室，就是平常所说的"窝铺"，"系二三十根木棍支建而成，冬季上盖兽皮，夏季桦皮，其中富有之家，则稍雅观。普通窝铺，高达三密达，宽达四密达，上顶露天，以便出烟，窝铺旁开有窟窿，俾犬类出入，门以自制之席为之"。窝铺内的主要摆设有铁锅架、铁锅，各种兽皮及桦皮，此外并陈列弓箭枪械，"与以木或布做成之布尔汗神像"。而"陈列箱只桌子及其他摆设者，殊不多睹"。除窝铺外，另有小房，专门置放肉食及其他各种食品，此类食品，庋置房内高处，目的在于"以防野兽及犬类之偷食"。对鄂伦春族的迁徙情况，该书还描述，迁居时，大都合五六家窝铺为一起，踩地时前行者手持长竿，竿端安有利尖，沿途为开道之需，"及至寻得适宜居住之地，即将竿插于地中，作为标志，迁移途中儿童则装入树枝自编之筐内，由妇女负之"。

清代蒙古族牧民居住的是传统的毡幕——"蒙古包"。王公贵族的"府第"是装饰和陈设讲究的蒙古包；亦有结构类似汉式宫室的建筑；还有与毡幕和汉式宫室二者相结合的府邸。在半农半牧区，蒙古族居住的是土木结构的蒙古包，即圆形的土墙屋。此外，蒙古族的喇嘛寺庙建筑也很有民族特点。《绥蒙辑要》载称，蒙古族世代以畜牧业为主，其游牧活动的范围较广，故"以村落之集居为不利，欲其营生容易，自然离而散居"。一村落多至二十余家，家必在隔，近者一二里，远者数里，或十数里，"为牧畜放牧不至抵触也"。无家居之构造，因地势与水草之丰啬而定居。

清代蒙古包，有固定式与移动式两种，接近汉族地区者，亦渐构造定居之家屋。"居住蒙古包的，于春雪融解之顷，出低地之平原，逐水草而转移；夏期天热草少，一处牧放仅三四日，顺次转牧他方；冬期结冰之顷，乃选山腹向阳之所定居，此因冬季积雪没草，山上雪少，往往牧草出现，且到处雪融，易得饮料。"蒙古包亦无固定的设备，其构造不等，视贫富而异，《绥蒙辑要》载称，"然能避风雨，解拆携行，流转最为便利"。蒙古包有大小数种，普通的顶高约丈余，周围圆形约两丈余，留屋顶以通烟气。包之全部围以羊毛毡子，顶盖小块毡子，如伞形，自由开闭，"更以驼毛绚绳，由外部捆缚于上下左右。屋顶亦系以绳，俾便开闭。开时，一以通日光，一则使屋包内之烟容易散出，宛如窗之作用"。蒙古包的门，开在东南方，高有三尺余，四周设木框，"装有小扉二扇，上盖毡帘"。蒙古王公贵族的居舍，亦为蒙古包，"惟构造稍大，包之顶上，张有赤黄色绒毡，或黄铜镜为异点耳。至乌、伊两盟各族旗之王公，多有建筑府第者"①。《临河县志》称，蒙古王公均有府宅，间有土屋，名曰"板身"。然院内仍置蒙古包，以示不忘本祖。"包制取圆形，皆面南，上架为梁，若张伞盖，然宽深十尺至十五尺，周围围以毡数层，束以毛绳。门高三尺五寸，宽二尺余。"蒙古包内，除中央一部铺毡子，"富者则于正面设高座。入其包内，左方为男居所，来客于此处入座席为礼。正面稍左，斜置木柜，其上供佛像，前设佛具、乳肉，以黄油点小铜灯，此为'圣坛'，朝夕礼拜无缺，卧时无以足向之者。妇女之居所，设于右方，此处置纳贵重品之大小柜及庖厨器皿、水桶、食料等品。中央之空地则置铁炉，高约数尺，中燃兽粪，或炊，或取暖。每一包内仅容数人，富裕者包有数间。就寝之际，则将铺在地上之毛布拂拭，用自身所穿之衣为夜具，仅带其带，和衣横卧"。《绥蒙辑要》还称，蒙古族屋包的构成，通常出于妇女之手，因移转频仍，"惯于结构，其动作亦机敏，能于瞬时间成之"。

对清代蒙古族喇嘛庙的建筑，《绥蒙辑要》载述："喇嘛庙者，在蒙古各地其数甚多；结构则视地方人民之贫富，而大小不等，然皆占胜景之地，内部清洁，比他之蒙古幽敞远矣。庙之附近，信徒张幕而居，鳞次栉比，又有若干之商人天幕，可知喇嘛庙比其他之蒙古部落，为便于大团体之营集；惟所困难者，于驼马之草秣不易搜集，盖以喇嘛庙为固定地，而其附近牧草之缺乏，乃当然之事也。喇嘛庙每年跳布占数次，汉人称为'跳鬼'，为祓除全牧之灾，并占一年之吉凶。此顶跳布占，则远近蒙汉人民以及王公土官，不召自至，叩头礼拜，欢跃数日；汉商借以作买卖，犹汉人于乡镇赶集也。"

对清代半农半牧地区蒙古族的居舍建筑，《蒙古志》描述说："内蒙古之接近汉地处，人多定居，故有庐屋，惟构造甚粗，土茅相杂，有圆形者，有方形者；设土炕，铺毛毡，壁悬画像，近似汉地器用亦略具。"②

二 中东南地区的民族居舍与生活

清代壮族的住房多数与当地汉族相同。部分地区还保持着古老的传统住房形式"干栏"。"干栏"，亦称"麻栏"，此种居舍，多为"人楼居，梯而上，名为干栏"③。楼上住人，楼下关养牲畜和存放东西。正如文献所载：壮族的居处，

---

① 《方志民俗资料·华北卷》，第739—741页。
② 光绪《蒙古志》，载《方志民俗资料·华北卷》，第726页。
③ 岑伯伦集：《乐业县志》，《土民志》二。

其"近圩市人家房屋，富者架木覆瓦，四壁或装木板，或砌土砖火砖，另作鸡树牛圈于宅房；贫者架木盖茆，四壁以牛粪和泥涂垩，鸡豕与人杂处。其居乡村者，无论瓦盖草苫，皆作上下两层，人处其上，牛、羊、鸡、豕处其下，名曰栏房。客至亦宿于上，人畜只隔一板。……官族则瓦房鳞次，墙宇修整焕然，有中州富官之气象矣"①。由于"麻栏"式建筑居舍，具有适应南方山区地形和气候条件的优势，所以，壮族一直沿用至今。在广西壮族聚居的地方，还有一种军营式的村舍，史称这种村舍，"悉含有军事上防御之作用。在侬壮环居之蛮峒地方——如庆、泗、镇大等属——所见甚夥。除各家坚壁高栅，随处开设炮眼外，村前复建石为墙，墙外环植茨竹（一名棘竹，又名簌竹，丛生多刺），兵火不能入。竹外如有溪水，则又浚为池，只有一桥一门，可为通道。村后即倚连深险之山峒，有警，丁壮御于外，老弱及妇女，悉运家私于峒中，盗即入村，除焚屋外，仍毫无所得。地方稍乱，即严扃村栅，白昼不启。商贾上市，农夫耕耘，亦携枪自卫。此等戒严景况有等地段，且永续不绝。入其境者，不须采风问俗，只观其村舍之设备情形，即可了然于中，而毛发森竖矣"②。可见，清代壮族地区这种军营式的村舍，仅是特殊条件下的伴生物，并不是一种普遍现象。

清代黎族在居住习尚方面，多采取同姓聚居的方式。在五指山腹地（今海南保亭、琼中、乐东三县交界处）的黎族，多居住传统的船形屋。这种屋舍，多用竹木扎架，茅草覆盖；并以藤条或竹作地板，离地约二三尺；且有水栈、高栏、低栏、木栏、栏房等名称。《琼州府志》记载，当时黎族还有"巢居"者。黎族在建造居舍时，选址讲究风水宝地，多采用鸡卵占验夺定的方式。清人张庆长《黎岐纪闻》记载，黎族"起屋用鸡卵占验。于黄昏时，将鸡卵置十字路口，次早取而煮熟，开验之，视其黄之僻处以定向"。

对清代各地黎族居舍的状况，乾隆时纂修的《琼州府志》记载："琼郡枕山籍海，多海溢飓风之虞，故公私宫室，不得为高敞，然规制与内地略同。远僻州县，多用茆茨，即公署间有茅屋。民居近海者，与疍人杂处，常若风飘水泊，附黎者与黎人杂居，不免巢居峒处。"清人邓淳撰《岭南丛述》云："珠崖人皆巢居。《珠崖传》曰，男女皆椎紒。或被发徒跣。紒音髻，今黎俗住木栏是也。"陆次云撰《峒溪纤志》称，"凡深村黎族男妇众多，多伐长木两头搭屋各数间，上覆以草，中剖竹，下横上直，平铺为楼板，其下则虚焉，登陟必用梯"，其俗呼为"栏房"。"遇晚，村中幼男女尽驱而上，听其自相谐偶，若婚姻仍用讲求，

---

① 王言纪修：《白山司志》卷九，《风俗》。
② 刘锡蕃箐：《岭表纪蛮》一书有关记述。

不以此也。"而《古今图书集成》记述清代黎族居舍特征时称,黎族的"茅屋檐垂地,开门屋山头内,为水栈居之,离地二三尺,下养羊豕之类"。清人张庆长的《黎岐纪闻》对黎族的船形居舍作了较为详尽的描述:黎族"居室形似覆舟,编茅为之,或被以葵或藤叶,随所便也。门倚脊而开,穴其旁以为牖。屋内架木为栏,横铺竹木,上居男妇,下畜(蓄)鸡豚。熟黎屋内通用栏,厨灶寝处并在其上;生黎栏在后,前留空地,地下挖窟,列三石,置釜,席地炊煮,惟于栏上寝处。黎内有高栏、低栏之名,以去地高下而名,无甚异也"。清代黎族居舍还有一个特点,即是屋内四时皆聚薪壅火,其目的与用途在于,"冬则靠以辟寒,夏则炕其禾谷"。这是黎族劳动人民,通过居舍,将日常的生活与生产活动巧妙而有机地结合在一起的典型事例。

台湾的高山族,在清代已是定居民族。居舍的建构,是他们社会生活的一件大事。他们对房屋基址的选择、房屋的构式和种类、建造方法、建筑布置、居舍装饰与陈设等,都较为考究,因而具有鲜明的地方特色与民族特点。

房屋基址的选择:清代高山族居住在高山地区,只有小部分居住在海岸平原。由于台湾气候潮湿,每年降雨量大,所以高山族建造房舍,基址多选择在山腰,且以背山面水为佳;亦有选址在平台之上者,从而形成高山族聚落的特殊格局。一般居舍的基址,又可分为地上、地下和桩上诸种。在择定房基时,还要举行"占卜"仪式,"初卜鸟音以择,曰营基"①。屋基择定后,进行筑基,有"平地筑土作基"、"填土为基"以及"倚山掘土"为基者。筑基时,要"合集社番,各持畚挶,并力合作,劳以酒食,彼此均相助焉"②。故其"规模壮敞,封土墩为址,作室于上,昂其前可五尺"③。且在屋基周围,"列种果木,麇囷圈圈,次第井井,环植簌竹"④。并在四周密种竹林,在番社口还要建筑"瞭望楼"以供村落防守御敌时,观察"敌情"之用。

居舍形式与种类:高山族居舍的形式,因各地自然环境的不同、所用建筑材料各异,可分为若干种,但以"干栏"式竹木建筑为最多,还有木屋、石屋、桩上房屋、田寮和公廨等式样。

其一,高山族的"干栏"式房屋,多用粗竹与圆木作为主要建筑用材。建造时,各楼柱数不等,有九桩、十二柱者,柱埋置于选定之屋地基上,柱间再横以木担;柱与横担皆有木栓使之互相紧连,然后铺木板作为居堂之地板。同时,将竹劈为两半,以砌砖形竖列为墙壁。屋顶多用茅草编制而成。《彰化县

---

① (清)六十七撰:《番社采风图考》。
② 同上。
③ 康熙《诸罗县志》,《风俗志》。
④ 同上。

志》载称："凡作室，……先刿竹结椽桷为盖，各一大扇。竖柱上梁毕，众共擎盖而升，编茅以覆。另编茅为顶，于横脊之两端，如枕形"①。这种顶"状如覆舟，宽二丈余，长数丈"。其屋顶样式有二倾斜面与四倾斜面两种。整个屋子"前后门户疏通，夫妻子女，同聚一室，……凿木板为阶梯，木板坚韧，或以相思木为之"②。这种居舍建筑的优点是，其下"可舂可炊，可坐可卧，以贮笨车（牛车）、网罟、鸡埘、豕栏"③。

其二，木屋，可分为大型与小型两种。此种建筑，以方木为栏，木板作墙，并用茅草盖顶。阿美、卑南、排湾诸部族皆有此类居舍。其小型木屋，多用圆木作柱，小形圆木相连缀以为墙；并用桧木皮作顶，门窗上亦有各种木雕装饰。台湾泰雅部族多居建此房。

其三，石屋。这种建筑，除梁柱为木结构外，其余大多用石作建筑材料。以厚石板铺地，薄石板盖屋顶，屋顶多为二倾斜面，石块砌墙。台湾的布农、鲁凯、排湾诸部族居舍即属此类。所以，清人黄叔璥说，高山族建石屋"架木为梁，凿松石片为墙（松石，内山所出，凿之成片），上以石片代瓦，亦用以铺地，远望如生成石室"④。也有山区的高山族，"倚山掘土，状若穴居，以沙石版代砖瓦"，建为石屋，以供居住⑤。

其四，桩上房屋，它多为清代高山族住房的附属房屋，如"干栏"式楼房旁之凉台、储藏谷物之竹仓，"名曰圭茅，或方或圆"，"亦以竹草成之，其高倍于常屋，下木上簟，积谷于上，每间可容三百余石"⑥。这种房屋的特点是既可防潮，又可避鼠害。

清代台湾高山族的居舍，还有"田寮""公廨"等形式。前者"视田畔之高敞地，结数椽为憩息之所。荫以竹木，收获时，寝食其中"⑦。后者系"社中择公所为舍，环堵编竹，敞其前，曰公廨。通事居之，以办差遣"。"凡辎车经过，停骖信宿及一切公交往来，拨遣飞递，不违晷刻，无旷风雨，趋勤供役"⑧。可见，"公廨"这种建筑的功能，一是为通事会议决断之处，二是供作青年集会之场所。

居舍格局与装饰：台湾高山族十分重视房屋的布局与整洁、装饰，使之更

---

① 道光《彰化县志》，《风俗志》。
② 黄叔璥：《台湾使槎录》，《北路诸罗番一·三》。
③ 同上。
④ 黄叔璥：《台湾使槎录》，《北路诸罗番七·五》。
⑤ 同上。
⑥ 黄叔璥：《台湾使槎录》，《南路凤山番》。
⑦ 康熙《诸罗县志》，《风俗志》。
⑧ 同上。

显宽敞与舒适。荷兰人C.E.S在《被忽视的台湾》一书中描述:"他们用野猪与鹿头装饰着房屋的内外,装上张挂若干染色的棉花。屋里放着鹤嘴锄,是用来耕地的;又藏着他们的标枪,或木柄长枪、盾牌、刀、弓、箭,这是他们打猎和打仗用的工具。""舍内地净无尘,前廊竹木铺设,如桥俯栏,颇亦有致。"① 也有头人及富有之家,门两旁上下柱上绘上各种彩色图画的。木屋门板多有雕刻,刻人头及蜷蛇纹,为单面浮雕。另有用于屋内之嵌板,也多浮雕百步蛇、手执人头等纹饰,这种人头反映了他们的"猎头"风俗。此外,高山族对居住环境的布局亦很讲究。他们在"舍前后左右,多植槟榔,……森秀无旁枝,修葺浓阴,亭亭直上。夏日酷暑,避除其下,清风徐徐令人神爽"②。同时,多在住房的四周普遍种植有椰子及竹木,这样,一方面可以美化环境、调节气候;另一方面可补充生活所需之瓜果及器具的竹木来源。由此可知,清代高山族居舍的布局和室内装饰、室外装潢,正是他们所特有的生活习尚与艺术情趣的真实反映。

三　西南地区的民族居舍与生活

有关彝族居舍与居住习尚的文献记载不多。据康熙《云南通志》卷三十七载:沙倮倮,在阿迷州者,"所居茅舍,中堂作大炉,父子妇姑,围炉而卧。"阿者倮倮,耕山捕猎,"性好迁徙"。罗武,居山林高阜,"牧养为业,有屋床榻,以松叶藉地而卧"。其他各地的彝族,如侎鸡,"迁徙无常,居多竹屋"。扯苏,在楚雄郭雪山,"居于山巅,无陶瓦,木片覆屋"。康熙《大理府志》卷十二记载,该府浪穹县的彝族"皆僻处山谷,如溪登、山后诸处"。雍正《云南通志》称,昭通府的彝族,"居多木棚";东川府的彝族"居多板屋"等,均缺乏较详的居舍记叙。雍正《临安府志》卷七对该地彝族居舍习尚的描述,仍然简略:山苏,"潜居深山,板片为屋";喇鲁,"性悍穴居"。刘必苏的《永北直隶厅志》卷七称,该地彝族,"胆小好饮轻生,或结寨依山,多用板屋,或居处临水,便取鱼虾,不惧烟瘴,不畏猛虫"。这些记述说明,清代彝族构筑居舍时,较注意地形的选择和日常生活的方便、舒适。此外,在《云南通志》卷一百八十二中,对黑、白、乾倮倮的居舍作了粗线条的记述,说黑倮倮,"其居处斩木代瓦,名曰藏片"。白倮倮,"居住依山箐,或村落"。乾倮倮,"茅草板片树皮为矮屋,中设火炬,男女两列坐宿,四时日夜火不断"。并称,居住楚雄、普洱二府的彝族,"其居处多结板屋于山巅岩间"。山苏部彝族,"不论寒暑,晚则架柴

---

① [荷兰] C.E.S:《被忽视的台湾》。
② 康熙《诸罗县志》,《风俗志》。

火一炉，男妇围而卧也"。但有关房屋构造、式样、大小以及其他方面的情况，不见详载。只是《中甸县志稿》对该地彝族的住宅作了稍为详细的描绘：彝族"住宅以篱笆墙，闪片为瓦。其有力者，亦曾另建客房，及储藏室。然其家人父子必在火塘周围饮食，寝室处绝无桌几、床凳。惟牲畜必分开饲养，决不令其与人相近，亦知清洁"①。

通观历史文献的记载与有关实物材料，我们可以看出，清代，由于各地区自然环境、资源条件的影响，以及生活习惯、民族经济发展状况和各户家庭经济条件的制约，彝族民居呈现出多种不同的风貌。土司、头人等的住宅，因其财力丰厚，常请汉族或白族匠师修建，故其房舍建筑基本上是汉族或白族风格。彝族居民的房舍，大体上可分为：土掌房，即密楞上铺柴草抹泥的平顶式房屋；瓦房（包括草房）；木楞房即井干式房屋。在经济较发达的地区，建筑技术发展水平较高，多为瓦房，与附近汉族居民大体相同。而在经济不发达的山区、半山区，土壤又为黏性沙土者多为土掌房。在森林密布的边远山区，民居则多为木楞房②。

清代纳西族的民间房舍，大多因时、因地制宜，在建筑构式上因地而异。从《东巴经》、《丽江府县志》等文献记载来看，纳西族的古代住宅，最早为井干式的木楞房，即全木制的"井干楼"式住宅。迄明代，始有瓦房出现；清初又发展为砖木结构的瓦房，且多为"三坊一照壁"式的格局。余庆远的《维西闻见录》说："又旧时土官廨舍用瓦，余皆板屋，用圆木四周相交，层而垒之。高七八尺许，即好椽桁，覆以板，压以石。屋内四周皆床榻，中置火炉并饮爨具。改设（即改土归流）后渐盖瓦房，然用瓦中仍复板数片，尚存古意。"李瀚湘《维西县志》卷三称："土人么西亦转于营造，其修住宅屋二三所四所，视地基宽窄与家丰歉之，牯料结实，墙基厚，屋上多用木板，渐有瓦者，与汉人屋宇不甚悬殊。"《中甸县志稿》卷下载称：纳西族的住宅"多盖闪片，亦有楼房，惟楼下必关牲畜，其房屋建筑苟简，间架狭隘，每每各厢独立，不相联络，墙垣门户不讲整齐，不求坚固，亦有桌几。惟寻常多席地而坐，聚餐多在火塘周围，其在上江边，各乡与汉回杂居者渐已汉化"。再结合实物资料和文献材料可知，纳西族"三坊一照壁"形式的农舍，系正堂屋一坊，厢房一坊，畜厩上就是草楼。从剖面上看，常为一高两低，即正房高而两边厢房低矮。正房对面为较低的矮墙（照壁），用白灰砂浆或草泥浆粉面。但大型住宅的照壁砖地、大理石贴面，出挑线、瓦檐起山，彩画精细，独具匠心。

---

① 《云南方志民族民俗资料琐编》，云南民族出版社1986年版，第38页。
② 《云南民居》，中国建筑工业出版社1986年版，第158—159页。

等级制度、生活及风俗习惯对纳西族民居建筑的影响颇深。据传，纳西族土司规定，只有官家、大商人方得修建"走马廊"式的楼房；穷人只许盖矮屋。土司房屋为高楼大厦，雕梁画栋，门窗锒镂；同时规定民房的梁头不得雕画麒麟，只许画狮子头；挂方不得画凤头，只画白菜头等。此外对佛龛、供桌的摆设亦有严格规定和许多禁忌。

傈僳族住宅的特点，《大理府志》卷十二称，傈僳族"架木为楼，人畜分处"。余庆远的《维西闻见录》说，其"喜居悬岩绝顶，垦山而种，地瘠则去之，迁徙无常"。《云南通志》卷一百八十四载述，"其居于山崖，金沙江边地与永仁连界者，依树木岩穴，迁徙无常"。清末时，上述情况有较大改变，《中甸县志稿》说，傈僳族的"住宅均以木楞为墙，板片为瓦，湫隘狭窄，席地坐卧，无桌凳床榻，饮食在火塘周围"。可见，清末随着傈僳族地区社会经济的发展，生活条件的逐步改善，其居舍已开始由"迁徙无常"而向定居转化。

清代傣族分布较广，居舍建筑随各地自然条件、风俗习惯的差异，以及受不同民族的影响，形式各不相同。傣族的主要聚居地云南西双版纳和德宏瑞丽等地民居，系"干阑"式建筑，俗称"竹楼"。其特点是用竹或木为柱梁搭成楼房，上层住人，下层关养牲畜，堆放杂物。康熙《云南通志》卷二十七载述：傣族"公廨与民居无异，虽宣慰亦止竹楼数十间，上覆以茅，用陶瓦者辄有火灾。民间器皿多以陶冶"。在禄丰、罗次、元谋的傣族"好楼居，釜甑俱以陶瓦，俗尚奢侈"；"其在江川、路南者，构竹楼，临水而居，楼下畜牛马"。"其在临安者……山居，构草楼，家人狎处，稍以帷帐间"。"其在镇南者……所居在山巅。其在姚安者，亦滨水好浴"。康熙《永昌府志》卷二十四称，车里宣慰司的傣族"户多楼居，楼出陛谓之掌，晾衣物，其下畜（蓄）六畜"。《楚雄府志》卷一指出，该地的傣族"近水为居，冬入水浴"。雍正《临安府志》卷七载称，傣族"居多近水，各州县间有之，纳楼等三司溪处等门乡颇多"。景东直隶厅一带傣族居舍的特征是"覆屋多榍，门开顺眷，傍水而居"①。道光《普洱府志》卷十八云：水摆夷，主要分布于宁洱、思茅、威远等地，其居舍"多近水结草楼居之。男女皆浴于江河"。旱摆夷的习俗大略与水摆夷相同，但喜居于山巅，故名之为"旱摆夷"。光绪《腾越厅志稿》载称，该厅的傣族"其土下湿夜寒"，故"俗滨江为竹楼以居，一日数浴"。由此可知，自康熙至光绪时期，傣族虽分布甚广，但其居舍，仍多以富有民族特色的"干阑（栏）式"建筑为主。

傣族居住"干阑（栏）式"建筑的重要原因，首先是防潮湿。由于傣族聚

---

① 吴兰孙纂修：乾隆《景东直隶厅志》卷三十五。

居地区，气候炎热，潮湿多雨，故架空楼居，以利于通风散湿。其次，利于散热通风。由于气候炎热，必须在室内设火塘炊事，故墙壁楼板等用竹篾或木板，有较大缝隙，既可散热排烟，又利于通风。再次，可避虫兽侵扰。西双版纳等地，森林资源丰富，植被覆盖面广，利于野生动物繁殖、蚊虫孳生；建造干阑（栏）式建筑，人楼高处，可有效地避免虫兽对人的侵袭与危害，以利安全。最后，可避洪水灾害。清代傣族居于坝区，每年雨量充沛、降水集中，常遇洪水泛滥，而楼下架空，人居高处，利于洪水通过，可大大减少洪水等自然灾害的损失。但是需要指出的是，西双版纳和德宏瑞丽傣族的民居，虽为干阑（栏）式建筑，但在建筑构式上，仍有不少差别。特别是元明以后，各民族相互杂居，部分傣族接受了汉族文化影响，而成为傣那（旱傣），风俗习惯有所改变。表现在民居上，则改住平房，四合院布局，但某些建筑还保留着"干阑（栏）"形式。散居于元江河谷平坝地区的傣族，由于气候炎热，民居建筑形式，多系密梁泥土平顶式房屋，俗称"土掌房"，这与当地彝族民居相似。

清代傣族普遍崇信小乘佛教，故佛寺遍及各村寨，而且是傣族村寨中居处于显要地理位置的建筑群体。所以，雍正《临安府志》说，"车里诸国……此地寺塔极多，一村一寺，每寺一塔，村以万计，塔亦万计，号慈国"。西双版纳的佛寺，一般位于村寨地势显要、风景最佳之处。这些佛寺建筑群体，多由佛殿、经堂、佛舍、塔等几部分组成。其建筑总体布局与汉族寺庙的封闭式四合院大体相同，如同民居一样随地形灵活布置。佛殿居场地中心位置，经堂一般在前部，僧舍在殿后，其外有较大的场地，古木参天，树影浓密婆娑，院墙低矮或无院墙，以示"神"与"人"的世界的自然融合；"天""人"之合一；现实与彼岸世界的联结和延伸。同时，它亦是清代傣族劳动人民创造性智慧的结晶，有着显著的民族风格，更是至今保存完好的傣族建筑与宗教文化遗产的一部分。

清代有关苗族居舍的记载，文献中既少又略。偶有记叙，也是有异于汉族居住的地理环境和建筑形态。清人徐家干的《苗疆闻见录》称：苗人"聚种而居窟宅之地，皆呼为寨，或二三百家为一寨，或百数十家为一寨，依山傍涧"。散处贵州东部开泰地区的苗族，"都散居悬岩峭壁间"；居住台拱、古州、清江三厅者，多"居深穷谷"；居住清平的苗族，"房屋俱用土墙，完密不使透风，日夜以火为明"。迄清末，仍有不少苗族居住在土墙房屋之中，但房屋均开小窗以自然采光。散居八寨、丹江的苗人，"爱养牲畜，人居楼上，畜养楼下"。此类房屋构造，是木柱板壁，屋顶一般都盖杉木皮，盖瓦者占极少数。乾隆年间，台拱厅有苗寨共161，计9891户，平均每寨户数为50多，大寨当在一两百户以上。黔东北苗族的居住环境，在"楚、蜀、黔省之隅，所居一族……地险"。松桃正处武陵山深处，均系梯田，傍山而居。所居"率以寨计，有与汉民分寨而居者。有相毗连至数十寨不等者。所居多幽阻险隘之地，崇山广谷"。武陵山是产木材的地区，故苗族住房多是木质盖瓦，且每家都有一间作火铺，用作冬季燕薪取暖，平时供全家休息的地方。据历史文献的记述，黔中西部苗族的居舍较简陋，"架木如鸟巢，寝处、炊爨与牲畜俱处，夜无卧具，掘地蓺柴以反侧"，架如鸟巢，可能是坚木为柱，顶上覆草木、四围扎草为壁如鸟筑巢。如架屋于树上，就不可能"掘地蓺柴"，生活更不可能"与牲畜俱处"了。通过上述可知，一方面清代苗族的居舍较为简陋；另一方面，亦体现出苗族劳动人民在为建造屋舍就地取材、因陋就简、逐步征服自然和创造新的生存环境、居住条件活动中，所必具的聪慧与坚忍品格。

清代农业地区的藏族居住平顶立体式的房屋；牧区一般住帐房。前者房屋平顶多窗，造型及色泽其为质朴，具有浓厚的民族特色。此类房屋多建筑在向阳的高处，坐北向南。构筑时，一般以石块或夯土筑墙，形如碉房；楼房的上层住人，下层多作库房或畜圈；且有院落。屋内陈设木板或坐垫。牧区的帐篷则用牦牛毛织成，色黑，品质结实可以防雨。它与蒙古包的不同在于它不是圆形的，而是不规则的长方形或椭圆形的。对此，和宁辑《西藏志》"房舍"条称："自炉（打箭炉）至前后藏处，房皆平顶，砌石为之，上覆以土石，名曰碉房，有二三层六七层者。凡稍大房屋，中堂必雕刻彩画，装饰堂外壁上必绘一寿星图像。凡乡居之民多傍山坡而住，惟甲贡地方有草房，其蒙古住格尔牛羊厂住黑帐房，而拉萨境内大房颇多，有可住数百人者，如大召南之拉萨兴夏内安设铜锅一口可盛水百十余担，以供念大经熬茶之用，即此可类推矣"。同治时期成书的《章谷屯志略》"风俗"条，在描述当地藏族的居舍时称：宅垄藏族的寨落喜近山峰，"有用瓦甓，四围悉石甃成，高二丈余，中分三四层，广狭不一，内无楹础，惟横施椽木，以栈以板，寨顶于缘木之外，又铺以小木枋，覆以土，势略斜，使水不停蓄，捶土令极平，顶四面墙沿高尺许。若施栏楯，四隅开小穴以溜水，稍有罅漏，覆土一篑，捶平即止。间有附墙作小楼者，窗棂数扇，饰以朱漆，颇有华风。寨内之下层圈牛马，中作锅庄，为妇女居处，上贮粮糗什物，再上为经楼供佛像，其傍为男子所居，寨之顶为场圃，凡所获荳麦，悉至其上，系以秸秫，日暴风扬，俱在此咫尺天间"。清代，藏族的居舍皆呼之为寨子，"辛卯（即乾隆三十六年，1771年）之前，番民多住石碉，形制有二：或如方几，或似菱花，下宽上锐，自五六丈至十数丈不等，悉以乱石砌成，碉底方广丈余，中栈以木，下卧牲畜，中置锅庄（即炊馔之所），上数层贮粮糗什物，碉顶设经堂供佛像焉，四隅播番经布旗数枝，四面有窗隙，内宽外窄，瞭望四方，极为清晰。凡遇劫盗，窗隙中施放火枪最便，方金酋怙恶，从（纵）其部落，妄肆支掠，故邻境俱恃碉为守御，少有疏虞，则身家不保。造法极精，四角圭稜如刃，睨而视之直若引绠；所费不赀，经年累月而成，汉人石工，万不能及。远望森如束笋，高出重霄。天戈西指，俘馘（获）金酋后，陬谷安居，尽皆另造平庐，至今石碉尚存，然无有居其内者矣。平寨凡数层，四面甃以石，制作与攒拉无异。惟牲畜处外，室家处内，凡入锅庄必由牛畜圈中经过"。"不解作灶于寨中，掘土坑深尺许，方二尺许，以石三条，逐如牛角，峙立三隅，承鼎釜，即所谓锅庄也。以木作架悬尘间，若庋阁，炊具干鱃悉置其上，饮食时男女跌坐，先置毕罗少许于承釜石上，无少长皆然，询其故，盖以祀先人也。锅庄之傍妇女所寝处，男子宿楼中，父老宿经堂，寨顶作场圃。"可见，清代藏族的居舍不但建筑构造奇特别致，而且其功能与作用具多重性。

对牧区藏民的帐篷式居舍的特征，清人刘郁芬等修撰的《甘肃通志稿》载称：玉树地方帐居的藏民，"号曰帐房人民。……白帐房有表里二层、三层者，用以宴客；黑帐房插帐，多就地势避风、水草丰美处。帐用牛毛所织毯为之，撑以木格，维以皮绳，方形若帐房"，有着较为突出的民族建筑特色。

四 西北地区的民族居舍与生活

清代维吾尔族在居住生活方面的特点是：其一，房屋样式多为平房粉垣，门多北向。且讲究居舍的清洁、装饰和布置，室内四壁均施绘画；其二，保留有许多准噶尔时代特殊形式的土堡，从而成为准噶尔时代的历史标志和遗物。

对清代维吾尔族的居舍，《西域闻见录》卷七载："回屋聚土为墙，累厚三四尺，以白杨胡桐之木横布其上，施苇敷泥，遂成室宇。成为楼厚七八尺有奇。穴墙为灶，直达屋顶，宽尺余，高二三尺，与地平置，木火其中以御冬寒，谓之'务恰克'。"穴墙洞，宽长不一，用以贮藏物件，维语称此为"务油克"。屋顶开天窗一二处，以纳阳光，谓之"通溜克"。屋顶正平，人可于其上往来，且为晒曝粮果之地。这种居舍的优点是"屋墙厚顶轻，不虑倾圮，雨少不畏渗漏。富者多于屋山雕泥为花草字画，饰以灰粉，细可坚，颇见工巧，亦有施金碧者，涉俗矣"。而且每家屋旁列有园池，广植花果，开伯斯塘以避夏暑，环境优美悦人。同时维吾尔族还有一个风俗，就是"以楼高为贵，有三四上者，楼亦有仿蒙古包形者，有方者。地基少宽，必作礼拜寺，以便'纳马兹'也"。《回疆杂记》述描维吾尔族的居舍特征：维吾尔族居处平房，垣粉四周，上出天窗，以纳日影，"其贵家彩画梁柱，亦有燕子营巢，并于房檐养鸽"。

《新疆图志》卷四十八对清末维族的各式居舍，详加叙述：维族"闬闳（栏）房舍，皆与汉同，而门多北向（原注：屋顶平行，人于其上行走坐卧，并可堆积薪粮瓜果诸物）。富室高构重楼（原注：如蒙古包形，墙厚七八尺），砌土为榻（原注：高尺余，以木缘边，中实不用火），穴墙为炉，圆上而方下，其高三尺，突出屋顶，谓之'务恰克'，燃之则一室温和"。墙中均穿洞为阁庋藏食物，维吾尔语称为"务油克"。屋顶开天窗，洞达阳气，维吾尔语叫"通溜克"。"四壁垩粉，饰以人物花卉，竟为洁丽。富家巨室，屋旁多筑园林，沟以渠水，为消夏燕游之所，谓之'博斯坦'"。在城镇居住者，门左右筑土为台，旅陈估货，谓之"巴札尔"①。

在南疆许多地区的空野中还留有许多准噶尔时代维吾尔族人民居住的特殊土堡。《西域闻见录》卷七载述："回地空野中多土堡，似楼，而墙壁坚厚，高三四尺。据云准噶尔时，额鲁特常来骚扰，或三五为群，或数十为群，突至回地，抢夺牲畜，奸淫妇女，稍不如意，即肆残杀。"因此之故，"稍殷实之回子皆有土堡，有额鲁特来，则人避于其上，牲畜匿于下，紧闭其窦而守之"。可见这是一种攻防兼具的建筑，更是具有特殊含义的历史时期的产物。总之，清代维吾尔族的土屋、土楼和土堡，无论是在建筑材料的使用、构筑方式上，还是在建筑的布局、居舍的功能等方面，均有较为显著的民族与地方特色，所使用的乃是一种特殊的建筑文化的语汇。

清代哈萨克族的居舍主要分两种：一种是春、夏、秋随牧而居的毡房；另一种是冬天住的土房或木房。其毡房的特点是携带方便，易于搭卸和搬迁。《新疆考察记》记载，哈萨克族以游牧为生，逐水草而居，居无庐舍，"以毛毡织成穹庐，与蒙古包无异。夏窝在山阴，冬窝择山阳，随季候而迁移，寝食均在包内"。《新疆概述》记述哈萨克族的居舍时说，"其俗无城郭庐室，逐水草，事游牧，冬夏迁徙"。夏季迁徙尤为频仍，"盖因秋草较丰，夏则干而热也。其迁徙之距离，多至五百英里。回时结穹庐，高不及丈。空旷之地，风高而寒，亦建泥（土）屋，谓之'卡桃'。墙厚一公尺，地则下陷，多以芦苇为纬。古时故城时见，芦席为泥墙之经纬，知此俗之久"。门窗多以皮为帘。牧群亦处室中。居室内，"氍毹重叠，褚以驼牦，枕则着以天鹅之鞴，其他藉以诸色绒毯毛毡。铁床木檐，各异其式，茵褥重叠，厚至数尺，枕方圆各一，眠时用薄被覆之。入门赢三尺，设火炉，炉旁置铜、铁水罐。烹茶炊饭，以粪代薪，羊粪为上，驼粪次之，牛粪又次之，马粪最下，以其一燃即烬也，然作引火甚利"②。《新疆礼俗志》记载，清代哈萨克族头人，"间有建筑土屋以御冬者"。

清代柯尔克孜族的居舍是蒙古包，但其构筑、摆设、被服卧具的备置却十分考究，颇富民族的特色。《新疆概述》描述称，柯尔克孜族"其居屋虽较固定，然形犹穹庐，曰'那哈阿'。依杉木架圆如覆罄，毡墁其壁。衣之丽者，以

---

① 冯家昇等：《维吾尔族史简编》下册，第452—453页。
② 《方志民俗资料·西北卷》，第351页。

五色花毡彩丝缔之,富家一幕有费千金者。壁上用芨芨草扎五色丝绒或羊毛织成花帘衬之,外障以方格木架,房顶饰以五色花毡,光彩炫目。氍毹荐地,无床榻、椅桌,值门置烓灶,驾三足铁炉,家长居其下,右处宾客,稚幼居门之左,仆役居门之右"。此外,《新疆礼俗志》关于柯尔克孜族的居舍和居住习尚的记载,与此略同。

第三节 民族交通与交游风尚

交通,在人类社会发展和社会政治、经济、文化交流中,具有十分重要的地位。使用何种工具与方法,进行人际交游、交往,以及物资交流、交通运输,则与人们所从事的经济生产活动直接相联系;同时,与居住地区的自然环境和地理条件密切相关。清代,随着边疆少数民族经济文化的发展进步,政治的稳定,边疆各民族地区与中原各地、民族地区之间相互沟通联系的交通同样得到了开拓和改善,从而为边疆民族地区经济文化的进一步发展,提供了先决条件。但由于清代边疆各地区自然条件、经济条件的差异和不平衡,使交通的建设和交通运输的网络,也呈现出地域和民族的特点。

一 东北蒙古地区民族的交通与交游风俗

赫哲族的交通运输工具,按种类、季节和功用,可分为"雪橇"、"桦皮船"和"扒犁"三种。

雪橇:《黑龙江志稿·地理志》载称,赫哲人捕兽之器曰踏板,"值雪深数尺,以木板长五尺贴缚两足,手持长竿如泊舟之状,划雪上前进,则板乘雪力,瞬息可出十余里。雪中乏食,则觅野兽往来求食之迹扑而食之,凡逐扑貂鼠各物,十无一脱,运转自如,虽飞鸟有不及也"。《西伯利东偏纪要》云:赫哲人捕貂射鼠鹿狐貉各物,"善睬牲踪,见踪则迹之,必获,雪甚则施踏板(即雪橇)于足下,宽四寸,长四五尺,底铺鹿皮,或堪达韩皮,令毛尖向后,以钉固之,持木篙撑行雪上不陷,上下尤速"。

桦皮船:赫哲人的桦皮船分为叉鱼船和渡船两种。《西伯利东偏纪要》载称,赫哲族捕鱼以网以钩,驾一叶扁舟,名曰"几喇,皆用妇女搬桨"。其人捕鱼"每于风浪大作时,乘舟扬帆,持叉踩捕,俟出水时,以叉叉之,叉尾系以长绳,俟鱼困惫,牵至江沿,或售或货"。"若夫坐快马,持叉取鱼,则以剃发黑斤,及旗喀喇人等为最,尝于波平浪静时,往江面认取鱼行水纹,抛叉取之,百无一失,虽数寸鱼,亦如探囊取物,从旁观之,不知何神异若此也。其快马以桦皮为之,长丈余,宽约二尺,两头渐窄,才容一人,其快如风"。对赫哲人的渡船,《黑龙江志稿·地理志》记载,赫哲人渡水之舟曰拨子,俗名大红船,"刻桦木皮缝作鸡卵形,而平其底,长六尺余,只可容二人,一人坐于舟中,一人前立摇楫,一日可行数百里,惟乘舟者须能稳坐,乃保无虞,否则倾倒落水,殊嫌危险"。

扒犁:扒犁是赫哲族冬季捕猎和运输的主要交通工具。《东北边防辑要》载称,居乌苏里江、混同江、黑龙江三江汇流左右者,"曰额登喀喇(即赫哲人),其上披发,鼻端贯金环,衣鱼兽皮,陆行乘舟,或以舟行冰上,驾以犬,所谓使犬国也"。《柳边纪略》记载,"御者持木篙,立舟上,若水行拦头者然,(曹)廷杰谨案,舟即《异域录》所谓拖床,今东三省至东北海滨通称扒里,亦作扒犁,所持木篙,通称靠立特。东省皆驾牛马,惟黑河口下至海滨方驾以犬耳,每头犬,一头值津钱四五十串,次者亦二三十串,饲以鱼,少则驾五六犬,多则驾十二三犬,可载千斤,地冻从陆行,每日可一二百里,冰行可二三百里,欲行时,先以靠立插两旁,入地一二寸以止犬足,尚约二三里方可驻"。《黑龙江志稿》描述,扒犁,满洲语曰法喇,"制如冰床而不施铁条,屈木为辕似露车,坐低傍轮,前有轭而高,驾以牛或马走冰雪上疾如飞,亦可施帷幪衾绸以御寒,赫哲人所用狗爬犁形如小车而无轮,以细木性软者削两猿,前半翘起上弯,后关贴地,处置四柱与四框,铺以板,如运重物则于上弯处驾犬二,人在上以鞭挥之,其速愈于奔马"。通过记载,可以看出,清代赫哲族使用的扒犁的特点是,制作简便、轻巧、使用方便、适用性强。它是清代东北地区特定地理环境、交通与气候(冬季漫长和多雪)条件的伴生物,亦是赫哲族长期改造自然、征服自然的劳动实践结出的硕果之一。

鄂伦春族游猎与生活的地区,交通十分不便。鄂伦族为了改变交通手段落后的状况,他们通过长期生产与生活实践创造了一些依靠畜力、兽力、人力牵引和推动的交通工具,如驯鹿、四不像、马匹和小型桦皮船扎哈等。每当他们在黑龙江以北地区游猎时,多使用驯鹿和四不像作为交通和代步工具。《呼伦贝尔》一书记载:"四不像者蹄似牛非牛,头似马非马,身似驴非驴,角似鹿非鹿,不刍不豢,惟食石花,奇勒尔,俄(鄂)伦春养之,用则呼之使来,牧则纵之使去,性驯善走,德同良马,亦美物哉。"后来,鄂伦春族从黑龙江以北迁移江南后,随着马匹的逐渐增多,其交通运输工具和游猎条件得到了较大改善。

此外，鄂伦春人制作的"木罗贝"（桦皮船），亦叫扎哈小舟，它以"皮革或桦皮为之，较'威呼'（即独木舟）尤轻捷，载受两三人，陆行载于马上，遇水用之以渡，相传墨尔根察边者遇江涨，协领那里勒泰以马革为扎哈往渡，盖取法于土人（即达斡尔族）也"①。这是清代鄂伦春族重要的交通工具之一。

达斡尔族最具代表性的交通工具是"辘辘车"和"威呼（即独木）桦皮船"。

"辘辘"，又名大毂轮车或桦皮车。《黑龙江外纪》载称：达斡尔"随意造辘辘车，轮不求其圆，辕不求正直，轴径如椽，而载重致远，不资毂稞，惟山路崎岖，防损折动，以斧凿随之"。"辘辘车，牛曳之，一童子尝御三五辆，载粮草类，然富者乘之，以毡毛为盖，蔽风雪，间亦用桦皮，或如棺号桦皮车，布特哈多此物，近乃有厌其朴野，购太平车于京师者，齐齐哈尔尤甚。"

"威呼桦皮船"，是达斡尔族渡江河所用的水上交通工具。《黑龙江志稿》卷六称："威呼，独木舟也，刳木为之，长二丈余，阔容膝，头尖尾锐，载数人，水不及舷仅寸许，荡漾中流，驶行如箭。初乘此舟者，瞑目不敢视，其险可想，遇水盛亦可联二为一。以土人习于威呼，驰行水面如履平地，康熙御制土风马，济车杂沪，有威呼一律'取诸涣卦合羲经，舴艋评量此更轻；刳木为舟剡木楫，林中携往水中行（窝集中，山溪相间，凡采参捕貂者，携威呼以往，遇水则乘之）；饱帆空待吹风力，柔橹还嫌划水声；泥马赊枯尤捷便（泥马赊枯者以桦皮为之，只容一人，而手持小桨划行），恰如骑鲤过琴生。'"这表明，达斡尔族无论是陆上之车，还是水行之舟，均就地取材，并因时、因境、因需、因用，进行不同的制造与使用。所以既能做到经济、实惠、便捷，又能济运输交通、交游之急需。难怪康熙帝呼之为"土风马"，作诗咏叹其"捷便"、快速和达斡尔族人巧夺天工之造化了。

清代东北地区满族使用的交通运输工具有马匹、独木舟威呼、扒犁和牛车。清人吴振臣《宁古塔纪略》称，该地满族"江中往来俱用独木船，名'威呼'。凡各村庄满洲人居者多，汉人居者少，凡出门不赍路费，经过之处随意止宿，人马俱供给少陵，所谓马有青刍，客有粟也。如两人远出，年幼者服事年长者，三人共行则最幼者服事稍长者"。"农隙俱入山采樵，以牛车载归，足来岁终年之用乃止。雪深冰冻则不用车，因冰滑故用扒犁，似车而无轮，仍驾牛在冰地上行速而且稳。"可见，清代宁古塔地区满族人的各项交通运输工具与他们的生产活动和自然地理条件有着十分密切的关系。

蒙古族主要从事畜牧业和农业，故其使用的交通运输工具主要有大毂轮车、

---

① 《黑龙江志稿》卷六。

鞍轿、骆驼和马匹。但在平日的放牧、代步、运输上无时无刻不依靠骏马和骆驼。《绥蒙辑要》记载,蒙古人居常门系马并着鞍,"凡牧畜等举动必乘之,故无论老幼男女皆习于马,又能乘驭。小儿五六岁,则伴父兄至牧场,其往复皆由父兄之助而跨于马背;十岁以后,概巧于乘驭,不着鞍之马亦能乘骑之。如斯,彼等不啻生长于马上,故其乘驭乃极巧妙,虽数日数夜,竟不以为劳乏也"。蒙古族的骑术,堪称世界之冠,"彼等之祖先,所以纵横欧亚而得赫赫之骁名者,亦为此骑术之力耳。其骑乘也,上体直垂,下体膝稍曲而向后,无论做如何之运动,只上体动而下体之位置不变,如马、鞍、人为同体。其体只称向前一倾,马乃蓦然疾驰,骑者于疾驰中,多直乘鞍上,无拱背坐马之势,终日驰驱,无疲劳之态。虽日常动作迟钝,一度乘马,则与(其)生气勃发,登山越岭如履平地,跳沟过濠亦甚敏捷,如疾驰数十里行程,瞬息而返,从无距离远近之观念。偶有旅客问以道路远近,虽相距数十里,亦云'加罕'(蒙语即附近也)。常笑汉人骑马尚言乏,此可见其强悍之性也。蒙人从来以有马而始能为活泼之动作,若无马徒步,宛如出水之鱼,能力全失。盖彼等于行步,仿佛年老之人,期脚受鞍上之癖,两膝曲弯,上体向前,不能作疾行之步也"。值得指出的是,蒙古族"妇女亦与男子同,受乘马之教养,其骑术不亚男子。但妇女之乘马,限于旅行,或代男子牧畜之际,平常乘骑者少。又,已放垦(即农业区)地方妇女,则渐次柔弱,罕见妇女之乘马者"。蒙古族的另一重要交通工具为骆驼,《归绥县志》称:"其赴蒙之营商者,必畜骆驼。惯例以一百五十驼为一帐房,以五人组织之。"运载时,"……骆驼不能尽负重,须有空驼以资替换;冬令,每百驼可载九十担;三月六十担;正月、二月八十担,每担二百四十斤有差"。足见其在交通运输中,较之马匹而言,更能负重和运载货物,亦可充乘骑之用。故二者是清代蒙古族游牧生活的"好帮手"。

二　中东南地区少数民族的交通与交游风尚

对黎族的交通运输工具,毛奇龄著《蛮司合志》卷十五载:黎族"富者乘马鸣镖,贫则否"。《旧志》称,黎族"每出劫谓之'讨草、讨菜'。不避风日,草行露宿,登高履险,跃步远跨,其疾如风"。屈大均《广东新语》卷七"人语"条记述,五指山腹地的黎族"尝出盗劫,男妇尽室以行,跷捷如风飞,官兵不能追逐"。这些记述,若拂去其中对黎族的某些污蔑不实之词,仍能对清代黎族平日在生产与生活中,行走迅即、跃步似风的英姿和在艰险的自然环境中的应变能力、生存能力,窥知一二。

台湾平原地区高山族聚居的各"番社"之间相互连接的大道,由官方督修。在高山族聚居的山区,其道路较为狭窄,甚至有的凿山壁,傍依悬岩,穿越林箐为路。这些山道多数系猎路,由狩猎者践踏而成。为了与大自然作斗争,为了狩猎和获得基本的生活资料,高山族自幼练就了走路的本领。荷兰人在《被忽视的台湾》一书中说,高山族"飞奔能够追得上迅捷的羚羊或鹿"。清人载称:"番俗从幼学走……及长,一日能驰三百余里,虽快马不能及。"① 此言虽有夸张之处,但善于步行奔走的确是台湾高山族的特长。高山族的主要交通工具是黄牛。《稗海纪游》一书,台湾高山族"出入皆乘黄犊"。更有趣者,许多台湾高山族还将牛作为渡河的工具。由于台湾平原地区溪河纵横,来往行人必须依靠桥梁。桥有藤桥、竹桥及木桥三种。关于藤桥,《彰化县志》云:"老藤横跨溪上,往来从藤上行。外人至,辄股栗不敢前,番人惯行不怖也。"② 这种藤桥主要架设和分布在台湾高山族泰雅、布衣、鲁凯等部族居住的地区。清代绘制的《东宁陈番俗图》题记描述道:"水沙连社在山中,其地四面高山,中为大湖,湖中复起一山,番人聚居山上,出入崎岖,大溪三重,水深险阻,无桥梁,老藤横跨溪涧上,往来从藤上行。"其木桥以木为梁,分独木桥、木板桥和木板沙面桥等种。竹桥有长短之分,短者以三五根粗竹搭在岩石上,行者踏竹而过,这种桥较简单,多用于小溪面窄之处。长者,用粗竹若干并立插入溪河中作桥架,再以排竹搭于其上,使竹架与陆地相连。这种桥主要使用于台湾中部山区高山族曹族部族聚居的地区。

高山族使用的水上交通工具有腰舟、竹木筏、独木舟、翘首船等种。其中,腰舟系古老的渡水工具,《鹖冠子·学问篇》载称:"中河失船,一壶千斤。贵贱无常,时使物然。"陆佃注曰:"壶,瓠也,佩之可济涉,南人谓腰舟。"清代绘制的《东宁陈氏番俗图·渡溪》图题诗曰:"淫潦涨秋膣聱,径渡不用舟,入水腰葫芦,汛之如凫游。"可见在清代台湾高山族地区仍然在使用葫芦腰舟以济其渡。竹木筏,主要以竹木编扎而成。《台湾风俗图·渡溪》图题记云:"土目、通事有事径涉,乘竹筏,令番浮水绕筏板援而行。"又说,台湾每至夏秋,"溪壑涨盈,即乘竹筏,众麻达(未婚男子)腰掖葫芦浮水挽竹筏冲流,竞渡如驰"。还有诗描写道:"番酋驾方筏,冠服严中流。麻达群推挽,叫啸声嘈啁。忽过白蘋岸,转入红蓼洲。"③ 诗中形象生动地描写了清代高山族熟练地驾驶竹筏,以泛中流的情景。清代高山族使用的船只有独木舟(也叫艋舺)和翘首木船等。独木舟,以独木镂空其中而成,可乘运二人,系阿里山区高山族各部族使用的水上交通工具。"每岁番社之人,用小舟载布、烟、盐、糖、锅釜、农具

---

① 乾隆《重修凤山县志》,《风土志》。
② 道光《彰化县志》,《风俗志》。
③ 清人绘《东宁陈氏番俗图·渡溪》题记,中国历史博物馆藏。

往与贸易。"① 物品是时届夏秋之时，高山族多划其"蟒甲（独木舟）载鹿脯、通草、水藤诸物顺流出，近社与流人互市"②。翘首木船，主要是清代台湾高山族雅美部族人下海捕鱼，以及与其他部族往来的交通工具。

高山族的陆上交通工具，主要为木轮牛车。此种牛车也称无辐车。《小琉球漫志》称，"台地车轮，用坚木板铺平，横凿孔，用坚木穿贯，无轮与辐之别"。其所以使用这种木板高轮牛车，是由于"台地雨后，潦水停涂，有辐辄障水难行，不如木板便利"③之故。这种车由一牛至四牛套拉，一牛套拉者，牛在两辕中间，载谷"五六百斤……可远可乘三四人"④。此车除用于农业、商业运输外，很大一部分用作交通工具。据《东宁政事集》一书记载，台湾的"新港、目加溜湾二社……临行供夫车，一人必坐一乘，日拨数起"⑤。康熙年间高拱乾的《禁苦累土番等弊示》也称："凡经过各番社，不许勒令土番抽拨牛车，擅取竹木，苦累番民。"⑥康熙三十六年时，郁永河去台湾时，就曾见"牛车百千"，使用"牛车挽百物，月夜车声不绝"⑦。当时，不论"汉庄番社，无不家制车，而户畜（蓄）牛者"⑧。由此可知，在台湾高山族聚居的地区，其牛车盛行的状况了。

三 西南地区民族的交通与交游风尚

在历史上，傣族的主要交通工具是大象。到清代依然如此。清人范承勋等纂康熙《云南通志》卷二十七称，傣族贵者"以坐象为贵，小数银镜为络，银铃银钉为缘，象鞍三面以铁为伴，籍重裀悬铜铃鞍后，象仆一人，铜帽花裳，执长钩制象为急徐之节，招摇于道"。可见，不但其坐乘之象的鞍辔制作精细，装饰华美，而且土司酋长还以坐乘大象来显示、炫耀自己的权力、身份、高贵和特殊、尊崇的地位。该书还记载，傣族每师行，军在前，"彝长在中，饷馈在后，进退不一，而号令不紊。倚象为声势，每战以绳自缚象上，悍而无谋"。可见，大象既可作为日常的重要交通工具，每逢作战出征时，还倚以为"象阵"，以壮其军威和声势。在陆路水上交通运输方面，傣族在长期劳动实践中，还架设和创制了"竹桥"等运输工具，以供水上津渡使用。

---

① 邝其照：《台湾番社考》，《小方壶斋舆地丛钞》九帙。
② 黄叔璥：《台湾使槎录》，《北路诸罗番七》。
③ 道光《彰化县志》，《杂俗》。
④ 范咸：《重修台湾府志》引《东宁政事集》。
⑤ 同上。
⑥ 高拱乾：《台湾府志》，《禁苦累土番等弊示》。
⑦ 于文仪：《续集台湾府志》卷十五。
⑧ 康熙《诸罗县志》，《风俗志》。

由于所处自然环境和地理条件的限制，清代彝族交通运输任务的完成，除依靠马匹外，主要还靠人力。为了利于负重爬山，彝族通常将运载之重物负于后背。有的将重物用背篓或梯形背架套在肩头；有的负重后将绳索横绊于臂和前胸；还有的用木制肩枷以分散重力。所以雍正《临安府志》卷七"背负"记载："夷民善于背负，而不善于肩挑，凡运薪米数百斤皆背负。束带于胸及额，伛偻而行，宛如服轭之状。如附近城郭者，亦能肩挑。"这些是彝族在交通运载时，多用人力背负的生动证明。

由于西藏高原地区交通不便，故藏族的交通运输，多使用牦牛、驴骡、马匹等畜力。其中，牦牛被称作"高原之舟"，它是由黄牛、牦牛杂交而生的犏牛；是高寒地区特有的牛种，具有耐寒、温顺的特点；同时，又能在陡峭的雪山行走自如，故备受藏族的青睐，从而成为交通运输的主要畜力。马匹，多为领主及上层贵族所骑乘，且马鞍装饰随主人的尊贵等级和地位而有明显的区别。藏族的水上交通工具，有牛皮船、铁索桥等。牛皮船是藏族特有的水上交通工具，它以木架作龙骨，用整张牛皮缝就；另有独木舟及木制船只，以供在湍急的河流上使用。桥梁有铁索桥、溜索桥和简易的木桥等。

清代生活在湘、桂、黔边境山区的侗族，其交通运输工具与设施方面，最具有民族特色和代表性的，乃是它的"风雨桥"。它是修建在河上的一种木结构长廊式桥梁。现存广西三江侗族自治县的程阳风雨桥，是古代修建的。此桥结构精巧、造型美观，全长一百六十多米，高十余米，以大青石为桥墩，用杉木作桥身。桥上建有长廊，长廊上耸立着五座塔式桥亭，桥亭重瓴飞檐，将整座桥梁装点得格外壮观。此桥的构建，系用杉木横穿直套，卯眼相接，结构精密；整座桥不用一根铁钉和使用任何一个铁部件、堪称是侗族民间建筑艺术的珍品。著名历史学家、诗人郭沫若曾为侗族"风雨桥"赋诗一首："艳说林溪风雨桥，桥长廿丈四寻高，重瓴联阁怡神巧，列砥横流入望遥；竹木一身坚胜铁，茶林万载苗新苗，何时得上三江道，学把犁锄事体劳。"给予此桥高度评价，盛赞其独特的建筑艺术以及"列砥横流"，江河变通途的重要功能。它是清代侗族日常交游和运输方面的活文物。

清代羌族针对所聚居的地区山高谷狭、交通险阻的地理特征，他们在悬崖峭壁上，开凿了人行通路；在汹涌澎湃的岷江及其支流上，架设了竹索桥、"悬筒渡索"的溜索和木架的挑桥，进而为其生产、经济的发展，物资的交流，文化生活的繁荣，提供了便利的交通手段。

四　西北地区民族的交通与交游风尚

17世纪初期，维吾尔族地区的交通很不便利。不仅道路崎岖难行，而且旅途中的人畜饮用水问题，更是难以解决的大问题。所以，《鄂本笃访契丹记》称，自叶尔羌先至约尔齐，行二十五日，而至阿克苏。全途道路崎岖，行程难艰。或由粗石塞道，或经沙漠，数日无水。自阿克苏至库车，"道路亦甚崎岖。所载货物宝石等甚重，沿途又无大麦可购，以供马食。故马皆因倦异常也"。清政府平准完成统一新疆的历史大业后，随着政治、经济和文化的发展，维吾尔族地区交通不便的状况，开始得到改观。从前"戈壁大站乏水泉。最为行旅之累"。而此时"回疆大伯克多于适中之地，盖造房舍，设立回子二三户，或五六户，给以养赡之资，使其设法开渠引水，以利济行人"①。到19世纪末叶，不但南疆各城市之间、南疆与北疆和中原各地的交通联系更加密切频繁，而且南疆各地与中亚、南亚地区的交通运输往来，形成为一个庞大的辐射网络，从而成为南疆维吾尔族地区对外贸易联系的重要渠道。是时，维吾尔族饲养的家畜有牛、马、羊、骡、驴等，这些家畜是维吾尔族主要的交通运载工具。俄国 A. H. 库罗帕特金著《喀什噶尔》一书载称：定居南疆的维吾尔族"深感马匹（所有贸易都是依靠马匹进行的）不足，羊只尤其不足，柯尔克孜人从喀什噶尔周围山区把马匹、羊只送到这里，有一部分马匹则是费尔干纳的居民送来的。这里骆驼很少"。当时，"把吐鲁番、喀喇沙尔、库车、拜城、阿克苏、喀什、叶尔羌以及和田等城连接起来的大车路是喀什噶尔的一条主要交通线。这是整个地区贸易和军事的交通要道。这条道路在距离吐鲁番城不远处与中国的一条商道连接起来，这条商道也是大车路，它从天朝帝国的楚呼楚城（即塔城）起通往古城（即奇台）、哈密、兰州府、汉口和南京。其次，喀什噶尔的这条主要道路是与山区地带平行的，所以它还得使用大量的驮路，这些驮路穿越天山、帕米尔和昆仑山"。从北边开始，最主要的驮路有：1. 由库尔勒城，经裕勒都斯河（即开都河）和空格斯河谷地通向固尔扎（即伊犁）的道路。2. 由拜城和阿克苏通往穆杂尔特山口，再继续通往固尔扎的道路。3. 从阿克苏到乌什城，再经过必达尔口到喀喇阔勒城堡的道路。4. 从纳伦城堡到喀什城有几条路，其中经过贴咧克打完山口和图噜戛尔特山口的两条道是人们最常走的。5. 从鄂斯城和乌兹根（费尔干纳省）到喀什城的几条驮路。其中在喀什噶尔和中亚领地之间用于通商的最好的驮路是经过贴咧克打完山口的那一条。

南疆和费尔干纳之间的贸易几乎全靠马匹驮运。偶尔也有小股的骆驼和毛驴驮运队。不过每个商队里也只有几头毛驴，那是商队向导的坐骑。在行经贴咧克打完山口时，只有在天山南坡才会碰到燃料不足的问题。冬季，商队随带谷物作为干饲料。在南坡宿营时，马匹长年啃着枯干的残草；在北坡，马匹经

---

① 椿园：《西域闻见录》卷七。

常只喂谷物。水到处都有。在暖和的季节里，商队可以各处宿营，冬季就在山区游牧的柯尔克孜人那里投宿。这些记载表明，维吾尔族地区在交通运输手段、工具和道路网络方面，均有了长足的进步。

世代游牧于北疆草原的哈萨克族，素以善骑而著称于世，常自诩为"马背上的民族"。《新疆概述》载称：清代哈萨克族"小儿五六岁时，骑之马上，以小袋插股于鞍鞯两旁，上下以带揱之，执缰者导之骑法。至十岁，衔勒缓急，无不娴熟，故其部以善骑著名。纵马疾驰，率能起立马背，作盘旋舞，竦身拾物于地"。可见，马匹不仅是清代哈萨克族的日常交通运载工具，而且他们从小便练就一身超人的骑术，从而使得在驾驭这种"工具"时，技艺高强，更能发挥其特长。

柯尔克孜族主要从事畜牧业生产活动，在日常生活中，亦与别的民族和地区，进行必需品的商业贸易活动。其生产与生活经常使用的交通运输工具为马匹，除此之外，是牦牛。《新疆概述》一书载称，柯尔克孜族"其居于蒲犁者，骑用牦牛"。便是其骑乘运载工具多样化的真实记述。

第十三章
畸形生活与恶习陋俗

在中国古代历史上，每一个时代多姿多彩的社会生活，恰似一面镜子，既映照出那个时代的光明与进步，同时又折射出社会的畸形与丑恶。清代的畸形生活，是社会病态、畸形的直接反映。它包括贱民、奴婢、娼妓、流氓、地棍及其生活，赌博与赌具，民间械斗等内容。他（她）们或世代为奴，生活在社会最底层，任人宰割；或被逼为娼，出卖肉体，以供富人淫乐；或身染种种恶习，出卖身心与灵魂，成为官府的帮凶、地主豪绅的爪牙鹰犬，肆虐城镇乡里；或由官府把持、劣绅挑逗，进行大规模民间流血械斗，并进而成为官绅火中取栗的工具。他（她）们是清代特定历史时代的产物和畸形儿，是罪恶的封建剥削制度下悲惨命运的被凌辱、被摧残、被践踏者，同时又是畸形社会生活最直接的参与者和受害者。这种似人非人的双重人格的畸形社会心态，是清代社会生活中，变态心理的典型现象。

应当指出的是，清代后期，中国沦为半殖民地半封建社会后，中外统治者相互勾结的同时，中西的腐朽文明同流合污，使清代的畸形社会生活，更加光怪陆离、恶态纷呈。然而它又恰似"饮鸩止渴"者脸上泛起的"红晕"，似封建腐朽机体上瞬逝的回光，表明这畸形的社会将伴随着它的制造者们，统统被埋葬的日子已为时不远了。

第一节 畸形社会阶层的生活

清代的贱民、奴婢、娼妓、流氓无赖、棍骗和乞丐，虽同属畸形社会阶层，但社会生活方式却各异，其沦落更各有所因。由其客观存在引发的畸形社会生活形态的滋蔓，对清代社会生活发展变革的影响，大相径庭。

一 贱民的生活

清代的贱民与奴婢，种类繁杂，人数众多。在士农工商"四民"之外，属于贱籍的有山陕的乐户，浙江绍兴府的惰民，安徽宁国府的"世仆"、徽州府的"伴当"，常熟、昭文二县的丐户，广东滨海的疍民，浙江、安徽、福建、江西、湖北、陕西、四川等山区的棚民，以及庞大的奴婢队伍。清世宗雍正帝曾整饬吏治，综核名实，使这些特定的贱籍和奴婢，始得除籍而为编户之民。

其一，山陕的乐户。山陕乐户的祖先，系明朝永乐帝夺天下时，坚决拥护建文帝的官员。朱棣称帝后，除在政治上残酷镇压反对者外，还将他们的妻女罚入教坊司，充当官妓，世袭贱业。他们曾力图摆脱卑贱处境，只因身陷乐籍，政府不准；同时，地方上的绅衿恶霸也以他们为蹂躏对象，不容他们跳出火坑。雍正元年（1723）三月，监察御使年熙上书雍正帝，请朝廷除豁山西、陕西乐户的贱籍。称他们是忠义之后，无出自新，请允准他们改业从良。雍正帝即令礼部议行。王大臣秉承圣意，认为"压良为贱，前朝弊政。我国家化民成俗，以礼义廉耻为先，似此有伤风化之事，亟宜革除"。朝廷随即恩准山陕乐户改业从良，同时诏命各省官员，若有类似贱民，一律准许出贱为良[①]。至此，其他省的贱民也得以开豁为良。与此同时，雍正帝又命除豁京中教坊司乐户。清初定制，凡宫大乐，由教坊司演奏，命乐户从良后，别选精通音乐者，充当教坊司乐工，从事演奏[②]。从而使教坊司职业成为良人的职业。雍正七年（1729），清政府又改教坊司为和声署，由内务府管理，官员由内务府、太常寺、鸿胪寺官

---

① 阮葵生：《茶余客话》卷二，《乐户惰民丐户之世袭》；《永宪录》卷二上。
② 光绪《大清会典事例》卷五二四，《乐部·设官》。

员兼摄。

其二，浙江绍兴府的惰民。两浙巡盐御使噶尔泰折奏云："所谓惰民者，细间土人，并查绍兴志书，相传为宋罪俘之遗，故摈之，而名以惰民。其内外率习污贱无赖，四民中居业不得占，四民中所籍不得籍，即四民中所常服彼亦不得服，特别以辱之者也。""男子只许捕蛙、卖汤、捉鬼为业，妇则习媒，或伴良家新娶嫁，为人髻冠梳发，或穿珠花，群走市巷，兼就所私，丑秽不堪，辱贱已极，实于乐籍无二。间有流入他方者，人皆贱之。"① 对其来源，一说为元亡时驻屯于宁波府城降明的蒙古兵后裔；一说为其先世于元末时从陈友谅抗明，为明太祖所贬②。但从折奏中可知，他们的职业是为士农工商所不屑一顾的，多从事服务性的卑贱业务。封建政府不许惰民读书应举，不能做官，不得当吏员、里长；不准与良人通婚，更不得与良人平等相处。对其居住地区、房屋式样、穿着打扮、行路乘车等，官府更有诸多歧视性规定。所以，惰民同乐户一样，无任何政治权力、人格和尊严可言。噶尔泰认为，应给他们以自新之路，请求援照山陕乐籍例开豁为良。雍正帝览奏后，命礼部议奏。礼部认为捕龟、卖饼、穿珠、作媒是贫民糊口职业，若除其籍就是不准其干此业，反倒无法谋生，不同意削籍。雍正帝坚持除籍"乃系好事"，准令惰民放弃原职，别习新业，脱离丐籍，转为民户，谋求新生，并照良民例纳税服役③。

其三，安徽宁国府"世仆"和徽州府"伴当"。对"世仆"和"伴当"，雍正帝在上谕内阁时称："近闻江南徽州府则有伴当，宁国府则有世仆，本地呼为细民，几与乐户、惰民相同。又其甚者，如二姓丁户村庄相等，而此姓乃系彼姓伴当、世仆，凡彼姓有婚丧之事，此姓即往服役，稍有不合，加以箠楚，及讯其仆役起自何时，则皆茫然无考。非实有上下之分，不过相沿恶习耳。此朕得诸传闻者，若果有之，应予开豁为良，俾得奋兴向上，免至污贱终身，累及后裔。"④ 随即指令安应巡抚魏廷珍查核议奏，提出处理意见。魏廷珍经过核查认为此事宜区别对待，他说"江南徽宁等处，向有伴当、世仆各色，请嗣后绅衿之家，典买奴仆，有文契可考，未经赎身者，本身及其子孙，俱应听从伊主役使；即已赎身，其本身及在主家所生子孙，仍应存主仆名分；其不在主家所生者，应照旗人开户之例，豁免为良；至年代久远文契无存，不受主家豢养者，

---

① 档案，《朱批谕旨·噶尔泰奏折》，雍正元年七月十一日折。
② 陈怀：《清史要略》第七章。
③ 《永宪录》卷二下；《雍正朝起居注》，雍正元年九月初六日条。
④ 《清世宗实录》卷五十六，雍正五年四月癸丑条。

概不得以世仆名之，永行严禁"①。雍正帝认为他所议允当可行，即批准执行②。可见，雍正帝允准惰民除豁为良，使他们中的一部分人免遭主姓随意驱使凌辱之苦，得为编户齐民。但在具体实施过程中，对年代久远、文契无存的贱民，如何区别豢养与不豢养者，尺度不好把握，因而也曾导致许多纷争讼案，过程曲折复杂③。

其四，常熟、昭文二县的丐户。江苏常熟、昭文二县的丐户，其籍属、社会地位和所从事的职业，与浙江的惰民完全一样，只有名称的区别而已。雍正八年（1730），江苏巡抚尹继善的疏言称："苏州府属之常熟、昭文二县旧有丐户，不得列于四民，迩来化行俗美，深知愧耻，欲涤前污"，请求照乐户、惰民之例，除其丐籍，列入编户，与良民享有同等的权利和义务。条陈上奏后，雍正帝谕令准奏且照此施行④。

其五，疍民。疍民是中国历史上形成的一种特殊人户。长期以来，他们被排斥在"四民"之外，列入贱籍，社会地位卑下，政治上和经济上所受的歧视与压迫极其深重。疍民历史悠久，汉代已经出现，迄唐宋时在两广及福建沿海一带定居，水居是他们生活的特点。明代实行按类分户制度后，疍民在明代户籍册（黄册）上自成一类，列为疍户。

清代，疍民绝大多数以捕鱼为业，他们担负的主要封建义务是向官府缴纳"鱼课"（渔业税）。但清初厉行海禁，崖州地方鱼不可求而课无蠲免，为民重困。鉴于此，康熙九年（1670），知州张擢士不得不上书为民请命："崖居岛末，海洋环绕，自奉禁海之后，高贾绝迹，人同面墙。所有无征杂税，已经前任知州李应谦申详前抚院阮请豁免，民庆再生。惟鱼课一项额载银一百七十九两一钱七分一厘一毫，遇闰加银一十六两一钱七分五厘二毫……至今尚尔悬额，各里疍户无力包赔，逃亡改业者各居其半。州属钱粮历年逋欠，此尤其首，若无征者也。切念有鱼斯有课，有船斯有鱼；今寸板不敢下海，小民不敢望洋，鱼无人手之时，而课有必征之额，末吏徒存悲悯，无能拯救残黎。"⑤ 加之地方豪强势力的巧取豪夺，也使疍民的生活濒于绝境。史称"广为水国，人多以舟楫为食"。"顾禾虫之埠，蟛蚬之塘，皆为强有力者所夺，以渔课为名，而分画东、西江以据之，贫者不得沾丐余润焉。疍人之蚬苧虾篮，虽毫末皆有所主，海利

---

① 《清世宗实录》卷五十六，雍正五年四月癸丑条。
② 同上。
③ 《刑案汇览》卷三十九，《刑律斗殴·道光五年四月题准案》。
④ 《清世宗实录》九十四，雍正八年五月丙戌条。
⑤ 乾隆《崖州志》。

虽饶，取于人不能取于天也。"① 新安"一面负山，三面通海，民间以海为田，以渔为活，各业缯埠，各输课米，无可混也。乃豪有力者，或恃地利之便，或假宦势力雄，皆一海面捏两土名，藉此缯门，截彼鱼埠，漫图影占，罟网混侵，疍户畏焰返棹，渔民惧祸罢缯，是以海洋之利，悉饱豪右之腹"②。在残酷的压迫剥削下，疍民的生活极端困苦，长年衣不遮体，食不果腹，处于"几难为生"的状态。

迄雍正初年，出于政治上的需要，清政府宣布把散处在全国各地、历史遗留下来的各种"贱民"开豁为良，广东疍户亦在其中。

雍正七年（1729）五月，雍正帝在上谕中，专门讲了疍户的问题："闻粤东地方，四民之外，别有一种名为疍户，即猺蛮之类。以船为家，以捕鱼为业，通省河路俱有疍船，生齿繁多，不可数计。粤民视疍户为卑贱之流，不容登岸居住，疍户亦不敢与平民抗衡，畏威隐忍，跼蹐舟中，终身不获安居之乐，深可悯恻。疍户本属良民，无可轻贱摈弃之处，且彼输纳鱼课，与齐民一体，安得因地方积习强为区别，而使之飘荡靡宁乎！著该督抚等转饬有司，通行晓谕，凡无力之疍户，听其在船自便，不必强令登岸；如有力能建造房屋及搭棚栖身者，准其在近水村庄居住，与齐民一同编列甲户，以便稽查。势豪土棍，不得借端欺陵驱逐。并令有司劝谕疍户，开垦荒地，播种力田，共为务本之人，以副朕一视同仁之至意。"③ 雍正帝承认疍户被抑为"贱民"不合理，并以疍户缴纳鱼课为基本事实，提出应把他们当作平民看待，从而为疍民开辟了自新之路。

贱民除籍令颁布以后，少数疍户改业从良。摆脱了世代以来的屈辱地位；但多数人却依然如故。这是因为，首先，对于绝大多数疍民来说，除了捕鱼操舟之外，别无谋生之路。粤东耕三渔一，以船为家，不与齐民齿。"迨邀恩旨下逮，然后不至飘泊无依。然久居舟楫，行止自便，即移登村岸，亦往往聚其党属，结茅于荒畦僻港，维楫庐侧，名之曰墩，缘生计在斯，舍舟无业可托。"其次，清政府对贱民从良的有关规定十分苛刻。如出籍民人的应试资格，规定要从"报官改业之人为始，下逮四世，本族亲支皆清白者，方准报捐应试……若本身脱籍或仅一二世及亲伯叔姑姊尚习猥业者，一概不许滥厕士类"④。乾隆三十六年（1771），礼部会同户部议准陕西学政刘墫奏："山、陕等省乐户、丐户，请定禁例案内酌议削籍之乐户、丐户原系改业从良，报官存案。如果被濯旧污阅时久远，为里党所共知者，自不便阻其向上之路，应请以报官改业之人为始下

---

① 屈大钧：《广东新语》卷十四，《食语，舟楫为食》。
② 康熙《新安县志》。
③ 《清世宗实录》卷八十一，雍正七年五月壬申条。
④ 《清高宗实录》卷八八六，乾隆三十六年六月上庚辰条。

逮四世，本族亲友皆系清白自守，方准报捐应试，该管州县取县亲党邻里甘结，听其自便，不许无赖之徒籍端攻讦。若系本身脱籍，或系一二世亲伯叔姊尚习猥业者，一概不许滥厕士类，侥幸出身。至广东之疍户，浙江之九姓渔户，及各省凡有似此者，悉令地方照此办理。但此辅经改业之户，惟不许应试，至于耕读工商已为良，应悉从其便。"① 这项规定无疑给疍民应试出任设下无可逾越的鸿沟，致使疍民在社会上仍旧处于卑微地位。如在苍梧，"其民不敢与齐民齿，然往往有致富饶而贿同姓土著冒充民籍者，不知煌煌上谕原准疍民登岸著籍为民，正不必为此掩耳盗铃之事也"②。广州诸疍民亦渐知书，有居陆成村者，"然良家不与通（婚）姻"③。个别地方"有略与下户相通者"④。其传统观念之根深蒂固，于此可见一斑。这种状况一直延续到清末⑤。

其六，棚民。清代有一部分在本籍无业农民，到异地谋生，开山种地，或作雇工，因系搭棚居住，被称为"棚民"。他们多生活在丘陵地带，如江西、安徽、浙江、福建、湖北、陕西、四川等省山区尤多。他们生活多无保障，迁徙无常，还曾发动过武装起义，引起统治者的注意。雍正二年（1724），户部尚书张廷玉奏称，浙、赣的一些抢掠事件，是棚民煽惑倡首，应设法安置，奏请敕令督抚派遣干练州县官严加管制，加以编排，在稽核保甲时一体查察，并请允许棚民读书进学，把他们变为土著，以绥靖地方⑥。雍正帝命有关官员议处。雍正三年（1725），两江总督查弼纳、浙闽总督满保疏奏处置浙、闽、赣三省棚民办法。雍正四年（1726），雍正帝令仿照保甲法规，按户将棚民编审入册，租地的山主、雇工的雇主，要对棚民进行担保；愿入籍的棚民一经获准，即与土著一体当差；入籍二十年的可以参加武生的考试⑦。条令制定后，由各地督抚落实。李卫和观风整俗使王国栋严厉执行，把浙江棚民控制起来。六年（1728）大理寺卿性桂到衢州密访后，奏称"棚民近日光景，皆知安分，不敢生事"。雍正帝自负地说："在昔棚民，何有今日光景，经大费一番措置，方能如是贴然。"⑧

---

① 《清朝文献通考》卷十九。
② 光绪《四会县志》。
③ 道光《南海县志》。
④ 光绪《容县志》。
⑤ 傅贵九：《明清疍户考略》，《史学集刊》1990年第1期。
⑥ 《澄怀园文存》卷四，《请定安辑棚民之法疏》。
⑦ 《清朝通典》卷九，《户口丁中》。
⑧ 档案：《朱批谕旨·性桂奏折》，雍正六年九月二十八日折及朱批。

二 奴婢的生活

中国自战国进入封建社会后，历代封建帝王、朝廷、官僚地主、富商大贾以及一般中小地主都或多或少占有奴婢。清代，更是蓄奴成风，仕宦之家，僮仆成群。

清代从最高统治者皇帝到各级贵族、官僚、地主、豪商、富户，乃至八旗官兵，蓄奴成为一种普遍的社会风气，且得到朝廷的支持与保护。蓄奴多寡，甚至成为他们等级贵贱、门第高低、权势大小的重要标志。所谓"仆从多寡，不以所司繁简而论，均以职分尊卑而一，以示等威也"①。皇帝"奉天承运"大统，是最高统治者，享有最广泛的特权，同时也是最大的奴婢占有者。不但内务府蓄养着大批宫内奴婢供皇帝役使，还有一万多名生产奴仆专门为他耕种庄田。对皇帝以下各级宗室贵族，清律规定他们分别占有不同数量的生产奴仆，"亲王准许拥有九百五十名，郡王准许拥有二百七十名，贝勒可拥有二百一十五名，贝子拥有一百七十名，宗室公拥有九十名"②。此外诸如公侯伯、都统、尚书、副都统、侍郎、参领、佐领等满族勋贵和各级臣僚，可合法地拥有数十名不等的壮丁奴仆。还可拥有许多的家内奴仆。清朝统治者为了取得汉族地主阶级的支持，把蓄奴作为一种权利赐给他们，规定了准蓄奴婢的数目，并把它作为定制固定下来。康熙二十五年（1686），清廷议准外任官准带奴仆的数目。"外任官员除携带兄弟妻子外，汉督、抚准带家人五十人；藩、臬准带四十人；道、府准带三十人；同、通、州、县准带二十人；州同以下杂职准带十人；妇人亦不得过此，厨役等不在此数。旗员外官蓄养家人，准照此例倍之"③。康熙四十一年（1702）闰六月，吏部重述上述规定，并将旗员外官准带奴仆数字改为"旗下督抚家口，不得过五百名，其司、道以下等官视汉官所带口数，准加一倍"④。从而把各级官僚蓄奴的权利加以固定和保护。

清代蓄奴数量最多的首推贵族、宦门、豪商和寺地主，他们一户往往蓄奴数十人以至数百人，个别的多达千人以上。更有甚者，各地驻防官兵，罔遵法纪，多买奴婢，"至盈千百"⑤。与官府关系密切的皇商、官商等占有奴婢的数字也是极为惊人。扬州某盐局，"左右执事，皆绮岁俊童，……其服役堂前而主人

---

① 福格：《听雨丛谈》卷五，《满汉官员准用家人数目》。
② 左云鹏：清代旗下奴仆的地位及其变化》，《陕西师大学报》1980年第1期。
③ 福格：《听雨丛谈》卷五，《满汉官员准用家人数目》。
④ 《清圣祖实录》卷二〇八，康熙四十一年闰六月甲午条。
⑤ 《清圣祖实录》卷一〇四，康熙二十一年九月己酉条。

终世茫然者，不知凡几"①。皇商范毓馪的长子范清洪拥有"僮仆数千指以上"②。杭州一富商的妻子到天竺去烧香拜佛，随带"苍头婢仆数十人"③，随着城市及商品经济的发展，一些中下层官吏、中小工商业者和中小地主，役使奴婢成风。其户蓄奴婢之数，虽然往往只有一二人或数人，但其总和却是十分可观的。雍正年间，金陵的风尚是，中家以上"妇不主中馈事舅姑，而饮食必凿，燕游惟便，缝纫补缀，皆取办于工，仍坐役仆妇及婢女数人，少者亦一二人"。"吾家寒素，敝衣粗食，颇能内外共之，而妇人必求婢女，犹染金陵积习，我甚惧焉。"④ 这表明，城镇居民的增加，给"中家以上"提供了诸多方便，由此形成的某些生活习惯，促使蓄奴之风更加普遍。

清代奴婢的来源，主要有三个方面：其一，被掠夺和被迫"投充"为奴者。满洲贵族在入关前后，在统一女真各部和对明朝发动的战争以及在镇压农民大起义的过程中，把大量的战俘和战地平民没为奴隶，是为满洲统治者和八旗官兵在入关前后获得奴婢的主要来源。皇太极时期，俘获奴婢最多的有四次：第一次为1635年（天聪九年），"入明边驰略"，"计俘获人口、牲畜七万六千二百有奇"；第二次是1636年（崇德元年），"过保定府至安州，克十二城，凡五十六战皆捷，共俘获人口十七万九千八百二十"；第三次是1639年（崇德四年），左翼多尔衮深入明地，"克城三十四座，降者六城，败敌十七阵，俘获人口二十五万七千八百八十"；右翼杜度"共克十九城，降者二城，败敌十六阵"，"俘获人民二十万四千四百二十有三"；第四次是1643年（崇德八年），阿巴泰率师"至兖州府，计攻克三府十八州六十七县，共八十八城；归顺者六城，击败敌兵三十九处"，"俘获人口三十六万九千名口"⑤。仅以上四次俘获人口约达百万左右。清初，清朝在京畿地区大肆圈占民田，很多民户带地"投充"也成为奴婢的主要来源，在清初三次圈地期间，被迫带地或无地投充为奴婢的人数有四万九千九百四十三丁之多⑥。

其二，"价买"人口为奴者。"价买"人口为奴，中国古代久已盛行。清代，处于封建社会的晚期，阶级矛盾尖锐，阶级分化加剧，因而广大平民被迫卖身为奴的现象，更为突出。入关前，清军将掠夺人口出卖为奴的情况屡见不鲜；

---

① 黄金宰：《金壶浪墨》卷一，《盐商》。
② 袁枚：《随园诗话》卷四。
③ 朱筠：《笥河文集》，《范安人墓碣》。
④ 方苞：《切文斋文钞》卷九，《甲辰示道希兄弟》。
⑤ 王钟翰：《皇太极时代满族向封建制的过渡》，《清史论文集》第一辑，中国人民大学出版社1979年版。
⑥ 左云鹏：《论清代旗地的形成、演变及其性质》，《历史研究》1961年第5期。

清统一全国后,"价买"人口为奴逐渐开始成为封建统治者所拥有的奴婢的主要来源。一是破产农民被迫卖身为奴有如下情况:1. 卖身偿租。雅尔图《心政录》卷二记载,乾隆年间河南省的贫苦佃户多有被迫出卖子女以付地租的情况,他说:"豫省民生,贫富不齐。富者类多鄙吝刻薄,贫者则别无营生,大约佃种他人田地者居多。此辈终岁勤动,所得粮食除完交地租息之外,余存无几,仅堪糊口,最为贫苦","且佃户惟恐地主夺田另佃,往往鸡豚布帛,无不搜索准折,甚至有卖男鬻女以偿租者。此等风气,大概皆然"。同期,浙江南浔镇的一个姓钱的佃户,因"迫于逋负,鬻其妻为人妾"①。2. 卖身纳赋。3. 卖身还债和度日。在田租、赋税和高利贷的重重盘剥下,广大农民的生活往往陷于绝境,若遇天灾战乱和青黄不接时,更是颠沛流离,挣扎在死亡线上。为了求得一生,只好将亲人卖入富室,到处呈现出一幅卖妻鬻子、骨肉离散的悲惨图景。连康熙帝也不得不承认,"生民困苦已极,大臣长吏之家日益富饶"。"因家无衣食,将子女入京贱鬻者,不可胜数。"② 清人吟诗描述此情此景:"父在南死,子卖北走,女为人婢,妻为人妇。"③ "朝饥卖我妻,暮饥卖我儿,卖儿幸为奴,卖妻奚以为,骨肉一朝尽,饿死安足辞。"④ 凡此均是剥削阶级和封建政府对农民进行残酷剥削与压迫的后果。二是破产农民被迫卖身外,破产市民亦被迫卖身。一部分手工业者、中小商人和其他城镇居民,在各级官僚的层层盘剥下,同样难逃破产的厄运。有时不得不出卖自己的亲生儿女,成为奴婢的来源之一。三是"人市"和人贩子的罪恶活动。为了适应贵族、官僚、地主和富商大量"价卖"奴婢的需要,在一些地方还出现了专门进行人口交易的"人市"和从事人口贩卖的"人牙"即人贩子。当时京师的顺成门内大街,除骡马市、牛市、羊市外,还有"人市"⑤。有些地方集市里也进行人口交易,据载京师和北方地区,每逢集期,"百货俱陈,四远竞凑,大至骡马牛羊奴婢,小至斗粟尺布,必于其日聚焉"⑥。而河南的"集场街市,竟有孩童插标出卖"者⑦。旗人买卖人口则在"各该旗市交易"⑧。但是,最经常的人口买卖却在私人间进行。奴婢买卖,要订立契约,由买、卖、牙人三方签字画押,并报官府用印立案,方能生效。在这些充满血泪的契约里,牙人往往以中保人的身份出现。顺治十五年(1658)规

---

① 咸丰《南津镇志》卷十三,《人物》。
② 王先谦:《东华录》卷二十四,康熙十八年七月条。
③ 崔华:《余不轩诗集》,《疾首吟》。
④ 王文治:《后村诗集》卷一,《清诗纪事初编》卷四。
⑤ 谈迁:《北游录》,《纪闻下》。
⑥ 张心泰:《粤游小识》卷三。
⑦ 档案,雍正《朱批谕旨》,雍正九年二月九日,河南总督沈庭正奏。
⑧ 《八旗通志》卷三十一,《旗分》。

定:"无论绅衿庶民,此后置买奴仆者,请将文契即赴该州县用印存照,并将顺治元年以来各家买仆文契,俱赴该州县,给予印照。"① 八旗官兵买卖奴婢规定:"旗下官兵,须用奴仆,除直隶各省大小文武官员及驻防将军、副都统,不准买所属之民外,其余仍旧买人。在京许令宛(平)、大(兴)二县,五城兵马司官用印,在外许各州县官用印,取具本人情愿卖身及保人口供,申报户部。"② 这种经过官府盖章备案的契约,称为红契,没有报官存档的习惯称为白契。其实,所谓各省军政地方官不许买所属民人为奴的规定仅仅是形式上的条文,未被有关官吏严格遵守。

在清代买卖人口的过程中,一些专门借贩运和倒卖人口为业的歹徒乘机而起,大肆进行贩卖人口的罪恶活动。他们利用贫苦人民走投无路的处境,与买主相勾结,极力压低价格。康雍间,"山左大饥,白骨枕籍,鬻子女者值仅数百钱"③,以至于"人间好儿女,卖粟不盈斗"④;"买薪须论斤,卖儿不计价"⑤。有些人贩子,更用胁诱拐骗的手段,怂恿别人出卖妻子以从中渔利,如"见人贫困,花言巧语,诱其卖体;见人愚鲁,唇枪舌剑,鼓其卖体。代写离书,捏造庚帖,灭伦伤化之事,倾刻而成。从中索后手、索媒金、索酒食,不餍不休。可怜贫民卖妻银两,半入奸徒之橐"⑥。他们或拐骗幼童,转卖他处。一些有组织贩卖人口的集团,危害更大。他们成帮结伙,或者公开抢掠妇女,或者威胁利诱人口,勾结官吏辗转贩卖。《清仁宗实录》记载,嘉庆时,四川"有一棍徒,名为土豹,聚数十人,抢掠妇女,用棉塞口装入口袋,背负而奔,号为开堂子,由川江用船满载,掠往湖北贩卖。所过关口,长随胥役得钱私放,路人目击不敢过问,州县虽知亦皆缄默"。此外,山西、贵州、福州和京师等地的人贩子活动,更为猖獗,给社会造成了严重后果。

其三,因各种原因没入"奴籍"者。所谓没入"奴籍"者,是指清朝根据自身的统治利益,通过法律制裁等形式,剥夺某些罪犯的人身权利,从而将一些原来属于平民,甚至属于贵族官僚等不同身份的人贬斥为奴。清代,因犯罪而被判为奴的原因和情况分为三类:一是将部分刑事罪犯判设为奴,《清高宗实录》记载,乾隆二年修订的发遣人犯条例规定:"查各项发遣为奴之民人,律例载有三十余条,其情罪轻重不甚悬殊。但就其中力堪使用,于口外兵丁有益者,

---

① 乾隆《光山县志》卷十九,《艺文》。
② 嘉庆《大清律例》卷二十八,《刑律·斗殴下》。
③ 徐珂:《清稗类钞》,《义侠类》。
④ 张仁熙:《藕湾诗集》卷一,《贱谷行》。
⑤ 乔莱:《使粤集》,《过高邮》。
⑥ 档案,乾隆《朱批奏折》,乾隆十五年,湖北按察使德文奏。

量为酌定。请嗣后民人内有犯强盗免死减等者,强盗行劫数家而止首一家者,伙盗供出首盗即时拿获者,窃盗拒捕杀人为从者,偷刨坟墓二次者,谎称卖身旗下者,民人谎称旗下逃人者,民人假称逃人县告行诈者,民人卖逃买逃者,以上九项遣犯查明有妻室子女,照旧例佥发宁古塔、黑龙江等处,给披甲人为奴。"之后,又有将发遣为奴人犯赏一部分给出力官员者。二是除对反抗清朝统治者严加镇压和屠戮外,还将他们部分家属判没为奴。嘉庆时的《大清律例》《刑律·贼盗上·谋反大逆》条,明文规定:"凡谋反及大逆,但共谋者不分首从,皆凌迟处死。祖父、父、子孙、兄弟及同居之人,不分异姓,及叔伯兄弟之子,不限籍之同异,男年十六以上,不论笃疾废疾皆斩。男十五以下及母女、妻妾、姊妹,若子之妻妾,给讨功臣之家为奴。"三是将部分犯罪的官员及其家属判为奴。清朝经常将一些已判罪的贵族、官僚、皇商等人以及他们的亲属没入奴籍,目的在于维护统治阶级内部的纲纪和秩序。康熙二十一年(1682),议政王大臣等题报,"琼州总兵佟国卿降贼(按,指叛清尚可喜部),受伪将军衔,应革职鞭责,籍没家产,并未分家子,交该主为奴。从之"①。可见,无论是清初被掠夺为奴者,或以"价买"方式被兼并而来的奴婢,抑或因各种原因被判"没入奴籍"者,都是从不同渠道被驱赶进入奴婢队伍中来的。

清代满汉剥削阶级占有的大量奴婢,主要用于家内服役,为其奢侈糜烂的寄生生活服务;一部分用于农业生产和经商活动,以作为封建剥削的补充手段;也有一部分用于管理家务或用作随身侍从,成为压迫人民和官场交结活动的帮手。从而使得一部奴仆的经济、政治地位日益发生变化,有的甚至"依仗主势"、"为虎作伥",转而成为压迫盘剥人民的"豪奴"。但这只是个别现象。大多数婢仆、奴婢仍过着非人的痛苦生活。

清代奴婢被列为"贱民"等级,处在最低的法律地位上。奴主有支配奴仆的全权,奴婢必须依附奴主,必须服从驱役和接受各种虐待和压迫,奴婢及其后代的遭遇是悲惨的,所受的压迫剥削最为深重。奴主根本不把奴婢当人看待,只将他们作为会说话的工具而加以驱使奴役。为反抗奴隶主的迫害凌辱,奴婢进行了各种形式的、坚决而持久的反抗斗争。正是在广大奴婢的不断反抗下,清朝被迫顺应历史发展的总趋势和潮流,逐步放弃落后的奴隶制关系残余。其最具重要意义的措施是允许奴婢"赎身"、"开户"和"放出为民"。尽管其过程异常缓慢而曲折,但是,奴婢一旦"赎身"、"开户"和"放出"后,基本上摆脱了为奴作婢的苦难命运。即使有部分奴主基于私利,企图一再阻挠和限制上述潮流与趋势的发展,但历史的滚滚洪流,恰似"青山遮不住,毕竟东流

---

① 《清圣祖实录》卷一〇三,康熙二十一年七月乙亥条。

去"，不以少数顽固不化的奴主的意志为转移。因为到了清代，中国封建社会正不可避免地处在崩解衰败的过程中，似夕阳黄昏中垂暮的"老人"，更似那"流水"中的落花，奴主已挽救不了封建蓄奴制度的必然崩溃和没落的命运了。因此，宣统元年（1909），清朝颁行新律时，禁止置买奴婢，规定："凡从前旗下家奴，不论系赏给、投充及红契、白契所买，是否数辈出力，概听赎身，放出为民。……其未经放出及无力赎身者，概以雇工人论。"① 至此，延续了两千多年的奴婢制度，基本上从法律上宣告结束②。

三　娼妓的生活

娼妓是古代东西方社会中普遍存在的一种病态社会现象。作为娼妓的女子，以物质利益为代价，出卖色相与肉体，以满足买主的声色之欲。这种丑恶的行为，不但公开盛行，而且还部分受到国家的保护，并作为一种所谓的"职业"，开馆、开"窑"经营，这已超出个别人"淫乱"行为的范畴，而成为一种丑恶的社会制度的一个组成部分。究其原因，只能从剥削制度本身去寻找，它深植于社会分裂为剥削与被剥削两大阶级的土壤之中。中国古代对"娼妓"的称呼，虽始自秦汉，但经魏晋南北朝、唐宋至明清时期，这一"职业"却久盛不衰，不断受到历朝封建政府的保护和默认，因而成为中国封建社会中腐朽、糜烂和畸形社会生活的一个缩影。

清代娼妓制度的发展，以咸丰朝为界，划分为前后两个历史发展阶段。前一个阶段的特点是，封建政府铲除了历史上存在的"官妓制度"，但"私妓"却以各种形式在京师、江宁等全国政治经济文化中心得到不同程度的滋长和壮大。后一阶段，中国沦为半殖民地半封建社会后，伴随国势中衰，各种社会矛盾和斗争日趋尖锐复杂，加之封建政府的腐败无能，不但全国各大城市的私娼得以长足的兴盛，而且曾被清政府厉行铲除的"官妓"死灰复燃，卷土重来。政府为解决财政危机，甚至还抽取"妓捐"，致使这一社会丑恶现象，成为一种公开、合法存在的"职业"。同时，娼门中的"男色"行当有所抬头；吸鸦片、赌博等种种丑恶现象，融入娼门妓院，更成为娼妓业得以兴盛的一个重要原因。一些沿海城市和内地商业城镇，娼院、烟馆林立，浊浪滚滚，沉渣泛起，从而给病态与苦痛呻吟的中国，又增添了新的"膏肓"之色。

（一）清代中期以前的娼妓生活

清代前期，清政府对娼妓管理甚严，在《大清律例》卷三十三《犯奸·官

---

① 《大清现行刑律》卷五，《户役》。
② 参考韦庆远、吴奇衍、鲁素著《清代奴婢制度》一书的有关章节。

吏·官吏宿娼》条文中，明令禁止官吏、士人的狎妓行为，规定："凡文武官吏宿娼者，杖六十。挟妓饮酒，亦坐此罪。"由于法律约束甚严，清初娼风尚轻，娼家不得不收敛。

顺治元年（1644）设立教坊司以掌宫悬大乐，不久颁旨取缔教坊女乐——官妓，以太监代替。自此，京师基本上没有官妓踪迹。各省的官妓，在康熙以后，也陆续被取消。《雍正会典》载称："礼部进春仪，康熙十二年覆准直省府州县拜迎芒神土牛，勒令提取伶人娼妇者，严行禁止。"又说，"雍正三年律例馆奏准，令各省俱无官乐工"。这些记载，是清政府严行取缔官妓的证据。清初京师娼妓群居之地主要在外城内之东西及外城外之南等地。《析津志》记载："京师皇华坊有东院，有本司胡同，本司者，教坊司也。又有勾栏胡同、演乐胡同，相近后有马姑娘胡同、宋姑娘胡同、迷楼曲巷，盖直至总铺胡同，出城则有南院，皆旧日之北里也。"这些皆为娼聚之地。需要指出的是，清初封建国家虽颁布法律，取缔了历代相传的官妓制度，但迄雍乾以降，娼妓不但在京师以各种名目和形式依然存在，而且广州、江宁、苏州、杭州、宁波、潮州、嘉兴等地的裙屐声歌，也非常繁盛。据日本人嘉庆时所著《唐土名胜图》记载，京师人所称的"戏楼"与"妓馆"，在灯市口一带，娼妓的卖笑生涯，昭如星月。

清代，岭南烟花妓女的卖淫业非常繁盛，娼妓多分布在一些繁华城镇与口岸，其活动区域有南濠、大小扬帮、沙面和偲埠。其中以偲埠的娼业规模最大。《珠江花史》记述，乾隆以后的娼妓业——花舫，也发展到了繁盛的地步。

江宁系明代陪都，烟花极盛，虽遭明末清初战火的严重破坏，但到乾隆末年时，其娼妓业仍发展到了相当可观的规模。此时，活跃于歌楼、酒肆，常怀抱琵琶"隔江"犹唱《后庭花》遗曲的"秦淮烟花"妓女，有南京帮的妓女，也有扬州帮的妓女，她们汇集于此，使得士大夫宴集皆在秦淮河上的画舫中，几乎到了"户户皆花，家家是玉"的境地，恢复到了明末官妓兴盛时的景象。珠泉居士在《续板桥杂记》中称："闻之金陵父老云，秦淮河房，向为妓者所居，屈指不过几家，开宴延宾亦不恒有。自十余年来，户户皆花，家家是玉，冶游遂无虚日。丙申丁酉（乾隆四十一、四十二年——1776、1777年）夏间尤甚。由南门桥迄东水关灯火游船，衔尾蟠旋，不睹寸澜，河亭上下照耀如昼。诸名姬家，广筵长席，日午至酉夜，座客常满，樽酒不空，大约一日之间，千金麋费，真风流之薮泽，烟月之作坊也。今自利涉桥至武定桥两岸河房，丽姝栉比，俗称本地者曰本帮，来自姑苏者曰苏帮，来自淮扬者曰扬帮。"由此可见乾隆时秦淮游宴之乐与娼门繁盛的状况。清前期，扬州的娼妓业亦得到了迅速的发展。清初，此地即有"私窠子"、"半开门"、"苏浜"、"扬浜"等娼业名目。对扬州娼妓业的景况，李斗《扬州画舫录》卷九《小秦淮录》载称："自龙头至天宁门水关,夹河两岸,除各有可记载者,则详其本末,若尖歌喉清丽,技艺共传者,则不能枚举。""如赵大官、赵九官……此皆色技俱佳,每舟游湖上,遇者皆疑为仙至。若面店王三官者,则又开扬州苏浜之鼻祖者矣……若高小女子,本系扬人,丰姿绝世,而才艺一时无两。徐九官与之齐名,其实则逊之甚远也。"又说"小秦淮妓馆尝买棹湖上,妆掠与'堂客船'异,大抵梳头多'双飞燕'、'到枕鬆'之类。衣服不着长衫,夏多子儿纱,春秋多短衣,如翡翠织绒之属,冬多貉覆额苏州勒子之属。船首无侍者,船尾仅一二仆妇,游人见之,或隔船作吴语,或就船佛须握手,倚栏索酒,倾卮无遗滴。甚至湖上市会日,妓舟齐出,罗帷翠幕,稠叠围绕,韦友山诗云'佳话湖山要美人'谓此"①。可见,乾隆时期扬州的娼妓确实令荡子魂销,迷人心醉;其"野艳"之娇媚,可见一斑。

清前期冶游风尚与娼妓业的发展状况,呈现出如下一些特征:

其一,娼妓装束多模仿吴地风俗,时尚习俗,变化迅速。《续板桥杂记》记载:"院(按指妓院)中衣裳妆束以苏州式,而彩裾广袖,兼效维扬。"棒花生《画舫余谈》称:"姚家巷、利涉桥、桃叶渡头多苏州人开列星货铺,所鬻手绢、风兜、雨繖、棠木屐、重台履、香里肚、洋印花巾袖、顾绣花巾袖、妆花边、绣花边、金彩鬼子栏杆、貉勒、缎勒、义髻闹妆、步摇、流苏、袅杂之类,炫其夺目,闺中之物,十居其九,故诸姬妆饰。"《吴门画舫续录》说,"时世妆,大约十年一变"。

其二,赌博之风渐盛行于娼门。凡入妓院的嫖客,多以赌博为唯一消遣品;而娼妓藉此博取缠头之资,实为副业。《画舫余谈》称,赌博在娼门中"穷日继夜,其风甚行"。《扬州画舫录》说:"画船多作牙牌、叶格诸戏,以为酒食东道。"②

其三,鸦片烟开始在娼门吸食。清中叶后,鸦片烟传入中国,于是在娼门吸食者甚多,且引以为"时髦";继而成为逛妓院嫖客的"特供品"。

其四,娼门以昆腔娱客为上品。娼门为吸引和迎合嫖客,多以昆腔为娱客上品,其他则次之,时称昆腔为"雅部"。李斗《扬州画舫录》说:"两淮盐务,例蓄雅花两部以备祝厘大戏。'雅部'即'昆腔','花部'为京腔。"

其五,妓女盛行"三寸金莲"小脚,且以此作莲步状为时尚。清初严禁女子裹足,然而康熙六年(1667)弛禁后,娼门却以小脚为争妍斗媚之具,这反映出嫖客及妓女心理,悉以"金莲纤小"为审美情趣的心态。

---

① 李斗:《扬州画舫录》卷十一。
② 同上。

其六，贱民仍有以经营娼妓为生者。雍正初年，清朝虽下令免除贱民阶层，将他们开豁为良。但广州疍民沦为娼妓者不在少数。赵翼《檐曝杂记》卷四说："广州珠疍船不下七八千，皆以脂粉为生计，猝难禁也。"清人《潮嘉风月记》载称："潮嘉曲部中，半皆疍户女郎，而疍户惟麦、濮、苏、吴、何、顾、曹七姓以舟为家，互相配偶，人皆贱之……生女则视其姿容之妍媸，或留养抚，或卖邻舟，仅稍长勾眉敷粉，撇管调丝，相沿之习，有不能不为娼者。"

(二) 清末娼妓的生活

清末娼妓业发展达到了鼎盛。娼馆的分布不但地区甚广，京师、江宁、上海、苏州和广州、珠江流域等地的娼门，甚至取得了"突飞猛进"的发展；而且，全国许多重要城镇的"暗娼"也趋于公开化，形成全国蔓延的势头。当时的天津、开封、郑州、奉天、兰州、济南、芜湖、南昌、重庆、汉口、沙市、长沙、梧州、南宁、福州、厦门等地，有相当数量的娼妓专门从事声色买卖。特别是光绪三十一年（1905），清政府设巡警抽收"妓捐"后，京师官妓已为法律所默许，清代颁布的有关处置妓院的律令形同具文。这从客观上助长、纵容、刺激了娼妓业的兴盛与发展。徐珂《清稗类钞》记载京师"娼寮"的状况时称："道光以前，京师最重像姑，绝少妓寮。金鱼池等处，舆隶群集之地耳。咸丰时妓风大炽，胭脂石头胡同，家悬纱灯，门揭红帖。每过午时，香车络绎，游客如云，呼酒送客之声，彻夜震耳，士大夫相习成风，恬不为怪，身败名裂，且有因此褫官者。"而江宁、上海、苏州、杭州等地娼妓的兴盛，较之京师，往往有过之而无不及。

清人称："晚近以来，（妓女）则以扬子江流域之江苏为多，苏州、扬州、清江皆有之，引类呼朋，分往各省，南之闽、粤，北之辽、沈，无不为其殖民之地。亦以舟车大能，无羁旅行役之苦，有宾至如归之乐也。"① 然妓风所至，俗亦不同。金陵秦淮，自六朝以来，"类多韵事，及明，轻烟淡粉，灯火楼台，号称极盛"。清初一度有所沉寂，但至雍、乾时，已是"裙屐笙歌，固依然繁艳也"②。乾隆初，秦淮两岸妓馆仅有数家，至清末，有的地方妓馆多者一家可有四五十房，房各二三人。世风不堪，可见一斑。扬州"为南北之冲，四方贤士大夫无不至此……以虹桥为文酒聚会之地"。而"郡中城内，重城妓馆，每夕燃灯数万，粉黛绮罗甲天下"③。当地称苏妓为苏滨，土娼为扬滨。虹桥又有小秦淮之称，妓风甚盛。苏州为东南一大都会，画舫笙歌，四时不绝；金粉之盛，

---

① 徐珂：《清稗类钞》第十一册，《娼妓类·苏州扬州清江之妓》。
② 徐珂：《清稗类钞》第十一册，《娼妓类·江宁之妓》。
③ 李斗：《扬州画舫录》卷九。

不亚秦淮。当地人蓄妓如置产业,称为"该讨人",又有呼妓为"官人"之俗。"顺治末,苏州有金某者,曾集全吴名妓,品定上下,为胪传礼,即花榜也。约于某日,亲赐出身,自一甲至三甲,诸名妓将次第受赏。"① 竟至倾城聚观,惹得地方官出面查禁,一场闹剧,草草收场。"乾隆时,苏之船娘缠头有余,即购楼台于近水处,几案整洁,笔墨精良,春秋佳日,妆罢登舟,极烟波容与之趣。薄暮维船,添酒回锭,宛如闺阁。遇风雨,不出门,至酷暑天寒,虽千呼万唤不出也。"②

上海自清中叶后跃然为繁华商埠,争歌斗舞,妍媸毕具。道光以前,上海黄浦多泊贾舶,士人每以舟载妓应客。其后,虹桥等地妓馆渐次兴旺。"是时也,公共租界之南京路一带,亦为冶业倡条栖止之所。"③ 黄浦之近虹口处,有西洋妓艘,每岁一二至,华人中能讲其语言者,每每可易服而往。

清末全国各地娼业的发展、兴盛,有如下特点:

其一,全国各地娼寮中,盛行鸦片烟。较之前期而言,此时各地娼馆鸦片的吸食更加盛行,且作为娼馆招待嫖客的应酬品。同治周生《扬州梦》记载:"至游狭斜,以此(指鸦片)为富贵本色,诸姬敬客,谦言不能,诚实者遭买人坚请,情似难却。初亦留神,或隔日不食,谓可无事,不知已上瘾矣。"

其二,娼馆妓院赌博之风日炽,大有猖獗不可收拾之势。宣统间蘋梗《秦淮感旧集》,不无感慨地说:"年来叶子戏之风盛行,都人士泛舟秦淮,每藉此为消遣物。曲中妓女,尤为擅长。陆琴仙、陆蘅芳皆酷好之。每赌诸姬围坐樗蒲,娇声杂遝,香泽微闻,玉腕轻飏,秋波斜睐,较诸浅斟低唱,另有一种风情。"

其三,在妆饰上,新式女学生装此时为娼妓所崇尚的"时装"。《秦淮感旧集》称:"三五年来,每见秦淮名妓,最著者不施脂粉,淡扫蛾眉,或效女学生装束,居然大家,是以湖海宾朋、乌衣子弟,靡不目眩神迷,逢迎恐后,情长情短,沉溺日深。"

其四,清朝大吏狎妓遨游成为一种社会时尚。此番景况,正如清人《兰芷零香录》所载:"桂龄戊申己酉(道光二十八年、二十九年——1848年、1849年)时魁楚也,阳羡方伯开藩楚南,时海内平安,每于暮梆后乘便简与山长某公作曲中游,与姬尤暱。"清人《白门衰柳记》载称:"陆二秦淮名妓,豪华奢靡,倾动一时,江宁某方伯常过其家,谈风月于此,会衣冠于此。"《秦淮感旧

---

① 徐珂:《清稗类钞》第十一册,《娼妓类·苏州扬州清江之妓》。
② 同上。
③ 同上。

集》载述，时有高官大吏，特造浅水小轮船，携妓优游于秦淮河上，不以为耻，反为时尚。

其五，娼寮嫖客以崇尚小足变为接受天足和放足，并趋之为时髦。《秦淮感旧集》说："自欧风东渐，秦淮名妓，得风之先，以不缠足为时髦，狎客评花，亦皆主纤腰，不主纤足，不可谓非审美思想之进步也。余作秦淮杂诗云：'曲中各妓最时髦，不重莲翘重柳腰；昨日纶音禁缠足，还应旌奖到香巢'。"即是个中风习的真实写照。

其六，上海、京师有外国卖淫妇，以经营娼馆为业者。清人《海陬冶游录》述称："其近虹口处，有西洋嫂，岁一二至，华人之能效夷言者，可异妆而往，缠头费亦不过二十余金，彼美人兮，西方之人兮。当不惜金钱以领略此奇芬耳。"《都门识小录》载述，京师东单牌楼二条胡同第一楼，便是日本妓女所开设的"日本娼寮"。此外，娼门的男色卖淫行当也得到了发展，且以京师地区，最为盛行。

清代娼妓业的发展，迄清末，已达到登峰造极的地步，成为一个严重的社会问题和突出的社会丑恶现象，并对后世社会的发展进步，产生了巨大的恶劣影响，是封建社会罪恶的"渊薮"之一①。

四 流氓无赖、棍骗和乞丐的生活

清代的流氓无赖、棍骗和乞丐，种类繁多，成分复杂。他们遍及城乡经济发达地区，与地方豪强势力或封建官府相勾结，朋比为奸。他们制造事端，寻衅百姓，趁火打劫；或欺行霸市，或横行不法，鱼肉百姓。他们恃靠强权，施展淫威，借诸暴力，欺凌弱小，实同强盗，以不劳而获为出发点和最终目的，是阻碍和破坏社会发展、引起社会动荡不安、滋扰民人正常社会生活的一股逆流，是清代黑社会的"主力"。这种丑恶现象，既是清代社会生活无法克服的"痼疾"和"不治之症"，更是罪恶的封建剥削制度的"伴生物"。

（一）流氓无赖及其罪恶行径

清代上海的流氓，就是地棍。民间俗称无赖之徒曰棍徒，又曰地棍、"痞棍"。徐珂《清稗类钞》记载，他们"大抵各戴其魁，横行于市，互相团结，脉络贯通，至少（在上海）可有八千余人。平日皆无职业，专事游荡设井陷人"。自号"白相人"，昼则饭馆，晚则逆旅，茶坊酒肆更无不有其踪迹。他们肆无忌惮，横行霸道，专以敲诈勒索抢劫为生，是地道的黑势力与恶势力之一。对其丑恶行径，《清稗类钞·上海地棍之拆梢》条记载："拆梢者，苏、沪多为，而

---

① 王书奴：《中国娼妓史》，第六章有关部分，三联书店上海分店1988年版。

沪尤甚。盖以非法之举动,恐吓之手段,借端敲诈勒索财物之谓也。凡地棍,惯以此为生涯。拆梢之语,犹普通语之敲竹杠,江宁语之敲钉锤儿,镇江语之钉钉子,杭州语之刨黄瓜儿是也。"

上海地棍之拆梢,必有线索可寻,罅隙可乘,并非贸然为之。所谓硬诈者,"则兔起鹘落,猝不及防,受害者自亦莫明其故"。他们之所以能横行无忌,其原因在于巡警、包探无不与之通同一气,"即或为所目击,亦皆佯作不见,而相喻于无言。盖必于事后提钱若干以馈之,是之谓劈霸。劈霸者,分赃之谓也。若辈恃此无恐,遂得肆其硬诈之技焉"。此外,清代上海地棍的公开勒索和抢劫的方式、花样,甚为繁多,手段狡诈而毒辣。这些手段还有"摆丹老"、"为人复仇取财"、"好买卖"、"吃讲茶"、"包开销"、"索陋规"等名目。流氓无赖向人强借资财,曰"摆丹老","若不与,即嗾使同类挫辱之"。吃讲茶原是"下等社会之人每有事,辄就肆以判曲直也。凡肆中所有之茶,皆由负者代偿其资,不仅两造之茶钱也。然上海地棍之吃讲茶,未必直者果胜,曲者果负也"。而两方面之胜负,又各视其人多寡以为衡,"甚至有一言不合而决裂用武者,官中皆深妒疾之",故悬为厉禁。清末,上海凡新设商店,开市之日,必有于清晨前往购物,"以廉价而得多量,甚至强迫其赊欠者。于是地棍得因之以为利,曰包开销,先期前往,劝纳银币若干,既无有赊欠者也"。上海地棍所得的陋规,"新年令节为尤多,如赌场也,私设之烟馆也,所获甚丰,有得百金以上者"。由此可见,上海的流氓痞棍,真是无孔不入,无所不在。他们不仅唯利是图、无赖狡诈,而且一切钱物为其敲榨勒索的目标,是清末城市中危害与滋扰人们正常社会生活运转的不安定因素的典型缩影之一。

流氓痞棍的足迹还遍及经济发达的城镇乡里,在这些地方,他们为非作歹,倒行逆施,是严重滋扰乡里的公害之一。在商品经济较为发达的苏州府境内,就有为数甚多的市井无赖和恶少,专以敲诈勒索抢劫财物为罪恶营生。与牙行、脚行有关的"打降"、"白拉"现象,即系此辈所为。《南翔镇志》记载:"市井恶少无赖所谓打降、白拉者,是处有之,南翔为甚。打降逞其拳勇,凡抢亲、打孀、抬神、扎诈诸不法事,多起于若辈。白拉聚集恶堂,潜伏道侧,候村民入市。邀夺货物。或私开牙行,客商经过,百计诱致,不罄其资不止。"[1] 显而易见,如果没有牙侩、行霸的指使、怂恿,"打降"(或曰"打行")、"白拉"之类恶习决不可能在市镇上横行无忌。康熙时,长洲人褚人获在《亦巢偶记》中说:"打行,闻行于万历间,至崇祯时尤盛","鼎革以来,官府不知其说,而

---

[1] 嘉庆《南翔镇志》卷十二,《杂志》。

吏胥又不晓文义,改作降字"①。其实,早在明万历时打行已盛行,范濂说:"恶少打行,盛于苏州。……此风沿入松,以至万历庚辰后尤甚。又名撞六市,分列某处某班,肆行强横。"② 可见这种社会现象是伴随市镇经济的繁荣而出现的,只是入清后,此风愈演愈炽。到康熙二十一年(1682)至二十三年(1684)时,当时在江南任巡抚的余国桂严禁打降,他在所公布的《严禁打降移文》中指出:"照得打降之为害地方,惟三吴有其事,遂有其名。询其根由,始于游手无赖各霸一方,城镇乡村无处不有","倚靠势力为城社,结连衙蠹为腹心,彼既持有护身之符,尚何畏乎三尺之法"③。可见,其势之烈,其焰之嚣,连官府也不得不承认,他们倚仗权势,扰害乡里,破坏正常的经济生产活动和生活秩序,确实是一大社会公害,非严加禁绝不可。

(二)棍骗及其骗术剖析

对"棍骗"一词的具体含义,徐珂《清稗类钞》阐释:凡以强力取不义之财者曰"棍徒",而以诡计取不义之财者曰"骗子",虽与盗贼异,而其见利忘义则同。可见,"棍骗"是广大城乡民众深恶痛绝的社会公害之一。他们专事欺骗,以施展诡计为营生,其直接后果是扰乱人民正常的生活秩序和社会秩序;或与国家法律直接对抗,与民意及习惯成法相悖逆,因而也为国家法律所不容,属于打击清除的对象。但是,由于封建国家不能也不可能从根本上解决、根治存在的诸多严重社会问题,所以棍骗这一公害在清代社会不仅猖獗,而且更与封建社会和制度相始终,呈现出诸多新的发展特征:

其一,棍骗的活动与分布地域较为广泛,北自关外,南至两广,东自江浙闽台,西至西北边陲;从京师到南粤,从城市到乡镇、农村,凡有人迹所至之处,即有拐骗尾随跟踪而至,可谓无处不在,无孔不入。

其二,既有以终生行骗而谋生者,更有骗子被骗者,不乏其人。徐珂《清稗类钞》记载,江苏常州东门外的钱豁五其人,终生以行骗而为"生计";此外,骗子亦有为老朝奉所谋算者,种种畸形世态,光怪陆离,层出不穷。

其三,其骗术与骗技,花样迭出,技艺各异。为达到行骗坑人利己之目的,不择手段,无所不用其极。人、钱、财、物、鸦片,大自巨赀财宝,小至蝇头末利,均为行骗、掠夺和猎取的对象。对各地棍骗的骗术伎俩,徐珂《清稗类钞·棍骗类》列举甚详,最著名的有:粤西多拐骗妇女、骗人参、骗墙、骗画、骗衣、骗靴、妓饰为狐女以行骗、陈谭以鸦片骗某千总、骗烟土、僧受老妇骗、

---

① 褚人获:《坚瓠九集》卷二。
② 范濂:《云间据目抄》卷二,《记风俗》。
③ 康熙《江南通志》卷六十五,《艺文》。

丐掉箸包船以行骗、冒为人子以行骗、以计骗伶物、道士卖力丸欺人、卖假药、江湖医生卖膏药、售假钏、骗行李、以女子相片行骗、娶妻行骗、女以财色行骗、以婢拐女、以自由结婚骗财、招股行骗、骗车、串通洋人以行骗、冒主人姓号作书以行骗、串通地痞掮客以行骗、掉包、掷包、逆旅主人被骗、商店以休业迁移为骗、商店以减价折扣行骗、伪造商品、伪造国货、伪造广告、伪造匾语、冒用市招以行骗等条，对棍骗行骗的种种惯用手法和伎俩作了详尽剖析，至今读来，仍有颇多的借鉴意义。

（三）乞丐及其乞讨生涯

乞丐俗称"叫花子"，系指专以向他人乞讨钱物以为谋生手段者，中国古代历朝历代皆有之。清代，一方面社会经济繁荣，一般民众的社会生活水平较之前朝大有改善和提高，封建统治者以"仁政"、"孝治"为标榜，以协调社会人际关系，消弭社会隐患与矛盾；另一方面，却是阶级矛盾与社会其他诸多矛盾交织在一起，日趋尖锐复杂，从而导致许多下层人民生活日益贫困破产，他们穷困潦倒，无家可归、流离失所，常为争取生存而挣扎在饥饿线上，社会上存在的庞大乞丐队伍，即是这一矛盾和斗争日益突出的直接后果。

清代的乞丐，固然有一部分是因丧失最基本的生产与生活资料，被迫不得不以乞食为生者；但也有相当部分乞丐，他们有一定生产资料，具备一定的谋生能力，却不愿从事生产劳动，混迹于乞丐队伍之中，企图不劳而获，以坐享其成。因为这一队伍的人数不断增加与扩大，他们只有索取、寄生，而没有生产活动的创造与积累，而封建国家与政府又无法解决这一日益突出的社会矛盾和问题，所以，大量的城乡人口源源不断地涌入乞讨队伍，致使乞丐问题成为清代最为严重的社会问题和社会动荡不安的因素之一。

其一，全国各地的乞丐，既有丐头、丐规、组织，更有"丐帮"相对固定的乞讨范围的划分。徐珂《清稗类钞》记载，各地方管理乞丐的人，称为"丐头"。不论是本地之丐，还是外来之丐，均受其管理。"丐头"常出一葫芦式之纸，给商店，使揭于门，"曰罩门"。凡是罩门所在，群丐皆不至。其文有"一应兄弟不准滋扰"字样，或者是无文字而仅有符号。这是由于"商店所出之钱，即交丐头，由丐头俵分诸丐。丐若勒索之于商店，可召丐头，由其加以责罚"。其余各家，任听乞丐自乞。若商店人家已有罩门，而丐偶有至者，"非未入行之丐，即不同类之丐，盖丐头权力之所及，亦自有限制也"。"丐头"的收入：一是商店所给诸丐之钵，可抽得若干；二是年节之赏、庆吊之赏，无论商店、人家均有之。至于乞丐，商店、人家凡有庆吊之事，乞丐群至，每例有赏封可得，"上海亦然，分疆立界，各有门户，两不相犯。凡在其界中者，不论庆吊之为何事，皆有所获，其数视门户之大小以定多寡"。无规矩不成方圆,丐帮亦有"丐规"。按照丐规,凡乞丐"入行之初,丐头示以规则,并行乞之诀"。新入行的乞丐,必须将三日的乞讨所得,悉数献给乞头,名曰"献果"。

按照丐规,"献果愈多者,光彩愈甚,恒尽心竭力,以自顾门面,如官家之考成焉。此后则按彼中定制,抽若干成献于丐头"。其数大略是乞物的二成。若入行之乞丐遇有死亡、疾病之时,则丐头酌量给恤,"重者并由同辈分提义务"。丐头的权力象征是"杆子"。因此,"丐头之有杆子,为其统治权之所在,彼中人违反法律(即丐规),则以此杆惩治之,虽挞死,无怨言"。可见其权力之重之尊。但由于"杆不能于至辄携,乃代以旱烟管,故丐头外出,恒有极长极粗之烟管随之"。京师的丐头,向分"蓝杆子"和"黄杆子"两种。"蓝杆子"辖治普通的乞丐;而"黄杆子"辖治宗室八旗的乞丐。《清稗类钞》记载,"盖自入关以来,旗人向不事生计,而宗室中亦有游手好闲之徒,余威未杀,市井横行,故其党魁黄杆子一席,必以属之位尊势厚桀骜不驯之王公贝勒,方足以慑伏之。所辖均旗人,犹之寻常一族之族长,不足为耻,且资格权力中以雄长其曹"。这些"黄杆子",平日非端午、中秋、年终不外出;且不走居户,不伸手索钱。"每次至各店时,必二人或四人,以一人唱曲,一人敲鼓板和之。唱时,以手背向上,执鼓板使平,即为索钱之暗号。店夥以所应给之钱,至少不得逾大钱五枚。举之使高,约出头部少许,置之鼓板上,若辈乃去而之他。然有特别规约,给钱时,不得在唱逾五句之后",否则,"明日倍其数来,后日更倍其数来,自启市至闭市止,不索钱,亦不出恶声,往往围聚一店门",直至店主无法正常营业,乞求结好作罢为止。

其二,乞丐种类繁多,索乞方法各异,高招迭出,真是无孔不入,无所不用其极。《清稗类钞》载称:有可得而言者,"而以持棒挈钵,蹒跚躄躠于市巷者为最多,沿路膝行磕头者次之,大声疾呼者之次之。此外则各守其习,不能任意变更。其口号有东项、西项、红项、白项之分。盖硬讨者属于红项,哀乞者属于白项,而东项、西项则未得其详"。如果再细分之,更有专走江湖之丐,"岁或一二至,至则索钱丐头,亦有自乞于商店、人家者";挟技之丐,他们"亦或游行江湖,不专在一地。一唱,或不规则之戏曲,或道情,或山歌,或莲花落。一戏碗,以碗置于额,或鼻端或指尖而旋转之。一吞刀,置刀于口吞而吞之。一吞铁丸,自口吞入,于他处出之。一弄蛇,以蛇塞鼻中,使自口出";劳力之丐,"一以各种苦力之助手,一曳车上桥,一为人送行李"。残疾之丐,"一以微毒伤身者,耳目口鼻均仅一孔。一瞽者,一跛者,一烂腿者。更有手足合一,皆在其头之旁,旋转于地,盖采生折割之凶徒所为,迫使行乞以获利者也"。诡托之丐,"一诡言避灾出外者,一诡言投亲不遇流落他乡者,一诡言父母有病者，一诡言自身有病者，甚且残手缺足、烂鼻削唇，穷极地狱之变相，而实则涂以猪血或蜡泪帖以膏药也，一诡言家有死尸待殓者"。强索之丐，"一徒流之罪人，方赴配所，所经城市乡镇，便得求乞者。一乞钱不与，则出刀自割，或额或颊以流血吓人者"。另有卖物之丐等。上述均为男丐，所索者为钱，若"与以残羹冷炙或不受"。女丐，则以土著为多，"间有走江湖者"，均系贫乏不能自存之人，"亦间有残疾或诡托者"。概而言之，无论其方式方法如何，其最终目的就是要索钱；达到不劳而获的企图，以满足其自身生理或其他方面的需求和欲望。

其三，乞丐队伍庞大，踪迹遍及全国城镇乡村。清代乞丐的足迹，除经济发达的城市、交通要道外，租界、寺庙和穷壤僻野亦有之，尤以聚于各省会经济繁荣区和通衢大道者为多。如当时的京师、上海、广州、绍兴、徐州、常州等地是乞丐群聚之地。《清稗类钞》记载，上海多丐，各省之丐皆有之。再如江浙接壤处所，每入冬，辄有凤阳流民行乞于市，岁以为常。

其四，清代既有中国乞丐"出口"至欧洲者，更有外国乞丐来上海租界乞食为生者。《清稗类钞》载称：光绪时，疆吏奏请移民实边，于是湖北之兴国州有贫民数万，"挈其妻孥，至黑龙江。而当道于安置之法，寂焉无资，乃流落而为丐。久之，闻外国之富，易于谋生也，遂沿西伯利亚铁道之轨线，步行以赴欧……辗转至法……宣统辛亥（1911），徐新六留学欧洲时，尝至巴黎……见有行乞之我国男女，审其间，兴国州人也"。此外，上海也有外国乞丐。徐珂《清稗类钞》载称，外国之丐，流落于上海，"或以能力薄弱，或以行止不端，其结果乃至于此"。这些外国乞儿，"不仅行乞于洋人，华人之第宅焕然者，亦辄往乞，且能长跽以请"。

第二节 赌博与赌具

赌博，是清代畸形社会生活的一部分，更是巨大的社会公害，是扰乱和影响社会治安、社会稳定的破坏性因素之一，所谓"赌为盗源"，"欲化盗，必先禁赌"，指的就是这个道理。由于封建伦理道德要求人们循规蹈矩，遵礼奉法，所以赌博本身与封建礼教思想并不相容。《大清律例》规定："凡赌博财物者，皆杖八十，所摊在场之财物入官。"① 条例称："凡赌博，不分兵民，俱枷号两个月，杖一百……凡以马吊、混江赌博财物者，俱照此例治罪。"对于旗人开场设赌，初犯，发极边，烟瘴充军；再犯，拟绞监候。严禁民间私造、售卖赌具，凡开鹌鹑圈、半鸡坑、蟋蟀盆，并赌斗者，照开场赌博枷责例治罪。至于官员不论赌钱、赌饮食等物，有打马吊、斗混江者，俱革职，满杖，枷号两个月。若上司与属员斗牌掷骰者，革职，满杖，枷号三个月，俱永不叙用。由此可见，清政府对赌博罪的惩处，不可谓不严厉，赌博现象虽禁令未止，却尚未形成严重的社会弊病。然嘉、道之际，国势日衰，奢靡之风四处蔓延，社会上赌业猖獗，赌风肆虐，赌博活动发展成为一种畸形的社会生活形态，封建政权已无力进行有效的控制，致使其愈加不可收拾；而风气之烈、范围之广、门类之多，呈现出旷古未见的奇观。与此同时，淫、赌交织，犹如无孔不入的毒瘤，寄生于封建官僚政治的机体，加速着封建王朝行将就木的命运，也催生出一幅幅封建末世社会极度腐朽堕落的群丑图。

  清代各地的赌博活动十分猖獗，从经济发达的城衢之地到农村穷乡僻壤，乃至少数民族居住的边疆和草原，都程度不同地存在着赌博活动；参与赌博活动者，上自皇帝、贵族、官僚势豪和巨富商人，下至民人贩夫走卒和妓女，遍及社会的各个阶级与阶层，已成为十分棘手的社会问题和亟待解决的当务之急。正因为清代赌博活动泛滥成灾，波及社会的各个方面，危害甚烈，又直接殃及社会的安定和经济的发展，所以，清朝统治者颁布的《大清律》和地方法令，严禁赌博活动。清代《陈宏谋查禁市会聚赌檄》明令规定："会期前十日，传知会首乡保到官，当堂严切吩咐，不许容留赌博，不许夤夜演习，取具甘结，并发给禁止赌博夜戏简明以示多张，分贴会所，晓谕禁止。""地方官巡历所至……近城之市会，至期乘间前往，有赌徒酗酒等项，一并责处。"② 许多名门豪族，也将禁赌作为一项十分重要的内容写入家训家规，如文人所载《受持篇·居家门》杜邪第一条明确严令："赌博挟妓者不许入门"；"家教"第四条规定：家族子弟"不许习博弈、斗牌、掷骰"③；安徽《寿州龙氏家规戒赌博》条云："良心先丧尽，好赌把家倾。好田地，好金银，呼卢斗页丢干净。父母养不顾，妻子受苦辛。饥寒交迫盗心生，一朝断送残生命。凡我族人，有不务本业以赌博做生涯者，频犯则重责二十。若与族人共赌，长辈罚戏一台，幼辈领责。若与外姓人共赌，除将本人用家法责惩外，户长、族长同伊父兄，送官处

---

① 《大清律例》卷三十四，《杂犯·赌博》。
② 陈宏谋：《培远堂偶存稿文檄》卷二十一。
③ 周思仁：《欲海回狂集》卷二。

治"①，以示儆戒，然而收效甚微，赌博陋习却始终未能得到有效的控制和治理。

其一，全国许多城镇，设有赌博的场所。徐珂《清稗类钞》记载，上海的"总会"为博场，而上海的女总会系妇女赌博的场所；广州西关宝善坊附近的女子地铺会，是专供聚众赌博用的；广州、澳门的番摊馆，广东、福建的花会等，也是专设的赌博场所。黄安涛痛斥花会之害时，指出"好之者必自毙也"。他说："潮俗赌风莫盛于花会，厉禁虽严，旋革旋复，盖诱之厚利，趋之者多。败家丧身，曾莫之悔。"他赋《打花会》一诗，劝儆赌博者："打花会，花门三十六，三日又翻覆。空花待从何处捉，一钱之利十傍三。奸巧设饵愚夫贪，一人偶得众人騖，坑尽长平那复悟。夜气梦，朝求神，神肯佑汝，梦若告汝，不知厂中饿死多少人。初一起，三十止，送汝盖棺一张纸。"

其二，赌博活动使用的赌具主要有骰子、纸牌、扑克、象棋、骨牌、马吊牌等。亦有用其他非专用赌具进行赌博活动者，如拉弓射箭，本是练武的，却也可以用来赌博，京师流行的"射鹄子"就是一例。再如买赛马彩票、斗鹌鹑、斗蟋蟀、打弹子、象棋、花灯鼓、蒙古族用鹿蹄捥骨做的"罗丹"等，都可用以进行赌博活动。

其三，赌博名目、形式花样繁多，《清稗类钞》统计，有扎局弄赌、博用筹马、赌具作对、鹁子之博、摇摊、掷状元筹、掷升官图、掷揽胜图、掷老羊、掷控窖、纸牌之碰和、游湖、打天九、打扑克；骨牌中有剥皮猪、叉麻雀、压宝压权、上海的放三四之赌等名目和形式，令人眼花缭乱、目不暇接，但其最终目的无不以营利和图财为"最高宗旨"②。所谓扎局弄赌者，即"设陷井以倾人之博也，京师、天津皆有之，上海尤甚。若辈以此为生，终岁衣食，恒取给焉。大抵为楚产也，口捷给，衣华服，能取悦于人，易坠其术，沪人称之曰翻戏党"。"其常以茗楼、烟馆为巢穴，党羽众多，见有外来多金之伧父，群起而诱之，诱之以饵。饵为何？狎妓也，饮宴也，观剧也，游园也，务以投其所好，常得聚处为宗旨。既谇，乃强使同博，则以三人愚伧父矣。而博之术至多，博之具不一，辄因人而施之。""其初博也，必使伧父胜，此三者，皆出其现金于囊以与之。至三四次，则伧父有胜有负，伧父果胜，三人偿之，不使其稍有疑也。久之，则三人以狮子搏兔之全力，注于伧父，伧父辄大败，数必钜，现金不足，或即席勒写借据，或至其所居之旅舍，搜括财物，其所得，必较历次之所失多至倍蓰。其术甚多，略举之，有翻天印、倒脱靴诸名目。"

在清代名目繁多的赌博活动中，斗骰是最常见的赌博形式。骰子形制小巧，

---

① 《寿州龙氏宗谱》卷一，《家规》，光绪十六年本。
② 戈春源：《赌博史》，上海文艺出版社1995年版，第9—50页。

随手可掷，在民间极为盛行。《燕京岁时记》描述："京师谓除夕为三十晚上……黄昏之后，合家团坐以度岁。酒浆罗列，灯烛辉煌，妇女儿童皆掷骰斗叶以为乐。"① 然而一旦沦为聚赌之物，骰戏自然就失去它娱兴的意味。清代骰戏有摇摊、彩选、赶老羊、掷挖窑等各种花样。对摇摊赌的危害，陈春晓的《摇摊》诗有形象的描述："摇摊复摇摊，长夜何漫漫。钗光与鬓影，杂坐灯前欢。摇摊更压摊，贸易而胜难。孤注决青花，讵料竟白虎。有如战败军，垂头气彫诅。十年百万金，耗弃等粪土。叹息铜山颓，漏卮悔莫补。已将华屋付他人，那惜朗贻祖父。室人多滴泪如雨，典到嫁时衣太苦。出门郎又摇摊去，厨下无烟炊断午。"②

骰、牌一类中的马吊在清代最为发达。清初王士禛称吴俗好尚中马吊为首，"虽士大夫不能免。近马吊渐及北方，又加以混江、游湖种种诸戏，吾里缙绅子弟，多废学竟为之，不数年而赀产荡尽。至有父母之殡在堂，而第宅已鬻他姓者，终不悔也"③。亲历乾、嘉、道三朝的江苏人钱泳称："近时俗尚叶子戏，曰马吊碰和。又有骰子之戏，曰赶洋跳猴、掷状元牙牌之戏，名曰打天九斗狮虎，以及压宝摇摊诸名色，皆赌也。上自公卿大夫，下至编氓徒隶，以及绣房闺阁之人，莫不好赌者。"④ 马吊属牌戏，产生于明中期，然风行之疾，出人意料，明末清初之际，士大夫竟嗜之如狂。又如牌九，在清代十分盛行，牌数仅三十二张，规则虽简单，但胜负极速，俗称"剥皮赌"，可见其残酷性。《清稗类钞》记载："骨牌之牌九，如接龙，胜负顷刻，出入极巨，嗜此戏者，北人为多。尝有衣冠楚楚者，入此局中，一刹那间，赤膊而出，盖大负矣，俗呼之为'剥皮赌也'。"⑤ 有国牌之称的麻将，又称马将、麻雀牌，是经由清前期的马吊牌发展而来的博戏。"光、宣间，麻雀盛行，达乎诸侯大夫及士庶人，名之曰'看竹'，其意若曰何可一日无此君也。其穷泰极奢者，有五万金一底者矣（一底犹言一局）。"⑥ 在清宫中，连慈禧太后都沉迷于此戏，据载："孝钦后召集诸王福晋、格格博，打麻雀也。庆王两女恒人侍。每发牌，必有宫人立于身后作势，则孝钦辄有中、发、白诸对，侍赌者辄出以足成之。既成，必出席庆贺，输若干，亦必叩头来孝钦赏收。至累负博进，无可得偿，则跪求司道美缺，所获乃十倍

---

① 富察敦崇：《燕京岁时记》，《除夕》。
② 张应昌：《清诗铎》卷二十二，《赌博·摇摊》，中华书局1960年版。
③ 王士禛：《分甘余话》卷一，《马吊牌》。
④ 钱泳：《履园丛话》卷二十一，《赌》。
⑤ 徐珂：《清稗类钞》第十册，《赌博类·骨牌中有剥皮赌》。
⑥ 徐珂：《清稗类钞》第十册，《赌博类·叉麻雀》。

于所负矣。"① 政治的丑秽在博戏中犹见一斑。

　　鸦片战争后，随着西方列强的入侵，赛马、彩票、轮盘赌等博戏形式开始纷纷传入中国，犹如给封建末世的颓废时尚加入了催化剂，造成举国狂赌的可怕世象。如赛马，西方殖民者相继在香港、天津、上海等地开设跑马场，成为当地盛极一时的赌业，"华人虽不得与赛，而亦购其出售之彩票，即视马之胜负以为买票之胜负"②。与彩票相类似的又有民间花会，实为一种赌博组织，"极其流毒，能令士失其行，农失其时，工商失其艺……博时多要荒僻人迹不到之处，而以广东为最盛"③。花会之赌，兴起于清中叶，赌法设三十六门，任人猜买，每次必有一门为中彩之门，凡押中者可得相当赌注三十倍的赌彩，不中，则注钱悉归设赌庄家所有，其诱人之处是以小博大，而且"自钱二三十文至银数十百圆，均可购买……以故贫家妇孺胥受其害"④。黄贻辑《花会叹》诗："赌博害人心，花会为尤毒。三十六门中，俨是销金局。士农与工贾，癫痴纷逐欲。赌为奸邪媒，此尤败风俗。可怜闺阁中，贪心多被辱。谁学朱文公，治闽如治蜀。"⑤

　　清代赌风炽盛，屡禁不止，愈演愈烈，已成为严重的社会公害。时人对此有很多的描述，如康乾时人龚炜称："赌博之风，莫甚于今日。闾巷小人无论已；衣冠之族，以之破产失业，其甚至于丧身者，指不胜屈。"⑥钱维乔《牧奴戏》说："一掷轻百万，豪举亦得名。圣贤戒冥然，博弈差可营。揆之惜阴义，要非先民程。无益害有益，胜败徒为争。乞假吝一钱，金注囊甘倾。中堂张氍毹，烧烛呼其朋。程云夜未艾，岂识鸡将鸣？酒酣兴未已，余资及杯羹。邻有饿死孺，叩门方莫应。"⑦道、咸年间曾为官浙江的段光清称："省城（指杭州）赌局，多在大墙门内……惟大宅之赌局，县府差役及营署员弁，俱有陋规，官不往拿，亦不能拿也。"⑧清人吴文晖对赌博日盛及为何屡禁不止有深刻的剖析，他说："博戏古亦有，迄今何纷纭。称名日以多，制器日以新。相唤相呼日征逐，野狐迷人无此酷。一场纵博几家贫，后车谁鉴前车覆。长官岂不禁，遣吏布教言。谆谆劝改辙，宛若流涕宣。朝来坐衙抑何怒，捕得博徒兼博具。屡教不悛罪难恕，后堂照耀红氍毹，退与宾客还呼卢。"这些记载不啻是对有清一代

---

① 徐珂：《清稗类钞》第十册，《赌博类·孝钦后好雀戏》。
② 徐珂：《清稗类钞》第十册，《赌博类·华人购赛马彩票》。
③ 徐珂：《清稗类钞》第十册，《赌博类·花会》。
④ 徐珂：《清稗类钞》第十册，《赌博类·上海有花会》。
⑤ 张应昌：《清诗铎》卷二十二《赌博·花会叹》。
⑥ 龚炜：《巢林笔谈》卷四，《赌风》。
⑦ 张应昌：《清诗铎》卷二十二《赌博·牧奴戏》。
⑧ 段光清：《镜湖自撰年谱》，第146页。

赌业猖獗的绝好注脚。

其四，凡参与赌博活动者，在赌博心态、习尚与"得"、"失"方面，形态万千，变幻无常。好赌、嗜赌者有之；有嗜赌常胜者，亦有常负者；更有一博得百万金，一夜之间，而成暴发户者；有以赌为业者，也有恶赌和戒赌从善者。赌注有人、钱、财、物等。《清稗类钞》对王氏以博失园、寿思明以博得妇，某甲以妻作博注、姚敦布以赌为业的各色"赌注"作了介绍，并对赌博的危害作了叙述，至今仍有借鉴意义。

其五，一方面是赌博活动猖獗，危害甚剧甚烈；另一个方面，社会上要求禁赌和戒赌的呼声日益强烈。由于赌博活动给个人、家庭和社会造成的危害巨大，从而成为一个严重的社会问题。所以，社会上的禁赌者大声疾呼，希望政府采取有力措施，禁止赌博，林昌彝《射鹰楼诗话》曰："人心风俗之坏由于赌博，赌博之害，莫甚于花会。花会之设，聚啸山场，不下千人，压会之人，不必亲至，著人走信通风，往返奔命，直达闺闱。士农工商弃其业而受其愚，迨亏输累次，每轻生自尽。或有为势家所追，为盗为倡，官严禁而奸徒不敛迹者。罔利既多，不惜使费，衙门兵役为之耳目，官有举动，彼已周知，故率虚拿而不能实捕。串通勾结，日滋日盛。今欲禁之，惟先出示，着各乡耆地保率众擒拿，一村有匪徒聚众挂巴则一村共举械鸣锣逐之，各村皆然，使无容身之处，其局不散自散矣。挂巴之处，虽在高山水面，未有不属山村。如有任其聚众，即是与彼勾通，擒其乡长，毁其墙屋。此法去莠安良，诚保民之善政也。"① 长洲的尤展成，尝著戒赌文，阐述赌博活动给个人、家庭、社会带来的不幸和严重性，读来情殷意切，既切中时弊，又颇为中肯。他称："天下之恶，莫过于赌。牧猪奴戏，陶公所怒。一掷百万，刘毅何苦！今有甚焉，打马斗虎。群居终日，一班水浒。势如劫盗，术比贪贾。口哆目张，足蹈手舞……既卜其昼，又卜其夜。寝尚未遑，食且无暇。不见日斜，宁闻漏下……锱铢必较，泥沙无算。赢乃借筹，负或书卷。家弃田园，祖遗宝玩。悭者不吝，贪者不倦。是曰费财，困穷立见。始作俑者，公卿大夫。退朝休沐，筵会相娱。点筹狎客，秉烛监奴。间同姬妾，角技觝觎……亦有儒生，厌薄章句。博弈犹贤，诗书没趣。引类呼朋，摊钱争注。赤脚无成，白头不遇。文鬼谁怜，牌神莫助。富人长者，公子王孙。珠玉满室，车马盈门。呼卢长白日，喝采共同昏。千金忽散，一亩无存。墦间乞食，泉下埋魂……其下市人，肩挑布贩。体少完衣，厨无宿饭。脱帽绕床，投马翻案。登场醉饱，出门光窘。卖儿鬻女，尽供撒漫。最恨奴仆，全无心肝。暖衣饱食，游手好

---

① 张应昌：《清诗铎》卷二十二《赌博·花会叹》。

闲。酒肴偷酿,房户牢关。忙中作耍,背后藏奸。狐群狗党,非赌不欢……赌必近盗,对面做贼。战胜探囊,图穷凿壁。赌必诲淫,聚散昏黑。艳妇绝缨,娈童荐席,赌必衅杀,弱肉强食……今有贪夫,开肆抽头。创立规则,供给珍羞。如张罗网,鸟雀来投。鹬蚌相持,渔利兼收。更有险人,合成毒药。蹑足附耳,暗通线索。彼昏不知,束手就缚。旁观咨嗟,当局笑乐。"字字真切,语重心长,对赌博的危害,分析透彻,一针见血,鞭辟入里,耐人寻味。

第三节 民间械斗恶习

"械斗"又称"搞是非",顾名思义就是双方聚众持械相斗。它是原始社会中,氏族或部落成员遭外族成员侵害后,本氏族或部落对入侵氏族或部落进行集体报复的一种遗俗。这种习俗曾广泛流行于原始社会时期。而这种视一人遭害,全氏族和部落皆受侵犯的观念,以血缘关系为纽带,故具有血缘关系的加害者氏族或部落,其加害者即使为一人,然全体成员也同样被视作负有共同罪责成为集体报复的对象,所以又称"血亲复仇"或"血族复仇"。报复形式有两种:或对全体成员实施,或对加害者本人和近亲属实施。侵害一经发生,报复随之而起,在父权制时代尤为残酷,有的复仇延续多年或甚至数十年,直接威胁和危及到整个集体的存在。到原始社会晚期,复仇形式有所改变,加害者一方可以用牲畜或其他贵重品赔礼赎罪,亦可用交纳赎金抵罪。进入阶级社会后,这种习俗又常常成为统治阶级对外掠夺的重要手段。这种罪恶迄至清代还在中国南北的许多地区和汉族、少数民族中长期留存,成为封建社会发展过程中的一股逆流,从而给许多地区、民族的社会进步和经济发展带来了十分不利的影响。

清代在中国北方和南方的许多汉族地区,时常有以地缘和血缘关系为纽带的人的群体之间的暴力冲突,如闽粤乡族的经常性的大规模武装械斗就是典型例证。在少数民族地区,许多民族常因婚姻、土地、债务、盗窃等纠纷,引起村寨之间、地区之间和民族之间的械斗。如羌族,据《新唐书》记载,其民族"俗尚武,无法令赋役,人寿多过百岁,然好为盗,更相剽夺。尤重复仇,未得所欲者，蓬首垢颜，跣足草食，杀已乃复"①。《宋史·宋其传》云："党项、吐蕃，风俗相类……其俗多有世仇，不相往来；遇有战斗，则同恶相济，传箭相率，其从如流。"《西夏纪事本末》卷十称："其报仇，有丧则不伐人，负甲叶于背识之。仇解用鸡、猪、犬血和酒贮髑髅中饮之，乃誓曰，若复仇，谷麦不收，男女秃癞，六畜死，蛇入帐。有力小不能复仇者，集壮妇享以牛羊酒食，趋仇家纵火，焚其庐舍，俗曰敌女兵不祥，辄避去。诉于官，官择舌辩气直之人为和断，官听其屈直。杀人者，纳命钱百二十千。"由此可见，羌族复仇械斗由来已久。到了清代，这一习俗不但未能根除，而且，民族之间与民族内部的冤家械斗更趋频繁。为了适应这种"械斗"生活，羌族的村寨除大多数建筑在半山或高山顶上"易守难攻"的地方外，在住房的附近还建有坚固的高达数丈的碉楼，用以防御敌患和储存粮食、柴草，由此足见这一恶习危害之烈及对清代羌族社会生活"渗透面"的深广。清代，在藏族、傈僳族、彝族、黎族和壮族等民族中，都程度不同地保留着械斗的恶俗。

一　少数民族地区的械斗与复仇

其一，藏族。清人余庆远的《维西闻见录》载称，云南纳西地区的藏族"其性强悍，偏执而难治，稍不如意，则纠党互斗，喇嘛排解之乃散。其受治于流官……流官至其地矫之，微不近情，辄鸣鼓聚众，执杖露刃而逐之"。《青海志略》卷二：记载居住在青海地区的藏族"每聚数十家为一'德哇'（即村庄之意），共举一多财善理事者为首领，举凡争讼、行政之事，皆听其处理。苟有杀一外族人，或劫事他人财富者，全德哇皆秘之。事泄，初则不认，继乃双方议定一地，名赌牛羊若干，煎沸油一锅，置斧其中，使嫌疑者赤手捞出。手不伤则冤，原告以牛羊偿之；手伤则实，被先倍牛羊偿之。然后，另议偿命或还赃之办法。惟此项损失，必由全德哇分担之，不由犯者自负。全德哇虽累贫，然亦不怨此人，盖以其为人勇敢，而全德哇均蒙其荣也"②。"番人最重复仇，命案虽经罚服，而子孙报复相寻，数世不休。苟得手刃仇人，虽焚身碎骨亦所甘愿，否则为邻里所不齿……推之，甲村杀乙村之人，乙村之人皆有复仇义务焉。"

其二，傈僳族。乾隆《丽江府志略》上卷《官师略·附种人》载称，傈僳族"有熟生二种，佩弩带刀，虽寝息不离"。"一语不投，即持刀相向，俗将仇杀。"余庆远《维西闻见录》记载，傈僳族"触忿则弩刃俱发，著毒矢处，肉辄

---

① 《新唐书》卷二百二十一上《西域上·党项》。
② 《方志民俗资料·西北卷》，第267页。

自执刀刲去。性刚狠嗜杀"。光绪《云龙州志》卷六说，该属傈僳族"利刀强弩不离其身，骨肉有隙，即仇杀不休"。

其三，彝族。对彝族的械斗习俗，明万历《云南通志》卷二"临安府"引《旧志》说，"近郡之夷名乌鸞、母鸡、卜喇、些彭等蛮杂处；藏匿山林，惟事剽掠……一言不合，引刃仇杀，死则以财物偿之"。康熙《蒙自县志》卷三记载，此地黑彝，"居必负险，出入挟弓矢"。"小隙则数世必报……好战轻生。"《广西府志》称，此地彝族，"以死为勇，好猎"。《云南府志》引《清职贡图》说："母鸡，临安、开化二府皆有此种。俗好斗，佩刀负弩。"乾倮倮"好勇善斗，杀人偿之以财"。居住楚雄、姚安、永宁和罗次等地的"罗婆"，"腰刀长枪，行住不释，嗜酒酗斗"，"犷诈好讼"①。

其四，壮族。对清代壮族的复仇械斗风尚，《小方壶舆地丛钞》第八帙记载，壮族"本类相仇，纤芥不已，虽累世必复。误杀者以牛畜不尝（偿），或数头牛至百头牛，曰人头钱"。又称，"报仇相杀，必食其肉，披其面而笼之"。清人王言纪修《白山司志》说："从前土人好仇杀，睚眦之怨，报复不已。"②清人王锦总修《柳州府志》载称，柳城县的壮族"尚鬼信卜，好杀易仇，则结习未除"；来宾县，"远乡皆壮人……寻仇好杀轻命，迩来渐觉驯良，然其风未尽泯也"。《天河县志》说："民性轻悍，风俗犷戾，常持兵器，礼异俗殊。""其俗惟鲁者，半犷悍者，半威不能制，恩亦不解结，兼之兵燹频仍，饥馑荐告，为长吏者，军族钱粮，日仰屋之不给，遑问学校有无哉。"③《荔浦县志》记载："荔邑去郡七十里，环堵万山，民壮杂处，风俗之浇漓，人情之枭薄，穿窬走险，无分劳逸，追膻逐臭，岂在豫贫，加以怀挟雠仇，冥顽梗化，惟在守土者有以振起移易之耳。""咸亨里，古皆民村，后被杀绝，悉属壮类。沃野良田，僭据己人。其出入必执弩刀，虽睚眦必相击，以为快。稍冤抑则植树于家，以誓必报，彼此相寻，数世不解，知往常礼法者，是在渐而化之。"④《永福县志》卷三说，壮族"有不平则椎牛纠众仇杀，数年不解，刻木通信，事迫用火灼之，以示急"。

其五，黎族。黎族的械杀复仇习俗，按内容可分为两类：一是凡亲属或本氏族成员被害之仇必报而后止。这是血族复仇制的典型表现之一。康熙《陵水县志·海黎志》说："重报仇，有杀其父祖及乡人者，易世必复。"道光《琼州府志·黎情》卷十二记载："俗重复仇，有杀其父祖及乡人者，累世必图报复。"

---

① 《云南方志民族民俗资料琐编》，第1—20页。
② 《壮族历代史料荟萃》，广西民族出版社1986年版，第167页。
③ 同上书，第195页。
④ 同上书，第239页。

二是血族复仇的整个过程。对此,屈大均《广东新语》卷七《人语》条载:"其俗最重复仇,名'算头债',然不为掩袭计。先期椎牛会众,取竹箭三,刃其干,誓而祭之,遣人赍此矢告仇,辞曰:某日某时相报,幸利刃锻矛以待。仇者谋于同里,亦椎牛誓众,如期约,两阵相当,此一矢来,彼一矢往,必毙其一而后已。或曲在此,曲者之妻于阵前横过,呼曰:吾夫之祖父负汝,勿毙吾夫,宁毙我可也。其直者妻即呼其夫曰:彼妻贤良如是,可解斗,亦即释焉,如已报矣。若力微不能敌,则率同里避之。报者至,见无人相抗,即焚其茅筚曰,是俱我也,可以雪吾先人耻矣。凯还,不再出。"从这段文字描述可知,屈氏所记有三点是值得注意的,一是复仇名"算头债",当系指索取对方头颅、性命抵债之意;二是复仇堂堂正正,事前通知对方,不搞突然袭击,颇与西方决斗的骑士风度相类;三是解仇之法,除决战沙场外,也可由曲方之妻求和或逃避以示弱而罢休。关于妇女在仇杀中能起特殊的和解作用的例证,在光绪《临高县志·黎岐》卷十五中也有记载:"其自仇杀,至不可能,惟两家妇出而劝之,则各倒戈输服,其性然也。"这当与母权制遗习有关[①]。

透过以上记述,不难看出,清代少数民族地区的复仇械斗,有如下特点:其一,少数民族地区的复仇械斗,可分为族内或族外;同一地区或跨地区械斗活动两种。其二,少数民族的复仇械斗活动一般都在白天,由男子进行。械斗双方,其男性成员,不论老幼均系杀戮伤害对象。其三,在少数民族的复仇械斗活动中,妇女成员一般不受侵犯,她们有担任后勤、护理和调停双方械斗之权。即使双方械斗还在激烈进行,只要一方的妇女奔临阵地,挥裙高呼息械,则械斗往往即行停止。其四,不同民族和地区间的械斗,其规模较大,且多采取突然袭击手段。在械斗活动中,双方封锁道路、截断水源、肆行抢掠、格杀,从而对社会生产和正常社会生活的进行造成极大的破坏和影响;而且往往因持续时间甚长,其危害也更剧更烈。

二 闽粤地区的民间械斗

迄清代,中国已有数千年的文明史。闽粤二省虽然开发较迟,但也早已不是荒蛮之地,而是文化最为发达之区,令人奇怪与费解的是,清代此二省却是民间乡族械斗最为激烈的地方。正如《东塾集》卷五,江南道监御史梁君传所说,"臣闻械斗之风莫盛于福建漳、泉、台湾、广东潮州、嘉应及广东府属之东莞、新安"。《道咸宦海见闻录》说:"漳州毗连粤省潮州、本省泉州,风气大略相仿,其俗专以械斗为强,而龙溪、漳浦、云霄三属为尤甚。大姓则立红旗,

---

① 吴永章:《黎族史》,广东人民出版社1997年版,第430页。

小姓则植白旗，掳人勒赎，纠众残杀，习以为常。此风起于明永乐年间，相寻干戈，至今愈烈。"① 若就清代闽粤民间参加械斗的族姓而言，当官最多的家族卷入械斗最深；再就械斗的策划者来说，他们大都是各族的生员，是宗族中最具有封建文化的时代"精英"者们，然却最为热衷于乡族械斗。结果，文明与野蛮在这块土地上呈现出最不协调的统一；流血与械斗所绘制出的却是一幅幅色彩斑驳、凋零破败的"历史图画"。

（一）闽粤民间械斗产生的原因

清代，闽粤民间械斗，究其争端与诱因，有如下几个方面：其一，为争夺沙田；其二，为争地租；其三，双方为争夺水资源；其四，为争风水宝地；其五，为争迎神赛会。此外，双方如争夺蒸尝田、赛龙舟；争夺码头、渡口；争夺墟市管理权，争夺搬运权，乃至为口角细故，儿童拾粪摘果，妇女捡柴拾禾等，都有可能引发一场场数千人的械斗和流血冲突。那么，导致清代闽粤乡族械斗的根本原因究竟是什么呢？对此，有的学者试图从闽粤二地的特殊人文地理环境和人的气质的差异，来解释闽粤乡村械斗的原因。清代学者赵翼说道："闽中漳、泉风俗多好尚气。凡科第官阀及旌表节孝之类，必建石坊于通衢。泉州城外，至有数百坊，高下大小骈列半里许。市街绰楔，更无论也。葬坟亦必有穹碑，或距孔道数里，则不立墓而立道旁，欲使人见也。民多聚族而居。两姓或以事相争，往往纠众械斗，必毙数命。当其斗时，虽翁婿、甥舅不相顾也。事毕，则亲串仍往来如故，谓斗者公事，往来者私情，两不相悖云。"② 可见，清代闽人把家族荣誉放在至高无上的地位，为此不惜一切代价。正由于民风尚气好斗，一有争端，相持双方谁也不肯让步妥协，因而一切冲突只得诉诸武力解决。可是，清代闽粤地区人民为何会造就这样的气质呢？是什么样的环境迫使他们养成这种习尚呢？这却有着深刻的历史原因和社会经济、文化的背景。

清代，闽粤社会的重大变化之一是人口剧增，生存竞争日趋激烈。然而，耕地扩大与增加的速度却大大落后于人口繁殖的速度，致使清代闽粤二省人民，生计日益困窘。《泉州府志》载称，这一地区由于人口剧增"生齿日繁，山穷于樵采，泽竭于罟网"，"即晴雨应时，十分收成，亦不敷本地半年食用"。广东的澄海县地区，由于人多地少，农业收成"纵大有年，不足供三粮"③。广州府的粮价，因粮食供不应求而急剧上涨，"国初至雍正末年，谷价平贱，每官石价不达壹两，或八九钱，今则贵至三倍"④。生存环境与条件的恶化，导致生存竞争

---

① 张集馨：《道咸宦海见闻录》，中华书局1981年版，第61页。
② 赵翼：《檐曝杂记》卷四，《闽俗好勇》。
③ 乾隆《澄海县志》卷十九。
④ 龙廷槐：《敬学轩文集》卷一。

日渐激化，土地等生产资料成为人们争夺的对象。同时，由于人口剧增，"耕商工贾之事，不足以养之"，闽粤二省出现大量游民，他们无正当的谋生手段，从而成为社会动荡的根源之一，致使阶级矛盾与斗争日趋加剧。伴之而来的是，闽粤的社会阶级结构和社会组织方面也发生相应的巨变，其中最大的变化是乡族组织的发展、军事化的加剧，以及官府对地方控制力的减弱，使控制能力既松散又软弱。在这种特定的社会和历史背景下，既然官府无法解决日趋尖锐和激化的社会矛盾，人们便不得不把希望寄托于乡族组织身上。在当时，对于地主阶级来说，要在混乱的社会中确保自己的生存和超经济强权的实现，无非有三方式，一是依靠封建国家保护；二是蓄养家奴；三是依靠乡族势力。对闽粤地主来讲，第一、二种方式显然行不通，只剩下第三种方式，即借助于乡族势力这一招。而此时的闽粤强宗大姓已基本上垄断和控制着这一地区的政治大权，成为左右地方的一股强大恶流，正如《皇朝经世文编》所称，"漳俗族姓大小强弱之分最明，小役大，弱役强，由来已久。缙绅之强大者，平素指挥其族人，皆如奴隶"；"愚民不知畏官，惟畏若辈，莫不听其驱使"。张集馨说："内地漳、泉、兴、永，民风蛮悍，械斗习以为常，数百年来斗风未熄。建、延、汀、郡，跬步皆山，盗贼渊薮。福州省会，素称人文，惟绅士把持政务。南台华夷杂处，未易治也。"① 因此，地主阶级完全可以凭借"族权"这一特定条件的强大宗法权力，来达到和实现超经济强权统治。再就清代闽粤地区的农民而言，他们多是个体生产者与小私有者，生产方式分散落后，囿于所见所闻，很难寻觅和觉悟自身贫困的真正原因，因而往往把贫困的原因归结于部分人身上。所以，他们十分轻信血缘关系的"神圣性"、深信宗法制宣传中的拯救贫穷的原则和谎言，从而寄希望在宗族中解决生存问题；在与外族地主的斗争中，并将依靠乡族力量的支持，作为自身的后盾。此外，闽粤地区的商工为了在激烈的竞争中站住脚，工商业者同样需要联合与组织。明清时代，工商业阶层在各大城市都组织了以同乡关系为核心的行会，这些行会以崇尚和依靠乡族关系为基础，又进一步强化和加强了当地的宗族组织。

由于清代闽粤地区社会各阶层都欢迎乡族组织，并又企图假手和借助这一组织实现自身的目的，于是，各类社会矛盾便都转化为乡族之间的矛盾。然而，各乡族组织其势力又有大有小，十分不平衡；同时，乡组织本身不能也不可能从根本上解决诸多已经存在的矛盾和问题。这样，为了争夺地区的政治、经济和宗族的统治权，扩充自己的势力；各乡族组织不得不诉诸武力。所以，乡族间的矛盾，便直接激酿为连绵不断的乡族械斗，彼此都为着自己的生存而战。

---

① 张集馨：《道咸宦海见闻录》，第274页

清人说:"其先由于控诉到官,不能伸理,遂自相报。彼杀其父,此杀其兄,并迁怒杀其同社,以致结成不解之仇。订日互斗,大姓则合族相帮,小姓则合帮相助,本村壮丁不足,则于外间招募,总以必死为能。凡出斗者,妻孥喜笑相送,不望生还。或父子二人,父受大姓雇募,子受小姓雇募,及到临场,父子各忠所事,若不相识。每受雇者死一人,则雇者给洋银三十元,祠堂设立忠勇牌位,妻孥俱有养赡。"① 进而使得闽粤人不得不具有剽悍好战的性格,不得不常常以流血的方式,来捍卫各自的生存权利。

(二) 闽粤民间械斗的规模与影响

对清代闽粤地区民间械斗的规模和影响,清代陈徽言在《南越游记》一书中写道:"闽之滨海漳、泉数郡人,性皆重财轻生,剽悍好斗。潮地接壤,年久亦染此习。心剑、棒、弓、刀、藤牌、火铳诸器,家各有之。少不合意,纠众相角,戾夫一呼,从者如蚁。将斗,列兵家祠,所姓宗长率族属男妇群诣祖堂。椎牛告奠,歃血痛饮,大呼而出。两阵既对,矢石雨下,已而欢哗如雷,胜者为荣。"此时,胜者乘胜追击,以掠夺对方财产为目的。"彼村所有米谷赀财尽行席卷,搜利既罄,并将房屋一炬焚烧,且毁弃尸身,扬灭形迹,荼毒之惨,所不忍言。"② 致使每场械斗死伤累累,如"南安三十都大姓李氏众数千与三十五都杂姓数千人大斗,互杀四十余人,或曰死三百多人"③。在一些械斗频繁的地区,双方死伤更为惨重。正因如此,道光时,姚莹在论述福建龙溪县地区民间的械斗时指出:"尔者古县之郑姓杂姓五十余社,械斗于南,天宝之陈姓及杂姓七十余社械斗于西,田里之伍姓及供岱之施姓械斗于东,归德之邹姓与苏郭等姓械斗于北,西北则乌头门之詹陈等姓,东北则鳌浦扶摇之吴杨等姓,浦南芹里之梁宋钟林等姓,半山龙架坂之杨林等姓,金沙银塘之陈赵等姓,东南则官田宅前之吴杨等姓,各社接连大者数十,小者十余命,频年以来,仇怨相寻,杀夺不已。""一日之中或十余,一岁之内伏尸盈千,剖腹刳肠,莫形凶惨,四郊近地,皆为战场。"④ 民间械斗格杀的结果,不但双方人员付出生命的代价,财产遭受重大损失,而且对当地的社会经济也造成巨大的破坏,甚至带来无可弥补、无法挽回的惨重损失。清初,福建漳州的城市商业和经济非常繁荣,史称,"漳州郡城与厦门对峙,该地绅士富户半系贩洋为生,较之他郡尤为殷实,而城市繁华,胜于省会"⑤。可是,后来却由于民间盛行械斗的缘故,致使繁华

---

① 张集馨:《道咸宦海见闻录》,第 61—62 页。
② 《皇朝经世文编》卷二十三。
③ 陈寿祺:《左海文集》卷三,《治南狱事录》。
④ 姚莹:《东溟文集》卷四。
⑤ 档案,《宫中档·乾隆奏折》第一辑,中国第一历史档案馆藏。

的好景不长，社会经济与城乡商业渐趋萎缩、萧条，以致使"古称繁富之区，而比来人物凋蔽，商贾萧条，元气大亏，疮痍满目"①。结果，好端端的繁华景象葬送在民间械斗的刀光剑影、血雨腥风中了。这恰似：好花不常开，好景不再来；械斗格杀岁岁有，复仇声声入梦来。令人既可悲又可叹，更可惜。

清代，正是由于清朝封建官僚机构的腐败，无力有效地解决闽粤地区长期遗积下来的诸多社会矛盾和问题，从而使这些社会矛盾转化为以乡族之间的矛盾形式表现出来，并进而激化为民间乡族械斗。于是，在具有数千年文明史的中国沿海地区，爆发了最为野蛮的民间械斗和格杀，这是中国的不幸，更是历史与时代的大不幸。因为，无数血的事实告诉人们，民间乡族械斗实是一种慢性的战争；每场械斗死亡人数虽有限，但其长久性的损失结果，却是任何战争所不能比拟的；而且，两姓间的械斗，常常会延续数代人数百年之久，因而它对社会生产、经济、文化、社会生活的破坏，就其程度和规模而言，却并不亚于一场规模巨大的战争和浩劫。闽粤原本是中国商品经济较为发达的区域之一，可是好景不长，昙花一现，究其原因，则与民间乡族械斗，消耗当地财富、人力、物力，因而影响商业资本的积累有着必然的、内在的联系。基于此，历史告诫人们，清代闽粤地区民间盛行的乡族械斗，是一种诉诸武力解决人际矛盾最为野蛮的行径；为着解决生产资料、生活资料、财产与权力的重新再分配问题，竟沿袭和使用了原始社会中早已成为历史陈迹的"血亲复仇"、"血亲仇杀"等残忍手段。因此，这种历史的倒退行为，实是人类无力有效约束自己的表现；同时，它也是清代封建社会发展过程中，不可逆转的恶流、浊流之一，更是清人社会"变态心理"在社会生活中的真实流露和恶性发展，是有清一代畸形社会生活的重要"典型"之一，是历史时代的"怪胎"②。

---

① 姚莹：《东溟文集》卷四。
② 徐晓望：《试论清代闽粤乡族械斗》，载《学术研究》1989年第5期。

第十四章
社会组织与社会生活

清代社会组织（含宗族组织、家庭组织、会社组织等），是指在一定范围内生活的人群，通过血缘、地缘、业缘等因素，逐步建立起来的有序的社会单元。在社会生活范畴中，宗族、家庭、会社等，都是由民间自身形成的社会组织形式。它们按照不同的组织原则构成具体的组织形态，进而通过丰富有序的社会活动，表现出各自独特的组织特征。清朝统治者继续奉行封建礼教传统，将封建伦理道德作为规范社会成员的行为准则与思想规范，在此基础上，与封建等级秩序相适应的民间社会组织，在相当大程度上仍保持着封闭保守的特点，像宗族、家庭这些打着深刻的封建烙印的社会基层组织，作为封建国家政权的补充，在民间以其特有的渗透力发挥着整合社会的重要功能与作用，成为维系社会秩序不容忽视的基层力量。特别是清中叶以后，社会动荡日益加剧，宗族组织进一步强化，在长江以南地区宗族组织的发展尤为引人注目。清代商品经济的发展繁荣，也对封建社会的政治经济体系构成了前所未有的冲击，促使民间其他形式的社会群体组织发生了相应的变化，如一批具有行会性质的商人会馆在清代表现得十分活跃。同时，剧烈的社会动荡也造成社会组织形式异常丰富的格局，有清一代，民间结社现象风起云涌，在一定程度上促发了近代会党社团的出现，所有这些从不同方面影响着社会生活发展的总体风貌。

第一节　宗族组织与宗法活动

宗族是在血缘基础上，由信奉共同祖先聚落而居的后裔子孙，按照伦常等级观念组成的一种社会组织形式。中国封建社会是在宗法制的基础上建立起来的社会形态，封建帝王实行家天下的统治模式，导致宗法血缘关系在中国政治与社会生活中占据主导地位。在传统社会中，宗族有着特殊意义，宋代以后，基层社会的宗族组织趋于活跃，明清时期，聚族而居构成了宗族组织的主要形态。清朝统治者奉行崇儒重道的基本国策，康熙初颁布了以"文教是先"为核心的十六条治国纲领，即所谓的"圣谕十六条"，其中前两条记载："敦孝悌以重人伦，笃宗族以昭雍睦"，大力提倡孝悌和睦族，反映出统治者对宗族作用的高度重视，将宗族建设与孝治政策有机结合起来。清中叶以后，社会人口激增，社会动荡加剧，为有效维护社会稳定，统治者更加倚重宗族势力来加强封建统治，客观上又促使宗族组织更加成熟，宗族观念更加浓厚。至清末，自给自足的传统社会经济结构被全面分解，宗族从组织到形式迅速走向衰落，宗族观念和意识不断弱化，两千多年来中国基层社会组织中最具典型特征的宗族制度伴随着封建王权的终结，产生了前所未有的蜕变。

一　宗族组织与管理

宗族组织的基本特征是以血缘关系为联结纽带，一个宗族经过不断的代际赓续，血缘亲疏关系日趋复杂，因此，人们通常将同一父系的诸子按房分的形式单立出来，依照相同的原则，房分之下继续出现子房分，这样，原有的大房分便顺理成章成为宗族的支派，一个宗族通过房分建立起完整的宗族结构。作为同宗之下血脉分支的房系，组织成员一般按高祖以下的五服亲属为主要对象。每个宗族的族谱记载本宗源流时，按照房分脉系分别制作世系图表，如光绪三十一年（1905）修撰的江苏《吴郡程氏支谱》中，先列新安正宗世系图，次列吴郡本支世系图，然后才是蓁轩公房、墨林公房、万庭公房、振苞公房、悝斋公房五房分支世系图。同治十二年（1873）修撰的同治《余姚朱氏宗谱》中，卷首先列世系，推朱美甫为迁姚始祖，累居冠珮，至五世永平公为一本显祖，生三子，衍为三大支：长端一公世居冠珮，次端二公迁居龙山之前，季端三公迁居龙山之后。其中"惟端二公后裔建立祠宇于龙山之麓"，故《山前宗支》称："山前自端二公单传三代，至义甫公，生三子：长仲远公，无后；次仲达公，为大宗；三仲文公，为小宗。仲达公生德辰公，为宗；次子德恭公、三子德让公，与仲文公之子德敬公俱为支。"复次，开列自端二公以下六支与端三公以下一支共七大房的分支情况。族谱通过对宗支派系的详细记载，可以清楚地呈现出各个宗族在组织发展规模上的具体状况。

宗族内部的管理是一项重要内容。清代宗族的管理措施更为完善，大多数宗族设有较为系统的职事人员，负责解决宗族内部的具体事务以及处理族际间的利益纷争。宗族的管理一般以族长为首，族长又有族首、族正、族总、宗长等不同称法。同治十一年（1872）修撰的江苏《云阳郑氏宗谱·家规》称："族必有长，分所定也，且以示有尊也。一族之中凡有是非曲直之事，先禀族长，听其处分。"族长也可设正、副两职，光绪七年（1881）修撰的江苏《新河徐氏宗谱》规定："设立族长正、副，弹压族人，为法至善。"大的宗族除族长外，还有分支长、房长等职。清代有的宗族过于庞大，族长之上甚至还要设总祠，以综理诸务，清人刘献廷《广阳杂记》记载，镇江赵氏宗族竟有二万余丁，设有"总祠一人，族长八人职之。举族人之聪明正直者四人，为评事；复有职勾摄行杖之役者，亦八人"[①]。由此可见，宗族内部依据血缘关系分出各支、各房等宗支派系，形成了族长、支长、房长等一系列完整有序的执掌宗族事务的管理者，从而构成了严密的宗族组织系统，借此维护宗族的利益。有的宗族在设立族长的同时，还辅设宗士、宗相等职，地位与族长不相上下，如《姚江蒲塘徐氏续修宗谱》载录了宗长、家相、宗士三种职事，其中宗长的职权相当于族长。又有立祠正之职以制约族长者，光绪三十年（1904）修撰的江苏《锡山匡氏宗谱·宗规》称："族长以行齿序板定不易，未必尽属贤明，故须择中立正直、处事公平者一人，公举为祠正，以辅相之。倘宗有事，禀诉族长，祠正会集族众于祠从公处分，不可扶私妄断，以伤族谊。"

族长、支长、房长各职多由公众推举。清代族长产生后，还要到官府备案。宗族机构中各职事者的任期也有一定的期限，大体上数年一届，其中族长之职率由祖辈中嫡长者或最有权威者担任。光绪十三年（1877）修撰的江苏《维扬大桥镇徐氏族谱》称："选举族长，务于第一宗派班，辈内不论年岁长幼，以贤而有德者为主。"同治《余姚朱氏宗谱·一本堂旧立规条》称："所重宗长与房长，虽不以德以材，而一人为一族一房之领袖，子姓之瞻仰，何可不慎择其人

---

① 刘献廷：《广阳杂记》卷四，中华书局1957年版。

以奉之。"不少族规明确规定,族长等人如有不称职者,应由族众集议申责或罢免。《新河徐氏宗谱》称:"吾族因住居星散,一二正、副难以周查,各分归公正分长整饬。若族长委靡昏聩,任少不更事之人播弄颠倒,则通族集祠议事,不必经由族长,听各房公正分长,主持以资弹压。"

二 宗族观念与族规家法

宗族是中国基层社会的缩影,以尊祖、敬宗、睦族为特征的宗族制度,在有效保障族众的精神联系与经济依赖的同时,也产生了一系列与之相适应的宗族观念。人们对于宗族社会所形成的各种观念通过代际相继的方式积累传承,作为精神遗产被宗族内部的成员广泛接受。为保证族众能够在日常生活中恪遵这些观念,宗族大多根据本族的传统,制定相应的族规家法,强化宗族观念的维系功能,以保障宗族社会的公共秩序与共同利益。因此,这些族规家法成为宗族观念的重要载体,它们是规范族众行为的基本准则,又是协调宗族内部人际关系、处理族众之间利益纠纷的重要依据。清代族谱中有关族规家法的内容是其重点,尤其是清中期以后,订立族规家法的现象达到高潮,反映了宗族观念受到基层社会的进一步重视。

中国古代始终将祖先作为宗族、家族血统的象征,尊祖在封建礼教思想体系中占有极其重要的地位,对血缘关系的高度重视决定了宗族观念的核心是注重传宗接代的宗祧意识。光绪七年(1881)修撰的江苏《苏州吴县湖头钱氏宗谱·谱例》称:"宗族承祀者,必推本宗该继子承之,此乃昭穆相应,礼之大体。"为维护宗族血缘的纯正性,严禁异姓乱宗行为。嘉庆九年(1804)修撰的浙江《湖山黄氏宗谱·凡例》称:"承接宗祧乃人生大事,故凡无子者必由亲及疏,按次推继。抱他姓之子,即为异姓乱宗,礼所不许。"对于违犯者,不但不能入谱,族长还可以报官究责。嘉庆十六年(1811)修撰的江苏《孙氏族谱》称:"长子不得为人后,及本族之子不得出继与外姓为嗣……倘有出继而本祖礼祠,即当归宗续祀。若贪产业,不肯归宗者,是忘本也。族众当鸣官惩究,必令归宗。"至于无子家庭,必须从族内人员中择子过继,以延宗续脉。《大清律例》规定:"无子者,许令同宗昭穆相当之侄承继,先尽同父周亲,次及大功、小功、缌麻。如俱无,方许择立远房及同姓为嗣。"① 立嗣时要订立正式的过继文书,来确定其地位的合法性。

宗法尊卑高下等级是宗族观念的又一项重要内容。封建律法始终强调宗亲原则,《大清律例》所订"十恶"中即有"不睦"一条,清人沈之奇作注云:

---

① 《大清律例》卷八,《户役·立嫡子违法》。

"此条皆亲属相犯，为九族不相协和，故曰'不睦'。卑幼犯上则重，尊长犯下则轻。"[1] 反映出封建律法对封建尊长的权威与特权的刻意维护。因此，在宗族社会中，每个人都必须依据所处的伦常地位来确立其尊卑关系，而别长幼、睦宗族由此成为族规家法中的核心重要内容。

在以宗法制度为标志的中国封建社会，道德约束是维系社会稳定的重要手段。同样，被封建礼法严密控制的宗族社会，不可避免地要以封建纲常名教作为制定族规家法的思想依据，从而表现出浓厚的封建礼教色彩。同治《余姚朱氏宗谱》引述《一本堂前代宗规》时云："重孝悌以敦根本，饬典礼以笃尊亲，敬长上以厚伦纪，和宗党以息争竞，严职业以端品行，辨嫡庶以正名分，慎嫁娶安婚配，禁强暴以尚礼义。"光绪二十年（1894）修撰的湖南《朱氏通谱》卷首《族规》称："族之有规，所以维人心，厚风俗，亦所以固族谊敢。"并且开列了展祠基、重谱牒、睦宗族、慎立嗣、供赋役、息争讼、肃闺门、辨族类、正名分、遵族约诸项内容。大多数的家法族规无不以宣扬封建伦理道德思想和崇尚尊亲雍睦的封建等级制度为基本内容，它们虽都不同程度强调族众有敦睦宗族的职责，但实际上无非是企图以宗族观念最大限度规范和约束人们的思想与行为，达到所谓教化风俗人心的目的，使其成为切实有效的统治工具之一。

三 祠堂、宗谱与族田管理

祠堂、宗谱与族田作为宗族组织的基本设施，代表了明中叶以来宗族制度发展的主要内容。它们彼此之间相互联系，又各有侧重，在不同范围内，表现出各自独立的特征。雍正二年（1724），雍正帝在解释"圣谕十六条"的《圣谕广训》中，对"笃宗族"一条，提出了"立家庙以荐蒸尝，设家塾以课子弟，置义田以赡贫乏，修族谱以联疏远"的具体措施。由于统治者的大力提倡，基层社会中建祠祭祖，修谱联宗，置办族田等活动蔚然成风，清代的宗族制度因而达到相对完善的地步。

其一，祠堂与管理。

祠堂，又称宗庙，是宗族内部人员供奉祖先、聚会议事的重要场所。明中叶后，政府允许庶民修祠祭祀始祖，致使宗族建祠活动日趋兴盛，清代各地祠事更为风行，长江以南地区，出现了"聚族而居，族必有祠"[2] 的盛况。在广东，顺德人"以祠堂为重，大族祠至二三十区，其宏丽者费数百金"[3]；番禺一

---

[1] 沈之奇：《大清律辑注·大清律集解附例卷之一·十恶》，法律出版社2000年版。
[2] 李绂：《别籍异财议》，《清经世文编》卷五十九。
[3] 咸丰《顺德县志》卷三，《风俗》。

带"缙绅之家多建祠堂,以壮丽相高。每千人之族,祠数十所。小姓单宗族人,不满百户者,亦有祠数所"①。祠堂作为族众认同宗族血缘关系、维护宗族共同利益的重要手段,担负着"合爱同敬,尊祖睦宗"②的社会职能,成为宗族象征的核心载体,受到人们的普遍重视。

祠堂是宗族祭祖敬宗的活动中心,祠堂内供奉本族始祖,然后是始祖以下的祖先神位。《云阳郑氏宗谱·祠规》称:"一族必建宗祠,有基、有堂、有寝,古制然也。其法:始祖居上,以下考妣等神则以次而降。左考右妣,以次排列,位俱南向。"在大的宗族中,祠堂又有总祠与支祠之分,支祠供各分支分房祭祀。祭祀为族中大事,族众必须定期到祠堂祭祀祖先,一年中多在春、秋或春、冬举行大祭。同治九年(1870)修撰的浙江《慈水于溪章氏重修宗谱》称:"本祠每岁元旦一祭,清明一祭,冬至一祭。"《维扬大桥镇徐氏族谱·祠祭礼规》称:"按古礼,一岁四祭:岁朝也,清明也,中元也,冬至也。今四时之祭,久之复行。吾族祠祭每岁两次,春祭准于二月初十日、冬祭准于十一月初十日举行,风雨无阻。"同治元年(1862)修撰的江苏《秦塘万氏族谱·祠堂祭祀约规》称:"爱建宗祠,定以二祭。春(祭)则以清明后一日,秋祭则以冬至后一日。改秋为冬意者,谓……冬至为一阴来复之始,足以兆来叶之吉,其意至深且远,迄今数百年共相遵守。"每年的祭祀礼仪十分隆重,《姚江叶氏续谱·续定祠规》称:"清明、冬至祠祭,向例赞唱一人,中堂执事二人,读祝二人,昭穆执事四人,兼司鼓点,率以生监承值。届期辰刻,衣冠齐集祠内,次第进谒。"光绪年间修撰的江苏《晋陵陈氏续修宗谱·祠堂事宜》记载:"冬至致祭,合族人祭毕,饮福于享,堂东西两向,各昭行列,序坐尊行,不足以卑行补之。元旦谒祠拜节,族长率各分长,分长率各分子孙,齐集拜谒。"族中若有重要事情,也须入祠祀先祖,《慈水干溪章氏重修宗谱》规定:"后起衣衿,凡入泮、登第、出仕、荣升者,务须在祠祭祖,或戏剧,或笙吹,以申孝思。"

凡设立宗子之族由族长协助祭祀,而未设宗子的宗族由族长自行主持祭祀。光绪十八年(1892)修撰的安徽《茗洲吴氏家典·家规》称:"宗子上奉祖考,下壹宗族,当教之养之,使主祭祀。"祭祀期间,凡应与祭的族众必须参加,不得无故缺席,或有懈怠违礼的行为。《新河徐氏宗谱》称:"祭日以鼓乐三度为期,务须辰刻毕集,依序排班,行礼不得逾越子姓。"③光绪年间修撰的江苏《范氏宗谱》称:"支长为春、秋祭事……凡我各房裔孙,届期各备本等色服,

---

① 同治《番禺县志》卷六,《风俗》。
② 陈宏谋:《选举族正族约檄》,《清经世文编》卷五十八。
③ 光绪《新河徐氏案谱》卷一,《宗规》。

诣祠虔祭，遵照祖规，一体随班行礼，毋得紊越。"① 行祭前，还要由族长当众宣读族规、家训，有时包括皇帝圣谕，对族人进行封建伦理道德的教育宣传。

族中成年男性一般享有入祠祭祀先祖的权利。由于宗族是以血缘为纽带建立起来的一种特殊的社会基层组织，因此祭祀祖先无疑成为强化宗族团结，控制族人活动的重要手段，族规明文规定，每逢祭期，凡有过失者，不准入祠参与祭事。《晋陵陈氏续修宗谱·家规》规定："不（孝）顺父母，凌犯长上者，有伤伦理者，告知宗子、族长，严加扑责，以俟其改。如不改者，众告官司究治，不许入与祭；若能悔过从善者，待之如初。宿娼赌博，在街酗酒无赖，族长聚族人捉入祠内，谅事轻重，扑责记过一次，三犯不改，不许入祠。"

宗祠作为族产设有专人经管，光绪五年（1879）修撰的江苏《循理东万氏家乘》卷一《议祠·公举祠正》条称："各族祠正之设，所以管摄租息，及祠中一切经费与族中干犯不法事也。"又有《公举祠差》条称："族中凡有公事，须各分齐集。我族辽远者多难于遍及，公举心气和平，又善于奔走者二人，以便传知各分。" 光绪十年（1884）修撰的《宁乡熊氏续修族谱》规定：族祠设"总管一人，经管四人，须择老成殷实者为之。凡祠内钱租出入，及祭器、一切契约字据，交簿具领，不得遗漏。每年清算载簿，三年期满，交卸下手。倘有隐匿侵蚀等弊，公同处罚"。族规对祠堂日常管理也有详细规定《范氏宗谱·家规记》称："祠中既设仓厅，夏租秋麦、家伙物件，存贮堆积，不可胜计，看管者宜招外姓年老诚实、勤俭可靠者，托之看管。至于厅堂宾客所立神龛在焉，尤宜及时洒扫，刷抹桌椅，安置整齐，拂去尘秽，芟除庭草，如子孙有事借用台凳等物，看祠者记明，待其事毕，即行归取，勿得懒惰，以免久假不归之弊。"祠中既不准堆积柴薪农具什物，更不准在内赌博，唯读书会文不在禁止之列。祠中公物不得藏匿，亦不得私自借用。宗祠的维修，属族内事务，同治《余姚朱氏宗谱》申明："祠必十二年而一葺，所以尊先。宗祠自嘉靖壬戌（嘉靖四十一年，1562）改建以来，历今百有余载。初修于天启末年，再修于顺治戊子（顺治五年，1648），三修于康熙壬子（康熙十一年，1672），四修于癸酉（康熙三十二年，1693），五修于雍正乙巳（雍正三年，1725）。念缵承之不易，思创业之维艰，有志堂构之肯者，尚期善继善述，慎守于毋替也可。"可见，实际情况往往难以如愿。

祠堂又是族众聚会议事的重要场所，宗族内部如果出现利益纠纷或违法现象，祠堂还可以作为执行宗法族权的地方，族长、房长等在宗祠内主持裁决，族众则必须无条件服从，而且不能擅自向当地官府投诉，宗祠因此成为实际上

---

① 光绪十八年范棨照等修撰：《范氏宗谱·家祭仪制》。

的宗族法庭。据《广阳杂记》记载:"族人有讼,不鸣之官而鸣之祠。评事议之,族长判之,行杖者决之。有干名教、犯伦理者,缚而沈(沉)之江中以呈官。"① 可见,其司宗法、行族权、惩叛逆者的执行权,样样皆备,甚至还可将叛名教、犯伦理者,先行沉江、沉塘处决,然后再报官府。族权宗法不仅是清代民人头上的封建枷锁之一,而且是统治者维护封建伦理道德与统治秩序的重要"法治"武器之一。

其二,宗谱修纂与社会功能。

宗谱是指记载和反映宗族世系源流的簿籍,有族谱、家谱、家乘等多种名称。宗谱主要以文字形式记录本族先人肇迁繁衍脉络,反映分支状况以及本族成员历代勋业与宗族风尚等内容,是一个宗族全面而详细的历史档案,同时又是维系宗族血缘关系的主要纽带。支系繁多的宗族除总谱、通谱外,又有支谱、房谱等形式。康熙二十一年(1682)修撰的安徽《善和程氏支谱·凡例》载称:"谱自始迁善和祖仲繁公为一世,上溯始迁新安祖元谭公,以志所自来,下及本门七房,阅三十世,编次成谱。"没有直系血缘的同一姓氏在修谱时,又有所谓的统谱、会谱,光绪年间修撰的《章氏会谱·序》说道:"齐联福建、江西、两浙诸族,于世表外,著有郡县地望分支系图,于各族派别一览了然。"世系图表则有图式与表式两种形式。

作为宗族文化传承积累的重要载体,宗谱的内容反映出宗族组织的有序化程度。由于宗族不断衍化,族谱便有续修、补修、重修的实际需要。清代私家修谱十分盛行,有些宗族的家谱屡次续修、重修,以致有多达十余次者。咸丰十一年(1861)修撰的浙江《苎萝王氏宗谱》,始修于宋孝宗淳熙十年(1183),清以前凡九修,至咸丰十一年已为第十八次修谱。通过连续不断的修谱活动,一方面可以加强族众遵祖重本的宗族意识,另一方面,又能够达到敬宗收族,敦睦族众的社会效果,所谓"宗谱乃收族统宗之大典"②,"修谱所以收族,即所以敬宗"③。清人认为:"谱为收族之大纲",而"纂修弗慎,奚所凭以联族属,故编辑宜勤焉"④。有关宗谱修撰的期限规定各异,有人主张修谱宜勤,《秦塘万氏族谱·修谱系说》称:"谱系收世族、立宗子法,故必五年一修,十年再修,以继述先人之志。我万氏谱至今二十有九年未修,不为不久。"大体来说,修谱以三十年为限。有人认为三十年时间太久,又有所谓墨修者,《朱氏通谱》记载:"人事至三十年盛衰生殁,当变不少,故必三十年刊修,十五年墨

---

① 刘献廷:《广阳杂记》卷四。
② 同治《慈水干溪章氏宗谱》,《族规》。
③ 光绪《姚江蒲塘徐氏续修宗族》,《宗范》。
④ 光绪《吴郡程氏支谱·序》。

修，庶几纪载可免遗失挂漏之虞。"然而，"族谱之修，工程浩大，用费殷繁"①，出于种种原因，即便是约定俗成的三十年修谱也往往难以贯彻。

族谱修纂编撰的体例至清代堪称完备，大体说来，举凡涉及宗族历史发展脉络的各个方面，包括序论凡例、恩荣诰敕、遗容像赞、仕宦科名、世系图谱、箴范彝训、家法族规、祠堂坟茔、族田义产、艺文著述、传记事略、史志碑铭、金石古迹、领谱字号等内容，都在修谱之列。《晋陵陈氏续修宗谱·凡例》载称："是谱约分八则，曰序、像、训、诰、爵、传、图、牒，于版口注明，以便披览。"并解释说，序为道原委，像为表仪范，训为规子性，诰为荣君恩，爵为启后昆，传为扬先志，图为别宗支，牒为明世次②。光绪年间修撰的江苏《毗陵贾氏宗谱·续修谱引》记载："家乘所载，析其分派，使继绪之有归；序其昭穆，使制服之有杀；书其字讳，以辨稽名；表其行谊，以显事业；纪其生卒，铭其殁葬，以备遗忘；叙其男女，别其婚姻，以防溃乱；出处显晦、爵秩崇卑、文章德行，具录不遗，以便稽考。"《同治余姚朱氏宗谱》称："综千百家分居散处之人，序其世次昭穆，详其讳号生卒，列其配娶墓茔，著其贤否隐显，使之相思以慕，相见以亲，相劝以备，相惩以改，共知为一本堂之裔，而时深其联属维持之意者，惟谱学之明乎！"可见族谱大多以封建伦理纲常为指导思想，尽可能表现其光宗耀祖的社会生活凝聚力的特定功能。

宗谱中所列族籍与个人的社会现实利益有密切关系，而出生是获取族籍最主要的途径，光绪二十年（1894）修撰的江苏《锡山邹氏家乘·凡例》记载："凡生子弥月，父母褓其子，请于舅姑，诣祠堂告诸祖宗曰：'第几子某，生一孙，取名某。'即以所生年、月、日、时入某行，录于谱。"③光绪三十年修撰（1904）的江苏《锡山匡氏宗谱·宗规》称："祠中设立簿籍，凡族内添丁，即入祠，书明世数，及生年、月、日于上，殁后奉主入祠，即书卒年、月、日于上，兼略叙生平行实数语，以便日后登谱。"甚至有"子孙在褓袍未命名者，姑就其乳名书之"④的做法。成年女性的族籍主要是通过婚姻的方式获得，但必须经过一定的仪式，光绪十年（1884）修撰的浙江《安昌徐氏宗谱》规定："婚嫁先期具一张纸，遍告族人，曰：第几男与某氏议婚，今择某月某日亲迎，谨告。遇春祀之日，率新妇拜祖宗，见尊长，领宗帖。"⑤经过特定的仪式后，新娶的女性才能得到宗族的认可，获得相应的族籍。对族籍的重视还是宗族对族人实

---

① 朱映圭纂修：《朱氏通谱》卷首，《新增凡例》。
② 张九成：光绪《毗陵贾氏宗谱·续修谱引》。
③ 费成康：《中国的家法族规·附录》，上海社会科学院出版社1998年版，第243页。
④ 乾隆五十八年修撰《洞庭东蔡宗谱》，康熙四十一年所订《例言》。
⑤ 钟敬文主编：《民俗学概论》，上海文艺出版社1998年版，第113页。

施惩戒和强化教育的重要方式。凡在族谱中立传者,多为本族有政绩的官者、有名望的乡绅、贞女节妇及有善举者,以此显示族望;而严重违犯族规者,将受到剥夺族籍的严厉惩罚。

鉴于族谱在清人社会生活中的特定血缘性纽带的实际功能与同姓共宗的宗族基因传承的重要作用,几乎所有族规都列有专门条款,强调族人必须慎重保存族谱,不得故意损毁和轻易示予外人,每年祭祖时,各宗支要携带所编发字号的原本,入祠检核。《孙氏族谱·富春孙姓丁岗族谱规例》称:"每于岁时节令,或闲暇之日,族之尊长率子侄,于家庭之内,或立月会于宗祠中聚观。溯核本源,申明规例,及入考始末。以别尊卑,兴揖让,明训诫,消邪傲,是谱乃挽回风化枢机。"《朱氏通谱·族规》称:"谱牒所载者,谐宗族祖父名讳,孝子顺孙目可得睹,口可得言,收藏贵密,保守贵久……如有鼠侵油污、磨坏字迹者,族长同族众禀告祖宗,量加惩戒。另择本房贤能子孙收管。登名于簿,以便稽查。"光绪二十六年(1900)修撰的江苏《义门郑氏家乘·重修义门宗谱续条例》规定:"收谱者须择族中小心谨慎之人,方许收藏。每年须展曝于夏日极热之中,展曝于秋阳燥烈之下。其展曝时,必时时看守,不可顷刻之或离值,至日晚收藏,而后必严敬慎重,不可亵视,恐有风雷之变,以防意外之虞也。"如果保管不善,族长有权将原谱收缴。咸丰四年(1854)修撰的湖南《刘氏续修宗谱》称:"领谱者各宜珍重,置柜收藏,毋得损坏。每年届冬至、清明二期,按号检验。倘有鼠食虫伤、遗漏及瞒买图肥等弊,追还原谱。"各房支领受宗谱时须严格按照领谱字号,同治八年(1869)修撰的《中湘陈氏族谱》卷首《凡例》称:"谱牒共计四十五册,壹册公存,其余任听各房领收,编立源远流长字号。"康熙三十九年(1700)修撰的江苏《郑氏大成宗谱》卷首《凡例》称:"分谱计各宗若干副,以千字文编为若干号,刊载谱后。如其字号系某处第几世孙,某领执挨号填实,副副皆然,宗宗照验……无号无印者,即是伪谱。"

其三,族田与管理。

族田是宗族内部公有财产的主要内容,也是宗族组织重要的经济基础。族产主要来源于富裕族人的捐赠和族众的共同置办,有的族规还规定族人为官捐纳一定的田产入祠的条例。族田承担着提供宗族内部包括祭祖敬宗活动在内的各项经济支出,又是宗族内部经济互助、赈济贫困的直接来源,堪称维系宗族组织的经济支柱,族田的经营成为保障宗族社会稳定的重要措施。族田形态各异,名称不一。从地区来看,江浙一带多称为义庄、义田;两广福建一带多称为尝田、尝业、尝租;江西、安徽一带多称为公堂田;两湖及其他地区多称为祠产、祀产、祭产、公匣等,以内容而别,又有祭田、墓田、蒸尝田、赡族田、义塾田等。清代地方宗族势力日益膨胀,大多数宗族都拥有数量不等的族田供族内调剂,这些族产被详细地载入谱簿,既可杜防有人霸管肥私,又能令后人谨依护守。

族田作为宗族的公产,原则上禁止典卖转让,并避免与本族内的人员发生租佃关系,因此族田招佃出租给外姓,同时族田的管理按房轮值和设专职经管两种办法,主管者一般称庄正、庄副,《陆氏葑门支谱》转引咸丰五年订正的《义庄条规》称:"掌庄由建庄本支后裔轮当。掌庄一人、稽庄两人、主奉一人。至掌庄、稽庄永远归建庄后裔。三房后各长房,每当三年,递相轮换承当。主奉则归建庄后裔之最长者,均世守勿替。"《吴郡程氏支谱·建立成训新庄序》称:"庄正,为一庄之主,建庄支下明达者为之。庄副,再择诚实公正者为之。支总,公举精明练达者为之,协力办理……庄内再请司事数人,概用外姓,经理庄务,听庄正、副择诚实者任之。"

在长江以南经济发展水平相对发达的地区,族田义庄的设置较为普遍。光绪二十年(1894)修撰的《光绪余姚朱氏宗谱》中《一本堂禀请题咨义庄规条》记载:"义庄一所,坐落邑治老西门内地方,系同治年间置地建造,中间大厅五间,左右正屋各一间,左右每边同屋各一间,仓屋各三间,前有大园,后面天井,余屋五间,东首前后墙门统归义庄管用。"至于经管庄事,设立司钱一人,由祠内公举,司事二人,由各房知事每年轮值。司账正、副各一人,由司钱、司事商请诚干之友,不准用族内人。雇工一人,由司账择用。两季收租添用司秤一人,司租二人,俱由司钱、司事商用。此外,收租、晒谷短工以及各项工匠,随时由司账与司事商用。其薪俸,除司钱、司事不支外,正、副司账并司秤、司租薪俸,及长工、短工、各工匠等工资,悉由司钱、司事随时公司酌给。族田收入除支付祭祀费用及日常事务性开支外,还要抽取一定数额用于宗族内部的福利事业,包括开办义学、提供应举资助、赡济贫老、救助孤寡等,在一定程度上有弥合缓解宗族内部矛盾的功效作用。

其四,宗族内部的经济生活和文化生活。

清代的宗族制度以维护宗族的整体利益为基本原则,宗族组织在宗族的经济生活、文化教育方面扮演着重要角色,在解决族际关系方面发挥着重要作用。首先,宗族内部的经济救助实施是宗族观念衍生法则的具体体现,而作为维系宗族共同生存的有效措施,宗族内部的赡恤周济之举,成为宗族内部最重要的经济活动之一。其次,通过这种有限的经济互助,族人生老病死之无助者以及弱势群体的某些利益得以保障,能使宗族内部的凝聚力得以进一步加强。

宗族恤济的对象为本族人员。清人章学诚在《庐江章氏义庄记》中载称:"岁时公家赋常先廪其谷若干,以周族之贫者、老废疾者、幼不能生者、寡不嫁者。皖其余谷,为钱若干缗,以佐族之女长不能嫁者、鳏不能娶妻者、学无养者、丧不能葬者。"① 恤济的规则十分详细,赡给方法有恤钱、恤米等不同形式。光绪《余姚朱氏宗谱·一本堂禀请题咨义庄规条》称:各房子姓有年至七十,极贫无靠者,按季给发至终身。房不孀妇,无论年齿老少,凡家实清贫,贞守苦节者,按季给发。其无子者,给至终身;如有子及继子可靠者,俟其子二十岁,冬季给发后停止。各房有少孤男孩,家贫不能存活者,按季给发,至年逾十六岁停给。各房下或有疲癃残疾,实难佣作,而又无可依靠者,最为可悯。不论男女老幼,验后给发。赡恤的时间为每年四季,每季孟月望日,鳏寡老独残疾每季每人议给制钱壹千陆百文,孤每季每人议给制钱捌百文。凡愿领庄费者,须由亲房禀明本支房长、知事,本人亲到宗祠验看,核实后,会同亲房出立保据,交司事注册,给予领折,以后每年春季验看一次,且不得使人持折代领。

在文化生活方面,大的宗族在每年的年节之际,照例出资举办迎神赛会、招班演戏得娱庆活动。如《吴郡岁华纪丽》记载苏州一带,每年二三月间,"值春和景明,里豪市侠,抬台旷野,醵钱演剧,男妇聚观,众人熙熙,如登春台,俗谓之'春台戏'"②。除此之外,教育是贯穿宗族文化生活的主要内容。有条件的宗族大多要置办学田,设立族学,在族内普及教育,以提高整个宗族的文化素质,同时为参加科考者提供费用,奖励考取功名者。《范氏宗谱·企虞公后五分家规记》规定:逐房子弟入小学,读四书者,每节束修七折钱五钱,经书每节八钱,一年六节,给至十六岁罢。子弟赴县试者,给考费七折钱二两四钱,府试四两,院试四两。入泮者,给喜银七折钱十两。岁科考二两四钱,乡试十千。中式三十两,会试中式各给五十两。钦照一百两。给而不赴试者,作不肖论。

族学经费大多来自义庄,又称义学,招生面向全体族人,强调从经济上资助贫苦子弟入学。有些宗族创办的义学,除招收族内贫寒子弟入学读书外,兼可惠及乡民子弟。《红楼梦》第九回描写贾府义学的情形时说:"原来这贾家之义学,离此也不甚远,不过一里之遥,原系始祖所立,恐族中子弟有贫穷不能请师者,即入此中肄业。凡族中有官爵之人,皆供给银两,按俸之多寡帮助为学中之费。特共举年高有德之人为塾掌,专为训课子弟。"③

---

① 《清经世文编》卷五十八。
② 袁景澜:《吴郡岁华纪丽》卷二,《春台戏》。
③ 曹雪芹:《红楼梦》,黄渡人校点,齐鲁书社1992年版,第60页。

第二节　家庭组织与生活礼仪

家庭是以血缘关系为基础,以婚姻形态为纽带建立起来的社会组织形式,是最基层的社会生产与生活单元之一。传统家庭表现为:同居共财、合爨会食、养老育小、举行家祭,承担多种实际功能的社会单元,犹如维系社会存在的细胞组织。清代,家庭组织一方面呈现出封建社会的固有特点,另一方面又因时势更替,表现出一定的蜕变趋势。

一　家庭结构及其演变

家庭结构系指组成家庭的成员在血缘关系与婚姻状态上的表现形式。家庭成员是组织家庭的核心因素,一般来说,由一对夫妇及其子女组成的家庭,称为核心家庭,这是最基本的家庭组织结构。中国自古有注重孝悌的传统,由两三代人组成家庭的现象十分普遍,这种由两代以上而且每代只有一对夫妇组成的家庭通常称为直系家庭,或称为"扩大家庭",人口数目多在五口上下。在清代核心家庭与直系家庭的数量明显占据主要位置,嘉庆十八年(1813)四月二十八日四川巴县紫金坊、灵壁坊烟册户口人丁统计表显示,其总户数为五百三十四,其中一至三口户数为一百八十一,四至六口户数为三百八十三,七口以上户数为二十[①]。此外,在直系家庭基础上,多个核心家庭同居共灶,出现同一代有两个以上的核心家庭,由此形成了复合家庭,其中规模庞大者可以称为家族家庭。乾隆年间湖南沅州人蒲宗瑾一家六世同居,其中第三代兄弟五人,第四代十七人,第五代四十一人,第六代六十人,总计一百二十余人,率由家长主持家政,所谓"秩以分,联以情,规条严饬,人无私财"[②]。这是一种典型的家族式家庭的反映,其内部不仅成员多,辈分多,而且为血亲关系。清人李绂称:"江州陈氏、青田陆氏,并以十世同居,载在史册。"[③] 这样的家庭虽不多

[①] 四川大学历史系等主编:《清代乾嘉道巴县档案选编》(下),四川大学出版社1996年版,第318页。
[②] 徐珂:《清稗类钞》第五册,《孝友类·蒲宗瑾六世同居》。
[③] 李绂:《别籍异财议》,《清经世文编》卷五十九。

见，却反映了传统家庭在组织结构上的特殊意义。

就全国范围而论，若干省份在乾隆时期，每户"户均人口规模"的变化状况，颇具代表意义。其一，乾隆初年时：直隶的"户均人口"为4.62口，河南为4.37口，云南为5.37口，贵州为5.15口，广西为3.97口，湖北为4.41口，湖南为5.22口，浙江为4.63口。其二，乾隆三十八年（1773）时，直隶的"户均人口"为4.80口，河南为4.55口，山西为5.98口，贵州为5.20口，广西为4.35口，云南为5.38口，贵州为5.20口，广西为4.35口，湖北为4.71口。其三，乾隆四十二年（1776）时：直隶的"户均人口"为4.88口，河南为4.96口，山西为5.86口，贵州为4.89口，广西为4.46口，湖北为4.70口，湖南为5.40口，浙江为4.92口。其四，乾隆末年时：直隶的"户均人口"为5.14口，河南为5.07口，山西为5.98口，贵州为4.84口，广西为5.40口，湖北为5.67口，湖南为5.66口，浙江为5.39口①。由此可知，与乾隆初年相比较，乾隆末年除贵州外，其他诸省的户均人口均有不同程度的增加，这与社会总人口的增长和社会经济的发展有着密切关联。从一般意义上而论，清代的"五口之家"多指自耕农、半自耕、半租佃农户；"八口之家"指较富裕自耕农、小地主之家。"十口之家"主体为富裕自耕农、中小地主家庭②。这表明，家庭规模大小与财产状况、经济实力、劳动力需求、家庭承载能力有密切关系。

传统家庭通常是同居共财的社会单元。明清以来，商品经济相对趋于繁荣，以父权为核心的封建家长制在一定程度上受到冲击，传统的等级关系遭遇挑战，宗法血缘关系有所松弛，社会上兄弟乃至父子之间分居析产的现象日益增多。顾炎武《日知录》记载："今之江南，犹多此俗。人家儿子娶妇，辄求分异。"③按照封建伦理思想，父母在而诸子分居析产，是有违传统道德习俗的行为，《大清律例》称："祖父母、父母在者，子孙不许分财异居。"④如有违犯者，杖一百。但这种现象难以禁止，又规定："其父母许令分析者，听。"对此，清人李绂的分析较切合实际，他说："凡累世居者，听。"对此，清人李绂的分析较切实际，他称："凡累世居者……必代有贤者，主持倡率，而后可行，否则财相竞，事相诿，俭者不复俭，而勤者不复勤，势不能以终日。反不如分居者，各惜其财，各勤其事，犹可以相持而不败也。"⑤分家析产时，大都要由族内尊亲主持订立契约，以为凭证。乾隆二十八年（1763）徽州张方述等兄弟三人订立

---

① 王跃生：《十八世纪中国婚姻家庭研究》一，法律出版社2000年版，第310—317页。
② 同上。
③ 顾炎武：《日知录集释》卷三十三，《分居》，花山文艺出版社1990年版。
④ 《大清律例》卷八，《户役·别籍异财议》。
⑤ 李绂：《别籍异财议》，《清经世文编》卷五十九。

的分家书云："立分单，张方述、方达、方逵。今凭房长公分，除当卖外，现存新老屋房间并园地，均匀搭配，令达兄弟三股阄分，各无异言，立此一样三张，各执一张，永远存照。"① 然后依次开列各项家产细目。清代法律实行诸子平分制度，所谓"分析家财、田产，不问妻妾婢生，止以子数均分"②。这样，父子、兄弟之间的分异析产也成为促使传统合产共居的家族型家庭比例大幅下降的一个直接原因。

二 家庭观念及其嬗递

家庭是社会的细胞，不过在中国封建社会，家庭又表现为宗法制度下的基本单元，家庭往往依附于宗族组织，若干家庭共同居住、生活，逐渐形成系统而庞大的宗族共同体，社会成员通过家庭的组织形式被纳入宗族群体范围之内。由于个体家庭纷纷被宗族组织所网络，家庭观念在很大程度上受到封建宗法道德的影响。

随着社会人口数量的不断增长，宗族规模的日益扩大，与之相适应，清中叶以后，族规、家法的制定十分盛行。这些族规、家法是封建礼教在社会基层生活中的充分展示，相比之下，家法更注重维护家庭关系的等级秩序，像孝悌观念堪称封建社会最重要的道德规范，而强制性的规范俨然赋予其以法的色彩。清统治者一方面注重维护封建家长的权威，所谓"一家之事，必由家长为主"③，"一家之产，皆统于家长"④；另一方面则不断强化封建礼教的宣传，通过旌表，鼓励忠孝节顺，致使孝悌观念十分盛行。《晋陵续修陈氏宗谱·家法》"节孝"条称："子孙有孝义者、子孙妇有贞节者，例应具呈详宪，给匾建坊，旌奖以昭鼓励。" 各种宗谱家乘，无不突出孝悌内容，《苎萝王氏宗谱·凡例》称："族中有孝友亲爱、表率风化者……必特书，所以彰善也。"《晋陵陈氏续修宗谱·家规》称："孝为百行之先……甚有不爱不敬，以至缺奉养而不顾者，其于礼多悖矣。初犯者导之以善言，令其悔悟；再犯者即以家法治之。"

在森严的封建等级制度下，妇女的地位十分低下，以男性为中心的封建家长制统治，从根本上剥夺和限制妇女所应享有的基本权利。广大妇女在家庭生活中既要遵循三从四德的封建道德标准，又要屈从于夫亡不嫁、持贞守节的封建伦理观念。明清时期，节妇烈女越来越多，清代每年上报礼部请求旌表者有数千人之众，誓死守贞全节者时有所闻。《清稗类钞》记载："苏州袁氏女许嫁

---

① 《徽州千年契约文书》卷一，花山文艺出版社1993年版，第344页。
② 《大清律例》卷八，《户役·卑幼私擅用财》。
③ 沈之奇：《大清律辑注》卷第四，《户役·脱漏户口》。
④ 沈之奇：《大清律辑注》卷第五，《田宅·欺隐田粮》。

吴氏子,未婚,而遇咸丰庚申(咸丰十年,1860),两家咸徙避。及乱定,女从父兄复还……而吴氏则人亡家破,仅存老妇,即女之姑也。女请于父,愿适吴氏,事孀姑。父不可,且谋别嫁之。女断发自誓,因亦不强也。同治甲戌(同治十三年,1874),有吴氏亲串自秦中归,言与吴氏子同被掠,展(辗)转至江西,吴于某年月日死。女闻大恸,谓父曰:'今日当从儿志矣,如不许,愿死之。'父不得已,乃以归诸吴。"① 贞烈之风,害人至深!

有些传统品德属于家庭观念的重要内容,这些品德虽然形式上属于封建道德的组成部分,但在一定程度上又不失为中华民族数千年来所积淀的优良品德。不少家法中规定的崇节俭、务读书、慎交游、毋赌博、戒淫邪等内容,对维护正常的家庭秩序,培养良好的人生价值观念,无不具有积极而重要的作用,即便在现代社会,仍显示出相当强的现实教化意义。

三 家庭生活礼仪

封建家礼是封建礼教的附属物,其核心以遵奉封建道德规范为基本要求,而详备于家法族规中的各种生活规范无疑是封建礼教繁文缛节的具体表现内容。

其一,尊敬师长是封建等级制度在家礼中的反映。《循理东万氏家乘·家训》"重尊长"条称:"伯叔兄长,无论亲疏,皆卑幼所当敬承者。凡有会聚,言谈礼貌务廉卑逊顺,勿以贤智先人,亦勿以粗率犯上。"尊卑之间的称谓更是不得越次。

其二,按照封建等级观念,家礼中约束妇女的内容最为烦琐。清人张习孔所作《家训》称:"人家不和,每由妇女。吾子孙新娶时,即喻其妻以礼义,苟非善言,即引家训以教之,务使和顺以安家,克己以睦族。"《即墨杨氏家乘·家法》称:"尊长在外者,则新妇往拜之,不得逾三日。遵长老病者,往拜之……妇人遇翁则避,年节、生日拜则卷帘。卷立门内,妇拜门外。叔翁则垂帘。"陆圻《新妇谱》"得欢心"条称:"新妇之倚以为天者,公、姑、丈夫,三人而已。故待三人,必须曲得其欢心,不可纤毫触恼。若公姑不喜,丈夫不悦,乡党谓之不贤。"其"款待宾"条称:"凡亲友一到,即起身亲理茶盏,拭碗拭盘,撮茶叶,点茶果,俱宜轻快,勿使外闻,并不可一委之群婢。"其"早起"条称:"新妇于公姑未起前,须早起梳洗,要快捷,不可迟钝。俟公姑一起,即往问安万福。至三餐,须自手整理,不可高坐,听从婢为之。至临吃时,则须早立在傍,侍坐同吃,万不可要人呼唤。阿姑等待不来,胸中必不快也。就有小恙,还须勉强走起……晚上如翁在家,即请早退归房……如翁不在家,

---

① 徐珂:《清稗类钞》第七册,《贞烈类·袁氏女未婚守贞》。

宜候姑睡后，安置归房。"夫妇之礼中，为妇一方受三纲五常的束缚，地位十分卑微，其"敬丈夫"条称："一见丈夫，远远便须立起。若晏然坐大，此矣倨无礼之妇也。稍缓通语言后，则须尊称之……凡授餐奉茗，必双手恭擎，有举案齐眉之风。未寒进衣，未饥进食。有书藏室中者，必时检视。"又云："丈夫有说妻不是处，毕竟读书人明理，毕竟是夫之爱妻，难得，难得。凡为妇人，岂可不虚心受教耶！须婉言谢之，速即改之。以后见丈夫，辄云我有失否，千万教我。彼自然尽言，德必日进。若强肆析辩，及高声争斗，则恶名归于妇矣。"妇女在封建家法中的地位是何等的卑微低贱。

封建家礼从属于封建礼教范畴，是封建伦理道德原则在家庭生活中的具体化表现形式，对于维护封建家庭的等级秩序具有重要作用。同时对妇女人性的摧残、对夫权人身依附确立的负面效应，更日渐彰显。

第三节　会社组织与交往风俗

会社是由具有共同意愿基础或信仰原则的成员所组成的社会群体组织。会社组织的形成与发展是封建社会民俗文化生活多元化需求的一种必然反映。清政府出于维护统治的目的，对民间结社实行严厉的限制举措，但在清代特有的社会背景下，使得民间自发的会社组织呈现出前所未有的发展态势，不论规模还是数量，都堪称奇观。由于清代正处于结构性的社会变迁过程之中，社会动荡的日益加剧也给会社现象的繁盛提供了巨大的发展机遇和需求，致使各种会社组织网罗四布，此伏彼起，全方位地活跃于社会基层的方方面面，由此构成了清代社会生活发展的又一个重要特色。

一　结社之风与交往习尚

结社一般是由拥有共同信仰原则与需求的成员，依照一定的组织形式，自发建立起来的社会性团体。信仰内容的纷杂繁复决定了结社形式多样化的特点，尤其是清代，社会结构变革异常迅猛，社会阶层发生着空前未有的剧烈分化与重新组合，致使民间的会社现象广为流布，极为丰富，其中政治型会社、宗教型会社、经济型会社、文化型会社是结社社会生活风尚活动的主体。

其一，政治型结社是指带有政治色彩的结社形式，明清之际的社会剧变使民族矛盾空前激化，许多士人纷纷结社会盟，利用社盟，积极参与抗清活动，当时著名的有苏州复社、松江几社等，并且从中衍生出名目众多的社集，这些人奔走于大江南北，其影响引人注目。

其二，政治型结社又往往与宗教型结社密切相关联，明清之际各种民间宗教组织汇成大气候，在清代始终成为威胁封建统治秩序的异端力量，连同随后发展起来的帮会组织，无不扮演着重要的社会角色。这些组织通常借助某些宗教旗号，而且派系纷杂，名目多达百余种，其信徒入会结拜，以乡村基层为活动舞台，教门林立，徒众甚巨，创造了中国历史上民间秘密宗教组织发展最为鼎盛的时期，并且以秘密会社的形式直接促成了近代会党的产生。其中元明以来的白莲教在清前期分布仍较为广泛，清后期则以天地会的发展规模最称可观，清末著名的天地会分支哥老会，在南方各地十分活跃，成为近代会党的一支主要力量。清代的秘密会社与明代相比，规模更趋庞大，会内结构、结拜仪式、帮内规条更趋完备，活动范围更趋广泛。雍正、乾隆时期是秘密会社发展的初盛时期，立有会社名目的秘密结社组织有215个。嘉庆、道光年间堪称是秘密会社发展的再盛时期，其会社名目除乾隆间久已存在的天地会、添弟会、小刀会以外，又出现了和义会、双刀会、三点会、洪莲会等名目。到咸丰末年、同治时期，尤其是光绪、宣统年间，以天地会为主体的秘密结社更是大量涌现①。蔡少卿概括当时秘密会社的盛况说："会党的组织已遍布全国，从城市到乡村，从交通码头到兵营，到处有它们的山堂香水。会党的名目已达一二百种，会众约数千万，形成一种无处不在的社会势力，这在世界历史上也是一种罕见的现象。"②

其三，经济型结社与民间自发的经济互助赈恤风俗密切相关，像民间善会、义社等会社形式，均源自于此。清代的善会更为繁多，有惜字会、保婴会、施棺会、恤嫠会、掩骼会、祭祀善会、安老会、扶嫠会、济急会、拯灾会、惜谷会、茶会、灯会、益寿会、同义善会等名目。这些善会或由地方官绅创办，或民间集资合办，或由同业捐办，均为民间慈善事业的一个组成部分。有些善会，并非办理一种善事，而是诸善并举，属一种混合型的善会，如上海的"同愿留心社"，成立于光绪二十一年（1895），所办理的善举包括惜字、赊棺、检埋验尸遗骸等几项③。随着基督教势力在中国的不断扩大，继圣母会之后，慈善会、

---

① 陈宝良：《中国的社与会》，浙江人民出版社1996年版，第117—128页。
② 蔡少卿：《论近代中国会党的社会根源、结构功能和历史演变》，《南京大学学报》1988年第1期。
③ 民国《上海县续志》，《善堂》。

育婴会以及各种善堂等慈善团体在中国开始陆续出现。而善堂作为朝廷蠲恤政策的一部分，同样举行各种善会，不但北京有，而且各省、府、州、县一级的善堂设置更为普及。据其所行善举，可概括为 15 种类型：1. 育婴、保婴并收养遗弃婴孩；2. 施棺代葬并掩埋遗骸；3. 收养老病男妇并流民；4. 设义塾，教里中子弟；5. 惜字；6. 教养并管束旧家不肖子弟；7. 收养老病耕牛；8. 埋瘗同乡棺木；9. 寄柩厝所；10. 修葺道路桥梁；11. 舍药；12. 施粥；13. 放生；14. 收养名门嫠妇；15. 恤贫家嫠妇。这些善堂，或由当地官绅、善士所建，或由族居本地的客籍商民公建。既有单一专职的善堂，如育婴堂、清节堂之类，又有复合的众善交举的善堂①。另外，清代的会馆发展迅速，作为商业性行会组织的代表，构成了经济型会社的重要内容。在清末上海的一些同业、同乡会馆、公所中，其所设的善会虽不称施棺会，却多有施棺的善举。如四明公所的"长生会"，就将集资款的所收利息，"议立施棺"善举②。头摆渡船户的"兰盆会"，后归入四明公所，"作为棺木之费"。凡是码头、百官两帮船户，"遇有赤贫身故，无具成殓者，准其到公所给领"③。木匠业所设的"长兴会"，自光绪五年（1879）创设以来，也专门为宁波籍同业中之穷苦者"给棺槥"④。铜铁机器业所设的"永生会"，由同业倡议捐资而成，存于四明公所，"同业者设有贫苦不测无力措棺者"，可按例向四明公所领取⑤。在杭州的宁波籍同乡，也设立施棺之会，其经费来自同乡好义之人，分"计愿"与"助洋"两种，"计愿则随时收取，助洋则岁终总收"⑥。

其四，文化型会社，则是封建士大夫文化生活中富有传统的一项活动，特别是宋明以来，士人们诗文相契，结社立会的风气蔚然而兴。入清，文社之事仍颇为盛行，大江以南几乎无地不有，不少士人借诗酒之会抒发对旧朝的怀恋之感。清封建统治者对社事极为反感，自清初便谕旨屡禁结社，所谓"禁士子不得妄立社名，纠众盟会"，严格规定："其投刺往来亦不许用同社、同盟字样，违者治罪。"⑦ 如此的高压政策，迫使清代文社的规模日渐萎缩，其他形式的文人会集，影响更微。

---

① 陈宝良：《中国的社与会》，浙江人民出版社 1996 年版，第 190—203 页。
② 《四明公所长生会章程碑》，《上海碑刻资料选辑》，上海人民出版社 1980 年版，第 262 页。
③ 《头摆渡（码头·百官）船户兰盆会助款入四明公所碑》，《上海碑刻资料选辑》，第 360 页。
④ 《木业长兴会交入四明公所碑》，《上海碑刻资料选辑》，第 384—385 页。
⑤ 《铜铁机器业永生会存款四明公所及捐款姓名碑》，《上海碑刻资料选辑》，第 418 页。
⑥ 《杭城四明同义集详定章程·施材小叙》。
⑦ 徐珂：《清稗类钞》第八册，《会党类·世祖禁立社盟会》。

二 行会组织与行规行习

行本是区别所经营商品类别的名称，如米行、药行等。行会则是同业商人为维护自身权益，而自发组织起来的职业团体，属于封建社会工商业的一种组织形式。最初，小商品生产者与经营者为防止竞争，保护自身利益而建立起自己的行业集团，形成了以业缘为基础的社会组织，被称为行会。中国封建行会的雏形出现于隋唐时期，但长期属于官办性质，宋元以来，工商业不断发展，行会组织的规模也相应扩大，在传统的工商业城市中，商业与手工业的各行各业，几乎都有行会组织存在，尽管如此，它们却始终未能成为一种独立的自治机构。清代工商业的繁荣促进了各地商贸活动的兴旺，在行会组织方面也出现了新的变化，分布于全国各地的商帮，据地缘或业缘为联系纽带，会聚同乡、同业商人组成了各种形式的会馆。相继建立的商人会馆，虽不纯然是商人团体，但其中有相当一部分表现出行业会馆的特点，具有一定的行会性质，尤其嘉庆、道光以后，这种现象日渐增多，有的地方则出现了行业特征更为突出的公所组织，《清稗类钞》记载："商业中人醵资建屋，以为岁时集合及议事之处，谓之'公所'，大小各业均有之，亦有不称公所而称会馆者。"① 故此，清代行会多称会馆或公所。虽然会馆、公所的建立仍需呈请地方官府，具禀备案，获得认可，领限执照，但是在内部管理上明显带有更多的自主成分。

会馆作为新型的工商业组织，初兴于明代中后期，至清代康熙年间迅速发展起来。最初的会馆只是供赴京士子驻足的地方，后来商人数量增加，活动范围也相应扩大，大批商人出外经商，流散各地，客观上需要一个可供同乡聚会、联络感情、交流信息的场所，建立一种较为固定的组织。清中期以后，商人的社会地位有所提高，特别是民间商人的经商活动日趋活跃，呈现出空前繁荣的局面，于是，代表商人利益的会馆和公所大量涌现。乾隆年间，汪启淑著《水曹清暇录》记载："数十年来，各省争建会馆，甚至大县亦建一馆，以致外城房屋基地价值腾贵。"② 在北京、苏州、上海、佛山等大的商业都市，开设会馆的现象十分普遍。如京城之中，"京师称天下首善之地，货行会馆之多，不啻什佰倍于天下各外省，且正阳、崇文、宣武门三门，货行会馆之多，又不啻什佰倍于京师各门外"③。

工商会馆多由同乡商人或同业商人捐资修建，其建置有祭祀殿堂，除此还

---

① 徐珂：《清稗类钞》第一册，《宫苑类·公所》。
② 汪启淑：《水曹清暇录》卷十，《会馆》。
③ 道光十八年《北京颜料行会馆碑》。

多建有戏楼，供人欢聚娱乐。会馆管理组织方面则由乡人共同推举的董事组成，负责会馆事务，主要活动有逢年节日、祭神日和同乡联欢会，共同祭祀、宴会及娱乐，以联络乡谊。有的会馆还建有义园，作为客死异乡者暂时停柩之地。

会馆的任务首先是促进商人之间的竞争；其次是保护商人的利益，对竞争作出适当的限制。因此，出于互助的目的，会馆一般都订立有较详细的公约，有的还形成了成文的行规，对同业经营所涉及的组织原则、管理方式、活动内容等方面都作出了明确规定，诸如开业地点、带徒人数、产品价格等，都有条款说明。

清末，在会馆、公所基础上还发展出商会组织，这种以工商业资本家为主体的职业团体，能够更集中地反映同业利益的要求，有利于发挥组织的维系整合功能，从而进一步丰富民间行会组织的内容。

清代的行会、会馆组织，不仅数量繁多、盛况空前，而且与城乡各阶层的社会生活息息相关。它对于清代城乡社会经济与文化生活的正常运作、市场竞争秩序的维护、诚信商业交易的建立、丰富人们的年节生活、社会公益事业的兴起与促进，乃至行业同人间利益的协调，均有着不可低估的积极作用。

其一，行会会馆数量繁多。清代行会、会馆组织的分布，不仅分布地域甚广，有北京（京师）、上海、苏州、汉口、杭州、重庆、长沙、广州等二十个大中城市；而且数量繁多，在公元1655—1911年，各种手工业行会296个，商业公所182个，商帮会馆120个，总计约为598个。彭泽益在《中国工商行会史料集》中，对公元1655—1911年中国行会数目作过统计：1. 汉口（及其他）：手工业行会26个，商业公所36个，商帮会馆27个，合计89个。2. 苏州（包括南京等）：手工业行会70个，商业公所28个，商帮会馆26个，合计124个。3. 上海：手工业行会28个，商业公所63个，商帮会馆22个，合计113个。4. 北京：手工业行会9个，商业公所15个，商帮会馆7个，合计31个。5. 广州佛山（及其他）：手工业行会13个，商业公所6个，商帮会馆2个，合计21个。6. 重庆（包括成都大竹等）：手工业行会16个，商业公所5个，商帮会馆14个，合计35个。7. 长沙（包括湖南其他县）：手工业行会124个，商业公所23个，商帮会馆2个，合计149个。8. 杭州等十二个城镇：手工业行会10个，商业公所6个，商帮会馆20个，合计36个[1]。这些统计，仅仅是全国众多工商行会的一部分，实际上，在清代，工商行会几乎遍布全国的各省城镇。而这一切，又与当时商业的繁荣、手工业的发达与分工的细密化、诸多近代商贸与制造行业在沿海或交通要冲城市的兴起有关。

---

[1] 彭泽益主编：《中国工商行会史料集》下册，第998页。

其二，祖师崇拜，各有专神。清代的手工业行会、工商会馆不仅数量繁多，且祖师崇拜活动甚勤，这些祖师有的是民间信奉神的一种，有的则是与该行业有渊源或关联的历史人物。其崇祖祭拜习尚，主要体现在祭礼活动中，如年祭、节祭、公祭、神诞祭等。祭奉的对象，因行业不同而各有专神。有研究者认为，行业神大致可分为两大类：一为祖师神，一为单纯保护神。从业者对于所奉祖师都赋予了神性，即超人的神力、高超的德性和神秘色彩，视之为行业的主宰者和保护神。同时，祖师神又具有"人性"，即人的面貌和特征。清代的行业神还具有庞杂性、行业性、虚构性与附会性、随意性与含混性的特征。一是三百六十行各有自己崇拜的神祇。二是相当多的行业都供奉两个以上的神祇，多者可达数十个。三是行业神的来源杂，在其构成中，既有人，又有神；既有历史人物，也有虚构人物；既有神话、传说人物，也有小说、戏曲人物；既有人格神，也有自然神；既有民间传统鬼神，也有佛道尊神。就这些人、神的社会身份而言，又包括帝王将相、文人学士、能工巧匠、市井江湖人物等。四是行业神崇拜表现出的多神崇拜，即是中国民间信仰多神崇拜传统与自由性的表现，无不与从业者祈福禳灾的功利目的有关①。

清代的行业神崇拜，可分为工商行业、娱乐业和江湖行帮祭奉三大类。其中工商行业祭奉的祖师有：木瓦石匠业祭奉：鲁班；泥瓦匠业（广东）祭奉：有巢氏；砖瓦业祭奉：鲁班、窑神、老君、土地；陶瓷业祭奉：火神、土地、范蠡、陶正、尧帝、舜帝、童宾、碗神、华光、伯灵翁、金火圣母、蒋知四、赵慨等，因地而异；冶炼铸造业祭奉：老君、投炉神、鲁班；珐琅业祭奉：大禹；制笔业（含笔店）祭奉：蒙恬；描金业祭奉：关公、火神、玄天上帝、财神；油漆、彩画、雕塑业祭奉：吴道子、乳安、王维、孙膑、女娲、三皇、俞伯牙、漆宝、普安；扎彩业祭奉：吴道子、鲁班；棚匠业（搭棚）祭奉：鲁班、有巢氏、华光；煤炭业祭奉：窑神；鞭炮业祭奉：祝融、李畋、无敌火炮将军；水旱烟业祭奉：诸葛亮、火神、吕洞宾、关公；皮革业祭奉：孙膑、黄飞虎、关公、比干、达摩、白豆儿佛；皮箱业祭奉：鲁班；香烛业祭奉：关公、九天玄女、黄昆、葛仙、黄梅花；锦匣业祭奉：文昌帝君；冥衣业祭奉：文昌帝君；弓箭业祭奉：黄帝；旋匠业祭奉：鲁班；圈篓匠业祭奉：潘椹、顾儒、顾太、顾世、妃禄仙女；网巾业祭奉：马皇后；帽绫业祭奉：张骞；丝线业祭奉：三皇、嫘祖、织女；金线业祭奉：葛大真人；栽绒业（毛织等）祭奉：毡彩老祖、黄帝；弹花业祭奉：黄帝；盐业祭奉：蚩尤、管仲、葛洪、张道陵、池神、十二玉女、盐姥、张飞、炎帝、鲁班、土地、梅泽神、詹打鱼、开井娘娘、扶嘉、

---

① 李乔：《中国行业神崇拜》，中国华侨出版公司1996年版，第1—13页。

僧新、黄罗二氏、颜蕴三、杨伯起；豆豉业祭奉：樊少翁；豆腐业祭奉：乐毅、孙膑、庞涓、关公、清水仙翁、范旦老祖、淮南先师（刘安、杜康妹）；制糖业祭奉：鲁班、老君、赵昂、杜康仙娘、雷祖、土地；制冰糖业祭奉：扶桑；糕点业祭奉：神农、诸葛亮、灶神、燧人氏、火神、赵公明、关公、马王、雷祖；驮运业祭奉：马王爷；渔业（含航运）祭奉：天妃、禹王、周宣灵王、姜太公、伏羲、镇江王爷、水府菩萨、褚太尉、尚书、挐公；农业祭奉：神农、黄帝、伏羲、后稷、八蜡、青苗神、土谷神、棉花神、虫神、雹神、土地神；果木业祭奉：太阳神、园林神仙；采菇业祭奉：刘伯温；银钱业祭奉：财神、关公、招财童子、老君、秦裕伯；补锅业祭奉：女娲、弘忍；铁匠业祭奉：火神、尉迟恭、陈辛、老君；金器业祭奉（北京）：邱处机；玉器业祭奉：邱处机、老君、白衣观音；造纸业（含纸店）祭奉：蔡伦、文昌帝君；制墨业祭奉：吕洞宾；制砚业祭奉：子路；书坛业祭奉：文昌帝君、火神（祝融）；刻字业、镌碑业祭奉：梓潼帝君、文昌帝君；拓印装裱业祭奉：孔子；算盘业祭奉：孔子；秤戥业祭奉：伏羲、神农、黄帝；制扇业祭奉：齐纨；梳篦业祭奉：鲁班、赫胥、赫连、张班、陈七子；制针业祭奉：刘海（神祖）；制伞业祭奉：女娲、鲁班妻（云氏）；编织业祭奉：鲁班、张班、刘备、泰山、李光明、荷叶仙师；粗纸箬叶业祭奉：天曹福主；丝织业祭奉：嫘祖、织女、黄道婆、黄帝、三皇、伯余、张衡、褚载、七仙女；棉纺业祭奉：黄道婆；成衣业祭奉：关公、三皇、周武王宫婢；制帽业祭奉：三皇、黄帝；靴鞋业祭奉：孙膑、黄帝、靴神、达摩；绦带业祭奉：哪吒；刺绣业祭奉：冬丝娘、华祝神、金川神；酒业祭奉：杜康、司马相如、仪狄、葛仙、李白、二郎神、龙王、焦革、刘白堕、酒仙童子；茶业祭奉：陆羽、唐明皇、卢仝、灶神、斐汶、姚吉；酱园业祭奉：酒仙、关公、醋姑、颜真卿、酱祖、蔡邕；制醋业祭奉：杜康；厨师业祭奉：彭祖、关公、诸葛亮、易牙、灶君、雷祖大帝、汉宣帝、詹王、梅翁；屠宰业祭奉：樊哙、张飞、关公；火腿业祭奉：宗泽；鸭蛋业（武汉）祭奉：太乙真人；干果业祭奉：关公；酸梅汤业祭奉：朱元璋；粮食业祭奉：神农、后稷、雷祖、蒋相公；孵化业祭奉：张五、尉迟恭、陆相公；阉割业祭奉：华佗；兽医业祭奉：马师皇；染坊业祭奉（含颜料业）：梅（福）葛（洪）仙翁；冰窖业祭奉：窖神；挑水业祭奉：井泉龙王、水母娘娘、挑水哥哥、井泉童子；花卉业祭奉：十二月花神、花王、百花神、陈维秀；林业、采参业祭奉：山神爷、五道神、老把头、土地神；狩猎业祭奉：伏羲、射猎师爷、山神、梅山、梢斯、舍卧刻；医药业祭奉：伏羲、神农、黄帝、扁鹊、华佗、孙思邈、三韦氏、吕洞宾、李铁拐、眼光娘娘、保生大帝、药王；典当业祭奉：财神、关公、火神、号神。

生活服务娱乐业祭奉的祖师有：浴池业祭奉：智公老祖；梨园业祭奉：老郎神、后唐庄宗、喜神、窦元帅、田元帅、清源师（二郎神）、唐明皇、田正山（风火院铁板老郎君）、胡亥、庄王、武猖神、九皇神、李龟年、清音童子、鼓板郎君、观音、八百婆婆、三百公公、五大仙、青衣童子、丘老、开音童子、张五眉神、吕洞宾、勾栏女神、勾栏土地、脂粉仙娘、女狐仙、刘赤金母、铁板桥真人仙师、烟花使者；修脚业祭奉：志公、达摩、孙膑、罗祖、清风、明月；理发业祭奉：罗真人（罗祖）、黄帝、卢天赐；礼茶业祭奉：周公、叔孙通；吹鼓手业祭奉：孔子、韩湘子、师旷、永乐皇帝；消防业祭奉：火神、龙王；接生婆业祭奉：子孙娘娘；说书业祭奉：孔子、文昌帝君、周庄王、神农、柳敬亭、吴泰伯、魏征、崔仲达、张果老、邱处机；相声业祭奉：东云朔、唐明皇；赌业祭奉：地主财神、监赌神乌曹、胡仙；杂技业祭奉：吕洞宾、济仙、唐明皇、柳仙、清源妙道真君（蹴鞠）；魔术业祭奉：吕洞宾；娼妓业祭奉：管仲。

江湖行帮祭奉的祖师有：乞丐业祭奉：范丹（冉）、孔子、朱元璋、伍子胥、郑元和、李铁拐、李后娘娘、康花子、严嵩、老君、窦老；巫师业祭奉：马公、五大仙、五猖、宋相、坛神、三郎爷爷；巫医业祭奉：黄帝、麻姑；武师业祭奉：达摩、关公、华光；占卜业祭奉：伏羲、周文王、罗隐、姜太公、麻衣、王善、桃花娘娘；镖行业祭奉：伏羲、达摩、岳飞；窃贼业祭奉：盗跖、时迁、梭李二氏①。值得注意的是，清代工商行会、会馆及各业祭奉的祖师虽各有专神，祭礼崇奉方式各有不同，但在社会生活、生产活动中，此举的功能与效应却有相同或相似之处：一是通过祖师崇拜祭祀活动，以凝聚人心。二是对行业的从业人员有"精神偶像"的导化功能。三是对行业人员的行为有制约的效应。四是通过祭祀、崇奉活动、相关传说的传播，有对外树立行业形象的潜在功能。五是通过祖师祭奉，祖师的"名人效应"，对内有消除自卑自贱心理，对外有提高声望的辐射作用。

其三，行规行习，各有规约。行有行规、帮有帮约，成文者为行规，不成文者为帮习，代代相传，世世相袭。不仅行规行习更趋完善，而且各业各行之间，各有规约，须从业者恪守其道。如湖南长沙《京刀店行条规》记载："自古百工技艺，各有行规。我等京刀一行，由来久矣。开设店面，承办文武科场锁钥，秋审以及剪割铅弹，差务原自不少。不定章程，无所遵循，临期观望不前，必致违误。是以先辈著有条规，每年各发一纸，俾有率由。自乾隆三十一年续

---

① 曲彦斌：《行会史》，上海文艺出版社1999年版，第170—175页。

议之后，嘉庆十一年又议，迄今又二十余年矣，日久玩生，不无坏乱。"① 同治《渝城青带棉线帮公纹条规》云："盖闻渝城三江首都，水陆街衢。百工技艺，均有章程，大小生息，不无规矩，所谓生财有道者也。即如我办卖青带棉线人等，向亦历有规范，因年远废弛，每有滥食之徒，乘隙更改，希图射利，紊乱条规，致使远近客商屡遭毒害，生理因之冷淡。抚斯刁风，殊堪痛恨。是以爰集同人共襄厥美，整理财神祀典，演戏治酌，设立条规。"目的是要"弭变幻于今日，返淳朴于盛世。庶几吾人之旧规复整，而奸伪之形踪永杜矣"②。

光绪湖南安化《石木锯泥行条规》说："古有造云梯，作木鸢，其术通神，其名为仙者，曰鲁班，即孟子所云公输子之巧是也。凡属石木锯泥各行手艺，胥以为宗，以其有功于天下后世，允宜俎豆馨香。故前辈于邑西门城内，置买基地，创建鲁班殿，以为操作聚会之所。光绪二十一年毁于火，屡约同人商请修复，苦无余资。今夏重行合议，订立捐簿募修，现已修立铺屋，惟正殿尚未兴工。我同行人等，必须同心合意，踊跃输将，集腋成裘，指日兴复。俟工竣后，迁拨首事，收取铺屋课钱，掌放生息，以奉仙师香灯祀典，并为后来补葺计，庶几得垂久远。而我同行人等讲习其间，精益求精，巧益求巧，皆无愧为班门子弟，则幸甚。惟行内规条，势难迟缓，不得不先为议定，以便遵行。"③

从这些条规的具体内容看，它在人们的日常生产活动、社会生活中，发挥着特定功能和作用：其一，这些"条规"在本行业内，对从业、经管人员的行为有一定的约束和规范。否则，"不定章程"不仅"无所遵循"，且将导致"日久玩生，不无坏乱"的无序状态。其二，这些立定的"行规"、"条规"，既经业内"同人酌议"，便须共同遵行。其目的，除"公私两便，各宜遵守"外，还能"无愧先人"且"有裨后学"。其三，从"行规"、"条规"的具体内容看，它对行内、会内的从业经营人员的责、权、利有严格的界定外，并对其正当权益有所维护。如湖南安化的石木锯泥手工业的从业人员，"皆须先入鲁班会，方准在各家佣工"。对"各行工价，原有成规，近因时值乏钱，备办器物不易，公议每行照旧加价十文，不准行内擅自准折增减，违者公罚"；又湖南长沙京刀店行，"外来京刀，内行外行，毋得发售。及登上行者，在外带来货不准出售，如违将货充公，给巡查人钱四百文"。又湖南长沙京刀店行的条规规定"本处司务帮各铺店，店家工价拖欠，司务鸣众理处，如违者罚银五钱"等即是如此。其四，"行规"、"条规"的具体条文，对本行业内部的从业与经营人员，有着维系

---

① 彭泽益主编：《中国工商行会史料集》上册，第355页。
② 同上书，第557页。
③ 同上书，第341页。

内部团结、化解纷争的调剂功能。湖南安化的石木锯泥的从业人员,"既已归行入会,自应一团和气,无论在城在乡,或包工,或点工,或零工,只许由东家主人自行雇请,不得争充谋夺,致伤情面,违者公罚";"石木锯泥无论何行,凡来投师者,不准争带,亦不准学习半途另投他师,致前师为其难,后师享其成,劳逸既不均匀,抑复大伤和气,违者公罚";鲁班会"将来迁拨,首事必须公举,不准争充首事,亦须限定一年,轮流充当,毋得久恋鲸吞,违者公罚"等即是如此。其五,这些"行规"、"条规"在执行中,有维护本地市场正常秩序的作用。湖南长沙京刀店行的条规规定,在市内市场上,凡"外来客师,本城未会帮作者,新开店面出银八两";凡"本处司务未曾登名上行者,新开店面出银二两";凡"本处司务已经登名上行者,新开店面出牌费钱二串文,炉面钱一串文正";凡"本处司务,未曾上名,即出外者,再来本处帮作,出银一两正上名";凡"帮作司务,若有此店账目未清,别家留清,必通知此店,承耽账目。其账已清,方可兴工,倘不通知而私请者,罚银五钱正";凡"本处司务未清店家账目而出外者,归家仍复帮作,前店之支账未清,别家不得留请,如违罚银五钱";凡"本处司务不为不多,外来客师公取行钱二百文赠行,店家亦不得留请,如违罚戏一台敬神";凡"店家与司务,无论谁辞,惟二笔账目俱要清楚,方可另做生理,如违罚戏一台敬神";凡"嗣后新开店者,必须上隔七家,下隔八家,双方为一,违者禀究";凡"外来客师新到帮作者,出钱六串文上行";凡"外来客师,本城未曾帮作者,新起炉造作,出银六两正";凡"父带子上名钱二串文,若叔带侄兄带弟,仍照带外人一样,如违议罚"等即是如此。其六,在上述"行规"、"条规"中,值得注意的是,还有诸多强化行业或行会内部建设的条款,均须遵行,否则,违者同样会受到惩罚。湖南安化石木锯泥行鲁班会"条规"规定"首事必须公举",且"限定一年,轮流充当,毋得久恋鲸吞,违者公罚"。又湖南长沙京刀店行"条规"规定"每年恭逢师祖瑞诞,虔诚庆祝,值年办理,动用公项钱一十四串五百文,香资帮补,不得侵吞,亦不得浪费,倘有侵吞浪费,以致亏空,移交下手,下手不得领接,必通知同行凭众赔清。如蒙交蒙领者,一经查出,各罚戏一台";凡"神前理宜肃静,禁止赌博滋事,如违罚钱二串文";凡"文武科场与秋审锁钥以及剪割铅弹各差务,奉宪著办之人,务宜踊跃领价,分派承办,毋得违误";凡"值年首士,公项银钱不得侵亏,经管器物,不得损坏,如有侵亏损坏,一经查出,除赔还外,另罚钱八百文"等即是。至于惩罚的办法,一为"罚银代惩",以示处罚型;二为"罚戏敬神"有偿悦众,以示儆示型;三为"钱物赔还"并罚银钱,以示戒警型。实施时,更因事因情而有差异。

第十五章
中外社会生活习尚的交流

清代社会生活习尚的中外交流，一方面带有封建社会末期向近代转化的变迁、进化色彩；另一方面，清代后期，伴以中国社会半殖民地、半封建化的加深，西方列强炮舰输入的"西洋文明"，强行进入中国人的生活中，使这种"交流"，又不可避免地带有"病态"的色彩与畸形的烙印。清代社会生活习尚的中外交流，具有双向与互动的特征，既有中国社会生活习尚的外播，又有海外社会生活习尚（主要是西方）的东进。其对清代社会生活的影响是显而易见的。

第一节 社会生活习尚的外播与交流

清代社会生活习尚的外播与交流，一是时间持续长，自明末至清末，持续不断；二是地域覆盖面广，从欧洲、美洲到东南亚，遍布全球；三是领域广泛，内容丰富，输出外播的生活习尚，很快与输入地文化交汇融合，彰显出中国生活习尚的特殊功能与作用，极大地丰富了世界各国人民的生活内涵。

一 清代社会生活习尚外播欧洲

在清代社会生活习尚远播欧洲的过程中，中国的茶叶、茶道，充当了习尚交流的"信使"，并由此引发了欧洲的仿效"东方风俗热"。

早在明末清初之际，公元1607年，荷兰东印度公司首先从澳门将中国的茶叶销往欧洲。1610年，荷兰阿姆斯特丹首开饮茶风气。1636年，在法国巴黎逐渐推广，1650年饮茶习尚传入伦敦，1659年传入俄国的莫斯科。茶叶开始成为欧洲人生活消费的大饮料，而饮茶风俗更风靡整个欧洲。18世纪英、法等国向中国的瓷器订货单中，茶具、餐具占有很大数量。其中茶杯、茶壶、茶叶罐、糖缸、果盘、面团缸等用于茶会的茶点瓷器，尤占多数。1700年，荷兰东印度公司向中国的订货单中有茶盘、茶叶罐、糖缸、大口茶壶等。而1738年法国的东印度公司向中国的订货单中，更列有"茶壶、青花杯、五彩杯、深肚碗、果盘、糖缸、面团缸"等茶具与餐具。这表明，中国制造的五彩瓷、青花瓷茶具与餐具，在欧洲备受人们的喜爱和青睐。

公元18世纪，伴随饮茶盛行而至的，是在法国、英国、德国，兴起了效仿中国的装饰艺术、建筑和园林，直至出门乘轿的热潮。在德国，1719年马克斯·埃曼纽尔设计建造了一座中国式塔院；在英国，到过中国的建筑师威廉·查布斯于1750年在伦敦西郊为肯特公爵建造了以红墙、黑瓦、宝塔、亭阁式孔子楼为中心，兼有柳塘、石桥的中国庭园式建筑"丘园"。此后，中国庭园式建筑，又相继在法国、荷兰、瑞士、俄国、匈牙利等国相继出现。同时，随着以花鸟、山水、人物、采茶、制瓷为图案的中国"壁纸"，成箱运往欧洲，使得诸多欧洲上层人物，房室内的陈设，从壁纸到家具，都以中国式样为时髦。至于中国色彩鲜艳、图案精美的丝绸，更是众多欧洲妇女喜爱的服饰首选原料。通过交流，在欧洲出现了中英、中法混合式壁纸的仿造，以及中国式漆制、竹节家具、屏风、漆画、绢制折扇、羽毛扇等物品的仿制。在法国国王路易十四的倡导下，各级官员外出分乘用手抬的各色中国式样的"轿子"，之后，乘轿风气很快传入德国，风行全德各地。一时间，中国的轿子竟改变了欧洲人的出行风尚，且在此基础上演变为法式及欧洲马车，流行更为久远。由此可见，这种风俗交流的魅力所在及影响的持久了①。

在清代中国与欧洲社会生活习尚的交流中，乾隆时期，英国政府派遣马戛尔尼率领使团首次来华访问的活动及双方互赠的礼品，虽具官方外交礼节的色

---

① 沈福伟：《中华文明史》第九卷，"中外文化交流"部分内容，河北教育出版社1994年版。

彩，但这次交流的影响和意义是深远的。

乾隆五十七年（1792），英国政府派遣以外交官马戛尔尼勋爵（George Macartney，1737—1806）为首的庞大使团，出访中国。对于此次使团来华的活动、双方互赠的礼品，现存于中国第一历史档案馆的《上谕档》中，有详细记述。档案记载：马戛尔尼来华使团一行，有正副使臣及大小官员、舵手、跟役共800多人，他们分乘大小船只5艘，携带经过精心挑选的各种礼品19宗，1792年9月26日从英国朴茨茅斯港出发，经过9个多月的航行，于1793年6月到达中国的澳门。使团船队经浙江、江苏以东沿海驶抵天津，再经通州到达北京，由北京至承德避暑山庄觐见乾隆帝，祝贺乾隆帝83岁寿诞。在祝寿之前，尽管中英双方发生过觐见礼仪的争执，但在正式庆寿典礼时，英使仍向中国皇帝行了三跪九叩首的大礼。对此，乾隆帝很满意，接受英王的赠礼后，多次厚赏英国国王、正副使臣及使团全体人员，赏赐的礼品包括丝绸蟒袍、玉瓷器具、珐琅雕漆、绘画文具等，总计3000余件。

英国使团来华的名义虽是代表英王乔治三世为乾隆帝祝寿，但其真实目的是想借此打开中国封闭的大门，以扩大英国的殖民统治和开拓商品的市场。因此，使团向清政府提出诸多有损中国主权、割地设行的无理要求，其企图未能得逞，无理要求遭到清朝拒绝后，该使团当年九月初离京返国。此次英使团访华历时204天，在隆重的接待活动中，中英互赠了礼品。这些礼品，各具特色，是当时两国社会生活风尚差异的物化见证，更是在乾隆时期中英社会生活风尚在特定范围内的一次特殊交流，其意义非同凡响，作用非同小可。

二　英王馈赠的礼品

英国使团携带礼品19宗，总计590余件。乾隆五十七年十月二十日（1792年12月3日）至乾隆五十九年十二月二十四日（1795年1月14日）的《上谕档》中，对这些礼品的清单，有详细记载。英王的礼品清单：

第一件，西洋语布蜡尼大利翁大架一座。乃天上日月星宿及地球全图，其上地球照依分量是极小的，所载日月星辰同地球之像，俱自能行动效法天地之转运，十分相似。依天文地理规矩，何时应遇日食、月食之星辰之愆，俱显著于架上，并有年、月、日、时之指引及时辰钟，历历可观。此件系通晓天文生多年用心推想而成。从古迄今所未有，巧妙独绝利益甚多。于西洋各国为上等器物，理应进献大皇帝用。又缘此天地图架座高大，洋船不能整件装载，因此拆散分开，装成十五箱。又令原造工匠跟随贡差进京，以便起载安排安放妥当，并属付（嘱咐）伊等慢慢小心修饰，勿稍匆遽手错损坏。仰求大皇帝容工匠等多费时候，俾安放妥当，自然无错。同此极类似却又一样稀见架子，名曰来复来柯督尔，能观天上至小及至远的星辰，转运极为显明。又能做所记的架子，名曰布蜡尼大利翁。此镜规不是正看是偏看，是新法。名赫汁尔天文生所造的。将此人名姓一并禀知。

第二件，座钟一架，亦是天文器具。以此架容易显明，解说清白，及指引如何地球与天上日月星宿一起运动，与学习天文地理者有益。拆散分作三盒，便于携带。其原匠亦跟随贡差进京，以便安装。

第三件，天球全图。仿作空中蓝色，有金银做成的星辰，大小颜色俱各不同。犹如仰视天象一般，更有银丝分别天上各处度数。

第四件，地球全图。天下万国四州山河海岛，都画在球内。亦有海洋路道，及画出红毛船只。

第五件，十一盒杂样器具。为测定时代及指引月色之变，可先知将来天气何如。系精通匠人用心做成。

第六件，试探气候架一座。测看气候最为灵验。

第七件，巧益架子一个。能增助人之力量。

第八件，奇巧椅子一对。使人坐在上面，自能随意转动。

第九件，家用器具一架，内有新旧杂样瓶罐等项，又有火具能烧玻璃、瓷器，猛烈无比，是一块大玻璃用大工大造成的。火镜紧对日光，不但能烧草木，并能焚金银铜铁。及一样白金，名曰跛剌的纳。世上无火，可能烧炼。唯此大能显功效。

第十件，杂样印画图像。内有红毛英吉利国王全家人像，并有城池、炮台、长桥、堂室、花园及乡村之图、交战之图、异样洋船图。

第十一件，玻璃镶金彩灯一对。此灯挂在殿上，光明照耀。

第十二件，金线毯数匹。为精致房间用。

第十三件，大毯数匹。为大殿上铺用。

第十四件，齐全马鞍一对。头等匠人用心做成，特进大皇帝乘用，颜色是黄的，十分精致。

第十五件，车二辆。敬献大皇帝万岁御座。一辆为热天使用，一辆为冷天使用。

第十六件，军器数件。献大皇帝御用，是长短自来火枪、刀、剑等项，其刀、剑能斫断铜铁。

第十七件，铜炮西瓜炮数个。操兵可用，并有一小队红毛国兵跟随贡差进京，若是大皇帝喜欢看西洋炮法，能在御前试演。

第十八件，大小金银船，乃红毛大战船之式样。虽大小不对，十分相似。大战船上有一百大铜炮。今于小金银船内，可以窥见一斑。红毛国在西洋中为最大，有大船甚多，欲选极大之船，送贡差至天朝。但内洋水浅，大船难以进口。故发中等船及小船，以便进口赴京。又欲表其诚心爱戴之意，即将大船式样，进于大皇帝前，表其真心。

第十九件，包裹一切杂货。红毛本国物产及各样手工，如多罗呢羽纱及别样毯货，各项细洋布、钢铁器具，共献于大皇帝前赏收。

三　乾隆皇帝回赠的礼品

赏赐英国国王的礼品清单：拟赏英吉利国王的物件：

紫檀彩漆铜掐丝珐琅龙舟仙台一座；青玉夔龙耳扁盖瓶一件，紫檀座；白汉玉双螭夔把卮一件，紫檀座；汉玉出戟花觚一件，紫檀座；青玉莲花卤壶一件，紫檀座；青玉龙凤扁壶一件，紫檀座；白玉三友盖瓶一件，乌木商丝座；青玉觥斗一件，紫檀座；青玉莲花碗一件，紫檀座；玛瑙杯盘一份；白瓷五彩有盖把碗十件；钧釉花觚一件；汝釉八方瓶一件；红瓷金花挂瓶一对；官釉双管瓶一对；百花妆缎二匹；青袍缎四匹；线缎四匹；洋彩瓷葫芦瓶一对；白瓷青叶红花撇口瓶一对；青花瓷玉堂春一对；青花瓷梅瓶二件；青花瓷有盖撞罐一对；青花瓷撇口瓶一对；青花执壶一件；霁红瓷梅瓶一件；霁青瓷金花挂屏二件；霁红瓷玉壶春一对；洋彩瓷有盖卤壶二对；洋彩瓷有盖梅花式卤壶一对；冬青釉有盖卤壶一对；五彩瓷杯四十件；五彩瓷大碗十件；五彩瓷中碗十件；红花瓷碗十六件；五彩瓷茶盅四件；青花瓷大碗二十四件；青花瓷木樨盅四件；霁红瓷盘十六件；霁青瓷盘八件；五彩瓷盘二十件；红五福瓷盘十六件；青花瓷双管大樽一件；青花兽面大樽一件；青花瓷大樽一件；黄瓷青花大樽一件；汝釉三带大樽二件；青花瓷水盆二件；青龙瓷大缸二件；填漆捧盒一对；红雕漆春寿宝盒一对；红雕漆八角方盘一对；红雕漆龙凤宝盒一对；红雕漆桃式盒一对；红雕漆云龙宝盒一对；红雕漆多福宝盒一对；红雕漆海兽宝盒一对；红雕漆春寿宝盒一对；红雕漆蝉文宝奁一对；金漆罩盖匣二件；填漆八方端盘一对；红雕漆菊瓣宝盒一件；红雕漆胜游宝盒一件；红雕漆八角方盘一件；红雕漆笔筒一件；红雕漆云龙宝盒一对；红雕漆诗意钟一对；红雕漆小顶柜一对；画花卉册页一册；葫芦盘二件；葫芦鼻烟壶一件；葫芦瓶一件；葫芦大碗二件；葫芦小碗四件；葫芦碟四件；文竹挂格一对；棕竹漆心炕格一对；画绢二十张；洒金五色字绢二十张；五色笺纸二十张；白露纸二十张；高丽纸二十张；墨六匣；各样扇四十柄；普洱茶八团；六安茶八瓶；武彝茶四瓶；茶膏、柿霜四匣；哈密瓜干、香瓜干四匣；藕粉二匣；莲子二匣；藏糖二匣。

乾隆帝酌拟加赏英吉利国王的物件：

龙缎三匹；蟒缎二匹；妆缎七匹；百花妆缎六匹；倭缎三匹；片金二匹；

闪缎四匹；袍缎四匹；蓝缎四匹；彩缎四匹；青花缎四匹；衣素缎四匹；线缎四匹；帽缎四匹；绫二十二匹；纺丝二十二匹；罗十三匹；杭绸七匹；玉瓶一件；红雕漆桃式盒九件；红漆菊瓣盘四件；挂灯四对；什锦香袋八匣；绣香袋四匣；连三香袋四匣；宫扇十三柄；扇一百柄；香饼四匣；泥金对联绢笺五十张；泥金五色蜡笺五十张；战图一匣；普洱茶四十团；茶膏五匣；柿霜五匣；哈密瓜干一匣；香瓜干一匣；武彝茶十瓶；六安茶十瓶；藕粉四匣；莲子四匣；乾隆帝拟随敕书赏英吉利国王的物件：龙缎三匹；蟒缎二匹；妆缎七匹；百花妆缎六匹；倭缎三匹；片金二匹；闪缎四匹；袍缎四匹；蓝缎四匹；彩缎四匹；青花缎四匹；衣素缎四匹；线缎四匹；帽缎四匹；绫二十二匹；纺丝二十二匹；罗十三匹；杭绸七匹；画绢一百张；洒金字绢五十张；笺纸二百张；白露纸一百张；高丽纸二百张；墨二十匣；宫扇十三柄；扇一百柄；连三香袋四匣；什锦香袋八厘；绣香袋四匣；香饼四匣；普洱茶四十团；茶膏五匣；柿霜五匣；哈密瓜干、香瓜干二匣；武彝茶十瓶；六安茶十瓶；藕粉三匣；莲子三匣；文竹炕桌一对；红雕漆炕桌一对；挂灯六对。瞻觐日赏英吉利国王：白玉如意一柄。又，听戏日赏英吉利国王：御笔书画册页一件，贮镶嵌紫檀匣内汉玉玩十件。

乾隆帝赏赐英国正使的礼品清单：酎拟赏英吉利国正使的物件

龙缎一匹；妆缎二匹；倭缎二匹；蓝缎三匹；青花缎三匹；彩缎三匹；帽缎一匹；杭绸三匹；绫六匹；纺丝六匹；茶叶二大瓶；茶膏二匣；砖茶二块；大普洱茶二个；刮膘吉庆一架；青玉全枝葵花洗一件；玛瑙葵花碟一件碗一件；藏糖二匣。

酌拟加赏英吉利国正使：

龙缎二匹；妆缎二匹；倭缎一匹；大卷八丝缎一匹；蓝缎二匹；酱色缎二匹；衣素缎二匹；绫四匹；杭绸四匹；纺丝四匹；五彩瓷花碗六件；霁青白里瓷盘六件；瓷盘八件；各样扇二十柄；普洱茶八团；六安茶八瓶；茶膏二匣；哈密瓜干二匣。

乾隆帝戏台赏正使的物件：

御笔书画册页一件；玉杯一件；瓷瓶二件；瓷盘二件；葫芦瓶二件；漆桃盒二件。在如意洲东路等处瞻仰酌拟赏正使：瓷鼻烟壶一个；五彩鸡尊一对；大荷包一对；小荷包四个；大卷纱三匹；大卷缎三匹；在含青斋西路等处瞻仰酌拟赏正使：大卷八丝缎二；锦二匹；瓷茶桶一对；瓷奶茶碗一对；瓷盘一对；宜兴器一件。

乾隆帝赏赐英国副使的礼品清单：

酌拟赏英吉利副使：龙缎一匹；妆缎二匹；倭缎二匹；蓝缎二匹；青花缎

二匹；彩缎二匹；帽缎二匹；绫四匹；纺丝四匹；绉绸二匹；茶叶四小瓶；茶膏一匣；砖茶二块；女儿茶十个；白玉全枝葵花洗一件；花玛瑙菊瓣碗一件；葫芦器二件；藏糖二匣。酌拟加赏英吉利国副使：龙缎一匹；妆缎一匹；倭缎一匹；蓝缎一匹；酱色缎一匹；素缎一匹；绫二匹；杭绸二匹；纺丝二匹；五彩瓷花碗四件；霁青白里瓷盘四件；瓷盘八件；各样扇十柄；普洱茶四团；六安茶四瓶；茶膏一匣；哈密瓜干一匣。戏台赏副使：玉杯一件；瓷器二件；葫芦器二件；漆桃盒二件；小荷包一个。在如意洲东路等处瞻仰酌拟赏副使：瓷鼻烟壶一个；五彩卤壶一对；大荷包一对；小荷包四个；大卷纱二匹；大卷缎二匹。在含青斋西路等处瞻仰酌拟赏副使：大卷八丝缎三匹；锦一匹；瓷茶桶一对；瓷奶茶碗一对；瓷盘一对。

乾隆帝赏赐英副使之子多马斯当东的礼品清单：

戏台赏副使之子：漆桃盒二件；瓷瓶一件；瓷器四件；小荷包一个。在如意洲东路等处瞻仰酌拟赏副使之子：鼻烟壶一个；五彩炉一对；大荷包一对；小荷包二个；纱缎共三匹。在含青斋西路等处瞻仰酌拟赏副使之子：八丝缎二匹；锦一匹；瓷盘一件；皮茶桶一对；奶茶碗一对。副使之子绘画呈览赏：大荷包一对。

乾隆帝赏赐英使团总兵通事等人的礼品清单：戏台赏总兵等九人：漆桃盒各二件；瓷器各四件。在如意洲东路等处瞻仰酌拟赏总兵通事等九人：鼻烟壶各一个；大茶包各一个；小荷包各二个；纱各一匹；缎各一匹。在含青斋西路等处瞻仰酌拟赏总兵通事等九人：八丝缎二匹；瓷碗二件。赏副使之子多马斯当东：龙缎一匹；妆缎一匹；倭缎一匹；青缎一匹；蓝缎一匹；锦一匹；漳绒一匹；帽缎一匹；绫三匹；纺丝三匹；绉绸二匹；茶叶二瓶；砖茶二块；茶膏一匣；女儿茶八个；藏糖一匣。赏英吉利国贡使带赴热河官役、总兵官本生、副总兵官巴尔施，以上二名：龙缎各一匹；妆缎各一匹；倭缎各一匹；青缎各一匹；蓝缎各一匹；锦各一匹；帽缎各一匹；绫各三匹；纺丝各三匹；绉绸各二匹；茶叶各三瓶；砖茶各二块；茶膏各一匣；女儿茶各八个；藏糖各一匣。管兵官额鲁、通事娄门、总管贡物巴龙、管船官马庚多斯；以上四名：龙缎各一匹；妆缎各一匹；漳绒各一匹；锦各一匹；蓝缎各一匹；彩缎各一匹；绫各二匹；纺丝各二匹；茶叶各二瓶；砖茶各二块。代笔马客素、代笔文带、医生巴郎、医生施葛第、天文生登维德、听事官白龄、听事官伊开、听事官伊登勒、听事官额勒桑德，以上九名：龙缎各一匹；妆缎各一匹；漳绒各一匹；蓝缎各一匹；锦各一匹；彭缎各一匹；绫各一匹；纺丝各一匹；茶叶各二瓶；砖茶各二块。贡使家人七名：绫各二匹；绸各二匹；布各四匹；银各十两；吹药五名；绫各二匹；绸各二匹；布各四匹；银各十两。匠作五名：绫各二匹；绸各二匹；

布各四匹；银各十两。兵五十名：绫各二匹；绸各二匹；布各四匹；银各十两。杂役七名：绫各二匹；绸各二匹；布各四匹；银各十两。内地护送官二员：大缎各二匹。

乾隆五十八年八月初十日，乾隆皇帝在万树园接见了英使团及随行人员；八月初八日，军机处拟奏了一个加赏参加万树园筵宴英使随员的名单：

拟于万树园赏副贡使之子多马斯当东：龙缎一匹；妆缎一匹；锦一匹；漳绒一匹；羽绉一匹；素缎一匹；花缎二匹；小卷八丝缎一匹；绫一匹；纺丝二匹；瓷器八件；十锦扇十柄；普洱茶四团；六安茶四瓶；茶膏一匣；冰糖一匣；雕漆盘一件；大荷包一对；小荷包四个。总兵官本生、通事娄门，以上二名：闪缎各一匹；妆缎各一匹；倭缎各一匹；蓝缎各一匹；绫各一匹；瓷碗各二件；瓷盘各二件；十锦扇各十柄；普洱茶各二团；六安茶各二瓶；茶膏各一匣；哈密瓜干各一匣；大荷包各一对；小荷包各二个。副总兵官巴尔施、代笔文带、医生巴郎、管兵官额鲁、听事官白龄、伊登勒、管船兵马庚多斯，以上七名：闪缎各一匹；妆缎各一匹；蓝缎各一匹；瓷碗各二件；瓷盘各二件；扇各一匣；普洱茶各二团；大荷包各一对；小荷包各二个。

乾隆五十八年八月十七日，乾隆帝着军机处奏拟了一个赏赐英使贡船留存官役名单：

管船官葛尔、莫更多斯、底百它、罗罗、百尔多，以上五名每人拟赏：回子花布各二匹；高丽布各二匹；兼丝葛各二匹；罗麻各二匹。兵役水手共六百十五名，每人拟赏：高丽布各一匹；回子白布各一匹；小增城葛各一匹；波罗麻各一匹。

乾隆五十八年九月初三日，英使一行离开北京回国。在其回国途中，乾隆皇帝又连连加赏：

赏英国王：御书福字一个；绣蟒袍各一件；锦缎五匹；葫芦大荷包一对；小荷包六个。赏英正使：御书福字一个；锦缎一匹；大缎一匹；大荷包一对；小荷包四个。赏英副使：大锦缎一匹；大荷包一对；小荷包二个。赏赐英官役四人（人名不详）每人：杭绸四匹；茶叶五十斤；丝各六斤。赏随从兵丁：各茶叶、布匹若干①。

据有关历史档案记载，乾隆帝赏赐、回赠给英国国王及使节团全体成员的礼品，先后共有66次，礼品共130种，约3000件。这些礼品有：缎、纱、丝、锦、绫、罗、绸、布、绒、绉、葛、棉花、麻、银、瓷器、漆器、玉器、玛瑙、

---

① 秦国经、高换婷：《乾隆皇帝与马戛尔尼》，紫禁城出版社1998年版，第100—102、121—132页。

竹器、灯具、纸张、绢画、绢字、舆图、画册、墨、茶、茶桶、香袋、荷包、扇、食品等，不仅具有东方文化、科技、工艺特色，而且是人们日常与年节物质、文化生活的必需品。因此，可以说每一件礼品都与清代社会生活的特定领域，与清人的生活方式、生活习尚、生活情趣、生活技艺紧密相连。从这种意义与背景上而言，中英互赠互换的"礼品"，既是当时双方人们社会生活方式的物化载体，更是中英社会生活习尚相互交流的历史见证。

四 清代社会生活习尚外播美洲

公元17世纪以后，华商开始陆续抵达美洲的墨西哥，在阿卡普尔科形成华人聚居区，被称为"唐人城"。1700年前后，在秘鲁利马的繁华商业区，华商的店铺十分兴旺。

18世纪时，通过海上的商业贸易，使得中国制造的瓷器、折扇、绢扇、画屏、漆器、梳子、壁纸、镂花硬木家具，中国的轿子、轿式马车、纸牌、风筝、鞭炮、礼花等物品远销美洲，进入各国城市市场，成为上流社会家庭生活中不可或缺的用具与陈设。在巴西建造的花园中，还出现了仿效中国式建筑物的尖塔、亭台等。1812年后，中国的茶树、柑橘、樱桃以及经济作物，陆续移植美洲。随着这些商品的输入，中国社会生活习俗的传播以及使得相应的社会生活风俗交流，得以加强。

值得注意的是，1784年8月美国"中国皇后"号木帆船抵达中国广东的黄埔港，继而，它带着大批茶叶、丝绸、瓷器、土布、各种杂货等，于次年五月返回纽约。此后，不断有美国商船来到中国，带回中国大量货物。这些中国货物输入美国后，被美国社会认可并受到欢迎，不但饮茶风气渐开，而且相关社会生活习俗也远播美国，得以与当地社会生活风俗交流与共融[①]。

五 清代社会生活习尚外播非洲

19世纪下半叶，南非发现金矿与钻石矿后，欧洲殖民者在中国招募大批契约华工进行开采。在德兰士瓦金矿，受尽剥削压榨之苦的中国华工，在进行劳作的同时，在其侨居地，也将中国传统的社会生活风俗、娱乐方式传播开来。每逢年节时，华工不仅张灯结彩，表演京剧、高跷，还举办各种民间赛会。有的矿区，还组成业余剧团，演出京剧。甚至搭盖戏楼，回国置办戏装行装，以加强演出效果。这不仅可自娱，更受当地人的注意和欢迎。通过各种渠道的交

---

① 参见《中华文明史》第九卷，"中外文化交流"（沈福伟撰）中相关的内容，河北教育出版社1994年版。

流,在 19 世纪、20 世纪初,中国的轿子、滑竿、格箱及相应社会生活风俗,在南非各地颇为盛行。

六 清代社会生活习尚外播亚洲

清代同治至宣统年间(1862—1911),闽粤一带的华人纷纷移居南洋一带,1860 年时印尼的华侨为 22.1 万人,至 1900 年时增至 53.7 万人。在缅甸的华侨,1861 年仅为 1 万人,至 1911 年增至 12.4 万人。到 1906 年时,在东南亚的华侨多达 400 多万人。他们的到来,不仅为当地社会经济、文化的发展繁荣作出了功不可没的贡献,而且更将清代的传统社会生活方式带到海外,客观上成为外播南洋及与当地生活习尚交流的使者。如 19 世纪 80 年代,据邹代钧《西征纪程》一书记载,移居新加坡的华侨"衣冠语言礼仪风俗,尚守华制",越南西贡的华侨更是"衣冠风俗皆守旧"。张德彝《航海述奇》、崔国英《出使美日秘崔日记》、林天知《三宝垄历史》等记载,1866 年西贡醉乡楼饭庄"所有菜蔬肉食果面皆中华味";菲律宾的华人,食中国饭菜、馄饨、杂碎、烧包、米线、烤乳猪、春饼、白菜、粉条、芹菜、豆豉、荔枝、蜜饯,所用炊具也是中式的锅、平锅、钳锅。同时,华侨还将中国传统的居住建筑与生活习尚,传播至南洋一带。如在 19 世纪末的菲律宾,华侨"屋宇皆华式,店肆皆华款",建筑上还有雕饰云龙花纹,穷者门贴对联,富者多有花园,且造仿江南园林假山、水池、花木等景观。至于发型服饰,仍循传统,男性华侨仍蓄发梳辫,直至清亡,方才剪去。在婚丧、家庭、会馆、教育、宗教信仰、娱乐、年节习尚方面,华侨不仅保持中国传统,还将清人的社会生活诸多习尚,远播南洋。每逢元旦、端午、中秋、元宵节、清明节,或家人生日忌辰、娶亲婚嫁时,不仅有贴对联、守岁、拜天地、提灯夜游、坐船划龙舟、赏月、搭喜棚、摆设吉祥物等传统活动,还要演粤剧、舞龙耍狮,与当地民人同庆共乐,展示其生活习尚的文化与艺术魅力[①]。

19 世纪后半叶,移居马来西亚的男性华人,多与马来人通婚,出现土生华人,创造了中马文化结合的"巴巴文化"。其日常生活、饮食、服饰习俗,处处可见中国习尚的痕迹。如饮食,通常喜好辛辣、多汁,采用柠檬汁、葱头、辣椒、酸橙、椰浆制作菜肴;其九层彩糕、塔兰糕、咖喱、蕉叶蒸鱼等菜点,是马来化的中国食品。来自广东、福建一带的华人移民,还将中国的闹元宵、舞狮、清明扫墓、赌博等社会风俗,带到了马来西亚,与当地社会生活交流,发挥出多元的社会效应。

---

① 冯尔康:《清人生活漫步》,中国社会出版社 1999 年版。

清代，中泰始终保持密切的朝贡贸易关系。18世纪中叶后，移居泰国的华人增多，他们大多集中在全国城市与集镇中，从事碾米、制鞋、缝衣、木匠、铁匠、造船、冶铁、炼锡等手工业，以及通商、贸易、行销商、零售商等行业。华商的店铺，林立于城市之中；而在农村，可时时看见走村串寨的华人商贩。此外，泰国国王拉玛一世的宫殿、城墙，由中国工匠负责建造，国王拉玛四世（1851—1868年）要在大城建筑一座水上行宫，谕令完全照中国宫殿式样。为此，特地到中国聘请建筑师。御苑的主建筑是一座红墙绿瓦的中式王宫，屋脊上镶嵌的丹凤朝阳和双龙戏珠，衬托出琉璃瓦的飞檐，宫门外还有龙凤呈祥的大照壁，外观漂亮极了。宫内圆柱、槅窗、画栋、屏风，室内木刻楹联、古瓷花瓶。泰国国王拉玛四世、拉玛五世头戴翎花帽，身穿中国"龙袍"的巨幅画像挂在天明殿内，一派地地道道的中国情调。

泰国人喜欢中国的石雕品，用来点缀王宫和寺院。从拉玛一世（1782—1809年）起，泰国王室就定购中国石雕制品。石狮、石人雕工极精，面部、服饰、姿态刻得惟妙惟肖，具有很高的艺术价值，出自浙江，由宁波装上大帆船，运到泰国。泰国大王宫庵玛粦威尼彩宫门口列有一对石狮，大厅还排列武将石像，高度是普通人的两倍，身穿甲袍，手执武器，形象威猛。泰国重要寺院的石像也来自中国，吞武里越阿浓兰佛寺18罗汉石像，同国内石罗汉毫无二致。越阿仑仓寺半女半鸟的金娜丽石像，是个身着泰国传统服装，留着泰式发型的泰女，而面部却是中国美女的容貌。这些艺术品显然出自中国工匠之手，显示出中国匠人高超的技艺。如今泰国的这些中式建筑物和雕塑石像都成了无价的宝物[①]。华人社会生活风俗，与泰国的社会风俗交流，并由此形成新的社会风俗。

19世纪中叶后，来自中国广东、福建的华人，由海路及陆路移居缅甸。侨居缅甸的华人，主要从事商业及裁缝、木工、铁工、金银匠、宝石雕琢等手工行业。他们不仅带来了中国的工艺技术，也带来了传统的社会生活风俗。如缅甸女子的筒裙，受中国傣族服饰影响颇深。至于缅甸人日常所用的伞、漆器、牙雕、绢扇、金银首饰、木工工具、铁工工具、人力车等，均仿效中国的制造技术。在居住风俗中，缅甸的王都曼德勒新建的宫城，由中国工匠设计建造，呈四方形，辟有城门四座、边门八座，城中心更有一座缅语称"德由午阴"的"中国花园"。民间住宅使用的百叶窗因来源于中国，被誉称为"中国窗"。可见，缅甸社会风俗受中国影响之深，以及中缅社会风俗彼此交流、融合之密切了。

从19世纪始，华人成批移居印度尼西亚各地，他们与当地妇女通婚，使华人

---

① 徐振保：《中外文化交流记趣》，复旦大学出版社1996年版，第316页。

社会人数骤增至50余万之多。华人的移入与华人社会的形成，为中国社会传统风俗在印尼的传播，提供了先决条件。在印尼，不仅音乐、舞蹈、戏剧与中国文化有密切关系；而且在印尼各地，中国食品如豆芽、豆干、豆腐、酱油、肉面、豆浆、萝卜、咸菜、粉丝、咸鸭蛋、茶叶，受到人们普遍欢迎。中国本土一些年节的龙船竞渡、吃粽子、舞狮风习，更成为印尼年节的常见娱乐形式①。

日本与中国之间，自古以来两国的经济与文化交往，密切又频繁。清末，日本作为中国"一衣带水"的近邻，这种包括社会生活习尚在内的交流，较前更趋活跃。清初至鸦片战争前夕，即17世纪中叶至19世纪中叶，在日本德川幕府统治的"江户时期"，中日两国的贸易颇为兴盛，有关中日贸易的贸易额、贸易法、贸易品、商船、商人等的情况，在清代学者翁广平（1760—1843）撰写的研究日本的专门著作《吾妻镜补》卷十五的《食货志》中，详述了双方的进出口货物。由中国运往日本的主要商品为生丝、绸缎、棉布、药材、糖、染料、漆、纸张、铅锌、书籍等，而南京、宁波、福建、广东开往日本的商船的贸易商品各有特色。这些商品，与清代的社会生活有密切关联，伴之贸易的交往、商船的抵达、商品的输入与上市而来的，必将是相关的社会生活习尚、生活文化、生活技艺的外播。两国的交流在不同时期有不同的内容，这可以从双方贸易的需求得以具体展示：

其一，日本元禄十二年（1698）（康熙三十七年），一艘赴日贸易的宁波船的《货物清单》有：白丝四十七包（每包六十五斤），大花绸一千五十匹，中花绸九百三十匹，小花绸一千六百匹，大红绉纱六十一匹，大纱八百九十匹，中纱一千一匹，小纱二千五百四十匹，色绸五十六匹，东京丝一百十六斤，东京缩四百二匹，大卷绫六百十匹，东京絁二百匹，中卷绫七百五匹，素绸一千三百十匹，绵四百斤，色缎二百匹，金缎三十二匹，嘉锦九十匹，杭罗三百五十匹，大宋锦十三匹，西绫三百匹，花纱二百一十匹，轻罗一百匹，红毡六千一百张，蓝毡三百十张，银朱八百斤，水银七百斤，白术六千斤，东京肉桂一千一百斤，桂皮五百斤，山萸肉六千斤，牛皮三百五十张，山马皮一千张，鹿皮五千六百张，歇铁石二百斤，鱼皮二百枚，鱼胶三千斤，苏木二万斤，漆三千斤，沉香四千斤，朱砂二千斤，冰糖一万一百斤，木香六百斤，白糖七万斤，三盆糖四万斤，乌糖九万斤，碗青七千斤，苓苓香一千斤，排草四百斤，黄芩二千斤，甘松四千斤，甘草二千斤，川芎五十斤，蕲蛇四百斤，麝香四十斤，人参十斤，小参五十斤，墨三千斤，古画五箱，书六十箱，磁器六十桶，雄黄

---

① 参见《中华文明史》第十卷，"海外华人和中华文明的传播"（沈福伟撰）中的相关内容，河北教育出版社1994年版。

一千三百斤，料香一千斤，藿香三千斤，当归五千斤，伽楠香六斤，巴豆八百斤，刀盘十枚，黄腊三千二百斤，明矾一千斤，白铅四千一百斤，金钱五十斤，色线二十斤，古董十六箱，巴戟二千斤，禹馀粮石一千斤，铁锅三十连，茴香一百五斤，砂仁五千斤，石青一百斤，淫羊藿二百斤，藤黄二千斤，羊皮一千五十枚，大黄二千斤，藁本四千斤，阿胶二百斤，菜油四百斤，贝母一千斤①。

其二，日本正德五年（1715）（康熙五十四年），一艘宁波船带到日本的书籍目录有：《三才图会》十二套一百八本；《留春采珍集》四套二十四本；《四书体注》一套六本；《孔子家语》一套四本；《留春全集》三套二十本；《第一奇书》四套二十四本；《史记》四套三十二本；《汉书》四套三十二本；《性理汇要》二套二十本；《五经说约》二套十六本；《周礼注疏删翼》二套十二本；《通鉴纪事本末》十套八十本；《晚唐诗钞》一套八本；《医学入门》二套十二本；《四书备考》二套二十本；《初学辨体》四套二十四本；《四六全书》一套六本；《三苏全集》二套二十本；《一字汇》二套十四本；《昌黎全集》二套十四本；《徐文长全集》一套八本；《字学津梁》一套四本；《钱牧斋杜诗》二套十六本；《古文奇赏》二十套二百五十九本；《十七史》二十套二百十本，又三十二套二百十三本；《昭明文选》二套十二本；《四书日讲解义》二套十六本②。

其三，清代赴日本购买铜斤商船运往日本货单（含四省）有：南京（江南）省：书籍、白丝、绫子、纱绫、绉绸、绫纨、罗、纱、䌷、闪缎、南京缎子、锦、南京绡、金缎、五丝、柳条、袜褐、捻线绸、金线棉布、绢䌷、棉布、斜纹棉布、丝棉、皮棉布、丝线、纸、信纸、墨、笔、扇子、箔、砚石、线香、针、梳篦、香袋、人造花、茶、茶瓶、瓷器、铸器、锡器、镶嵌金银的刀护手、漆器［堆朱（螺钿）、青贝描金、朱漆、屈轮、沈金］、光明朱、绿青、明矾、绿矾、红豆、芡实、槟榔子、檀香、芍药、黄精、何首乌、白术、石斛、甘草、海螵蛸、紫金锭、蜡药、花石、纸制偶人、角制工艺品、革制文卷匣（俗称拜匣）、刺绣、书画、古董、化妆品及化妆用具、药种。浙江省：白丝、绉绸、绫子、绫、纱绫、南京缎子、锦、金丝布、葛布、毛毡、绵、罗、南京绡、茶、纸、竹纸、扇子、笔墨、砚石、瓷器、茶碗、药、漆、胭脂、方竹、冬笋、南枣、黄精、芡实、竹鸡（鹑类）、红花木犀（即丹桂，药用）、附子、药种、化妆用具。福建省：书籍、墨迹、绘画、墨、笔、纸、布、葛布、白丝、绫子、绉绸、纱绫、八丝、五丝、柳条、绫纨、纱䌷、罗、捻线绸、闪缎、天鹅绒、南京绡、丝线、棉布、绫条布、砂糖、甘蔗、橄榄、龙眼、荔枝、天门冬、明矾、

---

① 冯佐哲：《清代政治与中外关系》，中国社会科学出版社1998年版，第108—109页。
② 同上书，第112—113页。

绿矾、花文石、鹿角菜、紫菜、牛筋（用作弹棉弓弦）、天蚕丝、瓷器、美人蕉（盆栽的小巴蕉）、线香、铸器、漆器、古董、扇子、针、栟榈、蜡、降真香、茴香、藕粉、鱼胶、丝棉、茶、蜜饯、花生、药物、化妆品。广东省：白丝、黄丝、锦、金缎、二彩、五丝、七丝、天鹅绒、八丝、闪缎、锁服、柳条、绫子、绉绸、纱绫、捻线绸、䊷绵、䌷、绸、漆器、陶器、铜器、锡器、针、马口铁、眼镜、龙眼、荔眼、荔枝、沉香、乌木、木棉（作枕芯用）、玳瑁、槟榔子、龙脑、麝香、珍珠英石（药物）、眼茄（木实）（形色似茄而小，眼病时用以拭眼）、山归来、漆、椰子、波罗蜜、蚺蛇胆（药物）、锅、水银、天蚕丝、端砚（砚石）、车渠（石）、花梨木、藤、翡翠（鸟）、鹦鹉、五色雀、碧鸡、孔雀、药种、蜡药①。据文献记载，从顺治七年（1605）至康熙元年（1662）年，共有649艘次中国商船前往日本长崎进行贸易，平均每年约50艘次。商船小者为"口船"，载重平均为三十五万斤；大者为"奥船"，载重大约为口船的4.75倍②。这也说明中日之间社会生活方面的交流是密切和频繁的，彼此之间的影响是深远的。

其四，中国饮食文化外播日本。清人的传统烹饪技艺，不仅更趋成熟，而且较之前代更为丰富。中国烹饪加工技艺东传外播日本后，对日本中的饮食烹饪产生了深远的影响。首先，日本古代的传统烹调以米饭为中心，菜肴是作为吃米饭的食欲刺激物而存在的，并且是日本烹调的核心成分。其次，日本古代传统烹调的第二个特征是极少使用兽肉与油脂，处于几乎没有使用奶及奶制品的状态。在平安时代（794—1185）曾从中国引进八种中国糕点，这些糕点大多是面粉调和成形、再用油炸制而成的食物。从此时起，日本人开始学习用油的烹调法，但很不熟练，原因主要在于日本油脂生产不多，且仅限于上层阶级作点灯之用。直至江户时代中期以后（19世纪），才在烹调上正规使用油脂。而日本在烹调中用油，以及油炸食物等方法，都深受"桌袱料理"（中国化的日本菜）的影响。再次，日本的优质调料包括制作酱油的原料——豆酱，以及豆腐、豆腐皮、纳豆（蒸后发酵的大豆，属日本古代寺院专用的食品）等大豆加工产品，这些都是形成日本烹调口味的巨大支柱，而这些是由中国大陆传入日本的。

在日本，"桌袱烹调"是在江户时代以后流行起来的，所谓"桌袱"是指中国式的饭桌——食案。这时，又从中国传入新颖的民间烹调与寺院烹调，而"桌袱烹调"是由民间烹调发展而形成的。这种中国化的日本菜，以鱼为主料，

---

① 冯佐哲：《清代政治与中外关系》，第145—147页。
② 同上。

因先在长崎地方流行起来,所以又称作"长崎烹调"。在以后的一段时期内,曾在以三都——江户、京都、大阪为中心的地区流行起来。现在已成为长崎地方传统的烹调。由中国传入的寺院烹调,在日本逐步发展成"普茶烹调",日本也称为中国式的"精进料理",意思即素菜烹调。因其原来是从中国黄山万福寺(福建福清县),清顺治十一年(1654)隐元和尚传入日本的,又称为"黄檗料理",在日本的黄檗宗寺院等处流行甚广。

日本传统的主菜烹调与茶室烹调,进食顺序按惯例都是先在米饭和汤中下箸,然后才转向用酒。可是,到江户中期以后,由于以酒宴为中心的宴席烹调发展,随即调换饭与酒的进食顺序,变为开席先用酒,在吃过一般菜肴以后,再端上汤与添加香料的米饭。这样的进食顺序,一直沿用至今。形成宴席烹调的菜单结构与顺序如下:前菜:这是一些简单的酒肴,即称作小单、前单、小菜的冷盘,类似中国的冷菜或酒菜。碗菜:简称为"碗",就是用漆碗或瓷碗盛好的菜汤,主要是清汤。点菜:日文原为"向付",简称"付",意为附带放在面前的东西,就是放在带托盘的饭菜前方的点菜,也是日本特有的宴席烹调的品种之一。盒菜:把原有用小碟盛的菜点,改装在用薄木片制成的盒子里,变成盒装土产品形式。烤菜:有烤鱼串、酱汁烤龙虾,还有用鸡、肉类制成的烤菜。煮菜:俗称炖菜,类似中国的炖什锦,味道带甜。炸菜:如炸虾等。汤碗:多是爽口清汤,因列在菜单末尾,又称"止汤"。饭:主要是白米饭,亦有加红小豆等谷物制成的杂合饭。咸菜:如酱萝卜、腌青菜等。最后还有水果。从上述菜单构成看,这种宴席菜式同中国清代宴席的结构有许多相似之处,当然在口味上各具本民族的特色。但这些表明,在清代饮食文化与烹饪技术传入日本后,对日本传统的烹调技术和饮食文化所产生的重大影响[1]。

第二节　国外生活风俗传入与交融

清代国外社会生活风尚的传入与交融,具有持续时间长、方面广、影响深

---

[1] 林永匡、王熹:《清代饮食文化研究》,第20—22页;陶振纲:《日本的烹调》,载《中国烹饪》1987年第7期。

远等诸多特点。它又分为前期与后期两个阶段。在前期，伴以西方传教士的来华，则是西方科技文化与社会风尚首先进入宫廷。这些社会风尚与中国传统的风尚发生交融，进而影响人们的社会生活。明末清初，有许多欧洲耶稣会的传教士来华传教，推行新历法。公元1669年，康熙帝任命比利时传教士南怀仁为钦天监监副。南怀仁做了三件事：一是历法改革成功，铸制了六件大型天文仪器。二是监造西洋大炮一百二十门、神武炮五百六十门，装备清军，为平定三藩立了大功。三是与其他传教士一起，向康熙帝传授西方科学知识。他们还将西方的科技书籍、药品、艺术品、音乐器械与乐器、工程仪器等，相继带到中国，加以传播。这对当时整个中国社会风尚的发展演变，都产生了直接或间接的影响。

乾隆时期，国外社会风俗的传入有扩大与深化的趋势。如乾隆帝从传教士手中看到一些西洋建筑图画后，决定仿建西洋宫苑。后经传教士设计、协助建造，历经十三年，在圆明园的长春园内建成西洋楼，且装有西洋喷泉机械装置与水池。这是中西建筑园艺有机交融的结晶。公元1793年，马戛尔尼率领的英国使团前来中国，在热河行宫为乾隆帝祝寿。在使团携带的礼品中，有玻璃、钢铁、羊毛与棉布制品、毛工艺品、法国的缂丝画十四幅等，而最引人注目的是各项天文仪器、大自鸣钟、风雨表、浑天仪、天体仪、地球仪等。乾隆帝命朝臣将它们安放在圆明园内。英国使团返回本国时带回了名贵瓷器、漆器、锦缎纱罗、玉器、茶叶、香药、干果等回赠品，同时，还携回几种茶树、桑树、茶种，更收集了一些桑树、桑蚕和丝绸资料，将它们与柏子树、漆树标本，带回英国[1]。还有一批西洋画家供职于内廷，将他们的绘画技艺传播到中国，如《清史稿》卷504记载的郎世宁为"西洋人。康熙中人直，高宗尤赏异。凡名马、珍禽、奇花、异草，辄命图之，无不栩栩如生。设色奇丽"。又，艾启蒙为"西洋人，其艺亚于郎世宁"。这些交流与交往，以及西式建筑物、仪器器械、手工艺品、纺织品的出现与存在，加之西洋生活习尚的生动展示，给宫中乃至社会生活习尚的某些变化，带来诸多有形与无形、直接或间接的影响。

公元1840年（道光二十年），中英鸦片战争后，随着中国半殖民地、半封建化的加深，西方列强不仅送来了鸦片及各色各式、令人眼花缭乱的"洋货"，而且更将西方的生活方式、社会风尚传入中国，进而与中国传统习俗发生冲突、交融。其中既有西洋的先进科技文化，更不乏精神鸦片、毒品与腐朽没落的生活方式。

其一，西洋器物与习尚传入沿海地区。鸦片战争后至咸丰十七年（1860

---

[1] 参见《中华文明史》第九卷，"中外文化交流"（沈福伟撰）中有关内容。

为止的二十年间，西洋器物、日用洋货大批输入中国，充斥沿海城市市场。除鸦片外，还有棉织品、棉纱、杂货、药材、糖、火柴、玻璃、五金、什锦饼干、洋醋、洋烟、黑（白）兰地酒、洋皂、文化用品、书籍等商品。这些洋货，从上海进口后，行销长江流域与江南各地；自天津进口后，销往北方、东北各地城乡；自香港进口后，行销两广及华南各地区。同时，在香港及"五口"通商各城市，还林立着诸多专门销售洋货的商行货店。

随着大批洋货的涌进，不仅对城乡民人的生活习尚，发生直接或间接的影响；而且西洋的生活习俗与方式，为部分文人雅士商人所接受，有的人家还专置"西洋名酒"以饷客。上海文人王韬除常用"晶（玻璃）杯、洋皂"赠友外，甚至还用洋布作为送给妓女的"礼品"。西洋社会生活习尚，首先为与洋人接触甚多，过往甚密的华人所接受。如助洋人译书的王韬，是其中的典型。《王韬日记》记载：一是废中国年节习尚。公元1858年农历腊月二十四日，"灶王节"次日，王记道，由于身在上海的西人中，"不能祭神祀先，并送灶禳鬼诸俗例亦无之"。二是从西俗而有元旦贺岁之习。在公元1859年西历元旦时，王韬在日记中称："是日为西国元旦，同壬叔往琴娘（按，为西洋妇女）处贺岁。此风励行于米（美）利坚，不殊中土也。"三是一些文人在婚习上，仿洋人举行"西式婚礼"。公元1859年，王韬在日记中记述了一位友人举行婚礼的情景：结婚"行夷礼"时，"西人来者甚众"。"其法：牧师衣冠北向上，其前设一几，几上置婚书，条约：新郎新妇南向立，牧师将条约所载一一举向，傧相为之代签，然后望空而拜。继乃夫妇交揖。礼成即退，殊为简略。"[1] 由此可知，当时随洋货而来的西洋生活习尚，已被沿海城市中部分文士与商人所认同与接受。

其二，洋货盛行与商埠民风易俗。迄光绪八年（1882），由于洋货输入大增，致使洋货器物在商埠城市大为盛行。特别是在这一时期，电报、电话、电灯、自来火（火柴）、自来水、铁路、生活用品制造厂等，纷纷出现，并用于民间生活领域。进而使得商埠社会生活面貌有民风易俗的改观。

一是使用电报，商民称便。光绪七年（1881），津沪电报线建成通报。次年十月，顺天乡试在京师发榜，《申报》将江浙皖三省中式名单，由京快马送往天津发报，仅二十四小时，使江南民间得悉科考结果。《循环日报》于1882年2月刊文称："电线之设，为用甚广"，且"商民称便，中国之人咸知其利赖矣"。二是电话在沪市出现，民人称是又一快事。光绪八年，电话在上海出现，称为"德律风"。1884年，在天津租界使用电话，次年七月《申报》报道："德律风之设，虽数百里不殊面谈"，故使得官商民人，凡有"文报传递，诸形便捷"。

---

[1] 参见《王韬日记》有关内容，中华书局1987年版。

三是电灯照明，沪人争相"观灯"。1882年，西洋电灯在上海数十处，用于照明。《申报》记述沪人观灯之乐："每夕士女如云，恍若月明中，无秉烛之劳，有观灯之乐。"届时，"行者，止者，坐于榻、倚于栏者，目笑而耳语者，口讲而指画者，洵可谓举国若狂矣"①，活画出沪人对西洋电灯初见时的惊喜与赞叹神态。四是沪市民人喝上自来水，民皆称便。1882年8月，英商上海自来水公司在美租界铺设第一条自来水管道竣工，使该地民人喝上干净自来水。沿线"居民需水者，可饬水夫送去。不论远近，每担钱十文。激浊扬清，人皆称便"②。同年，广州城也创设了自来水，以利民人。五是铁路通车，尤称利便。1881年6月，中国第一条铁路，即唐山至胥各庄铁路建成通车。接着，天津修成石沙城区马路，时称"官道"。此前，天津租界已有"东洋车"（即传自日本的人力车），此两举均使人们交往更加便捷。对此，1884年张焘在《津门杂记》卷下的《脚驴、东洋车》一文中记述："自官道工竣，人庆康庄，赶脚驴者及拉东洋车者，尤称利便。两项约以数百计，尚陆续增添，有加无已。"由此，可见都市民人乐于接受外来交通工具给他们生活起居带来的便利条件。六是上海、天津相继出现一些民用制造业。如1880年，英商洋行创设自来火局，制造火柴；1886年，官绅杨宗濂在天津设立了自来火公司。又，1880年，中国官商在上海设立机器织布局，自织洋布。1882年英商和华商合创中国玻璃公司，同年，华商又创设裕泰恒火轮面局，专门用机器碾米磨面。这样，使得原来依赖进口的洋布、火柴、玻璃，得以在本地生产；而米面加工更趋快捷与精细。成本的降低，使用的便利，加速了西式生活物品在华的流通。

上述西洋物品及社会生活习尚的加速渗透，使其影响逐渐扩大，其结果是加快中外社会生活习俗的交融。1885年日本人黑田清隆游历广东后，在《漫游见闻录》描述其所见所闻时称：在广东地区百姓"日常所用的器物中，比北方人民更多地使用外国产品，椅子、火油灯到处可见，土人住家的窗户也都模仿外国样式，城内卖西洋钟表的店铺就有数家，西洋杂货店也很多"。这表明，在沿海一些商埠城市，民人在接受、使用西洋物品的同时，对其社会生活习尚，亦进行有选择的模仿、学习，这就使得中西社会生活习尚的相互交融，成为一种不可阻挡的潮流。

其三，租界居民以效仿洋习为时尚。1882年（光绪八年）前后，生活在各商埠租界的华人居民，不仅以接受与使用洋货为荣，而且更以效仿西洋游艺、音乐、饰物等为时髦，以示炫耀，企图达到显贵社会的轰动效应。

---

① 见《申报》1882年11月7日，《论电气灯之用》。
② 黄式权：《淞南梦影录》卷四。

当时的有关报刊记述：一是效仿西洋的游艺活动、休闲习尚，如打保龄球、台球等。上海租界华人称此为"打弹子"，大弹子即保龄球，小弹子即台球。当时，上海有一品香、洪园、华众会、阆苑第一楼、申园等诸家开设的弹子房。1882年3月3日《申报》上载有《观灯弹记》一文称："打弹之戏，中国向来所无，而近始有之，无怪乎爱之者众，不但打者持棒学作时路，而且观者亦若以为荣。熙熙攘攘，至于如此。"二是仿效西洋饰物，以为时髦。如男士抽洋烟，张焘在《津门杂记》中记述，天津租界，对洋人吸纸卷烟之尚，"近则津人习染，衣襟无不作兜，凡成衣店、估衣铺所制新衣，亦莫不然。更有洋人之侍僮马夫辈，率多短衫窄绔，头戴小草帽，口衔烟卷，时辰表链，特挂胸前，顾影自怜，唯恐不肖"。女士则洒香水、戴墨镜、金钱表，叹为美饰。黄式权在《淞南梦影录》描述其时髦打扮时说："云髻新编脑后拖，时新衣服剪纱罗。倾瓶香水浑身洒，风送芳香扑鼻过。"《清稗类钞》载称，女士将佩金钱表、戴墨镜叹为饰物：眼镜"自光绪中叶以后，妇女之好修饰者，亦皆戴之以为美观矣"[①]。"光绪中叶，妇女有以小表佩于衣衽间以为饰者"，呼曰"金钱表"[②]。三是仿西洋音乐照相，进行消遣。此时，李鸿章在天津水师学堂成立了西洋乐队，既在军中演出，更于1883年10月赴上海演出多场，中外听众甚多，《申报》还刊登告白，进行专门报道。至于以照相作为消遣与交往手段，更为诸多大城市民人所接受。在大城市中，不仅西洋照相馆较普遍，而且人们照相后还将自己的照片馈赠亲友，更以此为赶时髦之举。这些活动内容均表明，租界里的华人，在西洋物品的诱惑与社会生活习尚的熏陶下，其消费心态、生活方式、价值取向，与以往有较大的变化。在生活习俗上，更表现出某些"西化"的倾向。

其四，洋货入内地与电车始运。光绪后期，洋货不仅大批运销内地，而且电车始运、X光机的传入，使民众在便捷之余，更有眼界大开之感，从而使其传统社会生活理念和方式，发生某些变化，新的生活方式和内容为人们所接受。

首先是洋货输入内地渐广，1889年（光绪十五年）时，中国内地电报线，据《洋务运动》丛刊（六）的资料统计，"已东到东三省；南至山东、河南、江苏、浙、闽、两广；缘江而上，至皖、鄂，入川、黔，以达云南之极边，东与桂边相接；腹地旁推交通，几于无省不有；即隔海之台湾，属国之朝鲜，亦皆遍设"。次年，又架通陕甘电报线，西达嘉峪关，可谓四通八达。至于火车，在1888—1890年期间，在北京、天津、广州、汉口等城市，均修筑铁路，开始运行火车。在天津，地方官乘火车在市内行驶，引起市民争观；在北京，慈禧

---

① 徐珂：《清稗类钞》第十三册，《服饰类·眼镜》。
② 徐珂：《清稗类钞》第十三册，《服饰类·妇女佩金钱表》。

太后与光绪帝从外洋购进的火车,穿过京城运往颐和园,使沿途市民驻足观览,新奇之余,更大开眼界。再如电灯在北京东交民巷试用的情况,《申报》1889 年初报道说:电气灯"连晚在东交民巷台基厂东外洋寓内试点,往总署堂司各员前往验视"。届时,"光明照耀,如游不夜之城,近处居民见所未见,在门外观望者踵趾相错"①。此外,来自西洋的一些机器制造的日常生活用品,如火柴、洋钉、洋灯、洋布等,源源不断销往内地市场。仅火柴一项,光绪十六年(1890),据海关统计,当年从英、德、美、日等国进口的火柴,总值即达银一百三十余万两之多,由此可见内地城乡民人使用之普遍程度。

其次是电车的始运与 X 光机的传入,对民人社会生活习俗的改变,起了促进作用。1899 年(光绪二十五年),由德国商人主持并修筑的北京城南马家铺(或马家堡)至永定门的电车轨道筑成并通车,全线 9.4 公里,这是中国国内(除英占香港外),首次正式通行有轨电车。同年 9 月,上海嘉永轩主人从欧洲购入一台 X 光机并在沪当众演示,这是欧美 X 光机首次传入,距离 X 射线的发现,仅有四年时间。演示后不久,《中外日报》发表文章,专门介绍 X 光射线及 X 光机的发现、应用过程,同时,激励国人讲求科学,创制新器。而这又使民人在大开眼界之余,对其社会生活观念、社会生活习俗的改变,产生了积极的影响。

其五,中外互通婚姻,风气渐开。清末,中外互通婚姻的现象,不仅逐渐增多,而且风气有渐开之势。清朝灭亡的前一年(即宣统二年,1910 年),清政府学部奏请禁止学生与外国人结婚,这说明此一现象有不可遏止的发展势头。

值得注意的是,19 世纪末、20 世纪初,中外通婚之风初起时,男方多为华人,而女方多为欧美人与日本人,鲜有华人女子嫁给外国男子者。其典型的通婚事例有:公元 1898 年前后,挪威女传教士某君,在霍州传教时,嫁给华人教士成秀琪为妻,并改华名为"成玉英",婚后育有一女。1900 年清政府驻德国使馆随员张文(译音),娶德国女子为妻,并采用西式婚礼行聘。1902 年,中国驻法公使裕庚之子,娶法国女子为妻,在巴黎举行西式婚礼。1906 年,四川一位留学日本的学生陈新知,在留学期间,娶日本女子山口智慧为妻,留学期满后,携妻回国,在中国教习东语(日语)为业②。当然,也有中国女子嫁给外国人者,如 1907 年在上海,前中国驻法公使裕庚之女德龄嫁给在沪的人寿保险公司的美国富商男子为妻。这种现象在当时中外通婚的事例中,为数甚少③。

其六,《造洋饭书》与中外食尚交流。清末,中外饮食风俗的交流,更趋频

---

① 参见《申报》1889 年 1 月 1 日,《燕京杂记》。
② 刘志琴主编:《近代中国社会文化变迁录》第一卷(李长莉撰)、第二卷(闵杰撰)两书相关内容,浙江人民出版社 1998 年版。
③ 刘志琴主编:《近代中国社会文化变迁录》第一卷(李长莉撰)、第二卷(闵杰撰)。

繁。其表现为：首先，是西餐与西式饮料点心在清后期传入中国后，为沿海城市民人认可，清末有盛行之势。清人对西式饮食，或称西餐，或称大餐、番菜、大菜，餐具为刀、叉、瓢等，不设箸。《清稗类钞》载称，西餐馆"光绪朝，都会商埠已有之。至宣统时，尤为盛行"；"我国之设肆售西餐者，始于上海福州路之一品香"，"当时人鲜过问，其后渐有趋之者，于是有海天春、一家春、江南春、万长春、吉祥春等继起，且分室设座焉"。此外，西式饮料如汽水、咖啡的制造出售也有专店。荷兰水，即汽水"今国人能自制之，且有设肆专售以供过客之取饮者，入夏而有，初秋犹然"。至于咖啡店，清末时"天津、上海亦有之，华人所仿设也，兼售糖果以佐饮"。而对西式点心，如面包、布丁之类等，清末不仅能够烹制，而且它们更为"我国之基督教徒皆食之"外，"近颇有以之为点心者"①，可知食用者人数有渐增的势头。

其次，《造洋饭书》的编写出版，是中外饮食习尚交流的见证。该书由上海美国教士高丕第夫人于同治五年（1886）编写出版的。它是基督教会为适应外国传教士吃西餐的需要和培训厨房人员而编写的。书中开头有《厨房条例》一篇，着重讲饮食卫生的重要性；以下是各类西餐菜点食谱，其中有汤、鱼、肉、蛋、小汤、菜、酸果、糖食、排、面皮、朴定、甜汤、馒头、饼、糕、杂类等，计二十五章，二百六十七个品种或半成品，加上四项洗涤法。大部分品种都列出用料和制作方法。有的品种，如用大米作原料做"朴定饭"（即布丁饭）则是采用中西结合的烹制方法。至于书中译名，与今亦有异，如"小苏打"译成"唰哒"；"咖啡"译为"磕肥"；"布丁"译为"朴定"等②，书后附有英文索引。它的出版问世，对加速西餐烹制技术在中国的学习传播，促进中外食尚交流，有重要意义和作用。

其七，外国人著述描绘的清人社会生活风貌。英国人安德逊著《英国人眼中的大清王朝》一书，是外国人直接描绘、叙述清人社会生活习尚著述的一种。作者是马戛尔尼使团乘坐的"狮子"号船上的第一大副。该书记述的是英国访华使团于 1792 年 9 月至 1794 年 9 月访问中国期间及往返途中的见闻，多为亲见、亲闻、亲感，虽在观点上带有诸多偏见与傲慢，且有诋毁之词，但就史料价值与它在中外社会生活风尚交流中的特殊价值而论，仍不失有重要意义。此外，在其他书籍中也有很多这方面精彩的描述和评论，现综合予以介绍。

一是对天津清军士兵服饰发型与武器的记述。"我们经过两岸有几个人口稠密的市镇，但距离我们有一些路。可是他们的军队都出来对大使行礼迎接，士

---

① 徐珂：《清稗类钞》第十三册，《饮食类》。
② 《造洋饭书》，《朴定》，中国商业出版社 1987 年版。

兵们排列在河的两岸，靠着他们各自的军营；周围又拥挤着大量的观众。

"士兵们的制服包括一条宽大的中国黑棉布裤，他们把裤脚管塞在一双夹层中絮有棉花而后缝拢的袜子里，形状像双靴。他们的脚常用棉布缠紧，然后套上这双靴状的袜子，再把裤脚管塞在袜子里。他们再穿上一双很大的鞋子，鞋底至少有1英寸厚，鞋的前端很宽阔。他们的裤子没有裤带，他们把裤腰折裹拢来用一条狭长的带子束住。在这带子上挂着一个小皮袋或皮包，内装钱币。这些士兵不用衬衫、背心和围头巾，而穿一件黑色的中国棉布大披肩，有很宽松的袖子，披肩边上镶着同样棉布的红边。他们腰部绕有一条阔的'束腰'，中央装着一块小圆石似的东西，差不多有英国'半克朗'钱币的大小；有人告诉我这块硬东西是用'大米'做成的。从这'束腰'上挂着一个烟袋和一个烟管，袋里装着烟叶；在另一边挂着一把扇子。这些东西是皇帝每年赐予的，烟草则每天分发。烟叶在中国各处都有大量生产。

"据我所见，中国军队经常是单行排列，拥有很多的各种旗帜。这种旗帜多数是绸的，红镶边，标着金字。士兵身左所挂的剑是剑柄向后剑锋向前，因此在他们拔用这武器时，双手向后伸，拔出鞘口时的动作旁人不易立刻看见。这一武术在灵巧运用时很有利于突击一个外来的敌手。外来人并不习惯于这种袭击方式，往往在没有防备抵御之前，可能先受到伤害。在左侧所挂的武器下面悬一张弓，背上负着一只箭袋或箭筒，通常插上12支箭。其他士兵则带着外表很锈的火绳枪。

"他们的头颅，绕着头顶、耳朵、脖子都剃光，只留后部一小块地方让头发生长得很长，编成发辫，拖在背后，辫梢用缎带结住。他们戴一只很细致的草帽，必须用带子在颔下扣住，帽上装着一绺骆驼毛制的红缨。所有场合，大概都是这样，为了对大使行敬礼，军队在两岸集合；在两行士兵之间搭起一临时性的用丝绸结彩的牌楼；当地长官坐在中间等候受礼的一行人前来相见。近牌楼处安置了三尊小的回延炮，大约30英寸长，装置在地面上，炮口指向上空，当使团的行列最后走过当地长官的坐位时，就发炮致敬。对这种鸣炮行礼的布置中国人在防止事故方面是很敏感的。我们可以看到，他们为了这事，凡装了弹药的枪炮从不允许平放，除非是在对待敌人时。关于在枪炮或其他火药武器的处理方面，欧洲人并非没有能向东方人接受改良的地方。在我所熟知的，由于缺少这种类似的条规，在我们公共娱乐时放大炮和开动小武器时常造成悲剧，甚至发生伤亡事故。"①

---

① ［英］爱尼斯·安德逊：《英国人眼中的大清王朝》，费振东译，群言出版社2002年版，第58—59页。

二是对清代江河岸上纤夫与号子声的描述。"在中国的江河上都有成批的人专门在风势或潮汐不顺时,替人家曳船。他们曳船的方法是在船桅上系上一根绳,另一根绳系在船头上,绳索系牢之后,人在岸上拉着这绳,沿河前进;绳的长短,依河的阔度有很大的伸缩。曳船的人每人备有一根木条,约两英尺半长,木条两端之间扣上一条坚韧的索,系在船上的绳子就结在这根索上;这木条套过他们的头,横跨在胸前,全身抵在这木条上,力量便增大。他们就这样地像马装齐了马具一样——如果允许我用这词句的话——排成一直线,每人相距一步左右。一排人准备好了以后,领班的就发出口令,于是他们就发动一种特殊的步伐向前进。一行人的步伐的齐整和规律是曳船前进的重要因素,而这种步伐只能用一种共同和合的呼唤之声来控制;这声音也是一种短歌。但他们所发出的字音,据我所闻,不比我们的水手在协力拉纤时为一齐动手而发出的呼声更有意义;可是他们呼唤出一种清晰而有节奏的声音并不完全像我们在泰晤士河上或塞汶河上有时听到的——呼唉——亚拉——呼呀——这些声音混在一起,而有规律的接连着——呼哑,呼哑,呼——唅弟,呼哑。这些字用有规律的歌声唱出来;而且在中国的劳动阶级人民中,这是一种普遍的习惯,在他们集体劳动时,若不用一种呼声来助劲,则最简单的工作也难于完成。从这里我想到,这些声音中定有其悦耳之处。

"这班穷苦人民实在需要一种安慰去支持他们,或者在他们日以继夜的纤曳这些大木船的劳动时给予某种助力。当他们经过泥沼河岸或浅水河边时,他们的劳动强度大为增加;我有时看见他们跋涉渡水,水深到肩,互相纤曳而行,好像纤曳他们后面的船一样。"①

三是对清代民人饮食烹饪习尚的记述。"普通人民所自备的餐食经常不变,吃饭时间极有规律,每隔4小时吃一次;每餐有米饭和一些黍米,加食些切碎的油炒过的蔬菜、芜菁。他们把这些食品放在小碗里,到取食时浇上些酱油就吃。

"煮米饭的过程是唯一清洁的办法。我看见过。他们先取出定量的大米,用冷水洗干净,然后用淘米笸滤掉水,放进沸水,等到米粒软化了,用一只庣取出再经过筛把水滤掉,放进一只清洁的锅,盖好,直到米粒完全变白,像雪一样的白,也很干,像面包皮一样的干,这时就成为最出色的面包代用品。

"他们的餐桌,离地不到1英尺高,席地绕桌而坐;靠近放着饭桶,每人用一小碗盛好饭,于是各执筷子一双来夹取他们的炒菜同米饭一道吃。这食料他们很饕餮地直咽入肚。除了祭祀或喜庆日子,一般普通人民很少有较佳的餐食。

---

① [英]爱尼斯·安德逊:《英国人眼中的大清王朝》,第66—67页。

他们所饮的，如上所述，是一种用茶叶泡出来的汁。"①

"在中国人为外国人举行的宴会上，客人们总是发现自己完全处在主人的任意摆布和支配下。因为中国人的饮食文化丰富多彩，其每一道菜都各具特色，与西方的饮食习惯迥然不同。主人和客人之间的礼仪应答，推杯换盏等形式也与西方的做法千差万别。因此，与其说这种宴会使主人疲于应付，感到异常乏味外，倒不如说由于他们的种种滑稽可笑的表演而妙趣横生。这些西方客人在自己的国家当然一般也都是美食艺术的老手，然而在中国，面对以如此奇的方式烹调出的如此奇特的食物，以及食用它们的那如此奇特的用具，他们就成了动辄得咎的小学生。一位美国人在中国人的宴席上做客时，他可能手持一双筷子在盘子的周围为夹住一颗米粒而奋斗不已，大出风头；而当他回到自己的国家，先前的主人变成了他餐桌上的客人时，他也许会看到这位客人在经过无数次试用刀叉的努力失败后，阴沉着脸把刀叉扔在一边，而得心应手地应用起他那大自然恩赐的工具——十个手指头。在这里，美国人会幸灾乐祸地作为旁观者而得到心理上的极大满足：因为他也终于有机会报复中国人一通。"②

四是对清人信仰与祭神习尚的记述。"这座房屋的进口处是一普通的方形通道，接着是一个清净雅洁的院子，这是供大使所带的士兵寄宿所在，好像是一种营房。另一院落，进门处有三级阶梯，院内有好几间小屋子，由原住的中国人居住。紧接着这几间的与此相类似的房屋拨给大使的仆役居住。就在这些仆役住房的对面是一间同普通房屋一样的方形小屋，这是供奉神位的所在。房间中央设一祭台，台上供着三个瓷制神像，同人体一样大；台的每边供着烛盘，每天早晚燃点两次，在其余的时间内，如果有人来拜神也点上蜡烛。礼拜完毕，烛即行吹熄，而烛上的余烬则任其自行熄灭。这样的拜神仪式过后，祭台上的司仪就取出一根软的木槌把挂在祭台上的钟击三下，于是这位祈祷者就跪在神像面前，把头弯向地面叩三次，当他的头向上抬起时，他两手相握向前举过头顶。中国人的每天拜神就以这跪拜结束他们的仪式，中国人呼之谓'请，请，乔喜'，即虔敬上帝之意。

"这样一种普通居民的供奉神位的形式是全中国普遍的；每一个人，从低贱的农民到皇帝本人都有一个祭台或者一个神位，最穷苦的人家也同样供奉他们的偶像，虽然，可以想象，与皇宫里的是成比例的在形式与神像上缩小；即使在水上生活的人们也不例外，航行于海上或河上的各种船只都供奉他们的神和

---

① ［英］爱尼斯·安德逊：《英国人眼中的大清王朝》，第66—67页。
② ［美］何天爵：《真正的中国佬》，鞠方安译，光明日报出版社1998年版，第84页。

祭台①。

"在中国人看来,同一个人可同时是一个儒教徒、佛教徒、道教徒,却丝毫也不觉得有什么不妥。佛吞道,道吞儒,但最后儒教同时并吞佛道,因而构成'三教合一'的态势。在中国,各种信仰混合的一个重要的结果是人们的道德水准的偏低,不管从哪种教义来看,现行的道德都下降到了最低点。在现存的民族中,没有哪一个像中国人这样如此受迷信、轻信的束缚。不管是家财万贯的商人还是学富五车的士子,每个月都特地抽出两天时间专门来祭拜狐狸、黄鼠狼、火龙、蛇和老鼠,并且丝毫也不感到羞愧,所有这些动物,在他们印制好的祭文里,均被称为'阁下',且均被说成对人类的命运有重大影响。在对待神灵上,比充满敬意的疏远更进一步的便是'礼仪'上的尊重,即按特定的程序举行一系列的例行仪式,不为别的,就为了神灵能保佑他们。"②

"佛教寺庙是遍布中国各地的一大景观。一般在较大的城市里会有上百所,较小的城市里有几十所,而在每一个较大的村镇也会有两三所。

"在中国,各路大神当然都有自己单独接受祭祀的寺庙。但是,那些诚惶诚恐的中国人想到,可能还有数量众多的被忽视了的小神,不管怎样还是应该给它们一席之地。于是中国人便将那些小神们一一列出,建了上述的小庙将他们供奉起来。这种想法和做法虽然很是体贴周到,却很荒诞不经,让人难以理解。

"每月的初一和十五两天以及某个特定的节日都是寺庙举行特别盛大祈祷活动的日子。在其他的时间,从年头以至年尾,不管白天还是黑夜,所有的寺庙都向外人开放。无论何时总有一名僧人在场主持祈祷仪式。佛像前的油灯里飘着一根灯芯,发出的光芒虽然暗淡微弱,但一年四季却常明不灭。祈祷仪式每次只为一个人举行。从来没听说过一次为两人或者一大群人同时做祈祷的例子。普通的祈祷仪式非常简单,几分钟便告完成。祈祷者进门后,先花几文钱从僧人那里买几炷香,由僧人把它们在佛灯前点燃,递给祈祷者,再由祈祷者亲自把香插在如来佛像前一张桌子上的铜质香炉里。做完这道程序之后,祈祷者三次双膝跪在一个垫子上,向面前的佛触地叩头三次,立在一旁的僧人同时为他击鼓或者敲钟,以提醒如来佛注意香客的光临。完成这道程序,整个祈祷仪式使告结束。香客立即起身来,仍然该做什么做什么去。这就是在中国所有寺庙里的一般祈祷仪式。它很简朴,花费不多,既不影响人们的日常工作,也不会使人们感到有什么不便。在较大的寺庙里,一般会有许多名资格较老的僧人以及新接收的小和尚。在这里,小和尚们要像海船上的水手一样轮流'值班',并

---

① [英] 爱尼斯·安德逊:《英国人眼中的大清王朝》,第72—73页。
② [美] 明恩溥:《中国人的特性》,匡雁鹏译,光明日报出版社1998年版,第266—270页。

且在一些特定的时候，必须日夜不停地为香客主持祈祷。僧侣做为中国社会的一个特殊阶层，由于其愚昧无知和不良的行为习惯而颇遭世俗的非议。他们学习的宗教仪规等内容极其有限，其中只不过是一两句梵语而已，经过别人反复传诵后，他们便学会了整日口中念念有词翻来复去唠叨个没完没了。"①

此外，"在中国，人们所说的祖宗牌位是每个家庭中的必有摆设。而且从理论上来说，家庭成员们每天都应在其面前跪拜叩头，表达敬意。这种牌位由一块木板安放在一个木质的底座上做成，一般漆成红色。木板上刻着祖先的名字等内容，每个字都漆成金色，以示其神圣。牌位通常放置在一个很小的、多少经过雕刻装饰的神龛之中，正式隆重的祭祀仪式每半年举行一次，地点当然在祖坟上。仪式是否真正排场讲究要视举办者的经济状况而定。举行仪式时，先把坟堆周围的杂草仔细清除掉，将其形状重新整理好之后，在坟前摆好桌子，把供品放置其上。供品通常包括各种肉类，最常见的是猪肉和鸭子。其他的物品还有米饭、糕饼、水酒和一些丝绸。丝绸是用来供神灵们做衣服之用，鞭炮这一在中国各种各样的庆典祭祀仪式中都必不可少的东西，在此时更是大显身手，声声不断。纸钱也要大量焚烧；一把火便把它们变成了阴曹地府的通用货币。"②

五是对清朝官员招待英国使节宴会的记叙。"接连这居民礼拜堂的院子是中国人居住的，同时作为厨房之用；从这里经过一个圆形的门道到另一部分的房屋，这是专供大使和他的随行人员所用。这房屋围绕着一个很漂亮而宽敞的天井。这天井，在此时际，我们当它作为餐厅之用。天井的一边有一洁净的阳台，离地面两级高，有美丽的屋顶，四根金漆庭柱；整个天井覆以天幕，蔽住阳光；这里也装上美丽的灯，齐整地挂在四周，灯架是用黄杨木制成，装上透光的丝绢和各色花纱。灯烛点亮时的光辉颇为悦目。两侧的主要厢房作为使团随员们的处所；他们分别在这两行对称的房间里就寝。马戛尔尼勋爵和斯当东爵士则分别留宿在另外的厢房里。

"两点钟为大使和他的随从人员们预备的午餐开始。在这餐席上约有100盘不同的菜肴，悉照中国方法烹煮；菜肴主要是放在小碗里的蒸煮的食品。席上不用桌布，没有刀叉，他们取物入口的唯一办法是用形似铅笔的细长的木条或象牙筷子。因此凡是硬的食品绝对必须先切成小块。在进餐时，许多中国人围绕着餐桌。这些人，据我设想，是从属于中国长官的；他们是来看管对于使团的招待、布置事宜。那时他们不只有所惊奇而表露出他们的别致的动作和姿态，

---

① ［美］何天爵：《真正的中国佬》，第96—97页。
② 同上书，第93页。

而且时常大声嬉笑。"①

六是对清代通州城市容市貌的记述。"这天早晨我有机会去访问通州城和它的郊区，受了不少的累，还碰到一些麻烦事，我把这城市的大部分地区走完了。它建筑成一方形，有极为高大坚固的城墙保卫着。城墙外容易接近的地段有一道很深的护城河。城墙周围约6英里，高30英尺，宽6英尺，有三个门，防卫充分；每一城门上面筑起壁垒，架上炮。城门内有健壮的守卫队，经常不断地看守着。每晚10时关闭城门，晨4时开放；城门钥匙由一官员掌管，晨4时后交给守门卫兵；在这时间内发生任何事故必须随时上报，根据情况发布命令。

"这城市的房屋大致与我们在中国境内所见的相像，不超过一层屋高。但是，在某些程度上，与我们所经历过的其他地方的平民房屋有所不同：它们几乎全部都是木头房子，用石或砖建筑的很少见，只限于官员所住的地方。房屋外表，从它们的精美的装修上看颇为悦目，但室内陈设异常简陋，如果可以称为陈设的话，那是很少，或者简直没有家具。他们的店铺里面仅有一间房子，没有地板，地面也不铺砌，所有家庭的事务和业务上的操作都在内进行。店门前面竖着木柱，木柱上在白昼悬着一个帐幕，不单为行人也是为了店员们本人遮蔽日光。有些木柱比它后面的房屋高得多。柱上不但油漆光润还装挂旗幡，表明某种商店所售的某种商品。木柱上端装着一个木刻的雕像用以指示方向。

"房屋和店铺外形和大小的变化很少，几乎完全是一个式样。在这广大的城市里的各街道上所见的几乎是完全同样的。它们的不同之点只在街道的宽度上。狭窄街道上的居民在他们的屋顶上张起草席，很宽的跨到街上，在暑季这是很适宜的。街道的两门，为了行人的方便，铺上4英尺宽的走道。

"用玻璃装窗在中国并不到处采用，普通的代用品是一种薄的油纸，把它糊在窗格里面，在高级人士的房屋则采用丝料。通州这地方商业繁盛，从停泊在河边的大量船只数目上和令人惊骇的人口的稠密上可以看出；我从几个当地商人方面探悉，一般认为这里的人口至少有50万。夏秋两季，这里的气候颇为炎热难受，但冬季则严寒，30英寸厚的冰块储藏在地窖里，直到夏季。这些冰在居民中认为是一种极为奢侈的物品，在炎暑时日把它混在饮料里作为解暑良剂。"②

七是对热河行宫觐见乾隆帝景况的描述："（乾隆）皇帝往前来时，官员们都拜倒下来。这位伟大人物是在一顶很平凡的轿子里，由20个一等的官员抬着。如果不在这样的场合，无法从一般官员中辨别出来。因为他不佩特色的记号或

---

① ［英］爱尼斯·安德逊：《英国人眼中的大清王朝》，第72—73页。
② 同上书，第74—75页。

徽章，也不穿比他的一般高级臣民更高贵的衣服。他的仪表的朴素符合于他临朝统治的明智的政策。因为在他这朝代中所习用的治道是尽量制止一切无谓的豪华，以鼓励人民节俭。他也是从父道出发关怀他的臣民，他抑制在他所统治的这块比较不富饶的地区，为他的诞辰奉行任何公众的庆祝。对于较贫苦阶级的人民，如果提倡在这节日举行庆寿典礼，会由于他们的忠诚爱戴而增加他们的困难。可是，这种禁令，据我们所知，只能在接近皇帝行宫的邻近地区有效，在广大的全国各地当这皇帝诞生的节日都举行极为欢乐而严肃的庆祝。

"这天是皇帝刚满85岁的日子，他登极至今已57年。他虽然有一双黑而锐利的眼睛，但是他的仪容则表露出他的品格上的仁慈与和善，和他的崇高地位上的稳重庄严。这是内心修养的结果，不是外表上的雄伟。一班官员们的样子与第一次谒见时完全一样。一时我们回寓，同上次一样的感到窘迫和疲乏。一大批赠品接踵送到，与上次所送的相同，不过颜色与花样不同而另加大量的鲜果和糖果点心，这足够做我们长期的餐后食品的供应，即使把他们住在热河的时间延长一倍也够用。

"中国人制造糕点、蜜饯的技术是出色的，味道好，式样与颜色多种多样。他们的糕饼做得值得赞美，味道比我在英国或其他欧洲国家所尝到的更为适口。他们的发面食品与我在欧洲吃过的同样轻松，而样式之多我相信集欧洲国家所有制糖果的名师也难于做到。"①

八是对内地婚俗与妇女的记述。在中国，年轻的已婚女子的命运非常悲惨，绝对不值得称羡。结婚之前，"她根本无权选择将与之结合的那个男子。而且至少从理论上讲，与她结婚者是她从未谋面，从未交谈过一句话的人。在选定结婚的良辰吉日，她就被送到丈夫的家里。可以毫不夸张地说，在那一交接仪式中，她就像囊中之物，装在口袋里的小猫一般，因为从头到脚，她都被'包装'得严严实实。作为另一角色的新郎官，在事先他同样也没有见过未来的妻子，因为他也同样无权参与选择配偶的分儿，所以，他与她的关系形同路人，彼此无关痛痒，甚至非常冷漠，除此之外不会再有其他的结果。当然，他们在婚后也许会逐渐产生一些好感甚至爱情。但是，在婚前他们之间绝对不存在什么感情。将两人拴在一起的那条婚姻纽带与恋爱没有丝毫的瓜葛。在新的家庭中，新娘只是变成了一名任意使唤的下等仆人。仆人所做的一切最低贱、最繁重的家务活全部一古脑地压在她的身上。维持她苟延残喘的唯一正当的理由，在于她能够生儿育女，传宗接代。在生孩子之前，她通常不被冠以已婚妇女（married worman）的称号，她们在谈起她或者与她说话时，仍然称她为'姑娘'

---

① ［英］爱尼斯·安德逊：《英国人眼中的大清王朝》，第124、218—219页。

(girl)。在中国，一名女子不是在结婚时，而是在变成母亲之后，她的称号才由'女士'(Miss)转变为'夫人'(Mrs)。只有做了母亲，尤其是生了儿子之后，那么她的境遇才会比那终生承受重压的驮兽（a beast of burden）稍好一些，她才会赢得一定程度的尊重和认可。但是，许多年轻的妻子们等不到这一天的到来。她们经常以自杀或者企图以自杀的方式作为对婆婆那惨无人道、无法容忍的虐待的反抗和逃避。"①

"在中国，'母亲'这一称呼是所有已婚妇女的护身符和荣耀所在。然而即使在这一点上，如果从西方的观点出发，她们的地位也非常奇特，令人不可思议：她是自己孩子的独裁者，可以要求他们绝对无条件地服从自己。哪怕自己的孩子已年逾花甲、白发满头，早已成为了另外数个家庭的父亲或者祖父。斗转星移，她也会变成几个媳妇的恐惧之源：她会向她们作威作福，把她在做小媳妇时忍气吞声遭受的一切苦难和折磨，再重新发泄到自己的儿媳们身上。但是只要面对丈夫，她就除了扮演一位仆人的角色之外，什么也不是。在她去世之后，按照清朝的法律规定，儿子们必须为她披麻戴孝，一百天之内不准剃头刮脸。但是，如果她的丈夫也效仿儿子们的做法，或者表现出一些哀伤的样子，那么他就是自找麻烦；他就会因此成为众人冷嘲热讽的对象、鄙夷唾弃的靶子。作为男人，只要他喜欢或者看着合适，他就可以随时再娶妻子。但是，如果一名寡妇再嫁给另一个男人，那将被视为一件大逆不道、极不光彩的事情。中国人讲话时通常不愿把一件不合时宜的事情说白了。他们从来不说'王寡妇又结婚了'，而是说'王寡妇朝前迈出了一步'。如果一位年轻的寡妇希望出人头地，希望得到万众景仰，比如说为了让皇帝下令建一座贞节牌坊褒奖她的品德，她会一头撞在丈夫的棺材上，结束自己的生命。如果她的抱负不是太大，出人头地的愿望不是十分强烈，她会终其余生侍奉照顾自己的公婆。事实上中国妇女在结婚后便失去了自己的名姓，丈夫的姓便是她们的姓。"②

九是对中国人社会生活的描述。"与西方人所不同的是，中国人关于什么是社会的观念建立在另外一套模式之上。他们局限在陈规陋俗的老一套中，对于我们所说的很正当普通的一般交往，他们却视为很荒唐的行为。这里的交往就是男女两性之间的共同相处。在中国的社会交往中，男女接触视为至关重要的大防，绝对不允许这种现象的存在。在大清帝国之内不存在任何形式的社会活动或者集会，以便使男子和女子能够像朋友一样在一起交往和娱乐。如果不对中国的礼教习俗进行彻底的改革，这种有益无害的男女交际活动便永远不会存

---

① ［美］何天爵：《真正的中国佬》，第55页。
② 同上书，第55—57页。

在。说得更准确一些，在中国，指导两性交往的正确原则，就是严格禁止任何形式的两性往来。这一规则相当严厉，没有打折扣的任何余地，绝对不许标新立异。对于中国人，即使老朋友之间，他们也从不询问一下对方家庭中女同胞的健康起居如何，更不会以其他任何方式提及她们。对于他们，如果问一句'您的妻子好吗？'这样在世界上其他任何地方都如此普遍无害的客套话，也会被认为是极不礼貌、对他人人格的侮辱。在这种情况下，即使多年的老交情也会侧目以待。相互厮混，一直到白头老翁的人们也只是天马行空、信口开河地询问和谈论对方的儿子如何，有没有出息；他们绝对闭口不谈家庭中的女性如何。即使谈一下关于家中一个八九岁的女孩的话题，也不可能。他们所采用的一个最接近于那讳莫如深话题的一词，大体上是'您的家人'（your family）这几个字。但实际上这几个字的含义相当模糊。"

"中国妇女从事各种大量的工作，并且还负担其他许多的社会义务，但是这些事情完全局限在她们的圈子之内。像异国土地上的其他姐妹们一样，她们也对服饰打扮刻意追求，特别着迷。虽然她们还是用剪刀剪裁布料（这一点与中国妇女几个世纪以前的做法没有丝毫改变），但她们的服装式样和装饰却在年复一年地变化着，常做常新。她们除在其住处附近非常幽僻的地方购买所需的一切物品之外，一般不会涉足其他地方去买东西。据说她们不仅会赌博而且还会公开地吸食鸦片。但对这种说法的真假虚实，我却不甚了了。很难想象，当她们待在自己的家里，或者傍晚共同聚在一起喝茶时，她们能够有什么娱乐活动，能够想出什么法子打发和消磨时光。她们无须劳动，因为她们有家仆来照顾一切家务（显然作者在此谈论的是中国上层社会的妇女——译者注），她们中既没有人会写字，也没有人能够读书。作为她们是妇女（ladies）的唯一证明，并且作为她们长期不劳动的必然结果，是她们都让自己的指甲长得长长又长长——如此之长，以至于事实上她们都套上金子或银子的'指甲箍'（nail sheaths）。这种指甲箍很像妇女们穿针引线所戴的顶针，也就是说，就像顶针一样很合适地套地手指上，其延伸的形状恰如指甲弯曲的曲线。另外这些指甲箍上还悬挂着一些用细链串起的小铃铛。这种装饰很有效地限制了妇女们的活动。她们不能像异国他乡的土地上的女士们一样，能够手指灵巧地做一些无聊又稀奇的小玩意儿，以打发大量的闲散时光。

中国贫困阶层的妇女们除了做家里的日常杂务、除了与吃饭穿衣、柴米油盐酱醋茶打交道之外，绝对不会去想别的东西。的确，她们喜欢在夏季三五成群地聚集在树荫下，或者在冬天的阳光下靠在土墙边，交换和谈论关于邻居们的零星的闲言碎语。但是对于西方人所理解的关于社交聚会的概念，可以说她们根本就没有想过。一位外国夫人有一次邀请了几名较贫困的妇女和她共同消磨一个下午。这些妇女都是彼此很熟悉的邻居。外国夫人用很简单的方式招待她们,给她们准备的是小果子面包和茶水。客人们到来之后,那些物品便摆上了桌子。由于女主人因事要回屋一下,于是她请客人们不要拘束,随便用茶水和点心。等女主人回来之后,她发现客人们已经仔细地数算了桌上共有多少面包,每人平均分得了一份,还剩有一个不能整分,她们便以最公平的精确的方式将其切割瓜分。这样各得其所后,每人端起一杯茶走到客厅的角落,在那里悄悄地尽情享受。

在中国的乡村生活中,对于那些严格限制和禁止异性交往的清规戒律,人们似乎可以有较宽松的自由,甚至在某种程度上可以将其搁置一边。许多乡村的村民们会自愿筹集一小笔款子,然后请人搭起一座简易的戏台。每当中秋和春节到来之时,村里就请来一些四出流动演出的戏班子唱上一两天的戏。在这种情况下,所有家庭成员,不论男女老幼,都可以前往观看。但是,妇女和姑娘们总是小心翼翼地安坐在专门为她们保留出的位置,男女能够接触交往的机会极为稀罕。在较大一些的城市里,女子有时会上剧院看戏,但存在一个永久不变的通行做法,即她们总是必须坐在为她们单独设置的、用帘子严密遮挡的包厢里……在乡村里,男人、女人、老人和孩子黎明即起,一块下地干活,直到黄昏才收工回家,在这样的环境里,人们的交往实际仍然受到严格的控制和加强,这正像在那环境相对较宽松一点的城市里一样。在一起下地干活的人群中,老年妇女的眼光特别敏感锐利,她们总是紧盯着年轻的女子和男人们,注视着他们的一举一动。这使得对方如芒刺在背,很少能够自由随便地交谈一些话题。

"中国的男士们在很大程度上能够比较自由地相互拜访,招待娱乐一番。但是他们那中国式的矫揉造作的繁文缛节令人不胜烦恼,疲于应付。在主客之间要经过的那些细小琐碎的细节,那些嘘寒问暖的客套,使得对客人的招待多了一些虚情假意的味道,而少了一点开诚布公的气氛,因而也使得它变成了一种沉重的负担而不是充满了轻松愉快的乐趣。比方说,如果有人去拜访一位朋友,在门口,那位朋友会亲自迎接他,这时客人必定要花上五六分钟的时间争让一番谁先进门的问题。其实这一问题根本不用争执。对于谁先应当跨进门槛,彼此都明白得很,只是心照不宣而已:在中国那个讲求礼仪的社会中就是这样。客人进门时必须要与主人再三揖让一番,落座之后,不管他口渴与否,一杯茶水必定先送到他的面前。另外在与主人交谈的过程中,他必须小心翼翼,察言观色,掌握好分寸。从拜访朋友时所涉及的这一切礼仪习俗中,我们可以很清楚地看到,中国的社会交往实际上已经变成了一种沉重的负担,令人十分厌烦。

中国的许多士大夫都拥有大量精美的藏书。这些藏书大都是古代作者的经典作品。这些文人士大夫们对于自己的文化有着极大的兴趣和非常渊博的知识，谈论起来如数家珍、滔滔不绝，见解独到。他们中还有许多人对于中国古代的瓷器、玉器、钱币、绘画等方面的研究和造诣很深。如果遇到某人对这些东西感兴趣甚至有一些研究，他们一定会大喜过望，非常愿意把他引为同调或者至交。在与他们谈论诸如上述古玩钱币的问题时，外国人会很自然地发现自己成了小学生，而他的中国主人成了先生。中国绅士会向外国佬展示自己那精深的研究成果，他们能很耐心地具体深入到每一个细微的环节，以便使自己的学生大吃一惊，继而对先生景仰备至。

持西方思想观念的人们如果想对中国人有某些全面系统的了解，并要与之友好相处的话，那么就需要那些获取了实际经验、对中国有全面了解的人为他们开设一门有关这个方面内容的指导课程；而中国人如果想处理好与西方人的关系，他们也需要这样做。每一方都应当设身处地，都要持一种宽容的态度，为对方留出操作的余地。因为双方各自的教育体系和教育内容一直迥然不同，双方的思维方式也大相径庭，各自的价值观念、取舍标准也因人而异。总而言之，每一方都会发现对方在许许多多的事情上表现出严重的愚昧和无知。因此，只有通过一个长期的相互接触和了解的过程，才有可能成为友好相处的朋友。

中国的士大夫阶层一般都是通过了某一级科举考试的文化人，他们特别喜欢和擅长辩论。他们拥有自己的一套逻辑思维，总是把自己的结论建立在据我们看来有时很奇怪甚至很荒谬的理论基础之上，他们思路敏捷，眼光犀利，能够很快抓住推理论证中的缺陷和弱点，然后对此加以充分的利用。但是，如果有谁能从孔子的著述中引证某些论点，他会乖乖地屈服和让步，因为他们把孔子视为天上的神明。在许多情况下，他能使双方争辩的结果至少达到自己的满意：他能够勇敢地面对对手，在紧要关头力挽狂澜、转败为胜。因为他们往往在双方共同认可的事实基础之上，按自己的观点对争辩的内容加以阐释，这样使自己在同对手的激烈交锋中占上风。正是由于这一特点，与中国文人士大夫们的争辩才具有了特殊的意义。因为它能够帮助我们了解他们的思维方式以及在多大程度上他们总是以盲目的轻信去取代普遍公认的一般原则。

中国人的客厅和书房一般布置装饰得非常雅致和考究，古色古香。虽然从我们的观点看来未必方便实用。让我们旧话重提，继续探讨一下中国家庭中女性'养在深闺人未识'的种种情形。我们注意到，当某位来访者走到书房或者客厅门口的时候，他应当事先咳嗽几声以告知有客到来，使里面的女性有足够的时间在他进屋之前回避。中国人对于他们的儿子特别引以自豪和骄傲，客人来访时，他们可以在场。但是其父在把他们介绍给客人时，总是以一种无所谓、轻描淡写的口气，说上一些他们愚笨无知、孺子不可教养的话，整个一副恨铁不成钢的样子。不过所有这些却能让人感觉到，那不过是掩盖着自豪与骄傲的面纱而已。赢得一位中国为人父者的好感并与之建立良好关系的最万无一失的办法，如果有可能的话，是去家里亲自拜访他，当面对他的儿子们大加吹捧和赞赏，舍此之外，别无途径。

几乎毫无疑义，在中国，当地人与外国人之间的一切社会交往都是严格限制在同性之间。不管从哪一方面来看，这都是令人非常遗憾的事情。但是，除非东方的礼仪观念和社交规则能够得到一定程度的改变和松弛，使之与西方的习惯做法相衔接，这种状况便不会有所改观。而且，欲速则不达，变化不可能在一夜之间就发生。任何形式的强迫或者生拉硬扯只会导致与本来愿望恰恰相反的效果。目前在中国举行的一切国际性的集会活动（也许我们可以这样称呼），整个说来单调乏味、令人昏昏欲睡。它们缺少只有女士们才能带来的那种温文尔雅、机智俏皮、和谐完美的气氛。我们需要巨大的耐心和富有哲理思辨的头脑去容忍此种现象的存在。或者最好换句话说，这样做的目的正是为了不使一桌宴席不欢而散，正是为了不使那种极为滑稽可笑的现象长此以往永恒不变地为我们的宴会'增光添彩'。"①

---

① ［美］何天爵：《真正的中国佬》，第72—84页。

第十六章
社会生活风尚对后世的影响

清代是中国封建社会从繁荣、鼎盛,走向衰落的时期,也是由传统社会沦为半殖民地半封建社会的转折时期。这种兼容传统、近代与中西文化社会生活风尚的特征,注定清代社会风尚的形成、发展与变革的历程,不仅迥异于以往任何一个历史时期,而且它的多样性、多元性、融合性、传承性、内凝性等特点,更决定了它必将成为中华民族精神与传统的有机组成部分之一,对后世社会的物质与精神文化生活,产生文化"基因"式的功能与效应,发挥自身独具的魅力和影响。

第一节 社会风尚的形成与演变

在清代名目繁多的社会风尚中,最具特色、涉猎面广、参与者众的社会风尚,是清代的官场风尚、吏治风尚、士人风尚、商贸风尚、军伍风尚、民间风尚、地域风尚、民族风尚等,其形成与演变,以社会的发展变迁为背景,推动清代社会风尚的整体发展和演变,并在此基础上衍生出新的时代发展特色。

一 官场风气与演变

清代官场风尚形成与演变，除有与其他历史时期相类似的共性之外，有自身特有的时代特点。其形成与流变，不仅是吏治发展变化的直接结果，而且对吏治的清浊有着最直接的导向作用。

（一）官场风尚的形成与演变

清代，从中央到地方官场风尚的形成与演变，虽有前期、中期、后期等时间上的划分，但从总体上而论，却受诸多官场内外带根本性的条件与因素的制约影响：一是各种社会固有矛盾更趋激化与尖锐；二是由于外国资本主义扩张势力的相继入侵，致使社会危机日益加深；三是受清朝历代统治者制定的吏治政策及举措实效的制约影响；四是受清代官场主体，即官员个人与群体素质高低、优劣，以及由此导致的行政运转效率的快慢等因素的制约影响；五是受清代历朝帝王自身素质、政治远见、才识高低、优劣与统治行为实践活动等因素的制约影响；六是受清代政治体制（即封建官僚体制）及其运转效率等具有根本性的条件与因素的制约影响。在上述条件与因素的制约影响下，清代官场风尚，较之前代而言，不仅有其独特的历史内容，而且对社会生活的导向以及吏治清浊的影响，更加广泛深远。

1. 养幕（僚）用幕（僚）之风

清代从中央到地方各级衙门，官员聘幕（僚）、用幕（僚）、养幕（僚）之风盛行，致使幕僚（俗称师爷，清代尤以浙江绍兴的师爷最为著名，故"绍兴师爷"几成幕僚的同义语与代名词）群体的人数激增。他们渗透于各级衙门行政事务的各个领域，操纵着行政事务的各个环节，又谙熟各种规例，使官员对其依赖性增强，而其作用与影响力更是不能低估小视。因此，官场中养幕用幕之风盛行，历久不衰，与清朝相始终。

其一，养幕僚成风，聘幕僚有礼。在官场中，官员们养幕僚协助处理与帮办公务成风。以地方官员群体为例，各省自督抚、提镇等文武高官大吏，至府州县官员，均各聘请、使用、俸养幕僚以代己行劳，办理公事。但官员养幕之目的，在于用幕，而要用幕，则首先需要官员去礼贤下士地礼聘幕僚。行聘礼时，颇为隆重，官员还须向师爷（幕僚）行下跪之礼。聘后，由官员按月或按年向幕僚支付薪金。二者的关系则是宾主关系，而非上司与下级的管制关系。因此，"宾之与主，非有势分之临也，合则留，吾固无负于人；不合则去，吾自无疚于己"[1]，来去自由。

---

[1] 汪龙庄：《佐治药言》，《不合则去》篇。

其二，幕僚行责，助官司政。幕僚在职掌方面，主要是代理或帮助官员司政，如代幕主批阅各种官方文件，起草信札奏章；协助幕主处理刑狱与田粮等公务；替幕主代阅科举考试中除会试、乡试之外的考卷。还要代幕主去主持或掌管地方军事、治河、外交、学政（主持地方书院教学）、志书编辑修纂、编书（如阮元《皇清经解》与《经籑诂》、王先谦《皇清经解续编》、毕沅《续资治通鉴》、张之洞《广雅丛书》等多出自幕僚之手笔）等事务。不仅事务繁杂，且涉猎广泛。

其三，幕风兴盛，事出有因。清代幕风较前为盛，则有其特定的历史环境所引发的原因：一是清初，满族官员大多不谙习各地汉人的民情风习、掌故与禁忌，而这些又与司政有密切关联，再加军政事务繁杂，亟待处理，非一己之劳所能应付，故需延聘有才有识有能有技的文人入幕辅佐。二是官员中有相当一部分是通过八股取士的科举考试而入仕途的，其所学知识与行政技能二者相差甚远，他们往往迂腐呆滞，既乏行政理财、施政和治狱之长技，更不习于官场交际、转换与应变之权术。因此需要聘用精于此道且有真才实技的幕僚，以辅佐其司政。三是官员因于回避规制的实施，文官多不能在本省做官。故每赴外任，对该地情况陌生，为迅即了解任地情况，只得使用与依靠当地的幕僚。四是清代的候补官员既多且滥，其中大多为捐纳而获此资格者，而要补一个实缺绝非易事，短则数年，长则十余年或数十年。以江苏一省为例，设有道府州县不过数十，但等候补缺者却达千人之众，非数十年而不可补一实职之缺。致使诸多等待补官实缺之人，或为生计所迫，或为演练为官之技，均先充幕僚。五是幕僚虽无官职之名，却有实权与实利可图，且与幕主关系相对自由，又备受幕主尊重，不合则去，另谋高就，施展己之长技与抱负，故充任者众。

其四，充幕成业，名幕有著。清代官场中养幕用幕成风，故催生出一批以充幕为业的专职幕僚。同时，涌现大批名幕与幕学著述，如名幕万维翰（枫江）的《幕学举要》、张廷骧的《入幕须知》、王又槐的《办案要略》、名幕汪辉祖（庄龙）的《佐治药言》、《续佐治药言》、《学治续说》、《学治臆赘》等。他们认为，充幕者最重要的当须遵循"尽心"、"尽言"、"不合则去"三条准则。但汪辉祖幕学著作中的"官声在初莅任时"、"勿彰前官之短"、"须为百姓惜力"、"勿以土物充馈遗"、"保富"、"吏不可墨"、"请不可刻"、"勿为非分之事"、"虚心"、"立品"、"范家"、"勤事"等见解与观点，还是有一定价值的。

其五，幕僚德才，良莠互见。清代幕僚群体中，多有德才兼备的佼佼者，如赵翼、沈曾植、王先谦、左宗棠、林则徐、李鸿章、郑孝胥、王昶、阿桂、长龄、文孚、钱应溥、阎敬铭、王文韶、张之洞、曾国藩；陈澧、金农、章学诚、戴震、汪中、俞正燮、邓石如、惠栋、朱彝尊、包世臣、薛福成、缪荃荪、冯桂芬、王闿运、梅文鼎、李善兰、华蘅芳、罗振玉；以及清末的文廷式、屠寄、张謇、汪康年、张佩纶、梁鼎芬等。他们之中，有的是著名的学者，有的则是做幕僚后又进入官场，官至大学士、军机大臣、总督巡抚等显位的名臣。也有一些如平步青《霞外捃屑》卷二所称"不学无术，盘据衙门，仰主人鼻息，入则奴颜婢膝"，而出则对百姓民人"狐假虎威，而人犹称曰幕友，己亦居之不疑"①的刀笔师爷，他们为害鱼肉民人甚烈。光绪中叶以后，清政府改订官制，在地方衙署中设文案专职后，官场中的养幕用幕之风，才逐渐衰退。

2. 贪污腐败之风

从清初至清末，官场中的贪污腐败之风愈刮愈猛，屡治屡兴。其表现出的特点是：

其一，高官大吏，贪案频发。早在顺治朝时，即有官员贪污案件发生，至康熙朝官员贪污逐渐成风，不少高官大吏和地方官员，有的贪污银两至数十百万两之多。如侍郎温代，因贪污被革职充军；侍卫内大臣额奇，则因收受属下贿赂金碗等物而丢官。至于地方官，贪污案件更是屡禁不止，屡惩不绝。如广东巡抚金隽与侍郎宜昌阿乘查看叛臣尚之信家产之机，贪污侵吞白银80余万两；山西巡抚穆尔赛以"火耗"为名，大肆贪污；两江总督噶礼、太原总督赵凤诏亦是贪污巨额银两的赃官；山东捐谷案中，揭发出山东巡抚蒋陈锡在康熙四十五年（1676）至五十三年（1684）期间，贪污银达217万余两之多②；山西巡抚苏克济自康熙四十八年（1709）至六十年（1712）在任上共贪污银达到400余万两③。此外，康熙朝还揭发出广西捐谷贪污案、贵州巡抚金世扬水银贪污案、山东布政使博尔多亏空俸工银贪污案、湖南布政使张圣弼等集团性贪污的恶性案件。乾隆时期，不仅赃银逾万的大案迭起，且要案屡惩不绝。如乾隆十四年（1749）至三十三年（1768），两淮运司盐政官员共贪银1900余万两④；乾隆四十六年（1781），新疆哈密通判经方竟贪银15万余两⑤；乾隆四十七年（1782），山东省出现了亏空银130万两一案⑥；乾隆六十年（1795）时，福建发生亏空白银250万两的大案⑦。此外，甘肃布政使王亶望等通省官员"折捐冒赈"贪银

---

① 袁庭栋：《古代职官漫话》，巴蜀书社1989年版，第179页。
② 雍正朝《朱批谕旨》第九册，雍正元年正月二十五日，黄炳奏折。
③ 雍正朝《上谕内阁》档，雍正五年八月十三日。
④ 《清高宗实录》卷八百一十三。
⑤ 《清高宗实录》卷一四二〇。
⑥ 《清高宗实录》卷一一四五。
⑦ 《清高宗实录》卷一一五九。

26万两一案①；山东巡抚国泰一年即贪银8万两一案②；军机大臣和珅贪污巨额银两案，虽案发震动朝野，但也仅是全"豹"之一"斑"而已。

其二，贪案屡发，涉及面广。乾隆以后，官场的贪污腐败风不仅更盛，而且每有贪案发生，涉及面广而人数众多。在这些贪案中，被朝廷处死的二品以上的大官就有30余人。其中，如前所述的王亶望贪污案，即是上下通同一气、知而不举的集团性贪污巨案，案发后，朝廷上下及内外官员，无不为之震动。此案被处死及拟死官员47人、革职官员81人，另有11名犯人之子发往伊犁做苦役③。此案牵涉的地方大员则有陕甘总督勒尔谨、甘省藩司王亶望、接任藩司玉延赞等人。

其三，官员贪污，手法多样。从揭露出的一桩桩贪污大案要案来看，官员不仅获赃银钜，且贪污手段繁多，花样百出，真可谓贪赃有术。一是利用职权之便，勒索贪污银两。如乾隆六年（1741），揭露出郑伍赛贪污一案，郑在充任广东粤海关监督一职时，利用海关之便，巧立名目，对进出口洋船勒索银达32360两之多，中饱私囊④。二是克扣库银及勒诈下属，贪赃肥己。如乾隆三十年（1773），云南布政使钱度的贪污大案中，他自乾隆二十九年（1764）至三十七年（1772），前后两任此职的六年中，采用克扣库银及勒诈下属等手段，贪污银85980两、金子2810两⑤。三是勒逼盐商"公费"、"营运"银，从中贪赃。如乾隆二十六年（1761），揭发出"河商盐道衙门收贡公费"贪污一案，自乾隆二十一年（1756）至二十四年（1759），数年之内，河东盐政官中竟从长芦盐商身上勒逼贪污银达21168两之巨⑥。乾隆三十三年（1768），江苏扬州知府杨重英贪污家中，杨通过向两淮盐商发放高利贷，重息盘剥，勒逼盐商"营运"银两等手段，共贪污银88641两⑦。四是借办买物为名，勒派属员银两。如乾隆四十七年（1782），山东巡抚国泰贪污银80000两的大案。国泰身为山东巡抚要员，在任内却倚仗权势，公开以借办购买物件为名，勒派属员银两，"计东省十府，两直隶州，每属分派数千两至数万余两不等"，然后贪入私囊⑧。五是贪污商人税银，赃银归己。如乾隆时期苏州织造兼管浒关的安宁，乾隆二十六年

---

① 档案，《为复奏事》（乾隆四十六年十二月），弘畅等奏。
② 档案，《冯蜓与梁肯堂供单》（乾隆四十七年八月）。
③ 档案，《为复奏事》（乾隆四十六年十二月），弘畅等奏。
④ 档案，《为遵旨据实查参事》，及所附《访查粤关各弊》（乾隆六年十一月十一日），庆复奏。
⑤ 档案，《钱度供单》（乾隆三十八年六月。）
⑥ 档案，《为钦奉上谕事》（乾隆二十六年七月十六日），常钧奏。
⑦ 档案，《为遵旨严行审讯据实复奏事》（乾隆三十三年七月二十六），彰宝、尤世拔奏。
⑧ 档案，《冯蜓与梁肯堂供单》（乾隆四十七年八月）。

（1761）时，贪污关税银两达 49000 余两①。六是上下串通，贪盗库银。如乾隆三十二年（1767）时，主管铅厂官员赫外额与张宏燧"上下通同徇私欺罔"，合伙贪污铅厂府库银一万数千余两②。七是克扣官银，侵蚀帑金。如乾隆四年（1739）湖南衡永道官员许登瀛，趁承修舵捍洲石台工程之机，多方克扣官银，侵蚀帑金达 14000 余两③。八是收受贿赂，敛赃归己。如乾隆六年（1741），河南学政俞鸿图贪污案中，俞在河南学政任内，受贿营私，贿卖生童得赃银 12000 余两④。乾隆九年（1744）九月，揭出福州府等六十六州县官员共收捐监视礼银 15936 两，家人书役等共收受捐监规礼银 18577 两⑤。九是虚报冒领，合伙贪污。如嘉庆十一年（1806），直隶揭发出司书王丽南贪污大案，王多年来串通州县官员，私刻藩司（布政使）及库官印信，采用冒支、重领、虚收、虚抵等手段，贪污银 310600 余两。嘉庆十四年（1809），又揭出工部官员王书常贪污巨案，王私刻官印，伙同蔡泳受等人，冒领库银达 14 次之多，贪污银两近 1000 万两⑥。十是倚仗皇权，巨贪肥私。清代最大的官员贪污案是乾嘉时期的和珅贪污案。和珅是满洲正红旗人，曾任御前侍卫、军机大臣、总管内务府大臣、御前大臣、议政大臣、领侍卫内大臣、步军统领兼吏、户、兵三部尚书和文华殿大学士等要职，他利用手中的政财兵三权，倚仗皇权，大肆贪污以肥私。案发后，估算其赃物如金银、土地、房屋，竟达 2000 万两之钜⑦，实属惊人。及至清末，官员贪污更是花样百出，大案要案屡屡发生，几乎到了无官不贪的地步，官场风气腐朽而无可挽救。

其四，皇权庇护，贪风日炽。乾隆以后，官场贪污日炽，即与皇权的保护有关，如和珅贪污案便具典型性，他既是乾隆帝身边的宠信大臣，特别是乾隆后期，"和珅之专擅，甚于前日，人皆侧目，莫敢谁何云"⑧，他倚恃皇权进行贪污勒索，有恃而无恐。这无疑加剧了统治集团内部腐败与贪婪性的滋生。除统治集团内部危机加重外，作为被统治者来说，如对商民的额外盘剥勒索，更是贪官污吏强加在他们身上的无限额的重负，实质上也是一种变相的赋税，其结果必将导致社会危机的加重和矛盾的激化。

---

① 档案，《为遵旨核拟速奏事》（乾隆二十七年十月），尹继善等奏。
② 档案，《为参奏事》（乾隆三十二年一月二十七日），定长奏。
③ 档案，《为承审重案已明陈原委事》（乾隆四年十一月二日），彭家屏奏。
④ 档案，《为奏闻事》（乾隆六年四月二十一日），杨嗣琛、喀尔吉善奏。
⑤ 档案，《为遵旨查办奏请圣裁事》（乾隆九年九月），周学健奏。
⑥ 林永匡、王熹、江荣海：《中华文明史》第九卷，河北教育出版社 1994 年版，第 625 页。
⑦ 冯佐哲：《贪污之王——和珅秘史》，吉林文史出版社 1989 年版，第 240 页。
⑧ 《朝鲜正宗实录》引自《朝鲜李朝实录中的中国史料》卷十二。

3. 卖官买官之风

清代官场中卖官买官风之盛、买卖官员数量之多与范围之广、买官官员素质之低下，乃至此风对官场风气之侵蚀败坏之烈，为先秦以降中国历朝历代所仅见，这不仅对清代吏治的腐败起了推波助澜的作用，而且对清代社会的发展产生了深远影响。

其一，官职买卖，明码标价。清代用钱物对某些官职进行公开的买卖，主要是通过政府实施的捐纳制度来完成和实现的。这种交易活动，一是由政府公开出面；二是买卖的官职限在一定的范围；三是对所卖官职公开标价；四是买官者履行一定手续后即可获得官职；五是买官者虽有用物、用银者，但一律按银折价，以利统一计算；六是官职的标价银，前中后期则有所变化，呈递降趋势。对此，许大龄著《清代捐纳制度》一书中《历届捐例贡监生捐纳官职银数表》（一）京官条说：

乾隆三十九年（1774）价银：郎中为 9600 两，员外郎为 8000 两，都察院经历为 4620 两，大理寺寺丞为 4620 两，京府通判为 4620 两，兵马司指挥为 3800 两，太常寺典簿为 2160 两，七八九品笔帖式为 480 两，刑部司狱为 360 两。

咸丰二年（1852）价银：郎中为 5529.6 两，员外郎为 4608 两，都察院经历为 2664 两，大理寺寺丞为 2664 两，京府通判为 2664 两，兵马司指挥为 2188.8 两，太常寺典簿为 1245.6 两，七八九品笔帖式为 273.6 两，刑部司狱为 208.8 两。

光绪二十七年（1901）价银：郎中为 2073.6 两，员外郎为 1728 两，都察院经历为 999 两，大理寺寺丞为 999 两，京府通判为 999 两，兵马司指挥为 820.8 两，太常寺典簿为 467.1 两，七八九品笔帖式为 102.6 两，刑部司狱为 78.3 两①。

又，《历届捐例贡监生捐纳官职银数表》（二）外官：

乾隆三十九年价银：道员为 16400 两，知府为 13300 两，同知为 6820 两，知州为 6020 两，知县为 4620 两，县丞为 980 两，县主簿为 600 两，州吏目为 360 两，从九未入流为 180 两。

咸丰二年价银：道员为 9446.4 两，知府为 7660.8 两，同知为 3931.2 两，知州为 3404.7 两，知县为 2664 两，县丞为 561.6 两，县主簿为 315.6 两，州吏目为 208.8 两，从九未入流为 100.8 两。

光绪二十六年（1900）价银：道员为 4723.2 两，知府为 3830.4 两，同知为 1474.2 两，知州为 1301.4 两，知县为 999 两，县丞为 210.6 两，县主簿为 129.6

---

① 许大龄：《清代捐纳制度》，载《明清史论集》，北京大学出版社 2000 年版，第 101—103 页。

两，州吏目为 78.3 两，从九未入流为 37.8 两。

再，《历届捐例贡监生捐纳官职银数表》（三）武官：

嘉庆三年（1798）价银：都司为 4950 两，营守备为 2970 两，卫千总为 930 两，营千总为 770 两，把总为 470 两。

道光六年（1826）价银：都司为 3600 两，营守备为 2160 两，卫千总为 670 两，营千总为 560 两，把总为 340 两。

咸丰四年（1854）价银：都司为 1944 两，营守备为 1164 两，卫千总为 360 两，营千总为 302 两，把总为 183 两①。

其二，捐官成风，仕途拥塞。清政府以捐纳之名而公开标价卖官，涉猎范围甚广，京官有郎中、员外郎、都察院都事主事、都察院经历、大理寺寺丞、治中、京府通判、光禄寺署正、兵马司指挥、兵马司副指挥、大理寺评事、中书科中书、太常寺博士、銮仪卫经历、通正司经历知事、太常寺典簿、詹事府主簿、都寺司务、光禄寺典簿、国子监典簿、国子监典籍、翰林院待诏、翰林院孔目、七八九品笔帖式、刑部司狱、兵马司吏目等。外官则有道员、知府、盐运司运同、直隶州知州、同知、知州、盐运司运判、盐运司运副、盐课司提举、通判、知县、直隶州州同、州同、布政司运判、布政司经历、按察司经历、京府经历、州判、布政司都事、盐运司经历、盐课大使、布政司库大使、批验所大使、运仓大使、县丞、外府经历、按察司知事、盐运司知事、布政司照磨、按察司照磨、县主簿、州吏目、从九品、未入流等。武官有参将、游击、都司、营守备、单月卫守备、双月卫守备、守御所千总、卫千总、门千总、营千总、把总等。清政府这样大范围的公开标价卖官，使诸多稍有经济实力的贡监生员纷纷捐纳成风，以换取一官半职。同时，加之"正途"出身者愈来愈多，使仕途为之拥塞。早在康熙时，每遇有官缺时，候选者达二千余人，其中捐纳者占十之六的冗滥情况②；至清末光绪朝时，更呈现出佐贰杂职之出于捐纳者，欲占十之七八，其他杂流则更无论③的状况。此是造成清末官价贱滥的原因之一。

其三，买官有途，聚财有术。清政府对京官、外官、武官所标捐纳银数，其多寡之别一是官位品级的高下，二是蕴含此官职履任后所可以捞取、聚敛的钱财厚薄的差异。宣统元年（1909）清政府为筹备立宪而设立地方咨议机关"咨议局"，各省咨议局议员多由官绅与资产阶级上层中选出。为此，捐官之外又有了捐议员的新花样。当时，浙江富商蒋禹洲先欲捐官，后经人开导则捐议

---

① 许大龄：《清代捐纳制度》，第 108 页。
② 贺长龄辑：《皇朝经世文编》，《吏政》卷十七，蒋伊《甄捐纳以恤人才疏》。
③ 许大龄：《清代捐纳制度》，第 160 页。

员。始作俑者朱和雄宣称："今之议员，皆以金钱运动而得，费数百金，即可为之。他日所获，必倍之，或数倍之，无需次之苦，有取偿之道。"①此中道出了买官者心态与聚财之术的奥秘。

4. 官冗滥而推诿之风日炽

清代中叶以后，官冗滥而推诿之风日炽，造成此官场恶劣风气的根由，一是清统治者通过文字狱强化了封建专制集权统治，"文字罪人"此风一开，致使官员人人自危，司职时多明哲保身，遇事推诿敷衍。二是实施捐纳之例，使得官员人数激增，形成官冗现象，而官冗恰恰又是导致行政效率低下、官衙间推诿塞责的真正祸源。三是官员群体素质低下（观念封闭陈旧、思维模式单一、缺乏新知灼见、技能手段简单落后），致使遇事难作有效决断，而滋生相互推诿之风。其表现为：

其一，官员唯诺，缺乏生气。自乾隆始，朝廷官员遇事唯唯诺诺，不求有功，但求保其官禄，缺乏生气与活力。翰林孙嘉淦称官员的行径多为"趋啮诌胁，顾盼而皆然，免冠叩首，应声而即是"②的献媚庸碌之态。面对风气日下的官场，孙嘉淦提出责己自律的"八约"之章——一为事君笃而不显，二为与人共而不骄，三为势避其所争，四为功藏于无名，五为事止于能去，六为言删其无用，七为以守独避人，八为以清费廉取③。其实，这"八约"不过是正言明辞掩饰下的明哲保身、随流护官之道而已。他所谓的"用以自戒"，实则是为用以防身、用以避祸的挡箭牌而已。此外，在朝廷重臣中，由于遇事只会唯诺，且缺乏主见与生气，于是形成"面糊军机""瞌睡军机"等雅号，流传于世，成为一时笑柄。据载，"军机处章京一职，必以下笔千言倚马可待者承充。凡面奉谕旨发下之折，俱由大臣折角以为暗记，如何则议奏，如何则照请，章京一一分别拟稿，经王大臣过目，合格者，用笔加一圈于纸背，交原人誊正，然后粘诸折面。其自揣庸陋者，惟持面糊罐以俟，一一粘之。事毕，乃相率退出，时人遂有面糊军机之号"④。至于"瞌睡军机"的雅号则是咸丰时专赠给在御前值班爱打瞌睡的工部侍郎杜翰的，"咸丰时，工部侍郎杜翰在军机，一日入对，盖军机大臣每以一人领班，跪头垫，备顾问，余惟俯伏于后也，杜班居第四。时值吏部缺人，文宗曰：'杜翰转左'。是时杜应谢恩，而已熟睡。同列推之，良久始觉。时人谓之瞌睡军机"⑤。朝中任事大臣，尚且如此，至于中下层官员的素

---

① 徐珂：《清稗类钞》第四册，《讥讽类·捐员》。
② 赵尔巽等：《清史稿》卷三百三，《列传九十·孙嘉淦传》。
③ 林永匡、王熹、江荣海：《中华文明史》第九卷，第624页。
④ 徐珂：《清稗类钞》第四册，《讥讽类·面糊军机》。
⑤ 徐珂：《清稗类钞》第四册，《讥讽类·瞌睡军机》。

质与庸碌唯诺之风，便可想而知了。

其二，圆融之辈，官运亨通。道光以后，朝廷中诸多善圆融通达、钻营拍马之辈，却官运亨通。如道光朝时的军机大臣曹振镛对学生传授自身数十年为官之道的密诀时称："无他，但多磕头，少说话耳。"对其时的官场腐败、黑暗风气，京师有人作《一剪梅》一词，予以形象揭露："仕途钻刺要精工，京信常通，敬炭常丰，莫谈时事逞英雄，一味圆融，一味谦恭。大臣经济在从容，莫显奇工，莫说精忠，万般人事在朦胧，议也'毋庸'，驳也'毋庸'；万方无事岁年丰，国运方隆，官运方通，大家赞襄要和衷，好也弥缝，歹也弥缝。无灾无难到三公，妻受荣封，子荫郎中，流芳后世更无穷，不谥'文忠'，但谥'文恭'。"① 由此可知，当时在官场一味圆融而故作谦卑之辈，实则多为钻营求官为一己之私利而奔走的庸懦之徒。

其三，直谏干臣，反遭贬斥。嘉庆初年，面对朝廷官员办事推诿、吏治的腐败风气，大臣洪亮吉向嘉庆帝上书直谏，其结果却反遭贬斥，使言路更为堵塞，吏治更加败坏，国运则江河日下。作为朝中大臣，洪亮吉在向亲政不久的嘉庆帝上书直谏中，述及官场风俗则"日趋卑下，赏罚则仍不严明，言路则似通而未通，吏治则欲肃而未肃"②。其表现一是"士大夫渐不顾廉耻"；二是官员办事多"以模棱为晓事，以软弱为良图，以钻营为进取之阶，以苟且为服官之计"；三是内外诸臣，或遇事推诿，或亟亟营私，"在内部院诸臣，事本不多，而常若猝猝不暇，汲汲顾影，皆云多一事不如少一事"。"在外督抚诸臣，其贤者斤斤自守，不肖者亟亟营私"。③ 洪亮吉一针见血地指出这些在官场中一味模棱、软弱、钻营、苟且之辈，倘"国家无事，以之备班列可也"；一旦有事"而欲望其奋身为国，不顾利害，不计夷险，上瞻徇情面，不顾惜身家，不可得也"④。他的直谏上达后，嘉庆帝却"怒其语戆"，不识为臣之体，最终洪亮吉虽免死罪，但被"遣戍伊犁"⑤。其后，言路终被堵塞，连嘉庆帝也不得不承认："罪亮吉后，言事者日少。即有，亦论官吏常事，于君德民隐休戚相关之实，绝无言者。"⑥ 可谓万马齐喑的寥落景象。

其四，推诿有术，塞责成风。清代官员推诿不仅成风，而且推诿有术。清后期，时人曾作"首县十字令"，即十种做官混迹之术："首县十字令者，一曰

---

① 《国史旧闻》卷六十。
② 赵尔巽等：《清史稿》卷三百五十六，《列传一百四十三·洪亮吉传》。
③ 同上。
④ 同上。
⑤ 同上。
⑥ 同上。

红，二曰圆融，三曰路路通，四曰认识古董，五曰不怕大亏空，六曰围棋马吊中中，七曰梨园子弟殷勤奉，八曰衣服齐整言语从容，九曰主恩宪德满口常称颂，十曰座上客常满樽中酒不空。"① 在嘉庆、道光年间，京师人对官员的推诿之术，亦有"小官大做，热官冷做、俗官雅做、闲官忙做、男官女做"的民谚②。其中，"杨蓉裳芳灿由县令捐入户部，而与名流唱和无虚日，故曰雅做"③。"周采川仪曹锡章专以应酬为事，终日奔走不暇，故曰忙做。"④ "蔡浣霞銮扬好作体艳诗，时复顾影自怜，故曰女做。"⑤ 其实，这些所谓"术"，都不过是吃喝、圆融、吹捧、献媚、贪污、钻营的手段而已。

5. 奢侈享乐之风

清代中叶以后，上自帝王，下至地方小吏，在衣食住行、娱乐方面，竞相奢侈，且以夸富赛享为荣、耗费大量人力物力财力。恰是这种寄生性消费的增长与庞大支出，是当时社会再生产逐渐停滞、难以扩大的重要导因之一。清代的奢侈享乐之风，呈现出如下特点：

其一，衣食竞奢，上行下效。清代帝王过着锦衣玉食的生活，特别是乾隆中期以后，宫中的奢侈性消费支出大增，在衣食方面尤为如此。就连乾隆帝本人，在乾隆四十六年（1781）八月所作的《知过论》中，也不得不承认："予引以为过者，……若夫时巡所经，各督抚每缮行宫以备驻憩，虽云出自捐养廉、资商力，然争奇较胜，予不为之喜，且饬谕之。究其致如此者，过应归于予。谓之无过，实自欺也。"⑥ 也正是在帝王的"上行"启示下，各级官僚在衣食方面彼此竞奢，以为夸富。黄印《锡金识小录》记称："方康熙时，衣服冠履，犹尚古朴，常服多用布，冬月衣裘者为之二三"，但至乾隆时，"今则以布为耻，绫缎绸纱，争新色急新样……间有老成不改布素者，则目指笑之"。钱泳《履园丛话》记载："余五六岁时，吾乡风俗尚朴素"，"不论官宦贫富人家子弟，通称某官，有功名乃称相公，中过乡榜者亦称相公，许著绸缎衣服"。但至嘉庆、道光朝时，"今隔五十余年，则不论富贵贫贱，在乡在城，男人俱是轻裘，女人俱是锦绣。货物愈贵，而服饰者愈多，不知其故也"⑦。在饮食方面，"今富贵场中及市井暴发之家"，"其暴殄之最甚者，莫过于吴门之戏馆。当开席时，哗然杂

---

① 徐珂：《清稗类钞》第四册，《讥讽类·首县十字令》。
② 徐珂：《清稗类钞》第四册，《诙谐类·官之做法》。
③ 同上。
④ 同上。
⑤ 同上。
⑥ 鞠德原、林永匡：《乾隆勒索盘剥官商民史料》，载《故宫博物院院刊》1982年第1期。
⑦ 钱泳：《履园丛话》，《丛话七·臆论·骄奢》。

遝，上下千百人，一时齐集，真所谓酒池肉林，饮食如流者也。尤在五、六、七月内天气蒸热之时，虽山珍海味，顷刻变味，随即弃之，至于狗彘不能食"①。生活于乾隆、嘉庆时的沈赤然在《寒夜丛谈》一书里，对杭州达官贵人愈到后来，生活愈加奢侈的情况有详尽记述，他说：乾隆朝"余幼时，见凡宴客者，约则五簋，丰则十品，若仓卒之客不过小九盘而已。其后日渐盛设，用碗必如盆，居山必以鳖，居泽必以鹿兔，所费已倍往昔矣"。但至嘉庆朝时"近年以来，吾杭富人，一席之费几至六七千文，益又务为别相高，虽罗列数十品，绝无一常味也。甚而有某姓者，尝以五十千治一席"。官居"文臣之首"的曲阜衍圣公府在衣食上的奢侈，更是惊人。以道光二年（1822）为例，该年孔府仅猪肉一项即用去一万一千五百三十多斤，香油七千九百八十多斤②。光绪七年（1881）五月十日，一天购山珍海味二十余种，费去二十六千四百文③。逢有年节寿日，孔府更大摆筵席，以示庆贺光绪七年（1881），腊月为过年仅食品一项支出七百一十四千零九十四文，可买上等大米七千一百四十斤④。咸丰二年（1852）八月，衍圣公孔繁颢妻毕氏过生日，大宴八九日，摆席四百六十多桌，耗钱一百三十八万九千文，折合粮食三万五千多斤⑤。光绪二十七年（1901），衍圣公孔令贻过三十岁生日，大宴十余日，翅供海参高级席面七百十余桌，耗费六百一十多万文，折合粮食十七万五千多斤⑥。由此可见其饮宴奢侈耗费之钜了。

其二，建园筑亭，讲求排场。在住宅方面，有权有钱有势之家，喜建园筑亭，讲求排场。或故弄风雅，以示其豪奢；或高门深第，以显其权势。李斗《扬州画舫录》记载，如"让圃"即为乾嘉时代张士科、陆钟辉（员外郎）的别墅。该园"门在枝上村竹径中，前种桃花，筑含雨亭，门中搆松月轩。复围明简庵略禅师退院入圃中。退院旧有银杏一株。树下石塔，即简公爪发所。轩右为云木相参楼，楼右开萝径，通黄杨馆。开梅坪旁有遗泉，建厅事，额曰碧梧翠竹之间，其后即枝上村竹圃"⑦。江苏如皋的大官僚汪春田为建"文园"耗资巨大，钱泳《履园丛话》记载："如皋汪春田观察少孤，承母夫人之训，年十六以资为户部郎，随高宗（即乾隆帝）出围，以较射得花翎，累官广西、山东

---

① 钱泳：《履园丛话》，《丛话七·臆论·骄奢》。
② 见《孔府档案》第6061、6079号。
③ 同上。
④ 同上。
⑤ 见《孔府档案》未编号，"嘉寿生活账六件"。
⑥ 同上。
⑦ 李斗：《扬州画舫录》卷四，《新城北录中·让圃》条。

观察使。告养在籍者二十余年,所居文园有溪南溪北两所,一桥可通。饮酒赋诗,殆无虚日。"道光二年(1822)三月,钱泳曾访文园,"时观察(指汪春田)年正六十,须发皓然矣"。钱还咏诗一首,描述此园的风光与主人的奢侈生活称:"问讯如皋县,来游丰利场。两园分鹤径,一水跨虹梁。地僻楼台静,春深草木香。桃花潭上坐,留我醉壶觞。曲阁飞红雨,闲门漾碧流。使君无量福,乐此复何求?阔别成清梦,相思竟白头。挂帆吾欲去,海上月如钩。"① 光绪时人李虹若在《朝市丛载》中记载诸多官员在京师用搜刮来的钱财置产买宅的情景:"解组归来买宅忙,亲朋欣庆碧华堂。看他营造看他买,多少官居积宦囊。"②

其三,争用洋货,追逐时尚。从乾隆、嘉庆时起,直至清末,在官僚群体中兴起一股争用洋货的风气,成为一种时髦之事。生活在乾嘉之际的陈鳣在《退庵随笔》一书中,描述说:"古之所谓奢也,今则视为平庸无奇,而以外洋之物是尚。如房屋舟舆,无不用玻璃;衣服帷幙,无不用呢羽;甚至食物器具曰洋铜、曰洋磁、曰洋漆、曰洋锦、曰洋布、曰洋青、曰洋红、曰洋貂、曰洋獭、曰洋纸、曰洋画、曰洋扇,遽数之不胜终其物。南方诸省,则通行洋钱,大都自日本、流求、红毛、英吉利诸国来者。内地出其布制菽粟——民间至不可少之物,与之交易。有识者惜其为远方所欺,无如世风见异思迁,一人非之,不敌众人慕之。其始达官贵人尚之,浸假而至于仆隶舆台,浸假而至于倡优婢媵。外洋奇巧之货日多,民间布帛菽粟日少,以致积储空虚,民穷财尽,可胜叹哉。"③ 这一记述表明,达官贵人不仅争趋争用洋货,以炫耀自身身份的高贵;而且还将此风刮向下属部众与民间,致使传统用品渐受冷落。为争购洋货,使得"积储空虚"、"民穷财尽",而官僚们更以享乐奢侈为荣,加紧对百姓的盘剥勒索。其结果,必然导致社会矛盾的进一步激化与世风的日下。

其四,政治消费,耗资惊人。清代作为"文臣之首"的"衍圣公府"即孔府,每年的"祭孔"活动,耗资惊人,具有强烈的政治消费特点与色彩。如雍正八年(1730),清朝统治者在大修孔庙的同时,特别为孔庙增设执事官四十员,"每逢圣庙祭礼之时,虔肃冠裳,骏奔趋事","每年各给俸银二十两"④。同时,孔府长年供养着多名祭孔官员,以烦琐礼仪,每年祭孔达五十多次(有四大丁、四仲丁、八小祭、二十四节气祭、初一、十五祭等)。一次大祭,除衍圣公主祭外,从祭官员一百六十人,礼生八十人,乐舞生一百二十人。加上四

---

① 钱泳:《履园丛语》,《丛话二十·园林·文园》。
② 李虹若:《朝市丛载》卷七,《都门吟咏·人事·富宦》。
③ 陈鳣:《退庵随笔》卷七。
④ 见《孔府档案》第 0079 号之三。

氏学学生、族人，近千人。祭品采用猪牛羊五十九头和各式各样的供品。据《阙里广志》记载，仅在孔子"正坛陈设"的祭品、供品就有整牛整猪羊、鹿脯、兔醢、菱榛粟稻、铏盐等三十种之多。祭礼的范围，看四配（子思、颜子、曾子、孟子），大成殿东西两庑的"先贤、先儒"一百五十六人，孔子的父母及妻，家庙内五代以内衍圣公牌位，孔林内孔子的坟冢，历代衍圣公及妻的墓地等等。尼以书院、圣泽书院、洙泗书院、邹县中庸书院，每次也同时祭礼。祭孔消耗的物质，仅"铏盐"一项为例，据《孔府档案》历年记载，每年必用四十引，每引二百五十斤，达一万斤之多①。在祭品采办上，耗资更钜。嘉庆十八年（1813），孔府为采办祭祀用品，一次就给郓城沙万顺商号"烛价纹银一百七十二两"②。据孔府的"林庙守卫百户"在光绪十五年（1889）给孔府的报告称，祭孔仅林庙一处"每年共用羊烛一千二百余斤"，用黄酒七百四十多斤，"每年花费共计京钱五百三十余千"。据同一报告称，当年麦价每斗三千，黄米每斗三千，按此折算，仅羊烛黄酒两项开支，可购粮达五千三百多斤③。至于孔府出外采办祭器，耗费也甚巨。光绪二年（1876），孔府派员去江西景德镇专门采办"五供磁器"等件，一次发白银一千两，此钱当年可买粮十五万余斤④。孔府在以东设有五屯、四厂、十八官庄，每年祭孔费用也很巨大。山东平阳、巨野两屯在道光十二年（1832），向孔府报销的春秋两季祭祀用银清册中，当年祭孔用"银一千一百八十七两四钱四分二厘五毫"，若以当年壮工每天工价银五分计，这笔费用相当于二万三千七百四十多个壮工一天的工食价银，更是近百户农民全年的生活费用⑤。

在清代的官场中，还有诸多崇洋媚外、结党营私的事例。有一些清官廉吏如康熙时代的于成龙等人，他们的干练作风在为政一方中曾做过一些好事，自身较为廉洁。但这样干练清廉的官员，在清代官吏总人数中，最多不会超过百分之二，而绝大多数即大约百分之九十八的官吏在为官任上，大大小小都有贪赃枉法行为。因此，清代民间流传"三年清知府，十万（两）雪花银"；"看他营造看他买，多少官居积宦囊"的谚语，是官场风气的生动写照。

（二）官场风气对社会生活风尚的影响

清代前期、中期与后期，官场风气的变迁，对吏治与社会生活风尚清浊的导向，产生了重大而深远的影响。其表现是吏治与社会生活风尚变浊、变腐、

---

① 见《孔府档案》第8887号。
② 同上。
③ 同上。
④ 见《孔府档案》第5204号。
⑤ 见《孔府档案》第4338号之二。

变滥，直至清末，江河日下，一发不可收拾。

官场风气导向之一：吏治与社会风尚变浊。乾隆中期以后，官场风气日坏，导致吏治与社会生活风尚日趋变浊，贪污大案迭出，官场丑闻增多。至嘉庆时，吏治浊象更趋深重。有识之臣洪亮吉上书嘉庆帝历数上自皇帝下至各级官吏的种种不法和腐败行径，是导致吏治与社会生活风尚变浊的根源，他说：一是皇帝"励精图治尚未尽法"，其表现为：一则"处事太缓"，行政效率大为降低。如"乾隆五十五年以后，权私蒙蔽，事事不得其平者，不知凡几矣。千百中无有一二能上达者，即能上达，未必即能见之施行也"①。二则"集思广益之法未备"，助长了朝廷内外官僚中结党营私之风的盛行。如今天子询问人才之事、政策利弊之情，却"寄耳目于左右近习，不可也；询人之功过于其党类，亦不可也"。其结果是内外臣工，大肆营私钻营，为官任上"国计民生，非所计也，救目前而已；官方吏治，非所急也，保奉任而已。虑久远者，以为过忧；事兴革者，以为生事。此又岂国家求治之本意乎"②？三则为"进贤退不肖似尚游移"，罚与赏不明，则是非难定、曲直难断、规矩大坏。为此，须当"设官以待贤能，人果贤能，似不必过循资格"③。即朝廷对真正的贤能者理当尽快破格提拔。四则为"用人行政未尽改"，致使和珅专权擅政之事仍有可能发生。惟此，在用人上，须当于官员"升迁调补之时"，帝王须"微示以善恶劝惩之法，使人人知圣天子虽不为已甚，而是非邪正之辨，未尝不洞悉，未尝不区别。如是而夙昔之为私人者，尚可革面革心而为国家之人"④。

二是官场与社会"风俗日趋卑下"，"士大夫渐不顾廉耻"，"百姓则不顾纲常"。"十余年来，有尚书、侍郎甘为宰相屈膝者矣；有大学士、七卿之长，且年长以倍，而求拜门生，求为私人者矣；有交宰相之僮隶，并乐与抗礼者矣"。"太学三馆，风气之所由出也。今则有昏夜乞怜，以求署祭酒者矣；有人前长跪，以求讲官者矣。翰林大考，国家所据以升黜词臣者也。今则有先走军机章京之门，求认师生，以探取御制诗韵者矣；行贿于门阃侍卫，以求传递代倩，藏卷而去，制就而人者矣。及人人各得所欲，则居然自以为得计。夫大考如此，何以责乡会试之怀挟替代？士大夫之行如此，何以责小民之夸诈夤缘？"⑤

三是官场中"赏罚仍不严明"，故"近日经略以下、领队以上，类皆不以贼匪之多寡、地方之蹂躏挂怀。彼其心未始不自计曰：'即使万不可解，而新疆换

---

① 赵尔巽等：《清史稿》卷三百五十六，《洪亮吉传》。
② 同上。
③ 同上。
④ 同上。
⑤ 同上。

班,大营转饷,亦尚有成例可援,退步可守。'国法之宽,及诸臣之不畏国法,未有如今日之甚者"①。其结果必然导致官不畏法,胡作非为。四是官场中"言路似通而未通",其结果是九卿台谏之臣,挟私报复,发人隐私,而非一心为国。如"九卿台谏之臣,类皆毛举细故,不切政要。否则发人之阴私,快己之恩怨。十件之中,幸有一二可行者,发部议矣,而部臣与建言诸臣,又各存意见,无不议驳"②,而置国之大事于不顾。五是官场之中"吏治欲肃而未肃",致使官员上下其手,层层贪赃枉法,有恃无恐。洪亮吉称:"十余年来,督、抚、藩、臬之贪欺害政,比比皆是。"此外,"官大省、据方面者如故也,出巡则有站规、有门包,常时则有节礼、生日礼,按年则又有帮费。升迁调补之私相馈谢者,尚未在此数也。以上诸项,无不取之于州县,州县则无不取之于民"③。

官场风气导向之二:吏治与社会风尚变腐。清代后期,官场的腐败风气加重,在其导向下,致使吏治与社会风尚变得更加腐败。一是由于官员的营私舞弊、层层贪污,致使百姓民人的负担大为加重,受的盘剥更为深重。如嘉庆时,"钱粮漕米,前数年尚不过加倍,近则加倍不止"。究其原因,则用作官员的层层贿赂之赀。故"督、抚、藩、臬以及所属之道、府,无不明知故纵,否则门包、站规、节礼、生日礼、帮费无所出也"④。因此,州县官员才敢明目张胆地对人说:"我之所以加倍加数倍者;实层层衙门用度,日甚一日,年甚一年"⑤之故。同时,州县之官员更有"恃督、抚、藩、臬、道、府之威势以取于民",对得来之赃物钱财,"上司得其半,州县之入己者亦半"⑥。对此种贪污行径,"初行尚有畏忌,至一年二年,则成为旧例,牢不可破矣"。倘有人将此诉告于督、抚、藩、臬、道、府等地方大吏,但因均是同伙受贿者,故"皆不问也"⑦。二是百姓民人有冤抑,投诉于官府,甚至"赴京控告者",其结果是互相推诿,甚或是非曲直难辨,致使民人蒙冤,最终激起民变,真可谓官逼而民反。故民人"千万人中,或有不甘冤抑,赴京控告者,不过发督抚审究而已,派钦差就讯而已。试思百姓告官之案,千百中有一二得直者乎?即钦差上司稍有良心者,不过设为调停之法,使两无所大损而已"⑧。至于"钦差一出,则又必派及通省,

---

① 赵尔巽等:《清史稿》卷三百五十六,《洪亮吉传》。
② 同上。
③ 同上。
④ 同上。
⑤ 同上。
⑥ 同上。
⑦ 同上。
⑧ 同上。

派及百姓，必使之满载而归而心始安，而可以无后患"①。由此可见其扰民更甚，民人更加苦不堪言。因州县官员"熟知百姓之伎俩不过如此，百姓亦习知上控必不能自直，是以往往至于激变"②。湖北当阳、四川达州在嘉庆时的民变即是生动事例，司法的腐败，法制的混乱，民人赋税的额外加征，负担的超负荷，致使政府为管理国家与社会运转提供的社会"公共产品"的成本大为上涨，而社会的发展运行必将越出原有正常轨道，社会矛盾激化，民变频起，终成嘉庆末年的白莲教农民大起义的燎原之势，而吏治变腐则是民变爆发的直接导火线。

官场风气导向之三：吏治与社会风尚变滥。光绪、宣统年间，官场风气大坏，其一是朝廷滥赏滥发，使官多政乱。光绪时，"京外官吏之三品以下者，泰半得有红顶，名器之滥，至此极矣"③。对此，当时民间流传的解释说：一为"笺红"，即官员通过"私函陈请者之所得也"；二为"银红"，即官员"行贿纳捐者之所得也"；三为"血红"，即官员"诬盗杀民者之所得也"；四为"洋红"，即官员"办理（外务）交涉者之所得也"；五为"喜红"，即官员"办理（帝王）大婚典礼者之所得也"；六为"老红"，即官员"循资按格者之所得也"；七为"肉红"，即官员"或自充上司之娈童，或令妻拜贵人为义父，或使妾与显者荐枕席"④而所获。其名器之滥、官员之厚颜无耻、吏治之滥贱，一一勾画出来，令人一目了然。其二是朝廷高官大吏，腐败昏庸，致使甲午战败，丧权失地。当时有人曾作对联讥讽其事称：联一为"王文韶王文锦天津办防务，李鸿章李鸿藻地狱打官司"。联二为"弃丰台翁孙双割地，使日本父子两全权"。联三为"卫达三衔冤呼菜市（口），刘坤一拼命出榆关"。联四为"旅顺口已归日本，颐和园又搭天棚（指将演剧也）"⑤。对联所述，对文臣武将的丧师失地、卖国求荣，慈禧太后为庆寿而抽调军费银两，大修颐和园，演戏寻欢作乐等朝廷大吏丑闻、当权者的寻欢误国，揭露无遗，折射出此时吏治滥坏，已达极致。其三是上行下效，府县地方官员，虽执掌一方政权，却为达到升官发财的目的，不择手段，千方百计巴结、讨好上司，以求荐举提携。对此，清末有识之士曾作对联加以抨击与描绘：赠知县的对联称："下官拼万个头，向上司磕去；尔等把一生血，待本县绞来。"而赠知府官员的对联则为："见州县则吐气，见道臬则低眉，见督抚大人茶话须臾，只解得说几个是是是；有差役为爪牙，有书吏

---

① 赵尔巽等：《清史稿》卷三百五十六，《洪亮吉传》。
② 同上。
③ 徐珂：《清稗类钞》第四册，《讥讽类·红顶之区别》。
④ 同上。
⑤ 徐珂：《清稗类钞》第四册，《讥讽类·中日战事讽联》。

为羽翼,有地方绅董袖金赠贿,不觉的笑一声呵呵呵。"① 其官员的媚上行径、收取贿金时的厚颜无耻、一心指望升官发财的垂涎之相,在联中真可谓跃然纸上,是当时官场吏治滥坏世相的缩影与形象生动写照。其四是大小官员及其妻妾,生活奢靡,且"良心丧尽","日益以贪",使"贪为祸水"在官场中横流,终致误国败政。史载,清末"晚近以来,男子之为官吏者","无不冀获横财"。他们与其妻妾之生活"享用",其"起居衣食之所需,一若非舶来品不可者,挥霍之豪,日甚一日"。故官员为维持这种奢靡生活与豪华享受的庞大支出,"乃日以益贪,于是竭泽而渔,良心丧尽,虽至身败名裂而不悔"②。其结果是贪污这股"祸水"不仅在官场中大肆横流,误国败政,而且使吏治的滥坏不可收拾,直至清王朝在革命的风暴中覆灭。因此,官场风气的败坏,所导致的吏治与社会生活的变浊、变腐、变滥的诸多事象,既是封建社会末期出现的必然征兆,同时,它又是促使清王朝统治最终腐朽、民心丧尽、社会矛盾与对抗不可调和、激起民变与革命,最终埋葬清王朝的重要导火线与催化剂之一。

二 吏治风气与演变

清代吏治的形成与演变,不仅与吏治陋规形成、滋生,统治者整顿吏治的举措、成败,有着密切的关联,而且两者相辅相成,形成一个有机的整体。并对各个时期社会各阶层人们的政治生活、经济生活、文化生活等多方面产生了直接影响,使社会生活风貌发生变异。

(一) 吏治陋规的种类与形成

清代官场主要由四个部分或群体的人员组成:其一,是官员群体,他们分别为各级权力机构任命、委派,故有官职、有俸禄(薪俸)、有权力,有责任;是集职、责、权、利为一体的各级衙门首领或首长。其二,是幕僚群体,他们是衙门中官员专门聘请的政务顾问、参谋、帮办,属智囊型人物。幕僚虽无职、无权、无责,但却有延聘的官员专门支付的丰厚的薪金。他们又称为幕宾、幕客、幕友,俗称西席、西宾、师爷。其中,有官职的幕友,又称"幕员";有皇帝指派者,亦有主官指名请调跟随办事者,他们一般有官职与俸禄。至清末时,各省疆吏多札委有官职之员帮办文案等事,也称幕员。由于各级地方政府事务繁多,而经制之吏员名额有限,故多聘养幕僚以处理政务。其三,是"吏员",他们是衙门的具体办事行政人员。在清代各级衙门无官职的具体办事吏员中,又分为京吏与外吏两大类。其中,京吏又包括:一为"供事"之吏,如宗人府、

---

① 徐珂:《清稗类钞》第四册,《讥讽类·赠知县知府联》。
② 徐珂:《清稗类钞》第四册,《讥讽类·贪为祸水》。

内阁、翰林院、詹事府、文渊阁、中书科、上谕馆、内廷三馆、修书各馆、各衙门则例馆的吏员，通称为"供事"。二为"经承"之吏，如部院衙门的吏员（包含堂吏、门吏、都吏、书吏、知印、火房、狱典等），通称为"经承"。三为儒士，如礼部除有"经承"之吏外，另有儒士充任吏员职能，实为"儒士"之吏。外吏包括四种：一为"书吏"之吏，如总督、巡抚、学政、各仓中关监督衙门的吏员，通称为"书吏"。二为"承差"之吏，如在总督、巡抚衙门中，除有书吏外，还设有名为"承差"的吏员。三为"典吏"之吏，如司、道、府、厅、州、县衙门的吏员，通称为"典吏"。四为"攒典"之吏，如首领官、佐贰官、杂职官之吏员，通称为"攒典"。在吏员的人选上，无论京吏或外吏，均由民间选充。且有一整套的稽察（如各衙门的吏役在执役期间，分别由衙门主管官进行稽察）、考核（如各衙门吏员中，凡有重役、冒充、役满不退、舞文武法者，均由衙门王管官进行稽察）、处罚（如凡经制之吏员，五年役满后可考职。经堂官、总督、巡抚考试后，京吏取十分之七，外吏则取十分之五，考取一等者晋升为从九品，考取二等者晋升为未入流之品，然后咨送吏部后给照，并注册以供备铨选之用）的规制，须加遵行。其四，是役员，又称"差役"，他们是大大小小衙门中地位最低下的工勤杂差人员，由民间招募而来，有一定的执役时限，但在执行上较吏员为松。四者互有区别，又相互联系，从而构成官场权力各司其不同职能的重要成员。清代诸多陋规的形成与延续，与他们均有着千丝万缕的关系。

所谓吏治陋规，在清代系指各级衙门官吏，除按正式法律、法令、法规、则例、规制所应履行的公务之外，或自下而上、或同级同衙之间，循其成规旧例而实施的贡纳性、贿赂性交结活动中，不成文的"规例"，统称为"陋规"。较之明代而言，它却有种类多、花样新、涉及面广、额外负担重的新特点。

1. 巡幸迎驾陋规

凡逢帝王外出巡幸，沿途官员为讨好、巴结皇上，均要向皇上奉献财物，以示其忠心。以乾隆四十一年（1776）春，乾隆帝巡幸山东为例，据档案记载，沿途有蒙古王公、巡抚、各处盐政、织造等官员，陆续"恭进"大量献物，现列表如下：

时间	地点	恭进者	恭进财物数
农历2月16日	黄新庄	阿尔善亲王	金60锭，重592两
2月22日	黄新庄	河南巡抚徐绩	贡缎袍宁绸袍杭绫等400端、貂皮乌云豹银鼠皮2100张

续表

时间	地点	恭进者	恭进财物数
2月27日	宝家营	湖北巡抚陈辉祖	洋磁小刀36把、海龙帽沿50副、象牙火镰包36个
2月28日	南仓	苏州织造舒文	各色二则八丝缎袍料、四则五丝缎袍料、绸褂料360件
2月28日	南仓	江苏巡抚萨载	各色二则四则丝缎袍料、宫绸袍褂料270件
3月初3日	花园庄	两淮盐政伊龄阿	各色马褂料蟒袍料绸袍料3000件、大荷包2000对、银奖武牌3000面
3月初6日	史家庄	杭州织造福海	各色缎袍粒绸褂料宫绸袍料320件、帽纬40匣
3月初8日	德州	淮关监督寅著	各色缎袍料宫绸袍料毡袍褂料750件、玛瑙琥珀太乙丹朝珠60盘
3月初8日	德州	河东河道总督姚立德	曹扇100柄、鼻烟壶100个
3月初9日	曲陆店	两淮盐政伊龄阿	各色缎袍料马褂料700件、绫400匹
3月10日	李六庄	苏州织造舒文	各色缎绸袍料马褂料360件
3月13日	灵岩寺	江宁织造基厚	各色缎素绸袍褂料360件
3月15日	泰安府	湖广署四川总督文绶	黎椒手串100串、黎椒荔枝100个、黎椒挂珠100盘
3月15日	泰安府	九江关监督全德	三十喜等各式鼻烟壶80个、各式福寿带钩80个、各式搬背80个
3月17日	泰安府	广东总督李待尧	象牙朝珠50盘、蜜蜡斋戒牌50个、花扳指套50个、象牙扳指50个
4月初9日	德州	广东巡抚熊学鹏	黄羽纱马褂30件、大红呢雨褂30件、葡萄青呢雨褂30件、赭色呢马褂30件①

值得注意的是，乾隆这次只是巡幸山东，可是远在湖广、四川、广东的官员也都相继赶来进献大批财物，以示效忱。回銮京师后，乾隆帝亲自处理这些财物，立即传谕将"金，广储司归入月折"，其他财物统归内务府，由皇室享用。

2. 商人捐输陋规

每逢军需、河工、灾赈时，商人要向皇帝捐输银两，以示报效。这种巨额

---

① 档案，《内务府奏底档》。

捐银，以两淮盐商居多。它始于雍正年间，至嘉庆时，累计捐银达三千余万两之多。若遇各种庆典，商人亦循各种陋规，捐银修缮、装饰京师重要地段的景点，动辄达数十万银之多①。现将乾隆朝商人捐输陋规银两列表如下：

时间	商名	名目	捐输陋规银数
乾隆二十六年	王昌隆等	皇太后七旬万寿	献纳白银4万两
乾隆三十八年	江广达等	金川军需	公捐银400万两
乾隆四十七年	江广达等	东省工赈	公捐银200万两
乾隆五十三年	程俭德等	进剿台湾	公捐银200万两
乾隆五十三年	江广达等	荆州工赈	公捐银100万两
乾隆五十三年	尉世隆等	进剿台湾	公捐银30万两
乾隆中期	商总江青	灾赈河工军需	捐银100万两
乾隆五十五年	淮芦浙商	乾隆帝八旬庆典	报效修缮景点银7135两
乾隆五十七年	洪箴远等	后藏奏凯	公捐银400万两②

3. 内帑银发放陋规

清代内务府发放官帑银（即内帑银），对商人进行高利盘剥，此为吏治重要陋规之一。自雍正年间起，内务府每年向商人贷银数百万两，作为周转之资，然后收取高额利息，以此盘剥商人，为官帑之利。许多商人由于不堪此皇家高利贷的重利盘剥，轻者负债累累，苟延残喘；重者，作茧自缚，不堪经营，往往以破产告终。

---

① 档案，《黑龙江将军衙门档册》。
② 徐世昌等：《清盐法志》卷一百五十三至一百五十五；档案，《全德奏为据情代奏仰祈圣鉴事》（乾隆五十三年元月初四日）；档案，《明兴奏为据情代奏吁恳请圣恩俯允事》（乾隆五十三年元月二十七日）。

到乾隆时，不仅帑息加重（每月一分起息），而且出现商人所借帑本偿清，却还要纳"无本之息"的奇怪现象。以两淮盐商为例，"帑项一项，自乾隆年间至道光六年，历次在京各衙门及外发息本共七百八十余万两，每年应完息银七十八万余两"，到后来，却出现"此项本银早罄于前人，而代偿利息于此日，系属无本之息，实无著落，不得已摊于通纲带完，俾无著仍归天有著"①。

再以长芦盐商为例，乾隆四十年（1775）九月，由于芦商经营资金短缺不足，盐政使西宁奏请借内帑银二十万两，按每月一分起息②。乾隆四十一年（1776）六月，山东引票各商，赴长芦场配盐，转发州县，"各商运本微薄，并无余资多买"，借帑银十五万两，"按月一分生息，遇闰加增，分作十五年带还"，"每年征本银一万两，随同输息银一并完交"内务府方储司银库，且提出"一商亏缺"，由"众商公赔"苛刻条件③。由此可见，此陋规中，帑息之高，条件之苛，商人赔累之重，都是长芦盐商陷于困境，难以获得发展的根本原因。

4. 报效银两陋规

清代每遇皇帝或皇太后寿辰，要进行庆祝活动。此时，中央及各省地方大小官员均要按其陋规成例，无一例外地缴纳"报效"的银两。乾隆时，此一陋规之风颇盛。如乾隆五十五年（1790），为弘历"八旬万寿"，又逢即位五十五周年，于是进行盛大庆贺典礼。之前，乾隆帝谕令其庆典经费筹集数目、官员银两报效办法、庆典规模均照乾隆二十六年（1761）、三十六年（1771）为乾隆帝母亲圣母皇太后万寿庆典例办理。据载"所有王公大臣、八旗各部院官员应交经费，行令户部在俸廉内分别坐扣"；各省督抚等官员应交之项"按其通省养廉（银）数目，量其多寡，酌量令其扣缴十分之二五"，缴纳"报效"银两。现据乾隆五十三年（1788）八月的档案记载，对全国满汉文武官员的报效银数列表如下：

官员名称	陋规报效银数
宗人府亲王、郡王、贝勒、贝子、公、将军等	共银 374855 两
各部院衙门满汉文职大臣官员等	共银 74675 两
各旗各衙门满汉武职大臣官员等	共银 17755 两
八旗世职并参领佐领官员等	共银 18177 两
奉天满汉文武官员等	共银 1775 两

---

① 陶澍：《陶文毅公全集》卷十七，《淮南已未完纲引课仍请分带折子》。
② 档案，《永瑢等奏为议复长芦盐政西宁代东商请借内帑银两事》（乾隆四十一年六月初二）。
③ 同上。

续表

官员名称	陋规报效银数
直隶满汉文武官员等	共银 57250 两
江苏省满汉文武官员等	共银 56050 两
安徽省满汉文武官员等	共银 26850 两
江西省满汉文武官员等	共银 44750 两
浙江省满汉文武官员等	共银 43625 两
福建省满汉文武官员等	共银 36150 两
湖北省满汉文武官员等	共银 39900 两
湖南省满汉文武官员等	共银 33825 两
河南省满汉文武官员等	共银 61725 两
山东省满汉文武官员等	共银 63950 两
山西省满汉文武官员等	共银 52275 两
陕西省满汉文武官员等	共银 34950 两
甘肃省满汉文武官员等	共银 31300 两
四川省满汉文武官员等	共银 47825 两
广东省满汉文武官员等	共银 46275 两
广西省满汉文武官员等	共银 24000 两
云南省满汉文武官员等	共银 46400 两
贵州省满汉文武官员等	共银 20450 两
漕运、河道、学政、仓场、盐政、织造、都统等	共银 135950 两
海关、陆关、盛京内府三佐领、锦州官员、守尉	共银 90930 两
累　计	共银 996205 两①

5. 年节与平日贡纳陋规

清代每逢年节或在平日时，各级地方官员要向皇上贡献财物，此为官场中沿袭已久的陋规。其中，既有定期的年节贡献，也有不定期的平日贡纳。陋规之风，在乾隆及以后，愈演愈烈，成为一种顽疾。如乾隆四十四年（1779）八月二十一日，粤海关监督图明阿，为乾隆帝万寿所纳贡物，计有：紫檀雕八宝流云耕织图宝座、五屏峰紫檀雕西番莲长案、琴案、雕汉纹蝠磬宫椅、玻璃大插屏镜、自鸣钟等十三项，价值银六千五百二十七两②。又如，平日，官居"文

---

① 档案，《黑龙江将军衙门档册》。
② 档案，《造办处记事录》（乾隆四十四年八月）。

臣之首"的衍圣公孔府，每年要向清朝皇帝和皇室纳贡，贡品中除了大量的古玩外，还有孔府庙佃户人交纳的土特产品。据乾隆四十九年（1784）孔府的《进贡册》记载，当年二月初十日、五月初六日两次进贡，以二月一次为例，贡纳物品计有："白玉镶嵌如意一柄，白玉炉一件，白玉驼一件，古玉果洗一件，古玉玩一件，古玉文玩五件，古玉灵芝仙洗双件，古玉彝炉一件，古玉蟠桃香盒一件，周青绿象鬲鼎一件，周青绿花觚一件，周青绿越尊一件，汉青绿方壶一件，哥窑双管瓶一件，霁红一统尊一件，定窑宝莲洗双件，嘉窑花囊一件，宋欧磁查斗一件，越松雪秋江待渡图一轴，倪瓒松石图一轴，李从中平安毂谷图一轴，赵彦麟扫径迎观图，唐寅山村夜色图一轴，击壤图一卷，陈道复牡丹图一卷，赵昌山茶竹鸟一卷，仇英山水一卷。""猪九十口，羊九十牵，鹅九十只，鸭九十只，挂面三箱，耿饼三箱，林檎三箱，荸荠三箱，小菜三箱，野菜五味，点心五种。"①

至道光、咸丰时，据吴振棫《养吉斋丛录》记载，平日与年节地方贡纳物品更丰，表明此陋规之风更盛。现列表如下：

时间	贡纳者	贡纳陋规物品
年贡	直隶总督	三镶如意1柄、吉绸袍褂25套、饶绸袍料50件、一丝加金大小荷包100对、桂圆南枣各5桶
平日	长芦盐政	佛手、苹果、香橼、圆果、木瓜、冈榴、广橙、南荸荠、狮柑各9桶
端阳	两广总督	鼻烟9瓶，花机纱50匹，各色葛布350匹，沉香2盒，岩露香、莲头香、切花香各5盒，花卉扇100柄
端阳	广东巡抚	鼻烟9瓶，花机纱50匹，雷州葛布等300匹，沉香20斤，岩露香、莲头、切花香各4盒，端砚9连
平日	两广总督	香橙、甜橙、香荔各10桶，苏泽堂桔红1000片，老树桔红1000片，署内桔红1000片
端阳	山东巡抚	麒麟菜5匣，海带、紫菜各5匣，松子5桶，鱼翅5桶，扁豆5桶，蛏干5桶，莲子5桶
平日	山东巡抚	吉祥菜、万年青各5匣、冈榴、长生果、苡仁米、木瓜、金丝枣各5桶、耿饼9篓、柿霜9匣
年贡	山东巡抚	佛手、香橼、恩面各9桶、博粉、凤尾菜各9匣、大俊二俊三俊四俊羊皮共3000张

---

① 档案，《孔府档案》未编号，消费（一）。

续表

时间	贡纳者	贡纳陋规物品
平日	广东巡抚	南华菰2箱、槟榔9匣、荳蔻9匣，余同前
年贡	山西巡抚	青白坎皮1000张，天马皮、珍珠毛皮、羊羔皮3000张，黑白朔鼠皮1000张，太原猪胰、藕粉、柿霜150匣，葡萄干3箱，飞罗白面4箱，石花冰鱼50尾
端阳	两湖总督	通城葛、百合粉4箱，安化茶、郧耳、香蕈、笋尖、蕲艾、砖茶、通山茶各1箱，共7箱
平日	河南巡抚	贡面9箱，山药粉、百合粉8匣，金桔脯、桃脯、樱桃脯12瓶
平日	河南巡抚	柿霜4箱、藕粉4箱、永枣5匣
端阳	陕西巡抚	百合粉、苡仁米、白扁豆9匣，吉利茶9瓶，桂花5匣，玉麦、紫麦6袋
年贡	陕西巡抚	玄狐皮、海龙皮10张，羊獭皮20张，天马皮、乌云豹皮2000张，富饼、百合粉10匣，邠枣5桶、吉利茶5瓶
端阳	四川总督	黎椒念珠、手珠200盘，黎椒荔枝、套环200个，麝香2银瓶，茯苓3个，藏红花2匣，五加皮、贝母、三七、川芎、牛膝、仙茅等39匣
年贡	四川总督	黄红藏香2000枝，唵叭、吉吉香6匣，仙茶、观音茶等10银瓶，名山、青城芽茶12锡瓶，砖茶100块，锅焙茶9包，百合粉等12箱匣
平日	闽浙总督	福圆干、莲子8箱，状元青果、柑柚10桶，酸枣糕8匣
平日	福建巡抚	福圆干莲子10箱，状元青果柑柚16桶，酸枣糕10匣
十月	闽浙总督	红柑、文旦、芦柑、桔饼、闽姜17桶
平日	福州将军	红桔、福橙、冰糖12桶、藕粉80袋、福圆膏80瓶
平日	福州将军兼管闽海关	各色漳绒褂袍料22匹，五福绒垫10卷，蜜橘、文旦、红桔、福橙36桶，藕粉80袋，冰糖4桶，福圆膏80瓶
平日	福州将军兼管闽海关	秋季佛手10桶
端阳	浙江巡抚	万年红帽纬50匣，罗汉珠50挂，绢笺20张，香袋50挂，湖笔300支，画扇50柄，芽茶30瓶，菊3箱，火腿100只，藕粉、南枣、桔柚柑42箱
万寿	江南河督	万寿吉祥如意一匣，五色绢笺400张，朱绢福方100张
平日	安徽巡抚	徽墨1分，歙砚1分，朱锭1匣，宣纸50张，青阳扇100柄，珠兰茶等5箱，樱桃脯琴筍等5桶，藕粉1箱

续表

时间	贡纳者	贡纳陋规物品
端阳	江西巡抚	万年红帽纬50匣，葛布夏布100匹，南丰扇50柄，永新砖茶、安远庐山茶3箱，铅山香菇2桶，鄱阳虾米2桶
端阳	云贵总督	普洱大茶中茶小茶珠茶女茶450元，普洱芽茶60瓶，黄缎茶膏30匣，象牙一对，茯苓4元，朱砂、雄精4匣
端阳	陕甘总督	兰州挂面5箱，同州吉利茶5瓶，甘州枸杞5匣，宝鸡玉麦5石，甘州果丹5匣
年贡	陕甘总督	紫藏香1000枝，西安桂面二箱，黄藏香1000枝，同州、宁夏羊皮1600张，紫色黄色氆氇40卷，同州吉利茶3瓶
秋贡	陕甘总督	哈密瓜200元，西宁青白肷皮1000张，西宁狐膁皮1000张，西宁天马皮1000张①

清代，按照不成文的贡纳陋规，凡逢帝后、皇太后生日的"万寿节"时，大学士、尚书、侍郎，各省督抚，均要向皇帝与宫廷贡纳物品。其贡纳之物有"寿佛、书籍、字画、金玉磁铜各种陈设"，无宝物②，其数量，则"以九为度，一九则九物，至九九而止"③。

6. 地方官馈送陋规

清代逢年节、寿辰或新官到任、上司离任时，下级官员要馈送银两或财物，以示"效忱"，此举称为"规礼"，亦称为"常例"、"陋规"。此风在地方官员中十分盛行，这是导致吏治腐败的重要祸源之一。

各级地方政府机构与官吏，多凭借自己手中的行政权力向下属衙门、官员索取献金与礼物。而下级衙门中的官员，为应付这种陋规需求，除利用权力向民人加征火耗、平余、杂派等项，供其办公及自身享用外，余额则用于向上司衙门馈送财物。这些馈送陋规，不仅名目繁多，而且数额很大：

其一，下级衙门向上府道、藩臬、督抚进献的"三大节"（元旦、端午、中秋）、"两寿"的礼金或财物，通称为"规礼"，亦称之为"常规"。如李宝嘉的《官场现形记》中记述，清末时，"兴国州是个大缺，送上司的寿礼、节礼至少一百金一次"④，即每次至少要送礼金报效上司官员白银一百两。

其二，凡下级官员需打通关系或"关节"，以交结上司官员时，向上司官员

---

① 吴振棫：《养吉斋丛录》卷之二十四。
② 吴振棫：《养吉斋丛录》卷之二十五。
③ 吴振棫：《养吉斋丛录》卷之二十四。
④ 李宝嘉：《官场现形记》第四十一回，天津古籍出版社1994年版，第653页。

府中的仆人致送贿赂银两,称之为"门包"银;向上司衙门中办事的吏胥致送贿赂银两,呼之为"茶仪"银。如道光时,据当时任陕西督粮道张集馨的记述,向上司衙门与官员年节时所送礼金数目可观:"将军三节两寿,粮道每次送银八百两,又表礼、水礼八色,门包四十两一次。""两都统每节送银二百两水礼四包。""八旗协领八员,每节每员送银二十两,上白米四石。""将军、都统又荐家人在仓,或挂名在署,按节分账。""抚台分四季致送,每季一千三百两,节寿命题送丧礼、水礼、门包杂费。""制台按三节致送,每节一千两,表礼、水礼、八色及门包杂费,差家人赴兰州呈送。"①

其三,凡(总)督(巡)抚司道员平日或年节向中央部、寺衙门官员贿送的银两、财物,则通称为"土仪"银和"部费"银。

其四,在地方官府衙门中,陋规名目繁杂。如盐政方面有"匦费"银;学政方面有"棚规"银;司法(臬司)衙门有所谓"赃罚"摊款银;军队有用虚报军队兵员名额、克扣军队粮饷的办法,即吃"空额""空饷"作为向上司官员行贿的"规礼"来源的陋规。

其五,在地方的税收衙门中,陋规更多更繁,名目更杂。其中,尤以各地的征税关卡(如粤海关、九江关、淮关、凤阳关、闽海关、芜湖关、荆关、夔关、上海关、临清关、扬州关、赣关、太平关、归化城归绥道、浙海关、辰关、山海关、张家口关、杀虎口关等),在陋规银两的征收方面,更是巧立名目,如粤海关有"分头"银、"担头"银、"验仓"银、"开仓"银、"神船"银、"贴写"银等等。对此,李宝嘉在《官场现形记》记述清末州县衙门每年向上司官员及属员"孝敬"银两陋规实施的情况时称:"向来县衙门,凡遇过年、过节以及督、抚、藩、臬、道、府六重上司或有喜庆等事,做属员的孝敬都有一定数目。什么缺应该多少,一任任相沿下来,都不敢增减毫分。此外还有上司衙门里的幕宾,以及什么监印、文案、文武巡捕,或是年节,或是到任,应得庆酬的地方,亦都有一定尺寸。至于门敬、跟敬,更是各种衙门所不能免。另外府考、院考办差,总督大阅办差,钦差过境办差,还有查驿站的委员,查地丁的委员,查监狱的委员,重重叠叠,一时也说他不尽。"②

官场中规银的征收,一是为了用于"媚"上(司衙门);二是为了"升"迁官位;三是为了合伙"贪"污。因此,贪污之风,愈演愈烈;吏治大坏,几近不可收拾。早在雍正时,朝廷欲以耗羡归公、发给官员"养廉"银的办法,来杜绝官场中贿赂之风的蔓延,却未能生效。故到乾隆、嘉庆、道光时,这些

---

① 转引自王振忠《绍兴师爷》,福建人民出版社1994年版,第69页。
② 李宝嘉:《官场现形记》第四十一回,第653页。

向上供奉、向下勒索银两、财物的"陋规",不仅公开化,而且出现无法禁革之势。此时,清朝企图将陋规一一清理后,承认其合法性,但因诸多原因,而未敢付诸实施。然而在实际的政治与社会生活中,地方吏治中的各种"规礼"、各种"陋规"银两的征收,却在事实上已成为清代地方财政名虽非法,实则却是不可或缺的构成部分,且以此为地方财政"动力"之一,维护、支撑着地方官僚行政机构的日常运转。

(二) 吏治陋规与吏治积弊

清代吏治的种种陋规,是皇帝到地方大员对下级官员进行额外盘剥勒索的重要手段,也是封建社会末期公开进行权钱交易的典型事例。其名目之繁、种类之多、数额之巨、持续之久,对清代吏治、社会生活所造成的危害、积弊、腐败,也特别巨大和深重。具体表现在:

积弊之一:加剧了对官民经济上的额外盘剥。

马克思指出:"赋税是官僚、军队、教士和宫廷的生活源泉,一句话,它是行政权力和整个机构的生活源泉。"① 在中国封建社会,除每岁"正额"、"正供"、"正项"的田赋、商税和杂税之外,为了维持封建政权日益增加的财政支出和皇帝、皇室、官僚群体庞大的政治性、寄生性消费支出,封建皇帝和官僚一定要通过吏治陋规,来进行额外盘剥勒索,以扩充财政来源,作为补充。此种情况,非自清代始,更非清代皇帝与官员所独创。但他们在吏治陋规方面,采用的手段之多,花样之繁,勒索之钜,在中国历史上却是首屈一指的。其中,巡幸迎驾、商人捐输、内帑银发放、报效银两、年节与平日贡纳、地方官馈送等诸多陋规,更极大地加重了对官民经济上的额外盘剥与勒索,使其不堪重负。

积弊之二:加剧了帝王与官僚群体的寄生性消费支出。

清代帝王与官僚通过陋规所获取的额外盘剥收入,除部分用于军需、河工、赈济等财政支出外,主要是用作帝王与官僚庞大的政治性、寄生性的消费支出:一是政治性消费支出,如帝王的各种祭祀活动,对臣仆的各种赏赐;地方衙门中官僚的交际、办公、献纳活动的支付等消耗。二是寄生性消费支出,如帝王的衣食住行、婚丧嫁娶、年节寿日庆典、外出巡游、围猎、饮宴行乐、修建陵墓的支出;官僚们的衣食住行、婚嫁丧葬、年节寿宴、寻兴作乐等支出。这两种消费,既有区别,又互有联系。前者带有明显的政治目的,为的是从政治上、思想上、伦理道德上维护整个清王朝的各级封建统治,特别巩固和维护上自皇权下至政权的一统地位。后者则带有明显的寄生性、奢侈性,以及对社会稳定、

---

① 马克思:《路易·波拿巴的雾月十八日》,载《马克思恩格斯选集》第一卷,人民出版社1972年版,第697页。

社会生活再生产的维持与持续发展具有潜在的、巨大的破坏作用。因此，帝王与官僚群体为维持、扩大这两种消费，以陋规手段榨取民脂民膏，把各种负担都转嫁给民人百姓，极大地阻碍了社会经济和社会生产发展，这是导致整个社会扩大生产停滞的根本原因之所在。

积弊之三：加剧了吏治与社会腐败风气的滋生和蔓延。

清代吏治陋规的形成与实施，本身便是权力的衍生物和副产品；同时，它也是官场进行权钱交易的最佳手段与途径。巨大的经济与互利效益的驱动，使它得以传承和绵延。因此，它的存在是吏治与社会生活腐败之风得以滋生蔓延的"温床"，此其一。其二，清代帝王和皇室，凭借手中至高无上的权力，不仅是诸多吏治的始作俑者，而且是经济与物质利益的最大获益者。因此，其"上行"陋规的存在，对地方官僚群体中陋规的形成与实施，在政治上、心理上有巨大的导向作用。而陋规的种种额外盘剥勒索手段，更对"下效"者的地方官僚们以莫大"启示"，从而使得它成为吏治与社会生活腐败风气滋生蔓延的最大"源头"和"祸根"。其三，在地方官场中，由于清政府的默许和认可，加之陋规本身的存在与实效，没有既定法规的约束与监督，故其随意性甚大。致使各种陋规不仅名目繁杂，手段与花样不断翻新，而且成为各地方官员在正俸之外，重要的"黑色收入"来源。其四，在陋规的实施运作上，帝王、皇室与地方官僚群体之间，虽有利益分配上的矛盾，但都是受益者，他们是互联互动的"共生"关系。所以他们是吏治与社会生活腐败之风滋生蔓延的"推动者"和"催化者"。

积弊之四：加剧了社会矛盾与危机的激化。

清代诸多陋规是统治者强加在广大民人（农民、手工业者、商人、市民）身上的额外重负，更是一种无限额的、变相的赋税。如乾隆三十六年（1771），乾隆帝与其母来山东曲阜孔庙孔林朝圣，恰逢皇太后八十岁生日。孔府为迎接"圣驾"，乘机加租，要郓城厂屯佃户"每租银一钱加摊大钱四十文"①。又如光绪二十七年（1894）为筹办慈禧"皇太后六旬万寿庆典"，朝廷命按乾隆时陋规，两淮、长芦商人花银在京师修葺景物，又命京、外文武各官缴纳报效银一百二十万六千九百两②。这种以国家政府名义的强行摊派政策，与其说是"报效"、"庆典"，其实则如同明火执仗的掠夺。它既是导致民人贫困破产的根源，更是社会矛盾危机日益激化，江山社稷大厦即将倾覆的征兆之一。

---

① 档案，《孔府档案》第 5127 号之三十九。
② 档案，光绪十九年六月初五日户部咨文。

三 士风的形成与演变

"士人"是清代社会生活群体中,一个较有特色与个性的群体,它既有别于农(民)、工(匠、工人)、商(人、商绅)阶层,又介于统治者与被统治者之间。有的士人通过科举入仕做官,成为统治集团、官僚群体中的一员。但更多的知识分子仍生活在社会的中下层,或入幕,或授徒教书,或整理国故,或开馆传习授艺,较之工匠、农民而言,有较多人身自由和经济收入。然而在清朝统治者一贯奉行实施的"愚士先愚心,治民先限身"的政策统治下,他们依然是被统、被驭、被愚、被治的阶级。

(一)科举入仕之风的兴盛与演变

自汉代以降,在儒家伦理思想统治下的读书士人,将"学而优则仕"视为他们立业、行事、参与社会的所谓"正途"。至清代,"千军万马"争过"独木桥"(科举考试)而力求中举做官成为士人奋斗的终极目标。

清代官员的出身,分为"正途"与"异途"两种。所谓"正途",分为四种。一是通过科举考试而入仕做官的,习称"科甲出身"或"科班",其中由进士入仕者称为"甲科",由举人入仕者称为"正科";二是经国子监等官学培养出来的"五贡"生①,习称"学校出身";三是由荫生而授官者,称为"恩荫出身";四是幕客保举,或旗人并免保举而得官者。但非科甲出身,不得授翰林院、詹事府及吏、礼二部官员。唯旗人官员不拘于此例。至于"异途"(又称偏途、杂途),指清代官吏由议叙、捐纳、杂流、官学生、俊秀②等出身者。但异途经保举,亦同正途出身(旗人则免),但不得考选科道官。异途出身汉人非经保举、汉军非经考试,不得授京官及正印官。在官场中,凡正途出身者,普遍受人尊敬和重视,官员自身的素质和行政能力也相对较高;至于靠异途入仕者,则为人所轻贱,其官员素质与行政能力也较为低劣。除此之外,由于满汉的差别,加之满人享有诸多政治特权,因此他们也可以不经由此二途而获取官位。

在选拔任用官员的方式上,可分为四种:一是"特简",即由皇帝钦定任命官员的方式。它不受任何法律条例条规的约束与限制。二是"会推",系指由朝中大臣互推而任用官员的方式。三是"荫袭",是指朝廷中的高官显贵或有功官员、或因公殉职殉国的官员的子弟,经朝廷特许,或靠父辈做官的资荫,或承袭父兄的官爵而获得官职。四是"保举",指朝中大臣或地方官员举荐官员的方

---

① "五贡"系指岁贡、恩贡、拔贡、优贡、副贡,均为科目之外"正途"。清代,府州中学校的生员,凡通过考选进入国子监肄业的称贡生。

② 俊秀:清代汉人无出身者称俊秀。武生行伍就文职者,出身与俊秀同。由俊秀捐输官员者,止授从九品或未入流。

式。推荐给朝廷的官员，可以是现职的官员，亦可以是山林隐逸贤达之人，还可以是故朋亲友旧识。对选拔官员的资格限制很严，不仅要求其人出身清白，而且对一些高品级的政府职能与要害部门的官员，还有特殊要求。如对吏部、礼部各司的郎官以及詹事府、翰林院的出任官员，必须是由科甲正途出身者方能充任。只有满员可例外，汉族官员均受此限制，不得有所违禁。

清代武官的选拔主要通过兵部主持的"武科考试"（又称武举）来进行。武科考试与文科考试相同，分为童试、乡试、殿试几级。考试时间，顺治元年（1644）规定各直省武科乡试于子、午、卯、酉年举行，会试则于辰、戌、丑、未年举行。考试的程序与"文科"大体相似。但在考试的内容与运作上，文、武两科却有较大的差异。

清代的选官制度，虽有正途偏途之分、满汉之别，然而在实施运作中，科举考试的实施与停止、保举捐纳选官的滥施与冗员的激增，却与清代的国运国势直接相关联，更对官员群体素质的高下，造成直接而重要的影响。

清代的科举分为文、武两科或两途，其考试有童试、乡试、会试、殿试四级。科举作为清代统治者选拔官员的主要"正途"，其实施与运作，对清代士风的形成产生了广泛而深远的影响：

其一，士人思想僵化之风大盛。以八股取士是选拔官员的重要途径，也是禁锢和钳制知识分子、官员思想的有效手段。八股亦称时文、制义或制艺，它是清代科举考试制度官方所规定的文体，每篇都由破题、承题、起讲、入手、起股、中股、后股、束股八部分组成。八股文的题目采自《四书》、《五经》的文句，所论内容须以宋代理学家朱熹的《四书集注》为依据，不许论者自由发挥，只能代圣贤立言。经过这样的考试选拔而入仕的官员，必然思想僵化，毫无创造性、开拓性意识，行动上默守成规、苟安因循。此为对入仕士人思想素质的负面影响。

其二，士人争做封建奴才之风日炽。清朝统治者通过科举选拔官员，除为了网络人才、缓和与消弥汉族士大夫的敌对情绪，以扩大与增强统治基础外；另一重要目的，在于培养忠于君主的奴才。在科举考试的题目中，凸显了这一点，从而具有明确的政治导向性。如顺治十六年（1659）己亥科的会试三题中，即有"四书义，为人臣者怀仁义以事其君、为人子者怀仁义以事其父、为人弟者怀仁义以事其兄、是君臣父子兄弟去怀仁义以相接也"①。做官须以忠君为首义，舍此则无是非曲直可言，更无个人意志决断可论。这既是对官员个性的扼杀，更是导致入仕士人群体政治人格扭曲异化的主因。此为对入仕士人政治

---

① 仲光军等：《历代金殿殿试鼎甲朱卷》，花山文艺出版社1995年版，第440页。

素质的负面影响。

其三，士人争相入仕为荣与官场托身寻主之风渐兴。由科举而入仕做官，对清代文人来说，这是一条须寒窗苦读、孜孜求索数十载的漫长艰辛人生历程，一旦应试，身价倍增，故对朝廷皇上、主考官员倍加感激。前者有主奴之义，后者更有师生之谊、同门同甲之契。在官场之中，为保自身既得利益，或为升迁，或为通融荫庇，故在门生与老师之间、同门同甲官员之间，结成一张有形无形、潜在隐蔽的关系网络，相互攀援，寻机保荐。这是封建社会"人治"的必然结果，亦是导致政治腐败的重要内因之一。此为对入仕士人人格素质的负面影响。

其四，士人重道轻器与重义贱技之风日盛。科举以八股取士，引诱文人谙熟儒家《四书》、《五经》章句与理学家的铨释以应试，其结果又必然导致文人士子重道轻器畸形思想心理的滋生。执着于对形而上者道的追求，轻贱忽视对形而下者器的探讨，进而妨碍人们对自然界规律、工艺技术的探求和掌握。此为对入仕士人技能素质的负面影响。

其五，士人以做官为荣与身家富贵为首选之风兴盛。众多文人通过科举考试而入仕为官，致使自身跻入统治者行列而高踞人上，列祖列宗因此而光耀。然经此途而登官位者，必以维护身家富贵与个人权势为价值首选，而非以国家民族利益和社会发展为重。这又将导致社会惰性力与离心力的增加，成为发展滞后的诱因。此为对入仕士人心理素质的负面影响。

其六，士人中官贵民贱与上智下愚成见之风甚烈。科举制的实施，既使学而优者的文人通过此阶得以入仕，也使官本位的社会心理得以强化。同时，入仕官员绝大多数又遵奉经义为金科玉律，思想僵化，不思进取，身无长技，庸碌无为，居官不司其职。而民众则因其自身非学非优非官，而甘居草芥受驭之列。这种上智下愚、官贵民贱心理定势与社会现实的形成，虽有维护封建统治秩序的作用，然更产生使入仕士人群体素质下降的消极腐蚀效应。此为对入仕士人价值取向素质的负面影响。

(二) 士人"夷齐"争下"首阳"山之风的流变

按照儒家的伦理道德观念，作为读书明理的士人，应首重自身文化道德的修养，即应遵循封建的"忠"、"义"、"仁"、"德"标准而立身行事。明末清初，满洲贵族统治者以武力统一全国，建立了新王朝。面对江山依旧、改朝换代与旧主不存、新主招徕的大势，部分士人愤于清军"嘉定三屠"、"扬州十日"的屠戮，更感于民众对"薙发易服"新政的抗争，决心"守志""殉节"（如著名学者黄宗羲、著名学者与抗清志士顾炎武等人），以示对明王朝的忠贞不贰之心。然而，对大多数士人而言，毕竟时过境迁，清不似周，"(伯)夷(叔)

齐"好当而"蕨薇"难觅。面对清统治者"新主儿"的频频召唤,更迫于生计的艰辛而执着于对功名利禄追寻的热望,于是,便出现士人由拒食"清粟"到"(伯)夷(叔)齐"争下"首阳"山的盛况,清政府的"博学鸿词"等制科考试、皇帝钦定选官,网罗人才的举措,为这些"(伯)夷(叔)齐"开辟了新的入仕之径,从而为下"首阳"山找到了正大光明的理由与说辞。此种景象,与其说是对封建卫道士们的莫大讽刺,倒不如说是士子们重利轻义务实心态的真实写照。

康熙十七年(1678),清统治者为招揽人才,特设博学鸿词科。是年,康熙帝诏告天下:"自古一代之兴,必有博学鸿儒,备顾问著作之选。我朝定鼎以来,崇儒重道,培养人才。四海之广,岂无奇才硕彦、学问渊通、文藻瑰丽、追踪前哲者?"诏命"凡有学行兼优、文词卓越之人,不论已仕、未仕"之人,可先予举荐,待皇帝"亲试"合格后录用为官。之后,由在京三品以上及科道官、在外的督抚布按官员举荐的200人陆续到京,令户部按月每人发给俸廪(月俸银三两,米三斗),以供食用。次年三月,在体仁阁"召试",实际应试者143人,皆赐宴。试题为《璇玑玉衡赋》一篇、《省耕诗·五言排律二十韵》一首①。康熙帝"亲览试卷",取考列一等者彭孙遹等20人、二等者李来泰等30人,俱授翰林官,三四等者报罢②。此50人,又分委侍读、侍讲、编修、检讨,俱入史馆,纂修《明史》。其中,李因笃、冯勖、朱彝尊、潘耒、严绳孙等人,皆以"布衣"入选。对年老告病未试的傅山、杜越、王方谷等七人,赐授内阁中书衔,且许回原籍奉养③。高士奇、励杜讷未试,令在南书房赋诗一首后,赐授内阁中书,以示尊崇。

乾隆元年(1736)九月,再开博学鸿词科考试,共考两场,"召试"176人于保和殿,并赐宴。首场试赋、诗、论各一篇,二场试制策二篇。取一等刘纶等5人,俱授编修。二等陈兆崙等5人授检讨,杨度汪等5人授庶吉士。乾隆二年(1737),补试于体仁阁,首场试制策二篇,二场试赋、诗、论各一篇。取一等万松龄1人,授检讨。二等3人,其中,张汉授检讨,朱荃、洪世泽授庶吉士④。

清末,统治者面对时局艰危,为"破格求才",特开经济特科。光绪二十七年(1901),诏令各部院堂官、各省督抚学政保荐"学问淹通、洞达中外时务者"。二十九年(1903),由政务处议定考试之制,由天子在保和殿亲自策试。

---

① 徐珂:《清稗类钞》第2册,《考试类·圣祖优礼宏博举子》。
② 赵尔巽等:《清史稿》卷一百九,《志八十四·选举四》。
③ 同上。
④ 同上。

共试两日两场，首场入选者许复试。两者考题均为论一篇、策一篇。取一等袁家谷等9人，二等冯善征等18人。此次授官，规格较低。对原有京职、外任之官，仅就原品阶"略予升叙"①。举人、贡生则以知县、州佐官职任用②。

清朝统治者基于维护封建伦理道德和社会秩序的政治目的，特开孝廉方正科钦定选官。它因取古之贤良方正合以孝廉之意而命名，此科虽始自雍正元年（1723），然在此之前，已有诸多舆论准备工作。如顺治十五年（1658）时，便有廷臣上奏，认为"孝行关系风纪"，若地方有孝子，经抚按地方官题奏和考试后，应授予官职③。康熙六十一年（1722），康熙帝"命八旗详察孝行素著者以闻"④。直至雍正帝即位，于雍正元年，诏令各省府州县卫"各举孝廉方正"，"赐以六品顶带荣身，以备召用"⑤。二年（1724），雍正帝对地方官员所引荐的浙江、直隶、福建、广西孝廉方正各二员，令"俱以知县用，五十五岁以上者，以知州用"⑥。同年，又诏令州县有司"择老农之勤劳俭朴，身无过"，"岁举一人，给以八品顶带荣身，以示鼓励"⑦。五年（1727），又谕令地方官与学政官员将贡生生员居家孝友、行止端方、才可办事者"一学各举一人"。至于"八旗之满洲蒙古，亦照此例，将人品端方，通晓汉文者，著该佐领各举一人"。不久，各省学政将荐举生员引见后，雍正帝令"以知县用者三员，余以国子监助教学正、学录补用"⑧。七年（1729），雍正帝令河南于常例岁举老农外，"令所属各举一人，给以八品顶带，以示优奖"⑨。乾隆元年（1736），吏部议准，凡府州县保举孝廉方正，悉由地方绅衿耆庶、邻佑里党合词具呈，该州县采访公评，详查所举事实；若系生员则由学官查核后，申送大吏保题，"给以六品顶带荣身"⑩。如果有德行才识兼优者，可由督抚"逾格保荐赴部"，"九卿、翰、詹、科、道公同验看，候旨擢用"。对滥举者则要惩罚治罪⑪。五年（1740）时，定此特科考试则例，其保荐赴部验看后，在太和门内考时务策、笺、奏各一篇。道光时，又改在保和殿内考试⑫。但此时已出现所举冒滥弊端，"其所举者，又

---

① 赵尔巽等：《清史稿》卷一百九，《志八十四·选举四》。
② 同上。
③ 《清朝文献通考》卷五十三，《选举考七·孝廉方正》。
④ 同上。
⑤ 同上。
⑥ 同上。
⑦ 同上。
⑧ 同上。
⑨ 同上。
⑩ 同上。
⑪ 赵尔巽等：《清史稿》卷一百九，《志八十四，选举四》。
⑫ 同上。

或弃于情贿,漫以衰庸充数,以致此事竟成具文"①。至光绪五年（1879）时,曲徇人情滥举之事"尤指不胜屈",而乡曲之士"遂以奔走郡县,联络绅耆为捷径,致令卑污庸劣之辈,滥厕廉方正之名"②。到宣统元年（1909）,为防止冒滥,"定为大县二名,小县一名","孝廉不满四十不得荐举"③。但实际上,地方官在荐举时,已"过于冒滥",各省所保,多至百余人,少则数十人,仅"湖北黄冈一县,竟多至十余人"④。次年,清政府对此特科,进行了最后一场选拔考试。试毕,引见各省孝廉方正,并谕令:"考取一等之举贡朱炳灵等十五名,著以知县用廪增附；监生魏炳文等三十五名,著以直隶州州判、盐运司经历用。考取二等之举人刘庆鸿等二名,著以直隶州州同、布政使经历用；五贡安于恒等十名,著以直隶州州判、盐运司经历用廪增附；监生王调元等六十二名,著以府经历、县丞、州吏目、县主簿、道库大使用。其余未经录取各员,著赏给六品顶戴。"⑤

  通过以上清代制科考试与钦定选官的运作过程,可对清代文人士子争相参考与竞相夺取利禄的实态有所了解和认识:

  其一,通过制科,统治者在网罗人才的同时,在政治上达到了预期的目的。无论是经学抑或是召试,以及康乾时代两次博学鸿词科的开设,不仅为朝廷收罗了文人士子中的大批遗老贤才,以供使用,而且还通过此举,在政治上达到了收揽人心、消弭、分化、瓦解敌视清朝知识分子的反抗（包括敌对心理、情绪和行动）的有效作用。康熙十八年（1679）,当首开此科时,除著名思想家、史学家顾炎武、黄宗羲、万斯同等人严拒应试外,仍有诸多学问、品行在明末清初一时称世的文人学者参加,虽然有的是被迫的（如傅青主、严绳孙等人）,但大多还是在功名利禄的驱使下,迎合清朝统治者的频频招徕、优厚待遇（如考试期间,又是按月按人发俸银3两、米3斗,又是为皇上德意、县会试殿试馆武状元庶吉士所无的特别赐宴。考试的赋诗试卷中错讹漏谬之处甚多,但康熙帝亲览后均一一放宽通过）,而半推半就来应试的。通过考试清统治者录用了一批具有真才实学的资深文人与有用人才,为朝廷所用,更为撰修《明史》做了人才上的重要准备。对此,当时便有人作诗讽刺:"圣朝特旨试贤良,一队夷齐下首阳。家里安排新雀帽,腹中打点旧文章。当年深自惭周粟,今日翻思吃国

---

① 《清朝文献通考》卷五十三,《选举考七·孝廉方正》。
② 《清朝文献通考》卷八十八,《选举考五·孝廉方正》。
③ 同上。
④ 同上。
⑤ 同上。

粮。非是一朝铁改节,西山薇蕨已精光。"① 当时这种一时称盛的"一队夷齐下首阳",旧朝遗老学子争向新王朝统治者乞食应试的熙攘景象,较生动地反映出应试者的矛盾心境,更道出了清统治者通过此举在政治心理效应上的巨大成功。

其二,钦定选官拓宽了人才选拔的途径和渠道。在清代,如果说通过常规的科举考试来选拔人才,有其相对公平竞争、相对公允的一面的话,那么,它亦有千人万人过独木桥、一考定终身的不足之处。而钦定选官虽也有统治者主观臆断的成分,但它毕竟还是在科举应试之外,为学子们提供了应试和入仕的又一难得机会,使众多有真才实学的人才不致被埋没。同时,清朝统治者通过此举,从多种渠道选拔各类人才,来为自身统治的运转服务。从这个意义上可以说,"特科"是"常科"的重要补充,二者是相辅相成的关系。

其三,钦定选官的运作与实施,在政治上有利于化解消极因素,亦有利于封建国家社会的稳定和民族隔阂心理的消除。如召试与经学的实施,收到了发现征用人才、有助于学术发展的实效;而孝廉方正与荫袭等的荐举运作,亦有淳风俗正人伦、稳定社会和官僚队伍秩序的成效。至于其他特科的开设,更有前述两个"有利于"的实效。

其四,钦定选官某些途径的开辟,一定程度上适应了社会发展变革的需求。博学鸿词科的开设,适应了社会发展变革对政治、文化、学术人才的急需。至于清末经济特科的开设,更为经世致用经济人才的培养,起了肇始之举的作用。光绪时,贵州学政严修请设此科时,明确提出,应为"六事"即内政、外交、理财、经武、格物、考工培养人才。而在考试时,又新增了算学、艺学(声光化电、税矿工商诸学)等内容②,这较之陈腐过时的《四书》、《五经》,是变革,也是进步。

其五,钦定选官在某些方面也维护了官僚贵族的政治特权,易导致吏治腐败的滋生。清代的钦定选官举措,存在满优于汉、官(王公贵族官僚)优于民的歧视性,易在运作中滋生种种弊端。如孝廉方正科、荫袭(任子)之制在实施运作过程中出现的种种营私舞弊行为,即是最好的注脚。

其六,钦定选官途径的开辟,是导致官出多门、素质能力良莠不齐弊端产生的重要原因之一。由于尚未经过考试的严格筛选淘汰,一些人入仕资格的取得、实官的选授仅凭祖辈的功劳特权,甚至帝王的好恶等机遇,必然使一些卑污庸劣之辈、蝇营狗苟之徒厕身其间。光绪初年,有人曾作诗讥讽当时孝廉方正科选官之滥与士子素质、品德、行径的低劣:"何谓孝,逼得母亲上了吊。何

---

① 褚稼轩:《坚瓠集》五集,卷三。
② 徐珂:《清稗类钞》第二册,《考试类·德宗诏开经济特科》。

谓廉，每月常放二分钱。何谓方，浑身都是杨梅疮。何谓正，丫头老妈没干净。"① 这当然与设科选官的初衷大相径庭。而此辈的融入，不但对官吏群体极具侵蚀、破坏作用，而且是导致吏治腐败的诱因之一。

（三）文人士子争寻出路之风的演变

清代文人士子除参加科举考试、制科考试，获取功名做官外，其中，大多数人因官途仕径日趋拥塞（中举名额有限、官场险恶、俸禄较低、官位实缺少而补缺遥遥无期等），而无缘跻身其间；甚有多次与考，而次次落第者。于是文人士子，或为生计所迫，或为实现人生的价值与目标，或为立业行事，或为民族大义与社会之责的达越，而寻觅新的出路。大体而论，清代文人士子的出路：一入仕（做官）、二入山（山林遗民）、三入空（佛寺隐僧）、四入学（潜心学术）、五入幕（做幕僚）、六入商（经营商贸）、七入塾（开馆授徒）、八入军（加入军伍）、九入艺（艺术创作）等途。而且清代文人士子舍仕途而谋求新生的风气，在清初、清中期、清后期因时而异，因人而别，既无恒俗，又无常态，而随时势，多彩纷呈。

出路之一：隐山林遁空门做遗民。

此风在明末清初的文人士子中，一时颇为兴盛。其中，既有抗清失败者，又有严拒新主招揽誓死殉节者，更有眼见明亡而痛定思痛著书立说、以天下为己任者。著名学者黄宗羲、王夫之、顾炎武等人最具代表性。

黄宗羲（1610—1695），浙江余姚人，字太冲，号南雷，又号黎洲。明亡后，清军南下，他集合四方志士，起兵抗清。入四明山，组织"世忠营"，结寨以自固自保。复又追随南明鲁王于海上，任左副都御史，虽辗转流徙，仍坚持抗清。抗清失败后，复明无望，遂奋力著述。史载"其后海上倾覆，宗羲无复望，乃奉母返里门，毕力著述，而四方请业之士渐至矣"。康熙十七年（1678），清政府"诏征博学鸿儒。掌院学士叶方蔼寓以诗，敦促就道，再辞以免。未几，方蔼奉诏同掌院学士徐元文监修《明史》，将征之以备顾问，督抚以礼来聘，又辞之"②。他寓居山野，生活艰辛，但对清主的频频招揽不予理睬，而以明之遗民遗老遗臣自居。

王夫之（1619—1692），湖南衡阳人，字而农，号涢斋，又号船山。明崇祯举人，清兵南下，他曾于衡山举兵抗清，兵败后走桂林，其时南"明王驻桂林，大学士瞿式耜荐之，授行人"。因母病返回故里。"明亡，益自韬晦，归衡阳之石船山，筑土室曰观生居，晨夕杜门，学者称船山先生。"自称为"亡国遗臣"，

---

① 徐珂：《清稗类钞》第四册，《讥讽类·孝廉方正》。
② 赵尔巽等：《清史稿》卷四百八十，《列传二百六十七·儒林一》。

且"志节皎然",后"逃入深山"、"窜身瑶峒,声影不出林莽,遂得以完发以殁身"。死后,"葬大乐山之高节里,自题墓碣曰'明遗臣王某之墓'"①。

顾炎武(1613—1682),江苏昆山人,初名绛,字宁人,号亭林,因避害,曾化名为蒋山傭。明朝诸生,少年时曾加入复社。明亡后,顺治二年(1645)清军攻陷南京时,顾在苏州参加抗清"义师",南明鲁王授其为兵部司务。兵败后,他离乡北游,往来鲁、直、晋、陕、豫诸省,"遍历关塞,四谒孝陵,六谒思陵,始卜居陕之华阴。谓'秦人慕经学,重处士,持清议,实他邦所少,而华阴绾毂关河之口,虽足不出户,亦能见天下之人、闻天下之事。一旦有警,入山守险,不过十里之遥,若有志四方,则一出关门,亦有建瓴之便'。乃定居焉"。他在游历时,还考察各地山川形胜、风物人情,以备日后反清复明大业之用。史称顾"生平精力绝人,自少至老,无一刻离书。所至之地,以二骡二马载书,过边塞亭障,呼老兵卒询曲折,有与平日所闻不合,即发书对勘;或平原大野,则于鞍上默诵诸经注疏"②。康熙十七年(1678),清政府"诏举博学鸿儒科,又修《明史》","大臣争荐之",但他坚辞不就,且"以死自誓"③,以明心志,朝廷只得作罢。

除逃入山林或自居田舍,备尝艰辛,坚辞不仕清朝的文人士子外;还有一部分文人士子入清后,则遁入空门,避身寺庙,以示对新朝的抗争与对故国之思的寄托。如李清,明崇祯进士,明亡"归故园,杜门不与人事。当道屡荐不起,凡三十有八年而殁"。生前,"每遇三月十九日(即崇祯帝自缢日),必设位以哭"④。示其为明遗臣遗民之志。阎尔梅,明崇祯举人,明亡参加义军抗清,失败后"遁海上,祝发,称蹈东和尚","变名翁深,字藏若",后忧愤而卒⑤。其同乡徐州万寿棋,抗清兵败后"渡江归隐,筑室浦西","灌园以自给。髡首被僧衣,自称明志道人、沙门慧寿,而饮酒食肉如故"。后世称阎、万为"徐州二遗民"⑥。

庄元辰,明崇祯进士,明亡举家抗清,兵败"乃狂走深山中,朝夕野哭"。"至是失其面目,巾服似头陀,一日数徙,莫知所止,山中人亦不复识"⑦。又,同为明崇祯进士的王玉藻,明亡随南明鲁王抗清,兵败"资粮俱尽,采野葛为

---

① 赵尔巽等:《清史稿》卷四百八十,《列传二百六十七·儒林一》。
② 赵尔巽等:《清史稿》卷四百八十一,《列传二百六十八·儒林二》。
③ 同上。
④ 赵尔巽等:《清史稿》卷五百,《列传二百八十七·遗逸一》。
⑤ 同上。
⑥ 同上。
⑦ 同上。

食"。归隐后,"誓不易衣去发,作绝词以逝"①。又,明崇祯进士王正中,明亡,随南明鲁王抗清,浙东兵败,"避窜山中,贫不能自存,傍鉴湖佃田五亩,佐以医卜自给"②。

朱之瑜,号舜水,余姚人,明亡参加义军抗清,为恢复故国"渡海至日本,思乞师",不果,遂"居日本二十余年"以教馆为生计,客死异国后"葬于日本长崎瑞龙山麓"③。鲁迅先生留学日本时,曾拜谒其墓,并在《藤野先生》一文中,敬称"明末遗民朱舜水先生"。

刘永锡,明崇祯举人,明亡"移居阳城湖滨",与妻及子女"织席以食。市中见永锡携席至,皆呼席先生"。因"食不继,时不举火",妻女皆饿死。后"买一破船往来江湖间",顺治时"穷饿至不能起"而卒④。又,彭之灿,明末诸生,明亡以做村塾为生,后北游常"绝粒数日",顺治时饿死道中,孙奇逢立墓称"饿夫之墓"⑤。徐枋,明崇祯举人,明亡"遁迹山中,布衣草履,终身不入城市"。虽"家贫绝粮,而饥寒,不受人一丝一粟"。卒后,竟"以贫不能葬"⑥。又,汪汸,钱塘人,明崇祯时中乡试,明亡"徙居孤山,匡床布被外,残书数卷,键户出,或返或不返,莫可踪迹"⑦。黄宗羲与汪遇之孤山,"夜寒甚,止布被一,汸与宗羲背相摩,不得缓气"。康熙时,"终于宝石山僧舍"中⑧。

郭都贤,明天启进士,明亡"祝发为僧",洪承畴降清后,曾遣人至山中,"馈以金,不受"。僧号顽石,又号些菴。晚年生活"茹苦,无定居",后"客死江宁承天寺"⑨。又,李世熊,明诸生,甲申明亡"自号寒支道人,屏居不见客"。顺治时,地方官以"不出山,祸不测"相挟逼,他却"矢死不为动",以"文章气节著一时,名大震",后"山居四十余年"隐不入仕,卒于家⑩。

出路之二:著书立说授徒做学者。

清代文人士子著书立说或开馆授徒,而成儒林学者的,大有人在。但这些学者的类型,因时代需求的变迁、统治者政策的变化、自身素质的高下,而有

---

① 赵尔巽等:《清史稿》卷五百,《列传二百八十七·遗逸一》。
② 同上。
③ 赵尔巽等:《清史稿》卷五百一,《列传二百八十八·遗逸二》。
④ 同上。
⑤ 同上。
⑥ 同上。
⑦ 同上。
⑧ 同上。
⑨ 同上。
⑩ 同上。

所不同，主要可划为如下几种：其一，遗民学者群体。此群体存在于明末清初，且多为明末的博学大儒。他们的特点：一是学术功底深厚、学识广博，或师从名门，或有家学渊源，多能创一家之言、立一派之说，是"大师级"学者，如顾（炎武）黄（宗羲）王（夫之）即是代表。二是他们以天下为己任，参加抗清斗争实践，顺应时代的需求、回答社会辩难，故其学术成果更多是承前启后、继往开来的开山之作。三是著述宏富，文风朴实，言之有物，贴近生活现实，对有清一代及至后世影响深远。如孙奇逢之学"以体认天理为要，以日用伦常为实际"，"发明义理，切近人事"，故其"生平之学，主于实用"①。黄宗羲之学不仅"缜密平实"，且"上下古今，穿穴群言，自天官、地志、九流百家之教，无不精研"②。王夫之之学"乃宪观天人之故，推本阴阳法象之原"，其"原始要终，炳然如揭日月"③。李颙"居恒教人，一以反身实践为事"④，顾炎武之学，"大抵主于敛华就实。凡国家典制、郡邑掌故、天文仪象、河漕兵农之属，莫不穷原究委，考正得失，撰《天下郡国利病书》一百二十卷，别有《肇域志》一编，则考索之余，合图经而成者"。故《清史稿》赞誉他为"清初称学有根底者，以炎武为最"⑤。

遗民学子授徒著述者，如李清"晚著书自娱，尤潜心史学，为《史论》若干卷"⑥；梁以樟晚年隐居与友人"结文字社"，著有《梁鷦林先生全书》⑦；阎尔梅"博学善诗"，有《白耷山人集》⑧；方以智"博涉多通，自天文、舆地、礼乐、律数、声音、文字、书画、医药、技勇之属，皆能考其源流，析其肯趣"。著书数十万字，以《通雅》、《物理小识》二书"盛行于世"⑨；顾祖禹秉承父志，撰《读史方舆纪要》一百三十卷，"详于山川险易，及古今战守成败之迹，而景物名胜皆在所略"。为撰此书，他倾毕生精力，自二十九岁始撰，"及成书，年五十矣"⑩。时人谓该书与梅文鼎《历算全书》、李清《南北史合钞》并称"三大奇书"⑪。傅山在明亡后"改黄冠装，衣朱衣，居土穴，以养母"。康熙时，清朝诏举鸿博，他被"有司强迫"，至京师二十里时"誓死不入"，结

---

① 赵尔巽等：《清史稿》卷四百八十，《列传二百六十七·遗逸一》。
② 同上。
③ 同上。
④ 同上。
⑤ 赵尔巽等：《清史稿》卷五百，《列传二百八十七·遗逸一》。
⑥ 同上。
⑦ 同上。
⑧ 同上。
⑨ 同上。
⑩ 赵尔巽等：《清史稿》卷五百一，《列传二百八十八·遗逸二》。
⑪ 同上。

果仍被诏免试,"加内阁中书以宠之"①。但他返乡后仍"冬夏著一布衣",自称为"民"。其"工书画,谓:'书宁拙毋巧,宁丑毋媚,宁支离毋轻滑,宁真率毋安排。'人谓此言非止言书也"。诗文方面"信笔抒写,俳调俗语,皆入笔端",著有《霜红龛集》十二卷②;费密明亡抗清活动失败后,承继家学,以是跛残疾之身,自蜀"往苏门谒孙奇逢,称弟子","工诗、古文",晚年靠为人"授徒、卖文"维持生计,时人"咸重其品,悲其愚"③。王弘撰号山史,"博雅能古文,嗜金石",且"工书法"。甲申明亡,"奔走结纳"以抗清,失败后隐居华阴,"尤著志节",康熙时"以鸿博征,不赴"。虽"交游遍天下",而密友中有就征者,遂与之绝交。故顾炎武常说:"好学不倦,笃于朋友,吾不如王山史。"④谈迁在明亡后,归故里海宁不出仕,"肆力经史百家言,尤注心于明朝典故",既感于"实录见其表,其在里者,已不可见"的失真;更愤于"国灭而史亦随灭"的现实,"汰十五朝实录,正其是非。访崇祯十七年邸报,补其缺文,成书,名曰《国榷》"。但不久书稿被盗,全失不存,谈又重写"复成之"⑤。对此,《清史稿》评述称:"明末遗逸,守志不屈,身虽隐而心不死,至事不可为,发愤著书,欲託空文以见志,如迁者,其忧愤岂有已耶?"⑥"空文"是一面之词,有失公允之论,实则为宝贵的历史文化遗产,远较士子空谈误国为佳。谈迁虽家贫身孑、四壁皆空,连夜盗入室也"不见可欲者"⑦,他却以超乎常人的毅力和决心,另起炉灶,愤著《国榷》,大有左丘、周公、司马迁之遗风,堪称此一群体的代表,当不为过。

其二,乾嘉学派群体。如果说顾炎武首开清代实学之风,其思想学术以"贵创"、"博征"、"致用"⑧著称于世的话,那么,随着清统治者首倡程朱理学为官方哲学、屡兴文字狱以及对文人士子思想钳制的强化,使明末清初经世致用的实学日趋衰微,至乾隆、嘉庆时,"朴学"(又称汉学)大行其道,取而代之,文人士子做官的做官、入仕的入仕,被清朝封建统治高压政策吓退的学子,明哲保身,纷纷躲入故纸堆中,潜心整理国故,以逃避现实,了却一生。故又称这一群体为"乾嘉学派",其特点:一是学者人数众多,不乏学术大家和大师级人物。然而他们在人生价值观、社会责任感、功利价值判断方面,却与"遗

---

① 赵尔巽等:《清史稿》卷五百一,《列传二百八十八·遗逸二》。
② 同上。
③ 同上。
④ 同上。
⑤ 同上。
⑥ 同上。
⑦ 同上。
⑧ 梁启超:《清代学术概论》,上海古籍出版社1998年版,第11—12页。

民"大相径庭。"遗民"学子大都严拒入仕做官，将著述作为寄故国之思、亡国之恨、全其名、经世致用之"器"，而少有谋取个人利禄之心。与此相反，乾嘉学派及其后继学子文士多混迹官场仕途，有的还春风得意，被主上青睐，倚为重臣，其文其论其述其行，则以统治者的好恶马首是瞻。所以其著述，虽有学术成就，但多为换取个人与身家功名利禄、仕途佳景前程的工具而已。学术已成为他们晋身或美其名节的饰物。二是学问以经学为中心，衍及文字音韵、名物训诂、历史地理、天文历算、金石乐律、校勘辑佚等领域，重实证长考据，然有烦琐之弊，空耗了诸多学子的宝贵青春，更埋没了许多士子的独特创见。三是对学术典籍、文化著述的整理、诠释、校勘、解读、训正、补佚等功绩不可没，为后世利用、继承古代历史文化遗产，提供了诸多便利条件。此学派由顾炎武首开其端，胡渭、阎若璩奠其基，至惠栋、戴震时分为吴派与皖派，著名的文人士子学者还有江永、王鸣盛、王念孙、王引之、钱大昕、段玉裁、毕沅、卢文弨、阮元、焦循、纪昀、王昶、凌廷堪、崔述、严可均、顾广圻等人，著述甚多，仅"札记之书则夥矣"。按梁任公（启超）之见，"其最可观"有价值者，除顾炎武《日知录》外，有阎若璩的《潜邱札记》，钱大昕的《十驾斋养新录》，臧琳的《经义杂记》，卢文弨的《钟山札记》与《龙城札记》，孙志祖的《读书脞录》，王鸣盛的《蛾术编》，汪中的《知新记》，洪亮吉的《晓读书斋四录》，赵翼的《陔余丛考》，王念孙的《读书杂志》，王引之的《经义述闻》，何焯的《义门读书记》，臧庸的《拜经日记》，梁玉绳的《瞥记》，俞正燮的《癸巳类稿》与《癸巳存稿》，宋翔凤的《过庭录》，陈澧的《东塾读书记》等①。这些士子文人均参加了官修《四库全书》的编撰，该书由乾隆帝钦定永瑢领衔编撰，纪昀任总纂官，历时十五年（1773—1787），将古代典籍完整抄录，分编于经史子集四部，四十四类之下，共收图书3457种，79070卷；另有存目书6766种，93551卷。当时许多著名学者或参与纂修，或撰写提要，一方面为官书立言立论，另一方面更为自身在仕途上找到了一条名利双收的佳景出路。

其三，近代学者群体。嘉道以降至清末，随着鸦片战争的失利，西方列强的入侵，中国开始逐步沦为半殖民地半封建社会，民族危机的加深，使部分文人士子的民族精神有所警醒。他们将学术、知识化为兴邦立业之技，将著书化为变革社会、救国图存之论。于是，朴学之风渐衰，而实学之风再兴。其代表人物为龚自珍、魏源、康有为、梁启超、谭嗣同等五人。龚自珍（1792—1841），号定庵，浙江仁和人，道光进士，曾任内阁中书、礼部主事，后辞官在书院讲学。龚自珍"性跅弛，不检细行，颇似法之卢骚"；喜"讥切时政，诋排

---

① 梁启超：《清代学术概论》，第63页。

专制"①。曾与林则徐、魏源等同倡经世致用之学，属"今文经学派"。他二十岁时作《尊隐》，二十五岁前又作《明良论》、《乙丙之际著议》，抨击封建专制的腐朽与黑暗，在诗文中更不满于"万马齐喑"的可悲可哀可痛现实，要求"更法"、"改图"，以"不拘一格"征集天下英才，以振兴世事。他文笔犀利、思想敏锐，多为惊世骇俗、振聋发聩之论，对后世影响颇大。梁启超认为"初读《定庵文集》，若受电然"②，"晚清思想之解放，自珍确与有功焉"，"光绪间所谓新学家者，大率人人皆经过崇拜龚氏之一时期"③。其著述有《西域置行省议》、《蒙古图志》、《龚定庵文集》等书。魏源（1794—1857），字默深，湖南邵阳人，道光进士，道光时应江苏布政使聘，辑《皇朝经世文编》；助江苏巡抚陶澍筹办漕运、票盐、水利；鸦片战争后参与浙东抚英斗争，感愤时道衰微、国运不昌、海防不御外敌之弊，著《圣武记》；受林则徐之托，辑历代有关沿海岛志资料，而成《海国图志》一书。在著述中，力主"师夷之长技以制夷"，学习效法西方先进的科学技术、轮船火器制造技艺和练兵之法；同时，主张变法与革新，认为"变古愈尽"才能使"便民愈甚"；在经济上提倡创办民用工业，允许民间私人开矿设厂。著述有《古微堂集》、《元史新编》、《老子本义》、《诗古微》、《春秋繁露注》等书。对龚、魏二人的其人、其著、其论，梁启超评论说："龚、魏之时，清政既渐陵夷衰微矣，举国方沉酣太平，而彼辈若不胜其忧危，恒相与指天画地，规天下大计"④；而"自珍、源皆好作经济谈，而最注意边事。自珍作《西域置行省议》，至光绪间实行，则今新疆也，又著《蒙古图志》，研究蒙古政俗而附以论议（未刻）。源有《元史》，有《海国图志》。治域外地理者，源实为先驱。故后之治今文学者，喜以经术作政论，则龚、魏之遗风也"⑤。当不失为精准之论。该群体的第三个代表人物为康有为（1858—1927），字广厦，号长素，广东南海人。光绪进士，光绪十四年（1888）曾上书光绪帝，要求变成法、通下情、慎左右，后撰《新学伪经考》、《孔子改制考》。光绪二十一年（1895）会试，闻中日《马关条约》签订，与会试举人千余名上书，要求清朝拒约、迁都、练兵、变法，此为"公车上书"。后与梁启超等人办《中外纪闻》、组织强学会、出版《强学报》，促成戊戌变法"百日维新"，变法失败，一度流亡海外。主要著作有《大同书》、《戊戌奏稿》、《康南海文集》、《康南海先生诗集》等。梁启超对其师《新学伪经考》为"思想界之一大飓风

---

① 梁启超：《清代学术概论》，第 75 页。
② 同上。
③ 同上。
④ 同上书，第 76 页。
⑤ 同上书，第 77 页。

也"；而"有为第二部著述，曰《孔子改制考》。其第三部著述，曰《大同书》。若以《新学伪经考》比飓风，则此二书者，其火山大喷炎也，其大地震也"①。而作为康有为学生的梁启超（1878—1929），号任公，又号饮冰室主人，广东新会人，举人出身。从学康有为，参与"公车上书"活动，在上海办《时务报》并编辑《西政丛报》，发表《变法通议》、《论中国积弊由于防弊》等，力主君主立宪，以求变法图存，是康的得力助手，时人谓之"康梁"。"百日维新"失败后，流亡日本，曾游历欧洲，回国后将著述编为《饮冰室合集》。对自身的立业行事与文风论述，梁启超自述为"盛倡革命"、"批评秕政"，力主"废科举、兴学校"外，又称"启超夙不喜桐城派古文，幼年为文，学晚汉魏晋，颇尚矜炼，至是自解放，务为平易畅达，时杂以俚语韵语及外国语法，纵笔所至不检束，学者竟效之，号新文体。老辈则痛恨，诋为野狐。然其文条理明晰，笔锋常带情感，对于读者，别有一种魔力焉"②。其对后世文人学界影响力的评述，不仅精准有力，且其情与豪放之气，时时跃然纸上。该群体的另一位杰出代表，是被梁启超誉为"晚清思想界一彗星"的谭嗣同（1865—1898），湖南浏阳人，号壮飞，又号华相众生。少时博览群书并研习自然科学，鄙科举。早年曾入幕，游历西北与东南各省，甲午战后，提倡新学，在浏阳创"算学馆"，后著《仁学》一书，批判封建"纲常名教"与封建专制制度，主张"冲决君主之网罗，冲决伦常之网罗，冲决天之网罗"③，发展资本主义的政治与经济。他不仅在湖南开维新风气之先，而且在南京倡设"金陵测量会"、在上海发起"不缠足会"，拟创农学会；又协助没立时务学堂，筹办内河轮船、开矿、筑路等。后在长沙设"南学会"，出版《湘报》，抨击旧政，宣传变法。"百日维新"失败后，被害于北京菜市口，为"戊戌六君子"之一。其著作编为《谭嗣同全集》传世。

　　通观这一类型的文人士子，其行事立业与著述，有诸多新的特点：一是身处封建末世与社会转型时期，面对社会的黑暗腐败、民生凋敝、外敌入侵、国运日衰的残破局面与现实，成为最早、最先觉醒的知识分子，探寻救国救民振兴之策，或著书立说，抨击封建专制，或倡导变法力求付诸实践。他们是顾炎武"天下兴亡，匹夫有责"信条的实践者、实现者；他们以国家民族的前途为己任，其思想追求，已超越"小我"而成"大我"、由"一人一家"而达"国家民族"的境界，对后世社会生活产生了深远的影响。二是在人生观、价值观、社会观方面，较之以往，拓开新径、展示新容，他们不仅是新学、新论、新法

---

① 梁启超：《清代学术概论》，第78—79页。
② 同上书，第85—86页。
③ 同上书，第91页。

的首倡者,更是实践者、探索者,有的人为追求理想的实现、为冲决社会的沉沦麻木之风,竟以生命为代价,而作惨烈的牺牲,如"戊戌变法"惨遭清朝杀害的谭嗣同、林旭、杨锐、刘光第、杨深秀、康广仁等"六君子"是其杰出代表。他们为社会文人士子树立了"知行合一"的新典范,在警醒世人之际,更开启了"我以我血荐轩辕"以拯救国家民族危亡的社会新风尚。三是该群体的文人士子不仅人数众多,自身文化学术功底深厚、思想观点新颖、著述宏富而又笔锋犀利,而且接受西学影响、倡导自然科技及新学,故对当时文坛、政坛、学坛,影响大。他们不以学术著述为谋取个人功名利禄的"资本"与官场晋升的"阶梯",而将此作为抨击封建专制的利器,在舆论和思想上为变革图存、变法求新准备,藉以拯世道、革人心、变世风。正如梁启超所言,康有为的《新学伪经考》"此说一出,而所生影响有二:第一,清学正统派之立脚点,根本摇动;第二,一切古书,皆须从新检查估价。此实思想界之一大飓风也"①。又高度评价友人谭嗣同遇害,"年仅三十三。使假以年,则其学将不能测其所至。仅留此区区一卷,吐万丈光芒,一瞥而逝,而扫荡廓清之力莫与京焉,吾故比诸彗星"②。足见其著述、其主张、其思想,对当时与后世人心、世象、风尚的巨大"穿透力"与影响力。可见,近代学者群体的文人士子,在"寻出路"时有总结、承继清初遗民学者学术文化"实学"成果的一面,又在"经世致用"、参与社会实践变革上,已有大大超越。较之"乾嘉学派"的文人士子而论,他们在立身行世方面、在人格魅力的张扬上,其影响与作用更显,不但有"继往"之功,更有"开来"拓新之效,影响远及民国。从这种意义上而论,称之为影响当时及后世社会历史发展与重大变革进程的关键性人物,当不为过。

出路之三:入仕做县官沉浮官场。

清代通过科举正途或其他制科、捐输异途,入仕获得一官半职,是诸多出身微贱(非达官贵人有荫袭之途)的文人士子梦寐以求的目标,也是最佳的出路之一。所以大多数人以入仕做县官,沉浮宦海为理想而奋斗不息。清代"知县"在官秩中为"正七品"(又称"七品芝麻官"、俗谓"县太爷"),主要掌理一县地方的行政、田赋、刑名等事务,为亲民之官。其辅佐政务的"佐官"有县丞主簿,其属设典史、巡检、驿丞、税课司大使等。此外,尚有掌一县所属生员教诲的县儒学"教谕",为正八品;教导所属生员的副职儒学官"训导",从八品,属领年薪俸银的副县级官员。在官俸待遇上,各县因时因地而有所增减损益。以清代四川江油县的县官而论,在雍正《江油县志》(五年,1727年

---

① 梁启超:《清代学术概论》,第78页。
② 同上书,第94页。

刻）与乾隆《江油县志》（二十六年，1761 年刻）的两部县志的记载，该知县的年俸银为 45 两，加上办公费心红纸张银 20 两，共 65 两。按当时每石（120 斤）米价银 0.7 两折算，可购米约 93 石，合米 11160 斤，月均米 930 斤。康熙十九年（1680），因清政府平息"三藩之乱"，军需支出浩繁，知县俸银减半为 22.5 两，办公费心红纸张银全减，按当时米价石银 1 两计算，可购米 22.5 石，合米 2700 斤，月均米为 225 斤，康熙二十一年（1682）恢复原俸银 45 两，但却包含办公费用在内，按此时米价折算，知县俸银可购米 45 石，合米 5400 斤，月均米 450 斤。雍正朝时，江油知县减俸加薪，年薪银为 63.49 两，心红纸张银 20 两，增发油烛银 10 两、伞肩银 2 两，累计银 95.49 两，按当时米价石银 1.2 两计算，可购米 79.5 石，合米 9549 斤，月均米为 795 斤。乾隆初，清政府规定江油知县取消薪银，俸银恢复至原定标准的 45 两，减裁心红纸张银、油烛银、伞肩银共 50.49 两，而增加养廉银 600 两，累计银 645 两，按此时米价石银 1 两计算，可购米 645 石，合米 77400 斤，月均米 6450 斤，较雍正朝时增工俸银 5.8 倍。又，"典史"年俸未变，增发养廉银 80 两，合计 111.52 两，较雍正朝时增加 2.54 倍，可购米 111.52 石，合米 13382.4 斤，月均米 1115.2 斤。"巡检"也增发养廉银 90 两，合计银 121.52 两，较雍正朝时增加 2.86 倍，可购米 121.52 石，合米 14582.4 斤，月均米 1215.2 斤。"教谕"、"训导"的年俸银由 31.52 两增加到 40 两，没有养廉银，他们的俸银按时价可购米 40 石、合米 4800 斤，月均米 400 斤①。由此可知，他们的工俸银虽因时而有增减，但总的趋势是增多，且增加的幅度较大，折合月米在数千斤以上，少者也有数百斤，过着衣食无忧的生活，正俸之外，县官额外捞取银两，更是无法估算。这正是诸多文人学子，为何对入仕做官陶醉痴迷的真正原因所在。然而，沉浮官场也非易事，且不说官场竞争与争斗的残酷激烈，也不论"首崇满洲"政策，更不要说候补实缺的艰难与漫长时光，就以做官的文人而论，其官位、名节不保者亦大有人在，甚有为此丢掉身家性命者。即使做官，目睹官场黑暗、世事坎坷，亦有不少士人学子晚年悔恨涉足官场，如清初的吴伟业（1609—1692），号梅村，明崇祯进士，是擅诗文、博学而多才。顺治时，应召入仕，曾任秘书侍讲，清太祖太宗圣训纂修官、国子监祭酒等职，著述颇丰，有《梅村集》四十卷。但他晚年却作《金缕曲》绝命词，表其心境无所归依。史载："吴梅村祭酒伟业，其将死时，填一《金缕曲》，盖绝笔矣。词云：万事催华发。论龚生天年竟夭，高名难没。吾病难将医药治，耿耿胸中热血，待洒向西风残月。剖却心肝今置地，问

---

① 赵尔巽等：《清史稿》卷一百二十二，《志九十七·食货三》；肖定沛：《清朝时江油官吏的工资》，载《绵阳晚报》2002 年 2 月 9 日。

华佗解我肠千结。思往恨，倍凄咽。故人慷慨多奇节。恨当年沉吟不断，草间偷活。艾炙眉头瓜喷鼻，今日须难决绝。早患苦重来千叠。脱屣妻孥非易事，竟一钱不值何消说。人世事，几完缺。"①词中的"思往恨，倍凄咽"、"草间偷活"等句，是其心境与悔恨之意的真切描述，而"一钱不值何消说"更是对官场仕途出路的理性评估，颇耐人寻味。

出路之四：出入商海谋利求生。

清代学子士人出入商海谋利求生计者，为数不少，在商贸发达之区，士人学子选择先商后仕、亦官亦商，弃儒而商、弃吏而贾，成为一条较为理想的出路，无论他们属于哪一种类型，其动机和目的只有一个，就是在人生驿站中选择最有利于自己条件以自存自强而求发展。

其一，先商后仕型。清代江苏为商贸繁盛之地，而扬州更是盐商聚集经营的重要商埠。在盐商集团中，以徽商的势力最大，此外，有山陕等盐商。其中，陕西盐商实力虽比不上徽商的势力，但人数众多，自明代以来便在此世代经营盐业，具有先商后仕的传统。故出身于陕西盐商家庭的文人士子，应举考试，中举入仕者为数不少。据同治《两淮盐法志》卷四记载，在清顺治、康熙、雍正、乾隆年间，陕西盐商在淮扬地区的科举考试中，考中进士者有10人，他们分别为：杨在陛（顺治三年进士，原籍陕西三原县）、负起龙（顺治六年进士，原籍陕西三原县），韩望（顺治九年进士，原籍陕西泾阳县），梁鋐、房廷祯（顺治十二年进士，原籍陕西三原县），刘芳世（康熙十五年进士，陕商籍），李渻仁（康熙二十一年进士，陕商籍），梁崇荫（康熙三十九年进士，陕江都籍），张馨（乾隆十年进士，陕西临潼县籍），张坦（乾隆十七年进士，原籍陕西临潼县）。与此同时，陕西盐商学子，在淮扬地区科考中，考中举人者有20人，他们分别是：秦养廉、权特世（顺治二年举人，陕西三原县籍），刘师峻（顺治三年举人，陕商籍），张兰阶、杨在阶、石朗（顺治三年举人，陕西三原县籍），孙枝蕃、李彦珽、梁士骏（顺治八年举人，陕西三原县籍），王士端、李謦凤（顺治十一年举人，陕西三原县籍），王仰民、房廷祚（顺治十四年举人，陕西三原县籍），郭士琦（顺治十七年举人，陕西三原县籍），孙怡清（康熙二十年举人，陕西三原县籍），陵应几（康熙二十九年举人，陕商籍），郭仪礼（康熙五十二年举人，陕商籍），梁承祐（康熙五十三年举人，陕商籍），申藼（康熙五十九年举人，陕江都籍），申澍（雍正元年举人，陕江都籍）②。

其二，亦官亦商型。此一类型的典型代表为张謇（1853—1926），江苏通州

---

① 薛正兴主编：《李伯元全集》第四册，《南亭四话》卷八。
② 张海鹏、张海瀛主编：《中国十大商帮》，"山东商帮"。

(今南通市)人,字季直,号啬庵。光绪状元,曾任翰林院修撰。甲午战后,为强国而致力于工商实业。光绪二十二年(1896)经张之洞奏派总办通州商务局,创办"南通大生纱厂";后又筹建通海垦牧公司、上海大达外江轮步公司、资生铁冶厂等企业,逐步形成拥有十九个厂司企业的"大生资本"集团。他由官场转向工商实业市场,既愤于中国甲午战败,匮乏经济军事实力,为强国寻觅出路;更怒于官场与朝廷腐败无能,个人前途渺茫,转而另觅新的发展道路和模式等多种动机所促成。另一典型实例,是酱菜行销山东、江苏、河南、安徽数省的山东济宁"孙玉堂酱园",其乾隆时本为苏州商人所创,后改由大官僚孙氏经营控股,扩大规模,至清末时,该酱园全部资本增至10万两白银,设有酱菜作、酒作、油作、醋作等作坊,雇佣工人店员四五百名。此酱园为嘉庆时曾任两广、黔滇浙江等省巡抚,两湖、两江总督、体仁阁大学士的孙玉庭家所开设。孙的长子孙善宝曾任江苏巡抚,三子孙瑞珍曾任户部尚书;其孙孙毓汶为咸丰时榜眼,另一孙子孙毓桂则是道光时的状元[1]。还有一典型实例则为清道光二十年(1840)前后,广东南海县的三名主簿潘唐典、霍建中、何佩猷,他们分别在广东佛山开办"福裕堂"、"大德堂"、"万春堂"三家资本雄厚的参茸药店,以谋取商利[2]。他们走的是亦官亦商亦学,即"读书→科举→入仕作官→经商"的循环往复之路,进可以中举入仕做官,退可以营商谋利,极力谋求的是名利双收、财禄兼获的万全之策。

其三,弃儒为商型。清代士子学人皓首穷经苦读圣贤之书,参加科举考试,考中进士,飞黄腾达者只是少数的幸运儿,而屡试不第,苦苦挣扎者,却大有人在。为生计所迫,他们或弃儒经商,另觅生路;或承继父业,跻身商海,重寻利途。如清代广东南海县的文人学子冼文清,好读书却赴童子试不第,失望之余,乃"弃儒而商",据《鹤园冼氏家谱》记述,他在道光、咸丰年间舵海天津贸易而谋利[3]。据《道光佛山霍氏族谱》记载,广东佛山的文士霍某[4],以授徒塾师,薪金绵薄,难维生计,而弃教营商。

其四,弃吏为商型。清代广东佛山的冼树藩,年轻时考吏中选,却因"生计艰难,非经商不能昌业,弃吏而贾"[5]。

出路之五:入伍从军展宏志。

清代一批有宏图大志与远大抱负的文人士子,他们既不甘心于科举做官,

---

[1] 张海鹏、张海瀛主编:《中国十大商帮》,"山东商帮"。
[2] 道光二十年《重修参药会馆碑记》,载《明清佛山碑刻文献经济资料》。
[3] 《鹤园冼氏家谱》卷六。
[4] 《道光佛山霍氏族谱》卷九;参见张海鹏、张海瀛主编《中国十大商帮》,"广东商帮"。
[5] 民国《佛山忠义乡志》卷十五。

沉浮宦海，又不安于田庐守舍，空怀壮志，平庸度过一生，于是弃文学武，入伍从军，欲在枪林刀丛、血雨腥风中，以实现自己的抱负与理想。其典型代表为清初的夏完淳与清后期太平天国的首领洪秀全等人。

夏完淳（1631—1647），原名夏，字存古，乳名端哥，别号小隐，又号灵首（一作灵胥），松江府华亭人。他是一位少年诗人，又是入伍从军的少年英雄、抗清志士。明末，夏完淳出生在一个官僚家庭，他的父亲夏允彝，生母陆氏，嫡母盛氏，姐姐夏淑吉都以诗文、气节闻名于世。他聪明早慧，有神童之誉。他五岁时知五经，七岁能诗文，九岁时写作了《代乳集》，年十六拟庾信作《大哀赋》，文辞宏逸，词情感人。明末陈继儒称誉完淳："包身胆，过眼眉，谈精义，五岁儿。"又说他："矢口发，下笔灵，小叩应，大叩鸣。"① 明崇祯十一年（1638），完淳八岁随父到北京，见到当时许多知名人物，钱谦益写诗赠他："背诵随人诘，身书等厥躬；倒怀常论日，信口欲生风。"甚至说他："着令酬圣主，便可压群公。"② 其父出任福建长乐县令的五年期间，他除读书外，平日则留心时事和政局的变化，好阅邸钞。经过这一番学习实践，完淳虽年仅十二岁，但已是一个"博极群书，为文千言立就，如风发泉涌，谈军国事，凿凿奇中"③ 的有志少年了。顺治二年（1645）五月，在"公私倾覆，天地崩离"④ 的危急时刻，夏完淳与父亲夏允彝、老师陈子龙一道，毅然奋起抗清。这时，虽然清军攻陷南京等地，但还有明江南总兵吴志葵率军万余人在吴淞附近海上，进行抗清斗争。吴是夏允彝的门生，利用这种师生之谊，完淳父子毅然投身到这支抗清武装队伍中，为其运筹策划。抗清败后，其父夏允彝自尽殉节。夏完淳值此国难家仇，决心继续抗清。顺治三年（1646）春，完淳与岳父钱栴在太湖一带抗清的吴易义军中担任参谋。他的《军中有作》五言律诗所描写的"汉家程不识，刁斗拂胡霜。青翰依藩伯，彤笺愧省郎，凉飙归细柳，旭日自扶桑。湖海多豪气，幽怀两不忘。"⑤ 便是叙述这次参军的情况和心情。吴易义军受挫后完淳在民间隐蔽了一段时间，此时，他只身流浪，时而草间，时而山林水泽，行踪无定。他长期的抗清实践，促使他萌生过到民间寻求新的抗清力量的打算，但终未实现。他在《大哀赋》中叙述写道："国亡家破，军败身全，招魂而湘江有泪，从军而蜀国无弦。哀哉欲绝，已矣何言。"⑥ 显然，他对在四川一带活动

---

① 姚宏绪：《松风余韵》，见《夏完淳集》附编二。
② 钱谦益：《赠夏童子端哥》，见《夏完淳集》附编二。
③ 姚宏绪：《松风余韵》，见《夏完淳集》附编二。
④ 《夏完淳集》卷八，《讨降贼大逆檄》。
⑤ 《夏完淳集》卷四，《军中有作》。
⑥ 《夏完淳集》卷一，《大哀赋》。

的农民起义军有新的认识,所以发出了入蜀"从军无弦"的哀叹。顺治四年（1647）四月,清松江提督吴胜光反正,事泄而败。完淳与钱栴因参与谋划,亲友遭株连而死者甚众。六、七月时,完淳在家中被捕,解往南京,由清朝招抚江南大学士洪承畴亲审,洪见完淳年轻,对他劝降并诱以官禄,但遭到严斥与痛骂,结果洪被弄得"色沮无以应"①。审讯时,完淳还激励岳父钱栴,愿慷慨同死,钱栴也坚强不屈。在狱中,完淳谈笑自若,与难友士吟诗唱和,并写下了《土室余论》、《寄内》、《狱中上母书》、《遗夫人书》等激昂悲壮的文字,以示自己"含笑入地"②,视死如归的壮志。同年九月,完淳被清军杀害于南京,临刑直立不跪,威武不屈,死时年仅十七岁。夏完淳在短促而光辉的一生中,著述甚丰,尤以诗赋名世。他不仅是一个才华横溢的文人士子,而且还是文人入伍从军,在刀丛枪林中寻觅自身与家国出路的典型人物,与一般抗清义军的将士不同,他的诗文更充满这种豪情壮志,沈德潜曾说:"存古生为才人,死为雄鬼,汪踦不足多也。诗亦高古罕匹。"③王昶也赞誉完淳"年少才高,从军殉难,其人其文,千古未有"④。这绝非溢美之辞。他的《南冠草》诸诗作,慷慨悲歌,满纸血泪,无意求工,其艺术风格清新开朗。诗中"三年羁旅客,今日又南冠。无限河山泪,谁言天地宽。已知泉路近,欲别故乡难。毅魄归来日,灵旗空际看"。"英雄生死路,却似壮游时"等句⑤,以生动凝炼的语言,表达他虽壮志未酬,然却视死如归、从容就义的悲愤情怀和英雄气概,词情感人,传为千古绝唱。其《大哀赋》指斥朝政腐败,抒陈复国抱负,是一篇带有史诗意义的作品。其《玉樊堂集》、《内史集》及《续幸存录》等诗文笔记,也被后人誉为传世佳作⑥。

洪秀全（1814—1864）,原名火秀,又名仁坤,广东花县人,出生在一个人口众多、家境困难的农民家庭。他自幼好学,在村塾中读书,直至十六岁因家贫辍学。陪人伴读,后做了本村塾师。他自十五六岁起,便去应科举,结果应试七八年连秀才都未考上,二十五时又去广州应试,初榜有名,复试落第,悲痛之余,大病一场。道光二十三年（1843）,再赴广州应试落选之后,他决心抛弃科举,逐步走上了一条自创农民起义思想、说学、制度、军队的文武兼用的道路。他先创立"拜上帝会",与冯云山、族兄弟洪仁球和洪仁正等去广东、广

---

① 屈大均:《皇明成仁录》,见《夏完淳集》,附编二。
② 《夏完淳集》卷八,《土室余论》。
③ 《夏完淳集》,附编二,《集评》。
④ 王昶:《夏节愍全集序》,见《夏完淳集》,附编二。
⑤ 《夏完淳集》卷四,《别云间》。
⑥ 参见林永匡《夏完淳》,载《清代人物传稿》上编第二卷,中华书局1986年版。

西一带进行宣传。返乡后,撰写《原道醒世训》、《原道觉世训》、《百正歌》、《改邪归正》等文,主张"天下一家,共享太平"。道光二十七年(1847),洪秀全赴广西桂平紫荆山,全同冯云山制定了拜上帝会的宗教仪式和《十款天条》,汇编为《天条书》,同时,又写了《原道救世歌》。二十九年(1849)洪秀全同冯云山、杨秀清、萧朝贵、韦昌辉、石达开等人筹划反清起义。次年夏号召拜上帝会在金田村"团营",十二月初十日,发动金田起义。咸丰元年(1851)二月,太平军拥洪秀全为"天王",建"太平天国",改元为"太平天国辛开元年"。起义军于咸丰三年(1853)攻克南京,在此定都,改称"天京",不久,又颁行《天朝田亩制度》,并分军北伐、西征。咸丰六年(1856),发生天京内讧"杨韦事变";七年(1857),石达开率军出走;九年(1859),颁行洪仁玕《资政新编》。同治三年(1864)四月,眼见太平天国失败而病逝。洪秀全作为出身农家的一个士子,身受多重压迫剥削,是封建科举制度的弃儿,有感于此,他与一批同情劳苦大众的知识分子一道,弃科举而从军入伍,在与内外反动派血雨腥风的战斗中,终于觅得一条反抗的出路,从颁行的一系列土地、考试、婚姻、商贸新规制中,使得世世代代遭受封建专制压迫剥削的劳苦大众(包括贫民、佃农、中农、长工、烧炭工人、手工业者等),看到了一线生机的曙光,尽管它是那么的微弱、那么的渺茫、那么的依稀,但它对当时的社会各阶级、阶层的社会生活,确实起到了开启新风的作用。对士人学子思想的震撼及影响是深刻的,为他们昭示了一条新的求生路径。正如罗尔纲在《太平天国》一书中所述:"洪秀全领导太平天国反封建侵略,把农民革命推进到最高峰,把外国侵略者打得不敢见仗,战则必败。他做了许多前人没有做过的事业,他给后来中国革命尽了先驱者的责任。毫无疑问,洪秀全是中国历史上最伟大的一个农民起义领袖,也是世界上最伟大的一个农民起义领袖。"① 尽管洪秀全自身有诸多历史的局限、个人政治品德的缺陷与决策失误(如用人不专、用人唯亲、滥封王爵、私字作祟、乱字当头等),导致了太平天国革命的失败,教训惨痛,但他却不失为一个伟大而有创见实践的历史人物。

出路之六:从艺习技的生存之路。

在清代文人士子中,通过从艺或习技,以解决生计问题或实现自身价值,探寻人生出路者,大有人在,其中,有未仕者,也有入仕者。生存生活的意义,不仅蕴含着对衣食住行的物质需求,更包括文人士子从艺习技者精神需求的满足与实现。

其一,从艺文人群体。此一群体,有医药学家、书法艺术家,也有绘画艺

---

① 罗尔纲:《太平天国史》卷四十二,《传》第一,《洪秀全》。

术家。他们不仅技艺、技能专精，多有创见建树，著述甚丰，而且他们的理论和实践活动更对民间社会生活健康、科学、文明风尚的形成，作出了自己的贡献。

医药学家代表性人物有：一为明末清初的瘟病学家吴有性，江苏吴县人，崇祯时，"南北直隶、山东、浙江大疫，医以伤寒法治之，不效。有性推究病源，就所历验"，并著《瘟疫论》一书，认为"瘟疫自口鼻入，伏于膜原，其邪在不表不里之间"。书中有"变证、兼证，种种不同。并著论制方，一一辨别。古无瘟疫专书，自有性书出，始有发明"①。二为明末清初的医学家喻昌，江西新建人，顺治时"以医名，治疗多奇中"，著《医门法律》一书，此"专为庸医误人而作，分别疑似，使临诊者不敢轻尝，有功医术"。书后附"其所治医案"，认为"凡诊病，先议病，后用药。又与门人定议病之式，至详审"，故"为世所取法"②。三为叶桂，字天士，江苏吴县人，年十四为医，且"有闻于时"。其治病"多奇中，于疑杂症，或就其平日嗜好而得救法；或他医之方，略与变通服法；或竟不与药，而使居处饮食消息之；或于无病时预知其病；或预断数十年后："皆验。"故当时"名满天下"③。四为徐大椿，字灵胎，江苏吴江人，他"生有异禀"，于"星经、地志、九宫、音律、技击、句卒、嬴越之法，靡不通究，尤邃于医"，著有《医学源流论》，分目九十三，认为"病之名有万，而脉之象不过数十，是必以望、闻、问三者参之。如病同人异之辨，兼证兼病之别，亡阴亡阳之分。病有不愈不死，有虽愈必死，又有药误不即死"。对后世影响颇大，除内科外，他还"兼精疡科"④。其弟子王维德著有《外科全生集》，书中多为"前人所未发"，主张"凡治初起以消为贵，以托为畏，尤戒刀针毒药"，因"与大椿说略同"，故为"医者宗之"⑤。四为王清任，著有《医林改错》，他"以中国无解剖之学，宋、元后相传脏腑诸图，疑不尽合"⑥，于是他每于坟场亲察视人尸，且于"刑人时，考验有得，参证兽畜"而对前人医学脏腑学著述中的错误，一一改正，于医学内外科诊断治疗学的贡献甚巨。而"清代医学，多重考古，当道光中，始译泰西医书"，而王清任"未见西书"的人体解剖学专著，却靠自身的考察订正与对科学的献身精神，使"其说与合"⑦，令

---

① 赵尔巽等：《清史稿》卷五百二，《列传二百八十九·艺术一》。
② 同上。
③ 同上。
④ 同上。
⑤ 同上。
⑥ 同上。
⑦ 同上。

人称奇。光绪时,唐宗海"推广其义,证以《内经》异同,经脉奇经各穴,及营卫经气,为西医所未及"。其所著《中西汇通医经精义》,"欲通其邮而补其缺",故王、唐"两人之开悟,皆足以启后者"①。此外,在内科医药学方面,颇有成就者还有余霖、刘奎、徐彬、张璐、高斗魁、周学海、张志聪、高世栻、张锡驹、陈念祖、黄元御、柯琴、尤怡、薛雪、章楠、王士雄、吴谦、绰尔济、伊桑阿、张朝魁、陆懋修、王丙、吕震、邹澎、费伯雄等人②。

书法颇有成就的代表人物,一为王澍,字若林,江苏金坛人,他"绩学工文,尤以书名",康熙进士。其书法"摹古名榻殆遍,四体并工","名播海内"。时人评其"篆书得古法,行书次之,正书又次之"。所著题跋及《淳化阁帖考正》,"并行于世"③。二为王文治,字禹卿,江苏丹徒人,他"十二岁能诗,即工书"④。曾随翰林院侍读全魁出使琉球,故"文字播于海外"⑤。乾隆时中"一甲三名"进士,授翰林院编修,后病归。乾隆南巡时,见他"文治书碑,大赏爱之"。其书名与刘墉相品,人称之为"浓墨宰相,淡墨探花"⑥。三为梁𪩩,字闻山,安徽亳州人,乾隆举人,以"工李北海书名于世"。所论书法执笔之法尤为精要,他认为"执笔之法,指以运臂,臂以运身。凡捉笔,以大指尖与食指尖相对,笔正直在两指尖之间,两指尖相接如环,两指本以上平,可安酒杯"。他总结古人单勾、双勾及运笔之法为"拨灯法",又谓"古人所谓屋漏痕、锥画沙、印印泥者,於此可悟入"⑦。其书法"当时与梁同书并称,"𪩩称"北梁",而同书则称为"南梁"⑧。四为梁同书,字元颖,浙江钱塘人,大学士梁诗正之子。乾隆时"会试未第",后特赐殿试,入翰林。他"好书出天性,十二岁能为擘窠大字"。其书法"初法颜、柳,中年用米法,七十后乃变化"。故其时"名满天下,求书者纸日数束,日本、琉球皆重之"⑨。他认为古人所谓"笔力直透纸背"当与"天马行空参看"。并认定"其实书者只知批运,而不知有腕力也。藏锋之说,非笔如钝锥之谓,自来书家从无不出锋者,只是处处留得笔住,不使直走。笔要软,软则道;笔要长,长则灵;笔要饱,饱则腴;落笔要快,快则意出"。又谓,书家燥锋为"渴笔",画家亦有枯笔,二字判然不

---

① 赵尔巽等:《清史稿》卷五百二,《列传二百八十九·艺术一》。
② 赵尔巽等:《清史稿》卷五百三,《列传二百九十·艺术一》。
③ 赵尔巽等:《清史稿》卷五百三,《列传二百九十·艺术二》。
④ 赵尔巽等:《清史稿》卷五百二,《列传二百八十九·艺术一》。
⑤ 赵尔巽等:《清史稿》卷五百三,《列传二百九十·艺术二》。
⑥ 同上。
⑦ 同上。
⑧ 同上。
⑨ 同上。

同。渴则不润，枯则死矣。"今人喜用硬笔故枯。"① 他认为帖教人看，不教人摹。今人只是刻舟求剑，将古人书摹画如小儿写仿本，就便形似，岂复有我？故力主"书要有气，气须从熟得来。有气则有势，大小、长短、高下、敬整，随笔所至，自然贯注，成一片段，却著不得丝毫摆布，熟后自知"。至于中锋之法，"笔提得起，自然中，亦未尝无兼用侧锋处，总为我一缕笔尖所使，虽不中亦中"②。更痛斥"乱头粗股非字也，求逸则野，求旧则拙，此处不可有半点名心在"③。故其主张，颇有独创，为后世所称道。五为邓石如，字顽伯，安徽怀宁人，自幼居僻乡，却"独好刻石"，"仿汉人印篆甚工"④。他"弱冠孤贫，游寿州，梁巘见其篆书，惊为笔势浑鸷，而未尽得古法"。于是，他因"苦篆体不备，写《说文解字》二十本。旁搜三代钟鼎，秦、汉瓦当、碑额。五年，篆书成"⑤。学成遍游名山水，"以书刻自给。游黄山，至歙，鬻篆于贾肆"⑥ 以求生计。编修张惠言、修撰金榜慕其书技，偕至京师，后因京师"论篆、分者、多宗内阁学士翁方纲，方纲以石如不至其门，力诋之"。邓只得离去，客居两湖总督毕沅处，较之吴中名士"裘马都丽"而言，石如仍布衣徒步，终老故乡⑦。著名书法家包世臣将清代书人、书法分为五品九等，称"平和简静，遒丽天成"之作为"神品"；"酝酿无迹，横直相安"之作为"妙品"；"逐迹寻源，思力交重"之作为"能品"；"楚调自歌，不谬风雅"之作为"逸品"；"墨守迹象，雅有门庭"之作为"佳品"。又称"神品一人，邓石如隶及篆书"；"妙品上一人，邓石如分及真书"⑧，足见邓石如书法技艺之高。

绘画艺术独创画技的代表人物，一为明末清初的王时敏，号烟客，江苏太仓人，他为明朝大学士王锡爵之孙，出身仕家高门，"文采早著"，做过明太常寺少卿。入清"家居不出"，以授徒传教画技为生计。因奖掖后进，"名德为时所重"⑨。在画技方面，他曾从学于明代著名画家董其昌，"得其真传"；同时，"于黄公望墨法，尤有深奥，暮年益臻神化"。在绘画教育与培养人才方面，更是"爱才若渴，四方工画者踵接于门，得其指授，无不知名于时"，时称"一代

---

① 赵尔巽等：《清史稿》卷五百三，《列传二百九十·艺术二》。
② 同上。
③ 同上。
④ 同上。
⑤ 同上。
⑥ 同上。
⑦ 同上。
⑧ 同上。
⑨ 赵尔巽等：《清史稿》卷五百四，《列传二百九十一·艺术三》。

画苑领袖"①。其族侄王鉴、子王撰、孙王原祁、王原祁曾孙王宸（罢官后贫不能归，以诗画易酒，画技最工，时人称为"画史总龟"），均为著名绘画艺术家。二为陈洪绶，字章侯，浙江诸暨人，崇祯时，游京师，"召为舍人，摹历代帝王像，纵观御府图画，艺益进"。少时曾在杭州摹李公麟《七十二贤像》、周昉《美人图》，其"画人物，衣纹清劲，力量气局，在仇、唐之上"②。入清，他混迹僧众浮屠间，初号老莲，自号悔迟。"纵酒不羁，语及乱离，辄恸哭。后数年卒。"其子陈字，号小莲，"画亦有名"。洪绶在京师与另一位以画"人物士女尤胜"，却"穷饿以死"的画家崔子忠齐名，人称"甫陈北崔"③。三为释道济，字石涛，明楚藩裔，自号清湘老人。题画自署或曰大涤子，或曰苦瓜和尚，或曰瞎尊者，无定称。入清，出家为僧。在绘画艺术方面，他"画笔纵恣，脱尽窠臼，而实与古人相合"。晚年游历江、淮间，世人"争重之"。著《论画》一卷，"词议玄妙"。明末清初，与画家髡残齐名，人称"二石"④。四为髡残，字石溪，湖南武陵人，自幼为孤儿，"自翦发投龙三三家菴"，后遍游名山，至江宁，住牛首，"为堂头和尚"。在画技上，他"画山水奥境奇辟，缅邈幽深，引人入胜"⑤。在绘画风格上，道济（石涛）"排奡纵横，以奔放胜"⑥；髡残则"沉著痛快，以谨严胜"，故二人"皆独绝"⑦。五为朱耷，字雪个，江西人，为明宗室。清初，号八大山人，"尝为僧"。其书画题款"八大"二字每联缀，"山人"二字亦然，类"哭"类"笑"，意盖有在。其画风"简略苍劲，生动尽致，山水精密者尤妙绝，不概见"。在生活上，"慷慨啸歌，世以狂目之"⑧。六为弘仁，字渐江，安徽休宁人，姓江，字亦奇，明末诸生，明亡出家为僧。他"工诗古人"，绘画师从倪瓒，"新安画家皆宗之"，其绘画风格，"所作层崖陡壑，伟俊沉厚，非若世之以疏竹枯株摹拟高士者比"。死后，"墓上种梅数百本，因称梅花古衲"⑨。"隐于僧，而以画著"称于时者，"在清初以上睿、明中、达受（'金石僧'）等最有名望"⑩。七为王翚，字石谷，号耕烟，江苏常熟人，少时其画得王鉴、王时敏等人赏识，后随时敏游大江南北，尽得观收"藏家秘

---

① 赵尔巽等：《清史稿》卷五百四，《列传二百九十一·艺术三》。
② 同上。
③ 同上。
④ 同上。
⑤ 同上。
⑥ 同上。
⑦ 同上。
⑧ 同上。
⑨ 同上。
⑩ 同上。

本","如是垂二十年，学遂成"。康熙中应"诏征"，"以布衣供奉内廷。绘《南巡图》，集海内能手，逡巡莫敢下笔，翚口讲指授，咫尺千里，令众分绘而总其成"①。图成，康熙帝授以官职，后辞谢归家②。在画技上，他主张"以元人笔墨，运宋人丘壑，而泽以唐人气韵，乃为大成"。时人称他古人"笔墨之齟齬不相入者，翚罗而置之笔端。融冶以出。画有南、北宗，至翚而合"③。足见其融会贯通之功、融冶升华众家之长而为己创之劳，皆在诸多画家之上，故对清人绘画艺术生活风尚的形成发展，影响至大。八为恽格，字寿平，后以字行，改字正叔，号南田，江苏武进人，明亡出家为僧，后归家，终生不试，以"擅诗名"，靠"鬻（卖）画养父"为生计，其"画出天性，山水学王元蒙"，并兼作花鸟画，"天机物趣，毕集毫端，比之天仙化人。画成，辄自题咏书之"，世号为"南田三绝"。在绘画风格上，他"自专意写生，间作山水，皆超逸，得元人冷淡幽隽之致"④。他与王翚相友交，却一生艰辛困顿，虽"家酷贫，风雨常闭门饿"，然以气节操行名世，凡"以金币乞画者，非其人不与"。康熙中，在贫病饿困中去世，家贫"子不能具丧"，好友王翚安葬之⑤。

其二，习技文人士子群体。这一群体凭借自身的聪明才智，积极投身于科学技术工程和与人民社会生活密切相关的科技与实践活动，以创造性的发明和著作，不仅为社会物质与精神文化生活的丰富多彩提供了技术背景、实施条件，而且对社会政治、经济、军事、文化的发展繁荣作出了重大贡献。这一群体可粗分为工程技术与科学技术二大类。

一是工程技术专家。其代表人物因门类不同而有别，人数也因社会需求与生活时尚变迁而有所不同。一为建筑工程技艺专家，如梁九，顺天人，明末清初在京师师从著名宫殿营造工师冯巧，"执业门下数载，终不得其传"，但梁对冯仍"不懈益恭"⑥。有一天，梁一人独侍，冯巧终于对他说："子可教矣！"于是"尽授其奥"。入清，梁九"隶籍工部，代执营造之事"。康熙三十四年（1695），重建太和殿，悟性颇高的梁九"手制木殿一区"（即缩微模型全景图），"以寸准尺，以尺准丈，大不逾数尺许，四阿重室，规模悉具，工作以之为准，无爽"⑦。二为园林工艺专家，如张涟，字南垣，浙江秀水人，他少年时

---

① 赵尔巽等：《清史稿》卷五百四，《列传二百九十一·艺术三》。
② 同上。
③ 同上。
④ 同上。
⑤ 同上。
⑥ 赵尔巽等：《清史稿》卷五百五，《列传二百九十二·艺术四》。
⑦ 同上。

学习绘画，拜谒著名画家董其昌，"通其法，用以叠石堆土为假山"①。他一反当时不通画理、仅用危石作洞壑的古板做法，而有创新，"故涟所作，平冈小阪，陵阜陂陁，错之以石，就其奔注起伏之势，多得画意，而取易致，随地材足，点缀飞动，变化无穷。为之既久，土石草树，咸识其性情，各得其用"②。明末清初，他以新技艺谋生计，游江南数十年，各地"大家名园，多出其手"③。晚年，清廷大学士冯铨欲聘他赴京师，以老辞谢。康熙中叶，"京师亦传其法，有称山石张者，世业百余年未替"。黄宗羲曾为他作传，称他"移山水画法为石工，比元刘元之塑人物像，同为绝技"④。三为窑艺专家，如唐英，字俊公，汉军旗人，曾任内务府员外郎。雍正、乾隆时监管景德镇御窑，制作瓷器他不仅"讲求陶法，于泥土、釉料、坯胎、火候，具有心得，躬自指挥"；"又能恤工慎帑"，对宋以降的官窑、名窑及"西洋、东洋诸器，皆有仿制"⑤。在釉色上，更多有创见，"有白粉青、大绿、米色、玫瑰紫、海棠红、茄花紫、梅子青、骡肝、马肺、天蓝、霁红、霁青、鳝鱼黄、蛇皮绿、油绿、欧红、欧蓝、月白、翡翠、乌金、紫金诸种"⑥。又有浇黄、浇紫、浇绿、填白、描金、青花、水墨、五彩、锥花、拱花、抹金、抹银诸名。他还著有《陶冶图》（二十图）一书，各图附详说，"备著工作次第，后之治陶政者取法焉"。唐英监造的御制瓷器，通称为"唐窑"⑦，与清初的"郎窑"（郎廷佐）、"年窑"（年希尧）著称于世。

二是科学技术专家。此类专家，多从事自然科学技术领域的理论研究与实践探索，对社会经济、生产的发展，作出了重要贡献。为人们社会生活科学风尚的形成、技术的传播普及，都发挥了独特作用；他们献身科学技术事业，以科学、务实的精神，实现了理想和社会价值。其代表人物一为天文历算专家薛凤祚，字仪甫，山东淄川人，自幼学习算学，顺治时，他从来华的波兰人穆尼阁学习，遂弃"旧法"改从"西学"数学计算之法，"尽传其术"⑧。二为天文历算专家王锡阐，字晓菴，江苏吴江人，他一生不应科举，精研天文历算科技。不仅"兼通中、西之学，自立新法，用以测日、月食不爽秒忽"⑨；而且注重实测与观察天象运行变化规律，加以验证。三为天文历算专家梅文鼎（1623—

---

① 赵尔巽等：《清史稿》卷五百五，《列传二百九十二·艺术四》。
② 同上。
③ 同上。
④ 同上。
⑤ 同上。
⑥ 同上。
⑦ 同上。
⑧ 赵尔巽等：《清史稿》卷五百六，《列传二百九十三·畴人一》。
⑨ 同上。

1721），字定九，号勿庵，安徽宣城人，自幼随父梅士昌、塾师罗王宾仰观星象，"辄了然于次舍运转大意"。二十七岁时，拜明遗民学者、竹冠道士倪观湖为师，"能稍稍发明其立法之故，补其遗缺，著《历学骈枝》二卷，后增为四卷，倪为首肯"①。梅学习刻苦，凡值"书之难读者，必欲求得其说，往往废寝忘食。残编散帖，手自抄集，一字异同，不敢忽过"。还喜与弟子同行切磋探究，"畴人子弟及西域官生，皆折节造访，有问者，亦详告之无隐，期与斯世共明之"②。其经李光地引荐，天文历算方面的成就，引起康熙帝的重视，并对李光地说："历象算法，朕最留心，此学今鲜知者，如文鼎，真仅见也。其人亦雅士，惜乎老矣。"③ 特赐"绩学参微"四个大字，以资褒勉④。四为天文历算专家明安图（1692—1766），字静庵，蒙古正白旗人，曾任钦天监监正一职，幼时以官学生身份跟康熙帝学习数学。后又参与朝廷组织的《御定历象考成后编》、《御定仪象考成》诸书的编撰工作。他因西方割圆三法（含圆径求周、弧背求正弦、弧背其正矢），"其理深奥，索解未易"，"积思三十余年，著《割圆密率捷法》四卷"⑤，该书分为四卷，第一卷为"步法"，第二卷为"用法"，第三、四卷为"法解"，后两卷为其子明新、门生陈际新、张肱共同续成。在首卷中，他于"杜氏三法外"，独创割圆十三术，即圆径求周术，弧背求正弦术，弧背求正矢术，弧背求通弦术，弧背求矢术，通弦求弧背术，矢求弧背术，正弦求弧背术，正矢求弧背术，余弦求正弦、正矢术，余矢、余弦求本弧术，借弧背求正弦、余弦术，借正弦、余弦求弧背术等⑥，大大超过了西洋算法，提出了诸多新的、有独见的演算公式，确实难能可贵。五为天文数学专家博启，字绘亭，满洲正白旗人，乾隆时，曾任钦天监监副一职。他"尝因句股合较之术，前人论之极详"，"较"指两数相减所得之差；"独句股形中所容之方边、员径、垂线三事，尚缺而未备"。于是，他"爰以三事分配和较，创法六十。惜其书未刊，法不传"⑦。其"所传者，惟有方边及垂线求句、股、弦一题。法用平行线剖容方幂为四小句股形，借垂线为小句股和，借方边为小弦，求小句小股。以小股与垂线比，若方边与句比；以小句与垂线比，若方边与弦比"⑧。道光初年，方履

---

① 赵尔巽等：《清史稿》卷五百六，《列传二百九十三·畴人一》。
② 同上。
③ 同上。
④ 同上。
⑤ 同上。
⑥ 同上。
⑦ 同上。
⑧ 同上。

亨任钦天监监正时，"每举此题课士"①，作为考选的必解试题；其后又得罗士琳的大力推介与"力为表章"，博启林之术与科技成果"乃复明于世"②，而不致湮没。六为数学专家项名达，字梅侣，浙江仁和人，嘉庆二十一年（1816）举人，考授国子监学正；道光六年（1826），成进士，改知县，"不就，退而专攻算学"③，多有创见。七为数学专家李善兰（1811—1884），字壬叔，浙江海宁人，诸生，幼时"从陈奂受经，于算术好之独深"。十岁即"通《九章》，后得《测圆海境》、《勾股割圆记》，学益进"④。咸丰初，他客居上海，结识英人伟烈亚力、艾约瑟、韦廉臣三人；并与伟烈亚力合译欧几里得《几何原本》后九卷、美国罗密士《代微积拾级》十八卷、《重学》二十卷、《谈天》十八卷、《植物学》八卷。同治七年（1868），他被"征入同文馆，充算学总教习、总理衙门章京，授户部郎中、三品卿衔"⑤。李善兰不仅"聪强绝人，其于算，能执理之至简，驭数至繁，故衍之无不可通之数，抉之即无不可穷之理"；而且除译著外，他自己还著有《古昔斋算学》一书，共十三种二十四卷，内容宏富。他是近代将西方数学、生物学、天文学（译著《谈天》介绍哥白尼学说）介绍到中国，中西科学相结合，取得显著成就的学者之一。

四　军伍风尚的形成与演变

清代军伍风尚，是清人社会生活的重要组成部分，也是其中颇具特色的内容之一。其形成演变，与满族统治者"国语骑射"的尚武政策以及八旗军、绿营军、太平军以及湘军、淮军所担负的使命、兴衰发展与民间的尚武风气息息相关，更与清代社会的发展变迁相始终，反映出显明的时代发展特点。

（一）满洲贵族崇尚"骑射"的风尚

满洲贵族统治者，深知以"马上夺天下"之艰辛不易，更懂得以"马下治天下"即武力、军队在治国安邦方面的极端重要性。因此，始终崇尚"国语骑射"，将之定为基本国策，便不足为奇了。

崇尚"骑射"的内涵：所谓"骑射"是指兵将作战人员，能在骑马奔驰中，射箭中的（训练时为"箭靶"，实战时为敌群或目标），是游牧游猎民族的生存特技在军事活动中的再现，更是满洲八旗军在冷兵器作战时代的优势所在。然而，此一"绝活"，既须自幼操练，不可间断，又须娴熟的骑术与射技二者有机

---

① 赵尔巽等：《清史稿》卷五百六，《列传二百九十三·畴人一》。
② 同上。
③ 赵尔巽等：《清史稿》卷五百七，《列传二百九十四·畴人二》。
④ 同上。
⑤ 同上。

结合方可发挥其威势与实战之效。对于"骑射"的重要性，早在清军入关前，清太宗皇太极便对众臣说："若废骑射，宽衣大袖，侍他人割肉而后食，与尚左手之人何以异耶？朕发此言，实为子孙万世之计也，在朕身岂有变更之理？恐日后子孙忘旧制，废骑射，以效汉俗，故常切虑耳。我国士卒初有几何，因娴于骑射，所以野战则克，攻城则取，云下人称我兵曰立则不动摇，进则不回顾，威名震慑，莫与争锋。"① 入关后，乾隆帝也曾称："余自十二岁恭侍皇祖（指康熙帝）临门骑射，每因射中，荷蒙天语褒嘉。故己卯《射诗》有'屡中亲承仁祖欢'之句。"② 流露出他自幼练习骑射、不忘祖训的得意情绪；更以此告诫满洲兵丁，要时刻切记并实践崇尚"骑射"的传统，以固江山社稷。惟此，《清史稿》《兵志》称道："有清以武功定天下。太祖高皇帝崛起东方，初定旗兵制，八旗子弟人尽为兵，不啻举国皆兵马。太宗征藩部，世祖定中原，八旗兵力最强。圣祖平南服，世宗征青海，高宗定西疆，以旗兵为主，而辅之以绿营。仁宗剿教匪，宣宗御外寇，兼用防军，而以乡兵助之。文宗、穆宗先后平粤、捻；湘军初起，淮军继之，而练勇之功始著，至是兵制盖数变矣。道、咸以后，海禁大开，德宗复立海军，内江外海，与水师并行。而练军、陆军又相继以起，扰攘数年，卒酿新军之变。以兵兴者，终以兵败。"③ 又称，"清代以弧矢定天下，而威远攻坚，亦资火器"④。

崇尚"骑射"是清代满族特有的社会风尚，其兴衰实践与演变，与满族统治者的特别倡导与民族心理有关，与清朝国运、国势的兴盛与没落相始终，成为清代社会生活的一个独特现象。这一风尚的主要内容体现在三个方面：

其一，八旗军制的建立。八旗（满语 Jakūn Gūsa）为清代满族的军事、社会组织。明万历二十九年（1601），努尔哈赤在"牛录制（满语 Niru）"基础上，最初设置黄、白、红、蓝四旗，四十三年（1615）又增扩镶黄、镶白、镶红、镶蓝四旗，正式建立"八旗"之制。之后，皇太极又先后将降附的蒙古人、汉人另编为"八旗蒙古"、"八旗汉军"，而原设的八旗则称之为"八旗满洲"。清军入关，清王朝建立后，八旗则统分"京师八旗"与"驻防八旗"，至于驻防官兵之旗籍仍隶于京师。在八旗军中，镶黄旗、正黄旗、正白旗由皇帝自领，称为"上三旗"，其余则称为"下五旗"；在管理上，八旗实行佐领（满名为牛录）、参领（满名为甲喇）、旗（满名为固山）的三级体制，统率官员则有佐领（满名牛录章京 Nirui–Janggin）、参领（满名甲喇章京 JaaJanggin）、都统（满名

---

① 《清太宗实录》，卷三十二，崇德元年十一月癸丑。
② 乾隆《御制诗五集》，卷二十六。
③ 赵尔巽等：《清史稿》卷一百三十，《志一百五·兵一》。
④ 赵尔巽等：《清史稿》卷一百四十，《志一百一十五·兵十一》。

固山额真 GūsaieJen）。而旗人均隶于各旗佐领（或管领）之下，政治地位高于各地普通民人，且设有"八旗官兵庄田"，分为畿辅八旗官兵庄田、驻防八旗官兵庄田、盛京八旗官兵庄田三种。其中畿辅八旗官兵庄田共十三万余顷，多为圈占民人土地；盛京八旗官兵庄田在铁岭、安平、石城、大城一带；驻防八旗官兵庄田则由各直省拨给①。以京师地区而论，每一壮丁分给五坰地（合计三十亩），以使之衣食有源而无后顾之忧。在经济上，另一办法是由清政府给八旗官兵发放俸饷。康熙九年（1670）时，八旗前锋、护军、领催与披甲的月饷基本上为四两与三两的标准。此外，作为八旗兵饷的另一种形式则为"粮米"，康熙二十四年（1685）时，前锋、护军、领催、马兵每岁给米四十六斛，步兵二十二斛（一斛合五斗），此为"坐粮"，打仗出差还可领一份数额相等的"行粮"。但因兵数饷额有限，人口激增，为解决"八旗生计"问题，在八旗内挑部分余丁作为预备兵，支领半饷，初创名"教养兵"，后称"养育兵"，初期每名月给银三两，乾隆十八年（1753）时改为每名月给银一两五钱，时有养育兵二万五千二百余名，光绪时增至二万七千四百余名②。这一切被称为"铁杆庄稼"，旱涝保收，固然对稳定军心、保障兵源的充足、提高作战能力，起到了巨大的物质刺激与利诱作用。然而优厚的待遇享受、政治上的优越地位，加之长期脱离生产劳动实践，使其逐渐丧失生产生活的基本技能，使"八旗生计"问题无法解决，更因兵丁骄惰、养尊处优导致军队本身战斗力的削弱。

　　土地，在封建社会是生产资料与创造财富的源泉，它本身是一种相对固定的资财，在清代亦是如此。崇尚"骑射"的满洲贵族集团，依靠武力夺取明朝的江山，改朝换代，拥有了巨大的权力和财富，而且那些在打江山、保江山中立下汗马功劳的贵族，除了大封王爵、大建王府外，还通过圈占土地、逼民投充等方式，大肆掠夺土地。为了回报"天之贵胄"的征战之劳、尚"骑射"之功，清统治者更是封赐有加，据清人吴振棫《养吉斋丛录》称，清初"拨给宗室、勋戚庄田。镶黄旗共地六百一十坰（本朝旗田初以六亩为一坰，四十二亩为一绳，园地百八十亩为一所。乾隆四十六年，命嗣后统以亩计，不用坰、绳名）。正黄旗共地一千七百七十六坰。正白旗共地六百坰。正红旗共地二万七百三十六坰零。镶白旗共地二万八千六百一十九坰。镶红旗共地四万三千八百三十五坰。正蓝旗共地八万八千五百五十四坰零。镶蓝旗共地三万七千五百七十九坰零。拨给官兵丁田：镶黄旗三次拨地三十九万三千八百九十坰。正黄旗三

---

① 《中国历史大辞典·清史卷》（上）相关条目，上海辞书出版社1992年版。
② 傅克东、陈佳华：《八旗制度中的满汉关系》，载《满族史研究集》，中国社会科学出版社1988年版。

次拨地三十九万二千三百九十六垧九亩。正白旗三次拨地三十四万六千六百八垧。正红旗三次拨地二十万六千七百八十五垧。镶白旗三次拨地二十五万七千四百五垧。镶红旗三次拨地二十一万七千五百九十五垧。正蓝旗三次拨地二十八万五千六百一十垧。镶蓝旗三次拨地二十三万五千一百八十八垧"①。这些土地，分别坐落与遍布在大兴、宛平、良乡、永清、东安、香河、三河、武清、昌平、密云、涿州、房山、卢龙、乐亭、定兴、蠡县、安州、高阳、易州、涞水、河间、任丘、获鹿、固安、通州、宝坻、顺义、怀柔、霸州、保定、蓟州、玉田、平谷、遵化、丰润、迁安、昌黎、滦州、清苑、满城、安肃、唐县、容城、雄县、新安、青县、南皮、延庆、大城、永平、新城、望都、完县、肃宁、沧州、天津、文安、交河、静海、抚宁、宣化、德州、河西务、独石口、张家口、良牧署、喜峰口、冷口、罗文屿、石匣、赤城及辽阳、海城、盖平、铁岭、山海关、开原、锦州、宁远、广宁、开平等处②。王公贵胄拥有数额甚巨的庄田，除朝廷的俸禄、赏赐外，还可从庄田上获取丰厚的收入，以供享用。这是崇尚"骑射"习尚为获取之因，亦是此一风尚直接带来的财富之果。

其二，帝王演练"骑射"的活动。清代帝王演练"骑射"的最具典型意义的活动，是每年秋分后在木兰围场举行的"秋狝大典"活动。"木兰"一词，满语为"哨鹿"之意，而木兰围场在今河北围场县，东西长三百余里，南北二百余里，周围达千余里之广。清代康熙帝、乾隆帝、嘉庆帝均在此举行"秋狝大典"的围猎活动，设行宫，以满洲八旗兵为营卫，凡内外蒙古各扎萨克率左右分班扈猎，皇帝、王公、贵胄届时演习弓马、骑射、合围射猎。每次行围二十天，行围结束时，例行在张三营举行庆功盛宴，并进行角力、蒙古式摔跤等体能竞技表演。据载，康熙朝行围四十八次，乾隆朝行围二十八次，嘉庆朝四十八次。即从康熙二十年（1681）开设围场起，至道光元年（1821）停止行围，除雍正朝外，约一百四十年间，共九十一次，平均一年半举行一次③。当然，这也是满洲贵族统治者怀柔、笼络蒙古上层贵族的极佳而成功的手段之一，同时，更向朝野内外显示自身崇尚、实践"骑射"传统的意义。

其三，武科"骑射"的考试科目。清代科举考试分为文、武两科，在武科考试中，"凡乡、会试俱分试内、外三场。首场马射，二场步射、技勇，为外场。三场第二问、论一篇，为内场"④。外场考官由"顺天及会闱以内大臣、大

---

① 吴振棫：《养吉斋丛录》，《余录》卷之一。
② 同上。
③ 李秀春编：《木兰围场三百年大事年表》，河北围场博物馆1981年油印本。又，王钟翰《"国语骑射"与满族的发展》，载《满族史研究集》。
④ 赵尔巽等：《清史稿》卷一百八，《志八十三·选举三》。

学士、都统四人"担任；会试"知武举，兵部侍郎为之。各直省以总督、巡抚为监临、主考官，科甲出身同知、知县四人为同考官。外场佐以提、镇大员。其余提调、监射、监试、受卷、弥封、监门、巡绰、搜检、供给俱有定员"①。殿试时，则"简朝臣四人为读卷官，钦阅骑射技勇，乃试策文"②，足见其重视程度。

在外场"骑射"技能的具体测试方面，均有具体规定，如"考试初制，首场马箭射毡毯，二场步箭射布候，均发九矢"。凡马射中二，步射中三为合格，再开弓、舞刀、掇石试技勇。顺治十七年（1660），停试技勇；康熙十三年（1674）时，又予恢复。同时，"更定马射树的距三十五步"，中三矢为合格，不合格不得试二场。步射的距离为八十步，中二矢为合格；再试以八力、十力、十二力之弓，八十斤、百斤、百二十斤之刀，二百斤、二百五十斤、三百斤之石。凡"弓开满，刀舞花，掇石去地尺"中，三项能一二者为合格，不合格不得试三场。合格者初"印记于（脸）颊，嗣改印小臂"，以杜防顶冒之事发生。康熙三十二年（1693），步射"改树的距五十步"中二矢为合格；乾隆时，"复改三十步"射六矢中二为合格。马射"增地毯，而弓、刀、石三项技勇，必有一项系头号、二号者"，方准合格，且以此定为永制实施③。光绪二十四年（1898），"内外臣工请变更武科旧制，试枪炮，未许"。光绪二十七（1901），清政府以"武科所习硬弓、刀、石、废弓、矢、刀、石、马步射无与兵事"为由，下令加以废止④。其间施行达二百五十余年之久，几乎与清朝相始终。

（二）民间的尚武之风

在满洲贵族崇尚"骑射"风尚的影响下，民间"尚武"之风颇为盛行。通过尚武、习武、练武，民人既可防身健体，更可助富者护财、保镖，以谋生计；更有民人以习武为名聚集，而暗行起义反抗朝廷者，如天地会、太平军、捻军、义和团起义之兴等。民间尚武之风的兴盛，其标志之一为拳法、枪技流派与代表人物的产生；标志之二为涌现出一批火器武械制造专家，这均对当时与后世的社会生活风尚，产生直接或间接的影响。

其一，拳法枪技与民间习武。民间习武多以习拳法枪技为主，且由此产生诸多流派与代表人物，他们的传奇生涯，映衬出有清一代民人习武之风的兴盛。

一为"内家拳法"。传人王来咸，字征南，浙江鄞县人。他生于明末清初，曾"从同里单思南受内家拳法"。内家者，源有宋代武当道士张三丰，其拳法以

---

① 赵尔巽等：《清史稿》卷一百八，《志八十三·选举三》。
② 同上。
③ 同上。
④ 同上。

静制动、应手即仆见长，与少林之"主于搏人者异"，故称少林拳法为"外家"，而自称"内家拳法"①。其时，单思南归家养老，以拳术授徒，但"颇惜其精微"要诀，王来咸为学艺"从楼上穴板窥之，得其梗概。以银卮易美欓奉思南，始尽以不传者传之"②。王平日"为人机警，不露圭角，非遇甚困不发。凡搏人皆以其穴，死穴、晕穴、哑穴，一切如铜人图法"。明末，王曾参加浙东的抗清义军，事败后"隐居于家"，康熙时去世。黄宗羲之子黄百家曾"从之学，演其说为《内家拳法》一卷"③。清中叶时，河北有"太极拳"，世称"其法出于山西王宗岳，其法式论解"，则与黄百家之言相出入。但至清末时，此法"传习者颇众"④，成为近代武术流派之一，更为民间健身生活时尚之一。

二为"四平枪"技创造者褚士宝，字复生，江苏上海人。他自幼"家素封，膂力过人"。青年时"好技艺，游学四方"，"遂精枪法"，名曰"四平枪"⑤。其枪技精绝过人，"旋转如风，人莫能近"⑥。同邑张擎，"横行为闾里患，众请士宝除之"，酒桌上擎自夸其勇，攘臂作势，"士宝徐以箸点其胸"，过一天此人"死于桥亭"，足见其功夫之深。明亡，曾被福王政权荐为游击，但"未之官"，授徒传艺，后"终老于家"，传世者有"枪谱二种及治伤药酒方"⑦。

三为"曹一拳"拳王曹竹斋，以字行，佚其名，福建人。此人"老而贫"，曾"卖卜扬州市"，以为人占卜算卦为生计，却身怀拳法绝技，乾隆时，"江、淮间健者，莫能当其一拳"，故称"曹一拳"。有富家少年"以重币请其术"，他严拒不授，认为教给无赖之徒将"授艺以助虐"；若君子习之，可"调血脉，养寿命，其粗乃以御侮"⑧。他的拳法拳术，"其征有二：一则精神贯注，而腹背皆干滑如腊肉；一则气体健举，而额颅皆肥泽如粉粢。是皆血脉流行，应乎自然，内充实而外和平，犯而不校者也"⑨。嘉庆末年，年八十，卒于扬州⑩。此外，身怀绝技精艺武术的人物还有冯行贞、甘凤池、潘佩言、江之桐等人⑪。

其二，火器制造与武学著述。伴随民间习武风尚，涌现出一批火器武械制造专家；他们或从实践中学习创制，或借鉴西方的近代科学技艺，加以吸收消

---

① 赵尔巽等：《清史稿》卷五百五，《列传二百九十二·艺术四》。
② 同上。
③ 同上。
④ 同上。
⑤ 同上。
⑥ 同上。
⑦ 同上。
⑧ 同上。
⑨ 同上。
⑩ 同上。
⑪ 同上。

化,更在此基础上,或介绍、或创新,进而对近代中国军队的武器制造工艺的进步,作出贡献。一为戴梓,字文开,浙江钱塘人。少年聪慧机悟,并"自制火器,能出百步外"①。康熙初,耿精忠叛乱,进犯浙江,戴以"布衣从军",并献"连珠火铳法"于康亲王,因"下江山有功,授道员札付"。随师返京后,受到康熙帝召见,并授翰林院侍讲,曾参与编纂《律吕正义》一书,因互殴构讼,被褫职充军关外,后遇赦,卒于途中。戴梓所造"连珠铳","形如琵琶,火药铅丸,皆贮于铳背,以机轮开闭。其机有二,相衔牝牡,扳一机则火药铅丸自落筒中,第二机随之并动,石激火出而铳发,凡二十八发乃重贮。法与西洋机关枪合"②。西洋人来华,贡"蟠肠鸟枪",戴梓奉命仿造;又奉命造子母炮,"母送子出坠而碎裂,如西洋炸炮"③,康熙帝率诸臣观看后,将其命名为"威远将军",在以后"亲征噶尔丹"时,"用以破敌"④ 发挥了巨大作用。

二为丁守存,字心斋,山东日照人。他是道光进士,做过户部主事与军机章京;他精通"天文、历算、风角、壬遁"之术,且"善制器"。为抵御西方列强入侵,曾奉命"监造地雷、火机等器,试之皆验"⑤。后赴山东"治沂州团防",造石雷、石炮以"御贼";同治初,"留治广平防务,筑堡二百余所",晚年终老于家。其所著武学著述有《造化究原》、《新火器说》等书⑥。

三为徐寿,字雪材,江苏无锡人。他出生于僻乡穷壤,"幼孤,事母以孝闻";其性格"质直无华"。道、咸年间,他"弃举业,专研博物格致之学"。其时,西方近代科技介绍至中国,其科学实验仪器更不易得,徐寿"尝购三棱玻璃不可得,磨水晶印章成三角形,验得光分七色。知枪弹之行抛物线,疑其仰攻俯击有异,设远近多靶以测之";历尽艰苦探索试验,终"于西学具窥见原委,尤精制器"⑦。后从"曾国藩军,先后于安庆、江宁设机器局,皆预其事"⑧;在"试造木质轮船"中,造器置机,均不假西人而出于徐寿手制,数年而成,船长五十余尺,每小时行四十余里,名为"黄鹄"⑨。由于得到曾的赏识,遂招入幕府,并参与创设上海制造局之事,其间"寿于船炮枪弹,多所发明。

---

① 赵尔巽等:《清史稿》卷五百五,《列传二百九十二·艺术四》。
② 同上。
③ 同上。
④ 同上。
⑤ 同上。
⑥ 同上。
⑦ 同上。
⑧ 同上。
⑨ 同上。

自制强水棉花药、汞爆药"①。徐寿一生淡泊名利,"不求仕进",晚年以布衣归终"。在近代科学技译著方面,徐寿所译述的著作涉及物理、化学、军事、法律、医学领域,计十三种之多。

(三)军伍腐败习气的滋生

从清初至清末,随着整个社会政治风气的变迁,腐败现象的蔓延,使军伍难为"净土"之地,加之军伍严格的等级制度、兵饷供给体制的僵化、军官素质的逐步下降、兵丁的良莠不齐等等,更使得腐败习气迅速滋生,不仅使军队的战斗力大为削弱,而且导致国力衰败、抵御外侮能力锐减,终致1840年中英鸦片战争战败,割地赔款后逐渐沦为半殖民地半封建社会的可悲境地。

表现之一:帝王行围骑射弄虚作假。

道光以前每年定期举行的帝王行围,是为练习"骑射"与习武的国之"重典",乾隆帝曾称道亲自参加的行围"昔年在木兰围中,驰射发枪,武艺精熟,众蒙古随围数十年,无不知之"②。可见其景况之盛,但至道光时期,此典不仅废止,而且在同治时更出现官员弄虚作假,以蒙赏赐的闹剧。清人震钧《天咫偶闻》一书载称:"自开国至乾嘉,田狩盖为重典。非以从禽,实以习武。"但至"道光以后,不复田狩,于是讲武之典遂废"③。更可笑的是,同治帝亲政后,曾在京师南郊南苑布置"行围"活动,但此时的八旗兵早已荒疏于骑射之技,更不要说大型围猎了,为讨好皇上,于是,有的官员、兵丁预先购置鲜活野鸡野兔野禽,待要交差时,则"临时插矢献之",以"蒙花瓴之赐"④及各种奖赏,其弄虚作假到了如此地步,"行围"也就形同虚设了。

表现之二:八旗军废骑射,兵锋颇钝。

清初,对八旗官兵的骑射考核是严格的,如金德纯的《旗军志》记载:"前期,都统、副都统率其属及部卒,习射于国郊,日一往。数日,兵部尚书临视,而第其上下:一卒步射十矢,马射五矢。步射中的七,马射中的三,为上等,赏以弓一矢十、白金、布帛各七。步射中五,马射中二,为中等,赏白金、布帛各五,无弓矢。步射中三,马射中一,为下等,无所赏。马步射或一不中,或两俱不中,则笞之。一佐领受笞之卒过十人,则佐领有不善教练之罚,至夺俸。一旗满六百人则都统、副都统之罚亦如之。护军、先锋营阅射亦如马军之制。"⑤故在当时,八旗军以精"骑射"兵锋甚锐而著称于世。清太宗曾称誉:

---

① 赵尔巽等:《清史稿》卷五百五,《列传二百九十二·艺术四》。
② 乾隆《御制诗五集》卷九十二。
③ 震钧:《天咫偶闻》卷一。
④ 同上。
⑤ 王锺翰:《"国语骑射"与满族的发展》,载《满族史研究集》。

"我国士卒，初有几何，因娴于骑射，所以野战则明克，攻城则取"，"威名震慑，莫于争锋"①。乾隆帝既因"满洲兵至万，横行天下无敌"，而沾沾自喜，更痛斥"绿营兵虽多，怯而无用"②。然而，入关后的八旗军在拥有诸多特权、衣食丰足无虑之时，更荒废其骑射之技与生产生存谋生之能，致使无敌之勇渐成"毫无奋勉"的无功之兵。对此无情的现实，连康熙帝也不得不承认："荆州大兵防戍，专备不虞。满兵往已多日矣，并未杀贼立功，而绿旗兵数经大战破贼"③。就在乾隆帝夸口得意之际，其时广州、福州的驻防八旗兵，其表现则在"殊属可耻"之列。《清高宗实录》载称："此次由台湾回京大臣官员，俱言广东绿营兵打仗尚好。广州满兵好处，并未言及。其不及绿营兵丁，自属显然。各省驻防满兵，平日操练武艺，自当精锐，以作绿营表率。若于打仗处所，尤当奋勇向前，鼓励绿营兵丁。今广州满兵，反不及该省绿营兵丁，实属可耻。"④又称："从前出师满兵，尚能出力。此次福州满兵，自到台湾。不过逐队行走，毫无奋勉，殊属可耻！此皆外省安逸年久，该将军副都统等，平日又不能尽心训练，置技艺于不问之故。"⑤

其实，八旗军怠于"骑射"，荒于武技已非一日。尽管清初两代皇帝均下谕旨，责令满洲官兵要勤于"骑射"，事实是早在雍正年间，专门负责警卫皇帝之责的大臣侍卫，值卫时俱不佩刀，而令家人"持之"⑥。到乾隆四十年（1775）时，八旗参加会试的举人一百二十五名中，谎称近视眼以图免考骑射者，竟达七十余人之多，其中五十三人根本不会骑射之技⑦。乾隆帝曾亲试"引见"的八旗官员，发现他们要么"步箭甚属不堪"；要么"所射非不至靶，即擦地而去，甚至有任意放箭几至伤人者"，使乾隆帝大发雷霆，严厉斥责"成何事体"⑧，足见平日训练"骑射"之技，几成敷衍虚设之事。

表现之三：军伍腐败，"公帮"以济葬困。

清代，康熙、雍正、乾隆三朝，被称为封建时代的"盛世"，天下太平日久，随着社会经济的发展和生活的优越战事亦不甚频仍，军伍不断滋生养尊处优与腐败之风。

---

① 《清太宗实录》卷三十二。
② 乾隆《御制文三集》卷十六。
③ 康熙《御制文二集》卷六。
④ 《清高宗实录》卷一三○四，乾隆五十三年五月乙亥。
⑤ 《清高宗实录》卷一三○六，乾隆五十三年六月甲辰。
⑥ 《上谕八旗》，雍正八年七月初五日。
⑦ 光绪《大清会典事例》卷一一三七，《八旗都统·教养》。
⑧ 《皇朝文献通考》卷一百九十二，《兵志》十四；杨学琛：《略论清代满汉关系的发展和变化》，载《满族史研究集》。

在京师，天子所在之地，文武百官个个脑满肠肥，竞相奢侈；武官与兵丁不要说勤于"骑射"武事操练，就连皇帝身边的"善扑营"也养得"个个肥头大耳"，其他兵丁提笼架鸟游走城外，成为游手好闲之辈。嘉庆时人得硕亭在《草珠一串》（又名《京都竹枝词》）中有形象描述：一为"总起"（即全景描述）"九门环卫仰京都，万国来朝制度殊。云里帝城双凤阙，雨中春树万人居。都因名利（以此二字作线）往来频，马足车尘旧复新。普济堂前（广宁门外普济堂，德胜门外功德林，朝阳门外慈云寺，皆为行人饯别之所）憔悴柳，不堪攀折送行人（此言来往之频）。衙署如林认弗全，缙绅未载数千员（如八旗王公世袭各官，满蒙汉二十四旗，印房各营大小官员，内务府七司、三院，八旗官员，内廷批本、奏事、侍卫等处，以及各馆各处园亭，并在京候补候选者缙绅，具不及备载，岂止数千员）。就中岂乏丝纶选，不尽庸庸费俸钱（此言衙署官员之众）。难分贵贱是京城，位大无权不识名。便是王公当道过，未闻传语禁行人（此言大位之多）"①。二为"文武各官"（述其形色各异之状）"吏兵两部选新官，便有长随跪请安。几处人拉官利债，进门先讲扣头难（部选）。近来街上老爷多，不论双单与甲科。最怕投供逢密友，关心月月问如何（捐纳）。小帽长衫著体新，纷纷街巷步芳尘。闲来三五茶坊坐，半是曾登仕版人（内城旗员，于差使完后，便易便服，约朋友茶馆闲谈，此凡由来久矣）。一双蔗棍轿前催，曲巷回过喊若雷。更有双鞭前叱咤，威风扬起满城灰（堂官）。者样威风不可当，正阳门外意扬扬。那知一入城门口，便把威风意气藏。传行提督轿将过，鹄立仓皇步甲多。前马呵呵疑喝道，那知原是叫诸珲（清语呼堆子曰珲）。官样车夫一炷香（车夫行走之势，有一炷香、风摆荷叶之名），并头引马较人忙（例不应有并头而行，似有非有可笑）。东城画过常行稿，又去西城谒侍郎（司官）。笔政当差苦又忙，跟班请钥事仓皇。盼来一等非容易，委署还兼清档房（笔帖式）。都守参游大小官，但居汛地也堪观。一经片纸来堂上（巡捕营呼提督衙门曰堂上），卯令辰行汗透鞍（营官）。尉官厅吏小有权，威风凛凛仗皮鞭。不拿喧闹浑无事，等着开沟再讨钱"②。三为"兵丁"（描绘八旗兵、善扑营废武闲散之态）"八旗劲旅技全精，骁护前锋火器营。暇日漫拖烧酒债，齐东野语不容情（八旗兵）。衫厂前襟草帽横，手擎虎叭喇儿（鸟名，即伯劳也）行。官差署了原无事，早饭餐完便出城。布靴宽袖夜方归，善扑营中个个肥。燕颔虎头当自笑，但能相搏不能飞（善扑营）。独让香山技艺高，云梯水战又爬碉（刁楼也）。放官乌步（清语谓履历为乌步）夸头等，滑县新兵出一遭。由来步甲绝堪

---

① 得硕亭：《草珠一串》，《总起》。
② 得硕亭：《草珠一串》，《文武官》。

哀，长夜无眠仗酒杯。雪大风寒翻戏笑（暗用卫国樵夫故事），明朝准备上瀛台（扫雪有赏，故云步甲）"①。

值得注意的是，在海南岛海口驻防的满洲八旗，由于官员的贪污腐败、克扣军饷，以及八旗兵丁家属脱离生产劳动，谋生无它技、生财无别长，统治者的政策使他们成为"不士、不农、不工、不商、不兵、不民"②的社会"边缘化""闲散群体，在乾隆末年，竟出现"虽有皇恩赏给，而殡殓不无拮据"，其亲友更有"棺椁衣衾"无备的窘境。面对这种生不能养、死不能葬的景象，无奈，只得通营兵丁共同出银"公帮"以济葬困。现存海南省海口市五公祠内《公帮碑记》云："尝思类情通德者，同欲之体恤。患分忧者，同仁之众．凡事皆然，而不待言矣。故王道之始，特详丧死无憾之条。而兵伍之俦，更宜棺椁衣衾之备。虽有皇恩赏给，而殡殓不无拮据。兵丁等生存既同，甘苦死没，宁无共恤。爰是公国商议，每遇白事，通营每名帮银一分，六队共兵丁四百九十七名，统具一领借出饷银四两九钱七分，庶几有备列虞，亦可有恃无恐。然事虽属小惠，而实出大公。兹署理广东琼州海口水师等处地方参府、功加二十二等、军功纪禄八次、寻常纪录一次、加二级奋图尔巴图鲁张、广东琼州海口营中军副府、兼管左营事、纪大功二次、带寻常纪录五次黄莅任之初暨部主李及总司外司等爰众叩请，蒙金批，此事甚妥，不啻有禅忠厚，抑且休戚相关。法良事美，允如所请等因，奉此。足见一视同仁之致意也。第恐日久情弛，公同勒碑昭示，所有规条开列，永垂不朽，是以为序。

"计开：一议父母连日病殁，六队每名帮银二分。一议父故，六队每名帮银一分。一议母故，六队每名帮银一分。一议妻故，六队每名帮银一分。一议本身故，六队每名帮银一分。一议已无生母，只有祖父母故，查无亲堂伯叔，独该兵维持丧事者，六队每名帮银一分。一议养父母及继父母病故，查该兵委果自小抚养长成完娶，又从前并无受过众帮者，六队每名帮银一分。一议父母、本身、妻子不是病故，恐不领得皇赏，查从前无受过众帮者。六队亦应每名帮银一分。一议兵丁年逾五旬，查从前并无父母、妻子受过众帮者，若有开除老弱，六队每名帮银一分。一议不论父子、兄弟同营者，只许领得皇赏之人，六队每名帮银一分。一议病故其亲男子侄，过手本请领皇赏，官必批仰，队目查确给赏。倘该队目查不确实，扶同捏饰，混受众帮者，查出即追查覆之。队目赔出所帮之银存贮，以俟后帮。若有不遵，鸣官究治。一议兵丁本身，或遇病瘫开除，务必抬验无异，查从前并无受过众帮者，六队每名帮银一分。以上各

---

① 得硕亭：《草珠一串》，《兵丁》。
② 沈起元：《拟时务策》，《皇朝经世文编》卷三十五。

条，前后遵依，永垂不朽。乾隆五十六年五月日立。"

从乾隆末年的《公帮碑记》中，可以看出：其一，此时的驻防军队中，由于腐败之风的滋生蔓延，加之其他诸种原因（如八旗生计问题），导致兵丁生活艰困，已成不争的事实。其二，兵丁的生活困窘，朝廷的皇恩赏银，早已是杯水车薪，无济于事，在此种状况下，八旗兵丁只能求助于彼此的互济自救，以为自存。这表明，在"盛世"外衣掩盖下，封建社会自身与军伍内部因腐败导致的社会矛盾、危机的严重性以及不可避免的复杂性。其三，兵丁的互济公帮，明显带有共济扶危解困的性质，所"共济"的对象，一为兵丁的父母、继父母、祖父母、妻子等直系亲属；二为自身的病殁丧葬费用；三为兵丁老弱、病瘫的帮扶之费。其四，公帮须前后遵依，为防"公帮"银两侵吞，更须专款专用，兵丁"病瘫开除"者，须为"抬验无异"并未受过"众帮者"。其五，"公帮"，对兵丁而言，可解燃眉之急，并可尽忠孝两全之责；对朝廷而论，自身乏力以济，只得认准，更誉为"法良事美"之举。实际上，此碑的立存，是清代中叶军伍兵丁生活艰困、生难济养死难安葬、葬养亲属乏力，而须兵丁自身"共济"公帮生活的真实反映，更是军伍自身腐败之风滋生、朝廷治军无方、养兵乏济财源枯竭等社会生活阴暗面渐趋扩张的历史见证。

（四）太平军的"军律"与军伍新风

发生在道光、咸丰、同治时期的太平天国农民革命，在战争中培养、训练出一支有纪律的农民起义军队——太平军。太平天国依靠这支军队，从广西桂平金田村起义后，不到两年，便转战数千里，攻克金陵，建都天京（今南京）。而太平军"军律"的颁布实施，是保障太平军强大战斗力始终旺盛的重要支撑。同时，它更为清代军伍生活习尚，带来一股"新风"。

太平军的"军律"系指咸丰二年（1852）颁布、刊行、实施的《太平条规》，它又包括《定营规条十要》与《行营规矩》（共十条）两部分，其具体内容为：《定营规条十要》："一、要恪遵天令。二、要熟识天条赞美朝晚礼拜感谢规矩及所颁行诏谕。三、要炼好心肠，不得吹烟饮酒，公正和傩，毋得包弊徇情，顺下递上。四、要同心合力，各遵有司约束，不得隐藏兵数及匿金银器饰。五、要别男营女营，不得授受相亲。六、要谙熟日夜点兵鸣锣吹角擂鼓号令。七、要无干不得过营越军，荒误公事。八、要学习为官称呼问答礼制。九、要各整军装枪炮以备急用。十、要不许谎言国法王章，讹传军机将令。"《行营规矩》："一、令各内外将兵凡自十五岁以外，各要佩带军装粮食及碗锅油盐，不得有枪无杆。二、令内外强健将兵不得僭分干名、坐轿骑马及乱拿外小。三、令内外官兵各回避道旁，呼万岁、万福、千岁，不得杂入御舆宫妃马轿中间。四、令号角喧传仇赶前禁地听令杀妖，不得躲避偷安。五、令军兵男妇不得入乡造饭取食，毁坏民房，掳掠财物及搜操药材铺户并州府县司衙门。六、令不许乱捉卖茶水卖粥饭外小为挑夫，及瞒昧吞骗军中兄弟行李。七、令不许在途中铺户堆炕澼睡，耽阻行程，务要前后联络，不得脱徒。八、令不得焚烧民房及出恭在路并民房。九、令不得枉杀老弱无力挑夫。十、令各遵主将有司号令分发，毋得任性自便，推前越后。"①

从太平军《定营规条十要》与《行营规矩》（共十条）的内容来看，主要为：一是要求兵士服从命令听指挥，如"恪遵天令"、"各遵主将有司号令分发，毋得任性自便，推前越后"，以增强战斗力。二是要求增强团结，如要"同心合力"、"不许谎言国法王章，讹传军机将令"、"扰乱军心，以避免内讧内耗"。三是严禁扰民、严禁烧杀掠夺民人民财，如不准"入乡造饭取食，毁坏民房，掳掠财物及搜操药材铺户"、"不得焚烧民房及出恭在路并民房"、"不许乱捉卖茶水卖粥饭外小为挑夫"、"不得枉杀老弱无力挑夫"，以寻求获得广大劳苦大众的支持拥护。四是严肃军纪军规，如不准"吹烟饮酒"、不许"包弊徇情，顺下逆上"、"不得隐藏兵数及匿金银器饰"、"要别男营女营，不得授受相亲"、"听令杀妖，不得躲避偷安"、"无干不得过营越军，荒误公事"、"不准瞒昧吞骗军中兄弟行李"，以统一号令与整肃纪律。五是提高军事素质与作战能力，如"谙熟日夜点兵鸣锣吹角擂鼓号令"、"要各整军装枪炮以备急用"、"各要佩带军装粮食及碗锅油盐，不得有枪无杆"、"不许在途中铺户堆炕澼睡，耽阻行程，务要前后联络，不得脱徒"，进而始终保持旺盛的战斗力与攻防能力。六是维护太平天国与军中的信仰、等级制度、官兵有别、称谓有序、见官回避有制、礼拜感谢有规矩等，以凝聚军心，避免思想涣散与意志松懈。

在具体实施过程中，这些昔日受尽封建主与朝廷剥削压迫的劳苦大众，一旦聚集在起义的旗帜下，融入义军的队伍中后，便以淳朴的思想意识与十分旺盛的激情，对各项规制与上司下达的战斗任务，均能忠实地加以贯彻执行，为寻求自身的解放而奋不顾身的参加战斗，在作战中他们"渡不测之渊，登壁立之山"时，虽有万难与强敌当前，却仍能以"死者自死，渡者自渡，登者自登"②的英雄气概，赴汤蹈火，勇往直前，奋力杀敌。这与清军的腐败无能和战斗力不强，斗志颓废相较，真可谓天壤之别。

五 商贸风尚的形成与演变

清代沦为半殖民地半封建社会后。伴之西方殖民者大炮而来的是他们廉价

---

① 转引自罗尔纲《太平天国史》卷二十九，《志》第八，《军律》。
② 张德坚：《贼情汇纂》卷五，《伪军制》下，《附技艺》。

的商品、毒品鸦片涌入中国市场的"狂潮",这一特定时代背景,则给清代商贸风尚的形成,融入新的色彩;更为其畸形商贸运作的兴盛推波助澜。

(一) 风尚形成:商贸繁盛,形成商帮

清代,由于封建的统一多民族国家的形成和巩固,不仅有利于社会经济文化的发展进步,刺激了人口的激增;而且更推动了国内统一市场的形成一物质的交流,促使了在明代已趋繁荣的商贸活动,日趋繁盛,更成规模,最终形成各具特色的十大商帮。

表现之一,地方商贸活动日渐繁荣。

江南的江宁(南京)、苏州、杭州,早在明代便是商贾云集、市贸繁盛之地;到了清代,由于江南社会经济的发展,更促使其商贸活动,较之明代有更大的兴盛。关于其商贸活动的繁盛景象,《康熙南巡图》彩绘画作了生动、形象、艺术的再现。在这十二卷绘画中,人物逾万,行业众多,街市错纵,舟车辐辏,尤以商业贸易活动最盛。其中,《南巡图》第十卷,为绢本设色,纵67.8厘米,横2559.5厘米。描绘了康熙帝一行从浙江北返,过江苏句容至江宁府的情景。画面中展现的江宁,为当时江南经济文化繁华之地,商贸发达,城内街道错纵,房屋鳞次栉比,有名的秦淮河穿过画面,舟船亦张灯结彩。钞库街、贡院、文庙、三山街、旧王府、内桥、通贤桥等,一一在画中出现。特别是三山街一段,在十字交汇的路上,由众商承办支搭彩楼一座,四个路口各有众商捐建的彩牌楼,场面豪华富丽。到乾隆帝南巡时,苏州已发展成为"商贾云集"、"五方杂处"的胜地;杭州更通称和被时人誉为"百货所聚"之地;而南京(江宁)则有"肉腻鱼腥,米盐糅杂"的市场。在《盛世滋生图》(又名《姑苏繁华图》)长卷风俗历史画中,苏州街上可以辨认的商业市招达230余家,行商为数众多,米行、酒坊、猪行比比皆是,鳞次栉比,还有经销米酒酱菜的杂货老行,贩卖咸货的腌腊老行,以及茶食铺、点心店、饭馆、酒楼等等,至于画面上展示的游串城镇街坊的、以至乡村僻壤的货郎贩夫,更多得不可胜数。在商业繁盛的同时,因承办康熙帝、乾隆帝南巡而获利的淮商、徽商、浙商等大的商人集团,还将其所获巨利的一部分,投资于沿长江的两湖、皖赣等地方中小市场,这又带动了地方城镇、乡村商业的兴旺[①]。

京师是政治、军事、文化中心,也是北方的商贸集散与繁盛之地。道光时杨静亭在《都门杂咏》"市廛门"中,详细记述了京师大栅栏一带以及诸多集市的商贸繁盛景象:一为"大栅栏"。"画楼林立望重重,金碧辉煌瑞气浓。箫

[①] 李学勤、徐吉军:《长江文化史》下卷,清代部分内容(林永匡执笔),江西教育出版社1996年版。

管歇余人静后,满街齐响自鸣钟。"二为"花儿市"(以通草为妇人头上之花,买卖皆集于此,故名)。"梅白桃红借草濡,四时插鬓艳堪娱。人工只欠回香手,除却京师到处无。"三为"东西巷"(东曰帽巷,西曰荷包巷)。"五色迷离眼欲盲,万方货物列纵横。举头天不分晴晦,路窄人皆接踵行。"四为"东西庙"(东曰隆福寺,西曰护国寺)。"东西两庙最繁华,不数琳琅翡翠家。惟爱人工卖青色,生香不断四时花。"五为"茶叶店"。"茶店初开色灿陈,试来茗椀一番新。日长犹是寻常味,金柱徒存映帝闉。"(牌楼尚金柱,骡马市竟高五六丈。珠宝市现今关闭,故曰金柱徒存)六为"眼药"。"光明匾额挂楼头,寄卖红条利遍搜。若欲购求真正药,除非亲自下通州。"七为"灯市"。"腊尽春回暖气蒸,天街夜色望层层。妬他景物来偏早,未到新正已卖灯。"八为"雀儿市"。"市陈隆福鸟堪娱,奇异难将名字呼。细目鹡鸰大至鹤,买来除却凤凰无。"九为"益母膏""方茎紫萼产天坛,艾草熬膏性入肝。疗血补虚能益母,儿将买去孝何安?"① 在该书的"食品门"下,亦有诸多与饮食有关的市贸风尚的记述:一为"酒楼"。"陈绍斟来色似茶,高楼午酌胜仙家。藕心莲子冰初浸,嚼得寒香沁齿牙。"二为"烤牛肉"。"严冬烤肉味堪饕,大酒缸前围一遭。火炙最宜生嗜嫩,雪天争得醉烧刀。"(酒名)三为"肉市"。"闲来肉市醉琼酥,新到尊鲈胜碧厨。买得鸭雏须现炙,酒家还让碎葫芦。"(酒馆名,在肉市路东)四为"黄花鱼"。"黄花尺丰压纱厨,才是河鲜入市初。一尾千钱作豪举,家家弹铗餍烹鱼。"五为"奶酪"(荷包巷)。"闲向街头馋一瓯,琼浆满饮润枯喉。嚼来下咽如脂滑,寒沁心脾爽似秋。"六为"梅汤"(西鸿成)。"新搏江米截如肪,制出凉糕适口凉。炎伏更无虞暑热,夜敲铜盏卖梅汤。"七为"东坡肉"(曰俭居)。"原来肉制贵微炊,火到东坡腻若脂。象眼截痕看不见,馋时举箸烂方知。"八为"馄饨"(致美斋)。"包得馄饨味胜常,馅融春韭嚼来香。汤清润吻休嫌淡,咽后方知滋味长。"九为"鸡面"(福兴居)。"面白如银细若丝,煮来鸡汁味偏滋。酒家惟趁清晨卖,枵腹人应快朵颐。"十为"蟹肉烧麦"(小有余芳)。"小有余芳七月中,新添佳味趁秋风。玉盘擎出堆如雪,皮薄还应蟹透红。"十一为"奶油糟糕"(致美斋)。"蛋黄和面馋如饧,松子擎来香最清。妙制品惟供上用,奶油风味溯兴京。"十二为"水晶糕"(滋兰斋)。"绍兴品味制来高,江米桃仁软若膏。甘淡养脾疗胃弱,进场宜买水晶糕。"十三为"烧羊肉"(月盛斋)。"喂羊肥嫩数京中,酱用清汤色煮红。日午烧来焦且烂,喜无膻味腻喉咙。"十四为"山楂蜜糕"(汇丰斋)。"南楂不与北楂同,妙制金糕数汇

---

① 杨静亭:《都门杂咏》,《市廛门》。

丰。色比胭脂甜若蜜,鲜醒消食有兼功。"(又名金糕)① 值得注意的是,这些美食美馔的制作,因食店老字号而享誉。因此,"曰俭居"、"致美斋"、"福兴居"、"小有余芳"、"滋兰斋"、"月盛斋"、"汇丰斋"等老字号店铺,成为清代北京食品市贸市场中的诸多"亮点"。同时,更对人们的饮食消费生活习尚的形成演变,发挥着重要的导向影响和作用。

清末,北京的商贸活动不仅较前更加繁盛,而且各省的商帮组织还在北京建起诸多会馆(公所),更形成许多专门性的市场和新老商号。对此,光绪时多次刊行且广为流传的《朝市丛载》有生动翔实的描述和评论:

其一,会馆增多。"会馆"又名公所,它是外地商帮或商人组织在都市中建立的工商业者行帮组织,同时兼施同乡在该地的利益互济互助之职。它有专门的组织机构与活动经费,并建有馆所供同乡、商众会集议事与寄寓之用,且以保护商业利益、联络乡谊、互通信息为宗旨。光绪时,京师的外地商业会馆增多,据统计,各省会馆共392个,其中:直隶12个、河南14个、山西36个、山东8个、陕甘26个、江苏26个、安徽35个、湖北24个、江西60个、浙江35个、四川15个、湖南18个、福建19个、广西7个、广东32个、贵州8个、云南9个,其他行业公立会馆公所8个。

其二,客店商号林立。由于来往京师的商人增多,贸易活动兴盛,不仅刺激了客店数量的大增,更促成了诸多商号的兴起和商贸的兴隆。据《朝市丛载》一书记述,光绪时,仅京师(北京)的客店多集中于交通便利的前门、崇文门附近。在前门外西河沿内的客店有高升店、日升店、福升店、福来店、泰来店、泰兴店、顺兴店、永顺店、大兴店、大成店、义成店、天成店、天元店、集成店、晋隆店、增盛店、聚魁店、斌魁店、四合店、东升店、庆丰店。在前门外李铁拐斜街的有升官店、中和店。在前门外杨梅竹斜街内的有鸿升店、兴升店、恒兴店、嘉兴店、福星店、蕴和店、亿魁店、广源店。在前门外打磨厂内的有鸿泰店、聚泰店、德泰店、同泰店、泰昌店、会成店、太谷店、悦来店、三义店、玉隆店、永兴店、全盛店、复隆店、德兴店、吉顺店、外升店、恒发店、恒和店、公和店、万福店、吉隆栈、宝盛合店、中尚古店、万福西栈、新大同店、西双兴店、兴顺车店。在前门外长巷上头条胡同的有宝盛西栈、万隆店、兴隆店、全泰店、恒远店。在前门外粮食店内的有兴盛店、万德店、恒通店、恒达店、万顺店、玉升店。在前门外观音寺内有连升店、裕隆店。在宣武门外骡马市大街有晋升店、广升店、连升店、同升店、文德店、大通店。在崇文门外巾帽胡同内有诚意店、天合栈。在前门外西珠市口有德升店、福升店、高升

---

① 杨静亭:《都门杂咏》,《食品门》。

店、天成店、永丰店、庆隆店。在前门外东珠市口西湖营有茂盛店、大生店。在宣武门外虎坊桥西有聚魁店、魁元店、高升店、即升店。在前门外刷子市内有公平店、万顺店、复兴店、富盛店。此外，在前门、宣武门外还有大有店、庆隆店、富顺店、义和店、兴隆、际会堂等旅舍客店①。

在商号方面，有专门经营商贸活动专项业务、或出售名牌商品、或售卖专类物品的店铺或老字号商号等。其著称者商号有：一为经营商贸活动中银钱汇兑金融业务的"汇号"类商号，如蔚长厚（在前门外薛家湾内路南）、蔚泰厚（在前门外草厂九条胡同内）、蔚丰厚（在崇文门外巾帽胡同内）、蔚盛长（在前门外草厂九条胡同内）、协和信（在崇文门外巾帽胡同内）、协同庆（在崇文门外薛家湾路南）、协成乾（在前门外打磨厂聚泰店内）、义成谦（在前门外公和店内）、三晋元（在前门外草厂九条胡同内）、存义公（在前门外打磨厂同泰店内）、天顺祥（在前门外北孝顺胡同内）、日升昌（在前门外草厂十条胡同内）、元丰玖（同前）、百川通（同前）、新泰厚（在崇文门外木厂胡同内）、志一堂（在前门外打磨厂太谷店内）、聚兴隆（在前门外打磨厂鸿泰店内）②。二为经营文具书画商品的商号为"松竹斋南纸店"（在前门外琉璃厂路北），该商号专办进呈红黄绫纸奏折，万寿贺本正副表文，赤金冷金喜寿围屏，湖笔、徽墨、泥金颜料，古锦荷包、八宝印泥，精刻银、铜墨盒文具，仿刻秦、汉晶玉石章，端、歙良砚，日晷、罗盘、珊瑚朱绢、耿绢、琴弦、描金贡笺、时款雅扇，苏表名人字画卷册，南纸折卷笺筒帖套等商品。兼办，历科承办科场官卷，包括乡试、会试、殿试、朝考、大考、考差、散馆、御史、拔贡、优贡、教习、誊录、荫生、中书、孝廉方正、各项翻译，各正场、复试等卷商品。还经营精刻翰苑分书各种书籍摹本（如《六朝唐赋》、《金壶精萃》、《文章津逮》、《圣谕广训》、《帝王图》、《州县图》等七十二种）、京师时贤名人书画篆刻（含行书、楷书、篆刻、写意花卉画、翎毛花卉画、隶书、写意竹兰画、铁笔图章、花卉士女画、花卉翎毛画等）商贸业务③。三为经营服装与日用类商品的老字号商号，其所营商品、字号、地址为朝帽（老伟仪，在地安门内路西）、暖帽（马聚兴，在东四牌楼弓箭大院）、凉帽（马聚源，在前门外鲜鱼口路南）、小帽（同义号，在前门外杨梅竹斜街）、花帽（义聚兴，在前门外西荷包巷南口）、皮领（东北魁，在前门外大栅栏路南）、夹领（龙义号，在前门外西河沿路南）、毡领（杨小泉，在鲜鱼口路南，猴为记）、官靴（内兴隆，在东四牌楼北钱粮胡同）、

---

① 李虹若：《朝市丛载》卷三，《客店》。
② 李虹若：《朝市丛载》卷五，《汇号》。
③ 李虹若：《朝市丛载》卷五，《文具书画》。

快靴（万安斋，在前门西月墙路西）、山底鞋（万盛斋，在东单牌楼北路西）、缎鞋（祥茂斋，在前门外观音寺路北）、镶鞋（祥元斋，在东四牌楼隆福寺路北）、布鞋（全盛斋，在前门外煤市街北口）、顶戴（启盛斋，在前门内棋盘街路东）、文武补服（晋隆号，在前门外排子胡同东口）、估衣铺（永聚号，在前门外瓜子店路东）、油衣帽（兴顺号，在前门内兵部街路东）、绸缎店（源裕号，在前门大街路西）、文武晋绅（荣外堂，在琉璃厂西头路南）、红货（在前门外大栅栏门框胡同）、绣货（在前门外北孝顺胡同）、广货（在前门外大栅栏内）、洋货（在前门外东西月墙）、珠花（在前门外珠宝市内金珠店）、翠花（在前门外西河沿内首饰楼）、绒草花（在崇文门外四条胡同花店）、鲜花（在宣武门外土地庙斜街花厂）、香烛（合香楼，在前门外珠宝市路西）、香串（花汉冲，在前门外珠宝市路西）、香货（云香阁，在前门外大栅栏路北）、胰皂（桂林轩，在前门内棋盘街路东）、胭脂（瑞兰芳，在前门外三里河桥东）、桂花油（裕兴芳，在前门外观音寺路北）、首饰（文宝楼，在前门外肉市路东）、镊子（张家，在前门外打磨厂中间路南）、京袜（袜子郭，在鲜鱼口外路东摆摊）、染房（恒聚号，在前门外煤市街北头路东）、粗布（隆庆号，在前门外大栅栏中间路南）、细布（庆长号，在前门外珠宝市路西）、洋布（通盛长，在前门外大栅栏东头路北）、洋药（裕丰号，在前门外大栅栏东头路南）、皮货（德泰永，在前门外蒋家胡同路东）、烟袋（西天成，在前门外打磨厂西口）、厨刀（双十字，在宣武门外月墙路南）、药刀（刘西山，在前门外观音寺西口）、炒杓（顾家，在崇文门外花儿市路北）、花炮（九隆号，在琉璃厂东头路北）、车辅（万盛号，在廊房头条胡同路南）、鞍鞯（万兴隆，在前门外西河沿路北）、驼轿（驼轿店，在前门外西河沿中间）、嫁妆（嫁妆铺，在前门外东珠市口南小市）、刀剪铺（王百川，在前门外打磨厂西口路南）、锤金作（协泰恒，在前门外东河沿西头路南）、盔头铺（永茂号，在廊房头条胡同路南）、天平铺（万宁号，在前门外珠宝市路东）、南锡铺（合义号，在前门外打磨厂路南）、京锡铺（公和号，在前门西月墙路东）、铜酒壶（范家，在广安门内大街路北）、铸钟厂（祥盛号，在崇文门外城根路南）、响器铺（广顺号，在前门大街路东）、丝带铺（天成号，在前门内棋盘街路南）、荷包铺（佩文斋，在前门外西荷包巷）、皮荷包（商贾园，在花儿市大街路北大门）、车围铺（永和号，在前门内西交民巷路南）、茉莉熏烟（天兴号，在前门外大栅栏路南）、熏烟局（新利号，在崇文门内椿树胡同路北）、火镰（王麻子，在宣武门外大街路东）、十锦小刀（梁家，在东单牌楼栖凤楼路南）、南剪铺（义和号，在前门外鲜鱼口路南）、京针铺（金鱼儿，在前门外珠宝市路西）、玻璃店（庆顺和，在前门外珠市口精忠庙）、铺垫铺（吉庆昌，在前门大街路西）、柜箱铺（龙顺号，在前门外南小市）、桌椅铺

（天成号，在前门外南小市）、小儿七珍丹（德爱堂沈家，在东直门羊管胡同）、保赤万应散（雅观斋薛家，在杨梅竹斜街路北）、百补增力丹（仁义堂孟家，在护国寺对面）、硇砂暖脐膏（枯井堂鄂家，在西四牌楼北路西）、虎骨鹿角胶（万春堂雷家，在琉璃厂西门外）、九转黄精丹（一小堂刘家，在东直门大街路北）、鹅翎管眼药（史敬斋史家，在廊房二条胡同）、窝瓜把眼药（梁光明梁家，在长巷头条胡同）、麻仁滋脾丸（同诚堂，在朝阳门内小街路东）、灵宝如意丹（皮赞公，在东华门菜厂胡同路南）、十珍坎离砂（在德胜门内大街）、搜风顺气丸（老许家，在崇文门外堂子胡同）、段氏金丹（广德堂，在前门外西河沿路北）、瓜子眼药（锭子刘，在崇文门外四条胡同）、象皮象粪（驯象所，在宣武门内迤西象房）、定州眼药（马应龙，在前门外西河沿路北）、虎骨酒（同仁堂，在前门外大栅栏路南）、万应锭（东安堂，在东安门内路北）、狗皮膏（济生堂，在取灯胡同王回回）、二龙膏（保元堂，在东单牌楼南路西）、益母膏（保合堂，在天坛内）、凤凰膏（保睛堂，在前门外蝎子庙路南杨家）、仙乳（宝珍堂，在宣武门外绳匠胡同路东）、山楂丸（刘铉丹，在宣武门外大街路东）、丸药（育宁堂，在前门外大栅栏路北）、汤药（万全堂，在崇文门外西夹道路南）、真老茶膏（方豫衡记，在前门外东珠市口南康会馆）、画鞋面（仰度斋，在宣武门外南柳巷路东）、真正狗皮膏药（济安堂，老店住在杨梅竹斜街王回回家）等①。此外，清人李虹若还在《朝市丛载》中记述，在前门外精忠庙南的"恒义厚记玻璃店"，自置各式"灯镜、大小玻璃、穿衣大镜、广货、盆景"，一概发售；又，前门外大栅栏内东头路南的"恒义字号"，专门发售"西洋玩物、钟表、洋针、钮扣、表、家具"等商品；而前门外的"恒和义字号"发售"绸缎绣货、妆蟒补服"等货物，且以"包做四季新衣"著称②。

其三，专业市场日趋兴隆。京师是八方杂处、商贸云集之地，除会馆、店铺、商行的兴起与增多外，适应商贸活动日渐兴盛伴之而起的是各类专业市场，及至清后期，专业市场门类甚多，更有利于货物的批发性售卖；同时，这些众多专业性市场的日趋兴隆，还促进了各地商业信息的交流、商品货物的流通与地方经济的发展、城乡市场的繁荣。清人李虹若《朝市丛载》"市廛"条描述说："银钱市"在前门外珠宝市中间路西小胡同；"珠宝市"在前门外迤西南北街；"玉器市"在前门外大栅栏门框胡同；"估衣市"在前门外精忠庙东大市；"皮衣市"在前门外南小市出摊；"米市"在前门内东四牌楼迤南；"肉市"在前门外迤东南北街；"鱼市"在前门外大街路东；"猪市"在前门内东四牌楼迤

---

① 李虹若：《朝市丛载》卷五，《服用》。
② 同上。

西大街；"羊市"在德胜门外迤北大街；"马市"在前门内东四牌楼迤北；"晓市"在崇文门外迤西南；"果市"在前门外瓜子店迤南；"菜市"在宣武门外迤南大街；"瓜市"在右安门内大街；"黑市"在宣武门外迤南大街一带；"补拆市"在前门外西珠市口迤南；"棉花市"在东直门外岔子胡同；"耍货市"在德胜门内大街；"雀儿市"在宣武门外路东；"花儿市"在崇文门外迤南东西大街；"油酒篓市"在崇文门外迤南大街等，呈现出市场林立，商贸两旺的兴盛景象。

对这些专业市场的商贸活动情况，同治《增补都门杂咏》、光绪《朝市丛载》二书中，都有详载：如描绘"珠宝市"为"行为拥挤笑肩摩，处处招呼'买什么？'休笑不堪珠宝市，廊房三巷更偏多"。"晓市"则是"夜方五鼓未啼鸦，晓市人多乱似麻。贱价休贪防盗物，牵连难免到官衙"。再如"钱铺"更是"铺保连环兑换银，作成局面惯坑人。票存累万仍关闭，王法宽容暗有神"。"估衣铺"亦是"裙衫袍褂列成行，布帐高支夏月凉。急事临身多绕路，怕听争问买衣裳。"而"换钱摊"却是"小桌当街钱换钱，翻来覆去利无边。带收铺票充高眼，错买归家亦叫天"。"客店"为揽客却是"引见还兼乡会期，店家习气最随时。老爷无事闲游好，下处堂名我尽知"。专营名店，"镊子张"更是"锤剪刀锥百炼钢，打磨厂内货精良。教人何处分真假，处处招牌镊子张"。"王麻子"店更是"刀店传名本姓王，两边更有万同行。诸公拭目分明认，头上三横看莫慌"。而"洋药局"则是另一番景象"近来洋药好生涯，都下新开数百家。莫道货真皆茂盛，欲图多利贵我赊"[①]。真可谓市场竞争与货品营销中，店铺各有各的招数，商家更是各自有生财、图利之道，这源于京师商贸活动的繁荣兴盛所致。

表现之二，十大商帮经营各具特色。

清代由地方商人形成颇具规模的十大商帮，如山西商帮、陕西商帮、宁波商帮、山东商帮、广东商帮、福建商帮、洞庭商帮、江左商帮、龙游商帮、徽州商帮等。不仅在促进地区商贸活动的繁荣发展、城乡物资交流、海外贸易方面，发挥着独特而巨大的功能，而且他们各具特色的经营活动，更成为清代商贸活动中，一道亮丽的风景线和一幅生动的商业活动画面。

其一，山西商帮与经营风尚。山西商帮又称之为"晋商"、"晋帮"；因其经营与垄断金融业的"票号"而著称，故又称"票商"。在商贸活动区域上，晋商足迹遍天下，尤其在蒙古与西北地区尤为活跃；北京、天津、张家口、武汉、南京、苏州、广州等商埠则晋商较集中，且将势力延伸至俄国、日本、东南亚等域外地区。在经营商品上，晋商除钱庄票号外，还经营粮食、布匹、茶叶、

---

① 李静山：《增补都门杂咏》，《市廛门》；李虹若：《朝市丛载》卷七，《都门吟咏·市廛》。

洋铜、木材、烟草、棉花、丝绸、皮张、毛毯、大黄、玉石、书籍；道光以后，还经营洋布、医药、钟表等进口洋货舶来品。晋商的经营活动颇具特色：一是钱庄票号设立地方分号经营，使之形成网络化，清后期，山西票号发展至33家，分号400余处；一个分号每年汇兑业务为50万至120万两银，存放款业务为30余万两。更将业务延至日本东京、大阪、神户，俄国的莫斯科，东南亚的新加坡等地。二是形成官商结合的大钱庄票号，其著者有日升昌（平遥帮）、蔚泰厚、天成亨、蔚盛长、新泰厚、蔚长厚（均属平遥帮）；大德通、存义公（属祁县帮）、志成信、太德玉（属太谷帮）、蔚丰厚、宝丰隆、百川通、协同庆、锦生润、大德川、协成乾等。三是长途贩运货物获利。四是重视以"诚信"为本的商业信誉，以"心朴"、"心实"之举，赢得顾客与市场。五是收集信息，把握行情，垄断市场经营，其钱庄票号、当铺，银钱的收存放贷更是如此①。

其二，陕西商帮与经营风尚。陕西商帮又称"西商"、"山陕商帮"。它与晋商一起，是北方地区两个重要的商人集团群体。在商贸活动上，西部地区是陕西商帮活动的重要地区，此外，江淮、山东、河南、北京、直隶（河北）等地，亦有他们的势力与足迹。在四川、云南、贵州等地，有陕西的盐商、茶商的经营活动；陕商更在四川经营金融业，从事川丝夏布贩运，营销名贵药材、铁砂、煤炭、木耳、棉布等商品。而在西北的甘肃、青海、宁夏、新疆等地，陕西商帮主要经营棉布业、茶叶业、毛皮业、药材业、水烟业等商贸业务。相关的业务，更扩大到江淮、山东、河南、北京、直隶（河北）地区。在经营活动上，陕西商人：一是贩商与保镖相结合，体现出长途贩运的艰辛与陕商的习武冒险精神。西北地区，民族众多但居住分散，贩运商品，须历经高山峡谷、流沙大漠，为保证商品货运安全，商家常雇用"弓马熟娴，膂力过人者"为商队武装保镖；且行进时多结队而行，以防不测。二是勤于理财，又善于筹划。嘉庆时，陕商贺达庭在关中、渭南、临潼、兰田、咸宁、长安等地开设当铺30余处，他每月亲临各处进行谋划指导，"每至一处，察司事者神色，即知库中近日事"，"司事者不胜隐，告以实，公小留为筹画之"，使店员"人人心中各有一主人翁在。虽公去已远，犹时时劝戒，不知其何时夺户而入也"②。三是在货物商品的收购、贩运、营销方面，陕西商帮因时因域因业而异，采用"链条式"循环运作其货品、资金。如在收购货源上，多采用在产地"设商庄"收购或委托当地大商店代为收购分享其利；在销售上，采用"赊销"、"赊购"之举，以使货畅其流、及时有效地占领市场。陕西的皮货商在江南苏州售货时，当年秋天送货，

---

① 张海鹏、张海瀛主编：《中国十大商帮》，"山西商帮"部分。
② 《续修陕西通志稿》卷八十七，《人物志·贺士英》。

赊售于各大商行，次年春再运"草帽"来苏州，赊售于各大商行，并收去年的皮货款银，至秋送皮货时，亦用同样办法，收取春季的草帽银两。彼此双方在货物、资金的流通使用上，各得其便，共享其利，故市场的占有率稳中有升。四是建立一套严格的商队运贩制度，利用乡亲关系，形成网络，互通信息、有难共济。有的还在沿途重要城镇建立分号，食宿方便，更使春秋两季定期进行的商队运输，其人力、物力、财力的成本投入大为降低，安全亦有保障，可谓一举两得之利①。

其三，宁波商帮与经营风尚。浙江宁波商帮又称"甬商"，像指宁波府下辖鄞县、奉化、慈溪、镇海、定海、象山六县在海内外结成的商帮而言，清代亦是宁波商帮发展的鼎盛期。在商贸活动区域上，宁波商帮在乾隆至道光时，已将势力扩展至沿海各港口的城市、长江沿岸重镇；鸦片战争后，宁波商帮势力发展进入新的阶段，北至蒙古，南至粤桂，西至巴蜀，国外日本、南洋、欧美，皆有宁波商人的足迹。在北京、上海、汉口、天津、沙市、苏州、杭州等地，他们成为商业巨子，并垄断某些行业的经营。其经营的商品种类，不仅品类繁多，且因时而异。清前期主要经营银楼业、药材业、成衣业、海味业、沙船贩运业、轮船航运业、钱庄业、银行业等；清后期，宁波商帮致力于新兴行业的经营，大力投资于进出口贸易业、五金颜料业、钟表眼镜业、呢绒洋布业、日用洋货业、西药业、房地产业、保险业、证券业、公用事业、新式服务业的商贸活动，成效显著。在其他地方商帮日趋衰落时，它却能抓住商机，使实力大增。在经营活动上，"甬商"更具"智商""谋商"的特征：一是善于利用得天独厚的天时地利与人文条件优势，使之转化为商机。宁波地处东海之滨，自古海外贸易兴盛，民人有营商传统，加之港口条件与设施，为其商贸活动提供了先决条件。二是善于因时因地因势而变，清前期实行"海禁"，宁波商帮将目光转向国内市场与传统行业；康熙时开放海禁，乘势有大批宁波海商出海贸易，道光以后，宁波商帮更在国内、海外贸易两个市场上，获得新的发展与开拓，势力更加雄厚。三是根据市场的需求变化，将经营活动与投资重点进行调整转移，不拘守一地一岸一业之得失，多着眼于未来市场的获利。四是经营足迹遍天下，但其经营手段，则因地而有所侧重。孙中山曾盛赞宁波商人的经营头脑，说道："宁波人对工商业之经营，经验丰富，凡吾国各埠，莫不有甬人事业，即欧洲各国，亦多甬商足迹，其能力与影响之大，固可首屈一指者也。"② 如在北京，主要经营银号业、成衣业、药材业，以发挥其自身独具的优势；在上海，

---

① 张海鹏、张海瀛主编：《中国十大商帮》，"陕西商帮"部分。
② 孙中山：《在宁波各界欢迎会上之演说词》，载《民国日报》1916年8月25日。

他们长期操纵上海总商会，以影响上海及全国的商贸活动；在汉口，则利用浙宁公所此一基地，加强市场信息交流与商贸谋划活动，并形成宁波成衣帮、典当帮、老银楼帮、新银楼帮、杂粮帮、药材帮，通过大帮中有小帮来达到控制市场商贸活动之目的；在天津，利用地理与港口优势，宁波商人将重点放在进出口贸易、南北货运业、银行保险业、日常用品业的经营活动上，获利甚巨；在沙市，他们经营该地及周边市场亟须的银楼业、海味业、家具业等；在苏州，宁波商人则独占煤炭行的经营，且在丝绸商贸活动中势力颇大；在香港，宁波商人利用此一基地向海外发展，经营船队运输业，香港的两位"船王"均是宁波籍商人；在日本，宁波商人主要经营进出口贸易，从中国输出棉花、大豆、豆饼、杂货，从日本输入火柴、水泥、棉纱、杂货。此外，在欧美、东南亚、宁波商帮亦从事众多的商贸行业经营，创造了颇多的商业奇迹①。

其四，山东商帮与经营风尚。山东古为齐鲁之地，三面环海，海陆交通便利，为经商与货畅其流、物尽其利，创造了得天独厚的地理优势条件。到了清代，山东商帮发展更为迅速，尤以登、莱、青三府商人最为活跃，故又名"胶东帮"。在商贸活动区域上，山东商帮主要在京师、东北奉天、吉林、黑龙江、江南苏广等地区，进行商业经营。其商贸经营的商品，除棉花、烟草、花卉、干鲜果品外，在各地则因地之需而分行采利。如在东北三省则经营钱行、粮栈、丝房、皮货、山货五行，在天津经营绸布、饭馆、茶叶、皮货行业，在京师多营估衣、饭庄、绸缎业，在上海、苏州、南京、芜湖、汉口、开封等地有"山东会馆"以为该处商人活动与集会之所，其经营行业更因地因时而异。在经营活动上，山东商帮带有浓厚的地方人文色彩：一为山东商人可分为"行商"、"坐商"两种，行商又称"运商"，主要通过货物长途贩运而获利，坐商称"铺户"，为坐地经营而增势，二者通过"牙行"（货栈）进行交易。在经营上，行商靠货品的地区差价而获利，坐商则赖批发零售而直接向消费者顾客取中间差价而致富。二为经营方式上实行严格的学徒制度，商家多雇用本乡本土人作学徒、伙计，利用同乡或亲缘关系，扩大经营规模，以保障营运安全。三为商人身份多样化，除专业营运者外，尚有大官僚大地主兼大商人者、有大商人兼地主者，更有封建地主兼商人者。故获利后多投资于土地，仅有少数商人投入矿山等实业②。

其五，广东商帮与经营风尚。广东商帮又称"粤商"，是一支活跃于海内外颇具实力的商人群体。优越的地理环境、经商的历史传统、发达的商品经济、

---

① 张海鹏、张海瀛主编：《中国十大商帮》，"宁波商帮"部分。
② 张海鹏、张海瀛主编：《中国十大商帮》，"山东商帮"部分。

独特的社会结构与地域群体,为粤商在清代的鼎盛,创造了先决条件与地缘人文优势。在商贸活动区域上,广东商帮除在东南亚、欧美、五大洲进行海外经商外,在国内粤商足迹已遍及海南、广西、福建、浙江、江苏、安徽、山东、上海、江西、湖南、湖北、河南、河北、北京、天津、云南、贵州、四川等18省区。正如清末《七十二行商报》发刊辞所称:"各省无不有粤商行店"①,绝非虚指,而为实事。在经营商品方面,中国内地商品与国外进口贸易商品均在广东集散,广州成为"洋货"与"土货"特产集散中心,而佛山是"广货"与"北货"的贸易集散地。清代广东长途贩运批发商主要经营项目为米、盐、糖、丝、洋货等类商品,而果、铁的经营规模亦不小。如道光时从广州运销各省的商品有毛、棉、布匹、酒、表、鸦片、粗布、欧洲皮货、杂货、漆器、眼镜、烟草、食品、书籍、毛织品、洋货等。在经营活动上,广东商帮的特点:一是商人类型繁多,可分为海商(含封建型、租赁型、独资型、合资型四大类)、牙商(含广东十三行商人、晚清买办商人)、国内长途贩运批发商三大类,各具经营重点与特色手段。二是商人身份复杂,因时因势因人而异,主要有亦盗亦商者、亦官亦商者、弃儒而商者,更有弃吏为商、弃农为贸、致仕营商者。三是广东商帮在经营活动中,既注重利用乡谊关系结成大小商帮,以增实力;又将广东会馆的建立,遍及国内外重要商埠口岸与城镇,借此以共谋市场开拓,又可互通信息,以收一举而多获之效②。

其六,福建商帮与经营风尚。福建商人又称"闽商",在康熙时,清政府统一台湾与开放海禁后,其势力逐渐得到新的发展。在商贸活动区域上,福建商帮实行"山海兼顾"的原则,除将商贸活动扩展至海外贸易,以发挥其优势外,更垄断台海贸易经营权,并将经营范围扩至东南沿海口岸,北至宁波、上海、天津、锦州,南至粤东,乃至西北边陲、西南边疆之地,均有福建商帮商贸经营活动的足迹,可见其范围之广。福建商帮经营的商品,在福建与台湾的频繁往来贸易中,主要将台湾亟须的各种日用品、丝绸、杂货运销台湾,又将台湾盛产的大米运回福建及沿海地区,以供人口急剧增长的食用之需;在其他贸易活动中,福建商帮经营的有茶叶、木材、纸张、矿铁、瓷器、杂货等商品。在经营活动上,福建商帮有自身独具的特点:一是福建商帮的商人群体构成与组合,呈现多元化趋势,但地主、富豪、官僚士绅在其间或因财力雄厚、或因手中握有权力,而在其中居于主导地位。二是在运营上,带有盗商结合的武装贸易特点。三是乡族势力与商人集团相互结合,相互利用与勾结。四是海外贸易

---

① 《辛亥革命丛刊》第2辑。
② 张海鹏、张海瀛主编:《中国十大商帮》,"广东商帮"部分。

伴之海外移民而进行，二者有互促与共生的关系①。

其七，洞庭商帮与经营风尚。洞庭商帮系指籍于太湖中，洞庭东山和洞庭西山地区商人所形成的商人集团而言，他们人数众多，实力雄厚，又善于经营，商业活动力甚强。在商贸活动区域上，洞庭商帮主要集中在运河沿线地区（含太湖流域为中心的长江以南地区、长江以北广大地区商场）；长江沿线城镇市场地区；近代五口通商后的上海地区（洞庭商人充任外国银行与洋行的买办，负责货币出纳保管、金银外汇的买卖、钱庄与外商银行票据结算、对中国工商客户的放贷款项业务）等区域性市场。其经营的商品，种类繁多，包括粮食业、蚕丝丝绸业、棉花布匹业、染料业、木材业、粮食加工业、典当业、花木果品业、药材业、皮张业、盐业、山地海货业、瓷器业、纸张书籍业的商品在内，其经营的优势产业为粮食业、布帛业、染料业、粮食加工等与百姓民人日常生活密切相关的商品，在经营活动上，洞庭商帮更有其自身的特点：一是"任时而知物，笼万货之情"，在经营上关注市情行情变化的信息，然后"权轻重而取予之"②。足见其经营眼光与理念的独到。二是在不同商品的营销上，主张"变以因时"③，方能适销对路。三是销售上要求"得微息辄出"，即薄利多销，以达"运输转无留货"加速资金流转，以实现"获利恒倍"④之目的。四是善售贵良之高货，以获取数倍之义利。五是经营理念上，力践优礼待客、顾客不分贫富一样应酬、应市而变等信条⑤。

其八，江右商帮与经营风尚。江右商帮系指江西商人集团而言，因明清时期，江西又称"江右"，故江西商人通称"江右商"或"江右商帮"。在商贸活动区域上，江右商帮主要在西南的云南、贵州、四川三省地区；华中的湖南、湖北地区；东部的福建、广东、浙江、江苏地区；京师及北方数省区域；辽东等边境地区；海外市场等区域内，进行频繁的商贸活动。在营运的行业与商品上，江右商帮所营，种类甚多，其中有粮食业、茶业、瓷业、纸业、布业、木材、烟草业、靛业、药材业、盐业、典当质押业、书业、杂货业等，其中，诸多商品为江西所产名优品类，故在销售上独占优势。在经营方式上，江右商帮的特点：一是商人来源多元化，有家贫服贾者，亦有弃儒经商者，更有子承父业者，因人因时因势而异。二是经营方式颇具灵活性，如小商帮有以家族为主体者，亦有个体商贩的"共利"临时结合体，更有以一个、几个同乡或同宗

---

① 张海鹏、张海瀛主编：《中国十大商帮》，"福建商帮"部分。
② 乾隆《消夏湾徐氏宗谱》卷四，《徐府君子开传》。
③ 汪琬：《尧峰文钞》卷十六，《观涛翁墓志铭》。
④ 吴伟业：《梅村家藏稿》卷四十七，《太仆寺少卿席宁侯墓志铭》。
⑤ 张海鹏、张海瀛主编：《中国十大商帮》，"洞庭商帮"部分。

为纽带的地域性商人集团,进行垄断经营者等。三是注重"商德"、"信誉"的建设,以知足常乐、能聚能散为信条①。

其九,龙游商帮与经营风尚。龙游县位于浙江西南,属衢州府,该地自古向有营商的传统,清时此风达到鼎盛,进而形成以龙游县商人为主体,括含该府属西安、常山、开化、江山、龙游五县商人在内的"龙游商帮"。在经营活动范围上,龙游商帮主要从事长途贩销活动以谋利,故其足迹遍及全国,却以占领西南、西北边远省份市场为特色,"以其所有,易其所无",借此营销而竞存,更为沟通和繁荣东南与西南、西北地区的商贸物资交流作出了贡献。其经营的商行,主要有纸商、竹木茶油漆等山货商、药商、书商、珠宝商、丝绸商、海商等,尤其在纸、书、珠宝行业经营中,龙游商帮占有重要地位。在经营理念和活动上,龙游商帮更具自身特色:一是"产""商"结合,以商促产。龙游商人获利后,将利润投资于产业,如投资于矿冶业的经营、投资于造纸业的经营等,促进了这些手工产业的发展。二是经营上,带有综合商人的特色,但又有重点经营商品,使之获利面更宽更广。三是在龙游县境,遍布徽商、闽商、江右商帮的经营足迹,这又加速了龙游商人与外地商帮的交流,同时,外地商帮的定居,更促进其共存与共融,优势互补,能够获的更大的利润②。

其十,徽州商帮与经营风尚。徽州商帮又称"徽商",它是由安徽徽州府籍的商人组成的庞大商人集团。这个商帮活跃于大江南北、黄河两岸,当时民间有"无徽不成镇"的说法,足见其实力之大,经营活动之广。在商贸活动区域上,徽商的经营活动,在苏浙的大城市如扬州、南京、苏州、杭州等地,其盐商、木商、典商、粮商、丝绸商、布商、颜料商,实力颇大,乃至在一些如仁和、平湖、南翔等县镇上,也有徽州商帮经营的店铺;至于长江沿岸、南北大运河沿线、江西、福建、广东等地域,更是徽商经营的重要市场。在营销的商品与经营的行业上,徽州商帮所营,几乎遍及百业千行之多,但主要经营的行业为盐业、粮食业、布业、茶叶业、木材业、典当业、刻书业、制墨业、制药业等,在经营理念与管理上,徽商更独辟蹊径,颇具实力:一为经营资本雄厚,世代经营,在各地市场上形成强大商业实力。二为市场营销,信守以诚待人、以信接物、以义为利、仁心为质等传统商业道德,故能持久地占领市场,赢得顾客。三是借助宗族宗法势力,建立商业垄断、开展商贸竞争、控制从商伙计等③。此种手段,虽在一定条件与时代背景下,收获显著,但随着近代商业资本

---

① 张海鹏、张海瀛主编:《中国十大商帮》,"江右商帮"部分。
② 张海鹏、张海瀛主编:《中国十大商帮》,"龙游商帮"部分。
③ 张海鹏、张海瀛主编:《中国十大商帮》,"徽州商帮"部分。

的到来，此举所导致的经营手段的僵化、奢侈性消费的大增、封建政治性消费（如建祠堂、修坟建墓、叙族谱、置族田、办书院义学）的过度支出、遗产的均分，加之帝王、官府对徽商的额外盘剥加重，则成为导致徽商迅速衰落的重要原因。

（二）风尚特色：官商合流，利益分享

清代官商互为依托，通过商人进行某些特定商品的垄断性经营获利后再进行利益分享，是商贸经营活动中的一个突出特点。清代皇室内务府就通过向商人集团发放高额息银的"官帑"银两，对其营商提供资本支持；同时，封建皇室与朝廷又特许商人对食盐等商品进行专贩专营，以获垄断性利润，在获利后，商人对皇室官府效纳、捐银，以表忠心与回报，承受其沉重的额外盘剥与勒索。

其一，逢军需、河工、灾赈，盐商捐银。这种巨额捐银，以两淮盐商居多。"盐商夙号殷富，而两淮尤为天下甲。当乾嘉盛时，凡有大工大役，靡不输将巨款，以得邀赏以为荣。及乎清季，司农仰屋，动指商捐。加以水旱遍灾，何岁蔑有。指困助桀，几无已时。而商力亦告疲矣。"①"遇军需，各商报效之例，肇于雍正年。芦商捐银十万两。嗣乾隆中，金川两次用兵，西域荡平，伊犁屯田，平定台匪，后藏用兵，及嘉庆初，川楚之乱，淮、浙、芦、东各商所捐，自数十百万，以至八百万，通计不下三千万。"② 甚至连乾隆帝也认为是"皆穷商"③的山西河东商人，他们对乾隆帝的捐银也不敢稍加怠慢。乾隆五十三年正月，河东商人尉世隆、王恒泰等，因"值大兵进剿台匪，尅日荡平"，"情愿公捐银三十万两，以为赏恤，稍抒蚁悃"④。

其二，逢各种庆典，商人报效巨额银两。年节、寿日、庆典，乾隆帝更是名正言顺地要全国各地盐商报效银两，以表忠心与爱戴。乾隆二十六年及三十六年，乾隆帝为其母皇太后做寿时，每次都要两淮、长芦、浙江的盐商来京，装修西华门至西直门地段的景点，耗银数十万两。乾隆五十五年，乾隆帝举行八旬万寿庆典，仍援成例，命将"西华门至西直门仍分为三段，令两淮、长芦、浙江商众来京自行办理点景，以遂其衢歌巷舞之忱"⑤。为办景点和修缮沿街铺面房屋，共耗银三十六万余两。此外，装饰修葺"圆明园宫门并桥座、正大光明、同乐园、舍卫城、绮春园等处，揭瓦粘修油画等项"，用银七万五千余两。以"西直门外石道，皆系皇上万寿庆节，拈香筵宴銮辂经临之地，恭遇普天同

---

① 徐世昌等：《清盐法志》卷一百五十三。
② 赵尔巽等：《清史稿》卷一百二十三，《志》九十七，《食货》四，《盐法》。
③ 档案，《明兴奏为据情代奏吁恳圣恩俯允事》（乾隆五十三年一月二十七日）。
④ 同上。
⑤ 《黑龙江将军衙门档册》。

庆之时，自宜一律修整，以饰观瞻"，仅此修缮工程，又用银二十八万余两①。以上几项工程，需银七十一万五千余两，由盐商以自愿或不自愿的"报效"、"捐纳"形式来实行承包。

其三，乾隆南巡，商人建行宫园林表诚意。乾隆帝南巡，要商人耗资巨万银两，为其建行宫园林，以表效劳或诚心。乾隆帝六次南巡，曾多次"驾幸"扬州，而扬州是当时江南名城，又是商业繁华、两淮盐商和其他商人巨贾荟集之地，乾隆帝要商人们出资在扬州为他建造行宫园林，作为巡幸时休憩游乐之所。

李斗《扬州画舫录》记载：乾隆帝南巡时，扬州富商为乾隆帝建造行宫庭园的商人有黄、江、程、洪、张、汪、周、王、闵、吴、徐、鲍、田、郑、巴、余、罗、尉等十八姓氏，但未确载其名字②。从档案《扬州行宫名胜全图》标列的营建行宫园林商人名字来看，已超过李斗所记，而姓氏却大体相同。据此图标记，扬州行宫共建造宫殿楼廊5154间，亭台196座。楼廊注名为商人建造者160座，未注商人姓名者36座。建造这些豪华的楼廊亭榭，究竟耗费多少资财，至今无法作出精确估计。不难想像仅江南扬州一处，即建造如此之多的宫殿楼廊，而乾隆帝六次南巡所到之处，由商人、官吏出资建造的行宫及其他设施所耗费的资财，给各地造成的沉重负担，由此产生的后果，就可想而知了。

不仅如此，这些行宫修缮完毕后，盐商还得继续解囊购置宫中陈设景物，如高旻寺行宫、天宁寺行宫，商人购置的古玩珍宝、花木竹石不可胜数；平山堂行宫中本无梅花，乾隆帝首次南巡时，盐商耗银植梅万株，专供皇上观赏③。乾隆帝驻跸行宫时，商人进献景点陈设、饮宴、迎送等。各种名目竭"商资"而奉"巡幸"，以献忠忱，以效犬劳，所以乾隆帝在上谕中也说："两淮众商皆未登仕版之人，其承办差务，踊跃急公，宜沛特恩，以示奖励。"于是商人中原有职衔已至三品者，皆加"奉宸院卿"衔，未至三品者加"按察使"衔，其余按其本身职衔加顶戴一级④。在经济上，乾隆帝下令将两淮纲盐在原定成本之外，每引盐加赏十斤。乾隆四十五年、四十七年、四十九年分别免除一些两淮商人的应征额课银两，以示"体恤"⑤。事实上，晋加商人的这些官衔是空头虚衔，所豁免的盐课银数也极其有限，较之他从两淮商人身上额外榨取的巨额银两而言，只是九牛一毛而已。这样，商人所承受的负担日益加重，而最终商人

---

① 《黑龙江将军衙门档册》。
② 李斗：《扬州画舫录》卷一。
③ 《南巡盛典》。
④ 《清高宗实录》卷一千二百〇一，乾隆四十九年三月。
⑤ 《清朝通典》。

"开源节流"乏术,经营维艰,只能将这些负担转嫁给广大盐民,使他们更加困苦不堪,承受愈来愈重的剥削和压迫。

其四,逢万寿庆典,商人纳贡抒忱。乾隆二十六年十一月十五日,皇太后七旬万寿,商人王昌隆、沈异川等,"愿效呼嵩之祝,因抒献曝之忱",献纳白银四万两。因一时难以凑齐,而令商人恳请于商缴堤岸息银内暂行垫解,并分限两年交足归款①。这种暂垫款项、限期归还的做法,当然是为勒索商人而设置的圈套。

其五,发放官帑,对商人高利盘剥。自雍正年间起,内务府每年向商人贷银数百万两,作为周转之资,然后收取高额利息,以盘剥商人,为官帑之利。许多商人由于不堪重利盘剥,往往难以摆脱破产的命运。虽说"各款帑息,始于雍正年间","当领本之初,虽或不无折扣,而尚有现领之银,可资周转。且完息仅止一分,不觉其为累也"②,但结果却是"商力因之疲乏,两淮、河东尤甚"③。

到乾隆时,不仅帑息加重,而且出现商人所借帑本偿清,却还要纳"无本之息"的奇怪现象。以两淮为例,"帑银一项,自乾隆年间至道光六年,历次在京各衙门及外发本共七百八十余万两,每年应完息银七十八万余两",到后来,却出现"此项本银早罄于前人,而代偿利息于此日,系属无本之息,实无著落,不得已摊于通纲带完,俾无著仍归于有著"④。以长芦盐商为例,乾隆四十年九月,"芦商乏本",盐政使西宁奏请借内帑银二十万两,按每月一分起息⑤。乾隆四十一年六月,山东引票各商,赴长芦场配盐,转发州县,"各商运本微薄,交无余资多买",借帑银十五万两,"按月一分生息,遇闰加增,分作十五年带还","每年征本银一万两,随同输息银一并完交"内务府广储司银库,且明令规定"一商亏缺,众商公赔"保结处理办法⑥。帑息之高,条件之苛,商人赔累之重,是常人难以想象的。

(三)风尚演变:洋务实业,求富自强

1840年,鸦片战争后,西方列强用大炮与军舰,轰开了大清帝国的大门,中国遂沦为半殖民地半封建社会。伴之西方列强的大炮军舰而来的,是西方的

---

① 档案,《两广总督李侍尧奏折》,载《上传档》上字51号。
② 《皇朝经世文续编》卷四十五,左宗棠、徐宗幹:《会奏减免兼征帑息疏》。
③ 赵尔巽等:《清史稿》卷一百二十三,《志》九十七,《食货》四,《盐法》。
④ 陶澍:《陶文毅公全集》卷十七,《淮南乙未纲引课仍请分带折子》。
⑤ 档案,《永瑢等奏议为议复长芦盐政西宁代东商请借内帑银两事》(乾隆四十一年六月二日)。
⑥ 同上。

商品狂潮般涌入中国市场，借此掠夺中国的财富资源，挤占中国传统产业与商贸的市场，导致诸多实业与地方商帮的衰落。面对国家社会种种危机的加深，以标榜"求富自强"为目的的洋务派的兴起，则给新的商贸风尚的形成，提供了重要的契机。

洋务派实指清代同治、光绪年间，因主张学习"洋务"，以"自强求富"，兴办"洋务事业"的政治实力集团而言。在实业兴办上，前期以近代军事工业为主，以求"自强"；后期多创办民用企业，以达"求富"之目的。他们在兴办采矿、交通、建材等企业来解决军事能源、运输和建筑材料的同时，还企图通过兴办轻纺工业来求"富"。著名的上海机器布局的最早推动者是湖北候补道彭启智（译音），他在光绪四年（1878）呈直隶总督李鸿章、两江总督沈葆桢的《筹建机器织布局禀》中提出："中国求富之道不外乎两端：外国需要于我们的，我们自行贩运；我们需要于外国的，我们自行制造。各种制造中，最重要的是洋布和洋呢。这两样在外洋都用机器制造。"他"深深感到外洋纺织技艺的精巧，机器运用的灵活。外洋从前织布不及今日的十分之三。但自从新式的织法盛行后，布机骤增百倍。生产愈增，销路愈广；织布愈多，机器愈精；工本既省，盈利益丰"。他认为"机器可以订购，纺织可以学习。只有倡议购机，华人风气便可大开"①。他的建议得到两位总督的批准，翌年，筹建上海机器织布局的工作上马。李鸿章是这个厂的积极支持者和后台老板，他认为："洋布为日用所必需，其价又较土布为廉，民间争相购用，而中国银钱耗入（于）外洋者实已不少"，他设局仿造布匹，是"冀稍分洋商之利"②。

张之洞在广州拟设织布局时，出于同样的目的和动机，他在给皇帝的奏折中说得更透彻："窃自中外通商以来，中国之财溢于外洋者，洋药而外，莫如洋布、洋纱。洋纱缕细且长，织成布幅，广阔较之土布，一匹可抵数匹之用；纺纱、染纱、轧花、提花，悉用机器，一夫可抵百夫之力；工省价廉，销售日广。考之商贸易册，布毛布三项，年盛一年，不惟衣土布者渐稀，即织土布者亦买洋纱充用，光绪十四年销银及将五千万两……是丝、茶本为中国独擅之利，今已成为共分之利；棉、布本为中国自有之利，自有洋布、洋纱，反为外洋独擅之利。耕织交病，民生日蹙，再过十年，何堪设想！今既不能禁其不来，惟有购备机器，纺花织布，自扩其工商之利，以保利权。"在"华民所需外洋之物，必应悉行仿造，虽不尽断来源，亦可渐开风气"的思想指导下，他在湖北创办了一系列民用企业，计有纱、布、丝、麻四局和炼铁厂、针钉厂、造纸厂、制

---

① 孙毓棠编：《中国近代工业史资料》第1辑下册，科学出版社1957年版，第1038页。
② 《李文忠公全集》奏稿，卷四十三，第43页。

革厂、毡呢厂、官砖厂等。

众多的商办工厂也是在这种背景下兴办起来的，如火柴、面粉、造纸、玻璃、制冰、制糖、制药等行业，都有商人在各地设厂。总之，吃、穿、用各方面，哪种洋货走俏，就有人设厂仿造。从李鸿章、张之洞、彭启智等人的言论可以看出：承认西方机器生产效率高、机器制品质量好的事实，促成了中国人从轻视、敌视"奇技淫巧"到争相设厂仿造的心态变化。至于洋货倾销、漏卮日增的逼人形势，则是迫使人们把魏源关于"师夷长技以制夷"的设想付诸实施的重要动因。本地制造的、适应民众消费水平的"仿洋货"的大量生产，为广大民众生活习俗的改革提供了物质基础。舶来品固然有许多优越之处，受到人们的青睐，但大多价格昂贵，一般民众不敢问津。而国货价格相对便宜，那些艳羡洋货而又买不起洋货的民众可以降格以求，他们改变生活方式的愿望在使用仿洋货后得到满足①。

左宗棠兴办洋务时，有一位全力支持他的商人，这就是"红顶商人"胡雪岩。胡曾被鲁迅先生称之为"中国封建社会的最后一位商人"。他能审时度势，因时而变，积极支持参预左宗棠的洋务实业，在经营思想、管理上有所变化。此种典型，是清代后期，即近代商贸风尚演变的缩影。一是协助、赞襄左宗棠于同治五年（1866）创办"福州船政局"，这是中国第一家新式造船企业，也是当时中国最大的船舶修造厂，有开技术风气之先的意义。二是襄助创办甘肃织呢总局，是中国首家机制国货工厂，也是近代洋务运动中最早建立的一家官办轻纺工业企业。目的很明确，一是使"甘人自享其利"，二是为"衣褐远被各省，不仅如上海黄婆（按：指黄道婆）以卉服传之中土为足称也"②。三是协助开凿泾河工程，光绪三年（1877），西北大旱，左宗棠用以工代赈的办法开挖泾河，他委托胡雪岩向德国购买一套挖河用的机器，且雇用几位德国技师为指导。1880年（光绪六年）时，先开凿一条长200里的正渠，后又添购机械与技师，继续完成此河的修凿，此为用西式机器与技师，开凿中国水利工程的始作俑者。

通过协助、参与、襄赞左宗棠办理诸多洋务实业活动，使胡雪岩在经营思想、理财观念与管理上，产生了重大的转变：一是他认为在营商谋利上，洋人亦可大用，但在打交道时，应注意态度与分寸的把握，他说："同洋人做生意，两种态度完全要不得：一则以洋人为野蛮人，茹毛饮血，未经开化。一则见洋人则腿软骨酥，称之为父母大人，拿这两种态度来办洋务，岂有不丧权辱国的

---

① 严昌洪：《中国近代社会风俗史》，浙江人民出版社1992年版，第109—111页。
② 《左文襄公批札》卷七，第23页。

道理?"惟此,他在与洋商为收购中国蚕茧的价格战中,团结中国众商,敢与洋商较量,且利用其弱点,争取到一个合理的价格。凭借势力和智慧,使他在洋商与中商之间,均赢得较好的信誉。二是主张在与洋人竞争中,"要有一颗平常心,正确地看待'洋'字,才能取其精华,去其糟粕,为我所用。洋人也是人,也有缺点,只要抓住其弱点,自然可以与其相争"。在营商贸易中,他利用英国汇丰银行帮办古应春的关系,探知英国经理德麦利在谈判中,流露出急于想在中国打开金融市场而获利的愿望后,通过多次谈判与较量,在帮助左宗棠筹措西征军费上,以谋略先后筹措洋款 1600 万银两以上。三是在与洋商打交道的过程中,参照国内外政府与商人关系处理上的同异态度,使胡雪岩等人在商人的自主意识与争取政治权利等方面,有所觉醒与强化。他说:"洋人做生意,官商一体,他们的官是保护商人的,有困难,官出来挡,有麻烦,官出来料理。""我们的情形就不同了,官不恤商艰,商人也不敢期望官会替我们出面去争斤论两。"对商人地位,他指出:"人家外国人,特别是英国,做生意是第一等人。我们这里呢,士农工商,做生意的,叫啥'四民之末',现在更好了,叫'无商不奸'。"[1] 这些观念的变化,必然影响导致清末商贸风尚的变革:在与中外当权实力较量中,寻求新的生存之路。

六 民间风尚的形成与演变

有清一代,民间社会生活风尚,因社会成员身份、地位、民族的差异而不同,更因时代变迁、社会经济文化的发展演变,呈现出诸多新的特点。清代民间风尚的形成与演变,不仅直接受到整个社会生活演进大背景的制约与作用,而且它在社会生活体系中,还有直接、生动、形象地反映社会兴衰存亡态势走向的"风向标"的功能作用。

(一) 民风由简约向奢侈的演变

自乾隆至嘉庆以后,社会经济的发展、政治的相对稳定、物质与文化社会生活的日趋丰富,在民间社会生活中,由简约而奢侈之风气,逐渐由南向北、自东向西扩散。生活在乾隆、道光年间江苏金匮的清人钱泳在《履园丛话》一书中,描述其亲身经历时说:"余五六岁时,吾乡风俗尚朴素","不论官宦贫富人家子弟,通称某官,有功名乃称相公,中过乡榜者亦称相公,许著绸缎衣服",一般民人终生着布衣为饰。但此后风气开始发生变化,"今隔五十余年,则不论富贵贫贱,在乡在城,男人俱是轻裘,女人俱是锦绣。货物愈贵,而服

---

[1] 史源:《近代商圣胡雪岩叱咤商界的九九个方略》,中国三峡出版社 2000 年版。

饰者愈多，不知其故也"①。民风尚奢不仅表现在衣饰上，更体现在"酒池肉林"的侈宴豪饮中，"今富贵场中及市井暴发之家"，"其暴殄之最甚者，莫过于吴门之戏馆。当开席时，哗然杂逻，上下千百人，一时齐聚，真所谓酒池肉林，饮食如流者也，尤在五、六、七月内天气蒸热之时，虽山珍海味，顷刻变味，随即弃之，至于狗彘不能食。呜呼！暴殄如此，而犹不知惜耶！"② 生活于康熙、乾隆时的江苏昆山人龚炜在《巢林笔谈》中也记载："吴俗奢靡为天下最，日甚一日而不知反，安望家给人足乎？余少时，见士人仅仅穿裘，今则里巷妇孺皆裘矣；大红线顶十得一二，今则十八九矣；家担石之储，耻穿布素矣；团龙立龙之饰，泥金剪金之衣，编户皆之矣。饮馔，则席费千钱而不为丰，长夜流湎而不知醉矣。物愈贵，力愈艰，增华者愈无厌心，其何以堪？"③ 二是表现在民间有权势之人的骄奢习尚之上，《履园丛话》载称："近时俗尚骄奢，挟妓饮酒，殆无虚日。其座旁陪客，或有寒士不能具缠头挥霍于筵前者，谓之镶边酒。"④ 而能挟妓饮酒者，绝非寒士之辈，实乃权势之徒。"长随之多，莫甚于乾嘉两朝；长随之横，亦莫甚于乾嘉两朝。捐官出仕者，有之；穷奢极欲者，有之；傲慢败事者，有之；嫖赌殆尽者，有之；一朝落魄至于冻饿以死者，有之；或人亡家破男盗女娼者，有之。据所见所闻，已不一其人，皆由平生所得多不义之财，民脂民膏也。"⑤ 此乃民间豪富之辈所为，然其对民风的导向与败坏作用，却不可低估。三是民间"斗富"之风的兴盛，"康熙初，有阳山朱鸣虞者，富甲三吴，迁居申衙前，即文定公旧宅。其左邻有吴三桂待卫赵姓者，混名赵虾，豪横无比，常与朱斗富，几优伶之游朱门者，赵必罗致之。时届端阳，若辈先赴赵贺节饮酒，皆留量。赵以银杯自小至大罗列于前，曰：'诸君将往朱氏，吾不强留，请各取杯一饮而去何如？'诸人各取小者立饮，赵令人暗记，笑曰：'此酒是连杯偕送者。'其播弄人如此"。"朱曾于元宵挂珠灯数十盏于门，赵见之愧无以匹，命家人碎之。"⑥ 争奇较胜、斗富竞奢，影响极坏。四是民间通过赛会活动，"竞奢"穷侈，争胜之风，颇为盛行。《巢林笔谈》称："吴俗信巫祝，崇鬼神。每当报赛之期，必极巡游之盛：整齐执事，对对成行；装束官弁，翩翩连骑，金鼓管弦之迭奏，响遏行云；旌旗幢盖之飞扬，辉生皎日。执戈扬盾，还存大傩之风；走狗臂鹰，或寓田猎之意。集金珠以饰阁，结绮彩而为亭。

---

① 钱泳：《履园丛话》卷七，《骄奢》条。
② 同上。
③ 龚炜：《巢林笔谈》卷五，《吴俗奢靡日甚》条。
④ 钱泳：《履园丛话》卷二十一，《笑柄·镶边酒·长随》条。
⑤ 同上。
⑥ 钱泳：《履园丛话》卷一，《旧闻斗富》条。

执香者拜稽于途,带枷者匍匐于道。虽或因俗而各异,莫不穷侈而极观。"① 此书著者龚炜"偶至槎溪,适逢胜今",所见情景却是"创新奇于台阁,探故典于诗章。金华山上,现出富贵神仙;柳市南头,变作繁华世界。陶彭泽之黄花满径,都属宝株;裴晋公之绿野开筵,尽倾珠簇"。为竞奢较胜,还出现"分两社以争胜,致一国之若狂。队仗之鲜华,乃其余事;宝珠之点缀,实是奇观"的浮华景象。这种由统治者倡导、首肯,地方豪绅支持,愚民百姓参预的迎神赛会"奇观",徒耗社会之物力、财力、人力,在"竞奢"穷侈的景观背后,更折射出民风趋尚奢侈、羡慕浮华虚荣的心态。也正是这种有悖于社会经济文化科技发展进步,而有助于封建政权、地方族权与豪绅势力统治强化的政治性消费活动的盛行,及其奢侈性费用支出的庞大,确是民风由简向奢演变的真实写照。

  洋务运动以后,民间风俗完成了从崇尚礼义到崇尚金钱的转变。中国自古以来重农而轻商,贵谷而贱金,农为本富,而商为末富,士大夫耻与商人往来,乾隆初年大学士赵国麟与商人刘藩长联姻,被皇帝斥责为与市井庸人缔结姻亲,其过重大。直到咸丰、同治以前,缙绅之家仍蔑视商贾,《清稗类钞·婚姻类》记载,"至光绪朝,士大夫习闻泰西之重商,官、商始有往来,与为戚友",不像乾隆时会遭非议。洋务官僚"渐知商力浚利源",渐知商人口袋中的金钱对办洋务的重要作用,一改从前士大夫的偏见而采取一些措施笼络商人。于是商人的社会地位有所提高,商人的生活方式和价值观念对社会风气的转移发生了巨大的影响,"曩所谓转移风俗权操于士者,今且为商所攘",社会上商品化的风尚愈演愈盛,报纸也宣传资产阶级功利观:"天下攘攘而往者何也?熙熙而来者又何为?曰为利耳。富者持筹握算,贫者奔走驱驰,何为乎?曰为利耳。泰西之人不惮万里之程,不顾重洋之险,挈妻孥偕朋友来通商于中国,何为乎?曰为利耳。中国之人渡重洋、习西法、购机器、聘教习,不以异言异服为憎,不以非我族类为异,何为乎?曰为利耳。利,时之义大矣……吾茫茫四顾,见四海之大,五洲之众,非利无以行。中外通商以后,凡环附于地球者,无一不互相交易以通有无。当今之天下实为千古未有之利场,当今之人心亦遂为千古未有之利窟。"② 这是儒家"重义轻利"价值观念向资产阶级功利主义价值观转变的信号③。

  (二)民风由淳朴向病态的演变

  鸦片战争,清朝战败求和,伴之西方殖民者大炮军舰鸦片源源不断涌向中

---

① 龚炜:《巢林笔谈》卷二,《赛会奇观》条。
② 《申报》1890年7月23日。
③ 严昌洪:《中国近代风俗史》,第116—117页。

国的城乡,随着民人吸食者日众,身心备受摧残,此为"烟毒"之害。而民风由淳朴而向病态的演变,其诱因与表现则为"嫖习"、"赌风"的泛滥成灾。在黄、赌、毒"三害"泥沙俱下,社会风尚日趋凋蔽,民不聊生;使本已病入膏肓的民风,随社会矛盾的激化和危机的加深,更显回天乏术,江河日下。

1. 烟毒成灾与民风之害

鸦片烟在民间的种植、贩卖以及吸食成风,是鸦片战争后的事情。此时,鸦片不仅来自国外输入(英国鸦片烟商将在印度种植的罂粟制烟土烟膏输入中国),而且因吸食者渐多且成瘾,市场需求量激增,于是国内的云南、浙江、甘肃、福建、广东、安徽、河南等省份,相继大面积种植。其中,浙江台州、宁波、绍兴、严州、温州等地,种植罂粟制出的烟土称作"台浆"①,由鸦片烟土贩子,发售各省;四川种植鸦片制成的烟土为"葵浆"②;云南种植制作者称为"芙蓉膏"。更为可怕的是在广西、云南、贵州等省民田出现"遍栽罂粟"③的景况,在这些地瘠民贫地区,在粮食尚不能果腹的状况下,宝贵的耕地,用来栽植鸦片毒品,聊以为生计,这是害人害己之举,更是鸦片吸食者众,市场需求量大的直接反映。

作为毒品的鸦片烟,吸食者使用后很快会上瘾,吸毒者不仅对其依赖性强,而且更有甚者,它还有麻醉中枢神经、使人精神恍惚,身心受损,健康状况每况愈下,丧失各种劳动与日常生活自理的能力。清人戏作鸦片烟的"烟枪铭"称:"烟枪为烟具之一,吸鸦片烟者以装于斗者也。某尝为作铭,铭云:'酒之余,饭之后,桂之馨,兰之臭,榻上一点灯如豆。短笛舞腔信口吹,可怜人比黄花瘦'。"④人比黄花瘦,是对民间吸食鸦片者"烟鬼"形象的生动描绘。

清末吸食鸦片者不仅数量猛增,更成为民间普遍事象,被称为"洋药","戒烟丸"、"断瘾丸"应运而生。上自王公贵族阔佬,下至挑夫商贩民人,普遍吸食鸦片,成为一种社会"时尚"。清人杨静亭在《都门杂咏》"鸦片"条下称:"阔老曾兴鸦片烟,多年习见不新鲜。于今强作抛砖计,故向人前耸着肩。"⑤李虹若在《朝市丛载》中记述了京师的民风民景:"改呼洋药义何钟?久服翻令体倦慵。闻说当年疗疾病,旧名原是阿芙蓉。"⑥而在"洋药"之外,

---

① 《清宣宗实录》卷一百七十。
② 梁绍壬:《两般秋雨庵随笔》。
③ 《清宣宗实录》卷三百一十七;冯尔康:《清人生活漫步》,中国社会出版社1999年版,第87页。
④ 徐珂:《清稗类钞》第四册,《讥讽类·烟枪铭》。
⑤ 杨静亭:《都门杂咏》,《时尚门·鸦片》。
⑥ 李虹若:《朝市丛载》卷七,《时尚·鸦片烟现名洋药·断瘾丸》条。

更有的炮制出售"断瘾丸"者："街头巷口满粘单，到处皆添断瘾丸。服去若求真效验，除非粒粒是仙丹。"① 即使是仙丹也难戒人间"瘾君子"的鸦片烟恶习，商家只顾营利，至于能否断瘾只能听天由命了。

更有甚者，清政府一方面发布禁烟令，另一方面又发售"烟票"，吸食者凭票限量购买吸食，不仅禁烟令为一纸空文，而且"烟票"满天飞，对政府禁烟是一个莫大的讽刺。宣统时兰陵忧患生在《京华百二竹枝词》中记载："禁烟雷厉与风行，遥想前途感不胜。恃有获符一张纸，行人客店乱开灯。"（禁烟之令，雷厉异常，非领票不得购烟。谁知客店有烟癖者，得此护符，日夜任意吸食，肆无忌惮，已将廉耻羞辱抛于九霄云外②）又，"烟票大都三二钱，如何日夜卧灯边？要须严法除私卖，断绝根株第一篇"（常见烟票，多则三钱二钱，少则一钱五分；而烟客动至彻夜吸食，不知区区之数，何以供其宏量？想必有绝妙法门③）。由此可知，清政府的一纸禁烟令也好，发放烟票也罢，其实是治标之策，鸦片烟毒流害之深，民人吸食之众，民风败坏之速，其颓势已无法逆转了。

2. 嫖习日盛与有伤风化

清代嫖习日盛，使民间丧失淳朴之风，而有伤风化之事则屡屡可见，这是民风由淳转"病"、由盛转败的主要诱因和社会表象之一。

对嫖、赌、吃、著（指科考）四项，清代有识之士认为，是误国误民误家的主要原因之一，他们的共识是"嫖赌吃著四字，人得其一，即可破家，有兼之者，其破更速"④。然而，随着清代社会的风气日益败坏，达官贵人与民间的嫖娼之风，却日盛一日，在江南吴地民风的前后变化，更具典型性："苏州长、元、吴三邑之人习于安逸。王文简公士禛尝哀其俗有三好：斗马吊牌，吃河鲀鱼，敬五通神，虽士大夫不免。""其后则缙绅又有三好：曰穷烹饪，狎优伶，谈骨董。三者精，可抵掌公卿间矣。"⑤ 狎优伶嫖妓女竟有精于此道，在人前夸耀成为谈话资本者，足见嫖习在此地社会生活中日盛的状况了。在京师不仅妓业娼馆发达，有八大胡同的聚集之处；而且士大夫与民间逛妓院嫖娼取乐之辈，亦不乏其人。"晚近士大夫习于声色，群以酒食征逐为乐，而京师尤甚。有好事者赋诗以纪之曰：'六街如砥电灯红，彻夜轮蹄西复东。天乐听完听庆乐，惠丰吃罢吃同丰。衔头尽是郎员主，谈助无非白发中。除却早衙迟画到，闲来只是

---

① 李虹若：《朝市丛载》卷七，《时尚·鸦片烟现名洋药·断瘾丸》条。
② 兰陵忧患生：《京华百二竹枝词》。
③ 同上。
④ 钱泳：《履园丛话》卷二十四，《杂记·四字》条。
⑤ 徐珂：《清稗类钞》第五册，《风俗类·吴俗前后有三好·都人之酒食声色》。

逛胡同.'盖天乐、庆乐为戏园名,惠丰、同丰京馆名,而胡同又为妓馆所在地也."① 可见,"逛胡同"、下妓院,在京师已成为一种社会风尚。

清末,商业繁盛、八方人士麇集的上海,开始成为娼馆妓业兴之旺之地。王韬《淞滨琐话》一书描述:"沪上为繁华渊薮,城外环马场一带,杰阁层楼",每至夕照将浮沉时,妓女晚妆甫罢,便会出现"车流水,马游龙;以遨游乎申园西园之间。逮乎灯火星繁,笙歌雷沸,酒肴浓于雾沛,麝兰溢而香霏"的"盛况"。而"当斯时也,其乐何极。于中绮罗结队,粉黛成云,莫不尽态极妍,逞娇斗媚,皆自以为姿堪绝世,笑可倾城。盖偻指计之,其拔艳帜而饮芳名者,固不知其凡几矣"②。这种病态的繁华,正是嫖习日盛的真实反映。另一位清人王鲇生在《海陬冶游录》一书中,也对上海的娼业有形象的描述:"沪上一隅之地,靡丽纷华,甲于天下。"不仅"花为世界,月作楼台,香车宝马,门外尘生",而且"脆管繁弦,座中春满,征歌斗酒,自夜向晨",好一派灯火红酒绿、寻欢人作乐的畸形春馆气象。于是妓院由城内而达于城外,被称为"勾栏"的娼馆出现"益众"之势。咸丰三年(1853)以前,上海的"勾栏俱在城中",此后渐移至城外,"环马城既建,闤闠日盛,层楼复阁,金碧巍焕,又得名花以点缀其间,于是趋之者如鹜"③。妓业之盛与嫖娼之习的泛滥之广,于此可见一斑。

面对嫖习日盛、世风日下的状况,商贾趁机打起营利谋财的主意,一是炮制出使少男少女与嫖客催生发性的"春方药";二是在市场上出售"打胎药"、"化胎方",人们争相竞购,成为清末京师社会"时尚"的一大景观。《朝市丛载》描述说,"春方药""遍城贴报作生涯,年少多情意太痴。若久服来腰蓄热,恐将搭背发难医。""打胎药""近来药室更胡为,包打生胎法自奇。服下果然离母腹,闺房暧昧更谁知。""化胎方""票粘巷口费心裁,传出奇方是化胎。若辈那知阴骘事,循环报应暗中来。"④ 其中,"遍城贴报"、"票粘巷口"说明商家宣传之广,人们对此习以为常、已成为不争的事实,而市场需求之大,则说明民间嫖习日盛、世风颓败不堪,确实到了人心不古,物欲横流的膏肓地步了。

3. 赌风趋炽与危害之烈

清代民间社会生活风尚演变中,赌风趋炽成为一大公害和社会痼疾。其一,赌风趋炽,技法翻新。钱泳生活在乾嘉道时期,他记述亲闻亲历:"近时俗尚叶子戏,名曰马吊碰和,又有骰子之戏,曰赶洋跳猴。掷状元,牙牌之戏,曰打

---

① 徐珂:《清稗类钞》第五册,《风俗类·吴俗前后有三好·都人之酒食声色》。
② 王韬:《淞滨琐话》卷七,《谈艳上》。
③ 徐君、杨海:《妓女史》,上海文艺出版社1995年版。
④ 李虹若:《朝市丛载》卷七,《时尚·春药·打胎药·化胎方》条。

天九斗狮虎,以及压宝摇摊诸名色,皆赌也。"在花样翻新的赌技演化之时,赌徒的队伍亦在扩大,"上自公卿大夫,下至编氓徒隶,以及绣房闺阁之人,莫不好赌者。按诸律例,凡赌博,不分军民,俱枷号两个月,杖一百;偶然会聚开场窝赌及存留之人抽头无多者,各枷号三个月,杖一百;官员有犯者,革职枷责,不准收赎,若是其严也。余尝论女子小人,未尝读书识义理,犯之有也。若公卿大夫,受国重寄,食禄千钟,不以致君泽民为心,而以草窃狗偷为事,亦终日屹屹,彼此较量,而斯民号呼门外,拘候堂皇,愁怨难伸,饥寒交迫者,不知凡几,而皆不之省,斯人也,大约另具一种心肝者耶"①。虽有严法峻律,然赌风仍不能禁者,关键在公卿大夫的官员们独好此道,置民人生死、政事公务于不顾,终日嗜赌如故,民间上行下效,赌风更难禁绝。

其二,沉湎赌事,积习难改。赌风不仅在城乡随处可见,而且民人多有沉湎于赌事而积习难改之事,屡有发生,成为严重的社会问题。清人龚炜在《巢林笔谈》中说:"赌博之风,莫甚于今日。闾巷小人无论已;衣冠之族,以之破产失业,其甚至于丧身者,指不胜屈。"生活在康雍乾时期的他,对此深有感触,他说:"数年前陇西有仆马遵者,身受赌害,抽刀断一指自誓,于是观者失色,尽谓其能痛改矣;乃左创未愈,而右执叶子如初。"②劣习依旧,赌瘾难除。

其三,心成病态,图财博拼。清后期,赌风趋炽而势头难遏,民人心存侥幸,希冀豪赌一夜致富者,不在少数。故在民间赌场中,流行着"拼得自己赢得他人"的说法,"拼"的赌资虽各不相同,但能"赢得他人"者却多是一相情愿,而"如愿者少"。对此,清人的剖析,最为直切,认为"赌钱情极荒唐,而资本须有实际。赢者若干,输者若干,交兑匹敌"。真可谓"当场伸出无情手,入局难容乏钞人"。就心态而论,"赌钱心最私,而通身之归结却公。赢者不必定尖巧之人,输者不必尽愚顽之辈,总是同归于尽。千金孤注浑闲事,一掷当场若有神。故此拼得自己钱帛,方赢得他人钱帛,黄昏散得三千贯,白日能收一万缗"。在赌资上,有的"拼得自己田地",希图"赢得他人田地,寻思吐手连阡陌,难免回身少立锥";有的"拼得自己房屋",企图"赢得他人房屋,春莺欲唪迁金谷,社燕偷窥入画堂",有的更"拼得自己妻女",妄图"赢得他人妻女,欲求美妾归罗帐,忍使山妻过别船"。结果"况拼得自己,如吾愿者多;赢得他人,如吾愿者少"。只落得"玉碎山头多是现,金生水底尽成沙"③的噩梦一场空结局。

---

① 钱泳:《履园丛话》卷二十一,《笑柄·赌》条。
② 龚炜:《巢林笔谈》卷四,《赌风》条。
③ 王有光:《吴下谚联》卷二,《拼得自己赢得他人》条。

其四，禁赌否议，颓风难遏。光绪、宣统时，腐朽的清政府迫于国内外的压力与形势，实施所谓的"新政"，在各省设立所谓谘议局，以为筹备立宪而设。宣统元年（1909）九月开始在各省陆续成立，为各省采择舆论之所，更以指陈通省利病，筹计地方治安为宗旨。但在江苏此局设立伊始，却出现禁赌议案被否决的闹剧性一幕，据载："江苏谘议局开幕前，讨论会场礼节，有谓须衣外褂者，有谓须衣方马褂加一大帽者，争辩颇久。及开局，副议长提出议案，有禁止雀牌一条，嗣因各议员反对而止。有人集此二事，作联嘲之曰：'雀牌议案不须提，赌鬼颜欢，有教育界法律家数十人竭力维持，从此空劳禁止；马褂问题何日决，旁观齿冷，费谘议局筹办处一二日悉心探讨，临时仍复参差'。"① 副议长提出的禁赌议案，却被教育法律专家的议员们否决，一则表明他们自身即是嗜赌好赌博者，二则更证明此时在全社会嗜赌好赌早已泛滥成灾，民间更是颓风难遏。

（三）民风由崇洋向时尚的演变

清末，随着出国留学生相继出洋与归国，他们将"洋习"、"洋风"、"洋腔"带回国内，很多人争相模仿，并以此为荣；另一方面，随着洋货的大量涌入、洋商在中国市场经营面的扩大，东南沿海地区与京师一带，城市民人以争用"洋货"为时尚。这种民风的演变，在光绪、宣统时达于极盛。

1. 留学生以"崇洋"、"仿洋"为荣

光绪中叶，诸多出国留洋的留学生归国后，将国外的生活方式带回国内，且在服饰、语言上，以崇洋、仿洋为荣事，这使民人社会生活中，呈现出某些"不中不西"的奇特景观，更为民风的演变起着催化作用。其一，留学生"皆服外国之服"。"光绪中叶以后，出洋留学者日多，以我国衣冠之为外人所揶揄也，皆改西装，及归，亦沿用之。于是凡在都会及通商口岸之少年，以为是固学生之标识，足以夸耀乡里也，乃相率仿效。顽固党见而大愤，恶其服外国之服，加以诮让。"② 可见，归国学子不仅以穿西服为荣，而且都市中的少年之辈争相效仿，以夸耀于乡里，故其对民风变革有着某种"导向"的功能与作用。

其二，留学生换新腔成"新人物"。清末时人作诗，描述"新人物"称："有人作赠新人物诗者，竭意描摹，寓规于讽"。其咏学界者，有"教习"、"学生"、"出洋学生"三题。"教习"诗为："自道东瀛留学归，图谋聊借一枝栖。如今不说之乎者，换了新腔萨西司。"咏"学生"诗为："不是从前酸秀才，学堂毕业气雄哉。文凭一纸非容易，辛苦三年骗得来。"描绘"出洋学生"诗为：

---

① 徐珂：《清稗类钞》第四册，《讥讽类·赌鬼颜欢》条。
② 徐珂：《清稗类钞》第四册，《讥讽类·皆服外国之服》条。

"一岁千金价不低，只因费重总难弥。单言衣服须双套，一套华装一套西。"① 因他们在语言上倡导白话，开一代新风，同时，又带回诸多新名词、新科学、新思想、新观念，使人耳目一新，故青少年争趋效尤。他们将"日本移译之新名词流入中土，年少自喜者辄以之相夸，开口便是，下笔即来，实文章之革命军也"。当时有人曾对此新风作诗几首以讽喻：一为"处处皆团体，人人有脑筋。保全真目的，思想好精神。势力圈诚大，中心点最深。出门呼以太，何处定方针"。二为"短衣随彼得，扁帽学卢梭。想设欢迎会，先开预备科。舞台新政府，学界老虔婆。乱拍维新掌，齐听进步歌"。三为"欧风兼美雨，过渡到东方。脑蒂渐开化，眼廉初改良。个人宁腐败，全体要横强。料理支那事，酣眠大剧场"②。诗虽白描讥讽，却道出了人们争学新词的民风新潮真情。

2. 民人以争用"洋货"为时尚

清末"洋货"舶来品通过通商口岸与沿海城市，源源不断地输入中国各地市场，在 19 世纪 60 年代以前，一般的洋货价钱都还比较贵，人们只是视其为新奇的异域特产，而非日常生活用品。因此，在人们眼中，西洋奇货被视为稀少贵重之物，以致"洋"字成了指称重物品的时髦名词。有人记述道光、咸丰年间的这种风气道："凡物之极贵重者，皆谓洋：重楼曰洋楼，彩轿曰洋轿，衣有洋绉，帽有洋筩，挂灯曰洋灯，火锅名为洋锅，细布至于酱油之佳者亦名洋秋油，颜料之鲜明者亦呼洋红洋绿。大江南北，莫不以洋为尚。"③ 到光绪、宣统年间，不仅使用洋货，而且到后来，使民风演变为以争用"洋货"为时尚。

光绪年间寓居北京的清人李虹若将亲眼目睹诸事，写成《朝市丛载》一书，所列"时尚"条目中，即有不少市民争用"洋货"的描述，一为印花洋布："印花洋布制精奇，颜色鲜明价又低。可惜一冬穿未罢，浑身如蒜拌茄泥。"二为洋镶鞋："穿鞋何必效轻狂，男子风流大反常。到处不分人贵贱，居然足下是洋镶。"三为洋料眼镜："玻璃眼镜最为高，作阔由来是富豪。晌午却难扬面走，阳光生光燎眉毛。"四为火轮船："报单新到火轮船，昼夜能行几千。多少官商来往便，快如飞鸟过云天。"五为洋取灯（即洋火柴）："纤纤寸木药硝粘，引得灯光胜火镰。莫怪粹奴夸利用，缘他工省价还廉。"六为电路："百尺高竿竖道边，千里邮音片刻传。若使中间铜线断，机关虽密亦徒然。"④ 这些"洋货"

---

① 徐珂：《清稗类钞》第四册，《讥讽类·赠新人物诗·新名词入诗》条。
② 同上。
③ 陈作霖：《炳烛里谈》。
④ 李虹若：《朝市丛载》卷七，《都门吟咏·服用·时尚》条。

或因物美,或因给人们生活带来便捷,或因新奇,而受到民人的青睐。

到宣统时,民人争用洋货为时尚,势头更为强劲,对此,宣统时人的竹枝词,有详尽的描述:一是京师民人争往洋货场与游乐场,《竹枝词》称:"万种华洋货物储,打球更有乐轩渠。青云阁额辉煌甚,又见诗荪颜体书。"(青云阁萃集华泽各物,并设打球场,游人极众)二是争仿外洋开设银行:"但于国计民生便,善法何嫌仿外洋。储蓄交通均有益,巍然开设几银行。"(外洋开设银行,动有千万处,俾财币流通,一无滞碍。吾中国有鉴于此,已在京设立多处,楼房高耸,门面辉煌。于国计民生,指日定见大有裨益)三是经营洋货而生意兴隆:"七十老翁姜赞堂,广罗佳纸自西洋。兴隆街里兴隆象,发达生意敬记庄。"(山西七十老翁姜赞堂,开敬记纸庄于前门外兴隆街,采运泰西各国名厂诸色纸张,廉价出售,华人用之,颇为合宜,翁亦遂获厚利。翁可谓深明经济,而兼具热心者与)① 四是城市富家翁及子弟乘以火车出游,其景观为:"入门下马气如虹,水远山长处处通。更有花车如锦阁,专门载去富家翁。"当然,乘火车以代步者,还多为民人商贾之辈,均称便捷。五是部分市民用上自来水,其景观为:"城北方塘一鑑开,千万龙蛇地下排。问渠那得清如许?谓有源头活水来。"六是电话传入中国,京师贵胄之辈争相使用,其景象为:"十叩柴扉九不开,千呼万唤始出来。诸君莫笑唐诗巧,电线而今为发财。"七是电灯夜明街道,行人指点乐道其便,其情景为:"大地茫茫日暮时,鲁阳指日日仍驰。菩提揭起千方火,指点人间过客癡。"八是汽笛声声,人习为常,且较晨钟暮鼓为胜,其景象为:"天外飞来风鹤声,人间听惯不须惊,晨钟暮鼓差相似,城里黄粱总未醒。"② 这些"竹枝词"源自当时民间谚语,更来自生活,虽经文人墨客加工整理,使之工巧对仗有韵,然其内容是真实的,用语也颇生动。因此,它惟妙惟肖地点画出清末都市民人对物美价廉、使用便捷的"洋货"、"洋物"、"洋技"的争用和喜爱,虽然就民间社会生活的总体而言,市民大都还是按传统方式生活劳作,但上述新物新景的出现,与传统生活习尚形成鲜明对照和较大反差,使久为封闭的民人百姓颇感好奇,唤起他们的慕新欲望,于是有人敢为先之后,确实真切感受到了它的益处和便捷,一传十,十传百,其结果导致出现民人以争用"洋货"为时尚,以及消费观念的转变,这是清末民间社会生活风尚发生巨大演变的先兆,预示着社会大变革的时代即将来临。

(四)民风由沿习向革陋的演变

面对清代中叶至末年,诸多地区民人相沿成俗,愈演愈烈的诸多恶习陋俗,

---

① 兰陵忧患生:《京华百二竹枝词》。
② 吾庐孺:《京华慷慨竹枝词》,《火车·自来水·电话·电灯·汽笛》条。

如出会恶俗、丧葬竞奢、邻友不睦等事象百态，一些有识之士，不仅大声疾呼予以口诛笔伐，而且提出革除这些陋习恶俗，以淳风化与正民心的举措。

其一，赛会埋弊，理应禁革。清代江南一带民间，有迎神赛会"出会"的恶俗，劳民伤财，而且使风俗败坏，江阴有识之士李明经（见田），指斥"赛会十弊"，他认为，此恶尚既"侮弄神明，叫嚣乡里"，更"妄违礼法，败坏风俗"，力主禁革：

一弊为"渎鬼神"，赛会"不过借人之钱财，供会首之醉饱，愚民不知其故，遂从而和之，一时成俗，百弊从生"。二弊为"乱法度"，出会祭祀时"名爵既别，尊卑无序，古今倒置，仪仗各殊，即所谓淫祠也。而僧道借以弄钱，妇女因之游玩"。三弊为"耗财用"，景况为"一方赛会，万户供张，竟有勉强支持，百端借贷而入会者，亦有典衣粜米，百孔千创而入会者，以有限之钱财，为无益之费用，至于债不得偿，租不得还，冻饿穷愁而不自知者"甚众。四弊为"误本业"，无论城乡"城市之民，俱有其业；乡曲之民，各有其事，民以勤俭为本，安有空闲时耶？且赛会皆在三春，既失其时，又失其业，吾实不知其肺腑，且试问此等事为名利乎？为衣食乎"？五弊为"混男妇"，凡乡城有盛会，"观者如山，妇女焉得不出。妇女既多，则轻薄少年逐队随行，焉得不看。趁游人之如沸，揽芳泽于咫尺，看回头一笑，便错认有情；听娇语数声，则神魂若失。甚至同船唤渡，舟覆人亡，挨跻翻舆，鬓蓬钗堕，伤风败俗，莫此为甚"。六弊为"煽火烛"，无论在城在乡，"迎神之日，灯烛辉煌，香烟缭绕，茶坊酒肆，柴火熏天。更有扎彩灯出夜会者，亦有敛民钱放烟火者，设有不虞，难于扑救，奸民亦乘机抢夺，遂不可问"。七弊为"兴赌博"，赛会人杂，"易于聚赌，摇摊押宝，纷纷而来。或输钱已竭，尚求亡羊于无何有之乡，或借贷无门。陷此身于不可知之地，剥衣而去，攘臂而来，贻祸地方，不知所止"。八弊为"聚打降"，乡曲狂徒，"市中匪类，平时聚饮，三三两两，尚多相打相击之事。况赛会人众，千百为群，遇店行沽，逢场入局，一撄忿怒，便逞横凶，或莫与解纷，即酿成命案"。九弊为"招盗贼"，异方匪类，"混迹人丛，稽察綦难，穿窬甚便。日间以热闹尽欢，夜静而熟眠失窃，富者金帛霎时俱罄，贫人米粟一扫而空，至于觅贼追赃，计已晚矣"。十弊为"坏风俗"，人本质朴，"因出会而多置衣裳，家本贫穷，因出会而多生费用。甚至在城在乡，俱崇华美，大街小巷，迎接亲朋，使斯民咸入豪奢，而风俗因之败坏"①。

他认为，每年三春在城乡举行的迎神赛会，贻误农时生产，耽误本业，耗

---

① 钱泳：《履园丛话》卷二十一，《笑柄·恶俗·出会》条。

费财物，更是赌博、打斗、盗贼活动猖獗的最佳场所，不仅不利于民风的淳朴，而且往往泥沙俱下，具有破坏性作用，故称"恶俗"，理当禁革和取缔。这种主张和见解，反映了当时社会上一股要求革除时弊与恶俗势力的愿望，值得注意和肯定。

其二，丧葬竞奢，俗不可从。道光时人李光庭，故乡在直隶宝坻，风俗与京师颇多相通之处，他在追忆故乡与北方一带七十年间的乡风俗时，对当时盛行的奢靡之风，持否定态度。尤其对农村乡间民人，即使负债，亦要借大办丧事而竞奢的劣俗，予以揭露，他在《乡言解颐》"丧祭"条记载，林亭离城四十里，是为乡间，而在丧祭时为竞奢，有诸多"非礼"、"非情"之处，且有"不可从"之习与可应减免之"陋习"。

一是"非礼"之习。民人丧祭时，"客来若不接出大门，则客立而不入，自外至内，俱有人迎候；来吊客吊后走去，临食时，多人分头去请，来则鼓乐迎之，上席奏曲侑之，散乃吹打送之"。故此，有人作《西江月》称："盼得一声告奠，快把地方先占。三百铜钱小分资，落得长吞大咽。吹吹打打笙歌，整整齐齐席面。孝子一遍谢不周，还说将他怠慢。"此种"以素服哀吊之日，而乐酒醴笙簧"的习尚，实为"非礼"败俗之举。二是"非情"之习。乡民丧祭时，"以衰麻可矜之人，而责其跪拜礼数，实为"非情也"。三是"不可从"之习。民间丧事有数端"民不可从者"，如"亲死之日，即倩僧道念倒头经，逢七念经，送三、送殡用僧道鼓吹，必不可从一也"；送三之夕，"妇女步行送灵牌至五道庙，必不可从二也"；入殓择时，"不与化命相冲便是，必请阴阳定时，虽暑月亦不敢违，及出殡、回煞等说，必不可从三也"。四是"可从减免"之习。有数种可或减或免，如"送三之夕"，不必街上设位行礼；"逢七只可家祭"，不受外礼。又如，"开吊一日"，除远亲外，本镇远近朋情，俱不送讣，不受礼，不备席。再如，"清明、除夕之祭"，酌可五簋、八簋，其余时节及忌辰，酌可三簋、五簋①。

对这些非礼、非情、不可从之"陋习"，李氏主张应"群起而攻之"，使之革除；同时，对一些耗时费财的礼仪，则应大力减免，务从其简约，而不必负债竞奢，以"徒悦他人之耳目"，满足其虚荣之心，这样做也"无以安地下之亲心"②。更为难能可贵者，他以年迈之身，告诫后人子孙，身后之事不仅以简约为"圭臬"③，还应以此为鉴戒，此可视为切中"陋习"要害的真切、务实

---

① 李光庭：《乡言解颐》卷三，《人部·丧祭》条。
② 同上。
③ 同上。

之论。

其三，邻友不睦，理当鉴诫。清代中后期，随着社会的发展变迁，世风日下，民心躁动，加之奸诈之徒的拨弄、刁顽之辈的无理取闹，使得诸多地方原本淳朴的民风、相睦相敬的邻里与亲友关系，多所不睦与嫌隙。目睹此类变故，生活在康雍乾"盛世"时代的江苏昆山人龚炜在《巢林笔谈》提出正人心、淳风俗，为避免邻友不睦、争起事端的"十二戒"，以告诫后人：

一戒人漫插离间骨肉之语，如"逢人骨肉之慇，而漫插一语，缘以增怨增嫌，衅不自我，而隙深由我"，故当诫革。二戒人戏传儿女私情之事，如"闻人闺闱之私，而微逗片言，以至传一传十，谤不自我，而声溢由我"，故当诫革。三戒人拨弄词讼损人之事，如"见人词讼，而稍参末议，虑非不周也，而此之得计，何以处彼？有阴受其祸者"，故当诫革。四戒人胡议价毁交易之事，如"见人交易，而偶谈价值，意非不公也，而卖者之情急于买者，有难言之隐焉"，故当诫革。五戒人背后揭人文短之事，如"文字之工拙何常，瞥见而转述其短，至造就改观，而名犹锢于前诋，为害岂浅乎"？故当诫革。六戒人众人之前嘲人丑陋之事，如"赋形之妍媸何别，当前而戏嘲其丑，倘采择有人，而事或偾于偶绰，抱憾何穷乎"？故当诫革。七戒人广众攻人破绽之事，如"高谈雄辩之余，不检者容有失误，而于广众中攻其破绽，使人神蕠而形茹"，故当诫革。八戒人交游场中伤情之事，如"交游声气之场，务名者岂无过情，而于谈谐间证其伪假，使人声销而价减"，故当诫革。九戒人失语而折人生路之事，如"人以无能滥竽，正欲借人包荒，而或出一精察之语，使彼无可容身"，故当诫革。十戒人诋言而断人乞食路之事，如"民以末技丐食，亦属无计谋生，而或沮以老成之说，使彼缺一饱饭"，故当诫革。十一戒人戏弄轻浮之言失长厚之事，如"谑言即不为虐，而轻浮失其长厚，终非积德之源"，故当诫革。十二戒人绮语挑逗导人心邪之事，如"绮语非不怡情，而心态缘以沉迷，即为导邪之路"①，故当诫革。

前述十二戒事中，虽不无息事宁人、明哲保身的消极之举，但更多的还是寓有严于律己、宽以待人，更责损人利己行为的积极意义，故对"人心风俗之厚薄"②，确有鉴诫兴革的首倡作用。

清代中后期，移风易俗、革除陋习的呼声表明，清代民间社会风尚的演进变化中，随俗沿习仍占大多数，但也不乏革故鼎新的呼声与主张，如资产阶级革命派和具有革命倾向的爱国知识分子鉴于群众不觉醒，借鉴"法国革命军之

---

① 龚炜：《巢林笔谈》，《续编》卷下，《十二戒》条。
② 同上。

健将"伏尔泰在革命前"先著风俗论为同胞说法"的经验,"先下手于社会学","以叫醒同胞之昏睡自任",在宣传教育方面做了大量的工作。在革命派办的刊物中,有些直接把移风易俗作为刊物宗旨之一。如《二十世纪大舞台》明确提出以"改革恶俗,开通民智,提倡民族主义,唤起国家思想"为目的①。创刊者认为"天下之祸亟矣,师儒之化导既不见为功,乡约之奉行又历久生厌,惟兹新戏最洽人情,易俗移风,于是焉在,庶几哉!一唱百和,大声疾呼,其于治也,殆庶几乎"②!当时一些先进分子也认为:以西洋各国的情况看,演戏和"一国的风俗教化极有关系"③。四川留日学生办的《鹃声》希望看报的人"把四川人的风俗习惯改良起来"④。《中国新女界杂志》以"改良积俗,造就国民"为宗旨⑤。《夏声》自称"以开通风气,湔除敝俗,灌输最新学说,发挥固有文明,以鼓舞国民精神为宗旨"⑥。《岭南白话报》所揭橥的办报宗旨为"讲公理,正言论,改良风俗"⑦。同时,各种出版物连篇累牍地发表宣传移风易俗的文章。其内容可概括为:

其一,关于改良社会风气,振奋民族精神的论述。革命派认为,"一国有一国之风气",一个民族如果缺乏奋发的精神,一个国家如果缺少了一种向上的生气,就会丧失立于世界民族之林的能力。《江苏》杂志上一篇论《国民新灵魂》的文章指出:"吾国民之魂,乃不可得而问矣。梦魇于官,辞吃于财,病缠于烟,魔着于色,寒噤于鬼,热狂于博,涕縻于游,店作于战,种种灵魂,不可思议。"⑧这就是说,当时社会风气是普遍地追求升官或发财,热衷于鸦片、娼妓、迷信和赌博,不愿远游,不敢战斗。在这种风气之下,人们的"自治力之薄弱也,公德心之缺乏也,共同心之短少也,宗教心之冷淡也"⑨,这样的国民,不可能有国家主人翁的观念,这样的国家,则不足以"生存竞争之世界上"立国。鉴于此,革命派号召人们洗刷奴隶习俗,振作革命精神,改造社会风气,铸造国民新灵魂,铸造中国的新国魂,以便使昏然沉睡的同胞惊觉起来,使孱弱不振的中国强大起来。

其二,关于剪辫易服,反对清朝统治的主张与呼声。革命派认为一个民

---

① 《二十世纪大舞台》招股启事,《辛亥革命前十年间时论选集》第1卷下册,第968页。
② 佩忍(陈去病):《论戏剧之有益》,《二十世纪大舞台》1904年9月第1期。
③ 陈独秀:《论戏曲》,《安徽俗话报》1904年9月第11期。
④ 山河子弟:《说鹃声》,《鹃声》1906年第1期。
⑤ 炼石(燕斌):《中国新女界杂志发刊词》,《中国新女界杂志》1907年2月第1期。
⑥ 《夏声简章》,《夏声》1908年2月第1期。
⑦ 转引自方汉奇《中国近代报刊史》下,山西人民出版社1981年版,第503页。
⑧ 壮游:《国民新灵魂》,《江苏》1903年8月第5期。
⑨ 《民族精神论》,《江苏》1904年2月第8期。

族的冠服徽识，是民族的外部特征之一，常与民族精神相维系，望之而民族观念油然而生。清朝强令汉族和其他民族也剃发蓄辫，着满衣装，是满洲贵族统治集团实行民族压迫政策的罪行之一。《黄帝魂》中有《论发辫原由》一文写道："欲除满清之藩篱，必去满洲之形状，举此累赘恶浊烦恼之物，一朝而除去之，而后彼之政治乃可得而尽革也。"就像清初剃发与否成为归附清朝与否的标志一样，清末剪辫与否，也常常成为人们是否有拥护革命的一种表现，人们往往"以去辫不去辫，为尊王、革命两党之一大标识"①。在留日学生中，蓄辫被视为保守分子的象征，不敢剪辫子不愿被人讥笑的满洲学生便把辫子盘在头顶学帽里，学帽因此耸起而被称为"富士山"。

其三，关于社会陋习的批判。20世纪初年尤以鬼神迷信束缚人们的思想，阻碍社会的进步。资产阶级革命派之所以重视破除迷信的宣传，除了看到鬼神迷信浪费钱财、害人生命（有病不求药而求神、求巫）、阻碍生产力的发展（因信风水而凡开矿、运河、筑铁路之大利皆不能兴）等连封建统治者也认识到的弊害以外，还有更深刻的原因。章炳麟指出："惟神之说，崇奉一尊，则与平等绝远也。欲使众生平等，不得不先破神教。"② 迷信天与鬼神，造成宿命论，不思变革。《无鬼说》一文认为："信鬼神，则舍鬼神以外无崇拜，舍祈祷鬼神以外无事业，责望于偶像者重则所以自待者轻。人心昏昏，国事不理，则……欲无败亡，安可得也。"③ 宗教迷信使人们不能冲决网罗而积极投身革命，《浙江潮》一篇介绍唯物论巨子的文章指出，信教最笃之人民必不能冲决网罗而为一豪举，只有破宗教之迂说，除愚蒙之习见，才能卓然独行，流万人之血而不顾，犯一世之怒而不恤，勇敢地投身到革命运动中来。可见，革命派对鬼神迷信的认识和批判，完全是出于资产阶级民主革命的需要。

当时另一较泛滥的陋习是卖淫嫖娼。近代以来，娼妓业越来越发达，危害也愈来愈大。但禁娼的呼声十分微弱，"政府置之不闻，自无足怪；乃至政论家，说并不一言及之"，而被称为"嫖界指南"的各种青楼文学却泛滥成灾。作为20世纪废娼第一声的《上海之黑暗社会》一书，不仅暴露了娼妓业的黑暗内幕，使人触目惊心，更以推崇社会主义知识平等、贫富平等，娼妓不废自废的激进观点而让人耳目一新。

---

① 匪石：《野获一夕话》，《浙江潮》1903年3月第2期。
② 太炎：《无神论》，《民报》1906年10月第8期。
③ 导迷：《无鬼说》，《辛亥革命前十年间时论选集》第1卷下册，第862页。

第二节 社会生活习尚对后世的影响

清代中西文化与生活方式的相互撞击与融会，国内各民族经济文化生活方式的交流和发展，地区间移民与中国沿海出洋定居华侨的流动，加剧了地区间文化、社会生活方式的共融与外播，这诸多因素，对清代社会生活习尚产生了重大而深刻的影响。

其一，清代社会生活习尚呈现出一种多元的、多种性质与格局并存的发展形势。社会风尚的内容和形式表现为一种多元的、复杂的状况，风尚的性质也是多种性质并存。也就是说既有封建旧风尚又有资本主义新风尚；既有大量的传统社会保留下来的带有各个时代共同性质的社会风气，又有腐朽落后的不良风气，还有不断成长着的文化进步的时代风尚。如果以全国为视点，大体可以说，属于传统文化性质的风尚仍然占据数量优势，而新的近代因素的风尚虽然不在数量上占优，但是却代表中国社会发展的方向，体现了与时俱进的特征，因而在性质上是领先的。

在广大的内地城乡，由于旧的生产关系没有变化，旧的生产力也没有发生多少变化，西方文化还没有在那里出现，旧的文化基础、思想观念仍然牢牢地掌握着群众，因此表现出风尚依旧，其特征是素朴、俭约、守成甚至是落后的。中国封建道德思想作为一种价值观念影响着民众生活，特别是其中的重农、尚义、轻商、斥利等观念，对民众意识的作用还是相当大的。如山东地区，清末民初时大中城市和广大农村地区的服饰、饮食、语言、交通、教育等生活状态与以前相比没有发生多大变化，与同时期的南方诸省的风气相比相距甚远，甚至流行物也是"南方三十年前通行之物"。许多地方志说"一如旧仪"，指的是礼仪风俗方面没有变化。如商河县直到1927年"文明结婚之礼虽已颁布，惟绅学界有行之者，民间尚沿旧习"[①]。类似的记载很多，可见风气的改变是有限的。再如河南洛阳，一直到民国初年男女皆穿土布，洋布十分稀罕，妇女衣饰"衣长袖大，裤脚扎腿"，"髻圆足小，面抹浓粉"，看上去与旧时装扮没有两样。其

[①] 道光《商河县志·礼俗》，1927年刻本。

他西洋器物也很罕见,那些在口岸地区流行的新思想新观念要在这里"扎根发芽"需要相当长的时间。

清统治阶级提倡的传统风俗政策还有相当的市场。在各省地方志里还有不少对新风气看不惯的记录。这也是社会风尚未变的一种反映。如民国年间河南新安县歌谣讥讽自由、平等、文明结婚等社会风气,不仅说它时髦、风流,而且隐含这种婚俗不长久之意①。贵州瓮安县县志修撰者说:"矧今结婚自由之议泛滥全国,尤易决此礼防,当事者似宜有道以处之也。"② 至于各种新风气"为旧礼教所限,大半能说不能行"③ 的记录更是俯拾即是。可见,传统的道德思想观念、礼教仍然对民间起着重要的导向作用。

这些情况说明晚清时期内地和广大城乡不仅经济落后,生活水平仍然低下,而且也说明在这样的生活背景下新风气是不可能形成的。各种政治变革、西式生活以及社会新风尚对全国大多数地区并没有产生多大的影响。而变化其实主要发生在工商业比较发达的大中城市、口岸地区以及沿海发达地区,在局部地区甚至与同期的世界相差无几。这些地区的风尚变化不仅大,而且在性质上也不同于传统风尚。带有资本主义享乐主义、消费特征的奢靡风气,以及旨在移风易俗、改造中国的各种新思想观念。一些传统社会就有的风尚因为与资本主义时代的新风尚结合起来,表现出来的能量比以往任何一个时代都大,对社会各个群体的影响也更强烈。如奢靡之风、经商风气融入了资本主义的消费、休闲、享乐以及拜金主义种种观念之后,其能量就特别地大④。

其二,清末趋新、重商、崇洋的风气,使人们的义利、荣辱等观念发生变化,改变了人们的价值追求,使社会风貌发生了根本的改变。部分地改变了人们的社会心理和价值取向,出现了一些不同以往的新气象。有人学着外国人的样布置房间,文化品位渐趋洋化⑤;有人在穿衣打扮方面使自己更接近西方人的模样,"一段洋烟插口斜,墨晶眼镜避风沙","倾瓶香水浑身洒……",也有一些因工作等各种关系比较接近外国,行为方式、生活方式基本上洋化了。追求西式生活方式的人越到清末数量越多,这可从洋货进口数额的逐年增加、经营洋货商店数目的增加,以及此类商店向内地城市的拓展中得出结论。

---

① 歌谣唱道:"讲平等,讲自由,女长十八没对头。尚时髦,尚风流,公园戏场去游游。自己寻,自己找,自由结婚都好事。后来丈夫又恋爱,居然娶个小奶奶。"(《新安县志》,1939年本)
② 《瓮安县志·礼俗》,1915年本。从观念上看,负责撰写县志的是旧学者,可能不代表晚清或民国时期思想主流。但考虑到贵州此时仍十分闭塞,存有此类观念的人应不在少数。
③ (黑龙江)《安达县志》,1936年本。
④ 孙燕京:《晚清社会风尚研究》,第318—321页。
⑤ 汪康年在笔记里写道:"外人之饰其屋,有钉中国极平常之扇者,有置中国女鸟于船中者……而上海住洋房者乃亦效之,不可笑欤?"(汪康年:《汪穰卿笔记》,第52页)

市井世风或尚小调，"如劈破玉、九连环、十送郎、四季相思、七十二心之类"，"如小儿女绿窗私语，喁喁可听"①；或闲极无聊，四处闲逛，"沪城多游民，夏则提鹏啜茗，亭榭纳凉，雕笼数十，悬于西园望月轩侧，睨睆绵蛮，不绝于耳"。有诗形容他们"轻平蟋蟀重平银，结伴登场秋兴新，抛去花枝才歇手，提囊又约斗鹌鹑。不归葱肆不租田，十市三乡间少年，朝弄画眉呼鸽子，夜吹笛管拨筝弦"②。在近代化程度比较高的城市，人们出入各种消费场所，有人忙忙碌碌、有人奔走夤缘、有人醉生梦死，这样的社会风气，一方面造就了一种"懈怠"、"雍闲"的社会心理，甚至影响到官场③；另一方面造就了虚假心态，此类情况在上海这样的工商业城市最为明显。白云词人用方言作的《风月空杂剧》中说："到得上海地方，尤其假中假哉。有了一官半职，混称大人，做出假排场；念得几句书，迂腐腾腾，装出假道学；生意场中，辨得金刚钻石戒指，弄些假末事；还有空心大老官，假阔绰；时髦倌人，假情假意，才是假格。"④清末社会弥漫着的虚荣、虚假风气，对社会心理的健康发展应该说是不利的。然而，在另一种意义上应该说它和逐洋、崇洋、重休闲娱乐重消费的风气一道，刺激了社会的消费和生产的发展，多少推动了诸如上海这样的大城市经济，使晚清经济在整体衰败的趋势中出现局部、有限的繁荣。无可否认，这种现象加剧了消费与生产的不和谐，也加剧了中国地域、城乡间的差距⑤。

其三，对文化生活的影响。一是推动了各阶层求新知的热情（当然对不同的群体作用的大小是不一样的），改变了人们的文化生活；二是在一定程度上带动了社会文化转向，使晚清文化从结构到内容都发生了不小的变化。崇洋趋新的风气使人们愿意接近西方器物文化，产生好奇心理，进而热心西学西艺，产生学西学、求新知的愿望。

趋新的风气使知识群体中的一部分人关注西学，热心新知识。我们可以通过晚清报刊读者与《格致汇编》之间的互动来了解这一情况。《格致汇编》属于专门的科学杂志，其中特别开辟了"互相问答"专栏，负责解答读者询问的各

---

① 畹香留梦室：《淞南梦影录》卷二。
② 王韬：《瀛壖杂志》卷一。
③ 陈康祺写道："同光之交，余官西曹六年，同舍郎非章句腐儒即膏粱子弟，间有一二风雅之士，率厌苦应官画诺，终У不踏曹门门，白云楼下，吟声寂如，可叹也。"（陈康祺：《郎潜纪闻》卷八，见《笔记小说大观》第19册，第205页）胡思敬认为越到晚近，朝士品格越趋下，不仅没有学问上的大家，而且气节也大不如前，他列举说："近数年来，昆冈好饮，裕德好洁，徐浦好优伶，奎俊好佛，徐琪、曾广銮好狎邪游，张百熙好搜罗⋯⋯其四品以下京官，奔走夤缘求进者，终日闭车辙中，好吊生问死、宴宾客，其鄙陋者，好麻雀牌。"（胡思敬：《国闻备乘》，第33页）
④ 转引自陈无我《老上海三十年见闻录》，上海书店出版社1997年版，第319页。
⑤ 孙燕京：《晚清社会风尚研究》，第283—285页。

种问题。据统计，在出版的60卷《格致汇编》中，读者所问问题大约500余条，如果把相关问题综合起来大致包括320多条。其中属于应用科学、技术方面的问题有136条，占总数的42.5%；自然常识性问题73条，占22.8%；基础科学问题56条，占17.5%；其他问题55条，占17.2%。问题涉及南北极、星辰、赌博技巧、材料科学、静电、机器、河流泛滥及治理、金属、几何、照相原理、生活常识、矿产等，提问的人来自上海、浙江、江苏、广东、福建、山东、湖北、天津、香港、辽宁、安徽、直隶、江西、北京和其他地区。虽然关心西学、关注科学的人数不可考，但西学的影响相当广泛当不容怀疑。

社会各界不仅对西学、新知有兴趣，而且学西学、求新知的途径也五花八门。有人积极探讨怎样制作汽水、冰激凌①；人有热衷于效仿外国人在上海徐家汇建立的博物馆而开办中国人自己的博物馆②；有人致力于创办教授外语和西学的学校；有人主张开办中文报刊；还有众多的人报考各类新学堂，甚至有的学校招生的报名条件就是"曾习外文"，说明那一时期略知外文的人已不在少数③；阅读新书报更不是什么稀罕事了，报刊上西书广告相当普遍，连广学会的售书额也在五年中"陡增二十倍不止"，说明西书销售市场进一步拓宽④。外出游历的人多了起来，人们不再视出洋为畏途，凡此种种，都说明清末人们的思想观念发生了根本的变化，更准确地说，至少在通商口岸沿海地区，形成了追求域外新知的风气，而且热心西学、西艺的不仅是正在接受新式教育的青年学生，而是包括社会各阶层，特别还包括读书识字的旧士大夫群体。这些受影响的人，属于西方文化引起的社会群体变迁的那一部分，在清末学西学、求新知的社会风尚中起到了中坚作用。

其四，对封建政治的影响。统治阶级的奢靡加速了统治肌体的腐败。晚清官场上下交争利，造就了大大小小的贪官。四大谴责小说之《官场现形记》和《二十年目睹之怪现状》中刻画了各种聚敛钱财的官场人物，实际是当时社会贪官的真实写照。此外，晚清捐官比例的持续增加也同样加速了官场腐化，因为他们是通过捐钱得来的官，官位到手后，便不择手段地加倍捞回"本"来。光绪年间户部奏折说："乃考核正杂赋税额征总数，岁计三千四百余万两，实征仅四十五万两，赋税亏额如此。财既不在国，又不在民，大率为贪官墨吏所侵蚀。"⑤ 以至于官场中人也说这个时代的官场是"一举念只想当官，一伸手只

---

① 百一居士：《壶天录》卷上，见《笔记小说大观》第22卷。
② 晚香留梦室：《淞南梦影录》卷四。
③ 《湖北铁路学堂招生启事》，载《申报》1898年1月1日。
④ 中国史学会编：《戊戌变法》（四），第217页。
⑤ 《清史稿》卷一百二十一。

想要钱"。

腐败导致政府统治能力的下降。一是因为各级官员的贪冒,加重了本来就十分繁重的赋税,而官府的横征暴敛又使得百姓屡屡陷入绝境,迫使他们起来反抗,由此,国内的阶级矛盾处于激化状态。清后期农民起义的持续高涨说明了这一点。二是官僚和军队中无识无能的庸才占据了相当大的一部分,这些人使下级政府的行政不仅无效率,而且无道德可言①。三是腐败使国家机器运转不灵,行政效率极其低下。清末衙门里有人根本不上班,"以至公事积压,弊窦丛生",有些内阁大臣居然在讨论国会期限问题时研究胡须的问题②。所以胡思敬哀叹说:"内外百官皆惴惴不自保,贤者引身而思退,不肖者求捷径而先趋;拙者遇事推诿而存五日京兆之心,巧者遇货贪婪而为日暮途穷之计。"③ 这样的时局离大乱已经不远了。可见,奢靡之风对社会政治的影响相当严重。特别是封建政治中的一些风气(如等级、门第、血统、特权等)和资本主义制度腐朽的那一部分风气(如"金钱至上"、"商品拜物教"等)结合起来,助长了不良的社会风气。

其五,对后世风尚的传承性影响。清代的社会生活习尚是民国社会生活风尚形成的"源头",因此,它必然会对后世社会风尚的发展产生传承性影响。而缘于历史发展因袭力的影响,既体现在诸多方面,更发挥着不同而相斥的功能效应。譬如,清代社会生活庞大而多元的体系中,其积极的方面或传统的惰性力;有益的社会生活习尚、或畸形的毒风陋俗;外来的礼俗雅尚或腐朽的陋风败俗等,均会通过社会生活风尚的特有规律和方式,发挥其传承性的功能与作用。

一是生产技能风尚的传承。清人李光庭的故乡在直隶宝坻,他在《乡言解颐》卷四的《造室十事》条,列举打夯、测平、煮灰、码磉、上梁、垒墙、盛泥、飞瓦、安门、打炕等十道工序④,民国与后世北方地区建造平房的基本施工技能,仍相沿相承这些工序。又如,卷二的"石"条下记载:"蓟州、三河墙屋,多用不圆者鳌砌,合缝以灰钩之,谓之虎皮石,既坚且耐观"⑤,后世不仅仍用此种造屋技法,而且至今在北京郊区和北方地区,这种"虎皮石下脚"墙,

---

① 有的军官连弓箭、炮铳、盾牌的使用方法也不知道,《官场现形记》中"冒得"官用27元钱买到炮船管带,结果笑话百出,恐怕是晚清官吏水平的缩影。
② 朱寿朋:《光绪朝东华录》第四册,4014页;马鸿模编:《民呼、民吁、民立报选辑》,第503—504页。
③ 胡思敬:《退庐全集·奏疏》,第1023页,民国间南昌退庐刻史丛本。
④ 李光庭:《乡言解颐》卷四,《物部》上,《造室十事》条。
⑤ 李光庭:《乡言解颐》卷二,《地部·石》条。

仍随处可见。在商贸经营上，一些颇具特色、应时而变，以诚信为本的"老字号"，如北京的王致和（创建于1820年）、同仁堂、内联升、全聚德、月盛斋、致美斋、荣宝斋、便宜坊、都一处、六必居、天福号；天津的狗不理；南京的冠生园；湖南长沙的九芝堂（湘曲，始名力曲，乾隆时创新药）等，不仅在清代闻名遐迩。而且至民国时期以后，仍深受人们信赖与欢迎，故得以代代相传承，福庇后世。

二是生活年节风尚的传承。《乡言解颐》卷四的《消寒十二事》条，述列的媛砚、冰床、手炉、脚婆、菜窖、饭困、支锅瓦、煤毯、选炭、火锅、风耳、神仙炉等取暖防寒用具；《新年十事》条中列举的时宪书、门神、春联、爆竹、扫舍、年画、馒头、水饺、辞岁、贺年等过春节（元旦）的习尚；《庖厨十事》条中罗列的炊事烹饪用具煤炉、火眼、坛罐、通条、砂锅、蒸笼、面杖、水瓢、筲篱、炊帚的使用风俗；《杂物十事》条中开列的帽兜、辫联、眼镜、耳套、牙签、须梳、烟筒、火镰、靴掖、鞋拔①等日常穿戴用物的使用习俗。在民国的北京、天津、保定、唐山以及北方地区的城乡民间、饭馆、市场中，人们仍沿袭这些风尚，即使到现代，诸多风尚虽有变化，但一些日常生活用具与年节风尚，仍在城乡民间可以见到，足见其传承性影响力之久远与巨大。

三是恶风败俗的传承。清末，卖淫嫖娼的恶风败俗在社会上层及民间，大有泛滥之势，民国时期，此风不仅未有衰减，且公私娼业更为大盛据统计，1917年北京有妓院460家，妓女3889人；1942年，上海妓院（公娼）为3900余家，妓女在30000人以上；汉口1919年有妓女10500余人；1926年广州妓女达4000人之多；1934年南京有私娼3000人之众，至于其他大小城市中，均有1000人左右的公私娼妓②，是当时社会的一大毒瘤与公害。至于官僚、军队、民间吸食鸦片之风（如黔军被称为"双枪兵"）、赌博之风、江南民间的迎神赛会的耗财之风、丧祭时的竞奢之风等恶俗陋习，不仅在民国时期仍相传袭，而且大有伤风败俗与危害社会发展进步、毒化世风之势。

其六，对后世社会风尚的潜存性影响。清代社会生活风尚所呈现的封闭性、多元性、变化性、融会性、区域性和时尚性特点，作为历史的潜存性"要素"，在民国以及后世社会生活风尚的演进中，既有"遗产式"的承袭，更会在而新的历史条件与社会背景下，有所变化。其封闭性随着交通条件的改善，有所减弱，使人们的经济文化交往更趋便捷与频仍；多元性、变化性、融会性和时尚

---

① 李光庭：《乡言解颐》卷四，《物部》上，《消寒十二事》、《新年十事》、《庖厨十事》、《杂物十事》诸条。

② 《早报年鉴》，郭箴一：《中国妇女问题》，徐君、杨海：《妓女史》等文献著述。

性诸特点，因时代变迁而不断赋予新内涵，其特色仍存，对后世的潜存性影响，主要体现在积极与消极两个方面：首先，积极影响对后世社会生活风尚的形成、变革，发挥其"促进性"的功能作用。如清代社会各地民人淳朴厚重的民风；重视礼仪教化、勤劳勇敢的民族精神；以及维护民族团结与尊严、反抗压迫剥削、积极向上、荣辱与共的共识；多种生存、生活、生产劳动的技能与创新风尚；近代，面对东西方列强掠夺，勇于抗争，承认落后又不甘落后、敢于奋起的凝聚力等，对民国及后世社会生活风尚的传承、发展、变革，对社会风尚正气的弘扬，均产生驱动式的积极作用。其次，消极影响表现为对后世社会生活风尚的形成、变革，产生"制约性"的阻碍作用。如清代社会生活习尚中诸多消极、腐败的陋习恶俗，随着半殖民地、半封建社会危机的加深，与畸形社会生活风尚与外来腐朽风气同流合污，大有泛滥的趋势，毒化了健康向上的社会生活风尚。而传统社会生活中的闭关狭隘、保守而不思变（如民间久旱不雨，乡人宁抬泥塑龙王神像游乡祈雨，也不用新法抗旱保苗）、重传统技能而轻新科技等传统守旧不思进取的观念，更会对民国与后世社会风尚的变革进步，产生了严重的阻滞作用。

第十七章

余 论

  鸦片战争中，在西方列强的军舰大炮面前，清军的惨败与清政府的腐败无能，宣告天朝上国万世长存的迷信与神话破产，使封建帝国闭关自守、与西方资本主义文明世界隔绝的状态被打破，被迫开始同外界发生联系。

  中国历史进入近代的历程是艰难、痛苦和屈辱的。其一，封建帝国的大门是由英国侵略者的军舰大炮"轰开"的。而非国门自开，向资本主义世界市场的开放是"被动式"、"受掠（夺）型"的。其二，接踵而至的西方列强疯狂瓜分中国，清政府被迫与西方入侵者签订了一系列丧权辱国的条约，使中国一步步沦为半殖民地、半封建社会的悲惨境地。在政治上，它不是一个独立的主权国家，而是一个半殖民地半封建国家；在法治上，它没有建立现代民主制度，封建专制的腐朽统治仍十分顽固，人民深受封建制度的压迫剥削；在国家形象上，它在外部没有民族独立可言，深受资本主义列强和帝国主义的压迫掠夺。社会的基本矛盾，一为中华民族与资本主义列强、帝国主义的矛盾，此为民族矛盾；二为广大人民大众与封建主义的矛盾，此为阶级矛盾。其三，近代中国社会的两个基本矛盾只有通过反帝反封建的民主革命手段，推翻帝国主义在中国的代理人、帮凶的封建专制的清政府，方能解决。其四，西方列强用枪炮打开中国国门后，用毒品与洋货充斥中国市场，毒害并掠夺中国人民的同时，在客观上，也带来了西方的科技与民主意识，在妄图用西方的模式"改造"中国的同时，也为中国民众提供了新的社会、文化、科技、经济发展的借鉴，开阔了视野，强化了与世界的联系，进而为社会生活注入了新的内容。其五，中国近代社会的半殖民地半封建文明，是一种畸形的、病态的文明，在此种文明背景下的社会生活习尚，必然呈现出矛盾性（有中西文化冲突，也有传统与时尚矛盾）、多样性、交融性、趋变性、自发性等诸多特点。其六，在中国近代社会中，应客观地、历史地评估西方文明的作用。它是西方列强侵略掠夺中国资源、占领中国文化市场的"先锋"、"帮凶"，既要看到它的殖民化特色（如将资本主义的腐朽文化，拜金主义、尔虞我诈、犯罪、暴力、吸毒、赌博等传入中国）；同时，应当指出在客观上又为中国社会带来了较封建专制相对先进的资本主义的民主与科技，使广大民众的自主意识逐渐增强，客观上有助于中国人找到自救自强之路，尽管它是痛苦而漫长的：如洪秀全借鉴西方宗教发动太平天国革命，康有为、梁启超借鉴西方的改良而兴戊戌变法（均以失败告终），只有孙中山在西方科学民主思想启迪下，结合中国国情，提倡三民主义，发动并领导了反帝反封建的资产阶级民主革命即辛亥革命，才推翻了清王朝，结束了两千多年的封建君主专制制度，开启了新的时代。

在中国近代社会各种政治势力的较量中，在诸多社会思潮的撞击下、在中外文化的冲突交融中，社会各阶级阶层的生活，从观念到方式，正在发生由渐变到突变，由模仿到时尚、由沿海到内地、由上层到民间的推进式的变迁，此一过程，呈现出自发性、趋变性与多样性的特色。

变迁之一：民众社会意识的苏醒。

中英鸦片战争，清军惨败后，在第二次鸦片战争、甲午战争、八国联军侵华战争中，清军相继战败；清政府的腐败无能、卖国求和与割地赔款丧权辱国的卑劣行径，官僚的贪污腐化、奢靡堕落，外国侵略者的掠夺压榨、清政府的封建专制统治，广大民众面对这种国破家难存、业凋苦谋生的痛苦现实，加之太平天国、捻军、义和团等农民革命风暴的洗礼，使战乱频仍年代的人心更加思变，由此逐渐催发民众社会意识的苏醒，由民间自发兴起，后又广泛传播、流行的时政与社会时弊讽喻诗词的大量产生，正是民众情感宣泄与爱憎分明社会意识萌生的直接反映。

1. 抨击清政府腐败无能的"时政诗"

近代民间流行的"时政诗"，多为民人大众针砭时政、抨击清政府与官员们腐败无能之作，内容生动真切，用语更是一针见血，鞭辟入里。

讽中日甲午战争诗联：光绪甲午中日战争中，清军惨败，清政府割地赔款求和，此时民间"有人以其事实为对联曰：'王文韶王文锦天津办防务，李鸿章李鸿藻地狱打官司。'又曰：'弃丰台翁孙双割地，使日本父子两全权。'又曰：

'卫达三衔冤呼菜市，刘坤一拚命出榆关。''旅顺口已归日本，颐和园又搭天棚（指将演戏也）。'"① 诗联中，民人对清政府官员办理防务的无能、清军的弃地惨败、清政府的割地求和与慈禧太后挪用军费400万两白银为庆寿修建颐和园观剧，不顾人民死活的奢侈享乐，一一述列比照，加以讥讽笔伐。

嘲孝廉、县令、捐班诗咏：清末，民间流传："嘲某孝廉诗四首，形容绝倒"，一首为"锣声敲到北门边，北榜高标某某先。莫笑带毛五百磅，亏他放屁十三篇。投来帖子当当响，坐着蓝舆簇簇鲜。谁道图名不图利，考资未出半文钱"。二首为"二少居然变老爷，人情顷刻锦添花。人前劣行几乎注，以后粮差不敢拿。接手宾兴新董事，搭肩禀保旧生涯。经魁两字衔头阔，勿靠巷门贵本家"。三首为"几番痴狗咬肥羔，蓦地青云跌一交。透本赢钱残策论，改头换面旧牢骚。满城世谊飞朱巷，两县漕书塞纸包，更把公门词讼揽，只须有笔便如刀"。四首为"合著朋侪去碰和，面容愈像笑弥陀。日间吃碰喉咙响，夜里无眠磕铳多。自昔曾为无脚蟹，而今不做没头鹅。地方经造争趋奉，第一威风有大哥"②。

民间广为传播的"嘲县令"诗，则缘于"前吴县令某，幼时为山东历城令厮养卒，潜取主人资，纳粟为尹，贪缘得署首邑"。后时值"县试"，幕僚拟题为"暮春者"三字，"某误为在，童生大哗，几至罢考"。于是，时人作三绝以嘲讽：一为"吓煞暮春在，题从何处来？县官不会做，只好做奴才"。二为"笑煞暮春在，童生做不来，龙阳曹县令，那得拔真才"？三为"羞煞暮春在，倒运一齐来，不及长洲县，居然老秀才"③。

至于"捐班杂咏"一诗，在民间辗转传抄，因于它"绘火绘色，绘水绘声"地描述捐班的种种黑幕与劣迹，且可"足当《官场现形记》题辞读也"。其内容为"秦晋捐兼顺直捐，多多少少凑洋钱。今朝上兑便宜甚，花样新增遇缺先，簇新衣服轿儿抬，履历书成谒上台。完了衙参还拜客，背人低叫一声来。莫笑朝廷一命轻，山妻稚子有光荣。梅红条子书公馆，籍贯还须写别名。西走东奔想一差，同寅巴结费安排。游山玩水殊无味，叫个名花打打牌。传闻课吏馆新开，策论区区弄不来。寻得几张旧《申报》，高谈时务算通材。传来一札委分巡，皮榻洋灯布置新。几个老枪称警察，夜间坐段派家人。侥幸今朝做实官，莫嫌印把捏来难。差人书办皆心腹，诈得铜钱几股摊。小民盘剥算能员，千里为官只为钱。上宪详参何足惧，国家新办革员捐"④。

---

① 徐珂：《清稗类钞》第四册，《讥讽类·中日战事讽联》。
② 《李伯元全集》第四册，《南亭四话》卷四，《某孝廉·嘲县令》条。
③ 《李伯元全集》第四册，《南亭四话》卷四，《嘲县令》条。
④ 《李伯元全集》第四册，《南亭四话》卷四，《捐班杂咏》条。

在上述民间嘲讽孝廉、县令、捐班的诗文中，孝廉的"从前劣行几乎注"、"亏他放屁十三篇"等缺德无才的丑恶嘴脸，县令"县官不会做，只好做奴才"的卑劣行径，以及捐班中"小民盘剥算能员，千里为官只为钱"的种种腐败黑幕，一一跃然纸上，民人听后，如闻其声，如见其人。通过此种方式，民众既寻到对清政府专制统治、黑暗现实发泄不满的渠道；同时，更通过对时政的猛烈抨击，以使世人警醒，同社会丑恶势力作坚决的斗争。

2. 讥讽"乡试"与赏赐泛滥的诗文

清代乡试与朝廷赏赐之举，为选拔与奖掖人才的重要途径，但至清末，随着政治的日趋腐败，"乡试"场的弊坏、赏赐的滥贱，更形暴露无遗，民间流传的讥讽诗文谚语，对此屡有揭露和批判。

讥乡试的"纪事诗"：光绪二十九年（1903），癸卯"江南乡试"，有人作纪事诗25首，形容士子及科考场中的种种丑态龌行，颇为生动，在民间传播甚广："正科况复并恩科，惹得书生又着魔。佛脚光阴潦草甚，冲元一过便无多。""轮船舒服要房舱，煞费经营纸一张。太古怡和生意好，应酬到底算招商。""长竹烟筒一手持，衫儿半接帽瓜皮。江南乡试何须帖，一见尊容我便知。""镇江口岸暂停船，接客挑夫断复连。缠得人昏真讨厌，馄饨胶面老牌烟。""气管呜呜到下关，烦文缛节大家删。短衣黑袜金丝镜，越是文明越野蛮。""驳船价值要先论，坐客如鸥一一蹲。闻说水西门不进，水高只到旱西门。""僦居赁得屋三椽，泥地如油壁露砖。铺板管他尘累寸，洋纱蚊帐且高悬。""日高自起理尘装，第一关心到学房。领得宾兴公事了，明朝又为看山忙。""钓鱼巷里去寻芳，逢场作戏也不妨。言语不通装饰异，搴帘低唤大姑娘。""惊心初八到明朝，意兴难如旧日豪。心似辘轳忧喜半，最无聊赖是今宵。""红灯历乱灿如球，鼍鼓三声明远楼。为恐笔尖横扫出，四围墙外拥貔貅。""太仓州属记须牢，五盏红灯挂得高。也算朝珠与补子，当胸卷袋一根绦。""买来考果尽舒齐，火肉熏鱼小白梨。饭后匆匆各归号，恍如日暮一群鸡。""洞墙权作祖宗堂，争气儿孙仆仆忙。就是虚题须实做，应先撒屁后烧香。""厨下三朝不在行，烧来干饭半成汤。上江朋友粗豪甚，半个猪头一扫光。""惊听先生题纸来，朦胧睡眼豁然开。汉唐元宋模糊甚，当作春灯谜子猜。""倚马才高果出群，争先纳卷乱纷纷。一鸣小试惊人技，拔直喉咙喊号军。""理好书籍竟出场，一签到手兴飞扬。千金一刻书生面，红顶花翎站两旁。""此挑彼负闹嘈嘈，一出头门没命跑。竹板高擎如雨下，当心辫子要拖牢。""横床一躺大天光，人说烦难是二场。我有一言真秘诀，调停新旧骂康梁。""转瞬三场又点名，三场更比二场轻。良宵不算蹉跎过，巴着场门看月明。""逢人得意乱恭维，落得牛皮信口吹。收拾考篮清结帐，明朝弃甲曳兵归。""劳民何况更伤财，毕竟书生毕竟呆。准备老爷牌子卸，一声拆空两声唉。""闱墨新科细细看,果然两字举人难。天鹅虽好虾蟆癞,还要随人骂试官。""支那学界惨风云,半夜钟声革命军。省得旁人骂奴隶,一般现象告诸君。"①

讽朝廷"红顶"赏赐滥贱文:光绪朝时,京外官吏三品以下者,"泰半得有红顶,名器之滥,至此极矣"。为获红顶赏赐,官员竭尽所能各施其伎,种种卑事劣行,时有所闻,屡见不鲜,民人戏将红顶分类,自有诠释,"笺红",为"私函陈请者之所得也";"银红",为"行贿纳捐者之所得也","血红",为"诬盗杀民者之所得也";"洋红",为"办理交涉者之所得也";"喜红",为"办理大婚典礼者之所得也";"老红",为"循资按格者之所得也"。更有民众讽称所谓"肉红者",其所得"或自充上司之娈童,或令妻拜贵人为义父,或使妾与显者荐枕席"②,而蒙赏赐者,种种卑行劣迹,罄竹难书。

从民间讥讽"乡试"与赏赐红顶滥贱的诗文,可以看出:一是民人对封建科举考试制度及"科考取士"方式的强烈反感,其愤懑情绪更溢于诗文行间。二是对参加江南乡试,妄图以此入仕做官的学子的心情、劣迹丑态,描绘真切。一面是乘坐洋人太古怡和轮船公司的洋气船赴考,一面是到钓鱼巷中去嫖妓寻芳,而在参考时逢场作戏,写文章(1898年6月,清政府下令废八股取士,而以实学为主)却大骂康梁的变法求强之举,正是半殖民地半封建畸形文明的典型图画。三是通过民众对"红顶"赏赐的区别,以及对官员公开指斥朝廷的昏聩无能,官员的营私舞弊、贿赂和生活的奢靡。如果说,"时政诗"讽刺还仅就某些事象而论的话,那么前述诗文,则将矛头指向封建专制王朝及科举、赏赐制度本身,由此足见民众社会意识的复苏程度。

3. 针砭生活"积弊"的诗词联

清末,民众社会意识的苏醒,还表现在大量针砭社会生活"积弊"现象的诗词联文广为流传,反映出民众议政意识和社会主人翁意识的增强。

针砭蓄辫积弊诗:光绪、宣统时,诸多东渡日本的留学生,或至长崎、或至神户、或至东京时,将头上的辫发剪截,深以蓄辫之习为耻,更有人赋诗以泄其愤,其诗在民间广为传播。诗称:"当其未生时,本来无辫子。及其呱呱时,有发无辫子。迨夫免襁褓,忽有小辫子。并诸小辫子,为一大辫子。偶然到日本,忽然无辫子。一朝想做官,忽然有辫子。不论真与假,但呼为辫子。忠君与爱国,全视此辫子。国粹宜保存,保存此辫子。但愿遍地球,人人有辫子。若问尔祖父,也曾有辫子。只怕尔孙子,渐渐无辫子。辫子复辫子,终归

---

① 《李伯元全集》第四册,《南亭四话》卷四,《乡试纪事诗》条。
② 徐珂:《清稗类钞》第四册,《讥讽类·红顶之区别》条。

跷辫子。作诗以告哀，我亦有辫子。"①

贬斥鸦片烟馆联文：清末年，安徽民间有二人为一县城隍庙殿撰写对联以示对贪官污吏的痛恨，可谓借神发挥，指斥时政腐败上联为"任凭尔无法无天，到此孽镜悬时，还有胆否"？下联为"须知我能宽能恕，且把屠刀放下，回转头来"。此对联"久为时人传诵"，后有人仿其格调，作"鸦片烟馆联"，上联为"任凭尔能说能行，到此大瘾发时，还有力否"？下联为"须知我不赊不欠，且把长枪放下，快数钱来"②。由于"摹仿逼真"，且"调侃不少"③，加之民人痛恨烟毒之祸入骨，故此对联流传甚广。

指责缠足痛楚的小足词：自五代宋以降，直至清朝，历代封建统治者提倡对妇女进行摧残人性的缠足之举，清代除满族与其他少数民族妇女不缠足外，广大汉族妇女仍须缠足。直至清末，民间有人指责此风"皆以矫揉造作为事"，缠后之足"瘦如菱角、弯如新月者，实非本来面目也"。于是，有人作《胜如花》词曲，"以形容其丑"。词称："行不稳，卧难安，堪笑堪怜堪叹！人道他纤纤可爱，我知他痛楚难当，更可恨乔妆打扮。镇日里忙上加忙，要使他长不长，竹片联班，又修高底板。你听他娇声细喘，一举步便请人搀，一举步便请人搀！"④ 此词虽以通商口岸城市中，"戏台花旦"小足者为描述对象，却道出了"中国人好缠小足"，"内地尚有实践其事者"⑤ 的残暴实情，活画出缠足妇女举足维艰的痛苦神态，对其弊其害，揭露颇为深刻。

此外，清末四大谴责小说，即李伯元的《官场现形记》（1903）、吴沃尧的《二十年目睹之怪现状》（1903），刘鹗的《老残游记》（1903），金一（松岑）原著、曾朴续写的《孽海花》（1904）等相继问世，以及小说中以艺术手法，通过对人物世事的白描，揭露了清后期官场的腐败与社会生活的黑暗面，更展现于广大民众的困苦生活与悲惨境遇，以及由此引发的尖锐的社会矛盾与冲突，这亦可视为民众社会意识苏醒的表现之一。

在半殖民地半封建社会的畸形病态文明中，清后期盛行的蓄辫、吸食鸦片烟、妇女缠足等"积弊"恶俗；顽固派人士竟将此呼为"国粹"，提出应予保存，不能废除。但上述诗词联文，却对此倍加指责、揭露、批判，民人对这些日常生活中习以为常、屡见不鲜的丑恶世风，能持如此态度，虽不为人所共识，很难立时予以清除，但民众的呼声要求反映出已对此有所警觉，这不能不说是

---

① 《李伯元全集》第四册，《南亭四话》卷四，《辫子诗》条。
② 《李伯元全集》第四册，《南亭四话》卷四，《城隍庙联》条。
③ 同上。
④ 《李伯元全集》第四册，《南亭四话》卷四，《小足词》条。
⑤ 同上。

一大进步。

变迁之二：从"仿洋"到"师夷"的转变。

清末，社会生活习尚与观念的巨大变迁表现在民间从模仿洋习、洋风、洋装为时髦到"师夷"、"逐夷"成为新时尚的认同和转变。体现在社会生活"时髦"、"时风"、"时尚"的变化上。

1. 中国人的生活方式出现了近代化的发展趋势

一是吸收外来习尚，丰富自己的生活方式。西方物质文明的传入和西俗东渐，使中国人看到了一种崭新的生活模式，从而激发了人们追求、模仿人类进步生活方式的心理，有意无意地用这种新的生活模式改造和充实自己的生活，因而出现了洋化与趋新的现象。还在1886年，西人已认为中国人使用了大量的"和欧洲人使用的无所区别的物品"。西服革履、西餐大菜、西式洋楼、近代交通工具、新奇的娱乐活动，逐渐进入中国人的生活之中，生活的领域不断扩大，生活方式不断丰富，使民族性习俗向综合性多元化习尚演变，以致出现了民族性习俗与西俗并存的局面。

二是生活水平有所提高。先进的科学技术同西方物质文明一道走进了普通人家的生活之中，人们的生活质量有了一定程度的提高。封建迷信减少，相信科学和医学的人越来越多。衣、食、住、行、娱乐都向高标准看齐，追求高质、高雅、舒适、方便、美观，已成为一种普遍的社会心理，人们不再满足那种"一箪食，一瓢饮，一陋巷"的简陋生活。

三是生活节奏频率加快。千百年来，中国人日常生括变化甚微，而且变化很慢，人们大多过着与高、曾、祖、父时代无异的生活。近代以降，随着社会的急剧变化，物质文明的不断更新，生活节奏加快，生活方式也快速变化，"今日之我往往不恤与昨日之我挑战"。在大城市里，追踪时髦，日新月异，形成一个又一个的"阵热"，打破了以往的超稳定状态。

四是生活方式中的价值观念发生了变化，体现在一为审美观的变化：如在服饰方面，只要美观，人们争相效颦，以致出现了"中国人外国装，外国人中国装"，"男子装饰像女，女子装饰像男"，"妓女效女学生，女学生似妓女"的奇特现象，打破了人们对服饰表示身份的刻板印象。在色尚方面，过去"女子以红为吉服之色，帷帐等类皆以红色布制之"，"惟夏衣可用白色，余多忌之"。可是到了近代，学习西洋风尚，"普通习惯皆尚白色"，"妇女服饰门帷一概用白"，"穿红着绿，偶见于内地乡间之女子；若通都大邑之女子，无不穿一套缟素衣裳矣"，打破了忌白色的封建迷信观念，以致"漂白布业无不利市三倍"。二为消费观念的变化：如舶来的洋纱机器袜，五光十色，虽然薄而易坏，售价奇昂，但乡民以其美观，争相购买，盛行于时，"殆未从经济上计算也"。三为

第十七章 余论

715

时空观的变化：封建时代，人们的生产和消费呈封闭状态，生活空间狭小，生活节奏缓慢。由于商品经济的发展，交通的日益畅通和社会交往的频繁，特别是通过舶来的物质文明，人们同外部世界产生了直接联系，时空观有了明显变化。许多人打破中国即地之中心的迂腐之见，思维时常把中国问题置于世界大空间来考虑。为求学、求真理，不惜负笈乘槎，漂洋过海。许多地方的农民因生产和生活需要，离村外出，到通商口岸做工者日渐增多，打破了从前安土重迁，不乐远游的传统习惯。近代交通工具和通讯设施的高速度、高效率，使人们的时间观念增强。外部世界的日新月异和中国的岁月蹉跎形成鲜明的对比，使人们产生了时间紧迫感。四为滋长了崇洋思想。清末，在一些青少年中，崇洋心理颇为盛行，"他们看着外国事，不论是非美恶，没有一样不好的；看着自己的国里，没有一点是的，所以学外国人惟恐不像"①。"洋帽洋衣洋鞋穿，短胡两撇口边开，平生第一伤心事，碧眼生成学不来"②，是一部分人外表与心灵的生动写照。到了民国，崇洋更成为时尚。然而，由"崇洋"而走向"媚外"的人毕竟是少数。对西方物质文明和先进生活方式的追求所引起的对现实生活的不满，使近代许多仁人志士激发了改造中国社会的政治热情③。

2. 写诗用西语成为"时髦"

清末，民间有用西语（英语）作诗，且引以为"时髦"者，有人作《香港永安阁中和月渔先生》诗，诗称："潮打黄昏海色凄，一楼风雨澳门西。愁听架上红鹦鹉，语学西洋的令低。"且加自注"的令，饮也。低，茶也"。又有人作《西洋竹枝词》百首，但却被人视为"满纸蛮语，无复文理，直一英文读本耳"④。可见用西语写诗，虽"最难妥适"，且译音"粗犷艰涩"⑤，但时人学习西语的热情却很高，并争以此举为"时髦"而荣幸备至。

3. 称谓模仿西洋称呼成为"时尚"

模仿西洋风尚为"时尚"，在清末的具体表现之一是称谓之变，有人戏称为"大人换老爷"之变。清朝某大员，充任驻日本长崎理事之职，后在秋天时"束装回国，应试金陵"，有人作诗壮其行称："秉节方乘使者车，秋风今又忆槐花。扶桑挥手束装去，能否大人换老爷。"⑥ 扶桑，指日本。至于"老爷"之称，

---

① 《大公报》1903年4月17日第5版，附件。
② 《公余日录》卷十，转引自《中国传统文化的再估计》，上海人民出版社1987年版，第262页。
③ 严昌洪：《中国近代社会风俗史》，第84—87页。
④ 《李伯元全集》第四册，《南亭四话》卷三，《诗用西语》条。
⑤ 同上。
⑥ 《李伯元全集》第四册，《南亭四话》卷四，《大人换老爷》条。

咸、同以降，至光、宣间，此称"最为普通"；光绪末年，除文武官吏外，"老爷更多，偏僻之地，乡人且称生监为老爷，即非生监，而家居平日著长衣者，亦皆称之为老爷矣"①。表明这种称谓已平民化，且有"仿洋"的痕迹。而在称谓的另一变化，则是清末时，民间摹仿西方风尚，以称"先生"很流行，大行其道，成为"时尚"。在人际交往中，"若后进之于先进，非父执，非平行，而不易加以称谓者，亦曰先生，或加以其人之字，曰某某先生"。普通人"侪辈"相呼；彼此各以"先生"相称；商业中，"奴婢之于主人"，亦称先生；光绪中叶后，"上海高等妓女"亦称"先生"而不称"小姐"②。由此可见，"先生"称谓之广，而成仿洋"时尚"后，此称谓也有滥贱之势。

4. "师夷"长技成为"时尚"

中国近代以降，自魏源首倡"师夷之长技以制夷"，力主学习西方先进科技制造轮船、火器，用西式练兵之法训练军队；提倡创办民用实业，要求政府允许私人设厂兴业后，继起者有"洋务运动"，一批又一批的近代民营工商实业肇始而兴，虽历尽艰辛，然却显示出旺盛的生命力。

其一，"师夷"之长技而创实业。清末，在东南沿海及工商业发达之区，中国民间开始创办实业，建立"组合公司"并采购"机器"进行生产。

近代公司的组成，在民营公司中"多系附股而属有限者"，所谓"附股"则为众人出资附股；而"有限者"则指资本金额以若干为限，这些公司的宗旨，"在抵制外人，而以收回利权为目的"。这些公司又可分为"制造商品公司"与"非制造商品公司"两种："制造商品公司"的开办，一为服装品制造公司，有"纺纱、织布、缫丝、呢、革诸公司"；二为食用品制造公司，有"面粉、纸烟、罐食、榨油诸公司"；三为需用品制造公司，有"瓷业、玻璃、烛、皂、火柴诸公司"；四为建筑品制造公司，有"锯木、砖瓦、洋灰（指水泥）诸公司"；五为教育品制造公司，有"图书、仪器、印刷、造纸诸公司"③。在"非制造商品公司"中，兴办的有铁路、轮船、矿务、垦务、树艺、电话、电灯、自来水、水火保险、人寿保险诸公司④。

在公司生产所需的机器设备的采购与使用上，因"机器发明于外人，我国近有各公司之发现，使用种种机器，可谓有进步矣"，然"皆购之外洋"非为自造；但"我国商业之发达"，必将推动"机器学大兴"⑤。在采购机器中，又分

---

① 徐珂：《清稗类钞》第五册，《称谓类·大老爷老爷·老师先生》条。
② 同上。
③ 徐珂：《清稗类钞》第五册，《农商类·公司及机器》条。
④ 同上。
⑤ 同上。

"制造商品机器"与"非制造商品机器"两大类。前者，服装品制造实业，多购置纺纱、织布、缫丝、织呢、制革、轧花、制麻、织巾、缝衣、织袜机器；而食用品制造公司，主要购进磨粉、卷烟、榨油、碾谷、打米、轧豆等机器；需用品制造实业，购买制造玻璃、烛类、皂类等机器；建筑品制造公司，所购买的多为锯木、砖瓦、洋灰（水泥）、刨木等机器；教育用品制造实业，侧重购进印书、造纸的机器。后者有关的交通、运输、采矿、垦殖、公用、电信等实业公司，则采购所用的汽车、汽船、采矿、开荒、挖泥、电话、电灯、电报等机器①。

其二，师夷"长技"而习管理。随着近代工商实业的兴创，在经营管理上，传统的记账方式必然为近代的会计（簿记）制度所取代，才能应付市场行情的快速变化。因此，如何师夷之"长技"并结合中国的实业、市场变化的实际，学习新的经营管理方法，被提上日程，成为新课题。清末，中国已出现"商标"、"商会"、"花红之奖"等新的经营手段与组织形式。同时有别于旧式银行流水账法的新式"商用簿记（会计）"之法，亦渐使用与推广；使得在经营管理上，"我国素无簿记学"，"商业簿记未尽完全"②的状况，开始得以改观。

银钱（金融）各业的簿记，一为"银钱登记"，为"查洋，为查银，为洋汇，为银汇，（每日入滚存簿，即流水簿）为洋草，入洋总也。为钱草，入钱总也。为行情，逐日鹰洋折息数目也。为日记，银行市面及仙令行情也。为便查，为零并，为找头"。二为"往来银钱登记"，为"往来送折，送折，立折留底也。为往来送银，同业送银也。各号送银，送元宝留底，元宝进水，元宝出水，元宝加水也。为往来划账收解，远期划账，各路划账，到期收解也。为往来信底，各路信底也"。三为"夥友银钱登记"，为"暂记也"。四为"银钱生息登记"，为"子金也"。此外，尚有各项"月结"，各项"岁结"，即"总清"③等会计管理。

抵代现银而与簿记相关联者，则为银钱各业发行之票，"颇能为社会所信用"。一为银钱各业发行票，为"本票"，本店票也（此票各商店亦有之）。二为"来票"，本地及各地来票也。三为"汇票"，本店汇出及各地汇来之票也。四为"拆票"，拆用银行及同业余银之票也。五为"长期票"，商店预计价款不足，欲得若干贷出金而立此票，以六个月为期也（此票为商店所立）。六为"短期票"，五日十日不等，期至，可取银也。七为"即期票"，即日取银之票等④。

---

① 徐珂：《清稗类钞》第五册，《农商类·公司及机器》条。
② 徐珂：《清稗类钞》第五册，《农商类·商标·商会·商用簿记·商业有花红之奖》诸条。
③ 徐珂：《清稗类钞》第五册，《农商类·商用簿记·商业有花红之奖》诸条。
④ 徐珂：《清稗类钞》第五册，《农商类·商用簿记》条。

其三，师夷"长技"而育新才。清后期，师夷之"长技"，即用西方科学技术与教育手段，培育新式人才方面，表现在派遣留学生出洋学习、在国内开办新式学校、改革考试方法诸活动之中。

一为出洋留学生的派遣。1872年（同治十一年）8月，首批由清政府派遣的留学生詹天佑、梁敦彦、容尚廉等幼童30人赴美，这是中国近代第一批官派出洋留学生，其筹划与倡议者为中国早期留美回国学生容闳，他于1847年随美国传教士赴美留学①，此后，官派、自费出洋赴欧美、赴日本留学的人员不断增加。这些中华学子背负使命，远涉重洋到国外求学，他们的足迹遍及欧美、日本等科技发达国家的各个角落。学成回国后，他们成为中国社会几乎所有领域进行变革的主导力量，为东西方科技文化交流作出了贡献，同时也大大推动了中国从传统向现代迈进的过程。首批赴美留学生中的詹天佑，不仅是杰出的铁路工程专家，而且还是中国第一条由自己设计建筑的铁路（即京张铁路，北京至张家口段）的总工程师。他在1905—1909年的铁路修建中，因地制宜运用"人"字形线路，减少了工程数量，并利用"竖井施工法"开挖隧道，缩短了工期。同时，通过铁路的修建，还培养了中国第一批铁路工程技师高级人才，他们更为中国的铁路修建作出了开拓性贡献。

二为国内开办新式学堂。光绪二十一年（1895）10月2日，"天津中西学堂"经清政府批准创设，成为中国第一所新式大学，该学堂制分为头等学堂、二等学堂两级。其中，头等学堂学制四年，二等学堂课程相当于中学，四年毕业，升入头等学堂。头等学堂四年中所学课程有几何学、三角勾股学、格物学、笔绘图、各国史鉴、作英文论、翻译英文、驾驶并量地法、重学、微分学、化学、天文工程初学、花草学、金石学、地学、考究禽兽学、万国公法、理财富国学等，他们在修完第一年课程后，可选修一门专科，专科有工程学、电学、矿务学、机器学、律例学等五类②。此外，在此之前，1861年至1882年共设洋务学堂约13所；但到1883年至1893年的十年间，各地共设官办洋务学堂达16所之多，分布在宁古塔（表正书院）、广东黄埔（鱼雷学堂）（电报学堂）、天津（北洋武备学堂）、台湾（西学堂）、广东（水陆师学堂）、新疆（俄文学堂）、京师（昆明湖水师学堂）、珲春（翻译俄文书院）、山东（威海水师学堂）、南京（南洋水师学堂）、旅顺口（鱼雷学校）、湖北（武昌方言商务学堂）、山海关（武备学堂）、重庆（洋务学堂）、天津（西医学堂）等地，学习课程分别为算学、制造、鱼雷技术、水陆军事诸法、外文、电学、海军技术、

---

① 李长莉：《近代中国社会文化变迁录》第一卷，"1872年（同治十二年）"条。
② 闵杰：《近代中国社会文化变迁录》第二卷，"1895年（光绪二十一年）"条。

驾驶、管轮、航海、商务、格致、化学、矿学、西学、西医、军医等现代科技与实用操作技术,并聘请英、德等教习任教①。

三为考试制度变革。科举考试是清代选拔人才的重要途径,1888年(光绪十四年)清政府下令在本年度的科举乡试中,首开"算学"考试科目②,这是科举考试中首次将西学与中学科目同考,亦是国家选拔人才的考试制度的重要变革。此后,1898年(光绪二十四年)6月,清政府下令废除以科举考试时用八股文取士的制度③,而以考试实学为主,这是考试与选拔人才机制的重大变化,更是清政府迫于舆论与社会压力,不得不鼓励学子弃八股而学时文的举措。1905年(光绪三十一年),清政府终于下令废除明清两代盛行的人才选拔之制的科举考试制度④,从而使得近代学校制度得以正式确立。

人才与教育的状况,是一个时代发展水平的直接反映,也是推动社会发展进步的重要手段。近代以降,包括洋务派思想家在内的诸多有识之士、先觉者们,面对世界潮流的浩浩荡荡,重新审视中西方文化的价值与冲突,且采取较为科学务实的态度。如近代著名思想家、洋务派人物冯桂芬(1809—1874),是林则徐的学生,更是维新派的先驱者之一。他在所著《校邠庐抗议》一书中,便认定对文化价值不以其来自何方、创自何人而定,而应采取"法苟不善,虽古先吾斥之;法苟善,虽蛮貊吾师之"⑤的科学求实态度而择善从之。这在西方文化涌来之际,实为勇于吸收外来文化、充满自信的健康文化心态。为师夷之"长技",在人才培育与教育方面,终于如前所述,开了新风、育出新才,这一方面是有识之士与洋务派中开明人士共同呼吁倡导的结果,更造社会舆论,开启民智、引导世风,迫使清政府废八股、开算学、停废科举考试,致使近代学校教育之制得以真正确立。值得注意的是,在派遣大批出洋留学生、兴办洋务学堂、延聘国外教师、培育国家与社会急需的军事、实业技术人才方面,洋务派人士所作的努力,应历史地、客观地予以肯定。

变迁之三:文明生活风尚渐起。

光绪后期至宣统年间,是清朝封建专制统治行将覆亡的前夜,亦是中国社会大变革、大动荡、大转型的时期。正是在这样的历史条件与社会背景下,就

---

① 李长莉:《近代中国社会文化变迁录》第一卷,"1893年(光绪十九年)"、"1888年(光绪十四年)"条。
② 同上。
③ 闵杰:《近代中国社会文化变迁录》第二卷,"1898年(光绪二十四年)"、"1905年(光绪三十一年)"条。
④ 同上。
⑤ 冯桂芬:《校邠庐抗议》,上海书店出版社2001年版。

近代清人社会各阶层生活的变迁而论,则是文明生活风尚渐为社会所接受,并推而广行之,具体表现在文明结婚风尚、文明交际风习的兴起,以及清人社会生活风尚观念的巨变等方面。

1. 文明结婚风尚的兴起

清人记述,在光绪、宣统之交,传统的旧式结婚"亲迎之礼",民间"晚近不用者多",而是"盛行文明结婚"。此种新风习,不仅"倡于都会商埠",而且"内地亦渐行之"。民人在行此文明结婚之仪时,"礼堂所备证书(有新郎、新妇、证婚人、介绍人、主婚人姓名)由证婚人宣读,介绍人(即媒妁)、证婚人、男女宾代表皆有颂词,亦有由主婚人宣读训词,来宾唱文明结婚歌者"①。

当时,民间"习行"的文明结婚的婚礼仪程有:一、奏乐。二、司仪人入席,面北立(以下皆由司仪人宣唱)。三、男宾入席,面北立。四、女宾入席,面北立。五、男族主婚人入席,面南立。六、女族主婚人入席。面南立。七、男族全体入席,面西立。八、女族全体入席,面东立。九、证婚人入席,面南立。十、介绍人入席,面南立。十一、纠仪人入席,面北立。十二、男女傧相引新郎新妇入席,面北立。十三、男傧相入席,面北立。十四、女傧相入席,面北立。十五、奏乐。十六、证婚人读证书。十七、证婚人用印。十八、介绍人用印。十九、新郎新妇用印。二十、证婚人为新郎新妇交换饰物。二十一、新郎新妇行结婚礼,东西相向立,双鞠躬。二十二、奏乐。二十三、主婚人致训词。二十四、证婚人致箴辞。二十五、新郎新妇谢证婚人,三鞠躬。二十六、新郎新妇谢介绍人,三鞠躬。二十七、男女宾代表致颂词,赠花,双鞠躬。二十八、奏乐。二十九、新郎新妇致谢辞,双鞠躬。三十、女宾代表唱文明结婚歌。三十一、证婚人介绍人退。三十二、男宾退。三十三、女宾退。三十四、新郎新妇行谒见男女主婚人及男女族全体礼。三十五、奏乐。三十六、男女主婚人及各尊长面南立,三鞠躬。三十七、男女平辈面西立,男女晚辈面东立,双鞠躬。三十八、男族女族全体行相见礼,东西相向立,双鞠躬。三十九、男女傧相引新郎新妇退。四十、男女两家主婚人及男族女族全体退。四十一、纠仪人司仪人退。四十二、茶点。四十三、筵宴②。

这些文明结婚的习尚,在清人社会生活的实践中,渐成时尚,自光绪三十一年(1905)起,此习已为社会所认可同遵,有人还在报纸上布告婚礼的情况,

---

① 徐珂:《清稗类钞》第五册,《婚姻类·文明结婚》条。
② 同上。

内容包括婚礼的时间、地点，结婚人情况，婚礼的进行过程等。如当年9月1日刘驹贤、吴权在上海味莼园举行新式文明婚礼，由文明书局创办人廉泉主持，婚姻的介绍人为上海、无锡实业界的大亨周舜卿、薛南溟。同日，还在上海《时报》登《文明结婚礼式单》①，将结婚的信息，告诸亲友与世人，便是一个典型例证。

2. 文明交际风习的渐兴

集会，又称"开会"，它是社会生活中，人际交往的重要方式，清末，"光、宣之交"，"都会商埠盛行"的文明交际的新风尚。此种新风尚，包括会前准备、开会议程、与会人须知三部分内容，都是与会者所必须加以遵行的。

其一，会前准备，包括的内容有"发起人以开会年月日时、名称、地址及开会之原因，提议之办法，印发传单，登载日报，并发函通告同志，或即呈报当地官厅，以便保护。会场有开会秩序单，其提议之各事曰日程表。会场中央外向，设演说台"② 等项。

其二，开会议程，须当遵循的事项有"当摇铃开会时，由发起人登台，布告宗旨，续行演说。或由他人主席，请其发言。凡所演说，均由旁坐收记笔录于册。办理庶务者为干事员"③ 等内容和程序。

其三，与会人须知，有如下数项内容："一、缴券。至会场门口，以入场券交收券人。二、签名。门口有一几，设签名册，分会员、来宾二种，赴会者以己之姓名书于上。三、就席。有会员席、来宾席、特别来宾席、新闻记者席各种，于楹柱或椅或桌分别标识，赴会者当依招待员引导入席。四、发言。若会中有赴会人发言之特许，自可发表意见，惟须俟他人言毕，起立陈说，若应演说台上之请，登台演说，当登台时，先向外鞠躬，立而发言。五、退席。将闭会，亦如开会时之摇铃，赴会者闻声即退。入场勿拥挤，出场须鱼贯而行。勿私言，交头接耳，易为他人所疑。勿喧哗，宜坐而静听。勿涕唾，万不得已，以手巾盛之。勿吸烟，烟雾熏蒸，易为旁坐人所厌恶"④ 等内容。

除开会外，社会人际交往风习的新时尚，是在人际交往中递送"名片"（又称名刺）以自我介绍和便于通讯联系，在名片印制的格式上，不仅男女而异，而且更以职业不同有所区别。据清人记载，光绪、宣统年间，民间谒客时，所持"名刺之式不一，或红纸，或西式白纸，均可。名片之背，则书名号与住址，

---

① 闵杰：《近代中国社会文化变迁录》第一卷，"1905年（光绪三十一年）"条。
② 徐珂：《清稗类钞》第五册，《风俗类·开会》条。
③ 同上。
④ 同上。

西式名片之左角则书职业。女子亦然,惟已嫁者辄增夫家姓氏,男子有承重丧或父母者,则于白纸名片之四周以二三黑色为缘,或即沿用旧式,于姓之左角书期字;期服以外之丧,仅于姓之左角书期字,余类推,女子亦然。若携有介绍书者,于接见时面投"① 以为敬意。

在前述的清人文明结婚、文明交际风习中,可以从其程序中看出:一是它与传统的聘娶婚嫁礼仪、人际间烦琐交际方式,有着从繁到简、从礼到实的巨大转变。二是在文明结婚、文明交际风尚中,虽有主位客位的区别,但二者之间(或个体、或群体),均处于平等地位,而非尊卑、贵贱的主从关系。三是在前述活动中,确属处处体现新思、新潮、新礼、新尚的特点,可使参与者本身,亦受文明新风尚的感染与身心沐浴,增加其社会的共识度与生活实践的趋尚力,进而使新的积极向上的文明社会生活风尚蔚然成风。

3. 社会生活风尚观的巨变

清末,随着清人社会生活风尚变迁俱生而来的,是人们社会生活风尚观的巨变。此种巨变,又生动地体现在民众对某些文明生活风尚的自觉接受与传习,以及对社会生活陋习弊俗的理性批判与革故鼎新两个方面。

其一,爱好文明生活风尚观的确立。

清人社会生活风尚观在清末的巨变,表现之一,是民众爱好文明结婚风尚观的确立。婚姻活动,是关于人生生活历程的重大事件,同时,更是系于国家民族生存繁衍、社会家庭发展稳定的大事。其婚姻礼仪风尚的发展变化,则直接反映民众社会生活观念的衍变历程,而爱好文明生活风尚观的确立,亦蕴含与伴随其中,体现出崭新的社会发展特点和风貌。

清末,在社会与民众中兴起并盛行的、大有别于旧婚嫁礼仪的新式"文明结婚"风尚,不仅民人争而趋之效仿,而且在风尚观念上,自觉接受与并予以实践。通过实际生活体验,清人切身感受到"文明结婚,实有三长",即有三大好处与优点:一为"以父母之命,媒妁之言,而取男女之同意,以监督自由。其办理次序,先由男子陈志愿于父母,得父母允准,即延介绍请愿于女子之父母,得其父母允准,再由介绍人约期订邀男女会晤,男女同意。婚约始定"。二为"定婚后,男女立约,先以求学自立为誓言"。三为"婚礼务求节俭,以挽回奢侈习俗,而免经济生活之障碍。结婚之日,当由男女父母各给以金戒指一事,礼服一袭"②。此番关于文明结婚风尚较之旧习为优长的论述,颇为求实与独到,反映出民众的共识观念。同时,它更展现出:首先文明生活风尚的形成,自有

---

① 徐珂:《清稗类钞》第五册,《风俗类·谒客》条。
② 徐珂:《清稗类钞》第五册,《婚姻类·文明结婚》条。

其中国社会与时代特色,而非照搬西方文明模式,如男女相识仍循"父母之命,媒妁之言"的惯习,皆因自由恋爱与相识,仍受时代与世风的局限所致之故。但男女经介绍与家长允准后,可直接见面"会晤",且要"男女同意",婚约才能"始定"。这表明,男女在婚姻大事上的自主择偶意识与观念,已较之父母包办、指腹为婚,产生了质变与飞跃。其次,定婚后的男女立约,以"求学自立"为誓,表明男女双方具有平等生活与受教育的权利,要以"自立"为目标,大大解脱了旧式婚姻中,妇女受夫权压迫而呈现的"嫁乞随乞,嫁叟随叟"、"夫死妇殉"的悲惨命运,更是男女平等意识观念的凸显。最后,爱好文明生活风尚观的确立,建构于民众对新式婚姻尚"务求节俭"的争趋之上,此风一盛,既可避奢侈之习,更可为来日婚后经济生活添新的"保障",民众何乐而不为。由此世风与生活风尚,为之一变。

其二,陋习弊俗的理性批判与改革。

清末,自光绪年间开始,清人对惨无人性、严重摧残妇女身心的缠足这一陋习弊俗,不仅予以理性批判,而且民间还组织团体,推行劝戒革除运动。

戒革缠足运动,始于1896年(光绪二十二年),广东赖弼彤与陈默庵创办的"龙山戒缠足会"(会员数百人)、四川周某与梅某创办的"戒缠足会"(创办者18人)。同年及以后相继在全国许多地方成立若干个不缠(或戒缠)足会,按地区分别为:四川的"天足渝会"(1898年1月)(创办人潘清荫等),广东的"香山不缠足会"(1897)(创办人梁国权与郑玉轩)、"陈村戒缠足会"(1897)、"赤花戒缠足会"(1897)、"顺德戒缠足会"(1897)(创办人龙赞辰与罗惇融)(发起者22人)、"佗城不缠足会"(1897)、"佛山不缠足会"(1897)、"大良不缠足会"(1897)、"南海不缠足会"(1897)(创办人陈继俨),上海的"上海不缠足会"(1897年春)(创办人梁启超等)(发起者11人,董事163人),澳门的"澳门不缠足会"(1897年5月)(创办人张寿波等)(入会者77人),福建的"福州戒缠足会"(1897年秋)(创办人陈宝琛与高凤谦)(会员数十人),江苏的"嘉定不缠足会"(1897)(创办人黄世祚等)、"崇明不缠足会"(1897年4月)(创办人徐应田等)(发起者4人)、"常熟不缠足会"(1897年8月)(创办人邵廷桢),湖南的"岳州戒缠足会"(1896年底)(创办人吴性刚)(会员40—50人)、长沙地区的"戒缠足会"(1897年初)(创办人陈保彝等)(会员100余人)、"湖南不缠足总会"(1898年4月)(梁启超等)(会员928人)、"新化不缠足分会"(1898年4月)(创办人曾继辉等)(董事260人,动员群众数千户)、"邵阳不缠足会"(1898年4月)(创办人石秉钧)(会员数百人)、"武冈不缠足会"(1898年4月)(创办人唐鉴与袁灼)、"浏阳不缠足会"(1898年4月)(创办人汤纪彝)、"衡山不缠足会"(1898)、"善化东乡不缠足会"（1898）"宝庆不缠足分会"（1898）等 27 个①。其特点是有省市一级的组织，更有地县镇一级的团体。它们成立虽有早晚先后之别，规模更有大小之异，但能使入会者多达近千人，少者数十人，能动员民众数千户，足见此举深受民众的欢迎拥护，更充分反映出民人要求革戒此恶习的强烈愿望与社会风尚观念弃旧趋新的巨变。

在对缠足陋习的理性批判上，前述组织作了诸多动员民众的宣传工作，如上海不缠足会向入会者赠《劝女学歌》，湖南不缠足总会印行《不缠足歌》，以动员民众转变观念，摒弃陋俗。其中，上海不缠足会董事、文学翻译家林纾（琴南）更撰写《新乐府》，对缠足之恶习进行声讨："小脚妇，谁家女，裙底弓鞋三寸许。下轻上重怕风吹，一步艰难如万里。""五岁六岁才胜衣，阿娘作履命缠足。指儿尖尖腰儿曲，号天叫地娘不闻，宵宵痛楚五更哭。"②"一步艰难如万里"则生动描绘出缠足妇女行路的痛苦情状；而"号天叫地娘不闻"、"宵宵痛楚五更哭"则道出了自五六岁幼女时便须由娘用长长的缠足布，一口一口热酒喷、一层一层足布紧紧缠，直到足掌变畸形、大足指直伸而其他四足指弯曲为止，致使少女宵宵如进人间地狱般惩罚的悲惨命运，而施暴者正是自己的亲生母亲，这何有亲情、人道可言。正是此类批判，对革除此类恶俗陋习、转变民众的生活风尚观念，起到了重要的开启与促进作用。

---

① 闵杰：《近代中国社会文化变迁录》第二卷，"1898 年（光绪二十四年）"条。
② 同上。

后 记

《清代社会生活史》的撰写到出版问世，先后历经十余年，迟至今日，深感愧对海内外读者。在撰写过程中，本着"文以载道为品，著以立论为珍"的原则和宗旨，进行探索研讨，力求有所创新与收获。在这一过程中，始终得到著名史学家杨向奎研究员、李学勤研究员、原中国社会科学出版社社长张树相教授和总编辑李茂生教授、总编辑助理马晓光编审、郭沂纹编审、张小颐编审、王磊先生和中国社会科学院历史研究所袁立泽副研究员的关心、支持和帮助，对他们的盛德美意，深表谢忱。

绪论由林永匡撰写，林永匡撰写第一章至第六章、第十六、十七章，王熹撰写第七章至第十五章。最后由林永匡通稿、修订、定稿。

本书在撰写中参考了已有的研究成果，均在书中注出。书中难免有错误和遗漏，欢迎读者和方家批评指正。

林永匡　王　熹
2015 年 12 月 8 日于北京